Handbuch Literatur & Audiokultur

Handbücher zur
kulturwissenschaftlichen
Philologie

Herausgegeben von Claudia Benthien,
Ethel Matala de Mazza und Uwe Wirth

Band 10

Handbuch
Literatur & Audiokultur

Herausgegeben von
Natalie Binczek und Uwe Wirth

DE GRUYTER

ISBN 978-3-11-128150-6
e-ISBN (PDF) 978-3-11-034063-1
e-ISBN (EPUB) 978-3-11-038962-3
ISSN 2197-1692

Library of Congress Control Number: 2020934492

Bibliografische Information der Deutschen Nationalbibliothek
Die Deutsche Nationalbibliothek verzeichnet diese Publikation in der Deutschen Nationalbibliografie; detaillierte bibliografische Daten sind im Internet über http://dnb.dnb.de abrufbar.

© 2023 Walter de Gruyter GmbH, Berlin/Boston
Dieser Band ist text- und seitenidentisch mit der 2020 erschienenen gebundenen Ausgabe.
Satz: Dörlemann Satz, Lemförde
Druck und Bindung: CPI books GmbH, Leck

www.degruyter.com

Inhaltsverzeichnis

1. Einleitung: Literatur und Audiokultur – *Natalie Binczek* —— 1

2. **Theorien – Methoden – Konzepte**

2.1. Literatur und Stimme – *Britta Herrmann* —— 27

2.2. Techniken des Lesens und Hörens – *Matthias Bickenbach* —— 44

2.3. Audioliteralität: zur akroamatischen Dimension des Literalen – *Ludwig Jäger* —— 61

2.4. Akustische Literatur – *Monika Schmitz-Emans* —— 85

2.5. Akustische Notationssysteme – *Michael Bartel* —— 107

2.6. Medientechniken akustischer Verkörperung und Inszenierung – *Daniel Gethmann, Christoph Benjamin Schulz* —— 133

2.7. Audioliteratur: Hörspiel – Hörbuch – *Natalie Binczek* —— 142

2.8. Sound Studies – *Holger Schulze* —— 155

3. **Problematisierungen und Forschungsfragen**

3.1. Audiophilologie – *Stephan Kammer* —— 177

3.2. Sprechweise – Akzent – Dialekt – *Till Dembeck* —— 192

3.3. Interview – *Dorothea Walzer* —— 209

3.4. Der neue Ton: die Reetablierung des literarischen Feldes nach dem Ende des Nationalsozialismus – *Cornelia Epping-Jäger* —— 228

4. **Exemplarische Analysen**

4.1. Akustische Formate antiker Literatur – *Peter von Möllendorff* —— 249

4.2. Ein akustisches Format der mittelalterlichen Epik: die Schlachtenbeschreibung – *Matthias Däumer* —— 260

4.3. Mediale und konzeptionelle akustische Formate der Frühen Neuzeit – *Dennis Borghardt* —— 274

4.4. Epistemologie der empfindsamen Stimme (Semiotik – Narratologie – Mediologie) – *Frauke Berndt* —— 290

4.5.	Die Entstehung der Dichterlesung – *Harun Maye* —— **307**	
4.6.	Akteure, Formate und Medien der literarischen Vortragskunst im 19. und 20. Jahrhundert – *Reinhart Meyer-Kalkus* —— **318**	
4.7.	Nachtgeräusche und Geisterstimmen. Geschichten vom Spuk – *Ethel Matala de Mazza* —— **345**	
4.8.	Der Phonograph als Instrument und Metapher. Rilkes psychophysiologisches Gedankenexperiment – *Benjamin Bühler* —— **359**	
4.9.	Telefon und Anrufbeantworter als Chiffren der Audiokultur – *Uwe Wirth* —— **376**	
4.10.	Akustik im Theaterrahmen – *Doris Kolesch* —— **392**	
4.11.	Radiophone Literatur als Experiment: Arnheim, Benjamin, Brecht, Döblin – *Gregor Schwering* —— **405**	
4.12.	Akustische Medienwirkung und Medienreflexion: *Invasion of Mars* und *Zauberei auf dem Sender* – *Wolfgang Hagen* —— **421**	
4.13.	Das Hörspiel und die nationalsozialistische Rundfunkpropaganda – *Hans Sarkowicz* —— **434**	
4.14.	Erinnerungen an den Holocaust in Hörspieladaptionen der DDR – *Manuela Gerlof* —— **449**	
4.15.	Neue Sprechweisen: das Nachkriegshörspiel von Eich bis Bachmann – *Bettina Bannasch* —— **468**	
4.16.	Feature als Montage-Kunst – *Norman Ächtler* —— **484**	
4.17.	Rolf Dieter Brinkmanns Arbeit mit Originaltonaufnahmen – *Eckhard Schumacher* —— **503**	
4.18.	Spoken-Word-Literatur und Poetry Slam – *Claudia Benthien und Catrin Prange* —— **517**	
4.19.	Akustische Netzliteratur – *Christiane Heibach* —— **534**	
4.20.	Audioeditionen – *Toni Bernhart* —— **554**	
5.	**Glossar zentraler Begriffe** – *Michael Bartel, Uwe Wirth, Natalie Binczek* —— **569**	

6. **Auswahlbibliographie** —— 591

7. **Personenregister** —— 605

8. **Autorinnen und Autoren** —— 615

1. Einleitung: Literatur und Audiokultur
Natalie Binczek

1. Klang, Sound, Schrift

Im Bewusstsein kulturwissenschaftlicher Forschung der letzten Jahre wird dem Klang und damit einem Phänomen, das erst seit dem 19. Jahrhundert medientechnisch aufgezeichnet sowie reproduziert werden kann, eine immer größere Bedeutung zuteil. Die institutionelle Etablierung und Ausweitung der Sound Studies (vgl. 2.8. SCHULZE) ist dafür ebenso ein Beleg wie die zahlreichen Publikationen auf dem Feld – darunter nicht nur Aufsätze und monographische Studien, sondern auch handbuchförmige Bestandsaufnahmen wie *The Oxford Handbook of Sound Studies* (Pinch und Bijsterveld 2012; vgl. auch Morat und Ziemer 2018). Sie dokumentieren das Bemühen um die methodische, gegenstandsbezogene und begriffliche Bestimmung eines Wissenszusammenhangs, der sich gleichwohl immer noch in einer Sondierungsphase befindet und sich so „als ein offenes Feld von Desideraten" (Schulze 2008, 10–11) konstituiert. Beobachten lässt sich, welche Fragen formuliert und Perspektiven eingenommen werden, um den Klang, Sound oder Ton als Objekt eigener kulturwissenschaftlicher Episteme zu profilieren. Zum einen kann dabei festgehalten werden, dass Literatur innerhalb der Sound Studies keine Rolle spielt, aber auch vice versa. Zum anderen lässt sich eine Tendenz ausmachen, wonach große Teile der Forschungsbemühungen um den Sound geradezu als Gegenkonzept zu Auffassungen in Stellung gebracht werden, die auf Schrift und Textualität setzen. Auch ist die Sprache beziehungsweise das Sprechen bisher nicht in den Fokus ihrer Aufmerksamkeit gerückt. Bestimmte Bereiche der Sound Studies definieren sich sogar über eine Abgrenzung gegenüber sprachlichen Prozessen. So erinnern Andi Schoon und Axel Volmar daran, dass die klassische Definition der Sonifikation, die sie als „das akustische Pendant zur visuellen Repräsentation wissenschaftlicher Daten" (Schoon und Volmar 2012, 10) bestimmen, aus dem Jahr 1997 stammt und sich ausdrücklich auf nichtsprachliche Signale bezieht: „Sonification [is the] use of nonspeech audio to convey information" (Schoon und Volmar 2012, 11). Grundsätzlich lässt sich festhalten, dass die „Anziehungskraft des Soundbegriffs" gerade in seinem „vagen, atmosphärischen Charakter" (Binas-Preisendörfer 2008, 206) liege.

Unter dem Titel *Literatur & Audiokultur* wird hingegen ein Forschungsfeld abgeschritten, das unterschiedliche Bezugnahmen von Literatur auf den Klang berücksichtigt, das heißt, in schriftlich verfassten Texten dem Klang als Motiv, Thema oder Strukturelement nachgeht, aber auch Literatur selbst als Klang beispielsweise in Form von Lesungen, in verschiedenen Hörfunkformaten oder in der mündlichen Rede in den Fokus rückt (vgl. 2.3. JÄGER). Im Kontext der folgenden Überlegungen ist der Frage nachzugehen, ob und inwiefern sich die Forschungsinteressen der Sound Studies und diejenigen der der Akustik zugewandten Literaturwissenschaft produktiv zusammenführen lassen. Eine Frage, deren Beantwortung nicht umhinkommt, die literarisch sowie literaturwissenschaftlich starke Fixierung auf die Schrift, den Text und nicht zuletzt auf das Buch zur Diskussion zu stellen. Indes kann die akustische nicht in Konkurrenz zur schriftlich verfassten Literatur behandelt werden (vgl. dazu Binczek 2012; Jäger 2014; Herrmann 2015). Vielmehr müssen – so das Anliegen der nachfolgenden Überlegungen – die Interaktionen und Interdependenzen, wie zum Beispiel beim Diktat, zwischen ihnen entfaltet und zu einem übergreifenden, zu einem audiokulturell grundierten Textkonzept zusammengeführt werden. Exemplarisch wird dieser Problemstellung in den nachfolgenden Analysen nachgegangen.

In seinem 1773 erschienenen *Briefwechsel über Ossian*, einem Text, der selbst einen markanten Ton anschlägt, legt Johann Gottfried Herder argumentativ und formal ein Konzept von Literatur als Sound vor. Nicht nur sensibilisiert er in dieser Abhandlung für das Tonale, insbesondere der Dichtung, sondern er reflektiert dieses auch mittels des seiner Schrift eigenen Tons, womit er die Argumente auf der Grundlage der Klanglichkeit nachzuvollziehen auffordert und den Text mithilfe seiner eigenen Tonalität reflexiv werden lässt (vgl. dazu Käuser 2017; Previšić 2017). Während er also einerseits über Gesänge spricht und eine bestimmte Gattung der Literatur, das Lyrische, in seiner historischen Uneinholbarkeit (vgl. 4.1. VON MÖLLENDORFF; 4.2. DÄUMER und 4.3. BORGHARDT) untersucht, entwickelt er andererseits auf der Ebene seiner eigenen Prosa eine klangliche Struktur, die nicht über metrische Muster, sondern mittels des Rhythmus (vgl. Lösener 1999; Previšić 2008) erzeugt wird und eine andere Perspektive auf den Soundbegriff der Literatur eröffnet: „Haben Sie es wohl diesmal bedacht, was Sie so oft, oft, und täglich fühlen, ‚was die Auslassung Eines, der Zusatz eines andern, die Umschreibung und Wiederholung eines dritten Worts; was mir andrer Akzent, Blick, Stimme der Rede durchaus für anderen Ton geben könne?' Ich will den Sinn noch immer bleiben lassen; aber Ton? Farbe? Die schnellste Empfindung von Eigenheit des Orts, des Zwecks? – Und beruht nicht auf diesen alle Schönheit eines Gedichts, aller Geist und Kraft der Rede" (Herder 1993, 449)?

Nicht nur die Wortwiederholungen „oft, oft", sondern auch die strukturellen Repetitionen dieses Textes „Akzent, Blick, Stimme", aber auch die Einschübe der direkten Rede sowie die unmittelbare Adressierung des Lesers machen deutlich, dass sich der Text an mündlichen Stilelementen orientiert. Zu den Besonderheiten der literaturwissenschaftlichen Entdeckung des Sounds im 18. Jahrhundert gehört daher, dass sie auch eine Veränderung der Schreibweise bewirkt. Unter dem Vorzeichen umfassender Alphabetisierungsprozesse (vgl. Bosse 2012) und nach der Umstellung der Literatur auf das Schriftparadigma verleibt sich diese das Orale als ein gleichsam Sekundäres (vgl. Ong 1987) ein, indem sie es in die Schriftsprache übersetzt (vgl. dazu Benne 2015, 364–366). Als eine unmittelbare und als „die schnellste" Empfindung wird der Ton von Herder bestimmt, was der Text selbst dahingehend nachzubilden versucht, dass er Effekte einer beschleunigten Rede durch teilweise Missachtung der grammatischen Regeln, sofern diese den Text verzögern, erzeugt. Das macht sich insbesondere in einem reduzierten Einsatz von Verben bemerkbar. Dabei wird die Empfindung gemäß dem zugrunde gelegten anthropologischen Modell dem „Sinn", dessen Relevanz Herder zunächst aufzuschieben, gar aufzugeben empfiehlt – „Ich will den Sinn noch immer bleiben lassen" –, vorgeordnet. Es ist mithin der Ton, der die Grundlage der „Schönheit eines Gedichts", aber auch „der Rede" sowie Sprache überhaupt bildet (zur akustisch-musikalischen Grundlegung des Sprachkonzepts bei Herder vgl. u. a. Trabant 1988; Schneider 2004).

Literatur wird von Herder über den ihr jeweils eigenen Klang definiert (vgl. Zeuch 1994; Stollberg 2006; Fuhrmann 2017). Sie ist audiokulturell fundiert. Der semantische Textsinn ist lediglich als ein Supplement aufzufassen, das in seiner Bedeutung gegenüber der klanglichen Dimension der Sprache, die unmittelbar mit der „Empfindung" verknüpft ist, als nachrangig gilt. Zudem verweist dieses Literaturverständnis auf die „Eigenheit des Orts", womit eine wichtige argumentative Stoßrichtung des Textes angedeutet wird. Im weiteren Verlauf wird der Ton nämlich in eine direkte Beziehung zu den jeweiligen klimatisch-geologischen Lebensräumen seiner Produktions- und Rezeptionsbedingungen und damit zugleich auch in eine Beziehung zur „Eigenheit [...] des Zwecks" gesetzt. Der Ton ist folglich nicht autonom, er ist nicht zweckfrei zu denken. Eine auf das Hörbare ausgerichtete Literatur bildet vielmehr den Ausdruck eines spezifischen Lebensraumes und deutet auf eine ökologische Bestimmung hin (Kelman 2010). In der poetischen Sprache verortet Herder den ‚atmosphärischen Charakter' des Tons, den die Lektüre nachzuvollziehen versuchen muss. Allerdings handelt es sich bereits im 18. Jahrhundert um ein vor allem historisch gewordenes, nur noch voraussetzungsvoll zu rekonstruierendes Phänomen. Zwar bewahrt die Dichtung den Ton vergangener Tage auf, ein zeitgenössischer Leser vermag ihn jedoch nicht einfach rezeptiv wiederherstellen. Vor der Erfindung medientechnischer Aufzeichnungs- und Wiedergabegeräte musste der der Literatur innewohnende, in Form schriftlicher Fixierung nur begrenzt reproduzierbare Klang mithilfe aufwändiger Lektüretechniken wieder zugänglich und vernehmbar gemacht werden (vgl. 2.2. BICKENBACH).

Zu den erforderlichen Lesetechniken gehört eine besondere Leseumgebung, mehr noch: Diese ist aufgrund der ökologischen (vgl. Sprenger 2014; Huber und Wessely 2017) Verankerung des Tons notwendiger Bestandteil der Lektüre. Herder entwirft eine komplexe mediale Anordnung, die die ursprüngliche Dimension der Ton-Empfindungs-Einheit der Texte zu reproduzieren, zumindest aber sich ihr anzunähern ermöglichen soll. Im Selbstversuch hat er die Effizienz dieser Anordnung erprobt und bestätigt: „Sie wissen das Abenteuer meiner Schiffahrt; aber nie können Sie sich die Würkung einer solchen, etwas langen Schiffart so denken, wie man sie fühlt. Auf Einmal aus Geschäften, Tumult und Rangespossen der bürgerlichen Welt, aus dem Lehnstuhl des Gelehrten und vom weichen Sopha der Gesellschaften auf Einmal weggeworfen, ohne Zerstreuungen, Büchersäle, gelehrten und ungelehrten Zeitungen, über Einem Brette, auf offnem allweiten Meere […], mitten im Schauspiel einer ganz andern, lebenden und webenden Natur, zwischen Abgrund und Himmel schwebend, täglich mit denselben endlosen Elementen umgeben. Und dann und wann nur auf eine neue ferne Küste, auf eine neue Wolke, auf eine ideale Weltgegend merkend – nun die Lieder und Taten der alten Skalden in der Hand, ganz die Seele damit erfüllet, an den Orten, da sie geschahen – […] glauben Sie, da lassen sich Skalden und Barden besser lesen, als neben dem Katheder des Professors" (Herder 1993, 546–547).

Die Beschreibung beginnt mit einem Verweis auf die Insuffizienz der nur auf schriftlicher Ebene erfolgenden Lektüre eines Textes, mag sie noch so sehr um die Rekonstruktion eines tonalen Erlebnisses bemüht sein. Eine Insuffizienz, die die Schrift dieses Textes noch kennzeichnet: „[A]ber nie können Sie sich die Würkung einer solchen, etwas langen Schiffart so denken, wie man sie fühlt". Gemäß der Überzeugung, wonach die klangliche Dimension einer Dichtung in der Umgebung der Kultur, der sie entstammte, gleichsam archiviert sei, wird die Lektüre in eine unmittelbare Beziehung zum Leseort gesetzt: Demnach müssen der „Lehnstuhl des Gelehrten und die Büchersäle" verlassen werden. Wenn der Klang eine an die Lebenswelt und -umwelt gebundene Kategorie darstellt, kann er nur unter entsprechenden ökologischen Bedingungen revitalisiert werden. Dezidiert spricht sich Herder daher gegen die Einrichtungen aus, in denen Lektüre als Buchstabendecodierung (vgl. dazu Kittler 1995) in einem von der Außenwelt abgeschotteten Raum diszipliniert wird. Dezidiert spricht er sich auch gegen einen als Studium und Gelehrsamkeit praktizierten Zugang aus, wie ihn der Verweis auf das „Katheder" andeutet. Auf dem Schiff hingegen, „mitten im Schauspiel einer ganz andern, lebenden und webenden Natur, zwischen Abgrund und Himmel schwebend, täglich mit denselben endlosen Elementen umgeben", kann der Klang der alten Dichtungen wieder hörbar gemacht werden (Schön 1987, 124–126). Dabei wird dieser als eine Wirkung verstanden, die auch unabhängig von den semantischen Sinnzuschreibungen operiert beziehungsweise als ein Medium, das sie erst hervorruft. So stimuliert die Schriftlektüre die auditive Wahrnehmung der Umgebung, wie diese wiederum den auditiven Gehalt der Schrift wahrzunehmen ermöglicht.

Bevor er die ökologische Theorie des Hörens skizziert, versucht Herder den ‚Sound' zu spezifizieren, indem er vom ‚Klang der Worte' spricht und immer wieder auf den ‚Akzent' und die ‚Stimme' abhebt, um zu benennen, mit welchen Mitteln Sprache akustische Effekte zu erzeugen vermag. Jedoch kann er mithilfe dieser Kategorien weder die Entstehung noch die Wirkung des Klangs analytisch erfassen, sondern schiebt das Problem, obgleich und indem er es adressiert, auf. Exemplarisch lässt sich an Herders Reflexion des literarischen Klangs beobachten, wie das 18. Jahrhundert diesen gegen die Schrift verteidigt (vgl. Käuser 1994; Berndt 2008; Wallach 2014; Frömming 2015). Herder aber unterlegt seine Argumentation kulturhistorisch, insofern er den Klang zunächst einmal nur der Sprache der Dichtung vergangener Kulturen zugesteht. Die rezeptive Aneignung dieser historisch-soundbasierten Dichtung erfolgt vorrangig emotional, als Empfindung (vgl. dazu auch 4.4. BERNDT), weshalb sie an eine bestimmte Umgebung gebunden ist (vgl. Herzfeld-Schild 2018). So muss die Abkehr von „Geschäften, Tumult und Rangespossen der bürgerlichen Welt" postuliert werden, um die Rezeption der klanglichen Dimension zu ermöglichen. Zugleich lässt sich an Herders eigener Schreibweise eine starke Orientierung an klanglich-akustischen Effekten und damit das Experiment einer zeitgenössischen Adaption des ‚Sounds' durch die Schrift und gegen diese erkennen (Müller 2007). Während sein Text aufwändige Szenarien einer auf den Klang ausgerichteten Lektüre historischer Dichtung entwirft, nimmt er selbst eine markante klangliche Form an, die sich nicht nur deutlich vom rhetorischen Ideal des ‚Wohlklangs' (vgl. dazu Haßler und Neis 2009, 921–924) entfernt, sondern auch die Forderung nach einem Kategoriensystem impliziert, mit dessen Hilfe sie analysiert werden könnte.

2. Textmaterialitäten und audiophilologische Verfahren

Die aktuellen literaturwissenschaftlichen Bemühungen um den Ton sind im Hinblick auf diese Aufgabe nur bedingt weiter gediehen. Wie der Klang beziehungsweise Sound analytisch bestimmt und literaturwissenschaftlich beschrieben werden kann, bildet nach wie vor ein unerfülltes Forschungsdesiderat. Zudem ist grundsätzlich festzuhalten, dass, wo die Literaturwissenschaft Fragen der Akustik verhandelt, sie dort die hier angedeuteten Schwierigkeiten insofern umgeht, als sie den Klang zumeist als ein poetologisches Konzept auffasst. Von Interesse ist dabei die Rekonstruktion klangbezogener Reflexionen und Selbstbeschreibungen, die vor allem als eine thematisch-motivische Referenz auf das Akustische nachvollzogen werden. Im Zentrum steht Literatur in Schriftform, keineswegs aber Literatur im Modus des Akustischen. Das hängt mit der tiefen Verwurzelung des geltenden Literaturbegriffs in der Vorstellung schriftlicher

Textualität zusammen. Akustische Texte werden unter dieser Voraussetzung erst gar nicht als Literatur (vgl. dazu auch 2.4 SCHMITZ-EMANS) wahrgenommen, geschweige denn philologischen Analysen unterzogen (vgl. auch 4.20. BERNHART und 3.1. KAMMER). Überdies sind im Vergleich mit der historischen Bandbreite schriftlicher beziehungsweise visueller Zeugnisse auf unterschiedlichsten Trägermedien die auf das Akustische und Auditive ausgerichteten Forschungen stets auch mit dem Problem einer prekären Dokumentenlage konfrontiert (vgl. Tgahrt 1984; Tgahrt 1989; Tgahrt 1995). Die akustische Dimension von Kultur ist, bezieht sie sich auf die Zeit vor der Erfindung des Phonographen (vgl. dazu auch 4.8. BÜHLER), ausschließlich als Produkt einer Decodierung mittels schriftlicher Notation (vgl. dazu auch 2.5. BARTEL) beziehungsweise über Beschreibungen zugänglich. Sie stellt das Ergebnis der Auswertung schriftlicher Zeichen dar. Was wir über akustische Formen in der Zeit vor den akustischen Aufzeichnungs- und Reproduktionstechnologien wissen, sind folglich nur Konzepte, deren audiophilologische Grundlage selbst nicht verfügbar ist. Der Sound bildet ein epistemisches Ding (vgl. Kursell 2017), das weitgehend aus schriftlich gefassten Informationen auf die Bedeutung akustischer Formen hinweist, deren Reproduktion in vielen Fällen niemals möglich sein wird.

Seit der zweiten Hälfte des 19. Jahrhunderts wird der Klang durch Aufzeichnungsmedien speicherbar und abspielbar. Das heißt aber, dass im Unterschied zu Transkripten oder Protokollen des Klangs und im Unterschied noch zu Herders Versuch der Wiedererweckung eines in Schrift und Landschaft eingeschlossenen historischen Tons der Phonograph über die sprachlichen Zeichen hinaus auch die Stimme in ihrer jeweiligen akustischen Materialität ebenso wie die sie umgebenden, begleitenden und interferierenden Geräusche konserviert. Er ist ein Apparat, „der Geräusche ohne Ansehung sogenannter Bedeutungen speichern kann. Schriftliche Protokolle waren immer unabsichtliche Selektionen auf Sinn hin" (Kittler 1986, 133). Der Sound, den die akustischen Aufzeichnungsmedien und Archive (vgl. Dreckmann 2013) verfügbar machen, selegiert die Bedeutung aus dem Sinnlosen – aus Versprechern, Denkpausen, Füllwörtern, aus dem Stottern und Räuspern der Stimme – nicht vor, er wählt die geformten nicht aus den ungeordneten Geräuschen aus, sondern führt gerade das heteronome Kontinuum aus Klang und Rauschen (vgl. Stopka 2005), aus Stimme und Resonanzraum (vgl. Lenk 2016), aus Stimme und Medientechnik (vgl. dazu auch 2.6. GETHMANN und SCHULZ sowie 4.9. WIRTH) vor. Den Sound aufzuzeichnen, heißt also nicht nur, eine ephemere akustische Äußerung einzufangen und festzuhalten, um sie identisch reproduzieren zu können. Vielmehr wird der Sound medientechnisch als ebendiese heterogene und nicht vorselegierte Einheit aus Rauschen und Klang hörbar gemacht, weshalb er wiederum auf der Seite der Rezipienten eine Selektion voraussetzt, mittels derer Rauschen in Information transformiert wird (vgl. Serres 1981, der das Rauschen als Bedingung von Kommunikation ansieht).

Obschon die akustischen Aufzeichnungstechnologien den Sound erstmalig im akustischen Aggregatzustand zu speichern vermögen und ihn mithin von textuell-schriftlichen Verfahren unabhängig machen, bringen sie zugleich eine Textualität eigener Art hervor. Sie verwandeln den Schall – ein vergängliches Ereignis – in eine reproduzierbare und immer wieder hörbare Information. Gehört zu den konstitutiven Bestimmungen der Schrift ihre Iterabilität (vgl. Derrida 2001), das heißt die Möglichkeit einer wiederholten Lektüre, so wird mit der medialen Speicherung des Tons eine Art akustische Schrift (vgl. dazu Meyer 1993) hergestellt. Sie transformiert den Ton in eine dauerhafte Spur. Mit der Speicherung ist demnach zugleich die Möglichkeitsbedingung eines analytischen Umgangs mit akustischen Daten gegeben. Dass einzelne Einheiten einer aufgenommenen Lesung wie Textstellen einer gezielten Mehrfachlektüre unterzogen und in Korrespondenz zu entfernteren akustischen Einheiten, also anderen akustischen Textstellen, gebracht werden können, ermöglicht einen philologischen Umgang mit dem Audiotext: eine Audiophilologie (vgl. Djordjevic 1991), die auf eine allgemeine Medienphilologie hinweist (vgl. Balke und Gaderer 2017). Während eine akustische Aufzeichnung, zum Beispiel eine Stimmaufnahme, zur akustischen Schrift wird, wenn sie iterierbar und damit lesbar gemacht wird – die Stimme-Schrift-Differenz wird also nicht aufgehoben, sondern neu verteilt –, bringt sie zugleich auch eine eigene akustische Materialität hervor (vgl. dazu auch 2.1. HERRMANN). Diese verweist nicht nur auf den Sprecher, sondern immer auch auf seinen akustischen (Resonanz-)Raum und die an der Aufzeichnung mitwirkende Medientechnik zurück (vgl. dazu Dreckmann 2018): das Mikrofon, das Magnetband oder die Digitalisierung (vgl. dazu Harenberg 2012). Der Klang bildet eine emergente Größe, die sowohl auf sensorisch-affektive und atmosphärische Parameter rückführbar ist als auch und insbesondere als Medium der Signifikation, also als Medium der Lektüre, beschrieben werden kann. Darüber hinaus muss der Klang beziehungsweise Sound in Bezug auf Literatur auch als eine textuelle Struktur bestimm- und analysierbar sein. Für die Analyse von Audiotexten bedeutet dies, aus der Fülle möglicher Elemente diejenigen auszuwählen, die im Gefüge der akustischen Struktur jeweils bedeutungsrelevant sind. Es obliegt dem Rezipienten, dem Leser also, die Soundspur auf Bedeutung hin zu sondieren. Was aber als bedeutsam registriert wird, kann erst im Rahmen eines Strukturzusammenhangs, das heißt innerhalb des auditiv zu lesenden akustischen Textes, entschieden werden. Ob und in welcher Weise die Lautstärke, die Tonhöhe und Sprechgeschwindigkeit, die Intonation oder der Akzent, gar das Alter oder Geschlecht einer Stimme an der Bedeutung eines Textes mitwirken und als akustische Mitteilung zu verstehen sind, ist dabei nicht per se festgelegt, sondern wird vielmehr erst eruiert.

Der akustische Text ist wie jeder Text das Resultat von Selektionsentscheidungen, die ihrerseits, sozusagen zirkulär, bereits eine textuelle Einheit voraussetzen und nicht nur, wie im schriftbildlichen Kontext (vgl. Illich 1991; Wehde 2000; Svenbro 2005; Stanitzek 2010), aus visuellen, sondern auch akustischen Zeichen und Strukturen (vgl. Schwering 2004; Wirth 2014; Mütherig 2015) bestehen.

Sofern eine Stimme überhaupt ein Geschlecht aufweist, ist dieses nicht in jedem Sprechakt als bedeutungstragendes Element wahrnehmbar. Wenn jedoch Elfriede Jelinek den Frauenmörder Moosbrugger aus Robert Musils *Der Mann ohne Eigenschaften* in der Ich-Perspektive über seine Taten berichten lässt – so in ihrem 2005 erschienenen Hörprojekt „Moosbrugger will nichts von sich wissen" (Agathos und Kapfer 2005) –, dann ist die Gendermarkierung dieses akustischen Textes, dieser von der Autorin verfassten und selbst eingesprochenen Ich-Erzählung, entscheidend (vgl. Binczek 2014). In der Schriftform des Textes erscheint das Personalpronomen ‚ich' trotz der weiblichen Textautorschaft männlich markiert.

„Es ist darauf hinzuweisen, daß ich den Unterrock vorn mit einem langen Schnitt durchtrennt, daß ich das Hemd des Opfers an der Seite aufgetrennt habe, ein Vorgehen, das dazu bestimmt ist, Körperteile bloßzulegen, die niemand gern freiwillig herzeigt. Dann mit dem Messer bearbeiten, das Arbeiten bin ich seit frühester Jugend ja gewöhnt [...]. Aber diesmal mache ich mich ans Werk und führe auch zu Ende, was ich mir vorgenommen habe [...]. Wie wäre es sonst zu erklären, daß es dazu kommt, daß ich die beiden Brüste mit einem mächtigen Schnitt, den mir niemand zugetraut hätte, der ihn gesehen hat, zu umschneiden und so von ihrer Unterlage abzupräparieren fähig war" (Agathos und Kapfer 2005, CD 19, Track 2: 06:40–07:32)?

Die Sprechfassung dieser Erzählung konterkariert den männlichen Ich-Erzähler mit einer weiblichen Stimme, die als weibliche einerseits auf die Mordopfer Moosbruggers verweist, andererseits jedoch als Stimme Jelineks und damit als diejenige der Autorin erkennbar ist, die sich Musils Figur auf eine im Hinblick auf die Gendermarkierung andere Weise aneignet. Sie übersetzt sie in den Modus der Ich-Erzählung, die im Akt des Aussprechens des Personalpronomens ‚ich' auch die weibliche Markierung der Stimme hörbar werden lässt. So führt die Erzählung als Sprechtext eine Verkehrung, eine Pervertierung der Täter-Opfer-Perspektive vor (vgl. Stephan 2016, 114–117), die zugleich auf eine Überblendung der als Schnitte beschriebenen Bearbeitung des Frauenkörpers mit der collagierenden Textpraxis der Erzählung selbst hinweist (vgl. Großmann 2002, 311). Nicht zufällig ist hier ausdrücklich und selbstreferenziell (vgl. Spiess 1999) vom „Werk" die Rede. Entscheidend ist an dieser Beobachtung nicht allein, dass sie die Gendermarkierung der Stimme in Bezug auf die Textsignifikation herausarbeitet, sondern auch, dass sie umgekehrt den Horizont des Textganzen als Bedingung der Wahrnehmung dieser Gendermarkierung versteht. Nicht in jedem Zusammenhang ist die Bezugnahme auf das Geschlecht der Stimme bedeutsam, nicht in jedem Zusammenhang weist die Stimme überhaupt ein Geschlecht auf, hier aber liegt gerade darin ein zentrales Deutungsmoment des akustischen Textes.

Auch die Materialität eines Textes, in unserem Fall eines akustischen Textes, als dessen zentraler Akteur die Stimme dient, ist nichts Gegebenes, sondern sie wird, nicht zuletzt deskriptiv und interpretativ, stets aufs Neue hervorgebracht (vgl. dazu Szondi 1984). Das Material, mit anderen Worten: das Textkorpus – eine, wenn nicht die maßgebliche Autorität philologischer Arbeit –, bildet eine prekäre Grundlage, weil sie einerseits textanalytische Operationen steuert und begründet, andererseits aber durch diese auch erst hervorgebracht wird. Ob eine Stimme eine hohe oder tiefe Tonlage hat, lässt sich nur relational, das heißt in Bezug auf andere Stimmen desselben Textes feststellen. Allerdings gehört zum akustischen Textbegriff nicht zuletzt die Notwendigkeit, ihn auf die Schrift hin zu erweitern (vgl. Rühr 2008, 206–212). In diesen Zusammenhang passt, dass die Erzählung „Moosbrugger will nichts von sich wissen" einem Projekt entnommen ist, das sich als „bi-medial" (Agathos und Kapfer 2005, 9) bezeichnet, das heißt, den Text und Sound gewissermaßen parallel erfasst. Was für dieses Projekt als poetologisches Programm in Anspruch genommen wird, deutet einen grundsätzlichen Zusammenhang an: Akustische Texte sind, seit es Schrift gibt, nie ausschließlich auf die hörbare Dimension eingrenzbar. Stets werden sie auch mit Dokumenten im Schriftmedium, mit schriftlichen Ergänzungen und Mitteilungen, mit schriftlichen Vorlagen und Nachbereitungen etc. verknüpft. Allerdings ist die von akustischen Texten vorauszusetzende Beziehung zwischen Stimme und Schrift nicht im Sinne eines umgekehrten Phonozentrismus zu denken. Weder ist die Schrift das Supplement der Stimme noch die Stimme das Supplement der Schrift (vgl. Wiethölter 2008). Ihre Interdependenz lässt sich eher als netzwerkartig bestimmen. Anhand der Lesung beispielsweise, und zwar in ihren unterschiedlichen Varianten als Vortragskunst (vgl. Peters 2011), Dichterlesung (vgl. Müller 2007; Perrig 2009; Maye 2012; Meyer-Kalkus 2012) oder aber auch als akademische Vorlesung (vgl. Franzel 2013), wird diese Struktur etwa daran deutlich, dass in der Regel entweder ein zuerst schriftlich verfasster Text vorliegt oder aber eine anschließende Veröffentlichung in Schriftform erfolgt. Das Manuskript bildet jedoch nicht nur die gleichsam stumme Vorlage, die erst abgelesen und mittels einer Stimme performiert werden muss. Es kann auch stichwortartig sein und den Sprecher dazu anhalten, den Text improvisierend zu vervollständigen oder einfach nur abzuwandeln. Zugleich kann eine Lesung auf der Seite der Rezipienten zur Fertigung von Mitschriften führen, die in einigen Fällen wiederum die Textgrundlage einer unter dem Namen des Sprechers veröffentlichten Publikation bilden. Ferner verfügen Audiotexte als CDs oder Downloads über schriftliche Peritexte, ohne die sie nicht rezipierbar wären. Vielfältige Konstellationen sind möglich, die deutlich machen, dass die Materialität eines akustischen Textes ein unterschiedliche Medien und Praktiken inkludierendes Ensemble konstituiert.

Die Beziehung zwischen den schriftlichen Dokumenten und den mündlich-akustischen Performanzen lässt sich folglich nicht ausschließlich, wenn überhaupt nach dem werkgenetischen Muster Vorlage/Umsetzung bestimmen. Sie deutet vielmehr auf Transformationen hin, die nicht nur simultan von unzähligen „Mittlern" (Latour 2007, 70) prozessiert werden, sondern sich auch in verschiedene Richtungen entwickeln können. Die Bezeichnung ‚akustische Textualität' impliziert demnach das Gesamt dieser Elemente und Verbindungen, in welchem unterschiedliche arbeitsprozessuale Beziehungen verankert sind. Es gibt keinen akustischen Text, ohne dass dessen skripturale Vor-, Zwischen- und Mittexte einzubeziehen wären. Dies aber bedeutet in letzter Konsequenz, dass die Unterscheidung zwischen Schrift und Stimme, zwischen skripturalen und akustischen Mitteilungselementen nicht als kategorial und unaufhebbar anzusehen ist.

3. Literarische Sprechräume am Beispiel der Gruppe 47

Wie eine solche zwischen Stimme und Schrift verlaufende Zeichenkette als Text beschreibbar ist, soll im Folgenden exemplarisch rekonstruiert werden. Nachzugehen ist hierbei den Transformationen, die die mündlich-akustischen Mitteilungen mit schriftlichen Zeichen erzeugen. Anhand von Peter Handkes berühmtem Auftritt vor der Gruppe 47 in Princeton 1966 soll die Frage erörtert werden, ob und inwiefern sich dieser als ein akustischer, gar literarischer Text lesen lässt. Die Intervention Handkes soll mithin nicht allein als zeithistorisches Dokument aufgefasst, sondern als akustischer Text und in dieser Form als Literatur ernst genommen werden. Der institutionelle Zusammenhang dieses Beispiels ist insofern bedeutsam, als die Gruppe 47 in vielerlei Hinsicht an der akustischen Profilierung der deutschsprachigen Literatur mitarbeitete. Sie gab etwa zwanzig Jahre lang – und dies auch im buchstäblichen Sinn – den Ton im deutschsprachigen Literaturbetrieb an. Zu ihren Bemühungen um die deutschsprachige Literatur gehörte nämlich nicht zuletzt die Durchsetzung eines zeitgemäßen Tons (vgl. 3.4. EPPING-JÄGER), der auch für die regelmäßig veranstalteten Lesungen enorme Geltung hatte. Der Gruppe 47 kann aufgrund dessen eine rigorose „Stimmpolitik" (Epping-Jäger 2008, 86) bescheinigt werden. Unter Berufung auf eine ‚neutrale', das heißt bezüglich der Akzentuierung, Expressivität und Intonation stark zurückgenommene Sprechweise, die sich einerseits an den Standards des britischen Rundfunks orientierte, andererseits jedoch gerade diese Orientierung nicht als eine spezifische akustische Markierung hörbar werden lassen sollte, weshalb sie letztlich an die Konzeptionen der akzentfreien ‚Muttersprache' (vgl. Martyn

2014) und der im 19. Jahrhundert konstruierten ‚Hochlautung' (vgl. Tkaczyk 2018) anknüpfte, wurde die deutschsprachige Nachkriegsliteratur auch akustisch in ein neues Format übersetzt. Es bestand mithin darin, der Literatur in den Nachkriegsjahren jeden markanten, vor allem aber expressiven ‚Sound' auszutreiben. Die Bedeutsamkeit, die die Gruppe 47 der Tonalität von Literatur verlieh, hängt auf das Engste mit ihrem Modus Operandi zusammen. Denn die zentralen Kommunikationsformen der Gruppe bildeten zum einen die Lesung der literarischen Texte und zum anderen die anschließende sogenannte Spontankritik, also zwei mündlich-akustische Interaktionsmodi. Damit schuf die Gruppe einen besonderen literarischen *Sprech*raum, in dem zum Teil ausschließlich für ebendiese Lesung, ebendiesen Auftritt verfasste Texte vorgetragen wurden. Sie wurden hier vor einer späteren Drucksetzung und Überarbeitung gleichsam erstpubliziert. Vorgetragen wurden aber auch Texte, die lediglich in dieser Form, also nur als Lesung publiziert wurden. Insbesondere die kritischen und kommentierenden Beiträge, die ‚Spontankritik' im Anschluss an die einzelnen Lesungen, bildeten eine in der Regel weder schriftlich vorbereitete, noch gespeicherte und daher eine hochgradig ephemere Textualität.

Um die ‚Stimmpolitik' der Gruppe 47 nachzuvollziehen, ist Paul Celans 1952 in Niendorf gehaltene Lesung aufgrund der scharfen Ablehnung, die sie damals erfuhr, besonders prägnant. Seine Vortragsweise soll Gelächter hervorgerufen haben und einerseits als ein „Singsang [...] wie in der Synagoge" (Epping-Jäger 2008, 85) abgetan, andererseits mit „Goebbels'" (Epping-Jäger 2008, 84) Sprechduktus verglichen worden sein. An der Widersprüchlichkeit dieser Bestimmungen wird in erster Linie die Ratlosigkeit erkennbar, die Celans Vortragsweise seitens der auf Neutralität des Sounds eingeschworenen Zuhörer auslöste. Es sei dabei diese als „pathetisch" wahrgenommene „Vortragsweise" gewesen, die „die Gruppe 47 die Qualität seiner [d.i. Celans] Gedichte entschieden verkennen" (Arnold 2004, 75) ließ. Eine sicher treffende, vor allem aber aussagekräftig formulierte Beobachtung, bringt sie doch die Auffassung zum Ausdruck, die akustische habe die sprachlich-literarische Dimension der Gedichte Celans verstellt, ja unzugänglich gemacht. Noch fünfzig Jahre nach dem Niendorfer Auftritt wiederholt Heinz Ludwig Arnold somit die Ablehnung der zeitgenössischen Rezeption, indem er Celans Vortragsweise als einen Störfaktor beschreibt. Starke Texte habe er geschrieben, das habe man inzwischen eingesehen und anerkannt, seine Vortragsweise sei aber so störend und unzeitgemäß gewesen, dass sie von der Qualität der Gedichte völlig abgelenkt habe. Noch fünfzig Jahre nach seinem Auftritt wird die Dominanz des Tons, den die Lesung hervorrief, bestätigt. Ein Beispiel für tonales Missverstehen ist Celans Auftritt auch deshalb, weil die Gruppe 47 seine Rezitation von der textuellen Literarizität der Gedichte abkoppeln zu können glaubte. Während sie den Ton der Lesung neutral zu halten aufforderte, war für Celan hingegen die Vortragsweise weder eine von den Texten ablösbare Äußerlichkeit noch auch in neutraler Form umsetzbar. Insofern sie eine autobiographische Reflexion über Anknüpfung an die Sprechtradition des Burgtheaters (Epping-Jäger 2008, 94–96) leistete, gehörte die Sprechweise vielmehr zum inneren Bestandteil seiner Gedichte selbst.

Hans Werner Richter beschreibt Celans Auftritt vor der Gruppe 47 retrospektiv als ein Ereignis, bei dem man sich gefragt habe: „Ist es ein anderer Klang, ein neuer Ton, der hier wirksam wird" (Richter 1979, 112)? Mit dieser Formulierung wird Literatur durch einen historisch jeweils spezifischen *Sound* gekennzeichnet. Festzuhalten ist dabei, dass in den zwanzig Jahren ihres Bestehens sich sehr unterschiedliche tonale Lagen und Lager auf den Treffen der Gruppe 47 zu Wort meldeten. Bezugnahmen auf den Ton gehörten zudem seit Anbeginn zu ihrem Selbstbeschreibungsrepertoire. Sogar ihre Konstitutionsphase wird als ein tonales Ereignis erzählerisch aufgearbeitet. „Der Ton der kritischen Äußerung ist rauh" (Richter 1979, 80–81), erinnert sich Richter an die Besprechung der ersten Lesung der Gruppe überhaupt – Wolfdietrich Schnurre 1947 am Bannwaldsee. Verwiesen ist damit zugleich auf das Ereignis der kritischen Kommentierung von Literatur als zentralem Moment der Treffen. Auch die Kritik der Gruppe 47 hat einen Ton. Auch sie ist akustisch konstituiert. Und dieser Ton ist zu Beginn „rauh". Wird von der Literatur akustische ‚Neutralität' erwartet und geübt, so darf, ja soll der „Ton" der Kritik „rauh" sein. Dies wird sich im Verlauf der Gruppentreffen jedoch ändern, wie ein Blick auf ihre Spätphase verdeutlicht. Denn im Anschluss an das legendäre vorletzte Treffen der Gruppe in Princeton 1966 (vgl. Zimmer 1966) werden der Kritik andere Attribute attestiert. Nicht dass ihr Ton „rauh" sei, sondern dass sie geradezu artistische Züge angenommen habe, dass sie „virtuos" geworden sei, hebt die zeitgenössische Berichterstattung hervor: „Nirgendwo sonst haben wir je Kritik als solche Selbstfeier erlebt. Da treten Professionels auf, kaum daß der letzte Satz verklungen ist, und singen ihre Bravourarien so virtuos, daß sich der Anlaß, der Text, darüber oft vergißt. Mit anderen Worten: So viel Brillanz braucht keinen Anlaß mehr" (Lietzmann 2004, 127).

Mit dem Verweis auf die gesungenen „Bravourarien" wird die von der Gruppe 47 geübte Praxis der Kritik mit einer musikalischen Performanz verglichen. Zugleich wird ihr vorgehalten, sie habe sich aus einer nur kommentierenden Funktion gelöst und als eine Technik verselbstständigt, die selbst ästhetischen Kriterien standhält. Als um ihrer selbst willen aufgeführte „Brillanz" bedarf sie dessen, worauf sie sich ja eigentlich beziehen sollte, der Literatur, jedoch nicht mehr. Tatsächlich deutet die Berichterstattung zum Princetoner Treffen immer wieder auch darauf hin, dass es „literarisch eher enttäuschend" (Böttiger 2012, 387) gewesen sei. Während sich die Kritik somit zum eigentlichen Ereignis und Akteur der Treffen herauszubilden beginnt, scheint die Literatur in der Mittelmäßigkeit zu verkümmern. Diese Beobachtung spiegelt sich auch in Handkes Text „Zur Tagung der Gruppe 47 in USA" (Handke 1972) wider. Er zeugt von dem Wissen, wonach der maßgebliche literarische Text dieser Treffen vor allem in der Kritik und weniger in den Lesungen, allenfalls in der Beziehung beider Kommunikationsformen zueinander zu suchen sei: „In Princeton bin ich zum erstenmal dabeigewesen. [...] Ich habe mich gefreut, nach Amerika zu kommen, weil ich bis dahin nicht in Amerika gewesen war. [...] Ich war neugierig auf die Lesungen in Princeton und noch neugieriger auf die Kritik der Lesungen" (Handke 1972, 29).

Einen Tag nach seinem Auftritt als junger, noch unbekannter Schriftsteller, dessen Text von der Kritik mit der erwähnten artistisch-rhetorischen Geschicklichkeit als formal ambitioniert, zugleich jedoch im Ergebnis als misslungen abgeurteilt wurde, einen Tag nach diesem „Totalverriss" (Döring 2019, 41) wechselt Handke nun selbst in das Fach der Kritik und übt sie seither durchaus scharf aus. Da es ihm also nicht gelungen ist, mithilfe seiner literarischen Lesung zu reüssieren, versucht er es mit einem anderen Instrumentarium. Er tut dies, indem er sowohl den Zustand der zeitgenössischen Literatur als auch – und damit zusammenhängend – den Zustand der zeitgenössischen Kritik ins Visier nimmt. Nicht die Lesung aus seinem zu diesem Zeitpunkt noch in Vorbereitung befindlichen Roman *Der Hausierer* ist auf große Resonanz gestoßen, sondern seine als „Aufstand" (Zimmer 1966, 9) und „Angriff[]" mit „groben Geschosse[n]" (Delius 2012, 48) betitelte Kritik. Handke schlug hier einen im Kontext der Gruppentreffen ungewohnten und nachhallenden Ton an, der allerdings, hört man seine Rede, weder als „rauh" noch als eine „Bravourarie[]" beschreibbar ist.

Im Anschluss an die Lesung von Hermann Peter Piwitt wirft er der dort präsentierten, im Grunde jedoch, wie er behauptet, dem Gros der zeitgenössischen deutschsprachigen Literatur überhaupt, „Beschreibungsimpotenz" vor. Handke selbst bezeichnet diesen Ausdruck später als „ein Schimpfwort" (Handke 1972, 29), womit er eine poetologisch selbstreferenzielle Spur legt. Ein Jahr vor seinem Princetoner Auftritt, 1965, verfasste er nämlich sein Stück „Publikumsbeschimpfung", das mit einer Art Regieanweisung beziehungsweise mit „Regeln für die Schauspieler" (Handke 1979, 9) – einem Goethe-Zitat – beginnt und für die theatrale Umsetzung des Schimpfens unter anderem eine Anlehnung an „Litaneien in den katholischen Kirchen," „Anfeuerungsrufe auf den Fußballplätzen", das „allmähliche Lautwerden einer Betonmischmaschine nach dem Anschalten des Motors" oder das „Inswortfallen bei Debatten" (Handke 1979, 9) empfiehlt. Damit stellt er dem Stück eine kleine akustische Phänomenologie des Schimpfens voran. Vor allem aber liefert er mit dem „Inswortfallen bei Debatten" einen deutlichen Anhaltspunkt zum Verständnis seiner eigenen Praxis im Kontext des Princetoner Treffens. Wenn Handke dem Autor Piwitt wie auch den Kritikern auf der Princetoner Tagung ‚ins Wort fällt', dann hebt er damit die Grenze zu seiner eigenen literarischen Arbeit gewissermaßen auf.

In „Publikumsbeschimpfung" wird das Schimpfen zuallererst als ein akustisches Ereignis, nämlich ein „Klangbild" (Handke 1979, 13), konzipiert. Die erste Szene führt es als eine Kakophonie der Stimmen vor: „Die Sprecher sprechen durcheinander. Sie nehmen voneinander Wörter auf. [...] Sie sprechen alle zugleich, aber verschiedene Wörter. Sie wiederholen die Wörter. Sie sprechen lauter. Sie schreien" (Handke 1979, 13). Schimpfen bildet somit eine Unordnung der akustischen Spur. Es gipfelt im lauten Geschrei. Noch bevor es semantisch gefüllt wird – schließlich legt die obige Passage nicht fest, welche Wörter als Schimpfwörter dienen –, wird das Schimpfen als eine primär akustische Äußerung verstanden. Dass ein Wort als Schimpfwort gebraucht wird, liegt vor allem an seiner tonalen Umsetzung (vgl. dazu Tonger-Erk 2018). Allerdings weist die akustische Performanz von Handkes Princetoner Angriff weder Züge der ‚Rauheit' auf, wie sie der Kritik der Gruppe 47 in ihrer Anfangszeit bescheinigt wurde, noch die stilisierte ‚Artistik' der autonom geworden Kritik der letzten Jahre der Gruppe; noch lässt sie die in „Publikumsbeschimpfung" dargestellte akustische Aggressivität durch Geschrei erkennen. Bemerkenswert ist vielmehr die Holprigkeit, mit welcher Handke seine Kritik in den ersten circa zwei Minuten der insgesamt fünfminütigen Rede vorbringt. In einer wenig prononcierten Sprechweise, eher unsicher stotternd – „als seiner Selbst gewahr werden in einer öffentlichen Situation" (Röggla 2013, 17) –, im Modus abbrechender Wiederholung erweckt er den Eindruck, als verfertige er erst allmählich seine Gedanken beim Reden. Das Stottern ist dabei ein Mittel einer rhythmisierten Unterbrechung. Es ist aber auch ein rhetorisches Mittel zur Erzeugung des Eindrucks, die Rede entstehe im Sprechen. Demgegenüber wird die Meinung vertreten, Handke habe nicht spontan reagiert, sondern seine Invektive vorbereitet (vgl. Böttiger 2012, 393; Delius 2012, 49–50). Sein Auftritt lässt sich kaum als ‚Bravourarie' verstehen. Ein anderer Sound ist hier richtungsweisend. Der Sound von 1966, gekennzeichnet als ein Jahr „of noise and tumult", dem aber auch die Struktur der Unterbrechung, der „rupture" (Savage 2015, 7) eigen ist. „Ich, ich bemerke, dass in der gegen-, gegenwärtigen deutschen Prosa eine Art, eine Art Beschreibungsimpotenz vorherrscht. Man, man sucht, sucht sein Heil in einer bloßen Beschreibung" (Handke 1966, 15:14–15:21).

Bis hierhin könnte Handkes Stellungnahme als eine Diagnose durchgehen, die einen in der „Beschreibungsimpotenz" zum Ausdruck gebrachten Mangel der Literatur konstatiert. Anstatt jedoch das Symptom zu erklären, lässt Handke den Begriff der „Beschreibungsimpotenz" durch den weiteren Redeverlauf zu einem Schimpfwort werden. Nicht mittels der tonalen Inszenierung, sondern durch die Wahl pejorativer Ausdrücke und ihrer Nachdrücklichkeit. Hier ist es also die Semantik, die das zunächst einmal missverständliche Kompositum „Beschreibungsimpotenz" zum Ausgangspunkt einer Schimpfrede werden lässt. Dies geschieht an dem Punkt, an dem es über das ‚Heil der Beschreibung' heißt, dass es „von Natur aus schon das Billigste ist, womit man Literatur machen kann" (Handke 1966, 15:27–15:31). Dabei stottert die Rede dermaßen, dass sie nicht nur den Eindruck eines erhöhten Erregungszustandes präsentiert, sondern durch die repetitive Unterbrechung – „rupture" – des Kontinuums „of noise and tumult" geradezu auch einen eigenen Rhythmus, einen Beat (vgl. Wegmann und Reiber 2012), schafft.

Nach einem verlegenen Räuspern wird sie fortgesetzt, indem Handke die „ganz unschöpferische Periode" (Handke 1966, 15:39–15:40) der gegenwärtigen Literatur anklagt. Ein paar Sätze weiter scheint er mit dem Verweis auf den sogenannten „neuen Realismus" (Handke 1966, 15:41–15:42), dem jede „schöpferische Potenz" (Handke 1966, 15:56–15:57) abgesprochen wird, Anwesende unmittelbar getroffen zu haben, weshalb sich ein deutlich vernehmbares Raunen des Publikums in seine Stimme mischt. Das Raunen legt sich ein wenig, während Handke der deutschen Literatur unter anderem Reflexionslosigkeit und das Fehlen einer neuen Formsprache vorwirft. Als er jedoch noch einmal ausholt und zunächst die „primitive[] und öde[] Beschränkung auf die sogenannte Neue Sachlichkeit" (Handke 1966, 16:53–16:55) angreift, steigt die Unruhe im Saal. Als verleihe gerade sie dem Sprecher die gewünschte Souveränität, ändert sich sein Sprechmodus auf einmal. Keine Holprigkeit, kein Gestotter mehr, sondern ein Rede-Flow, in dem unterschiedliche Aspekte der „Beschreibungsimpotenz" aufgegriffen werden. Nach etwa zweieinhalb Minuten erfährt der Flow eine kurze Unterbrechung, als wollte Handke die Unruhe im Auditorium umso deutlicher werden lassen, um anschließend noch schwungvoller fortzufahren. „Eine läppische und idiotische Literatur" (Handke 1966, 17:50–17:52). Lautes Gelächter im Publikum. Beifallsbekundung. Die ‚Schimpfrede' geht weiter, indem sie sich nun der Kritik zuwendet. Keineswegs befände sich diese, so Handke, in einem besseren Zustand als die Literatur. Er bescheinigt ihr, dass ihr „überkommenes Instrumentarium [...] noch für diese Literatur aus[reicht], gerade noch hinreicht" (Handke 1966, 18:07–18:11). Erneut lautes Gelächter des Publikums. Die ‚läppische Kritik' entspreche der ‚läppischen Literatur', weshalb sie sich in Anbetracht neuer literarischer Formen nur in ‚Schimpfreden' zu ergehen und die Texte nicht anders denn als ‚langweilig' abzutun vermag. Im Anschluss an diese Bemerkung, mit welcher Handke sowohl auf sein eigenes Tun verweist, indem er hier die Praxis der Kritik selbst anwendet, dabei aber zu reformieren sich bemüht, als auch, indem er Kritik an der Disqualifikation seines eigenen Textes übt, der am Vortag als ‚langweilig' abgeurteilt worden ist, folgen Wiederholungen, Variationen des bereits Gesagten. Bedeutsam ist hierbei auch die behauptete unmittelbare Wechselbeziehung zwischen Kritik und Literatur, die es Handke ermöglicht, Literatur als Kritik zu betreiben und vice versa.

Dieser akustische Text vermischt den Sprechakt Handkes mit Äußerungen des Publikums und der Moderation. Ein akustischer Text entsteht, der viele Stimmen und andere hörbare Kommunikationselemente wie das Gestotter, die Dynamik der Rede, das Gelächter des Publikums etc. miteinander vernetzt. Er reflektiert nicht nur eine wichtige poetologische Dimension der Gruppe 47, nämlich die Beziehung, die sie zwischen der Praxis der Kritik und der Praxis des Sprechens herstellt, sondern knüpft auch ein dichtes selbstreferenzielles Netz innerhalb der literarischen Praxis Handkes, indem er auf die Verkettung unterschiedlicher Darstellungsformen und -formate des Schimpfens verweist. 1965 verfasst Handke das Stück „Publikumsbeschimpfung", das 1966, knapp zwei Monate nach dem Princetoner Treffen in Frankfurt am Main uraufgeführt wird. Sein Princetoner Auftritt wird als ‚Angriff' wahrgenommen und von ihm selbst sogar ausdrücklich dem ‚Schimpfen' zugeordnet. Was sich zunächst als eine polemische Kommentierung der zeitgenössischen Literatur, als eine lediglich literaturbetrieblich relevante Szene zu erkennen gibt, wird vor dem Hintergrund dieser schriftlich gespurten Textverkettung selbst als literarischer Beitrag lesbar. Damit erscheint die Grenze zwischen Literatur und Kritik, zwischen Literatur und Kommentar ebenso durchlässig wie die zwischen dem oralen und dem skripturalen Akt des Schimpfens. Die Kette lässt sich fortsetzen: Handkes Roman *Der Hausierer* erscheint 1967. Teile der vor der Gruppe 47 vorgelesenen Passagen finden sich in dieser Fassung, wenngleich umgeschrieben, wieder. Vor allem aber beginnt jedes Kapitel mit einer im Duktus literarischer Kritik gehaltenen Einleitung. Es entsteht der Eindruck, als werde die Deutung der nachfolgenden Narration vorweggenommen und beinahe entbehrlich gemacht. Die literarischen Bauprinzipien sind bereits verstanden worden, bevor die Erzählung selbst gelesen wird. Die Kritik schiebt sich gleichsam vor die Literatur beziehungsweise schreibt sich in diese ein. In diesem Modus wendet sie sich noch einmal dem Problem der Beschreibung zu. Im Übergang zum zweiten Kapitel reflektiert sie über die im Roman angewandte Beschreibungstechnik.

„Die Beschreibung der Ordnung dient nur der Beschreibung der Unordnung," (Handke 1967, 26) heißt es da zu Beginn. Und weiter: „Die Beschreibung der Ermordung, wie überhaupt die Beschreibungen in der Mordgeschichte, geht vom einzelnen zum ganzen" (Handke 1967, 28). Noch ein paar Zeilen weiter: „Das drohende Ereignis ist daran zu erkennen, daß an die Stelle der Beschreibung von Personen die Beschreibung von Dingen tritt" (Handke 1967, 29). Sowie schließlich: „Im Gang der Beschreibung bekommt jetzt jede Unregelmäßigkeit eine besondere Bedeutung" (Handke 1967, 29). Deutlich wird an diesem Zusammenschnitt nicht nur, dass Handke den rhetorischen Duktus der Literaturkritik seiner literarischen

Arbeit einverleibt. Vielmehr entwirft er hier ein poetologisches Konzept, mit dem er auf das von ihm aufgeworfene Problem der „Beschreibungsimpotenz" eine literarische Antwort liefert. Dabei hebt er die Beschreibung als eigentlichen Akteur und basales operatives Instrument der Erzählung hervor. Ein Instrument, mit dem man nicht „auf die Gegenstände durchschauen" (Handke 1972, 30), sondern „buchstäblich jedes Ding drehen" (Handke 1972, 30) kann. Aus dem akustischen ‚Angriff', der mit dem ‚Schimpfwort' „Beschreibungsimpotenz" geführt wurde, geht nun eine Poetik hervor, die der Beschreibung konstruktiv-technische Potenz verleiht. So denkt der Text über das Beschreiben und damit über seine eigene literarische Praxis nach dem Modell einer kritischen Kommentierung nach. Und er tut dies, indem er den fragilen akustischen Text des Princetoner Treffens, seine Tonspur gewissermaßen, über- und weiterschreibt. Mit der Fokussierung auf die Beschreibung fordert er zugleich die Frage nach den Möglichkeiten heraus, das, was er selbst tut, als Text und Literatur zu beschreiben (vgl. 4.17. SCHUMACHER).

4. Audiotexte der Literatur

Nicht nur setzt sich im 18. Jahrhundert die Schrift als primäres Kommunikationsmedium der Literatur durch, vielmehr wird im Zuge dieser Umstellung auch der Klang beziehungsweise Ton, eine Eigenschaft vorrangig mündlich-musikalischen Ausdrucks (vgl. auch 4.7. MATALA DE MAZZA), als eine literarische Qualität gleichsam (wieder-)entdeckt. Für die Literatur des 18. Jahrhunderts lässt sich die Relevanz des Hörbaren insbesondere in Ansätzen erkennen, die ihn als schriftimmanentes Moment einsetzen, indem sie sich an Formen der Mündlichkeit anlehnen und an der Rhythmisierung des Textes arbeiten. Es ist gerade das kommunikative Primat der Schrift, unter dessen Voraussetzung sich der Klang als ein genuin textueller Effekt herausbilden und mithin als Eigenschaft von (nicht nur lyrischen) Texten redefiniert werden kann. Neben der Hervorhebung der Tonalität in beziehungsweise mittels der Schrift, die ein in unterschiedlichsten Spielarten bis heute nachweisbares poetologisches Programm bezeichnet, tritt Literatur auch in unterschiedlichen Audiomedien auf. Sie ist demnach nicht durch Inszenierung und Adaption von akustischen Merkmalen in der Schrift bestimmt, sondern sie operiert selbst im Medium des Sounds.

Mit dieser Kennzeichnung ist ein Feld eröffnet, in dem unterschiedliche Formate (zum Formatbegriff vgl. Sterne 2012; Gitelman 2014) und Erscheinungsformen differenziert werden können: von der Theaterinszenierung (vgl. 4.10. KOLESCH) über die Autorenlesung (vgl. 4.5. MAYE und 4.6. MEYER-KALKUS) und den Poetry Slam (vgl. 4.18. BENTHIEN und PRANGE) bis hin zum Hörspiel (vgl. 4.11. SCHWERING, 4.12. HAGEN, 4.13. SARKOWICZ, 4.14. GERLOF und 4.15. BANNASCH),

Feature (vgl. 4.16. Ächtler) und nicht zuletzt zum Audiobook (vgl. 2.7. Binczek). Überdies ist an literarische Formen zu denken, die wie das Interview (vgl. 3.3. Walzer) in seinen verschiedenen medialen Aggregatzuständen oder wie die Poetikvorlesung (vgl. dazu Binczek 2018) tendenziell dem epitextuellen Bereich der Literatur zugerechnet werden. Schließlich müssen hier auch die digitalen Formen der Literatur – die interaktiven Hypertexte oder Computerspiele – in Betracht gezogen werden (vgl. auch 4.19. Heibach), sofern sie Audioelemente wie Sprache, Musik sowie andere Geräusche beinhalten. Das umrissene Feld ist ebenso weitläufig wie heterogen. Es umfasst nicht nur mediale Formate, die sich wie das Hörspiel oder die Autorenlesung als ein Werk beschreiben und der Literatur zurechnen lassen. Vielmehr lässt es auch eine Fülle von Erscheinungsformen zutage treten, die stärker dem Bereich der Vermittlung oder Kommentierung angehören und gleichwohl – wie das Interview oder die Kritik – in bestimmten Kontexten als literarische Werke rezipiert werden können. Dafür ist ein audiokulturell fundierter Textbegriff erforderlich, der von werkförmig und somit statisch gedachten Einheiten zu abstrahieren vermag; ein Textbegriff, mit dem aus der Fülle akustischer Daten literarisch bedeutsame Mitteilungen selegiert und als Bestandteile eines bedeutungskonstituierenden Prozesses bestimmt werden. Literatur im Zusammenhang von Audiokultur zu beschreiben, bedeutet deshalb auch, dass die etablierten, von der Einheit eines schriftlichen Textes her entwickelten literaturanalytischen Kategorien und letztlich auch der mit ihnen assoziierte Literaturbegriff einer kritischen Prüfung unterzogen werden müssen.

Eine systematische Erfassung dessen, was man als Audioliteratur bezeichnen könnte, liegt zum einen aufgrund der Breite und Heterogenität des Phänomenbereichs noch nicht vor. Zum anderen hängt es mit der grundlegenden Problematik bezüglich der methodischen Verfahren zusammen. Auch wenn die Stimme unter dem Paradigma der Performanz und damit als Körper sowie als mediales Phänomen (vgl. Linz und Epping-Jäger 2003) in den letzten Jahren eine bemerkenswerte Aufmerksamkeit erfuhr, ist damit lediglich eine Facette aus einem breiten Spektrum unterschiedlicher Aspekte erfasst. Differenzierte, probate Beschreibungskriterien, die den spezifisch auditiven Signifikationsprozessen des Sprechens, auch unter Einbezug von paralinguistischen Merkmalen, Rechnung trügen, fehlen hingegen. Aufgerufen sind in Bezug auf literaturwissenschaftliche Analysen vor allem die kulturhistorischen und sozialen Kontexte des Sprechens sowie der Sprechweisen (vgl. 3.2. Dembeck). Die Anwendung musikwissenschaftlicher Analyseinstrumentarien hilft nur bedingt weiter. Das Sprechen als literarischen Audiotext zu analysieren, erfordert die Entwicklung und Erprobung anderer Kategorien.

Literaturverzeichnis

Agathos, Katarina, und Herbert Kapfer (Hrsg.). *Robert Musil. Der Mann ohne Eigenschaften. Remix.* München 2005.

Arnold, Heinz Ludwig. *Die Gruppe 47.* Reinbek 2004.

Balke, Friedrich, und Rupert Gaderer (Hrsg.). *Medienphilologie. Konturen eines Paradigmas.* Göttingen 2017.

Benne, Christian. *Die Erfindung des Manuskripts. Zur Theorie und Geschichte literarischer Gegenständlichkeit.* Berlin 2015.

Berndt, Frauke. „‚Mit der Stimme lesen' – F. G. Klopstocks Tonkunst". *Stimme und Schrift. Zur Geschichte und Systematik sekundärer Oralität.* Hrsg. von Hans Georg Pott, Alfred Messerli und Waltraud Wiethölter. München 2008: 149–171.

Binas-Preisendörfer, Susanne. „Rau, süßlich, transparent oder dumpf – Sound als eine ästhetische Kategorie populärer Musikformen. Annäherung an einen populären Begriff". *Die Schönheiten des Populären. Ästhetische Erfahrung der Gegenwart.* Hrsg. von Kaspar Maase. Frankfurt am Main und New York 2008: 192–209.

Binczek, Natalie. „Literatur als Sprechtext. Peter Kurzeck erzählt das Dorf seiner Kindheit". *Literatur und Hörbuch.* Hrsg. von Natalie Binczek und Cornelia Epping-Jäger. München 2012: 60–70.

Binczek, Natalie. „Einen Text ‚zu umschneiden und von seiner Unterlage abzupräparieren'. Elfriede Jelineks ‚Moosbrugger will nichts von sich wissen'". *Das Hörbuch. Praktiken audioliteralen Schreibens und Verstehens.* Hrsg. von Natalie Binczek und Cornelia Epping-Jäger. München 2014: 157–177.

Binczek, Natalie. „Textgerede im Hörsaal. Die Frankfurter Poetikvorlesung von Thomas Meinecke". *Textgerede. Interferenzen von Mündlichkeit und Schriftlichkeit in der Gegenwartsliteratur.* Hrsg. von David-Christopher Assmann und Nicola Menzel. Paderborn 2018: 249–264.

Binczek, Natalie und Cornelia Epping-Jäger (Hrsg.). *Das Hörbuch. Praktiken audioliteralen Schreibens und Verstehens.* München 2014.

Bosse, Heinrich. *Bildungsrevolution 1770–1830.* Hrsg. mit einem Gespräch von Nacim Ghanbari. Stuttgart 2012.

Böttiger, Helmut. *Die Gruppe 47. Als die deutsche Literatur Geschichte schrieb.* München 2012.

Delius, Friedrich Christian. *Als die Bücher noch geholfen haben. Biografische Skizzen.* Berlin 2012.

Derrida, Jacques. „Signatur, Ereignis, Kontext". *Limited Inc.* Hrsg. von Peter Engelmann. Wien 2001: 15–46.

Djordjevic, Mira. „Audiophilologie". *Medien/Kultur. Schnittstellen zwischen Medienwissenschaft, Medienpraxis und gesellschaftlicher Kommunikation.* Hrsg. von Knut Hieckethier und Siegfried Zielinski. Berlin 1991: 207–215.

Döring, Jörg. *Peter Handke beschimpft die Gruppe 47. Mit einem autobiographischen Nachwort von Helmut Schanze.* Siegen 2019.

Dreckmann, Kathrin. „Verba volant, scripta manent. Das kulturelle Gedächtnis und die Archivierung des Akustischen". *Audioarchive. Tondokumente digitalisieren, erschließen und auswerten.* Hrsg. von Ruth E. Mohrmann. Münster u. a. 2013: 9–24.

Dreckmann, Kathrin. *Speichern und Übertragen. Mediale Ordnungen des akustischen Diskurses. 1900–1945.* Paderborn 2018.

Epping-Jäger, Cornelia. „Der ‚unerlässlich ruhige Ton'. Umbauten der Stimmkultur zwischen 1945 und 1952". *Formationen der Mediennutzung III. Dispositive Ordnungen im Umbau.* Hrsg. von Cornelia Epping-Jäger und Irmela Schneider. Bielefeld 2008: 77–96.

Franzel, Sean. *Connected by the Ear. The Media, Pedagogy, and Politics of the Romantic Lecture.* Evanston, IL 2013.

Frömming, Gesa. *Pastorale. Musik, Melancholie und die Kunst der Selbstregierung im Werk von Christoph Martin Wieland.* Göttingen 2015.

Fuhrmann, Wolfgang. „Schwingung und Stimmung bei Johann Gottfried Herder". *Stimmungen und Vielstimmigkeit der Aufklärung.* Hrsg. von Silvan Moosmüller, Boris Previšić und Laure Spaltenstein. Göttingen 2017: 96–115.

Gitelman, Lisa. *Paper Knowledge. Toward a Media History of Documents.* Durham und London 2014.

Großmann, Rolf. „Art. ‚Remix'". *Metzlers Lexikon. Medientheorie. Medienwissenschaft.* Hrsg. von Helmut Schanze. Stuttgart und Weimar 2002: 311–312.

Handke, Peter. *Princeton Recording.* Princeton University Department of German. http://german.princeton.edu/landmarks/gruppe-47/recordings-agreement/recordings/. 21. April 1966. (17. Juni 2019).

Handke, Peter. *Der Hausierer.* Frankfurt am Main 1967.

Handke, Peter. „Zur Tagung der Gruppe 47 in USA". *Ich bin ein Bewohner des Elfenbeinturms.* Frankfurt am Main 1972: 29–34.

Handke, Peter. „Publikumsbeschimpfung". *Publikumsbeschimpfung und andere Sprechstücke.* Frankfurt am Main 1979.

Harenberg, Michael. *Virtuelle Instrumente im akustischen Cyberspace. Zur musikalischen Ästhetik des digitalen Zeitalters.* Bielefeld 2012.

Haßler, Gerda, und Cordula Neis. *Lexikon sprachtheoretischer Grundbegriff des 17. und 18. Jahrhunderts.* Berlin 2009.

Herder, Johann Gottfried. „Auszug aus einem Briefwechsel über Ossian und die Lieder alter Völker". *Werke in zehn Bänden.* Bd. 2: *Schriften zur Ästhetik und Literatur 1767–1781.* Hrsg. von Gunter E. Grimm. Frankfurt a. M. 1993: 445–497.

Herrmann, Britta. „Auralität und Tonalität in der Moderne. Aspekte einer Ohrenphilologie". *Dichtung für die Ohren. Literatur als tonale Kunst.* Hrsg. von Britta Herrmann. Berlin 2015: 7–30.

Herzfeld-Schild, Marie Louise. „Emotionalität". *Handbuch Sound. Geschichte – Begriffe – Ansätze.* Hrsg. von Daniel Morat und Hansjakob Ziemer. Stuttgart 2018: 14–19.

Huber, Florian, und Christina Wessely (Hrsg). *Milieu – Umgebungen des Lebendigen in der Moderne.* Paderborn 2017.

Illich, Ivan. *Im Weinberg des Textes. Als das Schriftbild der Moderne entstand. Ein Kommentar zu Hugos ‚Didascalicon'.* München 1991.

Jäger, Ludwig. „Audioliteralität. Skizze zur Transkriptivität des Hörbuchs". *Das Hörbuch. Praktiken audioliteralen Schreibens und Verstehens.* Hrsg. von Natalie Binczek und Cornelia Epping-Jäger. München 2014: 231–253.

Käuser, Andreas. „Klang und Prosa. Zum Verhältnis von Musik und Literatur". *Deutsche Vierteljahrsschrift für Literaturwissenschaft und Geistesgeschichte* 68.4 (1994): 409–428.

Käuser, Andreas. „Jenseits des Textes. Die Leitfunktion des Klangs im musikästhetischen Diskurs und in musikalischer Prosa". *Handbuch Literatur & Musik.* Hrsg. von Nicola Gess und Alexander Honold. Berlin und Boston 2017: 197–217.

Kelman, Ari Y. „Rethinking the Soundscape. A Critical Genealogy of a Key Term in Sound-Studies". *The Senses and Society* 5.2 (2010): 212–234.
Kittler, Friedrich. *Grammophon, Film, Typewriter*. Berlin 1986.
Kittler, Friedrich A. *Aufschreibesysteme 1800/1900*. 3., vollst. überarb. Aufl. München 1995.
Kursell, Julia. „Klangfarbe um 1850 – ein epistemischer Raum". *Wissensgeschichte des Hörens in der Moderne*. Hrsg. vom Netzwerk ‚Hör-Wissen im Wandel'. Berlin und Boston 2017: 21–39.
Latour, Bruno. *Eine neue Soziologie für eine neue Gesellschaft: Einführung in die Akteur-Netzwerk-Theorie*. Frankfurt am Main 2007.
Lenk, Karsten. *Klang- und Resonanzräume. Inszenierte Klangräume und ihre raumbezogenen Auswirkungen*. Berlin 2016.
Lietzmann, Sabina. *Frankfurter Allgemeine Zeitung* 99 (29. April 1966).
Linz, Erika, und Cornelia Epping-Jäger (Hrsg.). *Medien/Stimmen*. Köln 2003.
Lösener, Hans. *Der Rhythmus in der Rede. Linguistische und literaturwissenschaftliche Aspekte des Sprachrhythmus*. Tübingen 1999.
Martyn, David. „Es gab keine Mehrsprachigkeit, bevor es nicht Einsprachigkeit gab. Ansätze zu einer Archäologie der Sprachigkeit (Herder, Luther, Tawada)". *Philologie und Mehrsprachigkeit*. Hrsg. von Till Dembeck und Georg Mein. Heidelberg 2014: 39–51.
Maye, Harun. „Eine kurze Geschichte der deutschen Dichterlesung". *Sprache und Literatur* 43.110 (2012): 38–49.
Meyer, Petra Maria. *Die Stimme und ihre Schrift. Die Graphophonie der akustischen Kunst*. Wien 1993.
Meyer-Kalkus, Reinhart. „Die Kunst der Vergegenwärtigung. ‚Die Kraniche des Ibykus' auf Sprechschallplatte und Audiobook". *Literatur und Hörbuch*. Hrsg. von Natalie Binczek und Cornelia Epping-Jäger. München 2012: 26–37.
Morat, Daniel, und Hansjakob Ziemer (Hrsg.): *Handbuch Sound. Geschichte – Begriffe – Ansätze*. Stuttgart 2018.
Müller, Lothar. *Die zweite Stimme. Vortragskunst von Goethe bis Kafka*. Berlin 2007.
Mütherig, Vera. „‚Das Ohr ist klüger als das Gedicht'. Autorenlesung als Form akustischer Literatur. Paratextuelle Rahmungsstrategien im Medium Hörbuch". *Dichtung für die Ohren. Zur Poetik und Ästhetik des Tonalen in der Literatur der Moderne*. Hrsg. von Britta Herrmann. Berlin 2015: 255–271.
Ong, Walter J. *Oralität und Literalität. Die Technologisierung des Wortes*. Opladen 1987.
Perrig, Severin. *Stimmen, Slams und Schachtel-Bücher. Eine Geschichte des Vorlesens. Von den Rhapsoden bis zum Hörbuch*. Bielefeld 2009.
Peters, Sybille. *Der Vortrag als Performance*. Bielefeld 2011.
Pinch, Trevor, und Karin Bijsterveld (Hrsg.). *The Oxford Handbook of Sound Studies*. Oxford 2012.
Previšić, Boris. *Hölderlins Rhythmus. Ein Handbuch*. Frankfurt am Main 2008.
Previšić, Boris. „Klanglichkeit und Textlichkeit von Musik und Literatur". *Handbuch Literatur & Musik*. Hrsg. von Nicola Gess und Alexander Honold. Berlin und Boston 2017: 39–54.
Röggla, Kathrin. *Stottern und Stolpern. Strategien einer literarischen Gesprächsführung. Essay*. Frankfurt am Main 2013.
Richter, Hans Werner. „Die Literatur der Kriegskinder". *Hans Werner Richter und die Gruppe 47*. Hrsg. von Hans A. Neunzig. München 1979: 108–139.
Richter, Hans Werner. „Wie entstand und was war die Gruppe 47?" *Hans Werner Richter und die Gruppe 47*. Hrsg. von Hans A. Neunzig. München 1979: 41–176.

Rühr, Sandra. *Tondokumente von der Walze zum Hörbuch. Geschichte – Medienspezifik – Rezeption*. Göttingen 2008.
Savage, Jon. *1966. The Year the Decade Exploded*. London 2015.
Schneider, Joh. Nikolaus. *Ins Ohr geschrieben. Lyrik als akustische Kunst zwischen 1750 und 1800*. Göttingen 2004.
Schön, Erich. *Der Verlust der Sinnlichkeit oder die Verwandlungen des Lesers. Mentalitätswandel um 1800*. Stuttgart 1987.
Schoon, Andi, und Axel Volmar. „Informierte Klänge und geschulte Ohren. Zur Kulturgeschichte der Sonifikation". *Das geschulte Ohr. Eine Kulturgeschichte der Sonifikation*. Hrsg. von Andi Schoon und Axel Volmar. Bielefeld 2012: 9–25.
Schulze, Holger. „Über Klänge sprechen. Einführung". *Sound Studies. Traditionen – Methoden – Desiderate. Eine Einführung*. Hrsg. von Holger Schulze. Bielefeld 2008: 7–16.
Schwering, Gregor. „,Achtung vor dem Paratext!' Gérard Genettes Konzeption und H. C. Artmanns Dialektdichtung". *Paratexte in Literatur, Film, Fernsehen*. Hrsg. von Klaus Kreimeier und Georg Stanitzek. Berlin 2004: 165–178.
Serres, Michel. *Der Parasit*. Frankfurt am Main 1981.
Spiess, Christine. „Eine Kunst, nur aus Sprache gemacht. Die Hörspiele der Elfriede Jelinek". *Elfriede Jelinek*. Hrsg. von Heinz Ludwig Arnold. München 1999: 110–119.
Sprenger, Florian. „Zwischen ,Umwelt' und ,milieu' – Zur Begriffsgeschichte von ,environment' in der Evolutionstheorie". *Forum Interdisziplinäre Begriffsgeschichte* 3.2 (2014): 7–18.
Stanitzek, Georg. „Buch. Medium und Form – in paratexttheoretischer Perspektive". *Buchwissenschaft in Deutschland. Ein Handbuch*. Bd. 1: *Theorie und Forschung*. Hrsg. von Ursula Rautenberg. Berlin und Boston 2010: 156–200.
Stephan, Inge. „Frau – Körper – Stimme. Genderperformanzen bei Elfriede Jelinek. Vergleichende Lektüren von ,Bild und Frau' (1984) und ,SCHATTEN (Eurydike sagt)' (2012)". *Konstruktion – Verkörperung – Performativität. Genderkritische Perspektiven auf Grenzgänger_Innen in Literatur und Musik*. Hrsg. von Andrea Horváth und Karl Katschthaler. Bielefeld 2016: 105–121.
Sterne, Jonathan. *MP3. The Meaning of a Format*. Durham und London 2012.
Stollberg, Arne. *Ohr und Auge – Klang und Form. Facetten einer musikästhetischen Dichotomie bei Johann Gottfried Herder, Richard Wagner und Franz Schreker*. Stuttgart 2006.
Stopka, Katja. *Semantik des Rauschens. Über ein akustisches Phänomen in der deutschsprachigen Literatur*. München 2005.
Svenbro, Jesper. *Phrasikleia. Anthropologie des Lesens im alten Griechenland*. München 2005.
Szondi, Peter. „Über philologische Erkenntnis". *Hölderlin-Studien. Mit einem Traktat über philologische Erkenntnis*. Frankfurt am Main 1984.
Tgahrt, Reinhard (Hrsg.). *Dichter lesen*. Bd. 1: *Von Gellert bis Liliencron*. Marbach am Neckar 1984.
Tgahrt, Reinhard (Hrsg.). *Dichter lesen*. Bd. 2: *Jahrhundertwende*. Marbach am Neckar 1989.
Tgahrt, Reinhard (Hrsg.). *Dichter lesen*. Bd. 3: *Vom Expressionismus in die Weimarer Republik*. Marbach am Neckar 1995.
Tkaczyk, Viktoria. „Hochsprache im Ohr. Bühne – Grammophon – Rundfunk". *Wissensgeschichte des Hörens der Moderne*. Hrsg. vom Netzwerk ,Hör-Wissen im Wandel'. Berlin und Boston 2017: 123–151.
Tonger-Erk, Lily. „,Sie sind das Thema'. Ambiguität der Ansprache in Peter Handkes Sprechstück ,Publikumsbeschimpfung'". *Zeitschrift für Ästhetik und Allgemeine Kunstwissenschaft* 16 (2018): 185–202.

Trabant, Jürgen. „Vom Ohr zur Stimme. Bemerkungen zum Phonozentrismus zwischen 1770 und 1830". *Materialität der Kommunikation*. Hrsg. von Hans Ulrich Gumbrecht und K. Ludwig Pfeiffer. Frankfurt am Main 1988: 63–79.

Wallach, Steffen. *Laute lesen. Zur Poetik schriftlich (re)präsentierter Phonie vom 18. bis zum 20. Jahrhundert*. Würzburg 2014.

Wehde, Susanne. *Typographische Kultur. Eine zeichentheoretische und kulturgeschichtliche Studie zur Typographie und ihrer Entwicklung*. Tübingen 2000.

Wegmann, Nikolaus, und Cornelius Reiber. „Deutsche Literatur. Die Gruppe 47 in Princeton". *Sprache und Literatur* 43.110 (2012): 50–65.

Wiethölter, Waltraud. „Stimme und Schrift. Szenen einer Beziehungsgeschichte". *Stimme und Schrift*. Hrsg. von Georg Pott, Alfred Messerli und Waltraud Wiethölter. Paderborn 2008: 9–53.

Wirth, Uwe. „Akustische Paratextualität, akustische Paramedialität". *Das Hörbuch. Praktiken audioliteralen Schreibens und Verstehens*. Hrsg. von Natalie Binczek und Cornelia Epping-Jäger. München 2014: 215–229.

Zeuch, Ulrike. „,Ton und Farbe, Auge und Ohr, wer kann sie commensurieren?' Zur Stellung des Ohrs innerhalb der Sinneshierarchie bei Johann Gottfried Herder und zu ihrer Bedeutung für die Wertschätzung der Musik". *Zeitschrift für Ästhetik und allgemeine Kunstwissenschaft* 41.2 (1996): 233–257.

Zimmer, Dieter E. „Gruppe 47 in Princeton". *Die Zeit* 19 (1966): 17–18.

2. Theorien – Methoden – Konzepte

2.1. Literatur und Stimme
Britta Herrmann

Literatur ist in der abendländischen Kultur Schrift, Buchstabenkunst (*litterae*); Stimme ist Klang (*phoné*) und als solche Teil der redenden Künste oder der Tonkunst. Beides scheint einander entgegengesetzt – zahllos die Klagen seit dem 18. Jahrhundert über die tote, weil stumme Buchstabenmitteilung. Literatur wird in dieser, seitens dekonstruktiver Kritik als phonozentristisch kritisierten Tradition gerade nicht als *phoné*, sondern als *phónos* – als Mord (an der Stimme) – gedeutet (vgl. Derrida [1967] 1983, 33). Und doch gilt die Schrift bereits seit der Antike auch als ein Mittel, die Stimme erklingen zu lassen. So schreibt Augustinus: „[...] quippe inspectis a legente litteris occurrit animo, quid voce prorumpat. Quid enim aliud litterae scriptae quam se ipsas oculis, praeter se voces animo ostendunt" [„denn nachdem die Buchstaben vom Lesenden angeschaut worden sind, begegnet dem Geist das, was sich im Wort äussern soll. Was zeigen nämlich die geschriebenen Buchstaben anderes als sich selbst den Augen und ausser sich selbst dem Geist die Laute"] (Augustinus 1975, 88; übers. von Ruef 1981, 22)?

Schriftzeichen funktionieren demnach auf zwei Ebenen: Sie zeigen sich auf der einen Ebene (nur) dem Auge und dienen hier der Betrachtung, analog einem Bild. Werden sie aber nicht betrachtet, sondern gelesen, verwandeln sie sich auf der zweiten Ebene in etwas, das als Stimme hervorbricht und so nicht mehr nur das Auge, sondern auch den Geist erreicht. Lesen (und das Gelesene geistig erfassen, also verstehen) heißt hier, visuelle Zeichen in Laute zu verwandeln und Buchstaben in Stimme zu transformieren.

Diese Lettern-Stimme basiert aber keineswegs notwendigerweise auf mündlicher Lautlichkeit. Bei Augustinus ist zwar jener artikulierte Klang gemeint, aus dem die Rede besteht, aber zugleich ist dieser Klang wiederum explizit dasjenige, was aus den Buchstaben heraus zu erfassen ist: „Loqui est articulata voce signum dare. Articulatam autem dico quae conpraehendi litteris potest" [„Sprechen heißt, mit artikuliertem Laut Zeichen zu geben. Artikuliert nenne ich aber (den Laut), der mit Buchstaben wiedergegeben werden kann"] (Augustinus 1975, 86; übers. von Ruef 1981, 22). Anders gesagt: Schrift ist artikulierte Stimme. Diese Stimme ist auch dann zu hören, wenn der Text nicht laut, sondern still gelesen wird (vgl. Svenbro 2008). Selbst Taubgeborene können sie, wie man inzwischen weiß, wahrnehmen (vgl. Campbell 1992). Sie ist also keineswegs als akustisches oder vokales Erinnerungsbild erklärbar. Eher dürfte es sich dabei um eine durch die spezifische Anordnung der *litterae* generierte, zerebrale Simulation von Lauten handeln. Insofern ist Schrift nicht das defizitäre Medium mündlicher Lautlichkeit, sondern – mit Novalis gesagt – eine eigene Tonkunst (vgl. Novalis 1968, 283), oder – mit Jacques Derrida formuliert – eine sich selbst überlassene Rede, die ganz von allein spricht (vgl. Derrida [1967] 1976).

Neben dieser grundsätzlichen Schrift-Stimme-Problematik spielt die Stimme für die Analyse, Produktion und Rezeption von Literatur auf verschiedenen Ebenen eine nicht zu unterschätzende Rolle. Dies wird nachfolgend in drei Hauptabschnitten – Textstimme(n), Texte stimmen, Stimmentexte – dargelegt und anschließend ein kurzer Ausblick auf Desiderate und Perspektiven gegeben.

1. Textstimme(n)

1.1. Figurencharakterisierung und literarisches Sujet

Dass man aus dem Klang der Stimme auf das *ethos* beziehungsweise den Charakter der Sprechenden schließen könne, ist ein seit der Antike zwar gelegentlich kritisch betrachteter, aber dennoch bis heute wirkungsmächtiger Topos. Literarische Texte bedienen sich seiner und schreiben ihn fort, wenn sie die Stimme zur Figurencharakterisierung und Sympathielenkung einsetzen. Zwar mögen konkrete Zuordnungen wie Gier, Missmut oder Feigheit zu bestimmten Tonlagen und Stimmqualitäten nicht mehr gegeben sein, wie etwa noch in der Antike und im Mittelalter (vgl. Meyer-Kalkus 1996), doch passen eine einstmals mit solchen Eigenschaften verbundene hohe krächzende, eine schrille, eine durchgehend tonlose Stimme oder auch starke Tonhöhenverlaufsänderungen nach wie vor nicht gut zur auditiven Vorstellung von positiv besetzten Heldinnen und Helden. Bei solchen Stimmen ist vielmehr Vorsicht geboten: So wird etwa die Stimme des dubiosen Professors X in E. T. A. Hoffmanns Erzählung *Die Automate* als „hoher kreischender dissonierender Tenor", kurz als „etwas höchst Widriges" (Hoffmann 2001, 417) beschrieben. Auch der unvermutete Wechsel der Stimme – etwa vom „harte[n] polternde[n] Ton" zum „unbeschreiblich sonore[n]" (Hoffmann 1993, 182) – dient keiner positiven Figurenwahrnehmung, erzeugt ein derartig plötzlicher Registerwechsel doch Irritation im Hinblick auf die psychische Stabilität und auf die Identität der Sprechenden. In Franz Kafkas *Verwandlung* wird die Stimme des Protagonisten in seiner neuen Käferexistenz gar durch ein Piepsen verfremdet, das die Deutlichkeit der Worte (den *logos*) auflöst und (aufgrund dessen?) schließlich als Tierstimme identifiziert wird. Weitere Beispiele der vokalen Charakteristik ließen sich zuhauf anführen. In den Mittelpunkt des Geschehens rückt sie aber in Wilhelm Jordans Lustspiel *Durch's Ohr* (1870), in dem die Liebe sich unbesehen an der Stimme des jeweils anderen entzündet und auch die Bewährungsprobe diverser verstellender Stimmenmaskeraden besteht: „Durch's Auge lieben – nichts ist abgeschmackter / Der Kehlkopf nur verräth uns den Charakter" (Jordan 1901, 105).

Jordans Stück verdeutlicht zugleich, dass die Stimme in der Literatur keineswegs nur der Figurendarstellung und Sympathielenkung dient, sondern vielfach auch Movens, Akteurin oder (titelgebender) Gegenstand literarischer Texte ist. Nicht selten befördert dieser ‚Stimmeneinsatz' die Öffnung eines akustischen Vorstellungs-, Erinnerungs- und Spielraums, eine polyphone beziehungsweise polyvokale Ästhetik des Textes sowie kulturelle, metaphysische oder metapoetische Reflexionen (klassisch hierzu vgl. Bachtin 1979; Bachtin [1965] 1987; Pascal 1977). Exemplarisch zu nennen wären hier etwa Gottfried Benns szenisches Lesestück *Die Stimme hinter dem Vorhang* (1952), Elias Canettis Erzählband *Stimmen von Marrakesch* (1967), Thomas Bernhards Prosasammlung *Der Stimmenimitator* (1978), Christa Wolfs Roman *Medea. Stimmen* (1996) oder Ursula Krechels Erzählung *Der Übergriff* (2001).

1.2. Lektürefigur: Prosopopoiia

Lesen heißt, dem Text eine Stimme geben. Dies wurde auch eingangs im Rekurs auf Augustinus deutlich. Nicht nur bricht im Akt der Lektüre in unserem Geist die Stimme von Toten, Abwesenden oder gar von Dingen hervor, auch der Text selbst spricht zu uns in einem fremden Namen (vgl. Weimar 1999). Vielleicht ist das niemandem so deutlich wie dem Protagonisten Nathanael in Hoffmanns schauerromantischer Erzählung *Der Sandmann* (1816). Beim Lesen des gleichfalls schauerromantischen Textes, den er selbst fabriziert hat, fragt sich Nathanael mit Entsetzen: „Wessen grauenvolle Stimme ist das" (Hoffmann 1985, 31)? Da die Hoffmann'sche Erzählung hochgradig selbstreflexiv ist, bildet diese intradiegetische Frage zugleich einen Hinweis für die extradiegetische Lektüre: Das Gleiche müssen sich die Leserin und der Leser vom *Sandmann* auch fragen, um dann festzustellen, dass sie selbst es sind, die dem Text ein ‚sprechendes Gesicht' verleihen, während die Frage ‚Wer spricht?' doch eigentlich auf den Text als eine Maske (*persona*) der Rede zielt, hinter der ein anderer – zum Beispiel der Autor – sich verbergen soll. Diese zweifache Stimmgebung – der eigenen durch die Lektüre und der gleichzeitigen Zuschreibung dieser erlesenen Stimme an eine andere Person – lässt sich mit der rhetorischen Figur der Prosopopoiia fassen (vgl. Menke 2000, 137–140). Sie bildet eine wichtige Figur des lesenden Textverstehens, das aus einer doppelten Bewegung entsteht: durch den inneren Nachvollzug qua eigener Stimmgebung (oder auch Subvokalisation) sowie aufgrund der deutenden Exegese (‚grauenvoll'), die in der Fremdzuschreibung möglich wird.

1.3. Narratologische Analysekategorie

Wenn innerhalb eines gedruckten Textes die Stimmen von Figuren charakterisiert werden, so suggeriert dies, dass sie überhaupt welche haben. Auch diese Zuschreibung ist letztlich eine Form der Prosopopoiia, des Stimme-Gebens. Wer aber bedient sich dieser rhetorischen Figur? Und wer bewertet etwa die Stimme des bereits erwähnten Professors X in der *Automate* als „etwas höchst Widriges"? Das kann eine Figur im Text sein oder – wie in diesem Fall – eine übergeordnete Erzählinstanz. Um die mit der Beantwortung der Frage ‚Wer spricht?' verbundenen verschiedenen Ebenen des Erzählens zu fassen, hat Gérard Genette in seinem Buch *Discours du récit* (1972) wiederum die Kategorie der Stimme eingeführt, die seither zur vielleicht wichtigsten Kategorie für die Erzähltextanalyse avanciert ist – auch wenn Genettes Ansatz durchaus umstritten ist (vgl. Fludernik 2001; Jongeneel 2006). Denn die jeweilige narrative Instanz ist an sich zwar eine rein grammatisch bestimmbare Größe, doch bleibt die erkenntnisleitende Frage ‚Wer spricht?' implizit an die Annahme eines durch die Rede handelnden Subjekts gebunden. Das narratologische Konzept von Stimme, das sich durchaus auch für die Lyrikanalyse fruchtbar machen lässt (vgl. Schönert et al. 2007), ist somit einer prosopopoietischen Lektürefigur geschuldet: Es geht selbst schon auf einen Akt des Stimme-Gebens zurück – und bleibt metaphorisch (vgl. Blödorn et al. 2006). Mit Genettes Kategorie der Stimme kann jedoch die Position der jeweiligen narrativen Instanz zum Erzählten (Erzählerhaltung) sowie die des Erzählers zum Leser (Erzählhaltung) bestimmt und so die literarische Kommunikation zwischen Text und Leser auf einer ersten Ebene differenziert werden. Wie noch deutlich werden wird, spielt die Stimme – dieses Mal die konkrete, physische – aber noch auf einer zweiten Ebene eine Rolle, die in der narratologischen Analyse bislang nicht erfasst ist (vgl. Abschnitt 4).

2. Texte stimmen

2.1. Vokale Schreibverfahren

Neben den bereits genannten Aspekten existiert auch eine produktionsästhetische und poetologische Funktion der Stimme für die Literatur. Es gibt Autorinnen und Autoren, die ihre Texte zugleich mit beziehungsweise als Stimme und mit beziehungsweise als Schrift gestalten. Gustave Flaubert etwa brüllte seine Texte beim Schreiben, um Rhythmus und Lautstilistik zu optimieren: „Je suis exténué d'avoir *gueulé* toute la soireé en écrivant" [„Ich bin am Ende, weil ich den ganzen Abend beim Schreiben laut vor mich hin gebrüllt habe"], notiert er 1853 (Flaubert 1995, 604; übers. von Bruneau 1980, 275).

Ein solches Schreiben mit lauter Stimme pflegen auch andere, freilich meist nicht ganz so dezibelstark. Schon aus der Antike sind Beispiele des dichterischen Schreibens mit der Stimme überliefert, etwa in einem Roman von Petronius (vgl. Ludwig 2005, 62). Heinrich von Kleist murmelte in Gesellschaften seine entstehenden Dramenverse vor sich hin und ließ sich zudem seine Texte von anderen vortragen, um ihre ‚Stimmigkeit' zu überprüfen (vgl. Meyer-Kalkus 2001, 71). Stimmbögen und Atemführung beim Sprechen haben den typischen Kleist'schen Periodenbau geformt, der beim nur stillen Lesen vielen Mühe macht. Friedrich Gottlieb Klopstocks Aufforderung, die Poetik der Texte an eine ‚Maulprobe' oder vielmehr an eine empirische Rezeptionsforschung zu knüpfen, mag hier leitend gewesen sein: „Man ist nicht sicher, völlig richtige Erfahrungen zu machen, wenn man den Dichter nur zum Lesen hingibt und sich hierauf die Eindrücke sagen läßt. Man muß ihn vorlesen, und die Eindrücke sehn" (Klopstock 1962a, 918).

Ein weiteres Verfahren, bei dem *phoné* und *écriture*, Stimme und Schreiben, auf spezifische Weise im Text miteinander verkoppelt sind und ineinander übersetzt werden, ist das Diktat. Von Lion Feuchtwanger etwa wird berichtet, dass er viele Stunden lang seiner Sekretärin diktierte, was ihm gerade durch den Mund ging, sodann den Klang der notierten Worte und den Stoff auf seine Lesbarkeit sowie das derart lektorierte Schriftmaterial anschließend wieder auf seine Hörbarkeit hin prüfte. Der Prozess des Ansagens verschiedener Wortfetzen zur Niederschrift war ein integrativer Teil seiner *inventio* und Textproduktion. Im Zeitalter von Tablet und Sprachverarbeitungsprogrammen werden nunmehr längst ganze Bücher direkt mit der Stimme produziert, um die hermeneutische Wirkung des eigenen literarischen Sounds auf die stumm Stimme gebende Leserschaft einschätzen zu können: „I haven't touched a keyboard for years. [...] I hear every sentence as it's made, testing what it will sound like, inside the mind's ear. [...] I'm just a little closer to what my cadences might mean, when replayed in the subvocal voices of some other auditioner" (Powers 2007, o. P.). Das Diktat ist aber natürlich auch schon vor einer breiten Praxis des stillen Lesens mit innerer Stimme, etwa in der überwiegend oralen Kultur der Antike samt ihrer Vortragskunst, ein Mittel, gleich bei der Textproduktion auch die Textwirkung zu erproben. Nicht zufällig werden die Worte *dictare* und *scribere* bald Synonyme, wobei ab dem 4. Jahrhundert n. Chr. *dictare* vor allem für das Schreiben von poetischen Werken verwendet wird. Es bildet folgerichtig die etymologische Wurzel für ‚dichten'. Anders gesagt: Dichten heißt, mit der Stimme und für das Ohr zu schreiben (vgl. Herrmann 2015b).

Literatur ist also produktionsästhetisch und poetologisch gleichsam doppelt gestimmt oder bestimmt: Erstens sorgt die *phoné* (des Autors/der Autorin) für die auch lautlos ‚hörbare' Stimmigkeit der Worte und Buchstaben in der Schrift. Ausgehend davon haben verschiedene Untersuchungen denn auch herauszuarbeiten versucht, inwiefern sich die physische Stimme des Autors oder der Autorin aus dem Werk herauslesen lässt und wie dadurch der jeweilige Stil des Textes geprägt wird (vgl. Sievers 1924; Berry 1962). Zweitens verwandeln sich *litterae* im Zuge der (stillen oder lauten) Lektüre in Stimme. Damit überführen die Lesenden graphische in aurale Zeichen, die historisch, kulturell und individuell je unterschiedlich geprägt und bedeutungstragend sind – sowohl im Hinblick auf einzelne Stimmqualitäten als auch auf komplexe Intonations- und Sprechmuster. Folglich bildet die je eigene Stimmgebung durch die Rezipientinnen und Rezipienten einen wichtigen Part der Semiose und ist Teil der (interpretierenden) Textproduktion im Akt des Lesens (vgl. Stewart 1990).

2.2. Deklamation, Lesung und Hörbuch

Das Lesen mit innerer Stimme – die Subvokalisierung – ist eine Kulturtechnik, die es zwar schon in der Antike gibt, die sich jedoch erst im 18. Jahrhundert mit der zunehmenden Alphabetisierung und der damit einhergehenden Umstellung vom lauten auf das stumme Lesen paradigmatisch herausbildet. Ziel dieser Kulturtechnik ist es, den weggefallenen Vortrag der Texte zu kompensieren und die daran gekoppelte aurale Wirkungsästhetik, insbesondere in der Dichtung, nicht zu zerstören. In diesem Sinn mahnt zumindest Klopstock die Subvokalisation als richtige Form des Lesens an: „Liest man bloß mit dem Auge, und nicht zugleich mit der Stimme; so wird die Sprache dem Lesenden nur dann gewissermaßen lebendig, wenn er sich die Deklamation hinzudenkt" (Klopstock 1962b, 1049).

Gleichzeitig aber ist es Klopstock, dem das Hinzudenken nicht genügen will und der deshalb eine moderne literarische Vortragskunst und -mode etabliert. In seinen Hamburger Lesegesellschaften treffen sich Frauen und Männer, um sich etwas vorzulesen, woraus Klopstock, da er dafür Geld nimmt und die Vortragsabende einen gewissen Nimbus haben, insbesondere wenn Klopstock selbst liest, ein recht einträgliches Geschäft macht. Bald wird lautes Vorlesen respektive die literarische Deklamation zum festen Unterhaltungsposten auf Gesellschaften und zur einträglichen Erwerbsquelle für reisende Vortragskünstler oder -künstlerinnen: „Rhapsodische Deklamatoren [...] kannte man, vor Klopstocks Zeiten, in Teutschland nicht. Madame Albrecht [...] trat als die erste Deklamatrice auf [...]. Seitdem hat sich ein Heer Deklamatoren erhoben, welches alle Gebirge und Ebenen, in denen die teutsche Sprache landüblich ist, zu allen Jahreszeiten durchziehet" (Seckendorff 1816, 14). Parallel dazu entsteht eine breite häusliche Deklamierpraxis, und es werden zahlreiche Deklamationsanleitungen und -bücher publiziert (vgl. Häntzschel 1985; zur Geschichte der Vortragskunst etwa Weithase

1930; Weithase 1940; Meyer-Kalkus 2001; Müller 2007; Maye 2007; Meyer-Kalkus 2009; Dupree 2012, Dupree 2017).

Da es vielfach dieselben Texte und Autoren sind, die in diesen Büchern versammelt sind und zur Aufführung kommen – besonders beliebt waren Balladen von Friedrich Schiller und Gottfried August Bürger, aber auch verschiedene Dramenstellen –, führt das literarische Entertainment nicht nur zu deren Popularisierung bis ins letzte Bergdorf und die kleinste Teegesellschaft hinein, sondern auch zu ihrer Verankerung im kulturellen Gedächtnis. Die Stimme spielt für Kanonisierungsprozesse und die Literaturgeschichtsschreibung also eine wichtige und bislang deutlich unterschätzte Rolle – zumal es sich bei manchen Vortragstourneen, etwa solchen des Dramenvorlesers Karl von Holtei in der zweiten Hälfte des 19. Jahrhunderts, um Massenveranstaltungen vor 600 oder mehr Zuhörerinnen und Zuhörern handelte (vgl. Weller 1939, 159).

Auch für die Ökonomie des Buchmarktes (und die der Autorinnen und Autoren) spielt der literarische Vortrag eine zentrale Rolle. So notieren 1869 die *Blätter für literarische Unterhaltung*: „Die Rückwirkung öffentlicher Vorträge auf jene erste buchhändlerische Verbreitung ist nicht gering zu achten" (Anonym 1869, 818). Vor allem Dichterlesungen sind hier ein zunehmend kapitaler Faktor. Detlev von Liliencron etwa berichtet um 1900 eindrücklich von dem zwiespältigen Zirkusleben seiner Lesereisen, den metergroßen Plakaten, mit denen sie beworben wurden, und dem vertraglichen Druck seitens der Verlage (vgl. Tgahrt 1984, 271–282). Deutlich zeigen seine Briefe aber auch, welche unverzichtbare Einnahmequelle für Autoren derartige Lesungen geworden sind.

Für die Positionierung innerhalb des literarischen Feldes spielt das Lesen mit lauter Stimme ebenfalls eine wichtige Rolle. So gibt es um 1900 zahlreiche Künstlergesellschaften, in denen man sich gegenseitig vorliest und sodann kritisiert – den Vortrag wie das Vorgelesene. Ein Prinzip, dass sich bis zur Gruppe 47 und zum Bachmann-Preis erhalten hat. Dabei wird aber nicht nur am Text (und seiner Aufführung) gearbeitet, sondern Markenbildung qua vokalem Sound Design betrieben und symbolisches Kapital angehäuft. Besonders bekannt dafür ist der George-Kreis mit seiner exklusiven Vortragspoetik. Aber auch einzelne Autoren etablieren sich und ihre Werkästhetik mittels charakteristischer Stimmklangkunst. So etwa der Dadaist Hugo Ball, der den mündlichen Vortrag zur Basis einer neuen Lautpoetik machte, oder die expressionistische Dichterin Else Lasker-Schüler, deren Performances mit pseudoarabischem Sprechgesang und sehr eigenwilliger Stimmführung das Publikum befremdeten und zugleich die orientalisierenden Texte adäquat in Szene setzten: „Das war kein Sprechen, das war Singen, ekstatisch, ewig tönend, wie das Zaubergebet eines orientalischen Propheten. [...] Man hörte fast nur geschleuderte Vokale, keine Konsonanten. Ein Hiatus nach dem anderen. Wie grelle indische Sonne. Nur manchmal hörte man unendlich irdisch, traut ein ‚r', wie das Kichern einer Quelle, ganz kurz, aber unvergeßlich" (Herzfelde 1969, 1307).

Bis heute erfolgt die Popularisierung und Vermarktung von Literatur mithilfe der Stimme – in Form von Autorlesungen, aber auch über das Medium Hörbuch, für das häufig ‚starke Stimmen' von bekannten Schauspielerinnen und Schauspielern eingesetzt und beworben werden. Dabei zeigt sich, dass die Besetzung der Hörbuchstimmen nach Geschlecht, Alter, Dialekt etc. durchaus in Konflikt geraten kann mit der Erzählstimme beziehungsweise der eigenen Stimmgebung bei der Lektüre und dem so generierten Phonotext (vgl. Birkerts 2006, 141–150). Wenn aber, um aus plakativen Gründen ein exemplarisch konstruiertes Beispiel zu nennen, Thomas Manns *Zauberberg* mit einer süddeutschen jugendlichen Frauenstimme nicht adäquat umgesetzt schiene, müssten daraus literaturtheoretische Rückschlüsse gezogen werden: narratologische Kategorien (wie das Diktum vom vermeintlich ort-, alters- oder geschlechtslosen Erzähler) überprüft, paratextuelle Lesesteuerungen (etwa durch einen männlichen Autornamen) für das Textverständnis stärker beachtet und rezeptionstheoretische Neuausrichtungen vorgenommen werden (etwa bezüglich der Frage, wie sehr die eigene Stimmgebung die Lesenden in den Text verstrickt). Umgekehrt mangelt es (noch) an Auseinandersetzungen mit dem Medienwechsel der Stimme und des Erzählens vom Buch zum Tonträger: Die Wahrnehmung von Frauenstimmen in der männlich konnotierten öffentlichen Sphäre (auch der medialen) als unpassend hat eine lange Geschichte (vgl. Lacey 1996). Darüber hinaus ist jede stimmliche Besetzung eine Inszenierung, mit der bestimmte paratextuelle Rahmungen und parasemantische Codierungen vorgenommen werden (vgl. Dreysee 2004; Lämke 2015; Mütherig 2018 sowie einige Beiträge in Hannken-Illjes et al. 2017). Jede audiotextuelle Adaptation führt zu einem eigenständigen Werk mit einem je eigenen Bedeutungsfeld aus stimmlichen und sprecherischen Parametern, Geräuschen, Musik, technischen Bearbeitungen, Formataspekten, Textdramaturgie und vielem mehr. Während es im Bereich der Literaturverfilmung vielfältige Forschungen zum Medienwechsel gibt, existieren Arbeiten zur Adaptationsforschung für den Hörspiel- und Hörbuchbereich bislang kaum (vgl. erste Ansätze bei Huwiler 2010; Schwethelm 2010; Hiebler 2014).

3. Stimmentexte

Überhaupt ist die medientechnische (Re-)Produktion der (physischen) Stimme für die literarische (Wirkungs-)Ästhetik genauer zu betrachten. So wie Kamera und Film das Sehen und den Blick verändert haben, hat sich die Nutzung von Mikrophon und Aufnahmegeräten auch auf die Stimmenwahrnehmung und deren poetologischen Einfluss ausgewirkt: Stimmen können nun in ‚Großaufnahme' gehört werden, sind technisch verfremdet und in allen Parametern manipulierbar, sie können wiederholt, montiert, geloopt, gesampelt, in *slow motion* oder *fast forward* gespielt werden. Vom Dadaismus bis zum postdramatischen Theater rücken aufgrund dieser Erfahrungen die paralingualen und materiellen Qualitäten der Stimme in den Vordergrund, während die Ebene der Worte und ihrer Semantik zurücktritt. Auf dem Papier werden stimmliche Artikulations- und Ausdrucksspielräume im phonetischen Code der Buchstaben dargestellt, die typographisch gestaltet, vereinzelt oder zu langen Ketten verknüpft werden. Bibbern, Stöhnen, Schreien, Flüstern können in ihrem literalen Äquivalent ein Gedicht formen (Raoul Hausmanns „Cauchemar", 1936–1946). Stimmen werden in tabellarischer Form parallel montiert oder ineinander geschichtet (etwa in Kurt Schwitters' „Ursonate", 1923–1932) und der Text durchbricht die lineare Ordnung, wird zur Partitur. In der Dramaturgie des Theaters nach Antonin Artaud und im Neuen Hörspiel werden Stimmen und ihre materiellen Eigenschaften gar zu den eigentlichen Akteuren des Geschehens. Ein Beispiel bildet etwa Ernst Jandls *das röcheln der mona lisa. ein akustisches geschehen für eine stimme und apparaturen* (BR, HR und NDR 1970).

Darüber hinaus werden aber audiomediale Stimmen (und andere lautliche Aufzeichnungen) auch direkt für die Textproduktion eingesetzt, montiert und collagiert. Zu nennen sind hier etwa Ferdinand Kriwets frühe *mixed-media*-Arbeiten wie etwa der Hörtext *Apollo Amerika* (WDR 1969) samt gleichnamigem, aber differentem Buch (Kriwet 1969) oder Rolf Dieter Brinkmanns Tapes *Wörter. Sex. Schnitt* (Brinkmann 1973, 3 CDs 2005). So entstehen akustische Texte, die nicht zwingend auch verschriftet vorliegen, möglicherweise aber in mehr als einem Medienformat (auch dem literalen) eigenständig existieren.

Für die Arbeiten der Lautpoeten und Sprachinstallateure von den Dadaisten über die konkrete Poesie bis hin zu Lyrikerinnen und Lyrikern wie Thomas Kling und Barbara Köhler gehört die stimmliche Aufführung hingegen zur Substanz des literalen Textes, während umgekehrt der literale Text die Basis der Vokalisation bildet. Das Werk entsteht aus der Koexistenz seiner stimmlichen und schriftlichen Form(en) und Formate, die idealiter auch bi- oder sogar polymedial zu rezipieren und zu interpretieren wären. Schon Rainer Maria Rilke favorisiert eine solche Medienpraxis der Text-Ton-Komparatistik, die auf den hermeneutischen Mehrwert aus dem Vergleich der eigenen (stillen) Lektüre mit dem Dichtervortrag abzielt: „Ich stelle mir [...] einen Lesenden vor, der, mit dem Gedichtbuch in der Hand, mitlesend, eine Sprechmaschine abhört, [...] das wäre [...] ein sehr eindringlicher Unterricht." Dabei geht es freilich nicht zuletzt um die *auctoritas* über den Text, einschließlich seiner akustischen Form, die hier gegenüber dem Interpreten beansprucht wird, denn Rilke verlangt (keineswegs als Einziger) nach dem

„Gedicht in der vom Dichter gewollten Figur", die als „ein beinah unvorstellbarer Wert[]" (Rilke 1987, 940) einer fremden Stimm-Gebung gegenübergestellt werden soll. Dadurch soll letztlich der Bedeutungsraum der Texte, der literarisch fixierten wie derjenige der vokalen Gestaltung, festgeschrieben, die Semiose stillgestellt und die Autorfunktion gestärkt werden (vgl. Herrmann 2015b).

Darüber hinaus gibt es aber auch Texte, die nicht im Medium der Schrift gegeben sind oder für die dieses sekundär ist. Hier zählt allein der Audiotext. Sofern dieser medial aufgezeichnet, also ‚lesbar' und bearbeitbar ist, ließe er sich vielleicht als audioliteral bezeichnen und sich von einer akustischen Schrift sprechen (vgl. Meyer 1993; Jäger 2014). Doch gehören zu den Audio- und Stimmentexten auch nicht reproduzierbare Liveperformances, etwa der Spoken-Word-Szene. Ihnen ist allerdings insofern eine medientechnische Ästhetik und Codierung eingeschrieben, als ihr wichtigstes Instrument das Mikrophon ist – und somit immer schon eine künstliche Stimme im Zentrum der Textperformance steht.

4. Literaturwissenschaft und Stimme: Desiderate und Perspektiven

Seit einigen Jahren gibt es insbesondere seitens der Kultur-, Medien- und Theaterwissenschaften, der Sound Studies und der Philosophie eine verstärkte Aufmerksamkeit für die Stimme (vgl. Meyer-Kalkus 2007). Die Literaturwissenschaft, traditionell einem eher monomedialen, auf die Schrift hin orientierten Literaturbegriff verpflichtet, wandelt sich jedoch nur schwer zu jener „Ohrenphilologie", die um 1900 der Mediävist und Linguist Eduard Sievers eingefordert und der russische Formalist Boris M. Eichenbaum in der *Illusion des Skaz* 1918 seiner Narratologie zugrunde gelegt hat: „Wir Schriftgelehrte sehen das Wort nur [...]. Oft vergessen wir völlig, daß das Wort an sich mit dem Buchstaben nichts gemeinsam hat – daß es eine lebendige, bewegliche Tätigkeit ist, die von der Stimme, der Artikulation und Intonation gebildet wird [...]. Wir denken, daß der Schriftsteller *schreibt*. Das trifft aber nicht immer zu [...]. Deutsche Philologen [...] begannen vor einigen Jahren von der Notwendigkeit der ‚Ohrenphilologie' an Stelle der ‚Augenphilologie' zu sprechen. Das ist ein äußerst fruchtbarer Gedanke" (Eichenbaum 1971, 162).

In der angloamerikanischen Tradition findet man seit den 1920er Jahren Ansätze einer ‚Ohrenphilologie'; bildet die Vokalisation von Texten – *oral interpretation* oder interpretierendes Textsprechen – dort doch bis in die 1970er Jahre hinein ein hermeneutisches Handwerkzeug für die Literaturanalyse (Palmer 1969, 17–18), vor allem aber das hörbare Ergebnis literarischer Textarbeit und eines *close reading*. Einiges davon wird auch in der deutschen Sprechwissenschaft gemacht (vgl. Lämke 2011). Allerdings ist hierzulande der sprechpraktische und sprechanalytische Textzugang eher selten Teil literaturwissenschaftlicher Praxis – geschweige denn einer damit verbundenen Theoriebildung.

Je stärker jedoch literarische Produktionen und Adaptationen in der heutigen Lese-, Slam- und Hörbuchkultur von Aspekten stimmlicher Performanz geprägt sind, desto mehr ist die Literaturwissenschaft gefordert, ihre Interpretationspolitik zu überdenken und Analyseinstrumente für ein *close listening* zu finden, um diesen Phänomenen gerecht zu werden und auch künftige Entwicklungen einer intermedialen, performativen Literaturgeschichte und ihrer Genres zu erforschen (vgl. Bernstein 1998; Middleton 2005). Arbeiten zum Hörbuch, zum Hörspiel, zu Lesungen, Poetry Slams und vokaler Performance gibt es immerhin inzwischen einige (vgl. exemplarisch Hörburger 1996; Böhm 2003; Köhler 2005; Preckwitz 2005; Schlichting 2006; Rautenberg 2007; Kohl 2007; Anders 2008; Perrig 2009; Binczek und Epping-Jäger 2012; Binczek und Epping-Jäger 2014; Bung und Schrödl 2017), ihnen mangelt es jedoch oft (nicht immer) an übergreifender Systematik und Theoriebildung.

Auch für historische Fragestellungen wären solche Instrumente relevant, etwa im Hinblick auf die Erforschung vokaler Orientierungen und Praktiken poetologischer Programme oder auf die Stimme als wichtiges Medium von Popularisierungs- und Kanonisierungsprozessen. Differenzierte Kenntnisse bezüglich einer Kultur des literarischen Sprechens (und Hörens) werden hier ebenso unerlässlich sein wie die Entwicklung einer auralen (Medien-)Semiotik, Hermeneutik und Ästhetik oder eine diskursgeschichtliche und wahrnehmungsästhetische Untersuchung protosemantischer und paralingualer Effekte. Für derartige Arbeiten sind freilich auch Ansätze der Linguistik, der Musik- und Medienwissenschaft, der Sound Studies und Performance Studies, der Rhetorik zu nutzen. Zudem erweitern seit kurzem historiographische, ethnographische und philosophische Erkenntnisse den interdisziplinären Horizont (vgl. hierzu den Forschungsüberblick bei Herrmann 2015a).

Für medienkomparatistische und werkgenetische Untersuchungen sowie für editionsphilologische Vorhaben werden künftig viel stärker vokale und akustische Realisationen von Texten einbezogen werden müssen (vgl. Meier 2014; Bernhart 2017), zumal diese auch auf die schriftlichen Fassungen modifizierend zurückwirken (können). Dies ist sowohl hermeneutisch als auch produktionsästhetisch von Interesse wie von Bedeutung. Als Beispiel sei etwa Franz Mons Text „das gras wies wächst" (SR, BR und WDR 1969) genannt, der vor und nach der akustischen Produktion in einer jeweils anderen Fassung publiziert wurde (vgl. Maurach 1995, 34–55 und 118–124). In diesem Zusammenhang wird zudem deutlich, dass Werkausgaben künftig nicht nur über polymediale Publikationsformen nachdenken müssen, sondern dass eine intermediale Dokumentation der Werkgenese sowie eine medienvergleichende Text- und Adaptationsanalyse stattfinden müssen, die Transkriptions- und Annotierungsprobleme zu lösen haben (vgl. Kanzog 1991). Abgesehen davon dürfte für die Kommentierung vokaler Texte ein interdisziplinäres Team unerlässlich sein, das phonetische, soziolinguistische, musikalische und deklamatorische Formgebungen erläutert und kontextualisiert.

Narratologische Kategorien müssten für die Audiotextanalyse ebenfalls überdacht und angepasst werden. So ist neben der metaphorischen Stimme Genettes als Kategorie zur Analyse des Verhältnisses von Erzähler und Erzähltem auch die physische Stimme als Analysekategorie einzubeziehen. Dies betrifft zum Beispiel die Wahl prosodischer Mittel (Sprechhaltung) und das Verhältnis der konkret Sprechenden zu Erzähler und Erzähltem (Sprecherhaltung) (vgl. Häusermann 2008, 263). Es muss also eine Art Ebene zweiter Ordnung angenommen werden, in der das Verhältnis zwischen Erzähltem und Lesewahrnehmung nunmehr nicht allein vom Erzähler, sondern auch von der stimmlichen Interpretation durch den Sprecher gesteuert wird. Mit der Verdoppelung der literarischen Kommunikationsebenen im audiomedialen Text verändern sich zugleich die Positionen von Autor und Leser. Insofern der Sprecher an die Stelle des Lesers rückt, indem er dem Text statt seiner eine Stimme gibt und die Deutung übernimmt, entsteht für den nunmehr lauschenden Rezipienten eine sekundäre Rezeptionssituation, ähnlich wie im Theater. Der Sprecher konkurriert aber auch mit der Position des Autors, da die vokale Textform eine Adaptation ist, die sich gleichsam an die Stelle des gedruckten Originals setzt (sofern es denn überhaupt eins gibt). Paratextuell wird dieser Prozess einer metonymischen Verschiebung vom gedruckten zum akustischen Primärtext und vom Autor zum Sprecher etwa dadurch unterstützt, dass das Bild der empirischen Sprecherin oder des Sprechers das Cover der CD ziert oder dass Texte primär nach Sprechern (wie etwa Gert Westphal) oder Sprecherinnen (deutlich seltener und sehr vom Genre abhängig) statt nach Autoren und Autorinnen ausgewählt und rezipiert werden. Wenn der Autorname laut Michel Foucault (*Was ist ein Autor?*) in der Schriftkultur dazu dient, Texte jemandem zuzuschreiben und dadurch ein Werk zu konstituieren, so scheint dem Sprechernamen eine ähnliche Funktion für die audiomediale Textkultur zuzukommen. Was aber bedeutet das für die ‚Werkherrschaft' (vgl. Bosse 2014)? Neben all den hier schon genannten Forschungsperspektiven eröffnen vokale Textfassungen auch für die Narratologie, die Autorschaftstheorie und die Rezeptionsforschung ein neues, weites Feld literaturtheoretischer Neubestimmungen.

Schließlich ist der Blick auch auf vergangene und laufende kulturelle Verhandlungen zu richten. Während *ratio* und *logos* in der abendländischen Philosophie dem Sehsinn zugeordnet werden, gilt das Ohr als unmittelbarer Zugang zur Seele und zum Unbewussten. Nicht zu allen Zeiten gilt deshalb eine aural-sinnliche Dimension in der Literatur als wünschenswert, da diese mit einer dem Logos entgegengesetzten Steuerung der Triebkräfte, Emotionen und Affekte verbunden scheint. Nicht zuletzt die psychoanalytische Theoriebildung nach Jacques Lacan geht davon aus, dass die Schrift der symbolischen Ordnung zugehört und die Stimme davon ausgeschlossen ist. Man könnte sich also fragen, was die Rückkehr des Verdrängten – der „glottische[n] Lust" (Kristeva [1974] 1978, 158) – ins Zentrum der Schrift – der Literatur – in unterschiedlichen historischen Konstellationen zur Folge hat. Für die Zeit um 1900 hat Julia Kristeva eine Veränderung der Schreibweise und Durchbrechung der symbolischen Ordnung herausgearbeitet: die Auflösung grammatischer Strukturen, Rhythmisierung, eine ausgeprägte Lautstilistik, der Bedeutungsverlust des Signifikats. Kristeva hat dies speziell bei den Symbolisten beobachtet, doch gilt Analoges auch für den Dadaismus, den Expressionismus und die russische Avantgarde. Im zeitgenössischen Diskurs selbst wird das Vokale deutlich als positive Gegenkraft zum Logos verstanden und eine Nähe zu dionysischen Zuständen konstatiert (vgl. Herrmann 2015c, 122–125). Derartige Diskurse verweisen auf ein kulturpoetisches Untersuchungsfeld, in dem der Zusammenhang von Stimme, Literatur, historischen Umbrüchen und gesellschaftlichen Bedürfnissen zu analysieren ist und für andere Zeiten – etwa der gegenwärtigen – neu zu bestimmen wäre.

Literaturverzeichnis

Anders, Petra. „Texte auf Wanderschaft. Slam Poetry als Schrift-, Sprech- und AV-Medium". *Deutscher Germanisten-Verband: Mitteilungen des Deutschen Germanistenverbandes* 55.3 (2008): 304–316.
Anonym. *Blätter für literarische Unterhaltung*. Bd. 2. Leipzig 1869: 818.
Augustinus. *De Dialectica*. Hrsg. von Jan Pinborg. Dordrecht 1975.
Bachtin, Michail. *Die Ästhetik des Wortes*. Frankfurt am Main 1979.
Bachtin, Michail. *Rabelais und seine Welt. Volkskultur als Gegenkultur* [1965]. Übers. von Gabriele Leupold. Hrsg. von Renate Lachmann. Frankfurt am Main 1987.
Bernhart, Toni. „Bücher, die man hören kann, oder: Über das Fehlen editionswissenschaftlich informierter Audioeditionen". *Phänomen Hörbuch. Interdisziplinäre Perspektiven und medialer Wandel*. Hrsg. von Stephanie Bung und Jenny Schrödl. Bielefeld 2017: 59–68.
Bernstein, Charles. *Close Listening. Poetry and the Performed Word*. Oxford 1998.
Berry, Francis. *Poetry and the Physical Voice*. London 1962.
Binczek, Natalie, und Cornelia Epping-Jäger (Hrsg.). *Literatur und Hörbuch*. München 2012.
Binczek, Natalie, und Cornelia Epping-Jäger (Hrsg.). *Das Hörbuch. Praktiken audioliteralen Schreibens und Verstehens*. München 2014.
Birkerts, Sven. *The Gutenberg Elegies. The Fate of Reading in an Electronic Age*. Boston 2006.
Blödorn, Andreas, und Daniela Langer. „Implikationen eines metaphorischen Stimmenbegriffs. Derrida – Bachtin – Genette". *Stimme(n) im Text. Narratologische Positionsbestimmungen*. Hrsg. von Andreas Blödorn, Daniela Langer und Michael Scheffel. Berlin 2006: 53–82.

Böhm, Thomas: „Für ein literarisches Verständnis von Lesungen". *Auf kurze Distanz. Die Autorenlesung. O-Töne, Geschichten, Ideen*. Hrsg. von Thomas Böhm. Köln 2003: 170–185.
Bosse, Heinrich. *Autorschaft ist Werkherrschaft. Über die Entstehung des Urheberrechts aus dem Geist der Goethezeit*. München 2014.
Bruneau, Jean. *Correspondance de Gustave Flaubert*. Bd. 2. Paris 1980.
Campbell, S. Ruth. „Speech in the Head? Rhyme Skill, Reading, and Immediate Memory on the Deaf". *Auditory Imagery*. Hrsg. von Daniel Reisberg. Hilsdale, NJ 1992: 83–93.
Bung, Stephanie, und Jenny Schrödl (Hrsg). *Phänomen Hörbuch. Interdisziplinäre Perspektiven und medialer Wandel*. Bielefeld 2017.
Derrida, Jacques. „Edmond Jabès und die Frage nach dem Buch" [1967]. *Die Schrift und die Differenz*. Übers. *von Rodolphe Gasché*. Frankfurt am Main 1976: 102–120.
Derrida, Jacques. *Grammatologie* [1967]. Übers. von Hans-Jörg Rheinberger und Hanns Zischler. Frankfurt am Main 1983.
Dreysee, Miriam. „Was erzählt eine alte Stimme, was eine junge Stimme nicht erzählt?" *Kunst-Stimmen*. Hrsg. von Doris Kolesch und Jenny Schrödl. Berlin 2004: 68–78.
Dupree, Mary Helen. „From ‚Dark Singing' to a Science of the Voice. Gustav Anton von Seckendorff, the Declamatory Concert and the Acoustic Turn Around 1800". *Deutsche Vierteljahrsschrift für Literaturwissenschaft und Geistesgeschichte* 86.3 (2012): 365–396.
Dupree, Mary Helen. Theorie und Praxis der Deklamation um 1800. *Handbuch Musik und Literatur*. Hrsg. von Nicola Gess und Alexander Honold. Berlin und Boston 2017: 362–373.
Eichenbaum, Boris M. „Die Illusion des Skaz". *Russischer Formalismus*. Hrsg. von Jurij Striedter. München 1971: 162–167.
Flaubert, Gustave. *Die Briefe an Louise Colet. Mit allen erhaltenen Briefen und Tagebuchnotizen von Louise Colet an Gustave Flaubert und einem Vorwort von Julian Barnes*. Übers. von Cornelia Hasting. Zürich 1995.
Fludernik, Monika. „New Wine in Old Bottles? Voice, Focalization and New Writing". *New Literary History* 32.3 (2001): 619–638.
Hannken-Illjes, Kati, Katja Franz, Eva-Maria Gauß, Friederike Könitz, und Silke Marx (Hrsg.). *Stimme – Medien – Sprechkunst*. Hohengehren 2017.
Häntzschel, Günter. „Die häusliche Deklamationspraxis. Ein Beitrag zur Sozialgeschichte der Lyrik in der zweiten Hälfte des 19. Jahrhunderts". *Zur Sozialgeschichte der deutschen Literatur von der Aufklärung bis zur Jahrhundertwende. Einzelstudien*. Hrsg. von Günter Häntzschel, John Ormrod, und Karl N. Renner. Tübingen 1985: 203–233.
Häusermann, Jürg. „Die Aufführung von Literatur im Hörbuch". *Literatur im Medienwechsel*. Hrsg. von Andrea Geier. Bielefeld 2008: 250–273.
Herrmann, Britta. „Auralität und Tonalität in der Moderne. Aspekte einer Ohrenphilologie". *Dichtung für die Ohren. Literatur als tonale Kunst in der Moderne*. Hrsg. von Britta Herrmann. Berlin 2015a: 7–30.
Herrmann, Britta. „Ansagen, abhören, aufschreiben. Auralität und Medialität im Akt der Textproduktion". *Das Diktat*. Hrsg. von Natalie Binczek und Cornelia Epping-Jäger. München 2015b: 141–154.
Herrmann, Britta. „Goethe als Sound-Objekt. Phonographische Fantasien um 1900, akustische Pathosformel und Aspekte einer Medienkulturwissenschaft des Klangs". *Dichtung für die Ohren. Literatur als tonale Kunst in der Moderne*. Hrsg. von Britta Herrmann. Berlin 2015c: 117–140.

Herzfelde, Wieland. „Else Lasker-Schüler. Begegnungen mit der Dichterin und ihrem Werk".
Sinn und Form 21.6 (1969): 1294–1325.
Hiebler, Heinz. „Problemfeld ‚Hörbuch'. Das Hörbuch in der medienorientierten Literaturwissenschaft". *Das Hörbuch. Praktiken audioliteralen Schreibens und Verstehens.* Hrsg. von Natalie Binczek und Cornelia Epping-Jäger. München 2014: 95–115.
Hörburger, Christian. „Hörspiel". *Historisches Wörterbuch der Rhetorik.* Bd. 3. Hrsg. von Gerd Ueding. Darmstadt 1996: 1573–1584.
Hoffmann, E. T. A. „Der Sandmann". *Sämtliche Werke in sechs Bänden.* Bd. 3: *Nachtstücke, Klein Zaches, Prinzessin Brambilla, Werke 1816–1820.* Hrsg. von Hartmut Steinecke. Frankfurt am Main 1985: 11–49.
Hoffmann, E. T. A. „Der Magnetiseur". *Sämtliche Werke in sechs Bänden.* Bd. 2.1: *Fantasiestücke in Callot's Manier, Werke 1814.* Hrsg. von Hartmut Steinecke unter Mitarbeit von Gerhard Allroggen und Wulf Segebrecht. Frankfurt am Main 1993: 178–225.
Hoffmann, E. T. A. „Die Automate". *Sämtliche Werke in sechs Bänden.* Bd. 4: *Die Serapionsbrüder.* Hrsg. von Wulf Segebrecht. Frankfurt am Main 2001: 396–429.
Huwiler, Elke. „Radio Drama Adaptations. An Approach towards an Analytical Methodology". *Journal of Adaptation in Film & Performance* 3.2 (2010): 129–140.
Jäger, Ludwig. „Audioliteralität. Eine Skizze zur Transkriptivität des Hörbuchs". *Das Hörbuch. Praktiken audioliteralen Schreibens und Verstehens.* Hrsg. von Natalie Binczek und Cornelia Epping-Jäger. München 2014: 231–253.
Jongeneel, Els. „Silencing the Voice in Narratology? A Synopsis". *Stimme(n) im Text. Narratologische Positionsbestimmungen.* Hrsg. von Andreas Blödorn, Daniela Langer und Michael Scheffel. Berlin 2006: 9–30.
Jordan, Wilhelm. *Durch's Ohr.* 7. Aufl. Frankfurt am Main 1901.
Kanzog, Klaus. „Sprechakt und Zeichensetzung. Zur Transkription des gesprochenen Worts in audio-visuellen Medien". *Editio* 5 (1991): 82–95.
Klopstock, Friedrich Gottlieb. „Die deutsche Gelehrtenrepublik". *Ausgewählte Werke.* Hrsg. von Karl August Schleiden. München 1962a: 875–929.
Klopstock, Friedrich Gottlieb. „Von der Deklamation". *Ausgewählte Werke.* Hrsg. von Karl August Schleiden. München 1962b: 1048–1049.
Kohl, Katrin. „Festival, Performance, Wettstreit: deutsche Gegenwartsliteratur als Ereignis". *Literarische Wertung und Kanonbildung.* Hrsg. von Nicholas Saul und Ricarda Schmidt. Würzburg 2007: 173–190.
Köhler, Stefan. *Hörspiel und Hörbuch. Mediale Entwicklung von der Weimarer Republik bis zur Gegenwart.* Marburg 2005.
Kristeva, Julia. *Die Revolution der poetischen Sprache* [1974]. Übers. von Reinold Werner. Frankfurt am Main 1978.
Kuzmičová, Anežka. „Outer vs. Inner Reverberations. Verbal Auditory Imagery and Meaning-Making in Literary Narrative". *Journal of Literary Theory* 7.1–2 (2013): 111–134.
Lacey, Kate. *Feminine Frequencies. Gender, German Radio, and the Public Sphere, 1923–1945.* Ann Arbor 1996.
Lämke, Ortwin. „Grundlagen des interpretierenden Textsprechens". *Grundlagen der Sprechwissenschaft und Sprecherziehung.* Hrsg. von Marita Pabst-Weinschenk. 2. Aufl. München und Basel 2011: 182–191.
Lämke, Ortwin. „Hörbuchstimme – Hörbuchtext. Die Stimme im Lyrik-Hörbuch als Medium des ‚lyrischen' Ich?" *Dichtung für die Ohren. Literatur als tonale Kunst in der Moderne.* Hrsg. von Britta Herrmann. Berlin 2015: 273–290.

Ludwig, Otto. *Geschichte des Schreibens*. Bd. 1. Berlin und New York 2005.
Maurach, Martin. *Das experimentelle Hörspiel. Eine gestalttheoretische Analyse*. Wiesbaden 1995.
Maye, Harun. „‚Klopstock!'. Eine Fallgeschichte zur Poetik der Dichterlesung im 18. Jahrhundert". *Original/Ton. Zur Mediengeschichte des O-Tons*. Hrsg. von Harun Maye, Cornelius Reiber und Nikolaus Wegmann. Konstanz 2007: 165–190.
Meier, Andreas. „Akustische Lesarten. Zum editionsphilologischen Umgang mit (Autoren-)Hörbüchern". *Text – Material – Medium. Zur Relevanz editorischer Dokumentationen für die literaturwissenschaftliche Interpretation*. Hrsg. von Wolfgang Lukas, Rüdiger Nutt-Kofoth und Madleen Podewski. Berlin und Boston 2014. 273–285.
Menke, Bettine. *Prosopopoiia. Stimme und Text bei Brentano, Hoffmann, Kleist und Kafka*. München 2000.
Meyer, Petra Maria. *Die Stimme und ihre Schrift. Die Graphophonie der akustischen Kunst*. Wien 1993.
Meyer-Kalkus, Reinhart. „Lichtenberg über die Physiognomik der Stimme". *Der exzentrische Blick. Gespräch über Physiognomik*. Hrsg. von Claudia Schmölders. Berlin 1996: 111–132.
Meyer-Kalkus, Reinhart. „Heinrich von Kleist und Heinrich August Kerndörffer. Zur Poetik von Vorlesen und Deklamation". *Kleist-Jahrbuch* (2001): 55–88.
Meyer-Kalkus, Reinhart. *Stimme und Sprechkünste im 20. Jahrhundert*. Berlin 2001.
Meyer-Kalkus, Reinhart. „Stimme, Performanz und Sprechkunst". *Handbuch Literaturwissenschaft. Gegenstände – Konzepte – Institutionen*. Bd. 1. Hrsg. von Thomas Anz. Stuttgart 2007: 213–223.
Meyer-Kalkus, Reinhart. „Literarische Vortragskunst als Gegenstand der Literaturgeschichte". *Geschichte der Germanistik. Mitteilungen* 35/36 (2009): 69–79.
Middleton, Peter. „How to Read a Reading of a Written Poem". *Oral Tradition* 20.1 (2005): 7–34.
Müller, Lothar. *Die zweite Stimme. Vortragskunst von Goethe bis Kafka*. Berlin 2007.
Mütherig, Vera. „Akustisch, Aural, Authentisch? Die Autoren-Stimme als Stimm-Text". *Textgerede. Interferenzen von Mündlichkeit und Schriftlichkeit in der Gegenwartsliteratur*. Hrsg. von David-Christopher Assmann und Nicola Menzel. München, Paderborn 2018: 129–146.
Novalis [Friedrich von Hardenberg]. „Das Allgemeine Brouillon". *Schriften. Die Werke Friedrich von Hardenbergs*. Bd. 3: *Das philosophische Werk II*. Hrsg. von Richard Samuel. Darmstadt 1968: 207–478, Nr. 244, 283.
Palmer, Richard E. *Hermeneutics. Interpretation Theory in Schleiermacher, Dilthey, Heidegger and Gadamer*. Evanston 1969.
Pascal, Roy. *The Dual Voice. Free Indirect Speech and its Functioning in the Nineteenth-Century European Novel*. Manchester 1977.
Perrig, Severin. *Stimmen, Slams und Schachtel-Bücher. Eine Geschichte des Vorlesens – von den Rhapsoden bis zum Hörbuch*. Bielefeld 2009.
Powers, Richard. „How to Speak a Book". *New York Times, Sunday Book Review*. http://www.nytimes.com/2007/01/07/books/review/Powers2.t.html?ref=review. 7. Januar 2007 (24. Januar 2020).
Preckwitz, Boris. „Poetry Slam. Ästhetik der Interaktion". *Spoken Word & Poetry Slam. Kleine Schriften zur Interaktionsästhetik*. Essays. Wien 2005: 29–66.
Rautenberg, Ursula (Hrsg.). *Das Hörbuch – Stimme und Inszenierung*. Wiesbaden 2007.
Rilke, Rainer Maria. „Brief an Dieter Bassermann vom 19.04.1926". *Briefe*. Bd. 3. Hrsg. vom Rilke-Archiv in Weimar in Verbindung mit Ruth Sieber-Rilke. Frankfurt am Main 1987: 939–940.

Ruef, Hans. *Augustin über Semiotik und Sprache. Sprachtheoretische Analysen zu Augustins Schrift ‚De Dialectica'*. Bern 1981.
Schlichting, Hans-Burkhard. „Mediales Hören. Bedingungen und Entwicklungstendenzen des Hörspiels". *Universitas* 61.3 (2006): 245–255.
Schönert, S. Jörg, Peter Hühn, und Malte Stein. *Lyrik und Narratologie. Text-Analysen zu deutschsprachigen Gedichten vom 16. bis zum 20. Jahrhundert*. Berlin 2007.
Schwethelm, Matthias. *Bücher zum Hören. Intermediale Aspekte von Audioliteratur*. Erlangen-Nürnberg 2010.
Seckendorff, Gustav Anton von. *Vorlesungen über Deklamation und Mimik*. Bd. 1. Braunschweig 1816.
Sievers, Eduard. *Ziele und Wege der Schallanalyse. Zwei Vorträge*. Heidelberg 1924.
Stewart, Garrett. *Reading Voices. Literature and the Phonotext*. Berkeley u. a. 1990.
Svenbro, Jesper. „Stilles Lesen und die Internalisierung der Stimme im alten Griechenland". *Zwischen Rauschen und Offenbarung. Zur Kultur- und Mediengeschichte der Stimme*. Hrsg. von Friedrich Kittler, Thomas Macho und Sigrid Weigel. 2. Aufl. Berlin 2008: 55–71.
Tgahrt, Reinhard (Hrsg.). *Dichter lesen. Von Gellert bis Liliencron*. Marbach am Neckar 1984.
Weimar, Klaus. „Lesen: zu sich selbst sprechen in fremdem Namen". *Literaturwissenschaft. Einführung in ein Sprachspiel*. Hrsg. von Heinrich Bosse und Ursula Renner. Freiburg im Breisgau 1999: 49–62.
Weithase, Irmgard. *Anschauungen über das Wesen der Sprechkunst von 1775–1825*. Berlin 1930.
Weithase, Irmgard. *Die Geschichte der deutschen Vortragskunst im 19. Jahrhundert. Anschauungen über das Wesen der Sprechkunst vom Ausgang der deutschen Klassik bis zur Jahrhundertwende*. Weimar 1940.
Weller, Maximilian. *Die fünf großen Dramenvorleser. Zur Stilkunde und Kulturgeschichte des deutschen Dichtungsvortrags 1800–1880*. Würzburg-Aumühle 1939.

2.2. Techniken des Lesens und Hörens
Matthias Bickenbach

1. Perspektiven

> Mit lauter Stimme: das will sagen, mit all den Schwellungen, Biegungen, Umschlägen des Tons und Wechseln des Tempos, an denen die antike öffentliche Welt ihre Freude hatte. (Nietzsche [1885] 1960, 714)

Lautes Lesen ist nicht auf das akustische Ablesen eines Textes oder auf die Funktion des Vorlesens für andere zu reduzieren. Bevor es als eigenständige Ästhetik der Textperformanz an historischen und aktuellen Beispielen vorgestellt wird, soll ein Überblick drei Forschungsperspektiven skizzieren, in denen die Komplexität des Themas aufgezeigt wird. Die jedem Leser bekannte doppelte Realisierungsmöglichkeit stillen und lauten Lesens von Texten lässt weitreichende Fragen und Implikationen erscheinen, die theoretische wie kulturhistorische Perspektiven aufwerfen und nicht zuletzt den Text- und Schriftbegriff selbst betreffen.

1.1. Es ist die Frage, ob lautes oder stilles Lesen denselben Text hervorbringt, ob also stille oder laute Lektüre nur Varianten sind, die lediglich nach Situation oder Gebrauch unterschiedlich eingesetzt werden. Es gibt gute Gründe, dies zu bezweifeln. Lautes Lesen erfordert nicht nur eine andere körperliche Interaktion mit dem Text, sondern strukturiert in Modulation und Betonung, in Verlangsamung oder Beschleunigung des Rhythmus den Text selbst und bringt so Wertungen hervor, die ihn interpretieren. Laut zu lesen ist daher nicht nur wiederholende Verlautbarung schriftlich niedergelegter Zeichen oder ihres Sinnes, sondern als eine Aufführung des Textes zu begreifen, die aufgrund ihrer hohen Anforderung an die Koordination von Auge und Stimme schon in der Antike als besondere Fähigkeit galt. Im Kontext der antiken Rhetorik wird nicht nur der freie Vortrag im Redeteil bezüglich der *actio* und *pronuntiatio* behandelt. Die Rhetorik Quintilians kommt gleich zu Beginn auf die Kunst des lauten Lesens zu sprechen und betont die hohe Anforderung einer „Trennung der Aufmerksamkeit". Der Leser beschäftige mit Auge und Stimme gleichsam zwei „verschiedene Arbeiter": „dividenda intentio animi, ut aliud voce, aliud oculis agatur" (Quintilian [90 n. Chr.] 1972, 30). Gerade deswegen aber sei es vorbildlich, wenn diese Differenz im lauten Lesen aufgehoben erscheint: „Vermutlich war das nach antiker Auffassung die höchste Vollkommenheit der Lesetechnik" (Balogh 1926, 229). Josef Balogh legt in seiner frühen Studie zum lauten Lesen in der Antike ein Lektüreideal dar, das in einer „Dreiphasenfunktion" Artikulation und Verständnis gleichsetzt. Erst das laute Lesen als Vollzug des Textes ist sein Verstehen: „Für den antiken Menschen waren daher Lesen, d.i. Sehen und Hören einerseits und Verstehen andererseits, eine dreifaltige Einheit" (Balogh 1926, 95). So verdächtig die Metapher der Dreifaltigkeit erscheint, sie betont eine These, die in der historischen Leseforschung seitdem immer wieder diskutiert wird: die Auffassung, dass in der Antike das laute Lesen nicht funktional differenziert war, keine Sonderform gegenüber dem stillen, ‚verstehenden' Erfassen, sondern die ‚Normalform' und der primäre Zugang zu Texten gewesen ist, der mit ihrem Verstehen zusammenfällt. Als akustische Lesekultur kann diese öffentliche Akustik der Antike, in der Rede und Lektüre, Sinn und Ästhetik des Wortes gleichursprünglich gewesen sind, der Moderne gegenübergestellt werden. Vollends seit dem 18. Jahrhundert ist das stille Lesen für sich, unter anderem durch die Verbreitung von Romanlektüre, eine Norm, die den Begriff des Lesens selbst als primär stumme, rein visuelle und innerliche, geistige Rezeption begreift. Laut Lesen erscheint dann als Umweg zum Verständnis. Wann und wie diese Umstellung historisch zu fassen ist, bleibt umstritten – je nach Perspektive und kulturhistorischen Kontexten bieten sich ganz verschiedene Epochen und Argumente an.

Eine Alternative zur historischen Beobachtung ist es, laut und still als immer schon grundsätzlich mögliche basale Lesetechniken zu begreifen und deren unterschiedliche Funktionen zu betonen, die unter historischen Rahmenbedingungen mit kulturellen Werten versehen werden (vgl. Svenbro 1990; Bickenbach 1999). Stilles Lesen ermöglicht andere Funktionen der Texterfassung: Querlesen, schnelles Erfassen von Zusammenhängen der Handlung oder Argumentation, Auswahl bestimmter Stellen, Vor- oder Rücksprünge, in denen Passagen noch einmal gelesen oder verglichen werden. Dies kann als Flüchtigkeit, als Gefahr der Stellenlektüre diskreditiert oder aber als vorbildlich vertiefender Textumgang im Kontext des hermeneutischen Zirkels, als Vergleich der Teile mit dem Ganzen, gewertet werden.

Was derart als funktionaler Unterschied im Umgang mit Texten zu erkennen ist, wirft angesichts der medial unterstützten Wiederkehr der sekundären Oralität im 20. Jahrhundert literaturtheoretische Fragen auf (vgl. Havelock 2007, 13–20): Ist ein Text Notation für seine akustische Realisierung (wie Noten eines Musikstücks) oder eigenständiges, autonomes Medium? Ersteres entspricht dem Textbegriff des 18. Jahrhunderts (vgl. unten), letzteres dem ‚modernen' Textbegriff als schriftfixierte Form. Dieser aber wirft die Frage des Status der mündlichen Performanz erst auf: Ist die akustische Aufführung eine mehr oder minder identische Wiederholung des Textes oder muss sie grundsätzlich als Differenz zu ihm, als eigenständige performative Größe gedacht werden? Ist ein Hörbuch dasselbe Buch? Die intermediale und rezeptionsästhetische Differenz von akustischer und visueller Wahrnehmung von Literatur tritt damit hervor. Neben diesen theoretischen Fragen eines intermedialen Textbegriffs eröffnet das laute Lesen eine weite sozialhistorische und kulturgeschichtliche Perspektive, in der ‚laut' und ‚still' zu Merkmalen einer Epochengeschichte werden.

1.2. Die Frage der Lesegeschichte: Eine allgemeine Version der Geschichte des Lesens lautet, dass man in der Antike und während des Mittelalters vorwiegend laut las, auch für sich selbst. Dichter waren ‚Sänger', die Musen selbst singen, und Literatur war ein primär akustisch realisiertes Medium. Später, etwa seit dem Hochmittelalter, spätestens jedoch seit dem Buchdruck, verschwinde diese Kultur des lauten Lesens, vollends um 1800. Die Gesellschaft stellt sich um auf das Paradigma rein visueller, gedruckter Information (Giesecke 1991, 420–435 und 572–570). Positiv gewertet steht das stille Lesen dann, vor allem in der Bibelexegese, aber auch in der philologischen Gelehrsamkeit des Humanismus, die *cum cura*, also mit Sorgfalt liest, für die Hinwendung zur geistigen Tiefe eines Textes im Unterschied zur körperlich gebundenen, akustischen Realisierung. Diese neue wertende Differenz der Kopplung laut/äußerlich und still/innerlich ist dabei jedoch bereits seit der Spätantike durch die Bibelexegese der Kirchenväter und nachhaltig durch Augustinus verbreitet (vgl. unten). Diese Gleichsetzung des stillen Lesens mit geistigem Erfassen erklärt auch, warum Baloghs These (1926) einer antiken Einheit von lautem Lesen und Verstehen so überraschend war. Damit erscheint laute Lektüre als ursprünglichere Form, körperlich und interaktiv, als gleichsam ‚lebendiger' Nachvollzug des Textes. Wird das stille Lesen positiv als sich in Texte vertiefende Vergeistigung gewertet, erscheint es vor dem Ideal der verlebendigenden lauten Lektüre negativ als trockene Gelehrsamkeit oder als Metaphysik des Sinns (vgl. Kittler 1985). Es kann dann auch als „Verlust der Sinnlichkeit" der Literatur (Schön 1987) gewertet werden.

Der historische Epochenwandel von laut zu still scheint indes auch phylogenetisch dem Erlernen der eigenen Lesefähigkeit zu entsprechen: vom Buchstabieren und Vokalisieren der Schriftzeichen zur flüssigen visuellen Rezeption ohne Artikulation als Ziel des Textverstehens – so, wie es auch der heutige Leseunterricht vermittelt. Kulturgeschichtlich wie individuell wäre damit aber das laute Lesen unreflektiert in die Position einer Vorstufe oder Vorgeschichte gerückt, der ein ‚richtiges' Lesen erst noch folge.

Solcher Suggestion einer Fortschrittsgeschichte ist freilich äußerst kritisch zu begegnen. Sowohl die historische Entwicklung (etwa die Bimedialität von Hören und Lesen im Mittelalter; vgl. Wenzel 1995) als auch die physiologischen Unterschiede sind bei weitem komplexer. Stilles Lesen ist nicht, wie man lange glaubte, nur ein verstummtes lautes Lesen. Hirnphysiologisch lassen sich heute rein visuelle Worterkennung und artikulierende Verarbeitungswege als autonome Funktionsweisen verschiedener Hirnregionen nachweisen (vgl. Dehaene 2012, 50–54). Dass auch stilles Lesen mit inneren Klangempfindungen (Subvokalisation) einhergehen kann, hebt die funktionale Differenz zum rein visuellen Lesen nicht auf. Laut und still sind daher als zwei alternative und jeweils autonome Verarbeitungsmöglichkeiten des Gehirns, die je nachdem funktional genutzt werden.

Auch in der Geschichte des Lesens ist die nur im Allgemeinen zutreffende Version eines Paradigmenwechsels von der lauten Lektüre der Antike zum stillen Lesen der Moderne erheblich zu differenzieren. Die Frage, wann ‚das' laute Lesen ‚verstummt', kann nicht mit einer einzigen Zäsur beantwortet werden. Verschiedenste kulturelle Rahmenbedingungen und sozialhistorische Funktionen sind zu unterscheiden (vgl. Chartier 1990; Schön 2006; Stein 2010). Ob dabei von einer Kontinuität oder von einem Verlust einer akustischen Lesekultur gesprochen wird, entscheiden Perspektiven und Wertungen in der Forschung. Nach Baloghs These eines Paradigmas lauter Lektüre in der Antike betonen etliche Forschungsbeiträge die Verbreitung stiller Lektüre auch in der Antike oder geben den Paradigmenwechsel von laut und still für ganz unterschiedliche Epochen an (vgl. Kenyon 1951; Knox 1968; Busch 2002): im 7. Jahrhundert nach Christus durch die Reorganisation christlicher Texte in Irland, um 1130 durch veränderte klösterliche Praktiken oder als Auswirkung des Buchdrucks (vgl. Saenger 1982; Illich 1991; Giesecke 1991). Demgegenüber kann zudem auf verbreitete soziale Praktiken des lauten Lesens und Vorlesens – zur Zeit des Buchdrucks bis heute – verwiesen werden.

Der Paradigmenwechsel ist somit kaum global und im Allgemeinen zu bestimmen. Vielmehr spielen lokale Praktiken und konkrete Gebrauchsweisen des Lesens eine entscheidende Rolle. Experten- und Laienkulturen sind dabei ebenso zu unterscheiden wie epochenspezifische Funktionalisierungen: In mittelalterlichen Scriptorien gab es Schreiber, die nicht lesen konnten, und Vorleser, die nicht schreiben konnten. Nicht zuletzt kennen andere Schriftkulturen ihre eigenen Traditionen und Funktionen des lauten Lesens. „Die kunstvolle Koran-Rezitation und die Kalligraphie waren als Schwesterkünste aufeinander bezogen. Die Rezitation war in diesem Verbund mündlicher und schriftlicher Zirkulation der Worte des Propheten eine Art akustische Kalligraphie" (Müller 2012, 29).

Dass das laute Lesen in der griechischen und römischen Antike allerdings eine verbreitete und hoch angesehene Kulturtechnik war, ist gut nachzuweisen. Die Frage ist stets jedoch auch, wer las. Gelehrte Lektürepraktiken, angefangen von Aristoteles' vergleichendem Umgang mit Lehrmeinungen und später die Bibelexegese scheinen eher auf stilles Lesen ausgerichtet (vgl. Kenyon 1951, 25). In den christlichen Klöstern werden schließlich feste Formen gemeinschaftlichen lauten Betens und Singens neben halblauter individueller Bibellektüre und stiller „meditatio in lege dei" etabliert (Zedelmaier 1991, 1908). Letzteres hat in einer berühmten Leseszene Augustinus in seinen *Bekenntnissen* wirkungsmächtig inszeniert. Auf der Suche nach Gott hört er eines Tages eine Stimme, die ihn auffordert: „[N]imm es, lies es" (Augustinus [397 n. Chr.] 1987, 413). Er schlägt das

Buch des Apostels Paulus an einer zufälligen Stelle auf: „Ich ergriff es, schlug es auf und las still für mich den Abschnitt, auf den zuerst mein Auge fiel" (Augustinus [397 n. Chr.] 1987, 417). Er liest die Warnung des Apostels vor äußerlichen „Schmausereien"; die Bekehrung nach Innen und zu Gott ist vollzogen. In der Abwendung vom Äußerlichen wird bei Augustinus das stille Lesen als rein geistiges Erfassen wirkungsmächtig privilegiert: „Außen lesen und innen begreifen" (Augustinus [397 n. Chr.] 1987, 441) ist die Formel, zu der Augustinus nach seiner Bekehrung gelangt. Bei Gregor von Navianz aber heißt es noch genau umgekehrt: „[L]ese ich es mit lauter Stimme, so gelange ich vor den Schöpfer, sehe den Sinn der Schöpfung ein, und meine Bewunderung für den Schöpfer ist größer, als sie früher war, da noch allein meine Augen mich belehrten" (zit. nach Balogh 1926, 95). Anders das Vorbild Ambrosius, dessen stille Lektüre Augustinus erstaunt und dabei auf seine spätere Bekehrung vorausweist: „Wenn er aber las, so glitten die Augen über die Blätter, und das Herz spürte nach dem Sinn, Stimme und Zunge aber ruhten" (Augustinus [397 n. Chr.] 1987, 249).

Seit Baloghs These von der ‚Normalform' lauter Lektüre in der Antike bis zu Ambrosius und Augustinus wird in der Forschung jedoch immer wieder kritisch gefragt, ob stilles Lesen wirklich so außergewöhnlich war. Es gibt nur wenige explizite Nennungen des stillen Lesens in der Antike. Allerdings wird es bereits in einer Szene des Dramas *Hippolytos* von Euripides (428 v. Chr.) als dramatischer Effekt genutzt. Eine verstorbene Ehefrau hinterlässt eine Schreibtafel mit (falschen) Anschuldigungen gegen ihren Schwiegersohn. Ihr Mann liest das Täfelchen auf der Bühne – still für sich. Erst die weitere Handlung im Stück wird den Konflikt klären. Statt den Inhalt des ‚Briefes' vorzulesen, äußert er die Worte: „Laut ruft das Blatt, meldet das Gräßliche! [...] Welches Leid vernehm ich Unseliger, redend in dieser Schrift" (Havelock 2007, 10). Während Eric A. Havelock die Szene als Exempel für den ambigen Übergang der oralen Kultur zur Schriftkultur anführt, hatte Balogh diese verbreiteten Metaphern der ‚redenden' Schrift und tönenden Buchstaben (*littera sonat*) als Argument für die Normalität lauten Lesens gewertet. Inwiefern dies der sozialen Wirklichkeit entsprach, ist jedoch schwer nachzuweisen. Alle Thesen und Annahmen müssen differenzierte historische, lokale und mediale Kontexte berücksichtigen. So ist es ein starkes Argument für die antike Praxis lauten Lesens, dass die antike Schriftorganisation der *scriptio continua* Buchstaben an Buchstaben ohne Unterscheidung von Worten und Sätzen reiht. Sinn und Bedeutung dieser Gleichverteilung der Zeichen ergeben sich erst in der Strukturierung durch Artikulation. Ein rein visuelles Erfassen ist sicherlich möglich, muss aber als extrem hohe Anforderung gelten. Paul Saenger hat denn auch die Reorganisation des Schriftbildes von Bibeltexten als Voraussetzung für eine verbreitetere Praxis stillen Lesens dargestellt (vgl. Saenger 1982). Schon vor dem Buchdruck entwickeln sich im Verlauf des Mittelalters handschriftliche Textformen, die eine rein visuelle Erfassung unterstützen (u. a. Kapiteltitel, Paginierung, mehrfache Gliederungen, Satzzeichen). Nicht erst der Buchdruck begünstigt also die Verbreitung stiller Lesegewohnheiten. Als soziale Praxis und vor allem als Inbegriff des Lesens selbst etabliert sich das stille Lesen für sich in Deutschland sozialgeschichtlich jedoch erst im Verlauf des 18. Jahrhunderts. Erst mit der Entstehung eines bürgerlichen Lesepublikums und der Verbreitung der ‚extensiven' Lektüre (vgl. Engelsing 1973), dem Durchlesen eines Buches oder Textes nach dem anderen im Unterschied zur ‚intensiven' Wiederholungslektüre nur weniger Texte (etwa der Bibel), wird Lesen zur individuellen und stillen Rezeption schlechthin. Der Aufstieg der Gattung Roman unterstützt und profitiert zugleich von dieser Umstellung der Lesegewohnheiten. Stilles Lesen wird zum individuellen Umgang mit Literatur, die Gefahren des ‚einsamen' Lesens, jetzt auch für Leserinnen, werden als ‚Lesesucht' heraufbeschworen. Neben Lesegesellschaften und Lesegemeinschaften, die etwa Friedrich Gottlieb Klopstocks Gedichte gemeinschaftlich laut rezipieren (vgl. Alewyn 1974; Welke 1981), entwickelt sich das Lesen zu einer stillen, individualisierten Rezeption, die in Lesern wie Werther, die identifikatorisch für sich allein lesen, in der Literatur selbst zum Thema wird.

Deutlich wird insgesamt die Notwendigkeit sozial- und kulturhistorischer Differenzierung für Geschichten des Lesens, aber auch, dass laute Lektüre in vormodernen Gesellschaften mehr und andere soziale und ästhetische Funktionen besaß. Darüber hinaus muss betont werden, dass das laute Lesen selbst Unterschiede kennt: Neben dem Vortrag mit voller Stimme stehen schon früh Vorstellungen halblauten, murmelnden Lesens – auch philosophischer Schriften. Das halblaute Lesen wird dabei metaphorisch als intime Zwiesprache mit dem Text oder dem Autor selbst begriffen und insofern als vertiefter Zugang zum Verständnis empfohlen (vgl. unten). Neben dem ‚Gespräch' mit einem Text stehen jedoch wiederum auch murmelnde Lektüren als extrem ritualisierte Wiederholung eines (heiligen) Textes – als repetitive Geistes- wie Körperübungen, wie sie in verschiedenen Kulturen (u. a. im Katholizismus oder im Buddhismus) gepflegt wurden und werden. Das laute Lesen unterstützt als Körperaktion eine rhythmische körperliche und somatische Aneignung des Textes, dessen Wortlaut dabei als akustische Form wiederholt, aber nicht mehr eigens inhaltlich reflektiert wird.

Der hier skizzierte historische Diskurs macht darauf aufmerksam, dass nicht nur eine auch heute noch nutzbare Lesetechnik angesprochen ist. Denn das laute Lesen ist heute nur scheinbar eine bekannte Gebrauchsweise der Literatur, die meist nur noch als Vorlesung (*lectio*) begriffen wird (vgl. 4.5. MAYE; 4.6. MEYER-KALKUS). Die Nähe zur Präsenz der Redenden stiftet dabei, zumal in der Dichterlesung, eine eigene Wertigkeit und Autorität des gesprochenen Wortes und verbindet diese mit einer Ursprungslegende der Literatur selbst, die im mündlichen

Erzählen beginnt und in ‚toten Buchstaben' fixiert vom lauten Lesen gleichsam wiederbelebt werde.

Jenseits dieser exklusiven institutionalisierten Funktionen nimmt das laute Lesen heute jedoch eine Rolle ein, die vom Begriff des Lesens selbst abweicht. Still lesen zu können, gilt als vorrangige Technik zur ‚Sinnentnahme' und als Paradigma des verstehenden Lesens, das Ziel der Lesekompetenz ist. Das bedeutet nicht nur, dass eine höhere Alphabetisierungsrate in der Gesellschaft das Vorlesen in den Hintergrund sozialer Praktiken treten lässt, sondern dass dieses in den Status einer gesonderten Funktion rückt: Vorgelesen wird Kindern, die noch nicht lesen können oder die zunächst selbst laut lesen sollen, um es zu üben. So spielt das laute Lesen heute weniger als Kunst eine Rolle als für die Didaktik. Eine Suchabfrage im Internet und in Universitätsbibliotheken mit der Wortkombination ‚laut lesen' ergibt fast ausschließlich Verweise auf diesen Diskurs. Das laute Lesen wird für den Leseunterricht in der Grundschule und bis zur 8. Klasse als Mittel zur Einübung von Lesekompetenz empfohlen (vgl. Grundschule Deutsch 2012). Es erlaubt die Überprüfung der Lesefähigkeit und übt den Automatisierungsgrad der Zeichenerfassung wie die Lesegenauigkeit. Zugleich wird die für das Verstehen von Texten notwendige Lesegeschwindigkeit trainiert und ein zu flüchtiges Überlesen verhindert (vgl. Rosebrock und Nix 2008). Nicht zuletzt können motivationssteigernde gemeinschaftliche Lesespiele (Tandemlesen, Echolesen) den Anreiz, lesen zu lernen, erhöhen. Dennoch müsse dies in einem Mehrstufenmodell des Lesens von der zentralen Funktion der Sinnerfassung deutlich unterschieden werden (Frauen und Wietzke 2008; vgl. Wolf 2009, 161–163). Lautes Lesen ist damit in der Rolle der Propädeutik, die dem gleichsam ‚richtigen' Lesen in der Form der visuellen Erfassung von Texten vorangeht. Dieser eingeschränkten Funktionalisierung des lauten Lesens steht jedoch eine Geschichte historischer und aktueller Funktionen gegenüber, in der sich Positionen finden lassen, die das laute Lesen als eigenständige ästhetische Dimension der Literatur ausweisen (vgl. unten).

1.3. Neben den notwendigen Differenzierungen in der historischen Leseforschung führt die Alternative zwischen laut und still jedoch auch zur Theorie des Mediums Schrift. So harmlos die Unterscheidung erscheinen mag: Die Frage, ob laut oder still primäre oder sekundäre, abgeleitete oder ursprüngliche Realisierungen des phonetischen Alphabets darstellen, ist eng mit der traditionellen Hierarchie von Sprache und Schrift verbunden. Die akustische Kodierung des phonetischen Alphabets verführt zu der Annahme, dass die Schrift nur ein Werkzeug zur Speicherung von Mündlichkeit sei. Sprache wird damit als Rede und Schrift als Wiedergabe der Rede begriffen. Diese Annahme, die heute zeichentheoretisch wie historisch als widerlegt gelten kann (vgl. Derrida 1983; Goody [1977] 2012; Krämer 2003), privilegiert implizit das laute Lesen als Ideal auch dort, wo gar nicht mehr tatsächlich laut gelesen wird. Noch heute redet man zwanglos davon, dass ein Autor oder ein Text etwas ‚sagt', wo doch nur Schriftzeichen stehen. Der Klang, der dem phonetischen Alphabet als Prinzip eingeschrieben ist, bildet eine Grundlage für eine lange Tradition, in der die Buchstaben selbst klingen (*littera sonat*). Der Klang geht dabei mit einer Vorstellung der ‚Verlebendigung' der Schrift einher. Von Aristoteles bis Saussure ist die Priorität der akustisch gedachten Sprache vor den ‚toten Buchstaben' belegbar. Erst Jacques Derridas *Grammatologie* formuliert die grundlegende Kritik an diesem „Phonozentrismus" (Derrida 1983) und setzt gegen die Vorstellung der sinnzentrierten akustischen Einheit die relationale Funktion des Zeichens. Die Stimme wäre damit der Schrift nicht innerlich, sondern äußerlich. Das laute Lesen realisiert folglich nicht den textimmanent codierten Sinn, sondern supplementiert Zeichen, die selbst Supplemente ihrer relationalen Bedeutung sind. Lautes Lesen ist insofern eine Interpretation des Textes, die seine Sinnpotenziale nicht einfach abliest oder realisiert, sondern in der akustischen Kopplung der Zeichen formt.

Wie sehr sich die Einheit von Klang und Sinn als Ideal des Textverstehens begreift, zeigt eine Stelle in Hans-Georg Gadamers Hermeneutik: „Alles Schriftliche ist [...] eine Art entfremdete Rede und bedarf der Rückverwandlung der Zeichen in Rede und in Sinn. Weil durch die Schriftlichkeit dem Sinn eine Art von Selbstentfremdung widerfahren ist, stellt sich diese Rückverwandlung als die eigentliche hermeneutische Aufgabe" (Gadamer 1986, 397). ‚Gespräch' und ‚Dialog' sind folgerichtig ebenso traditionelle wie von Gadamer favorisierte Metaphern für den Textumgang. Schon seit dem Humanismus wurde Lektüre als „hohe[s] Geistergespräch" begriffen (vgl. Brogsitter 1958). So suggestiv und vorbildlich diese Vorstellung vom ‚Dialog' mit dem Text ist, bleibt Lektüre dabei jedoch eine suggestive Repräsentation der vorausgesetzten (Autor-)Intention. Demgegenüber ist das Lesen zeichentheoretisch, ganz nach seiner Wortbedeutung, ein Sammeln von Zeichen, das Sinn aktiv konstruiert (vgl. Bickenbach 2015).

Die Metapher der Rede bestimmt allerdings noch bis gegen Ende des 18. Jahrhunderts den Begriff der Literatur selbst. Literarische Werke werden zu dieser Zeit nicht als Texte oder Schriftmedien definiert, sondern vielmehr nach Gottlieb Alexander Baumgartens Definition der Dichtkunst als *oratio perfecta*, als „vollkommen sinnliche Rede" (Baumgarten [1735] 1985, 10–11) begriffen. Diese wird noch Johann Georg Sulzers epochaler Enzyklopädie *Allgemeine Theorie der Schönen Künste* (1773) zugrunde gelegt: „*Dichtkunst. Poesie.* Die Kunst den Vorstellungen, die unter den Ausdruck der Rede fallen, nach Beschaffenheit der Absicht den höchsten Grad der sinnlichen Kraft zu geben" (Sulzer 1773, 250). Dichter und Redner erzeugen gleichermaßen „vermittelst der Rede in andern gewisse Vorstellungen", nur die „Art, wie jeder seinen Zweck zu erreichen sucht" (Sulzer

1773, 250), mache den Unterschied zwischen Beredsamkeit und Dichtkunst aus. Die Lemmata ‚Abhandlung', ‚Aufschrift' oder ‚Beschreibung' sind bei Sulzer ebenfalls als Teile der Rede gefasst. Den Begriff ‚Text' gibt es nicht als eigenen Eintrag. Als Wort verwendet ihn Sulzer 32 Mal, jedoch ausschließlich im Sinn einer Vorlage für die Aufführung, vor allem für Musikstücke. ‚Texte' sind folglich damals nicht das Werk selbst, sondern als Vorlage zur Aufführung gefasst. Um 1800 setzt sich im Kontext der Entstehung des modernen Urheberrechts als „geistiges Eigentum" die konkrete Form schriftlicher Fixierung als Kriterium durch (vgl. Bosse 1991, 17–21). Seitdem sind Texte nicht mehr Vorlagen für eine Transposition in Reden, sondern Werke selbst. Die gleichzeitige Umstellung auf die Norm des stillen, individuellen Lesens, zumal von Romanen, lässt allerdings exakt zu dieser Zeit die Frage nach einer vergangenen Kultur des lauten Lesens erscheinen.

2. Die Entdeckung des lauten Lesens und die Kunst des Murmelns

Im Folgenden soll anhand einiger Originalstellen genauer auf die Qualitäten des lauten Lesens und dessen Funktionen eingegangen werden. Anlässlich seiner Übersetzung der Werke des griechischen Satirikers Lukian von Samosata kommentiert Christoph Martin Wieland 1788 eine unscheinbare Stelle. Sie eröffnet erstmals radikal die Frage nach der Historizität der Kulturtechnik, die also wandelbaren Normen und Funktionen unterliegt. Im Fokus steht die Entdeckung einer vergessenen Kultur des lauten Lesens. Lukians Satire (um 160–180 n. Chr.) polemisiert gegen einen ‚Büchernarren', der zu viele Bücher sammelt, um sie richtig zu lesen: „Freilich hast du das vor dem Blinden voraus, daß du in deine Bücher hineingucken kannst [...]; ich gebe sogar zu, daß du einige flüchtig überliest, wiewohl so schnell, daß die Augen den Lippen immer zuvorlaufen" (Lukian [1788] 1911, 75). Demgegenüber sei richtiges Lesen, alle „Tugenden und Fehler" (Lukian [1788] 1911, 75) eines Buches zu kennen. Die Kritik ist offenkundig. Doch Wieland kommentiert in seiner Fußnote nicht den Topos der flüchtigen Lektüre, sondern ein konkretes Detail: dass die Augen den Lippen vorauslaufen. Er zieht daraus die überraschende Schlussfolgerung: „Diese Stelle beweist, dünkt mich, deutlich genug, daß die Alten (wenigstens die Griechen) alle Bücher, die einen Wert hatten, laut zu lesen pflegten und daß bei ihnen Regel war, ein gutes Buch müsse laut gelesen werden" (Lukian [1788] 1911, 75). Daraus wiederum folgt, diese „Regel [sei] so sehr in der Natur der Sache begründet" und „daher so indispensabel, daß sich mit bestem Grunde behaupten läßt, alle Dichter und überhaupt alle Schriftsteller von Talent und Geschmack müssen laut gelesen werden, wenn nicht die Hälfte ihrer Schönheiten für den Leser verloren gehen soll" (Lukian [1788] 1911, 75).

Die Fußnote geht weit über eine Sachanmerkung hinaus, indem sie gleich zwei Grundsätze auf den Begriff der „Regel" bringt: Erstens belege die Stelle, dass das laute Lesen in der Antike üblich (also die „Regel") gewesen sei. Zweitens aber beweise diese vergessene Lesekultur wiederum die Notwendigkeit der Lesetechnik als Regel, jetzt im Sinne einer Vorschrift, für die Rezeption von Literatur. Lautes Lesen sei „indispensabel" für Literatur, weil sonst „die Hälfte ihrer Schönheiten" verloren gehe. Folglich müssten „alle" guten Bücher – und nicht nur Lyrik – laut gelesen werden. Während Lukian am Maß der Lippen schlicht ein Maß der Lesegeschwindigkeit festlegt, in der alle „Tugenden und Fehler" erkannt werden sollen, folgert Wieland eine Ästhetik, in der die „Schönheiten" der Literatur erst erscheinen. Was auch immer hier genau angesprochen ist, Rhythmus oder körperlich erfahrbarer Klang, deutlich ist, dass das laute Lesen hier nicht funktional auf das Vorlesen eingeschränkt ist, sondern vielmehr die Qualitäten von Dichtung realisiert. Nur so erklärt sich, dass Wieland alle hochwertigen Texte lauter Lektüre empfiehlt, während seit Francesco Sacchinis Lesevorschriften Prosa und Lyrik als Lesestoffe für stille und laute Lektüre strikt trennen (vgl. Sacchini [1614] 1832). Wielands Fußnote wird in der historischen Leseforschung Karriere machen; in seiner Zeit hingegen bleibt sie eine bloße Anmerkung. Wenige Jahre später stellt der Kantianer Johann Adam Bergk in seiner *Kunst, Bücher zu lesen* das Ideal des verstehenden Lesens ganz auf stille Lektüre um (Bergk 1799). Wer anspruchsvolle Texte verstehen wolle, der solle sie gerade nicht laut lesen: „Philosophische Schriften dürfen nicht laut gelesen werden, weil uns das Vernehmen der Töne an dem Überschauen des Ganzen hindert. Wir vergessen, was wir gelesen haben, und denken immer nur an das, was gegenwärtig ist. Wir können daher weder die Folgerichtigkeit, noch die Wahrheit der behaupteten Säzze [sic!] prüfen" (Bergk 1799, 72). Was hier auf philosophische Schriften eingeschränkt ist, wird bald im Geist des „Ganzen" und der „Teile" als hermeneutischer Zirkel für das Verstehen von Texten generell gelten. Bergk vermerkt zwar auch Funktionen des lauten Lesens, grenzt diese jedoch als spezifische Anwendungen vom Verstehen ab. Es sei als körperliche Übung nützlich: „Lautes Lesen vertritt die Stelle des Spaziergangs" (Bergk 1799, 69). Es könne beim Lernen von Sprachen helfen: „[W]er mit Affekt" sprechen lernen will, soll laut lesen. Weil die Betonung Affekte nachahme, sei lautes Lesen auch für Werke der Einbildungskraft nützlich; doch die Betonung der Affekte grenze hier das laute Lesen vom Ziel des Verstehens als gesonderte Funktion ab (Bergk 1799, 69–70; vgl. Schön 1987, 99–122).

Wielands Fußnote wirft jedoch die Frage nach anderen Kulturen des lauten Lesens auf. Rund hundert Jahre später beklagt auch Friedrich Nietzsche in *Jenseits von Gut und Böse*, dass der moderne Mensch, die Kunst, laut zu lesen, verlernt habe: „Der Deutsche liest nicht laut, nicht fürs Ohr, sondern bloß mit den Augen: er hat seine Ohren dabei ins Schubfach gelegt" (Nietzsche [1885] 1960, 714). Demgegenüber las „der antike Mensch – es geschah selten genug – sich selbst etwas vor, und zwar mit lauter Stimme; man wunderte sich, wenn jemand leise las, und fragte insgeheim nach Gründen. Mit lauter Stimme: das will sagen, mit all den Schwellungen, Biegungen, Umschlägen des Tons und Wechseln des Tempos, an denen die antike *öffentliche* Welt ihre Freude hatte" (Nietzsche [1885] 1960, 714). Was der Philosoph Nietzsche als Schwundstufe der Moderne und nicht zuletzt als Kritik an Literatur und Stilistik einklagt, die „Klänge ohne Klang, Rhythmus ohne Tanz" (Nietzsche [1885] 1960, 713) produziere, resultiert aus der detaillierten Kenntnis des ausgebildeten Philologen. Die Details verraten es: Die Aussage „man wunderte sich, wenn jemand leise las" spielt auf Augustinus an. Dass die laute Lektüre Freude und Öffentlichkeit zugleich bedeutet, mag als Verlust einer Kultur des öffentlichen Wortes gedeutet werden. Es geht nicht darum, dass moderne Menschen nicht auch laut lesen könnten oder antike Leser einfach laut lasen. Der Unterschied, den Nietzsche nahelegt, liegt im Begriff des Lesens selbst als einer Auslegung des Textes durch seine akustische Realisierung. In der Vorrede zur *Genealogie der Moral* gibt er einen Hinweis darauf, was ihm als „Kunst des Lesens", zumal eines denkbar geschliffenen Textes, gilt: „Ein Aphorismus rechtschaffen geprägt und ausgegossen, ist damit, daß er abgelesen ist, noch nicht ‚entziffert'; vielmehr hat nun erst dessen Auslegung zu beginnen, zu der es einer Kunst der Auslegung bedarf" (Nietzsche [1887] 1960, 770). Diese Kunst der Auslegung begreift Nietzsche nun nicht als rein geistigen, stillen Vollzug, sondern er verweist auf eine konkrete Form des lauten Lesens, auf das Murmeln: „Freilich tut, um dergestalt das Lesen als Kunst zu üben, eins vor allem not, was heutzutage gerade am besten verlernt worden ist [...], zu dem man beinahe eine Kuh und jedenfalls nicht ‚moderner Mensch' sein muß: *das Wiederkäuen*" (Nietzsche [1887] 1960, 770).

Dieses „Wiederkäuen" bezieht sich nicht metaphorisch auf Wiederholungslektüre, sondern wortwörtlich auf eine historische Technik des halblauten Lesens, auf die *ruminatio*. ‚Rumen' ist der Schlund, die *ruminatio* ist in der christlichen Tradition (u. a. bei Thomas von Aquin) eine etablierte Lesetechnik (vgl. Illich 1991, 58). Schon Arthur Schopenhauer hatte die ‚Rumination' als einzig sinnvolle Form des Lesens bezeichnet. Er bezieht sie jedoch nicht auf die Tradition, sondern auf wiederholendes Nachdenken, um aus dem Gelesenen eigene Gedanken zu formen (vgl. Schopenhauer [1851] 1987, 481). Nietzsche dagegen stellt das Wiederkäuen unter Ausblendung der christlichen Tradition gezielt in den Zusammenhang der Erkenntnisfunktionen lauter Lektüre in der Antike.

Es ist Seneca, der im 38. Brief an seinen Sohn Lucilius ausführlich das Konzept halblauten Lesens von Philosophie empfiehlt. Die Tradition mündlicher Unterweisung wird als Vorbild für die Lektüre übertragen. „Am meisten bringt ein Gespräch voran, weil es in kleinen Abschnitten eindringt in die Seele" (Seneca [62 n. Chr.] 1974, 305). Öffentliche Reden dagegen überlasteten den Lernenden durch ihren ausgefeilten Vortrag. Philosophie müsse daher halblaut, mit gesenkter Stimme für sich selbst gelesen werden, denn „Vorträge, ausgearbeitet und vorgetragen, wenn eine Menge zuhört, bieten mehr Getön, weniger Vertrautheit. Die Philosophie ist ein guter Rat: einen guten Rat gibt niemand mit lauter Stimme. Manchmal muß man sich auch jener, sozusagen, Volksreden bedienen [...] wo es aber nicht darum geht, daß einer lernen wolle, sondern daß er lerne, muß man auf diese mit gesenkter Stimme gesprochenen Worte zurückkommen" (Seneca [62 n. Chr.] 1974, 305). Mit verhaltener Stimme gelesene Worte seien wirksamer als „Getön". Denn sie „bleiben hängen: nicht nämlich sind viele nötig, sondern wirksame". Was so in die Seele aufgenommen werde, entwickelt eine eigene Produktivität, der in Senecas Philosophie eine zentrale Rolle zukommt, da sie die Voraussetzung für die innere Ruhe darstellt: „Wenig ist es, was man sagt, aber wenn es die Seele gut aufgenommen hat, gewinnt es Kraft und erhebt sich [...] viel wird sie ihrerseits selbst hervorbringen und mehr zurückgeben, als sie empfangen hat" (Seneca [62 n. Chr.] 1974, 307). Das murmelnde Lesen ist hier eine Technik der dosierten Aneignung und vor allem der Umwandlung der fremden Worte in die eigene Erkenntnis. Aufnahme und Aneignung fallen dabei zusammen. Die murmelnde Lektüre wird über Jahrhunderte, dann vor allem im religiösen Kontext als internalisierender Umgang mit Texten gepflegt, für gelehrte Lektüren jedoch eher unüblich werden. Nur die Metapher des Dialogs mit dem Text wird noch in die Vorstellung der Humanisten von Petrarca bis Gadamer einziehen. Das reale Artikulieren weicht dabei einem stillen Lesen, in dem ein imaginiertes inneres Sprechen als Repräsentanz einer anderen Stimme gedacht wird (vgl. Brogsitter 1958).

Seneca gibt allerdings auch einen ganz anderen Wert lauten Lesens an: als Krankengymnastik. Im 78. Brief empfiehlt er aus eigener Erfahrung das Lesen „mit voller Stimme" als ärztlich verordnete Übung, um sich zu stärken (Seneca [62 n. Chr.] 1984, 129–131). Lautes Lesen helfe zum Beispiel auch bei Magenschmerzen. Diese *clara lectio* wird in antiken medizinischen Büchern als „Verhaltensmaßregeln für Schwächliche" (Celsus [25 n. Chr.] 1906, 36) empfohlen – und das heißt schon hier vor allem für Gelehrte. Die *clara lectio* wird im System der mittelalterlichen Mönche dann aber zu dem Begriff, der das Vorlesen für andere von der murmelnden Lektüre für sich selbst unterscheidet (vgl. Illich 1991, 59).

Das laute Lesen zeigt eine Vielfalt von Funktionen, die historisch sicherlich weitere Varianten kennt, etwa im geselligen Vorlesen als Interaktionsspiel oder auch als autoritärer Gestus (vgl. Schön 1986, 188–220). Für die Beziehung zwischen Literatur und Akustik ist jedoch auch nach poetologischen Konzepten zu fragen, in denen das laute Lesen als Performanz reflektiert wird.

3. Die gebrannte Performance: Thomas Klings Poetik der Sprachinstallation

> Immer wieder kam der Satz, den ich aus den 80er Jahren kenne: Jetzt, wo ich sie gehört habe, verstehe ich ihre Gedichte viel besser (Kling 2000, 230).

Eine reflektierte Poetik des lauten Lesens ist in der zeitgenössischen Literatur eher selten. Sie erscheint am ehesten im Bereich der Lyrik, deren „Naturgeschichte des Reims und der menschlichen Anklangsnerven" (Rühmkorf 1985) sie traditionell als Hort der lauten Lektüre ausweist. Doch der Vortrag von Gedichten oder Texten ist als Aufführungspraxis von einer expliziten Ästhetik des Klangs zu unterscheiden, wie sie etwa in der Form von Lautgedichten bekannt ist, die den Klang vom semantischen Sinnpotenzial der Worte absetzen (etwa Kurt Schwitters' „Ursonate", Hugo Balls „Karawane" oder Gerhard Rühms „ein lautgedicht"). Lautpoesie hat sich als eigenständige Gattung erfolgreich etabliert (vgl. Lentz 2000). Seit 1954 hat insbesondere die Wiener Gruppe (H. C. Artmann, Gerhard Achleitner, Gerhard Rühm u. a.) und in Verbindung mit ihr unter anderem Ernst Jandl einen Umgang mit Sprache geschaffen, in dessen Kontext das laute Lesen eine eigens ausgewiesene Rolle einnimmt. Ein aktuelles Beispiel ist Franz Josef Czernins Gedichtband *zungenenglisch* (vgl. Czernin 2014). Er fordert, wie auch sein Autor, explizit dazu auf, die Gedichte laut zu lesen, um sie in der Realisierung des Sprechens zu erfahren. Das Spiel mit der Sprache wird zu einem Spiel der Zunge, die, verschiedenste Sprachen sprechend (‚in Zungen reden'), komplexe Sinnübertragungen leistet. Das ‚Englisch' der (biblischen) Zungen ist auch die Sprache der Engel (Angelicus).

Auch Thomas Kling hat sich in seinem Werdegang als Dichter auf eine Nähe zur Wiener Gruppe berufen und in Absetzung einerseits zur Dichterlesung traditioneller Art, andererseits zur Performance (vgl. Kling 1997, 11–17), die mit Erwartungshaltungen bricht, ein eigenständiges Konzept der Sprachinstallation entwickelt. Das Besondere an ebenjenem liegt in einer Dopplung und Überkreuzung akustischer und visuell-schriftlicher Medienästhetik für seine Lyrik. Der Begriff der ‚Sprachinstallation' ist dabei ebenso die Definition des Gedichts selbst als Mischung und Installation verschiedenster Sprachformen als auch die Aufführung in der Lesung (vgl. Bickenbach 2005). „Das Gedicht als literales Ereignis ist die Sprachinstallation vor der Sprachinstallation" (Kling 1997, 20).

Gegen die Auffassung, die Dichterlesung sei an sich immer gleich, nur heute mit Mikrophon, setzt Kling verschiedene Traditionen, die ihm zufolge jedoch alle etwas vergessen hätten: das Lesen selbst als Performanz der Texte. „Die Dichterlesungen der 80er Jahre müssen denen der 70er geähnelt haben. In den 80ern jedenfalls waren sie piepsig und verdruckst, vor allem aber von peinigender Langeweile". Der Sprache gegenüber sei dies „eine Frechheit" (Kling 1997, 9). Mit Blick auf die Wiener Gruppe rekonstruiert Kling auch seine Erfahrungen mit alternativen Provokationen der Performance. Doch auch hier heißt es: „Der Vortrag von Dichtung trat deutlich hinter den breit angelegten Einsatz anderer [...] Kommunikationsprothesen (Film, Tapes [...]) zurück" (Kling 1997, 12). Zwischen beiden Traditionen etabliert Kling dann seinen neuen Begriff: „Ziemlich genau 1985 begann ich meine Auftritte als Sprachinstallationen zu bezeichnen. Das geschah zunächst, um eine Grenze zur Performance und zum Label Performance zu ziehen. Dabei verzichtete ich nicht auf ein bißchen Mixed Media [...] und wurde ein histrionischer Dichter" (Kling 1997, 59). Ein ‚Histrione' (ein römischer Schauspieler, pantomimischer Tänzer, Gaukler) bindet Körper, Gestik und Stimme ein. Es geht um eine Performance, in der die Performanz gesprochener Sprache durch den (Klang-)Körper des Vortragenden im Vordergrund steht. Kling führt sehr verschiedene Vorläufer und Vorbilder wie Troubadoure, Volksprediger, Oswald von Wolkenstein oder barocke Dichter an. Allen „histrionischen Dichter[n]" ist gemeinsam, dass der Körper selbst zum Aufführungsort wird. Als reine Akustik der Stimme begleitet Klings lautes Lesen seit 1999 seine Gedichtbände als „gebrannte Performance" (Kling 2000, 230) in der Form einer CD.

Dies könnte immer noch als traditionelle Privilegierung des gesprochenen Wortes über das geschriebene gelten. Doch Kling stellt klar, dass die Sprachinstallation als Liveact oder als CD „keine Ergänzung" zum Text sei – noch dessen ‚eigentliche', vorbildliche Realisierung. Es sei schlicht ein alternativer Zugang zum Gedicht. Die Folge dieser unscheinbaren Verlautbarung aber heißt: „[E]s sind zwei literarische Produkte" (Kling 2000, 230). Dass die Dimensionen dieser Intermedialität zwischen Text und Stimme wiederum bereits in den Gedichten selbst angelegt sind, macht erst die Poetik Klings aus. Das Schriftbild zeigt nicht nur phonetische Schreibweisen, sondern auch typographische Schriftformen, die nicht gesprochen, sondern nur gesehen werden können. Schon Klings erster Gedichtband, 1986 in der Düsseldorfer Eremiten-Presse gesetzt, inszeniert die Konfrontation von Schrift und Stimme auf dem Titel. Das Wort ‚Gedichte' wird im Zeilenumbruch als unaussprechbar gesetzt: „KLING / GEDIC / HTE" (Kling 1986).

Es geht in der intermedialen Poetik der Sprachinstallation nicht um Verlebendigung von Schrift oder Geist, sondern um Verwandlung, um die „proteushaften" Qualitäten von Lyrik. Das Gedicht, das „mehrfach gelesen" werden will, wird zu einem Ort seiner ständigen Verwandlung: „Es ändert sich bei jedem Lesen" (Kling 2000, 329). Es soll, so lautet Klings poetologisches Credo, „die Fähigkeit zur Wandelbarkeit in sich haben" (Kling 2000, 329). Als „Sprachpartitur" (Kling 2000, 330), Filter und Mischung eines immer schon historischen und sozialen Sprachraums, als ‚Sprachspeicher' ist das Gedicht, „was es immer war: ein Mundraum" (Kling 2000, 329). Dieser Mundraum aber ist nicht der Ort autoritativer Diktion, sondern Ort der Verwandlung, der Performanz, an dem Sinn hervorgebracht, verändert und umgestaltet wird: „Gedichte sind hochkomplexe (‚vielzüngige', polylinguale) Sprachsysteme. [...] Reaktionsfähigkeit ist gefragt. [...] Das Gedicht baut auf Fähigkeiten der Leser/Hörer, die denen des Surfens verwandt zu sein scheinen, Lesen und Hören – Wellenritt in riffreicher Zone" (Kling 1997, 55).

Literaturverzeichnis

Alewyn, Richard. „Klopstocks Leser". *Festschrift für Rainer Gruenter*. Hrsg. von Bernhard Fabian. Heidelberg 1978: 100–121.

Augustinus, Aurelius. *Bekenntnisse* [397 n. Chr.]. Übers. von Joseph Bernhart. Frankfurt am Main 1987.

Balogh, Josef. „Voces Paginarum. Beiträge zur Geschichte des lauten Lesens und Schreibens". *Philologus* 82 (1926): 84–109 und 202–240.

Baumgarten, Gottlieb Alexander. *Meditationes de nonullis ad poema pertinentibus. Philosophische Betrachtungen über einige Bedingungen des Gedichts*. Lateinisch und deutsch. Übers. und hrsg. von Heinz Paetzold. Hamburg 1983.

Bergk, Johann Adam. *Die Kunst, Bücher zu lesen*. Jena 1799.

Bickenbach, Matthias. *Von den Möglichkeiten einer ‚inneren' Geschichte des Lesens*. Tübingen 1999.

Bickenbach, Matthias. „Lesen". *Historisches Wörterbuch des Mediengebrauchs*. Hrsg. von Heiko Christians, Matthias Bickenbach und Nikolaus Wegmann. Köln u. a. 2015: 393–411.

Bosse, Heinrich. *Autorschaft ist Werkherrschaft*. Paderborn 1981.

Brogsitter, Karl Otto. *Das hohe Geistergespräch. Studien zur Geschichte der humanistischen Vorstellungen von einer zeitlosen Gemeinschaft der großen Geister*. Bonn 1958.

Busch, Stephan. „Lautes und leises Lesen in der Antike". *Rheinisches Museum* 145 (2002): 1–45.

Celsus, Aulus Cornelius. *Über die Arzneiwissenschaft in acht Büchern*[25 n. Chr.]. Übers. von Eduard Scheller. Nach der Textausgabe von Daremberg, neu durchges. von Walter Friesboes. 2. Aufl. Braunschweig 1906.

Czernin, Franz Josef, *Zungenenglisch. Visionen, Varianten*. München 2014.

Chartier, Roger. *Lesewelten. Buch und Lektüre in der frühen Neuzeit*. Frankfurt am Main und New York 1990.

Dehaene, Stanislas. *Lesen. Die größte Erfindung der Menschheit und was dabei in unseren Köpfen passiert*. München 2012.

Derrida, Jacques. *Grammatologie*. Frankfurt am Main 1983.

Engelsing, Rolf. *Zur Sozialgeschichte deutscher Mittel- und Unterschichten*. Göttingen 1973.

Frauen, Christiane, und Frauke Wietzke. Lautes oder leises Lesen? *Schulmanagement* 2 (2008): 26–29.

Gadamer, Hans-Georg. *Wahrheit und Methode. Grundzüge einer philosophischen Hermeneutik*. 5. Aufl. Tübingen 1986.

Giesecke, Michael. *Der Buchdruck in der frühen Neuzeit. Eine historische Fallstudie über die Durchsetzung neuer Informations- und Kommunikationstechnologien*. Frankfurt am Main 1991.
Goody, Jack. „Woraus besteht eine Liste?" [1997]. *Kulturtechnik Schreiben. Grundlagentexte*. Hrsg. von Sandro Zanetti. Frankfurt am Main 2012: 338–396.
Grundschule Deutsch. Lesen laut und leise 34 (2012).
Havelock, Eric Alfred. *Als die Muse schreiben lernte. Eine Medientheorie*. Berlin 2007.
Illich, Ivan. *Im Weinberg des Textes. Als das Schriftbild der Moderne entstand*. Frankfurt am Main 1991.
Kenyon, Frederic. *Books and Readers in ancient Greece and Rome*. 2. Aufl. Oxford 1951.
Kittler, Friedrich A. „Ein Höhlengleichnis der Moderne. Lesen unter hochtechnischen Bedingungen". *Zeitschrift für Literaturwissenschaft und Linguistik* 15 (1985): 204–220.
Kling, Thomas. *Geschmacksverstärker. Gedichte*. Düsseldorf 1968.
Kling, Thomas. *Itinerar*. Frankfurt am Main 1997.
Kling, Thomas. *Botenstoffe*. Köln 2000.
Kling, Thomas. *Sprachspeicher. Lyrik vom 8. bis zum 20. Jahrhundert eingelagert und moderiert von Thomas Kling*. Köln 2001.
Knox, Bernhard N. W. „Silent Reading in Antiquity". *Greek, Roman and Byzantine Studies* 9 (1968): 421–435.
Krämer, Sybille. „‚Schriftbildlichkeit' oder: Über eine fast vergessene Dimension der Schrift". *Bild – Schrift – Zahl*. Hrsg. von Horst Bredekamp und Sybille Krämer. München 2003: 157–176.
Lentz, Michael. *Lautpoesie/-musik nach 1945. Eine kritisch-dokumentarische Bestandsaufnahme*. 2 Bde. Klagenfurt 2000.
Lukian von Samosata. „Der ungebildete Büchernarr" [um 160 n. Chr.]. *Sämtliche Werke* [1788]. Übers. von C. M. Wieland. Bd. V. Neuausgabe von H. Floerke. München 1911: 75–83.
Müller, Lothar. *Weisse Magie. Die Epoche des Papiers*. München 2012.
Nietzsche, Friedrich. „Jenseits von Gut und Böse" [1885]. *Werke in drei Bänden*. Hrsg. von Karl Schlechta. Bd. II. München 1960: 563–759.
Nietzsche, Friedrich. „Zur Genealogie der Moral" [1887]. *Werke in drei Bänden*. Hrsg. von Karl Schlechta. Bd. II. München 1960: 761–900.
Quintilian, M. F. *M. Fabii Quintilian institutionis oratoriae libri XII* [um 90 n. Chr.]. Lateinisch und deutsch. 2 Bde. Hrsg. und übers. von Helmut Rahn. Darmstadt 1972/1975.
Rosebrock, Cornelia, und Daniel Nix. *Grundlagen der Lesedidaktik und der systematischen schulischen Leseförderung*. 2. Aufl. Baltmannsweiler 2008.
Rühmkorf, Peter. *agar agar zaurzaurim. Zur Naturgeschichte des Reims und der menschlichen Anklangsnerven*. Frankfurt am Main 1985.
Sacchini, Francesco. *Über die Lektüre, ihren Nutzen und die Vortheile sie gehörig anzuwenden. Nach dem Lateinischen des P Sachini teutsch bearbeitet*. Hrsg. von Herrmann Walchner. Karlsruhe 1832 [1614].
Saenger, Paul. „Silent Reading: Its Impact on Late Medieval Script and Society". *Viator. Medieval and Renaissance Studies* 13 (1982): 367–414.
Schön, Erich. *Der Verlust der Sinnlichkeit oder Die Verwandlungen des Lesers. Mentalitätswandel um 1800*. Stuttgart 1987.
Schön, Erich. „Geschichte des Lesens". *Handbuch Lesen*. Hrsg. von Bodo Franzmann, Dietrich Löffler und Erich Schön. 2. Aufl. Baltmannsweiler 2006: 1–85.
Schopenhauer, Arthur. *Parerga und Parlipomena. Werke in fünf Bänden* [1851]. Hrsg. von Ludger Lütkehaus. Bd. 5. Zürich 1987.

Schulmanagement 2. München 2008.
Seneca, Lucius Annaeus. „An Lucilius. Briefe über die Ethik" [um 62 n. Chr.]. *Philosophische Schriften*. Lateinisch und deutsch. Bd. 3. Hrsg. von M. Rosenbach. Darmstadt 1974.
Stein, Peter. *Schriftkultur. Eine Geschichte des Lesens und Schreibens*. 2. Aufl. Darmstadt 2010.
Sulzer, Johann Georg. *Allgemeine Theorie der Schönen Künste*. Bd. 1. Leipzig 1773.
Svenbro, Jesper. „The ‚Interior' Voice. On the Invention of Silent Reading". *Nothing to do with Dionysos? Athenian Drama in Its Social Context*. Hrsg. von John J. Winkler und Froma I. Zeitlin. New Jersey 1990: 366–384.
Welke, Martin. „Gemeinsame Lektüre und frühe Formen von Gruppenbildungen im 17. und 18. Jahrhundert. Zeitungslesen in Deutschland". *Lesegesellschaften und bürgerlich Emanzipation. Ein europäischer Vergleich*. Hrsg. von Otto Dann. München 1981: 29–54.
Wenzel, Horst: *Hören und Sehen, Schrift und Bild. Kultur und Gedächtnis im Mittelalter*. München: Beck 1995.
Wolf, Maryanne: *Das lesende Gehirn. Wie der Mensch zum Lesen kam – und was es in unseren Köpfen bewirkt*. Heidelberg 2009.
Zedelmaier, Helmut. „Lesen, Lesegewohnheiten im Mittelalter". *Lexikon des Mittelalters*. Hrsg. von Robert-Henri Bautier und Robert Auty. Bd. 5. München und Zürich 1991: 1908–1909.

2.3. Audioliteralität: zur akroamatischen Dimension des Literalen
Ludwig Jäger

1. Vorbemerkung

Der Begriff ‚Audioliteralität' ist als Terminus ein medientheoretischer Neologismus (vgl. Binczek und Epping-Jäger 2014; Jäger 2014), der insbesondere den Umstand fokussiert, dass Literalität sich nicht notwendigerweise ausschließlich auf skripturale Artefakte bezieht, sondern nicht selten auf mediale Ensembles, in denen Skripturalität mit Stimmlichkeit und Auditivität transkriptiv verwoben beziehungsweise verschaltet ist. Diese für bestimmte mediale Dispositive charakteristische Verwebung von visuell-skripturalen mit auditiv-vokalen Anteilen, an der sich exemplarisch zeigt, dass Medien selten monomedial auftreten, hat eine lange Geschichte, auf die insgesamt das Prädikat ‚audioliteral' appliziert werden kann, die aber erst seit dem Auftritt technischer Medien der Stimmübertragung und Stimmspeicherung zu ihrer genuinen (audioliteralen) Form gefunden hat. Die folgenden Ausführungen versuchen, am Beispiel des Dispositivs Hörbuch strukturelle Eigenschaften dieser medientechnisch gestützten Audioliteralität zu erörtern und einen historischen Blick auf deren ‚akroamatische' Vorgeschichte zu werfen. Dabei sollen insbesondere die audioliteralen Prozessierungsformen der Rezeption und Produktion von Sinn in den Blick genommen werden.

2. Zur Semantik von ‚Literatur' und ‚Literalität'

Der Begriff ‚Audioliteralität' wird im Folgenden als eine spezifische Form der Literalität erörtert, das heißt vor dem Hintergrund eines begrifflichen Feldes, auf dem die Literaturtheorie – in freilich durchaus kontroversen Ausprägungen – die konzeptuelle Gestalt des Begriffs der Literatur und die Frage ihrer konstitutiven Eigenschaften verhandelt. Da das begriffliche Verständnis von Audioliteralität unter anderem davon abhängt, was im Kontext dieser Debatte unter Literalität verstanden werden kann, sollen hierzu zunächst einige begriffssemantische Vorbemerkungen gemacht werden. Natürlich können bei diesem Eingrenzungsversuch die im literaturtheoretischen Diskurs intensiv geführten theoretisch-begrifflichen Verhandlungen von Konzepten wie ‚Literatur', ‚Literarizität' und ‚Literalität' etc. nicht eingehender erörtert werden (vgl. etwa Bohn 1980; Rosenberg 1990; Eagleton 1992; Fohrmann und Müller 1995; Schnell 2000; Zymner 2001; Klausnitzer 2012; Jacob 2016) – dies im Übrigen umso weniger, als ein Konsens dieses Diskurses darin zu bestehen scheint, dass, wie Nikolaus Wegmann feststellt, die „Suche nach der ‚Literatur selbst', dem Literarischen oder der Literarizität [...] in allgemeine Skepsis ausgelaufen" (Wegmann 1995, 92) und insofern eine „problemlose Referenz auf das Phänomen [Literatur] [...] nicht möglich" sei (Wegmann 1995, 85): „Eine Wirklichkeit des Phänomens nach dem Modell einer objektiven Entsprechung zwischen der Literaturtheorie und dem, was im Phänomenbereich als Fakten- oder Tatsachenwissen kursiert, gibt es nicht [...]" (Wegmann 1995, 92). Auch wenn sich also, wie Wegmann konstatiert, das „Phänomen Literatur" bei dem Versuch, es theoretisch in den Blick zu nehmen, „in ein irritierendes Suchbild" verwandelt (Wegmann 1995, 77), gehen die folgenden Überlegungen – ohne jeden begriffsdefinitorischen Anspruch – heuristisch von einem vorläufigen Begriff von Literalität (und Literatur) aus, dessen semantische Bestimmungsmerkmale mit Blick auf den Begriff der Audioliteralität kurz skizziert werden sollen:

Zunächst soll Literalität im thematischen Fokus dieses Artikels vor allem als eine der Eigenschaften betrachtet werden, durch die sich Literatur als ‚eigenständiges Kommunikationssystem' (Plumpe 1995, 106) mehr oder minder deutlich von anderen kommunikativen Phänomenbereichen abgrenzen lässt. Das Phänomenfeld Audioliteralität und seine medialen Formen wären insofern ein Element dieses Kommunikationssystems. Ralf Klausnitzer etwa sieht die „spezifischen Differenzqualitäten" literarischer Artefakte, ihre Literalität, darin, dass sie keine Handlungsanweisungen für reale Situationen vermitteln, sondern symbolisches Probehandeln in imaginierten Welten ermöglichen, dass sie nicht informieren, sondern unterhalten und faszinieren, indem sie dauerhaft unsere Einbildungskraft mobilisieren" (Klausnitzer 2012, 15), und Hans Blumenberg konstatiert „für die Welt, in der Philologie und Ästhetik ihren Platz und Betrieb haben", eine „immanente Gegenläufigkeit objektivierender und poetisierender Sprache" (Blumenberg 2017, 133), wobei deren ästhetische Funktion „einen neuen Grad der Bewußtheit ihres alltäglichen Vollzuges und seiner Möglichkeiten" darstelle (Blumenberg 2017, 128). In diesem Sinne hatte es bereits Georg Wilhelm Friedrich Hegel als die Funktion der Kunst angesehen, dass sie uns „in allen Beziehungen auf einen anderen Boden stellen [soll], als der ist, welchen wir in unserem gewöhnlichen Leben [...] einnehmen" (Hegel 1970c, 283). Von diesem habe sich die Poesie loszulösen, „um sich auf den freien Boden der Kunst zu stellen" (Hegel 1970c, 242). Literatur wird in der hier unterstellten Begriffssemantik also verstanden als eine im weitesten Sinne „nach eigenen Regeln prozessierende und von außerästhetischen Zwecksetzungen weitgehend entlastete Diskursdomäne" (Jacob 2016, 490). Freilich soll mit einer solchen Bestimmung kein im strengen Sinne autonomieästhetisches Verständnis intendiert werden (Küpper und Menke 2003, 9). Wenn allgemein im Ästhetikdiskurs von einer „Pluralisierung des Feldes der Ästhetik" (Küpper und Menke 2003, 9) die Rede ist, davon, dass sich der Horizont potenzieller Gegenstände ästhetischer Erfahrung über den Kanon traditioneller Formen hinaus ausweite (Gumbrecht 2003, 203), so gilt auch für Literatur, dass die Grenzen zwischen literarischen und außerliterarischen Textsorten mitunter durchlässig (geworden) sind, dass die Diskursdomäne Literatur nicht als eine im strengen Sinne ‚geschlossene' aufgefasst werden kann (Küpper und Menke 2003, 9; Jacob 2016, 490). So weist etwa auch Hans-Georg Gadamer darauf hin, dass „der Begriff der Literatur sehr viel weiter als der Begriff des literarischen Kunstwerks" (Gadamer 1965, 155) genommen werden müsse. Kurz: Literalität markiert ein eigenständiges Phänomenfeld, das gleichwohl an seinen Rändern Übergangsformen zu anderen Phänomenfeldern (Kommunikationssystemen) aufweist und sich wohl auch deshalb für neue audioliterale Literaturformen geöffnet hat.

Ein zweites semantisches Moment des hier vorgeschlagenen Begriffsgebrauchs besteht darin, Literalität nicht mehr als eine ausschließlich ‚werkbezogene' Qualität von Literatur anzusehen, sondern auch die Modalitäten ihrer Produktion und Rezeption (Bertram 2005, 27) begriffssemantisch einzubeziehen, also über die nur werkbezogenen Momente hinaus auch die medialen und institutionellen Bedingungen (Rahmungen), die Produktion, Adressierung und Rezeption von Literatur bestimmen, für wesentliche konzeptuelle Momente von Literalität zu halten. Literalität leitet sich also in der hier angenommenen Lesart nicht allein aus intrinsischen Merkmalen literarischer Gegenstände her, die freilich durchaus einen wesentlichen Beitrag zur Begriffssemantik leisten, sondern auch aus der Perspektive der (ästhetischen) Erfahrungen (Küpper und Menke 2003, 7–9; Bertram 2005, 27), die mit ihnen in rezeptions- sowie in produktionsorientierter Hinsicht gemacht werden. Die Literalität des Literarischen wäre also, so Joachim Küpper und Christoph Menke, nicht mehr in erster Linie von der „objektiven Verfassung" ihres Gegenstandes, „sondern von den Aktivitäten her zu bestimmen, die Subjekte in Bezug auf diesen Gegenstand ausüben" (Küpper und Menke 2003, 10; Bertram 2005, 27–28). Erst ‚dispositive' Rahmenbedingungen (vgl. Jäger 2013, Abschnitt ‚Dispositivität'), „besondere Leseeinstellungen, kulturelle Kontexte und institutionelle Zuschreibungen" (Jacob 2016, 491) prägen sowohl einerseits die Lektüren literarischer Artefakte als auch andererseits die textgenetischen Verfahren, die Formen der literarischen (sprachlichen) Produktion, als genuin literarische. Dies zeigt sich exemplarisch auch an den neueren audioliteralen Formen des Lesens und Hörens beziehungsweise Schreibens und ihren dispositiven Rahmenbedingungen.

Schließlich wird mit dem Merkmal der Literalität die Eigenschaft von Literatur fokussiert, ‚sprachlich' verfasst zu sein. Die Poesie als eine der dominanten Ausprägungen des literarischen Feldes ist, wie Wilhelm von Humboldt im Anschluss an Immanuel Kants Bemerkung, Poesie sei eine ‚redende Kunst' (Kant 1968, § 51 und §§ 176–178; vgl. auch Hegel 1970b, 256 und 261), formuliert, „die Kunst durch Sprache" (Humboldt 1968a, 158). Das Dichterische wird, so Hegel, „erst dichterisch im engeren Sinne, wenn es sich zu Worten wirklich verkörpert" (Hegel 1970c, 283). Es unterscheidet sich von der ‚Erfindungsart' jeder anderen Kunst dadurch, „daß sie ihre Gebilde in Worte kleiden und durch Sprache mitteilen muß" (Hegel 1970c, 283). Literatur kann also, wie Joachim Jacob formuliert, als „weitgehend mit Sprache identisch" angesehen werden (Jacob 2016, 491) und Literalität insofern als eine genuin sprachliche Eigenschaft. Eine solche Bestimmung würde es nun zunächst nahelegen, Literalität etwa vor dem Hintergrund der Unterscheidung von Oralität und Literalität (Ong 1987) vor allem als ‚skripturale' Sprachlichkeit zu konzeptualisieren. Es handelt sich ja bei einem bedeutenden Anteil der medialen Artefakte, denen Literalität zugesprochen wird, um skripturale Artefakte. Erst in der ‚Schriftlichkeit' gewinne, meint Gadamer, der gleichwohl die ‚Rede' für „die eigentliche Sprache" hält (Gadamer 1965, 370), „die Sprache ihre wahre Geistigkeit" (Gadamer 1965, 368). Er steht damit im Kontext einer Denkschule von Theoretikern der *literacy hypothesis* (vgl. etwa McLuhan 1962; Havelock 1963; Goody und Watt 1963; Ong 1987), die mit dem Auftreten der Schrift ein kategorial neues kulturelles Stadium der westlichen Kultur heraufziehen sahen (Gee 1996, 5), eine literale Revolution, die das Denken des Menschen gänzlich restrukturiert habe (Harris 1989). Freilich wird sich gerade im Hinblick auf die als audioliteral bezeichneten Phänomene zeigen, dass der Begriff des Literalen nonskripturale Formen der Sprachlichkeit nicht notwendigerweise ausschließt. ‚Literalität' wird deshalb im thematischen Fokus dieses Artikels nicht prioritär als Oppositionsterminus zu ‚Oralität' verstanden, wie dies etwa Walter J. Ong tut (Ong 1987), der von der (primären) Oralität einer Kultur spricht, wenn sich diese „unberührt von jeder Kenntnis des Schreibens oder Druckens" (Ong 1987, 31), also unabhängig von Literalität entfaltet habe. Es wird sich aber im Folgenden noch zeigen, dass sich für eine Ausweitung des Literalitätsbegriffs auch auf orale Artefakte durchaus Gründe geltend machen lassen (vgl. hierzu unten Abschnitt 3).

Natürlich ist die skizzierte Verwendung der Termini Literatur und Literalität durchaus diskussions- und problematisierungsfähig sowie ergänzungsbedürftig. In einen solchen Differenzierungsdiskurs kann ich hier freilich nicht eintreten. Die vorgeschlagenen begrifflichen Unterscheidungen haben nur den heuristischen Zweck, das Literalitätsmoment im Hinblick auf den in den nächsten Abschnitten zu verhandelnden Begriff der Audioliteralität semantisch zu justieren. Der Ertrag dieser Justierung lässt sich vor dem Hintergrund des bislang Ausgeführten so zusammenfassen: Einmal soll Literatur im Hinblick auf die ihr zugeschriebene

Literalität verstanden werden als eine „durch ihre Differenz zu anderen Textereignissen" (Klausnitzer 2012, 15) bestimmte Diskursdomäne, wobei sich ihre Eigenständigkeit nicht nur beziehungsweise nicht vorrangig aus dem Horizont autonomieästhetischer Vorstellungen ableitet. Für Audioliteralität heißt das, dass sie sich als diskursive Formation historisch im Rahmen der Diskursdomäne Literatur entwickelt und insbesondere seit dem Auftreten technischer Systeme der Speicherung und Distribution von Stimme in genuinen Textgattungen wie etwa der des Hörbuchs (Binczek und Epping-Jäger 2014) ausgeprägt hat (vgl. hierzu Abschnitt 4). Als Zweites besteht der Ertrag der bisherigen Skizze in dem Befund, dass das Diskursphänomen Literatur nicht allein als durch intrinsische Merkmale literaler Artefakte bestimmt gedacht werden kann, etwa durch eine der ‚ästhetischen Rede' (Mittelstraß et al. 1974) zugrunde liegende „poetische Funktion" (Jakobson 2007, 168), weil es nicht unwesentlich in „kulturelle Kommunikationszusammenhänge" beziehungsweise „kulturelle Kontexte" eingelassen (Jacob 2016, 493) ist – eingebettet, wie man mit Ludwig Wittgenstein sagen könnte, in „menschliche Gepflogenheiten und Institutionen" (Wittgenstein 1967, § 337). Die Literalität der Literatur entfaltet sich also als ein Phänomen, das in diskursiven Rahmen (Goffman 2000; Wirth 2002c; Wirth 2013), paratextuellen Umgebungen, operiert (Genette 1993; Genette 2001) und das, wie sich in Anlehnung an Michel Foucault (Foucault 1978, 119; Hubig 2000) sagen lässt, seine spezifischen Leistungen erst in dispositive Strukturen entfaltet, in medialen Formaten (Jäger 2004, 334–336), die sich aufbauen aus institutionellen, technisch-medialen und kommunikativen Konstituenten (vgl. auch Jacob 2016, 492–494), wobei unter diesen die verbalsprachlichen Kommunikationsformen in einem Raum multimodaler und multimedialer Mitspieler eine gewisse Prädominanz aufweisen. Auch hier macht das skizzierte Verständnis von Literalität deutlich, dass audioliterale Diskursformen – unter diesen etwa paradigmatisch das Hörbuch – nicht nur bestimmt sind durch inhärente strukturelle Eigenschaften der literalen Artefakte, die in ihnen prozessiert werden, sondern auch durch ‚Paratexte', die die spezifische Gestalt der kommunikativen strukturellen Eigenschaften, etwa die besonderen Formen des Lesens und Hörens beziehungsweise Schreibens (vgl. Abschnitt 4) erst bestimmen. Rahmen dieser Art steuern, wie Georg Stanitzek bemerkt, „Aufmerksamkeit, Lektüre und Kommunikation in einer Weise, dass die entsprechenden Texte über sie allererst ihre jeweilige Kontur, ihre gewissermaßen handhabbare Identität gewinnen" (Stanitzek 2004, 8).

Mit der bislang skizzierten Semantik von Literalität (bzw. von Literatur) ist freilich ein zentraler Aspekt der Begriffsverwendung noch nicht namhaft gemacht, der das oben angesprochene dritte begriffliche Moment, das der ‚Sprachlichkeit' des Literarischen betrifft, der Umstand nämlich – der im Folgenden kurz angesprochen werden soll –, dass die Sprachlichkeit der Literalität nicht auf den

Aspekt der ‚Skripturalität' eingeschränkt gedacht werden darf. Literalität entfaltet sich nicht auf einem Feld, das ausschließlich im Medium der Schrift operiert, sondern in einem medialen Horizont, der auch orale (vokal-auditive) Realisierungsformen des Literalen umfasst, wobei beide Dimensionen in ihrer Hermeneutik an die akroamatische Dimension der ‚Hörbarkeit' gebunden sind. Insofern ist der Begriff der Literalität zentral durch das bestimmt, was Bernhard Waldenfels den „Chiasmus von Wort und Schrift" genannt hat, wo sich eines „im anderen wieder[findet], ohne mit ihm zur Deckung zu gelangen" (Waldenfels 1999, 43).

Bevor im vierten Abschnitt Audioliteralität im engeren Sinne fokussiert werden soll, ist es deshalb angebracht, im folgenden Abschnitt einen wenn auch nur kursorischen Blick auf einige jener Aspekte der historischen Herausbildung des Literarischen zu werfen, an denen sich zeigt, dass gegen eine Identifikation von Literalität und Skripturalität, so naheliegend sie zu sein scheint, nicht erst in jüngerer Zeit Gründe geltend gemacht worden sind. So formuliert etwa Hegel die Überzeugung, dass die Poesie „ihrem Begriffe nach wesentlich tönend" sei (Hegel 1970c, 320), dass „die Intelligenz [...] sich unmittelbar und unbedingt durch Sprechen" äußere (Hegel 1970a, 277), während die Schrift sich als „die sichtbare Sprache zu der tönenden nur als Zeichen" verhalte (Hegel 1970a, 277). Hegels Kritik der Schrift (vgl. hierzu auch den folgenden Abschnitt) und die nicht nur bei ihm sichtbar werdende Aufwertung der Mündlichkeit artikuliert sich im Horizont einer „Reoralisierung der Schriftsprache" (Maye et al. 2013, 344), die sich seit der zweiten Hälfte des 18 Jahrhunderts etwa an der Entstehung der Dichterlesung zeigt (Maye 2012, 38–40) sowie an der in diesem Rahmen aufblühenden ‚Kulturtechnik Deklamation', die „die toten Buchstaben, die den ursprünglichen Sinn ‚beseelter Worte' gleichsam eingefroren enthalten, wieder verflüssigen" sollte (Maye et al. 2013, 344–345). Wie auch immer man Hegels Ästhetik der Poesie oder Friedrich Gottlieb Klopstocks Poetik der Deklamation einschätzt, in jedem Fall wird hier deutlich, dass eine Engführung von Literalität und Skripturalität keinesfalls selbstevident ist und dass in dem intermedialen Verhältnis von Skripturalität und Auditivität dem Zu-Gehör-Bringen nicht notwendigerweise ein Status der Nachträglichkeit zukommt. Eine selbstverständliche Engführung von Literalität und Skripturalität verschließt sich dem Umstand, dass auch in die skripturale Sprache „das Hören tief eingewurzelt" ist (Riedel 1990, 119), dass auch sie in einem ‚akroamatischen' Horizont operiert, der im ‚Hören' „ein Vernehmen des Gesagten durch den Text hindurch" und damit das Verstehen des Gemeinten ermöglicht, das „im stummen Verwahren durch die Schrift nach Auslegung verlangt" (Riedel 1990, 11). Der akroamatische Hörraum ist eine Bedingung „für Verstehensmöglichkeiten, die das Hören auf die zum Sprechen gebrachten, auszulegenden Worte des Textes freigibt" (Riedel 1990, 8–9). Vergegenwärtigt man sich diesen akroamatischen Subtext des Literalen, wird auch einsichtig, warum sich im Rahmen der Literalität neben skripturalen auch vokal-auditive Diskursformationen ausgebildet haben.

3. Der akroamatische Horizont der Audioliteralität

Audioliteralität im engeren Sinne bildete sich – wie sich im vierten Abschnitt zeigen wird – erst im Raum technischer Medien der Übertragung und Speicherung von Stimmen wie etwa Radio, Grammophon und Tonband (Macho 2006) beziehungsweise neuerer digitaler Medien aus. Obgleich durch Letztere die Medien- und Technikgeschichte der Stimme noch einmal „radikal revolutioniert wurde" (Macho 2006, 143) und die „Digitalität der Aufzeichnungs-, Bearbeitungs- und Reproduktionstechnologien" für die Operationsweise neuer audioliteraler Medien von großer Bedeutung ist (Binczek 2014, 171 mit Bezug auf Agathos und Kapfer 2005), kann dieser spezifische Problemaspekt im Rahmen des hier vorliegenden Artikels nicht näher behandelt werden. In jedem Fall verändert sich die Audioliteralität bereits grundlegend durch das Auftreten technischer Medien der Aufzeichnung und Distribution von Stimmen, sodass eine entwicklungsgeschichtliche Zäsur zwischen älteren Formen der Verwebung skripturaler und vokal-auditiver Formen des Literarischen und rezenten, technisch grundierten Formen, konstatiert werden muss. Freilich – auch wenn man der These zustimmt, dass sich die neuen Ausprägungen der Audioliteralität, wie etwa das Hörbuch (vgl. hierzu unten Abschnitt 4), nicht aus der ‚historischen Kontinuität einer von der Antike bis zur Gegenwart' reichenden ‚Tradition mündlicher Rede- und Literaturvermittlung' herleiten lassen (vgl. Binczek und Epping-Jäger 2014, 9) – kann doch der historische Blick auf die akroamatische Dimension der Literalität den für den Begriff der Audioliteralität grundlegenden Umstand erhellen, dass die ‚Phänomenologie der Sprache' auf eine ‚Phänomenologie des Hörens' verwiesen ist (vgl. Riedel 1990, 332–335). Es ist dieser Zusammenhang, der in dem Kompositum Audioliteralität begriffssemantisch zum Ausdruck kommt: Er verweist darauf, dass Literalität, mag sie auch, so Hans Ulrich Gumbrecht, „in okzidentalen Kulturen [...] zumeist am Medium Schrift" partizipieren (Gumbrecht 1988, 736), sich nicht notwendigerweise ausschließlich im Bezugsraum von Schriftlichkeit artikuliert (zum Verhältnis von Schriftlichkeit und Sprachlichkeit vgl. Gadamer 1965, 370–372). Literatur ist, wie Reinhart Meyer-Kalkus feststellt, „keinesfalls in allen Kulturen und in allen Epochen" durch „schriftlich fixierten Text" bestimmt (Meyer-Kalkus 2007, 213). Literalität bleibt vielmehr unter verschiedenen Aspekten auf einen Horizont von Stimme und Gehör bezogen: Literale Praktiken, so formuliert Brian Street, „are always embedded in oral uses, and the variations between cultures are generally variations in the mix of oral/literate channels" (Street 1988, 5) – oder, wie Matei Călinescu anmerkt: „The essential orality that surrounds and shapes our reading and the formation of our cultural competence [...] is all too often forgotten or neglected by theorists of a separate, literate form of consciousness, a form which is supposed to have displaced an older, more primitive primar orality" (Călinescu 1998, 57).

Natürlich kann der akroamatische Subtext der Literalität hier nur kursorisch an einigen historischen und systematischen Indizien angedeutet werden. Zunächst ist die Geschichte des Literarischen insgesamt von einem Moment des Mündlichkeitsbezugs, von einer Spur des Akroamatischen, durchzogen, die bereits in den frühen antiken Formen ‚oraler Poesie' beziehungsweise der ‚oralen Literatur' (Finnegan 1977; Havelock 1979) Literalität an die Bedingung des Zu-Gehör-Bringens bindet. Freilich hat die Applikation des Prädikats ‚Literatur' auf die orale Poesie nachdrücklichen und vielleicht naheliegenden Widerspruch hervorgerufen. Walter Ong etwa spricht hinsichtlich dieses Prädikats von einem „monströsen Konzept" und er bezeichnet es als einen „widersinnigen Terminus" (Ong 1987, 19). Aber selbst wenn man der Ong'schen These zustimmte, dass es angesichts der ‚Dominanz der Literalität' ganz unmöglich erscheine, „den Terminus ‚Literatur' auch auf die orale Tradition und Darbietung anzuwenden" (Ong 1987, 19), kann doch nur wenig Zweifel daran bestehen, dass Literalität keine ausschließliche Angelegenheit von Skripturalität ist. Viele strukturelle Merkmale, die gemeinhin der Schrift exklusiv zugeschrieben werden, stellen bereits Eigenschaften der (präliteralen) mündlichen Rede dar (vgl. hierzu Jäger 2004; Jäger 2005). Dies zeigt sich an den Vermittlungs- und Übergangsformen zwischen Schriftlichkeit und Mündlichkeit in den mittelalterlichen und frühneuzeitlichen Literalisierungsprozessen, etwa an der für die Phase der ‚begrenzten Literalität' charakteristischen Verbindung von Schriftkultur und oralen Praktiken in den Klöstern und Universitäten des Mittelalters (Spangenberg 1995, 41) oder in der Phase der ‚Hypoliteralität' an der entstehenden Gattung des Dramas etwa bei Hans Sachs, die als ‚mediale Übergangsform' zwischen lateinischer Skripturalität und der volkssprachlichen Mündlichkeit literales Wissen an ein weithin illiterates Publikums adressierte (vgl. hierzu insgesamt Epping-Jäger 1996). Es zeigt sich aber auch an (rezenten) literarischen Gattungen wie dem ‚Meistersang', der ‚Lautpoesie' oder dem ‚Sprechtheater' beziehungsweise an neuen Distributions- und Speichermedien der Stimme, die in der zweiten Hälfte des 20. Jahrhunderts vielleicht sogar, wie Meyer-Kalkus formuliert, ein „akustisches Apriori der Rezeption von Literatur" etabliert haben (Meyer-Kalkus 2007, 215). Selbst Karl Lachmann, der die Neusprachenphilologie im frühen 19. Jahrhundert als genuine Textwissenschaft mitbegründete, bindet die Textedition an einen akroamatischen Subtext: „Überhaupt vergessen wir nur zu sehr, wie wichtig es ist, für das Ohr zu lesen, und nicht

2.3. Audioliteralität: zur akroamatischen Dimension des Literalen — 69

für das Auge. Dichter müssen durchaus laut gelesen werden, und vollends unsere alten Dichter" (Lachmann 1926, Vorrede VI).

Bereits vor dem Hintergrund dieser wenigen Befunde lässt sich festhalten, dass literarische Prozesse nicht gleichsam selbstverständlich im Raum skripturaler Schreibformen beziehungsweise Lektüren situiert sind, sondern dass es nicht unwesentlich zu ihrer Konzeptualisierung gehört, sie für Artefakte zu halten, die auch in verschiedener medialer Weise ‚zu Gehör' gebracht werden. Literatur trat in ihrer Geschichte in erheblichem Umfang immer auch als „akustische Literatur" auf, als eine Literatur, die nicht nur gelesen, sondern die auch „gehört wird" (Schäfer 2014, 117), als eine Medium, dessen Sinn „sich erst im Gehörtwerden erfüllt" (Riedel 1990, 392). Wie Manfred Riedel im Anschluss an Friedrich Nietzsche deutlich macht, entsteht bereits im Horizont der griechischen Tragödie „der neue Typus des dichterisch hörenden Menschen", das heißt ein Typus von Literatur, für den die „Kunst des Hörens" konstitutiv ist (Riedel 1990, 343), in dem sich „der hörende Weltbezug des Menschen" zeigt (Riedel 1990, 173). In die Literatur ist ein ‚akroamatisches' Moment – wenn man so sagen darf – eingeschrieben, das sich unter bestimmten kulturhistorischen Voraussetzungen immer wieder Geltung zu verschaffen vermochte und das deshalb verschiedentlich und zu Recht im Zuge der Theoretisierung des Literarischen als eines seiner konstitutiven Momente herausgearbeitet wurde, etwa in dem Gedanken, dem Verstehen eigne eine akroamatische Dimension darin, dass der Sinn eines zu verstehenden Textes, wie Riedel formuliert, als ein „Richtungssinn der Bedeutsamkeit" zu verstehen sei, der als „Sinn für uns" aus dem „Werksein des Textes herausdränge" und „sich im Anderen seiner selbst, dem Am-Werk-Sein des Verstehens", vervielfältige (Riedel 1990, 165). Die Semantik des Textes erfährt so, folgt man Riedels Überlegung, eine „synthetische Erweiterung [...] in einem Hörenden" (Riedel 1990, 65) – und zwar vor allem deshalb, „weil der Sinn des Wortes, seine Bedeutung, sich erst im Gehörtwerden erfüllt" (Riedel 1990, 392). Diesen Gedanken bringt auch Jean-Luc Nancy zum Ausdruck, wenn er formuliert: „Vielleicht muss der Sinn nicht bloß Sinn machen (oder logos sein), sondern überdies klingen. Meine ganze Argumentation wird um solch eine grundlegende Resonanz kreisen, ja um eine Resonanz als Grund, als erste oder letzte Tiefe des ‚Sinnes' (oder der Wahrheit) selbst" (Nancy 2010, 13). Die „akroamatische Dimension der Hermeneutik" verwirklicht also die „Aufgabe, das in der schriftlichen Überlieferung Vermittelte [...] in die Unmittelbarkeit des Hörens auf das Sichzusagende zurückzuübersetzen" (Riedel 1990, 176) – wie Gadamer formuliert, auf den sich Riedel hier bezieht: „Alles Schriftliche ist, wie wir sagten, eine Art entfremdeter Rede und bedarf der Rückverwandlung der Zeichen in Rede und Sinn" (Gadamer 1965, 371). Literatur ist also vor allem auf dem Feld ihrer hermeneutischen Erschließung auf einen stimmlich-auditiven Rahmen angewiesen, in dem ihre akroamatische Dimension hervortritt: „Liest man bloß mit dem Auge, und nicht zugleich mit der Stimme; so wird die Sprache dem Lesenden nur dann gewissermaßen lebendig, wenn er sich die Deklamation hinzudenkt", stellt Klopstock fest (Klopstock 1981, 1049, zit. nach Berndt 2008, 151; vgl. auch Maye 2014, 16–18). Gadamer geht sogar so weit, der mündlichen Rede eine hermeneutische Eigenevidenz zuzuschreiben: „Gesprochenes Wort legt sich in erstaunlichem Grade von selber aus, durch die Sprechweise, den Ton, das Tempo usw., aber auch durch die Umstände, in denen es gesagt wird" (Gadamer 1965, 371). Hieraus resultiert ihr Vermögen zu „hermeneutischen Wunderheilungen": „Durch den sinnkonstituierenden Präsenzeffekt der Deklamation [...] können dunkle Stellen in der Dichtung den Zuhörern plötzlich erhellt erscheinen [...]" (Maye 2014, 19), eine Erfahrung, die den Teilnehmern einer Lesung zuteilwurde, in der Rainer Maria Rilke seine „Duineser Elegien eines Tages so vorlas, daß die Zuhörer der Schwierigkeit dieser Dichtung überhaupt nicht innewurden" (Gadamer 1965, 371, Anm. 2).

Im Diskursraum dieser Idee des Akroamatischen steht auch die poetologische Reflexion um 1800, die die, durch den zunehmenden Einfluss der Schriftkommunikation etablierte Gleichsetzung von Literalität und Skripturalität aufkündigt und Poesie aus der Perspektive der Mündlichkeit in den Blick nimmt. Johann Wolfgang Goethe etwa, der freilich in besonders elaborierter Weise *Schrift*steller im Wortsinne war, wird gerne mit der Bemerkung zitiert, der Mensch sei „von Natur kein lesendes sondern ein hörendes Wesen; so wie auch der Poet keineswegs gemacht ist, seine Gedanken zu Papiere zu bringen, sondern vielmehr sich mündlich vernehmen zu lassen. Das geschriebene Wort, sagt man, ist todt; zum wenigsten erscheint es uns in vielen Fällen als ein sehr unbestimmtes einer mannigfaltigen Deutung fähiges Etwas, wogegen aber das gesprochene durch den Ton der Stimme sogleich seinen entschiedenen Charakter empfängt und den Hörer auf der Stelle in die Empfindung seiner unzweifelhaften Bedeutung setzt" (Goethe 1999, 476, zit. nach Meyer-Kalkus 2006, 351–352).

Mit diesen Bemerkungen bewegt sich Goethe ohne Zweifel im Horizont von zeitgenössischen dichtungstheoretischen Bestimmungen des Literarischen, die just im Moment „einer vollständigen Umstellung der literarischen Kommunikation auf Schrift und Druck" eine „Poetik der Reoralisierung" propagierten (Maye 2014, 15; vgl. Waldenfels 1999, 38). Der ‚Abschluss' des Literalisierungsprozesses, der sich im 18. Jahrhundert als Spätwirkung des Buchdrucks vollzogen hatte, ruft eine Gegenbewegung hervor, die sich, so Heinz Schlaffer, als „romantische Opposition gegen die Schrift" und gegen die uneingeschränkte Dominanz einer skripturalisierten Kommunikationskultur auf die „Suche nach der verlorenen Mündlichkeit" macht und an der „Rehabilitierung von gesprochener Sprache und mündlicher Kultur" arbeitet (Schlaffer 1986, 21–22). Die Literatur setzt als ‚akustische' dem ‚stummen Lesen' (vgl. zu ‚stummes/stilles' vs. ‚lautes' Lesen Saenger

1982; Schön 1987, 99–122; Epping-Jäger 1996, 145–147), etwa mit der ‚Deklamation', eine ‚Darstellungsweise' (vgl. hierzu Menninghaus 1994) des Textes entgegen, in der „das Moment der Eigentlichkeit des Literarischen" (Maye 2014, 17) im Augenblick des performativen Vollzugs, im „privilegierten Augenblick, in dem ein ‚Text' wirklich wahrgenommen wird" (Zumthor 1988, 704), zum Vorschein kommt, in dem, so Winfried Menninghaus, der „actus [...] der Deklamation" zur „eigentlichen Daseinsweise des Gedichtes" aufrückt (Menninghaus 1994, 208). Die Deklamation demonstriert dergestalt die „Überlegenheit des mündlichen Vortrags gegenüber der stillen Lektüre" (Ueding 2012, 367). Sie wird, mit Harun Maye zu sprechen, zur „bevorzugte[n] literarischen Präsentationsform im auslaufenden 18. Jahrhundert" (Maye 2014, 18). Auch in Humboldts Feststellung, die Poesie sei „die Kunst durch Sprache" (Humboldt 1968b, 158), ist der hier verwendete Begriff von Sprache stark von einem Paradigma der Mündlichkeit bestimmt: Denn die Schrift ist für Humboldt „immer nur eine unvollständige mumienhafte Aufbewahrung, die es doch wieder bedarf, dass man dabei den lebendigen Vortrag zu versinnlichen sucht" (Humboldt 1968b, 45–46), ebenso wie es für Hegel unabdingbar ist, dass „[die] Werke der Poesie [...] gesprochen, gesungen, vorgetragen, durch lebendige Subjekte selber dargestellt werden" (Hegel 1970c, 320). Es „gehört nun einmal das sinnliche Dasein, in der Poesie das Klingen der Worte, von Haus aus zur Kunst", so Hegel (Hegel 1970c, 291).

In diesen Favorisierungen der Oralität zeigt sich ohne Zweifel ein tiefgreifender Vorbehalt gegenüber der Schrift, in deren Rahmen sich freilich alle Apologeten der Mündlichkeit mit großer Selbstverständlichkeit bewegen. Schlaffer hat deshalb mit Recht darauf verwiesen, dass diese Art von Schriftkritik „zu Fiktionen führte (etwa die Idee vom Dichter als Sänger) und in Paradoxien geriet (die mündliche Poesie wurde in Büchern gesammelt und also durch die Aufzeichnung gleichzeitig gerettet und ausgelöscht)" (Schlaffer 1986, 13), Ambivalenzen im Übrigen, die schon für Platons Schriftkritik gelten (vgl. Stetter 1997, 293–295). Hegel etwa hat zu Beginn des 19. Jahrhunderts diese Kritik besonders pointiert vorgetragen. Für ihn missachtet die Schrift ihre Bindung an den akroamatischen „Hörraum" (Riedel 1990, 8), der für das Verstehen ihrer Artefakte konstitutiv ist. Wer geübt liest und die Schrift routiniert gebraucht, schaltet, so Hegel, den „Umweg durch die Hörbarkeit" aus und löscht aus der Alphabetschrift ihre Bindung an die akustisch-auditive Sprache, verwandelt gleichsam „die Buchstabenschrift in Hieroglyphen"; er vermag dergestalt aber nur „ein taubes Lesen und ein stummes Schreiben" (Hegel 1970a, 276–277) zu praktizieren. Bei einem solchen „bloßen Lesen" (Hegel 1970c, 321) verstehen wir bei der Betrachtung der Buchstaben das Gelesene, „ohne daß wir Töne zu hören nötig hätten", adressieren gleichsam „unmittelbar die Bedeutung" (Hegel 1970c, 277). Hegel richtet sich hier mit seiner Bezugnahme auf das ‚bloße Lesen' kritisch gegen das ‚stille' Lesen, das sich im 18. Jahrhundert zunehmend gegen das laute Lesen durchgesetzt hatte (vgl. Schön 1987, 99–101; Berndt 2008, 152). Denn das in diesem Modus Verstandene bleibt im Gegensatz zum Verstehen etwa des im poetischen Ausdruck ‚tönenden Wortes' (Hegel 1970c, 320–321) „fahl und grau" (Hegel 1970c, 278). Das hieroglyphische Verstehen verfehlt gänzlich die akroamatische Dimension des hermeneutischen Prozesses. Anders als die Poesie, die ihre Zeichen „zu einem von der geistigen Lebendigkeit dessen, wofür sie Zeichen sind, durchdrungenen Material" erhebt, bleiben still gelesene „gedruckte und geschriebene Buchstaben [...] nur gleichgültige Zeichen für Laute und Wörter [...], bloße Bezeichnungsmittel der Vorstellungen [...]"(Hegel 1970c, 320). Der Druck verwandelt die ‚Beseelung' der poetischen Zeichen „in eine für sich genommene, ganz gleichgültige, mit dem geistigen Gehalt nicht mehr zusammenhängende Sichtbarkeit fürs Auge [...]" (Hegel 1970c, 321). Blumenberg fasst diesen Schriftvorbehalt pointiert so zusammen: „Die geschriebene und schließlich gedruckte Tradition ist immer wieder zur Schwächung von Authentizität der Erfahrung geworden" (Blumenberg 1986, 17). Die Versuche einer Einbindung der Schrift in den Horizont des Akroamatischen lassen sich insofern verstehen als Versuche ihrer Reauthentifizierung, als, wie Gadamer formuliert hatte, eine Art der ‚Rückverwandlung der Zeichen der entfremdeten Schrift in Rede und in Sinn': „Der Sinn des Gesagten soll neu zur Aussage kommen" (vgl. Gadamer 1965, 371).

4. Audioliteralität: die transkriptiven Verfahren des Hörbuchs

Für den medialen Wechselbezug des vokal-auditiven und des skripturalen Momentes des Literarischen lässt sich, wie bislang gezeigt werden sollte, eine tief in die Geschichte reichende audioliterale Tradition aufweisen. Audioliteralität, so scheint es, war bereits von jeher einer der Grundzüge des Literarischen – oder anders: Literalität entfaltete sich nicht unwesentlich in einem historischen Horizont des Akroamatischen. Für eine solche Annahme sind in Abschnitt 3 einige Gründe vorgetragen worden. Gleichwohl kann ein Blick auf neuere mediale Ausprägungen der Audioliteralität deutlich machen, dass sich mit der Entstehung technischer Medien der Übertragung und Speicherung von Stimmen (Macho 2006; Maye 2014) ein grundlegender Wandel audioliteraler Medien vollzogen hat. Der Illustration dieser Annahme sollen im Folgenden am paradigmatischen Beispiel des Hörbuchs noch einige abschließende Überlegungen gewidmet werden. Ich beschränke mich dabei weithin auf das ‚Hörbuch im engeren Sinne', das Jürg Häusermann bestimmt als Lesung, die mit einem gedruckten Buch oder sonstigen literarischen Vorlagen verbunden sei und die „mit einem entsprechenden organisatorischen und technischen Aufwand für ein breites Publikum verbreitet" (Häusermann 2010a, 14–15) wird. Die Funktion des

Hörbuchs wird dabei darin gesehen, „einen gedruckten, schriftlich fixierten Text qua Performativität des Stimmlichen in einen gesprochenen, analog oder digital aufgezeichneten, je und je reproduzierbaren, wiederholbaren Hör-Text" zu transformieren (Hachenberg 2004, 35; vgl. hierzu auch Jäger 2014). Mit dieser Funktionsbestimmung freilich scheint das Hörbuch auf den ersten Blick eher in einer kontinuierlichen Tradition der stimmlichen Verlautbarung (Lesung) von (poetischem) Text zu stehen denn am Beginn eines medienhistorischen Umbruchs. Tatsächlich verfügt das Hörbuch allerdings, wofür im Folgenden einige Indizien angeführt werden sollen, als ein Mediendispositiv (Foucault 1978, 119–120; Mitchell 2008, 179) der Dichterlesung (Maye 2012; Maye 2014) über strukturelle Eigenschaften, an denen sich exemplarisch einige Aspekte des grundlegenden technisch induzierten Wandels aufzeigen lassen, dem die Audioliteralität in der neueren ‚Technikgeschichte der Stimme' unterworfen war. Maye hat deshalb mit Recht darauf hingewiesen, dass es irreführend wäre, „eine kontinuierliche Geschichte der Lesung von der Antike bis zur Gegenwart" anzunehmen, „da die Aufführungspraxis von Literatur in Antike und Mittelalter nur sehr begrenzt mit der sozialen und medialen Situation der Neuzeit verglichen werden kann" (Maye 2012, 38). Auch Natalie Binczek und Cornelia Epping-Jäger weisen Gert Uedings These, die Leistung des Hörbuchs beschränke sich darauf, die „rhetorisch dominierte Tradition mündlicher Rede- und Literaturvermittlung" in einer neuen technischen Form fortzusetzen, mit Recht zurück (Binczek und Epping-Jäger 2014, 9–10). Auch dann, wenn man zwischen der ‚frühzeitlichen' Oralitäts-Literalitäts-Beziehung und der Moderne keine „unüberbrückbare Differenz" (Maye 2014, 15) sehen möchte, kann doch kein Zweifel daran bestehen, dass sich neben den überdauernden Formen von primärer Oralität „durch Telefon, Radio, Fernsehen und andere elektronische Finessen eine neue [sekundäre] Oralität" (Ong 1987, 18), ein neues kommunikatives Regime herausgebildet hat, in dessen Horizont die „auditiven und audiovisuellen Medien [...] die Bedingungen der Performanz tiefgreifend verändert haben" (Zumthor 1988, 704; vgl. zum Performanzbegriff Wirth 2002a, 9) – nicht nur die der rezeptiven, sondern auch die der produktiven Performanz. So nehmen etwa im dispositiven Rahmen des Hörbuchs die ‚Texte' sowie die ‚Verfahren' der literarischen Rezeption und Produktion eine strukturell neue Form an: Texte werden zu ‚Hör-Texten' (Hachenberg 2004, 35), das Lesen von Texten wird durch das ‚Hören' von über das Dispositiv Hörbuch vermittelten ein- beziehungsweise vorgelesenen Texten ersetzt; zugleich eröffnet sich schließlich ein technisch-medialer Raum für neue produktionsästhetische Verfahren der audioliteralen Textgenese (vgl. etwa Epping-Jäger 2014): Es entsteht auf diese Weise ein neuer Verbund von audioliteralen Texten einerseits und audioliteralen Prozessierungsformen des ‚Lesens/Hörens' und ‚Schreibens' andererseits (vgl. Jäger 2014). Insgesamt wird das Hörbuch zur exemplarischen Form der medientechnischen Realisierung von Audioliteralität, die durchaus noch immer in der langen akroamatischen Tradition des Literarischen steht, die aber eine neue dispositive Gestalt annimmt: Das Hörbuch ist nun, wie Binczek und Epping-Jäger formulieren, „wesentlich ein an spezifische Apparate bzw. Technologie gebundenes Medienensemble, das akustische Texte in Form von Hörbüchern generiert, fixiert und reproduziert, wobei es sich zugleich als neue produktionsästhetische Apparatur zu etablieren beginnt" (Binczek und Epping-Jäger 2014, 10). Audioliteralität meint nun also im dispositiven Rahmen des Hörbuchs ein Verfahren, durch das skripturale und vokal-auditive Anteile der Kommunikation in verschiedener Hinsicht miteinander verwoben oder aufeinander bezogen werden, und zwar so, dass für den im Zuge dieser intermedialen Bewegungen in Gang gesetzten genuinen Sinnkonstitutionsprozess technische Installationen eine bedeutende Rolle spielen. Die durch das Hörbuch organisierten Beziehungen zwischen Skripturalität und Stimmlichkeit/Hörbarkeit operieren in einem Kommunikationsraum, der durch ‚technische Medien' hergestellt beziehungsweise erweitert wird, wobei diese insbesondere für die Gewährleistung der „technischen Reproduzierbarkeit von Tönen und Geräuschen" (Maye 2014, 22) sorgen. Audioliteral in diesem Sinne sollen also nur solche Formen der Prozessierung von sprachlichem Sinn genannt werden, die sich technischer Medien der Aufzeichnung, Speicherung und Distribution stimmlich/auditiver Ereignisse bedienen. Wir haben es hier also, wie man in Anlehnung an die Ong'sche Unterscheidung von ‚primärer' und ‚sekundärer Oralität' formulieren könnte, gleichsam mit ‚sekundärer Audioliteralität' zu tun. In der rezeptiven Dimension des ‚Lesens' ermöglicht diese Form der Audioliteralität, dass der zu Gehör gebrachte skripturale Sinn ‚iteriert' sowie an ‚absente' Publika adressiert und ‚distribuiert werden kann. In der produktiven Dimension des ‚Schreibens' sind die technischen Medien der Aufzeichnung und Iterierbarkeit des Aufgezeichneten – also etwa das Tonband – für den Produktionsprozess konstitutiv. Formen der mündlichen Vermittlung von Literatur wie etwa die (gemeinsame) laute Lektüre, die Vorlesung, die (Autoren-)Lesung beziehungsweise Dramenaufführung wären dann in dieser Lesart nur in einem eingeschränkten Sinne audioliteral, weil sie – vor der Erfindung von Stimmspeicherungs- und Reproduktionstechnologien (Macho 2006) – zwar die Bedingung der Distribuierbarkeit an anwesende Publika, nicht aber die der Adressierung absenter Publika sowie der Aufzeichenbarkeit beziehungsweise der Iterierbarkeit erfüllten. Es sind diese medientechnischen Bedingungen der (sekundären) Audioliteralität, die ihre kognitive und ästhetische Reichweite enorm erweitern und sie insofern strukturellen grundlegend verwandeln.

Der sich im Horizont des Dispositivs Hörbuch vollziehende strukturelle Wandlungsprozess der Audioliteralität kann – und das soll abschließend geschehen – an drei Aspekten illustriert werden (vgl. zum Folgenden Jäger 2014):

Der erste Aspekt betrifft das Problem des ‚Textbegriffs' und insbesondere die Frage, um welche Art von medialer Relation es sich bei der Beziehung des ‚akustischen Textes' zum ‚literarischen Text' handelt, auf den er Bezug nimmt. Im hier einschlägigen Hörbuchdiskurs wird die Bewegung zwischen beiden modalen Textvarianten weithin als „Medienwechsel" (Häusermann 2010b, 155; vgl. Hachenberg 2004, 34–37) zwischen einem ‚nichtsprechenden' und einem ‚sprechenden Buch' (Rühr 2010, 91–103) angesehen, als ein Prozess also, in dem ein mit sich identisch bleibender Inhalt aus einem skripturalen in einen akustischen Text transformiert wird. Allerdings spricht wenig dafür, dass diese Beziehung nur als Modalitätswechsel von visuell-skripturalen zu auditiv-vokalen Zeichen/Texten interpretiert werden kann. Es handelt sich nämlich bei diesem ‚Wechsel' um einen ‚transkriptiven Prozess', in dem beide modalen Textvarianten wechselseitig aufeinander Bezug nehmen und das hervorbringen, was man einen ‚audioliteralen Text' nennen könnte. Hörbücher konstituieren insofern in der Spannung zwischen der Skripturalität der Ausgangstexte und dem Audiostatus, in den sie transkribiert werden, eine genuine (neue), nämlich audioliterale Gattung von ‚Texten'. In den Texten dieses Typs sind die skripturalen Vorlagen, die Präskripte (zur Transkriptionstheorie und zur transkriptionstheoretischen Terminologie vgl. Jäger 2012), von denen sie in der einen oder anderen Weise ausgehen, palimpsestartig überschrieben (gleichsam ‚übertönt') und bleiben nur noch mehr oder minder ausgeprägt unter der Überschreibung sichtbar (lesbar). Das Hörbuch generiert also ‚Texte' eigener medialer, nämlich ‚audioliteraler' Form, die verstanden werden müssen als Transkriptionen zugrunde liegender skripturaler Texte. Die zumeist ursprünglich in Editionsmedien wie Büchern und Zeitschriften publizierten Ausgangstexte werden bei dieser Medienbewegung (vgl. Jäger et al. 2012) von Skripturalität zu Akustizität sowohl hinsichtlich des „stofflichen" als auch des „pragmatische[n] Status" (Genette 2001, 14–15) ihrer paratextuellen Umgebungen in einer so grundlegenden Weise verändert, dass von einer Identität des skripturalen und des auditiven Transkriptes nicht die Rede sein kann. Bei der Transformation geht eine Fülle von werkkonstitutiven Identitätsmerkmalen des skripturalen Textes beziehungsweise seiner paratextuellen Umgebung verloren: Dies betrifft neben dem „Typografieverlust" (Genette 2001, 14), denjenigen weiterer Elemente seiner stofflichen Verfassung: „Schrifttyp, Papier, Layout, Seitengröße, selbst das Gewicht eines Buches", die ebenfalls „maßgebend an der Wirkung eines Textes [...] beteiligt" sind (Gross, 1994, 58). Zugleich ist die Konstitution des audioliteralen Textes in der Regel mit einer Readressierung verbunden: Der alte „Gattungsvertrag" (Genette 1993, 12) zwischen skripturalem Text und Lesepublikum wird ersetzt durch einen neuen zwischen audioliteralem Text und einem auditiven Publikum (vgl. Jäger 2014, 239–240). Bei der Übertragung handelt es sich also nicht um einen einfachen Modalitätswechsel, sondern um eine Transkription; im Zuge dieses medialen Prozesses wird kein medienneutraler Sinn aus einem skripturalen Text entnommen und in ein neues auditives Medium transferiert. Vielmehr wird im Medium des Hörbuchs ein ‚genuin' neuer, nämlich audioliteraler Sinn konstituiert, der im Übrigen auch metaleptische Rückwirkungen auf die skripturale Vorlage hat, deren Transkription er darstellt. So wird zum Beispiel nach dem Hören eines Hörbuchtextes die idiosynkratische Stimme des Hörbuchsprechers die ‚innere Stimme' des Lesers auch noch bei der Relektüre des skripturalen Textes überlagern und ihre interpretative Kraft mehr oder minder zur Geltung bringen (Jäger 2012). Die Kontamination, die dem skripturalen Text durch seine akustische Transkription widerfährt, ist unaufhebbar.

Der zweite Aspekt, an dem die spezifische Wandlung der sekundären Audioliteralität im Rahmen des Hörbuchs sichtbar werden kann, betrifft die Frage, in welchem Verhältnis die für das Hörbuch charakteristische Rezeptionsform des verstehenden Zugriffs auf den ‚akustischen Text', das ‚Hören', zu der unmittelbaren ‚Lektüre' des skripturalen Bezugstextes steht. In der einschlägigen Hörbuchliteratur wird nicht selten die These vertreten, das Hörbuch ermögliche es, „eine Schrift zu lesen, die sich dem üblichen Lesen verweigert und nicht schwarz auf weiß erscheint, sondern als Stimme, Klänge und Geräusche" (Meyer 1993, 32). Freilich ist der Wechsel vom Lesen zum Hören nicht einfach die Substitution einer skripturalen durch eine auditive Rezeptionsform (vgl. Lehmann 2012, 4–6). Hören ist nicht ein ‚Lesen mit den Ohren', ein ‚akustisches Lesen' (Hachenberg 2004, 34). Es ist überhaupt kein ‚Lesen'. Zwar scheint auf den ersten Blick das Hörbuch geradezu eine mediale Instituierung der akroamatischen Urszene zu sein. Indem er hörbar gemacht wird, bietet die technische Installation des Hörbuchs dem skripturalen Werksinn einen Modus, „aus dem Werk-Sein herauszutreten" (Riedel 1990, 165) und sich in die Hörbarkeit zu erweitern. Allerdings handelt es sich hier insofern gerade nicht um eine „synthetische Erweiterung des skripturalen Sinns im Hörenden", um eine „akroamatische Synthese des Verstehens" (Riedel 1990, 65), als die vorinterpretierende Sprecherstimme (vgl. hierzu Hachenberg 2004, 31; Rühr 2010, 119; Ueding 2012, 369) die Möglichkeiten, den skripturalen Sinn ‚hörend anders zu verstehen' (Riedel 1990, 164), einschränkt, wenn nicht ausschließt. Gerade wenn „der Sinn des Wortes, seine Bedeutung, sich erst im Gehörtwerden erfüllt" (Riedel 1990, 392), stellt das Hören des in die Hörbarkeit transkribierten skripturalen Hörbuchtextes kein Lesen dar, weil das Hören gleichsam auf einen bereits ‚vorerfüllten Sinn' trifft, in dem der ‚Einleser' des Textes das ‚Am-Werke-Sein des Verstehens' bereits erledigt hat.

Es sprechen weitere Gründe dafür, die Art, in der das Hörbuch hörend rezipiert wird, nicht als eine Form des Lesens aufzufassen. Zunächst verliert der ‚Text-Hörer' in einer sehr grundsätzlichen Weise die für das Lesen charakteristische Beziehung des Lesers zum Text, ja er verliert überhaupt den Zugang zu dem

Ausgangs*text*, der der Transkription zugrunde liegt. Der ‚Hörer' eines Hörbuchtextes ist in keiner denkbaren Form ein ‚Leser' des Textes, den er hört, denn was er hört, ist nicht der Text, den der Sprecher dann in eine auditive Form umsetzt, sondern die verlautbarte Version des Textes. Zwischen den Ausgangstext und den Hörer schiebt sich mit dem Hörbuch ein mediales Dispositiv, das etwas kategorial Anderes zu Gehör bringt, als es der skripturale Text ist, der in dem Dispositiv verarbeitet (transkribiert) wird. Was das Dispositiv zu Gehör bringt, ist nicht der ‚skripturale' Text, der der lauten Lektüre zugrunde liegt, sondern ein anderer ‚Text', der in eine neue mediale Verfassung, nämlich eine ‚audioliterale' übergegangen ist. Über diesen Umstand hinaus hat das Lesen selbst einige konstitutive Eigenschaften, die für den Hörer des akustischen Textes nicht bewahrt werden können. Klaus Weimar hat diese Eigenschaften ausgehend von seiner These, „Lesen" sei „zu sich selber sprechen in fremdem Namen" (Weimar 1999), pointiert herausgearbeitet. Dieses Postulat hat zwei wesentliche Komponenten: erstens diejenige, dass im Leseprozess „*wir selbst* und niemand anders" (Weimar 1999, 55) es sind, die mit einer ‚inneren Stimme' zu uns selbst sprechen (Weimar 1999, 52–53), und zweitens diejenige, dass wir lesend „*in fremdem Namen*" (Weimar 1999, 56) zu uns selbst sprechen, nämlich im Namen eines in der Schrift des gelesenen Textes anwesenden Abwesenden, des Textautors: Der Leser spricht lesend mit eigener (innerer) Stimme zu sich selbst, wobei er zugleich die „Vertretung des abwesenden Fremden" (Weimar 1999, 58) übernimmt. Er muss vermitteln zwischen sich selbst als sinnkonstituierendem Leser und sich als dem „Statthalter des abwesenden Fremden" (Weimar 1999, 58). Die kognitive Herausforderung des Lesens besteht also darin, dass sich der Leser des ‚Dilemmas' (Weimar 1999, 60) bewusst sein muss, dass es einerseits ‚seine' innere Stimme ist, in der er zu sich spricht und auf die er sein Verstehen stützt, dass ‚er' es also ist, der das Verstehen generiert, dass er zugleich aber andererseits sein Verstehen als jemand konstruiert, der das ‚Fremde' vertritt, das in der Schrift als Abwesendes anwesend ist. Das Dilemma des Lesens besteht genauer darin, dass es immer darauf abzielen muss, den ‚fremden' Sinn so zu verstehen, wie er intendiert ist, dies zugleich aber in der Gewissheit tut, dass eine solche Verstehensadäquatheit letztlich unerreichbar ist. Um ihr möglichst nahezukommen, hält es Weimar für eine zentrale hermeneutische Maxime, sich im Zuge des Lesens die eigenen Sinnzuschreibungsprozesse immer wieder möglichst ‚fremd' zu machen (Weimar 1999, 62) und so den eigenen Sinnkonstitutionsprozess fortwährenden Revisionen zu unterwerfen. Der Leseprozess lebt nun von dieser strukturellen Spannung, der sich Verstehen als angemessenes Verstehen verdankt. Sie genau ist es, die sich im Hören eines Hörbuchtextes nicht findet. Der ‚Leser/Hörer' verfügt nicht über die ‚innere Zweistimmigkeit' des genuinen Lesers. Beim Hören eines gelesenen oder vorgelesenen Textes führt der Rezipient eine kognitiv grundsätzlich andere

Operation durch, als es der Leser beim Lesen des Textes tut. Während der Leser nämlich – wie sich gezeigt hat – im Vollzug des Lesens ‚zu sich selber spricht mit einer inneren Stimme', die immer zugleich seine eigene und eine fremde ist, vernimmt der Hörer den verlautbarten Text immer schon ‚als eine fremde Stimme', durch die die eigene innere Stimme überschrieben und gelöscht wird. Indem die fremde Stimme des Sprechers durch ihr ‚charakteristisches Fluidum', durch ‚Ton', Tempo, Rhythmus, in Melodie und ‚Akzentuierung' den Text mit einer bestimmten Lesart versieht, tritt sie auf, als sei sie die authentische Stimme des fremden Textes. Sie gibt deshalb der den Leseprozess bestimmenden hermeneutischen Spannung zwischen je vorgreifender Sinnzuschreibung und rückgewendeten Korrekturen, zwischen der eigenen inneren Stimme und der Stimme als Statthalter des abwesenden Fremden, keinen oder zumindest sehr wenig Raum. Gadamer hat diese Dialektik des Textverstehens, über die das Hören des audioliteralen ‚Textes' nicht mehr verfügt, so beschrieben: „Wer einen Text verstehen will, vollzieht immer ein Entwerfen. Er wirft sich einen Sinn des Ganzen voraus, sobald sich ein erster Sinn im Text zeigt. Ein solcher zeigt sich wiederum nur, weil man den Text schon mit gewissen Erwartungen auf einen bestimmten Sinn hin liest. Im Ausarbeiten eines solchen Vorentwurfs, der freilich beständig von dem her revidiert wird, was sich bei weiterem Eindringen in den Sinn ergibt, besteht das Verstehen dessen, was dasteht" (Gadamer 1965, 251). Insofern ist das Hören nicht nur nicht das Hören eines ‚Buches' in anderer medialer, nämlich auditiver Gestalt, es ist auch kein Prozess, der als Modalitätsvariante des Lesens verstanden werden könnte. Wir haben es hier vielmehr mit einer anderen Form des Verstehens zu tun, die von der audioliteralen Form der symbolischen Artefakte im Dispositiv des Hörbuchs bestimmt ist und die sich von der skripturalen Lektüre grundsätzlich unterscheidet.

Ein drittes Moment, an dem sich die im dispositiven Rahmen des Hörbuchs vollziehende strukturelle Wandlung der Audioliteralität ablesen lässt, betrifft das, was man den produktionsästhetischen Aspekt des audioliteralen ‚Schreibens' nennen könnte. Während – wie sich gezeigt hat – wenig dafür spricht, die audioliteralen Rezeptionsformen des Hörens von Hörbuchtexten ‚Lesen' zu nennen, gibt es sehr gute Gründe dafür, von audioliteralen Formen des ‚Schreibens' zu sprechen, die sich durch die technisch induzierte Transformation von ‚Audioliteralität' etwa im Rahmen des Dispositivs Hörbuch herausgebildet hat. Das Hörbuch vermittelt hier keine literarischen Vorlagen, sondern poetische Texte, denen bei der Aufzeichnung keine skripturale Vorlage zugrunde lag. Mit audioliteralem Schreiben ist also eine Form sprachlicher Sinnproduktion gemeint, die insofern ‚Schreiben' genannt werden darf, als sie sich über schreibanaloge Verfahren entfaltet, obgleich sie sich im Modus einer (technisch armierten) Mündlichkeit vollzieht. Das hier fokussierte audioliterale Verfahren erlaubt es, ‚akustische Texte' dadurch zu erzeugen, dass ein Textautor sprachliche Äußerungen, die ‚nicht' auf einem vorliegenden ‚schriftlichen' Text beruhen, ‚verlautbart' und als verlautbarte in einem technischen Medium ‚aufzeichnet' (z. B. durch ein Tonband, wie etwa bei Rolf Dieter Brinkmann, das dann seinerseits in einem Hörbuch aufgezeichnet wird; vgl. Epping-Jäger 2014), um sie so auditiv lesbar und bearbeitbar zu machen. Wir haben es hier mit einer Form der auditiven Selbstverarbeitung zu tun, in der die eigene Stimme nicht, um mit Humboldt zu reden, ‚unmittelbar' ‚zum eigenen Ohre zurückkehrt', sondern vermittelt und aufgeschoben durch ein Speicher- und Reproduktionsgerät, das nicht nur der Stimme ihren transitorischen Ereignischarakter nimmt, indem es sie aufzeichnet, sondern das sie auch im umfassenden Sinne iterierbar und bearbeitbar macht. Ähnlich wie der Schreibprozess nach einer Formulierung Almuth Grésillons wesentlich in einem ‚Sich-selber-Lesen' besteht (Grésillon 1995, 8, Anm. 9; Giuriato et al. 2008), dem sich erst seine epistemische Mächtigkeit, seine gedankenkonstitutive Rolle verdankt, lassen sich bestimmte Formen der Rede – zumal im Rahmen audioliteraler Dispositive – als epistemisch mächtige Arten des Stimmprozessierens verstehen, die über den Prozess des ‚Sich-selber-Hörens' operieren. Audioliterales ‚Schreiben' ist in diesem Sinne eine klassische Form der sinnkonstitutiven Rückwendung eines Zeichenproduzenten auf seine eigenen Zeichenhervorbringungen. Es nimmt deshalb als auditive, aufzeichnungsgestützte Selbstverarbeitung die Form ‚rekursiver Transkriptivität' an (Jäger 2008, 297–300). Der Autor transkribiert sich hier selbst, indem er sich mithilfe eines Aufzeichnungsgerätes selber auditiv rezipiert. Er generiert den Sinn, den er erzeugt, in einem Prozess der fortlaufenden Selbstverarbeitung seiner aufgezeichneten und wiedergehörten Äußerungen. Er operiert also insofern transkriptiv, als in den ‚produktiven' Prozess der Zeichenhervorbringung konstitutiv ‚rezeptive' Momente der Selbstlektüre, des ‚Sich-selber-Hörens' eingebaut sind, die sich als Formen der Selbsttranskription beschreiben lassen. Die epistemologische Pointe dieses ‚Sich-wieder-Lesens' besteht dabei darin, dass die erneut ‚gelesenen' eigenen Zeichen als im Zuge der Aufzeichnung ‚verfremdete' Zeichen immer schon durch eine öffentliche kulturelle Semantik ratifiziert und insofern nicht mehr nur die ‚eigenen' des Zeichenproduzenten sind. Ihre Semantik erschließt sich erst, wenn sie sich – und das ist die akroamatische Grundbedingung des Verstehens – der Autor selber zu Gehör bringt. Auch für den audioliteralen Schreiber gilt insofern der akroamatische Grundsatz, dass sich „der Sinn des Wortes erst im Gehörtwerden erfüllt" (Riedel 1990, 392).

Literaturverzeichnis

Agathos, Katarina, und Herbert Kapfer (Hrsg.). *Robert Musil. Der Mann ohne Eigenschaften. Remix.* 2. Aufl. München 2005.

Berndt, Frauke. „‚Mit der Stimme lesen'. F. G. Klopstocks Tonkunst". *Stimme und Schrift. Zur Geschichte und Systematik sekundärer Oralität.* Hrsg. von Waltraud Wiethölter, Hans-Georg Pott und Alfred Messerli. München 2008: 149–171.

Bertram, Georg W. *Kunst. Eine philosophische Einführung.* Stuttgart 2005.

Binczek, Natalie. „Einen Text ‚zu umschneiden und von seiner Unterlage abzupräparieren'. Elfriede Jelineks ‚Moosbrugger will nichts von sich wissen'". *Das Hörbuch. Praktiken audioliteralen Schreibens und Verstehens.* Hrsg. von Natalie Binczek und Cornelia Epping-Jäger. München 2014: 157–177.

Binczek, Natalie, Till Dembeck, und Jörgen Schäfer (Hrsg.). *Handbuch Medien der Literatur.* Berlin und Boston 2013.

Binczek, Natalie, und Cornelia Epping-Jäger (Hrsg.). *Das Hörbuch. Praktiken audioliteralen Schreibens und Verstehens.* München 2014.

Blumenberg, Hans. *Die Lesbarkeit der Welt.* Frankfurt am Main 1986.

Blumenberg, Hans. *Ästhetische und metaphorologische Schriften.* Frankfurt am Main 2001.

Bohn, Volker (Hrsg.). *Literaturwissenschaft. Probleme ihrer theoretischen Grundlegung.* Berlin 1980.

Bourdieu, Pierre. *Die Regeln der Kunst. Genese und Struktur des literarischen Feldes.* Frankfurt am Main 1999.

Brokhoff, Jürgen. *Geschichte der reinen Poesie. Von der Weimarer Klassik bis zur historischen Avantgarde.* Göttingen 2010.

Călinescu, Matei. „Orality in Literacy. Some Historical Paradoxes of Reading and Rereading." *Second Thoughts. A Focus on Rereading.* Hrsg. von David Galef. Detroit 1998: 51–74.

Eagleton, Terry. „Was ist Literatur?" *Einführung in die Literaturtheorie.* Stuttgart 1992: 1–19.

Epping-Jäger, Cornelia. *Die Inszenierung der Schrift. Der Literalisierungsprozeß und die Entstehungsgeschichte des Dramas.* Stuttgart 1996.

Epping-Jäger, Cornelia. „‚Die verfluchte Gegenwart – und dann das Erstaunen, dass ich das sage'. Rolf Dieter Brinkmann und das Tonband als produktionsästhetische Maschine". *Das Hörbuch. Praktiken audioliteralen Schreibens und Verstehens.* Hrsg. von Natalie Binczek und Cornelia Epping-Jäger. München 2014: 137–155.

Finnegan, Ruth. *Oral Poetry. Its Nature, Significance, and Social Context.* Cambridge, MA 1970.

Fohrmann, Jürgen, und Harro Müller (Hrsg.). *Literaturwissenschaft.* München 1995.

Foucault, Michel. *Dispositive der Macht. Über Sexualität und Wahrheit.* Berlin 1978.

Fowler, Roger. „Literature". *Encyclopedia of Literature und Criticism.* Hrsg. von Martin Coyle. London 1990: 3–26.

Gadamer, Hans-Georg. *Wahrheit und Methode. Grundzüge einer philosophischen Hermeneutik.* 2. Aufl. Tübingen 1965.

Gee, J. P. *Social Linguistics and Literacies. Ideology in Discourses.* London u. a. 1996.

Genette, Gérard. *Palimpsest. Die Literatur auf zweiter Stufe.* Frankfurt am Main 1993.

Genette, Gérard. *Paratexte. Das Buch vom Beiwerk des Buches.* Frankfurt am Main 2001.

Goethe, Johann Wolfgang. „Dramatische Vorlesungen (1828)". *Ästhetische Schriften 1824–1832.* Hrsg. von Anne Bohnenkamp. Frankfurt am Main 1999: 475–477.

Goffman, Erving. *Rahmenanalyse. Ein Versuch über die Organisation von Alltagserfahrungen.* Frankfurt am Main 2000.

Goody, Jack, und Ian Watt. „The Consequences of Literacy". *Contemporary Studies in Society and History* 6 (1963): 304–345.
Grésillon, Almuth. „Über die allmähliche Verfertigung von Texten beim Schreiben". *Kulturelle Perspektiven auf Schrift und Schreibprozesse*. Hrsg. von Wolfgang Raible. Tübingen 1995: 1–36.
Gross, Sabine. *Lese-Zeichen. Kognition, Medium und Materialität im Leseprozeß*. Darmstadt 1994.
Gumbrecht, Hans Ulrich. „Rhythmus und Sinn". *Materialität der Kommunikation*. Hrsg. von Hans Ulrich Gumbrecht und K. Ludwig Pfeiffer. Frankfurt am Main 1988: 715–743.
Gumbrecht, Hans Ulrich. „Epiphanien". *Dimensionen ästhetischer Erfahrung*. Hrsg. von Joachim Küpper und Christoph Menke. Frankfurt am Main 2003: 203–240.
Hachenberg, Katja. „,Hörbuch'. Überlegungen zur Ästhetik und Medialität akustischer Bücher". *Der Deutschunterricht* 56.4 (2004): 29–38.
Harris, Roy. „How Does Writing Restructure Thought". *Language & Communication* 9.2–3, (1989): 99–106.
Häusermann, Jürg. „Das Medium Hörbuch". *Das Hörbuch. Medium – Geschichte – Formen*. Hrsg. von Jürg Häusermann, Korinna Janz-Peschke und Sandra Rühr. Konstanz 2010a: 9–57.
Häusermann, Jürg. „Zur inhaltlichen Analyse von Hörbüchern". *Das Hörbuch. Medium – Geschichte – Formen*. Hrsg. von Jürg Häusermann, Korinna Janz-Peschke und Sandra Rühr. Konstanz 2010b: 139–231.
Häusermann, Jürg, Korinna Janz-Peschke, und Sandra Rühr (Hrsg.). *Das Hörbuch. Medium – Geschichte – Formen*. Konstanz 2010.
Havelock, Eric Alfred. *Preface to Plato*. Oxford 1963.
Havelock, Eric Alfred. „The Ancient Art of Oral Poetry". *Philosophy and Rhetoric* 19 (1979): 187–202.
Hegel, Georg Wilhelm Friedrich. *Enzyklopädie der philosophischen Wissenschaften im Grundriss (1830)*. Bd. 3: *Philosophie des Geistes*. Mit mündlichen Zusätzen. Hrsg. von Eva Moldenhauer und Karl Markus Michel. Frankfurt am Main 1970a.
Hegel, Georg Wilhelm Friedrich. *Vorlesungen über die Ästhetik II*. Hrsg. von Eva Moldenhauer und Karl Markus Michel. Frankfurt am Main 1970b.
Hegel, Georg Wilhelm Friedrich. *Vorlesungen über die Ästhetik III*. Hrsg. von Eva Moldenhauer und Karl Markus Michel. Frankfurt am Main 1970c.
Hernadi, Paul. *What is Literature?* Bloomington 1978.
Hubig, Christoph. „,Dispositiv' als Kategorie". *Internationale Zeitschrift für Philosophie* 1 (2000): 35–47.
Humboldt, Wilhelm von. „Ueber Goethes Hermann und Dorothea" [1797]. *Wilhelm von Humboldts Werke*, 17 Bde. Hrsg. von Albert Leitzmann. Berlin 1968a, 2. Band: 115–323.
Humboldt, Wilhelm von. „Über die Verschiedenheit des menschlichen Sprachbaues und ihren Einfluß auf die geistige Entwicklung des Menschengeschlechts. Einleitung zum Kawiwerk" [1830–1835]. *Wilhelm von Humboldts Werke*, 17 Bde. Hrsg. von Albert Leitzmann. Berlin 1968b, 7. Band: 1–344.
Jacob, Joachim. „Literatur". *Sprache – Kultur – Kommunikation. Ein internationales Handbuch zu Linguistik als Kulturwissenschaft*. Hrsg. von Ludwig Jäger, Werner Holly, Peter Krapp, Samuel Weber und Simone Heekeren. Berlin und Boston 2016: 490–496.
Jäger, Ludwig. „Der Schriftmythos. Zu den Grenzen der Literalitätshypothese". *Medialität und Mentalität. Theoretische und empirische Studien zum Verhältnis von Sprache, Subjektivität und Kognition*. Hrsg. von Ludwig Jäger und Erika Linz. München 2004: 327–345.

Jäger, Ludwig. „Versuch über den Ort der Schrift. Die Geburt der Schrift aus dem Geist der Rede". *Schrift. Kulturtechnik zwischen Auge, Hand und Maschine.* Hrsg. von Gernot Grube, Werner Kogge und Sybille Krämer. München 2005: 187–209.

Jäger Ludwig. „Rekursive Transkription. Selbstlektüren diesseits der Schrift". *‚Schreiben heißt: sich selber lesen'. Schreibszenen als Selbstlektüren.* Hrsg. von Davide Giuriato, Martin Stingelin und Sandro Zanetti. München 2008: 285–302.

Jäger, Ludwig. „Transkription". *Handbuch der Mediologie. Signaturen des Medialen.* Hrsg. von Christina Bartz, Ludwig Jäger, Marcus Krause und Erika Linz. München 2012: 306–315.

Jäger Ludwig. „Sprache". *Handbuch Medien der Literatur.* Hrsg. von Natalie Binczek, Till Dembeck und Jörgen Schäfer. Berlin und Boston 2013: 11–26.

Jäger, Ludwig, „Audioliteralität. Eine Skizze zur Transkriptivität des Hörbuchs". *Das Hörbuch. Praktiken des audioliteralen Schreibens und Verstehens.* Hrsg. von Natalie Binczek und Cornelia Epping-Jäger. München 2014: 231–253.

Jäger, Ludwig, Gisela Fehrman, und Meike Adam (Hrsg.). *Medienbewegungen. Praktiken der Bezugnahme.* München 2012.

Jakobson, Roman. *Poesie der Grammatik, Grammatik der Poesie. Sämtliche Gedichtanalysen. Bd. 1: Poetologische Schriften und Analysen zur Lyrik vom Mittelalter bis zur Aufklärung.* Hrsg. von Hendrik Birus und Sebastian Donat. Berlin 2007.

Kant, Immanuel. *Kritik der Urteilskraft.* Hrsg. von Karl Vorländer, Hamburg 1968.

Klausnitzer, Ralf. *Literaturwissenschaft. Begriffe – Verfahren – Arbeitstechniken.* Berlin und Boston 2012.

Kreimeier, Klaus, und Georg Stanitzek (Hrsg.). *Paratexte in Literatur, Film, Fernsehen.* Berlin 2004.

Küpper, Joachim, und Christoph Menke (Hrsg.). *Dimensionen ästhetischer Erfahrung.* Frankfurt am Main 2003.

Lachmann, Karl (Hrsg.). *Wolfram von Eschenbach.* 6. Aufl. Berlin und Leipzig 1926.

Lauer, Gerhard, und Christine Ruhrberg (Hrsg.). *Lexikon Literaturwissenschaft. Hundert Grundbegriffe.* Stuttgart 2011.

Lehmann, Joannes F. „Literatur lesen, Literatur hören. Versuch einer Unterscheidung". *Literatur und Hörbuch.* Hrsg. von Natalie Binczek und Cornelia Epping-Jäger. München 2012: 3–13.

Macho, Thomas. „Stimmen ohne Körper. Anmerkungen zur Technikgeschichte der Stimme". *Stimme. Annäherungen an ein Phänomen.* Hrsg. von Doris Kolesch und Sybille Krämer. Frankfurt 2006: 130–146.

Maye, Harun. „Eine kurze Geschichte der deutschen Dichtung". *Sprache und Literatur* 110.43 (2012): 38–49.

Maye, Harun. „Literatur aus der Sprechmaschine. Zur Mediengeschichte der Dichterlesung von Klopstock bis Rilke". *Das Hörbuch. Praktiken audioliteralen Schreibens und Verstehens.* Hrsg. von Natalie Binczek und Cornelia Epping-Jäger. München 2014: 13–29.

Maye, Harun, Peter von Möllendorff, und Monika Schausten. „Vortrag/Lesung". *Handbuch Medien der Literatur.* Hrsg. von Natalie Binczek, Till Dembeck und Jörgen Schäfer. Berlin und Boston 2013: 333–351.

Menke, Bettine. „Adressiert in der Abwesenheit. Zur Romantischen Poetik und Akustik der Künste". *Adresse des Mediums.* Hrsg. von Stefan Andriopoulos, Gabriele Schabacher und Eckhard Schumacher. Köln 2001: 100–120.

Menninghaus, Winfried. „‚Darstellung'. Friedrich Gottlieb Klopstocks Eröffnung eines neuen Paradigmas". *Was heißt Darstellen?* Hrsg. von Christiaan L. Hart Nibbrig. Frankfurt am Main 1994: 205–226.

Meyer, Petra Maria. *Die Stimme und ihre Schrift. Die Graphophonie der akustischen Kunst*. Wien 1993.
Meyer-Kalkus, Reinhart. „Vorlesbarkeit. Zur Lautstilistik narrativer Texte". *Stimme(n) im Text*. Hrsg. von Andreas Blödorn. Berlin 2006: 349–381.
Meyer-Kalkus, Reinhart. „Stimme, Performanz und Sprechkunst". *Handbuch Literaturwissenschaft. Bd. 1: Gegenstände und Grundbegriffe*. Hrsg. von Thomas Anz. Darmstadt 2007: 213–223.
Mitchell, W. J. T. *Das Leben der Bilder. Eine Theorie der visuellen Kultur*. München 2008.
Mittelstraß, Jürgen, Paul Janich, und Friedrich Kambartel. „Ästhetische Rede". *Wissenschaftstheorie als Wissenschaftskritik*. Hrsg. von Jürgen Mittelstraß, Paul Janich und Friedrich Kambartel. Frankfurt 1974: 137–142.
Nancy, Jean-Luc. *Zum Gehör*. Berlin und Zürich 2010.
Ong, Walter J. *Orality und Literacy. The Technologizing of the Word*. London 1982.
Ong, Walter J. *Oralität und Literalität. Die Technologisierung des Wortes*. Opladen 1987.
Plumpe, Gerhard. „Literatur als System". *Literaturwissenschaft*. Hrsg. von Jürgen Fohrmann und Harro Müller. München 1995: 103–116.
Riedel, Manfred. *Hören auf die Sprache. Die akroamatische Dimension der Hermeneutik*. Frankfurt am Main 1990.
Rosenberg, Rainer. „Eine verworrene Geschichte. Vorüberlegungen zu einer Biographie des Literaturbegriffs". *Zeitschrift für Literaturwissenschaft und Linguistik* 77 (1990): 36–65.
Rühr, Sandra. „Geschichte und Materialität des Hörbuchs". *Das Hörbuch. Medium – Geschichte – Formen*. Hrsg. von Jürg Häusermann, Korinna Janz-Peschke und Sandra Rühr. Konstanz 2010: 60–137.
Saenger, Paul. *Space Between Words. The Origins of Silent Reading*. Stanford 1997.
Schäfer, Armin. „Unterwegs zur akustischen Literatur. Karl Kraus". *Das Hörbuch. Praktiken des audioliteralen Schreibens und Verstehens*. Hrsg. von Natalie Binczek und Cornelia Epping-Jäger. München 2014: 117–136.
Schlaffer, Heinz. „Einleitung zu: Jack Goody, Ian Watt und Kathleen Gough". *Entstehung und Folgen Schriftkultur*. Frankfurt am Main 1986: 7–23.
Schnell, Ralf. „Literaturbetrieb". *Metzler Literatur Lexikon. Kultur der Gegenwart. Themen und Theorien, Formen und Institutionen seit 1945*. Hrsg. von Ralf Schnell, Stuttgart und Weimar 2000.
Schön, Erich. *Der Verlust der Sinnlichkeit oder die Verwandlung des Lesers. Mentalitätswandel um 1800*. Stuttgart 1987.
Spangenberg, Peter M. „Mediengeschichte – Medientheorie". *Literaturwissenschaft*. Hrsg. von Jürgen Fohrmann und Harro Müller. München 1995: 31–76.
Stanitzek, Georg. „Texte, Paratexte in Medien. Einleitung". *Paratexte in Literatur, Film, Fernsehen*. Hrsg. von Klaus Kreimeier und Georg Stanitzek. Berlin 2004: 3–19.
Stetter, Christian. *Schrift und Sprache*. Frankfurt am Main 1997.
Street, Brian „A. Critical Look at Walter Ong and the ‚Great Divide'".*Literary Research Center Newsletter* 4.1 (1988): 1–5.
Ueding, Gert. „Hörbuch". *Historisches Wörterbuch der Rhetorik*. Bd. 10: *Nachträge A–Z*. Hrsg. von Gerd Ueding. Berlin und Boston 2012: 365–371.
Waldenfels, Bernhard. *Vielstimmigkeit der Rede. Studien zur Phänomenologie des Fremden 4*. Frankfurt am Main 1999.
Wegmann, Nikolaus. „Vor der Literatur. Über Text(e), Entscheidungen und starke Lektüren". *Literaturwissenschaft*. Hrsg. von Jürgen Fohrmann und Harro Müller. München 1995: 77–101.

Weimar, Klaus. „Lesen: zu sich selber sprechen in fremdem Namen". *Literaturwissenschaft. Einführung in ein Sprachspiel.* Hrsg. von Heinrich Bosse und Ursula Renner. Freiburg 1999: 49–62.
Wilthölter, Waltraud, Hans-Georg Pott, und Alfred Messerli (Hrsg.). *Stimme und Schrift. Zur Geschichte und Systematik sekundärer Oralität.* München 2008.
Wirth, Uwe. „Der Performanzbegriff im Spannungsfeld von Illokution, Iteration und Indexikalität". *Performanz. Zwischen Sprachphilosophie und Kulturwissenschaften.* Hrsg. von Uwe Wirth. Frankfurt am Main 2002a: 9–60.
Wirth, Uwe. „Performative Rahmung, parergonale Indexikalität. Verknüpfendes Schreiben zwischen Herausgeberschaft und Hypertextualität". *Performanz. Zwischen Sprachphilosophie und Kulturwissenschaften.* Hrsg. von Uwe Wirth. Frankfurt am Main 2002b: 403–433.
Wirth, Uwe (Hrsg.). *Performanz. Zwischen Sprachphilosophie und Kulturwissenschaften.* Frankfurt am Main 2002c.
Wirth, Uwe. „Rahmenbrüche, Rahmenwechsel. Nachwort des Herausgebers, *welches aus Versehen des Druckers zu einem Vorwort gemacht wurde*". *Rahmenbrüche, Rahmenwechsel.* Hrsg. von Uwe Wirth. Berlin 2013: 15–57.
Wittgenstein, Ludwig. *Philosophische Untersuchungen.* Frankfurt am Main 1967.
Wyss, Ulrich. „Poetische Fundamentalisten. Eine sanfte Polemik". *Germanistik in der Mediengesellschaft.* Hrsg. von Ludwig Jäger und Bernd Switalla. München 1994: 133–139.
Zumthor, Paul. „Körper und Performanz". *Materialität der Kommunikation.* Hrsg. von Hans Ulrich Gumbrecht und K. Ludwig Pfeiffer. Frankfurt am Main 1988: 703–713.
Zymner, Rüdiger. *Allgemeine Literaturwissenschaft. Grundfragen einer besonderen Disziplin.* Berlin 2001.

2.4. Akustische Literatur
Monika Schmitz-Emans

Der Begriff ‚akustische Literatur' könnte als Contradictio in Adjecto betrachtet werden, da ‚Literatur' ja auf die Buchstaben (*litterae*) und damit auf eine visuell zu rezipierende Medialität verweist. Gleichwohl von ‚akustischer Literatur' zu sprechen, ist unter bestimmten Voraussetzungen aber doch üblich und sinnvoll: Erstens ist das Wort ‚Literatur' als Sammelbegriff für Texte mit ästhetischem Anspruch im Lauf seiner jüngeren Geschichte annähernd zum Synonym von ‚Dichtung' geworden; insofern bedeutet ‚akustische Literatur' manchmal so viel wie ‚akustische Dichtung' im Sinne von ‚auditiv rezipierter Dichtung' (auch ‚akustischer' bzw. ‚phonetischer Poesie', ‚Laut-' beziehungsweise ‚Klangdichtung'), also ‚auditiv rezipierter Dichtung', und zwar unabhängig davon, welche Medien an ihrer Produktion beteiligt sind. Akzentuiert werden durch generische Charakteristiken dieser Art die Bindung des poetischen Kommunikationsprozesses an Schallquellen, die Adressierung ans Ohr sowie entsprechende performative Aspekte. Zweitens verstehen sich bestimmte jüngere Spielformen auditiv zu rezipierender ästhetischer Werke häufig als literarisch, weil sie vorrangig mit Sprachlichem arbeiten. Die Voraussetzungen für diese Formen des ‚Literarischen' werden erst durch die Geschichte akustisch-auditiver technischer Medien seit dem späteren 19. Jahrhundert geschaffen, denn Apparate zur Aufzeichnung oder Erzeugung von Klangphänomenen sind an der Produktion dieser Werke beteiligt – und sei es auch nur in dem Sinn, dass poetisch-verbale Klangereignisse von vornherein zum Zweck der Aufzeichnung erzeugt werden, Letztere also zum poetischen Produktionsprozess als Ganzem zu rechnen ist. Im Unterschied zu früheren Erscheinungsformen auditiv zu rezipierender Dichtung, die an den Augenblick der Performanz gebunden war und dann verhallte, ist die technisch aufgezeichnete Dichtung dauerhaft; das Klangerlebnis lässt sich (die Intaktheit des technischen Mediums vorausgesetzt) nach Bedarf wiederholen, und ‚akustische Literatur' setzt gerade auf diese Möglichkeit.

In vorschriftlichen Gesellschaften bestehen orale Dichtungstraditionen, die eigene Spielformen der Dichtung hervorbringen; in literalisierten Kulturen erscheinen oral-akustische Formen poetischer Kommunikation tendenziell als Ausnahmephänomene. Insofern Dichtung als Sprachkunst betrachtet wird, gelten sie insbesondere als Sonderformen des Umgangs mit verbalen Strukturen und Ausdrucksmitteln. Werden allerdings im Horizont modernistischer Ansätze literarisch-poetische Phänomene unter dem Aspekt ihrer Devianz von Regeln der Sprache und der Kommunikation als Produkte der Grenzüberschreitung, Überbietung, Verfremdung etc. betrachtet, so können gerade solche Sonderphänomene der Dichtung als programmatisch in den Blick geraten. Lautlich-akustische Dichtung entfaltet sich in einem breiten Spektrum strukturell und medial verschiedener Formen, und sie wird in ihrer jeweils spezifischen Erscheinungsform unterschiedlich konzeptualisiert: als modernistische Kunst der Abweichung, aber auch als ‚ursprungsnahe' Poesie, als affektiv-emotional, aber auch als skurril oder komisch, als Ausdruck intensivierter ästhetischer Erfahrung mit somatischen Wirkungen auf Produzenten und Rezipienten, aber auch als zeitkritisch und parodistisch einsetzbares Mittel zur Erzeugung reflexiver Distanz.

1. Zur Vorgeschichte der akustischen Poesie

Auch nach der Einführung der Schrift werden orale Traditionen nicht einfach gelöscht, sie bestehen neben denen schriftlicher Dichtung weiter. Die lautliche Dimension literarisch-poetischer Texte hat vor allem in Geschichte und Theorie der Lyrik einen signifikanten Stellenwert, aber auch in erzählenden und dramatischen Texten können Rhythmen, Metren, Reime sowie andere akustisch perzipierbare Mittel (etwa zu lautmalerischen Zwecken) prägnant eingesetzt werden, wie beispielhaft an Aristophanes' *Die Vögel* zu beschreiben (vgl. 4.1. VON MÖLLENDORFF). Von ‚Lautdichtung' (‚Lautpoesie') im spezifizierenden Sinn spricht man zwar vor allem mit Blick auf Texte, die seit etwa 1900 als Ausprägungsformen der literarischen Moderne verfasst wurden. Dabei besteht aber keine klare Abgrenzung zu früheren Dichtungspraktiken, in denen die akustisch-lautliche Dimension von konstitutiver Bedeutung ist. Offen ist insbesondere die Grenze zwischen performierter Lautdichtung und Formen des Gesangs sowie des Sprechgesangs. Forderungen, die poetische Sprache zu musikalisieren, erheben sich im Rekurs auf Ideen Jean-Jacques Rousseaus und Johann Gottfried Herders bereits in der Romantik, vielfach verbunden mit dem Topos einer Rückwendung zu Anfängen und Ursprüngen, sei es im zeitlichen (‚Urpoesie'), sei es im psychologisch-anthropologischen Sinn (‚Affektausdruck'). Vor allem die Topoi von der Musikalität früherer Sprachen und dem Gesang als einer ursprungsnahen Poesie werden vielfach aufgegriffen. Novalis beklagt, die Sprache sei zum bloßen „Schall" degeneriert, weshalb sie wieder zum Gesang werden müsse (Novalis 1960, 283–284): Dichtung „blos wohlklingend und voll schöner Worte – aber auch ohne allen Sinn und Zusammenhang", allenfalls in „einzelne[n] Strofen" verständlich, wird vorstellbar (Novalis 1960, 572). Die Formel *ut musica poesis* bildet ein Kernstück romantischer Sprachästhetik und bereitet modernen Klangpoemen den Weg. Insofern in der Lautdichtung die akustische Textdimension in einen Spannungsbezug zur semantisch-inhaltsvermittelnden Dimension treten kann (nicht muss!), bestehen aber auch Affinitäten zur sogenannten Unsinnspoesie. ‚Lautpoesie' als eine Dichtung zu charakterisieren, die das Wort als ‚Bedeutungsträger' hinter sich lässt (vgl. Lentz 1998, 12), erscheint gleichwohl einseitig. Sind doch Sprachlaute auch dann, wenn sie mit normalsprachlichen Äußerungen wenig verbindet, niemals bloße Laute, sondern sie erinnern als Devianzphänomene zumindest an das, wovon sie abweichen – ganz abgesehen von den semantisch relevanten Anklängen an vertraute Sprache, die auch für Lautdichtungen oft prägend ist. Wenn man lyrischen Texten konzediert, sie sprächen jeweils eine eigene und besondere Sprache, dann könnte Lautpoesie sogar als besonders konsequente Spielform lyrischen Sprechens statt als Ausdruck des Verzichts auf ‚Bedeutungsträger' gelten.

2. Lautpoesie der frühen Avantgarden

Übersichtsdarstellungen zur Klangdichtung der Moderne berücksichtigen vielfach die Barockdichtung mit ihrer Tendenz zu Form- und Klangspielen wie zum Beispiel Johann Klaj (Liede 1963, 100–101), aber auch Beispiele romantischer Lyrik, in denen suggestive Klangeffekte die Inhaltsebene überlagern, bis hin zur weitgehenden Reduktion inhaltlicher Aussage, so etwa in Clemens Brentanos „Lureley". Fließend gestaltet sich der Übergang zwischen einer solchen stark auf lautlich-artikulatorische Mittel setzenden Dichtung in normaler Sprache auf der einen Seite, Texten in stark verfremdeten oder sogar frei erfundenen ‚Sprachen' auf der anderen Seite; gerade Beispiele der Lautdichtung scheinen die Grenze zwischen normaler und anormaler Sprache sowie diejenige zwischen verständlicher und unverständlicher Rede oft infrage zu stellen, wie in Lewis Carrolls „Jabberwocky". In etwa zeitgleich mit der Vertiefung des Bewusstseins von der Kontingenz sprachlicher Bezeichnungen, von Formen und Regeln seit dem späteren 19. Jahrhundert (Gustav Gerber, Friedrich Nietzsche, Fritz Mauthner) und von poetologischen Reflexionen über das Desiderat einer von der Alltagssprache unterschiedenen, welthaltigeren Sprache, wie in Hugo von Hofmannsthals *Chandos-Brief* formuliert, entstehen in den Jahren um 1900 die Lautgedichte der frühen Experimentaldichter, darunter Paul Scheerbarts „Kikakokú! Ekoralápsǃ" und sein „Monolog des verrückten Mastodons", Rudolf Blümners „Ango Laina" sowie Christian Morgensterns „Großes Lalula", vom Dichter selbst als „phonetische Rhapsodie" bezeichnet, die „ursprünglich [...] ‚auf den Leib' geschrieben" sei (Morgenstern [1910] 1972, 332). Mit Aufkommen avantgardistischer Ideen und Gruppen im deutschen und französischen Sprachraum lassen Dichter wie Richard Huelsenbeck, Marcel Janco, Tristan Tzara, Raoul Hausmann und Hugo Ball, der 1916 die Gedichte „Karawane" und „Gadji beri bimba" verfasste, die Lautpoesie zum programmatischen Genre werden. Ball artikuliert in Selbstkommentaren den Anspruch, mit seinen Lautgedichten eine neue poetische Gattung begründet zu haben, und grenzt deren ‚neue' Sprache gegen die abgenutzte, konventionalisierte Alltagssprache ab; die performative Dimension seines Wirkens als Lautdichter – er trägt die Lautpoeme im Gewand eines ‚magischen Bischofs' vor – ist auch für jüngere Lautdichter wegweisend. Darüber hinaus entstehen in dieser Zeit kollektive Lautdichtungen, so 1916 die mehrstimmige Wort-Klang-Komposition *L'amiral cherche une maison à louer* (vgl. Abb. in Adler und Ernst 1987, 263) von Huelsenbeck, Janco und Tzara. Vielfach begleiten ästhetische Programme und theoretische Reflexionen, auch über Laute und Lautdichtungen, die Arbeiten der frühen Avantgardisten. In Russland treten vor allem Velimir Chlebnikov und Aleksej Krutschonych als Lautdichter hervor. Letzterer erfindet die ‚saumnitische' Sprache, die auf Phonemen aufbaut und auf Universalität angelegt ist. Lautdichtungen aus der ersten Jahrhunderthälfte entstanden, insbesondere in dadaistischen und futuristischen Kontexten, auch in Skandinavien, Polen, Rumänien, der Tschechoslowakei und Spanien, in Frankreich (u. a. Pierre Albert-Birot), im englischsprachigen Raum (u. a. Gertrude Stein; vgl. Beispiele in Rasula und McCaffery 1998), in Italien (u. a. Giacomo Balla, Filippo Tommaso Marinetti). Marinettis besonderes Interesse gilt den Lauten der modernen technischen Welt, Geräuschen der Maschinen und des Krieges etwa in „Tenente caldera" (Scholz und Engeler 2002, 171). Hier gehen lautimitatorisch wirkende Buchstabenfolgen explosionsartig von einem Zentrum aus. Hans Arp verbindet in diversen Arbeiten lautpoetische und normalsprachliche Elemente zu polyvalenten Klangereignissen (Arp 1963).

3. Lautpoesie der späteren Avantgarden

Vertreter der neueren Avantgarden greifen nach dem Zweiten Weltkrieg unter anderen Impulsen der frühen Avantgarden auch das Interesse an lautpoetischen Experimenten auf, vielfach in expliziter Auseinandersetzung mit ihren Vorläufern (so Helmut Heißenbüttel, Franz Mon und Ernst Jandl). Insbesondere die künstlerische Auseinandersetzung der konkreten Poesie und ihres Umfeldes mit materiell-medialen und sensuellen Aspekten sowie mit entsprechend neuen Gestaltungsoptionen von Dichtung führt auch im Bereich der akustischen Dichtung zu innovatorischen Ansätzen. Dabei entwickeln sich akustische und visuell konkrete Kunst einerseits relativ unabhängig voneinander, andererseits stehen sie innerhalb des Schaffens einzelner Dichter in mancherlei Korrespondenz. Visuelle und lautlich-akustische Poesie nehmen ihren Ausgang vom Verbalen, von Sprachelementen und sprachlichen Strukturen, von Lauten respektive Buchstaben und setzen auf deren sinnlich-konkrete Dimension sowie auf deren Verfremdungsmöglichkeiten. Buchstaben, Laute, Wörter, Sätze, Texte, Redensarten und sprachliche Regeln werden in neue Formen und Konstellationen gebracht. Für die theoretische Profilierung konkreter Kunstpraxis prägend sind vor allem autonomie- und verfremdungsästhetische Ansätze, aber auch die theoretische Linguistik, die Semiotik und die Phonetik. In Absetzung von anderen literarischen Schreibweisen versteht sich konkrete Dichtung als ‚amimetisch'; sie will nicht Wirklichkeit abbilden, sondern ihr eigenes (sprachliches) ‚Material' vorführen. In der Verfremdung von Sprachlichem liegt aber ein gesellschafts- und zeitkritisches Potenzial, das als solches auch bewusst genutzt wird.

4. Lettristen und Ultralettristen

Innerhalb der akustisch-konkreten Poesie, für die sich im internationalen Raum seit Mitte des 20. Jahrhunderts unter anderem der Begriff *sound poetry* (auch: *poésie sonore* oder *text-sound composition*) einbürgert hat, sind wiederum differente Ansätze zu verfolgen. Im Zentrum des ästhetischen Interesses stehen so etwa Organisationsformen akustisch vernehmbarer Sprache. Je konsequenter in Beispielen akustischer Poesie gegen die geläufigen Regeln der Grammatik und Semantik verstoßen wird, desto signifikanter erscheinen andere Strukturierungsprinzipien, vor allem der Rhythmus, der ersatzweise die organisierende Funktion sprachlicher Regeln übernimmt. Öyvind Fahlström, Verfasser eines „Manifestes für konkrete Poesie" (Fahlström 1953/1954), charakterisiert den Rhythmus als basales Mittel zur Erzeugung ästhetischer Effekte und verortet konkrete Dichtung eher in der Nähe der (konkreten) Musik als der konkreten Kunst. Wie das Interesse fast aller akustisch-konkreter Dichter am Rhythmischen bereits andeutet, verstehen sich viele Beispiele akustisch-konkreter Poesie ebenso als musikalische wie als „poetische" (Lentz 1998, 12). Ein weiteres übergreifendes Projekt ist die Erkundung der menschlichen Sprechorgane und der von ihnen erzeugbaren Laute. Durch Verfremdung und Erweiterung des geläufigen Repertoires an Artikulationsformen wird mit diesen auf oft ausdrucksbetonte, vielfach systematische Weise experimentiert. Der Begriff der ‚Artikulation' erscheint als so programmatisch, dass er etwa bei Mon als Werktitel (*artikulationen*), wenn nicht gar als Gattungsbezeichnung fungiert und auf die schriftlich-visuellen Pendants entsprechender Lautexperimente übertragen wird. Isidore Isou nutzt bei seiner Arbeit mit der Stimme ein breites Spektrum möglicher Stimmtechniken, Sprechlaute und Körpergeräusche. Vermeintlich Unartikuliertes hält Einzug in die Dichtung (darunter das Schnarchen, Gurgeln, Wimmern, Schlucken, Spucken, Küssen, Weinen). Einem Übergangsbereich zwischen Sprach- und Klangkunst zuzurechnen sind auch die *Crirythmes* François Dufrênes (ab 1962; Lentz 1998, 19) und die

Mégapneumes Gil J. Wolmans (ab 1950; Lentz 1996, 47; Lentz 2000, 208), die sich als Beiträge zur Exploration des Elementaren und Basal-Emotionalen stimmlicher Verlautbarung präsentieren. Dufrêne, der unter dem Einfluss der *musique concrète* arbeitet und die künstlerische Bewegung, der er sich zurechnet, als *musique concrète vocale* bezeichnet, löst Wortlaute in Lautbestandteile und rhythmische Muster auf; dabei entfaltet sich in einem Spannungsraum zwischen kontrollierter und unkontrollierter Kunstproduktion ein breites Spektrum oral-artikulatorischer Klänge (Schreie, Kreischen, Gurgeln, Schmatzen, Grunzen, Gähnen, Lallen etc.), Ausdrucksformen eines artifiziellen Primitivismus. Wolman arbeitet eher mit kleineren, isolierten Klangeinheiten und akzentuiert insbesondere die Funktion des Atems. Der Lautpoet Henri Chopin (*poésies sonores*) sieht in der Arbeit mit Menschenstimmen ebenfalls ein Kernprojekt zeitgenössischer Kunst. Auch der Komponist Luciano Berio fordert eine ästhetische Befreiung der Stimme; die Differenz zwischen Gesprochenem und Gesungenem soll aufgehoben werden (vgl. Lentz 1998, 51).

5. Erkundungen der Stimme und elektronischer Apparaturen

Insgesamt besteht zwischen konkreter Dichtung und konkreter Musik (*musique concrète*) keine klare Grenzziehung. Von dem Komponisten Josef Anton Riedl stammen diverse akustische Kompositionen, bei deren Realisation Stimme und Instrumente zusammenwirken. So verarbeitet er asemantisiertes Sprachmaterial, wie etwa Laute und Lautgruppen aus einer Rundfunkzeitschrift, die mit den Klängen von Rhythmusinstrumenten und anderen Geräuschquellen verbunden werden. Zudem schafft er eigene Lautgedichte und prägt einen Begriff wie „Musiksprechen" (Lentz 1996, 53; Lentz 1995, 13–15). Pierre Schaeffer, der Einzeltöne isoliert und variiert, wird als Komponist auch den Dichtern zum Vorbild. Er und andere nutzen ab 1948 elektroakustische, später dann elektronische Geräte für künstlerische Zwecke, etwa in *Symphonie pour un homme seul* von 1950, in *nähern und entfernen* von 1961 oder in *The Bird of Paradise* von 1975 (Schaeffer 1973). Eine Montage von Geräuschen findet sich ähnlich in Gerhard Rühms erster *Geräuschsymphonie* (Rühm 1951).

Die Erschließung der neuen Möglichkeiten, die elektroakustische und elektronische Apparaturen zur Realisation poetischer Gebilde bieten, bildet im Ausgang von Arbeiten mit Körper und Stimme ein Kernprojekt der neuen Avantgarden (vgl. dazu Lentz 1996, 47). Apparaturen zur Klangaufzeichnung und Klangverfremdung werden vielfach zu maßgeblichen Trägern der poetisch-akustischen Gestaltungsverfahren. Laut Bob Cobbing eröffnen diese Apparaturen vor allem eine Chance zur Rückgewinnung der menschlichen Stimme für die Kunst (Cobbing 1971).

Bernard Heidsieck konstatiert ein technisch bedingtes Eindringen der Lautpoesie in den Bereich der Musik (Heidsieck, in Erlhoff 1981, 21). An Erörterungen über die ästhetisch nutzbaren Möglichkeiten elektronischer Klangproduktion beteiligen sich neben Dichtern (zum Beispiel Mitgliedern der Wiener Gruppe) und Komponisten (unter anderem Karlheinz Stockhausen, Pierre Schaeffer) auch Kybernetiker (Norbert Wiener, Max Bense) und Phonetiker (Werner Meyer-Eppler).

Von verschiedenen Dichtern wird die Tonbandtechnologie als epochal wahrgenommen, und zwar (entsprechend den Funktionen eines Schreibgeräts) gleichermaßen für Gestaltung und Konservierung des jeweiligen Textes. Mon betrachtet das Tonband als ein Medium, das die Differenz zwischen Stimme und Schrift nivelliert. Das Band werde zum Schriftträger, auf dem allein das Werk dann „in authentischer Form" existiere (Mon 1994, 318). Viele Arbeiten akustisch-konkreter Dichter gelten vor allem der Exploration von Möglichkeiten technisch-synthetischer Texterzeugung, wie zum Beispiel in Gerhard Rühms 1958 entstandenem *rhythmus r*. Besonders Formen der Mischung und Überlagerung von Stimmen, der Wiederholung und Variation stehen dabei im Mittelpunkt. Dufrenes *Crirythmes* bestehen nicht einfach aus unbearbeiteten Aufzeichnungen, sondern teilweise überlagern sich unabhängig voneinander aufgenommene, durch Spurenüberlagerung überblendete Geräuschereignisse, die manchmal zu Hörcollagen weiterverarbeitet werden (Lentz 1998, 19). Die von Maschinen unabhängige artikulatorische Poesie sowie die von technischen Geräten getragene Spielform der akustisch-konkreten Poesie können insgesamt als komplementär gelten. Cobbing sieht in Letzterer einen Versuch, die Welt der Apparate und der Elektronik durch ihre Einbeziehung in die künstlerische Arbeit zu ‚humanisieren', also eine Brücke zwischen Kunst und technologischer Sphäre zu schlagen. Technik und Körper-Lautlichkeit werden also als verschmelzbar betrachtet. Erstere hingegen (die artikulatorische Poesie ohne technische Anteile) stehe im Zeichen der Rückwendung auf atavistische Praktiken und Äußerungsformen, auf rituelle und magische Rede, auf eine Entwicklungsphase vor der Ausdifferenzierung in Musik und Sprache, auf einen Rekurs auf die Sprache des Körpers (Cobbing 1971). Solche Analogisierungen des Poetischen mit dem Magischen betten die Reflexion über Lautpoesie und artikulatorische Performanzen in eine lange Tradition poetologischer Selbstverortung ein und korrespondieren Modellierungen auch der eher konventionellen und populären Lyrik (vgl. Schmitz-Emans 2014).

6. Akustisch-poetische Hörspiele und ihre ästhetische Programmatik

Neue Gattungen entstehen aus der poetischen Exploration akustisch-technischer Medien, so das konkrete Hörspiel, das wie die konkrete Dichtung einer antimimetischen Ästhetik verpflichtet ist und von seinen Produzenten gleichfalls gern mithilfe von Kategorien wie Rhythmizität und Materialität interpretiert wird. Hansjörg Schmitthenner beschreibt unter dem Stichwort „Sprache im technischen Medium" das Neue Hörspiel als rhythmisches Gebilde, bei dem die akustisch-rhythmische und nicht die semantische Dimension des verwendeten sprachlichen „Materials" im Vordergrund stehe (Schmitthenner 1968, 76). Auch im Bereich der neuen Hörkunst sind zwischen Dichtung und Musik die Übergänge offen. Die *poésie sonore* in ihrer radiophonen Spielform orientiert sich vielfach an Anregungen zeitgenössischer experimenteller Komponisten wie Luciano Berio und John Cage, da deren Auseinandersetzung mit der artikulatorisch-phonetischen Dimension von Sprache den poetischen Interessen entgegenkommt.

Die Entwicklung technischer Aufzeichnungsgeräte gestattet unter anderem eine Extension der akustischen Literatur vom kürzeren Klanggedicht zu längeren Formen, und die größere Zeitdauer macht das zuvor eher in Orientierung an Performances geschaffene akustische Werk attraktiver für andere mediale Präsentationsformen (etwa den Rundfunk oder Tonträger wie die Schallpatte) sowie für interaktive performative Kontexte (etwa Fluxus-Kunst). Die Übergänge zwischen Lautgedicht und klangpoetischem Hörstück sind dabei fließend. Teilweise erfolgt eine Integration von (kürzeren) Lautgedichten in längere Klangkunstwerke beziehungsweise Hörspielproduktionen (so bei Jandl und Rühm). Mithilfe der neuen Tontechnologien können ferner dokumentarische Tonmaterialien in literarisch-akustische Werke einbezogen werden: O-Ton-Aufzeichnungen historischer Ereignisse beziehungsweise Medienberichte sowie andere akustische Manifestationsformen des zeitgenössischen Alltags. Ferdinand Kriwet nutzt dies für *Apollo Amerika* (Kriwet 1969), eine Montage aus Tondokumenten zur Geschichte der Raumfahrt, für das ebenfalls montierte Hörstück *Voice of America* (WDR, SWF 1970, Hörtext 7) und andere Arbeiten. Zu Ror Wolfs facettenreichem akustisch-literarischem Œuvre gehört neben Hörspielen und Hörspielreihen auch das Genre der ‚Radio-Collage' (vgl. etwa *Die heiße Luft der Spiele*, Regie: Günter Guben, Ror Wolf, SDR 1972; *Die Stunde der Wahrheit*, Regie: Ror Wolf, HR 1974).

Viele Neue Hörspiele, wie sie etwa Mon realisiert, sind vorrangig auf tonbandtechnische Mittel hin konzipiert. Mon selbst spricht von einer Objektivierung der Sprechbewegung und betont die Bedeutung der Tonbandtechnologie für die Entstehung von „Hör-Spielen" beziehungsweise „Sprech-Spielen", insbesondere für das hier inszenierte „Das-Wort-Abschneiden, In-die-Rede-Fallen, Überschreiben,

Einschmeicheln, Eines-Sinnes-Sein", für die „Gestik" von Sprache, die nicht ans Wort gebunden sei. Apparate, so Mon, erschließen „Möglichkeiten, mit den Sprechbewegungen in einer Weise zu verfahren, die uns sonst nicht in den Sinn kommt"; ein Tonband sei kein Automat, sondern ein Instrument, ähnlich dem des Musikers, für das ebenfalls auf je spezifische Weise komponiert werde (Mon 1994, 249–250). Im Grenzraum zwischen Literarisch-Sprachlichem, Musikalisch-Akustischem und Performativem operieren auch diverse Vertreter der Fluxus-Bewegung, wie etwa Bazon Brock (*Grundgeräusche und ein Hörraum*, 1969), Wolf Vostell (*Decollage-Musik, Düsenjägerkonzert, In Ulm, um Ulm und um Ulm herum*, 1964). Das Tonband als Kunstmedium nutzen auch Künstler wie Joseph Beuys.

In den 1970er Jahren erlebt das Radiohörspiel insgesamt eine Blütezeit, von der die poetische Klangkunst in produktions- und rezeptionsästhetischer Hinsicht profitiert. Dichter und Musiker schaffen eine Vielzahl von Hörstücken. Die Entwicklung von monophonen zu stereophonen Technologien gibt der akustischen Kunst neue Impulse. Mons „Bemerkungen zur Stereophonie" betonen den Konstruktcharakter der stereophonisch erzeugten Wirklichkeit: Das Hörspiel könne sich hier „endlich von der angestrengten Illusion in der Nähe des Hörers agierender Stimmen befreien", die das monophone Hörspiel noch angestrebt habe. Stereophonie sei kein „realistisches Medium", sondern „ein artifizielles Mittel zur Ordnung und Unterscheidung von Hörwahrnehmungen, die in der Monophonie ineinanderfallen müßte" (Mon 1994, 251). Rundfunkanstalten bieten zunächst nicht nur die wichtigsten Distributionskanäle für die Spielformen des Neuen Hörspiels und die sich in diesem Rahmen profilierende akustische Literatur, sie geben auch vielfach Anstöße zur Entwicklung und Produktion entsprechender Arbeiten. Die Gründung des ‚Studios für Akustische Kunst' seitens des Westdeutschen Rundfunks (unter der Leitung von Klaus Schöning) erfolgt maßgeblich mit Blick auf das für den Rundfunk so bedeutsame Hörspiel (vgl. 2.7. BINCZEK). Dass sich die Hörspielabteilung des Bayerischen Rundfunks seit 1996 auch explizit für ‚Medienkunst' als zuständig betrachtet, trägt neuen medientechnischen Entwicklungen Rechnung.

Durch extensive Nutzung von zunehmend multifunktionalen Computerprogrammen seit den Jahren um die Jahrtausendwende ergeben sich wiederum neue und weitere Gestaltungsspielräume. Zudem kann nun akustische Kunst auch in kleineren Studios und privat entstehen, emanzipiert von der Bindung an aufwändige und kostspielige Tonstudiotechnik. Mit der Digitalisierung der Aufnahmetechnik werden unter anderem ältere naturalistische Geräuscherzeugungsverfahren der großen Tonstudios obsolet; synthetische Klangreproduktions- und Bearbeitungsverfahren lösen sie ab (Albrecht 2014, 422). Digitale Schnitttechniken sind prägend für programmatische Beispiele jüngerer Hörstücke, etwa für die Produktionen des Autorenduos FM Einheit und Andreas Ammer, die sich in

Deutsche Krieger unter anderem dem Thema Sprache in der deutschen Geschichte zuwenden (vgl. Albrecht 2014, 423–438).

Wie in den früheren Spielformen akustischer Dichtung bleibt Sprache auch in deren computergenerierten Varianten vielfach zentrales Thema, oftmals in Verbindung mit Thematisierungen gesellschaftlicher und geschichtlicher Erfahrungen, von Krieg und Gewalt. Als ein konstitutives und vielfältig genutztes ästhetisches Prinzip lassen sich Formen der Störung, der Überlagerung und des Abbruchs beobachten (vgl. Albrecht 2014). Die experimentelle Grundhaltung der Dichter zu ihren technisch-medialen Möglichkeiten dokumentiert sich nicht zuletzt in neuen Gattungsbegriffen: ‚Sprech-Spiel' bei Mon, ‚Tonträgeroper' bei FM Einheit und Ammer, ‚Akustisches Materialspiel' bei Kathrin Röggla und Hans Nieswandt in *Ein Riesen Abgang* aus dem Jahr 2000 (vgl. Albrecht 2014, 438) – sowie in Vernetzungen von akustischer und Printliteratur.

7. Ästhetische Kontexte und Konzepte akustischer Literatur

Akustische Literatur entsteht in einem vielschichtigen Raum ästhetischer Kontexte und Topoi. Ein erster Komplex von Konzepten gruppiert sich um die Stichworte ‚Musik' und ‚Gesang'. Die ästhetische Programmformel *ut musica poesis* wird von klang- und lautpoetischen Arbeiten auf eine spezifische und gattungsprägende Weise interpretiert. Reminiszenzen an das romantische Konzept einer Entgrenzung der Künste charakterisieren die Avantgarden vor allem bezogen auf die sensitiven Dimensionen experimenteller Arbeiten. ‚Phonetische Poesie' verortet sich zwischen Dichtung und Musik, so bekräftigen viele Reflexionen der Dichter selbst (etwa Jaap Blonk und Bob Cobbing; vgl. Lentz 1996; Lentz 1998). Frühe wie spätere Experimentaldichter wählen für ihre akustischen Dichtungen gern Bezeichnungen aus dem Bereich musikalischer Gattungen, so zum Beispiel Kurt Schwitters' *Ursonate* oder Rühms *Geräuschsymphonie*. Die ästhetische Nutzung des Wirkungspotenzials sprachlicher Klänge erfolgt teils in impliziter Affirmation von Konzepten des ‚Authentischen', in geringerem Maße des zivilisatorisch ‚Vermittelten'. Teils vollzieht sich solche Anknüpfung an ältere poetologische Konzepte auch in ludistischer, ja parodistischer Weise – was nicht unbedingt auf eine Bloßstellung hinauslaufen muss. Dies gilt insbesondere für onomatopoetische akustische Texte und vergleichbare Formen, zum Beispiel für Jandls lautmalerisches Tiergedicht „auf dem land" (Jandl 1985, 221). Vor allem die lange Geschichte poetischer Imitation und Interpretation von Vogelgesängen setzt sich in die moderne Lautpoesie hinein fort (vgl. dazu Schmitz-Emans 2006); Beispiele und Modellierungen des Vogelgesangs stimulieren originelle akustische Arbeiten, so etwa Konrad Bayers „der vogel singt" (Bayer 1996, 503) oder Bayers (zusammen mit Oswald Wiener) „Mathematische Reihenbildungen und Notizen zu ‚der vogel singt'" von 1958 (Fetz und Kastberger 1998, 144).

Die Körperbindung akustischer Kunst spielt in deren theoretischer Konzeptualisierung eine Schlüsselrolle; diverse Künstler konzipieren ihre Arbeiten als Exploration physiologischer Dispositionen – nicht nur mit Bezug auf die Sprechorgane. Chopins Beispiele einer *poésie sonore* sollen unter anderem innere Organtätigkeiten hörbar machen, so zum Beispiel in „Le Corps" von 1967, in „Mes bronches" von 1969 und in „Le Corpsbis" von 1985. Cobbing definiert Dichtung verallgemeinernd als somatisch. „Poesie ist eine physische Angelegenheit. Der Körper wird befreit. Körper vereinigen sich im Lied und in der Bewegung" (Cobbing, zit. nach Lentz 1998, 29). Dem psychologisch-psychoanalytischen Diskurs affin, verstehen sich Beiträge zur jüngeren akustischen Poesie teilweise auch als Explorationen einer un- beziehungsweise vorbewussten Sphäre, so in Bayers „argumentation vor der bewusstseinsschwelle" von 1962. Die menschliche Stimme wird in verschiedensten Formen zur Protagonistin akustisch-poetischer Klangereignisse, zum einen als natürliche Stimme, deren gestalterische Potenziale teilweise weit gedehnt werden, zum anderen als technisch verfremdete, oft gewaltsam verzerrte, fragmentierte Stimme. Atmungsprozesse und Atemgeräusche gehören zu den Lieblingssujets akustischer Dichtung. Wolman nennt eine von ihm erfundene konkret-akustische Kunstgattung ‚Mégapneumes' (vgl. Lentz 1998; Lentz 2000), Chopin und Dufrêne arbeiten mit Atemgeräuschen. Atemgedichte verfassen auch Rühm, Jandl und andere konkrete Dichter, teilweise für Schallplatte und Druck (vgl. Schmitz-Emans 1994). Gerade Atemgedichte erscheinen als Einlösungen der Forderung nach einer Entgrenzung von Kunst und Leben, wie sie von den Avantgarden des 20. Jahrhunderts immer wieder vorgebracht wird.

Einen maßgeblichen Beitrag zur Konzeptualisierung der neuen akustischen Poesie leisten Theoretiker (und Praktiker) der konkreten Dichtung, die in ästhetischen Programmtexten die Leitideen sowohl der visuellen als auch der akustischen Spielformen konkreter Kunstpraxis erörtern, so etwa Jandl und Mon. Leitende Ideen sind hier die der Reduktion und Komprimierung, des Amimetischen beziehungsweise der Abstraktion, der betonten ‚Materialität' des ästhetischen Artefakts sowie der Prozessualität und Dynamik. Die Interpretation von Sprachlichem als ‚Material' stimuliert die Auseinandersetzung mit und gestalterische Nutzung von ‚Elementarem', die Exploration von Lauten und Wortelementen, aber auch die Faszination durch Etymologisches und durch Wortspiele. Wie andere Spielformen experimentell-innovatorischer Dichtung verstehen sich die Lautdichtung der frühen und der späten Avantgarden sowie die mit elektroakustischen Mitteln erzeugte Hör(spiel)-Kunst vor allem als Beitrag zur Erkundung der verschiedenen Aspekte und Komponenten sprachlicher Expression und Kommunikation. Vielfach steht – im Ausgang von bestehenden sprachlichen

Strukturen und Regeln, von Wort- und Sprachlautbeständen, von Redensarten und Sprechweisen – die Entwicklung und Erprobung devianter Sprachformen und ‚Sondersprachen' im Mittelpunkt. Oft werden im Zusammenhang damit die Grenzen der Verständlichkeit erkundet und intentional überschritten, und zwar im semantischen wie im physiologisch-akustischen Sinn. Viele akustische Dichtungen besitzen eine Affinität sowohl zu sprachkritischen als auch zu sprachutopischen Ansätzen. Daneben stehen teils dokumentarisch wirkende Erkundungszüge in die Welten konkreter Alltagsrede, Bestandsaufnahmen von Sprechweisen und Sprachklängen, Montagen von Dialogmaterialien, privaten und öffentlichen Verlautbarungen. Ins poetische Kalkül einbezogene Grenzwerte sprachlich-akustischer Verlautbarung sind neben dem nicht mehr differenzierend perzipierbaren Geräusch, dem Krach oder dem Rauschen auch die Stille und das Schweigen. Darauf, die Sprache zu verfremden beziehungsweise ihre Fremdheit wahrnehmbar zu machen, damit aber implizit auch einen Beitrag zum vertiefenden Verständnis geläufiger Sprachprozesse zu leisten, zielen sowohl artikulatorische als auch technisch-mediale Formen akustischer Dichtung ab.

Viele Beispiele akustischer Dichtung wirken wie Bekundungen aus phantastischen Alternativsprachen, deren Elemente auf suggestive Weise Gegenständliches evozieren, ohne es im strikten Sinn zu benennen. Andere erinnern an exotische Sprachen. Spätestens seit Ball ist das Streben des Lautdichters nach einer ‚neuen Sprache' topisch, wobei diese neue Sprache zugleich als ‚alte', ursprungsnahe oder auch kindliche konzipiert sein kann, als mit den Dingen wesensverwandt und evokativ. Diverse Verfasser akustisch-poetischer Texte setzen sich mit Konzepten und Phänomenen der Glossolalie auseinander, manchmal im Rekurs auf Beispiele religiöser Ekstase, manchmal in Anknüpfung an wissenschaftliche Beobachter psychischer Störungen, manchmal auch spielerisch. Unter wechselnden Akzentuierungen tragen akustische Dichtungen so zur jüngeren Geschichte multilingualer Poesie bei, zum Teil unter Einsatz chorischer Partien. Das amerikanisch-deutsche Dichterduo Robert Kelly und Schuldt produziert mit *Unquell the Dawn Now* (Kelly 1992, 49) ein vielstimmiges Poem, das auf der Basis eines Hölderlinschen Ausgangstextes („Am Quell der Donau") und im Durchgang durch mehrere akustische Transformationen Prozesse des akustischen und semantischen Übersetzens zwischen differenten Sprach- und Sinnräumen hörbar werden lässt (vgl. dazu Schmitz-Emans 2002).

Auch Reflexionen über Schrift, Schriftlichkeit und deren Implikationen, wie sie den ‚grammatologischen' Diskurs der 1960er und 1970er Jahre prägen, tragen zur theoretischen Konzeptualisierung der neuen akustischen Literatur bei. Jacques Derrida, der sich auf die Befunde und Thesen des Archäologen und Schrifthistorikers André Leroi-Gourhan bezieht, erörtert wie dieser die Relationen zwischen Schriftlichkeit und Linearität sowie den Zusammenhang zwischen

Schreibtechniken, ihnen entsprechenden Denkweisen und linearen Geschichtsmodellen (vgl. Leroi-Gourhan, [1964/1965] 1984; Derrida 1974, 183). Er zitiert Leroi-Gourhans Prognose, das lineare Lesen gehe dem Ende seiner die abendländische Kultur prägenden Geschichte entgegen, und verweist selbst auf die Verdrängung des Speichermediums Buch durch automatisierte Diktaphone. Statt linear-konsekutiv wie in der Schrift, so Leroi-Gourhans von Derrida angeführte Überlegung weiter, seien vielschichtige Gegebenheiten und Ereignisse unter anderen medialen Voraussetzungen simultan darstellbar, und solcher Komplexitätsgewinn werde neue Denkformen erzeugen beziehungsweise unterstützen (Derrida 1974, 154–155).

8. Wichtige Repräsentanten der akustischen Literatur

Bei allen Konvergenzen der ästhetischen Interessen, Konzepte und Praktiken entwickeln wichtige Repräsentanten der akustischen Literatur doch jeweils eigene Profile, wie die folgenden wenigen Beispiele zeigen: Schwitters' akustisch-poetisches Werk bildet ein Kernstück seines insgesamt formal gestalterischen und medial innovatorischen Œuvres, mit dem es um eine Entgrenzung der Künste und eine Synthetisierung künstlerischer Ausdrucksmittel geht. Schwitters löst sich konsequent von der älteren Ausdrucksästhetik und onomatopoietischen Konzepten und wendet sich der strukturellen Dimension von Poesie als dem eigentlichen Experimentierfeld neuer Dichtung zu. Ein Schlüsselbegriff ist hier insbesondere der des Rhythmus, in dem sich die von Schwitters angestrebte Verbindung zwischen Strukturiertheit und Bewegtheit ausdrückt. Die „Ursonate", 1932 vollständig veröffentlicht, gilt allgemein als Pionierwerk akustischer Poesie; spätere Experimentaldichter würdigen sie als wegweisend (vgl. Jandl 1985). Schwitters' Œuvre steht im Zeichen der Leitidee einer die verschiedenen Medien übergreifenden und integrierenden Kunst; die „Ursonate" ist, so gesehen, nicht nur ein akustisches Ereignis, sondern auch als visuelles Gedicht signifikant. Zudem repräsentiert sie als Arrangement aus lautlichen ‚Materialien' ein auch für andere Kunstpraktiken bei Schwitters relevantes Prinzip. Die Betitelung als ‚Sonate' verleiht diesem bahnbrechenden Lautgedicht zugleich insofern eine ironische Note, als die Bindung an traditionelle Gattungen akzentuiert wird. Schwitters performiert die „Ursonate" selbst; die Klangaufzeichnungen haben sich erhalten und sind im Internet abrufbar oder auf CD verfügbar (vgl. Schwitters 1993). Seiner akustischen Dichtung dienen technische Medien aber nur als Speicher, ohne bereits als gestalterisches Mittel eine konstitutive Rolle zu spielen.

Dies ändert sich in der neueren akustischen Dichtung, die etwa Mon als Praktiker und Theoretiker repräsentiert. Mon verbindet poetisch-künstlerische

Arbeit mit theoretischer Reflexion, unter anderem über die Offenheit der Grenzen zwischen Literatur und Kunst, über Sprache, wie in dem Textkomplex über *Literatur im Schallraum* (Mon 1994, 236–282) sowie über medientechnologische Aspekte dichterischer Arbeit. In den späten 1950er Jahren nimmt er mit einem neuerworbenen Tonband zunächst seine eigene Stimme auf; bald danach entstehen mehrere „artikulatorische Stücke" unter Ausnutzung tonbandtechnischer Effekte. In Essays zur akustischen Literatur erörtert Mon unter anderem die Wiederholbarkeit lautpoetischer Klangereignisse durch elektromagnetische Aufzeichnungen und den Beitrag der akustischen Technik zur Genese einer neuen Form von Dichtung (Mon 1994, 249–250 sowie 318). Er beschreibt konkrete Verfahren, wie etwa die Produktion von „O-Ton-Hörspielen" (Mon 1994, 266) auf der Basis von Sprachmaterialien, die der Autor mittels tragbarem Tonband und Mikrophon an öffentlichen Orten sammelt, kommentiert die Konsequenzen elektromagnetischer Aufzeichnungsmöglichkeiten von Sprache für „das Verhältnis zwischen Autor, Text und Stimme" (Mon 1994, 266), vergleicht die Form der Tonbanddokumentation mit aufgeführten Bühnenstücken und charakterisiert das bei Ersterer eingesetzte Mikrophon als potenziell allgegenwärtigen Zeugen oder Spion, der das Aufgenommene der Manipulation und Montage ausliefere. Ausführlich kommentiert Mon sowohl fremde Arbeiten (u. a. von Lora-Totino und Chopin) als auch eigene Hörspielkonzepte, wie *blaiberg funeral*, *bringen um zu kommen* und Hörstücke wie *Herzzero* oder *das gras wies wächst*. Mon verbindet als akustischer Dichter sprach- und medienreflexive Interessen mit gesellschaftsbezogenen, latent politischen Aspekten. Gegenstand der Erkundung ist für ihn die Sprache auch als Instrument der Gewalt und als Spiegel sozialer Deformationen. Sein Zugriff auf Praktiken und Phänomene akustischer Dichtung ist analytisch und planvoll-konstruktiv, auch wenn er gelegentlich auf materialbedingte Überraschungseffekte hinweist.

Mons Kollege und Dialogpartner Carlfriedrich Claus setzt demgegenüber konsequenter auf das Nichtplanbare. Er arbeitet neben seinem graphischen Œuvre auch mit Stimme und Tonband. Mit den eigenen Sprechorganen möchte er „elementare Bewegungen" jenseits der angelernten Artikulationsformen nachvollziehen und Grenzbereiche der Artikulation erkunden. Der für diese Erkundungen bevorzugte Begriff „Exerzitien" in *Sprech-Exerzitien*, aber auch in Formulierungen wie „psychische Exerzitien" und „Lall-Exerzitien" deutet auf Methodik und Konsequenz, aber auch auf eine spirituelle Dimension solch akustisch-poetischer Praxis hin (Claus, zit. nach Scholz 1992, 91–122). Claus bemüht sich um artikulatorische Brückenschläge zwischen dem Bewusstsein und dem Körper, zwischen Trancezuständen und Reflexion. Eine magisch-mythische Dimension der Sprache vermittelt für ihn zwischen dem Sprecher und seiner Umwelt (Claus 1990, 91–122, hier: 103). Bei seinen akustisch-artikulatorischen wie bei seinen skripturalen

Arbeiten versucht Claus, die Kontrolle des ästhetischen Prozesses durch Codes, Regeln und regelgeleitete Intentionen auszuschalten, die Stimme und die Hand gleichsam somnambul wirken zu lassen, um spontan in Bereiche jenseits der Bewusstseinsschwelle vorzudringen. Claus befasst sich seit den späten 1940er Jahren mit Phonologie und experimentiert seit den frühen 1950er Jahren mit Stimmklängen. Dabei geht es ihm um analytische Auseinandersetzungen mit Sprache im Sinn der Zerlegung in Laute und der Erkundung von Strukturen. Er arbeitet mit der eigenen Stimme, oft im Freien und erkundet dabei ihre artikulatorische Reichweite. Eine Notation im eigentlichen Sinn erfolgt nicht, obwohl man diverse rhythmisch-abstrakte Zeichnungen aus dieser Zeit in Beziehung zu den Artikulationsversuchen setzen kann. Anfangs finden morphologische und syntaktische Sprachregeln noch Berücksichtigung; später lässt Claus diese hinter sich. Die Anschaffung eines Tonbands stellt eine wichtige Zäsur in seiner künstlerischen Entwicklung dar. 1959 beginnen die Experimente mit einem einfachen Tonband, einem KB 100, produziert vom Fernmeldewerk Leipzig. Neben Aufnahme und Wiedergabe erlaubt das Gerät die Mehrfachbespielung von Tonspuren. Claus nutzt es zur „Herstellung mehrschichtiger Zusammenhänge" (Brief an Mon vom 15. August 1959; Grote 2009, 190), nimmt zunächst seine bisherigen lautpoetischen Arbeiten („Klang-Gebilde" und „Lautprozesse" genannt) auf und erzeugt durch Trickschaltungen Lautüberlagerungen. So entstehen die „Sprechexerzitien", die später als Tonband (über Mon) im Kollegenkreis zirkulieren und den DDR-Künstler in Kontakt zur internationalen Avantgarde bringen, welche die Eigenständigkeit seines Ansatzes wahrnimmt. Mikrophon und Tonband fungieren für Claus als Medien zur Exploration seiner Stimme und als Artikulationshilfen für Botschaften aus einem dem bewussten Ich sonst unzugänglichen Raum. In den späten 1970er Jahren knüpft Claus an die Tonbandarbeiten von 1959 an. 1981 entsteht der Lautprozess *Bewußtseinstätigkeit im Schlaf*, aufgezeichnet auf vier Tonbändern, in Dresden 1986 quadrophon aufgeführt. Frühe Arbeiten erscheinen 1978 auf der anthologischen LP *futura. POESIA SONORA*, zusammen mit Arbeiten von Mon, Heidsieck, Rühm und anderen. Die 1991 von Claus zusammengestellte, das mediale Spektrum seines Schaffens dokumentierende *work box* enthält eine Tonbandkassette mit Lautgedichten (unter anderem vier Lautprozesse: „Dynamische Koartikulation"; „Bewußtseinstätigkeit im Schlaf"; „Fünf einschichtige Lautprozesse" sowie „Bewußtseinstätigkeit im Schlaf, Kombination").

Ernst Jandl hat ein breites Spektrum an medial und konzeptuell verschiedenen Beiträgen zur akustischen Literatur geschaffen und in seinen Reflexionen maßgeblich zur Ästhetik akustischer Poesie beigetragen. Als Lautdichter arbeitet er insbesondere mit Wort- und Sprachklängen, die teilweise zerlegt und neu zusammengestellt, redupliziert, variiert und modifiziert werden. Der Stimme sowie der artikulatorischen Dimension von Sprache gilt Jandls besonderes Interesse. Seine Texte setzen unter anderem das Stottern und andere Sprechstörungen in Szene; manche setzen auf dialektale Färbungen der Rede. Jandl konzipiert ganze poetische Gattungen unter dem Aspekt ihrer Verlautbarung, etwa indem er in seiner Frankfurter Poetikvorlesung *Das Öffnen und Schließen des Mundes* differenzierend die Merkmale von ‚Lautgedichten' und ‚Sprechgedichten' erörtert (Jandl 1985). Der performative Aspekt sprachlicher Prozesse steht vielfach im Mittelpunkt, nicht nur, wenn Jandl als Performer seiner eigenen Texte auftritt, sondern auch auf dem Weg über Handlungsanweisungen zur Performanz oder in Form von Texten, die selbst teilweise oder ganz aus Handlungsanweisungen zur Artikulation und Geräuscherzeugung bestehen. Jandls Sprechoper *Aus der Fremde* (Jandl 1980) ist zwar eher dem Drama als der akustischen Poesie zuzuordnen, der Rahmentext enthält aber Anweisungen zur gewünschten Sprechweise, also zur akustischen Realisierung, die damit Bestandteil des Werkes ist. Die Musik, insbesondere der Jazz, prägt Jandl stark. So ist „devil trap" einem Selbstkommentar zufolge ein „Sprechtext, bei dem es an verschiedenen Stellen nur auf Musik, als Rhythmus und Klang, und gar nicht mehr auf Wörter" ankommt (Jandl 1985, 551). Titel, Inhalte und Vokabulare seiner Texte nehmen vielfältig Bezug auf Musikalisches; Rhythmisierungen und Klangeffekte prägen seine akustischen Gedichte. Jandl gehört, hier mit Friederike Mayröcker zusammenarbeitend, zu den Pionieren des konkreten Hörspiels. Sein Hörspiel *Das Röcheln der Mona Lisa* (1970), basierend vor allem auf technischer Verfremdung menschlich-stimmlicher Artikulation, thematisiert Deformation als Signal für die Beschädigung des Menschen durch inhumane Lebensbedingungen, aber auch die Hinfälligkeit des menschlichen Körpers. Jandl beschreibt es programmatisch als „ein akustisches Geschehen für eine Stimme und Apparaturen", das „vom Sprechgedicht weg zur Dichtung [führt], die dem Verstummen vorausgeht" (Jandl 1985, 32) – als eine Dichtung „der zerbrechenden Stimme", analog zur chaotischen Kritzelei. Der zur Realisierung ideale Sprecher leide an einer „Erkrankung der Sprech- und Atemorgane beziehungsweise d[er] Störung des Sprechzentrums" (Jandl 1985, 32). Hier werde „Sprache als Körpergeräusch" manifest und „das Possierliche" (Jandl 1985, 32) werde aus der Dichtung vertrieben. In seinen Reflexionen über das Hörspiel als akustische Kunstform charakterisiert Jandl dieses als Arbeit mit Sprache, Geräusch und Musik, wobei die als Stimme ‚auftretende' Sprache dominiert. Sein Interesse gilt den Möglichkeiten, diese Stimme artifiziell, durch technische Mittel, zu verändern, bis hin zur Verwandlung in bloßen Klang (Jandl 1985, 149). Zu den Reizen der Hörspielarbeit gehöre es, Gegenständliches und Sichtbares in Akustisches umzusetzen, jedem Ding also einen „Mund" zu verschaffen. Der Autor eines Hörspiels befinde sich „in einem aktiv-passiven Zustand", in ständiger Interaktion mit seinem Material (Jandl 1985, 77).

9. Fixierungsprozesse akustischer Literatur, Notationen und Audioeditionen

Zur Geschichte der Lautpoesie und der akustischen Kunst gehören als ein konstitutiver Bestandteil auch deren divergierende (Selbst-)Positionierungen gegenüber graphischen Medien, Notations- und Konservierungspraktiken. Kontrovers erörtert wurde die Frage nach Möglichkeiten und Medien der Fixierung und Speicherung poetischer Klangereignisse. Diese Kontroverse trägt maßgeblich zur ästhetischen Konzeptualisierung literarischer Klangkunst bei. Denn teilweise definiert sich die akustisch-poetische Kunst ja explizit durch Abgrenzung gegenüber schriftlich fixierbarer Dichtung und visuell perzipierbaren Texten. Dabei kann dieser Antagonismus sogar im Sinn einer ‚Befreiung' von Visualität beziehungsweise von Schriftlichkeit semantisiert werden (was allerdings keineswegs selbstverständlich und auch nicht generell der Fall ist). Mon zufolge hat sich in der Lautpoesie ein Prozess der Ablösung von Sprachlichem an die alphabetische Schrift vollzogen (vgl. Mon 1994, 320). Solche Emanzipation vom Alphabet muss aber noch nicht den Verzicht auf Notation bedeuten. Die Lettristen unter den akustischen Dichtern – also diejenigen, denen an Notationsverfahren gelegen ist – arbeiten auch auf dem Gebiet der Verschriftung von Klangereignissen innovatorisch. Sie verwenden für die Notation geläufige oder auch neue Alphabete, so Jean-Paul Curtay, Isou, Maurice Lemaître, Roland Sabatier, Valeri Scherstjanoi und andere. Jaap Blonk nutzt die internationale Lautschrift, wiewohl überzeugt davon, dass es Klänge und Stimmgeräusche gibt, die sich nicht aufzeichnen lassen (vgl. Lentz 1998, 39). Die Notation dient hier eher als Erinnerungshilfe für den Aufführenden denn als allgemein verfügbare Partitur. Mit solch eher kritischen Einschätzungen von Notationsformen verbindet sich unter anderem die These, nur die Lautpoeten selbst könnten ihre eigenen Arbeiten aufführen (vgl. Lentz 1998, 39). Innovatorische Verschriftungspraktiken der Laut- und Klangpoesie eröffnen ein eigenes Feld ästhetischer Kreativität (vgl. dazu Schmitz-Emans 2000). Isou wirkt als Pionier neuer Notationskunst, indem er in *Qu'est-ce que le lettrisme?* dem griechischen Alphabet 19 Zeichen entlehnt und dem lateinischen Alphabet hinzufügt (Isou 1947, 1–18); die Zeichen seines neuen Alphabets repräsentieren körperliche, von einer Person zu erzeugende Geräuschereignisse (so das ‚Alpha' ein Einatmen, das ‚Beta' ein Ausatmen, das ‚Gamma' ein Zischen, das ‚Delta' ein Knarren oder Röcheln, das ‚Epsilon' ein Knurren etc.).

Polemisch bis hin zu öffentlichen Parteikämpfen steht solchen Notationspraktiken der ‚Ultralettrismus' gegenüber, der alle Verschriftungsansätze als den Klangereignissen inkommensurabel betrachtet und stattdessen allein auf die Möglichkeiten der Stimmaufzeichnung setzt, wenn die klangpoetischen Ereignisse überhaupt wiederholbar gemacht werden sollen. Dufrêne, zunächst Lettrist, ist Pionier des Ultralettrismus: Von konventioneller Schrift nicht darstellbar, bedürfen seine *Crirythmes* der technischen Aufzeichnung. Chopin betrachtet das ‚Buch' und die *poésie sonore* als Antagonisten, verzichtet auch beim Arbeiten auf schriftliche Notizen und benutzt nur Tonbandgeräte, die er auf seinen eigenen Körper abgestimmt hat. Er unterscheidet zwischen „poésie phonetique" und „poésie sonore/electronique"; Letztere existiert nur als Tonbandaufzeichnung, die das Buch völlig ersetzt („[...] ein Tonbandgerät [...] ist wie ein Blatt Papier [...]. Ich brauche es so wie die Leute ein Buch brauchen", Chopin, zit. nach Lentz 1998, 21). Allerdings kann die im Ultralettrismus technisch aufgezeichnete Stimme als „akustische Notation" betrachtet werden. Petra Maria Meyer spricht in diesem Zusammenhang explizit von „Graphophonie" und einer „Kunst der Stimmverschriftung" (Meyer 1993, 30).

Für Entwicklung und Spielformen akustischer Literatur ist die Spannung zwischen auditiver und visueller Dimension von Poesie mit Blick auf ästhetische Programme wie auf die konkrete Arbeit insgesamt prägend gewesen. Diese Spannung wird aber unterschiedlich ausgelegt und produktiv umgesetzt. Ins Spektrum der verschiedenen Profilierungen akustisch-poetischer Prozesse in ihrer Relation zu visuell-graphischen Formen gehören auch Ansätze, die Auseinandersetzung mit Stimmlich-Akustischem als Impuls der Genese skripturaler Formen zu nutzen. Welche kreativen Potenziale Lautdichtung unter diesem Aspekt besitzt, dokumentieren exemplarisch die Beispiele verschrifteter Klangpoesie in der Anthologie *Imagining Language* (Rasula und McCaffery 1998). Jandls Notate zu (gedachten) poetischen Artikulations- und Geräuschereignissen haben zwar ebenfalls dienende (fixierende, partituranaloge) Funktion, können aber durchaus als ästhetisch eigenwertige visuelle Gebilde aus einem Übergangsbereich von Buchstabenschrift, Notenschrift und Graphik betrachtet werden. Bei Carlfriedrich Claus fungieren Graphie und Klangaufzeichnung als gleichwertige Praktiken der Exploration psychischer, somatischer und intellektueller Prozesse.

Akzentuieren die Ultralettristen den Gegensatz zwischen akustisch-artikulatorischer und graphisch-visueller Dichtung, so setzen andere Autoren auf die wechselseitige Stimulation beider medialer Aggregatzustände des Poetischen. Rühm ordnet spontan-einmaligen und nichtrekonstruierbaren Artikulationen buchstabenschriftliche Notationen zu, die er als ‚Erinnerungsmarken', aber auch als Anregungen für neue artikulatorische Realisationen versteht; obwohl er sie als nur „notdürftige andeutung ihres gedachten erklingens" (Rühm 1988, 13) betrachtet, veröffentlicht er die geschriebenen Textgestalten, so zum Beispiel „expressionen", „reihungen" und „konstellationen" (vgl. dazu Lentz 1998, 26).

Dass seit den ausgehenden 1960er Jahren die öffentlich-rechtlichen Rundfunksender zum Stereohörfunk überwechselten, begünstigte die produktive Auseinandersetzung von Künstlern mit dem Neuen Hörspiel und damit auch mit den für dieses vielfach konstitutiven akustisch-literarischen Anteilen. In der Phase des Experimentierens mit dem Neuen Hörspiel werden entsprechende Autorenmanuskripte aber durchaus noch in schriftmedialer Form publiziert (vgl. Albrecht 2014, 339). Die Geschichte der neuen akustischen Literatur ist auch mit Blick auf Tonträger und deren Verfügbarkeit zunächst eng mit der des Radios verbunden. Autoren wie Mon, Jandl, Rolf Dieter Brinkmann, Wolf schaffen im Kontext der akustischen Literatur Hörspiele für den Rundfunk, die in der Regel in Hörfunkarchiven dokumentiert sind. Diffus stellt sich hingegen die Situation bezogen auf Arbeitsprozesse und verwendete Arbeitsmaterialien dar. Neben Tonbändern fungieren lange Zeit Schallplatten als wichtigste Tonträger akustisch-poetischer Texte und Textsammlungen; anders als die bei der Produktion maßgeblichen Tonbänder gestatten sie Vervielfältigung, Handel und damit eine von Rundfunkausstrahlungen und Liveaufführungen unabhängige Rezeption. Auf LPs finden sich zudem auch anthologische Zusammenstellungen der kürzeren Arbeiten verschiedener Künstler. Die Nutzung der als Nachfolger der Schallplatte entwickelten CD erlaubt dann die Präsentation und Rezeption größerer Formate, bewährt sich aber zudem vor allem bald als Tonträger, der sich (verglichen mit der LP-Produktion) ohne viel Aufwand bespielen lässt und insofern auch produktionstechnisch neue Möglichkeiten erschließt (vgl. dazu Albrecht 2014, 422). Mit Einführung des Internet werden neue Möglichkeiten nicht nur der Rezeption, sondern auch der Produktion akustischer Kunst eröffnet, insbesondere mit Blick auf interaktive Komponenten sowie hinsichtlich der Tendenz, das Werk (als Konzept) durch eine prinzipiell offene Serie immer wieder neuer Realisationen zu ersetzen.

Eine in jüngerer Zeit gern genutzte Sonderspielform neuerer akustischer Literatur bieten Buch-Tonträger-Hybride als medial erweiterte Form der buchförmigen Literatur und als Sonderspielart akustischer Literatur. In literarischen Kontexten genutzt werden sie insbesondere zur Ausstattung der intradiegetischen, textnarrativ dargestellten Welt mit Klängen und Geräuschen, etwa in Laura Esquivels *La ley del amor* von 1995 (1996; *Das Gesetz der Liebe*, Buch mit CD), für Arrangements von Dialogen zwischen geschriebenem Text (schriftlicher Erzählung) und Klangträger (Leon 2010) sowie für akustische Exemplifikationen musikalischer Ereignisse, die in der erzählten Geschichte eine Rolle spielen (vgl. Leon und Bartoli 2012). Einen Sonderfall bieten Christian Scholz und Urs Engeler mit ihrer doppelmedialen Anthologie (Scholz und Engeler 2002, Buch und CD) zur Geschichte und Ästhetik der Klangpoesie, in der sich akustische Beispiele, Deskriptionen, Kommentare und Notationsformen lautlich-akustischer Dichtung zum ästhetisch eigenwertigen Ensemble arrangiert finden – als mediales Doppel zugleich Präsentation und historisch-reflexive Kontextualisierung akustischer Poesie. Metaisierenden Charakter hat auch eine von Hans Peter Kuhn und Hanns Zischler produzierte CD-Text-Kombination, die unter dem Titel *You Can't Judge a*

Book by it's Cover (Kuhn und Zischler 1995) Stimmen verschiedener Theoretiker der Stimme versammelt, deren Äußerungen über die Stimme in diesem Arrangement selbst zu Klangereignissen werden.

Tonträger- und Literaturverzeichnis

1. Tonträger mit Lautdichtungen und akustischer Literatur (Auswahl)

Ammer, Andreas, und FM Einheit. *Deutsche Krieger*. Tonträgeroper. Teil 1–2: BR 1995; Teil 3: Eigenproduktion 1997 (2007).

Jandl, Ernst. *das röcheln der mona lisa*. BR, HR, NDR 1970, zugl. auf: Ernst Jandl. *13 radiophone texte & das röcheln der mona lisa* (2002).

Kriwet, Ferdinand. *Apollo Amerika. Hörtext 6*. WDR, BR, SWF 1969, zugl. auf: Ferdinand Kriwet. *Hörtexte*. Berlin 2007.

Kriwet, Ferdinand. *Voice of America. Manifestationen I + II*. Hörtext 7. WDR, SWF 1970, zugl. auf: Ferdinand Kriwet. *Hörtexte*. Berlin 2007.

Leon, Donna. *Tiere und Töne. Auf Spurensuche in Händels Opern*. Buch mit CD. Zürich 2010.

Leon, Donna, und Cecilia Bartoli. *Mission/Himmlische Juwelen*. Buch mit CD. Zürich 2012.

Meinecke, Thomas, und Move D. *Tomboy*. BR 1998.

Mon, Franz. *Artikulationen 1964*. Kopie, Spulentonband. Frankfurt am Main 1964.

Mon, Franz. *bringen um zu kommen*. Stereo-Hörspiel. WDR 1970.

Schwitters, Kurt. *Ursonate – Original Performance by Kurt Schwitters*. Wergo WER 6304-2. CD. Mainz 1993.

Wolf, Ror. *Auf der Suche nach Doktor Q*. Hörspiel-Trilogie. Frankfurt am Main 1976.

Wolf, Ror. *Schwierigkeiten beim Umschalten*. Radio-Collage. HR 1976.

2. Druckmediale Dokumentationen von Lautpoesie und akustischer Literatur (Auswahl)

Arp, Hans. „Die gestiefelten Sterne". *Gesammelte Gedichte I. Gedichte 1903–1939*. Zürich 1963.

Bayer, Konrad. *Gesammelte Werke*. Hrsg. von Gerhard Rühm. Wien 1996.

Claus, Carlfriedrich. *Erwachen am Augenblick. Sprachblätter*. Mit den theoretischen Texten von Carlfriedrich Claus und einem kommentierten Werkverzeichnis bearbeitet von Klaus Werner. Hrsg. von den Städtischen Museen Karl-Marx-Stadt und dem Westfälischen Landesmuseum für Kunst und Kulturgeschichte Münster, Landschaftsverband Westfalen-Lippe. Münsterschwarzach 1990.

Jandl, Ernst. *Das Öffnen und Schließen des Mundes. Frankfurter Poetikvorlesungen*. Darmstadt und Neuwied 1985.

Jandl, Ernst. *das röcheln der mona lisa. gedichte, szenen, prosa*. Berlin 1990.

Jandl, Ernst. *Gesammelte Werke 1–3*. Hrsg. von Klaus Siblewski. Frankfurt am Main 1990.

Kelly, Robert, und Schuldt. *Schallgeschwister. Unquell the Dawn Now*. Göttingen 1988.

Kelly, Robert. *A Strange Market*. Bd. 1. Santa Rosa 1992.

Mon, Franz. *Gesammelte Texte*. Bd. 1. Berlin 1994.

Mon, Franz. *Gesammelte Texte*. Bd. 2. Berlin 1995.

Mon, Franz. *Gesammelte Texte*. Bd. 4. Berlin 1997.

Rühm, Gerhard. *botschaft an die zukunft. gesammelte sprechtexte*. Reinbek 1988.

3. Zitierte und erwähnte Literatur
Adler, Jeremy, und Ulrich Ernst. *Text als Figur. Visuelle Poesie von der Antike bis zur Moderne.* Weinheim 1987.
Albrecht, Jörg. *Abbrüche. Performanz und Poetik in Prosa und Hörspiel 1965–2002.* Göttingen 2014.
Baumert, Christian. *Carlfriedrich Claus. Betrachtungen zur Work-Box.* Leipzig 2009.
Bayer, Konrad. „argumentation vor der bewusstseinsschwelle". *Konrad Bayer. Gesammelte Werke.* Hrsg. von Gerhard Rühm. Wien 1996: 459.
Bayer, Konrad. „der vogel singt". *Gesammelte Werke.* Hrsg. von Gerhard Rühm. Wien 1996: 496–519.
Bayer, Konrad, und Oswald Wiener. „Mathematische Reihenbildungen und Notizen zu ‚der vogel singt' 1958". *Der literarische Einfall. Über das Entstehen von Texten.* Hrsg. von Bernhard Fetz und Klaus Kastberger. Wien 1998: 144.
Claus, Carlfriedrich. *Notizen zwischen der experimentellen Arbeit – zu ihr.* Zuerst hrsg. von der Staatlichen Kunsthalle Baden-Baden, Frankfurt am Main 1964, wiederabgeDr. *Erwachen am Augenblick. Sprachblätter mit theoretischen Texten von Carlfriedrich Claus und einem kommentierten Werkverzeichnis.* Bearb. von Klaus Werner. Münster 1990: 91–122.
Cobbing, Bob. „konkrete lautdichtung 1950–1970". *konkrete poëzie – concrete poetry konkrete poesie – Ausstellungskatalog des Amsterdamer stedelijk museum.* Amsterdam 1971.
Derrida, Jacques. *Grammatologie.* Frankfurt am Main 1974.
Michael Erlhoff et. al. *zweitschrift 8 m.u.(z.i. e.k) 2.* Hannover 1981.
Fahlström, Öyvind. „Hätila ragulpr på fåtskliaben: Manifest för konkret poesi (1953)". *Odyssé* 3–4 (1954): o. P.
Fetz, Bernhard, und Klaus Kastberger (Hrsg.). *Der literarische Einfall. Über das Entstehen von Texten.* Wien 1998.
Grote, Michael. *Exerzitien. Experimente. Zur Akustischen Literatur von Carlfriedrich Claus.* Bielefeld 2009.
Heißenbüttel, Helmut. *Versuch über die Lautsonate von Kurt Schwitters.* Wiesbaden 1983.
Isou, Isidore. *Introduction à une nouvelle poésie et à une nouvelle musique.* Paris 1947.
Jandl, Ernst. *Aus der Fremde. Sprechoper in 7 Szenen.* Darmstadt und Neuwied 1980.
Jandl, Ernst. *Das Öffnen und Schließen des Mundes.* Darmstadt und Neuwied 1985.
Jandl, Ernst. *Gesammelte Werke.* Bd. 1–3. Hrsg. von Klaus Siblewski. Darmstadt und Neuwied 1985.
Kriwet, Ferdinand. *Apollo Amerika.* Frankfurt am Main 1969.
Lentz, Michael. „‚Musiksprechen'. Anmerkungen zu Josef Anton Riedls Lautgedichten". *MusikTexte* 61 (1995): 13–15.
Lentz, Michael. „Musik? Poesie? Eigentlich …". *Neue Zeitschrift für Musik* 2 (1996): 47–55.
Lentz, Michael. „Galerie der Lautpoeten". *Neue Zeitschrift für Musik* 5 (1998): 18.
Lentz, Michael. *Lautpoesie/-musik nach 1945.* Wien 2000.
Leroi-Gourhan, André. *Hand und Wort.* Frankfurt am Main 1984 [1964/1965].
Liede, Alfred. *Dichtung als Spiel. Studien zur Unsinnspoesie an den Grenzen der Sprache.* Bd. 1–2. Berlin 1963.
Meyer, Petra Maria. *Die Stimme und ihre Schrift. Die Graphophonie der akustischen Kunst.* Wien 1993.
Mon, Franz. *Gesammelte Texte.* Bd. 1. Berlin 1994.
Morgenstern, Christian. *Alle Galgenlieder* [1910]. Frankfurt am Main 1972.
Novalis. *Schriften.* Bd. 3. Hrsg. von Paul Kluckhohn und Richard H. Samuel. Stuttgart 1960.

Rasula, Jed, und Steve McCaffery (Hrsg.). *Imagining Language. An Anthology*. Cambridge, MA und London 1998.
Riha, Karl. „Die Sprache der Vögel. Lautgedichte und phonetische Poesie". *Prämoderne – Moderne – Postmoderne*. Frankfurt am Main 1995: 91–116.
Schaeffer, Pierre. *Musique concrète. Von den Pariser Anfängen um 1948 bis zur elektroakustischen Musik heute*. Stuttgart 1973.
Schmitthenner, Hansjörg. „Sprache im technischen Medium". *kolloquium poesie 68*. Hrsg. von Peter Weiermair et al. Innsbruck 1968: 73–77.
Schmitz-Emans, Monika. „Ernst Jandl". *Deutsche Dichter des 20. Jahrhunderts*. Hrsg. von Hartmut Steinecke. Berlin 1994: 676–689.
Schmitz-Emans, Monika. „Geschriebene Stimmen". *Zunge und Zeichen*. Hrsg. von Eva Kimminich und Claudia Krülls-Hepermann. Frankfurt am Main 2000: 115–150.
Schmitz-Emans, Monika. „Nach-Klänge und Ent-Faltungen. Hölderlins ‚Am Quell der Donau' und seine Schallgeschwister". *Multilinguale Literatur im 20. Jahrhundert*. Hrsg. von Manfred Schmeling und Monika Schmitz-Emans. Würzburg 2002: 69–95.
Schmitz-Emans, Monika. „‚Wer mit fremder Zunge spricht, ist ein Ornithologe und ein Vogel in einer Person' (Yoko Tawada). Vogelstimmen in Literatur und Musik der Moderne". *Literatur und Musik in der klassischen Moderne. Mediale Konzeptionen und intermediale Poetologien*. Hrsg. von Joachim Grage. Würzburg 2006: 61–86.
Schmitz-Emans, Monika. „Der Klang der Zauberformeln. Diskursive Verknüpfungen zwischen Magie, Sprache und Dichtung". *Faszinosum ‚Klang'. Anthropologie – Medialität – Kulturelle Praxis*. Hrsg. von Wolf Gerhard Schmidt. Berlin 2014: 325–348.
Scholz, Christian. „Anfänge der deutschen Lautpoesie". *Zeitschrift für Musik* 5 (1998): 12.
Scholz, Christian. „Zur Geschichte der Lautpoesie zwischen Sprache und Musik". *SprachTonArt*. Hrsg. von der Berliner Gesellschaft für Neue Musik. Berlin 1992: 63–82.
Scholz, Christian, und Urs Engeler (Hrsg.). *Fümms bö wö tää zää Uu. Stimmen und Klänge der Lautpoesie*. Basel, Weil am Rhein und Wien 2002.

2.5. Akustische Notationssysteme
Michael Bartel

Eine systematische Darstellung von akustischen Notationssystemen – also die Fixierung von gesprochener Sprache, Geräuschen und Musik mittels unterschiedlicher Zeichensysteme für die philologische Forschung – basiert auf der Analyse der dabei stattfindenden Gattungs- und Medienwechsel (vgl. Bohnenkamp-Renken 2013) sowie der damit zusammenhängenden Transkriptionsprozesse (vgl. Jäger 2014). Eine literarische Vorlage, die als Lesung, Hörbuch oder Hörspiel inszeniert werden soll, erfährt eine Reihe von Texteingriffen, die sich stark voneinander unterscheiden und vom gewünschten Endprodukt abhängig sind. So mag es bei einer Lesung genügen, die literarische Vorlage zu kürzen. Eine Inszenierung desselben Textes als Hörspiel erfordert jedoch gegebenenfalls umfangreiche Eingriffe: Der Handlungsverlauf wird – vergleichbar mit einem Bühnenstück – dramatisiert, auf die Figurenrede fokussiert, gekürzt, umgestellt, auf mehrere Sprecherinnen und Sprecher verteilt sowie mithilfe akustischer Gestaltungsmittel inszeniert.

Bereits am Beginn der Geschichte des Hörbuchs respektive des Hörspiels steht die Beobachtung Alfred Döblins: „Man kann keine Romane im Rundfunk vorlesen, und man kann keine Dramen im Rundfunk aufführen" (Döblin 1989, 259). Indem Döblin darauf aufmerksam macht, dass sich Romane, Erzählungen und Dramen nicht eins zu eins in das Medium Rundfunk übertragen lassen, betont er die Differenz zwischen schriftlicher und akustischer Verbreitung. Damit formuliert er in den Anfangsjahren des Rundfunks ein Desiderat, für das aus philologischer Perspektive bis heute keine zufriedenstellende Lösung gefunden wurde: Die Transformation eines schriftsprachlichen Zeichensystems (Manuskript inkl. Regieanweisungen) in eine akustische Verkörperung eines im Tonstudio produzierten Hörstücks. Die Gründe sieht der Autor von *Berlin Alexanderplatz* (1929) – ein Roman der durch seinen montagehaften Aufbau geradezu prädestiniert ist für eine radiophone Umsetzung – darin, dass es sich um zwei unterschiedliche Kunstformen handelt. Sowohl der Vortrag beziehungsweise die Lesung eines Romans als auch die dramatisierte Inszenierung eines Theaterstücks als Hörspiel bedürfen einer „Formveränderung" (Döblin 1989, 254). Sie gehören jeweils anderen Kunstgattungen und Funktionslogiken an: „der Sprechkunst oder der Gesangskunst" (Döblin 1989, 257).

1. Hörbuch und Hörspiel

Insgesamt lassen sich vier Hauptformate für die akustische Bearbeitung von Literatur unterscheiden: Dokumentation, Lesung, Hörspiel und Feature (vgl. Rühr 2012, 19). Zusammenfassend suggerieren alle Bezeichnungen, dass am Beginn ihrer Produktion eine schriftliche, wenn nicht gar eine literarische Vorlage steht. Die Dokumentation umfasst die akustische Aufzeichnung von geschichtlichen Ereignissen oder Personen mittels Speichermedien und hat vor allem historischen Wert. Die wortbasierte Lesung einer literarischen Vorlage vor Publikum oder die Aufzeichnung in einem Tonstudio werden meist unter dem Begriff ‚Hörbuch' zusammengefasst (vgl. Binczek und Epping-Jäger 2014). Das Hörspiel mit mehreren handelnden Akteuren, verteilten Sprecherrollen, Geräuschkulissen und Musikeinspielungen galt lange als die originäre Kunstform des Rundfunks (vgl. Krug 2003, 17). Es lässt sich nicht immer vom journalistischen Feature abgrenzen (vgl. Haller 2006, 86). Des Weiteren suggeriert der Begriff ‚Hörbuch' eine thematische Nähe zur Literatur: Bücher zum Hören (vgl. Rühr 2016). Dabei gilt es, den Trugschluss zu vermeiden, das gedruckte Buch sei ein visuelles und das Hörbuch ein akustisches Medium. Denn jedes Lesen von Schrift wird von einem Quasihören, einer stumm-stimmlichen Lautformulierung der Sprache begleitet: dass ‚s-c-h' als ‚sch' gesprochen wird, folgt nicht allein bestimmten lautlichen Regeln. „Lesen heißt, mit der eigenen Stimme und in der eigenen Sprache fremde Stimmen zu simulieren und sie innerlich vernehmbar *oder* äußerlich hörbar zu machen" (Lehmann 2012, 4). Es geht bei der Unterscheidung zwischen Buch und Hörbuch also nicht um die Differenz zwischen einem visuellen und einem akustischen Medium, sondern um die Differenz von artikulierter und nichtartikulierter Stimme sowie um die Wahrnehmung von eigener und fremder Stimme: Sie „wird in ihrer medialen Inszenierung [...] zum wesentlichen Element der ästhetisch-medialen Potenziale des Hörbuchs" (Hachenberg 2004, 30). Damit werden die prosodischen Qualitäten der Stimme herausgestellt und somit wird eine notwendige und spezifische Leistung von akustischen Notationssystemen benannt, die es im Folgenden detailliert zu beschreiben gilt. Erstmals wurde der Begriff ‚Hörbuch' 1954 als Bezeichnung für Tonträger für Blinde verwendet. 1987 führte die Deutsche Grammophon den Begriff als Produktbezeichnung ein (vgl. Rühr 2012, 14). Der Hörverlag macht ihn 2006 zum Oberbegriff für die Gattungen Hörspiel, Lesung und Feature.

1.1. Das Feature als Sonderfall

Das Feature nimmt in dieser Zusammenstellung eine Sonderrolle ein (vgl. 4.16. ÄCHTLER). Als nichtfiktionale Darstellungsform verbindet das Rundfunkfeature Elemente des Hörspiels, der journalistischen Dokumentation sowie der Reportage. Die Nähe zum Hörspiel hat zwei Gründe: Erstens hat sich das Feature ab den 1940er Jahren parallel zum Hörspiel entwickelt. Die Entstehungsgeschichte des Features lässt sich bis in das Jahr 1929 zurückverfolgen, als bei der British Broadcasting Corporation (BBC) in Großbritannien eine ‚Research Section' gegründet wurde, die neue Radioformen experimentell erproben sollte – sowohl das fiktionale Hörspiel als auch die bekannten journalistischen Darstellungsformen. Dazu gehörte unter anderem der Einsatz von Originaltonaufnahmen (vgl. Conley 2012, 16–17). 1945 wurde eine eigenständige Featureabteilung geschaffen, die unter der Leitung des Autors Laurence Gilliam die neue Hörfunkgattung als „a new instrument of knowledge and art" definierte (Gilliam 1947, 103). Nach dem Ende des Zweiten Weltkriegs kam mit der britischen Besatzungspolitik auch das Feature nach Deutschland. Alfred Andersch, einer der wichtigsten Protagonisten des Features in Deutschland, charakterisierte es in seiner Funktion als Leiter des Abendstudios des Hessischen Rundfunks (HR) als „Montage-Kunst par excellence" (Andersch 1953, 95). Diese Definition war so unspezifisch, dass auch jedes Originalton-Hörspiel darunter subsumiert werden konnte.

Zweitens setzte auch das Feature auf eine dramaturgische Gestaltung seines Stoffes und eine bildhafte Sprache – und kann demnach mit Kurt Fischer als eine „dem Hörspiel wesensverwandte Kunstform" verstanden werden (Fischer 1964, 90): Dokumentarische Sachverhalte werden narrativ zugespitzt und mit Originalton-Zitaten in Szene gesetzt. Das Feature ist wie das Hörspiel eine erzählende Form, bei der jedoch die Schilderung von Tatsachen überwiegt und fiktionale Elemente keine autonome Geltung erlangen. Vereinfacht ließe sich festhalten, dass sich das Feature zum Hörspiel verhält wie der Dokumentar- zum Spielfilm, wobei die Grenzen zwischen Tatsachenbericht und Fiktion fließend sein können (vgl. Conley 2012, 17).

1.2. Akustische (Aufzeichnungs-)Medien und ihre Dispositive

Betrachtet man die Geschichte der akustischen Aufzeichnungsmedien, wird deutlich, dass insbesondere der Begriff ‚Hörbuch' irreführend ist und nicht exklusiv für literarische Inhalte reserviert werden kann, da sich diese nicht allein auf literarische Buchvorlagen zurückführen lassen. Bereits der 1877 von Thomas A. Edison präsentierte Phonograph machte es möglich, akustische Nachrichten auf einer mit Stanniolpapier überzogenen Wachswalze zu speichern und wiederzugeben. Die begrenzte Aufzeichnungsdauer von lediglich zwei Minuten erlaubte nur das Speichern von kurzen Reden oder kabarettistischen Beiträgen. Dabei orientierten sich die Inhalte an den medialen Möglichkeiten der Aufzeichnung – in diesem Fall der begrenzten Aufnahmedauer (vgl. Rühr 2012, 14–16). Die im Juli 1929 eingeführte Wachsplatte erlaubte in der Frühzeit des Radios bereits einen nichtlinearen Schnitt mit einfachsten Mitteln. Insbesondere bei Sportübertragungen – den sogenannten Stochersendungen – kam dieses Verfahren zum Einsatz. Dazu wurde bei vor Ort aufgezeichneten Aufnahmen der Tonabnehmerstichel an beliebiger Stelle auf- und abgesetzt und damit ein Schnittverfahren simuliert, wie es sich im eigentlichen Wortsinne erst später bei den Draht- und Magnetspeichern etablieren konnte (vgl. Meißner 2005, 177–178).

Bei Hörspielproduktionen für den öffentlich-rechtlichen Rundfunk lässt sich demgegenüber ein anderes Abhängigkeitsverhältnis beobachten, das ebenfalls medial begründet ist: Durch das vorgegebene Sendeschema mit Nachrichtenblöcken zu jeder vollen Stunde sind radiophone Produktionen in der Regel circa 53 bis 55 Minuten lang. Dieses Abhängigkeitsverhältnis hat jedoch nichts mit der Kapazität der Speichermedien zu tun, sondern ist den redaktionellen Produktionsbedingungen geschuldet. Seit dem Aufkommen der Audiokassette sind kontinuierliche Aufnahmen mit einer Länge von 46 bis maximal 180 Minuten möglich. Darüber hinaus haben sich Hörspielmacher wie Heiner Goebbels, Andreas Ammer oder FM Einheit mit ihren Arbeiten vom Rundfunk als Produktionsstätte emanzipiert. Das Hörspiel wird zur Medienkunst, es wird außerhalb des Rundfunks produziert und aufgeführt. Es ist „eine hybride, intermediale, teils multimediale Form geworden, die interaktive Möglichkeiten auslotet und auf ganz unterschiedliche Weise experimentiert: mit dem Live-Prinzip, mit interaktiven Internet-Installationen, mit Hörspielen auf Basis von Improvisationen, mit Formen der ‚Musikalisierung des Hörspiels'" (Schneider 2003, 9).

Akustische Notationssysteme müssen diese gattungs- und medienspezifischen Brüche von akustischer Literatur antizipieren. Eine Möglichkeit dies zu leisten, ist der Nachvollzug aller Bearbeitungsschritte, die ein Hörbuch von der Idee bis zum fertigen Produkt und deren Vermarktung erfährt.

2. Manuskript – Typoskript

Die ersten deutschsprachigen Debatten über den Sinn und Zweck von Notationssystemen für Hörspiele wurden in den 1960er Jahren im öffentlich-rechtlichen Rundfunk durch die Akteure der Hörspielregie geführt (vgl. Bender und Höllerer 1969); eine breite und akademisch-institutionell verankerte Auseinandersetzung mit dem Thema setzte zu Beginn der 1980er Jahre ein (vgl. z. B. Döhl 1982b). Bis heute – soviel kann vorweggenommen werden – hat sich ein einheitlicher und funktionaler Einsatz von Notationssystemen weder in der Praxis noch in der Wissenschaft etablieren können. Die Gründe dafür liegen in der Hörspielgeschichte.

2.1. Manuskript: die Autor-Perspektive

Theoretischer und poetologischer Ausgangspunkt blieb zunächst das traditionelle, literarische Hörbuch, das im Dritten Reich als weitere, zusätzliche literarische Gattung verstanden wurde (vgl. Wessels 1985, 371–373). Die medialen Bedingungen des Hörspiels – wie im vorangegangenen Kapitel skizziert – blieben theoretisch unterbelichtet. Bis in die 1950er Jahre sollte dieses Verständnis des Hörspiels vorherrschend sein; es wurde maßgeblich durch den Leiter des Hörspielstudios des Norddeutschen Rundfunks (NDR), Heinz Schwitzke, gefördert. Sein Buch *Das Hörspiel. Dramaturgie und Geschichte* wurde zum Standardwerk. Im Zentrum steht der Dichter und mit ihm der (Lese-)Text als die eigentliche künstlerische Leistung. Die Arbeit von Regie und Tontechnik wird als akustisches Einrichten eines literarischen Textes abgewertet oder ignoriert. Auch die Sprecherinnen und Sprecher gelten als Mitwirkende, aber nicht als eigenständige und eigenwillige künstlerische Akteure. Demnach haben „reale Geräusche, realistischer Zeitstück- oder Reportagecharakter, reale Sachbezüge, wie sie das Feature ausmachen [...], für diese Gattung keine Bedeutung" (Schwitzke 1963, 77). Die Institution Rundfunk mit all ihren Medien und Dispositiven tritt bei Schwitzke nicht in Erscheinung, die technische Herkunft eines Hörspiels wird verleugnet. Schwitzke plädiert dafür, Geräusche und Musik im Hörspiel sparsam einzusetzen, damit sie vom Rezipienten im besten Fall nicht aktiv wahrgenommen werden – die sogenannte Atmo (vgl. Conley 2012, 131) diene in diesem Kontext allein der räumlichen und zeitlichen Orientierung. Somit gab es auch keine Notwendigkeit, sich über die Notation von akustischen Stilelementen Gedanken zu machen.

In dieser Perspektive definiert sich der ästhetische Wert eines Hörbuches hauptsächlich über das von einem Autor verfertigte Manuskript. Im traditionellen Hörspiel steht das „*Autormanuskript*, also das Manuskript, das der Autor der Dramaturgie einreicht" (Döhl 1982a, 504) am Beginn einer Prozesskette, die sich aus drei voneinander getrennten Instanzen denken lässt: Autor – Dramaturgie – Regie. Die akustische Realisation, die schließlich zur Sendung kommt, ist der schriftlichen Vorlage untergeordnet. Dementsprechend hoch ist in diesen Fällen der Wiedererkennungseffekt zwischen Manuskript und Realisation (vgl. Schmedes 2002, 118). Oder anders formuliert: Hier kann das Autormanuskript tatsächlich für die Erkundung des Autorwillens mit Blick auf die abschließende akustische Realisation herangezogen werden (vgl. Döhl 1982a, 504).

2.2. Manuskriptvarianten: Schnitt- und Sendepläne

Als Friedrich Knilli 1961 seine theoretische Studie *Das Hörspiel. Mittel und Möglichkeiten eines totalen Schallspiels* veröffentlichte, wird diese Produktionskette des traditionellen Hörspiels aufgebrochen und devianter: „Das literarische Hörspiel ist heute als Modell eindeutig erschöpft" (Knilli 1970, 44). Damit wurde im Schatten des weiterhin populären literarischen Hörspiels eine Entwicklung angestoßen, die schließlich in den programmatischen Äußerungen und Produktionen des ‚Neuen Hörspiels' münden sollte und damit einen entscheidenden Impuls für die Weiterentwicklung des deutschen Hörspiels lieferte – das Dispositiv Hörbuch beginnt sich zu wandeln (vgl. Pinto 2012, 170). Das Neue Hörspiel, das beim Publikum nie die Popularität des traditionellen erreichen wird, bricht konsequent mit seiner literarischen Herkunft und versucht, sich auf seine verschütteten Vorbilder zu berufen: *Die Zauberei auf dem Sender* (1924) von Hans Flesch, die experimentelle Kunst Walter Ruttmanns, die Lautmalerei Kurt Schwitters' und die *musique concrete* Pierre Schaeffers (vgl. Krug 2003, 69). Dadurch hat sich das Verständnis, wie ein Hörspiel zu klingen habe, wie es zu produzieren sei und welche Wirkungen es bei den Rezipienten hervorrufen solle, grundlegend gewandelt – und damit auch die Anforderungen, die an ein akustisches Notationssystem zu stellen sind.

Das Neue Hörspiel definiert sich vor allem programmatisch. Die Fülle der theoretischen (schriftlichen) Texte, die die Einführung des Neuen Hörspiels begründeten und begleiteten, ist beträchtlich. Im Mittelpunkt der Auseinandersetzung stehen Akustik, Klang, Schnitt, Blende, Montage und Materialität der Sprache. War zuvor das künstlerische Wort des Autors das Zentrum der Hörspielproduktion, sind es jetzt die technischen Möglichkeiten der seit den 1960er Jahren immer leichter und billiger gewordenen Tonbandtechnik. Das Hörspiel wird Experiment. Besonders deutlich wird dies mit dem 1969 ausgestrahlten – nur 15-minütigen Hörspiel – *Fünf Mann Menschen* von Ernst Jandl und Friederike Mayröcker (1968). Die semantische Bedeutung des Wortes ist in diesem Hörspiel sekundär, der Reiz besteht im Spiel mit unterschiedlichen Stereo- und Raumeffekten. Es gibt bei der Stereoaufnahme fünf Positionen, die hörbar gemacht werden: rechts, halbrechts, mittig, halblinks, links. Ein Manuskript mit Fokus auf der Semantik ist hier nicht zielführend. Neue Manuskriptformen sind notwendig, Schnitt- und Sendepläne werden erprobt. Doch deren konkrete Ausgestaltung bleibt vage. Ein erneuter Blick in die Hörspielgeschichte macht deutlich, dass wir es hier mit einem durchaus neuen Phänomen zu tun haben.

Anders als im Film gab es in der Rundfunktechnik in den Anfangsjahren keine technischen Aufzeichnungs- und damit Speichermedien, die eine nachträgliche Bearbeitung des Tonmaterials möglich gemacht hätten. Die ersten Tonbandgeräte verbreiteten sich erst ab den 1950er Jahren. Deswegen wurden die frühen Hörspiele, die live vor dem Mikrophon aufgeführt und gesendet wurden, auch als ‚Sendespiele' bezeichnet. Das Übereinanderschichten und Mischen von Klangwellen war in den Sendespielen zwar möglich, jedoch nur in Echtzeit und direkt vor dem Mikrophon. Sendespiele wurden durchaus auch auf Schallplatten aufgezeichnet, akustische Bearbeitungen im Nachhinein – wie Schnitt oder Montage – waren jedoch unbekannt. Eine Ausnahme bildet die Hörspielsymphonie *Hallo! Hier Welle Erdball*! (1928) von Friedrich Bischoff, dem damaligen Intendanten des Schlesischen Rundfunks, und dem Ton-Film-Pionier Walter Ruttmann. Durch den Einsatz des Licht-Ton-Aufzeichnungsverfahrens (Tri-Ergon), das eigentlich dem Film entstammt, waren sowohl Auf- und Abblenden als auch Montage- und Mischprozesse realisierbar. Das Hörstück, das als ‚akustischer Film' für eine Vorführung vor der Reichs-Rundfunk-Gesellschaft produziert wurde, sollte die Notwendigkeit der wissenschaftlichen und wirtschaftlichen Förderung der Entwicklung von akustischen Aufzeichnungsverfahren demonstrieren (vgl. Ernst 1956, 19–20). Doch ähnlich wie *Zauberei auf dem Sender* geriet auch dieses frühe Hörspiel für Jahrzehnte in Vergessenheit.

Als ein erstes Zwischenfazit lässt sich damit an dieser Stelle festhalten: Die Frage nach akustischen Notationsprozessen lässt sich bereits auf die Frühzeit des Hörspiels datieren, auch wenn sie erst später virulent wird und konkrete Bemühungen und Versuche der Umsetzung nach sich zieht. Denn mit der Öffnung des Neuen Hörspiels zu Musik, Geräusch und Akustik werden Hörspielautoren, Dramaturginnen, Regisseure, Tonmeisterinnen und Techniker vor neue Herausforderungen gestellt: Wie lassen sich Schnitte, (Kreuz-)Blenden und weitergehende Montagemöglichkeiten in einem Manuskript darstellen? Neue Textformen werden erprobt und etablieren sich: Schnitt- und Mischpläne halten Einzug in das Tonstudio, ermöglichen und fixieren künstlerische Entscheidungsprozesse zwischen Dramaturgie, Regie und Tontechnik. Dazu gehören außerdem verschiedene Manuskriptvarianten, die den jeweiligen Stand im Ablauf der Produktionskette widerspiegeln und über ein Autormanuskript weit hinausgehen können. In der Dramaturgie erfährt ein eingereichtes Autormanuskript zunächst eine Umwandlung in ein maschinenschriftliches Typoskript, das einem senderabhängigen standardisierten Seitenlayout folgt, sowie mehr oder weniger umfangreiche Um- und Überarbeitungen, an deren Ende das sogenannte Produktionsmanuskript steht. Es bildet die Grundlage für das akustische Einrichten im Tonstudio (vgl. Döhl 1982a, 504). Dieses Produktionsmanuskript (oder auch Arbeitskopie) kann während der Realisation weitere Veränderungen erfahren, die vor allem durch die zahlreichen beteiligten Akteure im Produktionsmanuskript notiert werden. Dazu gehören – in Anlehnung an eine Klassifikation von Reinhard Döhl – das „Regiemanuskript", die „Sprechermanuskripte" sowie die „Manuskripte technischer Mitarbeiter" (Döhl 1982a, 505). Diese Manuskriptvarianten stellen ein *work in progress* dar, sind Arbeitsgrundlage im Tonstudio und erfahren permanent Veränderungen. In ihnen finden sich (handschriftliche) Notizen, Streichungen, Markierungen und höchst individuelle Symbolsysteme (vgl. Schrödl und Lantin 2016, 219), die den unterschiedlichen Akteuren den Umgang mit der jeweiligen Manuskriptvariante erleichtern sollen. All diesen Varianten ist gemein, dass sie einem *statu nascendi*, also einen Prozess, widerspiegeln. Ein Vergleich dieser Manuskriptvarianten mit dem gesendeten Hörspiel kann Aufschluss über die individuelle Genese des Hörspiels geben: Welche Akteure Einfluss auf den Produktionsprozess genommen haben und wer für konkrete Entscheidungen verantwortlich ist. Erst am Ende steht das *Sendemanuskript*, „das dem Wortlaut der endgültigen Realisation, also der Sendung" (Döhl 1982a, 505), entsprechen soll.

2.3. Akustische Imprimatur: Sendemanuskript

Das Sendemanuskript ist mit einer Reihe von Epitexten ausgestattet, die für die Konzeption von Notationssystemen von elementarer Bedeutung sind. Über das Tonträgerverzeichnis der Rundfunk- und Verlagsarchive lassen sich – sofern vorhanden – Sendetitel, Autorennamen und Regisseure recherchieren. Zusätzlich zum Sendemanuskript werden neben der Sendung auf Tonband im sogenannten Kassettenkasten noch der Freigabeschein oder eine Titelkartei beziehungsweise ein Bandaufkleber archiviert. Dieser – je nach Sendeanstalt standardisierte – Bandaufkleber verfügt über eine Reihe von markierbaren Freifeldern. Darunter auch das Feld ‚sendefertig', das paratextuell Auskunft über den Status der vorliegenden Sendung gibt: Handelt es sich um das final abgemischte und gesendete Hörspiel oder eben nicht? Genauso gut kann ein entsprechend beiliegender Freigabeschein diese Funktion übernehmen (vgl. Conley 2012, 21). Die archivalische Bezeichnung und konkrete Archivierungspraxis können sich bei den unterschiedlichen Sendeanstalten und Verlagen unterscheiden – die grundlegende Vorgehensweise dürfte jedoch überall ähnlich sein. Somit kommt dem Sendemanuskript ein besonderer Status zu, es hat eine andere Qualität als die ihm vorausgehenden Manuskriptvarianten. Gemeinsam mit den beschriebenen Para- und Epitexten ist das Sendemanuskript im Kassettenkasten vergleichbar mit einem per Imprimatur freigegebenen Buchmanuskript und damit für eine hörspielphilologische Forschung von spezifischem Interesse. Dies gilt insbesondere dann, wenn Sendungen nicht mehr auffindbar sind oder zerstört wurden.

Wie bereits gezeigt, wäre es jedoch verfehlt, wenn sich das hörspielphilologische Interesse allein auf die „Individualität des Autors" (Boeckh 2010, 142) und ausschließlich auf das Sendemanuskript fokussierte. Das Netzwerk der beteiligten Akteure ist um ein Vielfaches größer, die Abhängigkeit von einer aufwändigen Studiotechnik, inklusive geschultem Personal, spätestens seit den 1960er Jahren evident.

Deswegen nehmen im Rahmen einer hier zu entwickelnden und in den folgenden Abschnitten auszubuchstabierenden Theorie akustischer Notationssysteme die dem Sendemanuskript vorausgehenden Manuskripte einen nicht weniger wichtigen Status ein. Im Kontext von Hörspielproduktionen spiegeln diese ‚Arbeitskopien' jene Besonderheiten wider, die durch klassische philologische Ansätze, bei denen das Buchmanuskript im Fokus steht, nicht abgedeckt werden. Deswegen werden alle Manuskriptvarianten, die keinen finalen Status haben, als *avant-texte* bezeichnet. Auf Basis eines solchen *avant-texte*-Apparats lassen sich Fragen in den Fokus rücken, die der spezifischen Produktionsweise eines Hörspiels besser gerecht werden. Wer beispielsweise ist Autor eines Hörspiels, wenn ein Teil der künstlerischen Entscheidungen nicht am Schreibtisch des Autors gefällt werden, sondern im Schnittraum oder wenn es – wie im Fall eines Originalton-Hörspiels – gar keine Manuskriptgrundlage mehr gibt? Hier können Schnitt- und Mischpläne eine wichtige hörspielphilologische Quelle darstellen. Franz Mon, einer der Protagonisten des Neuen Hörspiels, wies immer wieder darauf hin, dass die Funktion des Autors erweitert werden müsse. Denn gerade die „Kompliziertheit der Apparate" im Schneideraum verlange die „Anwesenheit von Spezialisten", die die Ideen eines Autors oder einer literarischen Vorlage technisch realisierten (Mon 1982, 92). Damit bezeugt Mon nicht nur, dass sich die technischen Möglichkeiten des Hörspielmachens erweitert haben, sondern dass diese Erweiterung auch mit einem Kompetenzverlust des Autors einhergeht. Die Handlungsmacht, die zuvor beim Autor lag, verteilt sich beim Neuen Hörspiel auf mehrere Akteure. Der Autor wird zum *bricoleur* in einem umfassenden Netzwerk von Spezialisten. Während Toningenieure im Tonstudio ihre notwendigen Werkzeuge zur Hand haben und zielgerichtet vorgehen können, muss der *bricoleur* improvisieren – mit Mitteln, die ihm merkwürdig erscheinen und in ihrer Funktion begrenzt sind (vgl. Lévi-Strauss 1968, 29). Dabei erschafft der *bricoleur* „nicht aus dem Nichts, sondern indem er auf ein Arsenal von schon Vorhandenem zurückgreift und dieses ‚umfunktioniert'" (Stierle 1971, 457). Dieser Produktionssituation müssen akustische Notationssysteme Rechnung tragen.

Wenn es um akustische Notationssysteme geht, ist auf einen weiteren Begriff hinzuweisen, der vor allem hörspielgeschichtlich relevant ist: die Partitur. Der Terminus als solcher ist schon früh belegt und wird von Reinhard Döhl im Sinne einer Hörspielphilologie fruchtbar gemacht. Damit wird erstmals die Frage nach akustischen Notationssystemen im akademischen Kontext gestellt. Es war Ernst Hardt, der 1929 auf der Kasseler Arbeitstagung *Dichtung und Rundfunk* „vom Wort als dem ‚Urelement der dramatischen Partitur'" sprach, so Döhl in einer Fußnote (Döhl 1982a, 504). Obwohl Klaus Schöning die Bezeichnung ‚Partituren' bereits 1969 für Hörspieltexte nutzte (vgl. Schöning 1969), möchte Döhl den Begriff erst im Kontext des Neuen Hörspiels als endgültig durchgesetzt verstanden wissen (vgl. Döhl 1982a, 504). Döhl knüpfte mit seinen Überlegungen zu einer Hörspielphilologie an den Begriff der Medien- und Filmphilologie an, den erstmals Klaus Kanzog 1980 auf dem Germanistentag in Basel diskutierte (vgl. Djordjevic 1991, 208). „Zentrale Frage [...] der Hörspielphilologie ist die Frage nach der verbindlichen Textgrundlage [sic!]" (Döhl 1982a, 503). Hiermit distanzierte sich Döhl von anderen zeitgenössischen Studien zum Hörspiel, denn bis dato ging die Forschung von den Lesefassungen aus, die in der Regel nach der Sendung des Hörspiels erstellt und über den Buchhandel vertrieben wurden. Dabei handelte es sich um Texte, die, Dramentexten vergleichbar, lediglich die verteilte Figurenrede und Regieanweisungen wiedergaben. Darüber hinausgehende Notationen zur akustischen Ausgestaltung des Hörstücks fehlten. Wenn möglich, wurde „die akustische Realisation, soweit sie als Schallplatte oder Mitschnitt [...] bequem zugänglich war", hinzugezogen und mit dem Manuskript verglichen – dies aber „war bereits [...] die Ausnahme" (Döhl 1982a, 503).

Die grundlegende Forderung lautet demnach, die unterschiedlichen Wege, die ein Manuskript vom Schreibtisch des Autors zum Mischpult des Regieraums zurücklegen kann, ernst zu nehmen und detailliert zu rekonstruieren – beginnend mit der Sicherung der Sendedaten: Datum, Uhrzeit und Dauer der Sendung, Nennung aller beteiligten Akteure, der Aufnahmetechnik sowie der Signatur, unter der der Mitschnitt der Sendung im Archiv abgelegt wurde (vgl. Döhl 1982a, 502). Auch dieser Aspekt kann im Sinne der Schreibprozessforschung als *avanttexte* bezeichnet und nachgezeichnet werden. Anschließend ist eine Renotation des tatsächlich ausgestrahlten oder veröffentlichten Hörspiels im Sinne eines Realisationsprotokolls anzufertigen. Dabei sollen sämtliche materiellen Elemente erfasst und gleichzeitig die denotativen und konnotativen Ebenen auseinandergehalten werden. Dies sind Döhl zufolge die Grundlagen für eine Praxis philologischer Hörspielforschung (vgl. Döhl 1982a, 510). Einen konkreten Vorschlag für die Umsetzung dieser Forderung unternimmt Döhl jedoch nicht.

3. Produktionsästhetischer Notationsbegriff: audioliterales Schreiben

Zusammenfassend kann das bisher Gesagte wie folgt festgehalten werden: In Hörbüchern werden keine Bücher zu Gehör gebracht, sondern mediale Varianten, „die [...] aus ihrer vorgängig-skripturalen paratextuellen Umgebung herausgelöst [wurden]" (Jäger 2014, 237). Das wird bereits daran deutlich, dass die Integrität der literarischen Vorlagen durch Streichungen, Kürzungen und Umstellungen in ihrer Substanz verändert wird. Die unterschiedlichen Manuskriptvarianten legen jeweils Zeugnis davon ab. Der Autor einer (literarischen) Manuskriptvorlage ist nur ein Akteur unter vielen in einer Prozesskette, die zur Entstehung eines Hörbuchs führt. Das mediale Dispositiv des Hörbuchs schiebt sich dabei „zwischen den Ausgangstext und den Hörer" und bringt „etwas kategorial Anderes zu Gehör" als der skripturale Text der Vorlage, „der in dem Dispositiv verarbeitet" wird (Jäger 2014, 241). Ludwig Jäger beschreibt diesen Prozess theoretisch als ‚Transkription' und macht damit deutlich, dass bei der Produktion von akustischer Literatur eben „nicht einfach die ‚Übertragung' eines ‚Inhalts' aus einem Medium in ein anderes" vollzogen wird (Jäger 2013, 79), sondern dass der ‚Text' im „Zuge dieser medialen Bewegung auch seine Identität verändert" (Jäger 2014, 241). Das Dispositiv Hörbuch ist streng an seine technischen Medien und deren Leistung (Aufzeichnung, Speicherung, Distribution) gebunden. Mit einem neutralen Medienwechsel lässt sich dieses Dispositiv nicht theoretisch ausreichend beschreiben. „Hörbücher konstituieren insofern in der Spannung zwischen der Skripturalität der Ausgangstexte und dem Audio-Status, in den sie transkribiert werden, eine genuine (neue) Gattung von ‚Texten', die audioliteral genannt werden können" (Jäger 2014, 237).

Für akustische Notationssysteme bedeutet das, dass diese Transkriptionsprozesse von einem skripturalen Ausgangstext hin zum audioliteralen Status eines Hörbuchs oder Hörspiels nachgezeichnet werden müssen. Methodisch lassen sich die hierbei ablaufenden Prozesse mithilfe der Schreibprozessforschung in der Nachfolge von Almuth Grésillon und der von ihr maßgeblich formulierten *critique génétique* fassen (vgl. Grésillon 1999). Ausgangspunkt sind hierbei die Überlegungen von Roland Barthes sowie Michel Foucaults, die im Anschluss an die Diskussion zum Tod des Autors zu einer Verschiebung des editionsphilologischen Erkenntnisinteresses geführt haben: „weg von der historischen Person des Autors und hin zu den von ihm eingesetzten Strategien der Textkonstitution, wie sie sich in seinen Werken niederschlagen" (Landfester 2013, 11). Damit setzt sich die *critique génétique* einerseits von der traditionellen Editionsphilologie ab, die danach fragt, wie sich überlieferte Materialien eines Textes edieren, also final einer Öffentlichkeit zugänglich machen lassen. Andererseits distanziert sie sich von einer Hermeneutik, deren zentrales Interesse die Ideen eines Autors sind und wie sie sich in seinem Schreiben vergegenwärtigen. Stattdessen handelt es sich bei der *critique génétique* eher um eine „Spielart der Diskursanalyse" (Stingelin 2012, 287–288), die empirisch an einem konkreten Gegenstand die diversen Voraussetzungen und Zeugen der Textentstehung in einem „quasiarchäologischen Verfahren" auf die „Vielfalt der tatsächlich überprüfbaren Schreibprozesse" untersucht (Hay 2012, 133). Das heißt, das Schreiben steht nicht mehr metaphorisch für den kreativen Schaffensprozess im Sinne der *écriture*, sondern ist als Schreibprozess im Sinne der *scription* zu verstehen. Es geht nicht um das Schreiben aus der Perspektive der Semantik, Rhetorik oder Poetik, sondern um das Schreiben als ein körperlicher ‚Gestus' (vgl. Barthes 2006, 7–9).

An diesem Punkt anzuschließen, wäre ein gangbarer Weg für den Entwurf eines akustischen Notationssystems, das sowohl die vielfältigen medialen Ausdrucksweisen als auch die Handlungsmacht der beteiligten Akteure und damit deren künstlerischen Entscheidungen in den Blick nimmt. In der Perspektive der *critique génétique* zeigt sich die Literatur „nicht mehr als vollendete, geschlossene Form, sondern als unabschließbarer Akt der Produktion und Rezeption, als ständig in Bewegung bleibende *Performance*, in der Autor, Schreibprozesse, Textstufen, Medien und Lernprozesse untrennbar miteinander verwoben sind" (Grésillon 2010, 305). In ihr ist eben nicht der Text, der sich mit der Imprimatur an die Sphäre der Öffentlichkeit richtet, das Ziel des philologischen Bestrebens, sondern die vielfältigen Möglichkeiten und Eigendynamiken, die schließlich zur Genese einer Textfassung beziehungsweise der Veröffentlichung respektive Sendung eines Hörspiels geführt haben. Der *critique génétique* geht es um das Beziehungsgeflecht aus allen genetischen Dokumenten, die zur Druckfassung geführt haben. Grésillon bezeichnet diese Textstufen – egal, ob handschriftlich oder maschinenschriftlich – als *avant-texte*. Das können Entwürfe, Skizzen, Arbeitshandschriften, Stoffsammlungen, Gliederungen, Exzerpte oder korrigierte Druckfahnen sein; das Entscheidende an diesem *avant-texte*-Apparat ist die innere Dynamik zwischen den einzelnen Dokumenten(typen). Der methodische Anspruch der *critique génétique* zielt darauf ab, dass anhand von überlieferten Materialien etwas über den vorangegangenen Schreibprozess erfahren werden kann.

In eine ganz ähnliche Richtung zielt die historische Epistemologie, die von Hans-Jörg Rheinberger entfaltet wurde. Denn so wie Rheinberger das Labor als Wissensraum konzipiert, kann auch das Tonstudio verstanden werden; als ein Gefüge, das eine Vielfalt „primärverschrifteter Spuren" (Rheinberger 2012, 442) ermöglicht und lesbar macht: Notizen, Exzerpte, Skizzen, Regieanweisungen, Korrekturen, vorläufige und finale Daten. Mithilfe von Metadaten einzelner, im Studio aufgenommener Takes lässt sich der Entstehungsprozess rekonstruieren. Rheinberger macht deutlich, dass das „Anschreiben und Aufschreiben im Labor" nicht nur „als ein notwendiges Festhalten und Ablegen von Daten, als schlichtes ‚Zwischenspeichern' auf dem Weg zur Enthüllung des ‚Resultats' aufgefasst" werden sollte. Dies sind „integrale[] Bestandteil[e]" jenes Diskurses, der schließlich zum finalen Produkt führt – im Labor wie auch im Tonstudio (Rheinberger 2012, 443). Allein durch die Rekonstruktion all der Materialien, die es nicht in die finale Version des Hörspiels geschafft haben, können ästhetische Entscheidungen sichtbar gemacht werden. Der philologischen Neugier kommt dabei zugute, dass nahezu alle Produktionen eine bestimmte Spieldauer nicht überschreiten dürfen und deswegen regelmäßig Kürzungen vorgenommen und in der Regel auch dokumentiert werden. Das kann dazu führen, dass selbst dramaturgische Grundsatzentscheidungen zum Ende der Produktion korrigiert oder neu justiert werden müssen.

Wenn sich anhand solcher Spuren die Dynamiken zwischen den beteiligten Akteuren rekonstruieren lassen, wäre der theoretische Rahmen abgesteckt, in dem sich ein akustisches Notationssystem bewegen müsste. Denn ein Laborprotokoll ist epistemisch vor allem dann produktiv, wenn die Transformationen des Wissens – die zum Erfolg des Experiments oder zum finalen Hörspiel geführt haben – auch wieder ‚rückwärts abgeschritten' werden können, die Grenze des Wissens also retrospektiv rekonstruiert werden kann. Damit werden individuelle Spuren sichtbar: Anmerkungen von Tontechnikern, Kürzungsvorschläge von Sprecherinnen und Sprechern, die die Wirkung der finalen Produktion beeinflussen, in dieser aber nicht mehr hörbar sind (vgl. Rheinberger 2012, 444). Dergestalt wird das Werden von akustischer Literatur sicht- und hörbar. Einmal mehr wird auf diese Weise deutlich, dass das Schreiben und Produzieren eines Hörspiels, Features oder eines Hörbuchs „eine Bewegung des Erkundens, ein Spiel mit möglichen Stellungen, ein offenes Arrangement" (Rheinberger 2012, 445) aller beteiligten Akteure und damit immer auch ein kollektiver Schreib- und Produktionsprozess ist. Des Weiteren wird deutlich, dass akustische Literatur, wenn sie zur Aufführung gelangen soll, auf dem Weg vom Schreibtisch des Autors zum Mischpult im Produktionsstudio in der Summe das Resultat einer Fülle von kontingenten Entscheidungen ist.

4. Autor – ‚Scripteur' – ‚Trans-Scripteur': Schreibszenen

Im Folgenden wird an konkreten Fallbeispielen ein Panorama unterschiedlicher Arbeits- und Produktionsweisen herausgearbeitet und damit exemplarisch deutlich gemacht, dass der Begriff Autorschaft für Formen akustischer Literatur erweitert werden muss. Die Produktion eines literarischen, traditionellen Hörbuchs könnte wie folgt ablaufen: Das vom Autor verfasste Manuskript wird von einer Redaktion (Rundfunk oder Verlag) begutachtet, angenommen oder abgelehnt, durch die Dramaturgie bearbeitet, vom Autor autorisiert, an die Regie und damit die Produktion übergeben. Es werden professionelle Sprecher oder Schauspielerinnen für die zu verteilenden Sprecherrollen engagiert und schließlich für die Produktion in ein Tonstudio geladen. Es kann vorkommen, dass aus Kostengründen die Sprecheranteile nicht etwa chronologisch vom Anfang bis zum Ende und mit verteilten Rollen gleichzeitig eingesprochen werden, sondern ein Sprecher seinen kompletten Text in einem Stück einspricht, um Studiozeit zu sparen. Das gilt mitunter auch für Dialoge, die im Nachhinein zusammengeschnitten werden (vgl. Rautenberg 2007, 38). Selbst ein Dienstplan, der Auskunft über die Arbeits- und Anwesenheitszeiten von Akteuren gibt, kann somit für eine philologische Hörspielforschung relevant sein. Deswegen enthält das Regiemanuskript im Gegensatz zum Autormanuskript eine Reihe von Paratexten, die über den skripturalen, literarischen Ausgangstext hinausgehen, nämlich die konkrete Sprecheraufteilung, Hinweise zur korrekten Aussprache von Eigennamen oder fremdsprachigen Begriffen, Kürzungsmöglichkeiten sowie erste Anweisungen zum Umgang mit Räumlichkeit durch Schnitt und Blende (vgl. Häusermann et al. 2010, 162). Alles Aspekte, die in einem philologischen Sinne für ein Notationssystem von grundlegendem Interesse sind – und im vorangegangenen Abschnitt ausführlich beschrieben wurden. Die kleinste Einheit stellt dabei ein Take dar, also die Aufnahme, die die Sprechleistung eines einzelnen Sprechers festhält (vgl. Mon 1982, 88).

4.1. Vom Autor zum *scripteur*

Beim Hörspielautor Paul Wühr lässt sich eine Arbeitsweise beobachten, die sich primär auf der Manuskriptebene abspielt. Von seinem Originalton-Hörspiel *So eine Freiheit* (1973) sind mehrere (maschinenschriftliche) Typoskripte in unterschiedlichen Bearbeitungsstufen überliefert. Ein Originalton-Hörspiel zeichnet sich dadurch aus, dass auf ein vorgängiges Manuskript bewusst verzichtet wird und der erste Arbeitsschritt im Sammeln von O-Tönen besteht, wobei die Sammlung von *So eine Freiheit* einen Umfang von 21 Tonbändern von je 30 Minuten Länge umfasst (vgl. Lukas 2013, 101). Dieses Audiomaterial wird von Wühr zunächst in ein handschriftliches Manuskript überführt, wobei hier bereits erste Bearbeitungen wie die Anpassung ans Standardhochdeutsche oder das Weglassen von deiktischen, metakommunikativen sowie para- und nonverbalen Äußerungen vorgenommen wurden (vgl. zur generellen Schwierigkeit der Verschriftlichung von Audiomaterial Binczek 2012b, 245). Darüber hinaus erstellt der Verfasser Listen und Tabellen, die das Audiomaterial mithilfe des Timecodes

des Bandzählwerkes für die weiteren Bearbeitungsschritte vorstrukturieren und einen funktionierenden Rückbezug zum Audiomaterial sicherstellen sollen, was am Ende in einem maschinenschriftlichen Typoskript kulminiert.

Wühr sammelt seine O-Ton-Zitate in einem „vieldimensionalen Raum" (Barthes 2002, 108). Seine Arbeitsweise ist dabei nicht die eines Schriftstellers („écrivain", Barthes 1981, 45), der in einem poietischen Akt aus sich selbst schöpft, sondern eher die eines Herausgebers, der die „Einheit des Schreibens" (Foucault 2000, 215) sicherstellt. Einzelne Passagen, die er mehrfach verwenden will und die sich im final abgemischten Hörspiel in Rekurrenz wiederfinden, werden eigens ein weiteres Mal abgetippt, xerokopiert, ausgeschnitten und schließlich erneut aufgeklebt (vgl. Lukas 2013, 109). Wühr tritt hier als ein arrangierender Schreiber („Scripteur", Barthes 2002, 107) auf, dessen ästhetische Leistung sich vor allem in seinem Schreibprozess widerspiegelt und deren Nachvollzug für eine Theorie akustischer Notationssysteme grundlegend ist. Denn bevor das gesammelte O-Ton-Material im Tonstudio in seiner finalen Form arrangiert werden kann, wird es mehrfach in verschiedene Manuskriptformen übersetzt, wobei das akustische Material auf den Manuskriptebenen durch Indizes repräsentiert wird, wie die tabellarische Strukturierung mittels Timecodes deutlich macht. Auf diese Weise gelingt es Wühr, die O-Töne so miteinander „zu vermischen und sie miteinander zu konfrontieren", dass das finale Hörspiel wie ein „Gewebe von Zitaten" wirkt (Barthes 2002, 108).

Darüber hinaus werden in Bezug auf die Arbeitsweise Wührs zwei Dinge deutlich: zum einen die Analogie zum Cut-and-paste-Verfahren und zum anderen der konsequente Medienwechsel vom Tonband zum hand- beziehungsweise maschinenschriftlichen Manuskript in der Produktionsphase. Bemerkenswert hierbei ist jedoch, dass sich diese Arbeitsweise von einem Hörspielautor unterscheidet, der auf eine skripturale Manuskriptvorlage weitgehend verzichtet und das Arrangieren seines akustischen Materials direkt und ohne mediale Zwischenschritte im Medium Tonband vollzieht: Rolf Dieter Brinkmann.

4.2. Audioliterales Schreiben als *scription*

In seinem Hörspiel *Die Wörter sind böse* von 1973 bringt Brinkmann „‚Texte' zu Gehör [...], denen keine schriftlichen Vorlagen zugrunde liegen" (Epping-Jäger 2014, 138). Brinkmann, der vom Westdeutschen Rundfunk (WDR) mit zwei Tonbandgeräten ausgestattet wurde, dokumentiert was er hört, während er seinen Autorenalltag, den „Raum der Schrift [...] durchwandert" (Barthes 2002, 109). Bis hierhin decken sich die Arbeitsweisen von Wühr und Brinkmann. *Die Wörter sind böse* zeichnet sich durch seine vielfältigen O-Töne, Straßen- und Kneipenszenen, Tonkulissen, Körpergeräusche und so weiter aus (vgl. Epping-Jäger 2012, 57–58). Das Arrangement und die Montage dieser rein akustischen Elemente sind „hochartifiziell choreographiert" (Epping-Jäger 2014, 151), es besteht kein Zweifel am Willen zur ästhetischen Gestaltung. Davon zeugen ebenfalls die Entstehungsbedingungen des Hörspiels: *Die Wörter sind böse* wurde von Brinkmann selbst zusammengestellt, inszeniert und eingesprochen. Bemerkenswert hierbei ist, dass Brinkmann mit fertigen Mixen auf Tonband und konkreten Vorstellungen zur Zusammenstellung ins Tonstudio kam. Die Bearbeitung des akustischen Materials fand ohne die Hilfe eines professionellen Tonstudios oder die Mitarbeit eines Tonmeisters statt (vgl. Epping-Jäger 2014, 139).

Im Unterschied zur Arbeitsweise Wührs vollzieht sich bei Brinkmann dieser Prozess teilweise komplett ohne schriftliche Notizen, Manuskripte oder Partituren. Ein Modalitätswechsel wie bei Wühr, also eine Übertragung in einen skripturalen Text, findet nicht statt (daneben gibt es aber auch eindeutig literal konzipierte, also vorab niedergeschriebene und vom Autor im Studio selbst eingesprochene Passagen). Durch seinen vornehmlich transitiv-arrangierenden Zugriff auf das akustische Material verbleiben diese Bestandteile des Hörspiels im Modus der *scription*. Brinkmann ist im Umgang mit dem Audiomaterial eben nicht mehr ein Wort neben Wort setzender Verfasser, sondern ein anordnender Kurator des von ihm gesammelten Materials. Das Schneiden, Arrangieren und wieder Zusammenkleben sind handwerkliche Interventionen, durch die die unterschiedlichen O-Töne in den Hörspieltext eingeordnet werden. Dazu bedient er sich körperlicher Schreibgesten (*scriptionen*) – Schnitte, die durch Schere, Kleber oder einen Schneidetisch ermöglicht werden und die sich schließlich als Spuren in das Tonmaterial einschreiben (vgl. Barthes 2006, 7–9).

Die künstlerische Entscheidung für die Montage wird auf Basis eines wiederholten Abhörens des Tonbands getroffen. Analog einem skripturalen Schreibprozess, der durch die Schreibprozessforschung als ein Prozess des Sich-selbst-Lesens beschrieben werden kann, haben wir es hier mit einem Prozess des Sich-selbst-Hörens zu tun. In „Prozessen der *Relektüre* – oder vielleicht besser: der *Reaudition*" (Epping-Jäger 2014, 138) eignet sich Brinkmann sein Material an und bringt es vor allem durch Schnitte in seine finale Form. Das Tonband ist damit nicht nur Aufzeichnungsgerät – wie bei Wühr –, sondern „produktionsästhetische Maschine" (Epping-Jäger 2014, 137), die den ‚Schreibprozess' – ohne Niederschrift – als solchen inkorporiert. Denn wie beim Schreiben wird auch bei einer akustischen Aufnahme, das Aufgezeichnete „*iterierbar* und […] ästhetisch bearbeitbar" (Epping-Jäger 2014, 152). Es ist genau diese „*mechanische* interventionslose Einschreibung der akustischen Weltfragmente", die sich an Barthes Konzept der *scription* zurückbinden lässt und gleichzeitig den „Kern des *ästhetischen* Verfahrens der audioliteralen Schreibweise" (Epping-Jäger 2014, 150) ausmacht. Für akustische Notationssysteme hat diese Arbeitsweise weitreichende Folgen. Wird hier doch deutlich, dass neben der archivalischen Sicherung der literal konzipierten und schriftlich festgehaltenen Manuskriptteile auch der akustische Nachlass eines Autors gesichert werden muss. Gerade im Fall Brinkmanns hat sich der Umgang mit dem akustischen Nachlass jedoch als schwierig und problematisch erwiesen (vgl. Binczek 2012a).

4.3. ‚Trans-Scription'

Damit bleibt festzuhalten: Erst durch den Montageprozess erhalten die Takes ihre Gliederung und Ordnung, werden zu einer dramaturgischen Einheit zusammengefasst. Dabei wird zwischen einer horizontalen (korrekte Anordnung auf der Zeitachse) und einer vertikalen Montage (das klangliche Zusammenführen der einzelnen Soundpartikel) unterschieden (vgl. Plensat 2008, 17). Heute können mithilfe digitaler Schnittsoftware die einzelnen Takes beliebig oft modifiziert, verändert und verlustfrei neu arrangiert werden, bis eine passende Lösung gefunden ist. Auch eine Rückführung in den Ausgangszustand ist jederzeit möglich – im Gegensatz zu analogen Aufzeichnungen auf physikalischen Datenträgern, bei denen eine Rückführung in die Ausgangsform je nach Bearbeitungsschritt nur bedingt möglich ist oder einen Rückgriff auf eine Sicherungskopie nötig macht, da sich jede Transformation in das Trägermedium als Spur einschreibt. Das gilt ganz offensichtlich für physikalische Veränderungen am Material des Datenträgers wie beispielsweise dem Ausschneiden einzelner Segmente oder einem Neuarrangieren der chronologischen Reihenfolge. Und auch beim Blenden – bei dem das Ausgangsmaterial prinzipiell erhalten bleiben kann, da es aus mindestens zwei Tonspuren zusammengemischt wird – gilt, dass dieser Prozess im Nachhinein nicht beliebig oft reproduzierbar ist. Für eine Theorie akustischer Notationssysteme wird dieser Aspekt dann relevant, wenn Autor und Regisseur eines Hörspiels nicht in Personalunion auftreten oder sich – wie in den meisten Fällen – diese Rollen auf mehrere Akteure verteilen.

Paul Pörtner, ein das Neue Hörspiel maßgeblich prägender Autor, betont bei seinen Produktionen das Ineinandergreifen heterogener Prozesse und fasst die Interdependenz der Akteure als „Studioarbeit ist Teamwork" zusammen (Pörtner 1970, 63). Was er damit in Anschlag bringt, ist eine Erfahrung, die ohne die technischen Experimente des Neuen Hörspiels nicht gemacht werden konnte und hinter die es für die akustische Literatur kein Zurück gibt. Exemplarisch für diese Entwicklung können seine Schallspielstudien herangezogen werden, die im Münchner Siemens Studio für elektronische Musik entstanden sind. Pörtner macht in diesem Zusammenhang auf zwei Momente aufmerksam: Erstens auf die

Komplexität eines elektronischen Tonstudios, das sich eben nicht mehr in einem professionellen Sinne „wie ein Musikinstrument beherrschen" lässt (Pörtner 1970, 63). Deswegen braucht es der „Zwischenschaltung von Mitarbeitern" oder einem „Tonmeister", der die „große Skala der Möglichkeiten" eines solchen Studios nicht nur vorführt (Pörtner 1970, 63), sondern auch im Sinne einer kongenialen Zusammenarbeit mit dem Verfasser eines Hörspiels beherrscht und einsetzen kann. Pörtner schildert diese Zusammenarbeit jedoch keineswegs so, dass die Mitarbeiter eines solchen Tonstudios allein im Sinne des Autors handeln sollten, sondern dass es darum gehe, die unzähligen Gestaltungsmöglichkeiten gemeinsam im Sinne einer „empirischen Arbeitsweise" und eine „improvisatorische Methode" zu erproben (Pörtner 1970, 64). Was hier beschrieben wird, ist nicht nur das idealtypische Aufeinandertreffen von *bricoleur* und Ingenieur, sondern auch deren funktionale Zusammenarbeit.

Ganz anders bei Brinkmann: Er verwahrte sich gegen jegliche Einmischungen von Spezialisten, stand dem Rundfunk kritisch und zurückhaltend gegenüber und schließlich sollte der WDR sein Hörspiel *Die Wörter sind böse* ohne Eingriffe zur Sendung bringen (vgl. Epping-Jäger 2014, 139). Pörtner hingegen steht der Expertise anderer Akteure affirmativ gegenüber, lässt Interventionen zu und verweist auf deren produktiven Charakter. Wenn also der Umgang der Verfasser mit dem O-Ton-Material als *scription* zu beschreiben ist und die Produktionsbedingungen theoretisch konsequent weitergedacht werden, dann sollten die Einschreibungen aller weiteren Akteure – so möchte ich hier vorschlagen – als *trans-scriptionen* bezeichnet werden. Somit wird in Bezug auf die Frage, was akustische Notationssysteme leisten sollen, deutlich, dass die Autorfunktion nicht allein für den Akteur produktiv gemacht werden kann, der das Manuskript anfertigt. Denn „wenn der Textautor nicht selber auch der Regisseur ist, wird der Regisseur unvermeidlich zum Mitautor" (Mon 1982, 83). Erst im Tonstudio und unter Mitwirkung einer Vielzahl von (spezialisierten) Akteuren eröffnet eine literarische Vorlage oder ein Manuskript den Spielraum für akustische Performanzen und Kontingenzen.

Im Rahmen eines akustischen Notationssystems kann das philologische Interesse also nicht auf die Rekonstruktion eines Endprodukts gerichtet sein. Eher geht es um das Herausstellen der zahllosen ‚rhizomatischen' Möglichkeiten, die es im Laufe der Genese gibt (vgl. Grésillon 2010, 291). Übertragen auf die Produktion eines Hörbuchs oder Hörspiels bedeutet dies, dass Döhls Forderung nach einer „Sicherung der Sendedaten" (Döhl 1982a, 502), die er im Rahmen seiner „Hörspielphilologie" formuliert hat, auf alle ‚Text'-Zeugen ausgeweitet werden muss, die auf dem Weg zum veröffentlichten akustischen Artefakt entstanden sind. Der *avant-texte* eines Hörspiels betrifft sowohl die analogen als auch die digitalen Dokumente, die Einfluss auf das Endprodukt ausgeübt haben, inklusive der Effektdatenbanken und Plug-ins der Audiosoftware, mit der das Hörspiel im Studio aufgenommen, bearbeitet, geschnitten, organisiert – kurzum: produziert wurde. Insbesondere die Projektdatei der Audiosoftware, die in der Regel nur einige hundert Kilobyte groß ist, gibt Auskunft über die einzelnen Takes/Samples aus dem entsprechenden Projektordner sowie über den Zeitpunkt und mit welcher Effektbearbeitung dieser Take abgespielt werden soll. Das graphische User-Interface kann in diesem Zusammenhang durchaus an eine Partitur erinnern, die beispielsweise in Gestalt des im Hörspielbereich häufig eingesetzten Programms ProTools Auskunft über zwei Informationsebenen gibt: zum einen über die jeweiligen Tonspuren und deren Zusammensetzung durch die einzelnen Takes sowie zum anderen über die Effekt- und Automationskurven, die sich hinter den einzelnen Tonspuren verbergen. Damit ließen sich auch die Spuren derjenigen Akteure dokumentieren, die sonst stumm oder im Hintergrund geblieben sind (Tontechniker, Komponisten, Klangdesigner). Wichtig hierbei ist: Der Fokus liegt nicht auf dem Protokollieren, sondern auf dem Sammeln von (Produktions-) Spuren. Da nur schwer eine Entscheidung über die Relevanz oder Wichtigkeit einzelner Dokumenttypen für die späteren ‚quasiarchäologischen' Arbeiten getroffen werden kann, müsste sich der Sammlungsprozess auf alle denkbaren Textteile erstrecken – eben auf den *avant-texte* im Sinne Grésillons. Einen besonderen Wert dürften die Regiemanuskripte der Sprecherinnen, Techniker und Assistentinnen haben, da sie die Diskussionen im Studio zu (spontanen) Kürzungen oder Textänderungen im Manuskript notieren und korrigieren. Darüber hinaus enthalten die Manuskripte der Sprecherinnen und Sprecher in der Regel persönliche Markierungen und Kommentare zu speziellen Betonungen, Aussprachen oder Atempausen. Mithilfe dieser Materialfülle ließen sich die Kontingenzen und Transkriptionen der Genese von akustischer Literatur sichtbar machen und durch eine interdisziplinär und medientechnisch geschulte Hermeneutik rekonstruieren.

5. Analytischer Notationsbegriff: Realisationsprotokolle

Immer wieder gibt es ästhetische Aspekte von akustischer Literatur und künstlerische Entscheidungen, die durch ein produktionsästhetisches Notationssystem nicht erfasst werden können. Dazu gehören unter anderem die prosodischen Qualitäten der Stimme, die sich erst auf Basis des finalen akustischen Artefakts analysieren lassen. An dieser Stelle muss der produktionsästhetische durch einen analytischen Notationsbegriff ergänzt und erweitert werden. Der analytische Notationsbegriff dokumentiert ergänzend die Bearbeitungsprozesse, die über die produktionsästhetischen Notationen hinausgehen. Damit hebt der letztgenannte Aspekt auf die philologische Leistung eines Analysierenden ab, der auf einer Metaebene mithilfe eines eigenen Zeichenrepertoires jene Prozesse zu beschreiben versucht, die keine Spuren im *avant-texte* hinterlassen haben. Döhl hat dafür den Begriff „Realisationsprotokoll" vorgeschlagen (Döhl 1982a, 510). Im Folgenden werden die Anforderungen definiert, die an ein solches Realisationsprotokoll und damit an den analytischen Notationsbegriff zu stellen sind.

Im Vordergrund stehen die prosodischen Qualitäten der Stimme. Die Stimme führt per se heterogene und durchaus ambivalente Informationen mit sich, die nicht nur über den semantischen Gehalt des Gesagten hinausgehen, sondern auch einen Bezug zur Körperlichkeit des Sprechenden herstellen. Am deutlichsten wird dies beim Geschlecht der Sprecher, kann sich aber auch auf die Körperhaltung sowie Gestik und Mimik beziehen – alles Aspekte, die Einfluss auf die Stimme haben. Generell erfüllen prosodische Gestaltungsmittel konkrete kommunikative, strukturierende, emotionale und ästhetische Aufgaben (vgl. Schnickmann 2007, 34). Sie machen deutlich, dass das Sprechen im Hörspiel kein körperloser Vorgang ist, der allein dem Transport von Sprache dient, sondern auch nichtsprachliche Kommunikation jenseits inhaltlicher Aussagen stattfindet. In einem kommunikativen Sinne wird durch die Betonung am Satzende markiert, ob es sich um einen Frage- oder Aussagesatz handelt. Weiterhin wird durch die Betonung einzelner Satzteile die Informationsstruktur eines Satzes festgelegt und damit eine Hierarchie über die Wichtigkeit der Sinneinheiten im Satz formuliert. Variationen bei der Intonation können Gefühlszustände (Angst, Wut, Langeweile) darstellen und besitzen damit eine emotionale Qualität. Durch die klanglich-musikalische Ausgestaltung eines Satzes lässt sich nicht zuletzt Spannung erzeugen und damit der dramaturgische Aufbau einzelner Sequenzen in einem ästhetischen Sinne variieren. Die Stimme kann also etwas anzeigen, was die semantischen Aspekte der Rede verschweigen: In der Stimme fallen Schall, Wort und individueller Klang in eins und machen ihren medial-performativen Charakter evident (vgl. Pinto 2012, 169). Die Performanz der Stimme bewegt sich jenseits einer fassbaren Materialität; sie kann nicht geschriben werden und wenn sie doch schriftlich fixiert wird, verliert sie ihre Abstraktheit (vgl. Lehmann 2012, 7). Sprache, Stimme, Geräusch und Musik können in Übereinstimmung stehen, sich gegenseitig widerlegen, akzentuieren oder interpretieren. Diese wechselseitige Bezugnahme kann, muss aber nicht zeitgleich erfolgen (vgl. Schmedes 2002, 92). Des Weiteren wird durch die Übertragung von einem Medium in ein anderes das Übertragene verändert, „die medialen Strukturen der alten Aufzeichnung" werden also „überschrieben" (Epping-Jäger 2012, 52).

Dennoch gibt es Versuche und theoriegeleitete Methoden, die vielfältigen performativen Facetten der Stimme in einem Realisationsprotokoll zu fassen. Eine Möglichkeit ist das nachträgliche Transkribieren eines akustischen Textes (nicht zu verwechseln mit Jägers Transkriptionsbegriff). Gesprochenes in schriftlich fixierte Worte zu fassen, „stellt in einem linguistischen Sinn einen Transfer von Mündlichkeit in Schriftlichkeit zu Zwecken empirischer Sprachanalyse dar" (Redder 2002, 116). Es handelt sich also um eine Methode, die für die „Problematik des professionellen Fixierens von empirischer Kommunikation" (Redder 2002, 119) in sogenannten Transkriptionssystemen entwickelt wurde und – folgt man diesen konventionalisierten Transkriptionssystemen – die Validität des Transkribierten für eine anschließende Analyse sicherstellen soll. Je nach Forschungsinteresse kommen unterschiedliche Transkriptionssysteme zum Einsatz, die sich vor allem durch ihre Schreibweise unterscheiden. Bei der Partiturschreibweise wird für jeden Sprecher eine Zeile eingerichtet, die über die gesamte Partitur weitergeführt wird. Damit wird die Gleichzeitigkeit der Sprechenden betont, jedoch um den Preis einer der normalen Lesegewohnheit entgegenlaufenden Darstellung. Transkriptionssysteme in Zeilenschreibweise bilden die Sprechsituation untereinander ab, wobei für jeden Sprechbeitrag eine neue Zeile reserviert wird, sodass das Nacheinander der Beiträge visualisiert werden kann (vgl. Selting 2001, 1060).

Werden diese linguistischen Transkriptionssysteme auf das Hörspiel übertragen, liegt der Vorteil eines solchen Protokolls im Gegensatz zur Manuskriptfassung auf der Hand: Es orientiert sich an der tatsächlich realisierten Hörspielfassung. Für die Darstellung der prosodischen Qualitäten der Stimme haben sich ebenfalls aus der Linguistik heraus Transkriptionskonventionen entwickelt, mittels derer die Spannbreite und Artikulationsfähigkeit der Stimme beschrieben werden kann (vgl. Schönherr 1999, 167–168). Da die Kommunikationssituation eines Hörspiels jedoch komplexer ist, als die Kommunikationssituationen für die die konventionalisierten Transkriptionssysteme entwickelt wurden, muss das Protokoll zusätzlich weitergehende Informationen über Montagetechnik, Lautstärkerelationen, Ton- und Verfremdungseffekte sowie Anhaltspunkte zur stereophonen Auflösung enthalten (vgl. Schmedes 2002, 118–119). Die konventionalisierten Transkriptionssysteme lassen sich also nicht ohne Weiteres auf die Anforderungen eines Realisationsprotokolls für audioliterale Texte übertragen. Konkrete Versuche der Umsetzung, die der höheren Komplexität von Hörspielen Rechnung tragen, finden sich bei Götz Schmedes und Antje Vowinckel.

Schmedes theoretisiert das Hörspiel als Medientext, der verschiedene Zeichensysteme in sich vereint, die wiederum in einem Realisationsprotokoll gesondert abgebildet werden sollen. Dazu gehören die artikulatorischen und intonatorischen Spezifika der Stimme, die Montage der einzelnen Takes sowie die Stereoposition im Hörspiel. Im Detail entwickelt Schmedes ein eigenes skripturales Zeichensystem, das 20 einzelne Punkte umfasst und die spezifischen medialen Effekte im Hörspiel abbilden soll. Dazu gehören drei Bereiche: Wortlaut/Intonation und Sprache/Stimme, Geräusche/Originalton sowie Musik. Diese werden in einer Tabelle mit dem zeitlichen Verlauf des Hörspiels korreliert. Im

Vergleich zu den konventionalisierten Transkriptionssystemen steht nicht mehr die Sprache beziehungsweise das gesprochene Wort im Vordergrund, sondern ist gleichberechtigt mit den Geräuschen und der Musik im Hörspiel (vgl. Schmedes 2002, 283–285). Dargestellt werden die einzelnen Aspekte durch Zeilenschreibweise, es geht also um die visuelle Darstellung der einzelnen Zeichensysteme. Der an das Protokoll „zu stellende Anspruch und zugleich dessen Legitimation ist, die möglichst identische schriftliche Wiedergabe der akustischen Invariante" zu gewährleisten (Schmedes 2002, 118). So lassen sich unter anderem Diskrepanzen zwischen Autorintention (sofern ein Autormanuskript oder eine Druckfassung vorliegt) und der Inszenierung als Hörspiel identifizieren. Außerdem ergibt sich durch die Renotation einer abgeschlossenen Hörspielrealisation die Möglichkeit, den bloßen Wortlaut von Regieanweisungen und anderen paratextuellen Anmerkungen des Autors mit der tatsächlichen und spezifischen akustischen Gestaltung abzugleichen. Für eine Hörspielphilologie wäre dieser Nutzen von kaum zu unterschätzendem Wert. Gleichzeitig weist Schmedes auf das grundsätzliche und kaum zu lösende Dilemma von Realisationsprotokollen hin, denn eine adäquate Repräsentation aller Zeichensysteme eines Hörspiels in einer Renotation ist der kontinuierlichen Lesbarkeit eher hinderlich und überfordert das Protokoll. Obwohl also ein Realisationsprotokoll auf der einen Seite die Komplexität des untersuchten Gegenstandes reduziert und die Ergebnisse einer hörspielphilologischen Analyse nachprüfbar macht, wohnt ihm auf der anderen Seite doch immer die Tendenz inne zu trennen, was im Hörspiel gleichzeitig und zusammengehörig zur sinnlichen Wirkung kommt (vgl. Schmedes 2002, 119). Der polyvalente Charakter von Literatur wird verstärkt. Man könnte sogar behaupten, dass sich in Bezug auf ein Realisationsprotokoll die Lesbarkeit und die Abbildung des tatsächlichen Hörspielcharakters „umgekehrt proportional" zueinander verhalten (Jandl und Mayröcker 1970, 90–91).

Antje Vowinckel wählt für ihre Analyse von Collagetechniken im Hörspiel einen anderen Weg. Bei ihrer Transkription von Ruttmanns *Weekend* orientiert sie sich an dessen eigener Niederschrift für den *Film-Kurier*. Ruttmanns Darstellung ist klar an einer musikalischen Partitur orientiert, selbst sprachliche Äußerungen sind in Notenwerten fixiert. Vowinckel entwickelt anhand von *Weekend* ein Realisationsprotokoll, das besonderen Wert auf den Montagecharakter des Hörfilms legt. Eindeutig metrische Passagen werden im Protokoll als Notenwerte gekennzeichnet und die relativen Tonhöhenunterschiede markiert. Da der Stimmanteil in *Weekend* gering ist, bleiben die prosodischen Merkmale im Protokoll unbeachtet. Das fördert zwar die Lesbarkeit, der Abstraktionsgewinn und die Detailtreue sind jedoch geringer als in Schmedes' Modell. Dennoch erstreckt sich die Notation des Hörfilms mit einer Länge von circa elf Minuten in Tabellenform bei Vowinckel auf sieben Seiten (vgl. Vowinckel 1995, 69–71). Sowohl Schmedes als auch

Vowinckel betonen, dass es sich bei ihren Arbeiten zu den Realisationsprotokollen um explorative Versuche handelt. Beiden ist gemein, was generell einer jeden Transkription eigen ist: „Unabhängig davon, für welche Transkriptionsweise sich Forschende entscheiden, kann keine Transkription eine objektive Wiedergabe des Interaktionsgeschehens leisten. Jede noch so detaillierte Transkription kann nur die Verschriftlichung der vom menschlichen Transkribenten wahrgenommenen und interpretierten Äußerungen sein. Transkription ist ein interpretativer Prozeß" (Selting 2001, 1060).

Unter den gegebenen Bedingungen bedarf das Transkribieren also in jedem Fall einer hermeneutischen Verstehensleistung, die über den reinen Text des Hörspielmanuskripts oder eine Partitur hinausgeht. Ein Hörspiel in ein Realisationsprotokoll zu überführen, geht zwangsläufig mit einem Übersetzungsprozess einher – also mit einem Medienwechsel, der in Analogie zur ‚diplomatischen Transkription' in der Philologie steht. Der Gegenstand einer Analyse akustischer Notationssysteme kann sich demnach nicht auf das finale Endprodukt konzentrieren, sondern nur in Kombination mit den produktionsästhetischen Aspekten und Transkriptionen seiner Genese erfolgen. Eine beispielhafte und funktionale Analyse eines solchen Notationssystems ist bis heute Desiderat geblieben.

Literaturverzeichnis

Andersch, Alfred. „Versuch über das Feature. Anläßlich einer neuen Arbeit Ernst Schnabels". *Rundfunk und Fernsehen* 1 (1953): 94–97.

Barthes, Roland. „Schriftsteller und Schreiber". *Literatur oder Geschichte*. Frankfurt am Main 1981: 44–53.

Barthes, Roland. „Der Tod des Autors". *Performanz. Zwischen Sprachphilosophie und Kulturwissenschaften*. Hrsg. von Uwe Wirth. Frankfurt am Main 2002: 104–110.

Barthes, Roland. *Variations sur l'écriture. Variationen über die Schrift: Französisch – Deutsch*. Mainz 2006.

Bender, Hans, und Walter Höllerer (Hrsg.). *Sonderheft: Hörspiel. Akzente. Zeitschrift für Literatur*. München 1969.

Binczek, Natalie. „Das Material ordnen. Rolf Dieter Brinkmanns akustische Nachlassedition ‚Wörter Sex Schnitt'". *‚High' und ‚Low'. Zur Interferenz von Hoch- und Populärkultur in der Gegenwartsliteratur*. Hrsg. von Thomas Wegmann und Norbert Christian Wolf. Berlin 2012a: 57–82.

Binczek, Natalie. „Zwischen den Stockwerken. Texträume in Thomas Bernhards Lesung ‚Der Hutmacher'". *Bewegen im Zwischenraum*. Hrsg. von Uwe Wirth. Berlin 2012b: 237–261.

Binczek, Natalie, und Cornelia Epping-Jäger (Hrsg.). *Das Hörbuch. Praktiken audioliteralen Schreibens und Verstehens*. München 2014.

Boeckh, August. „Encyklopädie und Methodologie der Philologischen Wissenschaften". *Texte zur modernen Philologie*. Hrsg. von Kai Bremer und Uwe Wirth. Stuttgart 2010: 140–160.

Bohnenkamp-Renken, Anne (Hrsg.). *Medienwandel – Medienwechsel in der Editionswissenschaft*. Berlin 2013.
Campe, Rüdiger. „Die Schreibszene, Schreiben". *Schreiben als Kulturtechnik. Grundlagentexte*. Hrsg. von Sandro Zanetti. Berlin 2012: 269–282.
Conley, Patrick. *Der parteiliche Journalist. Die Geschichte des Radio-Features in der DDR*. Berlin 2012.
Djordjevic, Mira. „‚Audiophilologie' als Methode der Hörspielforschung betrachtet am Beispiel der Hörspielkunst Ingeborg Bachmanns". *Medien/Kultur. Schnittstellen zwischen Medienwissenschaft, Medienpraxis und gesellschaftlicher Kommunikation*. Hrsg. von Knut Hickethier und Siegfried Zielinski. Berlin 1991: 207–215.
Döblin, Alfred. „Literatur und Rundfunk". *Schriften zur Ästhetik, Poetik und Literatur*. Freiburg im Breisgau 1989: 251–261.
Döhl, Reinhard. „Hörspielphilologie". *Jahrbuch der Deutschen Schillergesellschaft* 26 (1982a): 489–511.
Döhl, Reinhard. „Nichtliterarische Bedingungen des Hörspiels". *Wirkendes Wort* 3 (1982b): 154–179.
Epping-Jäger, Cornelia. „Rolf Dieter Brinkmann. ‚Die Wörter sind böse'/‚Wörter Sex Schnitt'". *Literatur und Hörbuch*. Hrsg. von Natalie Binczek und Cornelia Epping-Jäger. München 2012: 48–59.
Epping-Jäger, Cornelia. „‚Die verfluchte Gegenwart – und dann das Erstaunen, dass ich das sage'. Rolf Dieter Brinkmann und das Tonband als produktionsästhetische Maschine". *Das Hörbuch. Praktiken audioliteralen Schreibens und Verstehens*. Hrsg. von Natalie Binczek und Cornelia Epping-Jäger. München 2014: 137–155.
Ernst, Johann. *Linien eines Lebens: Friedrich Bischoff. Gestalt, Wesen und Werk*. Tübingen 1956.
Fischer, Kurt Eugen. *Das Hörspiel. Form und Funktion*. Stuttgart 1964.
Foucault, Michel. „Was ist ein Autor". *Texte zur Theorie der Autorschaft*. Hrsg. von Fotis Jannidis, Gerhard Lauer, Matías Martínez und Simone Winko. Stuttgart 2000: 198–232.
Gilliam, Laurence. „Aspects of the Feature Programm". *BBC Quarterly* 2.2 (1947): 100–104.
Grésillon, Almuth. *Literarische Handschriften. Einführung in die ‚critique génétique'*. Arbeiten zur Editionswissenschaft Bd. 4. Bern u. a. 1999.
Grésillon, Almuth. „‚Critique génétique'. Gedanken zu ihrer Entstehung, Methode und Theorie". *Texte zur modernen Philologie*. Hrsg. von Kai Bremer und Uwe Wirth. Stuttgart 2010: 287–307.
Hachenberg, Katja. „‚Hörbuch'. Überlegungen zu Ästhetik und Medialität akustischer Bücher". *Der Deutschunterricht* 56.4 (2004): 29–38.
Haller, Michael. *Die Reportage, Praktischer Journalismus*. Konstanz 2006.
Häusermann, Jürg, Korinna Janz-Peschke, und Sandra Rühr. *Das Hörbuch. Medium, Geschichte, Formen*. Konstanz 2010.
Hay, Louis. „Die dritte Dimension der Literatur. Notizen zu einer critique génétique". *Schreiben als Kulturtechnik. Grundlagentexte*. Hrsg. von Sandro Zanetti. Berlin 2012: 132–151.
Jäger, Ludwig. „Reframing: Rahmenbrüche und ihre transkriptive Bearbeitung". *Rahmenbrüche, Rahmenwechsel*. Hrsg. von Uwe Wirth. Berlin 2013: 77–94.
Jäger, Ludwig. „Audioliteralität. Eine Skizze zur Transkriptivität des Hörbuchs". *Das Hörbuch. Praktiken audioliteralen Schreibens und Verstehens*. Hrsg. von Natalie Binczek und Cornelia Epping-Jäger. München 2014: 231–253.
Jandl, Ernst, und Friederike Mayröcker. *Fünf Mann Menschen*. SWF. Archiv Deutschlandfunk Kultur. https://www.deutschlandfunkkultur.de/zwei-klassiker-des-neuen-hoerspiels-

fuenf-mann-menschen-und.3684.de.html?dram:article_id=439722. 1968 (14. Februar 2020).
Jandl, Ernst, und Friederike Mayröcker. „Anmerkungen zum Hörspiel. ‚Hörspiel' ist ein doppelter Imperativ". *Neues Hörspiel. Essays, Analysen, Gespräche.* Hrsg. von Klaus Schöning. Frankfurt am Main 1970: 88–91.
Knilli, Friedrich. *Deutsche Lautsprecher. Versuche zu einer Semiotik des Radios.* Stuttgart 1970.
Krug, Hans-Jürgen. *Kleine Geschichte des Hörspiels.* Konstanz 2003.
Landfester, Ulrike. „Ein offenes Buch? Autorschaft im Zeitalter der Informationsgesellschaft". *Medienwandel – Medienwechsel in der Editionswissenschaft.* Hrsg. von Anne Bohnenkamp-Renken. Berlin 2013: 9–18.
Lehmann, Johannes F. „Literatur lesen, Literatur hören. Versuch einer Unterscheidung". *Literatur und Hörbuch.* Hrsg. von Natalie Binczek und Cornelia Epping-Jäger. München 2012: 3–13.
Lévi-Strauss, Claude. *Das wilde Denken.* Frankfurt am Main 1968.
Lukas, Wolfgang. „Medienwechsel und produktionsästhetische Logik. Zu Paul Wührs O-Ton-Hörspiel ‚So eine Freiheit'". *Medienwandel – Medienwechsel in der Editionswissenschaft.* Hrsg. von Anne Bohnenkamp-Renken. Berlin 2013: 99–128.
Meißner, Jochen. „Das Prinzip ‚Live' – Krieg im Hörspiel". *Krieg in den Medien.* Hrsg. von Heinz-Peter Preußer. Amsterdam 2005: 175–202.
Mon, Franz. „Hörspiele werden gemacht". *Spuren des Neuen Hörspiels.* Hrsg. von Klaus Schöning. Frankfurt am Main 1982: 81–95.
Pinto, Vito. *Stimmen auf der Spur. Zur technischen Realisierung der Stimme in Theater, Hörspiel und Film.* Bielefeld 2012.
Plensat, Barbara. *Zu einigen Problemen der Regie im Hörspiel.* http://www.lmz-bw.de/fileadmin/user_upload/Medienbildung_MCO/fileadmin/bibliothek/plensat_hoerspiel/plensat_hoerspiel.pdf. 2008 (15. Juni 2015).
Pörtner, Paul. „Schallspielstudien". *Neues Hörspiel. Essays, Analysen, Gespräche.* Hrsg. von Klaus Schöning. Frankfurt am Main 1970: 58–70.
Rautenberg, Ursula (Hrsg.). *Das Hörbuch. Stimme und Inszenierung.* Wiesbaden 2007.
Redder, Angelika. „Professionelles Transkribieren". *Transkribieren. Medien – Lektüre.* Hrsg. von Ludwig Jäger. München 2002: 115–131.
Rheinberger, Hans-Jörg. „Zettelwirtschaft". *Schreiben als Kulturtechnik. Grundlagentexte.* Hrsg. von Sandro Zanetti. Berlin 2012: 441–452.
Rühr, Sandra. „Eine (kleine) Mediengeschichte des Hörbuchs unter technologischen und paratextuellen Aspekten". *Literatur und Hörbuch.* Hrsg. von Natalie Binczek und Cornelia Epping-Jäger. München 2012: 14–25.
Rühr, Sandra. „Ist es überhaupt ein Buch? Dispositive zweier scheinbar verwandter Medien". *Phänomen Hörbuch. Interdisziplinäre Perspektiven und medialer Wandel.* Hrsg. von Stephanie Bung und Jenny Schrödl. Bielefeld 2016: 17–32.
Schmedes, Götz. *Medientext Hörspiel. Ansätze einer Hörspielsemiotik am Beispiel der Radioarbeiten von Alfred Behrens.* Münster 2002.
Schneider, Irmela. „Netzwerkgesellschaft. Hörspiel in Europa: Geschichte und Perspektiven". *epd medien* 62 (2003): 5–10.
Schnickmann, Tilla. „Vom Sprach- zum Sprechkunstwerk. Die Stimme im Hörbuch: Literaturverlust oder Sinnlichkeitsgewinn". *Das Hörbuch. Stimme und Inszenierung.* Hrsg. von Ursula Rautenberg. Wiesbaden 2007: 21–53.
Schönherr, Beatrix. „‚So kann man das heute nicht mehr spielen!' Über den Wandel der sprecherischen Stilideale auf der Bühne seit den 60er Jahren". *Sprache, Kultur,*

Geschichte. Sprachhistorische Studien zum Deutschen. Hrsg. von Beatrix Schönherr und Maria Pümpel-Mader. Innsbruck 1999: 145–170.

Schöning, Klaus. *Neues Hörspiel. Texte, Partituren*. Frankfurt am Main 1969.

Schrödl, Jenny, und Lisan Lantin. „Ich benutze tatsächlich viele Zeichen aus der Musik. Jenny Schrödl im Gespräch mit der Schauspielerin Lisan Lantin". *Phänomen Hörbuch. Interdisziplinäre Perspektiven und medialer Wandel*. Hrsg. von Stephanie Bung und Jenny Schrödl. Bielefeld 2016: 211–220.

Schwitzke, Heinz. *Das Hörspiel. Dramaturgie und Geschichte*. Köln 1963.

Selting, Margret. „Probleme der Transkription verbalen und paraverbalen/prosodischen Verhaltens". *Text- und Gesprächslinguistik. Ein internationales Handbuch zeitgenössischer Forschung*. Hrsg. von Klaus Brinker und Herbert Ernst Wiegand. Berlin 2001: 1059–1068.

Stierle, Karlheinz. „Mythos als ‚Bricolage' und zwei Endstufen des Prometheus-Mythos". *Terror und Spiel. Probleme der Mythenrezeption*. Hrsg. von Manfred Fuhrmann. München 1971: 455–472.

Stingelin, Martin. „‚Unser Schreibzeug arbeitet mit an unseren Gedanken'. Die poetologische Reflexion der Schreibwerkzeuge bei Georg Christoph Lichtenberg und Friedrich Nietzsche". *Schreiben als Kulturtechnik. Grundlagentexte*. Hrsg. von Sandro Zanetti. Berlin 2012: 283–304.

Vowinckel, Antje. *Collagen im Hörspiel. Die Entwicklung einer radiophonen Kunst*. Würzburg 1995.

Wessels, Wolfram. *Hörspiele im Dritten Reich. Zur Institutionen-, Theorie- und Literaturgeschichte*. Bonn 1985.

2.6. Medientechniken akustischer Verkörperung und Inszenierung
Daniel Gethmann, Christoph Benjamin Schulz

Die Entwicklung von Medientechniken, die eine akustische Verkörperung durch Speicherung und Übertragung der menschlichen Stimme anstreben, hat eine lange Vorgeschichte. Es waren zunächst vor allem „Träumer und Ingenieure", wie Jean-Loup Rivière feststellte, die „sich befleißigt [haben], die stets schwindende Stimme zu befestigen" (Rivière 1984, 103). Eher zur ersten Kategorie gehört Cyrano de Bergerac, der in seinem Roman *Mondstaaten und Sonnenreiche* (de Bergerac [1656] 1913) von einer Forschungsreise zur fortschrittlichen Mondkultur und deren akustischen Praktiken berichtet. Auf dem Mond werde das Wissen nicht länger dem Regime der Schrift unterstellt, sondern vielmehr sprechenden Büchern übergeben, die man mit den Ohren liest. Das Buch habe sich dort zu einer Maschine gewandelt: „Das ist wirklich und wahrhaftig ein Buch; aber ein wunderbares Buch, das weder Blätter noch Buchstaben hat. Kurz es ist ein Buch, zu dem, daraus zu lernen, die Augen unnötig sind, man braucht nur Ohren. Wenn also einer zu lesen wünscht, dann spannt er mittels einer großen Menge aller Art kleiner Nerven die Maschine, dann dreht er den Zeiger auf das Kapitel, das er hören möchte, und sofort kommen aus dieser Nuss wie aus dem Mund eines Menschen oder aus einem Musikinstrument deutlich und unterschieden alle Töne hervor, die bei den vornehmen Mondbewohnern der Ausdruck der Sprache sind" (de Bergerac [1656] 1913, 144). Die Möglichkeit, mit den Ohren zu lernen, wie es der phonozentrischen Mondkultur hier zugeschrieben wird, erweitert sich 1877 durch Thomas Alva Edisons Erfindung des Phonographen und durch die technische Realisierung der Schallspeicherung um das Konzept, durch eine akustische Verkörperung von Stimmen gleichsam auch mit den Ohren zu erinnern. Die raumzeitlichen Kontexte des Stimmenklangs lösen sich damit von der Gegenwart, als Stimmen zunächst auf Wachsplatten oder Zinnfolien speicherbar werden. Wenngleich unstrittig ist, dass die körperliche Stimme verklingen muss, um hörbar zu werden, sie also nur in ihrem beständigen Verschwinden lebt, fasst Thomas Alva Edison das neue phonographische Zeitalter mit seinen Medientechniken akustischer Verkörperung in seinem berühmten Satz zusammen: „All that is vocal survives" (Edison, zit. nach Croffut 1878, 218).

Diesen zeitlichen Aspekt der Speicherung von Stimmen konkretisiert Edisons Mitarbeiter Edward Johnson anlässlich der ersten öffentlichen Ankündigung des Phonographen am 17. November 1877. Er entwirft einen konkreten Zeithorizont für die Wirkungsmacht der Aufzeichnungen, indem er sie an das Gedenken und die Erinnerung der Zeitgenossen koppelt, die eine Stimme Verstorbener weiterhin hören möchten: „A speech delivered into the mouthpiece of this apparatus may fifty years hence – long after the original speaker is dead – be reproduced audibly to an audience with sufficient fidelity to make the voice easily recognizable by those who were familiar with the original" (Johnson 1877, 616). Selbst mit einer zeitlichen Distanz von fünfzig Jahren können durch die Aufzeichnungen Erinnerungen wachgerufen werden, die an den vertrauten Klang der Stimme gekoppelt sind. Medientechniken akustischer Verkörperung und Inszenierung sind in diesem Sinne Präsenztechniken, die räumliche und zeitliche Differenzen überwinden, um zu kommunizieren. Ihnen gelingt dies mit einer Intensität, wie sie vormals nur das Medium Schrift erzeugen konnte. Im Unterschied zur Schrift bezieht die Klangspeicherung ihren Sinn anfangs daraus, den Angehörigen und guten Bekannten – im Sinne Johnsons – ein Dokument der Person zu hinterlassen, das ihre Identität überliefert, soweit sich diese in der Stimme artikuliert und gleichzeitig Erinnerungen materialisiert. Denn indem ab 1877 die Klangspeicherung des Phonographen die Stimme als assoziierten Teil des Körpers materiell fixiert, wird ihre wichtige Funktion für individuelle und kollektive Erinnerungsprozesse durch die permanente Verfügbarkeit der historischen Aufnahme neu ins Bewusstsein gerufen.

An die Medientechniken akustischer Verkörperung durch Schallaufzeichnung schließen in der Folge künstlerische Techniken der Inszenierung an, die grundlegende Eigenschaften der Erzeugung von Präsenz reflektieren – wobei die technische Aufzeichnung der Stimme gleichzeitig eine Differenz markiert: Sie bringt in ihrem Klang auch zum Ausdruck, dass der Sprechende, dessen Stimme man hört, körperlich abwesend sein kann. Insofern erneuern die Medientechniken der Stimmaufzeichnung das Verhältnis von Präsenz und Absenz, Authentizität und Entfremdung (vgl. Gethmann 2014).

Der englische Dichter und Lautpoet Bob Cobbing fasst die Relevanz der Tonaufzeichnung durch die Medientechnik des Tonbandgeräts für die Literatur des 20. Jahrhunderts folgendermaßen: „Strangely enough, the invention of the taperecorder has given the poet back his voice. For, by listening to their voices on the tape-recorder, with its ability to amplify, slow down and speed up voice vibrations, poets have been able to analyse and then immensely improve their vocal resources. Where the tape-recorder leads, the human voice can follow" (Cobbing 1970, 26). Aufzeichnungen der Stimmen von Dichtern, die ihre eigenen Texte artikulieren, kommt eine besondere Bedeutung zu, wenn die Intonation, der atmosphärische stimmliche Ausdruck oder der musikalische Rhythmus eines Textes eine zentrale semantische Dimension ausmachen. Dies ist häufig bei Lesungen nichtnarrativer Texte der Fall, die aus sprachlichen oder typographischen Versatzstücken, aus lautpoetischem und in akustischer Hinsicht suggestivem Buchstabenmaterial bestehen, wie man sie zu Beginn des 20. Jahrhunderts bei den russischen und italienischen Futuristen und den Dadaisten findet. In den typographisch arrangierten Texten, für die Filippo Tommaso Marinetti den Terminus „parole in libertà" prägte (Schmidt-Bergmann 1993, 247–248), waren die Größe der Buchstaben, ihre spatiale Verteilung auf dem Papier und der Einsatz unterschiedlicher Typographien als ein überdeutlicher Hinweis auf ihre akustische Verkörperung und Performanz zu verstehen, sodass sich diese Texte auch als Partituren deuten ließen, die die Aufnahme einer Rezitation durch ihre Urheber zu einem besonders spannenden und authentischen Hörerlebnis machten (vgl. Lora-Totino 1989; Dachy 1999; *Alles Lalula* 1 und 2 2003). Hinsichtlich der musikalisch-stimmlichen Suggestivkraft radikalisierte Marinetti damit, was schon Stéphane Mallarmé 1897 in seinem typographisch gestalteten Gedicht „Un Coup de Dés n'abolira jamais le hasard" (Mallarmé 1998) angelegt hatte.

Mit der allgemeinen Einführung der Tonbandtechnik entstanden in den 1950er und 1960er Jahren wichtige lautpoetische Werke für und mit menschlichen Stimmen sowohl in literarischen als auch in musikalischen Kontexten. Die Tonbandtechnik verdrängte bereits Anfang der 1950er Jahre die vorherigen Systeme der Schallspeicherung wie Grammophon oder Stahlband in den europäischen Rundfunkstationen und ermöglichte mit tragbaren und immer günstigeren Geräten eine akustische Schallaufzeichnung für literarische, künstlerische oder musikalische Experimente in hoher Qualität auch außerhalb aufwändig eingerichteter und professionell ausgestatteter Studios. Sound Art, Radiokunst, akustische Poesie oder das Neue Hörspiel sind dabei nur einige der neuen Formen künstlerischen Ausdrucks, die von dieser Medientechnik profitierten, die Grenzen der traditionellen Gattungen und Disziplinen überwanden und sich von der Schrift als Speichermedium radikal lösten, um mit Klangaufzeichnung von Stimmen auf Tonband literarisch zu experimentieren. So bezeichnete Hans G. Helms sein Stimmen-Stück *Fa:m' Ahniesgwow* als „[e]xperimentelle Sprach-Musik-Komposition/Hörspiel" (Helms 1959–1960) und betonte damit den Umstand, dass Medientechniken der akustischen Verkörperung und Inszenierung jenseits der literaturwissenschaftlichen Fächergrenzen und der disziplinären Zuschreibungen eines Werks operierten. Ein solcher, intermediale Grenzüberschreitungen zwischen Literatur und Musik auflösender, Anspruch artikulierte sich schon in Otto Nebels *Unfeig – Eine Neun-Runen-Fuge. Zur Unzeit gegeigt* (Nebel 1923/1924) oder Kurt Schwitters' *Sonate in Urlauten* (Schwitters 1923–1932). Franz Mon hat das objektivierende Potenzial der künstlerischen Arbeit mit dem Tonband in seinem Text *Die Literatur im Schallraum* (1967) hinsichtlich der menschlichen Stimme prägnant zusammengefasst:

„Es [d. i. das Tonband] objektiviert den subjektiven Vollzug einer Sprechbewegung; es dient aber auch dazu, das phonetische Material zu bearbeiten, zu verformen, zu mischen und so weiter Typen eines völlig neuen Hör-Spiels, oder besser: Sprechspiels zeichnen sich ab, die die Möglichkeiten der Apparatur ausnutzen. Denn Schnitt, Blende, Mischung, Schichtung sind nicht nur – wie für das herkömmliche Hörspiel – technische Tricks, ein akustisches Szenarium abrollen zu lassen, sie entsprechen Formen des Sprachvollziehens selber – wenn man sie aus dem technischen ins kommunikative Vokabular überträgt, könnte man sie auf das Verstummen, Das-Wort-Abschneiden, In-Die Rede-Fallen, Überschreien, Einschmeicheln, Eines-Sinnes-Seins und worauf auch immer beziehen. Die technischen Handlungen selbst haben bereits eine Gestik, die mit der sprachlichen korrespondiert [...]. Diese vom Sprechen wie von der Apparatur angebotene Gestik kann für sich, ohne Bezug auf die übliche Handlung komponiert werden. Ja, der Apparat erschließt Möglichkeiten, mit den Sprechbewegungen in einer Weise zu verfahren, die uns sonst nicht in den Sinn kommt [...]. Er macht es nicht von selbst; das Tonband ist kein Automat, sondern ein Instrument, dessen Reichweite und Gesetzlichkeit man kennen muß, wie der Musiker die seines Instrumentes kennt" (Mon 1994a, 249–250).

Zur technisch-akustischen Verkörperung im Sinne Mons tragen primär solche Werke bei, die mit Tonband- und elektroakustischen Aufzeichnungen von organischen Stimmen arbeiten. In diesem Zusammenhang sind Tendenzen innerhalb der literarischen Tradition der Lautpoesie zu differenzieren: Zu dieser Zeit vor allem Lettrismus und Ultra-Lettrismus, aber auch die Werke einzelner Autoren wie Isidore Isou, Maurice Lemaître, Gil J. Wolman, François Dufrêne, Henri Chopin, Josef Anton Riedel, Carlfriedrich Claus, Franz Mon, Bob Cobbing, Bernard Heidsieck, Sten Hanson, Lars-Gunnar Bodin, Åke Hodell, Gerhard Rühm oder Ernst Jandl, die von unterschiedlichen Herangehensweisen, Verständnissen und inhaltlichen Schwerpunkten stimmlich-akustischer Poesie geprägt sind (vgl. *Revue ‚Ou'* 2002; *Text-Sound Compositions* 2005; *The Pioneers* 1992; *Homo Sonorus* 2001). Grundsätzlich zu unterscheiden sind dabei solche Ansätze und Werke, die auf lateinischem Buchstabenmaterial und/oder auf ergänzend entwickelten buchstabenähnlichen Codierungen für mitunter vorsprachliches stimmliches Material basieren (u. a. Röcheln, Hecheln, Schreie, Stöhnen, Kehllaute etc.), und solche Werke, die sich von der schrift(ähnlichen) Fixierung eines der Aufführung oder Aufnahme vorausgehenden Textes gänzlich lösen. Entsprechend unterscheiden sich lautpoetische Werke auch hinsichtlich ihres Einsatzes des Tonbands signifikant voneinander (vgl. Lentz 2000; Emons 2011; Scholz 1989; Scholz und Engeler 2002; Meyer 1993): Die Bandbreite reicht von der dokumentarischen Aufzeichnung von Realisationen notierter Texte oder improvisierten Stimmmaterials über solche Arbeiten, in denen live gesprochene Stimmen mit zuvor aufgezeichnetem Material kombiniert werden, bis hin zu solchen Werken, in denen Stimmaufzeichnungen als Ausgangspunkt für manuelle Bearbeitungen des Tonbands, für Manipulationen des Tonbandgeräts oder für elektroakustische

Stimmbearbeitungen und Verfremdungen dienen. Bei all diesen Varianten kommt der Medientechnik eine entscheidende Funktion zu, wie bereits Franz Mon feststellte: „Das Werk selbst existiert schließlich nur auf dem Band in authentischer Form" (Mon 1994b, 318). Hinsichtlich der künstlerischen Arbeit mit dem Tonband als Dispositiv der Aufzeichnung von Stimmmaterial, das sich einer anderweitigen Verschriftlichung jenseits der Tonbandaufzeichnung entzieht, lassen sich Arbeiten von François Dufrêne oder Henri Chopin als wegweisend bezeichnen. Gerade vor dem Hintergrund von Diskussionen über die Materialität von Literatur erschließen rein akustisch zu rezipierende Tonbandarbeiten eine neue Ebene, da sie die Diskrepanz zwischen dem Magnetband als materiellem Substrat und dem erst im Abspielen überhaupt und nur akustisch wahrnehmbaren Text zutage treten lassen sowie gleichzeitig die Grenzen und die Begrenztheit der alphabetischen Schriftkultur überschreiten.

Ein frühes und besonders bemerkenswertes Beispiel für die Synthese von Stimme und synthetischen Klängen in einer musikalischen Traditionslinie ist Karlheinz Stockhausens *Gesang der Jünglinge* (1955/1956), der auf gesungenen Vokalpartien eines zwölfjährigen Jungen basiert. Bei konzertanten Aufführungen dieses als Vierkanalstück angelegten Werks sind fünf Lautsprechergruppen rund um das Publikum verteilt. Wenige Jahre später entsteht Luciano Berios *Thema (Ommagio a Joyce)* (1958). „In dieser Arbeit", schreibt Berio, „verwendete ich keine elektronisch produzierten Klänge; die einzige Schallquelle ist eine Aufnahme von Cathy Berberians Stimme, die den Anfang des elften Kapitels von *Ulysses* liest. [...] Durch eine Auswahl und Neuanordnung der phonetischen und semantischen Elemente von Joyces Text nimmt Blooms Tag in Dublin eine neue Wendung, bei der nicht länger zwischen Worten und Klängen, zwischen Klängen und Rauschen, zwischen Poesie und Musik unterschieden werden kann" (Berio o. J. a; Übersetzung durch die Verfasser). Auch Berios Komposition *Visage* (1961) beruht auf einer Aufzeichnung der Stimme Berberians: „*Visage* bietet keinen bedeutungsvollen Text oder eine bedeutungsvolle Sprache: Es entwickelt nur ein Spiel der Ähnlichkeiten mit ihnen. [...] Die vokale Dimension dieser Arbeit wird kontinuierlich verstärkt und durch eine sehr enge Beziehung, fast einen organischen Austausch mit den elektronischen Klängen kommentiert" (Berio o. J. b; Übersetzung durch die Verfasser).

Das Näheverhältnis zwischen der akustischen Qualität von elektroakustischen Klängen und der von menschlichen Stimmen betont auch der Komponist und Mitbegründer des weltweit ersten Studios für elektronische Musik in Köln Herbert Eimert: „Von allen Klangspektren, die es gibt, ist das des gesprochenen Wortes nicht nur das reichste und komplexeste, sondern ohne Zweifel auch dasjenige, das den elektronischen Klangfarben am nächsten steht" (Eimert 2013 [1966]). Für sein Stück *Epitaph für Aikichi Kuboyama* (1960–1962), eine Komposition für

Sprecher und Sprachklänge, greift Eimert auf Klangmaterial zurück, das sich auf die deutsche Übersetzung der Grabinschrift des Widmungsträgers bezieht, der an den Folgen der Wasserstoffbombenexplosion auf dem Bikini-Atoll im Jahre 1954 verstorben ist. „Unter Verwendung elektronischer Mittel wie Lautsprecher, Magnetophon, Verstärker und Filter", so die Werkbeschreibung, „bleibt der Strom des gesprochenen Wortes unterirdisch immer vorhanden, als ob der Text der Grabinschrift in immer neuen Klangformen, Umformungen und Umstellungen am Ohr des Hörers vorbeiziehen würde" (Eimert 2013 [1966]).

Den genannten Werken von Stockhausen, Berio und Eimert ist gemein, dass ihnen menschliche Stimmen zugrunde liegen, die elektronisch verzerrt, verfremdet oder mit synthetischen Klängen ergänzt wurden. Unter Zuhilfenahme der technischen Möglichkeiten entstehen dabei stimmliche Effekte, die mit der organischen Stimme allein, mit den Stimmbändern des biologischen Sprechapparats, nicht zu erreichen sind. Auch Trevor Wishart, Steve Reich oder Luigi Nono haben sich mit Stimmaufzeichnungen beschäftigt. Hinsichtlich des kompositorisch experimentellen Umgangs mit Live-Stimmen ist in dieser Zeit einer allgemeinen Verfügbarkeit von Stimmenaufzeichnungstechniken an Kompositionen wie John Cages *Aria* (1958), Luciano Berios *Sequenza III* (1965) oder Cathy Berberians *Stripsody* (1966) zu denken, die sich – gleichermaßen mit Blick auf musikalische und literarische Traditionen – durch einen unkonventionellen Einsatz der menschlichen Stimme auszeichnen.

Die technischen Möglichkeiten elektroakustischer Stimmveränderungen und Modifikationen werden zu musikalischen und literarischen Stilmitteln. Das Magnetband ersetzt den menschlichen Körper als biologischen Träger der Stimme, die Lautsprecher als Klangquelle den Mund der Sprecher. Das Tonbandgerät, das den Zuhörern einschlägiger künstlerischer Inszenierungen und technischer Versuchsaufbauten der 1950er und 1960er Jahre entgegentritt, konfrontiert sie mit der Frage nach dem Zusammenspiel der Aufnahmen von natürlichem und technischem Körper sowie ebenfalls bereits mit der Option eines stimmerzeugenden Klanggenerators (Mills 2010). In dieser Zeit fungiert das Tonbandgerät als wichtigster Agent der Stimmenaufzeichnung und wird sowohl als literarisch-künstlerisches Medium wie auch als musikalisches Instrument der Klangerzeugung verwendet.

Eine Vergegenwärtigung der (raum-)akustischen Verkörperung von Stimmen ermöglicht schließlich Alvin Luciers klang-installative und performative Arbeit *I am Sitting in a Room* (1980), denn hier reflektiert die Stimme insbesondere die mediale Bedingung ihrer Verkörperung und der Inszenierung im Klangraum. Der Komponist nimmt hierzu seine Lesung eines kurzen Textes auf, spielt diese Aufnahme ab und zeichnet den abgespielten Text mit einem zweiten Tonbandgerät auf. Die neue Aufzeichnung wird erneut abgespielt und wiederum aufgezeichnet und so weiter. Der akustische Effekt dieses Verfahrens besteht darin, dass die Lesung bei jeder neuen Schleife der Aufzeichnung zunehmend unverständlicher wird und durch die sich verstärkenden Resonanzen des Raums die Qualität einer von der Semantik des ursprünglich aufgenommenen Textes losgelösten Sprachmelodie gewinnt. Der selbstreferenzielle und von Lucier für die Aufnahme vorgegebene Text lautet wie folgt: „I am sitting in a room different from the one you are in now. I am recording the sound of my speaking voice and I am going to play it back into the room again and again until the resonant frequencies of the room reinforce themselves so that any semblance of my speech, with perhaps the exception of rhythm, is destroyed. What you will hear, then, are the natural resonant frequencies of the room articulated by speech. I regard this activity not so much as a demonstration of a physical fact, but more as a way to smooth out any irregularities my speech might have" (Lucier 1980, 30). Luciers Werk lässt sich als ein Versuch verstehen, die sukzessive Verschmelzung von natürlichem und technischem Körper sowie stimmenreflektierendem Resonanzraum in einem ästhetischen Prozess akustisch nachvollziehbar zu machen. Schließlich bleibt es die Stimme, die den Raum artikuliert.

Indem der Stimmenklang medial reflektiert, bearbeitet und geschnitten werden kann, ohne seine akustische Dimension in ein symbolisches Aufzeichnungssystem übersetzen zu müssen, steht mit der Tonbandtechnik ab den 1950er Jahren ein Medium zur Verfügung, dessen technische Kapazität wie soziale Verbreitung geeignet ist, die unterschiedlichen Möglichkeiten der Inszenierung von akustischen Verkörperungen auf eine gänzlich neue Art und Weise an die Literatur und die Musik anzuschließen. Die Technik der Schallspeicherung und -bearbeitung tritt so in einen intensiven experimentellen Austausch mit überkommenen literarischen und musikalischen Formen. Die von der räumlichen und zeitlichen Synchronizität gelösten akustischen Verkörperungen – biologisch, technisch, spatial und synthetisierend – bieten neue klanglich-akustische Möglichkeiten zu ihrer Inszenierung an, deren künstlerisches Potenzial bis heute literarische wie akustische Experimente ermöglicht und herausfordert.

Literaturverzeichnis

Bergerac, Cyrano de. *Mondstaaten und Sonnenreiche. Phantastischer Roman* [1656]. München und Leipzig 1913.
Berio, Luciano. *Thema (Omaggio a Joyce) – Author's note*. http://www.lucianoberio.org/node/1503?948448529=1. o. J.a (15. Dezember 2019).
Berio, Luciano. *Visage – Author's note*. http://www.lucianoberio.org/node/1505?2019623839=1. o. J.b (26. Januar 2020).
Chopin, Henri. *Poésie sonore*. Paris 1979.

Cobbing, Bob. „Concrete Sound Poetry 1950–1970". *Klankteksten? Konkrete poëzie, visuele teksten*. Hrsg. von Liesbeth Crommelin. Amsterdam 1970: 25–34.
Crofrut, William. „The Papa of the Telegraph. An Afternoon with Edison, the Inventor of the Talking Machines". *New York Daily Graphic* (2. April 1878) [Reprint in: *The Papers of Thomas A. Edison*. Bd. 4: *The Wizard of Menlo Park 1878*. Hrsg. von Robert A. Rosenberg. Baltimore und London 1998: 213–220].
Eimert, Herbert. *Epitaph für Aikichi Kuboyama/Sechs Studien*. [1966] Mainz 2013. https://de.schott-music.com/shop/epitaph-fuer-aikichi-kuboyama-sechs-studien-no308908.html. (15.Februar 2020).
Emons, Hans. *Sprache als Musik*. Berlin 2011.
Gethmann, Daniel. „Anwesend/Abwesend. Formen der Präsenz in der Mikrophonie". *Zeitschrift für Medien- und Kulturforschung* 5.2 (2014): 225–232.
Helms, Hans G. *Fa:m' Ahniesgwow*. Köln 1959–1960.
Johnson, Edward H. „Letter to the Editor of the Scientific American". *Scientific American* (17. November 1877) [Reprint in: *The Papers of Thomas A. Edison*. Bd. 4: *The Wizard of Menlo Park 1878*. Hrsg. von Robert A. Rosenberg. Baltimore und London 1998: 615–618].
Klüppelholz, Werner. *Sprache als Musik. Studien zur Vokalkomposition bei Karlheinz Stockhausen, Hans G. Helms, Mauricio Kagel, Dieter Schnebel und György Ligeti*. Saarbrücken 1995.
Lentz, Michael. *Lautpoesie/-musik nach 1945. Eine kritisch-dokumentarische Bestandsaufnahme*. Wien 2000.
Lucier, Alvin. „I am sitting in a room". *Chambers*. Hrsg. von Alvin Lucier und Douglas Simon. Middletown, CT 1980: 29–39.
Mallarmé, Stéphane. „Un coup de Dés jamais n'abolira le Hasard". *Œuvres complète*. Bd 1. Hrsg. von Bertrand Marchal. Paris 1998: 365–387.
Meyer, Petra Maria. *Die Stimme und ihre Schrift. Die Graphophonie der akustischen Kunst*. Wien 1993.
Mills, Mara. „Medien und Prothesen. Über den künstlichen Kehlkopf und den Vocoder". *Klangmaschinen zwischen Experiment und Medientechnik*. Hrsg. von Daniel Gethmann. Bielefeld 2010: 127–152.
Mon, Franz. „Literatur im Schallraum. Zur Entwicklung der phonetischen Poesie". *Essays, Gesammelte Texte*. Bd. 1. Berlin 1994a: 240–251.
Mon, Franz. „Die Literatur zwischen den Stühlen". *Essays, Gesammelte Texte*. Bd. 1. Berlin 1994b: 302–321.
Rivière, Jean-Loup. „Das Vage der Luft". *Das Schwinden der Sinne*. Hrsg. von Dietmar Kamper und Christoph Wulf. Frankfurt am Main 1984: 99–111.
Schmidt-Bergmann, Hansgeorg. *Futurismus. Geschichte, Ästhetik, Dokumente*. Reinbek bei Hamburg 1993.
Scholz, Christian. *Untersuchungen zur Geschichte und Typologie der Lautpoesie*. Obermichelbach 1989.
Scholz, Christian, und Urs Engeler. *Fümms Bö Wö Tää Zää Uu. Stimmen und Klänge der Lautpoesie*. Basel 2002.

Klangaufnahmen zur Geschichte der Lautpoesie:
Alles Lalula 1. Songs und Poeme. Hrsg. von Wolfgang Hörner und Herbert Kapfer. Frankfurt am Main 2003.

Alles Lalula 2. Songs und Poeme von der Beat-Generation bis heute. Hrsg. von Wolfgang Hörner und Herbert Kapfer. Frankfurt am Main 2003.
Futura, Poesia Sonora. Critical-Historical Anthology of Sound Poetry. Hrsg. von Arrigo Lora-Totino. Mailand 1989.
Homo Sonorus. An International Anthology of Sound Poetry. Hrsg. von Dmitry Bulatov. Kaliningrad 2001.
Lunapark 0,10. Hrsg. von Marc Dachy. Brüssel 1999.
Revue ‚Ou'. Hrsg. von Henri Chopin. Mailand 2002.
Text-Sound Compositions. Stockholm 2005.
The Pioneers. Five Text-Sound-Artists. Stockholm 1992.

2.7. Audioliteratur: Hörspiel – Hörbuch
Natalie Binczek

1. Das Hörspiel

Mit dem Begriff ‚Audioliteratur' sollen literarische Texte und Formen bezeichnet werden, die im Modus des Hörbaren, also als akustische Literatur (vgl. 2.4. SCHMITZ-EMANS) realisiert sowie rezipiert werden. Mithin sind sie konstitutiv auf auditive Mitteilungen und deren Wahrnehmung beziehungsweise Deutung angewiesen. Das Hörspiel und das Hörbuch bilden in diesem Kontext zwei zentrale Kategorien. Im Unterschied etwa zum Poetry Slam (vgl. 4.18. BENTHIEN UND PRANGE), der auch eine wichtige Form gegenwärtiger Audioliteratur darstellt, sind sie jedoch an besondere medientechnische Voraussetzungen ihrer Produktion und Distribution gebunden.

Das Hörspiel (vgl. 4.11. SCHWERING, 4.12. HAGEN, 4.13. SARKOWICZ, 4.14. GERLOF und 4.15. BANNASCH) ist eine radiophone, vor allem dem Drama (vgl. 4.10. KOLESCH) nahestehende Gattung. Es lässt sich auch als ein hörfunkspezifisches Format (Sterne 2012; Gitelman 2014) beschreiben und damit stärker von der medientechnischen Disposition seiner Entstehung und Veröffentlichung her bestimmen (Hagen 2005, 283–286). Vom Hörbuch beziehungsweise Audiobook unterscheidet es sich kategorial, insofern dieses zunächst einmal ein Tonträgermedium darstellt, welches für die Aufzeichnung und Reproduktion verschiedenster akustischer Genres und Formate genutzt werden kann. So bilden Hörspiele zwar ein wichtiges Segment der Hörbuchproduktion, die überwiegende Zahl der Hörbuchveröffentlichungen erfolgt jedoch in Form einer Lesung (vgl. 4.5. MAYE und 4.6. MEYER-KALKUS). Aufgrund dieses Umstandes wird die Bezeichnung ‚Hörbuch' gelegentlich als eine Art Gattungsbegriff verwendet, mit dem medientechnisch aufgezeichnete, bearbeitete und reproduzierbare Lesungen gemeint sind. Auch wenn die Engführung von Tonträgermedium und Lesung sachlich nicht korrekt ist, muss gleichwohl konzediert werden, dass es zwischen beiden eine enge Beziehung gibt. Nicht zuletzt hat die Konjunktur des Hörbuchs seit den 1990er Jahren die insbesondere literaturwissenschaftlich intensive Beschäftigung mit der Autoren- und Dichterlesung (z. B. Böhm 2003) stimuliert.

Die Mediengeschichte des Hörspiels ist an die Medientechnologie des Hörfunks gebunden, dessen technische Voraussetzung in der Umwandlung von Schallenergie in elektrische Energie besteht. Durch elektromagnetische Strahlen werden drahtlos, also per Funk, akustische Signale von einem Sender zu einem

Empfänger übertragen. Für die Etablierung und Entwicklung des Hörspiels sind stets auch die institutions- und programmgeschichtlichen Zusammenhänge des Hör- beziehungsweise Rundfunks bedeutsam gewesen (vgl. Marchal 2004; Kleinsteuber 2011). Das erste deutschsprachige Hörspiel ist im Frankfurter Sender am 24. Oktober 1924 uraufgeführt worden: Hans Fleschs *Zauberei auf dem Sender* gewährt in humoristischer Weise einen fiktiven Einblick hinter die Kulissen einer Hörfunkproduktion (vgl. 4.12. HAGEN), die von Unwägbarkeiten und Störungen unterschiedlichster Art heimgesucht wird.

Bis 1946 sind Hörspiele in Hörfunkstudios produziert und live gesendet worden. In einigen Fällen wurde die Sendung von den Hörfunkanstalten gleichzeitig mitstenographiert. Aufgrund dieser Struktur gilt zumindest für die Anfangsphase des Formats, dass es sich von einem Hörbuch im Sinne eines akustisch konservierten und daher immer wieder reproduzierbaren Textes grundlegend unterscheidet. In seinen Anfängen funktioniert das Hörspiel vielmehr als eine einmalige, nie identisch wiederholbare akustische Aufführung. Diesbezüglich knüpft es an die seit den 1920er Jahren vom Hörfunk erprobte Idee literarischer Improvisation an, die sich um eine Revitalisierung oraler Kulturen bemühte. Nicht selten aber handelte es sich dabei um bloße Simulationen, da abgelesene Texte als Spontanrede beziehungsweise -gespräch lediglich inszeniert wurden (Gethmann 2006, 116–118).

Erst seit den 1950er Jahren werden Hörspiele auch konserviert, zunächst auf Tonbändern, später als Kassette und heute digital. Dadurch werden nicht nur Wiederholungen von Ausstrahlungen der Hörspielproduktionen ermöglicht, sondern auch die Grundlage für vom Hörfunkprogramm unabhängig verlaufende Vertriebswege geschaffen, durch welche die Hörspiele zu einem Teil der Hörbuchgeschichte werden. Seitdem können Hörspiele als Tonträger käuflich erworben werden, in einigen Fällen sogar vor dem Erstausstrahlungstermin im Hörfunk. Zahlreiche Hörspiele entstehen in Coproduktion mit Hörbuchverlagen, über die sie in den Handel gelangen. Umgekehrt entstehen viele Autorenlesungen in Coproduktion mit Hörfunkanstalten, weshalb sie sowohl im Hörfunk gesendet als auch als Hörbücher veröffentlicht werden (Köhler 2005). Inzwischen werden Hörspiele überdies für eine gewisse Zeit als Podcasts von den Rundfunkanstalten zur Verfügung gestellt und Hörbücher als Downloaddateien zugänglich gemacht.

Der Begriff ‚Hörspiel' geht auf Hans Siebert von Heister zurück, der ihn 1924 in der von ihm herausgegebenen Zeitschrift *Der deutsche Rundfunk* zur Bezeichnung funkdramatischer Bearbeitungen von Theateraufführungen vorschlägt. Nachdem sich der Terminus allmählich gegen konkurrierende Begriffe wie ‚Funkdrama', ‚Sendungs- und Funkspiel' durchgesetzt hat, nimmt er die heute noch gültige Bedeutung an. Unterschieden werden grundsätzlich Hörspieladaptionen, die auf einer in der Regel zuvor als Buch erschienenen Textvorlage beruhen und diese hörspieladäquat umsetzen, von Originalhörspielen, die eigens für die Radioinszenierung konzipiert und verfasst worden sind. Zudem unterscheiden sich Hörspiele durch ihre Nähe zu fiktiven Darstellungsformen vom Feature (vgl. 4.16. ÄCHTLER) als einem tendenziell dokumentarischen Format, das daher eher der journalistischen denn der literarischen ‚Schreibweise' zugerechnet wird. Konstitutiv für die poetologische Bestimmung des Hörspiels ist von Anbeginn die Frage, ob es als eine autonome, mit dem Rundfunk eng verknüpfte und nur ihm eigene Kunstform – durchaus in der Tradition seiner Auffassung als „Krönung des Funks" (Kolb 1931/1932) – oder als eine besondere, außerhalb des Buchmediums operierende literarische Form verstanden wird, wie es Alfred Döblin bereits 1929 forderte (Döblin 1989). Vor allem in den 1950er Jahren gibt es eine intensive Zusammenarbeit zwischen Literatur und Hörspiel, welche die Poetik des sogenannten literarischen Hörspiels (Schwitzke 1963) begründet und dieses zumindest temporär als literarische Gattung festschreibt. Klassiker und Vorbild für die Hörspielproduktionen der Zeit sind Günter Eichs *Träume* (NWDR 1951). Aber auch andere Autoren dieser Genration, Ilse Aichinger, Ingeborg Bachmann oder Heinrich Böll, um nur einige prominente Namen zu nennen, kooperieren aufs Engste mit dem zeitgenössischen Hörfunk und erproben durch diese Tätigkeit nicht nur neue Möglichkeiten des Hörspiels, sondern erweitern zugleich auch die Poetik ihres im engeren Sinn literarischen Schreibens.

Obgleich die Hörspielproduktion des sogenannten Neuen Hörspiels (Schöning 1969) der 1960er Jahre weiterhin von literarischen Autoren dominiert wird, findet zeitgleich auch eine Öffnung und Neubestimmung der Gattung statt: Der Fokus liegt nämlich nicht mehr ausschließlich auf dem Sprach- und Wortkunstwerk. Verstärkt experimentieren die Autoren und Produzenten vielmehr mit nonverbalen akustischen Elementen und betreiben damit eine Weiterentwicklung des Hörspiels, die im Schlagwort ‚totales Schallspiel' (Knilli 1961) ihren Ausdruck findet. Fortwährende Verweise auf die medientechnischen Voraussetzungen ihres Zustandekommens gehören zum erweiterten stilistischen Repertoire der im Hörspiel der Zeit verwendeten Formensprache. So werden in dem von Ernst Jandl und Friederike Mayröcker verfassten Hörspiel *Fünf Mann Menschen* (SWF 1968) der Ton, die Geräusche und die Stimmen als technisch erzeugte Schall- beziehungsweise Soundeffekte kenntlich gemacht. Dabei wird die Autorität des sprachlichen Ausdrucks im Kontext des gesamtakustischen Schallspiels depotenziert. Zum Ende der 1960er und zu Beginn der 1970er Jahre prägt überdies der meistens in Form von Collagen erfolgende Einsatz des O-Tons – zum Beispiel in Paul Wührs *Preislied* (BR/NDR 1971) – die Ästhetik des Hörspiels. Zugleich wird das Hörspiel durch eine intensive Kooperation mit Musikern, wie im Fall von Mauricio Kagels Hörspiel *Ein Aufnahmezustand* (WDR 1969), von der Festlegung als literarisches Radioformat gelöst.

2. Das Hörbuch

Das Hörbuch verdankt sich ursprünglich den technischen Möglichkeiten der analogen Schallaufzeichnung und -reproduktion, die seit den 1990er Jahren weitgehend durch digitale Verfahren ersetzt worden ist. Es baut letztlich auf Thomas Alva Edisons Phonographen auf (Jüttemann 1979; Hiebler 1999; Hiebler 2005; Gauß 2009; vgl. auch 4.8. BÜHLER). Zwar können Audioaufnahmen auf Tonwalzen und Wachsplatten als Vorformen des Hörbuchs angesehen werden (Rühr 2008, 44), jedoch beginnt die Geschichte dieses Trägermediums im engeren Sinn mit Schallplattenaufnahmen. Für den deutschsprachigen Raum wird in diesem Kontext als eines der ersten erfolgreichen Hörbücher die bei der Produktionsfirma Deutsche Grammophon um 1955 erschienene Aufnahme der Inszenierung *Faust. Teil 1* von und mit Gustaf Gründgens immer wieder genannt. Bereits in den 1920er Jahren jedoch vertreiben Schallplattenfirmen Aufnahmen literarischer Lesungen. So haben bereits in der frühen Phase der Audiovermarktung Schriftsteller wie Hugo von Hofmannsthal, Thomas Mann oder Döblin ihre Texte selbst eingelesen (Tgahrt 1989; Tgahrt 1995). In Zusammenarbeit mit Theatern wurden in den 1950er Jahren auch Theaterinszenierungen auf Schallplatte aufgenommen und veröffentlicht. Nach der Schallplatte wurden in der Zeit von den frühen 1970er bis in die späten 1990er Jahre Hörbücher vorzugsweise auf Musikkassetten und damit auf einem elektromagnetischen Tonträger publiziert. Abgelöst wurde diese Technologie Ende der 1990er Jahre von der beschreibbaren CD-R, die sich als Audioaufnahmemedium bis heute durchsetzte und ihrerseits in den 2000er Jahren von der MP3-Technologie Konkurrenz erhielt. Indes ist hervorzuheben, dass mit der Umstellung von der Musikkassette auf die digitalen Technologien CD und MP3 die Produktion des Hörbuchs einen enormen Aufschwung erfuhr (vgl. mit Bezug auf den Hörfunk Schätzlein 2004, 402–414).

Die Bezeichnung ‚Hörbuch' geht auf die 1954 gegründete Blindenhörbücherei zurück und bezieht sich zunächst auf akustische Aufnahmen von Lesungen zuvor in Buchform erschienener Texte. Dabei unterscheidet sich das ursprüngliche Blindenbuch vom kommerziellen, seit den 1990er Jahren an Popularität gewinnenden Hörbuch dahingehend, dass es eine möglichst getreue Wiedergabe der Druckvorlage anstrebt und deshalb sowohl die Seitenzahlen als auch die Absatzzäsuren des schriftlichen Bezugstextes sprachlich markiert. Die kommerziellen Hörbuchprojekte verfolgen demgegenüber eine eigenständige Vorlesepoetik, die den akustisch aufgezeichneten Text nicht nur als akustische Reproduktion oder Zweitverwertung, sondern auch als spezifische tonale Interpretation des Ausgangstextes mit dem Anspruch auf ästhetischen Eigenwert konzipiert (Schnickmann 2007; Häusermann, Janz-Peschke und Rühr 2010; Mütherig 2015). Deutlich tritt dies darin zutage, dass viele Lesungen unter der Mitwirkung von zum Teil namhaften, auf dem Cover des Hörbuchs dementsprechend kreditierten Schauspielerinnen und Schauspielern entstehen und es von denselben Texten in einigen Fällen mehrere Adaptionen geben kann. Von Franz Kafkas *Der Prozeß* gibt es unter anderem die Lesung von Gert Westphal (Der Hörverlag 2018), von Peter Matić (Audioverlag 2017) und von Sven Regener (Tacheles 2016). Rainer Maria Rilkes *Duineser Elegien* etwa wurden von Otto Clemens (Preiser Records 2002) und in einer von Hans Peter Hallwachs eingesprochenen, 2016 bei Aragon erschienenen Fassung adaptiert. Rilke ist zudem ein prägnantes Beispiel, weil zahlreiche seiner Gedichte in dem überaus erfolgreich von Schönherz & Fleer produzierten, vier Alben umfassenden *Rilke Projekt* (Rilke Projekt I: 2001; Rilke Projekt II: 2002; Rilke Projekt III: 2004; Rilke Projekt IV: 2010) von prominenten deutschen Schauspielerinnen und Schauspielern deklamiert, musikalisch untermalt und von Musikerinnen und Musikern vertont worden sind. Rilkes Lyrik wird hier in zweifacher Hinsicht, prosodisch und musikalisch, interpretiert und dabei gewissermaßen aktualisiert, wenn nicht sogar zum Teil auch neu erfunden.

Zahlreiche Klassiker werden sowohl als Lesungen als auch als dramaturgisch bearbeitete Hörspiele im Audiobook-Format veröffentlicht. So liegt beispielsweise Thomas Manns *Der Zauberberg* in mehreren Varianten vor. Neben der bekannten, bei Deutsche Grammophon 2005 publizierten, vom NDR bereits 1983 produzierten und ausgestrahlten von Westphal gelesenen Fassung erschien unter der Regie von Ulrich Lampen im Hörverlag 2007 auch eine Hörspielbearbeitung des Romans, an der unter anderem Udo Samel, Konstantin Graudus und Felix von Manteuffel mitwirken. Solche Doppelbearbeitungen gibt es unter anderem von Kafkas *Das Schloss*, Robert Musils *Der Mann ohne Eigenschaften* oder Döblins *Berlin Alexanderplatz*. Die meisten Hörbuchproduktionen fallen unter die Kategorie ‚Adaption', weshalb diese im Kontext der hier entfalteten Überlegungen von auch ästhetisch grundlegender Bedeutung ist (Hutcheon 2006). Zuerst im Druck erschiene Texte werden in multiplen Formen und Formaten, als Lesung, als musikalische Vertonung oder als Hörspiel in ein audioliterales Ereignis übersetzt, das eigene ästhetische Interessen verfolgt, neue Interpretationen eines Referenztextes anbietet und diese – als Hörbuch – konserviert.

Einen besonderen Status weisen Autorenlesungen auf. Von Adaption beziehungsweise Bearbeitung eines Ursprungstextes lässt sich dabei nur bedingt sprechen. Im Unterschied zu Lesungen durch Schauspieler und von Regisseuren entwickelten Hörspielbearbeitungen suggerieren sie nämlich eine inszenatorische Zurückhaltung gegenüber dem vorgelesenen Text. Dies hängt mit der immer noch wirkmächtigen, einem emphatischen Verständnis der Autorstimme korrespondierenden Textauffassung zusammen, die unter dem Vorzeichen einer ‚akroamatischen Hermeneutik' (Riedel 1990) den sich selbst vorlesenden Autor mit dem Versprechen auktorialer Authentizität (Zeller 2010) auftreten lässt. Die

Audioaufzeichnungen einer Autorstimme sind trotz ihrer medientechnischen Grundlegung an die Ideologie des Phonozentrismus gebunden. Dieser zufolge wird Autorenlesungen eine unmittelbare Beziehung zur Bedeutung des jeweils vorgelesenen Textes zugeschrieben. So gelten Lesungen, die von Schauspielern auf- beziehungsweise durchgeführt werden, als interpretatorischer, von außen vorgenommener Eingriff in den Text, wohingegen eine Autorenlesung tendenziell als eine mit diesem Text identische, in der Stimme des Verfassers materialisierte Fassung verstanden wird.

Grundsätzlich lässt sich festhalten, dass die Audiokultur mit den audiophonen Medientechnologien der zweiten Hälfte des 19. Jahrhunderts, vor allem mithilfe des Phonographen und dann des Grammophons, nicht mehr nur alphanumerisch codiert, sondern auditiv aufgezeichnet und reproduziert werden konnte. Als Besonderheit dieser Medientechniken ist hervorzuheben, dass sie neben sinnhaften Lauten und sprachlichen Mitteilungen auch Artikulationsfehler, Pausen, Dehnungen oder das Stottern, Versprecher etc. sowie nicht zuletzt das Hintergrundrauschen festhalten. Dazu können sich literarische Hörbuch-, aber auch Hörspielproduktionen jeweils unterschiedlich verhalten: Sei es, dass sie in O-Ton-Aufnahmen die Störungen des Sprechvorgangs als selbstreflexive Dokumente der Aufnahmesituation zur Darstellung bringen und als spezifische Mitteilungselemente beibehalten, sei es, dass im Tonstudio sowie in der Postproduktion alle zufälligen Hintergrundgeräusche ausgeblendet werden; sei es schließlich, dass Geräusche, die an O-Töne erinnern beziehungsweise ihnen nachempfunden sind, im Studio erst simuliert werden.

Für die Literatur ist in diesem Zusammenhang nicht unerheblich, dass die analogen Aufzeichnungstechnologien des Auditiven das Sprechen im Unterschied zur schriftlichen Fixierung der Sprache als einen Prozess hörbar machen, der unterschiedliche Sprechweisen, Dialekte und Ethno- sowie Soziolekte aufweist und zu vergleichen ermöglicht. Wie im Theater bringen sie Sprache nur im Sprechvollzug und mithin in einer Physiognomie zum Ausdruck, die sich entweder nach den geforderten Standards der Hochlautung, die mit dem Ideal artikulatorischer Neutralität einhergeht, richtet oder aber einen Kultur-, Milieu- und Regionalbezug erkennen lässt, wie ihn der artikulatorische Akzent jeweils verkörpert (vgl. dazu 3.2. DEMBECK). Infrage steht dabei, inwiefern es überhaupt eine neutrale und damit akzentfreie Aussprache gibt. Bis ins 19. Jahrhundert hinein ist die gesprochene Sprache weitgehend an die einzelnen Dialekte geknüpft gewesen, und das Neuhochdeutsche stellte ein vor allem für die Schriftsprache geltendes Reglement dar. Noch 1898 wird eine Vereinheitlichung der deutschen Aussprache auf den Theaterbühnen gefordert und zugleich aus unterschiedlichen Theatersprachen eine artikulatorische Hochsprache synthetisiert, die wiederum in Schulen gelehrt wird (Tkaczyk 2017). Die Entwicklung von unterschiedlichen Theatersprachen, wie sie beispielsweise mit dem ‚Burgtheaterdeutsch' bezeichnet und maßgeblich durch eine spezifische Prosodie charakterisiert wird (Peter 2004), sowie die Herausbildung besonderer Rezitations- und Deklamationsstile weisen darauf hin, dass Literatur immer auch eigene rhetorische Artikulationsstile hervorgebracht und kultiviert hat (Weithase 1940). Eine audiokulturhistorische Perspektive auf literarische Sprechpraktiken muss daher nicht nur die unterschiedlichen Traditionen des Sprechens in kulturhistorischer (Meyer-Kalkus 2001), rhetorischer und ästhetischer Hinsicht berücksichtigen (Meyer-Kalkus 2008). In Anlehnung an den schon um 1900 erfolgten Einsatz der Audioaufzeichnung durch die Ethnologie (Stangl 2000) lässt sich vielmehr auch für Tondokumente literarischer Provenienz eine ethnographische Perspektive einnehmen.

3. Poetik des Hörbuchs

Die Hörbuchforschung knüpft nur lose an die Hörspielforschung an. Das hängt nicht zuletzt damit zusammen, dass diese sich entweder auf eine überblicksartige Rekonstruktion der historischen Entwicklung des Genres (z. B. Würffel 1978; Ladler 2001; Krug 2008) sowie auf einzelne Epochen (z. B. Weichselbaumer 2007; Huwiler 2005) konzentriert oder auf die Analyse einzelner Hörspiele ausrichtet, weshalb gemeinsame Perspektiven fehlen. Systematische Fragestellungen nach den spezifischen audioliteralen und akustischen Strukturen sind nur am Rande erörtert worden. Vor allem lässt sich ein Fokus auf gattungstypologische Überlegungen feststellen. Dabei prägen Bemühungen um die ästhetische Erfassung der spezifischen akustischen – im Gegensatz zur visuellen – Rezeptivität (Arnheim 2001) und Kommunikationsform des Rundfunks (Brecht 1968) von Anbeginn die Hörspielforschung. Allerdings sind damit bis heute auch weitgehend unerfüllt gebliebene Desiderate angesprochen. Die literaturwissenschaftliche Beschäftigung mit dem Hörspiel wurde über lange Zeit von der Referenz auf den schriftlichen Text dominiert. Dem Regisseur und den Sprechern, mithin der performativen Dimension der jeweiligen Hörspiele, wurde nur selten Aufmerksamkeit zuteil.

Die aktuelle, an Audioliteratur interessierte Forschung der letzten Jahre aber setzt einen anderen Akzent, indem sie tendenziell von den gattungstypologischen Unterschieden zwischen dem klassischen Hörspiel, den Hörbuchlesungen oder Features absieht, um stattdessen die performativen Dimensionen des Sounds (Herrmann 2015; Pinto 2012; Pinto 2017) und seiner Erzählmöglichkeiten (Huwiler 2016) zu beschreiben. Als obsolet erweist sich vor diesem Hintergrund auch die Frage, ob das Hörspiel als eine mit dem Rundfunk eng verknüpfte und nur ihm eigene Kunstform oder doch als eine besondere, außerhalb des Buchmediums operierende literarische Form zu bestimmen sei. Aufgrund der vielfach zwischen literarischen und den Hörbuchverlagen sowie dem Rundfunk bestehenden Kooperationen bei der Aufnahme und dem Vertrieb von Hörspielen und Lesungen als Hörbuch verschiebt sich die Perspektive. Deutlich wird, dass es hierbei nicht um eine Konkurrenzbeziehung geht, sondern um dichte Vernetzungen und mediale Konvergenzen. So haben sich bestimmte Hörfunkanstalten, beispielsweise die Abteilung ‚Hörspiel und Medienkunst' des Bayerischen Rundfunks, immer auch um eigene ästhetische Formen der akustischen Inszenierung bemüht, die die Gattungsgrenzen zwischen Lesung und Hörspiel zugunsten neuer audioliterarischer Formen auflösen. Beispielhaft ist dies von dem von Katarina Agathos und Herbert Kapfer herausgegebenen und als Hörbuch beim Hörverlag und belleville Verlag 2004 veröffentlichten Projekt *Robert Musil. Der Mann ohne Eigenschaften. Remix* umgesetzt worden. Hier werden szenische Lesungen des Romans durch Schauspielerinnen und Schauspieler mit kommentierenden Stellungnahmen von Literaturwissenschaftlerinnen und Literaturwissenschaftlern flankiert sowie durch neue literarische, eigens für dieses Projekt verfasste Texte – Elfriede Jelineks Erzählung „Moosbrugger will nichts von sich wissen" – erweitert. Neben der Rundfunkdistribution als Sendung und Podcast hinaus ist der *Remix* auch als bimediales, das heißt CDs und ein gedrucktes Buch umfassendes Hörbuch in den Handel gelangt (Herbert Kapfer war nicht nur Leiter der Abteilung ‚Hörspiel und Medienkunst' des Bayerischen Rundfunks, sondern ist ebenfalls Herausgeber der Reihe *intermedium records*, die u. a. die Produktionen des Bayerischen Rundfunks veröffentlicht und verkauft).

Seit einigen Jahren lässt sich auch eine rege, aus der Buch-, Literatur- und Theaterwissenschaft kommende Hörbuchforschung beobachten (vgl. u. a. Rühr 2008; Binczek und Epping-Jäger 2012; Binczek und Epping-Jäger 2014; Bung und Schrödl 2017). Die verschiedenen disziplinären Perspektiven tragen unterschiedliche Forschungsinteressen und -fragen in die Debatte hinein. Literaturwissenschaftlich sind Überlegungen zum intermodalen Zusammenhang der ‚Audioliteralität' (Jäger 2014) von besonderer Relevanz, also die Beziehung zwischen der schriftlichen Bindung und mündlichen Realisation der Audiobooks: Im Fokus steht dabei die Frage, wie sich die technisch reproduzierbare, in der Regel auf schriftlichen Vorlagen beruhende ‚Mündlichkeit' beschreiben lässt. Das Konzept der ‚sekundären Oralität' (Ong 1987) trifft das Phänomen kaum, handelt es sich doch bei einem Hörbuch um ein Medium, das die Stimme und andere akustische Mitteilungselemente mit der Schrift verbindet. Nicht nur kommt ein Hörbuch niemals ausschließlich mit hörbaren Zeichen aus; Booklets und CD-Cover, aber auch die Titelanzeigen auf dem Display sind einige der wichtigen schriftlichen Peritexte von Hörbüchern. Vielmehr sind alle Hörbuchprojekte, selbst diejenigen, die nicht unmittelbar auf einer schriftlichen Vorlage beruhen und als Adaption bestimmbar sind, an Erzähltraditionen und Texte einer schriftlich gefassten und praktizierten Literatur gebunden. Hörbücher führen die Unauflösbarkeit von Schrift und mündlicher Rede geradezu vor. Zugleich zeigen sie jedoch auch die textanalytische Asymmetrie auf, der zufolge die Beschreibung, man könnte auch sagen: die Lektüre der akustischen Mitteilungsformen im Vergleich zum Interpretationsinstrumentarium, das auf schriftlich verfasste Texte angewandt wird, ungleich undifferenzierter ist. Oft wird das Feld der akustischen Wahrnehmungen gemäß einem in das 18. Jahrhundert zurückreichenden anthropologischen Schema als Grenze kommunikativen Verstehens hypostasiert. Akustische Äußerungen – auch diejenigen der Stimme – gelten demnach als affektive Werte (Schulze 2012) oder werden als asemantischer Ausdruck einer Körperlichkeit (im Anschluss an Barthes 1990) aufgefasst. Für einen literaturwissenschaftlich produktiven Umgang mit Hörbuchprojekten ist es demgegenüber unabdingbar, die Signifikationsleistungen und -prozesse des Hörbaren im Anschluss an Forschungen zur Geschichte der Vortragskunst und Autorenlesung (Müller 2007; Perrig 2009; Maye 2012) zu entfalten. Aufgabe einer literaturwissenschaftlichen Hörbuchforschung besteht demnach darin, im Kontext audiokultureller und -historischer Zusammenhänge akustische Mitteilungen auf ihre bedeutungsschaffenden Markierungen hin zu bestimmen.

Einen wichtigen Anstoß zur Entstehung einer literaturwissenschaftlichen Hörbuchforschung bot das 2007 im Supposé-Verlag erschienene Projekt *Ein Sommer, der bleibt. Peter Kurzeck erzählt das Dorf seiner Kindheit* (Binczek 2012; Döring 2018). Die als mündliche Improvisation inszenierte, de facto aber auf ein Gespräch zwischen dem Erzähler und dem Verleger Klaus Sander, dessen Fragen allerdings herausgeschnitten wurden, zurückgehende Erzählung ist eigens für die Hörbuchveröffentlichung konzipiert worden. Zumindest im deutschsprachigen Literaturraum gilt dieses als das erste nichtadaptive und damit eigenständige Hörbuchprojekt. Auch wenn Kurzeck im Titel des Projekts als Erzähler ausgewiesen wird, geht diese Erzählung auf ein Gespräch zurück, das aber nicht vollständig wiedergegeben wird. Sander – auf dem Cover des Hörbuchs für dessen „Konzeption, Regie und Produktion" verantwortlich genannt – blendet seinen Sprechpart aus dem Projekt aus, womit sein spezifischer Beitrag zur Erzählung nicht mehr im Einzelnen nachvollziehbar ist. Stattdessen werden nur die Sprechteile Kurzecks verwendet und zu einem mündlichen Text zusammenmontiert, der die Tradition improvisierter Narration wiederzubeleben scheint. *Ein Sommer, der bleibt* löst die Einheit der Autorschaft in zwei Funktionen auf: Es gibt einen für die Konzeption des Hörprojekts Verantwortlichen und einen Erzähler. Dieser nimmt nicht nur die Gesprächsangebote und -anregungen Sanders' auf, sondern knüpft dabei immer wieder auch an seine eigenen Romane an, denen wiederum stilistische Besonderheiten der oralen Tradition eigen sind (Döring 1996). Auf diese Weise ist das

Hörbuch in intertextueller Hinsicht mit dem schriftlich veröffentlichten Romanwerk des Autors eng verwoben.

Die Aufmachung der CD-Box ist aufwändig gestaltet. Dabei lehnt sie sich an die paratextuellen Usancen des Buchs an (Binczek 2012, 63–65), um sie jedoch in der Rekontextualisierung pointiert umzudeuten und in die Struktur akustischer Kommunikation (Wirth 2014) zu übersetzen. Somit wird die Frage aufgeworfen, ob und inwiefern ein Hörbuch auch ein Buch ist. Dass in einer Buchpublikation beispielsweise die Paratextangaben „Konzeption, Regie und Produktion" in der Regel nicht gegeben sind, verweist auf eine Neubestimmung des parergonalen Rahmens (Wirth 2013), die das Hörbuch vornimmt, ebenso wie auf die Tatsache, dass hier eine eindeutige Autorangabe fehlt und der Name „Peter Kurzeck", der grundsätzlich ein Autorname ist, in den Untertitel rückt, wo er mit der Funktion der Erzählung zusammengeführt wird. *Ein Sommer, der bleibt* lässt sich nur verstehen, wenn die vielfältigen schriftlichen Bezüge in der Analyse der mündlichen Erzählung berücksichtigt werden. Das aber erfordert vor allem auch eine Präzision in der Beschreibung der besonderen Sprechweise Kurzecks, die einerseits eine dialektale Färbung aufweist, mit der die regionale Verortung der Kindheitserzählung – in Staufenberg bei Gießen – zum Ausdruck gebracht, mehr noch: mit welcher der regionale Bezug gleichsam artikulatorisch performiert wird. Andererseits muss auch den individuellen Charakteristika des Erzählstils, den besonderen Betonungen, den Unterbrechungen in der Satzstruktur, den Wiederholungen, eingeschobenen Lachern, Denkpausen und dem gelegentlichen Stottern Kurzecks Rechnung getragen werden. All diese Elemente bilden die Grundlage einer Prosodie, die die Erzählung mithilfe akustischer Kategorien als literarisches Verfahren beschreibbar machen. Der Erzähler selbst setzt es mit der von ihm geschätzten Tradition der improvisierten Vortragskunst der schwarzen Bluessänger in Verbindung, die er in den 1960er Jahren gehört hat. Das aber ist nur eine mögliche Verknüpfung, die auf einige andere verweist.

Da Kurzecks Projekt nicht auf der Vorlage eines schriftlich verfassten und erstpublizierten Textes gründet, sondern nur als Audiotext realisiert werden sollte, ist er im Unterschied zu den adaptiven Hörbüchern, wie sie insbesondere die Lesungen und dramaturgischen Bearbeitungen der Hörspiele darstellen, als ein Originalhörbuch zu bestimmen. Es lotet die dem Medium eigenen ästhetischen Möglichkeiten aus und erprobt so die Potenziale einer spezifischen Hörbuchpoetik.

Literaturverzeichnis

Arnheim, Rudolf. *Rundfunk als Hörkunst. Und weitere Aufsätze zum Hörfunk*. Frankfurt am Main 2001.
Barthes, Roland. „Die Rauheit der Stimme". *Der entgegenkommende und der stumpfe Sinn. Essays*. Frankfurt am Main 1990: 269–278.
Binczek, Natalie. „Literatur als Sprechtext. Peter Kurzeck erzählt das Dorf seiner Kindheit". *Literatur und Hörbuch*. Hrsg. von Natalie Binczek und Cornelia Epping-Jäger. München 2012: 60–70.
Binczek, Natalie, und Epping-Jäger, Cornelia (Hrsg.). *Das Hörbuch. Praktiken audioliteralen Schreibens und Verstehens*. München 2014.
Binczek, Natalie, und Cornelia Epping-Jäger (Hrsg.). *Literatur und Hörbuch*. München 2012.
Bung, Stephanie, und Jenny Schrödl (Hrsg.). *Das Hörbuch. Interdisziplinäre Perspektiven und medialer Wandel*. Bielefeld 2017.
Brecht, Bertolt. „Der Rundfunk als Kommunikationsapparat". *Gesammelte Werke in 20 Bänden. Band 18: Schriften zur Literatur und Kunst 1*. Frankfurt am Main 1968: 127–134.
Thomas Böhm (Hrsg.). *Auf kurze Distanz. Die Autorenlesung. O-Töne, Geschichten, Ideen*. Köln 2003.
Döblin, Alfred. „Literatur und Rundfunk". *Schriften zur Ästhetik, Politik und Literatur*. Freiburg 1989: 251–261.
Döring, Jörg. „Hörbuch-Philologie oder Praxeologie kollaborativer Autorschaft? Zum Verhältnis von Mündlichkeit und Schriftlichkeit in Peter Kurzecks ‚Staufenberg-Komplex'. *Textgerede. Interferenzen von Mündlichkeit und Schriftlichkeit in der Gegenwartsliteratur*. Hrsg. von David-Christopher Assmann und Nicola Menzel. Paderborn 2018: 335–359.
Döring, Jörg. „‚Redesprache, trotzdem Schrift'. Sekundäre Oralität bei Peter Kurzeck und Christian Kracht. *Verkehrsformen und Schreibverhältnisse. Medialer Wandel als Gegenstand und Bedingung von Literatur im 20. Jahrhundert*. Hrsg. von Jörg Döring, Christian Jäger und Thomas Wegmann. Opladen 1996: 226–233.
Gauß, Stefan. *Nadel, Rille, Trichter. Kulturgeschichte des Phonographen und des Grammophons in Deutschland (1900–1940)*. Köln 2009.
Gethmann, Daniel. *Die Übertragung der Stimme. Vor- und Frühgeschichte des Sprechens im Radio*. Zürich und Berlin 2006.
Gitelman, Lisa. *Paper Knowledge. Towards a Media History of Documents*. Durham und London 2014.
Hagen, Wolfgang. *Das Radio. Zur Geschichte und Theorie des Hörfunks – Deutschland/USA*. München 2005.
Häusermann, Jürg, Korinna Janz-Peschke, und Sandra Rühr. *Das Hörbuch. Medium – Geschichte – Formen*. Konstanz 2010.
Herrmann, Britta (Hrsg.). *Dichtung für die Ohren. Literatur als tonale Kunst*. Berlin 2015.
Hiebler, Heinz. „Zur medienhistorischen Standortbestimmung der Stimmporträts der Wiener Phonogrammarchivs". *Tondokumente aus dem Phonogrammarchiv der Österreichischen Akademie der Wissenschaften. Gesamtausgabe der historischen Bestände 1899–1950. Serie 2: Stimmporträts*. Hrsg. von Dietrich Schüller. Wien 1999: 219–232.
Hiebler, Heinz. „Der Sound zwischen technischen Möglichkeiten und kulturellen Ansprüchen. Eine Medienkulturgeschichte der Tonträger". *Sound. Zur Technologie und Ästhetik des Akustischen in den Medien*. Hrsg. von Harro Segeberg und Frank Schätzlein. Marburg 2005: 206–228.

Hutcheon, Linda. *A Theory of Adaptation*. New York 2006.
Huwiler, Elke. „80 Jahre Hörspiel. Die Entwicklung des Genres zu einer eigenständigen Kunstform". *Neophilologicus* 89 (2005): 89–114.
Huwiler, Elke. „A Narratology of Audio Art: Telling Stories by Sound". *Audionarratology. Interfaces of Sound and Narrative*. Hrsg. von Jarmila Mildorf und Till Kinzel. Berlin 2016: 99–116.
Jäger, Ludwig. „Audioliteralität. Eine Skizze zur Transkriptivität des Hörbuchs". *Das Hörbuch. Praktiken audioliteralen Schreibens und Verstehens*. Hrsg. von Natalie Binczek und Cornelia Epping-Jäger. *München 2014*: 231–253.
Jüttemann, Herbert. *Phonographen und Grammophone*. Braunschweig 1979.
Kleinsteuber, Hans J. *Radio. Eine Einführung*. Wiesbaden 2011.
Knilli, Friedrich. *Das Hörspiel. Mittel und Möglichkeiten eines totalen Schallspiels*. Stuttgart 1961.
Köhler, Stefan. *Hörspiel und Hörbuch. Mediale Entwicklung von der Weimarer Republik bis zur Gegenwart*. Marburg 2005.
Kolb, Richard. „Das Hörspiel als Krönung des Funks". *Rufer und Hörer* 1.7 (1931/1932): 312–318.
Krug, Hans J. *Kleine Geschichte des Hörspiels*. 2. Aufl. Stuttgart 2008.
Ladler, Karl. *Hörspielforschung. Schnittpunkt zwischen Literatur, Medien und Ästhetik*. Wiesbaden 2001.
Marchal, Peter. *Kultur- und Programmgeschichte des öffentlich-rechtlichen Hörfunks in der Bundesrepublik Deutschland. Ein Handbuch*. München 2004.
Maye, Harun. „Eine kurze Geschichte der deutschen Dichterlesung". *Sprache und Literatur* 43/2 (2012): 38–49.
Meyer-Kalkus, Reinhart. *Stimme und Sprechkünste im 20. Jahrhundert*. Berlin 2001.
Meyer-Kalkus, Reinhart. „Koordinaten literarischer Vortragskunst. Goethe-Rezitationen im 20. Jahrhundert". *In Ketten tanzen. Übersetzen als interpretierende Kunst*. Hrsg. von Gabriele Leupold und Katharina Raabe. Göttingen 2008: 150–198.
Müller, Lothar. *Die zweite Stimme. Vortragskunst von Goethe bis Kafka*. Berlin 2007.
Mütherig, Vera. „,Das Ohr ist klüger als ein Gedicht.' Autorenlesung als Form akustischer Literatur. Paratexuelle Rahmungsstrategien im Medium Hörbuch". *Dichtung für die Ohren. Literatur als tonale Kunst in der Moderne*. Hrsg. von Britta Herrmann. Berlin 2015: 255–271.
Ong, Walter J. *Oralität und Literalität. Die Technologisierung des Wortes*. Opladen 1987.
Perrig, Severin. *Stimmen, Slams und Schachtel-Bücher. Eine Geschichte des Vorlesens. Von den Rhapsoden bis zum Hörbuch*. Bielefeld 2009.
Peter, Birgit. „Mythos Burgtheaterdeutsch. Die Konstruktion einer Sprache, einer Nation, eines Nationaltheaters". *Maske und Kothurn* 50.2 (2004): 15–28.
Rautenberg, Ursula (Hrsg.). *Das Hörbuch. Stimme und Inszenierung*. Wiesbaden 2007.
Pinto, Vito. *Stimmen auf der Spur. Zur technischen Realisierung der Stimme in Theater, Hörspiel und Film*. Bielefeld 2012.
Pinto, Vito. „Hörbuch oder Hörspiel? Zur radiophonen Realisation von Elfriede Jelineks *Neid*". *Das Hörbuch. Interdisziplinäre Perspektiven und medialer Wandel*. Hrsg. von Stephanie Bung und Jenny Schrödl. Bielefeld 2017: 85–101.
Riedel, Manfred. *Hören auf die Sprache. Die akroamatische Dimension der Hermeneutik*. Frankfurt am Main 1990.
Rühr, Sandra. *Tondokumente von der Walze zum Hörbuch*. Göttingen 2008.
Schätzlein, Frank. „Von der automatischen Senderegie zum Computer Integrated Radio. Entwicklung und Perspektiven der Digitalisierung des Hörfunks". *Die Medien und ihre*

Technik. Theorien – Modelle – Geschichte. Hrsg. von Harro Segeberg. Marburg 2004: 398–415.
Schnickmann, Tilla. „Vom Sprach- zum Sprechkunstwerk. Die Stimme im Hörbuch. Literaturverlust oder Sinnlichkeitsgewinn?" *Stimme und Inszenierung*. Hrsg. von Ursula Rautenberg. Wiesbaden 2007: 21–53.
Schöning, Klaus (Hrsg.). *Neues Hörspiel. Texte, Partituren*. Frankfurt am Main 1969.
Schulze, Holger (Hrsg.). *Gespür – Empfindung – Kleine Wahrnehmungen. Klanganthropologische Studien*. Bielefeld 2012.
Schwitzke, Heinz. *Das Hörspiel. Geschichte und Dramaturgie*. Köln und Berlin 1963.
Stangl, Burkhard. *Ethnologie im Ohr. Die Wirkungsgeschichte des Phonographen*. Wien 2000.
Sterne, Jonathan. *MP 3. The Meaning of a Format*. Durham und London 2012.
Tgahrt, Reinhard (Hrsg.). *Dichter lesen*. Bd. 2: *Jahrhundertwende*. Marbach am Neckar 1989.
Tgahrt, Reinhard (Hrsg.): *Dichter lesen*. Bd. 3: *Vom Expressionismus in die Weimarer Republik*. Marbach am Neckar 1995.
Tkaczyk, Viktoria. „Bühne, Grammophon, Rundfunk: Hochsprache im Wandel". *Hör-Wissen im Wandel. Zur Wissensgeschichte des Hörens in der Moderne*. Hrsg. vom Netzwerk ‚Hör-Wissen im Wandel'. Berlin und New York 2017: 123–152.
Weichselbaumer, Susanne. *Das Hörspiel der fünfziger Jahre*. Frankfurt am Main 2007.
Weithase, Irmgard. *Die Geschichte der deutschen Vortragskunst im 19. Jahrhundert. Anschauungen über das Wesen der Sprechkunst vom Ausgang der deutschen Klassik bis zur Jahrhundertwende*. Weimar 1940.
Wirth, Uwe. „Rahmenbrüche, Rahmenwechsel. Nachwort des Herausgebers, welches aus Versehen des Druckers zu einem Vorwort gemacht wurde". *Rahmenbrüche, Rahmenwechsel*. Hrsg. von Uwe Wirth. Berlin 2013: 15–57.
Wirth, Uwe. „Akustische Paratextualität, akustische Paramedialität". *Das Hörbuch. Praktiken audioliteralen Schreibens und Verstehens*. Hrsg. von Natalie Binczek und Cornelia Epping-Jäger. *München 2014: 215–229*.
Würffel, Stefan Bodo. *Das deutsche Hörspiel*. Stuttgart 1978.
Zeller, Christoph. *Ästhetik des Authentischen. Literatur und Kunst um 1970*. Berlin und New York 2010.

2.8. Sound Studies
Holger Schulze

1. Die Erfindung des Hörens

Das 20. Jahrhundert erlebte eine umfassende künstlerische und wissenschaftliche Wiederentdeckung sowie Neubeschreibung des Hörens und der Klänge. Im 19. Jahrhundert wurden im Zuge imperialer Aneignungen der materiell zugänglichen Welt durch die Natur- und Technikwissenschaften erstmals Verfahren zum Messen, Aufzeichnen und Wiedergeben der Materialität der Klänge entwickelt, im anschließenden 20. Jahrhundert konnten daraufhin das Hören, seine Praktiken und Künste diesen Erfindungen nachfolgen und sie erkunden. Erstmals wurde der Hörsinn als ‚isolierter' Sinn befragt. Hierzu wurden eine ganze Reihe neuer künstlerischer Praktiken und Werkformen entwickelt. Den Soundscape Studies kanadischer Prägung und ihrem internationalen Nachfolger (vgl. Schafer 1977), dem World Forum for Acoustic Ecology gelang es seit den 1960er Jahren in ihren künstlerischen Studien und ästhetischen Programmen, eine ausschließliche Aufmerksamkeit auf das menschliche Hören in all seinen Qualitäten, Subtilitäten und intrikaten Eigenheiten zu lenken. Literarische Sprache war und ist für diese Strömung bedeutsam in Bezug auf historische Quellen zum Hören und zur Wahrnehmung, jedoch auch als poetisches Medium der Klanganalyse, etwa wenn Hildegard Westerkamp 1974 in das von ihr mitentwickelte Genre des *soundwalks* mithilfe poetischer Figuren der Vergegenwärtigung einführt: „Start by listening to the sounds of your body while moving. They are closest to you and establish the first dialogue between you and the environment" (Westerkamp 1974). In diesen beiden Sätzen geschieht Erstaunliches mittels Sprache. Der Körper der Hörenden wird zum einen als unaufhörlich aussendende Klangquelle erkennbar; und zum anderen wird den Resonanzen und Reflexionen, die sich zwischen diesem Körper der Hörenden und der materiellen Klangumgebung ereignen, die Bedeutung eines sprachähnlichen Dialoges zugestanden: ein verbindliches Für und Wider, ein Bestätigen, Widerlegen und Weiterentwickeln, als wären es Aussagenketten. Klanglichen Figuren wird die argumentative Macht von sprachlichen Figuren zugestanden. Was Westerkamp hier vollzieht, ist charakteristisch für die Soundscape Studies im Besonderen und die Sound Studies insgesamt. Von künstlerischen Praktiken und ästhetischer Evidenz ausgehend werden lang etablierte Wissensbestände des Hörens und Erklingens wie zum ersten Mal ganz neu untersucht. Die (hör-)künstlerische Exploration nimmt sich das Recht des Neuanfangs heraus. Jeder *soundwalk* ist sozusagen der erste. Dies aber ermöglicht andere Verknüpfungen – teils erratisch und idiosynkratisch, teils genau dadurch höchst generativ. Westerkamp schreibt weiter: „If you can hear even the quietest of these sounds you are moving through an environment which is scaled on human proportions. In other words, with your voice or your footsteps for instance, you are ‚talking' to your environment which then in turn responds by giving your sounds a specific acoustic quality" (Westerkamp 1974). Mit dieser neuen Beschreibung des hörenden Gehens durch auditiv belebte Umgebungen wird das Hören beim Gehen schlechthin neu erfunden. Die für die vermeintlich heidnisch-exotischen New-Age-Bewegungen jener Epoche so typischen Ganzheitsobsessionen sowie deren gesellschaftskritische Abwendung von Schriftkulturen und ihre begeisterte Hinwendung zu vermeintlichen Nichtschriftkulturen der ersten Medienphilosophien jener Jahrzehnte von Marshall McLuhan oder Walter J. Ong sind dabei deutlich herauszulesen (vgl. Sterne 2011).

Der kanadische Urknall moderner Klangforschung hallt immer noch deutlich hörbar nach und treibt viele Forscherinnen und Künstler der Gegenwart an – zudem befeuert durch jüngere technische Entwicklungen der Digitalisierung und längere Entwicklungslinien einer intermedialen Verbindung der Künste. Insbesondere drei Forschungsansätze gelten hier als besonders einflussreich: die ‚Klangkunst', die ‚Historische Anthropologie' und die ‚Science and Technology Studies'. Die Klangkunst entstand zunächst als Strömung der Spätavantgarden der zweiten Hälfte des 20. Jahrhunderts, angeregt von ‚Fluxus', den graphischen Partituren der ‚Neuen Musik' sowie den neuen Apparaturen und musikalischen Praktiken der elektroakustischen Musik (vgl. Motte-Haber 1999). Klangkünstlerinnen entwickelten eigene Werktypen, neue Genres und regten im Umkehrschluss neue Techniken der Wahrnehmung von Klängen, Klangobjekten oder klingenden Situationen an (vgl. Cobussen et al. 2016). Kunst konnte nicht mehr nur betrachtet werden, sie wurde gehört, ertastet, gerochen und geschmeckt, körperlich situativ erspürt. Sie war flüchtig und abhängig von den aufführenden Akteurinnen sowie den erfahrenden Besucherinnen und Zuhörern. Eine Aufführung von John Cages *4'33"* (Cages 1952) lenkte die Aufmerksamkeit auf marginale Klänge eines Auditoriums; die Installation *Times Square* von Max Neuhaus aus dem Jahr 1977 griff in die Klänge und die Hörsituation eines öffentlichen Raumes ein, der als gestaltetes *readymade environment* erfahrbar wurde; ein Hörstück wie *Sitting in a Room* (1969) von Alvin Lucier machte die Klangmerkmale einer Innenarchitektur hörbar, angeregt durch einen hoch individuellen Duktus, die Agogik einer bestimmten Stimme und ihrer Charakteristika, ihrer Holprigkeiten und Körnungen. Der starke Einfluss deutschsprachiger Künstlerinnen und Kritiker in der Klangkunst (vgl. Groth und Schulze 2020), befördert nicht zuletzt durch die hohe Dichte finanzstarker Stiftungen und Institutionen (z. B. öffentlich-rechtliche

Rundfunksender, Kunstvereine und -hallen, Dreispartenhäuser, Kunstbiennalen, -triennalen und die Documenta), wirkte schließlich bis in das Feld ambitionierter, universitärer Forschung hinein. Die ‚Historische Anthropologie' brachte im deutschen Sprachraum die historische und systematische Erforschung des Hörsinns am deutlichsten voran (vgl. Wulf 1993; Wulf 1997; Wulf 2004). Im Umfeld der Arbeiten Dietmar Kampers, Hans-Dieter Bars sowie Christoph Wulfs, angeregt von den Studien der *histoire des mentalités*, wurden im Austausch mit internationalen Forschern und Künstlerinnen spätere Standardwerke erstmals ins Deutsche übersetzt oder in Auszügen erstveröffentlicht und diskutiert (vgl. Braudel und Summerer 1985; Ariès 1991): ein erstes Kapitel aus Michel Serres' Sinnesanthropologie *Les Cinq Sens* (1985), aus Alain Corbins *Sprache der Glocken* (1985) und schließlich auch aus Michael Bulls 2007 veröffentlichter großer iPod-Studie *Sound Moves* (vgl. Schulze und Wulf 2006). Diese Studien erkundeten ein vermeintliches ‚Schwinden der Sinne' (Kamper und Wulf 1984), das sich in den Jahren medientechnischer Aufrüstung als ein verstärktes Bespielen, Aufreizen und Ausschöpfen der Sinne erweisen sollte und das bis heute ungebremst anzudauern scheint. Spätere Strömungen der Medienwissenschaft, intermediale Ansätze der Literaturwissenschaft und interdisziplinäre Hybride zwischen Theater-, Film-, Kunst- und Religionswissenschaft, Ethnologie und Archäologie bereiteten eine bis heute inspirierende Forschungsumgebung. Ein vorläufiger Höhepunkt dieser auch wissenschaftsgeschichtlichen Entwicklung ist schließlich in den Science and Technology Studies zu erkennen. Eingeleitet mit einem aufsehenerregenden Artikel der Historiker Karin Bijsterveld und Trevor Pinch, wurde hier 2004 der Begriff ‚Sound Studies' eingeführt und überzeugend erstmals bestimmt (vgl. Bijsterveld und Pinch 2004). Ihre großen Studien zur Entwicklung der Schallwiedergabe (vgl. Sterne 2003), zum Maschinen- und Autolärm oder zur Lärmschutzgesetzgebung führten die Sound Studies mitten hinein in die vermeintlich undurchdringlichen Verknotungen aus gesellschaftlichen, wahrnehmungsgeschichtlichen, wissenschaftlichen, künstlerischen und wirtschaftlichen Aspekten des Hörens und der Klänge (vgl. Bijsterveld 2008; Bijsterveld 2012; Thompson 2002).

Mit all diesen Studien, Forschungsansätzen und Ästhetiken entfernten sich die Sound Studies ganz entschieden von einem tradierten, weitgehend schriftkulturellen Verständnis des Hörens und der Klänge, das reichlich ratlos seinen Halt allein an Modellen der Sprachförmigkeit oder der propositionalen Kodifizierbarkeit suchte: Sei es in musikästhetischen Deutungen einer vermuteten logischen ‚Sprache der Musik' oder ‚des Hörens' mit Vokabular, Grammatik und logischen Verknüpfungen – oder aber in musikpsychologischen und neurowissenschaftlichen Ansätzen, die in Klanghandlungen vor allem ihre kommunikative und soziogene Funktion hervorheben (vgl. Helmholtz 1863; Schafer 1977; Chion 1994; Jourdain 1997; Mithen 2005; Levitin 2006).

Die Sound Studies entwickelten dagegen ihr Potenzial als eine *non-discipline*, die sich – ähnlich den Visual Studies, den Queer Studies oder den Disability Studies – geleitet von der Spezifik der jeweiligen Gegenstände parasitär und synkretistisch ihre Forschungsmethoden und Darstellungsformen kombiniert und synthetisiert (vgl. Moebius 2012). Der Untersuchungsgegenstand und seine spezifische Verfasstheit sollten im Zentrum stehen.

2. Die materielle Klangumgebung

In diesem Moment – in genau dieser Sekunde, wenn Sie diese Worte meines Beitrages in diesem Handbuch lesen – befinden Sie sich in einer raumzeitlich ziemlich genau benennbaren Klangumgebung. Einer Klangumgebung, wie sie von den künstlerischen Strömungen zur Erforschung der Klänge vielfach durchwandert, beschrieben, durchhört und bespielt wurde. Eine solche Klangumgebung zeichnet sich einerseits durch die architektonischen, apparativ und handwerklich gestalteten Dinge und Maschinen, auch Pflanzen, Tiere und Naturphänomene aus, die gerade Sie umgeben (wie Tische, Monitore, Tastaturen, Schränke, Regale, Bücher, Aktenordner, Blumen, Haustiere, ein Sonnenschirm, vorbeifliegende Blätter oder Pollen, Nebel, Regenpfützen, Schneeschichten); andererseits ist diese Klangumgebung ebenso gekennzeichnet durch Ihr persönliches und in der Regel höchst idiosynkratisches Verhalten darin – sowie das der Gruppen von menschenähnlichen Lebewesen, die sich mit ihnen hier aufhalten (etwa Arbeitskolleginnen oder Lebenspartner, Halbbekannte oder Passanten, Verkäufer oder Amtsträgerinnen, Fahrzeugführer oder Unterhaltungskünstlerinnen). Diese Konzentration auf eine konkrete und im weitesten Sinne empirisch zu beobachtende Situation ist der neue und entscheidende Ausgangspunkt jüngerer Forschungen zum Hören und den Klängen.

Für die Soundscape Studies, die Klangkünste, aber auch für die Historische Anthropologie ist eine Hörweise jeweils kulturell und historisch spezifisch verankert, gerahmt und artikuliert durch eine individuelle, räumlich und zeitlich, materiell und subjektiv geprägte Erfahrung des Hörens. Hören ist für sie gleichermaßen materiell wie persönlich verfasst. Die Kategorien des Materiellen und des Persönlichen werden nicht als Gegensatz aufgefasst, sondern im Sinne der Forschungen zur materiellen Kultur (vgl. Miller 1987; Miller 1998) wird davon ausgegangen, dass sich genau in der materiell beschriebenen Gestalt einer Klangumgebung die persönliche Weise zeigt, wie eine Hörumgebung begriffen und gehört wird. Ausgehend von Theorien der physikalischen Akustik und sie verbindend mit musikästhetischen Ansätzen des Hörens wird die individuelle Wahrnehmung als der einzige anthropologisch valide Zugang zu einer Klangumgebung im vollen Sinne verstanden. Vonseiten historischer oder auch naturwissenschaftlicher Forschung muss eine solche Position wohl befremden: Ist es denkbar, dass solch individuelle, dezidiert subjektive Vorgehensweise je eine nutzbare Erkenntnis bringt? Von künstlerischen Forschungen ausgehend muss darum eine Neubewertung der Sinne und ihrer Erkenntnisfähigkeiten vorgenommen werden.

Während Sinnestätigkeiten des Ablesens (von Messanzeigen), des Überschauens (von Graphen, Scans oder anderen Dokumenten) sowie des Aufschreibens (von logischen Folgerungen oder Widersprüchen, von Interpretationsvarianten oder Schritten einer algorithmischen Handlungsfolge) im Zuge der Epistemologie des 19. Jahrhunderts als eindeutig wissenschaftlich diskutierbar und ertragreich angesehen werden, wird anderen Sinnestätigkeiten nur getrübte und erkenntnisverhindernde Subjektivität zugeschrieben: etwa dem Durchhören (einer architektonischen Hörsituation oder einer auditiven Medienproduktion), dem Hinterherhören (einem verklingenden Klangereignis, der Resonanz in einem bestimmten Dispositiv oder einer Ansammlung von Hörerinnen und Hörern), dem Abhören (von Rundfunk- oder Musikproduktionen, von Dissidenten und Subjekten unter Terrorverdacht). Traditionell wurde das Hören nur als epistemisch ertragreich anerkannt, wenn seine Ergebnisse durch andere Sinnestätigkeiten (wie eben dem Ablesen oder Aufschreiben) dokumentiert und bestätigt werden konnten. Das Hören wird also beinahe infantilisiert: Da mutmaßlich unzuverlässig und ohne genuin epistemischen Wert, muss die Wahrheitsfunktion stets durch andere Sinnestätigkeiten sichergestellt werden. Ein intrinsischer Wert als Forschungsbeleg wird nur punktuell zugestanden (etwa in den – wiederum technisch vermittelten und archivierten Aufzeichnungen der Audiologie oder Ethnographie). Das Tasten, das Hören, das Schmecken, auch der Bewegungssinn werden zwar als historische und theoretische Gegenstände anerkannt, als erkenntniserweiternde Methoden der Forschung selbst aber bleibt ihnen in der Forschungspraxis der Gegenwart weiterhin nur der belächelte Platz am Katzentisch der niederen, rein subjektiven und erkenntnistrübenden, zur Not noch künstlerisch unterhaltsamen Sinnestätigkeiten.

Die technischen und kulturellen Entwicklungen der letzten 150 Jahre haben neue, täglich vielfach genutzte und weitverbreitete Hörpraktiken hervorgebracht. Durch Medientechniken des Aufzeichnens, des Wiedergebens, der Nachbearbeitung und nicht zuletzt durch die technische Übertragung des Kopfhörerhörens ist es möglich geworden, die Sinnestätigkeit des Hörens epistemisch zu nutzen, zu verfeinern, ihre Urteile belegbar zu kritisieren und zu hinterfragen. Das Ohr ist nicht allein „Erkenntnisorgan" (Wulf 1993), wie schon vor zwanzig Jahren festgestellt wurde, das Hören ist ein epistemischer Sinn. Was etwa die Audiologie oder die Ethnographie mit jeweils auditiver Sensibilität, auch die Aufführungsanalyse der Theaterwissenschaft oder die Klangökologie seit Jahrzehnten durch ihre Forschungsarbeiten vorbereitet haben, wird zunehmend interdisziplinär anerkannt.

Der Begriff ‚Soundscape' – auch außerhalb der Klangkunst oder Klangökologie zunehmend geläufig – war der historisch erste, der den epistemischen Charakter dieser Sinnesmodalität materiell und begrifflich zu benennen suchte. Seit seiner Hochzeit in den 1970er und 1980er Jahren wurde das Instrumentarium des Sprechens über materielle Klangumgebungen immer weiter verfeinert, Begriffe der ‚Klanglandschaft', der ‚Klangumgebung' oder ‚-umwelt', der ‚Audiosphäre' oder „Atmosphäre" (Böhme 1995, passim) wurden fallweise erkundet und ihre jeweilige Reichweite und ihr Erkenntniswert diskutiert. Zuletzt etwa höchst einflussreich durch Forschungen, die die materielle Klangumgebung der Architektur zu erörtern suchen. *Aural architecture* (Blesser und Salter 2007) tauften Barry Blesser und Linda Ruth Salter diese Forschungsrichtung, die die Erfahrungsseite des Hörens in Gebäuden und architektonisch gestalteten Umgebungen untersucht (Blesser und Salter 2007). Ausgehend von den virtuellen Repräsentationen und algorithmischen Simulationen von Raumklängen, die Blesser ehedem mitentwickelt hat, wendet sich diese auditive Architektur der subtilen, leiblich intensiven Wirkung von Raumklangsituationen zu. Während die technische Akustik den Weg der elektrischen Signale und die Bewegung sowie Verteilung der physikalischen Energie eines Klangs in einem Raum beschreiben und untersuchen kann, so wendet sich die gewissermaßen qualitative Akustik der individuellen, jedoch nicht beliebigen Erfahrungsseite zu. Wie wird individuell, vor dem Hintergrund historischer, kultureller und biographischer Prägung eine Klangumgebung erlebt? Jenseits womöglich (jedoch nie abgekoppelt) von ihren physikalisch berechenbaren Eigenschaften. Es ist diese raum- und erfahrungsbezogene Ästhetik des materiellen Hörens und der körperlich erfahrenen Klänge, die schließlich tradierte Signalverarbeitungstheorien hinter sich lässt und einen neu verstandenen, sensorischen Materialismus im frühen 21. Jahrhundert etabliert.

3. Der sonische Materialismus

„If we subtract human perception, everything moves" (Goodman 2009, 83). Steve Goodman, Medienwissenschaftler und DJ, formuliert in seiner *Ecology of Fear* zur Geschichte der Schallwaffen – zugleich Parodie und dialektische Weiterführung der kanadischen ‚Acoustic Ecology' – einen grundlegend materialistischen Zugang zu Klängen: „All that is required is that an entity be felt as an object by another entity. All entities are potential media that can feel or whose vibrations can be felt by other entities" (Goodman 2009, 83). In diesen wenigen Sätzen bündelt er einen Ansatz, der unter dem Begriff des *sonic materialism* diskutiert wird und viele der bisher in diesem Artikel erwähnten künstlerischen und wissenschaftlichen Ansätze der Sound Studies in theoriefähige Begriffe fasst. Goodman postuliert eine Ontologie der Kräfte der Erschütterung, eine *ontology of vibrational force*: „A vibratory nexus exceeds and precedes the distinction between subject and object, constituting a mesh of relation in which discreet entities prehend each other's vibrations" (Goodman 2009, 82). Ein Großteil der Sound Studies geht mit Goodman oder auch dem Filmemacher und Medienwissenschaftler Julian Henriques von einer „sonic dominance" (Henriques 2011, XV) aus: Die Vibrationen und Erschütterungen, die eine materielle Klangumgebung erfüllen und durchschütteln, sind im Zweifelsfall weitaus schwerer und mühseliger sensorisch zu ignorieren oder zu überhören als ähnlich durchdringende visuelle oder skulpturale Bestandteile einer Erfahrungssituation (vgl. Goodman et al. 2019). Der Grund hierfür liegt im physikalisch differenten Charakter visueller und akustischer Sensationen. Während Letztere notwendigerweise nahezu alle Materie im Nah- oder Sendefeld physisch erschüttern und in materielle Unruhe versetzen, gilt dies für visuelle Sensationen nicht im gleichen Maße. Diese wirken durchaus ebenso intensiv, jedoch wurden Praktiken der selektiven Wahrnehmung hier historisch und biographisch deutlich tiefer verankert und regelmäßiger geübt. Die Plastizität der Sinne könnte somit in einigen Jahrhunderten oder Jahrtausenden auch hier eine selektive Vibrations- oder Taktilitätswahrnehmung schulen. Gegenwärtig ist eine solche aber nicht zu erkennen.

Ein sonischer Materialismus treibt die Sound Studies somit theoretisch weit über das Paradigma der Signalverarbeitung zur Beschreibung menschlicher oder kreatürlicher Sinnestätigkeit hinaus; über ein Paradigma, das historisch spätestens im 19. Jahrhundert als grundlegend anerkannt wurde und das im Zuge der sich institutionell verankernden Nationalwissenschaften die Gesamtheit des Sprechens über das Hören und die Sinne insgesamt präformierte. Der entscheidende Gewinn des sonischen Materialismus als Paradigma ist ein doppelter: Zum einen setzt er das Projekt einer körperlichen und materiellen Beschreibung von Sinnesereignissen fort, das Forschungen seit dem 19. Jahrhundert antrieb: „This ontology is concerned primarily with the texturhythms of matter, the patterned physicality of a musical beat or pulse, sometimes imperceptible, sometimes [...] in some sensitive media, such as water or sand, visible" (Cox 2011, 83). Zum anderen aber kann dieses Paradigma aus naheliegenden Gründen über das epistemische Modell jener Epoche hinausreichen. Das kantische Modell erhob die Mathematisierung und endliche Berechenbarkeit zum höchsten Ziel wissenschaftlicher Forschung. Historisch hat diese Ambition eine erstaunliche Gesamtheit an Apparaturen, Berufsbildern, ja Medienpraktiken und ganze Mediensektoren hervorgebracht: von der Tonträgerindustrie über die Hörgeräteakustik bis zu den zahllosen nationalen und privaten Rundfunksendern, den globalen Medienkonzernen und digitalen Vertriebsnetzwerken. Zu Beginn des 21. Jahrhunderts aber stößt diese Ambition nun mit den gewachsenen Ansprüchen an eine Medienübertragung und die damit verbundene Verfeinerung der Hörgenauigkeit an ihre Grenzen. Diese Grenzen werden vor allem durch Körperschall, durch subtile Raumresonanzen und -reflexionen sowie durch den Eigenschall hörender und übertragender Körper gesetzt (vgl. Cox 2018).

Einige der Schlüsselbegriffe, die dieses Handbuch vorstellt, können auf Grundlage des sonischen Materialismus neu entworfen werden. Begriffe wie ‚Klang', ‚Ton', ‚Sound', ‚Geräusch', ‚Schall', auch ‚Mündlichkeit' und ‚Schriftlichkeit' sind klangmaterialistisch zunächst als körperliche zu beschreiben, aus denen sich die kulturellen, künstlerischen, die literarischen Aneignungen und Anschlüsse emergent entfalten. All diese Begriffe müssen – anders als in den Klangforschungen vor den Sound Studies – nicht mehr zunächst ästhetisch definiert und sodann um physikalische Aspekte ergänzt werden; vielmehr geht umgekehrt ihre erfahrungsbezogene, körperliche Bestimmung beim Hören einer kulturellen und ästhetischen Definition voraus. Eine bestimmte Stimmdarbietung ist vor diesem Hintergrund zunächst anhand der kulturell geprägten, historisch bestimmten technischen oder architektonischen Apparaturen, deren Aufzeichnungs-, Übertragungs- und Wiedergabecharakteristika und -grenzen zu beschreiben, woraufhin sodann die ebenfalls kulturell und historisch geprägten Formen der Körperausbildung, der auditiven Habitusformen sowie der höchst idiosynkratischen leiblichen Materialität aus Hautmembranen, schwingenden Strängen und Resonanzmembranen untersucht werden können, die auf ganz eigene Weise jeweils eingesetzt werden. Derartige Analysen im Stile des sonischen Materialismus überschreiten somit die bislang gängigen Deutungen der strukturalistischen Semiotik wie auch der kulturhistorischen Technikgeschichte, da sie noch grundlegender ansetzen: „An ontology of vibrational force delves below a philosophy of sound and the physics of acoustics toward the basic processes of entities affecting other entities" (Cox 2011, 81). Genau dieser grundlegende Ansatz, zunächst das materielle Substrat einer auditiven Situation möglichst genau zu bestimmen, ermöglicht auch, die spezifische Dynamik, Agilität und etwaige Ursachen von Transformationen zu untersuchen. Denn, wie Christoph Cox schrieb: „On the materialist account I have outlined here, sound is thoroughly immanent, differential, and ever in flux" (Cox 2011, 157).

4. Klangpraktiken und Hörtechniken

Die Materialität einer Klangumgebung und die Körperlichkeit einer Hörsituation determinieren die jeweiligen material konkreten Entstehungsmomente und Wahrnehmungssituationen einzelner Klänge. In einer bestimmten, historisch und geographisch bestimmten Kultur werden Klänge durch Praktiken hervorgebracht, die als *sound practices* (Altman 1992; Maier 2020) oder als *sonic skills* (Bijsterveld 2018) diskutiert werden; komplementär hierzu bildet sich das kulturell und apparativ geprägte Hören dieser jeweiligen Klänge aus, das als *audile techniques* (Sterne 2003), als *modes of listening* (Chion 1994), als *listening practices* (Kassabian 2013) und als *hearing perspective* (Auinger und Odland 1998) beschrieben wird. Erklingen und Hören als anthropologisch kennzeichnende Handlungen werden in den Sound Studies also materialistisch und situativ begriffen. Die Übergänge zwischen Klangpraktiken und Hörtechniken sind dabei gleitend und perspektivisch, radikal zu trennen ist ein kulturell geformtes Hören kaum von den Klängen der dieses formenden Kultur. Hörtechniken werden anhand bestimmter Klangpraktiken ausgebildet, Letztere wiederum bilden sich aufgrund vorherrschender Hörtechniken. Hören und Klänge stehen miteinander in resonierender Beziehung.

Diese grundlegende Verschränkung von Hören und Klängen in den Sound Studies führt diese zu notwendigerweise neuen Bestimmungen der bekannten Inszenierungsformen des Akustischen. Mit dem analytischen Instrumentarium des sonischen Materialismus und dem Hören als genuiner Forschungsmethode werden Genres, Akteure, Kulturtechniken und künstlerische Ausdrucksformen im Zuge einer auditiven Kritik neu beschreibbar. Das situative, individuelle Hören in seiner materiellen, körperlichen und affektiven Verfasstheit wird zum sensorisch subtilen Werkzeug der Bestimmung und Bewertung. Sowohl die jeweils maßgebliche, konkrete materielle Klangumgebung als auch die jeweils wirksamen kulturellen Praktiken sind dabei auditiv spezifisch zu formulieren.

Literarische Aufführungsformen sind in besonders auffälliger Weise einer Neubeschreibung unterworfen. Genres wie die literarische ‚Lesung‘, das literarisch-experimentelle ‚Hörspiel‘, das ‚Hörbuch‘ oder auch der ‚Audiopodcast‘ finden in den Sound Studies eine neue Forschungsumgebung vor. Der literarische Text erscheint hier nicht deplatziert in einer medial raffinierten Inszenierung, sondern umgekehrt wird eine elaborierte auditive Praxis, eine *sound practice* zur auditiven Darstellung eines ausgewählten Textes genutzt. Diesen Ansatz der Sound Studies gilt es, in der Literaturwissenschaft fruchtbar zu machen.

Die Erforschung einer auditiven, textlich geprägten Aufführung wird darum die Situation des Hörens zur Grundlage ihrer Analyse nehmen. Die Untersuchung eines bestimmten Hörspiels – in seiner gegenwärtigen Spannung zwischen

Hörbuch, experimentellem Hörstück, Essay und literarischer Lesung – wird darum entsprechend sowohl die technisch präformierten *audile techniques*, die Hör-, Sprech- und Produktionstechniken dieser jeweiligen Produktion und ihres Entstehungsumfeldes beschrieben als auch die individuellen *sonic skills* und *sound practices*, die von den Tontechnikern und Komponisten, den Musikern und Sprecherinnen individuell erarbeitet und ausgeführt wurden: etwa ein spezifischer Duktus, eine mehr oder weniger geübte Stimmführung des Ablesens, des freien Sprechens, des Improvisierens oder des ekstatischen Extemporierens. Die Hörsituation eines Produktionsstudios unterscheidet sich zudem bei einer großen, international operierenden Rundfunkanstalt teils deutlich von der einer kleinen, unternehmerisch waghalsigen Schlafzimmerproduktion auf den Laptops der Produzenten. In diesem besonderen Fall ist die Bandbreite der genutzten Soft- oder gar Hardware weniger ausschlaggebend als die redaktionelle Vor- und Nachbereitung, die Arbeitsbedingungen der beteiligten Künstlerinnen und Klanghandwerker sowie die Subtilität der räumlich zu erzeugenden Klangumgebungen, die wieder bestimmte *listening practices* bedingen und zu radiophonen, zu popmusikalischen, zu klangkünstlerischen *modes of listening* führen können (vgl. Papenburg und Schulze 2016). Es wird somit deutlich: Die textlichen Praktiken und Dispositive finden sich eingeordnet, ja untergeordnet wieder in einer weit komplexeren tief gestaffelten Konstellation der Produktion und der Postproduktion. Ihre Multi- und Intermodalität ist damit eine Resultante der historisch und kulturell spezifischen Formen der Produktion und der Wiedergabe.

Derartige Analysen im Gefolge der Sound Studies müssen somit nicht mehr von einer tradierten Ausdrucksform (seien es literarische, kompositorische, kunsthistorische oder architektonische Genres) ausgehen und jüngste Neuerungen dorthinein zu integrieren und zu legitimieren suchen; vielmehr setzen diese Analysen zunächst an anderen, an sensorischen und materiellen Aspekten dieser Artefakte und ihren jeweiligen kulturhistorischen Bedingtheiten und Plastizitäten an. Erst in nachgeordneten Schritten lassen sich dann die Bezüge zu tradierten Genres und Kunstformen, zu Dramaturgien, Inszenierungsformen und künstlerischen Praktiken und ästhetischen Theorien herstellen. Die auditive Analyse eines Artefaktes und einer Situation setzt folglich beim konkreten Klang und seinen Konzepten an und bewegt sich sukzessive in die kulturellen Verzweigungen, Referenzen, Allusionen und Obertöne hinein.

5. Klanganthropologie und Klangarchäologie

Diese empirisch dichte Untersuchung einer konkreten, auditiven Aufführungssituation sieht sich dem Problem jeder Situationsanalyse ausgesetzt: Ist sie allein als Feldforschung zeitgenössischer Praktiken und Arbeiten denkbar? Oder gibt es Wege, historisch kürzer (gestern, letzte Woche, letztes Jahr) oder weiter (vor 40, 250 oder 3000 Jahren) zurückliegende Hörsituationen plausibel zu untersuchen? Anders gesagt: Welche Methoden stehen einer ‚Medienarchäologie' im Gegensatz zu den vielen empirischen Gegenwartszugängen der ‚Medienanthropologie' zur Verfügung (vgl. Askew und Wilk 2002; Rothenbuhler und Coman 2005; Parikka und Huhtamo 2011; Parikka 2012; Schulze 2012a; Ernst 2015)? Neben den ethnographischen Herangehensweisen wurden auch solche der Archäologie in den letzten Jahrzehnten auf ihre Übertragbarkeit und Anwendbarkeit im Rahmen kulturwissenschaftlicher Forschung überprüft.

Sowohl eine erweiterte Anthropologie als auch eine erweiterte Archäologie der Medien, der Kulturen und ihrer Artefakte bemüht sich um das Überschreiten eines historisch gewachsenen, reinen Textparadigmas der Kulturforschung. Während die Klanganthropologie etwa sich ethnographisch oder ethnopsychoanalytisch in spezifische Hör- und Klangkulturen hineinbegibt und deren charakteristische Klangpraktiken und Hörtechniken zu dokumentieren und zu analysieren sucht (vgl. Bonz 2013; Schulze 2020a), bewegt sich eine Klangarchäologie in eine faktisch nichtdokumentierte, vorgeschichtliche Zeit der Hörtechniken und Klangpraktiken (vgl. Eneix 2014): Diese werden dann nach Art kriminalistischer Indizienbeweise näherungsweise rekonstruiert und bewertet. Beiden Zugängen ist eine relative Abwendung von ausschließlich klassisch philologischen Textquellen eigen – verbunden mit einer direkten Hinwendung zu Artefakten, Praktiken, Situationen, Architekturen, gesellschaftlichen Situationen, Erfahrungsgehalten als Gegenständen der Untersuchung. Beide Herangehensweisen untersuchen, was im Rahmen schriftkultureller Wissenschaftstheorien des 19. Jahrhunderts als unerforschlich gelten musste: instabile, flüchtige sensorische Ereignisse sowie ambivalente, oft nur andeutungsweise zeichenhafte Artefakte unklarer Gebrauchs- und Entstehungskontexte. Das Kartographie- und Eroberungspathos der Nationalwissenschaften jener Epoche und dessen überlieferter Methodenapparat werden aktuell jedoch nur langsam abgetragen; nicht selten resultieren die verdienstvollen Bemühungen, zumindest Tondokumente in das Korpus einer Disziplin zu integrieren (vgl. Kittler et al. 2002; Paul und Schock 2013; Morat 2014), in einer umso deutlicher schriftkulturellen Vereinnahmung: die Semiophilie, der Skripturalfetisch der zeichendeutenden Klasse obsiegt (vgl. zur Lippe 2000).

Welche Wege bieten die Sound Studies nun, um die auditive Empirie tatsächlich in den Schriftraum der Kulturwissenschaft eindringen zu lassen – ohne sich allein auf verschriftlichte Tondokumente beschränken zu müssen? Klanganthropologische Studien wie etwa Steven Felds epochale Feldstudie zur Hörerfahrung der Kaluli oder jüngere Ansätze wie Henriques' Erkundung jamaikanischer *soundsystems* nehmen hörende Feldforschungen vor Ort als empirische Grundlage ihrer Untersuchung, die ähnlich einer selbstreflektierten Quellenkritik unterzogen werden wie philologische Studien die Lektüre historischer Dokumente oder Aussagen von Zeitzeugen kritisieren, mitunter ihren Editionsbericht vorlegen und daraus vorsichtige Schlüsse ziehen (vgl. Feld 1982; Henriques 2011; Schulze 2018). Was wurde tatsächlich gehört – und was lässt sich aus dem womöglich Überhörten noch erschließen? Ulrike Sowodnioks *Klanganthropologie der Stimme* (Sowodniok 2013) kann hierbei als Paradebeispiel einer Studie dienen, die subtil den Stimmgebrauch, die biographische Stimmentwicklung sowie die leibliche Verankerung eines Stimmerlebens nachzeichnet und theoretisch fruchtbar macht. Sie geht dabei über rein strukturalistisch-semiotische Deutungen hinaus und untersucht die materielle Substanz des Stimmklangs: „Den Stimmklang selbst zu thematisieren, macht es nötig, ihn als Trägersubstanz der Stimme wahrnehmbar zu machen. Es ist die Geschichte eines unfreiwilligen Mediums, welches aus der Auflösung rekristallisiert werden muss, wobei es wiederum die Substanzen und Zustände erkennen lässt, welche ihm als Medien dienen" (Sowodniok 2013, 7–8). Sie analysiert den Stimmklang hörend, singend, aus ihrer teilnehmenden Hörperspektive heraus und arbeitet tatsächlich an einer ‚Stimmanthropologie'. Sie arbeitet hierzu mit Kategorien und Begriffen einer physiologisch beschriebenen Resonanz, einer Diversität an Körperbegriffen, abhängig von der jeweiligen Gesangs- und Sprechpraxis, der Kulturalität der Stimme sowie den jeweiligen Zeichen- und Notationssystemen des Singens und Sprechens, die durchaus in Spannung zur Stimmpraxis stehen.

Studien der Klangarchäologie wie etwa David Tompkins' Studie über den Vocoder, Mara Mills' Untersuchungen zu Hörhilfen, -implantaten und Lesemaschinen für Sehgeschädigte oder Corbins klassische Studie zur Bedeutung der Glocken im Frankreich des 19. Jahrhunderts verbindet, dass sie anhand vermeintlich dekontextualisierter Fundstücke und oft nur bruchstückhafter Aufzeichnungen den Gebrauch und die Hörsituation eines bestimmten historischen Moments und seiner spezifischen Kultur nachzeichnen (vgl. Corbin 1985; Tompkins 2010; Mills 2011; Mills 2012; Mudry und Mills 2013). Unter aktuelleren Studien ist etwa eine klangarchäologische Untersuchung Anke Eckardts hervorzuheben. Anhand historischer Bild-, Schrift- und Tondokumente des Berliner Reichstages unternimmt ihre Studie eine bislang einzigartige Form der auditiven Quellenkritik (vgl. Eckardt 2012). Sie rekonstruiert klangarchäologisch, wie annäherungsweise die Hörerfahrung an einem bestimmten Ort, unter den kulturell und historisch bestimmten Bedingungen wohl beschaffen sein musste. Dies erlaubt ihr, eine

Reihe kolportierter Scheinwahrheiten (Republikausrufung, Triumphschüsse, aktueller Transparenzdiskurs) mit ihren faktischen Grenzen der Hörbarkeit zu konfrontieren – und teils zu widerlegen. Im Gegensatz zur textlichen und visuellen Quellenkritik besteht hinsichtlich des Auditiven ein Forschungsbedarf – oder wie Eckardt schreibt: „[K]ritische Reflexion hat sich in Bezug auf unser auditives Erleben noch nicht etabliert, daher gilt es darüber zu sprechen" (Eckardt 2012, 206). Archäologische und anthropologische Methoden suchen, diesen Bedarf zu decken. Den erwähnten Forscherinnen gelingt es, die Hörerfahrung einer spezifischen Situation so nachvollziehbar, detailgenau und kritisch wie nur irgend möglich zu rekonstruieren. Das sowohl gestalterisch-künstlerische als auch das physikalische und anthropologische Wissen, das sie hier einsetzen, ist dabei entscheidend, ob solche Rekonstruktionen und Vermittlungen von Situationserfahrungen eher mehr oder eher weniger plausibel erscheinen. Absolute Wahrheit ist auch hier nicht zu erwarten (vgl. Bull 2019; Bull und Cobussen 2020).

6. Wissensformen der Klänge

Klangpraktiken und Hörtechniken in einer materiellen Klangumgebung verkörpern eine jeweils spezifische, auditiv geprägte Wissensform. Während visuell und textuell, numerisch und diagrammatisch geprägte Wissensformen in den globalisierenden Kulturen des Westens gegenwärtig als hegemonial angesehen werden, werden die faktische Erkenntniskraft des Auditiven und ihre Wirkmacht unterschätzt: „Since the Rennaisance we have had an agreed visual perspective, and language to speak accurately about images. This we still lack in the world of sound, where words fail us to even describe for instance the complex waveforms of an urban environment, much less what those sounds do to us and how they make us feel. We are lost in a storm of noise with no language for discussion" (Auinger und Odland 1998). Klänge finden sich in zahlreichen Wissensformen und Handlungsweisen verstrickt. Verschiedene Begriffe, die nur vordergründig das Gleiche meinen wie Ton, Schall, oder Geräusch, stehen etwa der deutschen Sprache zur Verfügung. Diese Vielfalt der Begriffe verweist vor allem auf die Vielfalt der Zugänge, der Hörweisen, der gesellschaftlichen, der kulturellen und der technischen Felder, in denen Klänge wirken. Der Schritt, diese Gesamtheit von Artikulationen durch und über Klänge als zusammengehörig zu begreifen – unter dem Allgemeinbegriff des ‚Sounds' – brachte darum neue Forschungen hervor.

Zahlreiche Studien des frühen 21. Jahrhunderts arbeiteten die auditiven Epistemologien verschiedener Epochen und Kulturkreise heraus, insbesondere das späte 19. und frühe 20. Jahrhundert; die Sattelzeit der historisch ersten elektrischen Mediatisierung war dabei für die Science and Technology Studies von

Interesse: die Welt der Universitäts- und Industrielabore sowie ihre suggestive Vermarktung sowohl innerhalb der Fachdisziplin als auch gegenüber den anvisierten Konsumentinnen und Konsumenten (vgl. Sterne 2003; Bijsterveld 2012; Thompson 2002). Diese Herangehensweise wird in Nachfolge der Standardwerke an sowohl historisch wie geographisch entfernten Kulturen bestätigt: So werden erste Studien zu Klangpraktiken der Nachkriegszeit veröffentlicht und erste Forschungsprojekte zu Hörtechniken des 17. und 18. Jahrhunderts begonnen (vgl. Erlmann 2010; Volmar 2013; Kursell 2015). Diese Rekonstruktion von auditiven Epistemologien operiert allerdings innerhalb des etablierten Methodenkanons. Hören und Klänge werden hier als neue Gegenstände angenommen, auf die die Methoden und Darstellungsformen des schriftkulturellen Paradigmas der Forschung angewendet werden. Im Gegensatz dazu verfolgt die Erforschung der sonischen Epistemologien eine radikalere methodische Innovation: die *listening practices* und *sonic skills* sind hier nicht allein Gegenstände, sondern zugleich auch Methoden der Forschung. Das schriftkulturelle Forschungsdispositiv wird hier überschritten und punktuell sogar gänzlich verlassen in Richtung einer ‚auditiven Wissenschaft' (Sowodniok 2013), die maßgeblich mittels auditiver Artefakte und Interventionen argumentiert.

Hören wird hier tatsächlich ein komplex reflektierter, ein kritisierbarer und erlernbarer epistemischer Akt wie ehedem das Lesen. Hörstücke, Klanginstallationen und -performances, Interventionen im öffentlichen Raum und kompositorische Arrangements sowie Softwareentwicklungen sind sodann die auditiven Darstellungsformen, die die Erkenntnisse dieser Wissenschaft versammeln und zugänglich machen (vgl. Cobussen 2001; Toop 2010; Voegelin 2010). Beispiele dieses Forschungsansatzes, zwischen Klangkunstpraxis, *artistic research* sowie essayistischer und damit empirischer (wenn auch nicht institutionell normierter) Forschung im Wortsinne bemühen sich oft erst noch um die Anerkennung des etablierten Wissenschaftsbetriebes. Doch immer öfter gelingt es Forscherinnen und Forschern dieser Richtung, ihre Arbeiten angemessen (sprich: zuerst auditiv, nicht nur rein propositional oder verbalisiert) auf wissenschaftlichen Tagungen oder in Zeitschriften vorzustellen, sei es in der Form der *Audio Papers* (vgl. Groth und Samsonow 2016), die der auditiven Gestaltung und nicht dem verbalen Argument eines Beitrages das Hauptgewicht der Argumentation zugestehen – oder auf offen gestaltbaren Websites wie *researchcatalogue.net* der internationalen Society for Artistic Research, die es ermöglichen, Bild-, Audio- und Videofiles gleichberechtigt als Darstellungsformen zu nutzen. In den Sound Studies wird letztere Plattform etwa vom einflussreichen *Journal of Sonic Studies* der Universität Leiden genutzt. Dessen leitender Mitherausgeber, der niederländische Pianist und Philosoph Marcel Cobussen, untersucht etwa in einer Studie Strategien der Dekonstruktion in Kompositionen der Moderne unter Begleitung einer neuen

Komposition sowie als aleatorisierte Partitur (online zugänglich; vgl. Cobussen 2001); der britische Musiker und Autor David Toop erkundet in seiner *performance lecture Night Leaves Breathing* (Toop 2010) die spezifischen Anpassungen des Hörens und die Verlaufsformen klanglicher Äußerungen in der Nacht einer zivilisierten, domestizierten Umgebung; und die Schweizer Autorin und Klangkünstlerin Salomé Voegelin schließlich lotet in einem Weblog die erzählerischen Grenzen und Möglichkeiten des Sprechens über alltägliche Klangumgebungen aus: „Headphone Music on trains gives a metal whine and bass line drone to a journey that has lost the rattattata rattattata in a technological development and innovation rivaling that of the headphone itself" (Voegelin 2010).

Im Rahmen der Sound Studies sind all diese Arbeiten als Forschungsbeiträge zu verstehen: Sie argumentieren mithilfe von Klanggestaltungen, musikalischen Konstellationen und hörbaren Situationsarrangements, mit Kollektivimprovisationen – mitunter *auch* sprachlich, jedoch dann eher narrativ und niemals ausschließlich argumentativ. Studien wie die von Voegelin, Toop oder Cobussen nutzen Klangwissensformen, um Erkenntnisse über einen auditiv geprägten Erfahrungsbereich zu erheben und stimmig zu vermitteln. Rein argumentativ sprachliche Darstellungen versagen hier, da die klangliche Materialität fehlt: der wesentliche Beleg all dieser Beiträge. Die Sinne werden hier argumentfähig.

7. Eine Kritik der Sinne

In den mediatisierten und hochvernetzten Kulturen der Moderne wurden die Erfindungen der physikalischen Akustik zur Schallaufzeichnung und -wiedergabe im 19. Jahrhundert zu massenhaften Konsumprodukten für Wohnzimmer oder Arbeitsplatz. Im Laufe des 20. Jahrhunderts erbrachte die voranschreitende Elektrifizierung und Digitalisierung eine Ausbreitung der Klangaufzeichnungs- und -wiedergabetechniken zunächst in öffentliche und private Institutionen wie Rundfunksender und Tonstudios; Entwicklungen, die schließlich seit wenigen Jahrzehnten in die immer weiter sich miniaturisierenden und camouflierenden Rechnerumgebungen in unserem individuellen Lebens- und Arbeitsumfeld eingingen. Soft- und Hardware zur Aufnahme, Bearbeitung und Reproduktion sind mittlerweile in einem Maße gewöhnlich geworden, das noch vor kurzem undenkbar schien. In jeder täglichen Situation, der wir uns aussetzen, befinden wir uns in aller Regel umgeben von mindestens ebenso vielen Lautsprechermembranen wie Menschen vor Ort sind – zuzüglich einer kleinen oder beträchtlichen Menge festinstallierter Lautsprecher. Wir können in Wellenausbreitungen und ihren Resonanzen baden – überall. Unsere Sinne, die zum Hören beitragen, haben sich gewandelt.

Die kurze Geschichte der Sound Studies und ihrer vielfachen Vorgängerinnen und Bahnbrecher unternahm den Versuch, sich diesen kulturellen Wandlungen begrifflich und methodisch angemessen anzunähern. Wandlungen der Forschungsgewohnheiten und -gepflogenheiten in vielen Bereichen wurden exploriert und transformiert. Diese Wandlungen sind im zweiten Jahrzehnt des 21. Jahrhunderts immer noch in ihrem Anfangsstadium. Es ist kaum anzunehmen – nach jetzigem Stand der institutionellen, politischen und wirtschaftlichen Entwicklungen –, dass die Klangwiedergabeapparaturen der nächsten Jahrhunderte weniger komplex oder geringer an Zahl wären als die jetzigen. Doch gerade die Umwege und unvorhergesehenen Schleifen sind die wichtigsten Gegenstände kulturgeschichtlicher Forschung. Die methodischen und begrifflichen Herausforderungen werden darum in jedem Fall zunehmen, denn auch die ‚Sinne der Forschung' werden dadurch infrage gestellt, die täglichen Gepflogenheiten werden gestört durch fremdartige, neue und unabsehbar sich erweiternde und vervielfältigende neue Hör- und Erkenntnispraktiken. Neue Sinne treten als epistemologisch valide hinzu, und andere Methoden und Präsentationsformen etablieren sich – vom *soundwalk* (Westerkamp 1974) über den *sensory memory walk* (Järviluoma und Vikman 2013; Järviluoma 2017), die *sonic fiction* (Eshun 1998; Schulze 2020b) bis zum *audio paper* (Groth und Samson 2016). Einsetzend mit dem Hörsinn, werden die Sinne kritikfähig: Eine Kritik der Sinne, wie sie die Sound Studies unternimmt, geht aus von den individuellen Sinnen des Hörens und des körperlichen Wahrnehmens von Hörbarem, und sie befähigt dadurch, einzelne Sinnesereignisse und sensorische Artefakte valide zu kritisieren. Damit werden Sound Studies Teil der vielen wissenschaftskritischen und methodisch innovativen, transgressiven Strömungen aktueller Forschung, die sich darum bemühen, das situative Hören – mithin bestimmte Klänge – in die Forschung zu integrieren und nicht allein visuelle oder textliche Repräsentationen. Sie fordern den gegenwärtigen Rahmen der Epistemologie heraus und können zunehmend mit beeindruckenden Forschungsergebnissen überzeugen.

Literaturverzeichnis

Altman, Rick. *Sound Theory, Sound Practice*. New York 1992.
Askew, Kelly, und Richard R. Wilk (Hrsg.). *The Anthropology of Media. A Reader*. Malden 2002.
Attali, Jacques. *Bruits*. Paris 1977.
Ariès, Philippe. *Geschichte des Todes*. München 1991.
Auinger, Sam, und Bruce Odland. *Hearing Perspective (Think with your Ears)*.
www.o-a.info/background/hearperspec.htm. 1998 (24. Januar 2020).
Bijsterveld, Karin. *Mechanical Sound*. Cambridge, MA 2008.
Bijsterveld, Karin. *Sonic Skills*. London 2018.

Bijsterveld, Karin, und Trevor Pinch. „Sound Studies. New Technologies and Music". *Social Studies of Science* 34.5 (2004): 635–648.

Bijsterveld, Karin, Eefje Cleophas, Stefan Krebs, und Gijs Mom. *Sound And Safe. A History of Listening Behind the Wheel*. New York und Oxford 2012.

Böhme, Gernot. *Atmosphäre. Essays zur neuen Ästhetik*. Frankfurt am Main 1995.

Bonz, Jochen. „Fußballbegeisterung. Annäherung an einen überwältigenden Untersuchungsgegenstand". *Kulturen populärer Unterhaltung und Vergnügung*. Hrsg. von Christoph Bareither, Kaspar Maase und Mirjam Nast. Würzburg 2013: 95–113.

Blesser, Barry, und Linda-Ruth Salter. *Spaces Speak, Are You Listening? Experiencing Aural Architecture*. Cambridge, MA 2007.

Braudel, Fernand, und Siglinde Summerer. *Sozialgeschichte des 15.–18. Jahrhunderts*. München 1985.

Bull, Michael. *Sound Moves*. London 2007.

Bull, Michael (Hrsg). *The Routledge Companion to Sound Studies*. London 2019.

Bull, Michael, und Les Back (Hrsg.). *The Auditory Culture Reader*. Oxford 2003.

Bull, Michael, und Marcel Cobussen (Hrsg.). *The Bloomsbury Handbook of Sonic Methodologies*. New York 2020.

Chion, Michel, *Audio-Vision. Sound on Screen*. Hrsg. und übers. von Claudia Gorbman. New York 1994.

Cobussen, Marcel. *Deconstruction in Music*. http://www.deconstruction-in-music.com/. Rotterdam 2001 (24. Januar 2020).

Cobussen, Marcel, Vincent Meelberg, und Barry Truax (Hrsg.). *The Routledge Companion to Sounding Art*. London 2016.

Corbin, Alain. *Die Sprache Der Glocken. Ländliche Gefühlskultur und symbolische Ordnung im Frankreich des 19. Jahrhunderts*. Frankfurt am Main 1995.

Cox, Christoph. „Beyond Representation and Signification: Toward a Sonic Materialism". *Journal of Visual Culture* 10.2 (2011): 145–161.

Cox, Christoph. *Sonic Flux. Sound, Art, and Metaphysics*. Chicago 2018.

De la Motte-Haber, Helga (Hrsg.). *Klangkunst*. Bremen 1999.

Eckardt, Anke. „Vertikalität und Macht. Drei Hörstudien: 1945 – 1965 – 2012". *Zeitschrift für Semiotik* 34 (2012): 183–208.

Eneix, Linda C. (Hrsg.). *Archaeoacoustics: The Archaeology of Sound*. Malta 2014.

Erlmann, Veit. *Reason and Resonance. A History of Modern Aurality*. New York 2010.

Ernst, Wolfgang. *Sonic Time Machines: Explicit Sound, Sirenic Voices, and Implicit Sonicity*. Amsterdam 2015.

Eshun, Kodwo. *More Brilliant Than The Sun: Adventures in Sonic Fiction*. London 1998.

Feld, Steven. *Sound And Sentiment. Birds, Weeping, Poetics, and Song in Kaluli Expression*. Philadelphia 1982.

Goodman, Steve, Toby Heys, und Eleni Ikoniadou (Hrsg.). *AUDINT – Unsound:Undead*. Cambridge, MA 2019.

Goodman, Steve. *Sonic Warfare: Sound, Affect, and the Ecology of Fear*. Cambridge, MA 2009.

Groth, Sanne, und Holger Schulze (Hrsg.). *The Bloomsbury Handbook of Sound Art*. New York 2020.

Henriques, Julian. *Sonic Bodies: Reggae Sound Systems, Performance Techniques, and Ways of Knowing*. New York 2011.

Helmholtz, Hermann von. *Die Lehre von den Tonempfindungen als physiologische Grundlage für die Theorie der Musik*. Braunschweig 1863.

Howes, David (Hrsg.). *Empire Of The Senses. The Sensual Culture Reader*. Oxford 2005.
Jourdain, Robert. *Music, the Brain, and Ecstasy, How music captures our imagination*. New York 1997.
Krogh Groth, Sanne, und Kristine Samsonow. „Audio Papers: A Manifesto". *Seismograf*. http://seismograf.org/fokus/fluid-sounds/audio_paper_manifesto. 2016 (24. Januar 2020).
Järviluoma, Helmi, und Noora Vikman. „On Soundscape Methods and Audiovisual Sensibility". *The Oxford Handbook of New Audiovisual Aesthetics*. Hrsg. von Claudia Gorbman und Carol Vernallis. Oxford 2013: 646–658.
Järviluoma, Helmi. „The Art and Science of Sensory Memory Walking". *The Routledge Companion to Sounding Art*. Hrsg. von Marcel Cobussen, Vincent Meelberg und Barry Truax. London 2017: 191–204.
Kamper, Dietmar, und Christoph Wulf (Hrsg.). *Das Schwinden der Sinne*. Frankfurt am Main 1984.
Kassabian, Anahid. *Ubiquitous Listening. Affect, Attention, and Distributed Subjectivity*. Berkeley, CA 2013.
Kittler, Friedrich A., Thomas H. Macho, und Sigrid Weigel (Hrsg.). *Zwischen Rauschen und Offenbarung. Zur Kultur- und Mediengeschichte der Stimme*. Berlin 2002.
Kursell, Julia. *Ohr und Instrument. Zur physiologischen Grundlegung der Musiktheorie bei Hermann von Helmholtz*. Berlin 2012.
Kursell, Julia. *Epistemologie des Hörens. Helmholtz' physiologische Grundlegung der Musiktheorie*. München 2015.
Levitin, Daniel J. *This is Your Brain on Music. The Science of a Human Obsession*. New York 2006.
Maier, Carla J. *Transcultural Sound Practices. South Asian Dance Music as Cultural Transformation*. New York 2020.
Miller, Daniel. *Material Culture and Mass Consumption*. Oxford 1987.
Miller, Daniel. *Material Cultures. Why Some Things Matter*. Chicago 1998.
Mills, Mara. „Deafening: Noise and the Engineering of Communication in the Telephone System". *Grey Room* 43 (2011): 118–143.
Mills, Mara. „Media and Prosthesis: The Vocoder, the Artificial Larynx, and the History of Signal Processing". *qui parle* 21.1 (2012): 107–149.
Mithen, Steven. *The Singing Neanderthals. The Origins of Music, Language, Mind, and Body*. Harvard 2005.
Moebius, Stephan. *Kultur: Von den Cultural Studies bis zu den Visual Studies. Eine Einführung*. Bielefeld 2012.
Morat, Daniel. *Sounds Of Modern History. Auditory Cultures in 19th and 20th Century Europe*. New York 2014.
Mudry, Albert, und Mara Mills. „The Early History of the Cochlear Implant: A Retrospective". *JAMA Otolaryngology – Head & Neck Surgery* 139.5 (2013): 446–453.
Papenburg, Jens Gerrit, und Holger Schulze, Holger (Hrsg.). *Sound as Popular Culture: A Research Companion*. Cambridge, MA 2016.
Parikka, Jussi. *What is Media Archaeology?* Cambridge, UK 2012.
Parikka, Jussi, und Erkki Huhtamo. *Media Archaeology. Approaches, Applications, Implications*. Berkeley, CA 2011.
Paul, Gerhard, und Ralph Schock (Hrsg.). *Sound des Jahrhunderts. Geräusche, Töne, Stimmen 1889 bis heute*. Bonn 2013.

Pinch, Trevor, und Karin Bijsterveld (Hrsg.). *The Oxford Handbook of Sound Studies*. New York 2012.
Rothenbuhler, Eric, und Mihai Coman (Hrsg.). *Media Anthropology*. London 2005.
Schafer, R. Murray. *The Tuning of the World*. New York 1977.
Schulze, Holger. *Sound Studies. Traditionen – Methoden – Desiderate. Eine Einführung*. Bielefeld 2008.
Schulze, Holger. *Intimität und Medialität. Eine Anthropologie der Medien – Theorie der Werkgenese*. Bd. 3. Berlin 2012a.
Schulze, Holger (Hrsg.). *Situation und Klang. Zeitschrift für Semiotik*. Bd. 34.1–2 (2012b).
Schulze, Holger. *The Sonic Persona. An Anthropology of Sound*. New York 2018.
Schulze, Holger (Hrsg.). *The Bloomsbury Handbook of the Anthropology of Sound*. New York 2020a.
Schulze, Holger. *Sonic Fiction. The Study of Sound*. New York 2020b.
Schulze, Holger, und Christoph Wulf. „Klanganthropologie. Performativität – Imagination – Narration". *Paragrana* 16.2 (2007).
Serres, Michel. *Les Cinq Sens*. Paris 1985.
Sowodniok, Ulrike. *Stimmklang und Freiheit. Zur auditiven Wissenschaft des Körpers*. Bielefeld 2013.
Sterne, Jonathan. *The Audible Past. The Cultural Origins of Sound Reproduction*. Durham 2003.
Sterne, Jonathan. „The Theology of Sound: A Critique of Orality". *Canadian Journal of Communication* 36.2 (2011): 207–225.
Thompson, Emily Ann. *The Soundscape Of Modernity. Architectural Acoustics and the Culture of Listening*. Cambridge, MA 2002.
Tompkins, Dave. *How to Wreck a Nice Beach. The Vocoder from World War II to Hip-Hop. The Machine Speaks*. New York 2010.
Toop, David. *Night Leaves Breathing*. RTE Radio Ireland. 27. Oktober 2010.
Voegelin, Salomé. *Sound Words: A Blog about Sound and Words*. http://soundwords.tumblr.com. New York 2010 (24. Januar 2020).
Volmar, Axel. „Listening to the Cold War: The Nuclear Test Ban Negotiations, Seismology, and Psychoacoustics 1958–1963". *OSIRIS* 28.1 (2013): 80–102.
Westerkamp, Hildegard. „Soundwalking". *Sound Heritage*. Vol. III.4. https://utah.instructure.com/files/52773873/download?download_frd=1. Victoria, CA 1974 (14. Februar 2020).
Wulf, Christoph (Hrsg.) „Das Ohr als Erkenntnisorgan". *Paragrana* 2.1–2 (1993).
Wulf, Christoph (Hrsg.). *Vom Menschen. Handbuch Historische Anthropologie*. Weinheim 1997.
Wulf, Christoph. *Anthropologie. Geschichte, Kultur, Philosophie*. Reinbek bei Hamburg 2004.
Zur Lippe, Rudolf. *Sinnenbewußtsein. Grundlegung einer anthropologischen Ästhetik*. Baltmannsweiler 2000.

3. Problematisierungen und Forschungsfragen

3.1. Audiophilologie
Stephan Kammer

Als die bosnische Germanistin Mira Djordjevic „Audiophilologie" zu Beginn der 1990er Jahre als „die medienbedingte interdisziplinäre Methode des Prüfens, Auslegens und Deutens akustischer Literatur" (Djordjevic 1991, 209) definierte, zielte sie damit eher auf einen hermeneutischen als auf einen textphilologischen Aufgabenbereich der Literaturwissenschaft: „Die eigentliche Aufgabe" einer Audiophilologie liege weder in einer textkritischen Analyse der „Veränderungen, die ein Hörspielmanuskript auf dem Wege vom Schreibtisch des Autors zum Mischpult des Regisseurs erfahren kann", noch in der medienbezogenen Differenzierung zwischen dem „meistens gedruckten Autormanuskrip[t]" und einem „dem Akustischen untergeordneten Produktions- und Sendemanuskrip[t]" (Djordjevic 1991, 209). Vielmehr strebe sie danach, das Verhältnis „der literarisch formulierten [...] Textvorlage" zum „Gesamteindruck des Gehörten" zu prüfen (Djordjevic 1991, 209). Seiner nominell medialen Zuspitzung zum Trotz wird der Begriff damit bei seiner Einführung als Fortsetzung einer Tradition verstanden, die den Kanon der deutschsprachigen Literatur um eine literaturgeschichtlich außerordentlich bedeutsame, von der Germanistik aber lange vernachlässigte Textsorte erweitern will. Hörspielforschung, wie sie ein Jahrzehnt zuvor bei Klaus Schöning oder Reinhard Döhl skizziert worden ist (vgl. Schöning 1979; Döhl 1982a) erfährt dabei allerdings eine methodisch und formal gleichermaßen konservative Fortsetzung, wenn das Format der Textanalysen allenfalls sachbedingt medieninformiert zu sein scheint, diese selbst aber vorrangig gattungsbezogen und semantikfixiert ausgerichtet sind (vgl. Djordjevic 1989).

Einmal abgesehen davon, dass sich die Begriffsprägung auch in der (nach wie vor vergleichsweise überschaubaren) Hörspiel- und neuerdings Hörbuchforschung nicht durchgesetzt hat, gibt es allerdings keinen plausiblen Grund, Begriff, Gegenstände und Verfahren einer Audiophilologie auf diese Gattungsbeschränkung oder gar methodische Verengung zu verpflichten. Das Hörspiel ist nur eine unter anderen Textformen, die über den generellen sprachlichen Bedingungszusammenhang medialer Transkriptivität hinaus akustisch realisiert und/oder konzipiert werden. Außerdem fiele die Selbstbeschränkung einer Audiophilologie auf Drucktexte beziehungsweise Manuskripte von Hörspielen hinter das Problembewusstsein der Hörspielforschung selbst zurück, in der die verschiedenen ‚nichtliterarischen Bedingungen' dieser Textsorte längst im Fokus stehen (vgl. Döhl 1982b). Doch selbst die Zuständigkeit der Audiophilologie auf akustische Formen von Literatur überhaupt zu beschränken, bedeutete eine Verengung, die angesichts der transdisziplinären Anfänge ihrer Gegenstände und

Verfahrensformen historisch unangemessen wäre. Deshalb mag das Hörspiel als wichtiger, medial komplexer Gegenstand audiophilologischer Erkenntnisbildung dienen, ohne dass ihm aber ein epistemisches Privileg dafür zugestanden werden sollte. Unter der Arbeitsdefinition von Audiophilologie sollen vielmehr im Folgenden generell Praktiken und methodische Überlegungen subsumiert werden, die sich dem Sammeln, Speichern, Erschließen, der editorischen Aufbereitung, Transkription und Kommentierung sowie der medien-, technik- und wissensgeschichtlichen Erforschung von medial akustisch realisierten und/oder akustisch konzipierten menschlichen Artikulationen widmen. Audiophilologie ist, so verstanden, Teil einer ‚Medienphilologie', die „danach [fragt], inwiefern intermediale Relationen beobachtbar werden und ‚Texte' die Strukturen und Effekte anderer Medien evozieren" (Balke und Gaderer 2013; vgl. Balke und Gaderer 2017), und die den herkömmlichen, simplifizierenden Dichotomien (z. B. ‚sprachliche/nichtsprachliche Lautäußerungen' oder ‚gesprochene/geschriebene Sprache') komplexitätstolerantere und gegenstandsspezifische Analysepraktiken entgegenhält.

1. Ein mediales Phantasma der Philologie

Wenn die Erforschung des „gesprochene[n] oder geschriebene[n] Wort[s]" (Boeckh 1877, 11) ihrem Selbstverständnis zufolge als Zielsetzung der Philologie gelten soll, dann macht der Begriff ‚Audiophilologie' dabei zunächst auf die Medienblindheit dieser Aufgabenbeschreibung aufmerksam. Die Arbeitsverfahren und Materialbedingungen der Philologie sind seit deren Anfängen schriftgebunden und schriftbezogen: „Die bloße Existenz der Philologie hängt ab vom Buch" (Pfeiffer [1968] 1978, 34), hat Rudolf Pfeiffer festgehalten; zweifelsohne lässt sich unter den vielen Basisoperationen dieser Kulturtechnik kaum eine ohne das mediale und technische Potenzial der Schrift denken. Des Weiteren sind es diese Praktiken, mit denen die für Schriftkulturen zentrale Gedächtnisform „textueller Kohärenz" (Assmann 1997, 93–97) erst gewährleistet werden kann. Gleichzeitig aber setzt sich in der Begründungsgeschichte der disziplinären Ausdifferenzierung neuzeitlicher Philologien eine Indifferenz gegenüber all jenen materialen und medialen Bedingungen des eigenen Geschäfts durch, die nicht unter den Prämissen des Überlieferungsgeschehens am Objekt zu berücksichtigen sind; diese Bedingungen werden überdies in aller Regel nicht als gegenstandskonstitutiv, sondern als Momente der Störung oder gar als Destruktionsagenten begriffen (vgl. Kammer 2014). Zugespitzt formuliert: Auch der schriftbegründeten Kulturtechnik Philologie gelingt seit spätestens der zweiten Hälfte des 18. Jahrhunderts das Kunststück, sich auf die Ausgrenzungsgeste platonisch-paulinischer Schriftkritik zu verpflichten und zumindest in ihren epistemologischen Leitsätzen den ‚Geist' vom ‚Buchstaben' zu trennen.

Angesichts einer mittlerweile erfolgreichen „Abkehr von einer prinzipiell zweigleisigen, bipolar eingestellten Forschung" (Wiethölter 2008, 11) zur aspektreichen ‚Beziehungsgeschichte' von Stimme und Schrift mögen sich die philologiehistorischen Vorstellungen oder Phantasmen, die mit dieser Geste verbunden sind, weniger paradox ausnehmen, als es eine konventionelle ‚Mündlichkeit-Schriftlichkeit'-Dichotomie nahelegte. Denn die Faszinationszusammenhänge mündlicher Dichtung und Überlieferung – beziehungsweise deren kulturelle Imaginationen – spielen im Konstitutionsprozess der modernen Philologien um 1800 trotz seiner epistemologischen Medien- und Materialvergessenheit eine bedeutende Rolle (vgl. Kammer 2017). Geradezu ikonisch dafür steht der Rekurs auf Homer (vgl. McLane und Slatkin 2011). In der kulturgeschichtlichen Diskussion, die der schottische Gelehrte Thomas Blackwell mit seiner *Enquiry on the Life and Writings of Homer* (1735) angestoßen hat, werden nicht nur die politischen oder klimatischen Einflüsse wichtig, die den Möglichkeitsbedingungen des literarischen Werks zugerechnet werden sollen, sondern auch die Lebens- und Sozialverhältnisse des Rhapsoden beziehungsweise Barden Homer, der mit seinen Epen von Hof zu Hof zieht. Drei Jahrzehnte später koppelt Robert Wood die Topoi dieser Diskussion an die Produktionsfiktion des Originalgenies. Wood trennt die Arbeit des Genies – die Dichtung – von derjenigen der ‚Kunst' im Sinne der *artes*, wie sie gleichermaßen für die Erfindung der Buchstabenschrift und deren Gebrauch zuständig sei. Man hat es, heißt das, letztlich mit der eigentümlichen Natur-Kultur-Dichotomie zu tun, die für die Geniedebatten des 18. Jahrhunderts konstitutiv ist und die Wood nun am Verhältnis von Poesie und Schrift reformuliert: „Poesie findet man auch bey den Wilden [...]. Die Kunst aber, die beiden Sinnen, des Gesichts und des Gehörs, durch gewisse willkührliche, mit den Ideen, die sie ausdrücken sollen, gar nichts Aehnliches habende Zeichen, in eine so genaue und wundervolle Verbindung zu setzen, ist eine Erfindung, die erst durch tiefes Nachdenken und eine Kette von Schlüssen gemacht seyn kann" (Wood [1769] 1773, 272). Entscheidend ist nun, dass diese scheinbar moderne Einsicht in die Arbitrarität der Zeichen nicht für die Sprache generell gilt, sondern der Schrift vorbehalten bleibt. Gemäß dieser Differenzierung kann die (poetisch geformte) Sprache auf die Seite der Natur geschlagen beziehungsweise Poesie mitsamt ihren genialen Urhebern naturalisiert werden. Wie Woods Ausführungen belegen, sind die an der singulären Figur Homer entwickelten argumentativen Gesten generalisierungsfähig. Schon der (Teil-)Übersetzer von Blackwells *Enquiry*, Johann Jakob Bodmer, hatte Anfang der 1740er Jahre die Figur des Barden/Rhapsoden an die Anfänge aller Nationalliteraturen gesetzt und aus ihr überdies ein Revitalisierungsprogramm für die zeitgenössische Literatur entfaltet, das der später aufkommende Kult um

Friedrich Gottlieb Klopstocks Deklamationen dann einzulösen schien (vgl. zu Ersterem Kammer 2017, 172–186; vgl. zu Letzterem Maye 2007).

Diese Faszinationsgeschichte begründete ganz maßgeblich die medienblinde Selbstverständlichkeit, mit der fortan die schriftlichen Hinterlassenschaften semioraler Kulturen als Passagen zu den natürlichen Anfängen der Poesie benutzt werden konnten. Man mag einwenden, dass es sich dabei eher um Ursprungsnarrative handelt als um historiographische beziehungsweise philologische Profilschärfung. Doch ist nicht nur die Grenzziehung zwischen diesen beiden Handlungsaspekten oftmals schwierig, sondern auch das Grenzüberschreitungspotenzial beträchtlich. Unabhängig davon, ob man die Eposforschung oder die Suche nach der Volkspoesie, ob man die kulturgeschichtlichen Homer-Studien des 18. Jahrhunderts, Spekulationen über Barden- und Rhapsodengenerationen aus der imaginierten Frühzeit emergierender Nationalkulturen oder handfeste Fakes wie James Macphersons *Ossian* betrachtet: Ihnen gemeinsam ist der Zirkelschluss, der von den Beständen alter und ‚ältester' Dichtung auf frühe Stufen menschlicher Kulturbildung führt und gleichzeitig Spekulationen über ursprüngliche Vergesellschaftungsformen als Rezeptions- und Produktionsprämissen dieser Dichtungsformen zu verstehen gewillt ist (vgl. McLane und Slatkin 2011, 693). Ihnen gemeinsam aber ist auch das konzeptuelle Ungleichgewicht zwischen Schriftvergessenheit und Klangversessenheit, dank dem die Philologie überhaupt erst ihre Zuständigkeit fürs gesprochene Wort behaupten kann. ‚Audiophilologie' ist sie insofern, als sie die materialiter unhintergehbare Schriftlichkeit aller ihrer Gegenstände zu dissimulieren versteht beziehungsweise deren klangliche Ursprünglichkeit imaginiert. Die von Barry Powell und Friedrich Kittler propagierte schriftgeschichtliche Gegenthese – „Griechen schufen fünf Vokale, um die schriftlos blinden Sänge des Homeros anzuschreiben und zu sammeln" (Kittler 2006, 47; vgl. Powell 2002) – wird die Verwerfungen dieser Asymmetrie wieder auszubalancieren versuchen: Das Alphabet ist ihr zufolge das erste Werkzeug einer im Schriftlichen operierenden Audiophilologie.

2. Aufzeichnung und Experiment

Es mag nur eine glückliche Fügung sein, dass das Publikationsdatum von August Boeckhs Methodenlehre mit dem Auftritt eines Apparats zusammenfällt, der eine philologische Zuständigkeit für gesprochene Worte nun ganz direkt beanspruchen wird. Im selben Jahr, in dem Ernst Bratuschek aus Nachlass und Nachschriften den Text von Boeckhs Langzeitvorlesung kollationiert, meldet Thomas A. Edisons *factory* einen Apparat zum Patent an, dessen doppelte Einrichtung die Audiophilologie fortan von solchen Umwegen zu den Stimmen der Toten entlasten soll: „The object of this invention is to record in permanent characters the human voice and other sounds, from which characters such sounds may be reproduced and rendered audible again at a future time", wie es in dem Patentantrag vom 15. Dezember 1877 generalisiert heißt (Edison [1877/1878] 2019). Charles Cros' gleichzeitiges, nicht zur apparativen Implementierung gelangtes ‚Paléophone' trägt den Speicheranspruch bereits in seinem Namen. Ein Zeitschriftenartikel, in dem Edison die Anwendungsbereiche des Phonographen ausfaltet (vgl. 2.8. BÜHLER; 2.9. WIRTH), macht auf die im engeren Sinne philologischen Verwendungszwecke für private und öffentliche Archive gleichermaßen aufmerksam. „Phonographic Books" böten sich als Verbreitungs- und Speichermedien für Texte an, der Phonograph bewahre aber auch „the sayings, the voices, and the last words of the dying member of the family – as of great men" (Edison 1878). Dass es dabei immer wieder die Stimmen Verstorbener sind, deren akustische Reimplementierung der Phonograph in Aussicht stellt, wird verblüffend schnell zu einem Topos in den Verhandlungen über den Apparat – so schnell, dass es ratsam zu sein scheint, seine Genealogie in einer kulturellen Erwartungshaltung zu suchen und nicht mediendeterministisch auf den Apparat allein zurückzuführen. Jonathan Sterne hat auf den generellen Paradigmenwechsel hingewiesen, der die *sound culture* im Lauf des 19. Jahrhunderts weg von Versuchen generativer Mimesis hin zu Praktiken der Aufzeichnung und Wiedergabe führt. Leitorgan und -metapher der Audiophilologie zugleich wäre dementsprechend nicht der menschliche Stimmapparat beziehungsweise die Artikulation, wie sie zumal in den Sprach(ursprungs)debatten und den daraus folgenden apparativen Transpositionen hervorgehoben worden sind (vgl. Meyer-Kalkus 2001), sondern das Ohr, das Physiologie und technische Experimente gleichermaßen zu einem Schreibapparat für Schallwellen erklären (vgl. grundlegend dazu Sterne 2003). Auch wenn Phonographen und Grammophone noch bis weit ins 20. Jahrhundert hinein als ‚Sprechmaschinen' bezeichnet werden können (vgl. Parzer-Mühlbacher 1902; Lothar 1924), sind sie erstens technisch und konzeptuell gleichermaßen „machines that hear for us" (Sterne 2003, 41). Der apparativen Logik nach handelt es sich zweitens um Schreibmaschinen, die „Autographen [...] eines Datenflusses" (Kittler 1986, 44) erzeugen; nur dass sie diese dann – seit Cros, Edison und Emile Berliner das zugrunde liegende, weit über die Belange von Schallaufzeichnung hinaus relevante Paradigma der *méthode graphique* (Étienne-Jules Marey) entsprechend technisch gespiegelt haben – wieder akustisch auslesen: „The operation is simply in reverse order from that of the recording box" (Scripture 1902, 55), hält Edward W. Scripture lakonisch fest.

Es überrascht nicht, dass dieses apparative Dispositiv nicht nur philologisches Präsenzbegehren nach vormals topischen Totenstimmen erweckt, sondern sofort auch institutionell für archivalische Datensammlung eingesetzt wird. Wenn

Alfred Parzer-Mühlbacher zu Beginn des 20. Jahrhunderts die Vorzüge „phonographische[r] Archive und Sammlungen" beschwört – „wir hören die Sprache von Menschen, die ungezählte Jahre vor uns gelebt haben, welche wir nie kannten und deren Namen nur die Geschichte uns überlieferte" (Parzer-Mühlbacher 1902, 107) –, mag das bezogen auf den zeitlichen Vektor noch eine Archivfiktion sein. Bereits in den Gründungsdokumenten der Phonogrammarchive legt man aber großen Wert darauf, dass sich dies künftig ändert. Die Inventarisierung bedeutender Zeitgenossen, in deren phonographischen „Portraits [...] Timbre und Tonfall" (Exner 1900, 3) bewahrt werden sollen wie in den graphischen Porträts die Gesichtszüge, findet sich als fester Programmpunkt in den Aufgabenlisten künftiger Schall- und Klangarchive. Die wissenschaftlich ergiebigeren Einsatzorte der technisch neu ausgestatteten Audiophilologie liegen vorerst aber in den Territorien ethnologischer Feldforschung. So werden das Phonogrammarchiv der Österreichischen Akademie der Wissenschaften (1899), das Berliner Phonogramm-Archiv (1900/1904) und das Phonogrammarchiv der Universität Zürich (1909) in den deutschsprachigen Ländern zu Gründungsinstitutionen für die vornehmlich komparatistisch ausgerichtete sprach- und musikwissenschaftliche Anthropologie (Geschichte und Bestände des Berliner und Wiener Archivs sind mittlerweile gut dokumentiert; vgl. Simon 2000; Stangl 2000, 121–184; Ziegler 2006). Dass man solche Forschungen wissen(schaft)sgeschichtlich durchaus einem philologischen Paradigma zuschlagen kann, erhellen beispielsweise die musikethnologischen Grundannahmen der einschlägigen Akteure, die von der „Untrennbarkeit der Dicht- und Gesangskunst in primitiven Kulturen" (Abraham und von Hornbostel 1904, 223) ausgehen und gleichzeitig, getreu dem neuen evolutionistischen Paradigma des Fachs, synchrone ethnologische Befunde zur Deckung überlieferungsgeschichtlicher Lücken heranziehen wollen. Otto Abraham und Erich von Hornbostel empfehlen dabei nicht nur den Kinematographen als komplementäres medienphilologisches Werkzeug zur Aufzeichnung der „primitiven mimischen Äußerungen" (Abraham und von Hornbostel 1904, 223), sondern bringen, wenngleich vergleichsweise vorsichtig, den traditionellen philologischen Sehnsuchtsort ins Spiel, um für den Phonographeneinsatz in der vergleichenden Musikforschung zu werben: „Wenn man die Musik exotischer Völker insofern als primitiv auffassen darf, dass man sie mit früheren Entwicklungsstufen der europäischen in Parallele stellt, so würde sie uns Anhaltspunkte dafür geben, wie wir uns die praktische Musik der Antike vorzustellen haben" (Abraham und von Hornbostel 1904, 224–225). Wenn Milman Parry und sein Schüler Albert B. Lord in den Jahren 1933 bis 1935 mit dem Phonographen durch den südlichen Balkan ziehen, um nicht nur mündlich überlieferte, sondern gemäß den Prämissen einer *oral-formulaic composition* produzierte Heldengesänge und ihre Urheber dingfest zu machen (vgl. Lord [1960] 1965; Parry 1971), wechselt das Unternehmen die Blickrichtung in diesem evolutionär-komparatistischen Paradigma: Zu den überlieferten Textbefunden der homerischen Epen und zur folgenreichen Thesenbildung des Philologen Parry, die er in seiner Pariser Dissertation zum homerischen Epitheton begonnen hat (vgl. Parry 1928), soll die zeitgenössische serbokroatische Heldendichtung den Beweis liefern.

Doch nicht nur über die langen Wege der phonographisch aufgerüsteten Feldforschung, sondern auch durch apparative Experimentalanordnungen im Labor sollen audiophilologische Zeitreisen gegen die medienbezogene Überlieferungsasymmetrie anarbeiten (vgl. Rieger 2009). Dabei bestätigen sich noch einmal Sternes Vorbehalte gegen eine mediendeterministische Reduktion der *sound culture* um 1900 auf den Edison-Phonographen beziehungsweise gegen dessen mediengeschichtliche Falschdeklaration als ‚Sprechmaschine'. Dass „Verse, die der lebende Mund spricht, und die das lebende Ohr hört, [...] ein Gegenstand der naturwissenschaftlichen Untersuchung" sein sollen, hat der Freud-Lehrer Ernst Brücke bereits 1871 gefordert. Und weil diese Verse dazu zunächst einmal vor aller Transkription ins Symbolische aufgeschrieben werden müssen, ist Brücke den Gesetzen der Metrik mit Kymographen und Metronom zu Leibe gerückt (Brücke 1871, iv; zum Schreibapparat 34–35). Erwartungsgemäß halten sich auch die klang- und schallbezogenen Experimentalanordnungen keineswegs an die herkömmliche Dichotomie von Gesprochenem und Geschriebenem, von akustischen und graphischen Realisierungen beziehungsweise Konzeptualisierungen von Gedichten oder Versen, von Laut, Sprache und Gesang. Nur dass ihre Protagonisten die Medienzuordnungen vom Kopf auf die Füße stellen und dabei eine Graphieversessenheit an den Tag legen, die eher noch spektakulärer auszufallen scheint als die Stimmversessenheit ihrer philologischen Vorläufer. Beobachtbar ist nur, was sich aufzeichnen und messen lässt; als Artikulation kann gelten, was in und/oder per Inskriptionen Differenzen erzeugt. Die experimentelle Phonetik arbeitet um 1900 mit medialen Hybriden wie ‚Sprechkurven' oder manometrischen Flammen, die Schallwellen in ein Bewegtbild übersetzen und fotografierbar machen (vgl. Scripture 1902). Am Edison-Phonographen interessieren sie neben der jede Komponente auszeichnenden Störungsanfälligkeit, die es zu minimieren gilt, vor allem die Kopplungsmöglichkeiten mit Kurvenschreibern: „The records on the phonograph cylinder may be enlarged by amplifying levers recording on a smoked drum" (Scripture 1902, 37). Neben außerordentlich aufwändigen Apparatekopplungen befleißigt man sich auch ganz elementarer Transkriptionstechniken – der Marey-Schüler und Taubstummenlehrer Hector Marichelle fokussiert die Spuren auf den Walzen unterm Mikroskop und zeichnet dann „l'écriture naturelle du son et de la parole" (Marichelle 1897, 11) einfach ab (vgl. auch Boeke 1891; Boeke 1899). Scripture selbst bringt die Rillen von Grammophonplatten dazu, sich ohne jede Schallwellenerzeugung quasi in Zeitlupe selbst zu schreiben, indem er das

Abspielgerät mit etlichen Zusatzmotoren, Zahnrad- und Hebelübersetzungsvorrichtungen buchstäblich in einen Grammographen verwandelt (Scripture 1902, 37–39 und 55–61; Scripture 1906, 23–38). Sprache erhält eine polymorph mediale Existenzweise, kann also in unterschiedlichen Aggregatszuständen existieren und für menschliche Symbolhandlungen bereitstehen: Neben die „Tätigkeit, bei welche[r] gesprochene, gehörte, geschriebene oder gedruckte Worte benutzt werden", treten all jene Existenzweisen aus dem Gerätepark der Experimentalwissenschaften und der Unterhaltungsindustrie: „Im Mikrophontelephonverbindungskreis besteht [Sprache] aus elektrischen Schwankungen. In der Lautsprechermembran besteht sie aus Massenbewegungen und Biegungen. In der Grammophonplatte besteht sie aus Kurvenbiegungen" (Scripture 1927, 32–33).

Im Unterschied zu den Aufzeichnungstechniken und Archivierungspraktiken selbst kann man die Geschichte der Audiophilologie im Experimentallabor kaum als Erfolgsgeschichte bezeichnen. Denn einerseits sind solche ‚schwachen' medialen Ontologien, gerade wenn es um Literatur geht, nicht jedermanns Sache. Und so schwindet die Begeisterung für die experimentalwissenschaftlichen Hilfestellungen der Audiophilologie – worauf Wolf Kittler hingewiesen hat – beispielsweise bei einem ihrer wichtigsten deutschsprachigen Protagonisten, dem Germanisten Edmund Sievers, im Laufe der Auflagen seiner *Grundzüge der Phonetik* zusehends. Allein schon die „schwerste Selbstzucht", die die technischen von den menschlichen Akteuren in der „Experimentalphonetik" einfordere, und deren letzterer „psychische Befangenheit vor dem Apparate" erzeugten Abweichungen, die den Vorteil der Messgenauigkeit zum mindesten kassiere (Sievers 1901, xi–xii, zit. nach Kittler 1991, 220). Das bedeutet nicht, dass Sievers die Idee einer Audiophilologie aufgäbe. Ganz im Gegenteil vertritt er weiter „die Überzeugung [...], daß die Sprachmelodie auch für die philologische Kritik nur schriftlich überlieferter Texte eine erhebliche Bedeutung besitzt, daß mithin neben die bisher vorwiegend mit Stilllesen arbeitende Augenphilologie, wie man sie kurzerhand nennen kann, eine auf der Erforschung der Eigenheiten und Gesetze der lebendigen, lauten Rede aufgebauten Sprech- und Ohrenphilologie als notwendige und selbständige Ergänzungsdisziplin treten müsse" (Sievers 1912, 78–79). Nur schließt er sich dabei voll und ganz jener Fluchtbewegung in Typenbildung und Lebensphilosopheme an, die als Reaktion auf das Experimentalwissenschaftsparadigma in den Geisteswissenschaften nach Wilhelm Dilthey dominiert. Ähnlich wie im Lauf des 18. Jahrhunderts die Philologie ihr materialgesättigtes, medienbewusstes ‚Schrift-Wissen' zugunsten eines autorbezogenen (Werk-)Schöpfungsverständnisses zurückgestellt hat (vgl. Kammer 2014), stellt die Audiophilologie um 1900 ihre experimentellen und technischen Einrichtungen in den Dienst eines erweiterten Autorschaftsparadigmas: Sievers artikuliert den „Traum von einer eineindeutigen, von einer objektiven, von einer sowohl operativ als auch technisch zeitgemäßen

Klärung von Autorschaft" (Rieger 2009, 49). Vor lauter ‚melodischen Typen' und ‚Charakteren', ‚Autorenlesern' (die „sozusagen zwangsweise auf die melodischen Reize" reagieren) und ‚Selbstlesern' (die ihre Kompetenzen „beim Lesen unwillkürlich in [ihren] Autor hineinprojizier[en]" (Sievers 1912, 82–83), landet Sievers dabei aber unversehens wieder beim dichotomischen , medial asymmetrischen Standardtopos von Stimme und Schrift: „Ohne Rhythmus, Melodie und so weiter ist überhaupt kein ‚Satz' denkbar, sofern man unter ‚Satz' nicht eine tote Folge geschriebener Wortbilder auf dem Papier verstehen will, sondern den ‚Satz' als das auffaßt, was er ist und sein soll, nämlich als den Träger eines bestimmten Sinnes" (Sievers 1912, 80). Wo andererseits dem Experimentalparadigma getreu die ‚lebendige Stimme' nicht Ausdrucksformen und ihren philosophischen Überbau erzeugt, sondern schlicht Spuren physiologischer Aktivitäten schreibt, bleiben die audiophilologischen Systematisierungsversuche von entwaffnender Schlichtheit. Die vier „Grundgesetze des gesprochenen Verses" etwa, in denen Scripture die Mühen seines langen Forscherlebens bilanziert, behaupten: Erstens bestehe der „gesprochene Vers [...] aus einem Strom von Energie der Luftbewegungen, welcher sich mit der Zeit fortlaufend ändert", diese „Energieänderung" sei zweitens „periodisch", wobei drittens die „Periodenlänge [...] mit dem Gedankeninhalte, dem Gemütszustande des Sprechenden, der Persönlichkeit usw." variiere und sich viertens die „einzelnen Perioden [...] um einen Mittelwert" bewegten (Scripture 1927, 81). Wenn Dichterlesungen tabellarisch nach „Energiekurven" bilanziert, wenn „Versmoleküle" und „Zentroiden" des rhythmischen Sprechens ausgemacht werden, wenn statt vom gewohnten metrischen Begriffsinventar auf einmal von „null-zwei-eins-konkave[n] Vierschläger[n]" (Scripture 1927, 76–78) die Rede ist, dann setzen sich solche Analysekategorien und -verfahren weder terminologisch noch technisch durch – was möglicherweise weniger am Aufwand liegt, der dafür zu betreiben wäre, sondern schlicht daran, dass dabei kaum eine Frage aufgeworfen würde, auf die diese Experimentalunternehmungen eine Antwort böten. Dementsprechend werden die gebräuchlichen ästhetischen Kategorien schnell wieder etabliert, das akustische Ereignis und seine experimentelle Registratur und Analyse vom privilegierten Platz audiophilologischer Versuchsanordnungen entfernt. Sievers zufolge reichen Zeitmaßbestimmung und „Betonungsschemata" nicht aus, um „die lautliche Kunstform der Poesie" hinreichend komplexitätstolerant zu beschreiben. „Die wissenschaftliche Metrik hat vielmehr alles in ihren Bereich zu ziehen, was dazu beiträgt, der Lautform der gebundenen Rede ihren Kunstcharakter zu verleihen, und jedes dieser Elemente muß sie auf seinen Wirkungswert hin prüfen" (Sievers 1912, 37). Damit aber behauptet sich auch die Medienindifferenz der philologischen Praxis.

Wenngleich im Entwurf von Sievers' Schallanalyse mit der (Selbst-)Disziplinierung des Philologen zum ‚Autorenleser' das mediale Paradigma des Phonographen als Verdrängtes wiederkehrt (Kittler 1991, 221–222) oder Elemente seiner ‚Ohrenphilologie' bis in die Modellentwürfe der Formalisten nachzuverfolgen sind (vgl. Tchougounnikov 2007; Herrmann 2015), treibt das Begehren nach Typisierung die audiophilologischen Ansätze in eine andere Richtung. Sie gehen in einer für die ersten Jahrzehnte des 20. Jahrhunderts charakteristischen anthropologischen Ästhetik auf, die von einer Radikalisierung und Totalisierung des Ausdrucksparadigmas gekennzeichnet ist. Exemplarisch belegen das die wiederum programmatisch auf die Unterscheidung von Dichtung und Gesang als stimmbasierte Ausdrucksgesten verzichtenden Veröffentlichungen von Joseph und Ottmar Rutz (vgl. dazu und zum Folgenden Rieger 2002, 297–329). Ähnlich wie Sievers fassen sie die von der Kategorie des Ausdrucks garantierte Allianz von akustischer Realisierung, Intention und Sinn so buchstäblich auf, dass selbst die werkgerechte Körperhaltung bei der Deklamation zum Mittel philologischer Erkenntnis werden soll – was allerdings, wie kritische Zeitgenossen bereits zu bedenken geben, eher zu mediumistischer Einfühlung oder willkürlicher Anempfindelei führt als zu medienreflektierter philologischer Praxis. Wenn die Deklamationspraxis zwischen Philologenkörper und Textkonstitution einzieht, kann es jedenfalls zu überraschenden Allianzen kommen. So ist aus der Memoirenliteratur des George-Kreises die eminente Bedeutung bekannt, die das ‚Hersagen' von Gedichten für die Initiation und Hierarchie der Kreisgefolgschaft hat (vgl. Schäfer 2005, 149–164); die philologischen Implikationen daraus hat Norbert von Hellingrath in seiner Textkritik des Nachlasses Hölderlins gezogen. Wie Edgar Salin berichtet, habe Hellingrath alle Entzifferungen aus dem „Wirrwarr des Schrift-Bildes", ja selbst die „best-gesicherte Lupen-Lesung" von der „Bestätigung in wiederholtem, lautem Lesen" abhängig gemacht: „Wie oft geschah es, dass einer der Lesenden oder Hörenden plötzlich in einem wohlbekannten Wort einen falschen Ton zu vernehmen glaubte und mit eins blitzartig das richtige Wort wusste und dass dann die Handschrift diesen Fund bestätigte. [...] [E]rst, wenn in der gemeinschaftlichen Weihestunde das Gedicht neu und voll aufblühte, Hölderlin, die Sprache des Dichters ganz vernommen wurde" (Salin 1954, 102), konnte man sicher sein, Hölderlins schwer zu entziffernde Handschrift wirklich richtig gelesen zu haben. Zwar passen Salins Erinnerungen diese Praxis der Audiokonjektur in das poetologische Bedingungsgefüge des George-Kreises ein, dennoch ist ihnen zufolge Hellingrath auch mit den „bio-mechanische[n] Mitteln zur Erfassung des Dichters" (Salin 1954, 98) vertraut, die von den audiophilologischen Experimentalanordnungen bereitgestellt worden sind. Salin nennt Rutz als Bezugsfigur; man kann deshalb nur spekulieren, ob beziehungsweise wie sehr der Germanist Hellingrath, der sich dezidiert mit Fragen von Versifikation und Metrik beschäftigt hat, auch mit den methodisch und technisch aufwändigeren Ansätzen eines Sievers oder Scriptures vertraut ist.

3. Philologie akustischer Literatur

Die experimentellen und empirischen Arbeitsentwürfe, die man seit dem ausgehenden 19. Jahrhundert unter dem Begriff einer Audiophilologie versammeln kann, sind – zumal im Bereich der Literaturwissenschaften – heutzutage allenfalls von wissens- und wissenschaftsgeschichtlichem Interesse. Sie finden überdies ihren Platz im Rahmen einer Kultur- und Mediengeschichte der Stimme, die in den letzten Jahrzehnten zu einer historischen Anthropologie menschlicher Klang(re)produktion beiträgt (vgl. Meyer-Kalkus 2001; Felderer et al. 2004; Kolesch und Krämer 2006). Die Ungleichzeitigkeit zwischen Problembewusstsein und Materiallage, die eine literaturwissenschaftliche Audiophilologie um 1900 im Unterschied etwa zu sprachwissenschaftlichen oder musikethnologischen Forschungen beeinträchtigt und sicherlich zum eher exzentrischen Zuschnitt der betreffenden Ansätze beigetragen hat, hat sich allerdings im Lauf des 20. Jahrhunderts umgekehrt. Natürlich bleibt es mediengeschichtlich beim Befund, dass „[d]ie Sprechmaschine ihren Siegeslauf um die Erde als Trägerin von Unterhaltungsmusik" (Lothar 1924, 61) und nicht von Literatur angetreten hat. Doch gerade das Phantasma der Autorstimme als Teil eines Ausdrucksgefüges mag die Archivierung entsprechender Materialien befördert haben, sodass „es keinen Autor von einigem Renommee nach 1945 [gibt], von dem wir nicht eine in Rundfunkarchiven oder auf Schallplatte aufgezeichnete Tonspur besitzen" (Meyer-Kalkus 2007, 215). Eine Philologie akustischer Literatur, die sich sowohl medientheoretisch und medienhistorisch als auch philologisch reflektiert mit den Beständen jenseits memorialer Autorenstimmporträts auseinandersetzte, bleibt indes zu weiten Teilen Desiderat. Zwar ist in Deutschland zwischen Ende der 1960er und Anfang der 1980er Jahre eine rege Forschung zu Theorie und Geschichte des Hörspiels und des Neuen Hörspiels entstanden; Letztere zeichnet sich jedoch dadurch aus, dass eher (redaktionelle) Akteure aus den Rundfunkanstalten über die Bedingungen und Implikationen der Gattung und ihrer Ausdifferenzierung nachgedacht haben als Protagonisten der akademischen Literaturwissenschaft (vgl. exemplarisch Schöning 1982). Zu diesen gattungsfokussierten, erfahrungsdichten, aber programmatisch oft selektiven Ansätzen kommt eine mittlerweile reichhaltige medienhistorische Rekonstruktion des Radios, die auch den in den 1920er Jahren einsetzenden Reflexionen über Möglichkeiten und Bedingungen von Literatur im Zeitalter und Sendeformat des Rundfunks Rechnung trägt (vgl. bspw. Hagen 2005). Zuletzt haben sich methodische Überlegungen und Fallstudien mit neueren Formaten akustischer Literatur wie etwa dem Hörbuch sowie mit dessen medialer und konzeptueller (Vor-)Geschichte beschäftigt (vgl. Binczek und Epping-Jäger 2012; Binczek und Epping-Jäger 2014; Bung und Schrödl 2017).

Weitestgehend inexistent allerdings scheinen auch nur halbwegs reflektierte Ansätze zum dokumentarischen oder editorischen Umgang mit den Erscheinungsformen akustischer Literatur zu sein. Wenngleich in den letzten Jahren etliche sogenannte Hörwerke publikumswirksam veröffentlicht worden sind (z. B. Benn 2004; Fichte 2006), genügen diese samt und sonders nicht einmal in Ansätzen textkritischen Mindeststandards. Nicht nur, dass die Auswahl des publizierten Materials von unthematisierter Willkürlichkeit gekennzeichnet ist und so beispielsweise Editionen zustande kommen, die von der Dichterlesung über das Hörspiel bis zur Radioliteratursendung scheinbar wahl- und reflexionslos Tonträger füllen (vgl. z. B. das Programm des mOcean OTonVerlags, dessen Profil „vorzugsweise aus ‚Originaltönen'" bestehende, „große, möglichst vollständige Editionen" zu bieten behauptet; mOcean OTonVerlag 2020), auch die kommentierende Erschließung dieser Sammelsurien spricht allen Ansprüchen philologischer Text- und Sinnpflege Hohn. Selbst eine Publikation, die den Anspruch erhebt, einen ‚akustischen Nachlass' zu publizieren, wie Rolf Dieter Brinkmanns *Wörter Sex Schnitte* (vgl. Brinkmann 2005), verfährt sowohl angesichts des akustischen wie des schriftlichen Materialbestands höchst selektiv und im Kommentarteil intransparent: „[Dessen] Text macht nicht hinreichend deutlich, dass es sich bei dem – von den Kommentatoren ‚Audionachlaß' genannten – Konvolut nicht um den vollständigen, sondern um einen von ihnen stark ‚beschnittenen' Nachlass handelt, der daher angemessener nicht als Nachlass – es sei denn, man versteht unter Nachlass nur das, was eben gefunden wurde – sondern eher als ‚Ausschnitt einer Materialsammlung mit hohem Kontingenzgrad' zu charakterisieren wäre" (Epping-Jäger 2012, 51). Cornelia Epping-Jäger weist dabei allerdings zu Recht darauf hin, dass solches Ungenügen und Unvermögen wohl weniger einer neuen medialen Überlieferungslage oder den verwickelten Archiv- und Rechtsverhältnissen bundesdeutscher Rundfunkmaterialien geschuldet sei als vielmehr dem grundsätzlichen Mangel an „audio-philologischen Prinzipien" (Epping-Jäger 2012, 52). Nomenklaturfreudigkeit und Regelungsversessenheit, wie sie die traditionelle, schriftbasierte Philologie (durchaus nicht immer nur zu ihrem Vorteil) geprägt haben, kann eine literaturwissenschaftliche Audiophilologie keinesfalls für sich in Anspruch nehmen; bedauerlicherweise gilt das aber auch für das feinskalierte Differenz- und Problembewusstsein, das mittlerweile die Befunde schriftlicher Entstehungs- und Überlieferungszeugnisse zu erschließen und zu dokumentieren hilft. Die Audiophilologie, deren Materialbeschaffung historisch mit empirischen oder experimentellen Praktiken begonnen hat – auf Wegen also, die in der Geschichte der philologischen Archiv- und Sammelgepflogenheiten gleichsam konstitutiv ungewohnt sind –, muss sich die für ihre Materialbestände angemessenen Dokumentations-, Präsentations- und Kommentarmodi noch erarbeiten. Allein schon angesichts der im Einzelnen noch unbestimmten Dauerhaftigkeit der audiophilologischen Materialien (die entsprechenden Erkenntnisse der Filmphilologie raten da allerdings keinesfalls zur Sorglosigkeit) wäre sie gut beraten, mit der Erarbeitung solcher Kriterien nicht mehr lange zu zögern.

Literaturverzeichnis

Abraham, Otto, und Erich von Hornbostel. „Über die Bedeutung des Phonographen für vergleichende Musikwissenschaft". *Zeitschrift für Ethnologie* 36 (1904): 222–236.
Assmann, Jan. *Das kulturelle Gedächtnis. Schrift, Erinnerung und politische Identität in frühen Hochkulturen*. München 1997.
Balke, Friedrich, und Rupert Gaderer (Hrsg.). *Medienphilologie. Konturen eines Paradigmas*. Göttingen 2017.
Balke, Friedrich, und Rupert Gaderer. „Medienphilologie". http://www.rub.de/medien philologie/index.htm. 2013 (22. August 2019).
Benn, Gottfried. *Das Hörwerk 1928–1956. Lyrik, Prosa, Essays, Vorträge, Hörspiele, Interviews, Rundfunkdiskussionen*. Frankfurt am Main 2004.
Binczek, Natalie, und Cornelia Epping-Jäger (Hrsg.). *Literatur und Hörbuch*. München 2012.
Binczek, Natalie, und Cornelia Epping-Jäger (Hrsg.). *Das Hörbuch. Praktiken audioliteralen Schreibens und Verstehens*. Paderborn 2014.
Boeckh, August. *Encyklopädie und Methodologie der philologischen Wissenschaften*. Leipzig 1877.
Boeke, J. D. „Mikroskopische Phonogrammstudien". *Archiv für die gesamte Physiologie des Menschen und der Thiere* 50 (1891): 297–318.
Boeke, J. D. „Mikroskopische Phonogrammstudien". *Archiv für die gesamte Physiologie des Menschen und der Thiere* 76 (1899): 497–516.
Brinkmann, Rolf Dieter. *Wörter Sex Schnitt. Originaltonaufnahmen 1973*. Hrsg. von Herbert Kapfer und Katharina Agathos. Erding 2005.
Brücke, Ernst. *Die physiologischen Grundlagen der neuhochdeutschen Verskunst*. Wien 1871.
Bung, Stephanie, und Jenny Schrödl (Hrsg.). *Phänomen Hörbuch. Interdisziplinäre Perspektiven und medialer Wandel*. Bielefeld 2017.
Djordjevic, Mira. „Handkes akustische Kunst. Ein Beitrag zur Poetik des Hörspiels". *Jahrbuch für internationale Germanistik* (1989): 120–145.
Djordjevic, Mira. „,Audiophilologie' als Methode der Hörspielforschung betrachtet am Beispiel der Hörspielkunst Ingeborg Bachmanns". *Medien/Kultur. Schnittstellen zwischen Medienwissenschaft, Medienpraxis und gesellschaftlicher Kommunikation*. Knilli zum Sechzigsten. Hrsg. von Knut Hickethier und Siegfried Zielinski. Berlin 1991: 207–215.
Döhl, Reinhard. „Hörspielphilologie?" *Jahrbuch der Deutschen Schillergesellschaft* 26 (1982a): 489–511.
Döhl, Reinhard. „Nichtliterarische Bedingungen des Hörspiels". *Wirkendes Wort* 32.3 (1982b): 154–179.
Edison, Thomas Alva. „The Phonograph and Its Future". *The North American Review* 126 (1878): 527–536.
Edison, Thomas Alva. ‚*Improvement in Phonograph or Speaking Machines*'. Patent Nr. US200521 A. United States Patent and Trademark Office. http://pdfpiw.uspto.gov/.

piw?Docid=200521&idkey=NONE&homeurl=http%3A%2F%252Fpatft.uspto.gov%252Fn etahtml%252FPTO%252Fpatimg.htm. [1877/1878] 2019 (25. Januar 2020).

Epping-Jäger, Cornelia. „Rolf Dieter Brinkmann. ‚Die Wörter sind böse' / ‚Wörter Sex Schnitt'". *Literatur und Hörbuch*. Hrsg. von Natalie Binczek und Cornelia Epping-Jäger. München 2012: 48–59.

Exner, Siegmund. „Bericht über die Arbeiten der von der kaiserl. Akademie der Wissenschaften eingesetzten Commission zur Gründung eines Phonogramm-Archives". *Anzeiger der kaiserlichen Akademie der Wissenschaften. Mathematisch-Naturwissenschaftliche Classe* 37 (1900): Beilage.

Felderer, Brigitte (Hrsg.). *Phonorama. Eine Kulturgeschichte der Stimme als Medium*. Berlin 2004.

Fichte, Hubert. *Hörwerke 1966–1986*. Frankfurt am Main 2006.

Hagen, Wolfgang. *Das Radio. Zur Geschichte und Theorie des Hörfunks – Deutschland/USA*. München 2005.

Herrmann, Britta. „Auralität und Tonalität in der Moderne. Aspekte einer Ohrenphilologie". *Dichtung für die Ohren. Literatur als tonale Kunst in der Moderne*. Hrsg. von Britta Herrmann. Berlin 2015: 9–32.

Kammer, Stephan. „Das Stigma des Dokumentarischen. Zum historischen Apriori philologischer Materialverachtung". *Beihefte zu Editio* 37 (2014): 53–63.

Kammer, Stephan. *Überlieferung. Das philologisch-antiquarische Wissen im frühen 18. Jahrhundert*. Berlin und Boston 2017.

Kittler, Friedrich. *Grammophon, Film, Typewriter*. Berlin 1986.

Kittler, Wolf. „Literatur, Edition und Reprographie". *Deutsche Vierteljahrsschrift für Literaturwissenschaft und Geistesgeschichte* 65 (1991): 205–235.

Kittler, Friedrich. „Homeros und die Schrift". *Die Geburt des Vokalalphabets aus dem Geist der Poesie. Schrift, Zahl und Ton im Medienverbund*. Hrsg. von Wolfgang Ernst und Friedrich Kittler. München 2006: 47–53.

Kolesch, Doris, und Sybille Krämer (Hrsg.). *Stimme. Annäherung an ein Phänomen*. Frankfurt am Main 2006.

McLane, Maureen N., und Laura M. Slatkin. „British Romantic Homer. Oral Tradition, ‚Primitive Poetry' and the Emergence of Comparative Poetics in Britain. 1760–1830". *English Literary History* 78 (2011): 687–714.

Lord, Albert Bates. *Der Sänger erzählt. Wie ein Epos entsteht* [1960]. München 1965.

Lothar, Rudolph. *Die Sprechmaschine. Ein technisch-aesthetischer Versuch*. Leipzig 1924.

Marichelle, Hector. *Phonétique expérimentale. La parole d'après la trace du phonographe*. Paris 1897.

Maye, Harun. „Klopstock! Eine Fallgeschichte zur Poetik der Dichterlesung im 18. Jahrhundert". *Original/Ton. Zur Mediengeschichte des O-Tons*. Hrsg. von Harun Maye, Cornelius Reiber und Nikolaus Wegmann. Konstanz 2007: 165–190.

Meyer-Kalkus, Reinhart. *Stimme und Sprechkünste im 20. Jahrhundert*. Berlin 2001.

Meyer-Kalkus, Reinhart. „Stimme, Performance und Sprechkunst". *Handbuch Literaturwissenschaft*. Bd. 1: *Gegenstände und Grundbegriffe*. Hrsg. von Thomas Anz. Stuttgart 2007: 213–223.

mOcean OTonVerlag. Webauftritt. http://www.moceanverlag.de/Verlag/page5.html. 2020 (20. Januar 2020).

Parry, Milman. *L'épithète traditionelle dans Homère. Essai sur un problème de style homérique*. Paris 1928.

Parry, Milman. *The Making of Homeric Verse: The Collected Papers*. Oxford 1971.
Parzer-Mühlbacher, Alfred. *Die modernen Sprechmaschinen, deren Behandlung und Anwendung*. Wien 1902.
Pfeiffer, Rudolf. *Geschichte der Klassischen Philologie. Von den Anfängen bis zum Ende des Hellenismus* [1968]. Übers. von Marlene Arnold. 2., durchges. Aufl. München 1978.
Powell, Barry. *Writing and the Origins of Greek Literature*. Cambridge, MA und New York 2002.
Rieger, Stefan. *Die Ästhetik des Menschen. Über das Technische in Leben und Kunst*. Frankfurt am Main 2002.
Rieger, Stefan. *Schall und Rauch. Eine Mediengeschichte der Kurve*. Frankfurt am Main 2009.
Salin, Edgar. *Um Stefan George. Erinnerungen und Zeugnis*. 2. Aufl. München 1954.
Schäfer, Armin. *Die Intensität der Form. Stefan Georges Lyrik*. Wien u. a. 2005.
Schöning, Klaus. „Akustische Literatur. Gegenstand der Literaturwissenschaft?" *Rundfunk und Fernsehen* 27 (1979): 464–475.
Scripture, Edward Wheeler. *The Elements of Experimental Phonetics*. New York und London 1902.
Scripture, Edward Wheeler. *Researches in Experimental Phonetics. The Study of Speech Curves*. Washington, DC 1906.
Scripture, Edward Wheeler. *Anwendung der graphischen Methode auf Sprache und Gesang*. Leipzig 1927.
Sievers, Eduard. *Grundzüge der Phonetik zur Einführung in das Studium der Lautlehre der indogermanischen Sprachen*. 5., verb. Aufl. Leipzig 1901.
Sievers, Eduard. *Rhythmisch-melodische Studien. Vorträge und Aufsätze*. Heidelberg 1912.
Simon, Artur (Hrsg.). *Das Berliner Phonogramm-Archiv 1900–2000. Sammlungen der traditionellen Musik der Welt*. Berlin 2000.
Stangl, Burkhard. *Ethnologie im Ohr. Die Wirkungsgeschichte des Phonographen*. Wien 2000.
Sterne, Jonathan. *The Audible Past. Cultural Origins of Sound Reproduction*. Durham 2003.
Tchougounnikov, Sergueï. „Eduard Sievers et la phonétique allemande du début du 20e siècle. Les sources allemandes des théorisations russes de la charpente sonore du langage". *Histoire et épistémologie du langage* 29 (2007): 145–162.
Wiethölter, Waltraud. „Stimme und Schrift. Szenen einer Beziehungsgeschichte". *Stimme und Schrift. Zur Geschichte und Systematik sekundärer Oralität*. Hrsg. von Waltraud Wiethölter, Hans-Georg Pott und Alfred Messerli. München 2008: 9–53.
Wood, Robert. *Versuch über das Originalgenie des Homers aus dem Englischen* [1769]. Frankfurt am Main 1773.
Ziegler, Susanne. *Die Wachszylinder des Berliner Phonogramm-Archivs*. Berlin 2006.

3.2. Sprechweise – Akzent – Dialekt
Till Dembeck

1. Begriffsbestimmungen

Unter dem Begriff der ‚Sprechweise' lassen sich aus literaturwissenschaftlicher Perspektive all jene Momente der gesprochenen Sprache zusammenfassen, die, auch wenn sie nicht zum bedeutungsunterscheidenden Code gehören, dennoch einen Unterschied machen können, also zumindest potenziell Informationswert besitzen: Lautstärke, Stimmlage, Rhythmus, Stimmintensität, dialektale Färbung, kurz: viel von demjenigen, was in der klassischen Rhetorik im Bereich der *actio*, also mit Blick auf die performative Dimension der Redesituation, abgehandelt wird. In der Linguistik werden weite Teile dessen, was hier ‚Sprechweise' genannt wird, als ‚suprasegmentale' Eigenschaften der gesprochenen Sprache bezeichnet; sie sind übersegmental, insofern sie die phonemische Segmentierung überschreiten und zumindest im Regelfall keine bedeutungsunterscheidende Funktion haben (vgl. Heike 1983). Informationswert kann die Sprechweise in bestimmten Situationen dennoch gewinnen, insofern sie Rückschlüsse zulässt auf persönliche Eigenschaften des Sprechers, auf seine Herkunft oder auf seinen emotionalen Zustand und insofern es möglich ist, diese Information auf dasjenige zu beziehen, was gesagt wird. Auch ein Einkaufszettel kann so vorgelesen werden, dass die Sprechweise traurige Assoziationen weckt oder phonetische Eigenheiten in der Sprechweise einer Person als Markierung kultureller Zugehörigkeit wahrgenommen werden können.

‚Akzent' und ‚Dialekt' haben, mit Blick auf Sprechweisen betrachtet, eine etwas andere Bedeutung als im linguistischen Sprachgebrauch. Unter ‚Akzent' lässt sich aus linguistischer Perspektive zunächst der ‚Wortakzent' verstehen, also die Hervorhebung einzelner Silben beispielsweise durch die Steigerung der Tonhöhe oder Lautstärke. Der Wortakzent kann durchaus unmittelbar bedeutungsunterscheidende Funktion haben (etwa im Italienischen: ‚papa', dt. Papst, vs. ‚papà', dt. Vater). Ein vom Standard abweichender Wortakzent (etwa: Initialbetonung im Französischen) kann aber auch einen ‚Akzent' in der alltagssprachlichen Bedeutung markieren, also eine abweichende Sprechweise, die zwar die Bedeutung des Gesagten nicht verändert, aber auf die (sprachliche) Herkunft des Sprechers schließen lässt (Pompino-Marschall 2005). In diesem zweiten Wortsinn, der hier zugrunde gelegt wird, umfasst der Akzent viel mehr als nur den Wortakzent, beispielsweise auch die Verwendung eines gerollten ‚R' im Standarddeutschen.

Mit ‚Dialekt' wiederum ist hier weniger die lokale Varietät einer Sprache insgesamt, das heißt auf all ihren linguistischen Strukturebenen, gemeint als vielmehr nur deren Klang, das heißt das Ensemble der für den Dialekt spezifischen, von anderen Varietäten abweichenden phonetischen Merkmale. In beiden Fällen wird die linguistische Beschreibung enggeführt mit Konzepten der kulturellen Differenz, deren Voraussetzungen, insbesondere mit Blick auf die Unterscheidung zwischen ‚Mutter'- und ‚Fremdsprache', allerdings problematisiert werden müssen (vgl. Abschnitt 2).

Mit Blick auf Literatur können Sprechweise, Akzent und Dialekt in dreifacher Hinsicht eine Rolle spielen: Schriftlich niedergelegte Texte können, beispielsweise durch Divergenzen in der Orthographie, signalisieren, dass unterschiedliche Sprechweisen, Akzente oder Dialekte vorliegen (vgl. Abschnitt 3). Ferner gibt es eine Vielzahl historischer Beschreibungen von Sprechweisen, die sich teils auf den Vortrag literarischer Texte beziehen (vgl. Abschnitt 4). Eine grundlegend neue Situation tritt ein, als es die Phonographie Ende des 19. Jahrhunderts erstmals ermöglicht, die Stimme qua Analogaufzeichnung zu reproduzieren – ebenfalls mit Folgen für die literarische Nutzung von Sprechweisen (vgl. Abschnitt 5). Dennoch verbleiben der Forschung mit Blick auf die historische wie systematische Beschreibung des Verhältnisses zwischen Literatur und Sprechweise erhebliche Desiderate (vgl. Abschnitt 6).

2. Sprechweise und Kulturdifferenz

Dass unterschiedliche Sprechweisen mit Kulturdifferenzen in Zusammenhang gebracht werden, versteht sich zwar vielleicht nicht von selbst, doch ist die Denkfigur, die diesem Zusammenhang zugrunde liegt, zumindest sehr alt. Sie findet sich zum einen im Alten Testament, genauer: im Buch der Richter (12,5–6), das von der Ermordung der Ephraimiter erzählt, die man daran erkannte, dass sie das Wort ‚Schibboleth' nur als ‚Sibboleth' aussprechen konnten – wobei beide Varianten eigentlich als phonematisch identisch gelten (vgl. Derrida 2002, 59). Als ‚Schibboleth' bezeichnet man noch heute die lautliche Markierung kultureller Differenz. Zum anderen besagt eine in der Antike und nachmals populäre Semantik des Begriffs ‚Solözismus', er beziehe sich ursprünglich auf das durch Sprachmischung unsauber gewordene Griechisch der Anhänger des Solon im kilikischen Soloi (Reisigl 2007, 960), sodass der Solözismus als Fehler gilt, an den man zumindest die Abschwächung der kulturellen Zugehörigkeit ablesen kann. Auch wenn der Begriff ‚Solözismus' nicht direkt auf Sprechweise bezogen ist, stellt diese Etymologie doch eine enge Verbindung her zwischen abweichendem Sprachgebrauch und kultureller Fremdheit.

Die Nutzung von Sprechweisen als Identitätsmarkern beruht darauf, dass der auch und gerade scheinbar nur ornamentalen, also gar nicht unbedingt an Codierung und Bedeutungskonstitution beteiligten Dimension des Sprechens Signifikanz zugeschrieben wird. Die Behauptung, dass dieser Vorgang grundsätzlich etwas mit Kultur zu tun habe, lässt sich rechtfertigen, wenn man die Aufgabe von Kultur, wie sich auf der Grundlage der Kulturtheorien etwa von Jurij M. Lotman (2010) und Dirk Baecker (2003) sagen lässt, in der Bereitstellung von Signifikanz, also von bedeutungsunterscheidenden Differenzen sieht (Dembeck 2013). Dann nämlich bestehen Kulturdifferenzen in erster Linie aus Differenzen zwischen verschiedenen Arten und Weisen, Signifikanz zu produzieren. Diese Situation liegt in dem Beispiel aus dem Buch der Richter tatsächlich vor: Während die Ephraimiter allem Anschein nach keinen signifikanten Unterschied zwischen ‚Sibboleth' und ‚Schibboleth' erkennen können, ist dieser Unterschied für ihre Feinde höchst signifikant. Aber noch die Beschreibung kulturell verschiedener Formen von Tischsitten läuft letztlich darauf hinaus, dass man erklärt, welche Gesten, Schneidetechniken, Gesprächsthemen, Trinkfolgen für die jeweils Beteiligten bedeutsam sind. In diesem sehr allgemeinen Sinn kann man sagen, dass das Schibboleth, also die lautliche Markierung kultureller Differenz, eine Grundform des Kulturvergleichs darstellt.

Die Verbindung der Komplexe ‚Sprechweise' und ‚kulturelle Identität' gestaltet sich, historisch betrachtet, extrem unterschiedlich. Die heute in der Alltagssprache übliche Rückführung von Akzent beziehungsweise Dialekt auf kulturelle Herkunft ist nicht zuletzt Ergebnis der Semantik der Muttersprache, die sich seit dem Spätmittelalter (mit Dante als maßgeblichem Vorläufer) zunehmend durchgesetzt hat und erst aktuell, wenn auch bislang fast nur in der kulturwissenschaftlichen Diskussion, hinterfragt wird. Die Semantik der Muttersprache beruht letztlich auf der Annahme, der Spracherwerb werde durch die (körperliche) Nähe von Mutter und Kind zumindest erheblich befördert und habe den Effekt, dass natürlicherweise ein besonderes Verhältnis der Nähe bestehe zwischen dem Sprecher und der Sprache der Mutter. Bemerkenswert ist dabei, dass in der Regel diese *eine* Sprache der Mutter zugleich als voll entwickelte Schriftstandardsprache vorgestellt wird – etwa, wenn jemand von sich behauptet, Deutsch als Muttersprache zu haben. Die angebliche natürliche Nähe zu dieser Sprache macht es dann denkbar, sich auf sie in Kategorien des Eigentums (eigene Sprache) und der Macht (eine Sprache beherrschen) zu beziehen. Noch die strukturalistische Linguistik in der Folge Ferdinand de Saussures und die frühe generative Transformationsgrammatik Noam Chomskys beruhen auf diesem Modell von Muttersprachlichkeit.

In jüngerer Zeit ist die Semantik der Muttersprache von unterschiedlicher Seite sehr überzeugend dekonstruiert worden (Bonfiglio 2010; Derrida 2011; Yildiz 2012; Martyn 2014). Alles in allem stellt die Muttersprachensemantik eine starke Vereinfachung sehr viel komplexerer Prozesse und Kompetenzen dar, welche die Vielgestaltigkeit des Spracherwerbs und des Sprachgebrauchs ebenso unterschätzt wie die diejenige des Umgangs mit Sprachenvielfalt. Ihre Wirkmächtigkeit in den vergangenen zwei- bis dreihundert Jahren hat nicht zuletzt darauf beruht, dass sie sich sehr gut mit der Semantik der Nation verbinden ließ beziehungsweise ihr sogar passgenau zuarbeitete. Denn als Muttersprachen sind seit spätestens dem 18. Jahrhundert in erster Linie Nationalsprachen vorgesehen, und sprachliche Einheit gilt umgekehrt in den neuzeitlichen Nationalstaaten der westlichen Welt als Bindemittel erster Wahl. Angesichts dieser Wirkmächtigkeit der Muttersprachensemantik verwundert es kaum, dass Sprechweisen, die einen Akzent aufweisen, bis heute als nachgerade untrügliche Anzeichen von Herkunft verstanden werden. Die angebliche Unhintergehbarkeit kultureller Prägung bestätigt sich dieser Auffassung nach gerade in den Dimensionen des Sprechens, die nicht (oder doch nur schwach) semantisiert sind und denen man deshalb zutraut, besonders zuverlässig ihren Ursprung in einer bestimmten, lokalen Sprechergemeinschaft zu verraten. Damit wird neben der (Mutter-)Sprache auch kulturelle Zugehörigkeit naturalisiert.

Das alles heißt nicht, dass die Verbindung zwischen Sprechweise und Kulturdifferenz ganz zu Unrecht hergestellt würde. Allerdings legt es die aktuelle kulturwissenschaftliche Diskussion nahe, dabei auf die Rückbindung an die Muttersprachensemantik mit all ihren Implikationen zu verzichten. Kulturdifferenzen und kulturelle Prägungen mögen ebenso hartnäckig sein wie Akzente und Dialekte. Das ändert aber nichts daran, dass sie immer schon kontingent sind und der moderne Kulturbegriff im Grunde genommen gerade auf die Einsicht in diese Kontingenz zurückgeht (Baecker 2003, 44–57). Dementsprechend lassen sich Differenzen in der Sprechweise durchaus mit kulturellen Differenzen in Relation setzen; es gibt hier aber keinerlei feste Relationen, vielmehr walten alle Formen des Trügerischen, die man sich denken kann.

3. Sprechweisen aufschreiben: europäische Literatur als Dialektliteratur

Um Sprechweisen schriftlich zu erfassen und damit zumindest ein Stück weit reproduzierbar zu machen, hat die westliche Literatur seit langem eine Vielzahl von Verfahren entwickelt. Grundsätzlich stellt sich dabei das Problem, dass die zur Verfügung stehenden Schriften, auch wenn man sie gemeinhin als ‚phonetische' Schriften bezeichnet, das Lautbild des jeweils Gesprochenen eher phonemisch segmentieren und damit gerade dasjenige ausschließen, was die Sprechweise ausmacht (vgl. Coulmas 2003). Insofern ist der Versuch, Sprechweisen aufzuschreiben, immer auf Supplemente angewiesen, etwa auf die Verwendung nichtstandardisierter Laut-Buchstabe-Zuordnungen, die allerdings, gerade weil sie nicht standardisiert sind, immer nur andeuten können, was sie lautlich konkret meinen. Die Literaturgeschichte der Sprechweisen hat daher in erster Linie zu rekonstruieren, wie jeweils mit diesem Problem umgegangen wird.

Die Literatur der griechischen und römischen Antike ist in sehr unterschiedlichen Arten und Weisen von dialektaler Vielfalt geprägt. Während das Griechische eine große Toleranz gegenüber den unterschiedlichen Varietäten der gemeinsamen Sprache kennt – zumindest vor dem Aufkommen der sogenannten κοινή (koiné), dem standardisierten Griechisch, das im gesamten Mittelmeerraum als Verständigungsmittel diente –, ist für die römische Literatur spätestens seit der strikten Kodifizierung des Lateinischen im ersten vorchristlichen Jahrhundert eine geringere binnensprachliche Varianz zu konstatieren. Die wichtigste Gattung zur Darstellung nicht nur dialektaler Varianz, sondern auch der durch die Nachahmung von Akzent evozierten ‚Barbaren'-Sprachen ist die Komödie, und hier wiederum ist in der attischen Zeit Aristophanes derjenige Autor, der den Dialekt am massivsten einsetzt (Colvin 1999; Zimmermann 2014). Schwierig ist es dabei aufgrund der Überlieferungslage, genau zu ergründen, wie Dialekt im Zeitalter eher unsicherer orthographischer Regeln festgehalten wurde; auch muss die Funktion der Dialektwiedergabe nicht notwendig in der Erzeugung von Komik gesehen werden (selbst wenn sie in der Tragödie nicht zu beobachten ist), sondern mag auch einer Ethik des Realismus folgen. Die Klassiker der römischen Komödie sind demgegenüber arm an dialektaler Vielfalt, auch wenn Plautus eine Vielzahl griechisch-lateinischer Wortverschmelzungen verwendet und sogar Punisch sprechen lässt (Duckworth 1971, 354). Die Komödien des Terenz, der das Lateinische aller Wahrscheinlichkeit nach als Zweitsprache benutzte, sind demgegenüber nachgerade sprachpuristisch angelegt. Insgesamt ist es schwierig nachzuvollziehen, wie die Nachahmung von Dialekten und Akzenten in antiker Literatur, zumal im Drama, konkret funktioniert hat. Bezeichnend ist aber sicherlich die Tendenz gerade der Komödie zum Spiel mit unterschiedlichen Sprechweisen. Bis heute ist die Komödie der priorisierte Ort für den literarischen Dialektgebrauch geblieben.

Für Spätantike und Mittelalter lässt sich anhand der Überlieferung eine zunehmende Abkopplung des Lateinischen von den gesprochenen Volkssprachen in erster Linie an dialektalen Einflüssen auf das schriftliche Latein nachweisen. Mit der Entstehung einer volkssprachlichen Literatur erhält auch das Verhältnis von Schriftlichkeit und dialektaler Varianz einen anderen Stellenwert. Die Literatur auf Mittelhochdeutsch ist in Wirklichkeit eine Literatur in unterschiedlichen Dialekten, und zuweilen, etwa im *Wälschen Gast* des Thomasîn von Zerclaere (1215–1216), werden dialektale Differenzen auch reflektiert. Paradigmatisch geschieht dies bei Dante, dessen Schrift *De vulgare eloquentia* (um 1300) sich ausführlich mit der Unterscheidung zwischen der lateinischen Standardschriftsprache, die er *grammatica* nennt, und den vielen, angeblich nicht oder nur schwach regulierten Volkssprachen auseinandersetzt. Dante begründet sein Plädoyer für die Etablierung der Volkssprache als Literatursprache in der Nähe, die die Sprecher zu der gesprochenen Sprache haben (Bonfiglio 2010, 72). Insofern aber die Transformation der Volkssprache in eine Schriftsprache eine hochgradige Kodifizierung voraussetzt – sie wird in diesem Prozess selbst zur *grammatica* –, setzt sie den Effekt, Nähe herzustellen, immer zugleich bereits aufs Spiel. Spätestens in der Literatur der Neuzeit führt dies dazu, dass immer wieder neue Formen der Annäherung an oder der Simulation von ‚echten', oft also dialektalen Sprechweisen entwickelt und erprobt werden.

Die medienhistorischen und kulturpolitischen Rahmenbedingungen sorgen allerdings zunächst dafür, dass die Volkssprachen weiter standardisiert werden. Sowohl der Buchdruck als auch der absolutistische Zentralstaat haben ein unmittelbares Interesse daran, einheitliche Sprachbenutzung auf einem möglichst großen Territorium durchzusetzen (Trabant 2006, 84–209). Dialekt und nichtmuttersprachliche Varianz finden insofern ihren Ort lange Zeit eher außerhalb der Literatur. Dies ist sicherlich einer der Gründe dafür, dass dialektale Sprechweisen und Akzent ihren bevorzugten Ort in der Komödie und in anderen komik- und/oder aufführungsaffinen Textsorten haben. Zu denken ist für die Frühe Neuzeit etwa an die Pedantesca und die Maccaronia, Spielarten der Mischung von Latein und Italienisch, die nachmals in vielen europäischen Sprachen nachgeahmt werden (Fritsche 2002); oder an William Shakespeares Komödien, etwa an *Love's Labours Lost* (1597), in der ein (Pseudo-)Gelehrter auftritt, dessen Latein von einer anderen Person als reinstes Englisch aufgefasst wird (Dumitrescu 2016); oder an die satirischen Romane von François Rabelais (Korg 2002). In allen diesen Fällen geht es weniger darum, kulturelle (Nah-)Fremde (kritisch) darzustellen, als vielmehr um eine (implizite) kritische Auseinandersetzung mit den herrschenden Politiken der sprachlichen und kulturellen Standardisierung – durch das Lateinische oder durch die neuen Nationalsprachen. Einiges spricht dafür, dass noch die akzentbehaftete Sprechweise des Riccaut in Gotthold Ephraim Lessings *Minna von Barnhelm* (1767) unmittelbar an diese Komiktradition und ihren gesellschaftskritischen Impetus anschließt – denn Riccaut wird zwar als lächerlicher Franzose dargestellt, ist aber zugleich ein Instrument der Lessing'schen Sozialkritik (Conter 2014).

Spätestens die Literaturtheorie Johann Gottfried Herders und die daran anschließenden romantischen Bewegungen versuchen, Schriftsprachlichkeit (*grammatica*) und mündliche, an ‚authentischen' Sprechweisen orientierte Sprache im Konzept der Muttersprache, die gleichzeitig Nationalsprache ist (s. o.), zusammenzudenken. Dialektliteraturen können sich nun als genuiner Bestandteil des nationalliterarischen Paradigmas etablieren – beispielsweise im Medium des Volkslieds. Hier wie auch im realistischen Erzählen fungiert die Nachahmung von Dialekt und Akzent als Ausweis kultureller Zugehörigkeit. Die Andeutung des Dialektalen im literarischen Text gehorcht dabei allerdings oft einer Politik der Mäßigung, beispielsweise in der Volksliedersammlung *Des Knaben Wunderhorn* (1805–1808). In vielen Erzählungen des Realismus, im Deutschen etwa bei Wilhelm Raabe, Theodor Storm, Theodor Fontane und noch bei Thomas Mann (prominent am Beginn der *Buddenbrooks* von 1901) wird die Nachahmung dialektalen Sprechens sparsam, aber sehr gezielt eingesetzt. Im englischen Sprachraum finden sich Beispiele eines flächendeckenden Einsatzes von Dialekten und Soziolekten, beispielsweise bei Mark Twain oder Herman Melville. Auch die Komödientradition agiert insgesamt weniger zurückhaltend. So etablieren sich im 19. Jahrhundert eigenständige Gattungen der dialektalen Theaterliteratur, etwa die Komödien des Wiener Volkstheaters oder die Luxemburger Komödientradition.

Die Literatur des 20. Jahrhunderts bereichert die Spielarten der literarischen Auseinandersetzung mit der Grenze zwischen Standardsprechweisen und Dialekt beziehungsweise Akzent um weitere, vor allem experimentelle Verfahren. Zu denken wäre hier etwa an die dialektale und soziolektale Vielfalt von James Joyces *Ulysses* (1922) – von der sprachverschmelzenden Schreibweise in *Finnegans Wake* (1939) ganz zu schweigen, die nicht zuletzt grundsätzlich zweifelhaft werden lässt, nach welchen Laut-Buchstabe-Zuordnungen der Text überhaupt auszusprechen wäre. Ein solcher Effekt stellt sich übrigens auch bei den meisten Texten der sogenannten Lautpoesie vom Dada bis zu Ernst Jandl und Oskar Pastior ein. Zwar geht man gemeinhin davon aus, es bedürfe bei diesen Texten einer Verlautbarung, idealerweise durch die ‚autorisierende' Stimme der Verfasser (vgl. hierzu Abschnitt 4 und 5); paradoxerweise ist ein Effekt der als Text publizierten Lautpoesie aber, dass sie sich der konkreten Verlautbarung konsequent entzieht, weil sie ostentativ eine verbindliche Auskunft über die für sie geltenden Ausspracheregeln verweigert.

4. Sprechweisen beschreiben: die Rhetorik der Sprechweise

Anhand der vielfältigen historischen Versuche, Sprechweisen aufzuschreiben, lassen sich in unterschiedlichem Maße Rückschlüsse auf tatsächliche historische Sprechweisen ziehen, auch wenn man hier bei zunehmendem historischem Abstand mehr und mehr auf Konjekturen angewiesen ist. Eine weitere Möglichkeit, für die Zeit vor der Erfindung der Phonographie zumindest Vermutungen darüber anzustellen, wie Literatur lautbar gemacht und somit mit einer je konkreten Sprechweise verbunden wurde, bieten die theoretischen Beschreibungen der Rhetorik und der Schauspielkunst.

In der Rhetorik bildet die Beschreibung der Sprechweise einen Teil des Regelwerks für die rhetorische Performanz, die *actio*, die neben der Sprechweise (*pronuntiatio*) auch Gestik, Mimik, Kleidung etc. behandelt. Da es der Rhetorik darum geht, eine situationsangemessene Vermittlung von Redner und Rede sicherzustellen, wird die Sprechweise grundsätzlich im Verhältnis nicht nur zu diesen weiteren Dimensionen der *actio* gesehen, sondern auch zur Redesituation in all ihren Facetten. Dies gilt von der Grundlegung der rhetorischen Theorie in der Antike bis weit in die Neuzeit hinein. Maßgeblich ist dabei stets die Forderung nach Klarheit der Aussprache, auch wenn für besonders affektgeladene Passagen Artikuliertheitsverluste in Kauf genommen werden.

Eine Konstante der rhetorischen Beschreibung der Sprechweise bildet die Kategorisierung einer Reihe von Merkmalen, die prinzipiell unabhängig voneinander sind, aber insgesamt die Sprechweise kennzeichnen. Lautstärke und Tonhöhe gelten durchgängig als relevante Größen. In den klassischen Rhetoriken der Antike kommen je unterschiedliche dritte Kategorien hinzu, bei Platon die Differenz zwischen Rauheit und Glattheit der Stimme, bei Aristoteles der Rhythmus, in der *Rhetorica ad Herennium* die Biegsamkeit der Stimme (Campe und Wilczek 2009, 83–86). Diese jeweils unterschiedlich bezeichnete dritte Kategorie der Stimmcharakterisierung könnte man mit Rüdiger Campe generalisierend als „Stimmflexion" (Campe und Wilczek 2009, 89) bezeichnen.

Erst in der zweiten Hälfte des 19. Jahrhunderts sind, vor allem ausgehend von physiologischen und musikwissenschaftlichen Fragestellungen, Methoden gefunden worden, einzelne Momente dieser dritten Dimension des Sprechens zu isolieren, insbesondere durch Hermann von Helmholtz' Beschreibung der Klangfarbe und des Vokalismus mittels Fourier-Zerlegungen, die auch erklärt, wie bereits die Physiologie des Ohrs den Klang analytisch erfasst (vgl. Kursell 2017). Neben der Klangfarbe müssten für die Beschreibung der „Stimmflexion" wahrscheinlich die Unterscheidung zwischen Ton (im engeren Sinne charakterisiert durch die Möglichkeit der Tonhöhenbestimmung) und Geräusch, Einsatzgeräusche sowie die rhythmische Feingestaltung (inklusive Pausen) berücksichtigt werden. Bei der „Stimmflexion" handelt es sich vielleicht auch um dasjenige, was nach Aristoteles' Differenzierung die φονή (phoné) gegenüber dem ψόφος (psóphos), dem (tierischen) Geräusch, auszeichnet und worin sich die Stimme als Ergebnis einer Seelentätigkeit ausweist (Campe und Wilczek 2009, 84).

Die unterschiedlichen und wechselnden Wertungen der Rhetorik als Disziplin haben auch die jeweilige Einschätzung der Gestaltbarkeit der Sprechweise beeinflusst. Der rhetorikkritische Platon schätzt auch die Rhetorik der Sprechweise gering, das Gleiche gilt für den generell der konkreten Sprachvermittlung gegenüber kritischen Augustinus und damit für weite Teile der christlichen Tradition – ungeachtet der Tatsache, dass das Christentum dank seines Missionsauftrags darauf angewiesen war, eine ausgefeilte Rhetorik der Predigt zu entwickeln (Campe und Wilczek 2009, 86–87). Augustinus geht es denn auch in seiner Schrift *De doctrina christiana* (397 n. Chr.) in erster Linie darum, die medienpolitisch unumgängliche Verwendung der rhetorisch geschulten, bewegenden Sprechweise in den Zusammenhang der Verkündigung ein- und an das rahmende Gebet rückzubinden. In diesem Sinne kann die christliche Homiletik die bewusste Gestaltung der Sprechweise als Instrument der göttlichen *sapientia* rechtfertigen.

Der Rückbindung der Stimme an den Geist steht, ebenfalls seit den Anfängen der Rhetorik, diejenige an den Körper gegenüber, wie sie prominent in der Stoa proklamiert wurde (Göttert 1998, 25–27). Die körperliche Gebundenheit der Sprechweise ergibt sich natürlich schon systematisch, einerseits aus der Einbettung ihrer Behandlung in der *actio*, der es um das körperliche Gesamtbild des Redners geht, andererseits aus der auf Aristoteles zurückgehenden Bestimmung der *phoné*, nach der die Stimme die Verkörperung der Seele ist. Spätere Rhetoriken, insbesondere diejenige Quintilians, bauen diese Theorie aus, indem sie systematisch den Bezug zwischen ‚Stimmflexion' und Gemütsbewegung untersuchen. Als Gemeinplatz gilt dabei, dass man eine Gemütsbewegung qua Sprechweise nur dann bei den Zuhörern induzieren könne, wenn man auch selbst entsprechend bewegt sei. Der Sprechweise wird so implizit in Bezug auf Emotionen eine indexikalische Funktion zugeschrieben. Die rhetorische Affekttheorie ist im Zuge der „anthropologische[n] Wende des 16. Jahrhunderts" (Göttert 1998, 89) erneut aktualisiert worden. Alles in allem sind die Rückbindung der Sprache an den Körper und umgekehrt die Rückbindung des Sprechens an Emotionen und Geist, wie sie in der Sprechweise sinnfällig werden, zentrale Charakteristika für die primär oral bestimmten Gesellschaften Europas bis in die Frühe Neuzeit hinein.

Für Antike wie Mittelalter ist in jedem Falle davon auszugehen, dass das primäre Medium der ‚Litteratur' im alten Sinne, also nahezu des gesamten Schrifttums, der mündliche Vortrag gewesen ist, der zudem ein deutlich breiteres Spektrum an Sprechweisen umfasste als heute geläufig. Insbesondere kam dem Sprechgesang, also dem Sprechen in der Singstimme, das in der Neuzeit nahezu völlig verschwindet, eine tragende Funktion für den Vortrag sowohl von Prosa als auch von Versen zu. Die Heraushebung des religiösen Textes im Gottesdienst (oder des poetischen Textes im Vortrag) aus dem alltäglichen Sprechen geschah durch die Nutzung der Singstimme, und zwar wahrscheinlich noch im höfischen Vortrag der mittelalterlichen Epen (Göttert 1998, 169–197). Diese ‚alte Beredsamkeit', wenn auch nicht unbedingt unter Einschluss des Sprechgesangs, bleibt bis in die Frühe Neuzeit das Maß aller Dinge. Sowohl das humanistische Schultheater, das geistliche Schauspiel als auch die frühneuzeitlichen Traktate zur höfischen Rhetorik sind auf eine Sprechweise ausgerichtet, die auf starke, vom alltäglichen Sprechen unterscheidbare Effekte setzt (Göttert 1998, 227–251).

Die Forschung geht davon aus, dass die Umstellung auf Schriftlichkeit als gesellschaftliches Leitmedium in den Jahrhunderten nach der Durchsetzung des Buchdrucks die etablierten Sprechweisen massiv beeinflusst hat (Zumthor 1994; Göttert 1998, 18–19). Plötzlich erscheint die Sprechweise als das ‚Andere' der Schrift, das sich einerseits der Beschreibung und damit auch der Erfassung durch Theorien des *aptum* und des *decorum*, also der situativen Angemessenheit und des Effektkalküls, entzieht, andererseits aber ein umso höheres mediales Potenzial bietet.

Etwas spekulativ kann man das neue Verhältnis der rhetorischen Theorie zur Sprechweise an der Wandlung ihres Verhältnisses zur Schauspielkunst ablesen. Der Schauspieler ist seit der Antike Vor- und Gegenbild des Redners – Vorbild, weil er über Techniken der Stimmbeherrschung immer schon verfügt, die der Redner erst erwerben will, und Gegenbild, weil er immer schon im Verdacht steht, sie unlauter einzusetzen. Wichtiger aber noch ist, dass der Schauspieler in der rhetorischen Tradition in erster Linie als Praktiker angesprochen wird, als jemand, dessen Kompetenz durch Erfahrung erworben wurde. Dementsprechend etabliert sich auch lange Zeit kaum eine Theorie des Schauspielens, die beispielsweise die Behandlung der Sprechweise auf eigenständige Weise einbeziehen würde. Dies ändert sich im 18. Jahrhundert, das eine erste Konjunktur neuer Theorien des Schauspiels hervorbringt (Vicentini 2012).

Im deutschsprachigen Raum am bekanntesten sind sicherlich Johann Wolfgang Goethes Anfang des 19. Jahrhunderts ausgearbeitete „Regeln für Schauspieler" (Goethe 2006), die allerdings vielfältige Vorbilder haben, etwa bei Lessing und J. J. Engel. Interessant ist vor allem Goethes Beschreibung der „Rezitation" im Gegensatz zur „Deklamation". Die reine Rezitation baut nach Goethes Theorie auf der ‚natürlichen' Reaktion der Stimme des Sprechers auf das Gelesene auf; der Rezitator nimmt den Satzsinn auf und setzt ihn mehr oder weniger automatisch in eine angemessene, allerdings auf seine Persönlichkeit selbst zurückweisende Sprechweise um. Die Rezitation bildet dann die Basis für die künstlerische Überformung des Vortrags in der Deklamation. Entscheidend ist hier, dass dem Artikulationsvermögen, das Text in Sprechweise umsetzt, ein bestimmtes Maß an Autonomie zugeschrieben wird, wenn Goethe es mit dem Vermögen des Pianisten vergleicht, der sich den „Übergang der Seele in die Finger" zunutze macht, die dann unwillkürlich „den Geist des Compositeurs in [eine] Passage legen" (Goethe 2006, 709–710). Das Artikulationsvermögen wird so zu einer Art Blackbox, dessen Verhalten zwar nicht prognostizierbar ist, mit dem man aber dennoch arbeiten und ‚rechnen' muss.

Die Hypothese, dass sich das menschliche Artikulationsvermögen weder in der Theorie noch in der Sprachpraxis in seinem vollen Umfang bestimmen lässt, ist indes nicht erst von Goethe aufgestellt worden. Sie findet sich beispielsweise auch schon in Herders Theorie des Sprachursprungs, die die menschliche Sprachfähigkeit als das Vermögen bestimmt, lautliche Merkmale abzusondern, wiederzuerkennen und bedeutsam werden zu lassen, aber es als kontingent ansieht, welche Merkmale tatsächlich als bedeutsam, das heißt als phonemisch, auserwählt werden. Diese Kontingenz der Phonemkonstitution impliziert die Möglichkeit, dass auf unvorhersehbare Weise immer neue Lautmerkmale, also Sprechweisen, eine wie auch immer beschaffene Relevanz erhalten können. Herder begründet diese Unvorhersehbarkeit letztlich in der Selbstorganisation der organischen Materie. Entscheidender aber ist, dass seine Theorie, verbunden mit der Forderung nach einer Ästhetik des Ohrs, die Sprechweise gerade aufgrund ihrer Eigengesetzlichkeit zum Träger einer über die in den bereits konstituierten Phonemen hinausgehenden Dimension von Bedeutsamkeit werden lässt (Dembeck 2010).

Insofern die Schrift im Verhältnis zur gesprochenen Sprache grundsätzlich eine Transformation in digitale, wiederholbare, also fixierte phonemische Zeichen voraussetzt, ist die Sprechweise strukturell kongruent zu derjenigen Dimension der gesprochenen Sprache, die noch das phonetisch differenzierteste segmentierende Schriftsystem ausschließt. Gerade die Umstellung auf Schriftlichkeit als Leitmedium erzeugt daher paradoxerweise im 18. Jahrhundert die Möglichkeit, in der Transformation geschriebener Texte in den mündlichen Vortrag die Bereicherung um eine Sinndimension zu sehen, die in einem unmittelbareren Verhältnis zur ‚Seele' steht, genauer: zu den aus der Perspektive der zeitgenössischen Erkenntnistheorie unteren Vermögen des menschlichen Geistes. Die alte aristotelische Beschreibung der *phoné* wird auf diese Weise unter neuen medialen Bedingungen wieder aktualisiert: Die imaginäre wie auch die tatsächliche Verlautbarung des literarischen Textes wird als Teilnahme an einem unmittelbaren Seelenverkehr gedeutet. Die Karriere des ‚Erfinders' der modernen Autorenlesung, Friedrich Gottlieb Klopstock, bezeugt die Wirkmächtigkeit dieses Paradigmas: Die syntaktisch wie metrisch überaus komplexen Strukturüberlagerungen in Klopstocks Versen erzeugten offenbar einerseits das Bedürfnis nach stimmlicher Vereindeutigung; andererseits wurde die Verlautbarung gerade durch den Autor auch als Bereicherung des Textes angesehen, als Zugang zu denjenigen seiner Dimensionen, die sich durch die schlichte Entzifferung des quasiphonemischen Codes nicht erschließen lassen (Maye 2014).

Die literarische Lesung, insbesondere die Autorenlesung, erlebt im 19. und 20. Jahrhundert eine starke Konjunktur, die oft unterschätzt und ausgeblendet wird (Müller 2007). Dabei ist allerdings davon auszugehen, dass insgesamt eine starke Moderierung der Sprechweise stattfindet. Ein Effekt der Umstellung auf Schriftlichkeit ist sicherlich, dass man im Bereich der Sprechweise zunehmend auf Nuancierung setzt, die als Medium des Seelengesprächs angemessen erscheint. Diese Tendenz ist schon an Goethes Beschreibung der Rezitation als natürliche Reaktion auf den Text abzulesen. Sie erhält einen zusätzlichen Schub durch die Erfindung der Phonographie, die den ephemeren Schall analog reproduzierbar werden lässt und damit eine stärkere Selbstkontrolle ermöglicht und zugleich nahelegt. Der nachmals legendär gewordene Misserfolg Paul Celans bei der Gruppe 47 lässt sich klar darauf zurückführen, dass Celan die in der Gruppe vertretende radikale Moderation der Sprechweise nicht mitvollzog (Epping-Jäger 2007).

Nicht zuletzt vor dem Hintergrund dieser Tendenz zur feineren Nuancierung der Sprechweise, sicherlich aber auch bedingt durch die Kontrollmöglichkeiten, die das phonographische Medium und später die radiophone Übertragung boten, wurden die bereits um 1900 einsetzenden Bestrebungen zu einer Normierung der gesprochenen Sprache, insbesondere durch die Tätigkeit Theodor Siebs', stark intensiviert. Dabei ist bemerkenswert, wie hier versucht wird, normative Setzungen durch den Anschein zu rechtfertigen, sie hätten sich aus empirischen Erhebungen ergeben (vgl. Tkaczyk 2017). Entgegen der Tendenz zur Sublimierung und Nuancierung der Sprechweise erfolgt ab den 1920er Jahren dank der Möglichkeit der Schallverstärkung durch Lautsprecher wiederum eine erneute Intensivierung der Sprechweise. Der Einsatz des Lautsprechers durch die Nationalsozialisten, die in diesem Bereich als medientechnologische Pioniere gelten können, erzeugte eine Form der Beredsamkeit, die auf einer anderen Ebene ein im Grunde veraltetes intensives Sprechen zu neuen Effekten einsetzte (Epping-Jäger 2006). Gegen diese Sprechweisen richtete sich nicht zuletzt die Sprechpolitik der Gruppe 47. Mikrophon und Lautsprecher sind aber auch zentrale Medientechnologien experimenteller Literatur geworden, die durch die Erzeugung, Einspielung und Verstärkung von Geräuschen aller Art die Bandbreite der durch die menschliche Stimme möglichen Sprechweisen massiv erweitern. Vielleicht ist also die These nicht abwegig, dass die Auflösung der alten Beredsamkeit und ihrer Sprechweisen im Zeitalter der (Druck-)Schriftlichkeit letztlich zu einer Verlagerung geführt hat: Während die ‚natürliche' Stimme in ihrem Spielraum stark eingeschränkt wurde, eröffnen elektronische Technologien ihr auf einer anderen Ebene wiederum erheblich umfassendere Spielräume.

5. Sprechweisen aufnehmen: Phonographie und Literatur

Die Erfindung des Phonographen durch Thomas Alva Edison im Jahre 1877 änderte die Bedingungen für die Verlautbarung von Literatur grundlegend. Edisons Erfindung griff auf Einsichten in das physikalische Wesen des Schalls zurück, nämlich auf die Tatsache, dass Schall die Verlaufsform von Druckveränderungen ist, dass Tonhöhen als Frequenzen von Druckwellen verstanden werden müssen und dass jeder Schall in Form einer Kurve darstellbar ist, die den Verlauf der Druckveränderungen nachzeichnet. Aufzeichenbar waren solche Kurven bereits einige Jahrzehnte vor Edisons Erfindung. Edisons Idee bestand lediglich darin, solche Aufzeichnungen nun dazu zu nutzen, über eine Membran den Schall wiedererstehen zu lassen. Dieser einfache Kunstgriff erwies sich als erfolgreicher als alle vorangehenden Versuche, den Schall und insbesondere die menschliche Stimme durch Segmentierung, zum Beispiel also durch phonetische Schriften, in möglichst vielen Facetten zu erfassen. Reproduzierbar wurde die Sprechweise selbst als dasjenige, was sich, da es unter anderem auf suprasegmentalen Eigenschaften des Sprechens beruht, bis dahin jeder Erfassung durch digitalen Code entzogen hatte.

Dennoch stellen auch die Versuche des ausgehenden 18. und des 19. Jahrhunderts, möglichst präzise phonetische Schriften zu entwickeln, eine Voraussetzung für die Erfindung der Phonographie dar: Seit von Wolfgang von Kempelens bahnbrechenden Studien hat sich die neu entstehende Disziplin der Lautphysiologie mit der genauen Rückführung stimmlicher Laute und Geräusche auf die Mechanismen ihrer Erzeugung im Stimmapparat befasst (Dembeck 2009). Auch wenn sich bereits zuvor Überlegungen zu dieser Frage finden, ist doch die enorme Konjunktur der Lautphysiologie im 19. Jahrhundert gewiss kein Zufall. Kommt sie doch dem Bedürfnis entgegen, die der traditionellen Schrift entgehenden, dem Seelenverkehr zugutekommenden Dimensionen der Sprechweise kontrollierbar zu machen. Die paradoxe Konsequenz dieser Bemühungen ist allerdings, dass Stimme und Sprechweise schon durch die Lautphysiologie als rein körperliche Phänomene identifiziert und von der Seele abgelöst werden. Die analoge Phonographie, die Stimme und Sprechweise physisch vom Körper, also von der vermeintlichen Schnittstelle zwischen der Seele und der materiellen Welt, trennt, ist letztlich nur die Konkretisierung dieses Vorgangs.

Ein Zusammenhang zwischen Phonographie und Literatur wurde bereits vom Erfinder der Technologie hergestellt. Thomas A. Edison spricht von der Möglichkeit, ganze Romane auf Phonographenrollen zu speichern. Tatsächlich hat Edison die ökonomisch erfolgreichste Verwendung seiner Erfindung nicht vorhergesehen, die Aufnahme von Musik. Für ihn dient der Apparat in erster Linie der Aufnahme der menschlichen Stimme, und Emil Berliner, der

Erfinder des Grammophons, schließt die technisch erzeugte Speicherbarkeit der Stimme mit der Unsterblichkeit der Seele kurz – womit er noch einmal die alte Vorstellung von der Stimme als Träger der Seele mit Bezug auf eine Technologie aktualisiert, die genau diese Vorstellung nachhaltig irritiert hat. Denn was der Phonograph nicht zuletzt sichtbar machte, war die Gleichheit der menschlichen Stimme (*phoné*) mit *jedem anderen* Geräusch (*psóphos*) vor dem ‚Ohr' der Apparatur. Das eigentliche Faszinosum der Zeitgenossen bestand darin, dass der Phonograph durch die Reproduktion von Tierstimmen sogar den tierischen Instinkt täuschen konnte (Dembeck 2006). Das Versprechen der Originalgetreue, der authentischen Reproduzierbarkeit auch der Sprechweise, ging so Hand in Hand mit der radikalen metaphysischen Ab- oder Umwertung der Sprechweise.

Konkreter zeitigt die Phonographie mit Blick auf den Umgang mit Sprechweisen eine ganze Reihe weiterer Effekte: So wird die kulturelle Vielfalt von Sprachen wie Sprechweisen sogleich zum Gegenstand neuer Archivierungs- und Analysebemühungen. Die um 1900 entstehenden phonographischen Sammlungen der (Musik-)Ethnologie gelten bis heute als wichtige Quellen, auch wenn die Bedingungen, unter denen sie produziert wurden, dem Authentizitätsversprechen des Apparats im Grunde zuwiderliefen – hatte doch die Phonographie der Frühzeit eine enorme Disziplinierung der Sprechweise zur Voraussetzung (Simons 1999). Dialekt und Akzent konnte man mithilfe der Phonographie aber nicht nur reproduzieren, sondern auch bekämpfen: Als Mittel der Sprachdidaktik dienen Stimmaufnahmen bis heute der mehr oder weniger strikten Normierung der Sprechweise von Sprachlernern (vgl. hierzu am Beispiel des Deutschen Tkaczyk 2017). Als Medientechnologie hat die Phonographie auch neue Möglichkeiten der Analyse wie die Synthese von Sprechweisen bereitgestellt. Die Manipulation schon der Abspielgeschwindigkeit ermöglicht einerseits ein genaueres Zuhören, andererseits aber auch die Erzeugung von Klangeffekten. Die Analyse der phonographischen Spur erlaubte schon in den 1930er Jahren die Erzeugung erster synthetischer Stimmen, eine Möglichkeit, die durch die computergestützten Methoden in der zweiten Hälfte des 20. Jahrhunderts noch deutlich erweitert wurde. Künstlerisch kann die phonographische Manipulation und Synthese von Sprechweisen natürlich ebenfalls verwendet werden. In jüngster Zeit ist vorgeschlagen worden, die neuen Möglichkeiten der digitalen Analysierbarkeit von Klangereignissen medienphilologisch einzusetzen (Ernst 2015).

Der literarische Markt schließlich fand dank der Phonographie spätestens in der zweiten Hälfte des 20. Jahrhunderts einen neuen Gegenstand der Vermarktung: die Autorenstimme, die in Fortwirkung des um 1800 entwickelten Modells für die Autorenlesung nichts an Attraktivität verloren hat. Das Hörbuch als Textverbreitungsmedium, das eine bestimmte Sprechweise miteinschließt, hat, auch unabhängig von der Frage, ob der Autor selbst den Text eingesprochen hat, eine enorme wirtschaftliche Bedeutung erlangt (Binczek und Epping-Jäger 2014).

6. Desiderate der Forschung

Das Verhältnis zwischen Sprechweise und Literatur ist gewiss vor allem in den vergangenen zwanzig Jahren verstärkt Gegenstand des Forschungsinteresses geworden. Dennoch kann nicht davon die Rede sein, es handele sich um ein etabliertes Forschungsgebiet. Desiderate liegen vor allem im historischen Bereich: Eine Geschichte des Akzents und des Dialekts in der Literatur muss erst noch geschrieben werden. Demgegenüber ist die Geschichte der Theorie der Sprechweisen beziehungsweise der technologischen Rahmenbedingungen der Stimmmanipulation vergleichsweise gut erforscht. In systematischer Hinsicht wäre eine weitere Annäherung von medienhistorischer und literaturwissenschaftlicher Forschung einerseits und linguistischer oder gar physikalischer Forschung andererseits durchaus wünschenswert.

Literaturverzeichnis

Baecker, Dirk. *Wozu Kultur?* Berlin 2003.
Binczek, Natalie, und Cornelia Epping-Jäger (Hrsg.). *Das Hörbuch. Praktiken audioliteralen Schreibens und Verstehens.* München 2014.
Bonfiglio, Thomas Paul. *Mother Tongues and Nations. The Invention of the Native Speaker.* New York 2010.
Campe, Rüdiger, und Markus Wilczek. „Stimme, Stimmkunde". *Historisches Wörterbuch der Rhetorik.* Hrsg. von Gert Ueding. Bd. 9. Tübingen 2009: 83–99.
Colvin, Stephen. *Dialect in Aristophanes and the Politics of Language in Ancient Greek Literature.* Oxford 1999.
Conter, Claude D. „Fremdsprachen in der Komödie. Komiktheoretische Aspekte der Multilingualität am Beispiel von Lessings *Minna von Barnhelm oder das Soldatenglück* (1767) und Dicks' *D'Kirmesgèscht* (1856)". *Philologie und Mehrsprachigkeit.* Hrsg. von Till Dembeck und Georg Mein. Heidelberg 2014: 253–273.
Coulmas, Florian. *Writing Systems. An Introduction to their Linguistic Analysis.* Cambridge 2003.
Dembeck, Till. „Schibboleth/Sibboleth – Phonographie und kulturelle Kommunikation um 1900". *Zeitschrift für Literaturwissenschaft und Linguistik* 36/142 (2006): 43–68.
Dembeck, Till. „Phono-Graphie: Schallaufzeichnung und kulturelle Kommunikation 1800/1900". *Leib/Seele – Geist/Buchstabe. Dualismen in der Ästhetik und den Künsten um 1800 und 1900.* Hrsg. von Markus Dauß und Ralf Haekel. Würzburg 2009: 293–315.
Dembeck, Till. „X oder U? Herders ‚Interkulturalität'". *Zwischen Provokation und Usurpation. Interkulturalität als (un)vollendetes Projekt der Literatur- und Sprachwissenschaften.*

Hrsg. von Dieter Heimböckel, Irmgard Honnef-Becker und Georg Mein. München 2010: 127–151.
Dembeck, Till. „Reading Ornament. Remarks on Philology and Culture". *Orbis Litterarum* 68.5 (2013): 367–394.
Derrida, Jacques. „Die Einsprachigkeit des Anderen oder die ursprüngliche Prothese". *Zeitschrift für interkulturelle Germanistik* 2.2 (2011): 152–168.
Derrida, Jacques. *Schibboleth. Für Paul Celan*. Wien 2002.
Duckworth, George E. *The Nature of Roman Comedy. A Study in Popular Entertainment*. Princeton 1971.
Dumitrescu, Irina. „Literary Multilingualism in Everyday Life. The Case of Early Modern Vulgaria". *Das literarische Leben der Mehrsprachigkeit. Methodische Erkundungen*. Hrsg. von Till Dembeck und Anne Uhrmacher. Heidelberg 2016: 95–111.
Epping-Jäger, Cornelia. „Stimmgewalt. Die NSDAP als Rednerpartei". *Stimme. Annäherung an ein Phänomen*. Hrsg. von Doris Kolesch und Sybille Krämer. Frankfurt am Main 2006: 147–171.
Epping-Jäger. Cornelia. „Stimmbrücke. Celan liest in Niendorf". *Deixis und Evidenz*. Hrsg. von Horst Wenzel und Ludwig Jäger. Freiburg 2007: 195–215.
Ernst, Wolfgang. *Im Medium erklingt die Zeit. Technologische Tempor(e)alitäten und das Sonische als ihre privilegierte Erkenntnisform*. Berlin 2015.
Fritsche, Michael. „Maccaronea. 2000 Jahre Sprachmischung in satirischer Dichtung". *Sprachen und Sprachenpolitik in Europa*. Hrsg. von Konrad Ehlich und Venanz Schubert. Tübingen 2002: 171–184.
Goethe, Johann Wolfgang. „Regeln für Schauspieler". *Sämtliche Werke nach Epochen seines Schaffens. Münchner Ausgabe*. Hrsg. von Karl Richter. Bd. 6.2. München 2006: 703–745.
Göttert, Karl-Heinz. *Geschichte der Stimme*. München 1998.
Heike, Georg. „Suprasegmentale dialektspezifische Eigenschaften". *Dialektologie. Ein Handbuch zur deutschen und allgemeinen Dialektforschung*. Bd. 1.2. Hrsg. von Werner Besch, Ulrich Knoop, Wolfgang Putschke und Herbert Ernst Wiegand. Berlin 1983: 1154–1169.
Korg, Jacob. „Polyglotism in Rabelais and *Finnegans Wake*". *Journal of Modern Literature* XXVI.1 (2002): 58–65.
Kursell, Julia. „Klangfarbe um 1850. Ein epistemischer Raum". *Wissensgeschichte des Hörens in der Moderne*. Hrsg. vom Netzwerk ‚Hör-Wissen im Wandel'. Berlin 2017: 21–39.
Lotman, Jurij. M. *Die Innenwelt des Denkens. Eine semiotische Theorie der Kultur*. Frankfurt am Main 2010.
Martyn, David. „Es gab keine Mehrsprachigkeit, bevor es nicht Einsprachigkeit gab. Ansätze zu einer Archäologie der Sprachigkeit (Herder, Luther, Tawada)". *Philologie und Mehrsprachigkeit*. Hrsg. von Till Dembeck und Georg Mein. Heidelberg 2014: 39–51.
Maye, Harun. „Literatur aus der Sprechmaschine. Zur Mediengeschichte der Dichterlesung von Klopstock bis Rilke". *Das Hörbuch. Praktiken audioliteralen Schreibens und Verstehens*. Hrsg. von Natalie Binczek und Cornelia Epping-Jäger. München 2014: 13–29.
Müller, Lothar. *Die zweite Stimme. Vortragskunst von Goethe bis Kafka*. Berlin 2007.
Pompino-Marschall, Bernd. „Akzent". *Metzler Lexikon Sprache*. Hrsg. von Helmut Glück. 3. Aufl. Stuttgart 2005: 24–25.
Reisigl, M. „Solözismus". *Historisches Wörterbuch der Rhetorik*. Hrsg. von Gert Ueding. Bd. 8. Tübingen 2007. 959–990.

Simons, Oliver. „Phonographie der Fremde. Erich Moritz von Hornbostels Musikethnographie". *Das Fremde. Reiseerfahrungen, Schreibformen und kulturelles Wissen*. Hrsg. von Alexander Honold und Klaus R. Scherpe. Bern u. a. 1999: 197–218.
Tkaczyk, Viktoria. „Hochsprache im Ohr. Bühne – Grammophon – Rundfunk". *Wissensgeschichte des Hörens in der Moderne*. Hrsg. vom Netzwerk ‚Hör-Wissen im Wandel'. Berlin 2017: 123–152.
Trabant, Jürgen. *Europäisches Sprachdenken. Von Platon bis Wittgenstein*. München 2006.
Vicentini, Claudio. *Theory of Acting. From Antiquity to the Eighteenth Century*. Venedig 2012.
Yildiz, Yasemin. *Beyond the Mother Tongue. The Postmonolingual Condition*. New York 2012.
Zimmermann, Bernhard. „Dialekte und ‚foreigner talk' im griechischen Drama". *Komparatistik Online. Komparatistische Internet-Zeitschrift* 2 (2014). http://www.komparatistik-online.de (5. Dezember 2016).
Zumthor, Paul. *Die Stimme und die Poesie in der mittelalterlichen Gesellschaft*. München 1994.

3.3. Interview
Dorothea Walzer

1. Stimmen schreiben

Was mit dem *sound* des Interviews auf dem Spiel steht, demonstriert eine Interviewverarbeitung des Autors Hubert Fichte. Der sogenannte Proust-Fragebogen ist ein im Jahre 1969 aufgenommenes und drei Jahre später erstmals im Westdeutschen und Norddeutschen Rundfunk ausgestrahltes Interview mit dem Proust-Liebhaber Wolli, einem Zuhälter und Clubbesitzer aus dem Hamburger Rotlicht-Milieu. Im Rückgriff auf den Fragebogen aus einem Poesiealbum, den einst Marcel Proust beantwortet hatte, entwickelt sich im ‚Proust-Fragebogen' ein Frage-Antwort-Spiel, das weniger authentisch ist, als es sich zuerst einmal anhört. Denn im Unterschied zu den zeitgleich aufgenommenen und als Originalmitschnitt gesendeten Interviews mit den Prostituierten Ulli, Gunda, Sandra und Johnny, handelt es sich bei dieser Aufzeichnung nicht einfach um die elektronische Reproduktion der ursprünglichen Befragungssituation, sondern um die nachträgliche Vertonung des schriftlich fixierten Gesprächs. Wir haben es mit einem „Reenactment" (Muhle 2013, 112; Foster 2018, 23) zu tun, das seine Wirkung aus dem *sound* der Stimmen und dem damit zusammenhängenden Versprechen lebendiger Unmittelbarkeit bezieht. Von den realen Protagonisten nochmals eingelesen, verspricht das wiederaufgeführte Interview Authentizität und Unmittelbarkeit, ohne sie tatsächlich bereitzustellen. Welche Funktion der Aussage im Radiointerview von Beginn an zukommt, wird nunmehr sichtbar: Der *sound* lässt das Sprechen als spontanen und unmittelbaren Ausdruck eines Sprechers erscheinen. Die Stimme porträtiert (vgl. Walzer 2018a, 68).

Wie Jens Ruchatz unter Bezug auf eine breite Quellenlage nachzeichnet, kann die Stimmwiedergabe im frühen Hörfunkdiskurs auf der Grundlage physiognomischen Wissens zum Spiegel des Charakters werden (vgl. Ruchatz 2014a, 211–224; Meyer-Kalkus 2001, 1–28). Nach dem Motto „Rede, damit ich dich sehe!" findet Reinhart Meyer-Kalkus zufolge in den frühen Überlegungen zum Rundfunk um 1930 eine „Fetischisierung des gesprochenen Wortes" statt (Meyer-Kalkus 2001, 363). Denn es ist die ‚Musik des Menschen', die mit der natürlichen Klangfarbe des gesprochenen Worts „die Persönlichkeit mit ihrer Stimme, mit ihren Sprachmerkmalen, ihrem Stil und ihrem Wesen" hervorbringt, in Funk- und Fernsehinterview überträgt und in ein akustisch wahrnehmbares ‚Hörbild' verwandelt (Ruchatz 2014a, 218, 219). Dabei werden jenseits des sprachlichen Sinndiktats vor allem die unwillkürlich hervorgebrachten Stimmeigenschaften als authentische Spuren des Individuums interpretiert. Indem das akustisch aufgezeichnete Interview „jede Nuance des Sprechers" (La Roche 1991, 144) festhält, kann sich der Hörer ein lebendiges Bild seines Gegenübers verschaffen: „[E]r hört seine kleinen Gewohnheiten und Schwächen. Vielleicht ist er ein wenig zaghaft, spricht ein wenig Dialekt, gebraucht eine Redewendung immer wieder. Und diese kleinen Züge lassen vor dem Hörer den Menschen entstehen [...]" (Schulemann 1932, 358). Der *sound* des Sprechens im technisch reproduzierten Interview lässt aufgrund der akustischen Intensivierung mittels Mikrophon und durch die Ablösung des Sprechens von der Sichtbarkeit des Sprechers bezeichnende Nuancen hörbar werden: den Dialekt und das Stocken, die Ironie oder die Wut – also jene Eigenschaften und Besonderheiten, die den Vollzug des Sprechens ausmachen, das sprechende Subjekt durch seine „Ausdrucks*bewegung*" (Löffler 2004, 43; Epping-Jäger 2007, 58) charakterisieren und seine Persönlichkeit musikalisch bestimmen.

Spielt bereits Fichtes Hörfunkinterview mit dem Authentizitäts- und Unmittelbarkeitsversprechen des Interviewgenres, das es gleichzeitig aufruft und ausstellt, so radikalisiert seine literarische Interviewbearbeitung diesen doppelten Gestus. Als Fichte die Interviews mit Wolli – darunter auch den ‚Proust-Fragebogen' – im Jahre 1978, also fast zehn Jahre nach der ersten Aufzeichnung, in literarischer Form unter dem Titel *Wolli Indienfahrer. Roman* erscheinen lässt, sind dem Text sowohl die Kontexte seiner Entstehung als auch seiner Verarbeitung eingeschrieben. Enthalten sind zum einen Kommentare, mit denen der Interviewleiter in der Interviewsituation auf die Aufnahmeapparatur sowie die Stimmlage des Befragten aufmerksam gemacht hatte; zum anderen jene Kommentare, die der Befragte Wolli Jahre später beim Abhören der Tonaufnahme hinzufügen wird. Durch paratextuelle Einschübe stellt Fichtes Literatur das Paradoxon des Interviews aus, das darin besteht, das vom *sound* der Stimme ausgehende Versprechen von Authentizität und Lebendigkeit in Anspruch zu nehmen, es gleichzeitig jedoch mithilfe unterschiedlichster Aufnahmemedien von der Stimme zu trennen, es in (analoge, elektronische u. a.) Schriftsprache verwandeln und damit gleichsam mortifizieren zu müssen (vgl. Walzer 2018a, 73).

Tatsächlich ist die Frage, wie sich sinnliche Qualitäten akustischer und visueller Art in textuelle Form übertragen lassen, für die Geschichte des Interviews in der Literatur und Literaturgeschichte so schwierig wie zentral. Ganz am Anfang der Geschichte des publizistischen Interviews hatte der Autor Émile Zola bemerkt, dass die Qualität des Interviews keineswegs durch eine möglichst präzise inhaltliche Überlieferung gesichert sei. Die stenographische Aufnahme sei kalt (unsensibel) und spröde (vgl. Kött 2004, 156); sie könne jene Nuancen des Gesprächs nicht erfassen, die dessen Wahrheit ausmachen: weder die Umstände noch die Spiele der Physiognomie, den Spott oder die Ironie: „Mais la sténographie est froide, sèche, elle ne rend ni les circonstances, ni les jeux de physionomie, la moquerie, l'ironie" (Zola 1893, 4, zit. nach Kött 2004, 199). Anders als der Stenograph müsse der Interviewer die Kunst der Interpretation beherrschen: „prendre tout ce que l'on vous dit, mais dans le sens où on le dit, interpréter avec sagacité et ne pas se contenter de reproduire textuellement" (Zola in Le Figaro, 12. 01. 1893, 4). Wie lässt sich die Spezifik des sounds in die schriftliche Wiedergabe hinüberretten? Diese Frage fordert die Interviewliteratur bis heute heraus. In der Interviewforschung hingegen, wird die artikulatorisch-akustische Dimension bislang nur am Rande zur Kenntnis genommen und in die Analyse einbezogen.

2. Das Interview in Presse und Literatur

Das Interview kann sich in den 1870er und 1880er Jahren als journalistische Praxis und publizistische Textform etablieren (vgl. Haller 2001), nachdem es sich im Kontext der amerikanischen und der französischen Presse relativ unabhängig voneinander entwickelt (vgl. Kött 2004, 60; Ruchatz 2014b, 44). Im Journalismus fungiert das Interview primär als eine Recherchemethode – „das Befragen von Personen durch den *interviewer* bzw. das Sammeln von Informationen durch den *reporter*" – (Kött 2004, 57), bevor es mit einer neuen journalistischen Praxis der Befragung von Figuren des öffentlichen Lebens oder Experten in Verbindung gebracht und als eigenständige Textsorte verstanden wird: „Befragung, Gespräch (eines Journalisten) mit einer bekannten bzw. einer für eine best. Sache kompetenten Person, um zu speziellen politischen, aktuellen Themen oder zur eigenen Person Informationen, Äußerungen und Erklärungen zu erhalten, die in den Massenmedien veröffentlicht werden" (Anonym 1994, 711) – dies ist wohl die grundlegendste Definition des Interviews. Seine etymologische Herleitung aus dem französischen *entrevue* zeigt auf, dass es ursprünglich die Primärsituation eines Aufeinandertreffens zweier Personen „von Angesicht zu Angesicht" (Kött 2004, 58; vgl. auch Nilsson 1971, 711) beschrieben hatte. Der journalistische Gebrauch des Interviews verschiebt diesen Schwerpunkt auf ein informationelles Problem hin. Ziehen wir die Bemerkungen von Zeitgenossen über das neue Genre des Presseinterviews in Betracht, so genügt das Interview den Erfordernissen einer beschleunigten, auf Neuigkeiten und Aktuelles ausgerichteten Informationsgewinnung: „A portion of the daily newspapers of New York are bringing the profession of journalism into contempt, so far as they can, by a kind of todayism or flunkeyism, which they call ‚interviewing'" (Anonym 1989, 3–4). Hinzu kommt das wachsende Interesse des amerikanischen Publikums an *human interest stories* seit den 1830er Jahren. Zwei der wichtigsten *features*, die sich die amerikanische *Penny Press* von der englischen Presse entleiht, sind die humoristische Behandlung der Polizeiberichterstattung mit einem Fokus auf das Menschliche der *story* sowie Berichte von mehr oder weniger sensationellen Gerichtsprozessen (vgl. Nilsson 1971, 111). Eine Möglichkeit, dem gemeinen Mann die involvierte Person nahezubringen, besteht darin, „to quote what he says, and how he says it" (Nilsson 1971, 713). So bediente sich etwa James Gordon Bennett, Reporter des *New York Herald*, in dem äußerst populären *murder case* Ellen Jewetts im Jahre 1836 direkter Zitate, um seinen Lesern das Gefühl zu geben, wirklich dabei gewesen zu sein (vgl. Nilsson 1971, 709, 710). Die Frage- und Antwortmethode wird zu einem „natural tool for collecting information outside the court" (Nilsson 1971, 713) und lässt sich von nun an als journalistisches Werkzeug nutzen.

In der deutschen Literatur wird der Terminus ‚Interview' erstmals von dem Jungdeutschen Autor Karl Ferdinand Gutzkow aufgegriffen (vgl. Hansen 1998, 470). Im Rückblick auf seine Gespräche mit George Sand und Alfred de Vigny, die er in den *Briefe[n] aus Paris* (1842) publiziert hatte, grenzt Gutzkow seine Gesprächspraxis deutlich vom Interview der amerikanischen *Penny Press* ab. Dort, so der Vorwurf, wurde das Persönliche erforscht und veröffentlicht, um einen auf Sensationen angelegten, publizistischen Markt zu bedienen. Wenn Gutzkow betont, er wolle sich „nicht als ‚Interviewer' [...], nicht wie ein zudringlicher Correspondent des *New York Herald*" (Gutzkow 1875, 266) verstanden wissen, so steht diese Äußerung im Kontext einer frühen Diskursivierung des durch die bürgerliche Presse, innerhalb derer das neue Genre mit der „Übertretung der Privatsphäre geradezu gleichgesetzt" (Ruchatz 2014a, 54) wurde: „The interview symbolized the stakes in a debate raging over public figures and intrusions into their private lives" (Wallach 1998, 31). Die politischen Implikationen dieser Übertretung dürften für Gutzkows Ablehnung entscheidend gewesen sein, denn als Medium einer auf die privatesten Bereiche des Lebens gerichteten Massenpresse bedroht das Interview seit den 1830er Jahren einen politischen Diskurs, dessen Aufrechterhaltung sich das parteigebundene Zeitungswesen bis dahin verschrieben hatte (vgl. Wallach 1998, 34). Gutzkow stellt seine Gespräche in einen anderen kulturhistorischen Kontext. Für sein Selbstverständnis als Interviewer ist die Gesprächs- und Besuchskultur der bürgerlich mondänen Gesellschaften des 19. Jahrhunderts wegweisend, welche die Entstehung des Interviews in Frankreich prägt (vgl. Kött 2004, 68). Durch Befragung der prominenten Autoren Sand und de Vigny will Gutzkow die intellektuelle Kultur von Paris erkunden. Das Interview erlaubt es ihm, die bewunderten Persönlichkeiten in ihrem Zuhause aufzusuchen und ganz privat kennenzulernen.

Martin Kött hat darauf hingewiesen, dass das Format der *visite* ein zentrales Element der französischen Interviewtradition ist (vgl. Kött 2004, 70). Seit dem

18. Jahrhundert bezeichnet die *visite* das juristisch institutionalisierte Handlungskonzept der polizeilichen Durchsuchung und der damit verbundenen Wahrheitsfindung; damit ist sie mit der juristischen Praxis des *interrogatoire* (des Fragebogens) und der *enquête* (der Untersuchung) verwandt (vgl. Kött 2004, 68). Als Teilhandlung der Reportage aufgefasst, bezeichnet die *visite* die Inspektion oder den „Besuch eines Ortes", gleichzeitig aber den „Besuch einer Person" durch den Interviewer (Kött 2004, 67). Die Ortsbeschreibung rahmt das wiedergegebene Gesprächsprotokoll. Dabei werden die Variablen der Umgebung durch kommentierende Zusätze erläutert: die Anbahnung und der Ort der Befragung, die spezifische Gesprächssituation sowie die charakteristischen Züge des Befragten, seine Kleidung, sein Gebaren, die Stimmung und auch akustische Eindrücke, etwa Dialekte oder Akzente, die im *sound* der Stimme hörbar sind (vgl. Kött 2004, 68, 136 und 157). Die *visite* bildet als solches die Schnittstelle von Interview, Reportage und Porträt (vgl. Kött 2004, 68 und 88).

Auf dem Literaturmarkt kommt dem (Autoren-)Interview von Beginn an die Funktion zu, zwischen dem literarischen Werk und der Öffentlichkeit, zwischen dem Autor und dem Publikum zu vermitteln. Ein Autor wie Christoph Martin Wieland erkennt diese Funktion sehr deutlich: Er macht sich die neue Form in seinen *Unterredungen zwischen W** und dem Pfarrer zu **** (1775) zunutze, um das anonyme Publikum direkt zu adressieren, es für sich zu gewinnen (vgl. Trilcke 2014, 107). Auch Autoren wie Thomas Mann (Hansen und Heine 1983) und Jules Verne (vgl. Compere und Margot 1998) oder später Jean-Paul Sartre (vgl. Boulé 1992) teilen ihre literaturästhetischen Auffassungen dem Publikum im Interview mit. Gleichzeitig gehört es seit jeher zu den grundlegendsten Verfahren des Intellektuellen, sich in exzessiver Weise des Interviews als eines Mediums öffentlichkeitswirksamer Artikulation zu bedienen. So galt der Autor Émile Zola, auf dessen Interventionen der Begriff des Intellektuellen zurückgeht, als „*l'homme le plus interviewé*" (Kött 2014, 156): der „meist interviewte Mann" seiner Zeit. Zola hat in den zwei Jahrzehnten seit Beginn seiner journalistischen Tätigkeit mehr als 300 Interviews gegeben und sich selbst als „*victime de l'interview*" (Zola in Le Figaro, 12. 01. 1893, 4) bezeichnet. Im 20. Jahrhundert werden Interviews mit Intellektuellen wie Roland Barthes, Michel Foucault oder Gilles Deleuze diese Tradition beerben. Es entstehen „Tauschprotokolle", die dem Publikum „eine Art Theater der intellektuellen Rollen, eine Inszenierung der Ideen" darbieten (Barthes 2002, 12).

Doch Zola tritt nicht allein als Auskunftgeber und Befragter auf. Durch Interviews gewonnene Aussagen gehen in seine Romane ein. Gleicht man die unveröffentlichten Skizzen und Studien Zolas, die unter dem Titel *Frankreich. Mosaik einer Gesellschaft* (1990) veröffentlicht wurden, mit den Romanen über die Dirnen (Zola 1880), die Kaufhäuser (Zola 1883), die Künstler (Zola 1886) oder die Börse (Zola 1885) ab, dann wird deutlich, dass Zola das Interview einerseits als Methode der Erhebung von Wissen über seine Zeit nutzt, dass er Zeugenberichte andererseits unmittelbar einarbeitet, sie als mündliche Rede inszeniert oder sogar in Form der Befragung wiedergibt. Wir gelangen bei Zola, wie schon bei Gutzkow, an jenen Punkt, an dem das Interview über seine journalistische Funktion hinaus zum Einsatz des literarischen Textes wird.

3. *Anywhere out of the book?*

Was also charakterisiert das Interview in der Literatur? Inwiefern lässt es sich vom journalistischen Interview abgrenzen, und aus welchen Traditionen speist es sich? Gérard Genette definiert das Interview als „öffentlichen Paratext" oder „Epitext", als ein kollektives Produktions- und Zirkulationsgeschehen, das nicht im Inneren des Werks, sondern *„anywhere out of the book"* (Genette 2014, 328) anzusiedeln ist. Im Anschluss an Barthes' Formulierung aus *Le grain de la voix* interpretiert er das Interview als Teil einer „intellektuellen Arbeitsgemeinschaft zwischen den Schriftstellern auf der einen und den Medien auf der anderen Seite" (Genette 2014, 345) und weist ihm eine paratextuelle Funktion im Übergang von Literatur und Öffentlichkeit zu. Da das Interview Informationsmaterial liefert, das Literaturkritik und Publikum zur Interpretation des Werks heranziehen, ist es Genette zufolge ein Paratext im klassischen Sinne. Es ist jenes „Beiwerk des Buches", dem es zukommt, das Buch in der Öffentlichkeit zu *„präsentieren"* und seine Rezeption zu steuern: „Diese Anhängsel, die ja immer einen auktorialen oder vom Autor mehr oder weniger legitimierten Kommentar enthalten, bilden zwischen Text und Nicht-Text nicht bloß eine Zone des Übergangs, sondern der Transaktion: den geeigneten Schauplatz für eine Pragmatik und eine Strategie, ein Einwirken auf die Öffentlichkeit im gut oder schlecht verstandenen oder geleisteten Dienst einer besseren Rezeption des Textes und einer relevanteren Lektüre" (Genette 2014, 10).

Aktuelle Untersuchungen zum Interview in der Literatur schließen an diese Analyse an. Insofern das Interview den „Ton des Autors" (Hoffmann und Kaiser 2014, 9) trifft, kann es in den Dienst Aufmerksamkeit erregender Strategien von Autoren treten. Es ist „ein fester, äußerst resonanzträchtiger und deshalb nachhaltig wirksamer Bestandteil der performativen, weltanschaulichen und ästhetischen Inszenierungspraktiken von Schriftstellern" (Hoffmann und Kaiser 2014, 11; vgl. auch Rodden 2001, 6). Damit stellt das Interview einerseits einen werbestrategischen Einsatz auf dem Literaturmarkt dar. Und es dient andererseits der Kontrolle und der Lenkung der Rezeption durch den Autor. Denn wie Foucault unterstrichen hatte, fungiert der Autor spätestens seit dem 17. Jahrhundert „als Prinzip der Gruppierung von Diskursen, als Einheit und Ursprung ihrer Bedeutungen, als Mittelpunkt ihres Zusammenhalts" (Foucault 2003, 20) und damit immer auch als Instanz der Bewertung und Beurteilung des Werks.

Gegen Genette lässt sich einwenden, dass das Interview in der Literatur dem werkförmigen Denken und einem biographisch informierten und auf Autorschaft zentrierten Paradigma der Interpretation nicht nur zuarbeitet, sondern sich ihm in verschiedener Hinsicht auch entzieht. So kann sich das Interview im Prozess der Literarisierung von einem Epitext in einen Text verwandeln und damit selbst ein literarisches Werk oder zu dessen grundlegendem Bestand werden. Das Interview fungiert nunmehr als dokumentarische Quelle und/oder Darstellungsform des literarischen Textes selbst. Mit Blick auf die „Poetik des Interviews" von Pop-Autor Thomas Meinecke hat Daniel Bowles nachgezeichnet, dass der vermeintlich authentische „Ton des Autors" im Zuge einer solchen Überführung des Para- oder Nebentextes in den literarischen Haupttext mitunter hochgradig fragwürdig wird (vgl. Bowles 2016, 37).

4. Gespräche mit Goethe

Die *Gespräche mit Goethe in den letzten Jahren seines Lebens* (1836) werden gemeinhin als „Gründungsdokument" des Autoreninterviews in der deutschen Literatur und ihr Autor Johann Peter Eckermann als „Diskursbegründer" betrachtet: „Niemand zuvor", erklärt Holger Heubner, „hat Gespräche mit einem Autor festgehalten und *gleichzeitig* so ausführlich über die Entstehung und die Funktionsweise dieses Typs von Aufschreibesystemen reflektiert" (Heubner 2002, 60). Hinzu kommt, dass diese Gespräche eine Reihe neuer Fragestellungen aufrufen und einführen; wenngleich sie diskursgeschichtlich vor der journalistischen Etablierung des Interviewgenres entstanden sind, zeichnen sich in ihnen wesentliche Funktionen und Problemlagen des Autoreninterviews ab. Zur Debatte steht erstens die Maßgabe der Authentizität und Lebendigkeit des Gesprächs, damit zusammenhängend zweitens das Problem der (Re-)Produktion und Aufzeichnung des Gesprochenen sowie drittens die Frage nach der sekundären oder ‚bedingten' Autorschaft.

In den letzten Jahren seines Lebens vor allem mit der Vorbereitung seiner Nachlassverwaltung beschäftigt, hatten Johann Wolfgang Goethe Thomas Medwins *Gespräche mit Lord Byron* (1824) beeindruckt und vom Nutzen dieses bahnbrechend neuen Genres überzeugt. Da ihm das Gespräch geeignet erschien, ein lebendiges Porträt des Autors, seines Charakters, seines Denkens und Fühlens zu zeichnen, hieß er Eckermanns Vorhaben willkommen, die gemeinsamen Gespräche zu sammeln und aufzuzeichnen (vgl. Eckermann 2011, 247–252). Solch ein Zeugnis des lebendigen Goethe versprach „die Fragmentarität des Geschriebenen in die Abgeschlossenheit eines Lebenswerks" (Binczek 2017, 235) zu überführen.

Wie schwierig die Reproduktion des Gesprochenen in einem Zeitalter ist, in dem weder mechanische, noch elektronische Medien bei der Stimmerfassung assistieren können, fasst Eckermann in seiner Vorrede zu den *Gesprächen mit Goethe* in ein einleuchtendes Bild. Im Vorwort vergleicht er sein Unternehmen mit dem unmöglichen Unterfangen eines „Kind[es], das den erquicklichen Frühlingsregen in offenen Händen aufzufangen bemüht ist, dem aber das meiste durch die Finger läuft" (Eckermann 2011, 13). Wie also die Fülle und Flüchtigkeit des Mündlichen auffangen, ohne es seiner Substanz verlustig gehen zu lassen? Wie das Gespräch in Schrift überführen, ohne seinen lebendigen Charakter zu tilgen? Eckermann erkennt, dass sich die Literatur in der paradoxen Situation befindet, mit dem Format des Autorengesprächs das vom *sound* der Stimme ausgehende Versprechen von Authentizität und Lebendigkeit aufnehmen, das Gespräch zu Zwecken der Aufbewahrung jedoch von der Stimme trennen, es in Schrift verwandeln und damit gleichsam mortifizieren zu müssen. Das heißt, um ein lebendiges Dasein in der Literatur zu erhalten, muss die Stimme des Befragten einer Reihe von Aufnahme- und Redaktionsprozessen unterzogen werden (vgl. Binczek 2018, 89–90). Damit nimmt Eckermann eine Debatte um den Einsatz von Medientechniken vorweg, die sich Ruchatz zufolge durch die Geschichte des Interviews zieht (vgl. Ruchatz 2014b, 193–211). Lässt sich die lebendige Wirklichkeit der Primärsituation ins Medium der Schrift übertragen? Kann die Schrift das Wie des Sprechens – Betonung, Akzente, den Rhythmus oder auch dessen Spontanität – wiedergeben, oder ist es ihr lediglich möglich, Ideen zu reproduzieren? Worum es bei den Abwägungen über das Pro und Contra des Einsatzes von Medientechniken zu Aufzeichnungszwecken letztlich geht, ist die Authentizität der ursprünglichen mündlichen (und akustischen) Gesprächssituation, die es unbedingt zu wahren gilt, wobei mehrere Schauplätze einer möglichen Verunreinigung und Verkünstelung des Authentischen existieren. Es ist nicht nur die Aufnahmesituation selbst – der Einsatz von Notizblock oder Tonband –, der eine natürliche Gesprächssituation behindert, sondern auch die Postproduktion des Interviews, von der das verschriftlichte ebenso wie das technisch reproduzierte Interview betroffen sind. Wie also das Gespräch notieren, ohne das breite Spektrum des mündlichen Ausdrucks und damit die Wirklichkeit der Äußerung zu beschneiden?

Schon im Auftakt der *Gespräche* macht Eckermann deutlich, dass sowohl die Reproduktion des Gesprochenen als auch die zugrunde liegende Gesprächsanordnung aufs Engste mit der Konstruktion und Infragestellung von Autorschaft zusammenhängen. Wenn Eckermann in der Einleitung der *Gespräche* seinen eigenen Werdegang beschreibt, so entwirft er sich als geborenen Kopisten des

Lebens. Als Produzent von Kunstwerken (etwa auf dem Theater) muss er aufgrund seiner Bildungsferne immer wieder scheitern. Seine natürliche Anlage als Nachbildner kann er hingegen schon im Kindesalter mit seinen ersten Zeichenübungen unter Beweis stellen (vgl. Eckermann 2011, 19). Später wird er dieses Talent durch das Kopieren von Gedichten und endlich durch das Aufzeichnen der *Gespräche mit Goethe* vollenden. Dabei unterstreicht Eckermann die Eigenleistung, die er als Kopist erbringt. Seine Darstellung erschöpfe sich nicht im einfachen Aneinanderfügen von „Spruch und Gegenspruch, auch nicht durch Spruch und Widerspruch" (Eckermann 2011, 16). Entscheidend sei seine Fähigkeit, aus einer Vielzahl von Gesprächen ein komplexes Ganzes zu komponieren und aus der Masse von unbedeutenden Anlässen nur jene aufzugreifen, die Träger des Bedeutsamen sind (vgl. Eckermann 2011, 16). Eckermann gibt sich überzeugt, dass sein ästhetisches Urteilsvermögen ihn bereits in der Gesprächssituation vom austauschbaren Fragensteller zum ernstzunehmenden Gesprächspartner, vom untergebenen Schüler zum gleichberechtigten Kooperationspartner qualifiziert und bringt damit nicht nur seine persönliche Misere, sondern die grundlegende Fragilität der hierarchisch angelegten Befragungssituation auf den Punkt. So meldet der Schreiber Eckermann, der Fragen stellt und Diktate von Goethe entgegennimmt, sie in Schrift überträgt, säubert und in Werkform bringt, also in erster Linie die undankbare und mit wenig Anerkennung begütete Reproduktionsarbeit leistet, einen eigenen Anspruch an (vgl. Binczek 2013; Binczek 2017, 244). Denn es ist nicht nur die Betonung des subjektiven Standpunkts, sondern auch der Kampf um Eigentumsrechte und Autorschaft, der anklingt, wenn Eckermann über den Gegenstand seines Gesprächsbandes äußert: „[D]ieß ist *mein* Goethe" (Eckermann 2011, 14). Goethes Bemühen, Eckermann auf seine Rolle als fragenden Schüler und subalternen Diener festzulegen, wurde in der Goethe-Forschung lange Jahre verdoppelt. Im Verhältnis der beiden hat man in erster Linie die Treue des Gehilfen Eckermann betont; auf die Abhängigkeit des Dichtergottes von seinem Gehilfen vergaß man jedoch häufig hinzuweisen (vgl. Krajewski 2010; Binczek 2017, 244). Avital Ronell beschreibt in ihrer beeindruckenden Lektüre der *Gespräche* unter dem Titel *Der Goethe-Effekt. Goethe – Eckermann – Freud* (1994) die Abhängigkeit zwischen Goethe und Eckermann als ein parasitäres Verhältnis: „Indem er Goethes Unterschrift heimlich zweiteilte und sie damit aber stärker machte, vollendete Eckermann, der unter Diktat schrieb, Goethes Werk. [...] Eckermann, immer schon zum Parasit verdammt, ist der Preis, der für Goethes Leistung zu bezahlen ist" (Ronell 1994, 15).

Tatsächlich ist es bemerkenswert, dass Eckermann seinen Anspruch, dem Leser ein ‚lebendiges' Bild von Goethe zu vermitteln, höchst zweideutig interpretiert. Er mobilisiert die Paratexte wie Vorworte, Kommentare und Briefe, um vom passiven Fragensteller und Aufschreiber der Autobiographie Goethes zum

Autor eines biographischen Dokuments zu werden. Das ist auch deswegen so interessant, weil sich das Interview in demselben Moment von einem ‚Beiwerk des Buches' in einen literarischen Text transformiert. Das Interview in Literatur und Literaturbetrieb ist also nicht darauf beschränkt, als Medium der Selbstdarstellung und der Werkherrschaft (vgl. Bosse 2014) zu fungieren. Es erschöpft sich, anders als Ruchatz behauptet, nicht in einer auf der „Individualität der Celebrity" (Ruchatz 2014a) begründeten „Personenorientierung" (Ruchatz 2013, 529). In der Literatur zeigt sich deutlich, dass das personenzentrierte Interview für die Entwicklung der Gattung Interview nicht als „paradigmatischer Fall" (Ruchatz 2014b, 46), sondern lediglich als *ein* Paradigma unter anderen zu gelten hat. Keineswegs marginal ist das Dokumentarische als Fluchtlinie des Interviews in der Literatur. Sooft das Interview der Reproduktion klassischer, prominenter oder engagierter Stimmen diente, so häufig ließ man es als Medium der Erinnerung, der Investigation oder der Dokumentation auftreten (vgl. Heesen 2018, 16–17). Das Interview zeichnet sich, wie Anke te Heesen festgestellt hat, durch eine dreifache Besetzung aus. Es ist erstens Werkzeug der Erhebung von Wissen, zweitens ästhetische Form und drittens historische Quelle, es ist Wissenspraxis, Darstellungsform und Dokument in ein und demselben Zuge (vgl. Heesen 2013, 317).

Man kann also sagen, dass im Interview eine der wesentlichsten Fragestellungen literarischer Produktion, nämlich das Problem der Autorschaft, mit einer Problemstellung historiographischer oder dokumentarischer Schreibweisen zusammenfällt: mit dem Problem der Zeugenschaft. Um es anders zu sagen: Eckermanns *Gespräche mit Goethe* nehmen die konstitutive Doppelbödigkeit eines Schriftstellerinterviews vorweg, das Autorschaft nur als ‚bedingte' oder ‚sekundäre' kennt. In demselben Moment nämlich, in dem die Gespräche den Autor Goethe zur ultimativen Legitimationsinstanz erheben, Medium seiner Werkherrschaft sind, untergraben sie dessen Autorität als alleinige Quelle des zu interpretierenden Werkzusammenhangs. So sehr die Gespräche den Autor Goethe als universalen Zeugen installieren, so sehr stellen sie die Autorfunktion zur Disposition.

5. Dokumente der Zeit

Frédéric Lefèvre entwickelt mit seiner Interviewserie *Une heure avec …*, die zwischen 1924 und 1933 unter den tagesaktuellen Berichten der Zeitschrift *Les Nouvelles Littéraires* erscheint, ein neues und zukunftsweisendes Interviewformat: „Schriftstellerinterviews mussten von nun an nicht mehr den Charakter einer bloßen Umfrage, einer *Enquête* von Meinungen, zu eng gesteckten Einzelfragen haben. Sie konnten nun den Literaten selbst, seine Biografie, sein Werk in den

Mittelpunkt stellen, woraus sich weitere Fragestellungen ergaben" (Unglaub 2014, 170). Lefèvres Interviews verhalfen dem Interviewporträt als einem gleichwohl journalistischen wie literarischen Genre zum Durchbruch (vgl. Unglaub 2014, 171). In dieser neuen Form von Literaturkritik, die neben die üblichen Rezensionen trat, war der befragte Schriftsteller als Auskunftgeber ebenso zentral wie der auf Inspektion und Interpretation festgelegte Gesprächsleiter: „Der Interviewer trat als Gesprächspartner so weit wie möglich zurück, verschwand aber nicht in der Anonymität einer bloßen (zuvor meist schriftlich fixierten) Fragestellung" (Unglaub 2014, 170).

In den 1950er und 1960er Jahren ist Madeleine Chapsal (1989) mit ihren Befragungen von Autoren wie Jacques Lacan, Simone de Beauvoir, Jean-Paul Sartre, Roger Vailland, André Breton, Georges Bataille, Tristan Tzara, André Malraux und anderen in Serie gegangen (vgl. Rossum 1989). Von 1970 bis 1999 führt Heinz Ludwig Arnold (1975; 1979; 2011) ausführliche Gespräche mit einer Reihe von Schriftstellern (vgl. Johannsen 2014). Von den 1970er bis in die 2010er Jahre hat André Müller (1979; 1982; 2011) prominente Zeitgenossen unterschiedlichster Profession für Zeitungen und Zeitschriften wie den *Spiegel*, den *Stern*, die *Zeit*, die *Weltwoche* oder den *Playboy* interviewt (vgl. Johannsen 2014; Hoffmann 2016). Neben Journalisten treten erstmals auch Autoren des Literatur- und Kunstbetriebs als Fragensteller in die Öffentlichkeit. So produziert der Schriftsteller und Filmemacher Alexander Kluge seit den späten 1980er Jahren für die eigens gegründete und als Forum unabhängiger Programme angelegte Fernsehplattform dtcp eine Unmenge von Interviews, die in den Fensterprogrammen der Privatsender Sat 1, RTL und VOX als Late-Night-Formate ausgestrahlt werden. In ihnen arbeitet Kluge ein ganzes Repertoire von Techniken aus, mit deren Hilfe er Beschäftigte des Kultur- und Wissenssektors befragt (vgl. Seeßlen 2002; Vogl 2007). Durch die starre Ausrichtung der Kamera auf das Gesicht des Befragten rücken in Kluges Interviews neben der Gestik und Mimik vor allem der sprachliche Ausdruck und die stimmlichen Modulationen, die Tonlagen und Akzentsetzungen des Aussagens in den Vordergrund (vgl. Walzer 2017, 167–184). Bekanntheit haben aufgrund ihres unverwechselbaren *sounds* insbesondere die zahllosen Interviews zwischen Kluge und dem Autor und Regisseur Heiner Müller gewonnen (vgl. Wegmann 2016, 13–16).

Die genannten Interviewsammlungen nehmen den einzelnen Gesprächspartner in den Blick, folgen aber gleichzeitig einem dokumentarischen Interesse, das sich über das Interesse am Einzelfall hinaus auf die gesellschaftliche Wirklichkeit in ihrer komplexen Ganzheit richtet. Sobald nämlich das Interview zur Serie wird, verwandelt sich das Einzelporträt in das Exemplum einer gesellschaftlichen Situation und legt neben Diskursen und Begriffen auch Denk- und Gefühlsbewegungen sowie Bereiche des Privatlebens offen, die der öffentlichen

Sichtbarkeit bisher entzogen waren. Dies verdeutlicht, dass die Interviewserie trotz eines größeren Spielraums für das Individuum und sein Werk auch der Tradition der literarischen *Enquête* nach den Modellen von Jules Huret und Curt Grottewitz verpflichtet bleibt. Hurets *Enquête sur L'Evolution littèraire* (1891) und der Band *Die Zukunft der deutschen Literatur im Urteil unserer Dichter und Denker. Eine Enquête* (1892) von Grottewitz suchten mit ihren Befragungen prominenter Schriftsteller und Intellektueller in Frankreich und Deutschland, das Panorama der literarischen Wirklichkeit ihrer Zeit einzufangen: „Ziel war es jeweils, eine Art Momentaufnahme der Einstellung zu bestimmten literarischen Ereignissen und Strömungen sowie deren Einfluss auf die zukünftigen Ausformungen der Literatur zu erfragen" (te Heesen 2014, 138). Grottewitz führte seine Untersuchung auf der Grundlage einer schriftlichen Befragung durch und veröffentlichte die gesammelten Antwortschreiben in Buchform (vgl. Grottewitz 1892). Huret nahm hingegen die Tradition des von der *visite* geprägten Schriftstellerinterviews auf. Er besuchte die Befragten und zeichnete ein persönliches und individuelles Porträt von ihnen (vgl. te Heesen 2014, 138). Entscheidend war jedoch, dass er eine ganze Reihe solcher *visiten* unternahm, um ein Panorama der Ideen und der gesellschaftlichen Zustände seiner Zeit entstehen zu lassen. Ein interviewbasiertes „Document der Zeit" (Bahr 2013b, 10) wollte in Anlehnung an Huret auch der österreichische Kritiker und Schriftsteller Hermann Bahr schreiben. Zwar verfolgte Bahr, wie te Heesen herausgearbeitet hat, einerseits einen sozialwissenschaftlichen Anspruch. Sein Dokument sollte die Quintessenz von „tausend Meinungen" (te Heesen 2014, 141) sein. Andererseits ging er einem literarischen und psychoanalytischen Interesse nach, das sich auf das individuelle und gesellschaftliche Unbewusste richtete. An Hurets Interviews bewunderte Bahr, dass sie vor allem das beiläufig und implizit Mitgeteilte aufzeichneten: „nicht, was sie ihm sagten, sondern wie er sie sah und aus leisen Zeichen, aus der Ordnung der Möbel, aus der unbedachten Weise des Empfanges, aus einer lässigen Geste, aus der ganzen Luft der Blicke und der Töne erriet und einen Jeden gleichsam im Nachthemd überraschte" (Bahr 2013b, 10). Bahrs erklärtes Ziel war es, durch die Sensibilität journalistischer Befragung „Leute reden zu machen, die entschlossen sind, zu schweigen" (Bahr 1902, 1). Einundvierzig Interviews, in denen er den Befragten die „Psychologie des Antisemitismus" (Bahr 2013a, 2) abhorchte – ihre von keinem Argument zu zähmende „Wollust des Hasses" (Bahr 2013a, 1) –, erschienen seit 1893 im Feuilleton der *Deutschen Zeitung*, bevor sie kaum ein Jahr nach Ende der Interviewreihe unter dem Titel *Der Antisemitismus. Ein internationales Interview* zu einer Buchveröffentlichung zusammenstellt wurden.

6. Geschichte(n) des Interviews in der Literatur

Auf die Frage nach der Geschichte des Interviews in der Literatur gibt es keine einfache Antwort. Das spiegelt sich in einer Forschungslandschaft wider, die unterschiedlichsten Urszenen und Geschichten des literarischen Interviews entwirft. Während die Geschichte des Interviews unterschiedlicher Teildisziplinen (des journalistischen Interviews, des wissenschaftlichen Interviews etc.) mit den ihr wesentlichen Innovationsmomenten und Konjunkturen rekonstruiert werden kann, stellen uns Literaturtheorie und -geschichte vor eine schwierige Situation. Zwar lassen sich auch für das Interview in der Literatur Konjunkturen ausmachen; die aufgenommenen Traditionslinien stellen sich jedoch als völlig divers heraus.

In der ersten Hälfte des 19. Jahrhunderts ist der Kontext einer bürgerlichen Konversationskultur maßgeblich. So etwa in den in den oben analysierten Gesprächen zwischen Eckermann und Goethe oder in den ebenfalls erwähnten *visiten* Gutzkows. In den 1930er Jahren findet das Interview in der Literatur vorwiegend in der Reportageliteratur Verwendung. Während der russische Autor Sergej Tretjakow die Befragung in seinem ‚Bio-Interview' *Den Schi-Chua* (1932) als Organon eines kollektiven Recherche- und Produktionsprozesses einsetzt, werten Berichterstatter wie Egon Erwin Kisch (1935) oder Literaten wie Joseph Roth (1930) die Wirklichkeit des aus Zeugenbefragungen zusammengesetzten literarischen Textes zwar nicht als kollektives, aber ebenfalls als literarisches Unternehmen (vgl. Walzer 2018b, 214–216): „Das Faktum und das Detail sind der ganze Inhalt der Zeugenaussage. Sie sind das Rohmaterial des Berichts. Das Ereignis ‚wiederzugeben', vermag erst der geformte, also künstlerische Ausdruck, in dem das Rohmaterial enthalten ist wie Erz im Stahl, wie Quecksilber im Spiegel" (Roth 1989, 155), erläutert Joseph Roth in seinem Aufruf zur Positionierung gegen die ‚Neue Sachlichkeit'. Und er fasst zusammen: „Die Zeugenaussage, also die Mitteilung, ist eine Auskunft über das Ereignis. Der Bericht gibt das Ereignis selbst wieder. Ja, er ist selbst das Ereignis" (Roth 1989, 155).

In den 1950er und 1960er Jahren wird das Interview in der Fragebogenliteratur Ernst von Salomons (*Der Fragebogen*, 1951) oder Robert Pingets (*L'Inquisitoire*, 1962) auf seine disziplinierende und kategorisierende Funktion reduziert (vgl. Balke 2016). Spätestens seit in Franz Kafkas Werk der „verhörte Held" als Dreh- und Angelpunkt der Erzählung auftritt, kennen wir die reflexive Bezugnahme der Literatur auf eine Interviewkultur, die als Aneinanderreihung von Verhörsituationen vorgestellt wird (vgl. Abraham 1985; Niehaus 2003, 452). Mit der Durchsetzung elektronischer Medien und der damit einhergehenden Omnipräsenz ‚sekundärer Oralität' (vgl. Ong 2008) in der zweiten Hälfte des 20. Jahrhunderts gewinnt die Kritik gouvernementaler Technologien der Selbst- und Fremdbefragung jedoch noch einmal an Fahrt (vgl. Foucault [1975] 1977; Foucault [1976] 1983).

Eine hoffnungsvolle Bezugnahme auf die Interviewpraxis stellt sich dann im Kontext der sozialen Bewegungen der 1960er und 1970er Jahre ein (vgl. Walzer und Heesen 2018, 3). In diesen Jahren wird das Interview für die Literatur von Autoren wie Fichte, Erika Runge oder Kluge stilbildend, dabei nicht unwesentlich von der amerikanischen Oral History sowie von den Fabrikuntersuchungen der italienischen Operaisten und ‚Spontis' inspiriert (zur Geschichte des Oral-History-Interviews vgl. Freund 2014; Maubach 2018; zur Theoriegeschichte des Operaismus vgl. Wright 2005). Ziel ist es, diejenigen zu Wort kommen zu lassen, die für gewöhnlich keine Stimme im öffentlichen Diskurs haben und keine schriftlichen Spuren in ihm hinterlassen. Die Autoren wenden sich den Arbeitern, den Figuren aus Rotlichtmilieu und Subkultur, aber auch Kriminellen und Personen aus schriftfernen Kulturen zu, um sie zu ihrem täglichen Leben und Arbeiten zu befragen. In Runges *Bottroper Protokollen* (1968) werden Arbeiter, Angestellte und mindere Beschäftigte aus dem Ruhrgebiet interviewt, um den dortigen Strukturwandel, Lebensumstände und Ausdrucksweise der Bewohner zu protokollieren. Fichte befragt in dem Roman *Versuch über die Pubertät* (1974) seine eigene Entwicklung, wendet sich jedoch gleichzeitig der Befragung anderer zu: In *Die Palette* (1968) protokolliert er Gespräche mit den Besuchern eines hamburger Kellerlokals, in seinen *Interviews aus dem Palais d'Amour* (1972) interviewt er Prostituierte und einen Zuhälter aus dem hamburger Rotlichtmilieu zu ihrem Arbeits- und Alltagsleben; und auch in dem 17-bändigen Romanzyklus *Die Geschichte der Empfindlichkeit* (1987–2006) werden eine Vielzahl von Protagonisten unterschiedlichster Art (Stricher, Arbeiter, Ärzte, Priesterinnen etc.) aus Portugal, Brasilien und verschiedenen afrikanischen Orten befragt. Interviews prägen auch das Werk von Alexander Kluge von Beginn an bis heute: seine seit den 1960er Jahren im Kontext des *Neuen Deutschen Films* entstandenen Filme, seine oben erwähnten Fernsehinterviews sowie die unter dem Titel *Chronik der Gefühle* (2000) zusammenfassten Erzählungen aus den Jahren 1962 bis 2000. Das Spektrum der Befragungstypen reicht von journalistischen Interviews über juristische Verhöre bis hin zu Alltagsgesprächen, in denen unterschiedlichste Protagonisten zu Experten ihres Alltags und ihrer Arbeit werden (vgl. Walzer 2017).

Über das Erbe der 1960er und 1970er Jahre hinausgehend, zeichnet sich in den Interviews von Fichte und Kluge ein weitreichender Wandel des Interviewparadigmas ab: Weniger der selbstreflexive Charakter ihrer Interviews, als vielmehr der unausgesetzte praktische Test auf deren Geltungsbedingungen wie Authentizität, Erfahrungsnähe oder Intelligibilität, verleiht ihren Interviews eine neue Qualität (vgl. Walzer 2017, 121–136; Walzer 2018a; Pabst 2016, 45). Wenngleich die Literarisierung, wie oben nachgezeichnet, von Beginn an zur Realität des Sensations- und Faktengenres Interview gehört, lässt sich beobachten, dass das Interview im ausgehenden 20. Jahrhundert „selbst zur literarischen Form" (Hoffmann und Pabst 2016, 1) geworden ist: „[T]he late twentieth century has taken the literary interview as a form, a genre" (Lyon 1994, 76; Masschelein 2014, 17–18; Roach 2018, 9–11). Bezeichnenderweise geschieht diese Neuausrichtung gerade in jenem Moment, in dem Autoren wie Christian Kracht, Thomas Meinecke, Dietmar Dath, Wolf Haas, Elfriede Jelinek oder Felicitas Hoppe das Interview als performatives Spiel von Fiktionalitäts- und Beglaubigungssignalen in Szene setzen, die Person des Sprechers und die Identität des Autors also gleichsam de- und rekonstruieren: „dort, wo fiktionale Interviews geschrieben werden, wo Autoren in Presseinterviews ihre genuin literarischen Themen und Verfahren zum Einsatz bringen, wo Interviews Performancecharakter haben, wo man artifizielle Interviewformate entwickelt oder wo Interviews in Romane oder Theaterstücke integriert werden" (Hoffmann und Pabst 2016, 1).

In den ausgesuchten Beispielen deutet sich an, dass trotz der beschriebenen Konjunkturen keine einheitliche Geschichte des Interviews in der Literatur auszumachen ist. Dies zeigt sich in einer Unmenge von Urszenen, auf die sich das Interview in der Literatur berufen kann, aber auch in den hochgradig diversen Genres und Diskursen, die im literarischen Interview mitverhandelt werden. Die anfangs erwähnte Interviewliteratur von Fichte reflektiert diese Vielfältigkeit des literarischen Interviews wohl am deutlichsten. So etwa, wenn Fichte sein Fragebegehren aus einer doppelten Urszene ableitet: aus der Selbstbefragung, -zerstückelung und -erkundung des „König Ödipus" einerseits (vgl. Böhme 1992a, 299–327; Böhme 1992b, 256) und der ekstatischen Begegnung des „Gastmahls" andererseits (vgl. Fichte 1987, 21). Oder auch, wenn er das Interview in Radiofeatures, Theaterstücken und Romanen als publizistisches Format und ethnographisches Investigationsmedium, als dokumentarische Quelle und literarische Darstellungsform inszeniert und verarbeitet. Kohärenz stiftet trotz aller Diversität, was den Kernbestand des Interviews als literarischer Form ausmacht: Fortwährend werden Transkriptionen zwischen Schriftlichem und Mündlichem, Literatur und Audiokultur angefertigt und ausgestellt.

Literaturverzeichnis

Abraham, Ulf. *Der verhörte Held. Verhöre, Urteile und die Rede von Recht und Schuld im Werk Franz Kafkas*. München 1985.
Anonym. „interview". *The Oxford English Dictionary*. Bd. 8. 2. Aufl. Oxford: 1989: 3–4.
Anonym. „Interview".*Anglizismen Wörterbuch. Der Einfluß des Englischen auf den deutschen Wortschatz nach 1945*. Hrsg. von Broder Carstensen und Ulrich Busse. Bd. 2. Berlin und New York 1994: 711–713.
Arnold, Heinz Ludwig. *Gespräche mit Schriftstellern: Max Frisch, Günter Grass, Wolfgang Koeppen, Max von der Grün, Günter Wallraff*. München 1975.

Arnold, Heinz Ludwig. *Als Schriftsteller leben. Gespräche mit Peter Handke, Franz Xaver Kroetz, Gerhard Zwerenz, Walter Jens, Peter Rühmkorf, Günter Grass*. Reinbek 1979.
Arnold, Heinz Ludwig. *Meine Gespräche mit Schriftstellern 1970–1999*. 3 MP3-CDs mit Originaltonaufnahmen als Hörbuch. München 2011.
Bahr, Hermann. „Ganz Aug' und Ohr". *Neues Wiener Tagblatt* 36 (1902): 1–2.
Bahr, Hermann. *Kritische Schriften III. Studien zur Kritik der Moderne. Antisemitismus. Ein internationales Interview*. Hrsg. von Claus Pias. Weimar 2013a.
Bahr, Hermann. *Kritische Schriften IV. Studien zur Kritik der Moderne*. Hrsg. von Claus Pias. Weimar 2013b.
Balke, Friedrich. „,,A long history of …' Literatur als Fragebogenlektüre bei Ernst von Salomon". *Zeitschrift für Medienwissenschaft* 15.2 (2016): 106–124.
Barthes, Roland. *Die Körnung der Stimme*. Frankfurt am Main 2002.
Binczek, Natalie. „Diktieren". *Zeitschrift für Medienwissenschaft* 9.2 (2013): 175–179.
Binczek, Natalie. „Gesprächsliteratur. Goethes Diktate". *Medienphilologie. Konturen eines Paradigmas*. Hrsg. von Friedrich Balke und Rupert Gaderer. Göttingen 2017: 225–254.
Binczek, Natalie. „Roland Barthes' Bausteine zu einer Theorie des Interviews. Eine medienanalytische Reflexion". *Sprache und Literatur* 47.1 (2018): 83–94.
Böhme, Hartmut. *Hubert Fichte. Riten des Autors und Leben der Literatur*. Stuttgart 1992a.
Böhme, Hartmut. „Die anthropologische und autobiographische Dimension der Frage und des Fraglichen im Werk Hubert Fichtes". *Anthropologie und Literatur um 1800*. Hrsg. von Jürgen Barkhoff und Eda Sagarra. München 1992b: 247–274.
Bosse, Heinrich. *Autorschaft ist Werkherrschaft. Über die Entstehung des Urheberrechts aus dem Geist der Goethezeit*. Paderborn 2014.
Boulé, Jean-Pierre. *Sartre modiatique. La place de l'interview dans son oeuvre*. Paris 1992.
Bowles, Daniel. „Toward a Poetics of the Interview in Thomas Meinecke". *The Germanic Review: Literature, Culture, Theory* 91.1 (2016): 25–40.
Chapsal, Madeleine. *Französische Schriftsteller intim*. München 1989.
Compere, Daniel, und Jean-Michel Margot (Hrsg.). *Entretiens avec Jules Verne. 1873–1905*. Genf 1998.
Eckermann, Johann Peter. *Gespräche mit Goethe in den letzten Jahren seines Lebens 1823–1832* [1836]. Hrsg. von Christoph Michel unter Mitwirkung von Hans Grüters. Berlin 2011.
Epping-Jäger, Cornelia. „Kontaktation. Die frühe Wiener Ausdrucksforschung und die Entdeckung des Rundfunkpublikums". *Formationen der Mediennutzung II. Strategien der Verdatung*. Hrsg. von Irmela Schneider und Isabell Otto. Bielefeld 2007: 171–189.
Fichte, Hubert. *Die Palette. Roman*. Reinbek 1968.
Fichte, Hubert. *Versuch über die Pubertät. Roman*. Hamburg 1974.
Fichte, Hubert. *Interviews aus dem Palais d'Amour etc*. Reinbek 1972.
Fichte, Hubert. *Wolli Indienfahrer*. Frankfurt am Main 1978.
Fichte, Hubert. *Geschichte der Empfindlichkeit. Homosexualität und Literatur 1. Polemiken*. Hrsg. von Gisela Lindemann in Zusammenarbeit mit Leonore Mau. Frankfurt am Main 1987: 9–23.
Fichte, Hubert. *Geschichte der Empfindlichkeit*. 17 Bde. Hrsg. von Gisela Lindemann, Leonore Mau, Torsten Teichert, Ronald Kay und Wolfgang von Wangenheim in Zusammenarbeit mit Leonore Mau. Frankfurt am Main 1987–2006.
Foster, Hal. „Real Fictions". *Die Wirklichkeit des Realismus*. Hrsg. von Veronika Thanner, Joseph Vogl und Dorothea Walzer. Paderborn 2018: 17–27.

Freund, Alexander, „‚Confessing Animals': Toward a *Longue Durée* History of the Oral History Interview". *The Oral History Review* 41.1 (2014): 1–26.
Foucault, Michel. *Überwachen und Strafen. Die Geburt des Gefängnisses* [1975]. Frankfurt am Main 1977.
Foucault, Michel. *Der Wille zum Wissen. Sexualität und Wahrheit 1* [1976]. Frankfurt am Main 1983.
Foucault, Michel. *Die Ordnung des Diskurses* [1991]. Frankfurt am Main 2003.
Geertz, Clifford. *Local Knowledge. Further Essays in Interpretive Anthropology*. New York 1983.
Genette, Gérard. *Paratexte. Das Buch vom Beiwerk des Buches*. 5. Aufl. Frankfurt am Main 2014.
Grottewitz, Curt. *Die Zukunft der deutschen Litteratur im Urteil unserer Dichter und Denker, eine Enquête*. Berlin 1892.
Gutzkow, Karl Ferdinand. *Briefe aus Paris*. Leipzig 1842.
Gutzkow, Karl Ferdinand. *Rückblicke auf mein Leben*. Berlin 1875.
Haller, Michael. *Das Interview*. Konstanz 2001.
Hansen, Volkmar, und Gert Heine. „Anhang". *Frage und Antwort. Interviews mit Thomas Mann 1909–1956*. Hrsg. von Volkmar Hansen und Gert Heine. Hamburg 1983: 395–440.
Hansen, Volkmar. „Das literarische Interview". *„In Spuren gehen ... ". Festschrift für Helmut Koopmann*. Hrsg. von Andrea Bartl. Tübingen 1998: 461–473.
Heesen, Anke te. „Naturgeschichte des Interviews". *Merkur* 67.4 (2013): 317–328.
Heesen, Anke te. „‚Ganz Aug', ‚ganz Ohr'. Hermann Bahr und das Interview um 1900". *Echt inszeniert. Interviews in Literatur und Literaturbetrieb*. Hrsg. von Torsten Hoffmann und Gerhard Kaiser. Paderborn 2014: 129–51.
Heesen, Anke te. „Thomas S. Kuhn und das Interview". *Sprache und Literatur* 47.1 (2018): 7–28.
Heubner, Holger. *Das Eckermann-Syndrom. Zur Entstehungs- und Entwicklungsgeschichte des Autoreninterviews*. Berlin 2002.
Hoffmann, Torsten, und Gerhard Kaiser. „Echt inszeniert. Schriftstellerinterviews als Forschungsgegenstand". *Echt inszeniert. Interviews in Literatur und Literaturbetrieb*. Hrsg. von Torsten Hoffmann und Gerhard Kaiser. Paderborn 2014: 9–25.
Hoffmann, Torsten, und Stephan Pabst. „Einleitung. Literarische Interviews". *The Germanic Review: Literature, Culture, Theory* 91.1 (2016): 1–6.
Hoffmann, Torsten. „Wahrheitsspiele: Zu den Interviewformaten André Müllers und Moritz von Uslars". *The Germanic Review: Literature, Culture, Theory* 91.1 (2016): 61–77.
Huret, Jules. *Enquête sur la question sociale en Europe*. Paris 1891.
Johannsen, Anja, „‚... dass ich nicht kam wie ein Kläffer'. Heinz Ludwig Arnolds *Gespräche mit Schriftstellern*: Peter Handtke, Rolf Hochhuth, Günter Grass". *Echt inszeniert. Interviews in Literatur und Literaturbetrieb*. Hrsg. von Torsten Hoffmann und Gerhard Kaiser. Paderborn 2014: 223–239.
Kapeller, Ludwig. „Die ‚Rede' im Rundfunk". *Funk* 31 (1924): 469–471.
Kisch, Egon Erwin. „Reportage als Kunstform und Kampfform". *Reporter und Reportagen. Texte zur Theorie und Praxis der Reportage der zwanziger Jahre. Ein Lesebuch* [1935]. Hrsg. von Erhard H. Schütz. Gießen 1974: 45–48.
Kluge, Alexander. *Chronik der Gefühle*. 2 Bde. Frankfurt am Main 2000.
Kött, Michael. *Das Interview in der französischen Presse. Geschichte und Gegenwart einer journalistischen Textsorte*. Tübingen 2004.
Krajewski, Markus. *Der Diener. Mediengeschichte einer Figur zwischen König und Klient*. Frankfurt am Main 2010.

La Roche, Walther von. *Einführung in den praktischen Journalismus*. 12. Aufl. München und Leipzig 1991.
Löffler, Petra. *Affektbilder. Eine Mediengeschichte der Mimik*. Bielefeld 2004.
Lyon, Ted. „Jorge Luis Borges and the Interview as Literary Genre". *Latin American Literary Review* 22.44 (1994): 74–89.
Masschelein, Anneleen, Christophe Meurée, David Martens, und Stéphanie Vanasten. „The Literary Interview. Towards a Poetics of a Hybrid Genre". *Poetics Today* 35.1–2 (2014): 1–49.
Maubach, Franka. „,Mehr Geschichte wagen!' LUISR und die ganze Geschichte der Arbeiter im Ruhrgebiet vor, während und nach dem Nationalsozialismus". *Sprache und Literatur* 47.1 (2018): 29–57.
Medwin, Thomas. *Gespräche mit Lord Byron. Ein Tagebuch. Geführt während eines Aufenthalts zu Pisa in den Jahren 1821 und 1822*. Stuttgart-Tübingen 1824.
Meyer-Kalkus, Reinhart. *Stimme und Sprechkunste im 20. Jahrhundert*. Berlin 2001.
Muhle, Maria. „History will repeat itself. Für eine (Medien-)Philosophie des Reenactment". *Körper des Denkens. Neue Positionen der Medienphilosophie*. Hrsg. von Lorenz Engell, Frank Hartmann und Christiane Voss. München 2013: 113–135.
Müller, André. *Entblößungen. Interviews*. München 1979.
Müller, André. *Interviews*. Hamburg 1982.
Müller, André. *„Sie sind ja wirklich eine verdammte Krähe!" Letzte Gespräche und Begegnungen*. München 2011.
Niehaus, Michael. *Das Verhör. Geschichte – Theorie – Fiktion*. München 2003.
Nilsson, Nils Gunnar. „The Origin of the Interview". *Journalism Quarterly* 48 (1971): 707–713.
Ong, Walter. „Oralität und Literalität. Die Technologisierung des Wortes". *Kursbuch Medienkultur. Die maßgeblichen Theorien von Brecht bis Baudrillard*. Hrsg. von Claus Pias, Joseph Vogl, Lorenz Engell, Oliver Fahle und Britta Neitzel. 6. Aufl. München: 2008: 95–104.
Pabst, Stephan. „Interview-Literatur. Tom Kummers Fake-Interviews und die Folgen". *The Germanic Review: Literature, Culture, Theory* 91.1 (2016): 41–60.
Pinget, Robert. *L'Inquisitoire*. Paris 1962.
Roach, Rebecca. *Literature and the Rise of the Interview*. Oxford 2018.
Rodden, John. *Performing the Literary Interview. How Writers Craft their Public Selves*. Lincoln 2001.
Ronell, Avital. *Der Goethe-Effekt. Goethe – Eckermann – Freud*. München 1994.
Rossum, Walter van. „Diskret und intim". *Die Zeit* 42 (1989).
Roth, Joseph. „Schluss mit der ,neuen Sachlichkeit'!" [1930]. *Joseph Roth. Werke 3. Das journalistische Werk. 1929–1939*. Hrsg. von Klaus Westermann. Köln 1989.
Ruchatz, Jens. „Interview". *Handbuch Medien der Literatur*. Hrsg. von Natalie Binczek, Till Dembeck und Jörgen Schäfer. Berlin und Boston 2013: 528–535.
Ruchatz, Jens. *Die Individualität der Celebrity. Eine Mediengeschichte des Interviews*. Konstanz-München 2014a.
Ruchatz, Jens. „Interview-Authentizität für die literarische Celebrity. Das Autoreninterview in der Gattungsgeschichte des Interviews". *Echt inszeniert. Interviews in Literatur und Literaturbetrieb*. Hrsg. von Torsten Hoffmann und Gerhard Kaiser. Paderborn 2014b: 45–63.
Runge, Erika. *Bottroper Protokolle*. Frankfurt am Main 1968.
Salomon, Ernst. *Der Fragebogen*. Reinbek 1951.
Schulemann, Erika. „Funk- und Presseinterview". *Rufer und Hörer* 8.9 (1933/1934): 356–359.

Seeßlen, Georg. „Interview/Technik oder Archäologie des zukünftigen Wissens. Anmerkungen zu den TV-Interviews Alexander Kluges". *Kluges Fernsehen. Alexander Kluges Kulturmagazine*. Hrsg. von Christian Schulte und Winfried Siebers. Frankfurt am Main 2002: 128–138.

Speirs, Dorothy, und Dolores A. Signori (Hrsg.). *Entretiens avec Zola*. Ottawa u. a. 1990.

Tretjakow, Sergej. *Den Schi-Chua. Ein junger Chinese erzählt sein Leben. Bio-Interview* [1932]. Berlin 1988.

Trilcke, Peer. „Christoph Martin Wieland und die ‚Entstehung' des Schriftstellerinterviews. Zur Kommunikationspraxis eines professionellen Autors im 18. Jahrhundert". *Echt inszeniert. Interviews in Literatur und Literaturbetrieb*. Hrsg. von Torsten Hoffmann und Gerhard Kaiser. Paderborn 2014: 105–129.

Unglaub, Erich. „‚„Une heure avec …" Fréderic Lefèvre. Deutsche Autoren der zwanziger und dreißiger Jahre in Pariser Interviews". *Echt inszeniert. Interviews in Literatur und Literaturbetrieb*. Hrsg. von Torsten Hoffmann und Gerhard Kaiser. Paderborn 2014: 151–177.

Vogl, Joseph. „Kluges Fragen". *Maske und Kothurn. Die Bauweise von Paradiesen*. Hrsg. von Klemens Gruber und Christian Schulte. Wien u. a. 2007: 119–129.

Wallach, Glenn. „‚A Depraved Taste for Publicity'. The Press and Private Life in the Gilded Age". *American Studies* 39.1 (1998): 31–57.

Walzer, Dorothea. *Arbeit am Exemplarischen. Poetische Verfahren der Kritik bei Alexander Kluge*. Paderborn 2017.

Walzer, Dorothea. „Engagiertes Fragen. Hubert Fichtes Milieu-Studien". *Sprache und Literatur*. 47.1 (2018a): 59–83.

Walzer, Dorothea. „Politische Groteske – Groteske Realität. Gerichtsreportage und -karikatur". *Die Wirklichkeit des Realismus*. Hrsg. von Veronika Thanner, Joseph Vogl und Dorothea Walzer. Paderborn 2018b: 213–239.

Walzer, Dorothea, und Anke te Heesen. „Editorial. Das Interview". *Sprache und Literatur*. 47.1 (2018): 1–5.

Wegmann, Thomas. „‚Es stimmt ja immer zugleich alles und nichts'. Zur Theorie des Autors und zum Tod als Gegenstand des Interviews. Müller, Bernhard, Derrida". *The Germanic Review: Literature, Culture, Theory* 91.1 (2016): 7–25.

Wieland, Christoph Martin. *Unterredungen zwischen W** und dem Wieland*, Christoph Martin. *Unterredungen zwischen W** und dem Pfarrer zu **** (1775). Wielands Werke. Historisch-kritische Ausgabe. Hrsg. von Klaus Manger und Jan Philipp Reemtsma. Berlin, New York 2009: 205–308.

Wright, Steve. *Den Himmel stürmen. Eine Theoriegeschichte des Operaismus*. Berlin 2005.

Zola, Émile. *Au bonheur des dames*. Paris 1883.

Zola, Émile. *Germinal*. Paris 1885.

Zola, Émile. *L'Œuvre*. Paris 1886.

Zola, Émile. „Interviewé sur l'Interview". *Le Figaro* (12. Januar 1893).

Zola, Émile. *Nana*. Paris 1980.

Zola, Émile. *Frankreich. Mosaik einer Gesellschaft. Unveröffentlichte Skizzen und Studien*. Hrsg. von Henri Mitterand. Wien und Darmstadt 1990.

3.4. Der neue Ton: die Reetablierung des literarischen Feldes nach dem Ende des Nationalsozialismus
Cornelia Epping-Jäger

1. Stimmfindung

Das Ende des Nationalsozialismus und die Vor- und Frühgeschichte der Bundesrepublik Deutschland sind nicht nur in politischer und sozialer, sondern auch in kultureller Hinsicht durch tiefgreifende Umbrüche und transformatorische Übergänge bestimmt. Einer dieser Umbrüche – und nicht der unwesentlichste – betrifft das ‚literarische Feld' (Jurt 1995; Bourdieu 2001) und den sich herausbildenden modernen Literaturbetrieb (Geisenhanslüke und Hehl 2013; Tommek 2015; Sieg 2017), die sich nach 1945 gänzlich neu strukturieren und rekonstituieren mussten. Die Ergebnisse dieses Prozesses – die nicht selten mit Umbruchsmetaphern wie ‚Kahlschlag' oder ‚Nullpunkt' beschrieben worden sind (vgl. unten Abschnitt 2) – lassen sich, wenn man sie im engeren Sinne auf die Herausbildung eines neuen institutionellen Rahmens des Literaturbetriebes bezieht, durch einen Topos charakterisieren, der sich nicht nur als Beschreibungskategorie für den historischen Prozess der Reetablierung des literarischen Feldes eignet, sondern der auch im sich herausbildenden Selbstverständnis der Autorinnen und Autoren die Rolle einer Orientierungsgröße übernommen hatte: die Kategorie des ‚neuen Tons'.

Der Begriff des ‚neuen Tons' fungiert dabei zum einen als eine deskriptive Beschreibungskategorie, als ‚Indikator' für die grundlegenden Wandlungsprozesse, durch die sich das literarische Feld im Horizont der sogenannten Reeducation der deutschen Nachkriegskultur herausbildete, zum anderen als ein ‚Faktor' der Selbstverständigung der Autorinnen und Autoren der Nachkriegszeit in der Phase ihrer Reorientierung (zu ‚Indikator' und ‚Faktor' vgl. Koselleck 1974). In beiderlei Hinsicht, sowohl im Sinne einer analytisch-deskriptiven Kategorie als auch in dem einer Metapher für die auktoriale Selbstfindung, kann der Begriff des ‚neuen Tons' als eine Signatur für den Prozess der kulturellen, der literarischen ‚Stimmfindung' (Epping-Jäger 2007a), der ‚Umbauten' (Epping-Jäger 2008a und b) angesehen werden, der die historische Epoche der Nachkriegszeit und der in ihr operierenden literarischen Akteure prägte. Die Literatur suchte unter diesem Signum neue Wirkungsweisen und neue Definitionen. Definitionen, wie sie dann etwa Walter Höllerer vorschlug: „Literatur ist Semiologie: der Versuch, neue Zeichen, Signalements zu finden für neue Möglichkeiten des Zusammenlebens; für eine neue Rolle des Individuums im Kollektiv" (Höllerer, zit. nach Böttinger 2005, S. 177). Die Autoren versuchten, so Höllerer, „den Leser, Hörer, Zuschauer, den mitarbeitenden Rezipienten auf[zu]fordern, mit ihnen gemeinsam diesen neuen Zeichen auf die Spur zu kommen und Folgerungen daraus zu ziehen" (Höllerer, zit. nach Böttiger 2005, 179–180). Höllerer, der sowohl als ein zeitgenössischer Akteur des literarischen Umbaus als auch als ein früher Analytiker der historischen Rekonfigurationen des literarischen Feldes betrachtet werden kann, hat die neue Tonart vor allem darin gesehen, dass Autorinnen und Autoren aus einer veränderten Einstellung zur Sprache auch eine veränderte Stellung des Autors ableiteten: dieser – „der Autor" – agiere nun „weniger denn je [als] die allmächtige regierende Persönlichkeit, auf deren generöse Eigenschaften das Gedicht angewiesen ist. Sein Ton ist dem einer gespannten Membran zu vergleichen, die reagiert, die auf ihre besondere Weise wahrnehmbar macht, was sich an Regungen und Erschütterungen anzeigt. Wie die Membran beschaffen ist, wie gespannt sie ist, – das macht die Tonart dieser Dichtungen aus" (Höllerer, zit. nach Böttiger 2005, 134).

Insgesamt spielte also die Metapher des ‚neuen Tons' bei der Reetablierung des literarischen Feldes nach dem Ende des Zweiten Weltkriegs eine gewichtige Rolle: Sie bestimmte in nicht unerheblichem Maße die literarische Kommunikation nach 1945 sowohl – wie sich im Folgenden zeigen wird – thematisch-inhaltlich als auch hinsichtlich der medialen Formen, in denen sie ausgetragen wurde. Dabei lässt sich dieser Diskurs bis in die amerikanischen Kriegsgefangenenlager zurückverfolgen, in denen sich einige der später bedeutenden Autoren der Nachkriegszeit im Kontext ihrer Teilnahme an amerikanischen Reeducationprogrammen um die Kriegsgefangenenzeitschrift *Der Ruf* gruppiert hatten (Wehdeking 1971; Wehdeking 2009; Ächtler 2011) – eine Zeitschrift im Übrigen, die auch nach Kriegsende von den Herausgebern Alfred Andersch und Hans Werner Richter bis zu deren – durch die amerikanischen Lizenzgeber veranlassten – angeblichen Hinauswurf 1947 weitergeführt wurde und aus deren Mitarbeiterkreis die Gruppe 47 hervorging (Vaillant 1978; vgl. Abschnitt 3).

2. Der ‚neue Ton': zwei Semantiken

Der Topos der ‚neuen Tonart', der weithin die Selbstverständigungsdiskurse der beteiligten Autorinnen und Autoren sowie deren literarische Produktion grundierte – etwa die tastenden Versuche der Lyrik Paul Celans (Görner 2014, 343), die lyrische Sprache Ingeborg Bachmanns (Strohschneider-Kohrs 2003) beziehungsweise Günter Eichs, der in seiner Lyrik „den neuen Ton der Nachkriegslyrik präludiert" (Böttiger 2005, 19) –, wurde durch ein reiches begriffliches Feld semantisch ausgestattet, in dem insgesamt die Idee des radikalen Bruchs, des gänzlichen Neuanfangs (Briegleb 1999) beziehungsweise der tiefgreifenden Ruptur vorherrschte. Freilich wurden mit diesem Metaphernfeld als Beschreibungsperspektive der Neuorientierung des literarischen Diskurses nach 1945 die nach wie vor existierenden Kontinuitätsphänomene, die Momente des kontinuierlichen Überdauerns, die im Umbruch persistierten, ausgeblendet. Zu Recht wurde dies als Nullpunktdenken, als Negieren von Tradition problematisiert und darauf hingewiesen, „daß die ‚Stunde Null' auch für die Literatur keine ‚Stunde Null' war" (Widmer 1966; Wehdeking 1971). Gleichwohl waren es Metaphern wie ‚Tabula rasa' (Andersch 1948, 130), ‚Nullpunkt' (Kurz 1988), ‚Trümmerliteratur' (Böll 1979, 31) beziehungsweise ‚Kahlschlag' (Weyrauch 1949, Vorwort; Koopmann 1966), die eine – das Selbstverständnis vieler Autorinnen und Autoren prägende – neue Form der literarischen und publizistischen Kommunikation indizierten (Richter 1962), eine neue Schreibweise, in der sich die Hoffnung auf einen Um- und Aufbruch artikulierte: Für dieses neue Selbstbewusstsein war, folgt man unter anderem Wilfried Barner, „alles Einkleiden, Verhüllen, Verschleiern [...] Lüge", etwas, das auf das „Ausräumen des bloß noch Tradierten, des Kompromittierten [zielte], aber zugleich auf Lichtung, die erst Durchblick auf Neues schafft" (Barner 1987, 31). Die sich selbst als solche bezeichnende ‚junge Generation' der Nachkriegsautoren (Widmer 1966; Vaillant 1978, 63) sah sich in diesem Sinne – so formuliert Andersch – „vor der Notwendigkeit, in einem originalen Schöpfungsakt eine Erneuerung des deutschen geistigen Lebens zu vollbringen" (Andersch 1948, 24).

Der Topos des ‚neuen Tons' wurde dabei durch zwei divergierende Ausprägungen seiner Semantik, durch eine begriffliche Ambivalenz geprägt, durch die einerseits ein eher politisch-sprachkritisches und andererseits ein eher auf die Spezifik der literarischen Performanz bezogenes Moment adressiert wurde: Er meinte zum einen die dezidierte Abwendung des thematischen Horizontes der Literatur von den ideologisch-inhaltlichen Kontaminationen, denen sie sich in der Zeit des Nationalsozialismus weithin widerstandslos ergeben hatte, und zum anderen eine grundlegende Neuorientierung des literarischen Feldes im Rahmen eines Programms, das sowohl das produktions- als auch das rezeptionsästhetische Moment des literarischen Prozesses an eine akroamatische Poetik des Zu-Gehör-Bringens (Riedel 1990), an eine *Szene* direkter, interaktiver Diskursivität band.

Der ‚neue Ton' bezog sich also einmal auf eine neue politische Semantik der Literatur, aus welcher der NS-Ton, aber auch die leer gewordene Form schönen Schreibens (Jacob 2012, 247), die sogenannte Kalligraphie (Hocke 1946), getilgt werden sollte; zugleich aber auch darauf, dass Literatur sich tatsächlich im Rahmen einer Ästhetik des Performativen (Wiethölter 2008, 18) in einem Raum der Mündlichkeit entfaltete. Zumindest mit Blick auf diese beiden Aspekte kann davon die Rede sein, dass sowohl der inhaltliche als auch der mediale Charakter des Literarischen in der Phase der Rekonstitution des literarischen Feldes nach dem Ende des Nationalsozialismus und des Zweiten Weltkriegs eine neue Gestalt annahm: In der Literatur entfaltete sich ein ‚neuer Ton', der nicht zuletzt auch die akustischen Räume des Nationalsozialismus hinter sich ließ (Epping-Jäger 2006).

3. ‚Ausnüchterung' der Sprache

In Bezug auf die politische Semantik indizierte die Rede vom ‚neuen Ton' im zeitgenössischen Selbstverständnis vor allem die programmatische Intention, die ideologisch korrumpierte Sprache des Nationalsozialismus (Görner 2014, 343) von den „durch die Weltkatastrophe kompromittierten Schreibweisen" (Barner 1987, 35) zu säubern und der derart gereinigten Sprache ein neues Leben einzuhauchen (Richter 1952; Widmer 1966).

Richter etwa führte die sich nach dem Ende des Nationalsozialismus einstellende, spezifische Atmosphäre der Nachkriegsjahre mit Blick auf die Autoren der Gruppe 47 auf deren ausgeprägten Wunsch zurück, einen ‚neuen Ton' in die literarische und publizistische Sprache zu implementieren: „So glaubten sie, ganz von vorn beginnen zu müssen, mit neuen Methoden, unter anderen Voraussetzungen und mit besseren Zielen. Ihr ideeller Höhenflug ist symptomatisch für die ersten Nachkriegsjahre. Aus dieser Absicht heraus [...] begannen [sie] die ‚Sklavensprache' zu roden, sie von dem Gestrüpp der Propagandasprache zu reinigen [...]" (Richter 1962, 8). Entsprechend entfaltete sich – in der Beschreibung Richters – die Diskussionskultur in den Treffen der Gruppe 47: „Niemand nimmt ein Blatt vor den Mund. Jedes vorgelesene Wort wird gewogen, ob es noch verwendbar ist, oder vielleicht veraltet, verbraucht in den Jahren der Diktatur, der Zeit der großen Sprachabnutzung" (Richter 1979, 80–81). Der Ton der Gruppe 47 habe es deshalb, argumentierte Joachim Kaiser, apodiktisch ausgeschlossen, „sich auch nur im mindesten ‚faschistisch', ‚nazihaft' oder sonstwie antirepublikanisch zu äußern" (Kaiser 1962, 48). Höllerer schloss sich dieser Charakterisierung einer neuen Sprache im Gruppendiskurs der Gruppe 47 an und betrachtete den ‚neuen Ton' als das Ergebnis einer „Ausnüchterung" der Sprache: „Die Bombastik der Wörter mußte verschwinden, der Gefühlsüberschwang, – auch die pseudo-metaphysischen Ausdrucksweisen, die zwischen Politischem und Religiösem hin und her schwammen, waren unbrauchbar" (Höllerer, zit. nach Böttiger 2005, 14). Joachim Jacob konstatiert: „Die Autoren der Jungen Generation, Borchert, Schnurre, Böll, Weyrauch, Eich, Aichinger und andere [...] grenzen sich ab gegen das dröhnende Pathos nationalsozialistischer Propaganda, das die deutsche Sprache verdorben hatte; gegen die Kontinuität einer leer gewordenen Form schönen Schreibens und wirklichkeitsflüchtigen Trostes" (Jacob 2012, 247). Für die Nachkriegsphase charakteristisch sei, so bereits Albrecht Schöne, das Entstehen einer zeit- und generationstypischen Sprechweise, die sich der Einsicht verdankte, „dass insgesamt ausdrucksvolles, eindringliches, beteiligtes Sprechen in Mißkredit, in den Geruch der Unwahrhaftigkeit geraten und abgewirtschaftet worden sei" (Schöne 1974, 61). Und mit Blick auf Celan spricht Theo Buck nicht nur von einem stilistischen Willen der Pathosvermeidung, sondern geradezu von einer Pathosphobie, die einen generellen „gestischen Paradigmenwechsel" bedeute: „Die Literatur der Moderne definiert sich nicht zuletzt durch den konsequenten Verzicht auf den pathetischen Gestus" (Buck 1996, 165). Exemplarisch wird in diesem Kontext auch Bachmann herangezogen, von der Höllerer im Zuge der Vorstellung der Autorin bei einer Lesung in Berlin feststellte: „[I]n dem sie neue Wortverbindungen fand, eine neue Tonart, erwartete sie, daß sich dann auch die Dinge neu zuordneten, daß sie neue Wertigkeit bekamen, daß einige wenig bekannte und beleuchtete Stellen unserer Umgebung und unserer Existenz sichtbar werden" (Höllerer, zit. nach Böttiger 2005, 134).

Der ‚neue Ton' bezieht sich also im Horizont des Politischen auf eine neue Sprache. Er markiert hier zunächst ein erneuertes und verwandeltes stilistisches beziehungsweise semantisches Register, und er bringt eine neue „Stimme im Text" (Blödorn und Langer 2006) zur Entfaltung, eine neue „geistige Diktion" (Nancy 2010, 47) der literarischen Produktion. Ein „unerlässlich neuer Ton" (Epping-Jäger 2008b) in der poetischen Praxis soll die ideologische Stimmgewalt der NS-Zeit ersetzen (Epping-Jäger 2006), es soll eine neue Sprache gefunden werden, die auch stilistisch auf der Ebene des Unprätentiösen operiert: „Wir brauchen keine wohltemperierten Klaviere mehr. Wir selbst sind zuviel Dissonanz. [...] Wir brauchen keine Dichter mit guter Grammatik. Zu guter Grammatik fehlt uns die Geduld. [...] Für Semikolons haben wir keine Zeit und Harmonien machen uns weich" (Borchert 2007, 523). Dabei wendet sich die oft zornige Emphase der jüngeren Autorinnen und Autoren nicht nur gegen die Vergangenheit als solche, sondern insbesondere auch gegen die in der literarischen Produktion überdauernde „Anwesenheit kompromittierter Tradition", die als „ihre lügnerische Fortsetzung in der Gegenwart" (Barner 1987, 32) verstanden wird.

4. Die Auditivierung der Sprache

Über seine politische Semantik hinaus evozierte der Topos des ‚neuen Tons' eine zweite Bedeutung: Diese markierte den Umstand, dass die Literatur der unmittelbaren Nachkriegsphase die Formen ihrer Rezeption aus dem Horizont der Skripturalität in den der Mündlichkeit verlegte und auch die literarische Produktion mit der direkten kritischen Resonanz in einem Raum der leiblichen Anwesenheit von Produzenten und Rezipienten verwob. Hierbei spielte ohne Zweifel seit Ende der 1940er bis in die Mitte der 1960er Jahre die literarische Praxis der Gruppe 47 (Braese 1999; Arnold 2004; Böttiger 2012) und seit Beginn der 1960er Jahre die des Literarischen Colloquiums Berlin (Höllerer et al. 1982; Geisenhanslüke und Hehl 2013; Hehl 2013) eine zentrale Rolle, eine Rolle freilich, die nicht unwesentlich durch die an neuen Diskursmodellen orientierte amerikanische Kulturpolitik begünstigt und befördert worden war (vgl. Abschnitt 3).

Die anfängliche Fragilität und Unvertrautheit des sich in neuer Tonart equilibrierenden literarischen Feldes, das zunächst weder auf institutionelle und mediale Strukturen noch auf einen literarischen Markt zurückgreifen konnte, erforderte kleinere Formen literarischer Praxis, Mikroöffentlichkeiten etwa in der Form von Werkstattgesprächen, Autorenlesungen, Schreibwerkstätten etc., in denen neue poetologische Modelle und ästhetische Konzepte in direkter Interaktion mit Anwesenden erprobt werden konnten. Hier, in den Resonanzräumen kleiner Auditorien, in „Kontrollräumen des Klangs" (Greite 2014, 24), war es möglich, literarische Texte einer mündlichen Sofortkritik (Reich-Ranicki 1962, 437) zu unterwerfen, bevor sie für größere Öffentlichkeiten vorbereitet und, was dann in den frühen 1960er Jahren auch geschah, in einen neu entstehenden literarischen Markt eingeschleust sowie von Massenmedien wie Rundfunk und (dem frühen) Fernsehen breiter distribuiert werden konnten (Blank 2002; Böttiger 2012, 15–17).

Die Literatur der Nachkriegszeit entfaltet sich also zunächst als eine ‚sonore Szene' (Barthes 2006, 91; Kolesch 2004), die in zweifacher Hinsicht durch die ‚regulative Idee' der Mündlichkeit bestimmte war: Zum einen etablierten sich die Institutionen, Räume, Formen und Medien, in denen die literarische Kommunikation prozessiert wurde, vornehmlich als Orte und Verfahren der Mündlichkeit, als „Hör/Säle der Literatur" (Binczek 2018). Zum anderen unterlagen auch die im engeren Sinne literarischen Diskurse selbst einem Regime interaktiver Mündlichkeit, das die Verfahren der Textproduktion einer durchgehenden „Auditivierung" (Grimm 2008, 148), einer akroamatischen Poetologie des Zu-Gehör-Bringens unterwarf (Riedel 1990) und die kritische Resonanz von Auditorien als Zertifizierungsinstanz etablierte.

Im fragilen Prozess der Findung eines ‚neuen Tons' vertraute sich die Literatur hinsichtlich ihrer ästhetischen Äußerungsform der akroamatischen Stärke der Wechselrede an. Sie folgte damit in gewisser Weise der Humboldt'schen Einsicht, dass das Wort „Wesenheit, die Sprache Erweiterung in einem Hörenden und Erwidernden gewinnen [muss]" (Humboldt 1988, 138–139). Sie setzte auf „die synthetische Erweiterung, die das Ausgesprochene, Auszusprechende in einem

Hörenden findet" (Riedel 1990, 65). Der Sinn der (vorgetragenen) Texte wurde so im Horizont der akroamatischen Poetologie zu einem, „der aus dem Werksein herausdrängt und sich im Andern seiner selbst vervielfältigt" (Riedel 1990, 165).

Insgesamt kann also festgehalten werden, dass die literarische Produktion auch in ihren skripturalen Anteilen auf einen imaginären Fluchtpunkt mündlicher Kommunikativität hin ausgerichtet war (Bourdieu 1999, 12), der in der Metapher des ‚neuen Tons' seine zugespitzte begriffliche Form fand. Es ist insofern vor dem Hintergrund des skizzierten Befundes nicht verwunderlich, dass nach dem Zweiten Weltkrieg die Dichterlesung zu einem festen Bestandteil der literarischen Kultur wurde (Grimm 2008, 148; Menninghaus 1994; Böhm 2003) und dass bereits hier der literarische Betrieb gleichsam einen *performative turn* durchlief: In dessen Horizont spielte die leibhafte Anwesenheit von Autorinnen und Autoren sowie die Inszenierung der Dichterstimmen ebenso eine zentrale Rolle (Künzel 2007, 11–12) wie die Rückverwandlung des Schriftstellers in einen Erzähler und die Rückübersetzung des Schriftlichen in die Mündlichkeit (von Düffel 2003, 49), aber schließlich und vor allem auch die Interaktivität der Vortragenden, die sich das Vermögen der Sprache zu eigen machten, „den Gedanken aus sich hinaus und an einen anderen gerichtet, sich gegenüberzustellen" (Humboldt 2004, 123), und so operational „das Zurückstrahlen aus einer fremden Denkkraft" (Humboldt 1988, 139) für die eigene ästhetische Rede in Anspruch zu nehmen.

Wenn hinsichtlich des Entstehens der Dichterlesung um 1800 insbesondere mit Blick auf Friedrich Gottlieb Klopstock von einer Poetik der Reoralisierung (Maye 2014, 15) gesprochen worden ist, so trifft dies in einem prägnanten Sinne auch für die Phase des literarischen Neubeginns in der deutschen Literatur nach 1945 zu. Auch hier kann festgestellt werden, dass die Performanz der Lesung von poetischen Texten vor anwesenden Auditorien in gewissem Sinne die Trennung zwischen Autor und Werk aufhebt und der gelesene literarische Text in die inszenierte Präsenz des Augenblicks seiner Entstehung zurückgenommen wird (Maye et al. 2013, 341). Das subjektivitätsenthobene Paradigma der Skripturalität sowie das hier inhärente Modell einer linearisierten und abstrahierten Schrift wurde, zumindest für die Frühphase des auktorialen Produktionsprozesses, substituiert durch ein Mündlichkeitsprogramm, das seine Teilnehmenden in einem partizipativen, nichtlinearen und synästhetischen Hörraum (*acoustic space, auditory space*) situierte (Schüttpelz 2013), in dem die Interaktivität von Produktion und Rezeption den ästhetischen Prozess steuerte.

In der Tat steht dieses Diskursmodell der deutschen Literatur in der unmittelbaren Nachkriegsepoche in einer auffälligen systematischen Parallele zu dem, was das „Jenaer Diskursmodell" (Ziolkowski 1992) genannt worden ist. Für beide Phasen der Reoralisierung lässt sich ein medienhistorischer, charakteristischer Zusammenhang von historischer Umbruchszeit und dem Wiederauftritt akustischer Kommunikationskultur konstatieren. Ähnlich wie in den Umbrüchen der Sattelzeit um 1800 tiefgreifende semantische Wandlungsprozesse (Koselleck 1947, XV) und deren kommunikative Verhandlung eine Renaissance der Mündlichkeit (Binczek und Epping-Jäger 2014, 10) ausgelöst und bei aller Emanzipation der Lektüre von der Vokalität (Koschorke 2003, 336) eine Verstimmlichung der Poesie (Menke 2001) hervorgebracht hatten, entstand auch nach der politischen, moralischen und medialen Zäsur, die mit dem Ende des Zweiten Weltkriegs verbunden war, eine literarische Bewegung, die sich in ‚Hör/Sälen der Literatur' ebenfalls als Verstimmlichung des literarischen Feldes und als eine Poetologie der „Akroaszenz" (Riedel 1990, 114–116 und 130) entwickelte. Auch hier begünstigte die Fragilität der semantischen Umbrüche im Bereich ästhetischer Kommunikation die Ausbildung einer sonoren Szene mündlicher Kommunikativität, einer – der Skripturalität vorausgehenden und sie allererst begründenden – mündlichen Performanzkultur, die zur Voraussetzung für das Entstehen eines ‚neuen Tons' in der Phase der Rekonfiguration des literarischen Feldes wurde. Das Aushandeln neuer Semantiken war auch hier an Formen direkter interaktiver Diskursivität und an eine Ästhetik der Mündlichkeit gebunden. Erst nachdem sich der ästhetisch-literarische Raum dann in der Folgezeit neu zu konsolidieren begann, fanden Skripturalität und Literalität wieder zu ihrer vertrauten, die Literaturgeschichte weithin dominierenden Synthese.

Der Topos eines ‚neuen Tons' der Literatur verweist also im Horizont seiner zweiten Semantik auf eine Epoche der realen Inszenierung der Stimme (Künzel 2007, 11), auf die tatsächliche stimmliche Erprobung des ‚neuen Tons' in ‚Hör-Sälen der Literatur'. Der ‚neue Ton' markiert hier eine neue Form, in der Literatur vor ihrer Veröffentlichung im Druck in Resonanzräumen verlautbart und als verlautbarte erprobt wird. Er entwickelt sich so zu einem Programmbegriff, der die Notwendigkeit der Stimmfindung und der Stimmprobe, wie sie dann in den sonoren Arbeitsformen der Gruppe 47 und des Literarischen Colloquiums Berlin gefunden werden sollten, postuliert. Zugleich eröffnen hier der Rundfunk, der bereits zu Beginn der 1950er Jahre in einer engen Verbindung zur Gruppe 47 stand (Richter 1986; Kirschnick 2011), wie auch das frühe Fernsehen neue Dimensionen der Inszenierung und Vermittlung des neuen Tons der Literatur.

5. Der ‚neue Ton' und die ‚Agenda of Reeducation'

Der Prozess der Herausbildung des ‚neuen Tons', der für das Wiederentstehen des literarischen Feldes in Deutschland, für die Konstituierung der deutschen Nachkriegsliteratur (Wehdeking 1971), konstitutiv war, beginnt in seiner Frühgeschichte nicht erst in der Nachkriegszeit, sondern bereits vor der Zäsur des

Jahres 1945 in den amerikanischen Kriegsgefangenenlagern, in denen sich die deutschen Gefangenen mit den ‚Reeducationpolitiken' der Alliierten auseinandersetzen mussten. Ein nicht unwesentliches Element dieser ‚Umerziehungsprogramme' intendierte die Einübung der Gefangenen in ihnen unvertraute Formen der demokratischen Diskursivität (Will 1999). Eine bedeutende Rolle spielt hier die unter anderem von Richter und Andersch herausgegebene Gefangenenzeitschrift *Der Ruf* (Vaillant 1978), die sich unter den kritischen Blicken ihrer amerikanischen Aufseher zum medialen Kristallisationspunkt eines neuen politischen und kulturellen Selbstverständnisses der deutschen Zeitungsmacher und -leser in der amerikanischen Gefangenschaft entwickelte (Wehdeking 2009). Eine Reihe von für den späteren literarischen Betrieb in Deutschland wesentlichen Autoren, insbesondere der späteren Gruppe 47, waren um diesen politisch-intellektuellen Kern gruppiert und erhielten hier – wie Barner mit Blick auf Andersch, Richter und andere zum Redaktionskern gehörende Autoren formulierte – ihre ‚demokratische Kaderausbildung' und damit jenen Wissensvorsprung, der sie zu *clear persons* (Gerhardt 2005), zu ‚Meinungsführern' machte, die als Mediatoren zwischen die Initiativen der amerikanischen Kulturpolitik und das adressierte deutsche literarische Publikum treten konnten. Die Zeitschrift, die nach Kriegsende in Deutschland fortgeführt wurde, entwickelte sich in den unmittelbaren Jahren danach zu einem der publizistisch-literarischen ‚Leitmedien' der Nachkriegszeit (Wilke 1999) und galt schon bald „as one of the first manifestations of democratic debate in the post-war Germany" (Will 1999, 1). Auch Richter sah den *Ruf* als eine wesentliche Quelle des ‚neuen Tons' im sich entfaltenden Literaturbetrieb nach 1945, aus dem sich, nachdem er selbst sowie sein Mitherausgeber Andersch 1947 die Redaktion nicht vollkommen freiwillig verlassen hatten (Vaillant 1978, 106–108), die Gruppe 47 entwickelte:

„Sie ersetzte die nunmehr nach dem Verbot [durch die amerikanische Militärregierung] fehlende Zeitschrift als Kristallisationspunkt durch das Gespräch, durch Kritik und Diskussion [...]. Für viele Jahre war sie der einzige Kommunikationspunkt dieser jungen deutschen Schriftsteller und ersetzte zugleich die literarische Öffentlichkeit, die nach dem Krieg nicht mehr bestand, im Dritten Reich nicht bestanden hatte, und nun in einem geteilten, geschlagenen, moralisch und geistig ruinierten Deutschland [nicht mehr bestand], einem Land ohne jeden Zentralpunkt, ohne Hauptstadt und Metropole [...]. So war die Gruppe 47 gleichzeitig Zentralpunkt, Kaffeehaus, Metropole und Diskussionsbühne, setzte oft unbewußt Maßstäbe und wurde [...] doch [...] zu einer neuen Form der literarischen und publizistischen Kommunikation" (Richter 1962, 11).

In der Tat scheint *Der Ruf* bis zu seinem Ende am 15. März 1949 (Vaillant 1978, 189) und durch seine Bedeutung für das Entstehen der Gruppe 47 eines der Medien gewesen zu sein, über das amerikanische demokratische Debatten- und

Diskursmodelle im Horizont der Umerziehungsstrategien der amerikanischen Militärregierung – besonders im Bereich der Kultur- und Bildungspolitik – in die ästhetisch-mediale Konstitution der deutschen Nachkriegsliteratur eingewandert sind. Es sind vor allem diese Kommunikationsideale aus der amerikanischen Demokratiedebatte der 1930er und 1940er Jahre, die für die Wiedergewinnung einer demokratischen Kultur in Deutschland (Verheyen 2009) allgemein und für den kulturellen Prozess der literarischen Stimmfindung (Epping-Jäger 2007a) im Besonderen Orientierungsfunktion übernahmen. Der ‚neue Ton' fand so seinen Weg aus den amerikanischen Gefangenenlagern und von den kulturpolitischen Überlegungen, die amerikanische und emigrierte deutsche Intellektuelle schon vor Kriegsende im Interesse einer Reeducation der deutschen Politik und Kultur nach der (vorausgesehenen) deutschen Niederlage angestellt hatten (Gerhard 2005; Epping-Jäger 2007b), in die poetologische Verfassung der frühen deutschen Nachkriegsliteratur. Hervorgegangen waren die Diskurs- und Kommunikationskonzepte etwa aus dem Kontext des *Rockefeller Communications Seminar* der Rockefeller Foundation (Otto 2007, 74–76). Im Rahmen dieses Seminars diskutierte eine interdisziplinäre Gruppe von Forschern Begriffe wie *democracy, freedom* und *communication* im Hinblick auf das Ziel eines „changing people through communications into democratic and intelligent citizens in the face of widespread propaganda" (Otto 2007, 85). Zugleich wurde hier auch das für die Demokratie als unverzichtbar angesehene Konzept des *two-way process of communication* verhandelt, das davon ausging, dass dem von Regierungen kommunizierten Strom von Vorschlägen, Erklärungen und Entscheidungen immer notwendig ein Antwortstrom von Gegenvorschlägen, Erklärungen und Zustimmung seitens der Bevölkerung entgegengestellt werden müsste (Otto 2007, 88). Konzepte wie diese – etwa auch der in amerikanischen Konferenzen entwickelte Gedanke einer Demokratisierung Deutschlands durch Kulturtransfer (Gerhard 2005, 41; Epping-Jäger 2007, 172–174) – trugen dann über verschiedene Medien und Mediatoren dazu bei, dass sich in der Nachkriegszeit ein neues diskursives Verständnis von Kultur zu entwickeln begann. Dass im Nachkriegsdeutschland die Diskussionslust durch die Methoden der amerikanischen Demokratisierungspolitik tatsächlich gefördert worden zu sein scheint, zeigen etwa die Ausgaben des *Adult Education Report* der amerikanischen Militärregierung, wo es in einem Bericht für den Zeitraum von April 1946 bis 1947 heißt: „Lectures and discussion groups have become popular [...] as opportunities for the German people to express themselves on matters of public interest" (Verheyen 2009, 89).

Eine besondere Rolle für die Implementierung des ‚neuen Tons' in die kulturellen Diskurse und in das literarische Feld in Deutschland kam hier dem zunächst an der Militärregierung beteiligten und später als Direktor der Abteilung für *international affairs* der Ford Foundation fungierenden Shepard Stone zu (Berghahn 2004), der die Idee des demokratischen Wandels durch Kommunikation zum zentralen Movens der amerikanischen Kulturpolitik in Deutschland machte (Bungenstab und Ernst 1970; Gehring 1976). Die Bedeutung Stones, der als einer der zentralen Agenten der amerikanischen Kultur- und Wissenschaftspolitik und der Ford Foundation angesehen werden muss (Magat 1979), kann hier nicht hoch genug eingeschätzt werden. So unterstützte er 1963 finanziell in wesentlichem Umfang die Gründung des Literarischen Colloquiums Berlin durch Höllerer (Böttiger 2005, 168–169) und wurde dadurch, dass er unmittelbar und wirkungsvoll in den Aktionsraum der deutschen Literatur- und Kulturpolitik eintrat (Gehring 1976), zu einer der Zentralfiguren der amerikanischen Kultur- und Wissenschaftspolitik (Magat 1979; Hochgeschwender 1998; van der Will 1999; Saunders 2001; Berghahn 2004; Gerhardt 2005; Epping-Jäger 2008). Es kann wenig Zweifel daran bestehen, dass Stones kulturpolitische Interventionen im Rahmen der amerikanischen Reeducations- und Demokratisierungspolitik wesentlich dazu beigetragen haben, dass sich das literarische Feld nach 1945 als Mündlichkeitsszenario, als eine sonore Szene entfaltete.

Sowohl die Zentrierung des literarischen Prozesses um ‚auftretende Stimmen' in ‚Hör/Sälen der Literatur' als auch die Funktion der Auditorien als kritische Resonanzräume, in denen eine Form von Kritik und Polemik gefördert wurde, die – wie Richter formulierte – „der angelsächsischen sehr nahe kommt" (Richter 1997, 623), sind insofern Ausdruck eines diskursiv-interaktiven Verständnisses des literarischen Prozesses, in dem nach der Logik der *two-way communication* Verlautbarung, Feedback und Resonanz des literarischen Prozesses direkt miteinander verschaltet sind: „Es gibt kein Theoretisieren, nur Kritik am Gegenstand, an dem gerade Vorgelesenen. Und die Freude an der Kritik. [...] Woher kommt diese Lust am Kritisieren, diese Radikalität, diese Rücksichtslosigkeit gegenüber dem engsten Freund?" (Richter 1979, 82) Richter beantwortet seine Frage mit der ihm mitunter eigenen Euphorie: „Es ist die Begeisterung über den Aufbruch in eine neue Zeit, die so ganz und gar anders sein soll als die vergangene, verhasste" (Richter 1979, 82). Helmut Heißenbüttel etwa berichtet die folgende Szene, die sich im Anschluss an eine seiner Lesungen abspielte: „Ein Kritiker bemerkt, ‚Wenn das Gedichte sein sollen, dann weiß ich nicht mehr, was Lyrik ist; als unser Freund Günter Eich hier las, da hat das doch ganz anderes eingeschlagen.' Woraufhin diesem Kritiker ein anderer antwortete: ‚Halten Sie eigentlich Lyrik für eine Art Artillerie oder was?'" (Arnold 1990, 254). Über den Tagungen der Gruppe lag, schreibt der Münchener Merkur, „die Atmosphäre einer literarischen Werkstatt, in der wie in einer Schreinerei gesägt, gehobelt, begutachtet und vermessen [...] wurde" (Lettau 1967, 47). An der „rustikalen Art, die in der Gruppe herrschte" (Richter 1979, 111), zeigt sich nicht nur ein neuer Gruppenton, der sich selbst in einem politischen Sinn als ‚junge Generation' verstehenden Autoren, sondern auch ein neues Selbstverständnis der Autorrolle: An die Stelle des einsamen, genialen Dichters tritt ein Diskursensemble, das seine literarischen Erzeugnisse einem Meinungsbildungsprozess unterwirft, der im Idealfall zu einer oppositionellen Konsensbildung führt.

Die ‚Hör/Säle der Literatur' fungierten insofern nicht nur als Orte des ästhetischen Diskurses, sondern zugleich als ‚Hör/Säle der Reeducation', in denen sich eine Kultur der Streitbarkeit und der Dissonanztoleranz etablieren konnte. Wenn sich also – wie sich bislang gezeigt hat – die Reetablierung des literarischen Lebens nach 1945 als ein Projekt der Tonfindung in der Phase des Neuanfangs am Nullpunkt der deutschen Literatur verstehen lässt, als Erprobung literarischer Texte in Formen ihres Zu-Gehör-Bringens vor simultan Anwesenden in spezifischen Auditorien, scheint es naheliegen, von einem systematischen Zusammenhang zwischen den Diskursivitätsmodellen der amerikanischen Reeducationpolitik und der diskursiven Poetologie der Literatur in den ersten Jahren der Nachkriegszeit auszugehen.

6. Der ‚neue Ton' und der Rundfunk

Unvollständig bliebe diese Skizze des neuen Tons in den ‚Hör/Sälen der Literatur' ohne einen Blick auf den Rundfunk, der als eines der demokratischen Leitmedien in grundlegender Form am stimmpolitischen Umbau des kulturellen und politischen Raumes in der Nachkriegszeit beteiligt war und ihn vorangetrieben hat. Zunächst trägt er in dem hier verhandelten Kontext in maßgebender Weise dazu bei, die internen Diskussionsräume der Gruppe 47 in eine neu entstehende literarische und kulturelle Öffentlichkeit zu erweitern. Der Nordwestdeutsche Rundfunk (NWDR) etwa, der über seinen Intendanten Ernst Schnabel eng mit der Gruppe verbunden war, sendete Ausschnitte aus Gruppentreffen und Einzellesungen (Gerlinger 2012) und trug so als Verbreitungsmedium zur Entstehung eines literarischen Feldes bei. Zugleich betätigten sich eine Reihe von Gruppenmitgliedern – und hierdurch entstand eine zusätzlich enge Verschränkung von Radio und Literatur – ihrerseits als Redakteure, Autoren von Features und Hörspielen und als Kommentatoren im Rundfunk (Liebe 1990; Sarkowicz 2016; Ächtler 2019). So kam es gleichsam zu einer symbiotischen Verschränkung von Literatur und Massenmedium, in der sich der ‚neue Ton' entfalten konnte. Dieser wurde zudem durch diskursive Programmformate gefördert: rundfunköffentliche Round-Table-Debatten, Gesprächsforen, Diskussionsrunden, in denen die Hörerinnen und Hörer Argumentationsaustausch und Dispute verschiedener Teilnehmer authentisch erleben können sollten, um sie so für ihre eigene Meinungsbildung fruchtbar zu machen (Bolz 1987). Vor allem die neue, von den Briten nach Hamburg mitgebrachte Gattung ‚Feature' (Wagner 1990; Ächtler 2019) – das Medium der ‚Vielstimmigkeit' schlechthin – verstand sich explizit als Tilgung des NS-Rundfunk-Sprechstils, dessen hochgeschraubte Emotionalität und hymnisch sakralisierende Sprache den Nationalsozialismus als politische Religion (Brockhaus 1997, 193), als ‚Sendung' der einen Stimme, inszeniert hatten. Schnabel, der für sein Feature *29. Januar 1947* aus etwa dreißigtausend, beim Rundfunk nach Aufforderung eingegangenen, Alltagsbeschreibungen der Hörerinnen und Hörer das vielstimmige Porträt eines Tages im Hungerwinter 1947 collagierte, begründete diese Idee damit, dass er dem auf die Durchsetzung nur einer Perspektive drängenden Nationalsozialismus „Myriaden von Perspektiven" gegenüberstellen wolle, denn zuallererst „alle diese Perspektiven [ergeben ein] wahres Bild" (Schnabel 1947, 45). Stimmlich wird das sowohl durch den Einsatz eines Kaleidoskops von Sprechstimmen inszeniert als auch durch eine diese Aussagen moderierende Sprecherfigur, die die Handlung rafft und Zeitsprünge koordiniert, immer wieder aber auch in die Rolle des Kommentators schlüpft, der manchmal ironisch, oft mitfühlend oder erschreckt, stets jedoch kommentierend – und damit letztlich zur eigenen Meinungsbildung der Zuhörerinnen und Zuhörer auffordernd – in die Handlung eingreift.

Für all diese Programmstrukturen, insbesondere aber für Gattungen wie Nachrichten, Kommentar und Reportage, war eine neue demokratische Sprecherkultur notwendig, die im Rahmen von Rundfunkschulen eigens herausgebildet werden musste. Bis 1945 hatte gegolten, dass „der deutsche Nachrichtensprecher ein Nationalsozialist sein müsse, der für das große Geschehen unserer Zeit den echten und volksnahen Ausdruck findet", und dies sollte sich in einer Stimme zeigen, die „gewandt und sicher", „klangvoll, ausdrucksreich und sehr biegsam" klingen sollte (Wagner 2014, 114). In den Sprecherschulen nach 1945 dagegen wurde eine „unerlässlich ruhige", nicht-emotionale Sprechweise trainiert, die die neu eingeführte Trennung zwischen Kommentar und Nachricht auch stimmlich deutlich machte. Es ist vor allem das für die NS-Stimmen typische Pathos – ihr Aufruf zu einem ‚Aktualismus des Dabeiseins' – das man nicht mehr hören will. Der zunächst unter alliierter Kontrolle stehende Rundfunk will nicht länger als ‚Instrument der Massenlenkung' fungieren, sondern seine Hörerinnen und Hörer als ‚Individuen', als Einzelrezipienten ansprechen (Fischer 1949). Das bedeutete eine Umstellung von rhetorischem Pathos auf informative Sachlichkeit, von der Massen adressierenden ‚Lautsprecher'-Stimme auf einen ‚Kammerspielton' (Epping-Jäger 2008; Weller 1957, 183). Man erwartete von den Sprechern daher ein „klares, sachliches[,] fuer alle verstaendliches Lesen", das den Hörern die „eigene, politisch und persönliche Meinung" keineswegs aufdrängte, sich jedoch auch nicht stimmlich von den vorgetragenen Texten distanzierte (Akten NWDR, Hauptstaatsarchiv Hamburg, 621-1/1020, Brief vom 29. November 1945).

3.4. Der neue Ton: die Reetablierung des literarischen Feldes — 241

Insgesamt ist der tonale Umbau der öffentlichen Kultur Deutschlands nach 1945, wie sich gezeigt hat, durch tiefgreifende Umbrüche geprägt, die jedoch zugleich mit einer ‚Ungleichzeitigkeit des Gleichzeitigen' einhergingen. Gerade dort, wo die Wandlungsprozesse zögerlicher verliefen, tritt die Radikalität des Umbaus zum ‚neuen Ton' umso deutlicher hervor. Sichtbar wird dies etwa an den Hörspielen der frühen Nachkriegsjahre, die sich – im Gegensatz zu anderen Rundfunkformaten und zum literarischen Diskurs – einem neuen Ton nur mit Verzögerungen öffneten.

Zunächst fand eine thematische Erneuerung statt: Man adaptierte für das Hörspiel Stoffe des klassischen Bildungskanons ebenso wie solche der modernen Weltliteratur, die während des Nationalsozialismus sanktioniert waren. Eine von amerikanischen Kontrolloffizieren für Radio Frankfurt erstellte Programmcharakteristik macht das für das Hörspiel deutlich: „Plays: Recently, Radio Frankfurt has begun its own Production of Radio plays. As in its literary shows only plays are chosen which have either been banned by the Nazis, or which convey a significant message for a democratic Germany. Up to now, two plays have been produced: ‚Tor und Tod' by Hugo von Hofmannsthal, and ‚Die Juden' by Lessing. Plays by Norman Corwin and Anton Tschechov are in preparation" (Hessischer Rundfunk, Historisches Archiv HR, Historisches Archiv Headquarters Information Control Detachment, 4. October 1945, Subject: Programs originated by Radio Frankfurt). Für die Realisierung dieses neuen Feldes von Hörspielthematiken stand jedoch noch keine Stimmkonzeption zur Verfügung, die es erlaubt hätte, die alten akustischen Paradigmen zu verlassen. Eingerichtet wurden diese Texte häufig von Theaterregisseuren und gesprochen von Theaterschauspielern, die ihre Karrieren bereits in Weimar begonnen hatten. Sowohl die Dramaturgie als auch die Stimmführung dieser Funkbearbeitungen entsprachen den altbekannten, auch während des NS tradierten Standards des ‚gepflegten Sprechens'. So blieben selbst die innovativen ‚Original'-Hörspiele wie Wolfgang Borcherts *Draußen vor der Tür* oder Eichs *Träume* noch der überkommenen Weimarer Sprechtradition und der Dramaturgie der ‚inneren Bühne' – einem Wechsel zwischen Expressivität und seelischer Innerlichkeit – verpflichtet. Eine dramaturgische Abkehr von den alten Stimmparadigmen trat erst in den späten 1960er Jahren – unter anderem im Zusammenhang mit der Erfindung der Stereophonie und dem Aufkommen zeitpolitischer Themen – ein (Krug 1967; Bloom 1985; Goss 1988; Hörburger 1996; Bannasch 2001; Schmedes 2002; Boll 2004; Kobayashi 2009; Meyer-Kalkus 2009; Jacob 2012).

Literaturverzeichnis

Ächtler, Norman. „Beredtes Schweigen. Hans Werner Richter und die Rhetorik der Störung im ‚Ruf'". ‚Es sind alles Geschichten aus meinem Leben'. *Hans Werner Richter als Erzähler und Zeitzeuge, Netzwerker und Autor*. Hrsg. von Carsten Gansel und Werner Nell. Berlin 2011: 47–67.

Andersch, Alfred. „Deutsche Literatur in der Entscheidung. Ein Beitrag zur Analyse der literarischen Situation. Karlsruhe: Volk und Zeit 1948". Karlsruhe 1948.

Arnold, Heinz Ludwig. *Die Gruppe 47*. Hamburg 2004.

Barner, Wilfried. „Über das Negieren von Tradition. Zur Typologie literaturprogrammatischer Epochenwenden in Deutschland". *Epochenschwelle und Epochenbewußtsein*. Hrsg. von Reinhart Herzog und Reinhart Koselleck. München 1987: 3–51.

Barthes, Roland. „Das Rauschen der Sprache". *Das Rauschen der Sprache. Kritische Essays IV*. Frankfurt am Main 2006: 88–91.

Berghahn, Volker. *Transatlantische Kulturkriege. Shepard Stone, die Ford Foundation und der europäische Antiamerikanismus*. Wiesbaden 2004.

Binczek, Natalie. „Textgerede im Hörsaal. Die Frankfurter Poetikvorlesung von Thomas Meinecke". *Textgerede. Interferenzen von Mündlichkeit und Schriftlichkeit in der Gegenwartsliteratur*. Hrsg. von David-Christopher Assmann und Nicola Menzel. München 2018: 249–264.

Binczek, Natalie, und Cornelia Epping-Jäger (Hrsg.). *Das Hörbuch. Praktiken audioliteralen Schreibens und Verstehens*. München 2014.

Binczek, Natalie, und Cornelia Epping-Jäger. „Einleitung". *Das Hörbuch. Praktiken audioliteralen Schreibens und Verstehens*. Hrsg. von Natalie Binczek und Cornelia Epping-Jäger. München 2014: 7–12.

Blank, Monika. *Die Gruppe 47 und die Öffentlichkeit. Eine literatursoziologische Betrachtung der Interdependenzen zwischen der Gruppe 47 und den Medien – unter besonderer Berücksichtigung der Jahre 1958–1960*. https://kops.uni-konstanz.de/bitstream/handle/123456789/3612/Gruppe47.pdf?sequence=1&isAllowed. Konstanz 2002 (14. Februar 2019).

Blödorn, Andreas, Daniela Langer, und Michael Scheffel (Hrsg.). *Stimme(n) im Text. Narratologische Positionsbestimmungen*. Berlin und New York 2006.

Böhm, Thomas. „Für ein literarisches Verständnis von Lesungen". *Auf kurze Distanz. Die Autorenlesung. O-Töne, Geschichte, Ideen*. Hrsg. von Thomas Böhm und John von Düffel. Köln 2003: 170–185.

Böll, Heinrich. *Essayistische Schriften und Reden 1952–1963*. Hrsg. von Bernd Balzer. Köln 1979.

Böttiger, Helmut. *Elefantenrunden. Walter Höllerer und die Erfindung des Literaturbetriebs*. Berlin 2005.

Böttiger, Helmut. *Die Gruppe 47. Als die deutsche Literatur Geschichte schrieb*. München 2012.

Borchers, Hans, und Klaus Vowe. *Die zarte Pflanze Demokratie. Reeducation in Deutschland im Spiegel ausgewählter politischer und literarischer Zeitschriften (1945–49)*. Tübingen 1979.

Borchert, Wolfgang. „Das ist unser Manifest". *Das Gesamtwerk*. Reinbek 2007: 522–523.

Bourdieu, Pierre. *Die Regeln der Kunst. Genese und Struktur des literarischen Feldes*. Frankfurt am Main 2001.

Braese, Stephan (Hrsg.). *Bestandsaufnahme. Studien zur Gruppe 47*. Berlin 1999.

Briegleb, Klaus. „,Neuanfang' in der deutschen Nachkriegsliteratur. Die Gruppe 47 in den Jahren 1947–1951". *Bestandsaufnahme. Studien zur Gruppe 47*. Hrsg. von Stephan Braese. Berlin 1999: 35–63.

Buck, Theo. „Vom Pathos zu Wortresten. Ein gestischer Paradigmawechsel im Werk Paul Celans". *Das Pathos der Deutschen*. Hrsg. von Norbert Bolz. München 1996: 165–172.

Bungenstab, Karl Ernst. *Umerziehung zur Demokratie. Reeducationpolitik im Bildungswesen der US-Zone 1945–1949*. Düsseldorf 1970.

Düffel, John von. „Der Autor als Medium". *Auf kurze Distanz. Die Autorenlesung. O-Töne, Geschichte, Ideen*. Hrsg. von Thomas Böhm und John von Düffel. Köln 2003: 49–56.

Epping-Jäger, Cornelia. „Stimmgewalt. Die NSDAP als Rednerpartei". *Stimme. Annäherung an ein Phänomen*. Hrsg. von Doris Kolesch und Sybille Krämer. Frankfurt am Main 2006: 147–171.

Epping-Jäger, Cornelia. „Normalisierungszonen. Stimmfindung im Ausnahmezustand". *Spektakel der Normalisierung*. Hrsg. von Christina Bartz und Marcus Krause. München 2007a: 269–282.

Epping-Jäger, Cornelia. „Gegnerverdatungen. Von den Geheimdienstanalysen zur Survey-Forschung". *Formationen der Mediennutzung II. Strategien der Verdatung*. Hrsg. von Irmela Schneider und Isabell Otto. Bielefeld 2007b: 171–186.

Epping-Jäger, Cornelia. „Modern Talking. Wie aus einer Politik der Reeducation eine Politik der Reorientation wurde". *Formationen der Mediennutzung II. Strategien der Verdatung*. Hrsg. von Irmela Schneider und Isabell Otto. Bielefeld 2008a: 63–76.

Epping-Jäger, Cornelia. „Der ,unerlässlich ruhige Ton'. Umbauten der Stimmkultur zwischen 1945 und 1952". *Formationen der Mediennutzung IIII. Dispositive Ordnungen im Umbau*. Hrsg. von Irmela Schneider und Cornelia Epping-Jäger. Bielefeld 2008b: 77–96.

Epping-Jäger, Cornelia. „Voice Politics. Establishing the LoudSpeaker in the Political Communication of National Socialism". *Media, Culture and Mediality. New Insights into the Current State of Research*. Hrsg. von Ludwig Jäger, Erika Linz und Irmela Schneider. Bielefeld 2010: 161–186.

Geisenhanslüke, Achim, und Michael Peter Hehl. „Walter Höllerer und die Entstehung des modernen Literaturbetriebs". *Poetik im technischen Zeitalter. Walter Höllerer und die Entstehung des modernen Literaturbetriebs*. Hrsg. von Michael Peter Hehl und Achim Geisenhanslüke. Bielefeld 2013: 7–13.

Gerhardt, Uta. *Soziologie der Stunde Null. Zur Gesellschaftskonzeption des amerikanischen Besatzungsregimes in Deutschland 1944–1945/1946*. Frankfurt am Main 2005.

Gehring, Hansjörg. *Amerikanische Literaturpolitik in Deutschland 1945–53. Ein Aspekt des Reeducation-Programms*. Berlin 1976.

Görner, Rüdiger. *,Bruchflächen Funkeln Lassen'. Aufsätze zu einer literarischen Morphomatik*. Freiburg u. a. 2014.

Greite, Till. „Aufnahmesystem LCB 1963/64. Kleine Diskursgeschichte zu Walter Höllerers Literarischem Colloquium Berlin in der Epoche der Kybernetik". *Hubert Fichtes Medien*. Hrsg. von Stefan Kammer und Karin Krauthausen. Zürich und Berlin 2014: 21–42.

Grimm, Gunter E. „,Nichts ist widerlicher als eine sogenannte Dichterlesung'. Deutsche Autorenlesungen zwischen Marketing und Selbstrepräsentation". *Schriftsteller-Inszenierungen*. Hrsg. von Gunter E. Grimm und Christian Schärf. Bielefeld 2008: 141–167.

Harris, Mary Emma. *The Arts at Black Mountain College*. Cambridge, MA 2002: 214–239.

Hehl, Michael Peter. „Berliner Netzwerke. Walter Höllerer, die Gruppe 47 und die Gründung des Literarischen Colloquiums Berlin". *Poetik im technischen Zeitalter. Walter Höllerer und* die Entstehung des modernen Literaturbetriebs. Hrsg. von Michael Peter Hehl und Achim Geisenhanslüke. Bielefeld 2013: 155–189.

Hocke, Gustav René. „Deutsche Kalligraphie oder Glanz und Elend der modernen Literatur". *Der Ruf* 7 (15. November 1946): 9–10.

Höllerer, Walter, Gerald Bisinger, Detlef Krumme, Ursula Ludwig, Renate von Mangoldt, und Wolfgang Ramsbott (Hrsg.). *Autoren im Haus. Zwanzig Jahre Literarisches Colloquium Berlin.* Berlin 1982.

Humboldt, Wilhelm von. „Ueber den Dualis". *Wilhelm von Humboldt. Schriften zur Sprachphilosophie.* Hrsg. von Andreas Flitner und Klaus Giel. 3. Aufl. Darmstadt 1988: 113–143.

Humboldt, Wilhelm von. *Grundzüge des allgemeinen Sprachtypus.* Hrsg. von Christian Stetter. Berlin und Wien 2004.

Jacob, Joachim. „Kahlschlag Pathos. Ein verdrängtes Phänomen in der frühen deutschen Nachkriegsliteratur". *Berührungen. Komparatistische Perspektiven auf die frühe deutsche Nachkriegsliteratur.* Hrsg. von Günter Butzer und Joachim Jacob. München 2012: 243–261.

Jurt, Joseph. *Das literarische Feld. Das Konzept Pierre Bourdieus in Theorie und Praxis.* Darmstadt 1995.

Kaiser, Joachim. „Physiognomie einer Gruppe". *Almanach der Gruppe 47. 1947–1962.* Hrsg. von Hans Werner Richter. Hamburg 1962: 44–49.

Koch, Gerd. „Hans Grimms Lippoldsberger Dichterkreis". *Kreise, Gruppen, Bünde. Zur Sozialgeschichte moderner Intellektuellenassoziationen.* Hrsg. von Richard Faber und Christine Holste. Würzburg 2000: 165–188.

Kolesch, Doris. „Labyrinthe. Resonanzräume der Stimme". *Klang und Bewegung. Beiträge zu einer Grundkonstellation.* Hrsg. von Christa Brüstle und Albrecht Riethmüller. Aachen 2004: 117–125.

Koopmann, Helmut. „,Kahlschlag'. Der Mythos von der ,Stunde Null' in der deutschen Literatur des 19. und 20. Jahrhunderts". *Nachkriegszeiten. Die Stunde Null als Realität und Mythos in der deutschen Geschichte.* Hrsg. von Stefan Krimm und Wieland Zirbs. München 1966: 157–183.

Koschorke, Albrecht. *Körperströme und Schriftverkehr. Mediologie des 18. Jahrhunderts.* München 2003.

Koselleck, Reinhart. „Einleitung". *Grundbegriffe. Historisches Lexikon zur politisch-sozialen Sprache in Deutschland.* Bd. 1. Hrsg. von Otto Brunner, Werner Conze und Reinhart Koselleck. Stuttgart 1974: XIII–XXVII.

Künzel, Christine. „Einleitung". *Autorinszenierungen. Autorschaft und literarisches Werk im Kontext der Medien.* Hrsg. von Christine Künzel und Jörg Schönert. Würzburg 2007: 9–23.

Kurz, Gerhard. „Nullpunkt, Kahlschlag, Tabula rasa. Zum Zusammenhang von Existenzialismus und Literatur in der Nachkriegszeit". *Poesie und Philosophie.* Festschrift für Otto Pöggeler. Bd. 2. Hrsg. von Annemarie Gethmann-Siefert. Stuttgart und Bad Cannstatt 1988: 309–332.

Magat, Richard. *The Ford Foundation at Work. Philantropic Choices, Methods, Styles.* New York 1979.

Maye, Harun. „Literatur aus der Sprechmaschine. Zur Mediengeschichte der Dichterlesung bei Klopstock und Rilke". *Das Hörbuch.* Hrsg. von Natalie Binczek und Cornelia Epping-Jäger. München 2014: 13–29.

Maye, Harun, Peter von Möllendorff, und Monika Schausten. „Vortrag/Lesung". *Handbuch Medien der Literatur.* Hrsg. von Natalie Binczek, Till Dembeck und Jörgen Schäfer. Berlin und Boston 2013: 333–351.

Menke, Bettine. „Adressiert in der Abwesenheit. Zur romantischen Poetik und Akustik der Künste". *Adresse des Mediums*. Hrsg. von Stefan Andriopoulos, Gabriele Schabacher und Eckhard Schumacher. Köln 2001: 100–120.

Menninghaus, Winfried. „,Darstellung'. Friedrich Gottlieb Klopstocks Eröffnung eines neuen Paradigmas". *Was heißt ,Darstellen'?* Hrsg. von Christiaan L. Hart Nibbrig. Frankfurt am Main 1994: 205–226.

Nancy, Jean-Luc. *Zum Gehör*. Zürich und Berlin 2010.

Neunzig, Hans A. (Hrsg.). *Hans Werner Richter und die Gruppe 47*. München 1979: 41–176.

Otto, Isabell. „,Public Opinion and the Emergency'. Das Rockefeller Communications Seminar". *Formationen der Mediennutzung II. Strategien der Verdatung*. Hrsg. von Irmela Schneider und Isabell Otto. Bielefeld 2007: 73–91.

Reich-Ranicki, Marcel. „Von der Fragwürdigkeit und Notwendigkeit mündlicher Kritik". *Almanach der Gruppe 47. 1947–1962*. Hrsg. von Hans Werner Richter. Hamburg 1962: 434–439.

Richter, Hans Werner (Hrsg.). *Die Literatur. Blätter für Literatur, Film, Funk und Bühne*. Stuttgart 1952.

Richter, Hans Werner (Hrsg.). *Almanach der Gruppe 47. 1947–1962*. Hamburg 1962.

Richter, Hans Werner. „Fünfzehn Jahre". *Almanach der Gruppe 47. 1947–1962*. Hrsg. von Hans Werner Richter. Hamburg 1962: 8–14.

Richter, Hans Werner. „Wie entstand die Gruppe 47?" *Hans Werner Richter und die Gruppe 47*. Hrsg. von Hans A. Neunzig. Berlin 1979: 41–176.

Richter, Hans Werner. *Das Etablissement der Schmetterlinge*. München 1986.

Richter, Hans Werner. *Briefe*. Hrsg. v. Sabine Cofalla. München 1997.

Riedel, Manfred. *Hören auf die Sprache. Die akroamatische Dimension der Hermeneutik*. Frankfurt am Main 1990.

Saunders, Frances Stonor. *Wer die Zeche zahlt. Der CIA und die Kultur im Kalten Krieg*. München 2001.

Scharlau, Birgit, und Mark Münzel. *Mündliche Kultur und Schrifttradition bei Indianern Lateinamerikas*. Frankfurt am Main 1986.

Schöne, Albrecht. *Literatur im audiovisuellen Medium. Sieben Fernsehdrehbücher*. München 1974.

Schüttpelz, Erhard. „Mündlichkeit/Schriftlichkeit". *Handbuch Medien der Literatur*. Hrsg. von Natalie Binczek, Till Dembeck und Jörgen Schäfer. Berlin und Boston 2013: 27–40.

Sieg, Christian. *Die ,engagierte Literatur' und die Religion. Politische Autorschaft im literarischen Feld zwischen 1945 und 1990*. Berlin und Boston 2017.

Smith, Wilson, und Thomas Bender (Hrsg.). *American Higher Education Transformed 1940–2005. Documenting the National Discourse*. Baltimore 2008.

Strohschneider-Kohrs, Ingrid. *Stimme und Sprache. Ingeborg Bachmanns Version des Undine-Themas*. München 2003.

Tommek, Heribert. *Der lange Weg in die Gegenwartsliteratur. Studien zur Geschichte des literarischen Feldes in Deutschland von 1960–2000*. Berlin und Boston 2015.

Vaillant, Jérôme. *Der Ruf. Unabhängige Blätter für die junge Generation (1945–1949). Eine Zeitschrift zwischen Illusion und Anpassung*. München 1978.

Verheyen, Nina. *Diskussionslust. Eine Kulturgeschichte des ,besseren Arguments' in Westdeutschland*. Göttingen 2009.

Wehdeking, Volker. *Der Nullpunkt. Über die Konstituierung der deutschen Nachkriegsliteratur in den amerikanischen Kriegsgefangenenlagern*. Stuttgart 1971.

Wehdeking, Volker. „Selbstverständigungsprozesse, kulturpolitische Vorstellungen und ästhetische Programme von Autoren aus der Kriegsgefangenschaft bei den West-Alliierten". *Doppelleben. Literarische Szenen aus Nachkriegsdeutschland.* Hrsg. von. Helmut Böttiger, Bernd Busch und Thomas Combrinck. Göttingen 2009: 47–58.

Weyrauch, Wolfgang. *Tausend Gramm. Sammlung neuer deutscher Geschichten.* Stuttgart 1949.

Widmer, Urs. *1945 oder die ‚Neue Sprache'. Studien zur Prosa der ‚Jungen Generation'.* Düsseldorf 1966.

Wiethölter, Waltraud. „Stimme und Schrift. Szenen einer Beziehungsgeschichte". *Stimme und Schrift. Zur Systematik und Geschichte sekundärer Oralität.* Hrsg. von Waltraud Wiethölter, Hans-Georg Pott und Alfred Messerli. München 2008: 9–53.

Wilke, Jürgen. „Leitmedien und Zielgruppenorgane." *Mediengeschichte der Bundesrepublik Deutschland.* Hrsg. von Jürgen Wilke. Bonn 1999.

Wilke, Tobias. „Auftrittsweisen der Stimme. Polyphonie und/als Poetologie bei Ingeborg Bachmann". *Im Nachvollzug des Geschriebenseins. Theorie der Literatur nach 1945.* Hrsg. von Barbara Hahn. Würzburg 2007: 147–160.

Will, Wilfried van der. „The Agenda of Reeducation and the Contributors of *Der Ruf* 1946–47". *The Gruppe 47. Fifty Years On. A Re-Appraisal of its Literary and Political Significance.* Hrsg. von John J. White und Stuart Parkes. Amsterdam 1999: 1–14.

Williams, Rhys W. „Der Wiederaufbau der deutschen Literatur. ‚Aus Politik und Zeitgeschichte'". *Beilage zur Wochenzeitschrift ‚Das Parlament'.* Hrsg. von Bundeszentrale für politische Bildung. Bonn 2007: 12–18.

Ziolkowski, Theodore. „Die Universität als Modell des Geistes". *Das Amt des Poeten. Die deutsche Romantik und ihre Institutionen.* Hrsg. von Theodore Ziolkowski. Stuttgart 1992: 277–390.

Zumbusch, Cornelia (Hrsg.). *Pathos. Zur Geschichte einer problematischen Kategorie.* Berlin 2010.

4. Exemplarische Analysen

4.1. Akustische Formate antiker Literatur
Peter von Möllendorff

1. Naturlaut und Kunstlaut

In seinem Roman *Daphnis und Chloe* aus dem 2. Jahrhundert n. Chr. lässt Longos den Hirten Philetas, der als Anspielung auf den hellenistischen Philologendichter Philetas von Kos konzipiert ist, auf einer Syrinx (Panflöte) Lieder und Töne so spielen, „wie es für eine Rinderherde passt, wie es sich für eine Ziegenherde gehört und wie es die Schafe gern hören. Melodisch (τερπνόν, *terpnón*) war die Weise für die Schafe, kraftvoll (μέγα, *méga*) für die Rinder, helltönend (ὀξύ, *oxú*) für die Ziegen" (Longos 1960, Buch 2, Kap. 35, § 4). In dieser klassizistischen Rekonstruktion elementarster künstlerischer Verhältnisse wirkt die Musik der Syrinx so stark auf die Tierwelt ein, dass sie geradezu verschiedenen Tiergattungen zugeordnet werden kann, und diese Einwirkung ist, wie die gewählten Tonalitätsbegriffe zeigen, offensichtlich auf eine mimetisch nutzbare ‚stimmliche' Ähnlichkeit zurückzuführen. Ebenso reagiert die organische wie die anorganische Welt auf akustische Einwirkungen im Falle des mythischen Protomusikers und -dichters Orpheus: Berge lauschen ihm, Tiere legen ihre Wildheit ab, Flüsse kehren ihren Lauf um. Umgekehrt sind das Rauschen der Blätter der Zeus-Eiche in Dodona wie dasjenige des unterirdischen Flusses in der Höhle des Trophonios Medien orakulärer Vorhersage, die von den Priestern gedeutet, also versprachlicht wird. Ähnlich inspiriert das Lied der Musen den epischen Dichter zu seinem Gesang und bezaubert das Singen der Sirenen Odysseus so sehr, dass er die Heimfahrt vergäße, wäre er nicht an den Mast gebunden. Götter-, Menschen- und Naturwelt sind in einer zeitlich die Antike übergreifenden Vorstellung miteinander akustisch verbunden. Hören auf die Stimmen der Natur und der Götter ist Voraussetzung des Dichtens. Der Naturlaut wird im Hören mit Sinn erfüllt und dann stimmlich und – im Falle des Orakels – semantisch aufgeladen ‚wiedergegeben'. Entsprechend wird Dichtung gehört, und im archaischen Epos wird sie als ‚Kunde', *kléos* (abgeleitet von *klúo*, hören), an die Hörer und die Nachwelt tradiert. Auch zwischenmenschlich ist der Hörvorgang wesentliche Voraussetzung der Kommunikation: Der Wechsel von Hören und Reden ist der Grundmodus des Dialogs.

2. Oralität von Dichtung: das griechische Epos

Griechische und römische Dichtung sind durch die gesamte Antike hindurch für orale Vorführung und auditive Rezeption verfasst worden. Die ältesten uns erhaltenen Gedichte, die Epen Homers, wurden vom Sänger (ἀοιδός, aoidós) zur Begleitung durch die Phorminx (φόρμιγξ), ein lautenartiges Instrument, gesanglich improvisiert. Das Lied des Aoidós mag eher eine Art Sprechgesang gewesen sein, der von der Phorminx tonal gestützt und in paralleler Stimmführung begleitet wurde. Das Begleitinstrument war also weder melodisch noch harmonisch eigenständig. Die serbokroatische Epik, die noch im 20. Jahrhundert in mancher Hinsicht Züge der homerischen Epik trägt, sodass wir auf der Grundlage ihrer Erforschung womöglich einen vagen Eindruck von der Performativität jener archaischen Dichtung gewinnen, kennt als Begleitinstrument die einsaitige (selten zweisaitige) Gusle, während die Phorminx nach Ausweis antiker Bildquellen über zwei und mehr Saiten verfügte. Beide Instrumente beschränkten sich auf fünf Töne, bei der Gusle innerhalb des Intervalls einer Quarte, bei der Phorminx möglicherweise innerhalb einer Septime. Anders als bei der Gusle, die mit einem Bogen gestrichen wird, waren auf dem Zupfinstrument Phorminx wahrscheinlich keine Zwischentöne möglich, da die nicht zupfende Hand zum Halten des Instruments benötigt wurde. Die Einzeltöne waren dabei, wenn man von der Gusle-Kultur zurückschließen darf, unterschiedlichen Stufen der Emphase zugeordnet. Die Stimmhöhe entsprach ungefähr unserer Tenorlage (Versuch einer Audiorealisierung bei Hagel und Harrauer 2005). So wie die epischen Texte Proömien besitzen, gab es möglicherweise auch ein instrumentales Vorspiel. Musik und Text bildeten im Epos also eine Einheit.

Durch rhythmische und tonale Qualitäten allein schon der Sprache, dann verstärkt durch die instrumentelle Begleitung, ließ sich die akustisch präsente Welt ästhetisch in den epischen Text integrieren. Weltlaute werden manifest: In πολυφλοίσβοιο θαλάσσης, *pŏluphloísboiŏ thălássês* (Homer, *Ilias* 13, 798) hört man das Meer aufrauschen und sich zischelnd am Strand brechen, in πολλὰ δ' ἀνάντα κάταντα πάραντά τε δόχμια τ' ἦλθον, *pollă d' ănăntă kătăntă părăntă te dŏkhmiă t'ělthon* (Homer, *Ilias* 23, 116) erlauscht man das Hin- und Hertrappeln Lasten schleppender Esel (vgl. Wille 2001, 21–22). Daktylische Rhythmen lassen Hufgeklapper assoziieren, spondeische langsame Schritte. Das Weben eines Liedes entsteht aus dem Gesang beim Weben eines Stoffes, wie es Kirke und Kalypso in der *Odyssee* vorführen. Akustische Produktion und Rezeption des Epos korrespondieren mit der ästhetischen Präsenz realer Laute: Der epische Text erzeugt akustische Evidenz, bisweilen in Gestalt ganzer Hörbilder. So kann die Schlacht als akustische Folge von Lärm, Geklirr, Geschrei nicht nur abgebildet, sondern auch metonymisch bezeichnet werden. Das Eingreifen einer Gottheit manifestiert sich mal visuell, mal als – zehntausendfach verstärkter – Kampfschrei (etwa Homer, *Ilias* 5, 859–863). Jenseits unmittelbarer stilistischer Evokationen von Klang ist die ganze Welt der *Ilias* als Akousma semantisiert, das gerade in ihrer Erschütterung in der Götterschlacht zum alleinherrschenden Eindruck avanciert (Homer, *Ilias* 20, 47–75): „Das Kampfgebrüll der Götter, der Donner des Zeus, der bestürzte Aufschrei des Herrn der Unterwelt vereinigen sich zu einer schauerlichen Musik; der Himmel trompetet und die breite Erde schallt ..." (Wille 2001, 28); ebenso manifestiert sich das Innenleben der Figuren in vielfältiger akustischer Form, wird hingegen weniger visualisiert oder als abstrakte psychische Kraft beschworen. Auch die Homerischen Vergleiche zielen häufig auf akustische Analogien.

3. Griechische Lyrik

Der aoidische Modus dichterischer Produktion ging allmählich über in die rhapsodische Rezitation epischer Dichtung ohne begleitendes Instrument. Hingegen bewahrte die Lyrik, deren erste Zeugnisse ins 7. Jahrhundert v. Chr. fallen, jene musikalisch-sprachliche Einheit fast durchweg weiter. Unter dem Begriff ‚Lyrik' – gleichbedeutend mit ‚zur Lyra' (λύρα), einem der Phorminx ähnlichen, etwas kleineren Zupfinstrument, vorgetragene Dichtung – wurden seit dem Hellenismus alle nichtepischen und nichtdramatischen, aber metrisch gebundenen Literaturformen zusammengefasst. Die Binnendifferenzierung erfolgte in uneinheitlicher Weise und in unterschiedlicher Kategorisierungstiefe nach Zahl der Aufführenden (Monodie, Chorlyrik), Anlass (privat, öffentlich), Gegenstand (Götter, Menschen) und verwendeten Metren, deren Vielfalt in der griechischen Dichtung deutlich größer ist als in der römischen. Nicht bei allen lyrischen Gattungen bildete jedoch die Lyra auch tatsächlich das Begleitinstrument. Die monodische Elegie, bisweilen auch das chorische Epinikion (Lied auf einen Sieg in einem der panhellenischen Sportwettkämpfe, vertreten durch Dichter wie Pindar und Bakchylides), wurde vielmehr zum αὐλός (*Aulós*), einem klarinettenartigen Holzblasinstrument mit Rohrblatt, gesungen. Chorlyrische Dichtung wurde von Männer-, Knaben- oder Mädchenchören vorgetragen. Der ἴαμβος (*Iámbos*) wurde wahrscheinlich weder gesungen noch begleitet und entwickelte sich damit im 5. Jahrhundert v. Chr. umso natürlicher zum eigentlichen Sprechvers des attischen Dramas. Ebenso wurde das Epigramm üblicherweise nicht gesungen; doch selbst Figurengedichte, die doch primär auf bildliche Effekte von Schrift abzuzielen scheinen, sollen laut vorgetragen werden und entfalten ihre Effekte im Widerspiel von Visualität und Akustik (vgl. Männlein-Robert 2007, 140–154).

4. Griechisches Drama

Das griechische Drama zerfällt, und zwar in allen seinen drei Gattungen, auf einer äußerlichen Ebene in musikalisch gestaltete Abschnitte und reine Sprechpartien, die sich im älteren Drama auf den in der Orchestra nicht nur singenden, sondern zugleich auch tanzenden Chor einerseits, die Schauspieler andererseits verteilen. Im κομμός (*Kommós*) der Tragödie vereinigen sich Schauspieler und Chor zum gemeinsamen Klagegesang, wobei jedoch chorischer und solistischer Part getrennt bleiben. Im Verlauf der ästhetischen Entwicklung der attischen Tragödie, die wir im 5. Jahrhundert v. Chr. gut überblicken, wurden zunehmend auch arienartige Sologesänge von Schauspielern üblich. Die Chorlieder sind strophisch aufgebaut und dabei meist zu Paaren organisiert: Die metrische Gestaltung von στροφή (*Strophé*) und ἀντιστροφή (*Antistrophé*) ist identisch (Korresponsion). Das übliche Begleitinstrument des dramatischen Chores war der Aulós, bisweilen kann auch die κιθάρα (*Kithára*) zum Einsatz gekommen sein. Geräuschinstrumente, etwa ein βροντεῖον (*bronteîon*) zur Imitation von Donner, fanden ebenfalls Verwendung. Die alte attische Komödie brachte, wie das Werk des Aristophanes zeigt, Tierstimmen zu Gehör: Neben den Lauten von Schafen, Schweinen und Hunden kennen wir bei Aristophanes noch vollständige Chöre von Vögeln (zur rein lautlichen Imitation der Vogelstimmen vgl. Aristophanes, *Vögel*, 227–262; als semantische Lautmalerei etwa des Trippelns und Pickens vgl. Aristophanes, *Vögel*, 240: τά τε κατ' ὄρεα τά τε κοτινοτράγα τά τε κομαροφάγα, *tá tĕ kăt' órĕă tá tĕ kŏtĭnŏtrágă tá tĕ kŏmărŏphágă*) und Fröschen (vgl. Aristophanes, *Frösche*, 209–267 mit dem berühmten Refrain βρεκεκεκὲξ κοὰξ κοάξ, *brĕkĕkĕkéx kŏáx kŏáx*; als semantische Lautmalerei etwa des Blubberns vgl. Aristophanes, *Frösche*, 249: πομπολυγοπαφλάσμασιν, *pompŏlŭgopăphlásmăsĭn*). Selbst anorganische Naturwesen erhalten stimmliche Präsenz: Das Auftrittslied (*Parodos*) des Wolkenchores in der gleichnamigen Komödie des Aristophanes ergänzt die gewiss aufsehenerregende Kostümierung durch Lautfolgen, die diesen Wesen auch eine angemessene akustische Präsenz verleihen (vgl. Aristophanes, *Wolken*, 270–313): Hier wird sukzessive eine akustische Klimax von befohlenem ehrfürchtigen Schweigen, Donner, von tiefem Aulos-Register und helltönenden Chorstimmen errichtet, von leise zu laut, tief zu hoch und ausgreifender Integration immer weiterer Laute. Donner und Dröhnen werden auch in semantischer Lautmalerei imitiert (etwa in Aristophanes, *Wolken*, 284: πόντον κελαδόντα βαρύβρομον, *póntŏn kĕlădóntă bărúbrŏmŏn*) ebenso der Wechsel von Donner und Blitz (etwa in Aristophanes, *Wolken*, 279–280: ὑψηλῶν ὀρέων κορυφᾶς ἔπι | δενδροκόμους ἵνα, *hŭpsêlôn ŏrĕ̄ôn kŏrŭphâs épĭ | dendrŏkómûs hínă*.) Auch die Evokation lachenerregender Körpergeräusche, insbesondere lauter Darmwinde, war an der komischen Tagesordnung.

Innerhalb dieses gewaltigen akustischen Spektakels, von dem die Textüberlieferung der archaischen und klassischen Literatur noch einen guten Eindruck vermittelt, waren auch Momente des Schweigens und der Stille naturgemäß bedeutungsvoll. Gerade auf der Theaterbühne ließen sie sich wirkungsvoll inszenieren – ohne dafür im Text immer indiziert sein zu müssen – und dienten generell der dramaturgischen Fokussierung, der Charakterzeichnung und der Spannungserzeugung. Noch in der *Offenbarung des Johannes* wird der Höhepunkt des apokalyptischen Geschehens durch ein – dramaturgisch betrachtet – hyperbolisches, nämlich halbstündiges Schweigen markiert (Joh 8,1), das die Grenzzone zwischen der Zerstörung der alten Welt, die ihre Vollendung mit der Öffnung des siebenten Siegels erfährt, und der Herabkunft einer neuen Welt markiert.

5. Antike Musik

Von der antiken Musik ist – über auch umfangreichere musiktheoretische Traktate hinaus – kaum eine Notation erhalten, sodass unsere Vorstellung, wie griechische Dichtung geklungen haben könnte, sehr vage ist (zur historischen Aussprache des Lateinischen und Griechischen vgl. Allen 1965; Allen 1973; Allen 1974; Der Altsprachliche Unterricht 2012; Zgoll 2012). Umso wertvoller ist das auf einer Grabstele überlieferte kurze, nach dem Begrabenen benannte „*Seikilos*‘-Lied (verschiedene Versionen kursieren im Internet); metrisch lässt es sich keiner lyrischen Gattung zuordnen, es zeigt aber, dass die Melodieführung äußerst präzise sowohl die silbischen Quantitäten als auch die vom Wortakzent – der im Altgriechischen kein Druck-, sondern ein Tonhöhenakzent (*pitch*) gewesen ist – implizierten Veränderungen der Tonhöhe nachzeichnet; auch in der Prosa ist die Abfolge der Wortakzente konstitutiv für die Satzmelodie, wie im 1. Jahrhundert v. Chr. Dionysios von Halikarnassos in *De compositione verborum* 11 darlegt. Wenn der *pitch* also in der Entstehungszeit des Liedes, das im 1. Jahrhundert n. Chr. auf den Grabstein gelangte, offensichtlich noch realisiert wurde, dürfte das zwischen dem 7. und dem 3. Jahrhundert v. Chr., aus welcher Zeit der größte Teil der Überlieferung griechischer Dichtung stammt, nicht anders gewesen sein; allerdings war das nicht bei allen gesungenen Texten der Fall. So richtete sich im oben erwähnten Strophensystem des Dramas die Melodie und damit die musikalische Begleitung auch in der „*Antistrophé*' nach dem Wortakzent des Textes der „*Strophé*' (vgl. Pöhlmann 1970, 81–82). Erst in der Spätantike hat der *pitch* für die Musik keine Rolle mehr gespielt, aber griechische Lyrik wurde zumindest partiell auch in der Kaiserzeit noch gesungen (vgl. Pöhlmann 1970, 13–31, zu Mesomedes [2. Jh. n. Chr.]).

6. Römische Lyrik

In der römischen Lyrik der Klassik wird das aktuelle Niveau von Dichtern wie Horaz, Tibull und Ovid als Höhepunkt einer Entwicklung aus improvisatorischen Anfängen beschrieben. Dass Horaz' *carmen saeculare*, das am 3. Juni 17 v. Chr. anlässlich des von Augustus als Anfangspunkt einer neuen, friedlichen Zeit ausgerichteten Säkularfestes aufgeführt wurde, wie alle chorischen Lieder (etwa Hymnen) musikalisch inszeniert wurde, steht fest, und die inschriftliche Formulierung *carmen composuit Q. Hor[at]ius Flaccus* (CIL 6, 32323, 149) legt nahe, dass Horaz auch selbst die Musik und den chorischen Auftritt gestaltete. Ob darüber hinaus auch seine vier Odenbücher, die zwischen 30 und 23 (1–3) und nach 17 v. Chr. (4) entstanden, für eine erste gesangliche Aufführung gedacht waren (ᾠδή, Odé = Gesang!), ist aus verschiedenen Gründen umstritten (Wille 1977, 128–131). Einerseits scheinen spätantike Zeugnisse die Frage klar zu bejahen: Die Horazische Lyrik *ad modulationem lyrae citharaeve componitur* (Marius Victorinus, *Gramm. Lat.*, 6,50, 25–27). Andererseits fehlen uns schlagende Zeugnisse für solche Vorträge, die es gleichwohl im Rahmen nicht institutionalisierter, privater Vorführungen im kleinen Kreise durchaus gegeben haben kann, wie es sie auch in der großen, von Horaz jedoch ausdrücklich gescheuten Öffentlichkeit gab. Insbesondere Horaz' eigene Aussage, er dichte *verba [...] fidibus modulanda Latinis* und verknüpfe *verba lyrae motura sonum* (Horaz, *c.*, 2,2,86 und 2,2,143), lässt sich kaum hintergehen. Zweierlei sollte dabei jedoch bedacht werden: Zum einen bestreitet eine musikalische Gestaltung der Oden weder ihre hohen intellektuellen und intertextuellen Ansprüche noch die Tatsache, dass sie für eine serielle Anordnung in Büchern und damit für lautes oder auch stilles Lesen oder Vorlesen konzipiert waren. Eine solche Rezeption, zumal die Wiederholung der Rezeption, lässt sich leicht zu einer musikalischen, instrumentengestützten Vorführung komplementär denken. Dabei wäre dann die Vorstellung bedenkenswert, dass jemand – wie heute bei der Lektüre eines Liedtextes – beim späteren (lauten) Lesen womöglich die Melodie im Kopf hatte, vielleicht sogar subvokalisierte. Zum anderen ist nach der Bedeutungsbreite des Verbs *canere* (gr. ᾄδειν, *ádein*) zu fragen. Zweifellos denotiert es ein ‚Singen' im eigentlichen Sinne des deutschen Wortes; es bezeichnet allerdings auch generell ein moduliertes Tönen, und es wäre zu überlegen, ob nicht nur der als ‚Singen' bezeichnete epische Vortrag, sondern auch ein lyrisches ‚Singen' weniger ein kunstmäßiger Gesang als ein ‚gesangliches', also stark moduliertes Rezitieren im Sinne eines Sprechgesangs war (siehe hierzu unten zur sophistischen Epideixis der Kaiserzeit); denn der Unterschied zwischen Sprechen und Singen ist nicht physiologischer Natur, sondern besteht nur quantitativ im je ausgenutzten Klangspektrum, in den je realisierten Tonintervallen, einer deutlicheren Rhythmik, einer größeren Dynamik. Eine solche Annahme verwischte den aus heutiger Sicht markanten Unterschied zwischen gesprochener und gesungener Lyrikproduktion. Eine instrumentelle Begleitung ist sowohl bei wirklichem Gesang als auch bei einer sprechgesanglichen Rezitation denkbar. Noch im 4. Jahrhundert n. Chr. reflektiert Gaius Marius Victorinus in seiner *Ars grammatica* über die musikalische Natur der Sprache und die musikalische Lyrik; eine entsprechende Praxis kann ihm also nicht fremd gewesen sein (vgl. Wille 1977, 189). Noch im 5. Jahrhundert n. Chr. spricht Apollinaris Sidonius von instrumental begleiteten Lyrikaufführungen (Apollinaris Sidonius, *Epistulae*, 8,9,1).

7. Akustische Formate antiker Prosa

Auch die Prosa kennt seit ihren Anfängen im ausgehenden fünften Jahrhundert v. Chr. akustische Formate. Dabei ist oft schwer, zwischen genuin literarischen Formen, Fachprosa und Rhetorik zu differenzieren. Während sich die Rhetorik als öffentliche Rede im Gefolge der ersten Sophistik professionalisiert, tritt ein Historiker wie Herodot in Olympia auf und rezitiert aus seinen *Historien* der Perserkriege. Im engeren Sinne literarische Prosa entsteht im Hellenismus in Gestalt des Romans und romanartiger Texte. Wie alle antike Literatur erlauben sie eine laute Lektüre (vgl. die Beispiele in von Möllendorff 2013). Plutarch betitelt seinen Traktat über die rechte Art jugendlicher Rezeption von Dichtung mit *Wie junge Leute Dichtung hören sollen* und spezifiziert die Rezeption schon eingangs als ἀκροάσεις καὶ ἀναγνώσεις [Vorträge und Lesungen] (Plutarch, *Moralia* 14F: Vorträge und Lesungen). Wenn Apuleius noch am Ende des ersten nachchristlichen Jahrhunderts im Proöm seines *Goldenen Esels* (*Metamorphosen*) dem Leser verspricht: [A]*uresque tuas beniuolas lepido susurro permulceam* [Ich werde deine wohlwollenden Ohren mit sanftem Säuseln streicheln] (Apuleius, *Metamorphosen*, 1,1,1), spielt er auf die tonalen Qualitäten der folgenden Erzählung an, die sich in einer Lesung naturgemäß am stärksten entfalten (ohne wiederholte stille Lektüren auszuschließen). Lukian konstatiert im 2. Jahrhundert n. Chr. eine Abfolge von Vortrag und Publikation seiner Werke (*Apologia* 3). Die rhetorischen Vorträge der Sophisten konnten den Charakter von wahren Konzerten annehmen, was zwar offensichtlich von einer breiten Zuhörerschaft geschätzt, von Kennern aber verachtet wurde: Cicero (*Orator* 27), Quintilian (*Institutio oratoria* 11,1,56), Aelius Aristides (*Oratio* 34.47) empören sich über das ‚Singen' der Redner, also (im Sinne des oben Gesagten) den Übergang zu einem überemphatischen Sprechen oder Sprechgesang. Dabei ist zu berücksichtigen, dass Redner in ihrem Auftreten auch eine Klimax intendierten, die in den kurzen Vorreden (Prolalíen; Beispiele in Lukians Œuvre) eher zurückhaltend und bodenständig begann, um sich dann in der eigentlichen Deklamation zu steigern, sowohl in Ausdruck, Mimik und Gestik als auch im Sprechton, vor allem in pathetischen Passagen oder zur Erzeugung eines fulminanten Finales (vgl. insgesamt Korenjak 2000, 37–143; Schulz 2014; Schulz 2017).

Grundsätzlich gilt, dass man für die korrekte Einschätzung des akustischen Potenzials antiker Literatur auch eine rezeptionsästhetische Perspektive einnehmen muss. Gerade für die kaiserzeitliche Literarrhetorik verfügen wir über eine Reihe von Zeugnissen, die von der geradezu dämonischen und enthusiasmierenden Wirkung sophistischer Deklamation auf ihre Zuhörer sprechen, deren Reaktion teils gestisch-mimischer, teils akustischer Natur ist. Eunapios berichtet von Brüllen und Stöhnen, wir hören von Rufen, Weinen, Lachen etc. (vgl. Eunapios, *Vitae Sophistarum*, 489). Mit Blick auf eine literarische Kommunikation, in der diese Reaktionen vom Auftretenden nicht nur einkalkuliert und provoziert, sondern auch erwartet und als Feedback und Anfeuerung benötigt werden – so sagt Cicero, das Publikum sei das Instrument, auf dem der Redner spiele, nehme man es ihm weg, so breche seine Eloquenz zusammen (vgl. Cicero, *De Oratore*, 2,338): Die Metapher ist nicht ohne Grund im akustischen Bereich lokalisiert –, muss die literarische Darbietung als akustische Gesamtsituation betrachtet werden, in der sich die Teilnehmer wechselseitig befeuern. Der Redner kann seiner Aufgabe einer Emotionalisierung des Publikums nur durch Selbstemotionalisierung nachkommen. Dass hierbei die eigene Stimme als primäres Medium einer Übermittlung von Emotion eine gewichtige Rolle spielt, dass ‚Stimmung' von ‚Stimme' abhängt, liegt nahe, und die erwähnte Intensivierung stimmlicher Modulation drückt gesteigerte Emotion nicht nur aus, sondern bewirkt sie auch, ebenso wie die – nicht zuletzt akustisch manifestierte – Emotion des Publikums wieder auf den Redner zurückwirkt. Die akustischen Äußerungen der Zustimmung und Ergriffenheit wirken hier nicht als Störung, sondern sind elementarer Teil des ‚Ereignisses Literatur' (vgl. für Zeugnisse der „emotionalen Interaktion" von Redner und Publikum Korenjak 2000, 96–105). Dieses Zusammenwirken ist im Übrigen nicht auf die Kaiserzeit beschränkt, sondern existierte so auch schon für das klassische attische Theater (vgl. Pickard-Cambridge 1953, 281).

8. Akustik und Philosophie

Ob der Sprecher einer öffentlichen Performance in eine solche ‚korrespondierende' Interaktion mit seinem Publikum tritt oder sich ihr verweigert, ist auch Sache seiner intendierten Selbstdarstellung. Wenn Sokrates in Platons *Apologie* seine Zuhörer mehrfach um Ruhe bittet, dann ist er offensichtlich, als gelassener Philosoph, nicht bereit, sich emotionalisiert zu zeigen, auch wenn er selbst gegenüber seinem Publikum durchaus emotionalisierende Strategien verwendet.

Aber auch in der intimeren Gattung des philosophischen Dialogs gilt dies: Der Logos – wie in Platon, *Euthydemos*, 276b6–d3 und 303b5 sowie in Platon, *Protagoras*, 339e2 ausgeführt – wird durch Lärm wie durch lauten Beifall gefährdet. Stattdessen ist kritisches Zuhören gefragt: In Platons *Theaitetos* verwendet Sokrates hierfür die Formel ἀκούσας συνδοκίμαζε [Hör zu und bilde dir gemeinsam mit mir eine Meinung] (Platon, *Theaitetos*, 197b6). Nur im Sprechen und Hören gelingt philosophische Pädagogik. So werden auch die Reden des Rhetorikers und Philosophen Isokrates im Kreis seiner Schüler erst ganz vorgetragen, dann abschnittsweise rekapituliert und diskutiert (vgl. Usener 1994). Entsprechend kritisiert Sokrates in Platons *Phaidros* die Schrift als Medium philosophischer Erkenntnisgewinnung, da sie nicht zu wirklichem Antworten in der Lage sei. So besehen können Platons eigene schriftlich publizierten Dialoge auch nur dem Zweck dienen, ein wirkliches philosophisches Gespräch anzustoßen, wie es der Rahmendialog des *Theaitetos* exemplarisch vorführt. Hier wird genauestens erklärt, wie Euklid das Gespräch, das Sokrates früher einmal mit dem unterdessen im Sterben liegenden Theaitetos geführt hatte, erst protokollierte, das Protokoll von Sokrates gegenlesen ließ und dann aus all dem ein Büchlein mit einem Dialog zusammenstellte. Diesen Dialog lässt er sich nun gemeinsam mit seinem Freund Terpsion von einem Sklaven vorlesen, der also beide Gesprächsrollen performativ übernimmt und offensichtlich als für eine solche Aufgabe eigens geschult zu denken ist. Das Buch dient mithin ausschließlich dem Zweck, das vergangene Gespräch wieder in lebendige Zwiesprache zu übersetzen, zumal wohl insinuiert werden soll, dass die beiden Freunde nach der Vorlesung dieses Gespräch untereinander fortsetzen werden.

Bei der Vorlesung im *Theaitetos* ist mit Sicherheit an ein stilles, konzentriertes Zuhören gedacht, das sich selbst erst einmal aller eigener Äußerungen enthält. Lärm und der lautstarke Ausdruck von Emotion lassen sich aus Perspektive der Platonischen Seelenlehre leicht als Zeichen für eine nicht wünschenswerte Dominanz des niedersten Seelenteils, des ἐπιθυμητικόν, *epithymêtikón*, und damit für eine auf den Kopf gestellte innere wie – aufgrund der Analogie von Seele und Polis – staatliche Ordnung begreifen. Beifalls- und Missfallenskundgebungen gelten Platon daher als Auswuchs einer abzulehnenden Demokratisierungsbewegung, nicht als natürliche Notwendigkeit (vgl. Wille 2001, 686; Platon, *Nomoi*, 1,701a1; Platon, *Politeia*, 6,492b9). Entsprechend sei im idealen Staat ihre Darstellung in der Literatur auch zu vermeiden. Sie würde ja in der Inszenierung von Literatur zu Gehör gebracht und damit die Seele des Rezipienten schädigen. Wer von den jungen Menschen Helden in der Literatur klagen und weinen ‚höre', der werde das nicht für eines rechten Mannes unwürdig halten und auch selbst Trauerlieder und Trauerklagen ‚singen' (vgl. Platon, *Politeia*, 3,388a5–3,388d7, hier: 3,388d2–3,388d7), und dies würde nicht nur ihn seelisch verformen, sondern auch die soziale Gemeinschaft schwächen. Die Begrifflichkeit weist eindeutig auf das oben beschriebene akustische Format hin, das auch der Platonischen Vorstellung von Literaturproduktion und -rezeption offenkundig zugrunde liegt.

Ganz grundsätzlich gilt für die nachklassische Philosophie, dass die Akustik von Dichtung ethosbildend wirkt, wie Platon im *Staat* und in den *Gesetzen*, Aristoteles in der *Politik* darlegt. Denn für beide Denker ist Musik – verglichen mit den bloß medial verstandenen bildenden Künsten – insofern unmittelbar mimetisch, als Rhythmik, Harmonik und Melodik als solche den menschlichen Affekten und Charaktereigenschaften ähnliche Qualitäten (ὁμοιώματα, *homoiómata*) aufweisen. Ihre Rezeption ruft Lust oder Unlust hervor, und so kann ihr gezielter erzieherischer Einsatz entsprechende Haltungen und Einstellungen erzeugen. Sprache generell, mehr noch Dichtung, in der auf eine prägnante Gestaltung von Rhythmus und Melodie, in der Lautkomposition auch von Harmonie besonders geachtet wird, ist in ihrer tonalen Dimension der Musik wesensverwandt und wirkt daher nicht nur durch ihre Bedeutungsvermittlung, sondern auch durch ihre akustische Ästhetik psychagogisch und pädagogisch (vgl. Woerther 2008).

In der hellenistischen Philosophie und ihren kaiserzeitlichen Nachfolgern ist die Differenzierung von ästhetischer, sich akustisch manifestierender Verfasstheit von Literatur und ihren rationalisierbaren Gehalten noch verschärft worden: Für die Stoiker besteht die Funktion des Ästhetischen nur in einer Steigerung der Aussagewirkung, für die Epikuräer vermag das Ästhetische sogar von jener Wirkung abzulenken und muss daher genau dosiert werden. Die hellenistischen Irrationalisten und Euphoniker verstehen die musikalischen Qualitäten als das *proprium* von Literatur (vgl. Stanford 1967; Asmis 1995).

Literaturverzeichnis

1. Übersetzungen

Apuleius. *Der goldene Esel. Metamorphosen.* Hrsg. von Edward Brandt und Wilhelm Ehlers. München und Zürich 1989.
Aristophanes. *Sämtliche Komödien.* Übertr. von Ludwig Seeger. Zürich 1968.
Cicero. *Orator.* Hrsg. von Bernhard Kytzler. München 1975.
Cicero. *De Oratore. Über den Redner.* Übertr., komment. und hrsg. von Harald Merklin. Stuttgart 1976.
Die Bibel. Altes und Neues Testament. Einheitsübersetzung. Stuttgart 2006.
Dionysius of Halicarnassus. *On Literary Composition.* Übers. von Stephen Usher. Harvard 1985.
Eunapios aus Sardes. *Biographien über Philosophen und Sophisten.* Eingel., übers. und komment. von Matthias Becker. Stuttgart 2013.
Homer. *Die Ilias.* Griechisch und Deutsch. Übers. von Hans Rupé. München 1946.
Homer. *Die Odyssee.* Griechisch und Deutsch. Übers. von Wolfgang Schadewaldt, Zürich 1966.
Horaz. *Sämtliche Gedichte.* Hrsg. von Bernhard Kytzler. Stuttgart 1992.

Longos. *Hirtengeschichten von Daphnis und Chloe*. Hrsg. von Otto Schönberger. Berlin 1960.
Quintilian. *Ausbildung des Redners. Zwölf Bücher*. 2 Bde. Übers. und hrsg. von Helmut Rahn. Darmstadt 1972.
Platon. *Werke*. 8 Bde. Griechisch und Deutsch. Übers. von Friedrich Schleiermacher. Darmstadt 1990.

2. Forschungsliteratur

Allen, William Sidney. *Vox Latina. A Guide to the Pronunciation of Classical Latin*. Cambridge 1965.
Allen, William Sidney. *Accent and Rythm. Prosodic Features of Latin and Greek: A Study in Theory and Reconstruction*. Cambridge 1973.
Allen, William Sidney. *Vox Graeca. A Guide to the Pronunciation of Classical Greek*. Cambridge 1974.
Der Altsprachliche Unterricht. *Antike im Ohr*. Bd. 2 (2013).
Asmis, Elizabeth. „Epicurean Poetics". *Philodemus and Poetry. Poetic Theory and Practice in Lucretius, Philodemus, and Horace*. Hrsg. von Dirk Obbink. New York und Oxford 1995: 15–34.
Hagel, Stefan, und Christine Harrauer (Hrsg.). *Ancient Greek Music in Performance*. Buch und CD. Wien 2005.
Korenjak, Martin. *Publikum und Redner. Ihre Interaktion in der sophistischen Rhetorik der Kaiserzeit*. München 2000.
Männlein-Robert, Irmgard. *Stimme, Schrift und Bild. Zum Verhältnis der Künste in der hellenistischen Dichtung*. Heidelberg 2007.
Möllendorff, Peter von. „Art. ‚Vortrag/Lesung (Antike)'". *Handbuch Medien der Literatur*. Hrsg. von Natalie Binczek, Till Dembeck und Jörgen Schäfer. Berlin und New York 2013: 333–337.
Pickard-Cambridge, Arthur. *The Dramatic Festivals of Athens*. Oxford 1953.
Pöhlmann, Egert. *Denkmäler altgriechischer Musik*. Nürnberg 1970.
Pöhlmann, Egert, und Martin L. West (Hrsg.). *Documents of Ancient Greek Music*. Oxford 2001.
Schulz, Verena. *Die Stimme in der antiken Rhetorik*. Göttingen 2014.
Schulz, Verena. „Stimmlich überzeugen. Der mündliche Vortrag in der antiken Rhetorik". *Stimme – Medien – Sprechkunst*. Hrsg. von Kati Hannken-Illjes, Eva-Maria Gaus, Friederike Könitz und Silke Marx. Stuttgart 2017: 28–39.
Stanford, W. Bedell. *The Sound of Greek. Studies in the Greek Theory and Practice of Euphony*. Berkeley und Los Angeles 1967.
Usener, Sylvia. *Isokrates, Platon und ihr Publikum. Hörer und Leser von Literatur im 4. Jahrhundert v. Chr.* Tübingen 1994.
Wille, Günther. *Einführung in das römische Musikleben*. Darmstadt 1977.
Wille, Günther. *Akroasis. Der akustische Sinnesbereich in der griechischen Literatur bis zum Ende der klassischen Zeit*. Bd. I–II. Tübingen 2001.
Woerther, Frédérique. „Music and the Education of the Soul in Plato and Aristotle: Homoeopathy and the Formation of Character". *Classical Quarterly* 58.1 (2008): 89–103.
Zgoll, Christian, *Römische Prosodie und Metrik. Ein Studienbuch mit Audiodateien*. Darmstadt 2012.

4.2. Ein akustisches Format der mittelalterlichen Epik: die Schlachtenbeschreibung
Matthias Däumer

1. Zur historischen ‚Grausamkeit' der Stimme

In der Forschung zu den medialen Bedingungen der höfischen Epen dominierte lange Zeit die dichotome Beschreibung von einer entweder als primär oral oder aber als Geburtsstunde des modernen Schriftverständnisses begriffenen Kultur. Gerade für die Ansätze, die höfische Erzählungen unter dem Schlagwort der ‚Oral Poetry' auf der mündlichen Medialität fußen ließen (vgl. Lord 1965; Ong 1982), bedeutete die Schriftsprache nichts weiter als ein ungenügendes Surrogat der Lautsprache, das den Zustand einer zu großen Teilen illiteraten höfischen Kultur nur verfälscht überliefert. Man unternahm deshalb den Versuch, die Schrift weitestgehend zu ignorieren, um die akustische Rezeptionshaltung eines Zuhörers simulieren zu können.

Erst gegen Ende der ‚Literacy Debate' der 1980er und frühen 1990er Jahre, bei der sich Skripturalität und Oralität als unvereinbare Oppositionen gegenüberstanden, kristallisierten sich Positionen heraus, die eine Verflechtung der Medialitäten anstrebten und die Darstellung der Höfe im 12. und 13. Jahrhundert als eine mediale Mischkultur beschrieben (vgl. Zumthor [1984] 1994; Green 1994; Wenzel 1995; Müller 1996; Glauch 2009). Auch für diese Ansätze bedeutete die lautliche Seite eine Herausforderung, zumal im Vergleich zur Kurzepik oder den lyrischen Gattungen der Einbezug von akustischen Analysekategorien für höfische Epen vor den 2000er Jahren noch immer selten war (vgl. v. a. zum Märe Fischer 1968; Wagner 2013; vgl. v. a. zum Minnesang Strohschneider 1996; Lauer 2013; vgl. zum Sangspruch Egidi 2002; Lauer 2008). Aktuell ist es vor allem die Forschung von Hartmut Bleumer zur ‚generischen Paradoxie', die auf eine Einbindung der Lautlichkeit in bisher tendenziell klanglosen Debatten hoffen lässt, nutzt dieser die Klangkategorie doch zu einer neuen Standortbestimmung hinsichtlich mediävistischer Gattungsfragen – und somit auch gewinnbringend für die Epenforschung (vgl. Bleumer 2008; Bleumer 2013).

Beim Vortrag höfischer Epen geht es um eine Oralität, die auf Basis einer schriftlichen Vorlage (Partitur) den Text nach den autonomen Bedingungen der Performativität zum Ereignis macht (vgl. Däumer 2013). Deshalb muss dem heu-

4.2. Ein akustisches Format der mittelalterlichen Epik: die Schlachtenbeschreibung — 261

tigen Interpreten die Schrift wie die Rille einer Langspielplatte gelten, als Tradierungsspur eines Klangs, in die man den analytischen Tonarm senken muss. Ziel einer mediävistischen Lautlichkeitsanalyse der Epen ist es also, die auf den realen Körper bezogenen somatischen Effekte des sprachlichen Materials, die „verkörperte Sprache" (Krämer 2002, 331) in den Fokus der Untersuchung zu stellen. Dies führt jedoch an die Grenzen der Wissenschaftlichkeit, muss doch jede lautliche Simulation eine subjektive Prägung durch die reale oder imaginierte Stimme eines Vortragenden haben. Wenn also Paul Zumthor fordert, man solle wieder auf die in den Texten eingelagerte Stimme lauschen (vgl. Zumthor 1994, 11–33) – welche der unzähligen Möglichkeiten der Intonation meint er? Oder wie Roland Barthes diese Frage formuliert: *Was singt mir, der ich höre, in meinem Körper das Lied* (Barthes 1979)?

Der Herausforderung, die Subjektivität der Verstimmlichungen zu objektivieren, wird in der neueren Forschung durch eine Vielzahl von konzeptionellen Abstraktionen der ‚Stimme' begegnet (zuletzt umfassend von Ackermann und Bleumer 2013). Diese häufig über Jacques Derridas *Grammatologie* oder Barthes' Thesen hergeleiteten Konzepte sind hinsichtlich ihrer Anwendung jedoch weiterhin Einladungen dazu, Klangphänomene äquivalent zu Textphänomenen über einen (nun eben stimmlich imaginierten) Erzähler zu erläutern, ohne damit zu einer Programmatik der primären Lautlichkeit oder aber zur ‚Komposition' durchzudringen. Barthes formuliert beispielsweise die ‚Rauheit' der Stimme (*Le grain de la voix*; Barthes 1990, 301) mit einer (für ihn ungewöhnlichen) Berufung der produktionsästhetischen Seite, also unter der Annahme, dass ein Autor bewusst ein ‚lautes Schreiben' praktiziere (vgl. Barthes 1974, 97), um seinem Text eine Qualität zu verleihen, die jenseits der zweidimensionalen Schwarz-Weiß-Rasterung des Papiers liegt.

Damit trifft Barthes bestens die Situation des mittelalterlichen Epenautors, dem die intentionale Formung der akustischen Wirkung geradezu als unverzichtbar gelten musste, da ein großer Teil der möglichen ästhetischen Wirkungen sich erst im Vortrag für ein illiterates Publikum entfaltete. Der Laut kann ihm also nicht das ‚Andere' der Sprache sein – das Semiotische und das Akustische sind ihm vielmehr zwei Seiten derselben Medaille, die beide dem jeweils anderen als Medium dienen: Der Laut transportiert die Semantik, genauso wie die Semantik Träger der Lautlichkeit ist; oder in den Worten Walter Benjamins: „Alles Mimetische der Sprache kann vielmehr, der Flamme gleich, nur an einer Art von Träger in Erscheinung treten. Dieser Träger ist das Semiotische" (Benjamin 1977, 213). Die akustische Seite wirkt dabei konkret körperlich auf das Publikum durch ihre – im Vokabular Antonin Artauds – ‚Grausamkeit', welche die „Metaphysik via Haut wieder in die Gemüter" (Artaud 1969, 106) einziehen lässt. Mit dieser Wirkung unterwandert sie eine elementare Grenzziehung der ‚abendländischen' Kultur:

„[S]ound events create a space with no respect for the sacrosanctity of the epidermis in Western philosophy" (Cubitt 1998, 95). Die Lautlichkeit des Textes missachtet den sakrosankten Status des Ich-Definiens ‚Haut' und erschafft so eine andere Art der Gemeinschaftlichkeit (vgl. Layher 2013a, 24–28). Dabei sattelt die in diesen Gemeinschaften praktizierte Kommunikation – laut Bleumer – auf einer Paradoxie auf: „Was der Klang leistet, ist damit etwas Paradoxes. Denn das sprachliche Zeichen ist eine Distanzkategorie, die Stimme dagegen eine Kontaktkategorie. Die Semantik des Zeichens beruht auf der unhintergehbaren Trennung von Signifikat und Signifikant. Die Distanz zwischen dem Zeichen und seinem Sinn ist der Preis der Semantik. Wo diese Distanz endet, gibt es keinen Sinn. Der Klang der Stimme dagegen berührt körperlich unmittelbar. Aber er ist nicht semantisch. Das ist der Preis der Unmittelbarkeit" (Bleumer 2008, 41).

Schließt man diese Beobachtung kurz mit den Überlegungen in Derridas Artaud-Texten (vgl. Derrida 1976), wird deutlich, dass eine Analyse mittelalterlicher Texte, die dieser Paradoxie beikommen will, die Bereitschaft aufbringen muss, zumindest graduell die Auflösung des semiotischen Zusammenhangs zu akzeptieren. Dieses Bekenntnis zum lautlichen ‚Unsinn' stellt für die höfischen Epen keinen Anachronismus dar, denn von dem Bewusstsein, dass die Lautlichkeit autonom von der (semantischen) Aussage wirkt und deshalb als kompositorisches Material zu behandeln war, zeugen sowohl spätantike Grammatiken als auch mittelalterliche Rhetoriken (vgl. Schnyder 2003, 50–54; Däumer 2013, 74–87). Ebenfalls im Sinne einer Historisierung scheint es sinnvoll, ‚Stimme' und ‚Klang' nicht zu abstrahieren, sondern diese Kategorien entweder über mythische Bilder zu fassen, wie es Andreas Krass am Beispiel des homerischen Sirenengesangs vorführt (vgl. Krass 2013), oder sie mit mittelalterlichen Gedanken zur musikalischen Formung des Geräuschs zu verbinden (vgl. Wagner 2015, 64–156), um so zu einer „*historischen* Auditivität" (Layher 2013a, 13) vorzudringen.

2. Die Lautlichkeit der Epen zwischen Illustration und Komposition

Auf diesen Wegen rücken für die höfischen Epen Fragen nach engeren Kompositionsprinzipien in den Fokus, beispielsweise bezüglich der Komik (vgl. Meyer 2013), spezifischen Spielarten der Strophik (vgl. Layher 2013b), der auf ein ‚Hörgedächtnis' zurückzuführenden Eigenheiten der Pronominalisierung (vgl. Haferland 2013), der figuralen Stimmen und akustischen Signale als Zeichen von Machtkommunikation und sozialen Handlungsrollen oder der Affekterzeugung über Interjektionen (vgl. Knaeble 2013; Wittmann 2013; Schöller 2015).

4.2. Ein akustisches Format der mittelalterlichen Epik: die Schlachtenbeschreibung

Betrachtet man die populärste Gattung des Mittelalters, den Artusroman, so wird deutlich, dass für die erste Generation der mittelhochdeutschen Dichter (Hartmann von Aue, Wolfram von Eschenbach, Wirnt von Grafenberg) die Frage bestanden haben muss, wie man entweder die akustischen Phänomene der französischen Originale – beispielsweise Chrétiens de Troyes stichomythische Dialogführung – transferieren oder aber neue, dem Mittelhochdeutschen angemessenere Kompositionstechniken schaffen konnte. Bei der nachfolgenden Generation (Heinrich von dem Türlin, der Stricker, der Pleier etc.) wurde dieser Kompositionswille noch stärker, galt es doch, eine etablierte Norm um lautliche Special Effects zu erweitern.

So kommt es in den Versromanen der ersten Hälfte des 13. Jahrhunderts zu Passagen mit sehr eigenwilligen Lautästhetiken, etwa in den ‚Wunderketten' der *Krone* Heinrichs von dem Türlin, in denen die beschriebene und stellenweise mimetisch dargebotene Akustik die konventionellen Raum-Zeit-Koordinaten unterläuft, sich quer zur Bildlichkeit stellt und so einen Eindruck von Surrealität evoziert (vgl. Schöller 2013, 213). Neben diesen subtilen Effekten finden sich in der *Krone* aber genauso Passagen, die eine illustrativ-realistische Lautuntermalung anstreben. Als Gawein und seine Gefährten durch eine Landschaft reiten, heißt es:

Vber ein berg, der was hoh,	Auf einen Berg, der war hoch,
Mûste er mit al stijgen,	musste er mit allem steigen,
Gein einem wast sigen,	sodann in eine Schlucht abzweigen,
Der vinster was vnd kalt[,]	die finster war und kalt,
Den vmbzoh ein groszer walt,	umgeben vom großen Wald,
Der was nach freise gestalt.	der gefährlich aussah, ungestalt.
(Heinrich von dem Türlin [ca. 1230] 2012, 26201–26206)	

Diese und auch die folgenden Übertragungen richten sich entgegen der Konvention nur grob nach der Wortsemantik und sind stattdessen stärker um eine Rekonstruktion der lautlichen Effekte bemüht. Durch diese translatorische Umsetzung der Derrida'schen Artaud-These, also durch die partielle Auflösung des semiotischen Zusammenhangs kann auch anhand der Übersetzung deutlich werden, dass Heinrich mittels des latenten Potenzials der geschriebenen Sprache die Erfahrung des fiktionalen Raums einem akustisch-korporalen Nachvollzug bereitstellt: Er zeichnet mit dem Auf und Ab der Reimvokale den Reiseweg der Ritter nach beziehungsweise analogisiert die Vokalhöhe mit der Bewegung der fiktiven Körper. Kompositionsansätze wie diese gehören jedoch meist zu keiner umfassenden Programmatik; sie werden vielmehr ornamental verwendet. Da aber die hier betriebene Sinnesregie keinen anderen Zweck hat, als die fiktive Handlung zu illustrieren, kann sie analytisch nicht allzu ergiebig gemacht werden.

3. Literarische Schlachten: Lärm, eingelegt in Öl

Mir soll es im Folgenden stattdessen um programmatische Kompositionen gehen. Dafür bieten sich insbesondere literarische Darstellungen von Schlachten an, und zwar einerseits als imaginierte körperliche Ausnahmezustände, andererseits ist die Schlacht, neben dem Fest, *der* Sitz im höfischen Leben, für den die sozialgeschichtliche Forschung einen gezielten Einsatz von Lärm herausgearbeitet hat (vgl. Wagner 2013, 141). Dabei ist die Wahl der Schlacht als Beispiel nicht nur deshalb naheliegend, weil sie realhistorisch laut gewesen sein muss, sondern weil selbst die Etymologie auf ihren paradigmatischen Charakter für akustische Sensationen verweist – schließlich entstand im Spätmittelalter das Wort ‚Lärm' (über ‚Alarm') aus „*all'arme*", dem italienischen Ruf „Zu den Waffen" (Pfeifer 1995, 25 und 766–767).

‚Lärm' unterliegt einem Verschriftlichungsproblem, denn er verschallt im Moment seines Erklingens, ohne fassbar beziehungsweise adäquat (be-)schreibbar zu sein. Der Beschäftigung mit der Frage, wie sich der Schlachtenklang in die Schrift und somit über die Zeiten retten lasse, soll einleitend eine Szene als gedankliches Leitbild dienen, die jünger ist als die höfischen Epen:

Während der im vierten Buch von François Rabelais' *Gargantua und Pantagruel* (1552) geschilderten Seereise passieren die Reisenden die Grenze des Eismeers, an der zu Beginn des vorigen Winters eine große Schlacht stattgefunden hat (Rabelais 1552, 56), jedoch nicht, ohne auch akustische Spuren zu hinterlassen: Die Geräusche der Schlacht gefroren in der Luft zu Eis, und Pantagruel wirft den Mitfahrenden „mit vollen Händen gefrorene Wörter aufs Schiffdeck" (Rabelais 1552, 56). Es folgt eine Reihe von Geräuschwiedergaben („Hing, hing, hing, hing, his, zack, tsch, lure schnettereteng"; Rabelais 1552, 56), als die gefrorenen Laute auftauen. Dem Ich-Erzähler gelüstet es dabei, sich ein paar dieser Laute in Öl einzulegen, doch Parangruel redet es ihm aus, da es hinsichtlich des Schlachtenlärms eine „Torheit [wäre], etwas aufzuheben, was einem doch nie abgehe" (Rabelais 1552, 56).

Rabelais' Szene lässt sich als eine ironische Reflexion dessen verstehen, was auch den älteren mittelalterlichen Dichtern als Tradierungsproblem entgegenkam: Wie lassen sich die Lautlichkeit einer Schlacht und die körperliche Wirkung, die ihr Lärm auf die Involvierten hat, für ein Publikum zum Nachvollzug bereitstellen? In Schlachtenbeschreibungen steht aufgrund dieser Frage die Akustik im Zentrum der poetischen Formung. Vor allem in der französischen *Chanson de Geste* prägt sich eine entsprechende Lautprogrammatik aus. Bezugspunkt ist dem Genre dabei das altfranzösische *Rolandslied*, bei dem die Schlacht generell schon um ein zentrales akustisches Motiv kreist: Rolands berühmten Olifantenstoß (vgl. Zak 1990; Layher 2013a, 24–25). Über mehrere Übertragungen des französischen

Stoffs gelangen die kunstfertigen Schlachtenbeschreibungen in die deutschsprachige Literatur und entwickeln dort zunehmend eine eigene Dynamik, zum Beispiel in Wolframs von Eschenbach *Willehalm* (Wolfram von Eschenbach [nach 1217] 2003). Die Sinnesregie der zweiten Schlacht von Alischanz (v. a. Wolfram von Eschenbach [nach 1217] 2003, 362,1–402,30) wurde schon mehrmals als protofilmisch beschrieben (vgl. u. a. Kiening 1991, 216). Wie sich an diesem anachronistischen Medienvergleich zeigt, ist es bei Wolfram primär der (imaginative) visuelle Sinn, der zur Involvierung ins Schlachtengeschehen einlädt. Natürlich werden in seinen ‚Schlachtenfilmen' auch viele Geräusche beschrieben. Doch im Vergleich zu den Darstellungen der nachfolgenden Autorengeneration zeigt sich, von welcher methodischen Bedeutung es ist, die *Beschreibung* und die *Erzeugung* von Lauten analytisch voneinander zu trennen (vgl. Wagner 2013, 150–151). Denn *descriptiones acusticarum* zu sammeln (vgl. für Wolfram bspw. Greenfield 2013), ohne sie in Bezug zur primären Lautlichkeit der Verse zu setzen, ist eine Analysemethode, die den herkömmlichen Mustern der visuell geleiteten Lektüre zu stark verhaftet bleibt. Wolfram selbst scheint bereits im *Parzival* diese Schräglage, die den Laut zum Objekt des Sehsinns werden lässt, in einer synästhetischen Formulierung anzukündigen: „[M]*an sach dâ selten freuden schal*" [selten *sah* man da Freudenlärm] (Wolfram von Eschenbach [ca. 1210] 1998, 242,4). Ich will hingegen im Folgenden versuchen zu *hören*, was zu hören ist.

4. Lautgemetzel: die Cluseschlachten des Strickers

Für eine exemplarische Analyse programmatisch verwendeter primärer Lautlichkeit wende ich mich dem Stricker zu, der zwei bis drei Jahrzehnte nach Wolfram seine Werke schrieb. Der Stricker hatte im Zuge einer Neurezeption der französischen Rolandsepen (vgl. Eikelmann 1989) bereits eine eigene Übertragung des französischen *Rolandslieds* vorgenommen (*Karl*), als er mit *Daniel von dem Blühenden Tal* das Experiment wagte, die Darstellungsmodi der Schlachten der *Chanson de Geste* auf die Gattung des Artusromans zu übertragen. Aufgrund dieser zeitgenössisch wohl als recht gewagt empfundenen Gattungsinterferenz – nur wenige Jahrzehnte später schuf der Pleier mit *Garel von dem Blühenden Tal* einen Anti-*Daniel* – können die sogenannten Cluseschlachten in besonderer Weise dazu dienen, die Spielarten einer lautlichen Konstruktion vor Augen (respektive Ohren) zu führen.

Der Stricker bezeichnet die Schlacht fast kontinuierlich als „spil" (Meyer 1994, 37). Entsprechend spielerisch sind seine Strategien der Publikumsaktivierung, wenn es beispielsweise darum geht, Daniels Stärke im Kampf zu beschreiben:

> *er begunde freislîche smiden.*　Auf grauenvolle Art wurde er zum Schmied.
> *er smidete als ich iu sage:*　Er schmiedete, sag ich euch, recht rigid':
> *im quam dehein helm ze slage*　Kein Helm kam unter seinen Hieb,
> *er machte drûz zwêne âne gluot,*　aus dem nicht zwei wurden, ohne Glut,
> *und wâren beide niht sô guot,*　wobei die beiden nicht so gut
> *sô ê was der eine.*　wie vorher der eine gewesen war.
> *nû merket waz ich meine:*　Was ich damit meine, nehmt nun wahr:
> *er sluoc in enmitten enzwei.*　Er schlug ihn in der Mitte entzwei.
> (Der Stricker [zw. 1220 und 1250] 1995, 3626–3633)

Die Schieflage der Metapher ('Schmieden' bezeichnet einen erschaffenden, das 'Helmespalten' einen zerstörenden Vorgang) regt den Zuhörer an, sich aus der Unangemessenheit des Bildes die Pointe zu erarbeiten. Ähnlich funktionieren Vergleiche der Kampfeshandlung mit der Hasenjagd (Der Stricker [zw. 1220 und 1250] 1995, 3645–3650), der Tätigkeit des Zimmermanns (Der Stricker [zw. 1220 und 1250] 1995, 3690–3693) oder gar der des Arztes (Der Stricker [zw. 1220 und 1250] 1995, 5638–5645), die ebenfalls – über die semantische Seite der Sprache – eine Aktivierung eine Aktivierung der Imagination bezwecken (vgl. dagegen Hahn 1985, 194).

Vergleichbar wird der Zuhörer als 'Augenzeuge' und 'stiller Teilhaber' in das fiktive Geschehen involviert. Ähnlich wie bei Wolfram schwenkt der Text kameragleich über die kämpfenden Heere, fokussiert einen Körper, verfolgt diesen auf seinem blutigen Weg und wechselt dann zum nächsten. Das dabei wie ein einziger Akteur den Text durchziehende Personalpronomen 'er' bezeichnet immer einen anderen Ritter, kann genauso den angegriffenen Gegner oder Kämpfer aus Artus' Heer meinen (vgl. u. a. Der Stricker [zw. 1220 und 1250] 1995, 3470–3513). Dieser kollektive Focalizer fördert die Möglichkeit quasikörperlicher Partizipation, die kinästhetische Wahrnehmung (vgl. Lechtermann und Wenzel 2001): Der Zuhörer kann sich an einen exemplarisch Handelnden binden und an seinen Bewegungen, Schmerzen und heroischen Duldungen teilhaben. Dabei wird die *compassio*-Logik, die der kinästhetischen Wahrnehmung zugrunde liegt, sehr deutlich: Erst der separiert imaginierte Focalizer-Körper (wie der des Gekreuzigten oder eines ihm nachfolgenden Märtyrers) ermöglichen es den Nachgeborenen, am Leiden zu partizipieren und so Teil der *communio* zu werden.

Diese Art der transfiktiven Gemeinschaftserzeugung nutzt der Stricker, um sie mit einer ausgefeilten Sprach- beziehungsweise Lautbewegung zu kombinieren. So lassen sich in der Beschreibung der ersten Schlacht viele Passagen finden, in denen die Eingangslaute der Verse alliterieren, sodass mittels der Monotonie bei jedem Neuanheben der Stimme ein Laut wie ein Schlag ertönt; teilweise wird dieses Muster noch durch Binnenalliterationen verstärkt:

4.2. Ein akustisches Format der mittelalterlichen Epik: die Schlachtenbeschreibung

ez wære dirre oder der	Es sei dieser oder der,
der dâ geviel, er was verlorn.	der da fiel, der war verlor'n.
dâ wart der grœste zorn	Da wurde der größte Zorn
des tages zesamen getragen	des Tages zusammengehortet,
dâvon ir ie gehôrtet sagen. [...]	den euch jemals hat jemand verwortet.
die gerne wæren dannen,	Die gerne von dannen wollten,
die enmohten vor der enge:	die ächzten in der Enge.
dâ was ein solh gedrenge	Da war ein solch' Gedränge,
daz nieman kunde entwîchen. [...]	dass keiner entweichen konnte.
er schancte einer hande tranc	Der schenkte eine Art von Trank,
dâ was der twalm zuo getân.	da Gift hineingemischt war, aus.
er wart es niemer erlân	Der konnte weder ein noch aus:
der es enbeiz, er müeze slâfen.	Der ihn trank, der musste schlafen.
daz tranc was sîn wâfen,	Der Trank war wie die Waffen,
der twalm was der tôt,	das Toxikum der Tod,
der slâf daz was diu grôze nôt	der Schlaf, das war die große Not,
diu in dâ ze ligenne twanc	die ihn zum Niederliegen zwang,
dâ er âne sînen danc	dort, wo er – niemandem zum Dank –
des suontages muose bîten.	des Sühnentages warten musste.

(Der Stricker [zw. 1220 und 1250] 1995, 3086–3663)

Mit (relativ) strengem Metrum, Endreimen, identischen oder alternierenden Versanlauten, Alliterationen (*dirre/der/der/da*, *tages*/[ge]*tragen*, *enmohten/enge*, *tranc/twalm/tot/twanc*) und Lautchiasmen ([*ze*]*samen getragen / gehoret sagen*) wird der Klang der Sprache zum Abbild beziehungsweise Träger von Bewegungen: alliterierende Laute wie Schläge, Chiasmen wie die Stellungswechsel der Kämpfenden. Der Zuhörer wird kinästhetisch involviert, von der Sprache attackiert und so zum Objekt einer ‚Grausamkeit' (Artaud), die auf zwei Ebenen – im Raum des Geschehens und im Raum der performativen Umsetzung des Textes – ausgeübt wird. Der Laut stellt somit ein Mittel der ‚Verschaltung' dar (vgl. Däumer 2013, 329–399), welche die Grenzen zwischen fiktionalem und performativem Raum permeabel werden lässt.

Am Höhepunkt der (Laut-)Schlacht wird das Klangspiel zusätzlich um Anaphern, Parallelismen und ausschweifende Amplificatio-Konstruktionen erweitert:

hei! wie man dâ lebte!	Hei! Wie man da lebte!
wie ieclîcher strebte	Wie ein jeder danach strebte,
daz er dâ ruom erwürbe.	dort seinen Ruhm zu erwerben.
ich wæne dâ menger stürbe	Ich denke, da musste mancher sterben,
der sich es vil lützel versach.	der dies nicht hatte vorgesehen.
waz dâ ze sagene geschach	Was Sagenswertes dort geschehen,
daz ê was vil unkunt!	das wurde noch nie erzählt – bis jetzt!
dâ wart manger ungesunt,	Da wurde mancher verletzt,
dâ wart manger erslagen,	da wurde mancher erschlagen,

dâ wart manger zeinem zagen,	da wurde mancher zu einem Zagen,
manger küene als ein swîn,	mancher wie ein Schwein im Mut,
dâ tet manger sînen zorn schîn. [...]	da zeigte mancher seine Wut.
dâ was hart wider hart,	Da stand hart wider hart,
dâ was starc wider starc,	da stand stark wider stark,
dâ was karc wider karc. [...]	da stand karg wider karg.
die lenger herten kunden,	Die da schlugen manche Wunde,
die von der Tavelrunden,	die da von der Tafelrunde,
des küniges Artûs geverten,	des Königs Artus' Gefährten,
die sach man für sich herten,	die sah man sich verstärken,
die buten vaste den tôt.	die boten überall den Tod.
dâ was allez nôt über nôt. [...]	Da gab es Not und nochmals Not.
die des tages wâren gezalt,	Die bekamen Tagessold alsbald,
er wære junc oder alt,	er sei jung oder alt,
er wære swach oder starc,	er sei schwach oder stark,
er wære milte oder karc,	er sei großzügig oder karg,
er wære gewâfent oder bloz,	er sei gerüstet oder bloß,
er wære wênic oder grôz,	er sei gering oder groß,
er wære kurz oder lanc,	er sei kurz oder lang,
er wære swarz oder blanc,	er sei schwarz oder blank,
er wære tump oder wîs,	er sei tumb oder weise,
er hæte laster oder prîs,	er hätte Makel oder Preise,
er wære lugenære oder wârhaft,	er sei Lügner oder ehrlich,
küene oder zaghaft,	feig' oder gefährlich,
er wære snel oder laz,	er sei munter oder marod',
ez wart ir keinem erboten baz,	er bekam das gleiche Angebot,
er wære herre oder kneht,	er sei Herr oder Knecht,
wan daz sie daz selbe reht	denn demselben Recht
allesament enpfiengen	mussten sie alle unterstehen,
und des niht engiengen,	und konnten dem nicht entgehen:
sie müesten den tôt erkunnen.	Sie lernten den Tod kennen.

(Der Stricker [zw. 1220 und 1250] 1995, 5175–5265)

In der Schlacht folgt Schlag auf Schlag, in der performativen Umsetzung Laut auf Laut. Der Text klingt und schwingt, erzeugt einen ‚sinnentleerten' Effekt, ganz ähnlich wie später in Derridas *Glas* (‚Totenglocke'), wo mit jedem „also" (frz. *donc*; lautmalerisch: ‚Dong') der Glockenschlag erklingt, der „das Ende der Bedeutung, des Sinns und des Signifikanten" (Derrida 2006, 37) einläutet. Die Lautmalerei wird vom Stricker so stark forciert, dass eine inhaltliche Interpretation der Verse zwar möglich ist, sich jedoch so weit von der primären Lautlichkeit entfernen muss, dass sie zu inkompatiblen Ergebnissen führt. Diese Passage wurde mitunter so gelesen, dass mittels der Wiederholungen „der Text mit besonderer Deutlichkeit [vergegenwärtige], daß die Realität des Krieges Wertorientierungen und Ordnungskriterien, die sonst die Basis arthurisch-ritterlicher Verhaltensformen

4.2. Ein akustisches Format der mittelalterlichen Epik: die Schlachtenbeschreibung — 269

bilden, verdräng[e]" (Eikelmann 1989, 113). Bei einer tauben Analyse der Semantik mag dies eine angemessene Interpretation sein; beachtet man jedoch beide Seiten der sprachlichen Wirkung, wird deutlich, dass die Passage lautlich mit allen Mitteln darauf hinarbeitet, den Zuhörer körperlich zu ‚bewegen', ihn in eine kinästhetisch teilhabende und somit auch unterhaltene Position zu bringen. Die ‚Reihung von Negativaspekten' wird – lässt man die Auflösung des semiotischen Zusammenhangs zu – zum ‚Sensationsfluxus'.

Diese Rezeption ‚ohne Sinn' ist dennoch keine ohne Aussage, findet sich doch zwischen allen klingenden Hieben/Lauten auch des Strickers Lösungsvorschlag auf die Tradierungsfrage, die oben über Rabelais in Szene gesetzt wurde. Mit der auffälligsten der bereits erwähnten schiefen Handwerksmetaphern präsentiert der Stricker ein Bild, das die fiktive Schlacht und ihre Lautlichkeit mit der schriftlichen Tradierungsleitung in Zusammenhang bringt:

Der künic Artûs dranc hin	Artus ließ die Erde erzittern
mit den besten rittern drin.	mit seinen drei besten Rittern.
daz was sîn neve her Gâwein	Das waren sein Neffe Gawein
und der edel ritter Iwein,	und der edle Ritter Iwein,
darzuo der helt Parzivâl.	dazu der Held Parzival.
sie entwurfen seltsæniu mâl:	Sie schufen manch' wunderliches Mal:
swer ir einez enpfie,	Wer auch immer eins davon empfing,
dem ez niht anders vergie	merkte, dass es nur abzumachen ging,
wan daz er den lîp verlôs [...].	dadurch, dass er das Leben verliert.
si wâren alle viere	Sie waren zu viert
tiurlîche schrîbære.	Schreiber von bester Gewähr.
ir griffel wâren swære,	Ihre Griffel waren schwer
sie schriben soliche buochstabe	und schrieben solche Buchstaben,
daz sie niemer nieman abe	die niemand weder abschaben
mohte gewaschen noch geschaben.	noch abwaschen konnte.

(Der Stricker [zw. 1220 und 1250] 1995, 3529–3547)

Artus und die drei Ritter (jeder von ihnen der Protagonist eines anderen höfischen Romans) schreiben ihre Schwerthiebe in die Körper der Gegner ein, so, wie die Dichter der jeweiligen Romane ihre Worte erst auf das Pergament und dann – in der performativen Umsetzung des Textes – via Laut in die Körper der Zuhörer einschreiben. Das Stricker'sche Bild der *tiurlîche[n] schrîbære* stellt eine Abhängigkeit von lautlicher ‚Grausamkeit' und dem Schreibvorgang her. Es betont, dass die Hiebe/Laute, die auf einer schriftlichen Komposition basieren, zum Ziel führen, wenn man sie – um Rabelais' Bildlichkeit mitaufzugreifen – im performativen Vorgang ‚auftaut'. In einem metaphorischen Übereinanderschieben von beschriebener Tierhaut (Pergament) und verwundeter Menschenhaut äußert sich die Programmatik einer ‚einschreibenden' Lautästhetik.

Diese Inskription mit Wort und Schwert gilt dem Stricker nur sekundär als schriftliches, primär aber als akustisches Ziel, weswegen er die Entscheidung der Schlacht auch lärmend fällt (Der Stricker [zw. 1220 und 1250] 1995, 5715–5786): Am Ende löst Daniel den ohrenbetäubenden Schrei eines technischen Wundertiers aus, einer sirenenartigen Warnvorrichtung des Landes Cluse, die in ihrer Signalfunktion pervertiert wird:

Dô erschreiten sie daz tier	Da erschrien sie sich das Tier
und zugen im die banier	und zogen die Banier'
ûzer dem munde.	aus seinem Maul.
sâ huop ez, als ez kunde,	Da erhob sich ein Gejaul
ein schrei sô freislîche grôz	so grauenhaft laut,
daz er in durch daz houbet schôz,	es schoss durch das Haupt
allen die ez vernâmen.	aller, die es vernahmen.

(Der Stricker [zw. 1220 und 1250] 1995, 5763–5769)

Mit diesem finalen Manöver – einer selbstreflexiven Variante des Olifantenstoßes im *Rolandslied* – trifft die primäre Lautlichkeit wieder auf die beschriebene; beide überlagern sich zur finalen Kakophonie. Das Geschrei der mechanischen Warnvorrichtung setzt das gegnerische Heer außer Kraft. Der Laut, die ‚grausame' Seite der Sprache, erweist sich als das entscheidende Mittel zum Sieg – für den Schlachtenheld wie den Schlachtendichter, der die Gewalt des Lauts siegreich *durch daz houbet* der Zuhörer respektive ‚via Haut in die Gemüter' fahren lässt.

Literaturverzeichnis

1. Primärliteratur

Heinrich von dem Türlin. *Diu Crône. Kritische mhd. Leseausgabe mit Erläuterungen* [ca. 1230]. Hrsg. von Gudrun Felder. Berlin und Boston 2012.

Heinrich von dem Türlin. *Die Krone* [ca. 1230]. Übers. von Florian Kragl, Berlin und Boston 2012.

Konrad, der Pfaffe. *Das Rolandslied des Pfaffen Konrad* [ca. 1172]. Mittelhochdeutsch/Neuhochdeutsch. Übers. und hrsg. von Dieter Kartschoke. Stuttgart 1993.

Rabelais, François. *Gargantua und Pantagruel* [1552]. Vollst. Ausg. in 2 Bd. Übers. von Walter Widmer und Karl August Horst. München 1979.

[Rolandslied] *Das altfranzösische Rolandslied* [zw. 1075 und 1110]. Übers. von Wolf Steinsiek. Stuttgart 1999.

Der Stricker. *Daniel von dem Blühenden Tal* [zw. 1220 und 1250]. Hrsg. von Michael Resler. 2. Aufl. Tübingen 1995.

Der Stricker. *Karl der Große* [zw. 1220 und 1250]. Hrsg. von Karl Bartsch. Photomechan. NachDr. [1857]. Berlin 1965.

Wolfram von Eschenbach. *Parzival. Studienausgabe* [um 1210]. Mittelhochdeutscher Text nach der 6. Ausgabe von Karl Lachmann. Übers. von Peter Knecht. Berlin und New York 1998.

Wolfram von Eschenbach. *Willehalm* [nach 1217]. Hrsg. von Werner Schröder. 3. Aufl. Berlin und New York 2003.

2. Sekundärliteratur

Ackermann, Christiane, und Hartmut Bleumer. „Einleitung. Gestimmte Texte – Anmerkungen zu einer Basismetapher historischer Medialität". *Zeitschrift für Literaturwissenschaft und Linguistik* 43.171 (2013): 5–15.

Artaud, Antonin. *Das Theater und sein Double* [1938]. Frankfurt am Main 1969.

Barthes, Roland. „Die Rauheit der Stimme" [1972]. *Aisthesis. Wahrnehmung heute oder Perspektiven einer anderen Ästhetik. Essais*. Hrsg. von Karlheinz Barck, Peter Gente, Heidi Paris und Stefan Richter. Leipzig 1990: 299–309.

Barthes, Roland. *Die Lust am Text* [1973]. Frankfurt am Main 1974.

Barthes, Roland. *Was singt mir, der ich höre in meinem Körper das Lied*. Berlin 1979.

Benjamin, Walter. „Über das mimetische Vermögen" [1933]. *Gesammelte Schriften*. Bd. 2.1. Hrsg. von Rolf Tiedemann und Hermann Schweppenhäuser, Frankfurt am Main 1977: 210–213.

Bleumer, Hartmut. „Gottfrieds *Tristan* und die generische Paradoxie". *Beiträge zur Geschichte der deutschen Sprache und Literatur* 130.1 (2008): 22–61.

Bleumer, Hartmut. „Minnesang als Lyrik? Desiderate der Unmittelbarkeit bei Heinrich von Morungen, Ulrich von Liechtenstein und Johannes Handlaub". *Transformationen der Lyrik im 13. Jahrhundert. Wolfram-Studien XXI*. Hrsg. von Susanne Köbele. Berlin 2013: 165–201.

Cubitt, Sean. *Digital Aesthetics*. London u. a. 1998.

Däumer, Matthias. *Stimme im Raum und Bühne im Kopf. Über das performative Potenzial der höfischen Artusromane*. Bielefeld 2013.

Derrida, Jacques. *De la grammatologie*. Paris 1967.

Derrida, Jacques. „Das Theater der Grausamkeit und die Geschlossenheit der Repräsentation". *Die Schrift und die Differenz* [1967]. Frankfurt am Main 1976: 351–379.

Derrida, Jaques. *Glas* [1974]. München 2006.

Egidi, Margreth. *Höfische Liebe. Entwürfe der Sangspruchdichtung. Literarische Verfahrensweisen von Reinmar von Zweter bis Frauenlob*. Heidelberg 2002.

Eikelmann, Manfred. „Rolandslied und später Artusroman. Zu Gattungsproblematik und Gemeinschaftskonzept in Strickers *Daniel von dem Blühenden Tal*". *Chansons de geste in Deutschland*. Hrsg. von Joachim Heinzle, L. Peter Johnson und Gisela Vollmann-Profe. Berlin 1989: 107–192.

Fischer, Hanns. *Studien zur deutschen Märendichtung*. Tübingen 1968.

Glauch, Sonja. *An der Schwelle zur Literatur. Elemente einer Poetik des höfischen Erzählens*. Heidelberg 2009.

Green, Dennis Howard. *Medieval Listening and Hearing. The Primary Reception for German Literature 800–1300*. Cambridge 1994.

Greenfield, John. „*wâz hân ich vernomn*? Überlegungen zur Wahrnehmung von Schall im *Parzival* Wolframs von Eschenbach". *der âventiure dôn. Klang, Hören und Hörgemeinschaften in der deutschen Literatur des Mittelalters*. Hrsg. von Ingrid Bennewitz und William Layher. Wiesbaden 2013: 163–173.

Haferland, Harald. „Vokale Kultur, Hörgedächtnis und Textgrammatik". *der âventiure dôn. Klang, Hören und Hörgemeinschaften in der deutschen Literatur des Mittelalters*. Hrsg. von Ingrid Bennewitz und William Layher. Wiesbaden 2013: 45–62.

Hahn, Ingrid. „Das Ethos der ‚kraft'. Zur Bedeutung der Massenschlachten in Strickers *Daniel vom blühenden Tal*". *Deutsche Vierteljahresschrift für Literaturwissenschaft und Geistesgeschichte* 59 (1985): 173–194.

Kiening, Christian. „Wolfram von Eschenbach. *Willehalm*". *Mittelhochdeutsche Romane und Heldenepen. Interpretationen*. Hrsg. von Horst Brunner. Stuttgart 2004: 206.

Knaeble, Susanne. „Politisches Hören und Sprechen. Die zweigeteilte Stimme der *vrouwe* Enite in Hartmanns *Erec*". *der âventiure dôn. Klang, Hören und Hörgemeinschaften in der deutschen Literatur des Mittelalters*. Hrsg. von Ingrid Bennewitz und William Layher. Wiesbaden 2013: 81–101.

Krämer, Sybille. „Sprache – Stimme – Schrift. Sieben Gedanken über Performativität als Medialität". *Performanz. Zwischen Sprachphilosophie und Kulturwissenschaften*. Hrsg. von Uwe Wirth. Frankfurt am Main 2002: 323–346.

Krass, Andreas, „Poetik der Stimme. Der Gesang der Sirenen in Homers *Odyssee*, im *Tristan* Gottfrieds von Straßburg und im *Buch der Natur* Konrads von Megenberg". *der âventiure dôn. Klang, Hören und Hörgemeinschaften in der deutschen Literatur des Mittelalters*. Hrsg. von Ingrid Bennewitz und William Layher. Wiesbaden 2013: 31–43.

Lauer, Claudia. *Ästhetik und Identität. Sänger-Rollen in der Sangspruchdichtung des 13. Jahrhunderts*. Heidelberg 2008.

Lauer, Claudia. „Von den Blumen zum Blümen. Sinnliche Liebescodierungen und -inszenierungen im Minnesang". *der âventiure dôn. Klang, Hören und Hörgemeinschaften in der deutschen Literatur des Mittelalters*. Hrsg. von Ingrid Bennewitz und William Layher. Wiesbaden 2013: 61–79.

Layher, William. „Hörbarkeit im Mittelalter. Ein auditiver Überblick". *der âventiure dôn. Klang, Hören und Hörgemeinschaften in der deutschen Literatur des Mittelalters*. Hrsg. von Ingrid Bennewitz und William Layher. Wiesbaden 2013a: 9–29.

Layher, William. „Der Klang der Vergangenheit. Historisierte Strophik im *Laurin* des Dresdner Heldenbuchs". *der âventiure dôn. Klang, Hören und Hörgemeinschaften in der deutschen Literatur des Mittelalters*. Hrsg. von Ingrid Bennewitz und William Layher. Wiesbaden 2013b: 103–119.

Lechtermann, Christina, und Horst Wenzel. „Repräsentation und Kinästhetik". *Theorien des Performativen*. Hrsg. von Erika Fischer-Lichte und Christoph Wulf. Berlin 2001: 191–213.

Lord, Albert Bates. *The Singer of Tales*. Cambridge 1960.

Meyer, Matthias. *Die Verfügbarkeit der Fiktion. Interpretationen und poetologische Untersuchungen zum Artusroman und zur aventiurehaften Dietrichsepik des 13. Jahrhunderts*. Heidelberg 1994.

Meyer, Matthias. „Vom Lachen der Esel. Ein experimenteller Essay auf der Suche nach dem komischen Stil im Artusroman". *Gestimmte Texte*. Hrsg. Von Christine Ackermann und Hartmut Bleumer. Stuttgart und Weimar 2013: 86–103.

Müller, Jan-Dirk (Hrsg.). *‚Aufführung' und ‚Schrift' in Mittelalter und Früher Neuzeit*. Stuttgart und Weimar 1996.

Ong, Walter. *Orality and Literacy. The Technologizing of the Word*. New York 1982.

Pfeifer, Wolfgang. *Etymologisches Wörterbuch des Deutschen*. München 1995.

Schnyder, Mireille. *Topographie des Schweigens. Untersuchungen zum deutschen höfischen Roman um 1200*. Göttingen 2003.

Schöller, Robert. „Schall und Raum. Zur Kennzeichnung von Anderwelten durch Schallphänomene in der *Krone* Heinrichs von dem Türlin". *Literarische Räume. Architekturen*

- *Ordnungen – Medien*. Hrsg. von Martin Huber, Christine Lubkoll, Steffen Martus und Yvonne Wübben. Berlin 2013: 209–216.

Schöller, Robert. „*Ahî*-Effkte. Zur Interjektionalisierung vormodernen Texte". *Historische Räume. Erzählte Räume. Gestaltete Räume*. Festschrift für Leopold Hellmuth. Hrsg. von Georg Hofer, Robert Schöller und Gabriel Viehhauser. Wien 2015: 41–61.

Strohschneider, Peter. „,nu sehent, wie der singet!' Vom Hervortreten des Sängers im Minnesang". *‚Aufführung' und ‚Schrift' in Mittelalter und Früher Neuzeit*. Hrsg. von Jan-Dirk Müller. Stuttgart und Weimar 1996: 7–30.

Wagner, Silvan. „*Michel dôz* und *sêre lachen*: Lärm als akustisches Rezeptionssignal in den Mären des 13. Jahrhunderts". *der âventiure dôn. Klang, Hören und Hörgemeinschaften in der deutschen Literatur des Mittelalters*. Hrsg. von Ingrid Bennewitz und William Layher. Wiesbaden 2013: 139–162.

Wagner, Silvan. *Erzählen im Raum. Die Erzeugung virtueller Räume im Erzählakt höfischer Epik*. Berlin und Boston 2015.

Wenzel, Horst. *Hören und Sehen – Schrift und Bild. Kultur und Gedächtnis im Mittelalter*. München 1995.

Wittmann, Viola. „Zur Differenzierung und Akzentuierung von Handlungsrollen mittels akustischer Signale im *Reinhart Fuchs*". *der âventiure dôn. Klang, Hören und Hörgemeinschaften in der deutschen Literatur des Mittelalters*. Hrsg. von Ingrid Bennewitz und William Layher. Wiesbaden 2013: 121–137.

Zak, Sabine. „*luter schal und süeze doene*. Die Rolle der Musik in der Repräsentation". *Höfische Repräsentation. Das Zeremoniell und die Zeichen*. Hrsg. von Hedda Ragotzky und Horst Wenzel. Tübingen 1990: 133–148.

Zumthor, Paul. *Die Stimme und die Poesie in der mittelalterlichen Gesellschaft* [1984]. München 1994.

4.3. Mediale und konzeptionelle akustische Formate der Frühen Neuzeit
Dennis Borghardt

1. Vorbemerkungen

Im Zuge der reformatorischen Umwälzungen des 16. Jahrhunderts sind in Mitteleuropa Ausprägungen einer Medienkultur zu erkennen, die sich zusehends von mittelalterlichen Konzepten fortentwickelt. Bestimmten Schrift- und Redegattungen kommen dabei konstitutive Funktionen zu. Es lässt sich ein Aufschwung derjenigen Gattungen (*genera*) beobachten, die nach eigenem Selbstverständnis genuin auf eine weitreichende Verbreitung (*propagatio*) und somit auf die Schaffung öffentlicher Räume hin ausgerichtet sind. Dabei formulieren sie diätetische Grundsätze für das tägliche Leben eines Christenmenschen im Sinne der geforderten Frömmigkeit (*pietas*) und lassen darüber hinaus christliche Gemeinden im Sinne ihrer Selbstidentifikation (*cognitio sui*) erst entstehen. Die hieraus hervorgehende ‚neue' Öffentlichkeit scheint nicht mehr so sehr auf die Kategorien einer vertikal organisierten Gesellschaft angewiesen zu sein, sondern strebt eine bemerkenswerte Marginalisierung ständischer Unterschiede an. Im Zusammenhang mit den sozialen Neujustierungen kommt gerade Predigten eine höchst produktive Rolle zu: Sie erweisen sich, da sie in Kollektiven unter Anverwandlung homiletischer Regularien rezipiert werden, als eine Signatur des medialen und des sozialen Wandels. Über ihre soziale Stände übergreifende Vermittlung wie auch über ihre Sammlung als Postillen erlangen sie einen hohen Verbreitungs- und Nutzungsgrad. Kurz: In einem ersten Zugriff lässt sich für die Predigt „in der Frühen Neuzeit auf der Ebene der Kommunikation die Funktion eines Massenmediums" veranschlagen, und das „Hören der Predigt [bildete] einen festen Bestandteil des sozialen Lebens" (Holtz 2011, 1).

Somit ist nicht nur die Expansion des Buchdrucks ins Auge zu fassen, will man von einer Medialisierung oder gar Massenmedialisierung in der Frühen Neuzeit sprechen. Zwar hat der Buchdruck hierzu fraglos in erheblichem Maße beigetragen, indem er neue Möglichkeiten des Reifizierens, Duplizierens und Archivierens von Glaubensinhalten bereitstellte; er gilt daher zu Recht als eine entscheidende technik- und mediengeschichtliche Zäsur. Dennoch verdient die Frage nach dem Wirkpotenzial auditiver Medienformate eine ebenso entschiedene Aufmerksamkeit. Hierauf wird im Folgenden der Blick gerichtet. Dabei sollen diejenigen Aspekte im Vordergrund stehen, welche die Predigt als akustisches Format sui generis ausweisen und sie gerade in dieser Funktion zu einer sozialstrukturierenden Instanz machen. Denn die Verbreitung des Evangeliums unterliegt – wie bereits ein Blick auf ihre biblischen Vorlagen zeigen wird – keinen willkürlichen Regularien, sondern ist mit den medialen Paradigmen der Vergegenwärtigung, der (menschlich-göttlichen) Kommunikation und des sinnlichen Zugangs verknüpft. Dadurch lassen sich akustische Räume erzeugen, die wesentlich von der Verschränkung oraler und auditiver Aspekte abhängen. Bezogen auf die historische Tradierbarkeit biblischer Stoffe ist eine zeitliche und räumliche Verbreitungsmedialität im Sinne der oben genannten *propagatio* zu beobachten: Sie richtet sich auf die Stabilisierung und Expansion der christlichen Gemeinden, gerade indem die in der Predigt vermittelten Stoffe und Themen aus ihrer Historizität gleichsam gelöst und für die Gegenwart fruchtbar gemacht werden. Das Format ‚Predigt' erschöpft sich daher nicht in seiner Funktion als Organ biblischer Narrative, sondern stellt eine nahmündliche Form der Kommunikation dar, über die Handlungsgebote bis in die Gegenwart des säkularen wie nichtsäkularen Lebens hinein transportiert werden. Durch diese besondere Form des Transfers gehen auch die Themen und Topoi, von denen gepredigt wird, über ihre bloßen Archivkontexte hinaus und fordern zu einer Selbsterkenntnis des eigenen Lebens auf. Mit dem Erfolg des Lutherismus zeichnet sich zudem eine Neubestimmung des Predigers und des Predigens selbst ab. Diese fasst Werner Faulstich – unter Rekurrenz auf Werner Schütz (1972), Martin Rössler (1976) und Justus Maurer (1979) – anhand von vier Faktoren zusammen; dies sind die persönliche „Berufung und zentrale Aufgabe des Geistlichen i[m] Mittelpunkt des Gottesdienstes", dann entsprechend der *sola-scriptura*-Formel die Heilige Schrift „als Ausgangspunkt aller Predigt", die Implikation „eminent weltliche[r] Forderungen" und schließlich die Eingängigkeit einer „schlicht[en], direkt[en], eindringlich[en], volkstümlich[en], d. h. für alle verständlich[en]" (Faulstich 1998, 145–146) Vermittlung reformatorischer Themen und Theoreme. Diese zentralen Koordinaten der frühneuzeitlichen Predigtweise lassen sich systematisch weiterhin nach zwei Ebenen unterteilen: Sie verfolgen zum einen thematische, zum anderen wirkästhetische Anliegen. Insbesondere für die Aspekte des Wirkens durch die Predigt kann Martin Luther geradezu als ikonische Figur, als *der* Prediger der Frühen Neuzeit gelten. Im Zentrum der Verkündigung (*pronuntiatio*) finden sich nicht allein dogmatisch-reifizierende, sondern auch medialisierende Strategien wieder. Diese schreiben sich zwar durchaus in die Taxonomien der rhetorischen Schultradition (*officia oratoris*) ein, gehen dabei jedoch über eine reine Überzeugungsleistung (*persuasio*) hinaus. Somit liegt in der liturgischen Rezeption mehr noch als in der kirchlichen Autorität das gemeinschaftsstiftende Moment begründet, auf das die Reformatoren bei der Verbreitung ihrer Lehre in erheblichem Maße angewiesen sind. Auf ein solches reziprok zwischen Dogmatik und Gemeinschaftsbildung gefasstes Verhältnis wird ein Schwerpunkt in der weiteren Betrachtung gelegt. Im Anschluss daran soll in Ansätzen eine Kontrastierung mit anderen zeitgenössischen Formaten erfolgen, in der die unterschiedlichen Wirkansprüche der oral-auditiven Kommunikation deutlich werden. In den Blick kommen diejenigen Formate, die sich durchaus stärker als die Predigt nach eigenem Selbstverständnis für ‚politisch' halten beziehungsweise politische Anliegen verfolgen und diese ausdrücklich an ein größeres Publikum oder – wenn man so möchte – an eine ‚politische Gemeinde' richten. Sie behaupten gerade *durch* ihre Zeitgebundenheit, durch ihre präsentische Nähe zu den durch sie vermittelten Erzählereignissen ihren Relevanzanspruch für ein öffentliches Publikum. Zugleich lösen sie sich medial von dieser Präsenz, indem sie ihre orale Weitergabe im Sinne einer Abwesenheitskommunikation dispositiv bereits in sich tragen: Die Inhalte sollen nicht mit der schriftlichen Publikation enden, sondern mündlich weiter tradiert werden. Prototypische und weitverbreitete Beispiele für diese säkularen Formate stellen seit dem Ende des 15. Jahrhunderts Flugschrift und Schimpfrede dar. Gerade Erstere bietet sich hierfür an, da auch die Predigt selbst sich bereits im frühreformatorischen Stadium der flugpublizistischen Verbreitungsmöglichkeiten bediente. Im Anschluss an die im *Handbuch der Mediologie* programmatisch eingeführte Frage ‚Wie operieren Medien?' (Bartz et al. 2012, 7) soll an dieser Stelle die Frage ‚Was bewirken Medien?' im konkreten Hinblick auf die Gemeindebildung anhand der genannten Formate erörtert werden.

2. Die Predigt als oral-auditives Format

2.1. Mediale Aspekte der biblischen Predigt

Den auditiven Rezeptionsaspekten kommt bereits in zahlreichen Bibelpassagen eine zentrale Funktion zu. Das Empfangen einer göttlichen Semiotik aus prophetischem Mund kann schon im Alten Testament als regelmäßig auftretendes Sujet gelten und ist dabei an spezifische Bedingungen geknüpft. Es erfordert eine umfassende –intrinsische wie auch extrinsische – Hinwendung der Rezipienten zum göttlichen Wort. Scheitert die Vermittlung der Botschaft, so ist der Grund hierfür theologisch zwar im Unglauben (ἀπιστία [*apistía*]) der Zuhörer zu suchen, wird jedoch in bemerkenswerter Weise auch über die Betäubung der äußeren Sinne, vornehmlich des Hör- und Gesichtssinns, explizit gemacht. Auf die alttestamentarischen Propheten wie Jesaja, Jeremias oder Ezechiel wird daher regelmäßig rekurriert, wenn es im Neuen Testament um die Verkündigung des Evangeliums geht – auch und gerade in den Momenten ihres Misserfolgs. So scheitert im Johannes-Evangelium eine Predigt Christi bei der Zuhörerschaft daran, dass die göttlichen Worte, hier dezidiert als Zeichen (σημεῖα [sēmeîa]) aufgefasst, auf blankes Unverständnis stoßen: „Τοσαῦτα δὲ αὐτοῦ σημεῖα πεποιηκότος ἔμπροσθεν αὐτῶν οὐκ ἐπίστευεν εἰς αὐτόν, ἵνα ὁ λόγος Ἡσαΐου τοῦ προφήτου πληρωθῇ ὃν εἶπεν κύριε, τίς ἐπίστευσεν τῇ ἀκοῇ ἡμῶν; καὶ ὁ βραχίων κυρίου τίνι ἀπεκαλύφθη; διὰ τοῦτο οὐκ ἠδύναντο πιστεύειν, ὅτι πάλιν εἶπεν Ἡσαΐας·τετύφλωκεν αὐτῶν τοὺς ὀφθαλμοὺς καὶ ἐπώρωσεν αὐτῶν τὴν καρδίαν, ἵνα μὴ ἴδωσιν τοῖς ὀφθαλμοῖς καὶ νοήσωσιν τῇ καρδίᾳ καὶ στραφῶσιν, καὶ ἰάσομαι αὐτούς'" [„Und obwohl er solch große Zeichen vor ihnen tat, glaubten sie dennoch nicht an ihn, auf dass der Spruch des Propheten Jesaja erfüllt werde, den er sagte: ‚Herr, wer glaubt unserer Predigt? Und wem wird der Arm des Herrn offenbart?' Sie konnten aus eben dem Grund nicht glauben, den Jesaja weiterhin nannte: ‚Er hat ihre Augen geblendet und ihr Herz verstockt, damit sie nicht mit den Augen sehen und mit dem Herzen verstehen und sich bekehrten und ich sie heilen würde'"] (Joh 12, 37–40). Hier klingt durch die direkte Zitation von Jes 53, 1 sowie die folgende Verknüpfung mit Jes 6, 9–10 das theologische Problem des göttlichen ‚Verstockungsauftrags' an (vgl. zu diesem Topos ausführlich Wengst 2007, 80–87). Zugrunde liegt die Frage, ob eine andere Instanz als der Herr selbst überhaupt in der Lage wäre, die Herzen der Ungläubigen zu verschließen (mit Luther: „zu verstocken"). Dies wiederum berührt – noch vor der Frage nach der homiletischen Ausgestaltung – Wirkmacht und -möglichkeiten der Propheten und Prediger in höchstpersönlicher Weise: Welchen Einfluss können sie überhaupt auf ihr Auditorium ausüben, der über eine bloße rationale Überzeugungsleistung hinausreicht? Und lässt sich ihre mediale Rolle als eine solche definieren, die über ein instrumentelles Verständnis („Arm des Herrn") noch hinausgeht? Der in solchen Fragen liegende Geltungsanspruch kulminiert im Ausdruck des gegenüber dem hebräischen Urtext stark ich-personalisierten ἰάσομαι αὐτούς [„ich werde sie heilen"]. Hier geht es speziell um das „[W]iederherstellen [...] von den Folgen der Sünde" (Bauer und Aland 2004, s.v. ἰάομαι, 749), insbesondere also um die Wiederherstellung des Ansehens, im engeren Sinne der Ebenbildlichkeit des Menschen vor Gott. Bezüglich der spirituellen Medialität bietet es sich an, den Kontext der bei Johannes nur eklektisch herangezogenen Jesaja-Passagen mit einzubeziehen: „Καὶ ἤκουσα τῆς φωνῆς τοῦ κυρίου λέγοντος Τίνα ἀποστείλω, καὶ τίς πορεύσεται πρὸς τὸν λάον τοῦτον; καὶ εἶπα Ἰδοὺ εἰμι ἐγώ· ἀπόστειλόν με. καὶ εἶπεν Πορεύθητι καὶ εἰπὸν τῷ λαῷ τούτῳ Ἀκοῇ ἀκούσετε καὶ οὐ μὴ συνῆτε καὶ βλέποντες βλέψετε καὶ οὐ μὴ ἴδητε· ἐπαχύνθη γὰρ ἡ καρδία τοῦ λαοῦ τούτου, καὶ τοῖς ὠσὶν αὐτῶν βαρέως ἤκουσαν καὶ τοὺς ὀφθαλμοὺς αὐτῶν ἐκάμμυσαν, μήποτε ἴδωσιν τοῖς ὀφθαλμοῖς καὶ τοῖς ὠσὶν ἀκούσωσιν καὶ τῇ καρδίᾳ συνῶσιν καὶ ἐπιστρέψωσιν καὶ ἰάσομαι αὐτούς" [„Und ich hörte die Stimme des Herrn, wie er sprach: ‚Wen soll ich senden? Und wer wird zu diesem Volk reisen?' Ich aber sprach: ‚Siehe, ich bin hier, sende mich!' Und er sprach: ‚Gehe hin und sprich zu diesem Volk: Hört es mit dem Gehör und versteht es nicht, blickt hin und bemerkt es nicht! Verschlossen ist nämlich das Herz dieses Volks und betäubt ihre Ohren und geblendet ihre Augen, sodass sie nicht sehen mit ihren Augen und nicht hören mit ihren Ohren und nicht verstehen mit ihren Herzen und sie sich nicht bekehren und ich sie nicht heilen werde'"] (Jes 6, 8–10). Bemerkenswert erscheint hieran, dass die griechische, aus der Septuaginta stammende Übersetzung des Alten Testaments mit ἰάσομαι einen auf die erste Person bezogenen Verbalausdruck prädiziert, denn es ist indes noch immer der Herr, der hier spricht und dem folglich das genannte Wiederherstellen obliegt. Hiervon entfernt sich Johannes, indem er in merklicher Abgrenzung zur tradierten Vorlage, die noch einen auf die Zukunft gerichteten Handlungsauftrag enthielt, die dritte Person mit resultativem Temporalaspekt wählt: „τετύφλωκεν" („Er hat geblendet"), dann „ἐπώρωσεν" („Er hat verstockt"). Gerade in dieser unterschiedlichen Betonung tritt die Rolle des Predigers als personales Medium nachdrücklicher hervor, als es im Alten Testament noch der Fall war. Daneben erscheint das Bekehren als ein Akt, der unter Einbezug der inneren (Herz) und der äußeren Sinne (Augen, Ohren) vollzogen wird. Entgegen mancher zu gnomischem Gemeingut gewordenen Sentenz, man sehe ‚nur mit dem Herzen gut' und Ähnlichem, findet hier eben keine metonymische Verschiebung zwischen den äußeren und inneren Sinnen statt; vielmehr wird eine organologische Zuordnung beibehalten: Das Hören bleibt bei den Ohren, das Sehen bei den Augen. Die Glieder des Körpers bleiben somit ihren sinnlichen Funktionen verhaftet, und das Herz behält demgegenüber seine Funktion als Sitz des lebendig-leiblichen Lebens bei (vgl. zum zugrunde liegenden hebräischen Ausdruck Köhler und Baumgartner 2004, s. v. לב [‚lev'], 145).

Eine solche Unterscheidung zwischen inneren und äußeren Sinnen dient bisweilen – wenn man etwa Mt 13, 14–15 in den Blick nimmt – auch der Illustration des Sinns von Gleichnissen, insofern diese ja gerade dadurch gekennzeichnet sind, dass sie sich einem unmittelbaren sinnlichen Verständnis entziehen. Sie werden, darin den Predigtinhalten vergleichbar, grundsätzlich in einer transzendentalen Sphäre verortet, die mit einer höheren Wertigkeit als die weltlichen Phänomene belegt ist. Eine Aufgabe des jeweiligen Mediums besteht darin, ebendiese Divergenz zu überwinden, sie gleichsam aufzuheben. Denn die Vergegenwärtigung des Zukünftigen, das prophetische Anliegen par excellence, meint keine metonymische, sondern stets eine simultane Präsenz, die sich im prophetisch-wörtlichen Sinne in Form eines Vorher-Sagens (πρό-φημι [*pró-phēmi*]) niederschlägt. Der gleichzeitigen Präsenz des menschlichen Überträgers und des göttlichen Auftrags entspricht die deiktische Selbst- und Fremdbestimmtheit, wie man sie bei Jesaja im „Hier bin ich, sende mich!" ausgedrückt fand. Im Neuen Testament wird der Glaube an Gott indes bekanntlich über Christus selbst vermittelt, und auch in dieser Vermittlung wird Christus zum medialen Analogon (zur Synonymik von Christus und Gott über die Apostrophe „κύριε" [„Herr"], die gegenüber den alttestamentarischen Propheten über ein Instrumentalverhältnis hinausgeht, vgl. Schnackenburg 2000, 518–519). Eine derartige Übereinstimmung von Sender und Gesandtem wird im Johannes-Evangelium noch weiter ausgeführt, wenn Christus spricht: „καὶ ὁ θεωρῶν ἐμὲ θεωρεῖ τὸν πέμψαντά με" [„Und derjenige, der mich sieht, sieht denjenigen, der mich geschickt hat"] (Joh 12, 45). Daher geht es hier nicht allein um die Zeichen selbst als vielmehr um die Evidenz („ὁ θεωρῶν [...] θεωρεῖ") der Zeichen und deren Verortung zwischen Gott, Sprecher und Empfänger. Das Distanzverhältnis zwischen Prediger und Zuhörer – bei Joh 12, 37 durch „ἔμπροσθεν αὐτῶν" [„vor ihnen"] sprachlich markiert – ist daher nicht allein Bestandteil einer Szenographie, sondern thematisiert auch die Übermittlungsbedingungen des göttlichen Logos. Dass diese Übermittlung wie hier aufgrund der Blendung der Augen und der Betäubung der Ohren scheitern kann, stellt bei Johannes ein Grundproblem der Gesandtentheologie dar (vgl. allgemein hierzu Hahn 1965) und wird unter der Chiffre des Herzens als ‚Sitz des unwillentlichen Willens' bis heute theologisch rezipiert und diskutiert. Hierin liegt ein wesentlicher Grundsatz des akustischen Wirkvermögens von Predigten: Es ist das menschliche Herz, das – häufig im Rekurs auf 5. Mose 6, 4–9 – als Sitz des ‚inneren Gehörs' angesehen wird und als solches bis in die Gegenwart hinein einen zentralen Gegenstand kirchlicher Predigten darstellt – gelegentlich auch in wertender Abgrenzung zum Sehen, das von niederer Würde erscheint, da es nicht die intimsten Seelenregionen zu erfassen vermag. So predigt der Stuttgarter Prälat Ulrich Mack im Juni 2014: „*Höre, Israel.* Ja, *höre!* Du hast Ohren. Mach sie auf. Lebe aufmerkend. Habe ein Gehör für die Wahrheit. Höre, wem du gehörst. Horche, wem zu gehorchen sich lohnt. Das Hören reicht in eine andere Tiefenschicht des Lebens als das Sehen, vor allem, wo es um Gott geht, um das Gehören und das Gehorchen. *Höre* ... und eben nicht: *Sehe.* Gesehen hat Israel viele Göttergestalten" (Mack 2014, 2–3). Die Predigt fährt fort mit einer Aufzählung vermeintlicher Götter/Götzen vom Alten Testament bis zur Gegenwart und schließt daraus: „Gottesbilder. Aber hier: *Höre, Israel!* Lass sie rein, diese Worte. Lass sie in dein Herz, in deine Lebensmitte. Hab ein inneres Gehör dafür, wem du gehörst. *Dein Wort* – so haben es Psalmbeter erkannt und bekannt – *dein Wort ist Licht, ist Leben, ist Kraft.* Es hat die Kraft, unsere falschen Gottesbilder zu zertrümmern und uns so frei zu machen, Gottes Liebe zu hören" (Mack 2014, 3). Auch in der hier verfolgten Emphase zeigt sich eine bemerkenswert stabile Isotopie der menschlichen Innen- und Außenwelt. Die Empfänglichkeit der interioren Sinne wird im Inneren erst durch die Öffnung des Herzens sowie im Äußeren durch die Sensibilität der Ohren gewährleistet. Darauf, dass in diesem psychologisch-anthropologischen Spannungsfeld auch medientheoretische Zusammenhänge eine gewichtige Rolle spielen, weist über die bisher diskutierten Aspekte der Simultaneität und Permeabilität hinaus auch die Vielzahl lexikalischer Felder hin, mit denen, ausgehend von den angeführten Bibeltexten, in der weiteren Predigttradition fortwährend umgegangen wird.

2.2. Zwischenbetrachtung zur historischen Lexik

Auch wenn die *praedicatio* den etymologisch nächstliegenden Terminus zur ‚Predigt' darstellt und sie insbesondere in ihrer quantitativ-qualitativen Doppelfunktion des Verkündens und des Rühmens – vornehmlich durch einen Herold (*praeco* als Bestandteil desselben Wortfeldes) – eine Differenzierung in sich selbst enthält, so werden die oben genannten Rezeptionsaspekte der Predigt damit noch nicht vollständig abgebildet. Vielmehr findet sich von den biblischen Texten an ein Tableau an Ausdrücken, die sich auf auditive Aspekte beziehen und diese – wie oben gesehen – zum Bestandteil eines theologischen Diskurses erheben. Wo in den Jesaja- und Johannes-Passagen akoé (ἀκοή) – in Anlehnung an das hebräische „שָׁמַע"(‚sm', dt. hören, zuhören; auch der im 5. Buch Mose verwendete Ausdruck; vgl. Köhler-Baumgartner, s. v. „שָׁמַע") auftritt, führt die Vulgata mit *auditus* das lateinische Pendant hierzu an. Der *auditus* zielt vorwiegend auf das Hören eines Vortrags beziehungsweise einer Botschaft ab und bezeichnet im prägnanten, christlichen Sinn „die Predigt" (Georges 1998, s. v. „auditus", 720). Im *auditus noster* („unsere Predigt") lässt sich daher besonders gut die angestrebte Simultaneität von Sender, Botschaft und Empfänger erfassen. So greift auch Laktanz in den *Divinae Institutiones* (um 300 n. Chr.) prominent auf die diskutierte Jesaja-Stelle zurück: „Domine, quis credidit auditui nostro, et bracchium Domini cui revelatum est" [„Herr, wer glaubte unserer Predigt, und wem ist der Arm des Herrn offenbart worden"] (Lactantius, *Divinae Institutiones*, 4, 16)? Ebenso zitiert Augustinus sie im Zusammenhang seiner Prophetenschau in *De civitate Dei*, 18, 29 (426 n. Chr.), da sie ihm offenkundig als exemplarisch für den Propheten Jesaja erscheint. Mehr noch: Bereits aufgrund der schieren Menge seiner Predigten werde Jesaja sogar „von manchen eher Evangelist als Prophet genannt" (Augustinus, *De civitate Dei*, 18, 29; „a quibusdam euangelista quam propheta potius diceretur"). Im Rahmen dieser Schilderungen gebraucht Augustinus den für die weitere Tradition verbindlich gewordenen Terminus des *sermo*. Er ist seiner Kommunikationsform nach dem antiken Kolloquialstil verhaftet und fordert – darin der *praedicatio* unähnlich – einen „gelassene[n] Gesprächston" (Georges 1998, s. v. „sermo", 2624). In diesem Sinn wird er für die späteren Reformatoren, ganz besonders für Luther, als ‚Sermon' zum Leitausdruck für die kirchliche Predigt selbst erhoben. Wenn Augustinus auf eine abhandelnde Predigt von größerer Länge – häufig in bereits verschriftlichter und/oder kodifizierter Form – abzielt, so ist demgegenüber, wie etwa im *Liber de haeresibus* (429 n. Chr.), tendenziell von einem *tractatus* die Rede. Mit einer gewissen Vorsicht lässt sich sagen: Die Predigt zielt als *auditus* und *sermo* stärker auf das performative Agieren, als *tractatus* hingegen zumindest ihrer Zweckbestimmung nach auf eine theologisch-kodifizierte Form, auf Verschriftlichung ab. Gegenüber dem *auditus* kommen dabei dem *sermo* und erst recht dem *tractatus* in höherem Maße systematisierende und archivierende Funktionen zu. Die Predigt fungiert somit in einem zweifachen Sinn als Informationsträger göttlicher Evidenz sowie als akustisches und schriftliches Vermittlungsorgan. Die Wortfelder von *praedicatio, sermo, auditus* und *tractatus*, welche die Predigt in ihrer medialen Bestimmungsrichtung immer wieder neu ausrichten, rufen dadurch ein Spannungsfeld auf, dass sie zu großen Teilen Prinzipien der Kommunikation auf die Ebenen der Oralität/Auditivität und des Archivierens überführen und untereinander kontrastieren können. Die Vergegenwärtigung des göttlichen Wortes erweist sich insgesamt als ein voraussetzungsreicher dynamischer Vorgang, der – mit Jesaja gesprochen – als ein Weg von der Betäubung der Ohren hin zur Öffnung der Ohren führt.

3. Oral-auditive Aspekte der Predigt in der Frühen Neuzeit

Das Schaffen neuer akustischer Räume durch die frühneuzeitliche Predigt lässt sich besonders eindrücklich anhand der drei Koordinaten Sangestradition, rhetorische Performanz und sprachlicher Wechsel vom Lateinischen ins Deutsche nachvollziehen. Die spezifische Bedeutung oral-auditiver Aspekte der Predigt ist mediengeschichtlich zunächst im Zusammenhang mit der Liedpredigt zu erfassen. Sie stellt eine neuartige generische Erscheinung, eine Innovationsleistung in enger Beziehung zur Singbewegung dar. Bei dieser Bewegung handelt es sich, maßgeblich unter lutherischem Einfluss, um ein typisches reformatorisches Phänomen, das in einem produktiven Austausch mit der Kirchenmusik stand (vgl. Vötterle 1974) und seinen stärksten Zulauf bereits zur Zeit der Frühreformation in Westfalen in der ersten Hälfte des 16. Jahrhunderts hatte (vgl. Neuser 2002, 29–34). Die Singbewegung formiert sich ihrem Selbstbild nach aus der Tradition der (spät-)mittelalterlichen Meistersinger. Diese wiederum stellen über mehrere Generationen hinweg das menschliche Medium dar, „durch das die geistliche und weltliche Bildung der Zeit von dem nur wenigen zugänglichen Zustand der Lesbarkeit in den allen zugänglichen Zustand der Hörbarkeit überführt wurde" (Brunner 1981, 21). Das genuine Aufgabengebiet der Meistersinger umfasst dabei bestimmte Transformationsprozesse, allen voran die Musikalisierung, die Versifizierung und die Lyrifizierung sowie, gemessen an ihrem Verbreitungsanspruch, die Popularisierung von Bibelpassagen (vgl. Nagel 1962, 79–80). Demnach ist es die Bildung über die Ohren und nicht so sehr diejenige über die Augen, die in ihren medialen Rezeptionsbedingungen soziale Strukturen erst zu nivellieren und neu zu arrangieren vermag. In ebendiesen Prozessen üben die Meistersinger durchaus eine die verschiedenen Medientypen miteinander komplementierende Funktion aus, denn sie „verbreiteten [...] ihre Texte auch in Druckmedien bzw. transformierten umgekehrt Schriftliteratur ins Hörbare; sie standen im Spannungsfeld des Übergangs von der Dominanz der Menschmedien zur Dominanz der Druckmedien" (Faulstich 1998, 89). Dieses Spannungsfeld scheint zumindest für den Zeitraum konstatierbar, bis eine umfassendere Schriftalphabetisierung auch der niederen Stände erreicht wird – ein Prozess, der im 16. Jahrhundert vor dem Hintergrund der protestantischen Bildungsinitiativen einsetzt und sich insbesondere als ein urbanes Phänomen abzeichnet (vgl. zuletzt Houston 2012). Handelte es sich bei den Meistersingern jedoch noch im Großen und Ganzen um eine Straßen- und Wanderbewegung, so findet spätestens in der zweiten Hälfte des 16. Jahrhunderts eine flächendeckende Eingliederung des Gesangs auch in den Kontext des kirchlichen Gottesdienstes selbst statt. Dem Lied wird „in der Liturgie ein spezieller Stellenwert zugeordnet" (Faulstich 1998, 171); es flankiert darin die Predigt bei der Schaffung einer Gemeindeöffentlichkeit aus dem Kernbereich des Gottesdienstes selbst heraus. Die akustische Performanz ist nunmehr zweifach gerichtet: Zum einen wird sie über das Kollektiv der Gemeinde praktiziert – es gibt in dem Moment streng genommen keinen ‚Vorsänger' und kein ‚Publikum' mehr –, zum anderen wird über die Figur des Predigers selbst die religiöse Emphase erzeugt und mit anderen geteilt. Im Zusammenschluss beider Dimensionen soll die Intimität der Gemeinde gewährleistet werden, ohne in einer bloßen Hermetik aufzugehen. Diese neuen Ansprüche stellen zweifellos hohe Anforderungen an Begabung und Performanz des Predigers in seiner Rolle als Redner; sie werten zudem die Rhetorik als elementaren Bestandteil des Bildungscurriculums weiter auf. Neben der Rolle der Individualcharismatik – die sich traditionell in der Naturanlage (*ingenium, natura*) ausgedrückt findet – werden auch aus der Homiletik selbst systematische Ansprüche an die Vortragsweise (*actio, pronuntiatio*) formuliert. So setzt Johann Günther in seinen *Praecepta Homiletica* (1694) die Lehre von den Redegattungen als theoretischen Maßstab an und fügt die Predigtteile dabei in das taxonomische Gerüst der Rednerpflichten (*officia oratoris*) ein. Demzufolge müsse die Redeweise in den Eingangspassagen (*exordia*) „ruhig und getragen" (Günther 1694, 13: „placida & gravia") und daher „frei von heftigen Ausrufen" (Günther 1694, 13: „a vehementibus exclamationibus vacua") sein. Die Wirkintensität eines *sermo* bemisst sich in diesem Sinn nicht an der affektvollen Reizung, sondern am gleichmäßigen Gesprächston; der akustische Raum ist daher nicht von Vehemenz und Nachdruck bestimmt, sondern von einer gewissen Ebenmäßigkeit. Eine derartige Ausgeglichenheit korrespondiert nun mit der Marginalisierung ständischer

Unterschiede des Auditoriums selbst. Die Zugehörigkeit oder treffender: das Zugehörigkeitsgefühl zu einer Gemeinschaft kann sich auf eine nichtexzentrische Modalität der Predigt stützen, die gerade im Vergleich zur überkommenen liturgischen Praxis ‚neuzeitlich' zu nennen ist. Hinzu kommt, dass Predigten bereits in der Anfangszeit der Reformation sowie ab dem 16. Jahrhundert zusehends auch die katholischen (für einen konzisen Überblick vgl. Pichel 1980) in Ergänzung zur lateinischen Liturgie auch in deutscher Sprache abgehalten werden und dadurch bereits ihrem Primärmedium nach auf ein größeres Publikum abzielen. Diese neuen Vermittlungsmodi – Abhaltung des *sermo* in deutscher Sprache (‚Sermon'), Eingliederung des gemeinsamen Liedes in den Gottesdienst, entschleunigte Rhetorik des Redners – lassen die Predigt gegenüber ihren spätmittelalterlichen Ausprägungen in neuen akustischen Räumen aufleben. Obschon an ein heterogenes Publikum gerichtet, scheint die liturgische Praxis in ebendieser Selbsterneuerung die Diffusion der christlichen Gemeinde zu verhindern – mehr noch: Die Bildung reformatorischer Gemeinden fällt in vielen Momenten geradezu mit der Predigtbewegung überein; deren Erfolg wiederum hängt entscheidend von ihrer oralen Vermittlung ab (vgl. Scribner 1984). Zugleich wird eine bestimmte hergebrachte Perspektivität zwischen Prediger und Gemeinde als ein wesentlicher Aspekt der frühneuzeitlichen Rolle der Diakonie konserviert: Der kirchliche Würdenträger hat nach wie vor die Gemeinde als Kollektiv im Blick und lässt diese Gemeinschaft durch seine generelle Seelsorge (*cura generalis*) geradezu erst manifest werden. Im Gegensatz zu dieser Form der Seelsorge fußen modernere Ansätze auf einer geänderten Diakonieauffassung, die sich im Zuge der Ausprägung einer als *cura specialis* firmierenden, individuellen Seelsorge vornehmlich als ein Phänomen des 19. Jahrhunderts erweisen wird. Wie im Folgenden gezeigt wird, lässt sich ein derartiger Generalisierungsanspruch nicht nur in der diakonischen Frage, sondern auch in der Erzeugung von Öffentlichkeiten ausmachen.

4. Vergleich mit Flugschriften und Schimpfreden

Mag auch die fast synchron einsetzende Bezeugung von Flugschriften und Flugblättern in der zweiten Hälfte des 15. Jahrhunderts eine enge generische Verschränkung nahelegen, so ist dennoch zu berücksichtigen, dass es sich um zwei unterschiedliche Formate mit ebenso differenten Wirkzielen handelt. Stehen die durch Flugblätter in der Regel auf einem einzelnen Folianten übermittelten Nachrichten in einer Tradition des sogenannten Sensationsjournalismus, so dienen Flugschriften – zumindest ihrer Grundtendenz nach – der Verbreitung ‚seriöser', auf Werthaltigkeit ausgerichteter Inhalte. Sie sind nach Ludwig Köhler (1976), Johannes Schwitalla (1983), Faulstich (1996) und Daniel Bellingradt (2011) grob definierbar als autonome Druckschriften, die in unregelmäßigen Abständen erscheinen. Aus ihrer Entwicklung heraus werden erst die Entstehung des modernen Zeitungswesens und die Ausprägung urbaner Pressezentren wie Köln, Hamburg und Leipzig im 17. Jahrhundert verständlich (vgl. Bauer und Böning 2011). Zugleich sind sie, da sie sich prinzipiell nicht nur neuen Themenspektren öffnen, sondern diese in Teilen auch selbst generieren, Ausweis einer publizistischen Miszellankultur, wie man sie zuvor nicht in derselben Breitenwirkung beobachten konnte. Sie arbeiten dabei häufig propagandistischen Zwecken im Sinne einer Meinungsmultiplikation zu (vgl. dezidiert Walther 1978); somit zeigt sich hier ein bestimmtes Moment der Politisierung bereits angelegt. Flugschriften werden in diesem Zusammenhang auch zu einem wesentlichen Träger religiöser Diskurse in den Reichsstädten selbst – ein Phänomen, das durch den im Dreißigjährigen Krieg kulminierenden Konfessionsstreit noch weiter verstärkt wird und sich besonders eingängig anhand der Geschichte Kölns im 17. Jahrhundert ablesen lässt (vgl. Arndt 2000).

Flugschriften sind als massenkommunikative Formate stets an ein disperses Publikum gerichtet. Ihre mediale Zielrichtung ist dabei keineswegs auf ihren Status als ‚Schrift' beschränkt, sondern trägt ihre orale Weitergabe als eigentliches Dispositiv bereits in sich. Fand sich das öffentlichkeitsstiftende Moment der Predigt noch im gemeinsamen Zuhören angelegt, so scheinen es hier transformative Prozesse zu sein, die eine Massenkommunikation gleichsam in Gang setzen. Wenn der Rezipient einer Predigt erwarten darf, dass die literalen Inhalte vom Prediger ins Oral-Auditive überführt werden, so erwartet umgekehrt der Produzent von Flugschriften eine auditive Aufnahme und orale Weitergabe durch die jeweiligen Rezipienten. Somit stellt die Transformation aus dem schriftlichen Zustand in den hörbaren Zustand gewissermaßen zugleich das einende wie auch das trennende Kriterium beider Formate dar. Das dynamische Wechselverhältnis zwischen Schriftlichem und Hörbarem wird von beiden vorausgesetzt, während sie sich in der Funktionalisierung ihrer jeweiligen Primärakteure unterscheiden: In der Predigt wird der Sender zugleich als Empfänger, in Flugschriften indes der Empfänger zugleich als Sender disponiert. Die Dynamik der *folia volantia* lässt sich dabei wie folgt erfassen: Im Sinne der genannten Meinungsmultiplikation öffnen sie einen oral-auditiven Raum, an dem – ähnlich der Predigt – nicht nur der schriftalphabetisierte Teil der Bevölkerung partizipieren kann, sondern der prinzipiell allen offensteht. Prominent ablesbar ist dies ex negativo anhand des Schriftformats des ‚Pasquill'. Ein Pasquill schreibt sich in die seit der Antike bestehende Traditionslinie der Invektive ein, durch die bestimmte Figuren des (meist öffentlichen) Lebens desavouiert und nach Art einer Schimpfrede regelrecht angeklagt werden sollen. Der Brückenterminus zwischen der antiken Invektive und dem frühneuzeitlichen Pasquill stellt der *libellus famosus* dar. Die Pasquillen sind in Tradition solcher *libelli* bereits vor Einsetzen der Flugpublizistik ubiquitär verbreitet; danach lässt ihre materiale Verbreitung zusehends nach. Sie werden indes auch im 16. und 17. Jahrhundert weiterhin als Etikettierung verwendet, um die jeweiligen Inhalte juristisch belangbar zu machen. Mag dies, bezogen auf die schriftliche Formatseite, noch funktionieren, so erweist sich dieses Prinzip mit dem Übergang in den oral-auditiven Raum größtenteils als wirkungslos. So konstatiert etwa Bellingradt für die Situation des späten 17. Jahrhunderts in Hamburg, dass „[n]eben der literalen und typographischen Anschlusskommunikation [...] die orale Komponente entscheidend [war]: eine ‚Bezähmung der Zunge' war nicht durch eine ‚Pasquill'-Kennzeichnung zu erreichen – eher Gegenteiliges ist festzustellen" (Bellingradt 2011, 239; ‚Bezähmung der Zunge' hier in Anspielung auf den Titel von Bogner 1997 verwendet). Die Neuetikettierung als Schimpfrede kann somit – medientheoretisch gewendet – das oral-auditive Dispositiv nicht überschreiben, das der Flugschrift eingegeben ist. Vielmehr führt es erst recht zu einer Intensivierung der Prozesse des Weitersagens und der Meinungsbildung. Hierin zeigt sich nicht nur ein größeres politisches Agitationspotenzial, das dem Oral-Auditiven gegenüber dem Schriftlichen zukommt, sondern auch eine spezifische Form der Abwesenheitskommunikation. Der Flugschriftenproduzent als Primärakteur dieses Prozesses darf auf genau diese Form der Kommunikation innerhalb eines solchen akustischen Raumes hoffen, der einerseits leicht kontingent-unkontrollierbar erscheint, andererseits jedoch noch größere Propagandamöglichkeiten verspricht, als es die Sphäre der Schriftgelehrsamkeit zu leisten vermag.

Auf ebendiesen akustischen Raum ist auch die Predigt bereits zur Zeit der Frühreformation regelrecht angewiesen, um ihre Dogmatik zu verbreiten. Als paradigmatisch hierfür können diejenigen Predigten gelten, die in eine fingierte Dialogstruktur mit der adressierten Gemeinde treten, indem sie sich „[a]llen und yeden Christlichen Bruedern uñ Schwestern so diß büchlein lesen oder hœren lesen" (Ruß 1523, 1) zuwenden oder etwa durch Apostrophen wie „an ain Lœbliche Freystatt Straßburg" (Meyer 1524, 1) die Stadt selbst kurzerhand ansprechen. Der Eintritt in eine solche Kommunikationssituation ist ein in der Reformationspredigt weitverbreitetes Phänomen; er zeigt an, dass sich die flugschriftlichen Predigten generell nicht einfach als materialer Fortsatz oder Duplikat eines bereits abgehaltenen Sermon verstehen, sondern eine eigene Dynamik zu entwickeln suchen. Fast nebenbei werden zudem die Ständegrenzen nivelliert, indem ausdrücklich alle christlichen Brüder und Schwestern als Adressaten angesprochen werden. Das aus der Liturgie bekannte Prinzip der Intimität der christlichen Gemeinde wird hier im neu geöffneten Raum auditiver Rezipientenkreise – denn dass die meisten Christenbrüder und -schwestern seine Predigt eher „hœren lesen" denn „lesen" werden, dürfte für den Geistlichen Ruß wohl unzweifelhaft sein – transformiert. Darüber hinaus werden die Zuhörer mit testifikatorischen Rollen belegt, indem sie vom Prediger geradezu als ‚Ohrenzeugen' seiner Doktrin stilisiert werden: „Und dieweil yhr denn das mehrerteyl die [Predigten] gehœrt hat / wert yhr als frome erbare Christen / der warheit zu gut / mir gezeuge sein / das ich also und nicht anders gelert habe" (Langer 1529, 4; hier als Begründung für die Unrechtmäßigkeit der Entlassung Langers aus dem Kirchenamt in Numburg eingeführt, wie Moeller und Stackmann 1996, 213 darlegen). Demgegenüber werden, dem genuinen Anliegen der Flugpublizistik durchaus entsprechend, die Nachrichten über Ereignisse, in deren Zusammenhang die Predigt zu verorten ist, zwar noch mitgeliefert, erscheinen allerdings als Paratexte neben dem eigentlichen Predigttext zusehends marginalisiert. Die Flugschriften haben somit ihre dokumentarische Funktionalität (bezogen auf die zugrunde liegende Predigttätigkeit und die zeitgenössischen Ereignisse) durchaus nicht verloren, zeigen sich jedoch erheblich interessierter an einer neuen Dialogizität zwischen göttlicher Botschaft und den Christengemeinden. Die akustische Wieder- und Weitergabe ist somit in neutestamentlicher Tradition ein Träger des christlichen *logos* und zugleich Signatur eines neuen Öffentlichkeitsraums.

5. Schlussbemerkungen

Wie der historische Abriss gezeigt hat, lässt sich die Medienentwicklung der Frühen Neuzeit nur schwerlich auf ihre technikgeschichtlichen Fortschritte reduzieren. Sie impliziert vielmehr stets auch das Bewusstsein ihrer eigenen transgressiven Möglichkeiten bezüglich des medialen und sozialen Wandels. Ein zentrales Anliegen besteht in der Ausprägung neuer Öffentlichkeitssphären. Bellingradts Diktum, dass „die Sphären von Oralität, Literalität und typographischer Umsetzung in der Frühen Neuzeit dialektisch bedingt, komplementär und generell durchlässig waren" (Bellingradt 2011, 17), lässt sich dahingehend weiterführen, dass gerade das Format ‚Predigt' die Durchlässigkeit zwischen kirchlichem und säkularem Öffentlichkeitsraum durch seine eigenen oral-auditiven Ansprüche einfordert. Die flugschriftliche Predigt richtet sich in genereller und zugleich spezifischer Weise an die Gemeinden, sie tritt in eine Dialogsituation mit den Bürgern der jeweiligen Reichsstädte und erweist sich darin als medialer Akteur sowie als urbanes Phänomen par excellence. Beruhte die im Alten und Neuen Testament inszenierte Predigttätigkeit auf den Prinzipien der äußeren Simultaneität und der intrinsischen Permeabilität, so strebt die Frühreformation nach einer Form der Unmittelbarkeit, die sich als Fortschreibung von den noch im Spätmittelalter virulenten Paradigmen des Überzeugens (*persuadēre*) und Lehrens (*docēre*) versteht. Das heißt nicht, dass Belehrungs- und

Überredungskunst keine Rolle mehr für die rhetorische Verfasstheit dieses Formats spielten; sie sind allerdings nicht mehr so eng mit der christlichen Heilsbotschaft verknüpft und sollten insofern gemieden werden, als sie leicht ein Moment erzeugen können, das der Simultaneität von Botschaft, Sender und Empfänger entgegenlaufen könnte. Vielmehr soll die reformatorische Doktrin ja in weitestmöglichem Ausmaß popularisiert und vulgarisiert werden. An den drei Hauptinnovationen dieser Zeit – der Ausweitung des sprachlichen Primärmediums, der neuen rhetorischen Rolle des Predigers und der Liedintegration in die Liturgie – lässt sich die Verschränkung der medialen und sozialen Neubestimmung der Predigt ablesen. Mit einer solchen Dynamisierung geht zudem die – zumindest situative – Nivellierung einer statischen Ständeperspektive einher. Als ein maßgebliches Format hierfür erweist sich neben der Predigt die Flugschrift. Während die Predigt ihr mediales Dispositiv traditionell in der Koinzidenz inneren und äußeren Empfangens sieht, findet sich das Dispositiv der Flugschrift in einer Weitergabe gegründet, die durchaus akzidentell verlaufen kann. Gegenüber diesen beiden Medienformaten durchläuft das Pasquill im 16. und 17. Jahrhundert einen Prozess, der weg vom Status eines autonomen Formats hin zu demjenigen einer medialen Signatur führt. Die Predigt wird, indem sie der Flugschrift *materialiter* überantwortet wird, gleichwohl keineswegs inhaltlich archiviert, sondern im Gegenteil weiter dynamisiert. Die Schriftlichkeit gewährleistet zwar den Fortbestand des vom Primärakteur verfolgten literalen Sinns; ihren wirkästhetischen Erfolg entfaltet sie indes erst im akustischen Raum unter Weiterentwicklung flugschriftlicher Formate hin zu einer neuen Dialogizität zwischen Publikum, Herold und dem nicht mehr anwesenden Urverfasser. Das Schaffen einer Kommunikationssituation *in absentia* stellt somit die eigentliche mediale und generische Transformationsleistung bezogen auf die Akustizität der frühneuzeitlichen Predigt dar. Sie befindet sich dadurch zusehends nicht mehr auf derselben Ebene wie die biblischen Formatvorlagen. Es ist gerade das Wechselverhältnis der Formate Flugschrift und Predigt, das als zentrales Charakteristikum des frühneuzeitlichen Medienverbundes gelten kann.

Literaturverzeichnis

Die griechischen Bibelzitate folgen – bezogen auf das Alte Testament – der Septuaginta-Ausgabe von Alfred Rahlfs in der von Robert Hanhart verbesserten Edition sowie – bezogen auf das Neue Testament – dem von Eberhard und Erwin Nestle edierten und von Kurt Aland et al. fortgeführten *Novum Testamentum Graece*. Die Septuaginta wurde für das Alte Testament als Textgrundlage gewählt, da sie nach weitgehendem Konsens die textuelle Vorlage für das Johannes-Evangelium darstellt. Die lateinischen Bibelzitate folgen der Vulgata-Ausgabe, die Luther-Zitate der Einheitsübersetzung. Sämtliche Übersetzungen stammen vom Verfasser.

1. Primärliteratur

Augustinus. *De civitate Dei. The City of God*. Bd. 6. Hrsg. von Patrick G. Walsh. Oxford 2014.
Biblia Sacra Vulgata. Nach Robert Weber und Roger Gryson. 5. Aufl. Stuttgart 2007.
Die Bibel. Nach der Übersetzung Martin Luthers. Stuttgart 1985.
Günther, Johann. *Praecepta homiletica in privatum auditorum suorum usum in compendium redacta*. Leipzig 1694.
Lactantius. *Divinarum institutionum libri septem*. Hrsg. von Eberhard Heck und Antonie Wlosok. München und Leipzig 2009.
Langer, Johannes. *Ursach der lere Johannis Langers von Bolkenhayn / die er zu der Numburg geleret hat*. Wittenberg 1529.
Meyer, Sebastian. *Widerruffung an ain Læbliche Freystatt Straßburg*. Augsburg 1524.
Novum Testamentum Graece. Post Eberhard Nestle et Erwin Nestle communiter ediderunt Kurt Aland, Matthew Black, Carlo M. Martini, Bruce M. Metzger, Allen Wikgren. Apparatum criticum recensuerunt et editionem novis curis elaboraverunt Kurt Aland et Barbara Aland una cum Instituto studiorum textus Novi Testamenti Monasteriensi (Westphalia). 26., neu bearbeitete Aufl. Stuttgart 1985.
Ruß, Wolfgang. *Ayn entschuldigung aines Priesters*. Nürnberg 1523.
Septuaginta. Nach Alfred Rahlfs. 2., von Robert Hanhart durchges. und verb. Aufl. Stuttgart 2006.

2. Sekundärliteratur

Arndt, Johannes. „Köln als kommunikatives Zentrum im Zeitalter des Dreißigjährigen Krieges". *Köln als Kommunikationszentrum. Studien zur frühneuzeitlichen Stadtgeschichte*. Hrsg. von Georg Mölich und Gerd Schwerhoff. Köln 2000: 117–138.
Bartz, Christina, Ludwig Jäger, Marcus Krause, und Erika Linz. „Einleitung – Signaturen des Medialen". *Handbuch der Mediologie. Signaturen des Medialen*. Hrsg. von Christina Bartz, Ludwig Jäger, Marcus Krause und Erika Linz. München 2012: 7–15.
Bauer, Volker, und Holger Böning (Hrsg.). *Die Entstehung des Zeitungswesens im 17. Jahrhundert. Ein neues Medium und seine Folgen für das Kommunikationssystem der Frühen Neuzeit*. Bremen 2011.
Bellingradt, Daniel. *Flugpublizistik und Öffentlichkeit um 1700. Dynamiken, Akteure und Strukturen im urbanen Raum des Alten Reiches*. Stuttgart 2011.
Bogner, Ralf Georg. *Die Bezähmung der Zunge. Literatur und Disziplinierung der Alltagskommunikation in der frühen Neuzeit*. Tübingen 1997.
Brunner, Horst. „Hans Sachs und Nürnbergs Meistersinger". *Hans Sachs und die Meistersinger in ihrer Zeit*. Katalog einer Ausstellung des Germanischen Nationalmuseums im Neuen Rathaus in Bayreuth. Bayreuth 1981: 9–24.
Faulstich, Werner. *Medien zwischen Herrschaft und Revolte. Die Medienkultur der frühen Neuzeit (1400–1700)*. Göttingen 1998.
Hahn, Ferdinand. *Das Verständnis der Mission im Neuen Testament*. 2., durchges Aufl. Neukirchen-Vluyn 1965.
Hahn, Torsten. „Bote/Botschaft". *Handbuch der Mediologie. Signaturen des Medialen*. Hrsg. von Christina Bartz, Ludwig Jäger, Marcus Krause und Erika Linz. München 2012: 71–77.
Maurer, Justus. *Prediger im Bauernkrieg*. Stuttgart 1979.
Moeller, Bernd, und Karl Stackmann. *Städtische Predigt in der Frühzeit der Reformation. Eine Untersuchung deutscher Flugschriften der Jahre 1522 bis 1529*. Göttingen 1996.
Nagel, Bert. *Meistersang*. Stuttgart 1962.

Neuser, Wilhelm H. *Evangelische Kirchengeschichte Westfalens im Grundriß*. Bielefeld 2002.
Pichel, Robert. „Zur Dokumentation der deutschsprachigen katholischen Predigtliteratur vom späten 16. bis zum frühen 19. Jahrhundert. Probleme ihrer Durchführung und wissenschaftlichen Auswertbarkeit". *Jahrbuch für Volkskunde* 3 (1980): 166–193.
Rössler, Martin. *Die Liedpredigt. Geschichte einer Predigtgattung*. Göttingen 1976.
Schnackenburg, Rudolf. *Das Johannesevangelium. Herders theologischer Kommentar zum Neuen Testament*. Bd. 2. Freiburg 2000.
Schütz, Werner. *Geschichte der christlichen Predigt*. Berlin und New York 1972.
Schwitalla, Johannes. *Deutsche Flugschriften, 1460–1525*. Tübingen 1983.
Scribner, Robert W. „Oral Culture and the Diffusion of Reformation Ideas". *History of European Ideas* 5 (1984): 65–76.
Vötterle, Karl. „Begegnung der Singbewegung mit der Kirchenmusik". *Traditionen und Reformen in der Kirchenmusik. Festschrift für Konrad Ameln zum 75. Geburtstag*. Hrsg. von Gerhard Schuhmacher. Kassel u. a. 1974: 49–66.
Walther, Karl Klaus. „Kommunikationstheoretische Aspekte der Flugschriftenliteratur des 17. Jahrhunderts". *Zentralblatt für Bibliothekswesen* 92 (1978): 215–221.
Wengst, Klaus. *Das Johannes-Evangelium*. Bd. 1.2: *Kapitel 11–21*. 2. Aufl. Stuttgart 2007.

3. Lexika
Bauer, Walter, und Kurt Aland. *Wörterbuch zum Neuen Testament*. 6., völlig neu bearb. Aufl. Berlin 1988.
Georges, Karl-Ernst. *Ausführliches Handwörterbuch. Lateinisch – Deutsch*. Unveränderter Nachdruck der 8., verb. und verm. Aufl. Hannover 1998.
Köhler, Ludwig, und Walter Baumgartner. *Hebräisches und Aramäisches Lexikon zum Alten Testament*. 3. Aufl. Leiden 2004.

4. Onlinequellen
Holtz, Sabine. *Predigt. Religiöser Transfer über Postillen*. Europäische Geschichte Online (EGO). Hrsg. vom Institut für Europäische Geschichte (IEG). http://www.ieg-ego.eu/ holtzs-2011-de. 2. Februar 2011 (29. März 2015).
Houston, Robert A. *Alphabetisierung*. Europäische Geschichte Online (EGO). Hrsg. vom Leibniz-Institut für Europäische Geschichte (IEG). http://www.ieg-ego.eu/houstonr-2001-de. 26. Januar 2012. (25. März 2015).
Mack, Ulrich. *Predigt am 22.06.2014 in der Stiftskirche Stuttgart*. http://www.stiftskirche.de/ cms/ index.php?option=com_phocadownload&view=category&download=310:predigt-vom-22-juni-2014&id=4:predigten-zum-nachlesen&Itemid=702. 22. Juni 2014 (3. April 2015).

4.4. Epistemologie der empfindsamen Stimme (Semiotik – Narratologie – Mediologie)
Frauke Berndt

1. Einleitung

Zu einem „Hohlwort" (Miller 1968, 30) ermutigt Gotthold Ephraim Lessing im Hinblick auf den Roman *Sentimental Journey Through France and Italy* (Lessing 1768) Johann Jacob Christoph Bode: „War es *Sternen* erlaubt, sich ein neues Wort zu bilden: so muß es eben darum auch seinem Übersetzer erlaubt sein. Die Engländer hatten gar kein Adjectivum von Sentiment: wir haben von *Empfindung* mehr als eines. *Empfindlich, empfindbar, empfindungsreich*: aber diese sagen alle etwas anders. Wagen sie, *empfindsam*" (Lessing 1987, 528–529)!

Als „ein in den neuern Zeiten sehr richtig gebildetes und durch Yoricks empfindsame Reisen in Aufnahme gebrachtes Wort" (Adelung 1793–1801) verwenden Literatur- und Kulturwissenschaften den Neologismus heute nicht als historischen Begriff für eine Epoche, deren Anfang zwischen 1720 und 1740 sowie deren Ende zwischen 1780 und 1800 ohnehin keine festen Eckdaten erkennen lassen. Sie verwenden ihn vielmehr als epistemologischen Begriff, der historisch, soziologisch, systemtheoretisch, anthropologisch, gendertheoretisch, gattungstheoretisch, semiotisch, poetisch, ästhetisch, rhetorisch, kommunikationstheoretisch oder medientheoretisch in Abhängigkeit verschiedener paradigmatischer ‚Turns' immer wieder neu profiliert worden ist. Bei aller Verschiedenheit der vielfältigen Ansätze liegt der Verwendung des Begriffs ein gemeinsames Interesse an literarischen Darstellungsverfahren zugrunde, die mit der doppelten Medialität der Sprache – Stimme und Schrift – umgehen (vgl. Koschorke 2003). Den Hintergrund bildet die mit der Emanzipation des Bürgertums einhergehende Neuformatierung alter Gattungen, die man grob gesprochen als stilistische Wende vom Pathos (*genus sublime*) zum Ethos (*genus medium*) verstehen kann. Diese neuen Formen prägt jener Phono- und Logozentrismus, der seit den 1960er Jahren in allen Spielarten der Ideologie- und Metaphysikkritik dekonstruiert worden ist (vgl. Derrida 1996).

Im stimmenhörenden Säkulum entstehen einerseits physikalische, phonologische und medizinische Abhandlungen über die Beschaffenheit des Stimmorgans (vgl. unter anderem Gessinger 1994), andererseits rhetorische, grammatische, sprachwissenschaftliche, dramaturgische, theologische, moralphilosophische, psychologische und anthropologische Abhandlungen über die Unmittelbarkeit, Lebendigkeit und Präsenz der Stimme, ihre Schönheit, ihre Natürlichkeit, ihre Poetizität, ihre Musikalität, ihre Emotionalität und Affektivität – ja sogar über ihre Weiblichkeit –, ihre Beseeltheit, ihre Göttlichkeit, ihre Magie, ihre Prophetie, ihre (Un-)Heimlichkeit, kurzum: ihre Sinnlichkeit im umfassenden Sinn, wie sie in der empfindsamen Ästhetik eben all diese Phänomene umfasst. Abhängig von den jeweiligen Genres und ihren stilistischen Regeln ist die Stimme fester Bestandteil einer ‚Rhetorik der Empfindsamkeit' (vgl. unter anderem Arnold 2012). Briefe haben ihre ganz eigene(n) Stimme(n), ebenso Tagebücher, Autobiographien, Bekenntnisse, Gebete, Epen (epische Gesänge), Oden, Lieder, Hymnen, Elegien, Rhapsodien, bürgerliche Trauerspiele, rührende Lustspiele, Tragikomödien, stürmende und drängende sowie Melodramen, kurzum: Im langen 18. Jahrhundert tönt und schallt es ganz gewaltig – insbesondere aber in der Lyrik (vgl. u. a. Schneider 2004; Schneider 2005).

In systematischer Hinsicht wird die Stimme unter dem Schlagwort ‚sekundäre Oralität' am Leistungsprofil der Mündlichkeit bemessen (vgl. Ong 1983; Wiethölter et al. 2008), obwohl Mündlichkeit und Schriftlichkeit Strukturen sind, die sowohl gesprochen als auch geschrieben in Erscheinung treten können (vgl. Koch 1997; Oesterreicher 1998). Mit dem Modellbegriff ‚empfindsam' möchte ich hingegen die historische Epistemologie zwischen 1735 und 1773 attribuieren, welche die Stimme von der Mündlichkeit entkoppelt. In der Konstellation zwischen Alexander Gottlieb Baumgartens *Semiotik der Stimme* in den Betrachtungen über den literarischen Text, Johann Gottfried Herders *Narratologie der Stimme* in der Sprachursprungsschrift und Friedrich Gottlieb Klopstocks *Mediologie der Stimme* in den frühen Abhandlungen zur Poetik und Metrik lässt sich zeigen, dass und wie die empfindsame Stimme schriftlich codiert ist, bevor und damit sie aufgeführt werden kann – dabei geht es um alles andere als das akustische Phänomen, das eine ganz eigene Theoriegeschichte der Stimme schreibt (vgl. Dolar 2014): Es geht um Konzeptualisierung und Konzepte der Stimme.

2. Semiotik: A. G. Baumgartens Stimme der Schrift

Im Rahmen jener Aufwertung der „Ästhetische[n] Erfahrungs-Kunst" (Baumgarten 1741, 8), die das lange 18. Jahrhundert philosophisch prägt, sucht Baumgarten nach „Empfindungs-Gesetze[n]" (Baumgarten 1741, 7). In seiner literarischen Medienästhetik *Meditationes philosophicae de nonnullis ad poema pertinentibus* wählt Baumgarten im Jahr 1735 den Modellbegriff *sensitivus/a/um* zur Attribuierung sinnlicher Darstellungsverfahren, der wie das Attribut ‚empfindsam' genau das bedeutet, „was die Leser vors Erste bei dem Worte noch nicht denken", sich aber „nach und nach dabei zu denken gewöhnen" (Lessing 1987, 529). *Sensitivus/a/um* markiert nämlich das sinnliche Interesse an der Medialität des literarischen Textes (*poema*), das Baumgarten auf der Grundlage der rationalistischen Semiotik verfolgt. Sein Modell des sensitiven Zeichens bildet – vermittelt durch Georg Friedrich Meiers *Anfangsgründe aller schönen Wissenschaften* (1754–1759) – das epistemologische Fundament der Stimme.

Als perfekte sensitive Rede (*oratio sensitiva perfecta*) nähert sich Baumgarten dem literarischen Text von der Stimme herkommend an: „Da das *Gedicht als Reihe artikulierter Laute* zur Lust der Ohren anregt, § 92, 91, muß darin insofern eine *Vollkommenheit enthalten sein*, § 92, und sogar *höchste Vollkommenheit*, § 94" (Baumgarten 1983, § 96).

Die artikulierten Laute (*soni articulati*) finden sich dementsprechend auch im semiotischen Modell wieder, das Baumgarten dem literarischen Text unterlegt: „*Die Bestandteile einer sensitiven Rede sind 1) sensitive Vorstellungen, 2) deren Verknüpfungen, 3) Wörter oder artikulierte Laute, die aus Buchstaben als ihren Zeichen bestehen*" (Baumgarten 1983, § 6). Während das Argument der Verknüpfung auf der Seite des Bezeichneten (*repraesentatio*) Baumgartens Modell der Komplexität sensitiver Darstellung geschuldet ist, verankert die Verdoppelung des Zeichens die Stimme im Medium der Schrift (*voces sive soni articulati litteris constantes earum signa*): Nicht Wörter (*voces*) in Form artikulierter Laute (*soni articulati*) sind die Zeichen (*signa*), sondern Buchstaben (*litterae*), wodurch Baumgarten die Laute also auf die Seite des Bezeichneten verschiebt, weil die Buchstaben sie bezeichnen.

Zunächst scheint Baumgarten mit der Verdoppelung von Stimme und Schrift der für das 18. Jahrhundert verbindlichen aristotelischen Prämisse zu folgen, nach der die Stimme das primäre Zeichen, die Schrift das sekundäre Zeichen darstellt: „Es sind also die Laute, zu denen die Stimme gebildet wird, Zeichen der in der Seele hervorgerufenen Vorstellungen, und die Schrift ist wieder ein Zeichen der Laute", bestimmt Aristoteles in *Peri Hermenias* (Aristoteles 1968, 95). Beide Medien – Stimme und Schrift – sind für Aristoteles indes performative Ereignisse, das heißt in der einfachsten Definition, dass sie einmalig stattfinden und unwiederholbar sind: „Und wie nicht alle dieselbe Schrift haben, so sind auch die Laute nicht bei allen dieselben" (Aristoteles 1968, 95). Doch im Gegensatz zu Aristoteles schließt Baumgarten aus seinem Modell des sensitiven Zeichens alles Performative, das heißt jede mediale Ereignishaftigkeit kategorisch aus, indem er insbesondere im Hinblick auf die Stimme die Betrachtung der Deklamation der Rhetorik überträgt (vgl. 4.5. MAYE; 4.6. MEYER-KALKUS) – derjenigen Disziplin also, die nicht für den literarischen Text, sondern ‚bloß' für die sensitive Rede zuständig ist: „Aber da das Gedicht dies mit der unvollkommenen sensitiven

Rede gemeinsam hat, übergehen wir es leicht, damit wir nicht zu weit über unser Ziel hinaus gelangen. Nichts also über die Beschaffenheit des Gedichtes als einer Reihe artikulierter Laute" (Baumgarten 1983, § 97).

Auf der Seite des Bezeichneten ist der Laut nämlich kein performatives Ereignis, sondern ein psychologisches Konzept, das zur Bedeutung des schriftlichen Zeichens dazugehört: Die dergestalt konzeptualisierte Stimme ist also ganz und gar „Stimme der Schrift" (Berndt 2011, 39). Im Gegensatz zu der ‚realen' beziehungsweise medial realisierten Stimme ist die konzeptualisierte Stimme ideal. Baumgarten beerbt mit dieser Stimme (*vox*) die Renaissancehumanisten Julius Caesar Scaliger und Gerhard Johannes Vossius, die das Distinktionsprinzip der Sprache zwar an den Laut binden, aber vom Buchstaben (*littera*) her konzeptualisieren (vgl. Vogt-Spira 1991). Im Gegensatz zu den rhetorischen *vox*-Modellen, von denen es im 18. Jahrhundert eine ganze Reihe gibt, zum Beispiel Heinrich G. B. Frankes zwei Bände *Ueber Deklamation* (Franke 1789/1794), ist diese Stimme makellos. Kein Stottern, Nuscheln, Räuspern, Schmatzen, Lispeln, Krächzen, Piepsen und so weiter stört diese Stimme. Nur ideale Laute sind nämlich distinkt und beliebig kombinierbar, vor allem aber erinnerbar und damit wiederholbar.

Darauf, dass die ‚Stimme der Schrift' keine ‚Stimme der Buchstaben' ist, sondern das komplexere phonologische Konzept der Silbe voraussetzt, stößt Baumgarten auf dem poetischen Feld der Metrik: „Die Quantität einer Silbe ist das, was man an ihr nicht ohne Mitgegenwart einer anderen Silbe erkennen kann. Also kann man aus den Zeitwerten der Buchstaben nicht die Quantität erkennen" (Baumgarten 1983, § 98). Dieser Stimme unterlegt Baumgarten, anders als Lessing in seiner epochemachenden Semiotik *Laokoon oder über die Grenzen der Mahlerey und Poesie*, nicht nur eine zeitliche, sondern mit der zeitlichen gleichzeitig auch eine räumliche Anschauungsform (Lessing 1766). In diesen Paragraphen spielt das personifizierte Ohr daher buchstäblich die kognitive Hauptrolle bei dieser Verräumlichung. Als Richter der unteren Erkenntnisvermögen (*iudex inferior*) unterscheidet es eine Silbe von der anderen, vergleicht Längen und Kürzen, bestimmt deren Verknüpfung zu Versfüßen und Versmaßen (vgl. Baumgarten 1983, §§ 93–103). Dabei springt es vor und zurück, erinnert und sieht voraus, kurzum: Das Ohr bildet die zeitliche Anschauungsform der Stimme auf die räumliche Anschauungsform der Schrift ab. Dafür vergleicht Baumgarten die gebundene Rede mit einem Tanz – mit derjenigen Kunstform also, die Raum und Zeit verbindet. Diese Verbindung geht buchstäblich mit der Verkörperung der Stimme einher, sodass der Vergleich in die Nähe theatraler Modelle rückt. Zu den Liedern der Hirten Damon und Alphesiboeus in Vergils fünfter *Ecloga* bemerkt Baumgarten nämlich: „Die tanzenden Satyrn wird Alphesiboeus nachahmen" (Baumgarten 1983, § 109).

Doch Baumgarten unterscheidet nicht nur zwischen Konzeptualisierung der Stimme und ihrer Performativität, sondern er geht auch davon aus, dass selbst performative Ereignisse im Gedächtnis gespeichert und dort beliebig oft abgeholt werden können: „*Wörter* als artikulierte Laute gehören in den Bereich des Hörbaren. Daher *erzeugen sie sinnliche Ideen*" (Baumgarten 1983, § 91). Mit dieser Wendung überführt Baumgarten das Verhältnis von Ereignis und Konzept in einen Kreislauf ohne Anfang und Ende, weil die Wahrnehmung artikulierter Laute Konzepte ebenso voraussetzt wie erzeugt. Unter dem Strich der *Meditationes* lässt sich daher das Paradox einer „*konzeptualisierte*[n] *Performativität*" notieren (Berndt 2011, 41), – und diese Stimme bleibt stumm. Ihr Passstück hat Baumgartens konzeptualisierte Performativität in jenem kollektiven Archiv, auf das die Epoche vertraut. Standardisiert sind die semantischen Rahmen der Stimme, wie sie nicht nur in der Lyrik, sondern auch in den anderen Gattungen, insbesondere aber im Drama auf- und abgerufen werden: weinen, schluchzen, seufzen, klagen, stammeln, spotten, lachen, verfluchen [sic!] – das sind die empfindsamen Stimmlagen, die immer wieder notiert werden – und natürlich das Verstummen!

3. Narratologie: J. G. Herders ‚Stimme' der Stimme

Dass die Stimme eine dergestalt verkopfte Angelegenheit ist, dass sie Stimme der Schrift ist und dass ihre Performativität konzeptualisiert ist, bestätigt einer der wohl besten zeitgenössischen Kenner Baumgartens und kritischer Rezensent der *Aesthetica* (Baumgarten 1750/1758) im vierten Teil der *Kritischen Wälder. Oder Betrachtungen die Wissenschaft und Kunst des Schönen betreffend* (Herder 1769). Vor dem Hintergrund einer medialen Wende der Erkenntnistheorie bestimmt Herder 1770 in der anthropologischen *Abhandlung über den Ursprung der Sprache* den „Ton" als ebendiesen Ursprung, nämlich als „das Naturgesetz einer empfindsamen Maschine" (Herder 1985, 707–708). Dieses ‚Naturgesetz' gilt für alle ‚Maschinen', auch für die menschliche: „Der Mensch ist als ein horchendes, merkendes Geschöpf zur Sprache natürlich gebildet" (Herder 1985, 735). Der Leistung seiner empfindsamen Seelenmaschine unterlegt Herder eine mediale Konstellation. Auf einer multimodalen „großen Naturtafel" bildet er den Prozess der sinnlichen Erkenntnis ab, an dem drei Sinnesorgane und Seelenkräfte sowie deren Repräsentationsformen beteiligt sind – Auge/Sehen (Bild), Hand/Tasten (Gefühl), Ohr/Hören (Ton):

„Da ist z. E. das Schaf. Als Bild schwebet es dem Auge mit allen Gegenständen, Bildern und Farben auf Einer großen Naturtafel vor – wie viel, wie mühsam zu unterscheiden! Alle Merkmale sind fein verflochten, neben einander – alle noch unaussprechlich! Wer kann Gestalten reden? Wer kann Farben tönen? Er nimmt das Schaf unter seine tastende Hand – Das Gefühl ist sicherer und voller; aber so voll, so dunkel in einander. – Wer kann, was er fühlt, sagen? Aber horch! das Schaf blöcket! Da reißt sich ein Merkmal von der Leinwand des Farbenbildes, worin so wenig zu unterscheiden war, von selbst los: ist tief und deutlich in die Seele gedrungen. ‚Ha! sagt der lernende Unmündige, wie jener blind Gewesene Cheselden's: nun werde ich dich wieder kennen – Du blöckst!' Die Turteltaube girrt! der Hund bellet! da sind drei Worte, weil er drei deutliche Ideen versuchte, diese in seine Logik, jene in sein Wörterbuch! Vernunft und Sprache taten gemeinschaftlich einen furchtsamen Schritt und die Natur kam ihnen auf halbem Wege entgegen durchs Gehör. Sie tönte das Merkmal nicht bloß vor, sondern tief in die Seele hinein! es klang! die Seele haschte – da hat sie ein tönendes Wort" (Herder 1985, 734)!

Durch die sinnlichen Kanäle des Auges, des Ohres und der Hand an die Seele weitergeleitet, verarbeitet diese die Wahrnehmungen eines Gegenstandes zu audiovisuellen Vorstellungen, die anschließend von sinnlichen Zeichen repräsentiert werden. In der Beurteilung der Seelenkräfte wertet Herder wie Baumgarten die kognitiven Leistungen des Hörens gegenüber allen anderen Kräften auf. Denn weder dem Sehen noch dem Tasten gelingt es, das Dickicht der sinnlichen Merkmale zu durchdringen, mit denen ein Gegenstand der Wahrnehmung die Seele konfrontiert. Lediglich der nicht nur hörende, sondern dabei auch sinnlich urteilende „Lehrmeister der Sprache" (Herder 1985, 734) – das Ohr – ist in der Lage, mit dem Schallereignis ein distinktes Merkmal zu unterscheiden, das von da an als sinnliches Zeichen für den Gegenstand stehen kann. Seinen Sieg über die anderen Sinnesorgane trägt das Ohr deshalb davon, weil akustische Merkmale wie Girren, Bellen und Blöken erregender sind als alle anderen.

Wenn Herder nun freilich sein Wissen über diesen reflexiven Prozess der sinnlichen Datenverarbeitung kommunizieren will, dann wechselt er vom anthropologischen ins literarische Register, um die Wirkung größtmöglicher Unmittelbarkeit zu erzeugen. Ausgerechnet an dem Punkt, an dem Herder in der Sprachursprungsschrift nämlich die Entstehung des ‚tönenden Worts' darstellt (vgl. Wallach 2013, 28–32), verleiht er der Seele gleich mehrere Stimmen, indem er den inneren Dialog inszeniert, den die Seele mit sich selbst führt. Ihren epistemischen Mehrwert entfaltet die berühmte Urszene der Stimme im 18. Jahrhundert daher nur narratologisch geschulten Leserinnen und Lesern. Im dramatischen Modus erzählt er sein strukturelles und mediales Wissen über das ‚tönende Wort' – und zwar gesteuert durch eine Reihe rhetorischer Gedankenfiguren (*figurae sententiae*). Mit und durch diese Narration generiert die Sprachursprungsschrift einen nicht zu unterschätzenden epistemischen Mehrwert. Im Rahmen einer extradiegetisch-heterodiegetischen Erzählung markieren diakritische Zeichen eine Reihe von Ausrufen und Fragen, die in den Anruf der Seele gipfelt: „Aber horch! das Schaf blöcket" (Herder 1985, 734)!

In einer Audiofiktion (*fictio audientis*) erzeugt dieser Aus- und Anruf genau diejenige Kommunikationssituation, deren Bestandteil sie selbst ist, und führt die aus- und anrufende Instanz „als fingierte Person" (Campe 1999, 135) der Seele in die Rede ein. Dabei ersetzt die rhetorische Figur der Apostrophe die narrative Funktion der ‚Stimme' durch eine performative Funktion, wie es Jonathan Culler auf den Punkt bringt: „Apostrophe is not the representation of an event; if it works it produces a fictive, discursive event" (Culler 1977, 68). Indem Herder diese ‚Stimme' durch ‚erlebte Rede' darüber hinaus intern fokalisiert, verortet er die aus- und anrufende Instanz sowohl extradiegetisch, wo die strukturalistische Narratologie den Erzählakt (*narration*) eigentlich lokalisiert, als gleichzeitig auch intradiegetisch, wo man sie als *fictio personae* der Seele sprechen hört (vgl. Genette 2010, 279). Mit dieser narratologischen Metalepse geht freilich die Unzuverlässigkeit der ‚Stimme' einher (vgl. Meixner 2015), sodass der Preis für die dergestalt psychologisierte Stimme der Verlust an narrativer Allwissenheit ist. Als performatives Ereignis ist die Stimme weder wahr noch falsch, sondern schlicht und ergreifend effektiv.

Der epistemische Mehrwert betrifft aber nicht nur diese spezifische Wahrheitsbedingung der Stimme, sondern auch ihre strukturelle Ethik: Zugleich mit der Position des Sprechenden figuriert die Apostrophe – als passgenaues Gegenstück der Metalepse – nämlich auf intradiegetischer Ebene auch die Position des Hörenden *vor* den Ohren des extradiegetischen Lesers. Dieser wird gewissermaßen zum Mithörenden einer Rede, die aussagelogisch betrachtet nicht unmittelbar an ihn adressiert ist. Dreistellig ist die Apostrophe daher definitionsgemäß strukturell, imaginäre „Rufnähe" eines Anderen setzt sie freilich keineswegs voraus (vgl. Spoerhase 2013). Denn die *fictio personae* der Seele ruft nicht das Schaf an, sondern sich selbst. Eine solche imaginäre Rufnähe kommt erst ins Spiel, wenn die Seele in ihrer eigenen erlebten Rede die direkte Rede einer imaginären Figur aktualisiert, die Apostrophe also auf metadiegetischer Ebene mit der rhetorischen Figur der Prosopopoiia verbindet: „Ha! […] nun werde ich dich wieder kennen – Du blöckst" (Herder 1985, 734)! Es ist das Ohr, das hier spricht – und zwar in der empirischen Rolle des ‚lernenden Unmündigen', mit dem Herder auf das sogenannte Molyneux-Problem anspielt, das heißt auf die Frage, wie Optik und Haptik mit Begriffsbildung zusammen- beziehungsweise voneinander abhängen. William Cheselden (1688–1752), den Herder zitiert, hat in seinem Experiment mit einem früh erblindeten und später wieder sehenden Jungen bewiesen, dass dieser ohne Training der optischen Wahrnehmung keine visuellen Konzepte erzeugen könne. Nur wenn das Schaf deshalb wiederholt, also mindestens zweimal „[w]eiß, sanft, wollicht" daherkomme, könne die Seele es aufgrund ihrer Erfahrung anrufen: „Ha! du bist das Blöckende!'" (vgl. Herder 1985, 723). Die Pointe besteht darin, dass dieser Anruf – Rufnähe hin oder her – keineswegs mit der Antwort des Schafes kalkuliert: ‚Ha! Ich blöke. Daran hast Du mich wiedererkannt!' Das Schaf bleibt stumm; es besetzt lediglich die symbolische Position des Anderen, dessen Anerkennung den Prozess der Erkennung des sinnlichen Zeichens begleitet.

Von der Apostrophe, die Herder auf dem Schauplatz der Seele inszeniert, hängen aber nicht nur die Wahrheitsbedingungen und die strukturelle Ethik der Stimme ab, sondern auch ihre Medialität. Obwohl die *fictio personae* der Seele zu jeder Zeit gesichtslos bleibt, wird sie hörbar, weil und indem ihre Rede einen Medienwechsel vollzieht: „das Schaf blöcket!" Was wir hören, ist indes nicht das ursprüngliche Schallereignis des Blökens, sondern lediglich das Lautkonzept des *Wortes* [bløkn]. Darüber hinaus hängen Fokussierung und Aktivierung dieses Blökens von den medienspezifischen Möglichkeiten der Schrift ab: Mittels Kursivierung verlagert Herder den prosodischen Akzent des Satzes auf das Verb, das nun anstatt des Nomens betont wird. Schriftlichkeit ist also sowohl die Voraussetzung dafür, dass der semantische Rahmen für das Blöken abgerufen werden kann, als auch dafür, dass der Leser zwar nichts blöken, es aber dafür Blöken hört. Dergestalt figuriert Herders epistemische Urszene der Stimme einen doppelten Verlust: Auf der Ebene der ‚Geschichte' (*histoire*) verschwindet mit dem Aus- und Anruf zuerst das Schaf von der Bildfläche der Seele, indem es durch das „Merkmal" ersetzt wird, mittels dessen es die Seele „erkennet [...] und nennet" (Herder 1985, 723). Auf der Ebene des Diskurses verschwindet dann auch das ‚tönende Wort'. In der epistemischen Urszene der Stimme tönt nichts anderes als das lexikalische Wort – und zwar nirgendwo außer im Kopf des Lesers, der aber zugleich die Rolle eines virtuellen Hörers zu übernehmen hat.

4. Mediologie: F. G. Klopstocks Stimmen der Stimme – am Beispiel der Ode „Klage" (1771)

Baumgarten legt das semiotische Fundament für die Stimme der Schrift, Herder inszeniert deren Wahrheitsbedingungen sowie strukturelle Ethik in einer einschlägigen Narration, die bereits erkennen lässt, dass die medialen Möglichkeiten der Stimme vielfältig sind. Klopstock schöpft genau diese Möglichkeiten in seiner großangelegten Dressur der Stimme aus, die wie Semiotik und Narratologie der empfindsamen Stimme auf das Medium der Schrift bezogen bleibt. Denn bevor nicht neue technische Apparate Wissen zugänglich machen, das symbolische Notationssysteme nicht aufzeichnen können (vgl. Hartmann 2003, 27–30), bleibt die Stimme eine Stimme der Schrift. In Klopstocks Mediologie der empfindsamen

Stimme markiert das Jahr 1773 eine deutliche Zäsur: Das Versepos *Der Messias* ist mit dem Erscheinen des vierten Bandes vollständig in Halle verlegt und die *Deutsche Gelehrtenrepublik* subskribiert, in der Klopstock Zwischenbilanz zieht. Mediologische Grundgedanken enthalten außer dieser Poetik vor allem die Vorreden zum zweiten Band des *Messias*: *Von der Nachahmung des griechischen Sylbenmasses im Deutschen* (Klopstock 1755) – sowie zum vierten Band *Vom gleichen Verse. Aus einer Abhandlung vom Sylbenmaaße* (Klopstock 1773; an der gleichnamigen Abhandlung arbeitet Klopstock zwischen 1764 und 1769). Wie Baumgarten das Attribut ‚sensitivus/a/um' und Herder das Attribut ‚empfindsam' epistemologisch codieren, so strapaziert Klopstock eine, wie es Anselm Haverkamp in seiner Konstanzer Habilitationsschrift nennt, *Maske* für die „lyrische Funktionalisierung der Empfindungen" (Haverkamp 1982, 10). Paradigmatisch stellt er damit die Weichen für eine Lektüre, „die den modernen, empathischen Akt des Lesens von der alten, allegorischen Lektüre trennt" (Haverkamp 1982, 14).

Von diesen Empfindungen behauptet Lessing 1760 im dritten *Brief die neueste Literatur betreffend*, dass sie wie eine „Leiter" sind, die Klopstock „nach sich gezogen [hat], und uns dadurch Lieder geliefert, die von Seiten seiner, so voller Empfindung sind, daß ein unvorbereiteter Leser oft gar nichts dabei empfindet" (Lessing 1997, 751). Klopstock selbst weiß ganz genau, dass keine eigenen Erlebnisse, sondern – *second hand* – das „[N]acherfahren" der „Werke der Alten", welche „die Erfahrungen von Jahrhunderten für sich" haben, ihm zu ‚Empfindungen' verhilft. Zwei Regeln hält er in der *Deutschen Gelehrtenrepublik* im Hinblick auf die Arbeit des Dichters an diesem intertextuellen beziehungsweise intermedialen Code fest: „die erste: Er bemerkt die Eindrücke, welche Gedichte von allen Arten auf ihn, und auf andre machen, das heist: er erfährt, und sammelt die Erfahrung Anderer; die zweyte: Er sondert die Beschaffenheiten der verschiednen Gedichte mit genauen Bestimmungen von einander ab, oder er zergliedert das in Dichtarten, was Wirkung hervorgebracht hat" (Klopstock 1975, 173).

Analyse und vor allem Synthese einer Stimme, die solche Eindrücke hervorgerufen haben und hervorrufen werden, führen Klopstock zum Medium der Stimme. Ihr Leistungsprofil misst er an der Elle der Deklamation, unter der Klopstock freilich etwas anderes als den Vortrag (*actio*) versteht. In seiner 1767 entstandenen Ode an die personifizierte Deklamation namens „Teone" (erschienen 1771 in der von Bode herausgegebenen Hamburger Ausgabe der *Oden*) stellt er dem Pathos des Rhapsoden in acht Strophen Teones mittlere Stilhöhe des Ethos gegenüber.

„Still auf dem Blatt" wartet der Text – als Lied bezeichnet – auf seine mediale Transformation. Den Medienwechsel vollzieht adäquat indes nicht das „Getös' des Rhapsoden", der sich an Homer bewährt hat, sondern eine Sängerin, die an ‚Teonens zaubernder Kunst" geschult wird. Als Äquivalent zur „Seele des Liedes"

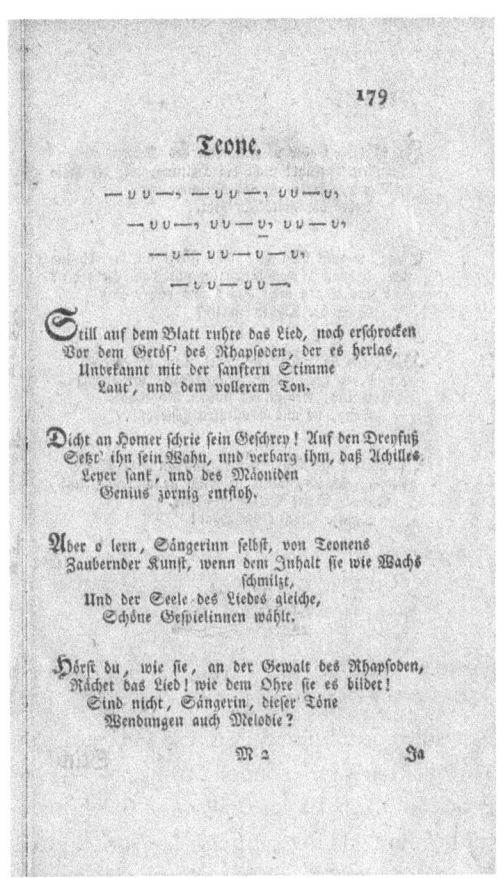

Abb. 1: Friedrich Gottlieb Klopstock „Teone". *Oden*. Hrsg. von Joachim Christoph Bode. Hamburg 1771: 179.

können die „schönen Gespielinnen" des Textes vor allem deshalb gewählt werden, weil „der sanftern Stimme Laut'" und ihr „vollere[r] Ton" eine ebenso lehr- wie lernbare Kunst sind (Klopstock 1771, 179). Die tatsächliche Performance des Rhapsoden fällt qualitativ gegenüber dieser idealen Stimme ab, die ‚still auf dem Blatt' – und nur dort – codiert wird. Von der radikalen Schriftlichkeit der Stimme zeugen nicht nur die immer wieder hervorgehobenen Enjambements, die Klopstocks Lyrik auszeichnet, sondern auch die Tatsache, dass die jeweils erste Strophe dieser wie anderer Oden sogar lediglich das ‚nackte' Metrum notiert, das nicht gehört, sondern nur gesehen werden kann. Dergestalt experimentell geht erst ein Avantgardist wie Christian Morgenstern 1905 in den *Galgenliedern* wieder mit der metrischen Notation um.

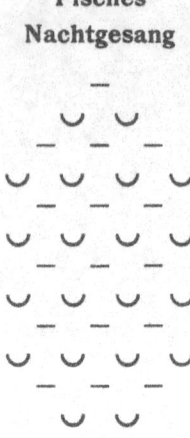

Abb. 2: Christian Morgenstern „Fisches Nachtgesang". *Alle Galgenlieder. Fotomechanischer Nachdruck der 1932 erschienenen Erstausgabe.* Zürich 2014: 25.

Ein solches Paradox konzeptualisierter Performativität setzt wie Baumgartens skripturale Stimme (*vox*) zunächst ein semiotisches Modell voraus: „Man hört aber Töne, die Zeichen der Gedanken sind, durch die Stimme so gebildet, daß vieles von dieser Bildung nicht gelehrt werden kann, sondern vorgesagt werden muß, um gelernt zu werden" (Klopstock 1975, 72). In der *Deutschen Gelehrtenrepublik* fasst Klopstock seine sogenannte Lehre von der „doppelte[n] Tonbildung" folgendermaßen zusammen, wobei man die ‚erste' als physikalische, die ‚zweite' als semiotische bezeichnen könnte. Diese ‚zweite Tonbildung' macht aus dem einfachen Lautkonzept ein affektiv grundiertes Lautkonzept, weil sie dafür sorgt, dass die Töne völlig „zu solchen Gedankenzeichen werden, als sie seyn sollen": „Die unlehrbare Bildung der Töne begreift besonders das in sich, was das Sanfte oder Starke, das Weiche oder Rauhe, das Langsame und Langsamere, oder das Schnelle und Schnellere dazu beytragen, daß die Töne völlig zu solchen Gedankenzeichen werden, als sie seyn sollen" (Klopstock 1975, 72).

Zu „Empfindungen" können „Töne" nur werden, wenn sie veredelt sind. Dabei unterscheidet Klopstock das abstrakte Metrum (Silbenmaß), das an und für sich nicht hörbar sein kann, vom Rhythmus, der sowohl ein phonologisches Konzept als auch darüber hinaus einen semantischen Rahmen voraussetzt (Wohlklang). Im Gegensatz zum Metrum, bei dem es einerseits um Zeit, andererseits um Akzentuierung, aber eben um nichts anderes geht, integriert der Rhythmus sowohl semantische als auch emotionale, das heißt bewertende sowie affektive und sogar musikalische Konzepte. In der Konsequenz spricht Klopstock nicht von Versfüßen, sondern erfindet die sogenannten die metrische mit semantischen Konzepten verbinden. Dadurch entstehen semantische Rahmen der Stimme, die mediologische Einheiten bilden, wie Klopstock im Fragment „Vom deutschen Hexameter" (1779) ausführt, so etwa für:

> „Sanftes.
> —∪ Laute. —∪ —∪ Klagestimme.
> —∪—∪∪ lieblichtönende.
> ∪—∪ Gesänge.
> ∪—∪—∪ die Wiederhalle.
> ∪—∪∪—∪ des Baches Gelispel.
> ∪—∪∪ gewendete" (Klopstock 1989, 138).

Eine solche bedeutete und bewertete Stimme entfaltet sich nicht nur in der Dimension der Zeit. Stattdessen kalkuliert Klopstocks Mediologie mit dem graphischen Raum, wenn er die Verse „fürs Auge" in ein „Ding fürs Ohr" transformiert (Klopstock 1975, 126). Beide Anschauungsformen der Sprache sorgen dafür, „dass sich Klopstock mit dem Gedicht für das Medium des *geschriebenen Textes* interessiert – des schriftlichen Textes, dem er die Stimme implementiert" (Berndt 2011, 153). Den kleinsten Raum bilden die Wortfüße, auf der nächsthöheren Ebene konstruiert Klopstock antike und eigene Odenstrophen, die allesamt auf festen räumlichen Schemata basieren, die höchste Ebene stellt die Form eines Gedichtes dar. Dort bildet die „Summe der (typo-)graphischen, syntaktischen, rhetorischen, phonologischen, prosodischen und etymologischen Konzepte" eine Art ‚Kunststimme', von der Klopstock nicht meint, dass sie jemals vorgetragen werden könne, die aber immerhin denkbar sei. Im Gegensatz zu rhetorischen Konzepten der Deklamation, die vom ‚realen' Vortrag ausgehen, ist Deklamation bei Klopstock ein Algorithmus, das heißt, formal argumentiert eine Zuordnungs- oder Bildungsvorschrift, die „diese Konzepte zu einer synästhetischen Komposition verrechnet" (Berndt 2011, 174). ‚Sanft lautet und voll tönt' nur die Stimme der Schrift, von der Klopstock im Fragment *Von der Deklamation* (postum 1821) festhält (vgl. Berndt 2008): „Liest man bloß mit dem Auge, und nicht zugleich mit der Stimme; so wird die Sprache dem Lesenden nur dann gewissermaßen lebendig, wenn er sich die Deklamation hinzudenkt" (Klopstock 1981, 1049) – wohlgemerkt: hinzudenkt, nicht vorträgt!

Ein Beispiel für den Algorithmus der ‚sanften' Stimme findet sich in Klopstocks poetologisch selbstreflexiven Oden, die nicht nur von der Stimme handeln, sondern die in besonderer Weise performativ die Stimme und ihre ‚doppelte Tonbildung' in Szene setzen. Ausgangspunkt der 1771 entstandenen „Klage" (erschienen im *Vossischen Musenalmanach für 1776*) ist in diesem Sinn eine Apostrophe an die Vertrauten der Muse der Hymnendichtung (Πολυύμνια), in der die Erfahrung des Ichs während einer Aufführung der Sängerin Johanna Elisabeth von Winthem (1747–1821) – genannt Windeme – retrospektiv erzählt wird; sie trägt Kompositionen von Carl Philipp Emanuel Bach und Antonio Lolli vor: „Klaget alle mit mir, Vertraute | Der Göttin Polyhymnia! || Windeme sang, es ertönten | Bachs und Lolli's Saiten zu dem Gesange: | Und ich war fern, und hört' es nicht, | Nicht der Saiten Silbertöne strömen, | Hörte nicht, über den Silbertönen, | Windemens sanfte Stimme, | Nicht ihre sanftere Seele schweben. || Des süssen Gesanges Bild | Stieg vor meine Phantasie empor; | Sie wollt' es vollenden; da sank es zurück, | Und ach! umsonst rief ich dem sinkenden Bilde nach: | Euridize! mit Wehmuth nach: Euridize! || Klaget alle mit mir, Vertraute | Der Göttin Polyhymnia, | Klaget, klaget" (Klopstock 2010, 338)!

Den Wechsel von narrativer zu performativer Funktion der Erzählung vollzieht die Apostrophe, mit der sich das Ich (markiert durch eine Reihe Pronomina verschiedener Fälle) sowohl in den ersten beiden als auch in den letzten drei Versen an Vertraute der Muse wendet. Aussagelogisch liegt dem Musenanruf dieselbe dreistellige Figur zugrunde wie Herders Anruf des Schafes, die man mithilfe der Metalepse beschreiben kann. Mit dem performativen Verb ‚klagen' erhält der An- und Ausruf sprechakttheoretisch formuliert darüber hinaus aber noch einen illokutionären Rahmen, der vor dem Hintergrund der Klopstock'schen Mediologie die Bedeutung und Bewertung der Rede *als* Klage beinhaltet. Der Illokution entspricht dabei die Perlokution: Klopstocks Formalismus garantiert, dass die Wirkung der Klage auch nichts anderes als Klage ist, und eliminiert damit das Kontingente aus der Dichtung; alles an der Stimme ist Kalkül.

Dergestalt bilden Apostrophe und Prosopopoiia bei Klopstock wie auch bei Herder Kehrseiten einer Medaille. Auf intradiegetischer Ebene spricht nun das Ich nach dem An- und Ausruf in den folgenden sieben Versen mit Stimme und Gesicht des Klagenden. Die unzuverlässige Erzählung referiert auf Windemes Performance, wobei insbesondere die rhetorische *figura etymologica* (‚Gesang singen') auf die mediale Differenz von Ausgangs- und Zielmedium verweist. Diese Differenz wird dadurch unterstrichen, dass jedes sinnliche Kontinuum unterbrochen wird, weil der Klagende außerhalb der Hörweite positioniert ist: „Und ich war fern, und hört' es nicht". Die Zuschreibungen an den Gesang basieren nicht auf Erfahrung, sondern attribuieren die Klage durch drei metonymisch verbundene negative Parallelismen, sodass sich folgende Klimax ergibt: „Silbertöne", „sanfte Stimme", „sanftere Seele", so dass die Klage durch die doppelte Zuschreibung eine musikalische und eine ethische Konnotation erhält.

Den Hintergrund der Konnotationen stellt, in der Tat, der Musenanruf bereit. Denn von Polyhymnia ist einerseits überliefert, dass sie die Erfinderin der Leier ist. Andererseits steht sie durch die ikonographisch überlieferte Geste des erhobenen, oft auch zum Mund geführten Fingers der rechten Hand in bemerkenswerter Nähe zur Stummheit. Mit Gebärden kann sie sprechen, mit den Stellungen ihres Körpers sich ausdrücken, ja, sie soll sogar „die neue Muse seyn, welche Numa [d. i. Pompilius] die Schweigende (Tacita) genannt hat" (Hederich [1770] 1996, 2050). Bezeichnenderweise wird sie daher im 18. Jahrhundert mit Schriftrollen, Notenblättern oder Büchern abgebildet. Diese mediale Ambiguität der Polyhymnia bildet den semantischen Rahmen der fünf Verse, die auf die Erzählung des musikalischen Ereignisses folgen. In der „Phantasie" des Klagenden steigt nun der unerhörte „süsse Gesang" als „Bild" empor – als Bild der „Euridize".

Mit diesem Wechsel des Referenzmediums von der Musik zum Bild greift Klopstock gezielt auf die im mythologischen Archiv gespeicherten Pathosformeln zurück: Der Klagende imaginiert sich als Polyhymnias Sohn Orpheus, der, so überliefert es Vergils *Georgica*, seine Geliebte mit seinem Gesang aus der Unterwelt emporholt: „Aber, vom Liede verlockt, hervor aus höllischen Tiefen / schwebten wie Hauch die Schatten, [...]" (Vergil [um 30 v. Chr.] 1987, 205). Mit dieser Imagination geht indes ein radikaler Szenenwechsel einher. Wenn der Klagende sich als Orpheus imaginiert, dann huldigt er nicht mehr Windemes Gesang, sondern er referiert auf seinen eigenen. Ihre Schönheit ist ex negativo das Ergebnis der Huldigung des Gesangs, der damit freilich ebenso wie das Blöken von Herders Schaf nur noch ‚Geschichte' (*histoire*) ist: Es ist nicht Windemes Stimme, die sanft in der „Klage" ertönt, sondern Orpheus' sanfte Klage, für die Klopstock Wörter mit entsprechender Wortbewegung verwendet, damit sie „die Empfindung und Leidenschaft selbst, oder auch den sinnlichen Gegenstand [...] seiner Bedeutung nach" ausdrücken können (Klopstock 1989, 137).

Da ist zunächst die ‚sanfte' Überschrift „Klage" (−⌣), die als *figura etymologica* das erste und die beiden letzten Wörter der Ode bildet: „Klaget [...] Klaget [...] Klaget, klaget!" Dieser Kyklos bildet einen identischen Binnenreim, innerhalb dessen sich ganz ‚sanft' eine [a]-Assonanz entfaltet: „sang [...] Gesange: [...] sanft [...] sanftere [...] Gesanges [...] sank". Den zweiten Binnenreim löst das Echo innerhalb der ersten Apostrophe „Polyhymnia" (−⌣−⌣⌣) aus, welches – von [y] zu [ø] verschoben – das passiv-dunkle Gegenstück zum aktiv-hellen Gesang bildet: „ertönten [...] hört' [...] Silbertöne – strömen". Und ‚sanft' hallt es nach: „Hörte [...] Silbertönen", bis die Assonanz in einer weiteren Verschiebung von [ø] zu [ɔɪ] zu [iː] in der zweiten Apostrophe „Euridize! [...] Euridize!" (⌣−⌣−) mündet. Diese Echostruktur rechnet nicht nur mit der zeitlichen Anschauungsform der Sprache, sondern setzt bei Klopstock die räumliche Anschauungsform der schriftlichen Ode voraus. Denn jedes Echo erzeugt einen Raum, innerhalb dessen das Bewusstsein das zweite Element als Wiederholung des ersten wahrnehmen kann und dergestalt Gegenwart, Vergangenheit und Erinnerung verräumlicht. Als ‚Stimme der Schrift' sind in diesem Raum sowohl lineare als auch nichtlineare Verknüpfungen der Elemente möglich, die einen so komplexen Algorithmus erzeugen, dass dieser nur als Potenz der Kunst zu denken ist, nie aber medial realisiert werden könnte. Während die Empfindsamkeitsforschung immer wieder Rhetorizität gegen Authentizität ausspielt und die Stimme an der Elle der Ethik misst, steht mit Klopstocks Oden die Ästhetik der Stimme zur Diskussion, die seit und mit Baumgarten Sinnlichkeit und Wahrheit verbindet. Erst vor diesem Hintergrund entfaltet die Klage über die unmögliche Vollendung der Klage, die dem Klagenden *nicht* gelingt, ihren Sinn, sodass das Bild der Klage, das er begehrt, zurücksinkt wie die imaginäre „Euridize!", welcher der Klagende „mit Wehmut" Vergils „ach!" in zitierter direkter Rede ‚nachruft': „Sprach's und jäh seinen Augen entrückt, wie Rauch in die Lüfte | zart verweht, so schwand sie hinab, sah nicht mehr den Armen, | wie er vergeblich die Schatten umfing und viel, ach, so viel noch | sagen wollte" (Vergil [um 30 v. Chr.] 1987, 207).

Berücksichtigt man, dass Orpheus' Plan deshalb misslingt, weil er gegen Persephones Bedingung verstoßen und sich nach Eurydike umgedreht hat, und zwar weil er ihre Schritte nicht mehr gehört hat, so ermöglicht die Klage einerseits Eurydikes Entführung aus der Unterwelt, betrauert aber andererseits ihren Verlust. Sowohl im Gewinn als auch im Verlust hängt Orpheus' Phantasie („Bild"/ „Bilde") vom Ohr ab. Ist die Deklamation der Algorithmus, der alle medialen Konzepte „völlig" zu einem synästhetischen „Gedankenzeichen" (Klopstock 1975, 72) verrechnet, so steht mit der Vollendung nun nicht die Kunst, sondern die *Kunst* der Ode selbst zur Diskussion – mit anderen Worten ihre Schönheit (*pulchritudo*), die Baumgarten als Vollkommenheit (*perfectio*) bezeichnet. Dass Klopstock ihre ästhetische Erfahrung unter ein negatives Vorzeichen stellt, macht die Modernität seiner Mediologie aus. Schönheit stellt zwar den metaphysischen Fluchtpunkt der *Klage* dar, der indes nicht erreicht, über den aber sehr schön geklagt werden kann – ach! –, um dann mit Orpheus zu verstummen.

Literaturverzeichnis

Adelung, Johann Christian. *Grammatisch-kritisches Wörterbuch der hochdeutschen Mundart. Mit beständiger Vergleichung der übrigen Mundarten besonders aber der Oberdeutschen.* 2. Aufl. Leipzig 1793–1801.

Aristoteles. *Kategorien. Lehre vom Satz (Peri hermenias). Organon I.2.* Hamburg 1968.

Arnold, Antje. *Rhetorik der Empfindsamkeit. Unterhaltungskunst im 17. und 18. Jahrhundert.* Berlin und Boston 2012.

Baumgarten, Alexander Gottlieb. *Philosophische Brieffe von Aletheophilus.* Frankfurt am Main und Leipzig, 1741.

Baumgarten, Alexander Gottlieb. *Philosophische Betrachtungen über einige Bedingungen des Gedichtes. Lateinisch – deutsch.* Hamburg 1983.

Berndt, Frauke. "'Mit der Stimme lesen'. F. G. Klopstocks Tonkunst". *Stimme und Schrift. Zur Geschichte und Systematik sekundärer Oralität*. Hrsg. von Waltraud Wiethölter, Hans-Georg Pott und Alfred Messerli. Paderborn 2008: 149–171.

Berndt, Frauke. *Poema/Gedicht. Die epistemische Konfiguration der Literatur um 1750*. Berlin und Boston 2011.

Campe, Rüdiger. "Im Reden Handeln: Überreden und Figurenbilden". *Literaturwissenschaft. Einführung in ein Sprachspiel*. Hrsg. von Heinrich Bosse und Ursula Renner. Freiburg im Breisgau 1999: 123–138.

Culler, Jonathan. "Apostrophe". *Diacritics* 7 (1977): 59–69.

Derrida, Jacques. *Grammatologie*. 6. Aufl. Frankfurt am Main 1996.

Dolar, Mladen. *His Master's Voice. Eine Theorie der Stimme*. Frankfurt am Main 2014.

Genette, Gérard. *Die Erzählung*. 3. Aufl. Paderborn 2010.

Gessinger, Joachim. *Auge & Ohr. Studien zur Erforschung der Sprache am Menschen 1700–1850*. Berlin und New York 1994.

Hartmann, Frank. *Mediologie. Ansätze einer Medientheorie der Kulturwissenschaften*. Wien 2003.

Haverkamp, Anselm. *Klopstock als Paradigma der Rezeptionsästhetik*. Konstanz 1982.

Hederich, Benjamin. *Gründliches mythologisches Lexikon* [1770]. Darmstadt 1996.

Herder, Johann Gottfried. "Abhandlung über den Ursprung der Sprache". *Werke in zehn Bänden*. Bd. 1: *Frühe Schriften 1764–1772*. Hrsg. von Ulrich Gaier. Frankfurt am Main 1985: 695–810.

Klopstock, Friedrich Gottlieb. *Die deutsche Gelehrtenrepublik. Ihre Einrichtung. Ihre Gesetze. Geschichte des letzten Landtags. Auf Befehl der Aldermänner durch Salogast und Wlemar. Herausgegeben von Klopstock. Werke und Briefe*. Historisch-kritische Ausgabe. Hrsg. von Horst Gronemeyer, Elisabeth Höpker-Herberg, Klaus Hurlebusch und Rose-Maria Hurlebusch. Abt. Werke: VII/1. Hrsg. von Rose-Maria Hurlebusch. Berlin und New York 1975.

Klopstock, Friedrich Gottlieb. *Ausgewählte Werke*. 4. Aufl. München und Wien 1981.

Klopstock, Friedrich Gottlieb. *Gedanken über die Natur der Poesie*. Frankfurt am Main 1989.

Klopstock, Friedrich Gottlieb. *Klage. Werke und Briefe*. Historisch-kritische Ausgabe. Hrsg. von Horst Gronemeyer, Elisabeth Höpker-Herberg, Klaus Hurlebusch und Rose-Maria Hurlebusch. Abt. Werke: I/1. Hrsg. von Horst Gronemeyer und Klaus Hurlebusch. Berlin und New York 2010.

Koch, Peter. "Graphé. Ihre Entwicklung zur Schrift, zum Kalkül und zur Liste". *Schrift, Medien, Kognition. Über die Exteriorität des Geistes*. Hrsg. von Peter Koch und Sybille Krämer. Tübingen 1997: 43–81.

Koschorke, Albrecht. *Körperströme und Schriftverkehr. Mediologie des 18. Jahrhunderts*. 2., durchges. Aufl. München 2003.

Lessing, Gotthold Ephraim. "An Johann Joachim Christoph Bode ‚Hamburg, Sommer 1768'". *Werke und Briefe*. Bd. 11/1: *Briefe von und an Lessing 1743–1770*. Hrsg. von Wilfried Barner und Helmut Kiesel. Frankfurt am Main 1987: 528–529.

Lessing, Gotthold Ephraim. "Briefe, die neueste Litteratur betreffend". *Werke und Briefe in zwölf Bänden*. Hrsg. von Wilfried Barner et al. Bd. 4: *Werke 1758–1759*. Hrsg. von Gunter E. Grimm. Frankfurt am Main 1997: 453–777.

Meixner, Sebastian. "Die Notwendigkeit der Apostrophe. Metaleptische Strukturen in Johann Wolfgang Goethes ‚Die Leiden des jungen Werthers'". *Ästhetik des Zufalls. Ordnungen des Unvorhersehbaren in Literatur und Theorie*. Hrsg. von Christoph Pflaumbaum, Carolin Rocks, Christian Schmitt und Stefan Tetzlaff. Heidelberg 2015: 121–137.

Miller, Norbert. *Der empfindsame Erzähler. Untersuchungen an Romananfängen des 18. Jahrhunderts*. München 1968.
Oesterreicher, Wulf. „Grenzen der Arbitrarität. Zum Verhältnis von Laut und Schrift". *Mimesis und Simulation*. Hrsg. von Andreas Kablitz und Gerhard Neumann. Freiburg im Breisgau 1998: 211–233.
Ong, Walter. *Orality and Literacy. The Technologizing of the World*. London und New York 1983.
Schneider, Johannes Nikolaus. *Ins Ohr geschrieben. Lyrik als akustische Kunst zwischen 1750 und 1800*. Göttingen 2004.
Schneider, Johannes Nikolaus. „,Still auf dem Blatt ruhte das Lied'. Lyrische Gedichte zwischen Lesetext und Hörerlebnis". *Geselligkeit und Bibliothek. Lesekultur im 18. Jahrhundert*. Hrsg. von Wolfgang Adam, Markus Fauser und Ute Pott. Göttingen 2005: 135–149.
Spoerhase, Carlos. „Die lyrische Apostrophe als triadisches Kommunikationsmodell. Am Beispiel von Klopstocks Ode ,Von der Fahrt auf der Zürcher-See'". *Deutsche Vierteljahrsschrift für Literaturwissenschaft und Geistesgeschichte* 87 (2013): 147–185.
Vergil [Publius Vergilius Maro]. „Georgica/Landbau". *Landleben. Catalepton – Bucolica – Georgica* [um 30 v. Chr.]. Hrsg. von Johannes Götte und Maria Götte. 5., bearb. Aufl. München 1987: 83–209.
Vogt-Spira, Gregor. „Vox und littera. Der Buchstabe zwischen Mündlichkeit und Schriftlichkeit". *Poetica* 23 (1991): 295–327.
Wallach, Steffen. *Laute Lesen. Zur Poetik schriftlich (re-)präsentierter Phonie vom 18. bis zum 20. Jahrhundert*. Würzburg 2013.
Wiethölter, Waltraud, Hans-Georg Pott, und Alfred Messerli (Hrsg.). *Stimme und Schrift. Zur Geschichte und Systematik sekundärer Oralität*. Paderborn 2008.

Abbildungsnachweis:

Abb. 1: Klopstock, Friedrich Gottlieb. „Teone". *Oden*. Hrsg. von Joachim Christoph Bode. Hamburg 1771: 179.
Abb. 2: Morgenstern, Christian. „Fisches Nachtgesang". *Alle Galgenlieder. Fotomechanischer Nachdruck der 1932 erschienenen Erstausgabe*. Zürich 2014: 25.

4.5. Die Entstehung der Dichterlesung
Harun Maye

1. Die sekundäre Oralität der Dichterlesung

Die weitverbreitete Annahme, dass die heutige Form der Dichter- beziehungsweise Autorenlesung bis ins Altertum zurückreiche und man daher eine kontinuierliche Geschichte der Autorenlesung erzählen könne, in der sich nicht viel verändert (vgl. Schöne 1974, 11–31; Grimm 2008, 143–149), ist irreführend, da die Aufführungspraxis von Literatur in Antike und Mittelalter nur sehr begrenzt mit der sozialen und medialen Situation in der Neuzeit verglichen werden kann. Man muss vielmehr erst einmal konstatieren, dass die Geschichte der Lesung nicht systematisch erschlossen ist und bisher auch keine Terminologie für ihre Beschreibung und Analyse entwickelt wurde (vgl. Böhm 2003, 170; Böhm 2005, 203).

Gegenüber der textförmig erscheinenden Literatur wird die Lesung üblicherweise als nachträglich angesehen, als eine Ergänzung, die im Gegensatz zur anonymen Kommunikation durch das Massenmedium Buch eine enge Bindung an die Persönlichkeit des Autors etabliert, der in der Lesung nicht nur sein bereits bekanntes Werk noch einmal vorträgt, sondern auch sich selbst veröffentlicht. Die Performanz der Lesung hebt die Trennung zwischen Autor und Werk auf, das bereits Publizierte wird gleichsam aus seiner ersten Zirkulation, dem Umlauf der Schriften und Ideen, wieder in die inszenierte Präsenz des Augenblicks der Entstehung zurückgenommen. Die Lesung ist also einerseits ein „Beiwerk des Buches" (Genette 2001), andererseits aber auch eine Aufführung, die unabhängig vom gedruckten Buch vor die Öffentlichkeit tritt und damit eine eigenständige Form erhält. Daher wird die Lesung von Gérard Genette auch nicht als ein Beiwerk im engeren Sinne begriffen, sondern als ein sogenannter Epitext, der nicht direkt in ein buchförmiges Einzelwerk eingebunden, sondern außerhalb des Textes angesiedelt ist, und dadurch eine zweite Zirkulation in einem virtuell unbegrenzten öffentlichen Raum eröffnet (vgl. Genette 2001, 9–12 und 328–330). Die Unterscheidung zwischen Werk und Beiwerk ist im Fall der Lesung offenbar problematisch und nicht leicht durchführbar, denn einerseits gilt sie als ein Produkt von Marketing und Literaturvermittlung, als eine äußerliche Hinzufügung zum eigentlichen Werk, die keine poetische Eigenständigkeit beanspruchen kann; andererseits leistet gerade die Performanz der Lesung, die Abweichung vom gedruckten Text einen Originalbeitrag, der nicht mehr als Anhängsel zum bereits publizierten Buch bestimmt werden kann.

Gerade für die Abgrenzung der neuzeitlichen von der antiken und mittelalterlichen Lesung gilt das Primat der Verschriftlichung von Literatur und kultureller Kommunikation. Die neuzeitliche Dichterlesung setzt demnach gerade nicht mit technischen Instrumenten die frühzeitliche Oralität in der Moderne fort (so die These von Grimm 2008, 154), sondern ist ganz im Gegenteil überhaupt nur unter den Bedingungen einer Ausdifferenzierung von Schrift möglich geworden. Erst infolge einer fast vollständigen Umstellung der literarischen Kommunikation auf Schrift und Druck, die in der zweiten Hälfte des 18. Jahrhunderts als konsolidiert gelten kann, entsteht eine Poetik der Reoralisierung, die als Reaktion auf den dominanten Einfluss der Schriftkommunikation begriffen werden muss. Natürlich wurde Literatur immer schon laut vorgetragen, aber erst durch die Autonomie von religiösen und höfischen Kontexten sowie in der Folge eines allgemeinen Wechsels der Lesekultur von einer lauten zur leisen Lektüre kann sich die Dichterlesung als eigenständige Form etablieren, die eine absichtsvolle Abweichung von der leisen Lektüre literarischer Texte markiert. Die Entstehung dieser heute so geläufigen und im Regelfall auch gut besuchten Autorenlesung lässt sich in der zweiten Hälfte des 18. Jahrhunderts im literarischen Umfeld von Friedrich Gottlieb Klopstock verorten (vgl. 4.4. BERNDT).

2. Klopstock als Vorleser und die Vorleser Klopstocks

„Man ist nicht sicher, völlig richtige Erfahrungen zu machen, wenn man den Dichter nur zum Lesen hingibt, und sich hierauf die Eindrücke sagen läßt. Man muß ihn vorlesen, und die Eindrücke sehn" (Klopstock 1969, 918). Dieser Satz aus der *Gelehrtenrepublik* (1774) von Klopstock steht exemplarisch für ein neues Literaturprogramm, dessen oberstes Prinzip nicht mehr Nachahmung, sondern Darstellung heißt. Diese soll die Leser hinreißen und zu Tränen rühren, nicht mehr anleiten und belehren (vgl. Menninghaus 1994). Klopstocks Poetik, die den Begriff und auch die Aufführungspraxis der deutschen Literatur im 18. Jahrhundert erneuert hat, entwirft eine Kulturtechnik der Deklamation, die in der öffentlichen Lesung und den zeitgenössischen Lesegesellschaften realisiert wird. Klopstocks Lesungen und die gemeinschaftliche Lesung aus Werken Klopstocks sind die ‚Urszene' der modernen Dichterlesung, sie etablieren eine neue Präsentationsform von Literatur (vgl. Maye 2007, 2012).

Im Unterschied zu anderen Autoren des 18. Jahrhunderts geht es Klopstock nicht um eine schriftliche Leugnung der Schrift oder um eine „Mimikry von Mündlichkeit" (Müller 2007, 19), sondern um ein technisches Training im ‚Hersagen' (Deklamieren). Das Paradox einer Lehre der „unlehrbaren Bildung der Töne", von der Klopstock spricht, bezeichnet eine Kulturtechnik ohne schriftliches Vorbild, sie kann angeblich nicht durch „Vergleichung" von Texten, nicht aus Lehrbüchern der Rhetorik, Stilfibeln oder einem Handbuch der Deklamation gelernt werden: „Wer dies noch nicht weiß, der buchstabiert noch" (Klopstock 1969, 898–900). Das Auswendiglernen von bloßen Wörtern und deren Bedeutungsumfang hat einem unmittelbaren Verstehen, einem Hören auf die Sprache zu weichen. Klopstocks Poetik der Deklamation, die auch eine poetisch-politische Gemeinschaft im gemeinsamen Erleben von Literatur stiften soll, verlangt nach der öffentlichen Dichterlesung als Bedingung ihrer Möglichkeit. Klopstock richtete daher 1770 in Hamburg eine Lesegesellschaft ein, in der nicht nur die gesellschaftlichen Stände, sondern auch die Frauen in Anzahl und Autorität den Männern per Satzung gleichgestellt waren. Einmal wöchentlich wurden für zwei Stunden deutsche Schriften von in der Deklamation geübten Mitgliedern – oder von Schauspielern gegen Bezahlung – vorgetragen (vgl. Klopstock 1989, 272–274).

Schnell etablierten sich Nachahmer. Auf öffentlichen Plätzen, Theaterbühnen oder in Konzertsälen deklamierten Schauspieler oder Schriftsteller ausführlich aus den Schriften von Klopstock, dessen Buchausgaben bei und nach solchen Veranstaltungen einen nicht geringen Absatz fanden. Johann Caspar Lavater in Zürich, die Studentenzirkel an der Karlsschule, am Tübinger Stift oder in Göttingen übernahmen begeistert diese neue Form literarischer Geselligkeit: „Man mietete ein Gesellschaftszimmer, wo man reihum Klopstock rezitierte, sich umarmte und Küsse tauschte" (Alewyn 1978, 113). Am Beispiel des Hainbundes schildert Johann Heinrich Voß in einem Brief vom 26. Oktober 1772 an Ernst Theodor Brückner, wie der Ablauf solcher Zusammenkünfte geregelt war. Man traf sich reihum, immer an einem Samstag um vier Uhr, auf einem Tisch lagen Klopstocks Oden, Karl Wilhelm Ramlers Gedichte und das sogenannte Bundesbuch: „Sobald wir alle da sind, liest einer eine Ode aus Klopstock oder Ramler her, und man urteilt alsdann über die Schönheiten und Wendungen derselben, und über die Declamation des Vorlesers. Dann wird Kaffe getrunken, und dabei, was man die Woche etwa gemacht, hergelesen und darüber gesprochen" (Voß 1829, 97). Die in der gemeinsamen Lesung und Kritik geübte „Verbesserungsästhetik" (Martus 2007, 64) mündet schließlich in der Niederschrift der Gedichte in dem dafür vorgesehenen Bundesbuch, das buchstäblich und symbolisch neben Klopstock und Ramler positioniert ist (Kahl 2006, 320–372).

Im Unterschied zu diesen studentischen Verbindungen und Wunschkonstellationen wurden bei Klopstock aber nicht nur Tränen und Küsse, sondern auch Münzen getauscht: „Die Vorleser lesen eine Woche um die andere. Wir bezahlen für eine jede Lesung einen holländ. Duc: dies, u. die Bezahlung der Lichter, ist unsere einzige Ausgabe" (Klopstock 1989, 274). Diese für damalige Verhältnisse ungewöhnliche Verhaltensweise – Autoren, Schauspieler oder Laien werden von einer Lesegesellschaft für das Vorlesen bezahlt; interessierte Zuhörer aller Stände besuchen öffentliche Deklamationen, manchmal zahlen sie sogar Eintrittsgeld – kann als der eigentliche Beginn der modernen Dichterlesung angesehen werden. Während in der immer noch spärlichen Forschung die Anfänge der Autorenlesung erst auf die Zeit gegen Ende des 19. Jahrhunderts oder nach dem Ersten Weltkrieg datiert werden (vgl. Schöne 1974, 55; Meyer-Kalkus 2016, 530), da vorher Autoren angeblich nie vor einem anonymen Publikum, geschweige denn gegen Honorar gelesen haben sollen, argumentiere ich hier für einen deutlich früheren Beginn. Es ist einerseits zwar zutreffend, dass eine Autorenlesung etwas anderes ist als die Lesung eines Schauspielers oder Rezitationskünstlers und dass Dichterlesungen zur Zeit Klopstocks und Johann Wolfgang Goethes anders auf- und durchgeführt worden sind als Autorenlesungen im 20. Jahrhundert (vgl. Meyer-Kalkus 2015, 112–113). Aber andererseits war im Zeitalter Klopstocks und Goethes die Unterscheidung zwischen Autor und Schauspieler noch keine, die einen wirkungsästhetischen Unterschied für den Vortrag von Literatur machte. Im 18. Jahrhundert konnte sich der Autor noch von einem Schauspieler vertreten lassen, es kam gerade nicht auf die Präsenz des Dichters und seiner Stimme an, sondern auf eine rhetorische Kunst der Deklamation, die gleichermaßen von Schauspielern und Schriftstellern ausgeführt werden konnte. Das ändert sich erst um 1900, als die literarischen Avantgarden sich dezidiert von einer „schauspielerischen Vortragsweise" distanzierten und nur dem Autor selbst die Fähigkeit zum rhythmisch angemessenen Vortrag der eigenen Texte zuerkannten (vgl. Boehringer [1911] 1981, 5). Auch ein in Teilen anonymes Publikum sowie die ökonomische und werkpolitische Dimension von Autorenlesungen spielten bereits um 1800 und in der ersten Hälfte des 19. Jahrhunderts eine nicht unwesentliche Rolle. Zu den berühmten Vorleseabenden von Ludwig Tieck in Dresden (1820–1841) wurden sogar ‚Einlaßkarten' in den örtlichen Hotels vertrieben (vgl. Sternberg 1861, 116–117; ausführlich dazu Maye 2018).

Gerade Klopstock hat wie kein Autor zuvor neue Möglichkeiten genutzt, um mit Literatur Geld zu verdienen. Insgesamt konnte er dadurch wohl mindestens 10000 Reichstaler erwirtschaften, was immerhin 20 Prozent seines hochgerechneten Gesamteinkommens zu Lebzeiten entsprach (vgl. Pape 1969, 190–196). Aber auch andere Schriftsteller konnten gut von Klopstock leben. Christian Friedrich Daniel Schubart berichtet 1775 in einem Brief an Klopstock, dass seine öffentlichen Lesungen aus dem *Messias* ihm manchmal bis zu 60 Taler an einem Tag einbrachten, wovon er viele Gläser Wein trinken und seinen Kindern einige Wohltat erweisen konnte (vgl. Schubart 1786). Die Deklamation von Klopstocks *Messias* ist kein beliebiges Beispiel literarischer Vortragskunst in einer abgegrenzten Theater- oder Salonkultur, denn gerade Klopstocks Verse und seine Theorie des Vortrags wurden zum verbindlichen Maßstab einflussreicher Lehrbücher, mit deren Hilfe spätere Generationen Theorie und Praxis der Deklamation erlernten (vgl. Kerndörffer 1813, 75; Seckendorff 1816, 137). Klopstocks Beispiel macht zudem deutlich, dass der Vortrag von Dichtung kein unmittelbarer Ausdruck einer empfindsamen Gefühlskultur, sondern eine Kulturtechnik ist, die eine lange Tradition in der Rhetorik und Sprechkunstlehre hat: *Declamationes* waren in der römischen Rhetorik als Redeschablonen, als mustergültige Beispiele bekannt und wurden erst seit dem 17. Jahrhundert auf den Vortrag von Dichtung eingeengt (vgl. Meyer-Kalkus 2001, 236). Im 19. Jahrhundert hatte die Vortragskunst dann ihren eigentlichen Höhepunkt: Deklamieren wurde systematisch an deutschen Gymnasien gelehrt und war auch in bürgerlichen Haushalten weitverbreitet. Erst im 20. Jahrhundert wurde die Deklamation dann von einem neuen Vorlesen abgelöst, das ganz auf die Stimme des Vortragenden reduziert war und die Beredsamkeit des Leibes zum Verschwinden brachte (vgl. Häntzschel 1985; Jakob 2017). Am Beispiel von Goethes 1803 verfassten Regeln für Schauspieler, die das Ergebnis seiner Erfahrungen am Weimarer Hoftheater darstellen und unter anderem auch Ausführungen zur Deklamation enthalten, lässt sich eine weitere Differenzierung der Lesung vornehmen (vgl. Meyer-Kalkus 2016). Nach Goethe müssen vier verschiedene Arten des öffentlichen Vortrags unterschieden werden: Vorlesen, Rezitieren, Deklamieren und der rhythmische Vortrag. Das einfache Vorlesen wird vom Rezitieren übertroffen, das ganz ohne Text auskommt und auch einem spärlichen Einsatz der Gebärde Platz lässt. Die Rezitation erlaubt jedoch keine „leidenschaftliche Tonerhebung" und folgt in Ausdruck, Betonung und Empfindung noch ganz „den Ideen des Dichters" (Goethe 1963, 254). Erst in der Deklamation und vor allem im rhythmischen Vortrag ist der Einsatz pathetischer Ausdrucksformen erlaubt, ja sogar empfohlen. Hier hat der Vortragende die Freiheit, eigene Unterscheidungen und Interpretationen am Text vorzunehmen, da er seinen eigenen und den vorgestellten Charakter nicht mehr streng trennen muss, sondern die dargestellte Stimmung oder Rolle im Vortrag präsent machen soll. Alle diese Realisierungsvarianten der Lesung bleiben grundsätzlich nebeneinander bestehen, sind aber zu unterschiedlichen Zeitpunkten und an unterschiedlichen Orten auch unterschiedlich in Gebrauch und bewertet worden. So ist die Deklamation die bevorzugte literarische Präsentationsform des ausgehenden 18. Jahrhunderts und wird erst im 20. Jahrhundert von einer Vorlesekunst zurückgedrängt, die auch das Sprechen in den Schalltrichter oder in das Mikrophon sowie das Hören über Grammophon, Radio oder Lautsprecher berücksichtigt.

3. Hermeneutik und Performanz der Dichterlesung

Die Performanz der Lesung entsteht im 18. Jahrhundert durch eine Kulturtechnik der Deklamation, die eine scheinbare Aufhebung der Medialität der Schrift zum Ziel hat. Literatur soll nicht mit den Augen, sondern mit der Stimme gelesen werden, denn andernfalls produziert man mit den Worten Georg Wilhelm Friedrich Hegels nur ein „stummes Schreiben" und ein „taubes Lesen", dem die Worte nicht zur unmittelbaren Äußerung von Sinn und Intelligenz, sondern zu Hieroglyphen werden (Hegel [1830] 1986, 277). In der Deklamation verbindet der Vorleser demnach mit dem Aussprechen der Wörter viele fein abgestufte Töne, die eine große Skala von sprachlichen Gebärden und Bedeutungsdifferenzen ermöglichen. Die Deklamation soll den Versen zurückgeben, was sie in der Schrift verloren haben: Intonation, Klangfarbe, Lautstärke, Mimik und Rhythmus, kurz: alle Elemente der Sprache, die von dem Speichermedium Schrift nicht aufgezeichnet werden können und in der alten Rhetorik Gegenstand der *actio* und *pronuntiatio* waren.

Diese Reoralisierung der Schriftsprache in der Goethezeit hat neben einer rhetorisch-materiellen auch eine metaphysische Komponente, die seit den einschlägigen Arbeiten von Jacques Derrida unter dem Namen ‚Phonozentrismus' bekannt ist. Derrida bezeichnet mit diesem Kunstwort eine Metaphysik, die ein „System des Sich-im-Sprechen-Vernehmens" etabliert, durch die Lautsubstanz hindurch (Derrida 1974, 19). Die Paradoxie dieses Systems besteht in der Vorstellung eines Subjekts, das sich sprechen hört, noch bevor seine Stimme die Medialität und Äußerlichkeit einer konkreten Lautsprache annimmt und damit der Spaltung von Signifikant und Signifikat unterliegt. Auflösbar wird diese Paradoxie durch eine ideelle Konzeption der Stimme, in der ihre scheinbar unkörperliche Materialität – die phonischen Zeichen – im selben Augenblick, da sie entsteht, wieder ausgelöscht wird, weshalb die Stimme laut Hegel als ein idealer Ausdruck des Geistes aufgefasst werden kann (vgl. Hegel [1830] 1986, 115–116). Teils in Abweichung, teils in Übereinstimmung mit dieser Metaphysik der Stimme betonen Friedrich Gottlieb Klopstock, Johann Gottfried Herder und die Romantiker eine nicht reduzier- oder übertragbare Qualität des Oralen für das Verständnis von Dichtung (vgl. Göttert 1998, 381–391). Wenn, wie in Klopstocks Poetik, Lautung, Rhythmus und Darstellung nicht mehr bloße Transportmittel eines immer schon vorausgesetzten Sinngehalts sind, sondern dieser Sinngehalt in der Darstellung selbst zu finden sein soll, dann kann diese Form der Vermittlung nicht ohne Verlust in einem anderen Medium dargestellt werden. Ein gedrucktes Buch kann die Einzigartigkeit und Individualität der Stimme weder verstehen noch festhalten, die toten Buchstaben werden gegen das lebendige Wort ausgespielt (vgl. Göttert 2002, 97). Dieser einflussreiche Topos, der seinen Höhepunkt im 18. Jahrhundert hatte und in verschiedenen Parallelformulierungen bis in die Gegenwart hinein überliefert ist, richtet sich sowohl gegen den Verlust von Mündlichkeit als auch gegen das Erstarren der Kultur in gesellschaftlichen und sprachlichen Konventionen. Dabei ist der mündliche Vortrag nicht einfach nur das Gegenteil der Schrift, sondern die Stimme soll die toten Buchstaben, die den ursprünglichen Sinn gleichsam eingefroren enthalten, wieder verflüssigen.

Eine solche Theorie des Vortrags muss auch Konsequenzen für das Verstehen literarischer Texte haben. Durch den sinnkonstituierenden Präsenzeffekt der Deklamation können dunkle Stellen den Zuhörern plötzlich erhellt erscheinen, und in der Tat hat Klopstock immer wieder Briefe mit Berichten über solche hermeneutischen Wunderheilungen erhalten, die seinem Ruhm sicher nicht abträglich waren. In einem Brief vom 6. Januar 1767 an den Jesuiten und Ossian-Übersetzer Michael Denis berichtet Klopstock von einer Lesung in einem Kloster vor 16 Nonnen: „Sie standen dicht um mich herum. Ich las, und ich sahe nicht wenig Thränen. Ich las fast den ganzen fünften Gesang. Sie verstünden alles, alles, sagten sie; vorher hätten sie nicht alles verstanden" (Klopstock 1989, 1). Auch andere Autoren berichten von einem plötzlichen Verstehen des *Messias* im Vortrag. Der Hainbündler Christian Graf zu Stolberg, der in seiner Jugend von Klopstock im Lesen und Schreiben ausgebildet wurde, erwähnt in einem Brief vom 26. Juni 1781 an den verehrten Lehrer und Schriftsteller eine ganz besondere Nachhilfestunde: „Ich habe den Triumpf gehabt, daß ich der Gadow den 20ten Gesang des Messias, den sie voll dunkeler Stellen glaubte vorgelesen habe, ohne daß ihr eine einzige unverständlich geblieben wäre" (Klopstock 1982, 207). Dieser *Messias-Effekt* ist keine Seltenheit, sondern stellt sich öfter ein. Der Postkontorist Ludwig Philipp Michaelis, so schreibt Johann Martin Miller in seinem Brief vom 13. beziehungsweise 15. Oktober 1774 an Johann Heinrich Voß, sei ein Feind Christoph Martin Wielands und Verehrer Klopstocks, der in Blankenburg vor einem feindlich gestimmten Publikum aus dem *Messias* vorgetragen habe. Als Michaelis bereits nach dem Vortrag des ersten Gesangs entmutigt aufhören wollte, hätten ihn alle Anwesenden gebeten, noch bis zum vierten Gesang weiterzulesen. Nach dem Vortrag sei ihnen unbegreiflich gewesen, wie man sie so gegen Klopstock habe einnehmen können: „Alle wurden seine eifrigsten Leser; Michaelis mußte den ganzen Messias, und alles übrige von Kl.[opstock] vorlesen; Jeder kaufte sich nun seine Schriften selber, und Wieland mit seinen Gesellen ward hinter den Ofen geworfen" (Miller 2012, 27–28).

Das plötzliche Verstehen in der Lesung kann als das Phantasma einer akroamatischen Hermeneutik bestimmt werden. Die akroamatische Hermeneutik (griech. *akroasthai*, dt. hören lassen, vernehmen, auf etwas hören) appelliert an die Unmittelbarkeit eines Hörens auf die Sprache, dessen Aufgabe die Aufhebung des scheinbaren Mangels ist, den die Dichtung in der Schrift erleidet (vgl. dazu ausführlich Riedel 1990). Das Lesen und Vorlesen von Texten soll zu einem Hören und Verstehen von dichterischer Sprache werden. Eine in diesem Sinne geradezu prototypische Bestimmung stammt von Hans-Georg Gadamer, der grundsätzlich davon ausgeht, dass Sprache als Text „dem ursprünglichen Gesprächsleben, in dem Sprache ihr eigentliches Dasein hat", entfremdet sei. In der Schrift fehle der Atem des Vortragenden, „der das Verstehen anhaucht" (Gadamer 1993b, 279–281). Zur akroamatischen Hermeneutik wird diese Ideologie vom Vorrang der Stimme vor der Schrift durch die eigenwillige Definition, dass sich Lesen zwar auf das Lesen von Schrift beziehe, Schrift aber nur eine Übersetzung von Sprache und Lesen daher eigentlich ein Sprechenlassen von Texten sei. Es gehe darum, „daß man hören muß, was Schrift sagt. Hören können heißt verstehen können. [...] Worum es geht, ist also die Rückverwandlung von Schrift in Sprache und das damit verknüpfte Hören" (Gadamer 1993a, 271–272). Das gilt besonders nachdrücklich auch für das Vorlesen von Literatur: Das Rezitieren von Dichtung bestimmt Gadamer mit Goethe als Aufführung auf einer inneren Bühne, die aber gar keine Aufführung sei, sondern lediglich ein „inneres Hören auf das Klangwerden der Sprache". Die durch die Schrift vermittelte Literatur soll so in die Unmittelbarkeit des Vortrags zurückgeholt werden, ihre besondere Auszeichnung vor allen anderen Künsten sei es, „sich aus allem Materiellen zurückzuziehen und aus dem Sprachvollzug des fixierten Textes gleichsam neue Sinn- und Klangwirklichkeit zu gewinnen" (Gadamer 1993a, 274).

Natürlich ist auch die Erfahrung eines unmittelbaren Verstehens in der Deklamation eine Variante des Phonozentrismus und damit eine Illusion, aber eine Illusion, die seit Klopstock eine ganze Epoche beschäftigt hat und bei zeitgenössischen Autorenlesungen auch heute immer noch wirksam ist. Diese Wirksamkeit beruht allerdings auf einer weiteren Illusion oder Technik, die Klopstock als „unlehrbare Bildung der Töne" bezeichnet hat: „Der eigentliche Umfang der Sprache ist das, was man, ohne den Redenden zu sehen, höret. Man hört aber Töne, die Zeichen der Gedanken sind, durch die Stimme so gebildet, daß vieles von dieser Bildung nicht gelehrt werden kann, sondern vorgesagt werden muß, um gelernt zu werden" (Klopstock 1969, 898). Die unlehrbare Bildung der Töne, die im Zentrum von Klopstocks Poetik der Dichterlesung steht, vernachlässigt die *actio* und konzentriert sich ganz auf die *pronuntiatio*, ist allerdings nicht so unlehrbar und schriftfern, wie es zunächst den Anschein hat. Im Gegenteil, die durch das Deklamieren technisch erzeugten Präsenzeffekte haben eine schriftbasierte Hermeneutik zur Voraussetzung, die eben doch und gerade aus Lehrbüchern gelernt und gelehrt wurde, was am Beispiel von Heinrich August Kerndörffer demonstriert werden kann.

Der Schriftsteller Kerndörffer, der in Leipzig Rhetorik und Deklamation lehrte, stellte in seinen Lehrbüchern Materialien für den Unterricht in der Deklamation zusammen, die eine Auswahl bereits bearbeiteter Muster für die Vortragskunst bieten. Solche Lehrbücher enthalten eine Fülle ausgesuchter Beispieltexte, die zunächst einer knappen Interpretation unterworfen werden, welche „das Wesentlichste der Angaben über den richtigen Ton- und Empfindungsausdruck" enthält, um dann „mit ausgezeichneter gesperrter Schrift [...], diejenigen Wörter und Stellen in den Aufgaben bemerkbar [zu] machen, welche verhältnismäßig besonders zu betonen und in die erforderliche Verbindung mit einander zu bringen sind" (Kerndörffer [1815] 1928, V–VI). Mit anderen Worten: das methodisch angeleitete Verstehen des Textes bildet die Grundlage für den deklamatorischen Vortrag, der zwar ohne Buch in der Hand ausgeübt, aber ohne typographische Anweisungen in der Hinterhand gar nicht eingeübt werden konnte. Man liest nicht zuerst mit lauter Stimme und aus der Stimmung heraus, sondern man liest zunächst gedruckte Texte, in denen Akzentsetzungen, Tonfälle und Pausen bereits markiert sind oder an denen man die entsprechenden Markierungen selbst vornimmt und einübt, bevor man anschließend zur Lesung übergeht. Das Auslegen geht dem Vorlesen voran, „weil man nur vorlesen kann, was man verstanden hat" (Gadamer 1990, 376). Die Deklamation soll den Versen zwar zurückgeben, was sie in der Schrift verloren haben, aber die hermeneutischen Voraussetzungen dieser Sprechkunstlehre lassen sich wiederum nur schriftlich mitteilen. Wer um 1800 anhand von Deklamationshandbüchern und Klopstocks *Messias* das Deklamieren gelernt hatte, wurde daran gewöhnt, sich einzubilden, keine Buchstaben und Satzzeichen mehr zu lesen, sondern eine Stimme zwischen den Zeilen zu hören.

In der Lesung hat der Autor ein Medium gefunden, das dem gedruckten Text scheinbar nichts Äußeres hinzufügt, sondern sein Innerstes erst eigentlich zur Darstellung bringt (vgl. Geitner 1992, 341). Die neuzeitliche Lesung ist der ausgezeichnete Ort eines behaupteten Sinnzusammenhangs von literarischem Text und Deklamation, der in einer phonozentrischen Hermeneutik seine Deutung findet, die allerdings Schriftlichkeit zur Voraussetzung hat. Diese exklusive Verbindung von Deklamation und Dichtung kann funktionieren, solange Literatur exklusiv in Manuskripten und Büchern in Erscheinung tritt und die Buchstabenschrift als die einzig adäquate und laut Hegel auch intelligenteste Entäußerung von Sprache und Geist gilt, das heißt, dem Laut und der Innerlichkeit des Subjekts näher ist als jedes andere Medium. Diese Konstellation sollte sich mit der Ausdifferenzierung akustischer Medien um 1900 ändern. Aus einer Metaphysik der Stimme wird eine Physik der Akustik und die Dichterlesung wandelt sich von einer deklamatorischen Inszenierung zu einer Form von Sound Design (vgl. Maye 2014, 20–29).

Literaturverzeichnis

Alewyn, Richard. „Klopstocks Leser". *Festschrift für Rainer Gruenter*. Hrsg. von Bernhard Fabian. Heidelberg 1978: 100–120.
Boehringer, Robert. „Über Hersagen von Gedichten" [1911]. *Kleine Schriften*. Stuttgart 1981: 5–23.
Böhm, Thomas (Hrsg.). *Auf kurze Distanz. Die Autorenlesung: O-Töne, Geschichten, Ideen*. Köln 2003.
Böhm, Thomas. „Lesung". *Das BuchMarktBuch. Der Literaturbetrieb in Grundbegriffen*. Hrsg. von Erhard Schütz. Reinbek bei Hamburg 2005: 203–206.
Derrida, Jacques. *Grammatologie*. Frankfurt am Main 1974.
Gadamer, Hans-Georg. „Wahrheit und Methode. Grundzüge einer philosophischen Hermeneutik" [1960]. *Gesammelte Werke*. Bd. 1. Tübingen 1990.
Gadamer, Hans-Georg. „Hören – Sehen – Lesen" [1984]. *Gesammelte Werke*. Bd. 8. Tübingen 1993a: 271–278.
Gadamer, Hans-Georg. „Lesen ist wie Übersetzen" [1989]. *Gesammelte Werke*. Bd. 8. Tübingen 1993b: 279–285.
Geitner, Ursula. *Die Sprache der Verstellung. Studien zum rhetorischen und anthropologischen Wissen im 17. und 18. Jahrhundert*. Tübingen 1992.
Genette, Gérard. *Paratexte. Das Buch vom Beiwerk des Buches*. Frankfurt am Main 2001.
Goethe, Johann Wolfgang. „Regeln für Schauspieler". *Goethes Werke. Hamburger Ausgabe in 14 Bänden*. Bd. 12. Hamburg 1963: 252–261.
Göttert, Karl-Heinz. *Geschichte der Stimme*. München 1998.
Göttert, Karl-Heinz. „Wider den toten Buchstaben. Zur Problemgeschichte eines Topos". *Zwischen Rauschen und Offenbarung. Zur Kultur- und Mediengeschichte der Stimme*. Hrsg. von Friedrich Kittler, Thomas Macho und Sigrid Weigel. Berlin 2002: 93–113.
Grimm, Gunter E. „Nichts ist widerlicher als eine sogenannte Dichterlesung. Deutsche Autorenlesungen zwischen Marketing und Selbstrepräsentation". *Schriftsteller-Inszenierungen*. Hrsg. von Gunter E. Grimm und Christian Schärf. Bielefeld 2008: 141–167.
Häntzschel, Günter. „Die häusliche Deklamationspraxis. Ein Beitrag zur Sozialgeschichte der Lyrik in der zweiten Hälfte des 19. Jahrhunderts". *Zur Sozialgeschichte der deutschen Literatur von der Aufklärung bis zur Jahrhundertwende. Einzelstudien*. Teil I. Hrsg. von Günter Häntzschel, John Ormrod und Karl N. Renner. Tübingen 1985: 203–233.
Hegel, Georg Wilhelm Friedrich. *Enzyklopädie der philosophischen Wissenschaften im Grundrisse*. Dritter Teil: *Die Philosophie des Geistes*. Werke Bd. 10 [1830]. Hrsg. von Eva Moldenhauer und Karl Markus Michel. Frankfurt am Main 1986.
Jakob, Hans-Joachim. *Der Diskurs über Deklamation und über die Praktiken auditiver Literaturvermittlung. Der Deutschunterricht des höheren Schulwesens in Preußen (1820–1900)*. Frankfurt am Main 2017.
Kahl, Paul. *Das Bundesbuch des Göttinger Hains. Edition – Historische Untersuchung – Kommentar*. Tübingen 2006.
Kerndörffer, Heinrich August. *Handbuch der Declamation. Ein Leitfaden für Schulen und für den Selbstunterricht zur Bildung eines guten rednerischen Vortrags*. Bd. 1. Leipzig 1813.
Kerndörffer, Heinrich August. *Materialien für den ersten Unterricht in der Declamation, zur Bildung eines guten, richtigen und schönen mündlichen Vortrages* [1815]. 3., völlig neubearbeitete, vermehrte und verbesserte Auf. Leipzig 1828.
Klopstock, Friedrich Gottlieb. *Werke in einem Band*. München und Wien 1969.

Klopstock, Friedrich Gottlieb. *Briefe 1776–1782*. Bd. 1. Berlin und New York 1982. Klopstock, Friedrich Gottlieb. *Briefe 1767–1772*. Bd. 1. Berlin und New York 1989.

Martus, Steffen. *Werkpolitik. Zur Literaturgeschichte kritischer Kommunikation vom 17. bis ins 20. Jahrhundert mit Studien zu Klopstock, Tieck, Goethe und George*. Berlin und New York 2007.

Maye, Harun. „Klopstock! Eine Fallgeschichte zur Poetik der Dichterlesung im 18. Jahrhundert". *Original/Ton. Zur Mediengeschichte des O-Tons*. Hrsg. von Harun Maye, Cornelius Reiber und Nikolaus Wegmann. Konstanz 2007: 165–190.

Maye, Harun. „Eine kurze Geschichte der deutschen Dichterlesung". *Sprache und Literatur* 43.110 (2012): 38–49.

Maye, Harun. „Literatur aus der Sprechmaschine. Zur Mediengeschichte der Dichterlesung von Klopstock bis Rilke". *Das Hörbuch. Audioliteralität und akustische Literatur*. Hrsg. von Natalie Binczek und Cornelia Epping-Jäger. München 2014: 13–29.

Maye, Harun. „Der König der Romantik. Zur politischen Romantik der Lesung bei Ludwig Tieck". *Athenäum. Jahrbuch der Friedrich Schlegel-Gesellschaft* 28 (2018). Sonderheft: Das Politische des romantischen Dramas. Hrsg. von Christian Kirchmeier: 133–155.

Menninghaus, Winfried. „Darstellung. Friedrich Gottlieb Klopstocks Eröffnung eines neuen Paradigmas". *Was heißt ‚Darstellen'?* Hrsg. von Christiaan L. Hart Nibbrig. Frankfurt am Main 1994: 205–226.

Meyer-Kalkus, Reinhart. *Stimme und Sprechkünste im 20. Jahrhundert*. Berlin 2001.

Meyer-Kalkus, Reinhart. „Rhapsodenkünste. Überlegungen zur Geschichte und Theorie literarischer Vortragskünste". *Dichtung für die Ohren. Literatur als tonale Kunst*. Hrsg. von Britta Herrmann. Berlin 2015: 107–117.

Meyer-Kalkus, Reinhart. „Goethe als Vorleser, Sprecherzieher und Theoretiker der Vortragskunst". *Deutsche Vierteljahrsschrift für Literaturwissenschaft und Geistesgeschichte* 90.4 (2016): 529–565.

Miller, Johann Martin. *Der Briefwechsel zwischen Johann Martin Miller und Johann Heinrich Voß*. Berlin und Boston 2012.

Müller, Lothar. *Die zweite Stimme. Vortragskunst von Goethe bis Kafka*. Berlin 2007.

Pape, Helmut. „Klopstocks Autorenhonorare und Selbstverlagsgewinne". *Archiv für Geschichte des Buchwesens* 10.2 (1969): 190–196.

Riedel, Manfred. *Hören auf die Sprache. Die akroamatische Dimension der Hermeneutik*. Frankfurt am Main 1990.

Schöne, Albrecht. *Literatur im audiovisuellen Medium. Sieben Fernsehdrehbücher*. München 1974.

Schubart, Christian Friedrich Daniel. „Aus einem Briefe an Klopstock". *Deutsches Museum* 2 (1786): 855–857.

Seckendorff, Gustav Anton von. *Vorlesungen über Deklamation und Mimik*. Bd. 1. Braunschweig 1816.

Sternberg, Alexander von. „Tieck's Vorlese-Abende in Dresden". *Die Gartenlaube* 8 (1861): 116–117.

Voß, Johann Heinrich. *Briefe von Johann Heinrich Voß nebst erläuternden Beilagen*. Bd. 1. Halberstadt 1829.

4.6. Akteure, Formate und Medien der literarischen Vortragskunst im 19. und 20. Jahrhundert

Reinhart Meyer-Kalkus

1. Die Entstehung der literarischen Vortragskunst in der zweiten Hälfte des 18. Jahrhunderts

Eine Geschichte der literarischen Vortragskunst, also des Vorlesens, Rezitierens und Deklamierens literarischer Texte seit Friedrich Gottlieb Klopstock, ist bislang noch nicht geschrieben worden. Wichtige Vorarbeiten dazu verfassten im zweiten Drittel des 20. Jahrhunderts Exponenten der schulisch-akademischen Sprecherziehung. Vor allem die Germanistin Irmgard Weithase hat in mehreren Monographien reichhaltiges Material von Martin Luther bis Stefan George ausgebreitet (vgl. Weithase 1930; Weithase 1940; Weithase 1949; Weithase 1961). Doch trägt sie den einschneidenden mediengeschichtlichen Veränderungen wie der Einführung von Speicher-, Träger- und Übertragungsmedien der Stimme im 20. Jahrhundert kaum Rechnung. Ihre Analysen enden zudem vor dem Ersten Weltkrieg, ohne Autoren wie Thomas Mann, Gottfried Benn, Bertolt Brecht und bahnbrechende Vortragskünstler wie Karl Kraus, Emil Milan und Ludwig Hardt zu berücksichtigen, die der literarischen Vortragskunst in Deutschland ihren Stempel aufgedrückt haben.

Doch haben diese Forschungen immerhin eine empirische Grundlage dafür geschaffen, um den Aufschwung der literarischen Vortragskultur in Deutschland seit 1750 und die Breite dieser von Autoren, Schauspielern, Schulmeistern und Laien getragenen Bewegung, einer wahrhaften Sprechkunstbewegung (vgl. Meyer-Kalkus 2001), zu erkennen. Allerdings hat sich die germanistische Literaturwissenschaft gegenüber einer Anerkennung dieser oral-auditiven Dimension der literarischen Kultur – unter dem Eindruck des Schriftprimats in Strukturalismus und Dekonstruktivismus – bislang eigentümlich taub gestellt, sei es, dass sie lediglich die seit dem 18. Jahrhundert steil ansteigende Kurve der Printerzeugnisse von ‚Schöner Literatur' und die damit verbundene Durchsetzung des stillen Lesens in den Blick nahm (vgl. Schön 1987, 99–122; Schön 1999, 31–33), sei es, dass sie die Auflösung der Schulrhetorik um 1800 irrtümlicherweise mit einem „allmählichen Rückgang der Rezitationskünste" (Koschorke 1999, 294) gleichsetzte, sei es schließlich, dass sie die Wertschätzung der mündlichen Darbietung von Literatur nur im Hinblick auf die Begründung einer phonozentrischen literarischen Hermeneutik thematisierte (vgl. Geitner 1992, 342–343), nicht aber im Hinblick auf die damit verbundenen neuen Vortragspraktiken.

Erst in jüngster Zeit ist ein Umschwung eingetreten, nicht zuletzt aufgrund von Studien, welche das literarische Vorlesen und seine Medien, darunter das Hörbuch untersuchen (vgl. Göttert 1998; Kühn 2001; Meyer-Kalkus 2001; Knust 2007; Müller 2007; Nöther 2008; Häusermann et al. 2010; Binczek und Epping-Jäger 2012). Mehr und mehr wird erkannt, dass die massenhafte Verbreitung literarischer Texte durch Journale und Bücher sowie die Praxis des stillen Lesens im 18. Jahrhundert gerade die Voraussetzung für die Ausbildung der Vortragskunst waren. Eben dies ist der Unterschied gegenüber der mittelalterlichen ‚Literatur', die als performative mündliche Darbietung schon bestand, bevor sie schriftlich fixiert wurde (vgl. Zumthor 1983; Zumthor 1987). Literarische Vortragskunst beruht hingegen auf textgestützten Lesungen, also auf Sprechakten, bei denen Stimme und Performance einen geschriebenen und zumeist schon publizierten Text zur Vorlage haben und der graphische in einen phonischen Code übersetzt wird – begleitet von andeutender Gestik und Mimik (vgl. Koch und Oesterreicher 1985, 15–16). Dieser Medientransfer von der Schrift zur Stimme, vom Text zur mündlichen Performance ist gemeint, wenn von literarischer Vortragskunst die Rede ist.

Die seit dem 18. Jahrhundert entstandene Vortragskunst darf deshalb auch nicht als bruchlose Fortsetzung der älteren, seit dem Mittelalter gepflegten Rhapsodenkünste betrachtet werden (vgl. Grimm 2008, 143–144). Harun Maye hat in seiner Skizze der Geschichte der deutschen Dichterlesung zu Recht darauf hingewiesen, dass „erst in Folge einer Umstellung der literarischen Kommunikation auf Schrift und Druck [...] eine Poetik der Reoralisierung [entstand], die als Reaktion auf den zunehmenden Einfluss der Schriftkommunikation angesehen werden muss" (Maye 2012, 39). Erst durch einen „allgemeinen Wechsel der Lesekultur von einer lauten zur stillen Lektüre kann sich die Dichterlesung als eigenständige Form etablieren" (Maye 2012, 39). Pionier dieser Bewegung in Deutschland war Klopstock mit Lesungen seiner Dichtungen in Freundeskreisen, mit der Einrichtung von Lesegesellschaften zum gemeinschaftlichen lauten Vorlesen und mit Vorleseaktivitäten zahlreicher Verehrerzirkel in deutschsprachigen Ländern (vgl. Maye 2007; Alewyn 1978). Die rhythmische Deklamation von Versdichtungen grenzte er als eigenständiges Vortragsformat gegenüber der schauspielerischen Bühnendeklamation ab, ausgezeichnet durch Wohllaut, Rhythmizität und Emotionalität. Anlässlich der Eröffnung einer nach seinen Statuten gegründeten Lesegesellschaft in Hamburg im Jahre 1770 hat er vier wesentliche Zielsetzungen literarischer Lesungen benannt, die in der einen oder anderen Form die Vortragskunst seit dem 18. Jahrhundert bestimmt haben: a) ein leichteres, schnelleres und besseres Auffassen und Verstehen von Texten, besonders von schwierigen Textpassagen, b) ein „lebhaftes" Empfinden ihres emotionalen Gehalts durch die gemeinsam erlebenden Zuhörer (also durch eine „gesellschaftliche Theilnehmung des Ohres"), c) eine Vermittlung der Dichtung an die in den *litteris* noch Ungeübten, d) ein hohes ästhetisches Vergnügen, sofern die Texte durch eine angenehme Stimme und Sprechweise vorgetragen werden (vgl. Klopstock 1989, 274).

Dieses Interesse an der mündlichen Vergegenwärtigung von Literatur entsteht in einer Zeit, als die deutsche Sprache als Dichtungssprache europäisch konkurrenzfähig wird – in Abgrenzung gegenüber dem an vielen Höfen noch dominierenden Französisch; als die Beschäftigung mit der deutschen Dichtung zum Kanon eines wachsenden kulturellen Selbstbewusstseins wird und neue Institutionen wie Theater, Vortragssäle und Salons entstehen, die sich der Pflege von Sprache und Literatur widmen. Neuere Forschungen zur Buch- und Lesegeschichte untermauern diese These (vgl. Chartier 1990; Chartier und Cavallo 1999, 44; Wittmann 1999, 419–454). Im selben geschichtlichen Augenblick nämlich, als das Buch und mit ihm das stille Lesen in Aufklärung und Empfindsamkeit ihren Triumphzug antraten, als eine wachsende Nachfrage nach schöner Literatur durch die Bildungsschichten einen exponentiellen Anstieg von gedruckter schöner Literatur stimulierte (vgl. Wittmann 1991, 186–190) und Phänomene wie ‚Lesewut' und ‚Lesefieber' allenthalben zum Gesprächsthema wurden, haben Autoren wie Friedrich Gottlieb Klopstock, Johann Gottfried Herder, Johann Georg Sulzer und Johann Wolfgang Goethe die Vorzüge einer mündlichen Vergegenwärtigung von Literatur entdeckt. In Gesellschaft vorgelesen, rezitiert oder deklamiert, kann Literatur offenbar ganz andere emotionale, ästhetische und moralische Wirkungspotenziale entfalten als im einsamen Kämmerchen. Den Autoren der Aufklärung und Empfindsamkeit lag es fern, die verstandes- und urteilsbildenden Vorzüge einer stillen Augenlektüre in Zweifel zu ziehen, doch schärften sie die Aufmerksamkeit für die Vorteile einer Literatur für Stimme und Ohr. Dichtung konnte dadurch zum Kristallisationskern für neue Formen der Geselligkeit und der ästhetischen Kommunikation werden, zum Medium eines verfeinerten Gebrauchs der gesprochenen Sprache und einer Vortragskunst, welche den Texten eine besondere vokale Interpretation abgewann. Nicht zuletzt versprach eine an der Vortragbarkeit orientierte Dichtungspraxis die Erneuerung der poetischen Sprache: „Oberrichterin ist des Gedichts die Sprechung" (Klopstock 1989, 47)!

Eine solche Vortragskunst konstituierte sich jenseits der rhetorischen Schultraditionen und der dort gepflegten Formen der Vortragsmündlichkeit, ja in bewusster Opposition dazu, auch wenn viele der in den rhetorischen *pronuntiatio- und actio*-Lehren formulierten Einsichten aufgenommen wurden (vgl. Meyer-

Kalkus 2008a). Ihre Anstöße stammen im Wesentlichen aus drei Quellen: a) aus poetologisch-performativen Überlegungen von Autoren wie Klopstock, Gotthold Ephraim Lessing, Sulzer, Goethe, Herder, Friedrich Schiller und anderen; b) aus der Entwicklung eines professionellen Vortragswesens im Schatten des Theaters durch Schauspieler und Rezitatoren; und c) aus der schulisch-akademischen Welt von Gymnasien und Hochschulen, wo die schöne Beredsamkeit und damit die Pflege der gesprochenen Sprache angeleitet wurde, sowohl für rednerische Berufe als auch für Deutschlehrer. Poetische Ausdruckslehren, Theatertheorien und schulische Vortragslehren bilden seit 1800 die neue Konstellation, in der über den mündlichen Ausdruck verhandelt wird, über Vortragsgattungen wie Rezitieren, Deklamieren und Vorlesen, über Sprechen und Gestik, über Akzent und Prosodie, über das Verhältnis von Sprache und Musik. Nicht länger steht dabei das überzeugen wollende Sprechen im Zentrum wie in der Rhetorik, vielmehr geht es um das nachgestaltende Sprechen von Literatur, das zum Maßstab eines wohlklingenden und zugleich expressiven Sprechens wird. Aufmerksam rezipiert werden dabei die Diskussionen zur Sprechkunst und Theatertheorie in England (von Autoren wie John Hill, Thomas Sheridan, Joshua Steele, Hugh Blair, Henry Gray MacNab und John Walter) und in Frankreich (Jean-Baptiste Dubos, Luigi Riccoboni, Pierre Rémond de Sainte Albine, Antoine-François Riccoboni, Jean-Jacques Rousseau, Denis Diderot und Claude Joseph Dorat).

Diese Hinwendung zur oral-auditiven Dimension der Literatur wird begleitet von einer Ausdifferenzierung unterschiedlicher Vortragsformate und Institutionen, wie etwa den öffentlichen Vortragsabenden (sogenannten Deklamatorien oder auch Akademien), bei denen die neueste Literatur durch reisende Berufsrezitatoren zu Gehör gebracht wurde; sowie den privaten und halböffentlichen Leseabenden von Vorlesern wie Ludwig Tieck, Karl von Holtei und Elise Bürger; weiterhin gemischten Programmen mit Deklamation und Musik; nicht zuletzt dramatischen Vorlesungen, bei denen Dramentexte in Ermangelung einer leistungsfähigen Bühne mit verteilten Rollen oder solistisch vorgelesen wurden – einer im 19. Jahrhundert weit verbreiteten, von Theaterwissenschaftlern bislang weitgehend übersehenen Rezeptionsform der Dramenliteratur. Auch der Deutschunterricht an Schulen und Gymnasien spielte eine Rolle: Das Auswendiglernen und die Rezitation von Dichtungstexten wurden seit den 1790er Jahren als Aufgaben der schulischen Sprecherziehung gleichberechtigt neben der vorwiegend auf die Schreibfertigkeit bezogenen Spracherziehung anerkannt (vgl. Till 2004, 43–45).

Eine Flut von Vortragslehren in Deutschland zwischen 1790 und 1830 im Schatten der idealistischen Philosophie und Ästhetik bezeugt das ungemeine soziale und kommunikative Interesse, das die Sprech- und Vortragskunst fand. Zählen Friedrich Gottlieb Klopstock, Johann Gottfried Herder und Johann Georg

Sulzer in den 1760er und 1770er Jahren noch zu ihren Pionieren, so schließen sich seit den 1780er Jahren Autoren an wie Heinrich Gotthelf Bernhard Franke, Hermann Heimart Cludius, Christian Gottfried Körner, Christian Gotthold Schocher und Friedrich Rambach; nach 1800 folgen dann Heinrich August Kerndörffer, Johann Carl Wötzel, Gustav Anton von Seckendorff, Christian F. Falkmann und Gustav Schilling – um nur einige der ca. 50 Autoren zu nennen, die damals mit Vortragslehren hervortraten (vgl. Winkler 1931, 169–197; Weithase 1961, 114–115). Es handelt sich dabei in der Mehrzahl um Gymnasialredelehrer, Universitäts- oder Akademieprofessoren und praktische Theologen, die eine Art von Handwerkswissen der öffentlichen Rede als Propädeutikum für die ‚redenden Berufe' weitergeben und versuchen, dabei den neuen ästhetischen und psychologischen Prämissen ihrer Zeit Rechnung zu tragen. Die literarische Vortragskunst wird – im Verein mit dem Theater – zur normsetzenden Instanz für den Gebrauch der gesprochenen deutschen Sprache und – in Opposition zur Vielzahl ihrer Dialekte und idiosynkratischen Ausspracheeigentümlichkeiten, welche die Kommunikation unter Gebildeten der deutschen Länder erschweren, – zu einem umfassenden Reformprojekt. Sprach- und bildungsreformerische Intentionen schließen sich hier zusammen: Eine literarisch verfeinerte Sprache soll zum Medium einer Identifizierung über sprachliche und regionale Grenzen und zum Kern eines neuen Wir-Gefühls werden.

Was sich von 1750 an innerhalb von rund 80 Jahren geradezu stürmisch entfaltete, war ein System literarischer Kommunikation, das der gedruckten Literatur vielfältige Formen ihrer mündlichen Vergegenwärtigung zur Seite stellte, dem stillen Augenlesen die auditive Rezeption, der Schrift die Stimme. Es blieb in seinen Grundzügen bis heute erhalten. Eine neue Schwelle tiefgreifender Veränderungen ergab sich erst seit 1900 durch den Siegeszug der neuen Medien, durch Phonograph, Grammophon und Rundfunk, später durch Fernsehen und Film und noch später durch Audiobooks und Internetplattformen. Mit diesen Techniken und Institutionen, die für die Aufnahme, Speicherung und Verbreitung von gesprochener Literatur genutzt wurden, entstanden veränderte Rezeptionsbedingungen auch für die literarische Vortragskunst. Einmal fürs gemeinschaftliche Zuhören bestimmt, kann sie – analog zum stillen Lesen – als medial vermittelte Kunst potenziell wieder zum Gegenstand eines individuellen Hörkonsums werden. Die Erneuerung der Liveperformances von Literatur im Kontext der Spoken-Poetry-Bewegung in den vergangenen beiden Jahrzehnten, zumal durch Poetry Slams und freie Lesebühnen, scheint sich wie im Gegenzug dazu zu formieren.

Wer diese Geschichte der Vortragskunst seit 1750 in Deutschland untersucht, tut gut daran, medien-, literatur- und vortragsgeschichtliche Aspekte nicht voneinander zu trennen. Ausgangspunkt sollten die Akteure sein, also

Autoren, Schauspieler, professionelle Rezitatoren, Schullehrer und Laien sowie ihre unterschiedlichen Vortragsformate, ihre Medien und Institutionen. Seit der Goethezeit liegen uns zahllose schriftliche Zeugnisse mit Beschreibungen von Vortragsformaten und Vortragsweisen vor, die für den Mangel eines unmittelbaren auditiven Eindrucks in vieler Hinsicht entschädigen. Was man hier über vorlesende und rezitierende Autoren (etwa über Friedrich Gottlieb Klopstock, Johann Wolfgang Goethe, Heinrich von Kleist, Friedrich Schiller, Ludwig Tieck, Karl Kraus, Stefan George, Richard Dehmel, Rainer Maria Rilke, Thomas Mann, Else Lasker-Schüler, Hugo Ball, Frank Wedekind, Bertolt Brecht, Gottfried Benn u. a.) lesen kann, über Schauspieler und Vortragskünstler (wie Karl von Holtei, Josef Lewinsky, Wilhelm Jordan, Josef Kainz, Alexander Moissi, Ludwig Wüllner, Emil Milan, Ludwig Hardt u. a.), über sich verändernde Formate und Normen der Vortragskunst, das übertrifft schon in quantitativer Hinsicht alle Erwartungen. Auch systematisch-theoretische Fragestellungen finden hier – wenn schon keine heute noch tragfähigen, so doch stets anregende – Antworten: Wie wurde die Vortragskunst jeweils als eigene literarische Kommunikationsform gegenüber dem stillen Lesen literarischer Texte gerechtfertigt? Wie wurden Textauswahlen, Vortragsformate, Sprechweisen und Vortragsrituale begründet? Wie wurden intermediale Verflechtungen, etwa mit der Musik, konzipiert? Wer diese Argumente rekonstruiert, bemerkt schnell, dass vieles davon auch heute noch unabgegolten ist (vgl. Meyer-Kalkus 2001, 223–251).

2. Koordinaten der literarischen Vortragskunst

Näher betrachtet waren es vier Gruppen von Akteuren, die zu verschiedenen Zeiten hervortraten und einen Einfluss auf die Definition dessen ausübten, was jeweils als Vortragskunst betrachtet wurde:

2.1. Autoren

Klopstock und seine Anhänger entwickelten seit 1750 als Erste eine literarische Vortragskunst in Deutschland. Gegenüber dem solipsistischen stillen Lesen galt es, die emotionalen Energien des klingenden Worts und dessen gemeinschaftsbildende Kraft frei zu setzen und zugleich die Ausdrucksmittel der gesprochenen deutschen Sprache zu verfeinern. Vorgelesen wurde in privatem Rahmen vor vertrautem Zuhörerkreis und unabhängig von kommerziellen Erwägungen. Klopstock war der Begründer solcher Lesungen in Deutschland; seine Anhänger im Göttinger Hain, im Tübinger Stift und anderswo schlossen sich ihm an; Herder,

Goethe, Johann Heinrich Voß, Tieck und andere Autoren folgten ihm und wurden schon zu ihren Lebzeiten durch Lesungen berühmt.

Autoren nutzen seitdem das Vorlesen, um eigene, auf ihre Texte und Person zugeschnittene Vortragsformate zu entwickeln. Schaut man näher hin, so ist der Begriff der Dichter- beziehungsweise Autorenlesung allerdings mehrdeutig. Mindestens sechs Unterformate lassen sich unterscheiden:

a) Das einsame Vorlesen eigener, zumeist unfertiger schriftlicher Vorlagen durch Autoren, die damit ihre Texte hinsichtlich Klanglichkeit, Syntax und Rhythmus kontrollieren. Eines der berühmtesten Beispiele hierfür ist Gustave Flauberts ‚Brüllwerkstatt' (*le gueuloir*): Immer wieder hat er seine Sätze, allein in seiner Schreibstube sitzend, laut vorgelesen, ja brüllend herausgeschleudert, um sie auf Klang und Rhythmus zu überprüfen (vgl. Grésillon 2000, 593–610).

b) Dem steht die exklusive Werkstattlesung gegenüber, die Autoren dazu dient, einen noch unfertigen Text vor Kollegen, Freunden oder Familienmitgliedern auf seine Vorlesbarkeit und Wirkung hin zu testen. Goethe las die Erstfassung des *Werther* seinem Freund Johann Heinrich Merck vor, um eine erste Resonanz auf, ein „Urteil" über seinen Text zu erhalten (Goethe 1986, 640); der im ‚Jung-Wien' versammelte Kreis von Autoren, die sich seit 1891 im Café Griensteidl trafen (Arthur Schnitzler, Hermann Bahr, Richard Beer-Hofmann, Hugo von Hofmannsthal, Felix Salten u. a.), las sich gegenseitig noch unfertige Manuskripte vor, um Anregung für Verbesserungen zu erhalten (vgl. Schnitzler 1991, 290); Franz Kafka unterwarf seine Texte im Freundes- und Familienkreis einer Art von „Materialprüfungstest" durchs Vorlesen (Müller 2007, 100); Thomas Mann benutzte Lesungen vor Familienmitgliedern zur Kontrolle von Klanglichkeit, Rhythmus und Musikalität (vgl. Mann 1996, 29).

c) Davon zu unterscheiden sind Wettbewerbslesungen von Autoren im Kollegenkreis, wie sie die Dichter- und Künstlerbünde seit dem 19. Jahrhundert (vom ‚Tunnel über der Spree' bis zur Gruppe 47) praktizierten. Hier ist die Lesung von neuen, häufig noch unfertigen Texten Teil eines Dichterwettstreits, darüber hinaus Anlass für kritische Autorengespräche und für eine werbende Selbstdarstellung gegenüber dem aus Kollegen, Kritikern und Verlegern zusammengesetzten Auditorium.

d) Ein eigenes Format stellen die Freundschaftslesungen von abgeschlossenen Texten im intimen geselligen Kreis dar, wie wir sie seit dem 18. Jahrhundert von Klopstock und Goethe, später von George kennen.

e) Davon unterschieden sind die öffentlichen Lesungen fertiger und häufig bereits publizierter Texte, mit denen sich Autoren an ein anonymes, zahlendes Publikum richten. Dieses Format kommt gegen Ende des 19. Jahrhunderts auf und ist heute in der Regel gemeint, wenn wir von Dichter- beziehungsweise Autorenlesung sprechen. In diese Kategorie gehören auch die öffentlichen Vorlesewettbewerbe, wie etwa der Klagenfurter Ingeborg-Bachmann-Preis (seit 1977), der sich durch Fernsehübertragungen an ein breiteres Publikum richtet, oder seit 1997 die nationalen Poetry-Slam-Wettbewerbe.

f) Schließlich sind auch die Lesungen von Texten anderer Autoren durch Autorenkollegen zu nennen, wie etwa Karl Kraus' Lesungen von Gedichten von Brecht und Lasker-Schüler oder Günter Grass' und Peter Rühmkorfs Lesungen von Barocklyrik.

Diese unterschiedlichen Optionen von Autorenlesungen waren keineswegs zu allen Zeiten gleichermaßen verfügbar. So trugen Klopstock, Goethe und Tieck – wie andere Autoren ihrer Zeit – Texte ausschließlich in privaten Räumen, in Salons und Abendgesellschaften vor, eine vom Verleger aus kommerziellen Gründen organisierte Lesereise durch deutsche Provinzen mit dem jüngst erschienenen Roman oder Gedichtband wäre undenkbar gewesen. Allerdings hegten viele Autoren wie Friedrich Hölderlin und Heinrich von Kleist den Wunsch, mit ihren Dichtungen öffentlich zu wirken und in die politischen Welthändel einzugreifen. Kleist schwebte ein solches Engagement als vaterländischer Sänger in den antinapoleonischen Kriegen vor; Hölderlin musste schmerzhaft erfahren, dass ein Dichtersängertum in der Nachfolge von Pindar um 1800 unzeitgemäß geworden war, weil das einigende Band mit dem Publikum unter Bedingungen gesellschaftlicher Entfremdung zerschnitten war. Noch Rainer Maria Rilke stimmte ähnliche Klagen angesichts der Unempfänglichkeit des Abonnementpublikums bei seinen öffentlichen Lesungen in Prag 1905 an.

Kommerzielle Dichterlesungen – also Publikumslesungen vor anonymem, Eintrittsgeld zahlendem Publikum – entstanden erst Ende des 19. Jahrhunderts, als sich ein Geflecht von literarischen Vereinigungen, Buchhändlern und Agenten gebildet hatte, die solche Veranstaltungen mit zum Teil von weit her gereisten Autoren organisieren konnten (vgl. Tgahrt 1984; Tgahrt 1989; Tgahrt 1995). Dichter der Jahrhundertwende wie Detlev von Liliencron, Richard Dehmel, Gustav Falke, Gerhart Hauptmann, Thomas Mann und Rainer Maria Rilke waren die Stars solcher Vortragsveranstaltungen. Einen Gutteil ihres künstlerischen Renommees verdanken Autoren seither ihren Auftritten bei Leseabenden. Diese sind nicht nur Teil der Verkaufsstrategie ihrer Bücher, sondern willkommene Einnahmequelle und eine Gelegenheit zur Begegnung mit den Lesern. Dichterlesungen sind zu einem Schlüsselmoment der Vermarktung von Literatur geworden, denen sich heutzutage kaum ein Autor entziehen kann. Es war nur konsequent, dass ein Dichter wie Stefan George, der gegen alle Formen einer Profanierung der Dichtkunst opponierte, auf solche Lesungen außerhalb exklusiver Freundeszirkel verzichtete. Ähnliche Akte der Abstinenz finden sich bis in die Gegenwartsliteratur hinein bei renommierteren Autoren, die dem Erwartungsdruck von Verlegern und Publikum widerstehen können, wie zum Beispiel Botho Strauß.

2.2. Schauspieler, professionelle Rezitatoren und Vorleser

Seit 1780 trat die Figur des professionellen Vortragskünstlers beziehungsweise Schauspielers hervor, der literarische Texte vor einer anonymen Zuhörerschaft gegen Entgelt las, rezitierte und deklamierte. Erster professioneller Vortragskünstler in Deutschland war der schwäbische Dichter und Freiheitskämpfer Christian Friedrich Daniel Schubart, der in den 1770er Jahren in süddeutschen Städten mit einigem kommerziellen Erfolg aus Klopstocks *Messias* vorlas. Schauspieler wurden von nun an zu Akteuren öffentlicher Vortragsveranstaltungen. Ihre im Theater erprobte Sprechkunst setzten sie wirkungsvoll auch für epische Gedichte, Balladen, Dramenmonologe oder ganze Dramen ein; noch vor der Erfindung von Mikrophon und Lautsprechern konnten sie damit die raumakustischen Probleme vieler Säle überwinden. Vor einem zahlenden Publikum brachten sie so die gerade entstehende deutsche Literatur oder Übersetzungen aus anderen europäischen Sprachen zu Gehör. Dafür entstanden neue Vortragsformate wie Deklamatorien, humoristische Vortragsabende, epische Lesungen und Dramenvorlesungen. Ganze Generationen von Künstlern spezialisierten sich im 19. Jahrhundert auf diese unterschiedlichen Formate der Vortragskunst, darunter heute vergessene wie Graf von Seckendorff, Theodor von Sydow, Carl Friedrich Solbrig, Karl Schall, Heinrich Anschütz, Karl von Holtei, Eduard Devrient, Wilhelm Jordan, Emil Palleske, Rudolf Genée und Josef Lewinsky, aber auch Vortragskünstlerinnen wie Sophie Albrecht, Elise Bürger (geb. Hahn), Johanna Henriette Rosine Hendel-Schütz, Amalie Wolff, Sophie Schröder, Wilhelmine Maaß, Friederike Wilhelmine Hartwig, Luise Beck und Wilhelmine Schröder. Dies sind die Ahnväter und -mütter all jener Rezitatoren und Vorleser, die seit 1945 durch Liveauftritte und durch Medien wie Rundfunk, Langspielplatte, MCC und Audio-CDs eine wachsende Resonanz gefunden haben.

2.3. Deutschlehrer

Seit dem ersten Drittel des 19. Jahrhunderts widmeten sich Hochschulen und Gymnasien der Ausbildung des Vorlesens und dem Auswendiglernen und Rezitieren literarischer Texte im Rahmen der Deutschlehrerausbildung und des Deutschunterrichts. Die Schule wollte nicht nur die Kulturtechniken des Schreibens vermitteln, sondern auch das ‚Hersagen' von literarischen Werken des nationalen Kanons anleiten sowie darüber hinaus eine korrekte und ausdrucksvolle Aussprache der deutschen Sprache fördern. Die Deutschlehrer sollten ihren Schülern darin ein Vorbild sein, weshalb die Vortragskunst seit dem letzten Drittel des 19. Jahrhunderts zu einem optionalen, seit den preußischen Schulreformen 1925 sogar zu einem obligatorischen Element der Lehrerausbildung wurde. Der auch als Theoretiker der ‚Redenden Künste' hervorgetretene Erich Drach (1885–1935), seit 1919 ‚Lektor der Sprechkunde und Vortragskunst an der Universität Berlin', war dabei eine der treibenden Kräfte. Von 1800 bis 1970 hatte die Vortragskunst in Deutschland im schulisch-akademischen Bereich ihren festen Rückhalt, von hier aus strahlte sie in den gesellschaftlichen Raum der privaten und Amateurrezitationen aus. Hier wurde der Kanon der lyrischen, epischen und dramatischen Texte normiert, die vorgetragen wurden, und auch entsprechende Vortragsstile und -formate (vgl. Korte et al. 2011). Die Schiller-Rezeption zwischen 1815 und 1914 ist dafür ein besonders sprechendes Beispiel, fand sie doch nicht zuletzt auf Schulbänken statt. Hier formierte sich allerdings seit 1890 auch der Widerstand gegen Schiller, den viele literarische Avantgarden nach 1900 teilen sollten. Die im Hinblick auf Deutschunterricht und Deutschlehrerausbildung geführten Diskussionen stellen im Übrigen einen wichtigen, in der Qualität freilich uneinheitlichen Beitrag zur Theorie der Vortragskunst in Deutschland dar – eine graue Literatur, die der kritischen Untersuchung noch harrt. Zahlreiche akademische Sprecherzieher, von Emil Milan über Richard Wittsack bis hin zu Vilma Mönckeberg-Kollmar, sind selbst als Vortragskünstler hervorgetreten, parallel zu den Vortragsvirtuosen unter den Hochschulgermanisten von Friedrich Beißner bis zu Peter Wapnewski und Jan Philipp Reemtsma.

2.4. Amateure

Mit der literarischen Vortragskunst von Liebhabern und Laien begibt man sich auf ein kaum überschaubares Feld, das sich von der privaten Geselligkeit über Freundeskreise bis zu Salons und Vereinen erstreckt. Hier entstanden eigene Formate wie die häusliche Deklamationspraxis, das Vorlesen von Dramen mit verteilten Rollen, das Gedichterezitieren zu festlichen Anlässen, die humoristische Abendunterhaltung, das Vorlesen für Kinder und ältere Menschen und so weiter. Die vielfältigen Anlässe und darauf abgestimmten Vortragsformate und Textvorlagen können anhand von Lyrik-Anthologien für spezifische Anlässe, den sogenannten Deklamatorien, erschlossen werden (vgl. Häntzschel 1985, 205–206). Schon die Fülle dieser Publikationen macht die gesellschaftliche Breitenwirkung der Vortragskunst über Schule und Vortragsbühne hinaus deutlich. Deklamatorien für Feierstunden, nationale Feiertage (wie die Sedansfeier oder den Geburtstag des Kaisers) und für sonstige patriotische Feste belegen ihre politische Relevanz. Seit der Mitte des 18. Jahrhunderts war das Vorlesen in vielen gesellschaftlichen Kreisen zur festen Einrichtung geworden und der Vorleser beziehungsweise die Vorleserin zu einer mit der Erzieherin beziehungsweise Gouvernante vergleichbaren sozialen Rolle avanciert. Ein letzter Spross dieser großen Familie von Vortragsamateuren war der deutsch-französische Diplomat und Schriftsteller Stéphane Hessel, der es liebte, zur Überraschung von Restaurantbesuchern, Zugreisenden und Passanten Verse auf Deutsch, Französisch oder Englisch zu rezitieren und die Reaktionen seiner Zuhörer zum Anknüpfungspunkt für Gespräche über Gedichte zu nehmen (vgl. Hessel 2010, 21).

3. Vortragsformate und Rezeptionsweisen

Eine weitere Unterscheidung, welche helfen kann, das Feld der literarischen Vortragskunst seit 1750 abzustecken, betrifft die Vortragsformate und entsprechenden Rezeptionsweisen, die sukzessive hervorgetreten und heute noch lebendig sind. Ich nehme dabei Bezug auf eine Typologie musikalischen Hörens, die der Musikwissenschaftler Heinrich Besseler – wegen seiner nationalsozialistischen Verstrickungen eine Persona non grata – in den 1920er Jahren entwickelt hat und der man ähnliche Formen der literarischen Vortragskunst zur Seite stellen kann (vgl. Besseler [1925] 1978). Es handelt sich dabei um die Unterscheidung zwischen sozialen Gebrauchsformen eines gemeinschaftlichen Zuhörens und einem ästhetischen Zuhören mit der Zuwendung zum Werk – eine auch für die literarische Vortragskunst grundlegende Differenzierung.

3.1. Gebrauchsformen des gemeinschaftlichen Zuhörens versus ästhetisches Zuhören

Wenn wie in protestantischen Familien seit dem 16. Jahrhundert Vater oder Mutter den Mitgliedern der Familie und dem Gesinde am Abend aus der Bibel oder Mütter ihren Kindern eine Gutenachtgeschichte am Bett vorlesen, so zielt solches Vorlesen gewiss auf den Nach- und Mitvollzug des vorgetragenen Textes, doch werden damit noch andere Absichten verfolgt, wie die religiöse Unterweisung und Erbauung oder die Förderung des kindlichen Einschlafens. Eine vergleichbare Instrumentalisierung des Vorlesens und Rezitierens findet statt, wenn bei Geburtstagen, häuslichen Feiern oder Betriebsfesten ein humoristisches beziehungsweise besinnliches Gedicht – sei es aus diesem Anlass eigens verfertigt oder aus Anthologien übernommen – auf den Jubilar vorgetragen wird oder bei öffentlichen Festen und politischen Veranstaltungen appellativ wirkende Texte rezitiert werden. Der Vortrag wird zum Kristallisationspunkt von Bindungsprozessen, durch die gemeinsame emotionale Einstellungen und Normen befestigt werden sollen – exemplarisch etwa bei den Schillerfeiern im 19. Jahrhundert durch die

Rezitation des *Lieds an die Freude*; bei proletarischen Feierstunden in Berlin 1920, bei denen Schauspieler wie Tilla Durieux den Text der *Internationale* und Alexander Moissi aus *Faust* (II, 5) vorlasen (vgl. van der Will und Burns 1982, 143); während der 1968er-Bewegung, als Erich Fried seine politische Lyrik auf studentischen Podien rezitierte. Auch Lesungen von Karl Kraus aus eigenen satirischen Schriften, bei denen nach der Beobachtung Elias Canettis die Zuhörer sich zur ‚Hetzmeute' formierten, gehören in diesen Kontext.

Solche Rituale des Vorlesens und Rezitierens bewirken eine räumlich-leibliche und seelisch-emotionale Verbundenheit der Zuhörer untereinander und mit dem Vortragenden. Das ‚Mitmachen' steht hier im Vordergrund, die Lesung erhält ihren Sinn „vom Ethos der zugehörigen Gemeinschaft" (Besseler [1925] 1978, 37). Vortragende und Zuhörer kommunizieren mit Gesten, Blicken und Beifallsbekundungen, zuweilen auch mit Seufzern und Tränen im Auge. Derartige Gebrauchsformen literarischer Vortragskunst finden sich überall dort, wo mit dem Vorlesen und Rezitieren gemeinschaftsbildende Zwecke verfolgt werden, sei es in Privatwohnungen und Salons, sei es in Theatern, Vortragssälen, Schulen, Akademien oder auf öffentlichen Plätzen.

Von diesen sozialen Gebrauchsformen des literarischen Vorlesens und Rezitierens unterscheiden sich jene Formen eines ästhetischen Zuhörens, bei denen gemeinschaftsbildende und andere Aspekte (z. B. die Selbstdarstellungsbedürfnisse des Vortragenden) in den Hintergrund treten und stattdessen eine Zuwendung zum Werk erwartet wird. Die Zuhörer werden hier entsprechend der im Konzertsaal des 19. Jahrhunderts ausgebildeten Zuhörerhaltung zu einer Masse von atomisierten Einzelnen, die das literarische Werk in Passivität und Bewegungslosigkeit rezipieren. Allenfalls beim Zusammen-Schweigen, beim gemeinsamen Lachen und Applaus interagieren sie für Augenblicke miteinander, um sich dann wieder je individuell dem konzentrierten Zuhören zu widmen.

In der Geschichte literarischer Vortragskunst wurde ein solches ästhetisches Zuhören wohl erstmals in einzelnen Lesungen Goethes, bei den Dramenlesungen Ludwig Tiecks und in den Deklamatorien professioneller Vortragskünstler ausgebildet. Seit dem Ende des 19. Jahrhunderts erfuhr es einen weiteren Schub durch die sogenannten Dichterlesungen. Autoren wie Richard Dehmel, Rainer Maria Rilke und Thomas Mann wurden zu Wegbereitern einer eigenständigen, der Werkästhetik verpflichteten Vortragskunst. Künstler wie Josef Lewinsky, Emil Milan, Ludwig Hardt und Karl Kraus (mit seinem Theater der Dichtung) wirkten in dieselbe Richtung. Die Zuhörer erwarteten, „angeregt, unterhalten oder erschüttert zu werden, und zeigten den Grad des erreichten Zustandes durch Beifallsklatschen an" (Besseler [1925] 1978, 32). Im Akt des Zuhörens baute die Einbildungskraft jedes Einzelnen eine innere ‚Hörbühne' auf, auf der sich das Vorgelesene wie leibhaftig vor den Augen des Hörenden abspielte. Goethe hat mit seiner Theorie rhapsodischen Sprechens ein solches autonomes Zuhören, das auf die Aktivierung der Vorstellungs- und Einbildungskraft des Zuhörers abzielt, erstmals theoretisch auf den Begriff gebracht (vgl. Goethe [1828] 1999, 475; Meyer-Kalkus 2007).

Zwischen einem gesellschaftlich gebundenen und einem ästhetischen Zuhören gibt es allerdings auch Mischformen. Wie bei Kippfiguren können die einen in die anderen umschlagen: die Gebrauchsformate in ästhetische Formate und umgekehrt die ästhetischen in Gebrauchsformate. Viele Autorenlesungen, besonders in familiär geselligem Rahmen, verfolgen keineswegs nur rein literaturästhetische Zielsetzungen, wie man an Beispielen von Klopstock bis Kafka ablesen kann. Bei Lesungen von Klopstock schlossen sich die Zuhörer „mit Händeklatschen, mit Entzückungen und mit Thränen" (Tgahrt 1984, 33) zu einer sich auch körperlich erlebenden Empfindungsgemeinschaft zusammen. Ähnlich verhielt es sich bei Lesungen von Stefan George, die Elemente der katholischen Liturgie variierten (vgl. Tgahrt 1989, 332; Dümling 1981). Paradoxerweise scheinen es gerade solche Gebrauchsformen des Vorlesens einzelner Autoren gewesen zu sein, durch die erstmals ein ästhetisches Zuhören auf den Weg gebracht wurde. Ein Beispiel dafür sind Goethes Lesungen, wie sie durch Berichte von zeitgenössischen Ohren- und Augenzeugen überliefert wurden (vgl. Weithase 1949). Inmitten des Selbstgenusses des Vortragenden scheint mit einem Male das Werk selbst hervorzutreten und die Aufmerksamkeit der Zuhörer vom Vortragenden auf das Vorgetragene zu lenken – wie beim Umschlag von der Erlebnisästhetik zur Objektivität einer werkästhetischen Einstellung.

Auch wenn es viele Übergänge zwischen den unterschiedlichen Arten des Zuhörens gibt, so macht es doch einen Unterschied, ob Vorlesen und Rezitieren primär auf gesellschaftliche Bindungsprozesse gleich gestimmter Einzelner oder auf ein distanziertes ästhetisches Zuhören literarischer Werke abzielen. Die ästhetische Rezeptionsform tritt geschichtlich erst vergleichsweise spät in europäischen Ländern hervor, nachdem die gemeinschaftsgebundenen Vortrags- und Zuhörensweisen über Jahrhunderte hinweg dominiert hatten.

3.2. Unterhaltungsfunktion

Ein die Gebrauchs- und ästhetischen Zweckformen übergreifender Aspekt ist die durch literarische Vortragskunst gewährte Unterhaltung, wenn man darunter eine Mischung aus Zeitvertreib, Vergnügen, Belustigung, Belehrung und Emotion versteht – ein Aspekt, der in den bisherigen Forschungen zur Vortragskunst so gut wie übersehen wurde. Allgemein kann man für die Zeit um 1800 für größere Städte wie Berlin, Wien, Prag, Paris und London das Entstehen einer eigenen

Unterhaltungskultur unterstellen, mit populären Darbietungsformen wie Singspiel, Operette und komischem Theater, die sich allesamt an ein gemischtes Publikum wandten (vgl. Gerlach 2007, 27–30). Mehr und mehr dominierten solche Unterhaltungsgenres die Spielpläne der Theater, um das städtische Publikum anzulocken. Auch die literarische Vortragskunst auf öffentlichen Podien und im privaten Bereich verlegte sich auf die gesellige Unterhaltung – neben der Konversation bei Tischgesellschaften (dem „Erzählen, Räsonnieren und Scherzen" (Kant 1983, 228)), neben Kammermusik, Karten- und anderen Gesellschaftsspielen. Diese Unterhaltungsfunktion bestimmte den Ton vieler Abendgesellschaften in der zweiten Hälfte des 19. Jahrhunderts (vgl. Häntzschel 1985, 218–230), man kann sie für die soziale Resonanz literarischer Vortragskunst vermutlich gar nicht hoch genug veranschlagen.

Am Berliner Nationaltheater bildeten sich um 1800 gleichzeitig eine klassizistische Hoch- und eine auf Unterhaltung abzielende Massenkultur heraus (vgl. Gerlach 2007, 29). Diese Dualität darf man auch für die Vortragskunst unterstellen: einerseits Beispiele ernster Dichtung (von der Klopstock-Ode bis zum Tragödienmonolog), andererseits humoristische Texte, Parodien, Couplets und Mundartdichtungen. Als Schiller und Goethe sich im Jahre 1797 der Balladenproduktion zuwandten, geschah dies in der Absicht, solche Differenzen der gesellschaftlichen Rezeptionsweisen zu überbrücken: „Welch Unternehmen, dem ekeln Geschmack des Kenners Genüge zu leisten, ohne dadurch dem großen Haufen ungenießbar zu sein – ohne der Kunst etwas von ihrer Würde zu vergeben, sich an den Kinderverstand des Volks anzuschmiegen" (Schiller 1992, 976). Eine solche ‚klassische' Popularität strebte Schiller etwa mit dem „Lied von der Glocke" und mit seinen Balladen an, also nicht zufällig mit jener Gattung, mit der Gottfried August Bürger mit „Lenore" einen der größten Erfolge der zeitgenössischen Literatur und Vortragskunst errungen hatte.

Auch reisende Rezitatoren des 19. Jahrhunderts zielten auf die Unterhaltung ihrer Zuhörer als primärem Wirkungszweck ab. Wie anders als mit Humor und Komik konnten sie die Aufmerksamkeit der Zuhörer über Stunden hinweg wachhalten? Auch Erzähler wie Johann Wolfgang Goethe, Charles Dickens und Thomas Mann, die alle drei große Vorleser waren, wussten um die Verschränkung von Literarizität und Unterhaltung. Ein zeitgenössischer Ratgeber empfahl deshalb Autoren und Vortragskünstlern um 1900, bei ihren Vortragsreisen vor allem einen Begleiter nicht zu vergessen: den Humor (vgl. Manz 1913, 183).

Der Ahnvater der universitären Sprecherziehung Erich Drach versuchte um 1925, die Rezitatoren mit ernsthaften künstlerischen Ansprüchen von der Schar von Vortragskünstlern mit Unterhaltungsabsichten abzugrenzen, also von jenen „heiteren fahrenden Gesellen, die als Clowns die Lande durchziehen, Nachbarn von Posse, Operette und Tingeltangel, Witzbolde von Beruf" (Drach 1926, 88). Die

Komiker und ‚Comedians', wie wir sie heute nennen, haben nach Erich Drach mit den echten Rhapsoden nichts gemein, weil sie keine Künstler sind, denen man um ihrer selbst willen zuhört. Drachs Unterscheidung war allerdings nur eine hilflose Reaktion auf die Popularität der Humoristen unter den Vortragskünstlern, die auf nichts anderes und auf nicht weniger als die Unterhaltung und das Lachen ihres Publikums zielten.

3.3. Starkult und Dilettantismus

Aufgrund ihrer Verflechtung mit wirtschaftlichen Vermarktungsinteressen, Tourneebetrieb und medialer Verbreitung war die literarische Vortragskunst von Anfang an unauflöslich mit dem Starkult der Vortragskünstler verbunden. Von diesen erwartete man etwas Außerordentliches, ihre Darbietungen sollten zu ästhetisch-performativen „Extremsituationen" (Said 1995, 28–30) werden, wie sie Edward Said für die Konzertvirtuosen klassischer Musik im 19. und 20. Jahrhundert beschrieben hat. Von Karl von Holtei, Wilhelm Jordan und Josef Lewinsky im 19. Jahrhundert über Josef Kainz, Alexander Moissi und Ludwig Wüllner im ersten Drittel des 20. Jahrhunderts reicht diese Charismatisierung des Vortragskünstlers bis hin zu Klaus Kinski, Oskar Werner und Gert Westphal nach 1945. Eine Folge des Starkults ist die Ausbildung von ‚Maschen' als Erkennungszeichen. Die Vorleser und Rezitatoren treten als Humorist, Rhapsode, Tragöde, Exzentriker, Märchenonkel, skeptischer Zeitgenosse oder Melancholiker auf, was immer sie als Person im wirklichen Leben auch sein mögen. Diese auf der Vortragsbühne angenommene ‚Persona', also die öffentliche Rolle und akustische Maske, ist ihr unverwechselbares und wiedererkennbares Markenzeichen, das sie den Sprecherinstanzen ihrer Vortragsvorlagen jeweils unterlegen. Ein Rezitator wie Erich Ponto las humoristische oder ironisch-ätzende Texte mit der Miene des gewitzten Spaßvogels vor, Ernst Ginsberg und Maria Becker sprachen gedanklich anspruchsvolle Dichtungstexte mit gezügeltem pathetischen Nachdruck, Mathias Wieman und Will Quadflieg schlugen noch einmal den hohen Ton der Bildungsemphase der deutschen Klassik an und Klaus Kinski warf sich in Kostüm und Kothurn des Rhapsoden, um mit Mitteln einer von Alexander Moissi abgeschauten Deklamationsmanier idiosynkratisch outrierte Deutungen von Texten zu geben. Viele Vorleser sind auf ihren Typus festgelegt. Wenn sie einen Text vortragen, können wir von dieser Persona ebenso wenig abstrahieren wie von Alter, Geschlecht und sonstiger Befindlichkeit, wie sie aus Stimme, Gestik und Mimik hervortreten. Ihre Persona ist Teil der akustischen Physiognomie, des spezifischen Sounds geworden, und wir wollen hören, was sie sagen, und sehen, was sie dabei von sich zeigen.

Auch eine andere Begleiterscheinung der literarischen Vortragskunst, der literarische Dilettantismus, hat seit 1750 im Zwischenbereich zwischen Gebrauchs- und ästhetischen Zweckformen seinen gesellschaftlichen Ort gefunden – als Zerrbild des Starkults, der mit den Vortragskünstlern getrieben wurde. Unter vortragskünstlerischem Dilettantismus sind die vielfältigen Formen der Selbstdarstellung des Vortragenden auf Kosten des literarischen Werks und der Zuhörer zu verstehen. Nachdem Karl Philipp Moritz solchen Dilettantismus in seinem Roman *Anton Reiser* (1785–1790) wohl erstmals umfassend beschrieben hatte, sollte ihn der ‚Jungdeutsche' Arnold Ruge 60 Jahre später als eine spezifische Lust des romantischen Subjekts deklarieren, als die Genugtuung, mit der eigenen Stimme Herrschaft über die Zuhörer hic et nunc ausüben zu können – und das auf Kosten der Vermittlung des Werkes (vgl. Ruge 1846, 424). Der Vortragende will seine Gefühle mithilfe von Vorlesen und Rezitieren zum Ausdruck bringen, „er möchte das Private möglichst unverfälscht auch in aller Öffentlichkeit bewahrt wissen", wie der Germanist Jürgen Stenzel (selbst ein kompetenter Vorleser klassischer Literatur) formulierte (Stenzel 2007, 22). Für derartige Dilettantenbedürfnisse bot sich literarische Vortragskunst seit Empfindsamkeit und Romantik in besonderer Weise an, was ihrem Renommee als eigenständiger Kunstform nicht eben förderlich war.

4. Medien

Eine dritte Unterscheidung, die helfen kann, das Feld der literarischen Vortragskunst zu strukturieren, ist die Differenzierung zwischen einer Face-to-Face-Performance, bei der die Vortragenden ihrem Publikum leibhaft gegenübertreten, und einer durch Audio- oder audiovisuelle Medien vermittelten Kommunikation, bei der Produktion und Rezeption räumlich und zeitlich getrennt werden (vgl. Krech 1987, 25). Eine Face-to-Face-Performance kann ohne alle technischen Hilfsmittel stattfinden, wenn dies die raumakustischen Verhältnisse erlauben. Seit Anfang der 1930er Jahre kamen in größeren Sälen elektronische Mikrophone und Lautsprecheranlagen zum Einsatz, um die Stimme zu verstärken. Doch auch hier erfolgte der performative Akt noch vor den Augen und Ohren der Rezipienten, er blieb dementsprechend direkt und interpersonal. Die Verwendung eines Mikrophons muss keineswegs, wie man behauptet hat, einen „weniger intensiven Hörerkontakt [...] zur Folge" haben (Krech 1987, 25). Im Gegenteil erlaubt das Mikrophon intime kammermusikalische Sprechweisen, welche eine hohe emotionale Ansprechbarkeit besitzen können, Ähnliches gilt für die Verwendung von Mikroports im Theater seit den 1990er Jahren.

Der Gebrauch des Mikrophons bei Rundfunk- und Schallplattenaufnahmen, später bei Liveveranstaltungen zeitigte im Übrigen Rückwirkungen auf die Vortragsweisen. Eine durch technische Anlagen verstärkte Deklamationskunst, wie sie von den Schauspielerrezitatoren praktiziert wurde, musste übertrieben pathetisch und gespreizt erscheinen. Der Ruf nach einem nicht schauspielerhaften Sprechen ist das Leitmotiv vieler Diskussionen über Wortveranstaltungen im Rundfunk um 1930. Das Sprechen vor Mikrophonen trug so dazu bei, eine eigene Vortragskunst mit kammermusikalischen Ausdrucksmitteln auf den Weg zu bringen. Allerdings bedeutet dies nicht, dass diese Entwicklungen von den Medien gleichsam fern- und fremdgesteuert wurden. Hat die Vortragskunst doch endogene vortragsästhetische und interperformative Traditionen, die sich weitgehend ohne Bezug auf die technischen Medien formierten.

Die durch Medien wie Rundfunk, Sprechschallplatte, Tonband, Kassette, Audio-CD oder Internet vermittelte Kommunikation trennt gewöhnlich, wenn es sich nicht um Livesendungen handelt, den Augenblick des Vortrags von demjenigen seiner Rezeption in zeitlicher und räumlicher Hinsicht. Auch wenn es immer wieder Beispiele von sozialen Gebrauchsformen in Rundfunk und auf Schallplatte gibt (wie der erbauliche Gebrauch von Lyrik-Rezitationen bei weltanschaulich-religiösen Sendungen oder Übertragungen von öffentlichen Festveranstaltungen mit literarischen Lesungen), so verstärkt die Nachträglichkeit der Rezeption doch unverkennbar das ästhetische Zuhören. Die Abwesenheit der leiblichen Präsenz des Sprechers, die nur imaginär vorgestellt werden kann, erfordert zwangsläufig eine Konzentration auf den auditiven Eindruck des Gehörten, gleichgültig, ob man die Medien nun allein oder in Gesellschaft konsumiert.

Begünstigt wird diese ästhetische Rezeptionsweise durch mobile Abspielgeräte wie Walkman, iPod und iPhone. Waren die Vortragskünste einmal angetreten, um der Literatur ihre emotionalen und gemeinschaftsstiftenden Energien zurückzuerstatten, so zerfiel diese Zuhörerschaft mit der Zuwendung zum literarischen Werk, wie sie seit dem 19. Jahrhundert von einzelnen Autoren wie Ludwig Tieck und professionellen Vortragskünstlern vollzogen wurde. Dies galt erst recht in der zweiten Hälfte des 20. Jahrhunderts durch eine von digitalen Medien und mobilen Abspielgeräten ermöglichte Rezeptionsweise: die Stimme über Kopfhörer im Ohr, den Text womöglich vor Augen, wie dies heute viele Lyrik-Internetplattformen anbieten. Diese Rezeptionsweise ähnelt der solipsistischen Haltung beim stillen Lesen, mit dem Unterschied freilich, dass die Einbildungskraft nicht vor allem durch das Gelesene, sondern durch das Gehörte affiziert wird. Mit der Konzertform der Vortragskunst teilt diese Rezeptionsform die Zuwendung zum Werk, doch fällt die räumlich-körperliche Verbundenheit mit anderen Zuhörern fort – und damit der verbleibende Rest eines Gemeinschaftsbezugs. Noch exklusiver als im Vortragssaal sieht sich das Zuhören auf das literarische Werk und auf das Spiel der Einbildungskraft verwiesen, die das Vorgetragene auf der inneren ‚Hörbühne' an sich vorüberziehen sieht.

Die Entwicklungen der Medientechnik seit 1889, als die ersten Dichter (wie Robert Browning und Alfred Tennysson) ihre Stimmen auf die Wachszylinder des Phonographen eingravieren ließen, haben in der Geschichte der Vortragskunst Epoche gemacht. Im Vordergrund des Interesses standen zunächst namhafte Schauspieler wie Josef Lewinsky, Josef Kainz, Ernst von Possart, Alexander Moissi und Ludwig Wüllner, deren Aufnahmen vor dem Ersten Weltkrieg von privaten Grammophongesellschaften vermarktet wurden. Autoren fanden hingegen ein nur peripheres Interesse. Fragt man nach den erhalten gebliebenen phonographischen und Grammophonaufnahmen namhafter deutschsprachiger Schriftsteller, die in der Zeit zwischen 1889 und 1927 gemacht wurden, so ergibt sich eine recht kümmerliche Liste: Felix Dahn 1899, Marie von Ebner-Eschenbach 1901, Ferdinand von Saar 1901, Ernst von Wolzogen 1904, Arthur Schnitzler 1907, Hugo von Hofmannsthal 1907, Gerhart Hauptmann 1922, Joachim Ringelnatz 1922, Hans Friedrich Blunck 1927. Nur neun Stimmen bekannter Schriftsteller haben in den 40 Jahren zwischen 1889 und 1927 dauerhafte Spuren hinterlassen. Diese Aufnahmen stellen in vielerlei Hinsicht ein Kuriositätenkabinett dar, das weder zu wiederholtem Hören konsultiert, noch zur Verbreitung vervielfältigt und vermarktet wurde. Spitzenreiter – hinsichtlich der Zahl von kommerziell verbreiteten Schellackplatten – ist bezeichnenderweise Joachim Ringelnatz, dessen Aufnahmen ebenso wie die von Wolzogen und später von Bertolt Brecht im Zeichen der leichten Muse stehen und in einer Sparte mit Operettenmelodien und Chansons vertrieben wurden. Signifikanterweise häufen sich die erhalten gebliebenen Aufnahmen nach 1929, als der Rundfunk damit begann, Lesungen und andere Produktionen auf Schellackplatten mitzuschneiden und diese im Rundfunkarchiv zu konservieren. Dies geschah immer dann, wenn sie zu einem späteren Zeitpunkt oder von einer anderen Rundfunkstation ausgestrahlt werden sollten. Ein Gutteil der älteren Aufnahmen, über die wir heute verfügen, verdanken sich solchen Rundfunkmitschnitten. Häufig in Kooperation mit den Rundfunkstationen begannen nach 1928 auch private Schallplattenfirmen, Dichterlesungen mit literarischen Ansprüchen (wie die von Thomas Mann, Gottfried Benn und Karl Kraus) zu vermarkten; doch bildeten sie am Gesamt der Plattenproduktion nur einen verschwindend geringen Anteil. Die Schellackplatten hatten im Übrigen eine Abspielzeit von maximal vier Minuten pro Seite, sodass längere Texte gekürzt oder auf mehrere Platten gepresst werden mussten. Erst in den Folgejahren kamen Folien und Tonbänder in Gebrauch, mit deren Hilfe Texte von längerer Dauer gespeichert werden konnten.

So glücklich wir heute über die Konservierung jeder einzelnen Aufnahme sein dürfen, so ist die Ausbeute doch gering. Weder sind alle wichtigen Autoren in dieser akustischen Anthologie vertreten, noch die bedeutendsten Autoren jeweils mit ihren besten Texten aufgezeichnet. „Von den großen und auch populären

Schriftstellern dieser Epoche sind nur Thomas Mann, Gerhart Hauptmann und Gottfried Benn sowie Karl Kraus mit Aufnahmen von einigem Anspruch vertreten; Robert Musil und Heinrich Mann, Kurt Tucholsky, Joseph Roth und Ödön von Horváth – um nur einige wenige beispielhaft zu nennen – fehlen ganz, von Lion Feuchtwanger und Oskar Maria Graf gibt es nur Aufnahmen aus der Nachkriegszeit", so der Archivar des Deutschen Rundfunkarchivs (DRA) Walter Roller (Roller 1982, VII). Auch wenn man diese Meinung nuanciert und die Aufnahmen von Marie von Ebner-Eschenbach, Hugo von Hofmannsthal und Arthur Schnitzler zu den literarisch bedeutsamen rechnet, bleibt die Bilanz enttäuschend. Das Erhaltengebliebene ist zufällig hinsichtlich der Umstände seiner Überlieferung wie auch hinsichtlich der Auswahl der auf Schallplatte aufgezeichneten Autoren und Texte. Der englische Dichter Hilaire Belloc (1870–1953) hat in einem Zeitungsartikel aus dem Jahre 1928 „Records for Posterity" auf die Zeitgebundenheit jener Kriterien hingewiesen, die zu phonographischen Aufnahmen von Dichterstimmen führten. Um 1600 hätte man gewiss nicht die Stimme von William Shakespeare aufgenommen, der zwar als Schauspieler und in einigen Kreisen auch als Theaterdichter eine gewisse Berühmtheit erlangt hatte, aber nicht die öffentliche Anerkennung genoss, die wir ihm rückblickend fälschlicherweise attestieren. Der Lyriker John Keats hätte um 1800 wohl ein ähnliches Schicksal erfahren. Vielleicht hätte man sich seiner noch kurz vor seinem Tode erinnert, doch war er zu diesem Zeitpunkt bereits in so schlechter gesundheitlicher Verfassung, dass eine Aufnahme nicht mehr möglich gewesen wäre (vgl. Belloc 1928, 359).

Das ist ein ernüchterndes Resümee nach 40 Jahren Tonaufnahmen. Der Enthusiasmus der Anfangsjahre ist verflogen. Hilaire Belloc ist zuzustimmen: Was uns aus der Frühzeit phonographischer und Grammophonaufnahmen erhalten geblieben ist, stellt ein Zufallsprodukt in mehrfacher Hinsicht dar und ist alles andere als repräsentativ für die literarischen Aktivitäten der Zeit. Friedrich Kittlers Meinung, dass sich die Literatur um 1900 durch Phonographen und Grammophone ihres Anachronismus überführt sehen musste und deshalb – in Reaktion darauf – Zuflucht zur Materialität der Schriftzeichen gesucht habe (vgl. Kittler 1985, 243, 252; Kittler 1986, 123–134), ist eine romantisch-postmoderne Übertreibung. Man darf den Unterschied zwischen der geringen Zahl an faktischen Aufnahmen und den um die neuen technischen Medien aufblühenden literarischen Phantasien, zwischen Wirklichkeit und Imaginärem nicht ignorieren. Angesichts der großen Literatur der Moderne erscheinen Tonaufzeichnungen von Dichterstimmen im ersten Drittel des 20. Jahrhunderts wie eine akustische Fußnote, die von den meisten Autoren und dem lesenden Publikum überhört wurde.

5. Entwicklungsschübe der Vortragskunst

Schafft die medial vermittelte Vortragskunst eine zeitliche und räumliche Distanz zwischen dem Vortrag und seiner Reproduktion, so erlaubt sie zugleich einen Einblick in geschichtlich sich wandelnde Sprechweisen und Vortragsnormen. Die Fremdheit gegenüber den überlieferten Vortragsweisen der Vergangenheit wird zum demonstrierbaren Faktum. Die historische Dimension der Vortragskunst konnte vermutlich erst in den Horizont wissenschaftlicher Fragestellungen treten, seitdem wir über Archive mit phonographischen Aufnahmen verfügen (Wien 1901, Berlin 1915, Petersburg 1920, deutsche Rundfunkanstalten 1929); zwischen 1750 und 1914 blieb sie unter normativen Vorgaben und Codierungen verdeckt.

In der deutschen Sprecherziehung (Richard Wittsack, Irmgard Weithase, Christian Winkler u. a.) reagierte man auf diese Entdeckung des Wandels der Vortragskunst mit der Konzeption einer Stilgeschichte. Irmgard Weithase hat einen steten Wechsel zwischen extensivem und intensivem Sprechstil seit der Sturm-und-Drang-Generation im 18. Jahrhundert beobachten wollen (vgl. Weithase 1980, 30–36). Sie übernimmt ein älteres, heute obsolet gewordenes Deutungsmodell für den Stilwandel der Literatur, wonach sich rationalistische und irrationalistische Strömungen ablösen und – alternierend wie im Gänsemarsch – durch die Jahrhunderte ziehen. Das extensiv-irrationalistische Sprechen sei durch „Betonung der Stimmstärke und Temposteigerungen sowie das starke Auftragen von Klangfarben" gekennzeichnet, der intensive Sprechstil dagegen durch eine Bevorzugung des Sprechmelos und eine Reduktion von Dynamik und Tempo. Im Nationalsozialismus habe der extensive Sprechstil – im Gegensatz zur Neuen Sachlichkeit der Weimarer Republik – seinen Höhepunkt erlebt. Nach dem Ende des Zweiten Weltkriegs sei er wiederum durch eine Phase intensiven Sprechstils abgelöst worden (vgl. Weithase 1980, 35). Auch die Rezitation literarischer Texte durch Vortragskünstler und Laien (etwa im Deutschunterricht) unterliege nach 1945 diesem grundlegenden Wechsel vom extensiven zum intensiven Sprechen (vgl. Weithase 1949, 13).

Eine solche pauschalisierende Stilgeschichte ist heute obsolet. Ist es überhaupt sinnvoll, nach dem Stilwandel der Vortragskunst in Deutschland seit 1800 zu fragen? Heißt dies nicht, einem älteren Deutungsmodell verpflichtet zu bleiben, wonach jede Zeit durch einen besonderen Stil charakterisiert sei? Der Begriff Stil suggeriert eine Einheit des Mannigfaltigen, die es im Bereich der schriftgebundenen Vortragsmündlichkeit zu keiner Zeit gegeben hat. Insbesondere trägt dieses Modell nicht der Gleichzeitigkeit von einander opponierenden Tendenzen in ein und derselben Zeit Rechnung, ebenso wenig den Diskontinuitäten und Brüchen, die hier zu beobachten sind. Unterschiedliche Vortragstraditionen und -schulen treffen aufeinander, je nach literarischer Gruppierung, institutioneller

Anbindung, regionaler Zugehörigkeit und so weiter. Das Modell des Stilwandels ist untauglich, um die Vielschichtigkeit der zu beobachtenden Veränderungen und den Pluralismus der Vortragsweisen zu einer gegebenen Zeit angemessen zu beschreiben.

Gibt es alternative Modelle, die der Komplexität der Vorgänge besser gerecht werden? Ich glaube, dass die interperformative Dynamik zwischen den Akteursgruppen und ihren Vortragsformaten – vor dem Hintergrund ihrer medien- und sozialgeschichtlichen Bedingungen – einen besseren Leitfaden bietet (vgl. Meyer-Kalkus 2020). Beschränkt man sich auf die großen Wendepunkte in der Geschichte der Vortragskunst der letzten 265 Jahre, so könnte man vier Konstellationen hervorheben, an denen jeweils eine besondere Dynamik der Veränderung ablesbar wird:

a) Nach der konzeptuellen Begründung durch Autoren wie Klopstock und Goethe seit 1750 beziehungsweise 1770 fand ein erster Entwicklungsschub durch das Auftreten von Schauspielern und berufsmäßigen Rezitatoren um 1800 statt, die eine rege Vortragsreisetätigkeit entwickelten – flankiert von der Gründung neuer institutioneller Foren wie den öffentlichen, halböffentlichen und privaten Vortragsbühnen. Während die Autoren sich auf Lesungen im privaten Bereich beschränkten, wurden die öffentlichen Vortragspodien von Schauspielerrezitatoren und -vorlesern beherrscht. Die Wahl der Textvorlagen, die Zusammenstellung der Vortragsprogramme und die Vortragsweise waren auf eine quasitheatralische Darbietung in großen Sälen abgestimmt; Vortragskunst wurde zum Seitentrieb des Theaters.

b) Ein zweiter Entwicklungsschub erfolgte um 1900 mit dem öffentlichen Auftreten der Autoren, die in Abkehr von der Theatralisierung der Vortragskunst durch Schauspieler spezifisch literarische Vortragsprogramme und -formate entwickelten. Einzelne ambitionierte Vortragskünstler wie Emil Milan und Ludwig Hardt sowie Schriftsteller wie Karl Kraus schlossen sich dieser Literarisierung der Vortragskunst an.

c) Seit 1930 und dann verstärkt ab 1950 erfolgte ein dritter Schub mit der Weiterentwicklung der Vortragskunst durch Medien wie Rundfunk, Langspielplatte, MCC, Audio-CD und Internet. Vortragskünstler und Autoren sahen sich mit der Erwartung einer mediengerechten – und das heißt vor allem mikrophongerechten – Vortragshaltung konfrontiert. Was vortragsästhetisch und konzeptuell von Autoren wie George, Rilke und Thomas Mann sowie von Künstlern wie Emil Milan und Ludwig Hardt 30 Jahre früher auf den Weg gebracht worden war, nämlich die Ausdifferenzierung der kammermusikalischen Ausdrucksmittel, erhielt nun durch Rundfunk und Sprechschallplatte Breitenwirkung.

d) Seit 1995 lässt sich schließlich ein vierter Entwicklungsschub durch die Produktion von Audiobooks und die Nutzung von mobilen Abspielgeräten und des Internets beobachten. Parallel – und wie im Gegenzug dazu – kann der Aufschwung einer Spoken-Poetry-Bewegung mit neuen Formaten der Liveperformance wie Poetry Slam und den freien Lesebühnen konstatiert werden.

Mit jedem der vier Entwicklungsschübe ging eine gewisse Autonomisierung der Vortragskunst einher, wenn man darunter das Zurücktreten von sekundären Wirkungsintentionen (von der religiösen Erbauung über die didaktische Vermittlung bis hin zur Selbstdarstellung) und eine stärkere Hinwendung zum literarischen Werk und einer diesem gemäßen Vortragsweise versteht. Freilich werden diese Autonomisierungstendenzen immer wieder von Beispielen einer ‚Re-Theatralisierung' der Vortragskunst konterkariert, sodass sie keineswegs als dominierende und sich am Ende durchsetzende Entwicklung gedeutet werden dürfen.

Bereits um 1800 entstand ein Bewusstsein von der Notwendigkeit, zwischen den verschiedenen Vortragsformaten und Vortragsweisen, je nach literarischer Vorlage, Zuhörerschaft und Räumen zu unterscheiden. So forderten Goethe, die Brüder August Wilhelm und Friedrich Schlegel, Ludwig Tieck und Friedrich Nietzsche, das Vorlesen literarischer Texte prinzipiell vom Schauspiel abzugrenzen: Kammermusik sei hier gefordert statt deklamatorischem Theaterdonner, „edlerer Conversationston" (Köpke 1855, 179) statt lauter Gestikulation. Goethe verglich das Vorlesen einmal mit einer Zeichnung, die im Gegensatz zum farbenprächtigen Gemälde der Deklamation stehe. Und Nietzsche forderte ganz in diesem Sinne, man habe „überall blasse Farben anzuwenden, aber die Grade der Blässe in genauen Proportionen zu dem immer vorschwebenden und dirigirenden, voll und tief gefärbten Grundgemälde" (Nietzsche 1980, 602). Literarische Lesungen, zumal von epischen Texten, sollten sich in der Kunst des „gemäßigten Ausdrucks" üben (Schlegel 1967, 235): keine Verwandlung in die dargestellten Sprecherrollen des Textes, sondern dessen Vermittlung als etwas Drittem; weiterhin gemäßigte Affekte und die strikte Beachtung von Metrum und Rhythmizität in der Verssprache (was die Schauspieler unter den Vortragskünstlern bis zum heutigen Tag gewöhnlich überlesen).

Solche Forderungen nach einer distanzierten Vortragsweise waren zunächst eine Reaktion auf den Publikumserfolg von professionellen Vortragskünstlern im 19. Jahrhundert, welche mit den im Theater erprobten Ausdrucksmitteln die raumakustischen Schwierigkeiten großer Theater- und Vortragssäle zu überwinden versuchten und mit Dramenmonologen und Balladen literarische Vorlagen wählten, die einer theatralischen Orchestrierung entgegenkamen. Ein ‚Saalvorleser' vor anonymem Publikum musste nun einmal anders agieren als ein ‚Kabinetts-' beziehungsweise ‚Salonvorleser' vor vertrauten Zuhörern in kleineren Privaträumen (vgl. Palleske 1880, 273). Doch setzte sich mit dem Auftreten der Autoren und einzelner Vortragskünstler seit 1900 mehr und mehr das Bewusstsein durch, dass lyrische und epische Kurztexte einer eigenen Vortragsweise bedurften, welche von der Verwandlungskunst des Theaters unterschieden sei. Literarische Vortragskunst sollte andere Aufgaben haben als die Theaterbühne, weshalb man bei Vortragsprogrammen auf Dramenmonologe und Dramenvorlesungen verzichtete und eigene Programmfolgen mit spezifisch literaturästhetischen Zielsetzungen komponierte (vgl. Flaischlen 1917). Künstler wie Emil Milan und Ludwig Hardt griffen ganz bewusst in die Kanonisierungsprozesse von Literatur ein, indem sie ihre Autorität dazu nutzten, um auf noch unbekannte Autoren und Texte aufmerksam zu machen, statt den vom Gymnasium vorgegebenen Kanon klassischer Autoren und Werke einfach zu reproduzieren. Vortragskunst wurde so in Allianz mit Philologie und Literaturkritik zum Medium literarischer Entdeckungen und Wiederentdeckungen.

Durch den Rundfunk und die Sprechschallplatte, später durch MCC, Audio-CDs und Internet, erfuhr eine solche literaturästhetisch ausgerichtete Vortragskunst ein ungeahntes Echo. Eben jene Vortragsweisen, welche einige Autoren und Rezitatoren aus ästhetischen Gründen um 1900 gegen viele Widerstände durchzusetzen hofften, wurden durch den Rundfunk seit 1924 und verstärkt seit 1949 zur Selbstverständlichkeit von Vortragskünstlern wie Mathias Wieman, Erich Ponto, Ernst Ginsberg, Maria Becker, Gert Westphal und anderen. Diese dominierten Rundfunk und Sprechschallplatten, wogegen wiederum andere Künstler wie Klaus Kinski und Oskar Werner aufbegehrten, indem sie in geradezu provokatorischer Weise theatralische Ausdrucksmittel einsetzten (vgl. Meyer-Kalkus 2008b, 155, 193–194).

Der Schauspieler und Rezitator Josef Kainz hatte bei seiner Schallplattenaufnahme von Goethes „Prometheus"-Hymne im Jahre 1902 noch seine Bühnendeklamationsstimme gebraucht, er sprach den Text als Theatermonolog. Dies entsprach einer unter damaligen Schauspielern weitverbreiteten Konzeption der Rezitationskunst und erwies sich für eine noch wenig tonsensible phonographische Aufnahmetechnik sogar als besonders geeignet. Wenn Klaus Kinski im Jahre 1959 bei seinen Villon-, Goethe- und Brecht-Rezitationen wiederum die Bühnenstimme einsetzt und laut deklamiert, so hat dies freilich eine ganz andere Funktion. Er beschwört die Echos der alten Rhapsodenherrlichkeit, der Kainz und Moissi anhingen, im bewussten Gegensatz zu der im Rundfunk inzwischen etablierten kammermusikalischen Vortragskunst eines Mathias Wieman und eines Ernst Ginsberg.

In zwei älteren Filmen aus den Jahren 1929 und 1956 sieht man Thomas Mann und Gottfried Benn im Gespräch mit dem Publikum beziehungsweise einem Interviewer. Als sie sich anschicken, einen ihrer Texte vor der Kamera vorzulesen, setzen sie mit einer gewissen nachdrücklichen Entschiedenheit die Brille auf – eines der Embleme der Dichterlesung, viel mehr noch als das Wasserglas, mit dem man Lesungen heute metonymisch zu assoziieren pflegt. Die Brille unterstreicht die Differenz zwischen Sprachkunstwerk und Sprechkunstwerk, zwischen Geschriebenem und Gesprochenem. Auch wenn der Vorlesende auf der Bühne steht oder vor der Kamera sitzt, sollen seine Augen doch auf die Schriftzeichen geheftet bleiben. Diese Weichenstellung zugunsten einer textzentrierten Lesung geht im deutschen Sprachbereich letztlich auf Klopstock und Goethe zurück. Seitdem besteht der Anspruch, dass literarisches Vorlesen ein Vortragsformat mit eigenen, vom Schauspiel unterschiedenen Kunstmitteln sein soll.

Literaturverzeichnis

Alewyn, Richard. „Klopstocks Leser". *Festschrift für Rainer Gruenter*. Hrsg. von Bernhard Fabian. Heidelberg 1978: 100–121.
Belloc, Hilaire. „Records for Posterity". *The Gramophone* 5 (1928): 359–360.
Besseler, Heinrich. „Grundlagen des musikalischen Hörens" [1925]. *Aufsätze zur Musikästhetik und Musikgeschichte*. Hrsg. von Peter Gülke. Leipzig 1978: 29–53.
Binczek, Natalie, und Cornelia Epping-Jäger (Hrsg.). *Literatur und Hörbuch*. München 2012.
Chartier, Roger. „Loisir et sociabilité. Lire à haute voix dans l'Europe moderne". *Littératures classiques* 12 (1990): 127–148.
Chartier, Roger, und Guglielmo Cavallo. „Einleitung". *Die Welt des Lesens. Von der Schriftrolle zum Bildschirm*. Hrsg. von Roger Chartier und Guglielmo Cavallo. Frankfurt am Main u. a. 1999: 9–58.
Drach, Erich. *Die redenden Künste*. Leipzig 1926.
Dümling, Albrecht. „Umwertung der Werte. Das Verhältnis Stefan Georges zur Musik". *Jahrbuch des Staatlichen Instituts für Musikforschung. Preußischer Kulturbesitz* 82 (1981): 9–82.
Flaischlen, Cäsar. *Emil Milan als Künstler. Worte bei seiner Gedächtnisfeier in der Alten Aula der Königl. Universität Berlin am 8. Mai 1917*. Berlin 1917.
Göttert, Karl-Heinz. *Geschichte der Stimme*. München 1998.
Geitner, Ursula. *Die Sprache der Verstellung. Studien zum rhetorischen und anthropologischen Wissen im 17. und 18. Jahrhundert*. Tübingen 1992.
Gerlach, Klaus. „Theater und Diskurs". *Eine Experimentalpoetik. Texte zum Berliner Nationaltheater*. Hrsg. von Klaus Gerlach. Hannover 2007: 11–33.
Goethe, Johann Wolfgang. *Dichtung und Wahrheit. Sämtliche Werke, Briefe, Tagebücher und Gespräche*. I. Abt. Bd. 14. Hrsg. von Klaus-Detlef Müller. Frankfurt 1986.
Goethe, Johann Wolfgang. „Dramatische Vorlesungen" [1828]. *Ästhetische Schriften 1824–1832*. Hrsg. von Anne Bohnenkamp. Frankfurt 1999: 475–477.
Grésillon, Almuth. „Lire pour écrire. Flaubert ‚Lector et scriptor'". *Lesen und Schreiben in Europa 1500–1900. Vergleichende Perspektiven*. Hrsg. von Alfred Messerli und Roger Chartier. Basel 2000: 593–610.
Grimm, Gunter E. „‚Nichts ist widerlicher als eine sogenannte ‚Dichterlesung.' Deutsche Autorenlesungen zwischen Marketing und Selbstpräsentation". *Schriftsteller-Inszenierungen*. Hrsg. von Gunter E. Grimm und Christian Schärf. Bielefeld 2008: 141–167.
Häntzschel, Günter. „Die häusliche Deklamation. Ein Beitrag zur Sozialgeschichte der Lyrik in der zweiten Hälfte des 19. Jahrhunderts". *Zur Sozialgeschichte der deutschen Literatur von*

der Aufklärung bis zur Jahrhundertwende. Hrsg. von Günter Häntzschel, John Ormrod und Karl N. Renner. Tübingen 1985: 203–233.

Hessel, Stéphane. Ô ma mémoire. Gedichte, die mir unentbehrlich sind. Düsseldorf 2010.

Häusermann, Jürg, Korinna Janz-Peschke, und Sandra Rühr. Das Hörbuch. Medium – Geschichte – Formen. Konstanz 2010.

Kant, Immanuel. Anthropologie in pragmatischer Hinsicht. Stuttgart 1983.

Kittler, Friedrich. Aufschreibesysteme 1800/1900. München 1985.

Kittler, Friedrich. Grammophon, Film, Typewriter. Berlin 1986.

Klopstock, Friedrich Gottlieb. Epigramme. Text und Apparat. Berlin und New York 1982.

Klopstock, Friedrich Gottlieb. Briefe 1967–1772. Berlin und New York 1989.

Knust, Martin. Sprachvertonung und Gestik in den Werken Richard Wagners. Einflüsse zeitgenössischer Deklamations- und Rezitationspraxis. Berlin 2007.

Koch, Peter, und Wulf Oesterreicher. „Sprache der Nähe – Sprache der Distanz. Mündlichkeit und Schriftlichkeit im Spannungsfeld von Sprachtheorie und Sprachgeschichte". Romanistisches Jahrbuch 36 (1985): 15–43.

Köpke, Rudolf. Ludwig Tieck. Erinnerungen aus dem Leben des Dichters. Bd. 2. Leipzig 1855.

Korte, Hermann, Ilonka Zimmer, und Hans-Joachim Jakob. Der deutsche Lektürekanon an höheren Schulen Westfalens von 1871 bis 1918. Frankfurt am Main u. a. 2011.

Koschorke, Albrecht. Körperströme und Schriftverkehr. Mediologie des 18. Jahrhunderts. München 1999.

Krech, Eva-Maria. Vortragskunst. Grundlagen der sprechkünstlerischen Gestaltung von Dichtung. Leipzig 1987.

Kühn, Ulrich. Sprech-Ton-Kunst. Musikalisches Sprechen und Formen des Melodrams im Schauspiel und Musiktheater (1770–1933). Tübingen 2001.

Mann, Erika. Mein Vater, der Zauberer. Reinbek bei Hamburg 1996.

Manz, Gustav. Das lebende Wort. Ein Buch der Ratschläge für deutsche Vortragskunst. Berlin und Leipzig 1913.

Maye, Harun. „‚Klopstock!' Eine Fallgeschichte zur Poetik der Dichterlesung im 18. Jahrhundert". Original/Ton. Zur Mediengeschichte des O-Tons. Hrsg. von Harun Maye, Cornelius Reiber und Nikolaus Wegmann. Konstanz 2007: 165–190.

Maye, Harun. „Eine kurze Geschichte der deutschen Dichterlesung". Sprache und Literatur 43 (2012): 38–49.

Meyer-Kalkus, Reinhart. Stimme und Sprechkünste im 20. Jahrhundert. Berlin 2001.

Meyer-Kalkus, Reinhart. „Auch eine Poetik des Hörbuchs. Goethes Empfehlung des Vorlesens". Paragrana 16 (2007): 36–43.

Meyer-Kalkus, Reinhart. „Rhetorik der Stimme (Actio II: Pronuntiatio)". Rhetorik und Stilistik/ Rhetoric and Stylistics. Ein internationales Handbuch historischer und systematischer Forschung. Bd. 1. Hrsg. von Ulla Fix, Andreas Gardt und Jürgen Knape. Berlin und New York 2008a: 679–688.

Meyer-Kalkus, Reinhart. „Koordinaten literarischer Vortragskunst. Goethe-Rezitationen im 20. Jahrhundert". In Ketten tanzen. Übersetzen als interpretierende Kunst. Hrsg. von Gabriele Leupold und Katharina Raabe. Göttingen 2008b: 150–198.

Meyer-Kalkus, Reinhart. „Zwischen Pathos und Pathosschwund. Sprechkunst in Deutschland nach 1945". Passions in Context. International Journal for the History and Theory of Emotions 1 (2010).

Meyer-Kalkus, Reinhart. Geschichte der literarischen Vortragskunst. 2 Bde. Stuttgart 2020.

Müller, Lothar. *Die zweite Stimme. Vortragskunst von Goethe bis Kafka*. Berlin 2007.
Nietzsche, Friedrich. „Menschliches, Allzumenschliches II". *Sämtliche Werke, Kritische Studienausgabe*. Bd. 2. Hrsg. von Giorgio Colli und Mazzino Montinari. München 1980.
Nöther, Matthias. *Als Bürger leben, als Halbgott sprechen. Melodram, Deklamation und Sprechgesang im wilhelminischen Reich*. Köln u. a. 2008.
Palleske, Emil. *Die Kunst des Vortrags*. Stuttgart 1880.
Roller, Walter (Hrsg.). *Literatur, Kunst, Wissenschaft. Tondokumente 1888–1945*. Frankfurt am Main 1982.
Roller, Walter. *Tondokumente zur Kultur- und Zeitgeschichte 1888–1932. Ein Verzeichnis*. Potsdam 1998.
Roller, Walter. *Tondokumente zur Kultur- und Zeitgeschichte 1933–1935*. Potsdam 2000.
Roller, Walter. *Tondokumente zur Kultur- und Zeitgeschichte 1936–1938*. Potsdam 2002.
Roller, Walter. *Tondokumente zur Kultur- und Zeitgeschichte 1939–1940*. Berlin 2006.
Ruge, Arnold. „Unsre Classiker und Romantiker seit Lessing. Geschichte der neuesten Poesie und Philosophie". *Gesammelte Schriften*. Bd. 1. Mannheim 1846.
Said, Edward. *Der wohltemperierte Satz. Musik, Interpretation und Kritik*. München 1995.
Schiller, Friedrich. „Über Bürgers Gedichte". *Friedrich Schillers Werke und Briefe in zwölf Bänden*. Bd. 8: *Theoretische Schriften*. Hrsg. von Rolf-Peter Janz. Frankfurt am Main 1992: 972–986.
Schlegel, Friedrich. *Charakteristiken und Kritiken I*. München u. a. 1967.
Schnitzler, Arthur. *Tagebuch 1903–1908*. Wien 1991.
Schön, Erich. *Der Verlust der Sinnlichkeit oder Die Verwandlungen des Lesers. Mentalitätswandel um 1800*. Stuttgart 1987.
Schön, Erich. „Geschichte des Lesens". *Handbuch Lesen*. Hrsg. von Bodo Franzmann, Dietrich Löffler und Erich Schön. München 1999: 1–85.
Stenzel, Jürgen. „Ästhetischer Dilettantismus in der Literatur. Private Absicht und ästhetische Prätention". *Dilettantismus um 1800*. Hrsg. von Stefan Blechschmidt und Andrea Heinz. Heidelberg 2007: 19–25.
Tgahrt, Reinhard (Hrsg.). *Dichter Lesen*. Bd. 1: *Von Gellert bis Liliencron*. Marbach 1984.
Tgahrt, Reinhard (Hrsg.). *Dichter Lesen*. Bd. 2: *Jahrhundertwende*. Marbach 1989.
Tgahrt, Reinhard (Hrsg.). *Dichter Lesen*. Bd. 3: *Vom Expressionismus in die Weimarer Republik*. Marbach 1995.
Till, Dietmar. *Transformationen der Rhetorik. Untersuchungen zum Wandel der Rhetoriktheorie im 17. und 18. Jahrhundert*. Tübingen 2004.
Weithase, Irmgard. *Anschauungen über das Wesen der Sprechkunst von 1775–1825*. Berlin 1930.
Weithase, Irmgard. *Die Geschichte der deutschen Vortragskunst im 19. Jahrhundert. Anschauungen über das Wesen der Sprechkunst vom Ausgang der deutschen Klassik bis zur Jahrhundertwende*. Weimar 1940.
Weithase, Irmgard. *Goethe als Sprecher und Sprecherzieher*. Weimar 1949.
Weithase, Irmgard. *Zur Geschichte der gesprochenen deutschen Sprache*. 2 Bde. Tübingen 1961.
Weithase, Irmgard. *Sprachwerke – Sprechhandlungen. Über den sprecherischen Nachvollzug von Dichtungen*. Köln und Wien 1980.
Will, Wilfried van der, und Rob Burns. *Arbeiterkulturbewegung in der Weimarer Republik*. Bd. 1: *Eine historisch-theoretische Analyse der kulturellen Bestrebungen der sozialdemokratisch organisierten Arbeiterschaft*. Frankfurt am Main u. a. 1982.

Winkler, Christian. *Elemente der Rede. Die Geschichte ihrer Theorie in Deutschland von 1750 bis 1850*. Halle 1931.
Wittmann, Reinhard. *Geschichte des deutschen Buchhandels*. München 1991.
Wittmann, Reinhard. „Gibt es eine Leserevolution am Ende des 18. Jahrhunderts?" *Die Welt des Lesens. Von der Schriftrolle zum Bildschirm*. Hrsg. von Roger Chartier und Guglielmo Cavallo. Frankfurt am Main u. a. 1999: 419–454.
Zumthor, Paul. *Introduction à la poésie orale*. Paris 1983.
Zumthor, Paul. *La lettre et la voix. De la ‚littérature' médiévale*. Paris 1987.

4.7. Nachtgeräusche und Geisterstimmen. Geschichten vom Spuk
Ethel Matala de Mazza

1. Theoretische und ästhetische Rezeptionsprämissen für Unruhegeister

‚Spukliteratur' ist der Sammelbegriff für Gespenstergeschichten, die sowohl von Geistern wie von Geisterhaftem berichten. Meist geht es um obskure Erscheinungen, die sich weder einem Wesen zuordnen noch in ihrer Herkunft aufklären lassen, jedoch mit merkwürdiger Regelmäßigkeit auftreten und in dieser obstinaten Wiederkehr als unheimlich und ängstigend erlebt werden. Das Spektrum solcher Phänomene ist breit, es reicht von Irrlichtern und bleichen Nebelschleiern bis hin zu unartikulierten Lauten: dumpfen Tritt- und Klopfgeräuschen, insistenten Schlägen, leisem Seufzen, heiserem Keuchen, höllischem Radau.

Das älteste und größte Reservoir solcher Erzählungen halten folkloristische Quellen bereit, die in Archiven des mündlich zirkulierenden Wissens gehortet werden, aus denen sowohl die Volkskunde als auch die Literatur schöpft. Wenn „akustische Phänomene" in diesen Spukgeschichten „am häufigsten" (Wilpert 1994, 14) auftreten, so hat das mit der wechselseitigen Verstärkung von Dunkelheit und Angst, von Sichtentzug, geschärftem Hörsinn und geweckter Schreckensphantasie zu tun. Je schlechter sich das Auge orientieren und klare Konturen ausmachen kann, desto empfindlicher wird das Ohr und nimmt plötzlichen Lärm genauso alarmiert wahr wie völlige Totenstille.

Das prädestiniert in den betreffenden Geschichten abgeschiedene Orte wie Friedhöfe und Grabkammern, Grüfte und Burgverliese zu *loci terribiles*, an denen Revenants oft anzutreffen sind (vgl. Brittnacher 1994, 49). Doch genauso sucht der Spuk die Alltagswelt der Lebenden heim, setzt sich in sogenannten Spukhäusern oder Spukzimmern fest und stellt die Leidensfähigkeit und das Gottvertrauen ihrer Bewohner auf eine harte Probe.

Von veritablen ‚Poltergeistern' ist im Deutschen erstmals bei Luther die Rede (vgl. Petzoldt 1990). Der Reformator berichtet in seinen Tischreden, wie er mehrfach zum Ohrenzeugen ihrer nächtlichen Geschäftigkeit wurde und vermuten musste, der Teufel habe sie entsendet: „Als ich des Nachts zu Bette ging, zog ich mich in der Stuben aus, thät das Licht auch aus, und ging in die Kammer, legte mich ins Bette", heißt es in einer Rede. „Wie ich nun ein wenig einschlief, da hebts an der Treppen ein solches Gepolter an, als würfe man ein Schock Fässer die Treppen hinab; so ich doch wol wußte, daß die Treppe mit Ketten und Eisen wol verwahret, daß Niemands hinauf konnte; noch fielen so viel Fasse hinunter. Ich stehe auf, gehe auf die Treppe, will sehen, was da sei; da war die Treppe zu. Da sprach ich: Bist du es, so sei es! Und befahl mich dem Herrn Christo [...] und legte mich wieder nieder ins Bette" (Luther [1566] 1967, VI.6816; zur Verbreitung solcher Poltergeist-Erzählungen in der Frühen Neuzeit vgl. Neuber 2008. Ähnlich lautende englische Quellen aus dem 20. Jahrhundert versammelt Thurston 1955).

Später machen sich in England Schauerromane den Umstand zunutze, dass solche dubiosen Nachtgeräusche nicht nur die unmittelbaren Opfer des Spuks in Furcht und Schrecken versetzen, sondern auch die Hörer und Leser ihrer Erzählungen gruseln lassen. Durch den Horror, den die Imagination nährt, wird das Publikum zugleich auf das Angenehmste gefesselt (vgl. Grizelj 2010). „The presence of disembodied human sounds is at once the most eerie and the most certain indicator of ghostly presence in Gothic novels" (van Elferen 2012, 21).

In der zweiten Hälfte des 18. Jahrhunderts geht die Mode solcher Romane einher mit einer generell beobachtbaren, sprunghaft steigenden Verbreitung von Gespenstererzählungen, die erst jetzt in nennenswertem Maße die Literatur erreichen und einer Reihe kleinerer Genres Auftrieb verschaffen, zu denen die Ballade zählt (vgl. Wilpert 1994, 128–151), aber vor allem die Novelle, deren gattungsspezifisches Interesse gerade der „unerhörten Begebenheit" gilt (Goethe im Gespräch mit Eckermann am 29. Januar 1827).

In der Forschung hat man die auffällige, auf den ersten Blick paradoxe Synchronie von Okkultismusfaszination und Aufklärung lange Zeit damit erklärt, dass die Popularität von Spukgeschichten nicht auf ein Scheitern der weithin betriebenen Vernunfterziehung zurückzuführen sei, sondern als ein Zeichen des überwundenen Aberglaubens begriffen werden müsse. Die Gespenster seien von der Skepsis der Aufklärer infiziert und überdauerten in der Literatur nunmehr als „frei verfügbares Motiv, nicht mehr als Glaubensinhalt der vorrationalistischen Epoche" (Wilpert 1994, 49; er folgt Alewyn 1965). Andere haben die rege Nachfrage nach Schaurigem mit nostalgischen Reflexen angesichts der Entzauberung der Welt durch die herrschende Vernunft begründet (vgl. Gallo 2009), aber auch mit der Verunsicherung, die ein leer gewordener Himmel auslöst, der auferstandenen Toten keine Erlösung mehr verheißt. Das lässt Gespenstergeschichten als „Parasiten des Selbstzweifels der Aufklärung" (Brittnacher 1994, 112) umso leichter Resonanz finden.

Bei all dem ist im Blick zu behalten, dass die Hochkonjunktur des *sujets* damals keineswegs ausschließlich auf das Konto der Literatur ging. Mindestens so viele Fallberichte von Spuk und Geisterseherei wurden über die Schriften von Theologen und Philosophen publik gemacht und dort mit hohem Ernst diskutiert. Die Autoren machten damit einerseits Zugeständnisse an die Neugier ihrer Leserschaft, der sie Einsichten aus Medizin, Psychologie und Erkenntnistheorie nahebringen wollten (vgl. Wübben 2007), andererseits konnten sie den Phänomenen durch rein theoretisch geführte Nachweise ihrer Absurdität auch schlecht gerecht werden. Mit guten philosophischen Argumenten allein ließen sich die unsichtbaren Geister schwer aus der Welt schaffen, wenn immer neue Leute auftraten, die sich auf die Wahrhaftigkeit ihres Hörens und Sehens beriefen (vgl. Stadler 2005; Thomalla 2015).

Das erkannte bereits Immanuel Kant, als er in einem frühen, anonym veröffentlichten Aufsatz die „Träume eines Geistersehers" einer doppelten Kritik unterzog und sie sowohl „dogmatisch" – von der Warte philosophischer Metaphysik aus – als auch „historisch" – bezogen auf ein konkretes Beispiel – diskutierte (vgl. Balke 2005; Andriopoulos 2006). Anlass bot dazu der Fall Emanuel von Swedenborgs, der seinerzeit europaweit für Aufsehen sorgte, weil der Schwede sich in Wissenschaftskreisen mit Schriften zur Mineralogie und Mathematik einen Namen gemacht hatte, bevor er die Fachwelt mit der esoterischen Theosophie seiner *Arcana caelestia* verstörte. Kant zufolge handelte es sich dabei um „acht Quartbände voller Unsinn" (Kant [1766] 1977, 97). Um sich über Erfahrungsberichte dieser Art nicht, wie Georg Christoph Lichtenberg, mit dem Pauschalurteil hinwegzusetzen, dass ein Gespenst ein Ding sei, das „100mal unbegreiflicher ist, als alles unerklärte Rumpeln und Poltern in der Welt" (Lichtenberg [1772/1773] 1968, 189), begann der Aufklärungsschriftsteller Samuel Christoph Wagener 1797, Gespenstergeschichten zu sammeln und hinter jedem Einzelfall Betrugsmanöver, Sinnestäuschungen und verkannte Scheintode aufzudecken (vgl. Wagener 1801–1802). Wagener vertraute dabei auf dasselbe Erfolgsrezept des *explained supernatural*, nach dem auch die englische Autorin Ann Radcliffe ihre Schauerromane *The Mysteries of Udolpho* (1794) und *The Italian, or the Confessional of the Black Penitents* (1797) verfertigte.

Bei der Hinwendung zur Volkskultur, die der literarischen Auseinandersetzung mit Geistern einen weiteren wichtigen Anstoß gab – auch weil sie das Ohr für Eigenheiten des ‚Tons' und der ‚Mundart' schärfte und eine neue Wertschätzung von mündlich Überliefertem mit sich brachte (vgl. Köhler-Zülch 1999; Paulus 2013) –, standen solche Ambitionen allerdings weniger im Vordergrund. Angeregt durch die *Reliques of Ancient English Poetry* (1765), die der englische Bischof Thomas Percy publiziert hatte, war Johann Gottfried Herder auf die Suche nach alten Volksballaden gegangen und hatte damit zu einer Zeit, in der die Schriftkultur sich dank der Expansion des Buchmarkts und einer voranschreitenden Alphabetisierung in nie dagewesenem Maß verbreitete, eine rege Sammeltätigkeit von oraler Volkspoesie in Gang gesetzt, die wegen ihrer Schlichtheit und unverbildeten Ursprünglichkeit bewundert wurde (vgl. Häntzschel 2014, 32–106). Die Suche nach den heimlichen Schätzen solcher Poesie blieb dabei jedoch nicht nur auf die ‚Stimmen von Völkern in Liedern' (Herder) beschränkt, sondern schloss auch die Erzählprosa von Märchen sowie Geschichten mit dem Charakter apokrypher Gegenhistorien ein (vgl. Bausinger 1980, 192), für die man erst jetzt – und wiederum unter Betonung der mündlichen Quelle – den Begriff der ‚Sage' prägte, den die volkstümliche Tradition nicht kannte.

In formaler Hinsicht ist die Sage durch eine einepisodische Kurzform geprägt und sowohl zeitlich wie örtlich genau spezifiziert. Vom Märchen hebt sie sich außerdem dadurch ab, dass sie nicht auf ein gutes Ende zustrebt, sondern von Fatalismus und Angst beherrscht ist (vgl. Röhrich und Uther 2004, 1020–1021). Auf diese Weise erklärt sich die innige Affinität von Spukgeschichte und Sage, die ein strukturelles Pendant in der Fülle kurzer, sich auf mündliche Berichte stützender Erzählungen von Geistererscheinungen findet, auf die man seither auch in der Literatur stößt. Hier ist ein großes, bislang nur punktuell erschlossenes Archiv von Geisterlauten erfasst, das über das sagentypische Spektrum von Spukgeräuschen – „Fußschritte, Klopfen, Poltern" (Simpson 2007, 1126) – erheblich hinausreicht. Die folgende Darstellung kann das nur an einigen prominenten Fällen ausführen.

2. Akustische Phänomenologie der Geister am Leitfaden der Literatur

Ein spektakuläres Beispiel gibt Heinrich von Kleist in seiner Erzählung *Das Bettelweib von Locarno* aus dem Jahre 1810, die dem Duktus nach der Sage nahesteht. In lakonischer Kargheit berichtet die Erzählung von einem italienischen Marchese, der von der Jagd heimkehrt und eine Bettlerin in seinem Schloss antrifft, der seine Frau ein Strohlager bereitet hat. Er scheucht die Alte rüde weg. Nach einem unglücklichen Sturz findet die Frau kurz darauf den Tod. „Die Frau, da sie sich erhob, glitschte mit der Krücke auf dem glatten Boden aus, und beschädigte sich, auf eine gefährliche Weise, das Kreuz; dergestalt, daß sie zwar noch mit unsäglicher Mühe aufstand, und quer, wie es vorgeschrieben war, über das Zimmer ging: hinter den Ofen aber, unter Stöhnen und Ächzen, niedersank und verschied" (Kleist [1810] 1997, 51). Einige Jahre später nötigen „bedenkliche Vermögensumstände" (Kleist [1810] 1997, 51) den Marchese zum Verkauf des Schlosses. Der erste Interessent wird jedoch dadurch abgeschreckt, dass ihn nachts im Todeszimmer der Bettlerin ein unerklärliches „Geseufz und Geröchel" (Kleist [1810] 1997, 52) aus dem Schlaf reißt. Der Marchese geht dem Spuk in Gestalt mehrerer Proben auf den Grund, beim dritten Mal im Beisein seiner Frau und seines Hunds. Punkt Mitternacht erhalten sie Gewissheit: „[J]emand, den kein Mensch mit Augen sehen kann, hebt sich, auf Krücken, im Zimmerwinkel empor; man hört das Stroh, das unter ihm rauscht; und mit dem ersten Schritt: tapp tapp erwacht der Hund, hebt sich plötzlich, die Ohren spitzend, vom Boden empor, und knurrend und bellend, grad' als ob ein Mensch auf ihn eingeschritten käme, rückwärts gegen den Ofen, weicht er aus." Das „unbegreifliche, gespensterartige Geräusch" (Kleist [1810] 1997, 53) versetzt die Eheleute in helle Panik. Die Marquise flieht; der vom Entsetzen gepackte Marchese steckt das Schloss in Brand und kommt im Feuer um.

Keinem Leser der kurzen, ganze 20 Sätze umfassenden Erzählung ist das hohe Maß an formaler Stilisierung entgangen: die Symmetrie der beiden Todesfälle am Anfang und am Ende in Verbindung mit zwei Brandherden (Ofen, Feuer); das immer selbe Stöhnen und Ächzen, mit dem im Spuk der Tod der Bettlerin auflebt; die dreimalige Wiederholung der Probe bei wechselnder Belegschaft des Spukzimmers (dafür einschlägig: Staiger [1942] 1967). Besonders sticht der Höhepunkt der Erzählung als dramatisch zugespitzter Wendepunkt heraus. Unversehens wechselt hier die Schilderung ins Präsens, und statt der kompliziert gefügten Hypotaxen reihen sich in rascher Folge knappe Sätze aneinander. Elisionen („Drauf" und „grad'" u. Ä.) imitieren die Spontaneität des Mündlichen; dazu passt die onomatopoetische Wiedergabe der ersten Geisterschritte. Im Mittelpunkt der Szene steht der aufgescheuchte Hund, der das Dasein des Gespensts als unbestechlicher Zeuge durch sein instinktives Ausweichen beweist, wobei die Syntax der Erzählerrede diese Rückwärtsbewegung ihrerseits reflexhaft aufnimmt, indem das Tier sich als defensiv agierendes Subjekt in die letzte verfügbare Ecke des Satzes – eben hinter den Ofen – zurückzieht (vgl. Ott 2003, 41–42). Während das Gespenst selbst sich nicht zeigt und auch der Ort, an dem es wandelt, seit dem Brand nicht mehr besichtigt werden kann, schafft die Erzählung einen eigenen, supplementären Hallraum, in dem der Spuk der toten Alten nicht nur im dissonanten Echo der vermischten Mensch- und Tierlaute nachklingt (Ächzen, Stöhnen, Seufzen, Röcheln, Knurren, Bellen), sondern auch die Sprache des im Off verharrenden Erzählers angreift. Diese bleibt vom Schreck der grauenvollen Erscheinung sichtbar gezeichnet und trägt der Schrift in ihrer entstellten Grammatik die perplexe Reaktion der Ohrenzeugen unauslöschlich ein.

Das komplexe Ineinandergreifen von simulierter Mündlichkeit und schriftlicher Aufzeichnung ist einer der Gründe dafür, warum Kleists Erzählung meist als Musterbeispiel moderner Novellistik behandelt wird und nicht als Sage, die als ‚einfache Form' gilt (vgl. Jolles [1930] 1999, kritisch zur Fragwürdigkeit der Unterscheidung im Fall Kleists vgl. Niehaus 2011). Üblicher ist in Novellen allerdings ein anderes narratives Verfahren, das Geschriebenes an individuelle Erzählakte rückbindet. Seit Boccaccios *Decamerone* (1348) treten Novellen häufig als Binnenerzählungen in Rahmenkonstruktionen auf, in denen die Geschichten als mündlich kolportierte Berichte von Vorfällen eingeführt werden, die im gemischten Zuhörerkreis unterschiedliche Kommentare hervorrufen.

Im Fall der Spukgeschichten ist das Miterzählen des Erzählakts nicht nur sentimentale Reminiszenz an eine schriftlose Volkskultur, die ihr autochthones Wissen dem Hörensagen verdankt, sondern außerdem ein persuasionstechnischer Kunstgriff, der den Vorzug bietet, Bedenken der Leserschaft hinsichtlich der Glaubwürdigkeit der Erzähler durch die Vorwegnahme von Einwänden zerstreuen zu können. Walter Benjamin hat den Erzähler in seinem berühmten Aufsatz als Figur charakterisiert, der seine Weisheit und Lebensklugheit „aus der eigenen oder berichteten" Erfahrung bezieht und der das auf Reisen Erlebte wie das von Einheimischen Vernommene „wiederum zur Erfahrung derer" macht, „die seiner Geschichte zuhören" (Benjamin [1936] 1977, 443). Auch in novellistischen Spukgeschichten dominieren die Ich-Erzähler, die ihre mysteriösen Erlebnisse mit Vorliebe im trauten Familienkreis ausbreiten oder sich guten Freunden und alten Bekannten anvertrauen, um keinen Rufverlust zu riskieren. Offene Ohren sind ihnen außerdem in den vielen geselligen Runden gewiss, die abends fürs rege Gespräch interessanten Unterhaltungsstoff brauchen.

Das Bettelweib von Locarno bildet hier keine Ausnahme. Kleist hat die kleine Erzählung am 11. Oktober 1810 in eine der ersten Nummern seiner *Berliner Abendblätter* eingefügt; dem Programm nach ein Blatt zur „Unterhaltung aller Stände des Volks" (Kleist [1810] 1997, 98), das mangels Konzession für politische Berichte mit unerhörten, aber unverfänglichen Neuigkeiten aufwarten musste. Auch in Johann Wolfgang Goethes *Unterhaltungen deutscher Ausgewanderten*, die unter dem Eindruck der jakobinischen Terrorherrschaft entstanden waren und schon 1795, verteilt auf mehrere Hefte, in Friedrich Schillers *Horen* erschienen, ist der Ausschluss politischer Streitthemen ausdrücklich geboten. Im Familienkreis der Aristokraten, die sich von ihren linksrheinischen Besitzungen im revolutionären Frankreich auf eines ihrer deutschen Landgüter geflüchtet haben, verständigt man sich nach der Eskalation eines Disputs auf weniger hitzige Gespräche, bei denen alle sich bemühen sollten, „lehrreich, nützlich und besonders gesellig" zu sein. Der altersweise Geistliche wandelt die Regel dann ab, indem er Geschichten empfiehlt, die den „Reiz der Neuheit" haben (Goethe [1795] 1988, 451 und 453).

Am ersten Abend werden zwei Spukgeschichten erzählt, in denen wiederum dubiose Geräusche im Mittelpunkt stehen. Die erste handelt von der Sängerin Antonelli und einem Freund, der sich den Platz des Liebhabers erobert, daraus Ansprüche ableitet, der Schönen lästig fällt, abgeschüttelt wird, schwer erkrankt und schließlich die Sängerin am Sterbebett ein letztes Mal wiederzusehen wünscht, was diese ihm jedoch trotz flehentlichen Bittens verwehrt. Nach dem Tod des Ex-Geliebten hat die Schöne in Neapel für „anderthalb Jahre" keine ruhige Nacht mehr. Regelmäßig hört sie nachts um elf „eine klägliche, durchdringende, ängstliche und lange nachtönende Stimme"; später lässt sich anstelle des fürchterlichen Klagetons ein lauter Schuss vernehmen; dann macht sich „der unsichtbare Begleiter" durch „lautes Händeklatschen" bemerkbar und zuletzt durch eine angenehme Melodie, bis der Geräuschspuk gänzlich aufhört (Goethe [1795] 1988, 462 und 466).

Als Ohrenzeuge der Ereignisse übernimmt der Alte selbst die Garantie für die erzählte Geschichte. Des Weiteren macht er als Authentizitätsbeweis den unspektakulären, die Genrekonventionen völlig missachtenden Lauf der Dinge geltend, wenn er anmerkt, dass die Geschichte „wahr sein" müsse, „wenn sie interessant sein solle, denn für eine erfundene Geschichte habe sie wenig Verdienst" (Goethe [1795] 1988, 466). Das gilt auch für die Folgeerzählung eines parallelen Falls, bei dem ein Klopfgeist durch sein insistentes „Pochen" (Goethe [1795] 1988, 468) ein sprödes Mädchen verfolgt, das vorher mehrere Kavaliere mit ihrer Werbung auflaufen ließ.

Tatsächlich hat Goethe die Geschichten direkt aus dem damaligen Adelsklatsch aufgenommen. Die erste machte in Weimar durch den Prinzen August von Sachsen-Gotha die Runde, der aus Paris vom Spuk bei der bekannten Tragödienschauspielerin Claire Clairon erfahren hatte. Die zweite hatte Frau von Stein von einem befreundeten Edelmann gehört. In der Rolle des Wahrheitsbürgen, die in Kleists *Bettelweib* dem Hund und in Goethes *Unterhaltungen* dem weltläufigen Geistlichen zufällt, begegnen hier Vertreter von Hofaristokratie und Lebewelt, die belegen, dass für den Spuk obskurer Geister keineswegs allein die Angehörigen des niederen Volks offen waren, sondern auch die höheren Kreise der Gebildeten und Kunstsinnigen.

Unter den Erzählungen, mit denen sich die Ausgewanderten in Goethes *Unterhaltungen* die Zeit vertreiben, nehmen sich die beiden Spukgeschichten im Verhältnis zu den nachfolgenden, auch mehr Erzählzeit beanspruchenden Novellen als Kuriositäten mit anekdotischem Charakter aus. Gewicht erhalten sie aber durch die unmittelbare Resonanz, die der Geräuschspuk – als Rumoren eines verdrängten, zur Sprachlosigkeit verurteilten Begehrens – in der Rahmenhandlung findet, in der ein heftiger Knall die Runde aufschreckt und aus dem Gespräch reißt. Die Herkunft dieses unheimlichen Geräuschs ist mit der Entdeckung eines Risses in der Deckplatte eines Schreibtisches rasch geklärt. Auf der Suche nach der Ursache des geborstenen Holzes bemerkt man einen Brand auf einem Nachbargut, der die politische Realität mit all ihren Sorgen wieder ins Bewusstsein ruft, von denen das Gespräch eigentlich hatte absehen wollen. Vom Volk, dessen Freiheitsliebe eingangs im Kreis der noblen Emigranten für Zündstoff sorgte und den ersten Riss produzierte, nämlich einen Streit, der mit der Abreise eines unversöhnlichen Freunds endete, ist zu diesem Zeitpunkt keine Rede mehr. Doch im Getöse des Knalls, der die erzählte Wirklichkeit durchbricht und in dem die Jammertöne, Schuss- und Klopfgeräusche aus den Erzählungen ein verstärktes

Echo finden, leben die Revolutionswirren noch einmal geisterhaft als politischer Spuk auf, der die Adelswelt terrorisiert und die vom Volk ausgehende Gewalt als Misere einer zur Herrschaft gelangten Unvernunft vergegenwärtigt. Deren wortreiche Verteidigung erübrigt sich in den *Unterhaltungen* spätestens jetzt (andere Deutungen dieses Zusammenhangs finden sich bei Söring 1981; Wilpert 1991; Krings 2011; Jacquelin 2012).

Während solche Gespenstergeschichten in Goethes Werk Episode bleiben, begegnen sie in E. T. A. Hoffmanns Erzählprosa, die mit der modernen Welt aus anderen Gründen hadert – vor allem wegen des Biedersinns phantasieloser Spießbürger –, zwei Jahrzehnte später gleich in Serie. Damit einher geht eine enorm verbreitete Streuung der akustischen Schaurigkeiten und Rätselphänomene. Diese wird auch dadurch begünstigt, dass Erscheinungen solcher Art nun von vornherein weniger als objektive Sachverhalte denn als subjektive Wahrnehmungen in Betracht kommen, an denen sich die Geister der Individuen scheiden, und zwar sowohl in Fragen des Gehörs wie des Geschmacks. Das betrifft die Künstlernovellen vom Leid superber, aber verkannter Musikvirtuosen, die mit ihren Konzerten beim banausischen Publikum wenig Anklang finden, genauso wie die Märchen und Gespenstererzählungen im engeren Sinn. Oft ist in ihnen von diffusen Alltagsgeräuschen die Rede, die in den Ohren von Hoffmanns Protagonisten – darunter Eigenbrötler, Junggesellen und Psychiatriepatienten – als Zauber- oder Geisterlaute ankommen, während die Mitwelt daran nichts Besonderes findet, sofern sie von den Tönen überhaupt Notiz nimmt.

Ein prominentes Beispiel dafür ist die Erzählung *Der goldene Topf* (1814), in der sich für den Dresdner Studenten Anselmus am Himmelfahrtstag das Leben ändert, als er unter einem Holunderbusch ein „sonderbares Rieseln und Rascheln" vernimmt, das sich zum lockenden „Geflüster" artikuliert, je länger er dem „Gelispel" und „Geklingel" lauscht (Hoffmann [1814] 1993, 233). In der Geschichte ist das sowohl der Anfang seiner Liebe zu dem hübschen Schlänglein Serpentina als auch die Initiation in das Mysterium einer Naturpoesie, die der Abendwind erzeugt, indem er das Lied erweckt, das in den Zweigen und im dichten Laubwerk eines Baums schläft. In den Zischlauten der alliterierenden Nomen und Verben imitiert das „Märchen aus der neuen Zeit" das Geräusch des rauschenden Windes, wobei in der Schwebe gehalten wird, wo Anselmus' Halluzination aufhört und ein Traum schönste Wirklichkeit wird. Die konsequente Ausbeutung solcher Unschlüssigkeiten, die entstehen, wenn irritierende Ereignisse sich doppelt erklären lassen und die Erzählfiktion kraft ihrer Darstellung für natürliche Ursachen ebenso gute Gründe liefert wie für übernatürliche, macht E. T. A. Hoffmann zu einem frühen Exponenten der literarischen Phantastik (dazu Todorov 1970; Durst 2007).

„Anselmus horchte und horchte", heißt es im *Goldenen Topf*: „Da wurde, er wußte selbst nicht wie, das Gelispel und Geflüster und Geklingel zu leisen halbverwehten Worten: ‚Zwischendurch – zwischenein – zwischen Zweigen, zwischen schwellenden Blüten, schwingen, schlängeln, schlingen wir uns – Schwesterlein – Schwesterlein, schwinge dich im Schimmer – schnell, schnell herauf – herab – Abendsonne schießt Strahlen, zischelt der Abendwind – raschelt der Tau – Blüten singen – rühren wir Zünglein, singen wir mit Blüten und Zweigen – Sterne bald glänzen – müssen herab zwischendurch, zwischenein schlängeln, schlingen, schwingen wir uns Schwesterlein.' So ging es fort in Sinne-verwirrender Rede. Der Student Anselmus dachte: Das ist denn doch nur der Abendwind, der heute mit ordentlich verständlichen Worten flüstert. – Aber in dem Augenblick ertönte es über seinem Haupte wie ein Dreiklang heller Kristallglocken; er schaute hinauf und erblickte drei in grünem Gold erglänzende Schlänglein, die sich um die Zweige gewickelt hatten und die Köpfchen der Abendsonne entgegenstreckten" (Hoffmann [1814] 1993, 233).

Den Widerpart zu solchen Märchen, die von der Poesie des Abendwindgesäusels schwärmen, bilden bei Hoffmann Spukgeschichten wie *Der unheimliche Gast*, wo ein heftig brausender Herbststurm, verstärkt durch „zischende, prasselnde Ströme von Regen und Hagel", die Unwetterkulisse für die Punschversammlung einer Freundesrunde abgibt. Der Sturmwind lässt „in den Rauchfängen" des Kamins so viele „wunderliche[] Stimmen" (Hoffmann [1819] 2001, 723) pfeifen und heulen, dass die Rede der Anwesenden ganz von selbst auf den Schauder kommt, den gespenstische „Naturtöne" erzeugen.

Einer der Freunde erinnert sich an die „Luftmusik" auf Ceylon, bei der sich auch gelassene Gemüter des „tiefsten Entsetzens nicht erwehren können", wenn sie sich „in stillen, heitern Nächten, den Tönen einer tiefklagenden Menschenstimme ähnlich, bald wie aus weiter – weiter Ferne daherschwebend, bald ganz in der Nähe schallend, vernehmen" lässt. Prompt kommt dem nächsten „ein schneidender Jammerlaut" in den Sinn, den er als Soldat in Wellingtons Armee nachts auf dem Schlachtfeld keinem der schlafenden Kameraden zuordnen konnte, bis ihn ein englischer Offizier aufklärte, dass das Phänomen „sich in der Atmosphäre erzeuge, und elektrischen Ursprungs sei" (Hoffmann [1819] 2001, 725–726).

Das größte Rätsel gibt ein dritter Fall auf, der banal anmutet und nur durch das Fehlen jedweder Erklärung obskur wird. Es geht um einen Ton, „wie wenn ein Regentropfen hinabfiele in ein metallnes Becken", der das Erzähler-Ich „vor einiger Zeit" (Hoffmann [1819] 2001, 730) bei seiner Übernachtung in einem Gasthof quälte. Anders als in den erwähnten Erzählungen Goethes und Kleists ist der hier beschriebene akustische Spuk mit keiner Vorgeschichte verquickt. Er holt das geisterhafte Phänomen aus der freien Natur in ein geschlossenes Spukzimmer zurück, wo es sich rhythmisch wiederholt und schließlich verklingt, ohne dass es einem menschlichen Klagelaut ähnlich würde oder auf ein Geschehen schließen ließe, das sich unsichtbar im Hintergrund abspielte. Gespenstisch wirkt der Hall des herkunftslosen Tons an sich, der sich im Nichts seines Bedeutens einkapselt, die Vollmondnacht skandiert und den Hörer zum Gefangenen seiner gelähmten Psyche macht.

Einen späten Nachklang finden solche Sondierungen des Gespenstischen im Kontext des poetischen Realismus bei dem passionierten Hoffmann-Leser Theodor Storm, der 1862 für die Zeitung *Victoria* eine Novelle mit dem Titel *Am Kamin* schrieb, die sich Hoffmanns *Unheimlichen Gast* zum Vorbild nimmt (vgl. dazu Matala de Mazza 2013; Theisohn 2014). Wer sich dort vor dem Feuer versammelt, erfahren die Leser nur indirekt, denn Storms Erzählung überspringt die eigene Schriftlichkeit durch eine radikale Inszenierung sekundärer Oralität. Sie besteht aus reinem Dialog, verzichtet selbst auf die Einschaltung diegetischer Inquit-Formeln und gibt die Gespräche und Erzählerreden als Sprechtheater akusmatischer Stimmen wieder (vgl. Chion 1982, 27). So treten deren Besitzer selbst ins Undeutliche von Schemen zurück und bleiben nur partiell durch namentliche Anreden identifizierbar. Die Szene beherrscht ein „alter Herr" (Storm [1862] 1988a, 52), der bei Punsch und Tee mehrere Frauen unterhält, indem er ihnen an zwei Abenden diverse Spukgeschichten erzählt.

In der Asymmetrie von männlichem Erzähler und weiblicher Zuhörerschaft bildet die Erzählung am Kamin zugleich die Rollenverteilung ab, mit der ihr Autor sich durch das Pressemedium konfrontiert sah, für das seine Literatur geschrieben war. Bevor Storm der Muster- und Modezeitung *Victoria* den Zuschlag gab, hatte er mit dem *Bazar* verhandelt: Es handelte sich wie bei *Victoria* um eine Damenzeitung, die sich allerdings um ihren „*jüngsten* Leserkreis", die „vielen *jungen* Leserinnen", besorgt zeigte und Bedenken hegte, dass die Spukgeschichten für diese Klientel womöglich „zu grauslich" seien (Storm 1988a, 607).

In seiner Erzählung erweist sich Storm insoweit als Realist, als er das fiktive Publikum mit lauter „jungen Damen" (Storm [1862] 1988a, 52) besetzt, die solche Ängste vor der Angst der Frau widerlegen. Die selbstbewussteste unter ihnen, ein aufgeklärtes Fräulein mit dem Namen Clärchen, muss überhaupt erst davon überzeugt werden, dass Spukgeschichten nicht „gänzlich zum Rüstzeug der Reaktion" (Storm [1862] 1988a 52) gehören und interessant genug sind, um aus der „Mauskiste" (ebd., 63) der alten, abgetragenen Stoffe hervorgeholt zu werden.

Gegenüber solchen Frauen, die durch Zeitungen wie *Victoria* an Neueres gewöhnt sein dürften, kann es folglich nur darum gehen, die anhaltende Aktualität von Spukgeschichten zu demonstrieren. Der alte Herr tut dies, indem er nicht schlicht nacherzählt, was andere ihm erzählt haben, sondern indem er sich in der Übernahme der Ersten Person ihre Stimme und ihr ‚Ich' aneignet, sodass der Spuk im (re-)zitierten Sprechakt der abwesenden Zeugen als Revenant seiner selbst gegenwärtig wird. Sein Helfer Storm wiederum sorgt für die schriftliche Aufzeichnung dieser Stimmen. Das Szenario der Erzählrunde nimmt sich in seiner Wiedergabe dabei kaum weniger gespenstisch aus als der Spuk, von dem die Rede ist. Vor der Schwärze gedruckter Lettern sitzend, muss die Leserschaft glauben, dass da jemand spricht, denn hören kann sie es nicht.

Dafür muss sie nicht mehr befürchten, von ähnlichen Störungen belästigt zu werden, ganz anders als der Tuchmachergesell in der dritten Geschichte, der eines dubiosen Geräuschs wegen eine unruhige Nacht hat – kein Tropfen ist es diesmal, sondern ein „Gespensterbesen", der den jungen Mann im fremden Quartier durch wiederkehrendes Kehren peinigt (Storm [1862] 1988a, 56–59). Legen Storms Leserinnen die Zeitung beiseite und überlassen sich, wie Clärchen, der „Bürger-Bettzeit" (Storm [1862] 1988a, 78), ist der Spuk erledigt und die Töne und Stimmen der unsichtbaren Gespenster geben Ruhe. Dass Geräuschlosigkeit nicht in jedem Fall Anlass zur Beruhigung gibt, zeigt jedoch Storms letzte und berühmteste Novelle *Der Schimmelreiter* (1888). Darin berichtet ein Geschäftsmann, der längst nicht mehr lebt, als seine Geschichte dem Rahmenerzähler in einer Zeitschrift begegnet, von einer geisterhaften Erscheinung. Bei einem Ritt über den nordfriesischen Deich habe ihn ein starkes Unwetter begleitet, in dem der orkanartige Sturm für ein ohrenbetäubendes Getöse gesorgt habe: für Wellen, die „unaufhörlich wie mit Wutgebrüll den Deich hinaufschlugen" und damit auch „Krähen und Möwen" aufscheuchten, „die sich fortwährend krächzend und gackernd vom Sturm ins Land hineintreiben ließen" (Storm [1888] 1988b, 634–635). Gespenstischer als dieser kakophonische Lärm war jedoch die finstere Gestalt, die ihm auf einem „hochbeinigen hageren Schimmel" entgegenjagte. „[I]ch hörte nichts; aber immer deutlicher, wenn der halbe Mond ein karges Licht herabließ, glaubte ich eine dunkle Gestalt zu erkennen, und bald, da sie näher kam, sah ich es, sie saß auf einem Pferde […]." Kaum waren Reiter und Ross vorbei, ging ihm mit Schrecken auf, warum ihn die Begegnung verstört hatte. Er hatte „keinen Hufschlag, kein Keuchen des Pferdes vernommen" (ebd., 635–636), obwohl die beiden direkt an ihm vorbeigepresscht waren. Vor der Kontrastfolie der aufgewühlten Natur, in der das lärmende Durcheinander von unartikulierten Lauten schaurig genug ist, ist die Unhörbarkeit des obskuren Fremden, seine bloße Sichtbarkeit bei gleichzeitiger Abwesenheit noch des leisesten Geräuschs, das unheimlichste Erlebnis.

Literaturverzeichnis

Alewyn, Richard. „Die literarische Angst". *Aspekte der Angst. Starnberger Gespräche 1964*. Hrsg. von Hoimar von Ditfurth. Stuttgart 1965: 24–37.
Andriopoulos, Stefan. „Die Laterna magica der Philosophie. Gespenster bei Kant, Hegel und Schopenhauer". *Deutsche Vierteljahrsschrift für Literaturwissenschaft und Geistesgeschichte* 80.2 (2006): 173–211.

Balke, Friedrich. „Wahnsinn der Anschauung. Kants Träume eines Geistersehers und ihr diskursives Apriori". *Gespenster. Erscheinungen – Medien – Theorien*. Hrsg. von Moritz Baßler, Bettina Gruber und Martina Wagner-Egelhaaf. Würzburg 2005: 297–313.

Bausinger, Hermann. *Formen der „Volkspoesie"*. 2., verb. u. verm. Aufl. Berlin 1980.

Benjamin, Walter. „Der Erzähler. Betrachtungen zum Werk Nikolai Lesskows" [1936]. *Gesammelte Schriften*. Unter Mitwirkung von Theodor W. Adorno und Gershom Scholem. Bd. II.2. Hrsg. von Rolf Tiedemann und Hermann Schweppenhäuser. Frankfurt am Main 1977: 438–465.

Brittnacher, Hans Richard. *Ästhetik des Horrors. Gespenster, Vampire, Monster, Teufel und künstliche Menschen in der phantastischen Literatur*. Frankfurt am Main 1994.

Chion, Michel. *La voix au cinéma*. Paris 1982.

Durst, Uwe. *Theorie der phantastischen Literatur*. Berlin 2007.

Elferen, Isabella van. *Gothic Music. The Sounds of the Uncanny*. Cardiff 2012.

Gallo, Christina. *,Gerade wenn es mit den Gespenstern aus ist, geht das rechte Zeitalter für ihre Geschichte an'. Untersuchungen zum Gespensterbuch (1810–1812) von Friedrich Laun und August Apel*. Taunusstein 2009.

Goethe, Johann Wolfgang. „Unterhaltungen deutscher Ausgewanderten" [1795]. *Sämtliche Werke nach Epochen seines Schaffens*. Münchner Ausgabe. Bd. 4.1: *Wirkungen der Französischen Revolution 1791–1797 I*. Hrsg. von Reiner Wild. München und Wien 1988: 436–550.

Grizelj, Mario. *Der Schauer(roman). Diskurszusammenhänge, Funktionen, Formen*. Würzburg 2010.

Häntzschel, Günter. *Sammel(l)ei(denschaft). Literarisches Sammeln im 19. Jahrhundert*. Würzburg 2014.

Hoffmann, E. T. A. „Der goldene Topf" [1814]. *Sämtliche Werke in sechs Bänden*. Bd. 2.1: *Fantasiestücke in Callot's Manier. Werke 1814*. Hrsg. von Wulf Segebrecht und Hartmut Steinecke. Frankfurt am Main 1993: 229–322.

Hoffmann, E. T. A. „Der unheimliche Gast" [1819]. *Sämtliche Werke in sechs Bänden*. Bd. 4: *Die Serapions-Brüder*. Hrsg. von Wulf Segebrecht und Hartmut Steinecke. Frankfurt am Main 2001: 722–772.

Jacquelin, Evelyne. „Fantastisches und Wunderbares. Goethes Behandlung des ‚Geisterhaften' in den ‚Unterhaltungen deutscher Ausgewanderten'". *Fremde Welten. Wege und Räume der Fantastik im 21. Jahrhundert*. Hrsg. von Lars Schmeink und Hans-Harald Müller. Berlin 2012: 363–379.

Jolles, André. *Einfache Formen. Legende, Sage, Mythe, Rätsel, Spruch, Kasus, Memorabile, Märchen, Witz* [1930]. 7. Aufl. Tübingen 1999.

Kant, Immanuel. „Träume eines Geistersehers, erläutert durch Träume der Metaphysik" [1766]. *Werke in zwölf Bänden*. Bd. 2: *Vorkritische Schriften bis 1768*. Hrsg. von Wilhelm Weischedel. Frankfurt am Main 1977: 919–989.

Kleist, Heinrich von. „Das Bettelweib von Locarno" [1810]. *Sämtliche Werke. Brandenburger Ausgabe*. Bd. II/7: *Berliner Abendblätter I*. Hrsg. von Roland Reuß und Peter Staengle. Basel 1997: 51–54.

Köhler-Zülch, Ines. „Der Diskurs über den Ton. Zur Präsentation von Märchen und Sagen in Sammlungen des 19. Jahrhunderts". *Homo narrans. Studien zur populären Erzählkultur. Festschrift für Siegfried Neumann zum 65. Geburtstag*. Hrsg. von Christoph Schmitt. Münster 1999: 25–50.

Krings, Marcel. „,Versuche auf Geister'. Zur Akustik der Gespenstergeschichte in Goethes ‚Unterhaltungen deutscher Ausgewanderten' und Kleists ‚Bettelweib von Locarno'".

Phono-Graphien. Akustische Wahrnehmung in der deutschsprachigen Literatur von 1800 bis zur Gegenwart. Hrsg. von Marcel Krings. Würzburg 2011: 231–251.

Lichtenberg, Georg Christoph. „Etwas über die Polter-Geister" [1772/1773]. *Schriften und Briefe I: Sudelbücher*. Hrsg. von Wolfgang Promies. München 1968: 188–191. Luther, Martin. *Werke. Kritische Gesamtausgabe*. Abt. 2: *Tischreden (1531–1546)*. Bd. 6: *Tischreden aus verschiedenen Jahren*. Weimar 1967.

Matala de Mazza, Ethel. „Spuk als Gerücht. Theodor Storms Volkskunde". *Wirklichkeit und Wahrnehmung. Neue Perspektiven auf Theodor Storm*. Hrsg. von Elisabeth Strowick und Ulrike Vedder. Berlin 2013: 107–129.

Neuber, Wolfgang. „Poltergeist the Prequel. Aspects of Otherworldly Disturbances in Early Modern Times". *Spirits Unseen. The Representation of Subtle Bodies in Early Modern European Culture*. Hrsg. von Wolfgang Neuber und Christine Göttler. Leiden 2008: 1–17.

Niehaus, Michael. „Ausgleichende Gerechtigkeit? Zum ‚Bettelweib von Locarno'". *Ausnahmezustand der Literatur. Neue Lektüren zu Heinrich von Kleist*. Hrsg. von Nicolas Pethes. Göttingen 2011: 226–245.

Ott, Michael. „‚Einige große Naturscenen'. Über Kleists Schrifttheater". *Inszenierte Welt. Theatralität als Argument literarischer Texte*. Hrsg. von Ethel Matala de Mazza und Clemens Pornschlegel. Freiburg 2003: 27–52.

Paulus, Jörg. „Johann Gottfried August Bürger. Von der Popularität der Poesie. Zur Poetik des Volkslieds im Sturm und Drang". *Sturm und Drang. Epoche – Autoren – Werke*. Hrsg. von Matthias Buschmeier und Kai Kauffmann. Darmstadt 2013: 122–138.

Petzoldt, Leander. „Poltergeist". *Kleines Lexikon der Dämonen und Elementargeister*. Hrsg. von Leander Petzoldt. München 1990: 142–143.

Röhrich, Lutz, und Hans-Jörg Uther. „Sage". *Enzyklopädie des Märchens. Handwörterbuch zur historischen und vergleichenden Erzählforschung*. Bd. 11. Hrsg. von Rolf Wilhelm Brednich, Hermann Bausinger, Wolfgang Brückmann, Lutz Röhrich, Klaus Roth und Rudolf Schenda. Berlin und New York 2004: 1017–1041.

Simpson, Jacqueline. „Spuk". *Enzyklopädie des Märchens Handwörterbuch zur historischen und vergleichenden Erzählforschung*. Hrsg. von Rolf Wilhelm Brednich, Hermann Bausinger, Wolfgang Brückmann, Lutz Röhrich, Klaus Roth und Rudolf Schenda. Bd. 12. Berlin und New York 2007: 1026–1131.

Söring, Jürgen. „Die Verwirrung und das Wunderbare in Goethes ‚Unterhaltungen deutscher Ausgewanderten'". *Zeitschrift für deutsche Philologie* 100.4 (1981): 544–559.

Stadler, Ulrich. „Gespenst und Gespenster-Diskurs im 18. Jahrhundert". *Gespenster. Erscheinungen – Medien – Theorien*. Hrsg. von Moritz Baßler, Bettina Gruber und Martina Wagner-Egelhaaf. Würzburg 2005: 127–139.

Staiger, Emil. „Heinrich von Kleist: ‚Das Bettelweib von Locarno'. Zum Problem des dramatischen Stils" [1942]. *Heinrich von Kleist. Aufsätze und Essays*. Hrsg. von Walter Müller-Seidel. Darmstadt 1967: 113–129.

Storm, Theodor. „Am Kamin" [1862]. *Sämtliche Werke in vier Bänden*. Bd. 4: *Märchen. Kleine Prosa*. Hrsg. von Karl Ernst Laage und Dieter Lohmeier. Frankfurt am Main 1988a: 52–78.

Storm, Theodor. „Der Schimmelreiter" [1888]. *Sämtliche Werke in vier Bänden*. Bd. 3: *Novellen 1881–1888*. Hrsg. von Karl Ernst Laage und Dieter Lohmeier. Frankfurt am Main 1988b: 634–755.

Theisohn, Philipp. „Spökenkieken. Storm und das Wissen der Geister". *Schriften der Theodor-Storm-Gesellschaft* 63 (2014): 23–39.

Thomalla, Erika. „Geisterwissenschaften. Der gelehrte Diskurs über Erscheinungen und Gespenster um 1800". *Zeitschrift für deutsche Philologie* 134.4 (2015): 481–516.
Thurston, Herbert. *Poltergeister*. Luzern 1955.
Todorov, Tzvetan. *Introduction à la littérature fantastique*. Paris 1970.
Wagener, Samuel Christoph. *Neue Gespenster. Kurze Erzählungen aus dem Reiche der Wahrheit*. 2 Bde. Berlin 1801–1802.
Wilpert, Gero von. „Die politische Sängerin. Spuk und Aktualität in Goethes ‚Sängerin Antonelli'". *Seminar. A Journal of Germanic Studies* 27.3 (1991): 189–202.
Wilpert, Gero von. *Die deutsche Gespenstergeschichte. Motiv – Form – Entwicklung*. Stuttgart 1994.
Wübben, Yvonne. *Gespenster und Gelehrte. Die ästhetische Lehrprosa G. F. Meiers (1718–1777)*. Tübingen 2007.

4.8. Der Phonograph als Instrument und Metapher. Rilkes psychophysiologisches Gedankenexperiment
Benjamin Bühler

1. Einsatzformen des Phonographen

Als im Jahr 2012 Tonaufnahmen von Otto von Bismarck aus den Jahren 1889 und 1890 ausgewertet wurden, handelte es sich um eine Sensation: Gefunden hatte man die Wachswalzen bereits 1957 in einer Holzkiste hinter der Pritsche von Thomas A. Edison, aber erst durch eine neu entwickelte Technik konnten die Walzen hörbar gemacht werden (vgl. Anonym 2012, nachzuhören unter: Thomas Edison National Historical Park). Von Interesse war nicht nur, dass Bismarck auf der knapp zwei Minuten dauernden und stark rauschenden Aufnahme Strophen eines amerikanischen Volksliedes, eines Gedichtes von Ludwig Uhland, den Beginn der Marseillaise und Ähnliches wiedergab, sondern ebenso das Hören seiner vermeintlich authentischen Stimme.

Damit erfüllte sich eine der möglichen Anwendungsformen, die der Erfinder des Phonographen in dem Aufsatz „The Phonograph and its Future" (1878) vorgesehen hatte: Der Phonograph, so hatte es Edison vermerkt, erlaube es zukünftigen Generationen, die Stimmen und Worte von großen Politikern wie George Washington, Abraham Lincoln oder William Ewart Gladstone zu bewahren. Doch die Konservierung solcher Stimmen war für Edison keineswegs die einzige Anwendungsmöglichkeit (vgl. 4.8. WIRTH). Als weitere nannte er die Aufnahme von Aussagen vor Gericht, Musik, die letzten Worte eines Sterbenden oder Lesungen von Büchern für Blinde. Überhaupt könnten Bücher von vornherein phonographisch aufgenommen werden, da man solche Bücher auch dort hören könne, wo man sonst nicht lese, sie würden die Stimme des Verfassers wiedergeben und damit mehr als nur die mentalen Äußerungen seines Gehirns für die Nachwelt bewahren. Der Einsatz des Phonographen als Unterhaltungsmedium spielte dagegen für Edison nur eine untergeordnete Rolle, seines Erachtens war der Absatz des Phonographen als Diktiergerät vielversprechender. Man diktiere den Brief in den Phonographen, sende das Phonogramm an den Empfänger, der es auf seinem Phonographen abspiele und den Sender anhand der Stimme identifiziere. Und wenn der Empfänger über kein Gerät verfüge, stelle die Niederschrift der Aufnahme durch einen Angestellten immer noch eine Arbeitserleichterung dar.

In der medientechnischen Aufrüstung von Büros, das heißt dem Verbund von Diktiergerät, Telefon und Schreibmaschine, sah Edison das wichtigste Absatzgebiet für seine Phonographen (vgl. Gelatt [1954] 1977, 44). In dem zehn Jahre später verfassten Text „The Perfected Phonograph" (1888) geht er denn auch ausführlich auf das Diktiergerät ein und führt seine eigene Arbeitsorganisation als Beispiel an: Sein Privatsekretär spreche alle Briefe in den Phonographen, die dann eine Sekretärin auf Schreibmaschine tippe, was enorm viel Zeit und Ärger spare. Neben Edisons Aufsatz enthält eine Ausgabe mit dem Titel *Description of the Phonograph and Phonograph-Graphophone by their Inventors* (1888) weitere Zeugnisse für die Nutzung des Phonographen als Diktiergerät. Ein ehemaliger Sekretär des Verteidigungsministers betont die zeitliche Unabhängigkeit, man müsse auf keine Stenographen oder Sekretäre warten und könne ihn bei Mitternacht, am frühen Morgen oder in freien Stunden benutzen (vgl. Hitt 1888, 20). Auch ein Stenograph äußert seine Begeisterung, denn er müsse seine Notizen nicht mehr einer Schreibmaschinistin langsam diktieren, sondern könne nun einfach in den Phonographen sprechen (vgl. Johns 1888, 20). Erst 1894 sah Edison ein, dass sich der Phonograph vor allem als Unterhaltungsmedium verkaufen ließ (vgl. Gelatt [1954] 1977, 55).

Auch die Literatur hat sich für mögliche Verwendungen des Phonographen interessiert. Zum einen folgte man Edisons Idee der phonographischen Bücher. Während bisher die Stimme als flüchtiges Phänomen verloren ging, kann sie nun, wie es im ersten Artikel der ersten Ausgabe von *The Phonoscope* (1896) heißt, „be caught in its passage and preserved practically forever" (zit. nach Camlot 2003, 148). Dagegen brauchte die Aufnahme längerer Bücher noch einige Jahre: Erst 1930 initiierte die Library of Congress Aufnahmen für erwachsene blinde Menschen. Für Victor Hugos *Les Misérables* benötigte man allerdings 104 doppelseitig bespielte Platten (vgl. Camlot 2003, 151).

Zum anderen erschien der Phonograph als Gegenstand in literarischen Texten. In Auguste de Villiers de L'Isle-Adams Roman *L'Ève future* reflektiert der ‚Phonographenpapa' Edison nicht nur die Möglichkeiten und Grenzen des Phonographen, sondern rüstet damit auch seine „Andreiden" aus: Zwei Phonographen ersetzen die Lungenflügel (Villiers [1886] 2004, 277). In Jules Vernes Roman *Le Château des Carpathes* (1892) rüstet ein Graf sein Schloss, in dem er heimlich wohnt, medientechnisch auf: Ein Draht verbindet Schloss und Dorf und das dort installierte Telefon fungiert auch als Abhörgerät. Um die Bewohner abzuschrecken, erzeugt er mit Nebelhörnern, fotografischen Silhouetten von riesenhaften Spiegeln und mit durch elektrischen Strom magnetisierten Eisenplatten eine immense Angst vor dem Schloss. Für die Dorfbewohner ist es bevölkert von Geistern und Vampiren. Mit dem Phonographen aber nimmt der Graf die Opern einer von ihm verehrten Opernsängerin auf, um so über ihren Tod hinaus

PHONOGRAPH–GRAPHOPHONE AS USED IN RECEIVING A DICTATION.

Abb. 1a: Anonym, *Description of the Phonograph and Phonograph-Graphophone by their Inventors*. New York 1888: 13.

ihre Stimme zu konservieren. Dass man phonographische Bücher dort hören kann, wo lesen nicht möglich ist, beschreibt dagegen die Ausgangssituation von Edward Bellamys Kurzgeschichte *With the Eyes Shut* (1898): Im Zug erhält der Ich-Erzähler eine kleine Box, über die er zum Preis von fünf Cent pro Stunde eine Erzählung hören kann. Später begegnet er einer phonographischen Uhr; statt einen Brief zu schreiben, diktiert er ihn im Postbüro in einen Phonographen; im Frühstückssaal des Hotels hören die Gäste ihre Korrespondenz über Phonographen ab; der Ich-Erzähler erfährt, dass die Kinder in der Schule durch Phonographen unterrichtet werden: „[O]ur children are taught by phonographs, recite to phonographs, and are examined by phonographs" (Bellamy [1898] 1968, 361). Während Bellamy Edisons Vorschläge zur Verwendung des Phonographen recht simpel in seiner Kurzgeschichte umsetzt – letztlich handelt es sich um einen

PHONOGRAPH-GRAPHOPHONE AS USED FOR TRANSCRIBING.

Abb. 1b: Anonym, *Description of the Phonograph and Phonograph-Graphophone by their Inventors*. New York 1888: 14.

Traum –, arbeitet H. G. Wells' Zukunftsroman *The Sleeper Awakes* (1899) die negative Seite der Technisierung der Kommunikation heraus: „After telephone, kinematograph and phonograph had replaced newspaper, book, schoolmaster, and letter, to live outside the range of the electric cables was to live an isolated savage" (Wells [1899] 1927, 40). Die Modernisierung der Gesellschaft hat hier zu ihrer Spaltung geführt.

Phantastischer geht es dagegen in der Kurzgeschichte *Goethe spricht in den Phonographen* (1916) zu, die Salomon Friedlaender unter dem Pseudonym Mynona publizierte (vgl. Kittler 1986, 93–122). Zu Beginn beklagt Anna Pomke gegenüber dem Professor Pschorr, dem Erfinder des Ferntasters, es sei doch schade, dass der Phonograph um 1800 noch nicht erfunden gewesen sei, denn sie hätte so gerne die Stimme Johann Wolfgang Goethes gehört. Der verliebte Professor reist sofort nach Weimar, nimmt heimlich einen Wachsabdruck von

Goethes Kehlkopf, baut ihn nach und kann so die Stimme Goethes „täuschend naturgetreu reproduzieren" (Friedlaender [1916] 1965, 167). Aber er kann noch mehr: Aufgestellt in Goethes Arbeitszimmer gibt der nachgebaute Kehlkopfapparat sogar das wieder, was Goethe gesprochen hat, denn die Tonschwingungen seiner Worte vibrierten hier nach wie vor. Die solchermaßen hörbar gemachten Worte zeichnet er mit einem Phonographen auf, der sie dann verstärkt durch ein Mikrophon wiedergibt.

Das berühmteste Gedankenexperiment mit einem Phonographen führte aber Rainer Maria Rilke in seinem Text „Ur-Geräusch" (1919) durch, denn darin soll die Kronennaht des Schädels analog zu den Furchen in der Wachswalze eines Phonographen zum Tönen gebracht werden. Die wirkmächtigste Auseinandersetzung mit diesem Text stammt von Friedrich A. Kittler, der vor allem den Zusammenhang von Phonograph und Physiologie hervorhebt (vgl. Kittler 1995, 398–401 und Kittler 1986, 62–80). Dagegen liefert der Text für Silke Pasewalck das Kernstück einer Poetik der Sinne, die sie in ihrem Buch herausarbeitet (vgl. Pasewalck 2002). Bühler knüpft an Kittlers Lektüre an, verortet den Text aber stärker in den biologischen und anthropologischen Diskursen der Moderne und zeigt auf, wie Rilke ein organologisch fundiertes Erzählmodell entwickelt und zugleich problematisiert (vgl. Bühler 2004). Die gattungstheoretische Zuordnung des Textes ist zwar unklar: Handelt es sich um eine autobiographische Skizze oder doch um eine Erzählung? Festzuhalten ist jedoch, dass die in dem Text gemachten Aussagen über Kunst nicht von ihrer „artistischen Darbietung" zu trennen sind (Koch 2004, 496).

2. Rainer Maria Rilkes „Ur-Geräusch"

Der erste Teil des Texts „Ur-Geräusch" (1919) geht zwei Erinnerungen nach: In seiner Schulzeit habe, so das Sprecher-Ich, ein Physiklehrer die Schüler dazu angeleitet, einen Phonographen zu bauen, der damals im Mittelpunkt des „öffentlichen Erstaunens stand" (Rilke [1919] 1996a, 699). Aus einfachen Materialien stellten sie einen funktionierenden Apparat her. Sprachen oder sangen sie in den Schalltrichter, übertrug eine Borste, die sie einer Kleiderbürste entnommen hatten, die Tonwellen auf die Oberfläche einer mit Kerzenwachs überzogenen Walze. Drehte man die Walze zurück, so „zitterte" ihr Klang „unsicher" und „stellenweise versagend" wieder aus dem Trichter (Rilke [1919] 1996a, 700). Die zweite Erinnerung bezieht sich auf die Studienzeit, in der das Sprecher-Ich Anatomievorlesungen besuchte und vor allem von dem menschlichen Schädel fasziniert war. Als er sich einen Schädel anschaffte und die Nachtstunden mit seiner Betrachtung verbrachte, rief die Kronennaht die Erinnerung an den Phonographen auf.

Die Ähnlichkeit zwischen der Kronennaht und den „Spuren", die die Spitze einer Borste in eine kleine Wachsrolle „einritzte", führt ihn, weitere anderthalb Jahrzehnte später, zu folgendem Gedankenexperiment: Die Kronennaht des Schädels habe – „nehmen wirs an" – eine gewisse Ähnlichkeit mit der „dicht gewundenen Linie", die der „Stift eines Phonographen in den empfangenen rotierenden Cylinder des Apparates eingräbt". Wenn man nun den Stift „täuschte" und ihn „über eine Spur lenkte, die nicht aus der graphischen Übersetzung eines Tones stammte, sondern ein an sich und natürlich Bestehendes –, gut: sprechen wirs nur aus: eben (zum Beispiel) die Kronen-Naht wäre –: Was würde geschehen? Ein Ton müßte entstehen, eine Ton-Folge, eine Musik ..." (Rilke [1919] 1996a, 702).

Aus der Analogie der Kronennaht des Schädels und der in die Walze „eingeritzten Zeichen" (Rilke [1919] 1996a, 700) des Phonographen folgert das Sprecher-Ich, dass so wie die Spuren des Phonographen auch die in den menschlichen Schädel eingeschriebenen Erfahrungen hörbar gemacht werden können. Diese Tonfolge, das „Ur-Geräusch", wird dann zum Exempel für die Verwandlung eines „Kontur[s]" in einen anderen „Sinn-Bereich", was zum zweiten Teil des Aufsatzes überleitet. Darin widmet sich das Sprecher-Ich dem Verhältnis der Sinne, das er anhand eines Sinneskreises erläutert: Stelle man sich den gesamten Erfahrungsbereich der Welt in einem vollen Kreise vor, „so wird es sofort augenscheinlich, um wieviel größer die schwarzen Sektoren sind, die das uns Unerfahrbare bezeichnen, gemessen an den ungleichen lichten Ausschnitten, die den Scheinwerfern der Sensualität entsprechen" (Rilke [1919] 1996a, 703).

Daraus resultieren zwei Aufgaben: Zum einen müsse man die Gebiete eines jeden Sinnesbereichs erweitern, zum anderen Verbindungen zwischen den Sinnen herstellen, wofür der Text drei Zugänge anführt.: Der Liebende sei auf das „Zusammenwirken der Sinne" angewiesen, stehe jedoch in der Mitte des Kreises, also dort, „wo das Bekannte und das Unerfaßliche in einem einzigen Punkte zusammendringt" (Rilke [1919] 1996a, 703). Der Dichter dagegen benötige Distanz, da er dazu angehalten sei, die „Sinnes-Ausschnitte ihrer Breite nach zu gebrauchen" (Rilke [1919] 1996a, 703). Die dritte Figur ist der Forscher, der mit Instrumenten wie dem Mikroskop oder dem Fernrohr die Sinne erweitert. Während aber der Forscher den gewonnenen Zuwachs nicht sinnlich durchdringe, entwickle der Künstler die „fünffingrige Hand seiner Sinne" weiter und arbeite an der Erweiterung der einzelnen Sinnesgebiete – nur könne er seine Leistung nicht in die „aufgeschlagene allgemeine Karte" eintragen (Rilke [1919] 1996a, 704). Der Forscher erweitert demnach zwar die Sinnesbereiche, kann sie aber nicht eigentlich ‚erleben', wogegen der Dichter seine Erweiterung ‚erleben' mag, allgemeingültig beweisen kann er sie jedoch nicht. Genau an dieser Stelle kommt das Sprecher-Ich zurück auf das Gedankenexperiment: Denn welcher Versuch

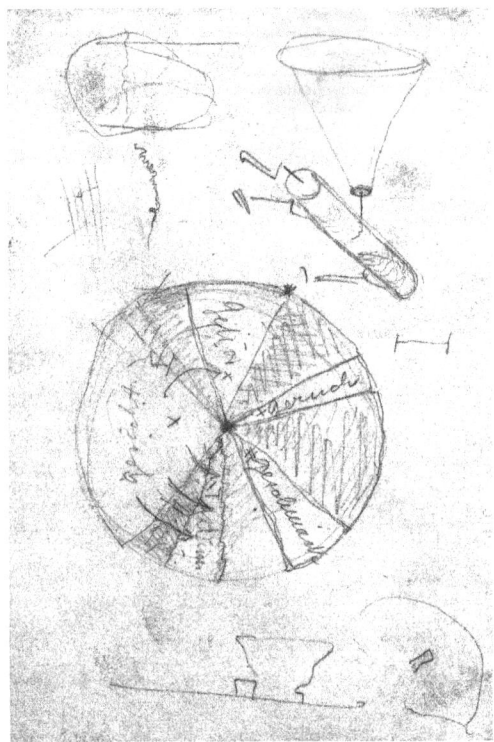

Abb. 2: Rilkes Zeichnung zum „Ur-Geräusch". Rilke-Archiv der Schweizerischen Landesbibliothek zu Bern. Hier abgedruckt nach Pasewalck 2002: 20.

könnte vielversprechender sein, um eine Verbindung zwischen den abgetrennten Sinnesbereichen herzustellen?

Rilkes Text behandelt den Phonographen nicht als literarisches Motiv, sondern reflektiert die epistemischen Möglichkeiten von Dichtung und Wissenschaft. Aus diesem Grund war der Autor auch mit dem Titel nicht zufrieden: In Briefen aus dem Jahr 1919 bezeichnete er den Text als „Experiment" und schrieb, dass ihm der von Katharina Kippenberg ausgewählte Titel „Ur-Geräusch" „wenig" gefalle (Rilke 1991, 34 und 38). Wie der Text auf performativer Ebene dieses Experiment behandelt, führt der letzte Teil dieses Artikels aus, zuvor sind jedoch die historischen Implikationen von Rilkes Experiment zu erläutern.

3. Der Phonograph

3.1. Technisches

Die Geschichte des Phonographen ist hervorragend aufgearbeitet, weshalb hier nur einige zentrale Stationen genannt sein sollen (vgl. z. B. Gelatt [1954] 1977; Kittler 1995; Kittler 1986; Hiebler 1999; Hiebler 2004; Hiebler 2005; Jüttemann 2007; Gauß 2009). Die Idee, Schall aufzunehmen, zu speichern und wiederzugeben, findet sich bereits in der Antike (die folgenden Beispiele sind entnommen aus Jüttemann 2007, 7–23). In China soll es etwa bereits vor 3000 Jahren einen ‚Tausendmeilensprecher' gegeben haben, einen Kasten mit Uhrwerk und Walze, der Töne aufnahm und sie, in Rotation versetzt, wiedergab. In der Frühen Neuzeit findet sich die Idee der Schallkonservierung zum Beispiel bei Johannes Kepler oder Leonhard Euler. Bekannt waren schallverstärkende Röhren, die zum Beispiel Athanasius Kircher für seine sprechenden Köpfe benutzte, oder die Herstellung künstlicher Töne, die Wolfgang von Kempelen in seinem ‚Sprechenden Schachtürken' verwendete.

Weitaus wichtiger für die Geschichte des Phonographen sind aber Experimente, die Schall mithilfe von Stiften aufzeichneten. Wilhelm Weber befestigte 1830 einen Stift an einer Stimmgabel und zeichnete die Schwingungen auf einer berußten Glasplatte auf. Leon Scott erfand 1855 den Phonautographen, der mittels eines auf einer Membran angebrachten Stiftes Schallschwingungen aufzeichnete. Im Jahr 1877 entwickelte der Lyriker Charles Cros die Idee, Scotts Rußwalze durch eine Wachswalze zu ersetzen. Ein Stichel sollte die Schwingungen in das Wachs einritzen, womit die aufgezeichneten Töne wieder hörbar gemacht werden könnten. Cros verfügte jedoch nicht über das Geld, einen solchen Apparat zu bauen, weshalb ihm Edison zuvorkam: Am 6. Dezember 1877 nahm Edison das Kinderlied „Mary Has a Little Lamb" auf und am 24. Dezember meldete er seinen Phonographen, der die Schallbewegungen in eine Zinnfolie ritzte, zum Patent an.

Allerdings war dem Phonographen zunächst einmal kein großer Erfolg beschieden: Nachdem sich die erste Begeisterung gelegt hatte, erwiesen sich die Apparate als zu teuer und die Wiedergabe als zu schlecht: Das ‚S' zu Beginn und Ende eines Wortes gehe völlig verloren und das ‚D' und ‚T' sowie ‚M' und ‚N' seien exakt identisch, weshalb für William Henry Preece das Instrument nur die Parodie einer menschlichen Stimme darstelle (zit. nach Gelatt [1954] 1977, 31). Während Edison ab 1878 seine Aufmerksamkeit wieder dem elektrischen Licht zuwandte, entwickelten Chichester Bell und Charles Sumner Tainter Edisons Apparat weiter, indem sie unter anderem die Zinnfolie durch eine Wachsschicht ersetzten und einen beweglicheren Stift als Edison verwendeten (vgl. Gelatt [1954] 1977, 34). Ein Vorzug gegenüber der Zinnfolie bestand darin, dass der Stichel eine fortlaufende

Rille in die Wachsschicht eingrub, außerdem war das Wachs so widerstandsfähig, dass Hunderte von Wiedergaben möglich waren, ohne dass das Material darunter litt (vgl. Jüttemann 2007, 34). Daher verfügte dieses Graphophon, für das sie im Mai 1886 das Patent erhielten, über eine bessere Wiedergabequalität als Edisons Gerät. Daraufhin widmete sich auch Edison wieder dem Phonographen, wobei sein verbessertes Gerät ebenfalls einen mit Wachs beschichteten Zylinder und einen beweglichen Stylus besaß, was in den Folgejahren zu unzähligen Gerichtsverhandlungen um die Patente führte.

Obgleich die Wiedergabequalität der Phonographen weiterhin schlecht war – man konnte nicht das gesamte Tonspektrum in Wachs aufnehmen, die Aufnahme hatte eine maximale Länge von zwei Minuten und die Zylinder konnten nicht kopiert werden, weshalb jede Aufnahme tatsächlich ein Original war (vgl. Gelatt [1954] 1977, 46) –, blühte die Phonographenindustrie auf. Die Columbia Phonograph Company verfügte zum Beispiel über einen Exklusivvertrag mit der United States Marine Band, von der allein sie in ihrem Katalog aus dem Jahr 1891 27 Märsche, 13 Polkas, zehn Walzer und 34 weitere Aufnahmen anbot (vgl. Gelatt [1954] 1977, 48). Das Unternehmen produzierte täglich zwischen drei- und fünfhundert Zylinder, die vor allem in den „coin-in-the-slot"-Phonographen Verwendung fanden (Gelatt [1954] 1977, 49). Aufgestellt waren die Geräte in Kneipen und Geschäften, die damit leicht 50 Dollar pro Woche verdienen konnten (vgl. Gelatt [1954] 1977, 45). Die technischen Möglichkeiten prägten dabei auch die Musik: Da man zum Beispiel die Geige kaum hörte, entwickelte man die Strohgeige, die mit einer Membran ausgestattet ist, welche den Schall der Saiten aufnimmt und über einen Trichter verstärkt wiedergibt (vgl. mit weiteren Bsp. Gauß 2009, 170).

Die bisherigen Phonographen arbeiteten allesamt mit Walzen, in die die Töne eingeritzt wurden. Im Gegensatz zu dieser Tiefenschrift („Hill-and-Dale-System', Gelatt [1954] 1977, 60), an der sich Rilkes „Ur-Geräusch" orientiert, verwendete Emil Berliner die Seitenschrift („Zigzag System', Gelatt [1954] 1977, 60). Berliner griff wieder auf die Platte zurück, die Edison nach verschiedenen Versuchen verworfen hatte. Dabei bleibt die Tiefe der Rille gleich, dafür wird sie seitlich ausgelenkt (vgl. Jüttemann 2007, 77). Das Patent für diese Erfindung, die Berliner ‚Grammophon' nannte, meldete er am 26. September 1887 an. Es sollte allerdings noch einer Reihe technischer Verbesserungen bedürfen, bis Berliner 1895 ein Grammophon mit Federmotor auf den Markt brachte (vgl. Jüttemann 2007, 83). Er sah im Gegensatz zu Edison sein Grammophon ausschließlich als Medium zur Wiedergabe von Musik an. Zwischen Phonograph und Grammophon kam es zu einem harten Konkurrenzkampf, wobei der Erfolg des Letzteren nach Roland Gelatt vorhersehbar war: Das Grammophon hatte einen einfacheren Mechanismus und reproduzierte den Ton lauter als der Phonograph, die Platten konnten leichter vervielfältigt werden und das Gerät eignete sich hervorragend für den privaten Gebrauch (vgl. Gelatt [1954] 1977, 68). Doch bis sich die Plattenindustrie durchsetzen konnte, hatte der Phonograph noch einige bedeutende Einsatzgebiete.

3.2. Der Phonograph als wissenschaftliches Instrument

Ganz im Sinne von Rilkes Sinneskreis diente der Phonograph in den Wissenschaften der Erweiterung des auditiven Sinnesbereichs, einige Forschungsrichtungen entstanden sogar erst mit ihm: Zwischen 1890 und 1892 begann der Zoologe Richard L. Garner im Zoologischen Garten von Washington die Lautäußerungen von Affen aufzunehmen, anderen Affen vorzuspielen und deren Reaktionen wieder phonographisch aufzuzeichnen. Garner, der mit dem Phonographen auch Aufnahmen in Afrika machte, stieß damit ein neues, wenn auch umstrittenes Forschungsprogramm an (vgl. ausführlich Radick 2007).

Gemeinsam mit der Fotografie avancierte der Phonograph zu einem unentbehrlichen Instrument der ethnographischen Feldforschung (vgl. z. B. Brady 1999; Stangl 2000). Mit der Einführung physikalisch-akustischer Methoden sei die vergleichende Musikwissenschaft, wie Otto Abraham und Erich Moritz von Hornbostel in einem in der *Zeitschrift für Ethnologie* 1904 erschienenen Aufsatz schreiben, in eine neue Ära eingetreten, denn bisher sei man darauf angewiesen gewesen, fremde Musik nach Gehör aufzuzeichnen (vgl. Abraham und Hornbostel 1904, 226). Zwar sei der Phonograph noch zu schwer für den Transport und auch wenig handlich, aber wichtiger sind den Autoren seine Verwendungsmöglichkeiten. Der Phonograph ermögliche die Analyse von Musik, denn man könne die Wiedergabegeschwindigkeit ändern, das Musikstück zerlegen, Töne allein erklingen lassen und außerdem verfüge man damit über ein „dauerndes Dokument", das zur Vergleichung stets herangezogen werden könne (Abraham und Hornbostel 1904, 229).

Die beiden Autoren verweisen auch auf das von dem Physiologen Sigmund Exner unter anderem 1899 gegründete Wiener Phonogrammarchiv, für das im Gründungsantrag drei Aufgabenfelder bestimmt wurden: Erstens sollten sämtliche europäische Sprachen aufgenommen werden, zweitens sah man die Sammlung außereuropäischer Musik als wichtig an und drittens forderte man die Aufzeichnung von Stimmporträts (vgl. Lechleitner 2005, 233). Zugleich verstand sich das Archiv auch als Forschungseinrichtung. Exner versuchte, anhand von „Häufigkeiten von Vokalen und Konsonanten, Eigenarten und Unterschiede zwischen Sprachen herauszuarbeiten" (Lechleitner 2005, 235).

Mit einer solchen Schallanalyse konnten Germanisten wie zum Beispiel Eduard Sievers in den 1920er Jahren den Geisteswissenschaften den Anschein von Objektivität verleihen. Denn nach Sievers trägt die Sprache stets Spuren des Körpers ihres Sprechers, denen ein Medienverbund von Laryngographen, Kinematographen und Phonographen nachstellt und die in Form von Kurven niedergeschrieben werden (vgl. Rieger 2009, 275–335; Rieger 2014). Analysierten Graphologen die Schrift, so erhielte man mit dem Phonographen einen Zugang zu Charakter und Subjektivität des Autors über Schallaufzeichnungen. Damit wurde der Phonograph ein unentbehrliches Medium für die Erforschung des Menschen: Er besetzte eine Schlüsselposition in der Psychophysik – als Apparat und Metapher.

3.3. Bahnungen und Spuren: der Phonograph als Metapher

Rilkes Gedankenexperiment soll die Kronennaht zum Erklingen bringen, was, wie Uwe Steiner zu Recht bemerkt, eigentlich auf die Phrenologie verweist (vgl. Steiner 1996, 412). Schließlich hat das Sprecher-Ich einen Schädel und keinen sprechenden Menschen vor sich. Dennoch – die Metaphorik der ‚eingeritzten Zeichen' und ‚Spuren' sowie die angenommene ‚Ähnlichkeit' zwischen der Kronennaht und der Linie auf der Wachswalze verweisen auf die Psychophysik des späten 19. Jahrhunderts.

Für den französischen Philosophen Jean-Marie Guyau veranschaulicht die Analogie zwischen Phonograph und Gehirn ein zentrales psychophysisches Phänomen, das bisher ungeklärt sei (zu Guyau vgl. Kittler 1986, 49–61). Denn man habe das Gehirn bisher stets in Ruhe betrachtet, dabei gebe es in ihm keine fertigen, sondern nur virtuelle Bilder, die auf ein Zeichen warteten, um aktiv zu werden (vgl. Guyau [1890] 1993, 59). Dieser Prozess der Prägung, Bewahrung und Wiederbelebung von Eindrücken lasse sich mit dem Modell des Phonographen, der ein Aufnahme- und Wiedergabegerät zugleich sei, besser verstehen. Das Gehirn erscheint ihm daher als ein „unendlich vervollkommnete[r] Phonograph" (Guyau [1890] 1993, 62).

Der Phonograph liefert damit erstens ein Modell für einen Prozess, den der Physiologe Exner in seiner Schrift *Entwurf zu einer physiologischen Erklärung der psychischen Erscheinungen* (1898) physiologisch erklärt: Wenn Erregungen im Zentralnervensystem andere Erregungen fördern, spricht er von „Bahnung" (Exner 1898, 76). Zweitens erscheint der Phonograph als Modell für eine Konzeption des Gedächtnisses, wie sie der Physiologe Ewald Hering in seinem Aufsatz „Über das Gedächtnis als eine allgemeine Funktion der organisierten Materie" (Hering [1870] 1921) entwickelte. Hering sah im Gedächtnis das Modell für die Frage, wie Informationen von Generation zu Generation übertragen werden, wofür er all die Metaphern verwendet, die die psychophysische Theorie des

Gedächtnisses prägen: Wiederholte Wahrnehmungen würden sich dem Sinnengedächtnis „einprägen" (Hering [1870] 1921, 11), Wahrnehmungen hinterließen „materielle Spuren" (Hering [1870] 1921, 12), Muskeln arbeiteten im „gewohnten Geleise" (Hering [1870] 1921, 17). Die individuelle Entwicklung eines Tieres sei eine „fortlaufende Kette von Erinnerungen an die Entwicklungsgeschichte jener großen Wesensreihe, deren Endglied dieses Tier bildet" (Hering [1870] 1921, 25). Mit diesem Konzept werden sämtliche Erscheinungen – sowohl bewusste als auch unbewusste – auf den Begriff des Gedächtnisses der organisierten Materie gebracht. Hering nutzt das Gedächtnis als Modell für eine neolamarckistische Evolutionstheorie, an die Ernst Haeckel, August Forel, Ernst Mach und Richard Semon anknüpfen konnten (vgl. Bühler 2008). Zum Beispiel gründet auf diesem Konzept die naturalistische Poetik Wilhelm Bölsches: Zu Beginn sei die „Tafel unseres Gehirnes" noch kaum beschrieben, dann prägten sich Wahrnehmungen und Gewohnheiten ein, indem sie „Furchen" und „feste Linien" in unserem Gehirn bildeten (Bölsche [1887] 1976, 16).

Das Modell der Einschreibung von Eindrücken zählt zwar zum „Urbestand der abendländischen Metaphorologie" (Koschorke 1999, 323), die genannten Forscher und Autoren suchten aber eine naturwissenschaftliche Erklärung dieses Modells, um es gedächtnis- und evolutionstheoretisch weiter auszuarbeiten. Daher ist der Phonograph in diesem Diskurs zu verorten: Er bietet die technisch kongeniale Veranschaulichung dieser Konzepte, als reales Instrument belegt er die Wirklichkeit des Modells, als Metapher kann man mit ihm die Modelle der physiologischen Erklärung psychischer Erscheinungen optimieren (vgl. Kittler 1986, 9). Genau diese Beziehung zeigt sich auch bei Rilke, weshalb im Folgenden zuerst die poetologische Erscheinungsform des organologischen Modells *Die Aufzeichnungen des Malte Laurids Brigge* (1910) erläutert wird.

4. Poetologie des Körpers: *Die Aufzeichnungen des Malte Laurids Brigge*

Zu einer Utopie eines anderen Schreibens arbeitet Rilke die Analogie von Phonograph und Gehirn beziehungsweise organischem Gedächtnis in seinem Roman *Die Aufzeichnungen des Malte Laurids Brigge* (1910) heraus (vgl. Bühler 2004, 183–199). Für Malte sind Verse nicht „Gefühle (die hat man früh genug), – es sind Erfahrungen" (Rilke [1910] 1996b, 466). Doch damit ist es noch nicht getan: Es genüge nicht, dass man Erinnerungen habe, man müsse sie vergessen können und die Geduld haben zu warten, dass sie wiederkommen: „Denn die Erinnerungen selbst *sind* es noch nicht. Erst wenn sie Blut werden in uns, Blick und Gebärde, namenlos und nicht mehr zu unterscheiden von uns selbst, erst dann kann es geschehen, daß in einer sehr seltenen Stunde das erste Wort eines Verses aufsteht in ihrer Mitte und aus ihnen ausgeht" (Rilke [1910] 1996b, 467). Erfahrungen und Erinnerungen müssen inkorporiert werden, das Vergessen ist die Bedingung für die Neustrukturierung und -kombination und damit für die Literarisierung des Vergangenen. Malte zielt somit auf eine maschinelle Reproduktion der in den Körper eingeschriebenen Vergangenheit, ein Schreiben ohne den „Umweg durch seine Reflexion" (Rilke 1950, 201), wie er in einem Brief über Paul Cézanne am 21. Oktober 1907 schreibt. Es werde ein Tag kommen, „da meine Hand weit von mir sein wird, und wenn ich sie schreiben heißen werde, wird sie Worte schreiben, die ich nicht meine" (Rilke [1910] 1996b, 490). In dieser „Zeit der anderen Auslegung" ist das Bewusstsein des Autors ausgeschaltet, dabei ist die Einschreibung der Erfahrungen und Eindrücke in den Körper die Voraussetzung für die Aktivierung des organischen Unbewussten.

Durchgespielt wird dieses Modell eines organologischen Erzählens am Beispiel des Grafen Brahe, der seine Erinnerungen verfassen will. Das für ihn unerreichbare Ideal stellt der Marquis von Belmare dar, der in seinem Blut wie in einem Buch lese: „Er hatte wunderliche Geschichten drin und merkwürdige Abbildungen, dieser Belmare; er konnte aufschlagen, wo er wollte, da war immer was beschrieben; keine Seite in seinem Blut war überschlagen worden" (Rilke [1910] 1996b, 561). Belmares Erzählen entspricht dem von Malte geschilderten Programm, gemäß dem die Erinnerungen „Blut werden in uns, Blick und Gebärde", um dann wieder abgerufen werden zu können (Rilke [1910] 1996b, 467). Allerdings durchkreuzt der Roman dieses Modell beständig – über Belmares wirkliches Erzählen wird nur indirekt berichtet: Malte erzählt, wie Abelone ihm erzählte, dass der Graf ihr die Geschichte von Belmare erzählte. Dem Modell des unmittelbaren Erzählens widerspricht auch, dass das Diktieren der Memoiren zu einem regelrechten Gewaltakt wird, bei dem der Graf Abelone anbrüllt und ihr mit einem Armleuchter blendend ins Gesicht leuchtet.

5. Performanz des Textes: noch mal zum „Ur-Geräusch"

Das in den *Aufzeichnungen* ausformulierte Konzept eines neuen Schreibens wird in „Ur-Geräusch" durch das Gedankenexperiment veranschaulicht. Denn hier soll der Körper, für den die Kronennaht metonymisch steht, in Umgehung des Bewusstseins zum Sprechen gebracht werden. Der Phonograph ist damit zum einen ein Instrument, das die Sinnesgebiete erweitert, zum anderen eine Metapher für das Modell der Einschreibung von Eindrücken in den Körper und deren Wiedergabe unter spezifischen Bedingungen. Rilke mag an eine tatsächliche Durchführung des Experiments gedacht haben (vgl. Rilke 1991, 43), aber das Gedankenexperiment ist vor allem ein literarisches, das keineswegs nur Gedächtnistheorien oder die Analogie von Phonograph und Gehirn reproduziert. Vielmehr entwirft es ein Modell und stellt dieses zugleich infrage.

Während Autoren wie Guyau oder Hering die Aufnahme, Speicherung und Wiedergabe der in den Körper eingeritzten Zeichen begrifflich zu fassen versuchen, entzieht sich in Rilkes Text der möglicherweise entstehende Ton der Benennung. Die unklare Gefühlslage – „Gefühle, welche? Ungläubigkeit, Scheu, Furcht, Ehrfurcht –: ja, welches nur von allen hier möglichen Gefühlen?" – hindert das Ich daran, einen „Namen vorzuschlagen für das Ur-Geräusch, welches da zur Welt kommen sollte ..." (Rilke [1919] 1996a, 702). Der Übersetzung in einen anderen Sinnbereich ist eine nicht einholbare Nachträglichkeit eingeschrieben – die Beschreibung des Phänomens würde dieses allererst konstituieren. Die Unmöglichkeit, das Phänomen zu bezeichnen, wird aber nicht nur genannt, der Text führt sie selbst vor: Dem Sprecher-Ich versagt die Stimme, die Sätze brechen ab und auf die Fragen folgen keine Antworten. Während wissenschaftliche Theorien mit dem Phonographen ihre Analogiemodelle vom Gehirn optimieren (vgl. Kittler 1986, 49), macht Rilkes Text das Analogiemodell selbst zum Gegenstand einer poetischen Beschreibung.

Wie ausgeführt, schildert der Text, wie der Gedanke an das Experiment aus der Erinnerung an eine Erinnerung entsteht: Zum Zeitpunkt des Erzählens stellt das Ich fest, dass es sich immer wieder erinnerte, wie ihm in seiner Studienzeit die Ähnlichkeit zwischen Kronennaht und Wachswalze aufgefallen war. Dabei setzte die Erinnerung an den Schulversuch keineswegs bewusst ein: Erst als er mit einem „streifenden Blick", mit dem wir die gewohnte Umgebung „unwillkürlich prüfen und auffassen", im eigentümlichen Licht der Kerze die Kronennaht sieht, taucht die Erinnerung an den Phonographen auf. Besonders seltsam erscheint ihm, dass in seiner Erinnerung nicht der „Ton aus dem Trichter" überwog, sondern die in die Walze „eingeritzten Zeichen" (Rilke [1919] 1996a, 700). Bevor das Sprecher-Ich das Gedankenexperiment vorschlägt, hat es somit bereits am eigenen Leibe das phonographische Gedächtnismodell durchlebt, denn die Reproduktion der in den Körper eingeschriebenen Zeichen, die hier in Form der Erinnerung an den Versuch mit dem Phonographen erfolgt, geschieht unwillkürlich.

Das Analogieargument von Phonograph und Schädel wird somit nicht ausgehend von einem akustischen oder psychophysischen Problem entwickelt, sondern der Körper selbst erzeugt durch das unwillkürliche Aufrufen einer Erinnerung die Analogie, die diese Wiederkehr einer Erinnerung nachträglich erklären wird. Das bereitet dem Sprecher-Ich auch Probleme: Er misstraute der immer wiederkehrenden Erinnerung an die unvermittelte Wahrnehmung der Ähnlichkeit, entscheidet sich aber nun dazu, sie doch mitzuteilen. Die „eigensinnige Wiederkehr", durch die sein Einfall ihn ohne Zusammenhang zu seinen übrigen

Beschäftigungen „überrascht", führt das von Hering oder Guyau beschriebene Modell des Gedächtnisses performativ vor und wird nun als Gedankenexperiment reformuliert. Rilkes Text verwendet somit den Phonographen als Metapher für die Funktionsweise des Gedächtnisses und zugleich als Instrument, mit dem diese Konstruktion bewiesen werden soll.

Bezieht man den zweiten Teil des Textes in diese Deutung ein, zeigt sich, dass der Text die literarische Erweiterung der Sinngebiete betreibt (vgl. auch Pasewalck 2002, 33). Denn die Dichtung und nicht die Wissenschaft erscheint als Medium der Erweiterung der Sinnesgebiete, zumal Gedankenexperimente per se die Konsequenzen eines Experiments im Modus einer Narration ausbuchstabieren (vgl. Macho und Wunschel 2004). Wenn Rilke daher auf eine Durchführung des Experiments hofft, so nur deshalb, weil der Künstler keine ‚beweisende Leistung' zu erbringen vermag. Die Wissenschaft erhält demnach nur noch die Aufgabe, die ästhetisch gewonnenen Erkenntnisse nachträglich empirisch und experimentell zu belegen.

Eine solche Lesart wirft auch noch einmal ein anderes Licht auf Kittlers Lektüre dieses Textes. Pasewalck wendet gegen seine medientheoretische Lektüre, in der er den Schädel metonymisch für das Gehirn lese, ein, Rilke sei es weniger um die Spur, also die Naht, sondern eher um das, was sie konturiert, gegangen (vgl. Pasewalck 2002, 17). Damit schließt sie den Text jedoch gegenüber dem diskursiven Feld ab, das ihn konstituiert und in das er interveniert. Zu berücksichtigen ist aber an dieser Stelle ein Argument von Bettine Menke, die ausführt, dass nicht das Medium Schrift an den technischen Medien zu messen sei, sondern es darauf ankomme, die „Poietik [sic!] des akustischen Wissens […] im Medium der Texte zu lesen" (Menke 2000, 19). Diese These gilt ganz besonders für Rilkes „Ur-Geräusch", das den Phonographen als Instrument und Metapher im Medium der Schrift verhandelt.

Literaturverzeichnis

Abraham, Otto, und Erich Moritz von Hornbostel. „Über die Bedeutung des Phonographen für vergleichende Musikwissenschaft". *Zeitschrift für Ethnologie* 36.2 (1904): 222–236.

Anonym. „Bismarck im O-Ton. Tondokumente des ersten deutschen Reichskanzlers aufgetaucht". *Neue Zürcher Zeitung.* http://www.nzz.ch/aktuell/startseite/bismarck-im-o-ton-1.14707646. 31.01.2012 (08. Januar 2020).

Bellamy, Edward. „With the Eyes Shut" [1898]. *The Blindman's World and Other Stories. The American Short Story Series.* Bd. 4. New York 1968: 335–365.

Bölsche, Wilhelm. *Die naturwissenschaftlichen Grundlagen der Poesie. Prolegomena einer realistischen Ästhetik* [1887]. Tübingen 1976.

Brady, Erika. *A Spiral Way. How the Phonograph Changed Ethnography.* Jackson 1999.

Bühler, Benjamin. „Chronotopoi der Evolution. Grenzauflösungen und Grenzziehungen in der Evolutionstheorie, den Humanwissenschaften und der Literatur um 1900". *Die Natur der Gesellschaft. Verhandlungsband des 33. Kongresses der Deutschen Gesellschaft für Soziologie in Kassel 2006.* Hrsg. von Karl-Siegbert Rehberg. Frankfurt am Main 2008: 5299–5308.

Bühler, Benjamin. *Lebende Körper. Anthropologisches und biologisches Wissen bei Rilke, Döblin und Jünger.* Würzburg 2004.

Camlot, Jason. „Early Talking Books. Spoken Recordings and Recitation Anthologies 1880–1920". *Book History* 6 (2003): 147–173.

Edison, Thomas A. „The Phonograph and its Future". *Scientific American Supplement* 124. (1878): 1973–1974.

Edison, Thomas A. „The Perfected Phonograph". *Description of the Phonograph and Phonograph-Graphophone by their Inventors.* New York 1888: 3–12.

Exner, Sigmund. *Entwurf zu einer physiologischen Erklärung der psychischen Erscheinungen.* Leipzig und Wien 1898.

Fick, Monika. *Sinnenwelt und Weltseele. Der psychophysische Monismus in der Literatur der Jahrhundertwende.* Tübingen 1993.

Friedlaender, Salomo [Mynona]. „Goethe spricht in den Phonographen" [1916]. *Das Nachthemd am Wegweiser und andere höchst merkwürdige Geschichten.* Berlin 1965: 159–178.

Gauß, Stefan. *Nadel, Rille, Trichter. Kulturgeschichte des Phonographen und des Grammophons in Deutschland (1900–1940).* Köln u. a. 2009.

Gelatt, Roland. *The Fabulous Phonograph 1877–1977* [1954]. London 1977.

Guyau, Jean-Marie. *Die Entstehung des Zeitbegriffs* [1890]. Cuxhaven 1993.

Hering, Ewald. „Über das Gedächtnis als eine allgemeine Funktion der organisierten Materie" [1870]. *Fünf Reden von Ewald Hering.* Hrsg. von H. E. Hering. Leipzig 1921: 5–31.

Hiebler, Heinz. „Akustische Medien". *Große Medienchronik.* Hrsg. von Hans H. Hiebel, Heinz Hiebler, Karl Kogler und Herwig Walitsch. München 1999: 541–782.

Hiebler, Heinz. „Weltbild ‚Hörbild'. Zur Formengeschichte des phonographischen Gedächtnisses zwischen 1877 und 1929". *Die Medien und ihre Technik. Theorien, Modelle, Geschichte.* Hrsg. von Harro Segeberg. Marburg 2004: 166–182.

Hiebler, Heinz. „Der Sound zwischen technischen Möglichkeiten und kulturellen Ansprüchen. Eine Medienkulturgeschichte der Tonträger". *Sound. Zur Technologie und Ästhetik des Akustischen in den Medien.* Hrsg. von Harro Segeberg und Frank Schätzlein. Marburg 2005: 206–228.

Hitt, Robert R. „Testimonials as to Practical Working in Every Day Business Affairs". *Description of the Phonograph and Phonograph-Graphophone by their Inventors.* New York 1888: 20.

Johns, A. „Testimonials as to Practical Working in Every Day Buisness Affairs". *Description of the Phonograph and Phonograph-Graphophone by their Inventors.* New York 1888: 20.

Jüttemann, Herbert. *Phonographen und Grammophone.* 4., erw. Aufl. Dessau 2007.

Kittler, Friedrich A. *Grammophon – Film – Typewriter.* Berlin 1986.

Kittler, Friedrich A. *Aufschreibesysteme 1800/1900* [1985]. 3., vollst. überarb. Aufl. München 1995.

Koch, Manfred. „Schriften zu Kunst und Literatur". *Rilke-Handbuch. Leben – Werk – Wirkung.* Hrsg. von Manfred Engel. Stuttgart 2004: 480–497.

Koschorke, Albrecht. *Körperströme und Schriftverkehr. Mediologie des 18. Jahrhunderts.* München 1999.

Lechleitner, Gerda. „Der fixierte Schall – Gegenstand wissenschaftlicher Forschung. Zur Ideengeschichte des Phonogrammarchivs". *Sound. Zur Technologie und Ästhetik des Akustischen in den Medien*. Hrsg. von Harro Segeberg und Frank Schätzlein. Marburg 2005: 229–240.
Menke, Bettine. *Prosopopoiia. Stimme und Text bei Brentano, Hoffmann, Kleist und Kafka*. München 2000.
Pasewalck, Silke. *‚Die fünffingrige Hand'. Die Bedeutung der sinnlichen Wahrnehmung beim späten Rilke*. Berlin und New York 2002.
Radick, Gregory. *The Simian Tongue. The Long Debate about Animal Language*. Chicago und London 2007.
Rieger, Stefan. *Schall und Rauch. Eine Mediengeschichte der Kurve*. Frankfurt am Main 2009.
Rieger, Stefan. „‚Draht'". *Kultur. Ein Machinarium des Wissens*. Hrsg. von Benjamin Bühler und Stefan Rieger. Frankfurt am Main 2014: 46–59.
Rilke, Rainer Maria. *Briefe*. Wiesbaden 1950.
Rilke, Rainer Maria. *Briefe in zwei Bänden*. Bd. 2: *1919 bis 1926*. Frankfurt am Main und Leipzig 1991.
Rilke, Rainer Maria. „Ur-Geräusch" [1919]. *Werke. Kommentierte Ausgabe in vier Bänden*. Bd. 4: *Schriften*. Hrsg. von Horst Nalewski. Frankfurt am Main und Leipzig 1996a: 699–704.
Rilke, Rainer Maria. „Die Aufzeichnungen des Malte Laurids Brigge" [1910]. *Werke. Kommentierte Ausgabe in vier Bänden*. Bd. 3: *Prosa und Dramen*. Hrsg. von August Stahl. Frankfurt am Main und Leipzig 1996b: 453–662.
Stangl, Burkhard. *Ethnologie im Ohr. Die Wirkungsgeschichte des Phonographen*. Wien 2000.
Steiner, Uwe C. *Die Zeit der Schrift. Die Krise der Schrift und die Vergänglichkeit der Gleichnisse bei Hofmannsthal und Rilke*. München 1996.
Thomas Edison National Historical Park. *Recorded Sound Archive*. http://www.nps.gov/edis/historyculture/recorded-sound-archive.htm. (16. Februar 2020).
Villiers de L'Isle-Adam, Auguste. *Die künftige Eva* [1886]. Zürich 2004.
Wells, H. G. *The Sleeper Awakes. Essex Edition of the Works of H. G. Wells* [1899]. Bd. 10. London 1927.
Wunschel, Annette, und Thomas Macho. „Mentale Versuchsanordnungen". *Science & Fiction. Über Gedankenexperimente in Wissenschaft, Philosophie und Literatur*. Hrsg. von Thomas Macho und Annette Wunschel. Frankfurt am Main 2004: 9–14.

Abbildungsverzeichnis

Abb. 1a und 1b: *Description of the Phonograph and Phonograph-Graphophone by their Inventors*. New York 1888: 13–14.
Abb. 2: Pasewalck, Silke. *‚Die fünffingrige Hand'. Die Bedeutung der sinnlichen Wahrnehmung beim späten Rilke*. Berlin und New York 2002: 20.

4.9. Telefon und Anrufbeantworter als Chiffren der Audiokultur
Uwe Wirth

„,*Telephoniren*'", so heißt es in der einzigen Fußnote des Artikels „Der Musiktelegraph", der 1863 anonym in der *Gartenlaube* erschien, „,*Telephoniren*' ist ein nach dem Griechischen gebildetes Wort, was ,in die Ferne tönen' bedeutet, wie ,*teleskopiren*' in die Ferne sehen" (Anonym 1863, 808). Der Urheber dieser Wortschöpfung ist Philipp Reis, der neben Alexander Graham Bell als Erfinder des Telefons gilt. Der Artikel „Musiktelegraph" berichtet über Reis' Versuch, „Töne mit Hülfe der Elektrizität in jeder beliebigen Entfernung zu reproduciren" (Anonym 1863, 808). Die „wunderbaren Resultate" des Experiments werden dahingehend zusammengefasst, dass man zwar „zur Zeit noch weit davon entfernt" sei, „mit einem mehrere Meilen entfernt wohnenden Freunde [...] eine Conversation führen [zu] können". Allerdings stehe fest, „daß man mittels des Telephons Gesangstücke aller Art, Melodien, die sich besonders in den mittleren Tonhöhen bewegen, auf das Deutlichste in unbegrenzt weiter Ferne zu reproduciren im Stande ist" (Anonym 1863, 808).

Dieses medientechnische Resümee findet vor dem Hintergrund einer terminologischen Spannung statt, die durch den Titel „Der Musiktelegraph" und den Neologismus „Telephon" entsteht: Es wird eine funktionale Analogie zwischen ,Fernschreiben' und ,Ferntönen' nahegelegt, eine quasitelegrafische Übermittlung musikalischer Schallwellen: Das ,Tele-' initialisiert eine Interferenz zwischen Schreib- und Hörsemantiken, die den Verdacht aufkommen lassen könnte, dass es – mangels vorhandener Terminologie – zu einer metaphorischen Übertragung kommt, um eine, mit Hans Blumenberg zu sprechen, „logische Verlegenheit" (Blumenberg [1960] 2005, 10) zu kompensieren. Bemerkenswerterweise gibt es jedoch gar keinen Grund zur Verlegenheit: Für das ausgehende 19. Jahrhundert besteht nämlich kein Zweifel daran, dass die Telegrafie das Konzept für jede Form der Fernübertragung liefert, mit der ein „an einem Orte zum sinnlichen Ausdrucke gebrachter Gedanke", an einem „entfernten Orte wahrnehmbar wieder erzeugt wird, ohne dass der Transport eines Gegenstandes mit der Nachricht stattfindet" (Noebels et al. 1901, 1).

Die durch Schallwellen, also im Medium der Akustik, vorgenommene Fernübertragung der ,Telephonie' folgt insofern fernmeldetechnisch betrachtet dem Modell der ,Telegraphie' (vgl. Ruchatz 2004, 127). Zu metaphorischen Übertragungen und konnotativen Aufladungen des ,Tele' und der ,Phonie' kommt es erst, wenn die medientechnische Neuerung als ,audiokulturelles' Phänomen interpretiert wird. Dabei wird zunächst weniger das Verhältnis von ,Phonie' und

‚Graphie' zum Thema, als vielmehr das ‚Tele' selbst: Es geht um die Situation der Übertragung in technischer wie in metaphorischer Hinsicht. Dies gilt nicht nur für das 19. Jahrhundert, als das Telefon noch ein ‚neues Medium' war, sondern auch für das folgende, als das Telefon seit den 1920er Jahren bereits fester Bestandteil der ‚Audiokultur' ist. So schreibt Sigmund Freud 1930 in „Das Unbehagen der Kultur" mit Blick auf die Segnungen, die neue Techniken dem Menschen gebracht haben: „Mit Hilfe des Telephons hört er aus Entfernungen, die selbst das Märchen als unerreichbar respektieren würde" (Freud [1930] 1999e, 450). Hier wird das Telefon zur medialen Metapher für die Möglichkeiten der Distanzüberbrückung und der kommunikativen Erreichbarkeit eines Anderen, so fern er auch sein mag. Telekommunikation zeichnet sich, wie sowohl im Bericht von Reis' Versuch als auch bei Freuds Hinweis auf das Märchen anklingt, durch einen ‚wunderbaren Moment der Verbindung' aus. Sie bewirkt die Anwesenheit eines entfernten Anderen als tonale oder stimmliche Telepräsenz. Umgekehrt verstärkt das Telefon in all jenen Momenten, in denen sich keine Verbindung herstellen lässt, den Eindruck einer nicht zu überbrückenden Abwesenheit – ja, es beschwört eine neue Form der Stille herauf: dann nämlich, wenn das Telefon stumm bleibt (vgl. Siegert 1989, 341).

Vor diesem Hintergrund stellt sich die Frage, welche Beziehungen das Telefon in seiner relativ kurzen Mediengeschichte mit der Literatur eingegangen ist. Glaubt man Georg Stanitzek, so zählt das Telefon „gemeinhin nicht zu den genuinen Medien literarischer Kommunikation" (Stanitzek 2010, 233): Auch wenn es Versuche gegeben hat, etwa „Gedichte über das Telefon abrufbar zu machen", so beschränkt sich eine „Literaturgeschichte des Telefons" im Wesentlichen „auf die Geschichte eines – durchaus bedeutenden – literarischen Motivs" (Stanitzek 2013, 233; vgl. hierzu auch Bannasch 2000, 85–86). Dabei wird das Telefon vor allem als mediale Metapher für kommunikative Übertragungsphänomene in Dienst genommen, bei denen es mit der Möglichkeit der Fernübertragung von ‚Hörbarem', um Fragen der Erreichbarkeit geht.

1. Tele-*Phonie* als Fernübertragung von Hörbarem

Dies wird ex negativo in Franz Kafkas 1926 erschienenen Roman *Das Schloß* deutlich, in dem das Telefon als mediale Metapher einer konstitutiven Unerreichbarkeit ins Spiel kommt: Zwar funktioniert, wie es heißt, „das Telephon" im Schloss ganz ausgezeichnet, gleichwohl gibt es „keine bestimmte telephonische Verbindung mit dem Schloß, keine Zentralstelle, welche unsere Anrufe weiterleitet" – mehr noch: Bei jedem Anruf ins Schloss „läutet es dort bei allen Apparaten", genauer gesagt, würde es bei allen läuten, wenn nicht „bei fast allen dieses Läutewerk abgestellt wäre" (Kafka [1926] 2002, 116). Das Fehlen einer bestimmten telefonischen Verbindung wird hier zur Chiffre einer grundsätzlich gestörten Kommunikationssituation, bei der zwar die Übertragungskanäle offen sind, bei der aber dennoch keine Kontaktaufnahme möglich ist. Zugleich wird das Telefon selbst als Störfaktor thematisiert: Das abgeschaltete „Läutwerk" soll verhindern, dass die Arbeit der Beamten durch hineinläutende Anrufe unterbrochen wird. Damit wird das Telefon seiner kommunikativen Funktion beraubt, ja es wird zum Gegenmodell der Möglichkeit einer ‚wunderbaren Verbindung': zur Metapher einer unüberwindbaren Verbindungslosigkeit. Selbst wenn – rein technisch gesehen – Verbindungen hergestellt werden können, so übertragen die Telefone in Kafkas Roman nur „Rauschen" und „Gesang" (Kafka [1926] 2002, 116). Die Ursache dafür ist, so erfährt man, das „ununterbrochene Telephonieren", bei dem sich die Stimmen aller an der Telekommunikation Beteiligten offenbar überlagern: „[D]as haben Sie gewiß auch gehört. Nun ist aber dieses Rauschen und dieser Gesang das einzige Richtige und Vertrauenswerte, was uns die hiesigen Telephone übermitteln, alles andere ist trügerisch" (Kafka [1926] 2002, 116). Rauschen und Gesang werden hier zu Chiffren einer Übertragung, die zwar technisch möglich ist, die aber offenbar keine verlässlichen Botschaften, sprich ‚Sinn', übermitteln kann (vgl. Neumann 2013, 542; Stopka 2005, 276). Bereits zu Beginn des Romans wird das Telefon als nichtsemantisches, rein tonales Übertragungsmedium *ohne* Kommunikationsfunktion ins Spiel gebracht, wenn es heißt: „Aus der Hörmuschel kam ein Summen, wie K. es sonst beim Telephonieren nie gehört hatte. Es war wie wenn sich aus dem Summen zahlloser kindlicher Stimmen – aber auch dieses Summen war keines, sondern war Gesang fernster, allerfernster Stimmen – wie wenn sich aus diesem Summen in einer geradezu unmöglichen Weise eine einzige hohe aber starke Stimme bilde, die an das Ohr schlug so wie wenn sie fordere tiefer einzudringen als nur in das armselige Gehör. K. horchte, ohne zu telephonieren, den linken Arm hatte er auf das Telephonpult gestützt und horchte so" (Kafka [1926] 2002, 36).

Das „Summen", der Gesang „allerfernster Stimmen", das Horchen, „ohne zu telephonieren", verweisen auf die Anfänge des Telefons, als dieses noch nicht fester Bestandteil kommunikativer Audiokultur war, sondern bloß als akustisches Experiment des ‚In-die-Ferne-Tönens' galt, wie es bei der Schilderung des Versuchs von Philipp Reis zum Ausdruck kam. Tatsächlich gibt es Spekulationen darüber, dass Kafka den Bericht über dieses frühe Telefonexperiment kannte (vgl. Campe 1986, 86; Siegert 1989, 335), denn er erwähnt in einem Brief an Felice Bauer vom 17. Januar 1913 (vgl. Kafka 2005, 565), dass er am Vortag in eben jener Ausgabe der *Gartenlaube* aus dem Jahr 1863 geblättert habe, in der der Reis'sche „Musiktelegraph" vorgestellt wird. Dabei lässt sich eine erstaunliche Parallele zum Telefon im *Schloß* feststellen: So geht es in der Schilderung des „Musiktelegraphen" ja auch nur um die Übertragung von „Gesangsstücken aller Art" (Anonym 1863, 808), während man sich „noch weit davon entfernt" wähnt, „daß man mit einem mehrere Meilen entfernt wohnenden Freunde werde eine Conversation führen können" (Anonym 1863, 808). Genau dies zeichnet die gestörte Telekommunikation im *Schloß* aus: Die Art, wie die Fernübertragung von Tönen und Stimmen beschrieben wird, wirkt wie ein Echo der Erwartungen, die in der Frühphase der Telefonie an das neue Medium herangetragen wurde (vgl. Stopka 2005, 283) – Erwartungen, die zur Zeit der Entstehung des Romans mit der bereits etablierten kommunikativen Funktion des Telefons in den 1920er Jahren interferieren.

Eine Interferenz gibt es auch noch in anderer Hinsicht, nämlich was die Zukunftsvisionen des Telefonierens betrifft. In seinem berühmten ‚Pontus'-Brief vom 22. Januar 1913 berichtet Kafka seiner Verlobten Felice, die ein paar Tage zuvor in einer Berliner Fabrik für phonographische Apparate (der Carl Lindström A.-G.) eine Stelle als Prokuristin angetreten hatte, von einem Traum, in dem er auf einer Brücke „zwei Telephonhörmuscheln" fand, „die dort zufällig auf der Brüstung lagen [...] und an die Ohren hielt und nun immerfort nichts anderes verlangte, als Nachrichten vom ‚Pontus' zu hören" (Kafka [1913] 2005, 573). Allerdings bekommt der Träumer „aus dem Telephon nichts und nichts zu hören [...] als einen traurigen, mächtigen, wortlosen Gesang und das Rauschen des Meeres". Er begreift, „daß es für Menschenstimmen nicht möglich war, sich durch diese Töne zu drängen" (Kafka [1913] 2005, 573). Die Analogie zwischen Meeresrauschen und Telefonrauschen verweist nicht nur auf die Sinnfreiheit des Übertragenen, sondern verschaltet zugleich die aktuelle Signaltechnik des Telefons mit ästhetischer Naturbetrachtung (vgl. Haffter 2015, 7), wobei das Naturgeräusch nun auf einmal als *bruit parasite* zu einem parasitären Störgeräusch konvertiert (vgl. Menke 2000, 653, Stopka 2005, 291); ein Nebengeräusch, das offenbar in der Lage ist, sich in den Mittelpunkt zu drängen, den gesamten Übertragungskanal zu beherrschen und jede Übermittlung sinnvoller Nachrichten durch Rauschen zu unterdrücken. Ein Rauschen, das sich, um mit Michel Serres zu sprechen, parasitär „in sämtliche Ströme" (Serres 1987, 318), sprich sämtliche Übertragungskanäle einschleicht.

Der Rest des Briefes dreht sich um Felices neue Position in der Phonographenfabrik, und aus dem Traumbericht der vergangenen Nacht wird ein Zukunftstraum. Kafka schlägt eine Reihe von neuen medientechnischen Einsatzgebieten vor, für deren Einführung und Erfindung die frischgebackene Prokuristin doch bitte sorgen solle. Darunter befindet sich auch die „Verbindung zwischen dem Telephon und dem Parlographen" (Kafka [1913] 2005, 573). Der Parlograph ist ein Diktiergerät, das ähnlich wie ein Phonograph funktioniert, also Tonaufzeichnungen ermöglicht, die anschließend wieder abgespielt werden können. Damit nimmt Kafka in seinem Brief an Felice eine medientechnische Kopplung vorweg, die fünfzig Jahre später für Furore sorgen wird: den Anrufbeantworter. Ja, er entwirft sogar ein Telefonszenario, in dem menschliche Akteure überhaupt keine Rolle mehr spielen, bei dem in Berlin „ein Parlograph zum Telephon geht und in Prag ein Grammophon und diese zwei eine kleine Unterhaltung miteinander führen" (Kafka [1913] 2005, 575).

Diese nachgerade posthumanistische Medienszene – zwei Aufzeichnungsgeräte kommunizieren miteinander, vermittelt durch Telefonleitung und menschliche Sprache – wirft nicht nur die Frage auf, was es bedeutet, einen Anruf anzunehmen, sondern auch, was es ausdrückt, sich (wie es offenbar die Beamten im *Schloß* gerne tun) unerreichbar zu machen und die Anrufe (Stichwort ausgeschaltetes Läutwerk) ungehört und unbeantwortet zu lassen (vgl. Ronell 1989, 5). Mehr noch: Wenn man den Gedanken einer Kopplung von Telefon und Aufzeichnungsgerät (etwa in Form eines Parlographen) weiterspinnt, verschiebt sich die Frage nach der ‚Erreichbarkeit' und wird durch die Möglichkeit der ‚Speicherung' und nachträglichen ‚Abrufbarkeit' von akustischen Nachrichten kompensiert.

Bemerkenswerterweise ist die Idee dieser Kopplung schon lange vor Kafkas ‚Pontus'-Brief im Umlauf: so schreibt Thomas Edison (ein Jahr, nachdem er den Edison-Phonographen als *speaking machine* patentieren ließ, und zwei Jahre, nachdem Alexander Graham Bell das erste Telefon als *improvement in telegraphy* zum Patent angemeldet hatte; vgl. 4.8. BÜHLER) in einem 1878 erschienen Essay „The Phonograph and Its Future", der Phonograph werde das *Telephone* perfektionieren, ja er werde die „bestehenden Systeme der Telegraphie revolutionieren" (Edison 1878, 1973). Sobald es gelänge, die Telefonkommunikation mithilfe von Phonographen ‚automatisch aufzuzeichnen' (tatsächlich spricht Edison explizit von „automatically recorded"), würde aus der flüchtigen fernmündlichen Kommunikation ein „perfect record" (Edison 1878, 1973). Mit der Idee phonographischer Speicherung fernmündlicher Kommunikation kommt eine Form ‚konzeptioneller Schriftlichkeit' ins Spiel (vgl. Koch und Oesterreicher 1995, 588; Dembeck 2009, 297; Hiebler 2011, 190), die über die Parallele von telegrafischer und telefonischer Übertragung hinausgeht und sich als Parallele von schriftlicher Aufzeichnung und Tonaufzeichnung manifestiert. Der Phonograph ist ‚Sprechmaschine' (*speaking machine*) und perfekte automatische Aufzeichnungsmaschine (*perfect record*) zugleich – in ebendieser medientechnischen Hinsicht erweist sich die ‚Sprechmaschine' zugleich als ‚Schreibmaschine' (vgl. Kittler 1990, 118–124). Dergestalt bekommt die Schrift, wie Friedrich Kittler festgestellt hat, ‚um 1900' Medienkonkurrenz durch Phonograph und Grammophon (vgl. Kittler 1987, 293–294), ja durch die Möglichkeiten der Tonaufzeichnung entsteht überhaupt erst so etwas wie ein Bewusstsein für mediale Differenz: ‚Schrift' ist nicht mehr die einzige Medientechnik, mit der sprachliche Dauerspuren hinterlassen werden können, vielmehr gelingt dies nun auch mit einem Griffel, der „eine Phonographenspur gräbt und abfährt" (Kittler 1986, 55). Mehr noch: Unter dem Vorzeichen des „phonographischen Prinzips" (Dembeck 2013, 206) wird Sprache in einer Weise speicherbar und reproduzierbar, die gegenüber semantischen Sinnansprüchen vollkommen indifferent ist: „Der Phonograph verzeichnete *jeden* Schall gleichermaßen und unabhängig von an ihm möglicherweise auszumachenden bedeutungsunterscheidenden Figuren" (Dembeck 2009, 311). Diese Interferenz von Sinn*indifferenz* und Medien*konkurrenz* setzt sich auch in metaphorologischer Hinsicht fort. So tritt die Metapher der Schrift in ein Konkurrenzverhältnis zur Metapher des Telefons, wenn es um die Charakterisierung des ‚seelischen Apparats' im Kontext der Psychoanalyse geht.

2. Telefonie und psychischer Apparat

Die Analogie zwischen „psychischem Apparat" (Freud [1938] 1999f, 67) und Telefonapparat wird in Freuds 1923 erschienenem Aufsatz „Das Ich und das Es" expliziert, wenn er die Kommunikation zwischen Es und Ich als quasitelefonisch beschreibt: Das „Ich" trägt Freud zufolge eine „Hörkappe" (Freud [1923] 1999c, 252), ähnlich dem Kopfhörer, den das Fräulein vom Amt trägt, welche die Verbindung zwischen Anrufer und Angerufenem herstellt. Freud geht sogar noch einen Schritt weiter und vergleich nicht nur die interne Kommunikation der Seelenschichten mit der Telefonie, sondern auch die psychoanalytische Situation zwischen Arzt und Patient. Man könnte fast sagen: Die psychoanalytische Technik gehorcht der Logik des Telefonierens. So heißt es in Freuds „Ratschläge[n] für den Arzt bei der psychoanalytischen Behandlung":

> „Wie der Analysierte alles mitteilen soll, was er in seiner Selbstbeobachtung erhascht, mit Hintanhaltung aller logischen und affektiven Einwendungen, die ihn bewegen wollen, eine Auswahl zu treffen, so soll sich der Arzt in den Stand setzen, alles ihm Mitgeteilte für die Zwecke der Deutung, der Erkennung des verborgenen Unbewußten zu verwerten, ohne die vom Kranken aufgegebene Auswahl durch eine eigene Zensur zu ersetzen, in eine Formel gefaßt: er soll dem gebenden Unbewußten des Kranken sein eigenes Unbewußtes als empfangendes Organ zuwenden, sich auf den Analysierten einstellen wie der Receiver des Telephons zum Teller eingestellt ist. Wie der Receiver die von Schallwellen angeregten elektrischen Schwankungen der Leitung wieder in Schallwellen verwandelt, so ist das Unbewußte des Arztes befähigt, aus den ihm mitgeteilten Ankömmlingen des Unbewußten dieses Unbewußte, welches die Einfälle des Kranken determiniert hat, wiederherzustellen" (Freud [1912] 1999b, 381–382).

Freuds Analogie zwischen psychischem Apparat und Telefon steht in Konkurrenz zu dem später in der „Notiz über den ‚Wunderblock'" hergestellten Vergleich der Seele mit einer wiederbeschreibbaren Wachstafel (Freud [1925] 1999d, 5). Man kann darüber spekulieren, warum sich Freud für dieses, seit Platons *Theaitetos* gängige, Schriftmodell des seelischen Apparats entschieden hat – bei gleichzeitiger Ablehnung, die Möglichkeit einer tonalen Aufzeichnung des Patientengesprächs (etwa mithilfe eines Phonographen) auch nur in Betracht zu ziehen. Kittler deutet Freuds Ablehnung als Ausdruck einer konzeptionellen Medienkonkurrenz, in der sich der Psychoanalytiker seine Funktion nicht durch ein neues Medium wie den Phonographen streitig machen lassen will – und stattdessen auf die altbewährte Schriftmetaphorik setzt: „Freuds Methode, mündliche Redeflüsse auf unbewußte Signifikanten hin abzuhören und diese Signifikanten sodann als Buchstaben eines großen Rebus oder Silbenrätsels zu deuten", sei „der letzte Versuch", so Kittler, „noch unter Medienbedingungen eine Schrift zu statuieren" (Kittler 1986, 139). Der Phonograph wird dagegen in die Rolle eines unerwünschten ‚Mithörers' gedrängt, der die analytische Situation stört.

Dabei findet Kafkas Idee einer Kopplung von Telefon und Phonograph als implizit mitlaufendes Modell ihre Reprise: Der Psychoanalytiker verhält sich zum Patienten wie der Receiver zum Teller, nimmt also während des Gesprächs gerade keine Sinndeutung vor, sondern soll wie ein ‚neutrales' Aufzeichnungsgerät funktionieren – das allerdings zeitversetzt arbeitet, da der Analytiker die Patientenrede erst im Rahmen seiner nachträglichen Niederschrift ‚speichert'. Man könnte sich fragen, ob dies – vor dem Hintergrund der von Freud verwendeten Telefonmetaphorik – nicht eventuell auch darauf hindeutet, dass Freud die nachträgliche Niederschrift als quasiphonographische Aufzeichnung begreift. Tatsächlich vergleicht Freud seine Erinnerungsleistung mit der eines Phonographen, wenn er in „Bruchstück einer Hysterie-Analyse" bemerkt, seine Niederschrift dürfe „auf einen hohen Grad von Verläßlichkeit Anspruch machen", auch wenn sie „nicht absolut – phonographisch – getreu" sei (Freud [1905] 1999a, 167). Insofern kann man Kittler zustimmen, wenn er behauptet, Freud trete selbst „anstelle phonographischer Prüfungen" (Kittler 1986, 137). Man könnte sogar noch einen Schritt weitergehen und behaupten: Der Psychoanalytiker nimmt hier konzeptionell das vorweg, was erst mit der Erfindung des Anrufbeantworters medientechnische Realität werden wird: die Kopplung von Telefon und Tonaufzeichnung (vgl. Wirth 2000).

3. Telefon und Anrufbeantworter als literarische Metaphern

Mit Blick auf Kafka wurde bereits angedeutet, dass die Telefonie als konnotativ mehrfach besetzte Metapher Eingang in die Literatur findet, und zwar sowohl, wenn es um den ‚wunderbaren Moment der Verbindung' geht, als auch um die Beantwortung respektive Nichtbeantwortung von Anrufen, wobei – etwa in

Evelyn Waughs 1930 erschienenem satirischen Roman *Vile Bodies* – ein neues Konzept medientechnisch geprägter mündlicher Texterzeugung und ihrer schriftlichen Repräsentation im Rahmen eines Erzähltextes eingeführt wird: „‚Nina, darling, are you awake?' / ‚Well, I wasn't ...' / ‚Listen, do you really want me to go and see your papa to-day?' / ‚Did we say you were going to?' / ‚Yes.' / ‚Why?'" (Waugh [1930] 2000, 116). Seine Reprise im deutschsprachigen Raum findet dieser ‚Telefonstil' in Ingeborg Bachmanns 1971 erschienen Roman *Malina*, in dem das Telefon „gleichsam die Hauptrolle" (Weigel 1999, 543) übernimmt: Es ist der Dreh- und Angelpunkt im Leben der namenlosen Ich-Erzählerin, die in einer Doppelbeziehung mit dem vernünftigen Malina und dem leidenschaftlichen Ivan lebt. Ähnlich wie in Waughs *Vile Bodies* durchziehen abgebrochene Telefonsätze das ganze erste Kapitel des Romans: „Hallo. Hallo? / Ich, wer denn sonst [...] / Ich verstehe dich so schlecht [...] / Ich höre dich nicht gut, kannst du" (Bachmann [1971] 1981, 36). Diese telekommunikativen Aposiopesen sind Symptome einer in technischer und semantischer Hinsicht ‚unsicheren' Verbindung, in der nicht die kommunikative, sondern die phatische Funktion im Mittelpunkt steht. Ebendieser Umstand macht *Malina* zu einem Roman, in dem der wunderbare Moment der telefonischen Verbindung zur sehnsuchtsvollen Zentralmetapher wird. Es geht darum, mit sich und dem Geliebten eine Verbindung herzustellen. Gleich zu Beginn des ersten Kapitels berichtet die Ich-Erzählerin, wie sie die Nummer Ivans wählt:

> „726893. Ich weiß, daß niemand antworten kann, aber es kommt mir darauf nicht an, nur daß es bei Ivan läutet, in der abgedunkelten Wohnung, und da ich weiß, wo sein Telefon steht, soll das Läuten von dort aus allem, was Ivan gehört, sagen: ich bin es, ich rufe an" (Bachmann [1971] 1981, 26).

Das klingt wie eine Zuspitzung des Telefonszenarios in Kafkas *Schloß*: Offensichtlich genügt es der Ich-Erzählerin, eine Verbindung mit Ivans Telefonapparat herzustellen, um sich in seine Wohnung ‚hineinzuläuten'. Das Telefonläuten erweist sich auch hier als Störfaktor, der aber strategisch als „unwiderstehlicher Eindringling" (McLuhan [1964] 1992, 312) in Dienst genommen wird, um akustisch in die Lebenswelt des Geliebten Eingang zu finden. Damit wird hier jene Eigenschaft des Telefons thematisch, die bei Kafka stummgeschaltet blieb: Das läutende Telefon erzwingt Aufmerksamkeit, weil es im Moment der Verbindung eine Telepräsenz herausfordert, die nach Antwort verlangt. Wer den Hörer abnimmt, macht sich nicht nur erreichbar, sondern verbindet Telepräsenz mit Lebendigkeit: „[S]olange ich ihn höre und mich von ihm gehört weiß, bin ich am Leben" (Bachmann [1971] 1981, 40). Den bekannten Ausspruch George Berkeleys – *esse est percipi* – modifizierend, könnte man sagen: Sein heißt, angerufen zu werden. Und: Sein heißt, gehört zu werden. Im Umkehrschluss bedeutet dies: Nicht angerufen, nicht gehört zu werden, heißt, telekommunikativ tot zu sein. Dies wird am Ende des Romans klar, sobald die Anrufe des Geliebten ausbleiben:

> „Wenn der Apparat schrillt, ruft, stehe ich manchmal noch auf mit einer unsinnigen Hoffnung, aber dann sage ich: Hallo? Mit einer verstellten, tieferen Stimme, weil am anderen Ende immer jemand ist, den ich gerade nicht sprechen will oder kann. Danach lege ich mich hin und möchte gestorben sein. Aber das Telefon läutet heute [...], ich gehe beklommen zum Telefon, verstelle meine Stimme nicht, aber wie gut, daß ich sie nicht verstellt habe, denn das Telefon lebt. Es ist Ivan" (Bachmann [1971] 1981, 339).

Nicht nur die assoziative Kopplung von Telefon und Leben ist in dieser Passage bemerkenswert, sondern auch das Hallo-Sagen mit verstellter Stimme. Hier zeigt sich, dass es durchaus möglich ist, den Hörer abzunehmen und eine Verbindung herzustellen, *ohne* sich erreichbar zu machen. Ebendieses ist beim Anrufbeantworter der Fall, dessen Vorform die Sekretärin ist, die den Anruf nicht durchstellt, oder der Butler, der seine Herrin am Telefon verleugnet. Beide Formen menschlicher Anrufbeantworter finden sich in *Malina*: Wenn das Telefon läutet und die Sekretärin der Ich-Erzählerin – Fräulein Jellinek – nach dem Hörer greift, erhält sie die Anweisung: „Sagen Sie einfach, was Sie wollen, daß ich nicht da bin, daß Sie erst nachsehen müssen" (Bachmann [1971] 1981, 49). Malina wird dagegen zum Quasibutler gemacht, wenn er im Auftrag der Ich-Erzählerin den anrufenden Ivan vertrösten soll: „[E]r weiß nicht, was er Ivan sagen soll, ich höre das Telefon läuten. Sag ihm [...] am besten: Ich bin nicht zu Hause" (Bachmann [1971] 1981, 206).

Hier stellt sich erneut die Frage: Was bedeutet es, ‚nein' zu sagen zum Erreichbarkeitsanspruch der Telefonie, indem man den Erreichbarkeitsanspruch ‚verstellt'? Was bedeutet es, einen anderen Menschen oder sogar eine *answering machine* antworten zu lassen? Es bedeutet zunächst einmal, dass die medientechnische Pointe der Telefonie, nämlich eine instantane, synchrone, fernmündliche Verbindung mit einem anderen herzustellen, nivelliert wird. Der Anrufbeantworter ist eine Maschine, die eine Nachricht aufzeichnet, um sie zu einem späteren Zeitpunkt abrufbar, sprich, ‚hörbar' zu machen: ein Zeitpunkt, der allein vom Empfänger bestimmt wird und damit den ‚wunderbaren Moment der Verbindung' einbüßt. Der Anrufbeantworter transformiert die phonische Präsenz der Telefonie in eine aufgeschobene, wiederholbare Telepräsenz. Eben dadurch zeichnet sich die besondere Form ‚konzeptioneller Schriftlichkeit' (Koch und Oesterreicher 1995, 588) des Anrufbeantworters aus – durch seine ‚Wiederholbarkeit' (vgl. Derrida [1972] 2001, 24). Damit wird der Anrufbeantworter gleichsam zur Chiffre des Zeitalters der „sekundären Oralität" (Ong [1982] 1987, 136), indem sie zwei seiner Protagonisten – Telefon und Klangaufzeichnungsgerät – miteinander koppelt. Zugleich, und das unterscheidet die Aufzeichnung des Anrufbeantworters von rein konventionell codierten schriftlichen Mitteilungen, hat die Tonaufzeichnung häufig symptomatischen Charakter: Sie legt ein unwillkürliches Zeugnis ab – nicht nur von der stimmlichen Verfasstheit des Anrufers, sondern auch von seiner Überraschung, dass der Angerufene unerreichbar bleibt, ‚obwohl' eine telekommunikative Verbindung hergestellt wurde. Dieses Phänomen ließ sich besonders häufig in der Anfangszeit der Anrufbeantworterkommunikation feststellen, als diese noch nicht Bestandteil der Audiokultur war (vgl. Knirsch 1998).

4. Widerstand gegen den Anrufbeantworter

Um ebendieses Phänomen geht es in Thomas Brussigs Roman *Wie es leuchtet*, der im Wendejahr 1989 spielt und in dem die fehlende Vertrautheit mit dem Anrufbeantworter zur Metapher einer gestörten Verbindung zwischen Ost- und Westdeutschen wird. Der namenlose personale Erzähler ist, wie man erfährt, ein ostdeutscher Pressefotograf, der im Auftrag eines Hamburger Nachrichtenmagazins die Wendezeit dokumentierten soll: gemeinsam mit Leo Lattke, einem arroganten, westdeutschen Starreporter. Auf der Weihnachtsfeier berichtet Lattke über seine Erfahrungen im Ostberliner Büro:

> „,Das Telefonnetz da ist von 1926, und entsprechend ist die Telefonkultur. Wenn Sie ner Sekretärin sagen *Faxen Sie mal bitte* ... dann guckt die erschrocken, weil sie glaubt, sie soll Faxen machen. Oder das hier, ihr kennt es alle' – er hielt einen schwarzen Kasten aus Plastik hoch, der an ein Kassettendeck erinnerte –, ,doch ob mein Kollege aus dem Osten weiß, was das ist? Kommst du mal?'" (Brussig 2004, 309).

Mit diesen Worten bittet Lattke den Erzähler auf die Bühne – mit dem Ziel, ihn in seiner telekommunikativen Unbeholfenheit vorzuführen. Der ostdeutsche Fotograf „kannte Kassettendecks oder Diktiergeräte. Diesen Apparat kannte er nicht. Er mußte passen [...]. ‚Das ist ein Anrufbeantworter', sagte Leo Lattke [...]'" (Brussig 2004, 309). Die Unwissenheit darüber, wie ein Anrufbeantworter aussieht, was ein Anrufbeantworter ist, wird in *Wie es leuchtet* zum Symptom einer grundlegenden kulturellen Differenz zwischen den Westdeutschen und den Ostdeutschen, die sich als ‚audiokulturelle Differenz' im Umgang mit den Peripheriegeräten der Telefonie manifestiert. Um diesen Punkt herauszustreichen, spielt Leo Lattke auf der Weihnachtsfeier auch noch die auf dem Anrufbeantworter des Ostberliner Büros gespeicherten Tonaufzeichnungen ab, um diese audiokulturelle Differenz ‚hörbar' zu machen: „Originalstimmen unserer Landsleute aus dem Osten, als sie in unserem Ostberliner Büro anrufbeantwortermäßig entjungfert wurden, wenn Sie verstehen, was ich meine. Volk lernt sprechen – ein Dokument der Zeitgeschichte!'" (Brussig 2004, 310). Der Hinweis auf die zeitgeschichtliche Dimension belegt, dass es sich bei den aufgezeichneten Anrufen um akustische Momentaufnahmen handelt, denen der gleiche zeitgeschichtliche Dokumentationswert zugesprochen wird wie Photographien. Zugleich bezeichnet die Formulierung „anrufbeantwortermäßig entjungfert" ebenjenen Moment, in dem die Anrufer mit einer Erfahrung konfrontiert werden, die ihnen den naiven Glauben an die telekommunikative Erreichbarkeit raubt:

> „Es piepte, dann hörte der Saal eine mürrische Männerstimme. ‚Wat? Wat? Könn die keen orntlichet Deutsch?' Es knackte – und das wars. Die nächste Anruferin sagte ‚Ach du liebes bißchen!' und legte auf, ein weiterer Anrufer sagte nach kurzem Schweigen ‚Wat issn dit jetze? Nee, det is mir nüscht!' und legte ebenfalls auf. Die nächste Anruferin brach nur in schallendes Gelächter aus" (Brussig 2004, 310).

Den aufgezeichneten Nachrichten der ostdeutschen Anrufer ist eines gemeinsam: die Irritation, dass der Angerufene unerreichbar bleibt, obwohl technisch gesehen eine Verbindung hergestellt wurde. Das Symptom hierfür ist das vom Anrufbeantworter aufgezeichnete Knacken in der Leitung (Brussig 2004, 311). Das wortlose Auflegen wird dabei aber auch zur Metapher für die Grundverfasstheit deutschdeutscher Verhältnisse im Wendejahr 1989. Zu diesem Zeitpunkt besteht offensichtlich noch keine Möglichkeit, eine Verbindung zwischen einem ostdeutschen Anrufer und einem westdeutschen Anrufbeantworter herzustellen. Der ‚wunderbare Moment der Verbindung' findet nicht statt – darauf deutet das Knacken in der Leitung hin, das die bereits hergestellte Verbindung wieder unterbricht. Die westdeutsche Telefonkultur bleibt, wie die westdeutsche Kultur überhaupt, für den ostdeutschen Fernsprechteilnehmer unerreichbar. Darüber hinaus findet sich in Brussigs Roman eine Reprise dessen, was schon bei Freuds Ablehnung des Phonographen als Aufzeichnungsgerät anklang: Wie der Phonograph erweist sich der Anrufbeantworter als ‚Mithörer', der die Situation der Kontaktaufnahme und der Kommunikation grundlegend prägt – im Falle der mit dem Anrufbeantworter nicht vertrauten Ostdeutschen als überraschender Störfaktor.

Dieses ‚Mithören' kann auch im Rahmen eines theatralen performativen ‚Staging' thematisch werden: Nicht nur in erzählerischen Werken, auch auf dem Theater hinterlassen Telefon und Anrufbeantworter ihre Spuren – etwa in Martin Crimps Theaterstück *Angriffe auf Anne* (1998). In der ersten Szene steht auf einer leeren Bühne ein Anrufbeantworter, der hier zunächst die Hauptrolle übernimmt, indem er den Zuschauern die folgenden Nachrichten zu hören gibt:

„*Montag 13 Uhr 05*'
Piep
‚... Anne? Hallo? Hier ist Mama. *(Pause)* Deine Postkarte ist da. *(Pause)* Sieht ja sehr schön aus. *(Pause)* Und das Foto. Bist das wirklich du? *(Pause)* Prima, daß du schon Freunde gefunden hast und alles. *(Pause)* Es ist nur so, Anne, so, daß wir dir leider kein Geld schicken können. Ich habe mit Papa gesprochen, und er sagt, nein, auf gar keinen Fall'. *(Pause)* *(im Hintergrund hört man die Stimme eines Mannes:* ‚*Keinen Pfennig mehr. Daß du ihr das klipp und klar sagst*'*. Mama antwortet:* ‚*Ich sag's ihr ja, ich sag's ihr ja.*' *Dann wieder in den Hörer:)* ‚Es tut mir wirklich leid, Anne, Liebling, aber wir können das doch nicht bis in alle Ewigkeit tun'. *(Wieder die Stimme des Mannes:* ‚*Wenn du's ihr nicht sagst, rede ich verdammt noch mal mit ihr.*'*)* ‚Hör zu, Liebling, ich muß auflegen. Papa läßt dich ganz lieb grüßen. Ja? Gott schütze dich.'

Montag 13 Uhr 06'
Piep
‚Hallo, hier ist Sally von Coopers. Wollt Ihnen nur kurz Bescheid sagen, daß das Fahrzeug jetzt im Ausstellungsraum *steht*. Sie können es abholen. Danke.'

Montag 13 Uhr 32'
Piep
‚Wir wissen, wo du wohnst, du dreckige Schlampe. Du bist so gut wie tot. Was du verdammt noch mal getan hast. *(Pause)* Du wirst dir noch wünschen, du wärest nie *geboren* worden'" (Crimp 1998, 269–270).

Jede dieser Nachrichten ist eine Szene jenes Dramas, dessen Hauptfigur die Empfängerin, die Besitzerin des Anrufbeantworters ist. Die jeweils zu Beginn der Aufzeichnung zu hörenden automatischen Nachrichten des Anrufbeantworters interagieren – einschließlich des Pieptons – als maschinelle Zeitindizes mit den menschlichen Stimmnachrichten der Anrufer, die mit der notorisch abwesenden Empfängerin Kontakt aufnehmen wollen. Dabei eröffnet der Anrufbeantworter als konzeptionell schriftliches Aufzeichnungsdispositiv nicht nur die Möglichkeit, einzelne Nachrichten zu speichern und wiederzugeben, sondern aus dem Ensemble der Nachrichten entsteht eine Art Soundcollage aus fingierten O-Tönen, die Aufschluss gibt über die seltsamen Verstrickungen der Protagonistin. Als Aufzeichnungsgerät wird der Anrufbeantworter dergestalt zum medientechnischen Rahmen, der die Zuschauenden dazu animiert, sich im Rekurs auf die Vielfalt von ‚Stimmen' und ‚Tonfällen' auf der ‚inneren Bühne' ihrer Einbildungskraft (vgl. Wickert 1954, 510–511) ein ‚Hörbild' von dieser Anne zu machen, die so kurz hintereinander bemuttert, benachrichtigt und bedroht wird. Der Anrufbeantworter wird, mit anderen Worten, zu einem akustischen Bühnenrahmen – ja, er gewinnt als Gerät, das auf einer sonst leeren Bühne die Hauptrolle übernimmt, einen eminent performativen Charakter. Dieser performative Charakter des Anrufbeantworters weist in die gleiche Richtung wie die dekonstruktive Frage nach der

Schrift (vgl. Wirth 2000, 170–171). Die Abwesenheit der Empfängerin, die zugleich als „idealisierte Anwesenheit" (Derrida [1972] 2001, 24) dar- und vorgestellt wird, ist die Ausgangssituation jeder Anrufbeantworterkommunikation. Zugleich impliziert die Aufzeichnung des Anrufs den Aufschub seiner Beantwortung, aber auch die Möglichkeit seiner Wiederholung. Aufschub und Wiederholung wiederum werfen das Problem der Archivierung auf, denn das Archivierbare wird von der „technischen Struktur des *archivierenden* Archivs" (Derrida [1995] 1997, 39) mitbestimmt; hierzu zählen die zeitliche Indizierung und die zeitliche Begrenzung der Aufzeichnungen auf dem Anrufbeantworter. Dabei sichern insbesondere die Techniken des Wiederholbar-Machens das Fortbestehen der konzeptionellen Schriftlichkeit des Anrufbeantworters – sogar „über den Tod des Empfängers hinaus" (Derrida 2001, 24). Auch diese Möglichkeit wird in Crimps Theaterstück angedeutet, wenn einer der Anrufer sagt: „Und was, wenn du da gerade liegst, Anne, schon tot? Hm" (Crimp 1998, 271)? Hörbar bleiben die tonalen und stimmlichen Aufzeichnungen des Anrufbeantworters dann allerdings nunmehr für einen Dritten, für den die Nachrichten nicht bestimmt waren, der also nicht ihr adressierter Empfänger ist, aber dennoch, als akustischer ‚Voyeur', als *écouteur*, wenn man so will, ‚mithört'. Im Falle von Crimps Theaterstück sind dies die Zuschauer, die zu Zuhörern und Mithörern gemacht werden. Es handelt sich mithin um ein performatives Szenario telekommunikativer Indiskretion – präsentiert von einem Anrufbeantworter.

5. Schluss: audiokulturtechnische Implikationen

Vor dem Hintergrund des bisher Gesagten lässt sich bezogen auf das ‚In-die-Ferne-Tönen' als Chiffre moderner Audiokultur abschließend feststellen: Die Frage nach dem Anrufbeantworter verbindet die Medialität des telefonischen Fern*hörens* mit den Möglichkeiten des Fern*schreibens*, und zwar nicht nur im Sinne der Telegrafie, sondern auch im Sinne einer quasibrieflichen Fernkommunikation. Insofern gilt für den Anrufbeantworter in besonderem Maße das, was Rüdiger Campe für das Telefonat festgestellt hat, nämlich dass dieser „vom mündlichen zum schriftlichen Verkehr" überleitet (Campe 1986, 69). Darüber hinaus erweist sich der Anrufbeantworter als konzeptionell schriftliche Einlösung des telefonischen Versprechens, Töne mithilfe der Elektrizität in jeder beliebigen Entfernung zu ‚reproduzieren'. Der Anrufbeantworter wird mithin zu einer Verkörperung des „phonographischen Prinzips" par excellence (Dembeck 2013, 206). Wie die Analyse der Beispiele gezeigt hat, birgt der Umgang mit dieser aufzeichnenden Audiotechnik metaphorologisches Potenzial, das über bloß konzeptionelle Medienvorstellungen hinausgehende „sonic imaginations" (Sterne 2012, 9) auslöst –

‚tele-phonische' und ‚tele-phonographische Vorstellungen', die gleichermaßen Rückschlüsse über die audiokulturtechnische und die audiokulturelle Relevanz des Anrufbeantworters geben: Das Versprechen, Töne in jeder beliebigen Entfernung zu reproduzieren, bezieht sich nicht mehr nur auf die instantane Übermittlung von Schallwellen an einem anderen, entfernten Ort, sondern auch auf die Möglichkeit einer zeitversetzten Reproduktion der Telepräsenz an diesem entfernten Ort. Der Anrufbeantworter stellt ein technisches Dispositiv dar, das Telefonie und Tonaufzeichnung in einer Weise koppelt, sodass Ton und Stimme als quasischriftliche Klangphänomene speicherbar werden, *ohne* dass sie den nicht eingelösten Anspruch auf den wunderbaren Moment der Verbindung ganz aufgeben. Dies bedeutet zugleich, dass das Versprechen der ‚ferntönenden Erreichbarkeit' aufgeschoben wird zugunsten einer speichernden Aufzeichnung, die das ‚Wiederhören des Entfernten' ermöglicht.

Literaturverzeichnis

Anonym. „Der Musiktelegraph". *Die Gartenlaube* (1863): 807–809.
Bachmann, Ingeborg. *Malina* [1971]. Frankfurt am Main 1981.
Bannasch, Bettina. „Anrufungen oder Was macht das Telefon im Buch?" *Telefonbuch. Beiträge zu einer Kulturgeschichte des Telefons*. Hrsg. von Stefan Münker und Alexander Roesler. Frankfurt am Main 2000: 83–100.
Blumenberg, Hans. *Paradigmen zu einer Metaphorologie* [1960]. Frankfurt am Main 2005.
Brussig, Thomas. *Wie es leuchtet*. Frankfurt am Main 2004.
Campe, Rüdiger. „Pronto! Telefone und Telefonstimmen". *Diskursanalysen 1. Medien*. Hrsg. von Friedrich Kittler, Manfred Schneider und Samuel Weber. Opladen 1986: 68–93.
Crimp, Martin. „Angriffe auf Anne. 17 Szenerien für das Theater". *Playspotting*. Reinbek bei Hamburg 1998: 263–342.
Dembeck, Till. „Phono-Graphie – Schallaufzeichnung und kultureller Vergleich 1800/1900". *Leib – Seele – Geist – Buchstabe. Dualismen in der Ästhetik und den Künsten um 1800 und 1900*. Hrsg. von Markus Dauss und Ralph Haekel. Würzburg 2009: 293–316.
Dembeck, Till. „Schallreproduktion". *Handbuch Medien der Literatur*. Hrsg. von Natalie Binczek, Till Dembeck und Jörgen Schäfer. Berlin 2013: 205–208.
Derrida, Jacques. *Dem Archiv verschrieben. Eine Freudsche Impression* [1995]. Berlin 1997.
Derrida, Jacques. „Signatur Ereignis Kontext" [1972]. *Limited Inc*. Hrsg. von Peter Engelmann. Wien 2001: 15–45.
Edison, Thomas. „The Phonograph and Its Future". *Scientific American Supplement* 124. (1878): 1973–1974.
Freud, Sigmund. „Bruchstück einer Hysterie-Analyse" [1905]. *Gesammelte Werke*. Bd. 5. Frankfurt am Main 1999a: 161–286.
Freud, Sigmund. „Ratschläge für den Arzt bei der psychoanalytischen Behandlung" [1912]. *Gesammelte Werke*. Bd. 8. Frankfurt am Main 1999b: 375–387.
Freud, Sigmund. „Das Ich und das Es" [1923]. *Gesammelte Werke*. Bd. 13. Frankfurt am Main 1999c: 235–238.

Freud, Sigmund. „Notiz über den ‚Wunderblock'" [1925]. *Gesammelte Werke*. Bd. 14. Frankfurt am Main 1999d: 3–8.
Freud, Sigmund. „Das Unbehagen in der Kultur" [1930]. *Gesammelte Werke*. Bd. 14. Frankfurt am Main 1999e: 419–506.
Freud, Sigmund. „Abriss der Psychoanalyse" [1938]. *Gesammelte Werke*. Bd. 17. Frankfurt am Main 1999 f: 63–135.
Haffter, Christoph. „Das Andere der Musik. Weißes Rauschen, Ur-Geräusch". *Geräusch – das Andere der Musik. Untersuchungen an den Grenzen des Musikalischen*. Hrsg. von Camille Hongler, Christoph Haffter und Silvan Moosmüller. Bielefeld 2015: 7–17.
Hiebler, Heinz. „Phonogramme der Wiener Moderne". *Phono-Graphien. Akustische Wahrnehmung in der deutschsprachigen Literatur von 1800 bis zur Gegenwart*. Hrsg. von Marcel Krings. Würzburg 2011: 189–208.
Kafka, Franz. *Das Schloß* [1926]. Kritische Kafka-Ausgabe. Frankfurt am Main 2002.
Kafka, Franz. *Briefe*. Frankfurt am Main 2005.
Kittler, Friedrich. *Grammophon Film Typewriter*. Berlin 1986.
Kittler, Friedrich. *Aufschreibesysteme 1800 – 1900* [1985]. München 1987.
Kittler, Wolf. „Schreibmaschinen, Sprechmaschinen. Effekte technischer Medien im Werk Franz Kafkas". *Franz Kafka. Schriftverkehr*. Hrsg. von Wolf Kittler und Gerhard Neumann. Freiburg 1990: 75–163.
Knirsch, Rainer. „‚Ich hasse Quatschmaschinen'. Medienspezifische Probleme bei der alltäglichen Kommunikation mit Anrufbeantwortern". *Sprachreport* (1998): 1–6.
Koch, Peter, und Wulf Oesterreicher. „Schriftlichkeit und Sprache". *Schrift und Schriftlichkeit. Writing and its Use. Ein interdisziplinäres Handbuch internationaler Forschung*. Hrsg. von Hartmut Günther und Otte Ludwig. Bd. 1.1. Berlin und New York 1994: 587–604.
Menke, Bettine. *Prosopopoiia. Stimme und Text bei Brentano, Hoffmann, Kleist und Kafka*. München 2000.
McLuhan, Marshall. *Die Magischen Kanäle* [1964]. Düsseldorf u. a. 1992.
Neumann, Gerhard. „Nachrichten vom ‚Pontus'. Das Problem der Kunst im Werk Franz Kafkas". *Kafka-Lektüren*. Berlin und New York 2013: 537–576.
Noebels, Josef et al. *Telegraphie und Telephonie*. Leipzig 1901.
Ong, Walter. *Oralität und Literalität. Die Technologisierung des Wortes* [1982]. Übers. von Wolfgang Schömel. Opladen 1987.
Ronell, Avital. *The Telephone Book*. Lincoln 1989.
Serres, Michel. *Der Parasit* [1980]. Frankfurt am Main 1987.
Siegert, Bernd. „Hold me in your arms, Ma Bell. Telefonie und Literatur". *Telefon und Gesellschaft*. Bd 1. Hrsg. von der Forschungsgruppe Telefonkommunikation. Berlin 1989: 330–347.
Stanitzek, Georg. „Mit Freunden telefonieren. Alexander Kluges ‚Netzwerke'". *Strong ties/weak ties. Freundschaftssemantik und Netzwerktheorie*. Hrsg. von Natalie Binczek und Georg Stanitzek. Heidelberg 2010: 233–266.
Sterne, Jonathan. „Sonic Imaginations". *The sound studies reader*. Hrsg. von Jonathan Sterne. London 2012: 1–17.
Stopka, Katja. *Semantik des Rauschens. Über ein akustisches Phänomen in der deutschsprachigen Literatur*. München 2005.
Waugh, Evelyn. *Vile Bodies* [1930]. London 2000.
Weigel, Sigrid. *Ingeborg Bachmann. Hinterlassenschaften unter Wahrung des Briefgeheimnisses*. Darmstadt 1999.

Wickert, Erwin. „Die innere Bühne. Neue Dichtungsgattung Hörspiel". *Akzente* 6 (1954): 505–514.
Wirth, Uwe. „Piep. Die Frage nach dem Anrufbeantworter". *Telefonbuch. Beiträge zu einer Kulturgeschichte des Telefons*. Hrsg. von Stefan Münker und Alexander Roesler. Frankfurt am Main 2000: 161–184.
Wirth, Uwe. „Akustische Paratextualität, akustische Paramedialität". *Das Hörbuch*. Hrsg. von Natalie Binczek und Cornelia Epping-Jäger. Paderborn 2014: 215–229.

4.10. Akustik im Theaterrahmen
Doris Kolesch

Theater stellt niemals nur einen Schauraum, ein *theatron* (griech., dt. Ort, von dem aus man schaut), und niemals nur einen Ort der Repräsentation von Literatur dar, sondern immer auch einen Hörraum, ein *auditorium*. In theatralen Aufführungen erklingen – singende, sprechende, klagende, deklamierende, schreiende, stöhnende, flüsternde und andere – Stimmen, ebenso wie diverse musikalische Klänge und unterschiedlichste Geräusche sowie seit Ende des 20. Jahrhunderts zunehmend auch elektronische Sounds.

Seit dem ausgehenden 20. Jahrhundert sind die Klangwelten des Theaters vielfach durch elektronische Medien wie Mikrophon, Mikroport, Lautsprecher und durch technische Verfahren wie die Einspielung von Musik, Geräuschen oder auch Stimmen aus dem Off gekennzeichnet. Diese Tatsache darf jedoch nicht zu dem Umkehrschluss verführen, die Bedeutung der lautlich-akustischen Dimension von Theater sei eine Folge technischer Errungenschaften und apparativer Entwicklungen. Im Gegenteil, schon das antike griechische Theater vollzog sich als untrennbares Zusammenspiel von stimmlich-klanglichen und visuellen Darbietungen.

Die Relevanz der akustischen Dimension von Theater zeigen nicht zuletzt außereuropäische Theaterformen, wie die balinesischen Barong- und Legong-Tänze, das indische Kathakali, das koreanische Pansori oder auch das japanische Kabuki-, No- und Bunraku-Theater mit ihren je eigenen Verbindungen stimmlicher, akustischer und visueller Phänomene. Gleichwohl hat die Theaterwissenschaft die akustisch-auditive Dimension von Theater lange Zeit vernachlässigt beziehungsweise ignoriert und kann daher als „Geschichte des Überhörens" (Rost 2017, 79) stimmlicher, musikalischer, klanglicher und geräuschhafter Theaterelemente rekonstruiert werden. Erst seit dem ausgehenden 20. Jahrhundert richteten Theaterwissenschaft, Philosophie, Literatur- und Kulturwissenschaften ihre Aufmerksamkeit im Kontext stimmlich-akustischer Entgrenzungen der Gegenwartskunst, audiovisueller technologischer Entwicklungen sowie theoretischer Konzepte von Verkörperung und Performativität auf Stimme und Akustik (vgl. u. a. Göttert 1998; Dreysse 1999; Kolesch 1999; Gilles 2000; Meyer-Kalkus 2001; Bayerdörfer 2002; Kittler et al. 2002; Epping-Jäger und Linz 2003; Roesner 2003; Kolesch und Schrödl 2004; Kolesch und Krämer 2006; Dolar 2007; Meyer 2008; Kolesch et al. 2009; Pinto 2012; Schrödl 2012). Im Rahmen dieses Beitrags wird zunächst die klangliche Dimension von Theater anhand zweier herausragender Beispiele der europäischen Theatergeschichte entfaltet, bevor im letzten Abschnitt des Textes das Gegenwartstheater fokussiert wird.

1. Akustische Dimensionen des antiken griechischen Theaters

Das antike griechische Theater, erwachsen aus kultischen Handlungen, rituellen Tänzen und Gesängen, begann mit dem Hervortreten eines Körpers, einer Stimme, einer Gestalt aus dem Resonanzraum des Chores, um zu protestieren, Widerstand zu leisten, zu klagen und anzuklagen gegen die ungerechten Götter (vgl. 4.1. VON MÖLLENDORFF). Eingebunden in die Weite der griechischen Landschaft, begrenzt nur vom Horizont und vom Meer, waren die antiken Freilufttheater für große Menschenmassen zwischen 10000 und 12000 Personen (später sogar bis zu 17000 Personen) konzipiert, die in aufsteigenden, im Halb- beziehungsweise Dreiviertelkreis um die Orchestra angeordneten Sitzreihen Platz fanden. Das Theater hatte also die Form einer Schüssel oder Schale. In deren Mitte befand sich die Orchestra, dort agierte der Chor, die ansteigenden Sitzreihen umschlossen die Orchestra kreisförmig. Die Anordnung der Sitzreihen bewirkte, dass der Schall nicht zerstreut und die Lautstärke der Stimme – im Vergleich zur ebenen Erde – verdoppelt oder gar verdreifacht wurde. Zwar dienten die aufsteigenden Sitzreihen auch dazu, den Zuschauern über die Köpfe der vor ihnen Sitzenden hinweg eine bessere Sicht auf die – damals noch nicht erhöhte – Bühne zu gestatten, allerdings befanden sich die Akteure für diejenigen, die auf den hinteren Rängen saßen, gut 50 (Epidauros Theater) bis 100 Meter (Dionysos Theater) entfernt. Während also das zu Sehende nicht vergrößert wurde, war die antike Theateranlage eine Architektur der akustischen Verstärkung: die Schauspieler mussten nur unwesentlich lauter sprechen oder singen als in einem normalen Gespräch, um vom gesamten Publikum deutlich vernommen zu werden. Das antike griechische Theater verband folglich die visuelle Wahrnehmung einer optisch entfernten, im architektonischen wie landschaftlichen Kontext klein und ausgesetzt wirkenden menschlichen Gestalt mit der akustischen Wahrnehmung einer Stimme, die weit näher erschien als der dazugehörige Körper. Darüber hinaus wurden im Laufe der Zeit zusätzliche akustische Techniken, wie die Bühnenrückwand oder die Vitruvschen Vasen, entwickelt, um die Resonanz zu erhöhen.

Zur akustischen Dimension des griechischen Theaters gehört, dass es aufgrund seiner Herkunft aus kultischen Gesängen und Tänzen weniger ein Ort des Sprechens als vielmehr ein Ort des Singens und des Sprechgesangs war. Der Chor sang grundsätzlich, aber auch die Schauspieler trugen singend oder im Sprechgesang vor. Der Begleitung des Gesangs und des rhythmischen Tanzes des Chores dienten verschiedene Musikinstrumente, insbesondere der Aulos, ein durchdringendes, aus dem Krieg stammendes und aus zwei Einzelrohren gefertigtes Blasinstrument. Der Solist wurde von einer oboenartigen Flöte und einer Kithara, einem leierähnlichen Saiteninstrument begleitet. Zudem kamen Pauken und andere Perkussionsinstrumente zum Einsatz. Darüber hinaus wurde nicht nur mit menschlichen und instrumentalen Stimmen gearbeitet, sondern auch mit Geräuschen und Geräuscheffekten. Donnergrollen wurde zum Beispiel mit dem Bronteion erzeugt, einem aufgespannten Fell, auf das man aus einem Erzbehälter Bleikugeln prasseln ließ, oder mit einem Metallbecken, in das man Kieselsteine schüttete. Schließlich trugen in einem Freilufttheater auch Umgebungsgeräusche wie das Rauschen des Windes oder das Zwitschern der Vögel zur Klangkulisse bei.

Sprache und Ausdrucksrepertoire der Schauspieler sind im griechischen Theater untrennbar mit Gesang und Musik verbunden. Dabei stellt der Gesang zunächst eine Art natürliche Verstärkung der Stimme dar. So wie ein Chor als Bündelung mehrerer Stimmen durchdringender ist als eine Einzelstimme, ist eine singende Stimme lauter und weiter vernehmbar als eine sprechende. Doch Erklärungen, welche die Vorherrschaft des Gesangs im antiken griechischen Theater mit seiner Genese aus kultischen Festen zu begründen suchen oder auch pragmatische Argumente (wie die größere Reichweite der Singstimme) anführen (vgl. Göttert 1998, 48), reichen nicht aus. Die Bedeutung des Sanglichen und der Musik erklärt sich weiter aus dem Umstand, welche Stimmen zum Einsatz kamen. Das antike griechische Theater kam mit begrenztem Personal aus. Der Chor umfasste inklusive des Chorführers zehn bis zwölf, später höchstens 15 Personen. Dem Chor war zunächst von Thespis ein Schauspieler, der Protagonist, gegenübergestellt worden. Aischylos führte dann einen zweiten Schauspieler ein, den Deuteragonisten, und Sophokles einen dritten, den Tritagonisten. Bei dieser Zahl blieb es, was bedeutete, dass die – ausschließlich männlichen Schauspieler – nicht nur männliche und weibliche Rollen zu spielen hatten, sondern bisweilen bis zu sieben Rollen pro Schauspieler und Stück bekleiden mussten. So musste in der *Elektra* der zweite Schauspieler sowohl den Part des Orest als auch denjenigen der Klytaimnestra spielen. Zu den Aufgaben der Schauspieler gehörte es mithin, verschiedene Rollenfiguren im Rahmen einer Aufführung mittels unterschiedlicher Stimmlagen sowie Rede- und Intonationsweisen zu markieren.

Diese Umstände machen deutlich, dass der antike Schauspieler keine Charakterfigur im modernen Sinne darstellte, sondern eher einen typisierten Repräsentanten. Diese Typisierung wurde durch den Gebrauch von Masken, Kostümen und Requisiten, die eine schnelle und klare optische Identifizierung erleichterten, noch verstärkt. Dabei bewirkte die Maske zum einen eine Stilisierung, hob also die Akteure deutlich von der Alltagswelt ab, zum anderen unterstrich sie die Theatralität der Stimme. Der Schauspieler trat als Körper und Stimme ohne individuelles, ohne eigenes mimisch sprechendes Gesicht auf. Diese Abtrennung der Stimme von der Individualität des Schauspielers führte ebenso wie ihre relative Abspaltung vom Ganzen der Körperbewegung phänomenologisch zur Verselbstständigung der Stimme als Ausdrucksträger. In gattungsspezifischer Hinsicht fehlen im Theater die verbindenden und verbindlichen Worte des Erzählers oder auch des Rhapsoden, an deren Stelle trat im antiken griechischen Theater die mehrstimmige Stimme des Chores. So konstituierte es sich durch eine Serie von Aufspaltungen der Stimme/n als ein ‚Polylogue' im Sinne Julia Kristevas (1977). „Man kann auch sagen: der antike Schauspieler war zunächst und vor allem die Verkörperung einer Stimme. Er musste singen können, Rezitativ beherrschen, seine Stimme verstellen und verschiedene Sprechweisen beherrschen" (Lehmann 2004, 52).

Auf die Ausbildung und Schulung der Stimme wurde ebenso wie auf die Kunst der Deklamation entsprechend großer Wert gelegt. So sind rhetorische Anweisungen und Übungen zum Stimmtraining überliefert; eine Anekdote über einen Trank, der bei einem Sängerknaben zum Tode führte, belegt, dass zur Stärkung und Pflege der Stimme mit Heilkräutern und Pflanzen experimentiert wurde. Schließlich ist auch eine Geschichte über den Schauspieler Hegelochos tradiert, der es angeblich versäumte, die Elision eines Vokals zu berücksichtigen, sodass er nicht, wie im Stück vorgesehen, das Wort ‚Meeresstille', sondern das Wort ‚Wiesel' aussprach, wofür er höhnisches Gelächter vom Publikum erntete. Das antike Theaterpublikum war also durchaus ein fachmännisches, es verfolgte genau und mit scharfem Urteil die stimmlichen Verlautbarungen. Bei Nichtgefallen konnte sich der Protest des Publikums bis zum Abbruch der Vorstellung steigern: Heisere Schauspieler wurden ausgepfiffen, für schlechte Vorträger verlangte man bisweilen körperliche Züchtigung (vgl. hierzu Göttert 1998, 51–53).

Abschließend seien zwei Leistungen der Klangwelt des antiken griechischen Theaters hervorgehoben: Sie ermöglichte erstens eine damals neuartige Form von ästhetischer Erfahrung und sie präfigurierte zweitens das Hören als eine Grundform menschlicher Existenz.

Im antiken griechischen Theater wurden die Prinzipien des Rechts, der Religion und des Krieges vor Augen geführt, sie wurden auf die Probe gestellt oder als Gegenstand mythischer Kämpfe vorgeführt und mithin zum Gegenstand einer Anschauung, einer potenziellen Reflexion, gemacht. Diese Veranschaulichung und Vergegenwärtigung fand im Medium der Stimme und der physischen Präsenz des Körpers statt und verwies so auf die körperliche wie seelische Ausgesetztheit des Menschen. Die großen metaphysischen Themen der Tragödie, Angst und Leid, wurden in den Theateraufführungen an einen Körper und eine Stimme rückgebunden. Die griechische Tragödie löste den Menschen in Teilen aus dem bis dato gültigen mythischen Kosmos heraus und die Stimme gewann als Indiz dieser sich ausbildenden, aber bedrohten und prekären Identität neues Gewicht. Daher wurde die Stimme häufig zur Klage, zum Aussprechen einer Qual eingesetzt und in zahlreiche unterschiedliche Klagelaute oder auch Schreie ausdifferenziert.

Diese Qual, diese Verlorenheit des Menschen fand sich nicht nur in der klagenden Stimme wieder, sie wurde auch durch die Aussagen anderer vorgeführt. In zahlreichen Tragödiensituationen muss der Protagonist die Stimme des Chores oder einer anderen Figur anhören, die ihm sein Schicksal verkündet – paradigmatisch hierfür ist Ödipus, dem sein unausweichliches Schicksal durch die Reden anderer in allen Details ausgebreitet wird.

Doch nicht nur der Protagonist muss hören, was ihm da verkündet wird, das Hören spielte im antiken griechischen Theater als Modell menschlicher Existenz eine herausgehobene Rolle. Während der gesamten Aufführung war der Chor beständig anwesend, selbst in den Szenen, in denen er nichts zu singen und zu sagen hat. In diesen Situationen, so könnte man formulieren, war er als Hörer, als Hörender präsent (vgl. Lehmann 2004). Er vermittelte nicht nur zwischen Bühne und Zuschauerraum und verband als einheitsstiftendes Element die einzelnen Handlungsglieder, sondern er trat zudem als Zuhörer, als Öffentlichkeit auf. In der griechischen Tragödie sprechen niemals nur zwei Personen miteinander, sondern diese beiden werden immer von einer dritten Figur oder eben dem Chor gehört und beobachtet. Damit präparierte das antike Theater eine interessante Konstellation der sozialen menschlichen Existenz heraus: der Protagonist sprach als immer schon Angesprochener vor Zeugen, die zuhörten und zusahen. Zudem kam es mit der Herauslösung der Schauspieler aus dem Chor zu einer Spaltung des Zuhörens und Zusehens. Das Publikum hörte sowohl als Adressat, denn an das Publikum richtete sich die ganze Aufführung, als auch als Zeuge des Bühnengeschehens.

2. Akustik im Shakespeare-Theater

Seit den 70er Jahren des 16. Jahrhunderts bis zu dessen Ende entstanden in London die sogenannten *public theatres* wie das Swan-, das Fortune- oder das Globe-Theatre, in denen die Stücke William Shakespeares und zahlreicher anderer Theaterdichter aufgeführt wurden. Diese Theatergebäude zeigten sich von außen mit großen Wandflächen und wenigen kleinen Fenstern unscheinbar, erwiesen sich jedoch als veritable Klanginstrumente. Die *public theatres* waren als runde oder polygonale, mehrgeschossige Gebäude um einen nach oben offenen Innenhof errichtet. Zu diesem Hof hin öffneten sich ihn kreisförmig umschließende Zuschauergalerien, die mehrstöckig und überdacht waren. Von einer Seite des Rundbaus ragte eine quadratische oder rechteckige Podiumsbühne mehrere Meter weit in den Hof hinein, die teilweise durch ein von zwei Säulen getragenes Dach bedeckt war. Schon aufgrund ihrer Architektonik nahm die akustisch-lautliche Dimension der *public theatres* eine andere Form an und ihr kam ein anderer Stellenwert zu als in den etwas später sich durchsetzenden *private theatres*. Letztere waren geschlossene, intimere Saaltheater, in denen bei künstlicher Beleuchtung gespielt wurde. *Private theatres* wie das Blackfriars oder das Red Bull legten in Anlehnung an die Illusionsbühne italienischer Prägung weitaus mehr Wert auf eine reichhaltige Ausstattung, auf prächtige Kostüme und aufwändige Bühnenbilder, sodass dort die Visualität eine deutliche Hervorhebung erfuhr.

Vier wesentliche Aspekte der Klangwelten der *public theatres* werden im Folgenden betont: die stimmliche Dimension der Ansprache, des Appells und des Anspruchs an die Zuhörer; das imaginative Potenzial von ertönenden Stimmen, Klängen und Geräuschen; die mündliche, verbale Interaktion zwischen Schauspielern und Publikum sowie schließlich die soziale, Gemeinschaft stiftende Funktion des Hörens im Theater. Mit diesen vier Aspekten hat das Theater wesentlich zur Formierung neuzeitlicher Subjektivität beigetragen. Bruce R. Smith schreibt hierzu: „In the theater was to be found a degree of resonance unmatched elsewhere among body, society, psyche, and voice" (Smith 1999, 284).

Zwar fassten *public theatres* wie Swan, Globe oder Fortune 2000 Zuschauer und mehr, doch befand sich aufgrund der baulichen Anlage niemand mehr als etwa 20 bis 25 Meter von einem auf der Bühne agierenden Schauspieler entfernt. Sowohl die an drei Seiten weit in den Zuschauerraum der *groundlings* hineinragende Bühne als auch die spezifische Akustik der *public theatres* bewirkten eine enge räumliche Beziehung und eine intensive Interaktion zwischen Bühne und Publikum. Aufgrund der verwendeten Materialien – allen voran Holz und Reet oder Stroh sowie Gips – fungierte das gesamte Theatergebäude einschließlich aller sich darin befindenden Menschen als Klang- und Resonanzkörper. Dabei gibt es gesicherte Evidenz dafür, dass die Reflexion der Schallwellen ein akustisches Phänomen erzeugte, das als stehende Welle bezeichnet wird. Bei einer stehenden Welle produziert die Überlagerung zweier oder mehrerer gegenläufiger Schallwellen gleicher Frequenz und gleicher Phase einen satten, energiegeladenen, gleichmäßigen und vermeintlich ‚stehenden' Klang. Dieses spezifische Resonanzphänomen stellt eine ideale, harmonische und kraftvolle Verstärkung der Schauspielerstimme dar. Dabei wurde nicht wie im antiken griechischen Theater die Lautstärke der Stimme verstärkt, sondern vielmehr ihre Textur und Dichte (vgl. Smith 1999, 206–246).

Die gesamte Theateranlage fungierte mithin als idealer Resonanzraum für die stimmliche und körperliche Darbietung der Schauspieler. In den *public theatres* trat alles Dekorative bewusst zurück, selbst Landschaftsschilderungen wurden dem darstellenden beziehungsweise ausschmückenden Wort überlassen. Der Theaterregisseur Peter Brook beschreibt dieses Verfahren wie folgt: „Es gab kein Bühnenbild. Wenn jemand sagte: ‚Wir sind in einem Wald', dann befand man sich auch in einem Wald, und wenn im nächsten Augenblick gesagt wurde: ‚Wir sind nicht mehr im Wald', verschwand der Wald. Diese Technik ist schneller als ein Schnitt im Film" (Brook 2003, 21). Vertraut wurde also ganz dem imaginativen Potenzial der mündlichen Rede, die unterschiedlichste Assoziationen und Vorstellungsbilder bei Zuhörerinnen und Zuhörern anzustoßen vermochte. Neben der hochentwickelten schauspielerischen Rhetorik und Deklamation, die dazu führten, dass Schauspieler wie Alleyn Marlowe oder Richard Burbage von ihren Zeitgenossen gleichsam als erste Medienstars der Neuzeit gefeiert wurden, unterstützten und ergänzten musikalische Klänge sowie Geräusche die klangliche Erschaffung der theatralen Welt: Außer dem rhythmischen, gebundenen Sprechen und Singen der schauspielenden Knaben und Männer waren Musikinstrumente wie Fanfaren und Trompeten beispielsweise zu Beginn einer Aufführung zu hören, aber auch andere Blechinstrumente, Hörner, Flöten, Sackpfeifen, Violas, Pauken, Trommeln und diverse Perkussionsgeräte. Hinzu kamen Geräusche und Geräuscheffekte, wie der schon seit der Antike im Theater unverzichtbare Donner oder auch – insbesondere wenn der Teufel auf der Bühne erschien – das Knallen von Feuerwerk. All diese Stimmen, Klänge und Geräusche ertönten nicht einfach unvermittelt neben- oder nacheinander, sondern wurden in komplexen Klangszenarien arrangiert, die bei den Zuhörern mit dem akustischen Eindruck zugleich ein entsprechendes visuelles Bild, eine entsprechende szenische Imagination provozierten. So waren Situationen der Macht oder des königlichen Auftritts eng mit dem hohen, durchdringenden Klang von Blechblasinstrumenten verbunden, Jagdszenen wurden von Hörnern angezeigt, Szenen des Kampfes oder des Krieges durch Blechbläser, Perkussionsinstrumente und die Explosion von Schießpulver, Spielszenen schließlich waren verbunden mit dem dunklen Klopfen der Handtrommel und dem hohen Klang der Pfeifen (vgl. Smith 1999, 243–245). In besonderer Weise nutzte also das Theater zu Zeiten Shakespeares das Vermögen der Stimme und des Klangs, nicht nur um etwas zu sagen, sondern zugleich auch um etwas zu zeigen und anzuzeigen.

Ein weiterer wesentlicher Aspekt der *public theatres* bestand darin, dass sie nicht als akustische Einbahnstraßen fungierten. Während die antike griechische Theateranlage nur die Klänge verstärkte, die in der Orchestra selbst produziert wurden, nicht jedoch diejenigen, welche die Zuschauer auf ihren Rängen machten, stellte sich die Situation in den offenen englischen Theatern zum Ende des 16. Jahrhunderts anders dar. Charakteristisch für Swan, Fortune oder Globe war die Zirkulation von Stimmen, Klängen und Geräuschen, insofern nicht nur das Bühnengeschehen, sondern auch das Geschehen im Zuschauerraum bei den *groundlings* und in den Logen einen konstitutiven Bestandteil des Hörraumes Theater bildete. Gut zu hören und zu sehen waren nicht nur die schauspielerische *actio*, sondern auch die Äußerungen und Verhaltensweisen des Publikums. Gespräche zwischen einzelnen Zuschauern, das dumpfe Murmeln von Geschäftsabwicklungen, aber auch lautere Streitigkeiten oder Geräusche des Essens und Trinkens, des Kommens und Gehens gehörten neben Zwischenrufen, Applaus und Gelächter zur theatralen Klangwelt. Vor diesem Hintergrund ist bemerkenswert, dass die akustisch stärkste Position des Schauspielers sich gerade nicht am visuell exponiertesten Ort, nämlich der vorderen Bühnenrampe, befand, sondern einige Schritte vom Bühnenrand entfernt im Zentrum des Bühnenpodests, zwischen den beiden das Bühnendach stützenden Säulen. Während eine visuell orientierte Analyse der damaligen Theatergebäude zu dem Ergebnis kommt, dass das Geschehen im Globe oder im Swan diffus und chaotisch gewesen sein müsse, gelangt eine Untersuchung der akustischen Gegebenheiten zu einem anderen Ergebnis: Die Akustik in diesen Theatern – und dies kann man heute noch selbst als *groundling* im rekonstruierten Globe überprüfen – ließ relativ deutliche Verortungen der Stimmen sowie von Klang- und Lärmquellen zu. Das Hören in diesen Gebäuden vermittelte keinen diffusen Umgebungseindruck, sondern erlaubte relativ klare auditive Verortungen von hier und dort, von vorne oder hinten. Auf akustischer Ebene wurde damit das soziale Ereignis des temporären Zusammenkommens verschiedenster Menschen im Theater weder auf ein herausgehobenes Zentrum fokussiert, noch wurde diese Zusammenkunft mit einer undifferenzierten, homogenen Menschenmasse gleichgesetzt. Die Versammlung von 2000 Menschen und mehr konnte demgegenüber als durchaus strukturierte und geordnete, wenngleich hochdynamische und interaktive Form der Sozialität erfahren werden (vgl. Kolesch 2008).

3. Akustik und Klanglichkeit im Gegenwartstheater

Die genannten akustischen Dimensionen des antiken griechischen Theaters belegen ebenso wie diejenigen des Shakespeare-Theaters exemplarisch die Relevanz des Akustisch-Auditiven für unterschiedliche Theaterformen und Theaterepochen. Zahlreiche weitere Beispiele aus der Theatergeschichte – wie die Entstehung der Gattungen der Oper, der Operette, des Singspiels oder auch des Musicals sowie des Balletts, der fast ubiquitäre Einsatz von Zwischenaktmusik bis in die Mitte des 18. Jahrhunderts oder der dramaturgische und später atmosphärische Einsatz von Musik und Geräuschen im Theater seit dem Ende des 18. Jahrhunderts bis heute (Roesner und Kendrick 2011), aber auch die Bedeutung musikalisch-akustischer Verfahren bei der Präsentation von Panoramen, Tableaux vivants oder auch frühen Bewegtbildern (Mungen 2006) – könnten hier angeführt werden. Mithin begleitet die Bearbeitung und Erprobung stimmlicher wie auch akustischer Möglichkeiten konstitutiv die gesamte Theatergeschichte.

Bezüglich der akustischen Verlautbarungen des Publikums ist dabei festzuhalten, dass die Zuschauer mit zahlreichen stimmlich-akustischen Äußerungen (Zwischenrufe, Pfeifen, Bravo- oder Buh-Rufe, Gelächter, Applaus, Gespräche etc.)

in vielen Theaterepochen wesentlich die theatrale Akustik mitgestalteten. Theater war zur Unterhaltung des Publikums da und dies erforderte die aktive, physische, stimmliche und emotionale Beteiligung eben dieses Publikums. Schauspielerinnen und Schauspieler wurden nicht nur bejubelt und beklatscht oder durch Bravos und Anfeuerungsrufe zur bisweilen mehrfachen Wiederholung einzelner Szenen oder Lieder aufgefordert, sodass die Aufführung unterbrochen werden musste oder vom Jubel des Publikums übertönt wurde. Schauspielerinnen und Schauspieler wurden zugleich auch heftig ausgebuht, mit Obst, Brötchen, Nüssen oder anderen Wurfgeschossen beworfen, ausgepfiffen und sogar von der Bühne gejagt. Stellvertretend für zahlreiche Theaterdokumente vom 16. bis zum 19. Jahrhundert sei hier eine Tagebuchnotiz von Theodor Fontane angeführt, in der er sich anlässlich seines Besuchs am Londoner Surrey Theatre am 27. Oktober 1855 über die Unruhe und den Lärmpegel im Theaterpublikum beklagt: „Die Unsitte des beständigen Verkaufs von Früchten, Sodawasser, Eis und auch Brandy [...]. Ein langer weißjackiger Kerl treibt sich zwischen den Bänken umher und überschreit mit seinem ‚penny each!' die Klänge des Walzers, der heruntergefiedelt wird. Plötzlich rollt der Vorhang in die Höh. Das Parterre ist wie eine unruhige See; der Sturm des Zwischenakts ist vorüber; aber die Wellen gehen hoch trotz alledem. Die erste Szene jeden neuen Akts ist immer zur Hälfte verloren. [...] Oben auf der Galerie wurde während des zweiten Akts gestohlen; man schrie, man hieb drauflos, man schmiß raus und verhaftete. Die Schauspieler spielten ruhig weiter und im Parterre richtete sich kein einziger Kopf nach oben, um die Ursache des Lärms kennen zu lernen. Man ist solche Szenen völlig gewöhnt" (Fontane 1995, 57–58). Das sich seit der Mitte des 19. Jahrhunderts langsam durchsetzende Schweigen eines auf festen Sitzen platzierten, das Bühnengeschehen konzentriert verfolgenden Publikums, welches bis heute die dominante Rezeptionsform zahlreicher Theaterformen darstellt, wurde mithin durch Disziplinierung und Einschränkung auch der stimmlich-akustischen Aktivitäten des Theaterpublikums durchgesetzt.

Doch zurück zur Akustik des Gegenwartstheaters. Seit der zweiten Hälfte des 20. Jahrhunderts scheint das Spiel mit stimmlichen und akustischen Elementen eine neue Qualität erlangt zu haben. Inspiriert durch die Impulse der historischen Avantgarde-Bewegungen, beispielsweise die Geräusch- und Klangexperimente der Futuristen, Kurt Schwitters' „Ursonate" oder auch die späten radiophonen Experimente des Theaterrevolutionärs Antonin Artaud (Kolesch 1999), werden Stimmen, Klänge und Geräusche verstärkt als eigengesetzliches Material und als eigenständiges Mittel der Bedeutungskonstitution wie auch der ästhetischen Gestaltung entdeckt (vgl. 2.6. GETHMANN UND SCHULZ; 2.7. SCHULZE). Analog zur Choreographie von Bewegungen werden nunmehr die Stimmen der Schauspielerinnen und Schauspieler technisch bearbeitet, choreographiert und in einer

Inszenierung zur Aufführung gebracht, die gleich einem Musikstück komponiert und rhythmisiert ist. Christoph Marthalers und David Martons Grenzgänge zwischen Musik- und Sprechtheater, Heiner Goebbels' theatrale Klangkompositionen, die Schimpftiraden und Fluchkaskaden, die zahlreiche Inszenierungen von Frank Castorf punktieren, die Sprech-, Sing- und Schreichöre vieler Produktionen von Einar Schleef, die intermedialen Klang-, Geräusch- und Bewegungsbild-Collagen von Katie Mitchell oder auch die prominente Stellung von – per Mikrophon entkörperlichten und zugleich verdichteten – Stimmen in Inszenierungen von René Pollesch seien hier nur beispielhaft für die theatral-mediale Erkundung von stimmlich-akustischen Elementen genannt.

So konstelliert die Gegenwartskunst Hörräume, die gewohnte Formen und Strategien der Wahrnehmung wie auch der Hierarchisierung der Sinne herausfordern, thematisieren und bisweilen unterlaufen. Die Entdeckung von Stimmen, Geräuschen, Klängen, Tönen und Sounds als Material der Theaterarbeit hat sicherlich mit der Verfügbarkeit audiotechnischer Medien wie Mikrophon, Lautsprecher, Vocoder, MP3-Playern und Ähnlichem zu tun, ist aber nicht auf den Einsatz und die Präsenz dieser Technologien und der durch sie erzeugten technischen, reproduzierten, digitalen Stimmen und Klänge zu reduzieren.

Die für das postdramatische Theater (Lehmann 1999) charakteristische Enthierarchisierung der Theatermittel führt unter anderem dazu, dass die Stimme frei wird für Gestaltungs- und Spielweisen, die ihr im traditionellen Theater verwehrt waren. Trat die Stimme im literarisierten, handlungs- und subjektzentrierten Theater des ausgehenden 18. und des 19. Jahrhunderts vornehmlich als Trägerin der literarischen und dramatischen Narration auf, als Medium dramatischer Expressivität sowie als Instanz der Authentifizierung eines psychologisch gedachten Subjekts, wird sie im Gegenwartstheater zum Medium und Material eines situativen, ereignishaften und atmosphärischen Geschehens. Die Kritik am theatralen Modell der Repräsentation und Darstellung geht in diesen Kunstereignissen mit einer Ausstellung der Sprache und des Sprechens einher. Sinn- und Bedeutungsdimensionen werden polyglossal disseminiert, während gleichzeitig die Leiblichkeit des Sprechens im Atmen, Stöhnen, Flüstern und Schreien vorgeführt wird und die stimmliche Artikulation als raumzeitliche und rhythmisierte Klangskulptur an Eigenwertigkeit gewinnt. Zugleich ist die scheinbar gegenläufige Tendenz einer Dissoziation von Körper und Stimme zu beobachten. Des Weiteren ist in diesem Zusammenhang neben der Entfaltung der Solo-Stimme im postdramatischen Theater – beispielsweise bei Edith Clever und Jutta Lampe – auch die Neuentdeckung des Chorischen und der chorischen Stimme – unter anderem bei Einar Schleef, Christoph Marthaler, Volker Lösch oder Jossi Wieler – signifikant (Kurzenberger 2009). Beide Erscheinungsweisen der Stimme nutzen den jeweils spezifischen Klangraum zur Entfaltung komplexer Raumexperimente und Raumeindrücke. Nicht mehr der Dialog im Sinne des Miteinanderredens steht in zahlreichen dieser Theaterproduktionen im Zentrum, sondern der Polylog aus dem Körper herausgeschleuderter, subjektloser Sprech- und Schreitiraden, die kaum mehr mit etablierten Formen zwischenmenschlicher Kommunikation wie Gespräch oder Diskussion beschrieben werden können.

Neben, ja komplementär zur Ausstellung der Physis der Stimme sind im Gegenwartstheater auch die vermeintlich entkörperlichte, technisierte Stimme und elektronische Sounds omnipräsent. Die Bühnen des Theaters und der Performancekunst sind Spielfelder der technischen Bearbeitung, Erzeugung und Re-Produktion von Stimmen und Klängen durch Mikroports und Mikrophone, durch Vocoder oder Verfahren wie *Voice over* und *off*. Analog zu der auch in anderen künstlerischen wie gesellschaftlichen Bereichen zu beobachtenden Koexistenz verschiedener Medien kann mit Blick auf die Theater- und Performanceszene konstatiert werden, dass sich das Theater mit den ihm eigenen theatralen und performativen Mitteln der Herausforderung der neuen Medien stellt (Salter 2010). Dabei scheint ein Schwerpunkt der theatralen Auseinandersetzung auf der Bearbeitung des Verhältnisses von Körper und Technik, von Wahrnehmung und Medien zu liegen. Technik ist in diesem Zusammenhang in einem weiten Sinn zu verstehen – nicht nur im Sinne technischer, elektronischer und audiovisueller Apparate und Geräte, sondern auch im Sinne von Körpertechniken (Mauss 1975), also im Sinne traditioneller und sozial wirksamer Disziplinierungen und körperlicher Dressuren. So formen und gestalten Techniken der Rhetorik, theaterspezifische Techniken der Deklamation und Artikulation, akustisch-elektronische Techniken wie Mikrophon, Mikroport oder Vocoder, aber auch medizinische Operationen oder chemische Verfahren (wie das Einatmen von Helium) die im Theater und in Performances erklingenden Stimmen.

Der künstlerische Einsatz stimmlich-akustischer Elemente im Theater und in der Performancekunst kann als verstärkte Ausstellung der Eigenwirklichkeit von Stimmen, Klängen und Sounds charakterisiert werden. Damit werden häufig die Mechanismen alltäglicher Hörarbeit auf den Kopf gestellt, indem zum Beispiel die klanglich-musikalische Dimension des Sprechens und die körperlich-sinnliche Verfasstheit und Wirksamkeit von Stimmen, die meist als sekundär gilt, in den Vordergrund gerückt werden. So wird der auf Sinn und Repräsentation von Wirklichkeit zentrierte Einsatz von Stimmen dekonstruiert, er weicht einem mehrdimensionalen, vielstimmigen Klangraum. Dabei entwickelt das Theater zahlreiche Strategien, um geläufige Vorstellungen von Stimme als einer privilegierten Instanz von Sinn und Subjektivität sowohl aufzurufen als auch in die Schranken zu verweisen und zu unterminieren. Im Zuge einer exponierten Präsentation von Hörbarkeiten geht es weniger um die Darstellung von Wirklichkeit oder um die Vermittlung von Bedeutung, sondern vielmehr um die Hervorbringung eigenwertiger akustischer Phänomene. Aspekte wie die Räumlichkeit des Klangs, die Körperlichkeit von Sprechenden wie Hörenden, die Affektivität und Emotionalität des Hörens, die klangliche Evokation von Atmosphären sowie das Wechselspiel von Präsenz und Absenz erlangen hier eine herausgehobene Bedeutung. Damit tragen theatrale Stimm- und Klangerkundungen zur Etablierung einer anderen Kultur des Hörens bei und unterstreichen insbesondere die responsive Struktur von Wahrnehmung, die Ereignishaftigkeit des stimmlich-akustischen wie des gesamten theatralen Geschehens, die Intensität und Affektivität des Hörens sowie dessen soziale Verfasstheit.

Literaturverzeichnis

Bayerdörfer, Hans-Peter (Hrsg.). *Stimmen – Klänge – Töne. Synergien im szenischen Spiel*. Tübingen 2002.
Brook, Peter. „Evokation Shakespeare". *Vergessen Sie Shakespeare*. Berlin 2003: 47–58.
Brown, Ross. *Sound. A Reader in Theatre Practice*. Basingstoke 2010.
Dolar, Mladen. *His Master's Voice. Eine Theorie der Stimme*. Frankfurt am Main 2007.
Dreysse, Miriam. *Szene vor dem Palast. Die Theatralisierung des Chores im Theater Einar Schleefs*. Frankfurt am Main 1999.
Epping-Jäger, Cornelia, und Erika Linz (Hrsg.). *Medien/Stimmen*. Köln 2003.
Fontane, Theodor. *Tagebücher*. Bd. 1: *1852, 1855–1858*. Berlin 1995.
Gilles, Mareile. *Theater als akustischer Raum. Zeitgenössische Klanginszenierung in Deutschland und den USA*. Berlin 2000.
Göttert, Karl-Heinz. *Geschichte der Stimme*. München 1998.
Kittler, Friedrich, Thomas Macho, und Sigrid Weigel (Hrsg.). *Zwischen Rauschen und Offenbarung. Zur Kultur- und Mediengeschichte der Stimme*. Berlin 2002.
Kolesch, Doris. „,Listen to the Radio'. Artauds Radio-Stimme(n)". *Forum Modernes Theater* 14 (1999): 115–153.
Kolesch, Doris. „Shakespeare Hören". *Shakespeares Klangwelten. Shakespeare Jahrbuch* 144 (2008): 11–27.
Kolesch, Doris, und Sybille Krämer (Hrsg.). *Stimme. Annäherung an ein Phänomen*. Frankfurt am Main 2006.
Kolesch, Doris, Vito Pinto, und Jenny Schrödl (Hrsg.). *Stimm-Welten. Philosophische, medientheoretische und ästhetische Perspektiven*. Bielefeld 2009.
Kolesch, Doris, und Jenny Schrödl (Hrsg.). *Kunst-Stimmen*. Berlin 2004.
Kristeva, Julia. *Polylogue*. Paris 1977.
Kurzenberger, Hajo. *Der kollektive Prozess des Theaters. Chorkörper – Probengemeinschaften – theatrale Kreativität*. Bielefeld 2009.
Lehmann, Hans-Thies. *Postdramatisches Theater*. Frankfurt am Main 1999.
Lehmann, Hans-Thies. „Prädramatische und postdramatische Theater-Stimmen. Zur Erfahrung der Stimme in der Live-Performance". *Kunst-Stimmen*. Hrsg. von Doris Kolesch und Jenny Schrödl. Berlin 2004: 40–66.
Mauss, Marcel. „Der Begriff der Technik des Körpers". *Soziologie und Anthropologie*. Bd. 2. München und Wien 1975: 199–220.

Meyer, Petra Maria (Hrsg.). *Acoustic Turn*. München 2008.
Meyer-Kalkus, Reinhart. *Stimme und Sprechkünste im 20. Jahrhundert*. Berlin 2001.
Mungen, Anno. *‚Bilder Musik'. Panoramen, Tableaux vivants und Lichtbilder als multimediale Darstellungsformen in Theater- und Musikaufführungen vom 19. bis zum frühen 20. Jahrhundert*. Remscheid 2006.
Pinto, Vito. *Stimmen auf der Spur. Zur technischen Realisierung der Stimme in Theater, Hörspiel und Film*. Bielefeld 2012.
Roesner, David. *Theater als Musik. Verfahren der Musikalisierung in chorischen Theaterformen bei Marthaler, Schleef und Wilson*. Tübingen 2003.
Roesner, David, und Lynne Kendrick (Hrsg.). *Theatre Noise. The Sound of Performance*. Newcastle 2011.
Rost, Katharina. *Sounds that Matter. Dynamiken des Hörens in Theater und Performance*. Bielefeld 2017.
Salter, Chris. *Entangled. Technology and the Transformation of Performance*. Cambridge und London 2010.
Schrödl, Jenny. *Vokale Intensitäten. Zur Ästhetik der Stimme im postdramatischen Theater*. Bielefeld 2012.
Smith, Bruce R. *The Acoustic World of Early Modern England: Attending to the O-Factor*. Chicago und London 1999.

4.11. Radiophone Literatur als Experiment: Arnheim, Benjamin, Brecht, Döblin
Gregor Schwering

Rudolf Arnheim, Walter Benjamin, Bertolt Brecht und Alfred Döblin formulieren ihre Plädoyers für eine radiophone „Hörkunst" (Arnheim [1936] 2001) hinsichtlich eines Mediums, das sich deutlich von den vorausgegangenen Errungenschaften der Mediengeschichte unterscheidet: Erstmals wird es möglich, Übertragungen (Broadcast) in Echtzeit (live) vorzunehmen. Darüber hinaus erlaubt es der Rundfunk, potenziell alle, die einen Empfänger besitzen oder einen solchen aufsuchen können, zu erreichen: Einmal ausgestrahlt, umkreisen die Radiowellen den Globus und erobern so einen neuen akustischen Raum. Marshall McLuhan spricht daher von der Verwandlung der Erde in ein globales Dorf: „Es [d.i. das Radio] reduziert auf jeden Fall die Welt auf den Dorfmaßstab" (McLuhan [1964] 1994, 463). Vor diesem Hintergrund sind die Theorien und Praktiken experimenteller Hörkunst, welche die genannten Autoren angesichts der neuen Technik entwickeln, zu lesen.

1. Kontext: das Radio in der Weimarer Republik (1918–1933)

Technisch gesehen erwächst das Radio aus dem Funk, dessen hervorragende Bedeutung spätestens der Erste Weltkrieg zeigt: Über Funk lassen sich nicht nur die riesigen Heere besser führen, sondern auch die neuen Waffen (U-Boote, Flugzeuge) effektiv einsetzen. Aufgrund dessen steigt die Zahl der Funker im Laufe des Krieges deutlich an. Ein Teil dieser Soldaten schließt sich nach der Niederlage des Kaiserreiches der Revolution von 1918 an und stellt seine Funkgeräte in deren Dienst. So existiert für kurze Zeit ein von staatlicher Kontrolle unabhängiges Nachrichtennetz, das Hans Bredow, der führende Kopf der Radioverwaltung in der Weimarer Republik, später als „Funkerspuk" bezeichnet. Heute wird diese Episode von der Forschung wie folgt beurteilt: „Schlaglichtartig beleuchtet sie [d.i. die Revolution der Funker] eine Alternative zu der tatsächlich eingetretenen Entwicklung, die vielleicht zu einer [...] politisch weniger gegängelten Art von Rundfunk hätte führen können" (Dussel 2004, 25). Demzufolge zeigt der Funkerspuk an, welche Hypothek sich mit der Einführung des Radios in Deutschland verbindet; der Hörfunk wird zum „Problem, das primär unter dem Gesichtspunkt politischer Überwachung gelöst werden musste" (Dussel 2004, 25).

In Deutschland erlebt das Radio seine Premiere für die Öffentlichkeit, das heißt im Unterschied zu den zuvor durchgeführten Versuchssendungen sowie dem bereits existierenden ‚Wirtschaftsrundspruch' für Banken und große Unternehmen, am 29. Oktober 1923. Um 20 Uhr geht die ‚Radio-' und spätere ‚Funk-Stunde Berlin' als erste von nachher diversen regionalen Gesellschaften auf Sendung. Die Presse der Hauptstadt nimmt davon kaum Notiz. Zu übermächtig ist das sonstige Tagesgeschäft der von politischen Unruhen, Inflation und Arbeitslosigkeit gezeichneten Weimarer Republik: „Die offizielle Einführung des Radios [...] geschah an einem Tag, an dem weiterhin 50 % der Arbeiter arbeitslos war, ein Kilo Brot 5000 Millionen Mark kostete, gerade der Hamburger Arbeiteraufstand blutig niedergeschlagen war" (Hagen 1991, 257).

Der Ausweitung der Apparatur tut das gleichwohl keinen Abbruch. In kurzer Folge gründen sich im gesamten Reichsgebiet regionale Rundfunkgesellschaften (vgl. Dussel 2004, 30–34). So ist der Hörfunk flächendeckend installiert. Doch sorgt sich die Post ob ihres Einflusses auf die Strukturen des Mediums und drängt auf die Einrichtung einer gemeinsamen Reichs-Rundfunk-Gesellschaft mbH, in der die Post 51 Prozent der Anteile hält. Als Rundfunkkommissar des Reichspostministers übernimmt Bredow deren Spitze. Damit stellt sich die Lage drei Jahre nach der Premiere so dar: Die Reichspost ist mit allen technischen, wirtschaftlichen und organisatorischen Aufgaben befasst, das Innenministerium kümmert sich im Verein mit den Ländern um die Programminhalte: „Das Medium war sozusagen auf dem Verordnungswege mit der Sicherung des staatlichen Primats durchgesetzt worden" (Wilke 2000, 332).

Von da aus erobert der Rundfunk den Alltag seiner Hörer: Die Zahl der Teilnehmer steigt trotz einer zunächst noch unausgereiften Technik und hoher Gerätepreise und Gebühren (zwei Reichsmark monatlich) sprunghaft an. Während sie 1924 noch bei circa 1500 Hörern liegt, verzeichnet die Statistik 1925 bereits eine Million, 1929 schon etwa drei Millionen und drei weitere Jahre später über vier Millionen Hörer (vgl. Wilke 2000, 337–340). Verbesserte – 1924 werden auf der Deutschen Funkausstellung erste Röhrengeräte gezeigt – und transportable Radios tragen zu dieser Entwicklung bei. Sie sind mit Lautsprechern ausgerüstet, sodass den Sendungen nicht nur über Kopfhörer, sondern ebenso beiläufig (etwa bei der Hausarbeit) gelauscht werden kann. Was aber bietet das Medium seinen Hörern?

Von Beginn an sind die Radioverantwortlichen und -macher darum bemüht, den Hörfunk als Kulturfaktor zu etablieren. Dazu gehört, dass sich das Radio – besser: dessen Programm – aller weltanschaulichen Differenzen enthalten soll: „Vor allen Dingen", verkündet Bredow programmatisch, „fasst er [d. i. der Rundfunk] die durch politische und religiöse Unterschiede getrennten Volksklassen zu einer an Zahl unbeschränkten, geistig verbundenen Hörgemeinde zusammen und wird so mit dazu berufen sein, Trennendes zu beseitigen, Gemeinschaftssinn und Staatsgedanken zu kräftigen und letzten Endes der ersehnten Volksgemeinschaft die Wege zu ebnen" (zit. nach Dussel 2004, 52).

In der Folge zeichnet sich das Programm der Radiosender durch ein Übergewicht an Kultur und Unterhaltung aus. Aufs Ganze gesehen, bleibt diese Verteilung der Bereiche durch die Zeitspanne der Weimarer Republik konstant: 60 Prozent des Angebots stehen für Kultur und Bildung, 30 Prozent sind der Unterhaltung gewidmet, und nur 10 Prozent werden informierenden Sendungen zugestanden (vgl. Lersch 2001, 460–462). Gesendet werden daher vor allem Liveübertragungen von Konzerten oder Opern, Theateraufführungen, Vorträgen und Sportereignissen. Doch gewinnt das Programm peu à peu an Vielfalt. Schriftsteller und andere Kulturschaffende werden für die Mitarbeit am Hörfunk gewonnen, und eine neue Literaturform – das Hörspiel – entsteht: Hans Fleschs *Zauberei auf dem Sender* wird als erstes deutschsprachiges Hörspiel am 24. Oktober 1924 ausgestrahlt. Darüber hinaus ist es bald möglich, im Radio auch politische Inhalte zu platzieren. Nichtsdestoweniger bleibt die Idee, den Hörfunk als staatstragendes Element zu etablieren, die Maßgabe einer Nutzung des neuen Mediums. Allerdings wird die so propagierte Nähe des Radios zu dessen Nutzern als Versuch, ihn gegen politische Differenzen zu immunisieren, von der Hörerschaft auch als Ferne und Entmündigung wahrgenommen: Wiederholt werden Forderungen nach einer Öffnung des Radioprogramms laut (vgl. Leschke 2006, 244–245). Die eingangs genannten Autoren thematisieren und problematisieren nicht zuletzt ebendies.

2. Rudolf Arnheim: Rundfunk als „Hörkunst"

Das Buch *Rundfunk als Hörkunst* verfasst Arnheim in den Monaten zwischen Adolf Hitlers ‚Machtergreifung' und seiner Emigration nach Italien. Der Text erscheint 1936 in englischer, ein Jahr später in italienischer Sprache und erst 1979 auch auf Deutsch. Dabei beziehen sich Arnheims Beobachtungen und Ausführungen wesentlich auf den Rundfunk der Weimarer Republik, für den der Autor auch arbeitet und über den er zuvor einige kürzere Feuilletonbeiträge veröffentlicht. Diese baut Arnheim in *Rundfunk als Hörkunst* zu einer Monographie aus und argumentiert dabei einerseits aus medientechnisch-anthropologischer Perspektive (Was ist die neue Technik und wie spricht sie den Hörsinn an?), andererseits widmet er sich dem Radioprogramm beziehungsweise lotet er die Möglichkeiten einer experimentellen „Funkliteratur" (Arnheim [1932c] 2001, 194) aus.

Bezüglich des Ersteren stützt Arnheim sich auf die Gestaltpsychologie. Diese hatte er während seines Studiums unter anderem bei Max Wertheimer kennengelernt und sie bereits als theoretische Grundlage seines Filmbuchs *Film als Kunst* genutzt. In Hinsicht auf das Radio stellt Arnheim nun fest, dass dieses dem Hörsinn eine neue, vielfältige und wunderbare Welt eröffne, die jedoch wirklicher Verankerung entbehre: „Der Rundfunk beginnt auf der Folie des schweigenden

Nichts. Erst die akustische Aktion, die Handlung bewirkt die Existenz" (Arnheim [1936] 2001, 98). In dieser Hinsicht gehe der akustischen Aktion die „akustische Leere" oder „das Schweigen" (Arnheim [1936] 2001, 89) voraus und bleibe auch in der Aktion selbst als „beunruhigender Schauplatz" (Arnheim [1936] 2001, 89) erhalten beziehungsweise bedroht den Fortgang der Sendung. Gelinge deren Komposition oder Übertragung nicht, „zerreißt die Darbietung, und es entsteht der schlimme Eindruck eines Loches" (Arnheim [1936] 2001, 105). Zudem zeichneten sich „Geräusche und Sprechen" immer durch einen „Rest von Wildgewachsenheit und Unberechenbarkeit" (Arnheim [1936] 2001, 26) aus. Denn zwar ließen sich, notiert Arnheim weiter, „Rhythmus und Sprachmelodie des Sprechens [...] formen, aber beginnt man allzu regelmäßig zu skandieren, so ist Langeweile die unausbleibliche Folge" (Arnheim [1936] 2001, 26). Auf solche Eigenarten der akustischen „Raumsituation" (Arnheim [1936] 2001, 40) müssten sich die Radiomacher folglich einlassen.

Darüber hinaus gehört für Arnheim zu einer „Welt der Klänge" (Arnheim [1936] 2001, 22), dass die Augen allein ein „sehr vollständiges Weltbild", die Ohren „allein" hingegen „ein sehr unvollständiges" Weltbild geben (Arnheim [1936] 2001, 87): „Dem Hörer bleibt die Situation weitgehend unklar [...]. An sein Einfühlungsvermögen werden da große Anforderungen gestellt" (Arnheim [1936] 2001, 41). Für die Hörer liege „zunächst die Verlockung nah, durch eigene Phantasie zu ‚vervollständigen', was der Funksendung so offenbar ‚fehlt'" (Arnheim [1936] 2001, 41).

Das aber sei, fährt der Autor fort, einer gewinnbringenden Nutzung des Mediums unzuträglich, insofern „der Phantasiebetrieb des inneren Auges beim Rundfunkhörer nicht begrüßenswert ist [...], sondern im Gegenteil das Verständnis für das eigentliche Wesen des Rundfunks sehr behindert" (Arnheim [1936] 2001, 88). In diesem Sinne orientiert sich Arnheims Radiotheorie am „Lob der Blindheit" (Arnheim [1936] 2001, 86), der sich Produzenten wie Rezipienten beugen müssten: Die Blindheit bezeichne den Einsatzpunkt, von dem aus das neue Medium an Kontur gewinne, und werde somit zu dessen Richtlinie. So, wie die Radiomacher sich in ihrer Arbeit auf das Hörbare zu beschränken hätten, müssten sich die Hörer auf eine solche Konzentrierung verstehen. Parallel dazu schließt Arnheim die bloße Wiedergabe von nicht exklusiv für den Hörfunk produzierten Ereignissen aus: „Verdammenswert [...] sind Übertragungen aus Opern, Theatern und Kabarett-Übertragungen" (Arnheim [1936] 2001, 90).

Da der Hörfunk eine eigene Form etabliert und ihr folgt, ist die einzige Kunst, die dem adäquat ist, jene, die er selbst hervorgebracht hat: das Hörspiel. Hierin findet das Radio zu der Existenz, die ihm die Reportage noch verweigert. Im Hörspiel trete, so Arnheim, der Rundfunk nicht als „bloßer Übermittlungsapparat", sondern als „durch eigne Formgesetze unterschiedene Hörwelt" (Arnheim [1936]

2001, 91) hervor. Doch neige, notiert Arnheim weiter, solche Hörkunst zu Abstraktion und „Entrück[ung]", das heißt zu Formen, die, um „nicht ergänzungsbedürftig durch [...] Optisches" zu sein, das Medium „starke[r] Spannung" aussetzten und „strenge Kompositionen" (Arnheim [1936] 2001, 88, 103 und 108) erforderten. Ähnlich ringt das Publikum mit den Besonderheiten der Hörkunst. Es kann, etwa bei der Darstellung einer Menschenmenge, diese wohl hören, sie aber nicht sehen. Das sei, schreibt Arnheim, „gespenstisch" (Arnheim [1936] 2001, 104).

Demnach fußt die Praxis der Hörkunst oder Funkliteratur auf einer Mediendynamik, die sich durch Verschiebungen (Neigung zur Abstraktion) und Unwägbarkeiten („Wildgewachsenheit" des Sprechens etc.) auszeichnet. Und so findet der Rundfunk in seiner spezifischen Form der Dichtung, dem Hörspiel, nicht nur die ihm angemessene Kunstform, sondern auch das Anzeichen seiner Problematik. Zwar entspricht das Hörspiel den Gegebenheiten des Mediums in idealer Weise, doch stellt es auch ein riskantes Unternehmen dar – es öffne sich einer, wie Arnheim in einem seiner Aufsätze zum Radio schreibt, „Experimentierarbeit" (Arnheim [1932a] 2001, 198). Diese sieht der Autor nun vor allem im „durchflochtene[n] Dialog" oder in der „Hörmontage" (Arnheim [1936] 2001, 101 und 120) als Möglichkeiten, die Mediendynamik des Hörfunks eindrucksvoll in Szene zu setzen. Denn im Radio könnten beide Formen als dialektisches Wechselspiel, als „Schauplatzwechsel" (Arnheim [1932b] 2001, 188) inszeniert werden, ohne dabei den Faszinationen der Sichtbarkeit zu verfallen. So ist das Publikum gefordert, doch bleibt ebenso eine gewisse Beiläufigkeit der Sendung erhalten: „Als Grundmaxime hat zu gelten, dass das Belehrende unterhaltend, das Unterhaltende belehrend sein müsse" (Arnheim [1932c] 2001, 196).

In der Folge – hier wendet sich Arnheim unter anderem gegen Richard Kolbs Ausführungen zum *Horoskop des Hörspiels* – sei das Hörspiel weder ein Mittel bloßer Entspannung, noch nötige es die Hörer zu voller Konzentration. Vielmehr könne es, würde die ihm zugrunde liegende Technik konsequent eingesetzt, dem Publikum auf zugleich „[l]ehrhafte" und „volkstümlich[e]" (Arnheim [1932b] 2001, 188–189) Weise neue und erstaunliche (Hör-)Welten erschließen.

3. Walter Benjamin: „Hörmodelle"

Benjamins Konzept und Praxis des „Hörmodells" (Benjamin [1931] 1991, 628) lässt sich im Kontext einer Umwälzung lesen, die der Autor im Hinblick auf die besondere Reichweite des neuen Mediums registriert. Insofern es das Radio erlaube, „an unbegrenzte Massen sich zu gleicher Zeit zu wenden", leiste es einer „Popularisierung" Vorschub, welche „die Öffentlichkeit in Richtung auf das Wissen in

Bewegung setzt" (Benjamin [1932a] 1991, 671–672). Der Rundfunk ist also nicht bloß eine technische Neuheit, sondern kann – als solche – zu einer Emanzipation der Massen beitragen. So folgen auch Benjamins Rundfunkarbeiten jener These eines Medienumbruchs um 1900, die vor allem sein späterer Aufsatz *Das Kunstwerk im Zeitalter seiner technischen Reproduzierbarkeit* wirkmächtig ausbuchstabiert. In der Forschung stehen sie jedoch im Schatten dieses großen Texts beziehungsweise werden sie als Arbeiten wahrgenommen, die „in erster Linie den Zwecken des Gelderwerbs [dienten]" (Schöttker 2002, 423).

Dabei ist die besagte Chance, die Benjamin im Rundfunk erkennt, nicht beliebig herstellbar, sondern auf Rücksichten bezogen, die der Autor in Anlehnung an Ernst Schoen auszeichnet. Dieser ist nicht nur ein enger Freund Benjamins, er übernimmt auch nach Fleschs Weggang zur Berliner ‚Funkstunde' die künstlerische Leitung der Südwestdeutschen Rundfunkdienst AG. Benjamin interviewt ihn 1929 für die *Literarische Welt*. Hier wendet sich der Programmleiter gegen einen Hörfunk, der, ganz im Sinne der Bredow'schen Richtlinie, die Kultur mit einem, so Schoen, „haushohen K" favorisiere (Benjamin [1929] 1991, 548). Das Publikum aber wolle unterhalten oder auf eher praktische Weise, das heißt ohne kulturpolitischen Zeigefinger, gebildet werden. Das seien, referiert Benjamin Schoens Befunde weiter, die Herausforderungen, denen sich ein künftiges Radioprogramm zu stellen hätte. Zugleich seien Experimente nötig und erwünscht: „Würde ein Teil der Energien", zitiert Benjamin den Interviewten, „‚die einem oft allzu intensivem Sendebetrieb dienen, [...] den Versuchsarbeiten zugewandt, so würde der Rundfunk dadurch gefördert werden'" (Benjamin [1929] 1991, 550–551). Schoens Anregungen aufnehmend, geht Benjamin für seine Hörmodelle von „eigenen Form-Artgesetzen" (Benjamin [1932a] 1991, 671) bei der Nutzung des Mediums aus, die sich nicht von selbst einprägten, sondern über Experimente allererst erfahren und erschlossen werden müssten. Solche Versuchsanordnungen im akustischen Raum des Radios führen die Modelle vor.

Ein erstes Hörmodell, das Benjamin mit Wolf Zucker erarbeitet, wird am 26. März 1931 ausgestrahlt und trägt folgenden Titel: *Gehaltserhöhung?! Wo denken Sie hin!* Demgemäß inszeniert das Modell den Dialog eines Angestellten mit seinem Chef, in dem jener diesen um eine Gehaltserhöhung bittet. Durchgespielt wird das anhand zweier Gesprächstaktiken, die mittels sprechender Namen personifiziert sind – während Herr Zauderer mit der Durchsetzung seiner Absicht scheitert, kann Herr Frisch den Chef überzeugen. Eingeleitet und kommentiert wird der Text von einem Sprecher, der wiederum mit einem Partner im Dialog steht, der sich Zweifler nennt. In dieser Funktion liefert er dem Sprecher die Vorlagen für dessen Analyse der Situationen. Benjamin fasst das Konzept in der kurzen Vorrede des Textes folgendermaßen zusammen: „Die Grundabsicht dieser Modelle ist eine didaktische. Gegenstand der Unterweisung sind typische dem Alltagsleben entnommene Situationen. Die Methode [...] besteht in der Konfrontation von Beispiel und Gegenbeispiel" (Benjamin [1931] 1991, 628). Indem die zweifach dialektische Organisation des Hörmodells damit didaktischen Zwecken dienen soll, stehen diese jedoch nicht im Zeichen einer Hochkultur, sondern wenden sich im Rahmen einer kurzen, ebenso humorvollen wie unterhaltsamen Szene der Lebenswirklichkeit der Hörer zu.

Ähnliches gilt auch für den Text *Was die Deutschen lasen, während ihre Klassiker schrieben*. Das Hörmodell wird am 16. Februar 1932 von der ‚Funkstunde' übertragen und im Teilabdruck in der Zeitschrift *Rufer und Hörer. Monatshefte für den Rundfunk* publiziert. Benjamin verfolgt dort die Absicht, literaturwissenschaftliches Wissen von der Aufklärung bis zum 19. Jahrhundert für eine breite Hörerschaft zugänglich zu machen. Dazu erarbeitet der Autor eine Methode, die er im selben Heft der Zeitschrift programmatisch erläutert. Demnach kommt es Benjamin weniger darauf an, „die Literatur, sondern das Literaturgespräch jener Tage" zu Wort kommen zu lassen, das heißt, eine Konversation zu präsentieren und auszuloten, wie sie „in Kaffeehäusern und auf der Messe", auf „Versteigerungen und Spaziergängen", in der „Aussprache über Bücherpreise, Schmähschriften, Neuerscheinungen" zu hören war (Benjamin [1932a] 1991, 673). Folglich treten in dem Hörstück nicht nur die Stimmen der Epochen (Aufklärung, Romantik), nicht nur historische (August Wilhelm Iffland, Karl Philipp Moritz, Johann Friedrich Unger), sondern auch fiktive Personen (Pastor, Buchhändler, Auktionator etc.) auf, die das Panorama des durch einen Sprecher eingeleiteten und kommentierten Literaturgesprächs im oben genannten Sinne komplettieren. Auch hier ist der Tonfall umgangssprachlich angelegt, etwaige Zitate werden dem angeglichen. Zugleich zielt diese Technik nicht allein auf ein möglichst reges Hörerlebnis, sondern möchte auch die Bedingungen reflektieren, denen die Literatur damals in Produktion wie Rezeption ausgesetzt war. Erneut also verknüpft Benjamin in diesem bereits diskursanalytischen Verfahren Didaktik und Unterhaltung im Zuge einer „Popularisierung" seines Stoffs, die, so schreibt er, die „Tiefe" an die „Oberfläche" (Benjamin [1932a] 1991, 673) verlagere, das heißt, Bildungswissen so ausstelle, dass dessen Lehrhaftigkeit dennoch „volkstümlich" (Benjamin [1932a] 1991, 671) erscheinen könne. So folgt Benjamin der von Brecht übernommenen Maxime, dass es darauf ankomme, „den Produktionsapparat nicht zu beliefern, ohne ihn zugleich [...] zu verändern" (Benjamin [1934] 1991, 691).

Eine weitere Rundfunkarbeit Benjamins – *Radau um Kasperl* (1932) – ist weniger ein Hörmodell denn ein klassisches Hörspiel für Kinder, das den Nachwuchs an die Möglichkeiten der neuen Technik heranführen möchte: „Gewiss Kasperl [...]. Dresden, Posen, Brünn, Mailand, Brüssel, Kassel, Linz, London, Wien, Riga, Breslau – was du nur willst. Dreh nur hier an der Scheibe, dann hörst dus" (Benjamin [1932b] 1991, 678)! Indem er das Medium so zum Thema macht, zielt der Text darauf, das kindliche Hörbewusstsein auf spielerische Weise für die Besonderheiten des Rundfunks zu sensibilisieren.

4. Bertolt Brecht: das Radio als „Kommunikationsapparat"

Brechts sogenannte Radiotheorie hat nach ihrer Wiederentdeckung durch Hans Magnus Enzensberger im Jahr 1970 eine durchaus zwiespältige Karriere gemacht. Während der eine Teil der (vor allem medienwissenschaftlichen) Forschung sie als spekulative Überlegungen eines Dichters begreift, der die medientechnischen Gegebenheiten ignoriert (vgl. zuletzt etwa Leschke 2006, 253), erkennt der andere Teil hier eine weitgehend zutreffende Bestandsaufnahme der Radioverhältnisse in der Weimarer Republik (vgl. zuletzt etwa Schwering 2007, 32–33). Dabei bietet Brechts Radiotheorie keinen systematischen Entwurf, sondern setzt sich aus diversen kleineren sowie vom Autor zunächst zerstreut notierten oder publizierten Texten zusammen, die für die Ausgabe der *Gesammelten Werke* nachträglich kompiliert wurden.

Als Herzstück der Radiotheorie gilt Brechts Vortrag „Der Rundfunk als Kommunikationsapparat" von 1930 (zur Datierung des Texts vgl. Schrage 2001, 281). Darin macht der Autor einen „Vorschlag zur Umfunktionierung des Rundfunks: Der Rundfunk ist aus einem Distributionsapparat in einen Kommunikationsapparat zu verwandeln" (Brecht [1930b] 1967, 129). So wendet sich Brecht gegen eine Nutzung des Mediums, die, von wenigen Verantwortlichen gesteuert, das Publikum bloß beliefert. Zwar erlaubt es die neue Technik, „allen alles zu sagen" (Brecht [1930b] 1967, 128), doch schaut man genau zu, sind es nur wenige, nämlich eine Bourgeoisie, die dort das Wort ergreift beziehungsweise erhält. Damit werden die Möglichkeiten des Mediums planvoll und politisch gewollt verschenkt: Das Radio, meint Brecht, verkomme zum Distributionsapparat, da dessen Programm jegliche Informations- und Meinungsvielfalt sowie alle Teilhabe seitens der Zuhörer ausschließe.

Um dies zu ändern, hatte der Autor zuvor im *Berliner Börsen-Courier* einige Empfehlungen an den „Intendanten des Rundfunks" (Brecht [1927] 1967, 121) gerichtet: Das Radio solle, statt als „akustische[s] Warenhaus" (Brecht [1930b] 1967, 128) zu fungieren, Reichstagssitzungen oder große Prozesse in das Programm aufnehmen. Weiterhin sei es angebracht, wichtige Themen im Hörfunk von Experten diskutieren zu lassen, also auch hier „Öffentlichkeit" (Brecht [1927] 1967, 122) herzustellen. Und obendrein sei es aufgrund des Livecharakters des Mediums immer möglich, Interviewpartner so zu befragen, dass sie keine Zeit hätten, „sich sorgfältige Lügen auszudenken" (Brecht [1927] 1967, 122). In diesem Sinne sind die Vorschläge noch eher konventionell gedacht. Sie sollen dazu dienen, „aus dem Radio eine wirklich demokratische Sache zu machen" (Brecht [1927] 1967, 121).

Für den Ausbau des Mediums zum Kommunikationsapparat aber denkt Brecht an mehr, wenn er dort eine „Aktivisierung" (Brecht [1930a] 1967, 126) der Hörer ins Auge fasst. Dazu bedürfe es des Experiments; so konstatiert Brecht: „Es ist ohne Experimente einfach nicht möglich", das, „was für sie [d. i. die Apparatur] gemacht wird, voll auszuwerten" (Brecht [1927] 1967, 123). Welche Art der Versuchsanordnung dem Autor dabei vorschwebt, teilt er in „Der Rundfunk als Kommunikationsapparat" mit: „Ich könnte ihnen sagen, dass etwa die Anwendung der theoretischen Erkenntnisse der [...] epischen Dramatik auf das Gebiet des Rundfunks außerordentlich fruchtbare Ergebnisse zeitigen könnte" (Brecht [1930b] 1967, 132). Demzufolge rückt das Konzept des epischen Theaters ins Zentrum der Radiotheorie, da es über die primär inhaltlichen Verbesserungsvorschläge hinaus für eine auch formale Umfunktionierung des Radioprogramms in Stellung gebracht wird: Das Publikum soll nicht nur besser und umfassender informiert, sondern aus seiner Konsumhaltung aufgestört werden. Zugleich seien, führt Brecht weiter aus, sowohl die Shakespeare'schen Dramen als auch die Oper für eine solche Radiopraxis unbrauchbar. Da sie auf „Rauschzuständ[e]" (Brecht [1930b] 1967, 132) spekulierten, das heißt, die Identifizierung der Hörer mit dem Gehörten begünstigten, aktivierten sie das Publikum nicht beziehungsweise beließen es in seiner Passivität. Gerade dies aber gelte es zu vermeiden, und die epische Dramatik hätte, so Brecht, mit ihrer „Trennung der Elemente" sowie ihrer „belehrende[n] Haltung" dem Hörfunk eine „Unmenge praktischer Winke" (Brecht [1930b] 1967, 132) anzubieten.

Diesbezüglich verweist der Autor nun auf sein Hörspiel und Lehrstück *Der Ozeanflug (Der Flug der Lindberghs)*, dessen konzertante Uraufführung am 27. Juli 1929 anlässlich der Baden-Badener Musikfestwochen erfolgt. Im Radio wird es einen Tag zuvor gesendet. Im Zentrum des Textes steht ein Flugpionier (Charles Lindbergh), der mit seinem Flugzeug nonstop den Atlantik überquert. Brecht hebt in seinen Erläuterungen zum Ozeanflug hervor, dass das Stück den Rundfunk „nicht [...] beliefern, sondern [ihn] verändern" (Brecht [1930a] 1967, 125), also zu einer Aktivierung der Hörer beitragen wolle. Hierzu bediene sich das Stück der, wie Arnheim akzentuiert, „schlichteste[n] Form der Exposition" (Arnheim [1936] 2001, 113) und unterlaufe auf diese Weise die Faszinationen des herkömmlichen Theaters als dessen Tendenz, dem Publikum „Gefühle, Sympathien und Hoffnungen" (Brecht [1930b] 1967, 132) aufzudrängen.

In dieser Hinsicht beschreibt Brecht die Durchführung seines Modellversuchs am Beispiel des Fliegerparts wie folgt: Der Sprecher „las" die „zu sprechenden Teile [...] ohne sein eigenes Gefühl mit dem Gefühlsinhalt des Textes zu identifizieren, am Schluß jeder Verszeile absetzend, also in der Art einer Übung" (Brecht

[1930a] 1967, 126). Damit komme die Inszenierung einer Distanz oder Abstraktion, das heißt einer Verfremdung gleich; indem sie von der Identifizierung mit der und Einfühlung in die „Figur eines öffentlichen Helden" (Brecht [1930a] 1967, 127) absehe, lenke sie das Publikum nicht ab, sondern setze es zum Gehörten in Beziehung: So könnten die Zuhörer aktiviert werden, das heißt, sie lauschen dem Hörstück nicht zur bloßen Unterhaltung. Vielmehr öffneten sie sich, so Brecht, dafür, das Gehörte als Chance und „Lehrgegenstand" (Brecht [1930a] 1967, 124–125) zur weiteren Diskussion und Übung wahrzunehmen. Diesbezüglich „muß" der Rundfunk „den Austausch ermöglichen", was für den Dichter zugleich heißt, „daß das Publikum nicht nur belehrt werden, sondern auch belehren muß" (Brecht [1930b] 1967, 131). Benjamin, der die epische Dramatik ebenfalls in den Kontext des Hörfunks versetzt (vgl. Benjamin [1934] 1991, 697), unterstreicht in diesem Sinne, dass, da „de[r] Hörer" derart „zur Stellungnahme zum Vorgang" herausgefordert werde, das dramatische Kunstwerk dem „dramatische[n] Laboratorium" weiche (Benjamin [1934] 1991, 698).

Analog zum Konzept der epischen Dramatik favorisiert Brecht auch in seiner Radiotheorie und -praxis eine Form der Inszenierung, die dem Publikum nicht Mitgefühl oder Emotionen vermitteln, sondern es zur kritischen Aufnahme der Sendung bewegen, also die „Interessen interessant" (Brecht [1930b] 1967, 131) machen will. Damit, argumentiert Brecht, könnten einerseits die Möglichkeiten der neuen Technik ausgestellt werden, während andererseits die „gesellschaftliche Basis dieser Apparate [...] erschütter[t]" werde, sich das Radio also zum „Kommunikationsapparat öffentlichen Lebens" (Brecht [1930b] 1967, 133) wandeln könne.

Arnheim, Benjamin und Schoen, die Brechts Arbeit zur Kenntnis nehmen (vgl. Arnheim [1936] 2001, 113; Benjamin [1929] 1991, 550; Benjamin [1932c] 1991, 773–776), würdigen deren Konzept hinsichtlich seiner avantgardistischen Tragweite. Brecht selbst gibt sich dagegen skeptischer: „Undurchführbar in dieser Gesellschaftsordnung, durchführbar in einer anderen, dienen die Vorschläge [...] der Propagierung und Formung dieser anderen Ordnung" (Brecht [1930b] 1967, 134).

5. Alfred Döblin: Literatur als ‚tönende Sprache'

In seinen Vorschlägen für den Intendanten des Rundfunks empfiehlt Brecht Döblin als möglichen Hörfunkautor. Döblin selbst erkennt in der neuen Technik – das hält er in einem Vortrag auf der Tagung „Dichtung und Rundfunk" (Döblin 1929) der Preußischen Akademie der Künste fest – ein Medium, das die „Worte und Töne augenblicklich und gleichzeitig zu sehr vielen, zu unbestimmt vielen Menschen [...] tragen" (Döblin 1930, 4) könne. Zugleich ergänzt er diese allgemeine

Definition durch die besondere, dass das Radio die Literatur von jener Stummheit befreie, die sie seit Johannes Gutenbergs Erfindung beherrsche: Der Buchdruck habe „die Literatur und uns alle in einer unnatürlichen Weise zu Stummen gemacht; [...] die lebende Sprache ist in ungenügender Weise in die geschriebene eingedrungen, und so hatte die Buchdruckerkunst bei uns offenbar eine Anämie und Vertrocknung der Sprache im Gefolge" (Döblin 1930, 5–6).

Solche Verkümmerung vor allem der literarischen Sprache zur blutarmen Worthülse hatte Döblin bereits in seinem „Berliner Programm" an Romanautoren und deren Kritiker beklagt und daraus die Forderung nach einem „Kinostil" (Döblin [1913/1914] 1989, 121) abgeleitet – eine zeitgemäße Literatur müsse sich am Film und dessen Technik (Schnitte, Montage, Präzision) orientieren. Obwohl also der Film zur Zeit des „Berliner Programms" noch ein Stummfilm ist, weist er doch auf den Kontext eines Medienumbruchs, den die Dichter sowohl als Einschnitt in als auch als Chance für ihre Produktion wahrnehmen (vgl. Rusch et al. 2007). In diesem Sinne kann nun im Hörfunk das Wort lebendig werden: Dort „wird", sagt Döblin, „der Literatur wieder die tönende Sprache angeboten, und das ist ein großer Gewinn, dessen wir uns einmal ganz bewußt werden müssen" (Döblin 1930, 6). Indem das Radio der gesprochenen Sprache somit erneut den Weg ebnet, öffnet es die Konventionen der ‚Gutenberg-Galaxis' (McLuhan) auf gewinnbringende Weise. Darin hat sich die Literatur jedoch ebenso neuen Anforderungen zu stellen: „Für die Literatur aber ist der Rundfunk ein veränderndes Medium. Formveränderung muß oder müßte die Literatur annehmen, um rundfunkgemäß zu werden, und wie stellt sich oder kann sich überhaupt die Literatur zu diesen Ansprüchen des Rundfunks stellen" (Döblin 1930, 5)?

Das ist die Frage, der die weiteren Ausführungen des Autors nachgehen. Bevor diese nun die jeweilige Tauglichkeit der literarischen Gattungen – Lyrik, Epik, Dramatik sowie Essayistik – für das Radio erörtern, markiert Döblin einige allgemeine Bedingungen: Indem nämlich der Rundfunk „uns [d. i. die Schriftsteller]" ermahnt, „die Drucktype zu verlassen, [...] fordert [er] uns auf, unseren kleinen gebildeten Klüngel zu verlassen" (Döblin 1930, 7). Mithin weitet sich der Rezipientenkreis der Literatur mit dem neuen Medium beträchtlich aus: Wo sich zuvor nur wenige für Dichtung interessierten, kann diese jetzt zu vielen nach Hause kommen. Der exklusive Leserkreis weicht der Hörermasse. Für Döblin ist das kein Manko, sondern Teil der Chance, die der Literatur geboten wird: „Beides, mündlich zu sprechen oder sprechen zu lassen, und sich auf den lebenden einfachen Menschen der Straße und des Landes einzustellen: diese beiden literaturfremden, funkformalen Ansprüche sind auch literarisch gute Ansprüche" beziehungsweise notwendige „Sanierungseingriffe" (Döblin 1930, 7) in die Dichtung. Damit liegt die geforderte Formveränderung nicht nur in den Konstellationen des Rundfunks als „sehr künstliche[m] technischen Mittel" (Döblin 1930, 6). Vielmehr müssen sich die Autoren auch eine Hörerschaft jenseits der gebildeten Eliten erobern, also zu literarischen Formen finden, die dem entsprechen.

Hier stellt Döblin fest, dass Lyrik und Essayistik sehr gut zum Hörfunk passen: Während die Lyrik in ihrer Rhythmik und Musikalität bereits zum gesprochenen Wort tendiere, werde der Essay – vorausgesetzt, er berücksichtige den Horizont des „kleine[n] Mann[es]" (Döblin 1930, 7) – dort leicht als ‚fröhliche Wissenschaft' im Sinne Friedrich Nietzsches auftreten können. Für die Dramatik und Epik aber gilt nach Döblin: „Hände weg" (Döblin 1930, 11)! Denn wo die Dramatik mit ihrer Angewiesenheit auf die Bühne nach Sichtbarkeit verlange, sei der große Roman schlichtweg zu lang, um die Hörerschaft dauerhaft zu fesseln. Wolle man also im Radio Platz auch für diese Gattungen schaffen, seien, unterstreicht der Autor, besagte Formveränderungen angezeigt. Der Rundfunk müsse „sich Epik und Dramatik auf eigene Weise assimilieren und kann eine spezifische, volkstümliche Rundfunkkunst [...] entwickeln. Diese Gattung hat den Merkmalen des Radio – Hörbarkeit, Kürze, Prägnanz, Einfachheit – Rechnung zu tragen" (Döblin 1930, 11). Dabei sei diese Rundfunkkunst weniger eine Sache der Dramaturgen, sondern bedürfe für ihre programmgerechte Inszenierung der „Hilfe der wirklichen Literatur" beziehungsweise der „dichterische[n] Phantasie" (Döblin 1930, 11).

Für Döblin steht damit eine neue Kunstform zur Debatte, das Hörspiel, die jedoch erst noch zu schaffen sei. Dazu müssten sich sowohl die Radiomacher der „wirklichen Literatur" als auch die „dichterische Phantasie" für die Koordinaten der neuen Technik öffnen. Folglich sind beide auf ein Wechselspiel verwiesen, in dessen Zentrum das Medium als Anstoß und zweifache Herausforderung zu einer Renovierung der Literatur steht: Indem es der Dichtung ermöglicht, zu allen zu sprechen, lässt diese den Elfenbeinturm hinter sich. Zugleich aber sind Schreibweisen und Praktiken gefragt, die – neben dieser Volkstümlichkeit – auch die Eigendynamik des Mediums einbegreifen. So sei der Maßstab der Hörkunst in deren „Hörbarkeit, Kürze, Prägnanz, Einfachheit" zu finden und bestimme derart, urteilt Döblin, den „Grad der Möglichkeit eines Eintritts von Literatur in den Rundfunk" (Döblin 1930, 12).

Als ein Versuch Döblins, diese Beobachtungen auch praktisch umzusetzen, kann das Hörspiel *Die Geschichte vom Franz Biberkopf* eingestuft werden (vgl. Döhl [1996] 2016). Der Autor schreibt es nach der Vorlage seines Erfolgsromans *Berlin Alexanderplatz*. Dabei kommt die Machart des Buches seiner Hörspielbearbeitung schon weitgehend entgegen. Benjamin, der den Roman 1930 rezensiert, beschreibt dieses „Stilprinzip" so: „Stilprinzip dieses Buches ist die Montage. Kleinbürgerliche Drucksachen, Skandalgeschichten, Unglücksfälle, Sensationen von 28, Volkslieder, Inserate schneien in den Text. [...] Berlin ist sein Megaphon" (Benjamin [1930] 1991, 232–233). In diesem Sinne ist der Roman bereits auf eine „Hörbarkeit" angelegt, der die Hörspielfassung nur zu folgen braucht: „Erleichtert durch das Collage-Prinzip des Romans enthält die Adaption neben und innerhalb der Dialoge lyrische und epische Elemente in Lied und Zitatform, spielt die Tageszeitung eine Rolle, ist im Lied vom Schnitter eine populäre Musik mit von der Partie. Und der, gemessen an der komplexen Romanvorlage, eher schlichte, relativ leicht verständliche Hörspieltext ließe sich ohne Weiteres mit Döblins Forderung der Rücksichtnahme auf die breite Hörermasse rechtfertigen" (Döhl [1996] 2016, 9–10).

Gesendet wird das Hörspiel jedoch vorerst nicht. Für den 30. September 1930 angekündigt, wird es zunächst um einen Tag verschoben und dann ganz abgesetzt. Zwei Wochen nach dem Wahlerfolg der Nationalsozialisten am 14. September 1930 wollten die Radioverantwortlichen kein Risiko eingehen (vgl. Hörburger [2006] 2016, 2). So fällt *Die Geschichte vom Franz Biberkopf* trotz der Streichung politisch schwieriger Stellen dem vorauseilenden Gehorsam der Radiomacher zum Opfer (vgl. Hörburger [2006] 2016, 3). Auf Schallplatte erhalten, wird der Hörtext erst um 1960 mehrfach ausgestrahlt.

5. Fazit

Gemeinsam ist den Stellungnahmen der vier Autoren, dass sie das neue Medium zwiespältig sehen: Auf der einen Seite bietet es die zuvor ungeahnten Möglichkeiten der Direktübertragung und Massenadressierung. Auf der anderen Seite werden diese Chancen jedoch durch ein gesteuertes Programm als Programm der Steuerung willkürlich eingeschränkt. Hörkunst in diesem Sinne ist „verwaltete Kunst" (Schöning 1970, 250).

Zugleich hat das Radio eine neue Kunstform hervorgebracht, die, obwohl sie, so Arnheim, dem Rundfunk genau entspreche, noch keine zureichende Form gefunden habe. Flesch, zunächst Direktor der Südwestdeutschen Rundfunk AG, dann Intendant der ‚Funkstunde', bringt das Dilemma auf den Punkt: Für die Hörspielautoren gehe es darum, „das Stück aus dem Mikrophon heraus zu komponieren, statt Vorgänge hinter dem Mikrophon zu schaffen" (Flesch [1931] 2002, 473). Darin betont Flesch einen Eigenwert des Hörbaren, den Arnheim, Benjamin und Döblin ebenfalls akzentuieren: Neben den Merkmalen der Direktübertragung und Massenadressierung folgt die Nutzung des Mediums „eigenen Form-Artgesetzen" (Benjamin [1932a] 1991, 671), die sich aus der radiophonen „Welt der Klänge" (Arnheim [1936] 2001, 22) ableiten. Doch sind diese Formen in ihrer Tragweite, das heißt der akustische Raum des Radios, erst noch zu erschließen. Dazu hatte Fleschs Hörspiel *Zauberei auf dem Sender* bereits 1924 ein mögliches Modell vorgegeben, das gerade auch den experimentellen Charakter der Suche nach einer neuen Hörwelt und -kunst in den Vordergrund rückt (vgl. Hagen 2005, 106–107). Benjamin und Brechts Konzepte und Praktiken schließen daran an, wenn sie sowohl mit den Hörmodellen als auch dem Vorschlag, die epische Dramatik für eine Umfunktionierung des Rundfunks zu nutzen, den Maßnahmen zu einer Verwaltung der Kunst die Mediendynamik, das heißt das Mobilisierungs- und Irritationspotenzial des Mediums entgegensetzen. Das Publikum soll nicht bloß unterhalten oder hinsichtlich einer Hochkultur gebildet, sondern „in Beziehung" (Brecht [1930b] 1967, 129) gesetzt werden – es kommt darauf an, im Verweis auf die Medialität der Apparatur „Kunst und Massenattraktivität zu verkoppeln" (Hagen 2005, 109). Letzteres bewegt auch Döblin, der im Hörfunk die Chance zu einer Renovierung der Literatur erkennt. Diese sei nun aufgefordert, den mittels des Buchdrucks errichteten Elfenbeinturm zu verlassen, um sich eine Volkstümlichkeit des tönenden Worts zu erarbeiten.

Insgesamt also überwiegt in diesen Hinsichten eine positive Aufnahme des neuen Mediums. Es wird in seiner spezifischen Mediendynamik und akustischen Komplexität erkannt, analysiert, beurteilt sowie auf die sich daraus ergebenden Chancen hin befragt. Dabei werden vor allem die Möglichkeiten einer Hörkunst diskutiert, den „neue[n] Mensch[en]" (Hagen 2005, 109) als Massewesen sowohl zu erreichen als auch zu verändern: „Erst seit es das Radio gibt, sprechen wir von ‚den Massenmedien'" (Hagen 1999, 138).

Literaturverzeichnis

Arnheim, Rudolf. „Ein Hörspiel" [1932a]. *Rundfunk als Hörkunst*. Frankfurt am Main 2001: 198–202.
Arnheim, Rudolf. „Der Rundfunk sucht seine Form" [1932b]. *Rundfunk als Hörkunst*. Frankfurt am Main 2001: 185–189.
Arnheim, Rudolf. „Funkliteratur" [1932c]. *Rundfunk als Hörkunst*. Frankfurt am Main 2001: 194–197.
Arnheim, Rudolf. *Rundfunk als Hörkunst* [1936]. Frankfurt am Main 2001.
Benjamin, Walter. „Gespräch mit Ernst Schoen" [1929]. *Gesammelte Schriften*. Bd. IV.1. Hrsg. von Rolf Tiedemann und Hermann Schweppenhäuser unter Mitwirkung von Theodor W. Adorno und Gershom Scholem. Frankfurt am Main 1991: 548–551.
Benjamin, Walter. „Krisis des Romans. Zu Döblins ‚Berlin Alexanderplatz'" [1930]. *Gesammelte Schriften*. Bd. III. Hrsg. von Rolf Tiedemann und Hermann Schweppenhäuser unter Mitwirkung von Theodor W. Adorno und Gershom Scholem. Frankfurt am Main 1991: 230–236.
Benjamin, Walter. „Hörmodelle" [1931]. *Gesammelte Schriften*. Bd. IV.2. Hrsg. von Rolf Tiedemann und Hermann Schweppenhäuser unter Mitwirkung von Theodor W. Adorno und Gershom Scholem. Frankfurt am Main 1991: 628.
Benjamin, Walter. „Zweierlei Volkstümlichkeit. Grundsätzliches zu einem Hörspiel" [1932a]. *Gesammelte Schriften*. Bd. IV.2. Hrsg. von Rolf Tiedemann und Hermann Schweppenhäuser

unter Mitwirkung von Theodor W. Adorno und Gershom Scholem. Frankfurt am Main 1991: 671–673.
Benjamin, Walter. „Radau um Kasperl. Hörspiel" [1932b]. *Gesammelte Schriften*. Bd. IV.2. Hrsg. von Rolf Tiedemann und Hermann Schweppenhäuser unter Mitwirkung von Theodor W. Adorno und Gershom Scholem. Frankfurt am Main 1991: 674–695.
Benjamin, Walter. „Theater und Rundfunk. Zur gegenseitigen Kontrolle ihrer Erziehungsarbeit" [1932c]. *Gesammelte Schriften*. Bd. II.2. Hrsg. von Rolf Tiedemann und Hermann Schweppenhäuser unter Mitwirkung von Theodor W. Adorno und Gershom Scholem. Frankfurt am Main 1991: 773–776.
Benjamin, Walter. „Der Autor als Produzent" [1934]. *Gesammelte Schriften*. Bd. II.2. Hrsg. von Rolf Tiedemann und Hermann Schweppenhäuser unter Mitwirkung von Theodor W. Adorno und Gershom Scholem. Frankfurt am Main 1991: 683–701.
Brecht, Bertolt. „Vorschläge für den Intendanten des Rundfunks" [1927]. *Gesammelte Werke*. Bd. 18: *Schriften zur Literatur und Kunst 1*. Hrsg. von Elisabeth Hauptmann. Frankfurt am Main 1967: 121–123.
Brecht, Bertolt. „Radiotheorie" [1927–1932]. *Gesammelte Werke*. Bd. 18: *Schriften zur Literatur und Kunst 1*. Hrsg. von Elisabeth Hauptmann. Frankfurt am Main 1967: 117–134.
Brecht, Bertolt. „Erläuterungen zum ‚Ozeanflug'" [1930a]. *Gesammelte Werke*. Bd. 18: *Schriften zur Literatur und Kunst 1*. Hrsg. von Elisabeth Hauptmann. Frankfurt am Main 1967: 124–127.
Brecht, Bertolt. „Der Rundfunk als Kommunikationsapparat" [1930b]. *Gesammelte Werke*. Bd. 18: *Schriften zur Literatur und Kunst 1*. Hrsg. von Elisabeth Hauptmann. Frankfurt am Main 1967: 127–134.
Döblin, Alfred. „An Romanautoren und ihre Kritiker. Berliner Programm" [1913/1914]. *Ausgewählte Werke in Einzelbänden. Schriften zur Ästhetik, Poetik und Literatur*. Hrsg. von Erich Kleinschmidt. Olten und Freiburg im Breisgau 1989: 119–123.
Döblin, Alfred. „Vortrag auf der Tagung Dichtung und Rundfunk. Reden und Gegenreden". *Dichtung und Rundfunk. Reden und Gegenreden*. Hrsg. von der Sektion für Dichtkunst der Preußischen Akademie der Künste. Berlin 1930: 3–12.
Döhl, Reinhard. „Theorie und Praxis des Hörspiels". *Zeitschrift für Literaturwissenschaft und Linguistik. Stationen der Mediengeschichte* 103 (1996): 70–85.
Dussel, Konrad. *Deutsche Rundfunkgeschichte*. 2., überarb. Aufl. Konstanz 2004.
Enzensberger, Hans Magnus. „Baukasten zu einer Theorie der Medien". *Kursbuch* 20: 159–186.
Flesch, Hans. „Hörspiel – Film – Schallplatte" [1931]. *Medientheorie 1888–1933. Texte und Kommentare*. Hrsg. von Albert Kümmel und Petra Löffler. Frankfurt am Main 2002: 473–478.
Hagen, Wolfgang. „Der Radioruf. Zu Diskurs und Geschichte des Hörfunks". *HardWar/SoftWar. Krieg und Medien 1914 bis 1945*. Hrsg. von Martin Stingelin und Wolfgang Scherer. München 1991: 243–273.
Hagen, Wolfgang. „Zur medialen Genealogie der Elektrizität". *Kommunikation – Medien – Macht*. Hrsg. von Rudolf Maresch und Niels Werber. Frankfurt am Main 1999: 133–173.
Hagen, Wolfgang. *Das Radio. Zur Geschichte und Theorie des Hörfunks – Deutschland/USA*. München 2005.
Hörburger, Christian. „Essay zum Hörspiel ‚Die Geschichte vom Franz Biberkopf' nach dem Roman ‚Berlin Alexanderplatz' von Alfred Döblin". *Sendemanuskript Saarländischer Rundfunk*. https://docplayer.org/14243141-Essay-zum-hoerspiel-die-geschichte-vom-

franz-biberkopf-nach-dem-roman-berlin-alexanderplatz-von-alfred-doeblin.html. 2006: 1–5 (17. Februar 2020).

Lersch, Edgar. „Mediengeschichte des Hörfunks". *Handbuch der Mediengeschichte*. Hrsg. von Helmut Schanze. Stuttgart 2001: 455–489.

Leschke, Rainer. „'An Alle'. Von Radio und Materialismus". *Media Marx. Ein Handbuch*. Hrsg. von Jens Schröter. Bielefeld 2006: 243–258.

McLuhan, Marshall. *Understanding Media/Die magischen Kanäle* [1964]. Übers. von Meinrad Ammann. Basel 1994.

Rusch, Gebhard, Helmut Schanze und Gregor Schwering. *Theorien der Neuen Medien. Kino – Radio – Fernsehen – Computer*. Paderborn 2007.

Schöning, Klaus. „Hörspiel als verwaltete Kunst". *Neues Hörspiel. Essays, Analysen, Gespräche*. Hrsg. von Klaus Schöning. Frankfurt am Main 1970: 248–266.

Schöttker, Detlev. „Benjamins Medienästhetik". *Walter Benjamin. Medienästhetische Schriften*. Hrsg. von Detlev Schöttker. Frankfurt am Main 2002: 411–433.

Schrage, Dominik. *Psychotechnik und Radiophonie. Subjektkonstruktionen in artifiziellen Wirklichkeiten 1918–1932*. München 2001.

Schwering, Gregor. „Brechts Radiotheorie und Enzensbergers Baukasten. Zwei Kommunikationsmodelle auf dem Prüfstand". *Sprache und Literatur* 99 (2007): 18–38.

Wilke, Jürgen. *Grundzüge der Medien- und Kommunikationsgeschichte. Von den Anfängen bis ins 20. Jahrhundert*. Köln 2000.

4.12. Akustische Medienwirkung und Medienreflexion: *Invasion of Mars* und *Zauberei auf dem Sender*
Wolfgang Hagen

1. War of the Worlds

„First Person Singular" war der designierte Titel einer Radioserie bei der zweitgrößten Radiokette des USA-Rundfunks in den 1930er Jahren. Geplant zur besten Sendezeit, sonntagabends 20 Uhr, unterschreibt der 23 Jahre junge Orson Welles im Juni 1938 einen Vertrag mit Columbia Broadcasting System (CBS). Mit Dutzenden von parallellaufenden Serials jeden Tag konkurrieren die beiden Radioketten *National Broadcasting Company* (NBC) und CBS um jede Sendestunde. CBS ist, was Stationenzahl, Quoten und Umsatz betrifft, NBC noch unterlegen.

Orson Welles' Stimme klang wie ein „vokales Musik-Instrument", sagt John Houseman, Freund, Geliebter, Ersatzvater, Skriptautor und Produzent, „ein vokales Instrument von abnormaler Resonanz und Flexibilität" (Houseman 1973, 362). Mit dieser Stimme, ihrem sonoren Umfang, ihrer berückenden Stärke, ihrem Melos, ihrem ausdrucksvollen, warmen, vollen, weichen Timbre, ihrer unfasslichen Wandelbarkeit und dialektfreien, unaffektierten Artikulation war Orson Welles schon in jungen Jahren berühmt geworden. Das Mai-Heft der *Times* hatte sein Konterfei aufs Cover genommen, um ihn und seine kleine Off-Broadway-Theater-Kompanie zu präsentieren: The Mercury Theatre. Jetzt zog das Ensemble – mit insgesamt über einhundert (fast vollständig erhaltenen und heute im Internet zugänglichen) akustischen Dramatisierungen klassischer Stoffe – ins Radio ein.

William Paley, milliardenschwerer Sohn eines Zigaretten-Tycoons, ist seit neun Jahren Eigentümer der CBS-Kette und will endlich zum Marktführer NBC aufschließen. Um sich von NBC zu unterscheiden, holt er Welles. Aber: keine Stimme ist im Radio allein. In ihrer akustischen Medienwirkung liegt die Besonderheit des frühen amerikanischen Radios darin, dass an die sechstausend tägliche und wöchentliche Serials (1925–1953) mit leitenden Stimmen konkurrieren (vgl. Hickerson 1992). Die besondere Komplikation jedoch, mitursächlich für die Panik um *The War of the Worlds*, besteht an Halloween 1938 darin, dass die Stimme, gegen die Orson Welles antritt, nicht ,eine' Stimme ist, sondern eine doublettierte Stimme, ein Stimmdoppel, nämlich ein Bauchredner im Radio. Auf der anderen

Seite ist ein bis dato nahezu unbekannter Radio-Sound zu hören: O-Töne von einer kriegerischen Invasion einer fremden Macht auf US-amerikanischem Boden.

Als Welles 1938 bei CBS unterschreibt, lauschen sonntagabends über zehn Millionen auf dem Konkurrenzkanal NBC Edgar Bergen und seiner sprechenden Puppe ‚Charlie McCarthy'. Bauchredner Bergen trägt sein Double klassisch auf dem Arm. Wie aber fesselt er Millionen, die ihn nicht sehen? Geht es beim Ventriloquismus nicht darum, dass die andere Stimme körperlich unsichtbar bleibt, ohne die kleinsten Zuckungen auf den Lippen desjenigen, der sie spricht? Auch am 30. Oktober 1938 ist Edgar Bergen alias Charlie McCarthy auf Sendung. Es ist der Abend, an dem wegen der zeitgleichen Ausstrahlung des CBS-Hörspiels *The War of the Worlds* in einigen Städten der USA eine leichte bis mittlere Panik ausbricht. Was geschieht zeitgleich auf NBC? Wie laufen die akustischen Medienwirkungen ab?

Was den Ventriloquismus betrifft, so ginge es mit Jacques Lacan, darum, dass der Bauchredner die „Einverleibung" (Lacan [1963] 2011, 275) der Stimme, also ihre Gebundenheit an den Leib, gleichsam rückgängig macht und die Stimme dem Körper entreißt, dekonstruiert und von ihm abspaltet. Aber gleichwohl bleibt es ‚seine' Stimme. Dieser Oszillation einer zugleich an- und abwesenden Stimme kann man sich nur schwer entziehen; dies allein erklärt aber noch nicht, wie all das funktioniert, wenn man die Abspaltung nicht sieht. Radioforschern wie John Dunning oder Arthur Wertheim blieb denn auch der Charlie-McCarthy-Erfolg im amerikanischen Radio der 1930er Jahre ein Mysterium (vgl. Dunning 1976, 125; Wertheim 1992, 354–356).

Bergen lässt seinen Dummy von Anfang an als einen kleinen, raffinierten Verräter sprechen. Nie bleibt Charlies Anspielung darauf aus, dass er in Wahrheit nur ein dummes Stück Holz ist. Die Anspielung auf das Tote, auf Holz, aus dem Charlie gefertigt ist, impliziert, dass der Dummy Charlie glänzend damit leben kann, dass er ein ‚Nichts' ist. Dass Charlie eigentlich schon tot ist, wenn er spricht, macht ihn erst wirklich frei zu sprechen und alle diejenigen zu verspotten, die in ihrem Sprechen mehr zu sein vorgeben als sie sind. Bergens Stimme im Radio setzt also da an, wo es um die Paradoxie geht, sich mit der eigenen Stimme zu identifizieren. Alles läuft so, wie in Thomas Bernhards Kurzprosastück *Der Stimmenimitator* (vgl. Bernhard 1978): Der titelgebende Protagonist wird hier gebeten, mal diesen und mal jenen zu imitieren. Als er am Schluss gefragt wird, ob er auch seine eigene Stimme imitieren könne, antwortet er, dass er dies nicht tun könne. Ähnlich läuft es bei Bergen gleich (respektive ungleich) Charlie. Bergen kann seinen Dummy nur zur fremden Person machen, indem er darüber hinwegtäuscht, dass sein Dummy der Andere seiner eigenen Stimme ist, die stets anders und zugleich bei sich selbst ist und immer war – und zwar in intimster Nähe, nämlich ‚eigentlich' im eigenen Körper. Charlie funktioniert als ventriloquistische Puppe so perfekt im Radio, weil Bergen ihn fortwährend klagen lässt, nur eine Puppe zu sein – also unterdrückt und ferngesteuert. Zugleich ist Charlie damit allen überlegen, vor allem seinem Schöpfer Bergen, über den er alles weiß. Es gibt keinen Sketch von Bergen/McCarthy, in dem nicht am Ende Bergen wie ein *fool* dasteht. Bergen erzählt, er sei ganz müde von der Woche und von den vielen kleinen Dingen, die so passiert sind, aber sein Double entlarvt diese kleinen Dinge sofort als die kleinen Mädchen, die nicht einmal so klein sind. Sie sind Objekte des heimlichen Begehrens des offenbar krankhaft verrückten Verliebten. Das Stimm-Double verrät Geheimnisse, die nur eine Stimme sich selbst verraten kann.

In der Radio-Ventriloquismus-Show ‚Charlie McCarthy' geht es um den Platz des Anderen in der eigenen Stimme, um das Begehren der Stimme, das nicht und niemals sie selbst ist, das sich nicht und niemals in ihr erfüllt, weil das Begehren, das der Stimme als Objekt eingeschrieben ist, in diesem Objekt auch immer leer ausgeht. Denn die Stimme ist kein ontologisches Objekt. Sie ist ein soziales Objekt und ein Objekt des Begehrens, sagt Lacan, dem zuzustimmen uns hier aus dem Kontext der Rekonstruktion der Radiogeschichte der USA zukommt. Dass die Stimme ein Objekt des Begehrens ist, dass man sie haben will und haben muss in einem Land der Immigration, in dem man, um jemand zu sein, neu sprechen zu lernen hat: das ist eine für die Analyse der akustischen Medienwirkungen des Radios ganz unverzichtbare These. Im amerikanischen Radio, gerade in der Phase seiner Ausbildung zum Massenmedium in den 1930er Jahren, zeigen die Erfolge der zahllosen Serials und ihrer führenden Stimmen, dass die Stimmfindung eine der zentralen sozialen Fragen im krisengeschüttelten Immigrationsland USA in der Zeit nach der Großen Depression war. Das faszinierend kunstvolle Aufspalten der eigenen Stimme, das man nicht sieht, aber hört, das ist Edgar Bergens frappierendes Erfolgsrezept.

Insofern blieb CBS am Vorabend Halloweens, Sonntag, den 30. Oktober 1938, im Grunde quotenmäßig eher chancenlos. William Paley hatte Orson Welles nach wenigen Sendungen auf diesen Sonntagabendtermin gesetzt; ein fast schon verzweifelter Versuch, dem Doppel Bergen/McCarthy Paroli zu bieten. Man folgte dem Konzept einer volltönenden Stimme, die als „First Person Singular" nie einen Zweifel daran aufkommen ließ, wer hier ‚Ich' sagte. Orson Welles' ‚Ich-Format' bestand darin, Klassiker und dramatische Romane der Weltliteratur jeweils aus der (von Welles gesprochenen) Ich-Perspektive eines ihrer Hauptakteure zu erzählen, auch wenn die Originalvorlage eine solche Erzählperspektive gar nicht vorsah. Den reichlich intellektualistischen Serientitel „First Person Singular" ließ Welles erst unmittelbar vor Sendestart fallen. Wenn eben schon nicht viele Hörer zu erreichen waren, so sollten diese wenigen wenigstens eine gute Werbung für sein Theater erhalten, das unter der Woche weiterhin bis zu vier Broadway-Vorstellungen absolvierte. In den gut einhundert Produktionen des Mercury Theatre on the Air verschweigt Orson Welles nicht eine Sekunde, dass der Erzähler immer Orson Welles heißt und es seine Stimme ist, die erzählt. Insofern bringt auch er das amerikanische Radio seiner Zeit auf den Punkt. Es ist ein Stimmen-Radio, das konstituiert ist durch eine Überdeterminiertheit der Stimme, die sich in Serials tausendfach dupliziert, ausdifferenziert, von Stimm-Normen abweicht und damit selbst noch einmal ebendiese festigt.

Die siebzehnte Produktion ist eine Adaption von H. G. Wells' Roman *The War of the Worlds* (vgl. Koch 1970, 31–33). An diesem Abend werden die Medienforscher erstmals mit den Folgen der tatsächlichen Rezeption der Charlie-McCarthy-Show konfrontiert. Es war etwa Viertel nach acht. Die Show bestand aus vier ‚Skit'-Teilen, die jeweils durch Livemusik unterbrochen wurden. (Der erhaltene Mitschnitt der Sendung vom 30. August 1938 ist auf verschiedenen Sammler-Plattformen im Internet abrufbar.) Als in der ersten Pause Dorothy Lamour ihre Schnulze zu singen beginnt, schaltet jeder fünfte Hörer weg. Das belegt die (in dieser Form erstmalig durchgeführte) Akzeptanzanalyse im Nachhinein (vgl. Cantril 1947). Die Musik führt bei 20 Prozent der Hörerschaft zum ‚Zappen'. Gegen Viertel nach acht ist auf dem Nachbarkanal CBS zu hören, was eine Viertelstunde nach Beginn von *The War of the Worlds* auch heute noch nachzuhören ist: Die Marsianer sind gelandet, es brennt, einige Menschen sind tot, ein Augenzeuge und ein Reporter berichten außer Atem. Die von NBC kommenden Hörerinnen und Hörer haben den Anfang des Ich-Monologs verpasst, jetzt hören sie einen hektischen Reporter (auch Orson Welles, aber mit verstellter Stimme), Liveschaltungen hin und her, immer wieder unterbrochen von gestörten Übertragungen, eine offenbar verheerende Invasion ist in vollem Gange. Am Ende ist der Reporter selbst vor sich ausbreitenden Gaswolken auf der Flucht und bricht auf dem Dach des CBS-Gebäudes zusammen, live mit dem Mikrophon in der Hand. Eine auch heute noch akustisch eindrucksvolle Szene.

Am nächsten Morgen stellt sich heraus: Es hatte Aufruhr in zahllosen Polizeistationen, in der CBS-Telefonzentrale und in den Feuerwehrdepartments vieler Städte gegeben. Menschen waren verstört auf den Straßen und in Parks herumgelaufen. Niemand kam zu Schaden; keine Verletzten, keine Toten. Aber die Tageszeitungen titelten: Radio-Panik, Radio-Hysterie. Die Gebete vor der Haustür, die Fluchten in die Parks, all das kam zustande, als der Ich-Erzähler Welles schwieg, als keine leitende Stimme durch das Programm führte, als alle gewohnten Radiostimmen verstummt waren. Stattdessen hörte man Stimmengewirr, seltsam stockende Ansager, hier und da Schreie und schrille Geräusche. Und vor allem immer wieder technische Pausen, kurze Sendeausfälle, Mikrophongeräusche und technische Störungen. Was die von Charlie McCarthy herkommenden Hörerinnen und Hörer jetzt zu hören bekamen, das war nicht das amerikanische Radio, wie sie es kannten, sondern perfekte Radiokunst, ‚Radio pur', das Geräusch der Übertragung, die Interferenz der Katastrophe. Das war ein Radio, das in großer Perfektion ein Radio simulierte, das im Ausfall begriffen war. Dieser Ausfall aller leitenden Stimmen verstärkte die Suggestion, eine Invasion der fremden Macht sei erfolgt. Fremde, stimmlose Wesen machten denjenigen den Platz streitig, die Radio hörten, um eine Stimme zu finden.

So hat die *War of the Worlds*-Panik auf eine kontingente und zugleich ironische Weise die Stimmpolitik des frühen amerikanischen Serienradios entlarvt, eben gerade dadurch, dass für eine knappe halbe Stunde am Halloween-Abend des Jahres 1930 auf CBS keine Stimmpolitik mehr stattfand. Und tatsächlich, am Ort der gesuchten Stimmen, an dem nichts mehr stimmte, entstand Panik. Aber nur für kurze Zeit. Man musste ja lediglich den Kanal wechseln oder abwarten. Niemand kam zu Schaden.

2. Zauberei auf dem Sender

Es gibt in der Geschichte der Radiohörspiele wenige, die nicht so sehr ein Hörspiel, sondern vielmehr die Störung eines Hörspiels zum Inhalt haben. *Zauberei auf dem Sender* von Hans Flesch, uraufgeführt vom Frankfurter Sender am 24. Oktober 1924, spielt mit Störungen des Sendebetriebs an demselben Tag. Es inszeniert – mit spielerischer Performanz – eine hintersinnige Medienreflexion über die akustische Medienwirkung des Radios.

„Liebes Fräulein, bitte schreiben Sie: Protokoll – haben Sie?", diktiert der Chef, als das Sendechaos Formen angenommen hat. „Jawohl, Herr Doktor", antwortet das Fräulein. Mit diesen Worten lernen wir in seinem Stück den Autor kennen. Es ist Dr. med. Hans Flesch, eben noch Assistent am physikalischen Grundlageninstitut für Röntgenmedizin, jetzt, seit einem halben Jahr, Leiter des Frankfurter Senders. „Am 24. Oktober 1924", diktiert der Doktor am 24. Oktober 1924, „sollte um halb neun Uhr abends wie gewöhnlich – haben Sie? – ... das Abendkonzert beginnen. Schon bei den einleitenden Worten ..." (Flesch 1924a, 31).

Hier wird das Protokoll der Störung gestört. Die Handlung von *Zauberei auf dem Sender* besteht aus fortgesetzten Verdoppelungen und Feedbacks von Programmstörungen: Es brechen über den Doktor und die Hörer Kratzgeräusche, Börsenmeldungen und Trompetenklänge herein. Radioverwirrung. Verzweifelt wird der „künstlerische Assistent" gerufen. Wer ist das? Ernst Schön ist sein Name und über ihn wäre in der Realität von 1924 ein eigener Essay zu schreiben: Musiker und Komponist, ein Schüler Ferruccio Busonis und Edgar Varèses, ein lebenslanger Freund Walter Benjamins, ein Beförderer der damals modernen Musik im Radio, wie es wohl keinen zweiten gab. Im Radio Frankfurt war er der Programmchef unter Intendant Flesch. „Schön, haben Sie das am Kontrollapparat gehört?", fragt Flesch im Hörspiel (Flesch 1924a, 27). Die Störungen verdoppeln sich, Schön hat nichts gehört. Daraufhin Flesch: „Herr Schön, halten Sie es für möglich – ich meine – ganz im Prinzip, daß eine Musik ertönt, die tatsächlich nirgends gespielt wird" (Flesch 1924a, 29)?

Hier stellt Flesch eine der Kernfragen seines Stücks. Für Flesch, den Promotor eines neuen Mediums in Deutschland ein Jahr nach seiner Gründung, wird sie zur Schlüsselfrage des Radios. 1924 ist Musik, die aus dem Radio kommt, aber ‚im Radio' nicht wirklich gespielt wird, pure Zauberei. Allein Flesch scheint zu ahnen: Musik, die aus dem Radio kommt, wird auf eine bestimmte Weise im Radio nicht gespielt. Das ist keine Frage des Ortes, der Zeit, ihrer Einheit oder Nichteinheit. Musik, die aus dem Radio kommt, ist, sagt *Zauberei auf dem Sender* von 1924, nichts, was ‚gespielt', sondern eher was produziert, hergestellt, simuliert, synthetisiert wird. 1924 aber war die Veranstaltung einer solchen Zauberei, alles also, was über das einfache Spielen von Musik vor einem Radiomikrophon hinausging, ein verrücktes und groteskes Experiment. Aus diesem Grund halten alle – wir sind jetzt wieder im Hörspiel – den ‚Doktor' für verrückt und rufen nach einem Arzt. Ausgerechnet! Aber es kommt kein Arzt, sondern es kommt er: der Zauberer.

Die Botschaft des ersten Hörspiels der Hörspielgeschichte lautet: Radio ist Zauberei, Radio ist Verführung, Täuschung, Illusion und Simulation. Alle Störungen sind hier nur Spiel, nur ein ‚Als-ob'– aber Radio! Radio also. Und das ist die dritte, die offenste und zugleich verborgenste Botschaft des Hörspiels. Radio steht immer auf der Kippe zur Störung, zur Simulation. Im Radio weiß man nie genau, wo man ist, wenn man etwas hört, und wo, wenn nicht. Macht das die – seit 1924 – ungebrochene Faszination des Mediums aus? Jederzeit könnte so etwas wie eine Störung (oder Zauberei) über das Programm hereinbrechen; keinen Augenblick gibt es absolute Gewissheit, ob das, was gerade im Radio geschieht, nicht selbst schon bloße Zauberei ist oder ob es eine auf gestörte Weise geordnete Welt darstellt.

„Ins Irrenhaus mit dem Zauberer!", ruft Flesch – als Radiochef im Hörspiel – dazwischen (Flesch 1924a, 33). Aber es ist zu spät. Die Musik verlangsamt sich, klingt mit einem Mal atonal oder, gemäß Regieanweisung, „wie ein Grammophon, das hängen bleibt". Der Zauber wirkt. „Halt", ruft Flesch, „ich kann nicht mehr" (Flesch 1924a, 35). Wir sind am Ende des Experiments mit der Apparatur. Die Störung muss in Ordnung gebracht werden. Man schafft den Zauberer – keiner erfährt wie – aus dem Studio und auf die unschuldigste Weise erklingt nun der Donauwalzer, gerade so wie er immer geklungen hat. „An der schönen blauen Donau". So endet das dramaturgisch gewiss nicht übertrieben anspruchsvolle Stück; aber so war eben Rundfunkmusik, wie sie sein sollte, wie ‚man' sie wollte, wie der Lizenzgeber der ersten Rundfunkgesellschaften, Hans Bredow, sie wollte, wie auch laut einer allerersten Umfrage aus dem Sommer 1924 die Hörerinnen und Hörer sie nachfragten (vgl. Soppe 1993, 44). Aber das war nicht das Radio, wie Flesch es wollte.

In Dr. Hans Flesch, damals 27 Jahre jung, lernen wir den wichtigsten, innovativsten, sachkundigsten und mutigsten Radiopionier der Weimarer Zeit kennen. Es lohnt sich, seine Arbeit, die mit diesem Zauberei-Hörspiel-Experiment programmatisch begann, kurz weiter zu beleuchten. Flesch war fünf Jahre Intendant in Frankfurt und danach drei Jahre in Berlin. Ohne ihn wären wohl – um nur einige Namen zu nennen – Walter Benjamin, Ernst Krenek oder Paul Hindemith, Arnold Schönberg oder Eugen Jochum nicht zum Radio gekommen. Er hat Bertolt Brecht ermutigt und beauftragt, Arnolt Bronnen als Mitarbeiter eingestellt, Alfred Döblins Radioarbeit ermöglicht und Kurt Weill Kompositionsaufträge erteilt. Befreundet und verschwägert war er mit Paul Hindemith, dieser war wie Flesch in Frankfurt wohnhaft und dort anfänglich Konzertmeister an der Frankfurter Oper. Dass Hindemith später Professor für elektronische Musik an der sogenannten Rundfunkversuchsstelle in Berlin wurde (vgl. Kutsch 1995), ist Flesch ebenso zu verdanken wie die Existenz dieser Schule insgesamt.

Um die Rolle Fleschs zu verstehen, muss man an den erstaunlichen Umstand erinnern, dass das deutsche Radio mit einem historisch ganz einmaligen und besonderen Kulturauftrag begann. Wäre dem nicht so gewesen, ein promovierter Arzt, Künstlerfreund und moderner Intellektueller wie Hans Flesch wäre nie Gründungsintendant in Frankfurt geworden. Der besondere Kulturauftrag an das neue Medium Radio erging aber aus Abwehrgründen. Verleger und Akademiker erhielten Lizenzen für die Gründung der ersten Rundfunkgesellschaften nicht aus Liebe zur Kunst und Kultur, sondern weil das neue Medium ein absolut politikfreies, ein ‚strikt überparteiliches', ein vor jeder sogenannten Beeinflussung geschütztes Medium werden sollte. Der Kulturauftrag verordnete zugleich den Ausschluss von politischen Themen, denn verängstigte Militärs und deutschnationale Bürokraten misstrauten dem Radio zutiefst.

Das konservative Militär hätte Radio am liebsten strikt untersagt. Dagegen finden wir auch in progressiveren Kreisen ein militärisch-industrielles Kalkül, das zugleich von einer politischen Angst überlagert war. Noch einmal November, noch einmal Revolution? Noch einmal „Funkerspuk" (Lerg 1970, 53) wie 1919, als sich zehntausende heimgekommene Weltkriegsfunker unter spartakistischer Führung vereinigten? Aus historischer Distanz wissen wir heute, wie brav und harmlos sich die Spartakisten binnen kurzer Frist hatten abspeisen lassen mit leeren Versprechungen, sie an einer staatsbeamteten Funkordnung zu beteiligen. Von der SPD bis zu den Deutschnationalen war eine Einheitsfront gegen die Spartakisten von 1919 fortan entschlossen, für alle Zukunft allen „Funkerspuk" zu unterbinden. Aus der Angst vor Phantomen erklärt sich das scharfe Kulturpostulat für das deutsche Radio.

Aus heutiger Sicht war das ein fataler Fehlstart. Das deutsche Radio wurde von Beginn an überladen mit einem überzogenen Kulturbegriff, umstellt mit willkürlichen Verboten und politischen Hysterien. Aktuelle Berichte waren unerwünscht und wurden im Vorhinein zensiert, soziale Tagesfragen kamen so gut wie nicht vor. Das hat eine reelle, den sozialen Verhältnissen angemessene Entwicklung des Mediums so verzerrt, dass neun Jahre nach seinem Start der deutsche Reichsrundfunk wie eine reife Frucht in die Hände von Joseph Goebbels fallen konnte, der 1933 bekanntlich in seinem Tagebuch notierte: „[Das Radio] ist ein Instrument der Massenpropaganda, das man in seiner Wirksamkeit heute noch gar nicht abschätzen kann. Jedenfalls haben unsere Gegner nichts damit anzufangen gewußt" (Goebbels 1987, 372).

War der ‚Versuch einer Rundfunkgroteske' von 1924 eine möglicherweise äußerst hintersinnige Anspielung auf diese grotesken Entstehungsbedingungen des Radios in Deutschland? Vermutlich auch. Vor allem aber war es ein Experiment mit den Möglichkeiten des Apparats. Aus dem Apparat heraus und von seinen technischen Bedingungen her stellt Flesch, so harmlos es auch daherkommen mag, die radikale Frage nach der Zukunft des Mediums als Kunst: „Für den Rundfunk, [für] diese wundervolle Synthese von Technik und Kunst auf dem Weg der Übermittlung, gilt der Satz: Im Anfang war das Experiment" (Flesch 1930, 117). Wie für Brecht, Benjamin, Hindemith, Weill und Döblin waren auch für Flesch die Stummfilme Charlie Chaplins wichtig. So wenig wie der Stummfilm kein bloßes Abbild der sichtbaren Welt bot, sondern mittels Schnitt und Collage eine neue Welt präsentierte, ebenso wenig sollte auch das Radio bloßes Abbild akustischer Erscheinungen sein. Darum wird, so Flesch 1924, „auch beim Rundfunk-Konzert niemals künstlerisch Wertvolles [...] herauskommen, wenn der Rundfunk seine Aufgabe darin sieht, lediglich gute Konzerte zu übertragen. Es bleibt dann beim unkünstlerischen Konzert-Ersatz" (Flesch 1924b, 24). Vier Jahre später fasste er diese Thesen wie folgt zusammen: „Der Rundfunk ist ein mechanisches Instrument, und seine arteigenen künstlerischen Wirkungen können infolgedessen nur von der Mechanik herkommen. Glaubt man nicht, daß das möglich ist, so kann man eben an das ganze Rundfunk-Kunstwerk nicht glauben" (Flesch 1928, 35).

Fleschs Begrifflichkeit mag uns fremd sein. Wir sagen Medium und Produktion, wo er von Mechanik und Maschine spricht. Zu Fleschs Zeit aber ist der Begriff der Medien, wie wir ihn seit den 1950er Jahren verwenden, noch unbekannt. Flesch und mit ihm Benjamin müssen zu eigenen Nomenklaturen greifen. Das „unsichtbare Band [...] zwischen Publikum und Künstler" (Flesch 1924b, 8) das ist – in anderen Worten – Benjamins ‚Aura' des künstlerischen Augenblicks, die im Theater oder im Konzertsaal sehr wohl erlebbar ist. Dieses unsichtbare Band, dieser „göttliche Funke" (Flesch 1929, 148) kann im Radio nicht überspringen. Damit frappiert, erstaunt, ja erzürnt Flesch die eben erst etablierte

Hörspielzunft. Für die Produktion von Hörspielen fordert er strikt den Einsatz von Aufzeichnungsgeräten zu Zeiten, in denen diese in den Funkhäusern noch nicht existierten. Dagegen setzten fast alle großen Hörspieldichter und -regisseure dieser Zeit – Fritz Walter Bischoff, Ernst Hardt, Alfred Braun und Arnolt Bronnen – immer noch und immer mehr auf „künstlerische Lebendigkeit" und „Wahrhaftigkeit" (Weil 1996, 232) des Augenblicks, auf das Erlebnis von „geistigen Strömungen" der „Stimme als körperlose Wesenheit" (Kolb 1932, 64), wie es auch der spätere Nazi-Theoretiker Richard Kolb propagierte und wie es bis in das deutsche Nachkriegsradio der 1960er Jahre hinein gültig blieb (vgl. Schwitzke 1963).

Für den Intendanten Flesch war aber klar, dass Kunst im Radio nur existieren konnte durch Montage, durch Einschnitte ins Material, durch ‚Inserts' und Collagen, also durch konjekturale Techniken der Reproduktion. Dieser konsequente Ersatz der Aura durch Reproduktion nimmt schon 1927 so deutlich Benjamins spätere Thesen vorweg, dass man versucht sein könnte zu vermuten, er, Benjamin, der 1927 zum Radio kam, habe seine berühmten Thesen seinem langjährigen Arbeitgeber, Hans Flesch, abgelauscht. Flesch ist es auch, der Walter Ruttmanns legendäres Hörspiel *Weekend* (1930) in Auftrag gab, die erste und für lange Jahrzehnte einzige künstlerische Hörfunk-Collage der deutschen Radiogeschichte, realisiert mit fabulöser Schnitttechnik auf Lichtton-Zelluloid (vgl. Goergen 1989, 38). *Weekend* klingt schon so, wie erst wieder das O-Ton-Hörspiel der 1970er Jahre klingen wird. Akustisch weit voraus, nämlich fast ein halbes Jahrhundert, war Flesch seinem Radio. Wie geht das?

Was die Musik betrifft, so gibt die gezielte Dissonanz, die der Autor in den Regieanweisungen seiner *Zauberei* vorschreibt, zumindest einen Hinweis, woher Flesch künstlerisch kommt. Hindemith, Flesch und Weill fordern in den zwanziger Jahren nichts weniger als eine ‚absolute Radiomusik', analog zu den frühen Experimenten des ‚abstrakten Films' (Moritz 1988). Wir würden heute sagen, sie fordern eine rein elektronische Musik. Das ist es, was Flesch anspricht, wenn er (den Busoni-Schüler) fragt: „Herr Schön, halten Sie es für möglich – ich meine – ganz im Prinzip, daß eine Musik ertönt, die tatsächlich nirgends gespielt wird?" Als Flesch 1929 Intendant in Berlin wird und endlich die Mittel hat, richtet er als Erstes ein „Studio für elektroakustische und elektronische Musik" ein: „Wir können uns heute noch keinen Begriff machen, wie diese noch ungeborene Schöpfung aussehen kann. Vielleicht ist der Ausdruck ‚Musik' dafür gar nicht richtig. Vielleicht wird einmal aus der Eigenart der elektrischen Schwingungen, aus ihrem Umwandlungsprozeß in akustische Wellen etwas Neues geschaffen, das wohl mit Tönen, aber nichts mit Musik zu tun hat" (Flesch 1929, 150).

Für Flesch ist die Frage der Radiokunst keine ästhetische allein. „Sicher ist die Ordnung das Richtige und die Unordnung das Falsche" (Flesch 1924a, 35), lässt Sendeleiter Flesch, leicht pathetisch überhöht, den Sendeleiter Flesch zum

Abschluss des Hörspiels sagen. Radiokunst und absolute Radiomusik sind für Flesch immer auch Teil einer neuen Ordnung. Wenn es das Radio ist, das in der Welt eine neue Kunst ermöglicht, so muss in dieser Welt auch eine neue Ordnung möglich sein. Das Akustische ist hier eingebunden in ein soziales Kunstpathos, das Flesch von Brecht übernimmt. Bei Letzterem finden wir davon die klarste Fassung. In der Einleitung zur Radioversion von *Mann ist Mann* entwickelt Brecht 1927 die Idee vom „Typus des neuen Menschen". „Der neue Typus Mensch wird nicht so sein, wie ihn der alte Typus Mensch sich gedacht hat. […] Er wird sich nicht durch die Maschinen verändern lassen, sondern er wird die Maschinen verändern, und wie immer er aussehen wird, vor allem wird er wie ein Mensch aussehen. […] Er wird erst in der Masse stark" (Brecht 1967, 977). Brecht sagt das, als erkennbar ein Begriff von Masse im Entstehen ist, der erst durch das Radio seinen anschaulichen Ausdruck findet. Das Radio, das 1923 mit ein paar tausend Hörern begann, war auch im Deutschland der späten 1920er Jahre auf dem Weg, ein Massenmedium zu werden. Für Brecht wie für Hindemith, für Weill wie für Flesch war das Radio jene moderne ‚Maschine', die die Chance und die Hoffnung auf einen ‚neuen Menschen' erkennen ließ. Dieser neue Typus Mensch wäre es, der in Verwendung dieser Maschine das Gesicht der Masse vermenschlichen würde. Das aber verlangte vom Künstler, Kunst und Massenattraktivität miteinander zu verbinden. Dem entspricht Brechts und Weills *Dreigroschenoper* und ihre Kooperation mit Hindemith im *Lindberghflug*, einem Hörspiel aus dem Jahre 1929, dessen Aufführung Flesch beauftragt hatte.

Daraus zog er weitere Konsequenzen: Die letzte Phase seiner Radioexperimente folgte der Erkenntnis, dass nun auch realiter eine neue Ordnung des Radios geschaffen werden musste. Als Flesch, bis dahin eher als Kunstmäzen, Frauenheld und Lebemann verschrien, 1929 nach Berlin kommt, wird er politisch. Als Erstes richtet er eine ‚Aktuelle Abteilung' ein. Was für die Radiokunst nie galt, gilt nun für das Neue Radio, nämlich ein absoluter Vorrang der Aktualität, der Liveberichterstattung, der „gleichzeitigen Übertragung eines Ereignisses" (Weil 1996, 228), wie Flesch noch umständlich formulieren muss. Weder der Begriff ‚live' noch die Liveberichterstattung existierte bis dato im Kulturpostulat-Radio Weimars. Ob Minister auf dem Gehweg erschossen wurden oder Straßenschlachten tobten – nichts davon wurde im Radio zeitnah und aktuell berichtet. Flesch ordnet nun an, ‚Informationsbüros' einzurichten und quer durch die Stadt feste Übertragungskabel zu legen, damit der Rundfunk schneller an die neuralgischen Orte herankäme. Flesch will Parlamentsübertragungen organisieren und Radiomikrophone in Gerichtssälen aufstellen. Das scheitert am Widerstand der staatlichen Radioaufsicht (Goebbels wird all dies wenige Jahre später etablieren). So richtet Flesch einstweilen einen ‚Rückblick auf Schallplatten' ein und schafft damit die erste Sendung im Weimarer Radio, die regelmäßig Originaltöne wichtiger Ereignisse der Woche enthält. „Flesch [...] wollte Leben, wollte Auseinandersetzung" (Weil 1996, 228). Die heute noch von einigen Sendern (z. B. NDR) praktizierte Sendereihe *Gedanken zur Zeit* hat Hans Flesch in Berlin erstmals eingerichtet. „Hier soll der Redner", sagt Flesch, „ungehemmt sein von mannigfachen Rücksichten, die das Mikrophon ihm sonst auferlegt" (Flesch 1927, 3).

Energisch durchstößt Flesch in der letzten Phase seiner Radioarbeit die Grenze des Politikverbots und der Tabuisierung jeglicher Aktualität. Für wenige Monate praktiziert er ein modernes, journalistisches Radio, das der taumelnden Republik aufhelfen will. Als mächtiger und angesehener Intendant in Berlin kann er das, aber ruft genau damit die alten Angstphantome wieder auf den Plan. Binnen weniger Wochen wird im Frühsommer 1932 eine Rundfunkreform aus dem Boden gestampft, die den gesamten Reichsrundfunk unter die Ägide des Innenministeriums stellt. Nur noch regierungsamtliche Nachrichten werden verbreitet und das Verbot politischer Diskussion im Radio gilt schärfer denn je. Die privaten Rundfunkgesellschaften werden aufgelöst, ein Verfahrenstrick, mit dem Flesch schon im August 1932 entlassen wird. 1933 wird ihm dann von den Nazis ein ‚Rundfunkprozess' gemacht, 1934 ein zweiter. Obwohl alle Anklagen selbst vor Nazi-Gerichten keinen Bestand haben, sitzt Flesch bis Ende 1935 ein. Danach wird er als ‚Halbjude' eingestuft, bekommt Berufsverbot und ist in Deutschland ein erledigter Mann. Und doch, an Emigration hat Hans Flesch offenbar nie gedacht. Gegen Ende des Kriegs praktiziert er für kurze Zeit wieder als Arzt in einem kleinen Dorf an der Oder. Freiwillig. Als die russische Front heranrückt, organisiert er noch Anfang April 1945 ein Lazarett für die Verwundeten und bleibt bei ihnen (vgl. Flesch-Thebesius 1988). Seither gilt Flesch als verschollen.

Mit ihm war noch Jahrzehnte nach dem Krieg auch sein Hörspiel verschollen. Man erklärte die *Zauberei auf dem Sender* bis in die 1970er Jahre hinein für unbedeutend, für belanglos, für unverständliche Spielerei, vielleicht noch bestenfalls für irgendwie „interessant" (Hörburger 1975, 130). Über den wichtigsten Programmpionier des deutschen Vorkriegsrundfunks existiert bis heute keine Biographie, seine zahllosen Aufsätze und Vorträge liegen immer noch unbibliographiert in neun Jahrgängen von ca. 40 Rundfunkzeitschriften verborgen.

3. Stimmlichkeiten

In der *Zauberei* und in *War of the Worlds* sind die Funktion der Stimme und der Status der radiophonen Stimmlichkeit zutiefst verschieden. Das hat seinen Grund in den differenten radiohistorischen Kontexten und gibt einen weiteren Beleg dafür, dass das Radio zwei Mal auf die Welt gekommen ist, einmal in den USA und wenig später, unabhängig davon, in Europa (vgl. Hagen 2005). Das frühe amerikanische Radio ist von Beginn an in hohem Maße ein Stimmen-Radio, schon um 1930 von hunderten verschiedenen radiodramatischen Serien geprägt, die aus den volkstheatralischen Komödienformen des Vaudeville-Theaters entstanden waren und führende Stimmen der oft dual auftretenden Hauptakteure ausdifferenzierten. Gegen den Horizont dieser, häufig dialektal stark eingefärbten, den Immigrationshintergrund akzentuierenden Stimmenvielfalt aberhunderter Radioserien setzt sich der shakespearsche Ton Orson Welles gleichsam gegensinnig ab und skandiert mit der Sonorität präsidentaler Singularität explizit ‚eine' Stimme (vgl. Arnheim 1960 [1944]). Diese eine Stimme fällt aber im mittleren Teil von *War of the Worlds* völlig aus, wird – im Plot der Invasion der Marsianer – von Störungen verdrängt und lässt die Hörerinnen und Hörer in einem wirren und exzentrischen Stimmen- und Geräuschegewirr allein.

Das frühe europäische Radio hingegen, speziell das der Weimarer Republik, kennt leitende oder auffällig herausragende Stimmen kaum und hat auch keine seriellen radiodramatischen Formate entwickelt, in denen sich darstellende Stimmen hätten iterativ einprägen können. Der Grund dafür ist die besondere politische Verbotsbedingung, unter der das europäische Radio entsteht: keine Politik, keine Aktualität, sondern nur Kultur, Bildung, Theater, Vorlesung, klassische Musik etc. Zensiert durch Überwachungsausschüsse im Vor- und Nachhinein. Das hat – bis 1933 – autochthone Radiostimmlichkeiten im ersten Medienjahrzehnt fast erstickt, mit der Folge, dass das nationalsozialistische Radio diese unentwickelten Felder okkupieren und nahezu ohne Gegenwehr überformen konnte.

Literaturverzeichnis

Arnheim, Rudolf. „The World of the Daytime Serial" [1944]. *Mass Communications. A Book of Readings*. Hrsg. von Wilbur Schramm. Urbana 1960: 392–411.

Bernhard, Thomas. *Der Stimmenimitator*. Frankfurt am Main 1978.

Brecht, Bertolt. „Zu ‚Mann ist Mann'". *Gesammelte Werke*. Bd. 17: *Schriften zum Theater 3. Anmerkungen zu Stücken und Aufführungen 1918–56*. Frankfurt am Main 1967: 973–988.

Cantril, Hadley. „The Invasion From Mars" [1947]. *The Process and Effects of Mass Communication*. Hrsg. von Wilbur Schramm. Urbana 1947: 411–423.

Dunning, John. *Tune in Yesterday*. Englewood Cliffs 1976.

Flesch, Hans. „Zauberei auf dem Sender. Versuch einer Rundfunkgroteske". *Funk* 35 (1924a): 543–546.

Flesch, Hans. „Zur Ausgestaltung des Programms im Rundfunk". *Radio Umschau* 10 (1924b): 3–4 und 11–12.

Flesch, Hans. „Gedanken zur Zeit". *Südwestdeutsche Rundfunk-Zeitung* 46 (1927): 3.

Flesch, Hans. „Rundfunkmusik". *Rundfunk-Jahrbuch* (1929): 146–148.

Flesch, Hans. „Das Studio der Berliner Funkstunde". *Rundfunk-Jahrbuch* (1930): 117–120.

Flesch, Hans. „Hörspiel, Film, Schallplatte. Referat, gehalten auf der ersten Programm-ratstagung in Wiesbaden am 5. und 6.6.1928". *Rundfunk-Jahrbuch* (1931): 31–36.
Flesch-Thebesius, Marlies. *Hauptsache Schweigen. Ein Leben unterm Hakenkreuz.* Stuttgart 1988.
Goebbels, Joseph. *Die Tagebücher sämtliche Fragmente.* Teil 1.2. München 1987.
Goergen, Jeanpaul. *Walter Ruttmann. Eine Dokumentation.* Berlin 1989.
Hagen, Wolfgang. *Das Radio. Zur Theorie und Geschichte des Hörfunks Deutschland/USA.* München 2005.
Hickerson, Jay. *The Ultimate History of Network Radio Programming and Guide to all Circulating Shows.* o. O. 1992.
Hörburger, Christian. *Das Hörspiel in der Weimarer Republik.* Stuttgart 1975.
Houseman, John. *Run-Through. A Memoir by John Houseman.* London 1973.
Koch, Howard. *The Panic Broadcast, Portrait of an Event.* Boston und Toronto 1970.
Kolb, Richard. *Das Horoskop des Hörspiels.* Berlin 1932.
Kutsch, Arnulf, und Winfried B. Lerg. „Publizistik". *Vierteljahreshefte für Kommunikationsforschung* (1995): 361–364.
Lacan, Jacques. *Das Seminar. Buch X. 1962–1963. Die Angst.* Wien und Berlin 2011.
Lerg, Winfried B. *Die Entstehung des Rundfunks in Deutschland. Herkunft und Entwicklung eines publizistischen Mittels.* 2. Aufl. Frankfurt am Main 1970.
Moritz, William. „Abstrakter Film und Farbmusik". *Das Geistige in der Kunst. Abstrakte Malerei 1890–1985.* Hrsg. von Maurice Tuchman und Judi Freeman. Stuttgart 1988: 297–311.
Schwitzke, Heinz. *Das Hörspiel. Dramaturgie und Geschichte.* Köln und Berlin 1963.
Soppe, August. *Rundfunk in Frankfurt am Main 1923–1926. Zur Organisations-, Programm- und Rezeptionsgeschichte eines neuen Mediums.* München 1993.
Weil, Marianne. „Hans Flesch. Rundfunkintendant in Berlin". *Rundfunk und Geschichte* 22 (1996): 223–243.
Wertheim, Arthur F. *Radio Comedy.* New York 1992.

4.13. Das Hörspiel und die nationalsozialistische Rundfunkpropaganda
Hans Sarkowicz

Bereits wenige Stunden nach der Ernennung Adolf Hitlers zum Reichskanzler durch den Reichspräsidenten Paul von Hindenburg am 30. Januar 1933 ließ der damalige Reichspropagandaleiter der NSDAP und Gauleiter von Berlin, Joseph Goebbels, mit einer improvisiert scheinenden, in ihrer Wirkung aber genau berechneten Livereportage vom Fackelzug der NS-Formationen in Berlin berichten. Die erste Einblendung erfolgte um 19 Uhr in der Sendung *Stimme zum Tag* der Berliner Funk-Stunde. Alle deutschen Sender wurden zur Ausstrahlung verpflichtet; nur der Bayerische Rundfunk blendete sich nach kurzer Zeit aus. „Statt einer endlosen Sequenz von Reden und Massenjubel aus der Reichskanzlei wurde das vorgesehene Programm gesendet", schreibt Stephanie Schrader in ihrer Untersuchung über den Bayerischen Rundfunk während der NS-Zeit. „Man habe die Ernennung der Regierung in Berlin und nicht eine Parteikundgebung erwartet, so die Begründung aus dem Funkhaus" (Schrader 2002, 54). Nach dem im Deutschen Rundfunkarchiv erhaltenen Tondokument bestand die Reportage aus einzelnen Einblendungen, bei denen unter anderem Hermann Göring als Reichsminister ohne Geschäftsbereich, Hans Hinkel als Berliner Führer des Kampfbundes für deutsche Kultur und Goebbels zu Wort kamen. Reporter waren der Radiosprecher Wulf Bley, der bereits 1931 in die NSDAP und SA eingetreten war, und der den Nationalsozialisten nahestehende Heinz von Lichberg (vgl. Roller 1980, 3–4). Die Wirkung der Übertragung muss gewaltig gewesen sein. Hatten bisher die führenden Politiker der Weimarer Republik in ihrer *Stunde der Reichsregierung* immer neue Notverordnungen über die deutschen Radiosender verkündet und düstere Prophezeiungen verbreitet, so feierte plötzlich eine ganze Stadt, wie es schien, die neue Regierung.

Die Reportage der mit militärischem Zeremoniell ablaufenden Feier mit klingendem Spiel und verstohlenen Blicken in die Arbeitszimmer der neuen Machthaber sollte nach Jahren der wirtschaftlichen und politischen Krisen eine Aufbruchsstimmung suggerieren, die niemand mehr erwartet hatte. Goebbels hatte die propagandistischen Möglichkeiten des noch recht jungen Mediums Radio schon früh erkannt, aber erst nach der Machtübernahme Hitlers konnte er sie für die Zwecke der NSDAP nutzen. In dem ‚Unterhaltungsrundfunk' der Weimarer Republik, der zur weitgehend politischen Abstinenz verpflichtet war, hatten nationalsozialistische Politiker nur selten auftreten dürfen. Das änderte sich mit dem 30. Januar 1933 grundlegend. Denn jetzt bestimmten NSDAP-Funktionäre verschiedener Rangstufen die Inhalte der aktuellen und politischen Sendungen.

Die Voraussetzungen dafür hatten die Politiker zum Ende der Weimarer Republik mit der Verstaatlichung der als Aktiengesellschaften gegründeten Radiosender geschaffen. Damit war der direkte Durchgriff der neuen Machthaber gesichert.

Am 5. März 1933 konnten die Nationalsozialisten ihren Stimmenanteil um 10,8 Prozent gegenüber der Reichstagswahl vom November 1932 steigern. Dieser Stimmenzuwachs wird im Wesentlichen auf die nationalsozialistische Rundfunkpropaganda zurückgeführt (so zuletzt Adena et al. 2013, 3). Allerdings wurde das erklärte Ziel der NSDAP, die absolute Mehrheit der Stimmen und Sitze zu erreichen, verfehlt. Als Goebbels am 13. März zum Minister für Volksaufklärung und Propaganda ernannt wurde, legte er großen Wert darauf, dass die Verantwortung für den Rundfunk vom Innenminister auf ihn überging, um die Programme der einzelnen Sender ganz in seinem Sinn ausrichten zu können.

Vom ersten Tag an ließ er keinen Zweifel darüber aufkommen, welche Rolle er dem Radio zugedacht hatte. Den Intendanten und Direktoren der Rundfunkgesellschaften erklärte er bereits zwölf Tage nach seinem Dienstantritt: „Der Rundfunk ist nicht dazu da, geistige Experimente auszuführen. Er ist auch nicht dazu da, dem Volk die Entwicklung selbst zu zeigen, sondern das Volk will Resultate sehen. Ich halte den Rundfunk für das allermodernste und für das allerwichtigste Massenbeeinflussungsinstrument, das es überhaupt gibt. Ich bin der Meinung, dass der Rundfunk überhaupt das Volk an allen öffentlichen Angelegenheiten teilnehmen lassen muss, dass es im Volksdasein überhaupt keinen großen Vorgang mehr geben wird, der sich auf zwei- bis dreihundert Menschen begrenzt, sondern dass daran eben das Volk in seiner Gesamtheit teilnimmt. Der Rundfunk muss der Regierung die fehlenden 48 Prozent zusammentrommeln, und haben wir sie dann, muss der Rundfunk die 100 Prozent halten, muss sie verteidigen, muss sie innerlich durchtränken mit den geistigen Inhalten unserer Zeit, dass niemand mehr ausbrechen kann. [...] Nur nicht langweilig werden. Nur keine Öde. Nur nicht die Gesinnung auf den Präsentierteller legen. Nur nicht glauben, man könne sich im Dienst der nationalen Regierung am besten betätigen, wenn man Abend für Abend schmetternde Märsche ertönen lässt. Wir huldigen nicht billigem Patriotismus, der praktisch ungefährlich geworden ist. [...] Der Rundfunk soll niemals an dem Wort kranken, man merkt die Absicht und wird verstimmt. Es darf in Zukunft kein Ereignis von politisch-historischer Tragweite geben, woran das Volk nicht beteiligt wäre" (Mitteilungen vom 30. März 1933; Diller 1985, 59–60).

Diese programmatische Rede Goebbels' machte deutlich, dass es ihm bei den künftigen Radiosendungen nicht um ästhetische oder künstlerische Fragen gehen würde, sondern ausschließlich um die politischen und unterhaltenden Inhalte.

Welche Kraft das gesprochene Wort hatte, war den führenden Nationalsozialisten bewusst. Ihren Aufstieg hatte die Partei vor allem den Reden Hitlers und anderer führender Parteifunktionäre zu verdanken. Hitler, der Studioaufnahmen ohne Publikum nicht schätzte und sie weitestgehend vermied, glaubte an das die Phantasie anregende gesprochene Wort. „Der Ton", sagte er im März 1933 in einem Interview, „ist meiner Ansicht nach viel suggestiver als das Bild. Aber die Möglichkeiten des Rundfunks auszunutzen, das will erst gelernt sein". Und er versprach, sich „mit aller Kraft [...] für die Entwicklung des Rundfunks ein[zu]setzen" (Hitler 1933, zit. nach Diller 1980, 62). Goebbels profitierte von dieser klaren Aussage Hitlers zugunsten des Rundfunks. Aber um sein selbstgestecktes Ziel, die Nazifizierung der gesamten deutschen Bevölkerung mithilfe des Radios erreichen zu können, musste Goebbels zuerst die Voraussetzungen für einen möglichst flächendeckenden Rundfunkempfang schaffen.

Anfang 1933 hatte es zwar schon über vier Millionen Rundfunkteilnehmer gegeben, das war aber im Vergleich zur Bevölkerungszahl von 66 Millionen wenig. Selbst wenn jeder Rundfunkteilnehmer drei Mithörer hatte, erreichten die einzelnen Sender nicht ein Viertel aller Deutschen. Durch ein Bündel von Maßnahmen gelang es, die Zahl der Rundfunkteilnehmer bis zum 1. Januar 1939 auf 11,5 Millionen und bis zum 1. Januar 1943 auf über 16,1 Millionen zu erhöhen (vgl. Steiner 2005, 365). Auf den ersten Blick lesen sich die Zahlen wie ein großer Erfolg. Goebbels schien es gelungen zu sein, das Radio in weiten Kreisen populär zu machen. Aber Wolfgang König hat in seinen Publikationen über sogenannte Volksprodukte in der NS-Zeit immer wieder darauf hingewiesen, dass die Gruppe der Rundfunkteilnehmer keineswegs der demographischen Zusammensetzung der deutschen Bevölkerung entsprach. „Im Großen und Ganzen", fasst er seine Untersuchungen zusammen, „blieb der Rundfunk die Sache des Mittelstands. Der Grund hierfür lag nicht in den Gerätekosten, welche die Nationalsozialisten gesenkt hatten, sondern in den Betriebskosten, an denen die Rundfunkgebühren den größten Anteil besaßen" (König 2003, 73). Wie in der Weimarer Republik mussten die Rundfunkteilnehmer eine monatliche Gebühr von zwei Reichsmark zahlen, mit der unter anderem der Etat des Propagandaministeriums finanziert wurde. Für eine Arbeiterfamilie war das zu teuer. Mit den preisgünstigen ‚Volksempfängern' und aufwändigen Werbekampagnen in ländlichen Regionen versuchte Goebbels, neue Gebührenzahler zu gewinnen. Da das nur begrenzt gelang, forcierte er den Ausbau des öffentlichen Gemeinschaftsempfangs in Betrieben, staatlichen Einrichtungen und Gaststätten sowie mit Lautsprechersäulen und dem stark beworbenen ‚Gemeinderundfunk'. Vor allem die Reden Hitlers und anderer Parteigrößen waren Gegenstand des verordneten gemeinschaftlichen Abhörens. Allerdings reduzierte Goebbels die Zahl der Übertragungen schon bald nach der Machtübernahme und drängte die regionalen Parteifunktionäre aus dem Programm. Sogar die Zahl der über alle Sender ausgestrahlten Hitler-Reden wurde verringert. Wenn der Führer sprach, dann sollte das ein fast sakrales und nicht wiederholbares Ereignis sein, nur in diesem Augenblick zu erleben. Um die Einmaligkeit zu betonen, gab es auch keine kommerziellen Schallplattenaufnahmen der Reden. Karin Falkenberg hat darauf hingewiesen, dass die Reden, die Hitler nicht mehr nur vor Tausenden von Zuschauern, sondern jetzt auch vor Millionen von Zuhörern hielt, „die Gefühlswelten seiner Zuhörer insbesondere durch ihre Form, aber auch durch ihren Inhalt" anregten, „denn nicht nur die Stimme und der Klang, die Hitler in seinen Reden nutzte, wirkten auf die Emotionen der Zuhörer, sondern auch die Botschaften selbst. In seinen Ansprachen stilisierte sich Hitler zu einer historischen Figur, die sich und damit das gesamte Volk für die Niederlage des Ersten Weltkrieges rächen und erlittenes Unrecht ausmerzen würde" (Falkenberg 2005, 65–66).

Die technischen Voraussetzungen des Radiohörens waren dabei nicht optimal. Gesendet wurde vor allem auf der halbwegs störungsfreien Mittelwelle und auf der Langwelle (Deutschlandsender), die allerdings, im Gegensatz zu der noch nicht entwickelten Ultrakurzwelle (UKW) oder dem heutigen Digitalradio, nur einen mäßigen Frequenz- und Dynamikumfang hatten. Nur mit den großen und teuren Geräten konnte eine einigermaßen befriedigende Empfangsqualität erreicht werden. Die ‚Volksempfänger' dagegen waren technisch unzulängliche Geräte. Bei Politikerreden spielte das keine große Rolle, bei künstlerischen Produktionen aber schon.

1. Die ‚körperlose Wesenheit' des Worts. Vom Hörspiel zur ‚Volksgemeinschaft'

Für Goebbels war die Entwicklung radiospezifischer Kunstformen von untergeordneter Bedeutung. Im Vordergrund stand für ihn der propagandistische Nutzen einer Sendung oder eines Programms. Medientheoretische Auseinandersetzungen mit dem Spannungsfeld zwischen Radiomachern und Hörern stießen bei ihm auf wenig Interesse. Aber ganz ohne begrifflichen Hintergrund wurde auch während der NS-Zeit kein Radio gemacht. Bereits 1932 hatte Richard Kolb sein *Horoskop des Hörspiels* veröffentlicht, das die Hörspieldiskussionen von seinem Erscheinen bis in die 1950er und 1960er Jahre hinein in Deutschland mitbestimmte. Für die Hörspielproduktion in den Anfangsjahren des ‚gleichgeschalteten' NS-Rundfunks hatten Kolbs Überlegungen einen fast kanonischen Charakter.

Kolb gehörte zu den ‚alten Kämpfern'. 1921 in die NSDAP eingetreten, war er am 9. November 1923 mit Hitler zur Münchner Feldherrnhalle marschiert. Ende 1932, als der gesamte deutsche Rundfunk nach der Verstaatlichung zum Rechtsschwenk gezwungen wurde, übernahm er die Sendeleitung der Berliner Funk-Stunde. 1933 erhielt er für kurze Zeit Intendantenposten in Berlin und München. Da er als Sympathisant der unterdessen bei Hitler in Ungnade gefallenen Brüder

Strasser galt, verlor er seine Ämter, blieb aber als ‚Blutordensträger' unbehelligt und wurde schließlich mit einer Professur an der Universität Jena abgefunden. Er nahm sich 1945 das Leben.

Nur vordergründig betrachtet setzte Kolb auf das Hören als individuelles Ereignis. Was zunächst wie ein Widerspruch zu der Forderung des Propagandaministers nach kollektiven Radioerlebnissen scheint, ist in Wirklichkeit der Verlust der eigenen Wahrnehmung und das Aufgehen des Einzelnen in der (Volks-) Gemeinschaft.

Funkwellen seien, so Kolb, „wie der geistige Strom, der die Welt durchflutet. Jeder von uns ist an ihn angeschlossen, jeder kann sich ihm öffnen, um von ihm die Gedanken zu empfangen" (Kolb 1932, 52). Das Mikrophon werde zum Ohr des Hörers und erzeuge so die seelische Einheit zwischen Hörspieler und Hörer, zwischen Mensch und Mensch. „Die entkörperte Stimme des Hörspielers wird zur Stimme des eigenen Ich. Diese kennen wir als Gewissen, Mahnung, Zweifel, Hoffnung, Glaube, kurz: als Gemütsbewegungen, Wünsche, Hemmungen" (Kolb 1932, 52–54). Diese Fremdsteuerung der Gefühle und Gedanken des Hörers durch den Hörspieler ist nichts anderes als das, was Goebbels mit seinen vom Rundfunk übertragenen Masseninszenierungen erreichen wollte. Wolfgang Hagen spricht von „faschistischen Radio-Konzeptionen. [...] Es ging um den Versuch, für Millionen von Hörern eine medientechnisch induzierte Veranstaltung im parasozialen Raum in Szene zu setzen, um die reale Verschaltung, nämlich die faschistische Reorganisation der Gesellschaft als Volksgemeinschaft, in Gang zu setzen" (Hagen 2005, 115).

Eine Medientheorie, bei der Sprecher und Hörer verschmolzen, trieb auch weitere seltsame Blüten. So glaubten völkische Sprachwissenschaftler, darauf hinweisen zu müssen, dass die Sprache eines Volkes ein getreuer Spiegel seines gesamten Fühlens und Denkens sei. Das wies Rundfunksprechern eine ganz besondere Verantwortung für die korrekte Aussprache von deutschen Wörtern zu. Über ihre Eignung wachte unter anderem die Dienststelle ‚Sprache und Sprachpflege' in der Reichs-Rundfunk-Gesellschaft. In der Reichskulturkammer gab es in der ‚Mikrophon-Oberprüfstelle' entsprechende Eignungsprüfungen für den Sprechernachwuchs (vgl. Gethmann 2006, 143–183).

In der Weimarer Republik hatten Hörspiele zu den beliebtesten Rundfunksendungen gezählt, vergleichbar etwa mit den heutigen Fernsehspielen. Allerdings blieb das Radio wegen der erheblichen Grundkosten ein Privileg des bildungsbürgerlichen Mittelstandes. Auf diese Zielgruppe wurde das Programm ausgerichtet. Beim Hörspiel dominierten Klassikeradaptionen mit Werken von Johann Wolfgang Goethe, Friedrich Schiller, Gotthold Ephraim Lessing und Friedrich Hebbel. Nach einer Statistik des damaligen Reichsrundfunkkommissars Hans Bredow wurden allein 1926 500 Werke von 280 Dramatikern als Hörspiele zur Aufführung gebracht, in dieser frühen Phase noch live produziert (vgl. Wessels 1985, 49). In den folgenden Jahren bis Ende 1932 blieb die Zahl der produzierten Werke ungefähr gleich. Von Schriftstellern verfasste Originalhörspiele waren neben den Bearbeitungen von klassischen Theaterstücken und (zeitgenössischen) Romanen die Ausnahme. Die verordnete Politikferne der Programme ließ den Senderverantwortlichen kaum eine andere Wahl. Erst als 1929 die Zügel etwas gelockert wurden, gelangten auch politisch akzentuierte Hörspiele zur Aufführung. Diese Öffnung, so Wolfram Wessels, „drückte sich vorwiegend in der Wahl gesellschaftskritischer und historisch-politischer Themen aus" (Wessels 1985, 58), wie das Leben in der Großstadt, die ‚Masse' oder das anonyme Individuum. Ein bekanntes Beispiel dafür ist Erich Kästners Hörspiel *Leben in dieser Zeit* von 1929, das gleich von mehreren Sendern produziert wurde. Daneben rückte auch das Medium selbst in den Fokus, wie etwa in Bertolt Brechts *Lindberghflug* von 1929. Die Massenarbeitslosigkeit in Deutschland wurde erst 1932 zum wichtigen Thema im Hörspiel, zum Beispiel mit Hermann Kasacks *Der Ruf* und mit *Ein Warenhaus schließt* von Wolfgang Weyrauch und Andreas Zeitler.

Für die nationalsozialistischen Rundfunkfunktionäre war Politikferne nicht mehr gegeben. Sie setzten dort an, wo die Hörspielredaktionen der Weimarer Republik nur zögerlichen Mut bewiesen hatten. Allerdings war ihre Stoßrichtung jetzt eine andere. Die politischen, wirtschaftlichen und gesellschaftlichen Probleme seit dem Beginn des Ersten Weltkriegs wurden zum Ausgangsstoff für politische Hörspiele, die den von Hitler vorgegebenen Weg aus weltpolitischer Bedeutungslosigkeit und sozialem Elend in eingängigen Hörbildern aufzeigen sollten.

Programmatisch für diese neue Ausrichtung des Hörspiels nach der Machtübernahme durch die Nationalsozialisten wurde Richard Euringers *Deutsche Passion 1933* (Euringer 1933), von dem sich keine Aufnahme erhalten hat. Euringer war Offizier im Ersten Weltkrieg gewesen und schon in den 1920er Jahren der NSDAP beigetreten. Sein Hörspiel wurde am 13. April 1933 in der *Stunde der Nation* von allen deutschen Sendern übertragen. Euringer ließ in der Art eines Mysterienspiels den „bösen Geist" und die „guten Geister" gegeneinander agieren. Der „gefallene namenlose Soldat" als „guter Geist" und der „Kriegskrüppel" sehen das Böse in „Phantasten und Literaten, Verbrecher[n] und Demokraten, Juden und Pazifisten, Marxisten und Himbeerchristen. [...] So wahr ich lebe, mitten im Tod: ein Mann, *ein Mann* tut Deutschland not" (Euringer 1933, 22–25). Angelehnt an Goethes *Faust* und die *Johannes-Passion* fährt im Schlussbild der „gute Geist" in den Himmel auf: „Ein Volk am Werk. Es ist vollstreckt. Es wacht mein Geist, der euch erweckt. [...] *Es ist vollbracht*" (Euringer 1933, 46). Der „böse Geist" dagegen muss mit Getöse, Orgelklang und einem irdischen Marschlied in die Hölle fahren (Euringer 1933, 47): „Das auch noch! Da zerplatz doch gleich! Das also gibt's: ein drittes Reich!!?!!" Für dieses Hörspiel erhielt Euringer 1934 den neugeschaffenen Nationalen Buchpreis.

2. Symphonien der Arbeit: zwei Hörspiele am 1. Mai 1933

Die ersten Monate nach der Machtübernahme waren dadurch bestimmt, dass die Nationalsozialisten ihre Herrschaft mit Terror gegen politisch Andersdenkende und jüdische Deutsche auf der einen Seite und mit erheblichen propagandistischen Anstrengungen auf der anderen festigen wollten, nicht zuletzt, um „die fehlenden 48 Prozent zusammen[zu]trommeln". Zwar hatte es schon im Weimarer Rundfunk Liveübertragungen von staatlichen Festveranstaltungen gegeben, aber sie hatten nicht die Dimension, wie Goebbels sie nun in Szene setzen ließ. Dem Fackelzug vom 30. Januar 1933 folgten am 21. März 1933 der ‚Tag von Potsdam' mit der Verneigung Hitlers vor Hindenburg und am 1. Mai 1933 der ‚Tag der nationalen Arbeit'. Im Vorfeld des generellen Verbots aller Gewerkschaften in Deutschland hatte die NS-Regierung den internationalen Kampftag der Arbeiterbewegung zum nationalen Feiertag mit voller Lohnfortzahlung erklärt. Viele Arbeiter sympathisierten noch stark mit SPD und KPD, die unterdessen verboten waren.

Für die live übertragenen Feierlichkeiten von morgens bis Mitternacht in Berlin wurde ein gewaltiger Aufwand betrieben. „Glaubt man den zeitgenössischen Angaben", so Cornelia Epping-Jäger, „dann bewegten sich im Laufe des Tages beinahe 2 Mio. Menschen auf das Tempelhofer Feld zu. Aus Trichterlautsprechern ertönte Marschmusik, mit Großlautsprechern wurden Reden in den öffentlichen Raum übertragen; die in Fenster und Hauseingänge gestellten Rundfunkempfänger übertrugen im ganzen Land Reportagen, welche darüber berichteten, wie die Kolonnen auf das Feld marschierten. Simultaninszenierung: Fast 2 Mio. Menschen hörten sich selbst beim Marschieren zu" (Epping-Jäger 2013, 183). Das 18-stündige Radioereignis war die bis dahin größte Veranstaltung in der Geschichte des deutschen Rundfunks. Im Nachmittagsprogramm zwischen 16.10 Uhr und 17.30 Uhr wurden zwei Originalhörspiele gesendet, die sich in ihrem künstlerischen Anspruch zum einen an das bildungsbürgerliche Publikum und zum anderen an alle Hörer wandten.

Reinhard Döhl hat darauf hingewiesen, dass diese beiden Hörspiele und das Rundfunkprogramm am 1. Mai 1933 generell „das Bild eines neuen Arbeiters vorstellen und einprägen" (Döhl 1992, 134) sollten. Aus Proletariern wurden Arbeiter. Und mit der Formel ‚Arbeiter der Stirn und Faust' sollte die qualitative Trennung zwischen körperlicher und geistiger Arbeit aufgehoben werden. In der neuen ‚Volksgemeinschaft', so die Kernaussage, gab es keine minder- oder höherwertigen Tätigkeiten mehr, sondern nur ein gemeinsames Ziel: die ‚Wiedererweckung'

Deutschlands. Die Stilmittel, mit denen beide Hörspiele operierten, konnten unterschiedlicher kaum sein. Hans-Jürgen Nierentz verzichtete in seiner *Symphonie der Arbeit* auf jede Handlung. Er knüpfte an die Romane der rechtskonservativen ‚Arbeiterdichter' der Weimarer Republik (wie Heinrich Lersch) an, die den Klassenkampf ablehnten. Ihre Helden fanden die Erfüllung in der Arbeit; die Trennung von Mensch und Maschine schien für sie aufgehoben. Den von ihnen propagierten Kameradschaftsbegriff sahen sie im Scheinkollektivismus der NSDAP verwirklicht. Der überzeugte Nationalsozialist Nierentz, der 1937 erster Intendant des Fernsehsenders Paul Nipkow wurde, verwendete für sein erstes Hörspiel dramaturgische Elemente, die bereits im Hörspiel der Weimarer Republik eingesetzt worden waren. Charakteristisch ist der Sprechchor, der Arbeiter und Arbeitslose darstellen soll. Der meist im Rhythmus von Paar- und Kreuzreimen gesprochene Text ist in vier Teile gegliedert. Eine Aufnahme des 37 Minuten langen Hörspiels (mit einem langen musikalischen Schlussteil) hat sich im Deutschen Rundfunkarchiv erhalten (Nierentz 1933).

Im ersten Teil marschieren „die Namenlosen, ewig Ungenannten" im „gleichen Trab" als Heer der Arbeit. „Mit uns ist Anfang, mit uns ist Ende. Wir sind die Arbeit" (Nierentz 1933, 3:17–3:24), wiederholen der Chor und die Einzelstimmen mehrfach. Und die propagandistische Absicht der Maifeier, die Gemeinschaft aller Schaffenden zu behaupten, fasste Nierentz in die Formel: „Wir sind das Heer der Hände und der Hirne, wir sind der Arbeit Kameraderie" (Nierentz 1933, 4:45–4:50). Im zweiten Teil wird die Fabrik als Organismus aus „Stahl, Eisen und Musik" beschrieben, als „durchpulstes Werk der Tat" (Nierentz 1933, 7:45–7:48). Der Sprechchor nimmt einen feierlichen Ton an. Die Fabrik wird zum sakralen Raum, in dem die Maschinen die Altäre sind. Der Arbeiter beherrscht sie und dient ihr zugleich: „Ich bin ihr Herr und Knecht" (Nierentz 1933, 8:44–8:46). Im dritten Teil tritt der Chor als „Heer der Arbeitslosen" auf, „grau und stumm", „zerschunden", „abgetan", „ausgebrannt" und „abseits in der Angst" stehend. „Wir wissen nicht mehr, wozu wir sind | Tag für Tag. | Wir suchen uns die Augen blind | Tag für Tag. | Wir warten erbittert, verjagt und verwaist, | dass wieder der Arbeit Wille und Geist | Durch unsere willigen Hände kreist, | Tag für Tag" (Nierentz 1933, 14:05–14:29).

Die „drückende Not" kennt nur noch ein Ziel: „Arbeit finden". Nierentz bereitete mit seinem Hörspiel die Rede Hitlers vor, der am Abend desselben Tages auf dem Tempelhofer Feld den „1. Jahresplan der Arbeit des deutschen Aufbaus" verkünden sollte. Hitler forderte darin die Aufwertung des Wortes Handarbeit und versprach umfangreiche Arbeitsbeschaffungsmaßnahmen, um die Arbeitslosigkeit zu beseitigen. Nierentz nahm das im vierten Teil seines Hörspiels vorweg: „Einmal erblüht uns der Tag aus der Nacht" (Nierentz 1933, 14:30–14:35). Garant für die Hoffnung auf eine glücklichere Zukunft ist wieder die Arbeit: „Arbeit ist

Pflicht, und die Pflicht ist gut" (Nierentz 1933, 15:05–15:08). Und er gebraucht eine Formulierung, die heute untrennbar mit dem KZ Auschwitz verbunden ist: „Arbeit macht frei" (Nierentz, 15:35–15:38). In der Zukunft werde es unter den Arbeitern keine Unterschiede mehr geben: „Ein jeder ein Kämpfer und Bruder ein jeder, und jeder ein Kerl und ein Kamerad. So wird die Nation, und so wächst die Tat" (Nierentz 1933, 18:06–18:21). Der „Arbeit gläubige Soldaten" (Nierentz 1933, 19:50–19:54) werden die Nation wiedererstehen lassen. Und so heißen die beiden letzten Sätze, pathetisch gesprochen: „Wir sind Deutschland. Wir sind die Nation" (Nierentz 1933, 20:01–20:07). Verstärkt wird die Bedeutungsschwere des Textes durch die Musik von Herbert Windt, die einzelne Teile voneinander trennt und als eigenständiges sinfonisches Werk von 15 Minuten Länge den gesamten Schluss einnimmt. Die Kompositionen von Windt, der 1921/1922 bei Franz Schreker studiert hatte und zu einem der wichtigsten Filmkomponisten der NS-Zeit avancierte, sind eine Mischung aus verschiedenen Musikrichtungen von der Spätromantik bis zum Expressionismus und der Moderne der Weimarer Republik. Sie illustrieren die Schwere der Arbeit, das Stampfen und Rattern der Maschinen, die Verzweiflung der Arbeitslosen und das Erwachen eines neuen Nationalgefühls: Moll-Töne und Streicher, wenn das ‚schwere Ungewisse' beschworen wird, helles, fröhliches Blech und in der dramatischen Steigerung langsam hinzutretende Streichinstrumente, Flöten und Schlagwerk, um den Organismus der Fabrik zu illustrieren, und schließlich Marschmusik mit klingendem Spiel, wenn die Arbeiter einer glücklichen Zukunft entgegenschreiten.

Die Regie bei dem Hörspiel führte Werner Pleister, der 1952 Intendant des Nordwestdeutschen Rundfunks wurde und in dieser Funktion am ersten Weihnachtsfeiertag desselben Jahres das deutsche Nachkriegsfernsehen eröffnete. „Es ist auffallend", schreibt der Hörspielhistoriker Hans-Jürgen Krug, „wie stark das Hörspiel nach 1933 de facto zur ersten Kunstform wurde. Wenn es um Erlebnisse für die ‚Gemeinschaft' ging, wenn Breitenwirkung erwünscht war, dann wurde zunächst (und im nationalen Rahmen) auf die Hörspielform gesetzt" (Krug 2008, 45).

Die Form des chorischen Hörspiels, die Nierentz gewählt hatte und die er auch in seinem im selben Jahr zum Erntedankfest gesendeten Hörspiel *Segen der Bauernschaft* einsetzte (vgl. Cebulla 2004, 227–229), war eng mit dem von den Nationalsozialisten begründeten Thingspiel verwandt, für das in den ersten Jahren der NS-Herrschaft große Freilichtbühnen wie die Berliner Waldbühne errichtet wurden. Die Grenzen zwischen den beiden dramatischen Formen waren fließend. Hörspiele wie Euringers *Deutsche Passion 1933* konnten zu Thingspielen werden und umgekehrt. Das Thingspiel war der Versuch, eine eigenständige, nationalsozialistische Kunstform zu entwickeln. Aber letztlich erreichten die monumentalen historischen Tableaus, die mit den Mitteln der griechischen

Tragödie ‚Volksgemeinschaft' sinnlich erfahrbar machen wollten, das Publikum nicht. Die pädagogisch-propagandistische Absicht war zu deutlich, um aus den Freilichtaufführungen populäre Kulturereignisse zu machen. So war die Thingspielbewegung schon am Ende, bevor sie richtig begonnen hatte.

Das gleiche Schicksal ereilte das chorische Hörspiel, das den nationalsozialistischen Kulturfunktionären zu anspruchsvoll war. Zwar wurde, wie Goebbels es gefordert hatte, die Gesinnung meistens „nicht auf dem Präsentierteller" gelegt, aber diese Hörspiele waren nicht unterhaltend genug. Einzelne Elemente daraus wie die chorische Rezitation oder nicht personalisierte Stimmen wurden noch bei Totengedenkstunden und ähnlichen Feiern eingesetzt.

Ende 1935 hatte Goebbels neue „Richtlinien für die Programmgestaltung im deutschen Rundfunk" erlassen, mit erheblichen Auswirkungen auch auf die Hörspielproduktion. Um die Hörerzahlen zu steigern, wurden die Unterhaltungsprogramme erweitert und literarische Sendungen reduziert. Damit ging der Anteil der Hörspielproduktionen an der gesamten Sendezeit von 2,2 Prozent im Jahr 1933 auf 0,7 Prozent im Jahr 1939 zurück (vgl. Strzolka 2009). Das reduzierte Hörspielprogramm dominierten seit Mitte der 1930er Jahre volkstümliche Stücke und Kurzhörspiele mit zum Teil deutlicher politischer Tendenz. Für literarische Hörspiele ohne politische Aussage, wie sie zum Beispiel Peter Huchel seit 1933 geschrieben hatte, blieb kaum noch Raum.

Welche Blüten das nationalsozialistische Agitprop-Hörspiel treiben konnte, war schon am 1. Mai 1933 zu erkennen. Denn direkt auf die *Symphonie der Arbeit* folgte die „satirische Hörfolge" *An ihren Taten sollt ihr sie erkennen* von Goetz Otto Stoffregen und Walter Gronostay. Während das chorische Hörwerk von Nierentz die Bereitschaft voraussetzte, sich auf ein relativ anspruchsvolles sprachliches und musikalisches Konzept einzulassen, wandte sich die Produktion, bei der Gronostay Regie führte und die Musik komponiert hatte, an ein Publikum, das einfache Unterhaltung liebte. Gronostay, der in den folgenden Jahren eine Fülle von Filmmusiken komponierte, hatte bei Arnold Schönberg studiert und war mit seinen (atonalen) kammermusikalischen und Orchesterwerken in der Endphase der Weimarer Republik sehr erfolgreich gewesen. Davon ist in dem Hörspiel, für das der gerade zum Intendanten des Deutschlandsenders ernannte Stoffregen den Text schrieb, nichts zu spüren. Die Rahmenhandlung erstreckt sich von der Ausrufung der Republik durch Philipp Scheidemann im Jahr 1918 bis zum Ende der Weimarer Republik. Der Schluss fehlt in dem im Deutschen Rundfunkarchiv erhaltenen Tondokument allerdings (DRA 59 U 227/3). Orje und Ede, die Hauptfiguren, sind zwei sozialdemokratische Arbeiter. Während Orje ein treuer Anhänger der SPD ist, geht Ede immer mehr auf Distanz zu seiner Partei und wendet sich schließlich Hitler zu. Die anderen, auch die Kommunisten, schließen sich ihm nach und nach an. Inhalt und Sprache des Hörspiels sind gewollt primitiv

‚volkstümlich'. Die beiden Protagonisten reden im Berliner Jargon. Große gedankliche Anstrengungen verlangt das Hörspiel nicht. Führende sozialdemokratische Politiker und Gewerkschafter werden in den einzelnen Spielszenen als korrupt, geldgierig, verschwenderisch und im Ganzen gewissenlos geschildert. Auch antisemitische Untertöne fehlen dabei nicht. Die Probleme der Arbeiter und die Zukunft der Nation, so die platte Aussage des Hörspiels, interessieren die karriereorientierten Funktionäre und Politiker der SPD nicht. Für einen gutdotierten Posten sind sie jederzeit bereit, die Ideale der Arbeiterbewegung und der deutschen Nation zu verraten. Jede Form von Differenzierung vermeidet Stoffregen, der unter dem Pseudonym ‚Orpheus der Zwote' auch die eingestreuten Liedtexte in schlecht kopierter Brecht-Weill-Manier verfasste. Ziel des Hörspiels war es, SPD, KPD und Gewerkschaften zu diffamieren und Hitler als wahren Arbeiterführer zu feiern. So wie Nierentz mit seinem Hörspiel die abendliche Hitler-Rede vorbereitete, so lieferten Gronostay und Stoffregen die angeblichen Argumente für die am nächsten Tag erzwungene Auflösung der freien Gewerkschaften und für die Verhaftung der führenden Gewerkschaftsfunktionäre.

3. *Rebellion in der Goldstadt*. Günter Eich im Dienst des Propagandaministers

Nachdem sich die nationalsozialistische Herrschaft in Deutschland gefestigt hatte, ließ das Interesse von Goebbels am Hörspiel stark nach. Der Propagandaminister richtete seine Aufmerksamkeit auf die Spielfilmproduktion, die er zum einen für propagandistisch wirkungsvoller hielt und die er zum anderen benötigte, um die Bevölkerung bei einem von ihm als wahrscheinlich angesehenen Krieg von der bitteren Realität abzulenken und zu unterhalten.

Umso überraschender war es, dass dem Hörspiel in der Anfangsphase des Zweiten Weltkriegs nochmals eine wichtige Rolle in der politischen Propaganda zukam. Am 23. und 24. Januar 1940 fand im Berliner Funkhaus an der Masurenallee eine vom Propagandaministerium initiierte Konferenz mit Schriftstellern statt, auf der die Anwesenden aufgefordert wurden, sich aktiv an einer gegen Großbritannien gerichteten Kampagne zu beteiligen. Zu den Autoren, die sich dazu bereit erklärten, gehörte auch der 1907 im brandenburgischen Lebus geborene Günter Eich, der allerdings gar nicht eingeladen gewesen war. Eich hatte 1927 seine ersten Gedichte in der von Willi Fehse und Klaus Mann herausgegebenen *Anthologie jüngster Lyrik* veröffentlicht, die 1933 zu den verfemten und verbrannten Büchern zählte. Von 1930 an veröffentlichte Eich auch in den Zeitschriften *Neue Rundschau* sowie *Die Kolonne*, die von Martin Raschke herausgegeben wurde. Mit ihm verband Eich eine lebenslange Freundschaft; gemeinsam produzierten sie 1929 das Hörspiel *Das Leben und Sterben des Sängers Caruso*. Der Rundfunk wurde von 1932 an für Eich ein Hauptbeschäftigungsfeld, das ihm das finanzielle Überleben sicherte. Hatte er vor 1933 neben *Caruso* lediglich zwei weitere Rundfunkbeiträge absetzen können (*Dreigespräch aus einem Drama*, 1930, *Berliner Fontanezeit*, 1932), so ergab sich während der NS-Zeit für Eich eine deutlich verbesserte Auftragslage. Mit dem schon erwähnten Werner Pleister als Leiter der literarischen Abteilung des Deutschlandsenders hatte Eich einen einflussreichen Förderer: Von 1933 bis 1940 entstanden mindestens 57 eigenständige Rundfunkbeiträge. Außerdem produzierte Eich im Wechsel mit Raschke 75 Folgen der Serie *Deutscher Kalender. Monatsbilder vom Königswusterhäuser Landboten* sowie 23 Folgen von *Der märkische Kalendermann sagt den neuen Monat an*.

Eichs und Raschkes *Deutscher Kalender* – eine der beliebtesten Rundfunksendungen in der NS-Zeit – war keineswegs so unpolitisch, wie es der Titel vermuten lässt. Die Monatsbilder um die Figur eines Landboten inszenierten nicht nur eine idyllische Scheinnormalität, sondern sie vermittelten auch gezielt ‚Volksgemeinschaft' und ‚ländliches Brauchtum' als positive deutsche Werte. Eich selbst hatte am 1. Mai 1933 den Antrag auf Mitgliedschaft in der NSDAP gestellt. Allerdings wurde er durch einen von der NSDAP verhängten Aufnahmestopp nie Mitglied. Aus der Korrespondenz, die Eich mit Freunden führte, lässt sich schließen, dass er den Nationalsozialisten ideologisch keineswegs nahestand, zwecks Existenzsicherung aber dennoch bereit war, Kompromisse einzugehen.

Der Aufforderung, ein antibritisches Hörspiel zu verfassen, kam er ohne Zwang nach. Wie Hans-Ulrich Wagner überzeugend darlegt, hat sich Eich sogar regelrecht darum beworben. „Der in einem Fliegerhorst in Märkisch-Friedland stationierte Soldat ‚G. E.' reagiert unmittelbar auf die sich bietende Chance, dem öden Exerzierdienst zu entkommen. ‚Arbeitsurlaub' heißt das beflügelnde Zauberwort. Bereits am 16. Februar 1940, also dreieinhalb Wochen nachdem die Tagung stattgefunden hatte, ist Günter Eich bereits bei den Rundfunkleuten in Berlin vorstellig geworden" (Wagner 1999, 62). Und bereits am 8. Mai 1940 wurde sein Hörspiel *Rebellion in der Goldstadt* vom Deutschlandsender ausgestrahlt. Mit „Ach und Krach" sei es fertig geworden, schrieb Eich am 20. April 1940 an seinen Freund Adolf Arthur Kuhnert. Es sei „ein jammervolles Werk". Dennoch hoffte er „stark auf eine baldige Sendung, honoraris causa. Mit Anschluß an die Sender sämtlicher inzwischen eroberten Gebiete" (Eich 1997, 61–62). Die Originalaufnahme des Hörspiels galt lange als verschollen und wurde erst 1993 wiedergefunden.

Rebellion in der Goldstadt spielt im Jahr 1922 und handelt von einem (realen) Bergarbeiterstreik im südafrikanischen Johannesburg, der bereits Thema in Hans Grimms Roman *Volk ohne Raum* war: Weiße Arbeiter wehren sich gegen Lohnkürzungen, die ihnen von den englischen Bergwerksbesitzern aus reinem

Profitstreben aufgezwungen wurden. Das Hörspiel ist frei von NS-Parolen, aber nicht frei von emotionalen Szenen; in seiner antikapitalistischen Parteinahme für die Arbeiter lassen sich sogar sozialistische Motive ausmachen. Den propagandistischen Vorgaben Goebbels' entsprach das Hörspiel allerdings mit seiner hochemotional vorgetragenen Anklage des britischen Kapitalismus. Außerdem spielt das Radiostück die aufrechten weißen Minenarbeiter gegen die „Nigger" aus, denn ein wesentlicher Grund für den Streik ist die Zumutung, dass weiße Arbeiter genauso wenig Lohn erhalten sollen wie ihre farbigen Kumpel. Am Ende des Hörspiels stirbt der Anführer der Minenarbeiter im Kugelhagel des korrupten und von den Briten abhängigen Regimes.

Das Hörspiel ist konventionell geschrieben und genauso konventionell inszeniert. Von den formal mutigen und inhaltlich provozierenden Nachkriegshörspielen Eichs ist dieses Stück weit entfernt.

Welches Bild das Hörspiel von der „illustren Gesellschaft" der Minenbesitzer zeichnet, macht eine Schilderung am Anfang deutlich. Dort wird ein britischer Industrieller als „Glatzkopf mit Monokel" und „schmuddeligem Frackhemd" beschrieben, „der Geifer rinnt ihm beim Hors d'oeuvre aus dem Maule. Er sieht aus wie ein Mann von Verdiensten um das Empire" (Eich 1997, 16). In einer Schlüsselszene sitzen die englischen Minenbesitzer in einem offenbar sehr teuren englischen Nachtclub, verspeisen Hammelkoteletts und überlegen, wie sie ihre Gewinne aus den südafrikanischen Minen drastisch steigern können. Die Agierenden werden zum einen als Karikaturen gezeichnet, die selbst mit einem Hörrohr nichts verstehen, und zum anderen als kalt kalkulierende Manager, denen die Schicksale ihrer Arbeiter vollständig gleichgültig sind. Sozialistische Anwandlungen, wie sie zum Beispiel die Tochter eines Minenbesitzers äußert, sind nichts anderes als ein kurzer Spleen zur Belustigung der Gesellschaft. Diese Szene, die ganz im Sinn des Propagandaministers die Verdorbenheit einer Oberschicht ohne moralische Skrupel zeigen sollte, hat in der Eich-Forschung zu einer Kontroverse geführt. Karl Karst, der Herausgeber des Hörspiels, glaubt aufgrund der erhaltenen Produktionsblätter, dass sie erst später eingefügt worden sein könnte, möglicherweise ohne Wissen von Eich (vgl. Eich 1997, 70–73). Dafür gibt es aber keine stichhaltigen Belege. *Rebellion in der Goldstadt* war Eichs letzte Rundfunkarbeit in der NS-Zeit.

Nach diesem antibritischen Propagandaeinsatz, für den auch Spielfilme wie *Ohm Krüger* gedreht wurden, kam die Hörspielproduktion fast ganz zum Erliegen. Erlaubt waren nur noch (politische) Kurzhörspiele und die Übernahme von Klassikerinszenierungen aus dem Theater als *Bühne im Rundfunk*. Von einem Hörspielprogramm, so Wessels, „konnte man seit der anti-englischen Kampagne vom Anfang 1940 nicht mehr sprechen" (Wessels 1985, 303). Die letzten Hörspiele, die während der NS-Zeit produziert wurden, waren adaptierte Theaterstücke von

Goethe, Lessing und Heinrich von Kleist. Sie waren eine Art Ersatzprogramm für die unterdessen geschlossenen Theater. Eine politische Funktion in dem Propagandasystem von Goebbels hatte das Hörspiel nur in den ersten Jahren nach der Machtübernahme durch die Nationalsozialisten. Gegenüber dem Film, der politische Agitation und Entspannung gleichermaßen verband, waren die Mittel des Hörspiels zu begrenzt.

Das änderte sich nach dem Ende des Zweiten Weltkriegs und der NS-Herrschaft grundlegend: Das Hörspiel war, bis das Anfang der 1950er Jahre eingeführte Fernsehen die Abendgestaltung dominierte, die künstlerische Form des Radios, die ein Millionenpublikum erreichte. Der wichtigste Hörspielautor der frühen Bundesrepublik war Günter Eich, der mit seinen apokalyptischen Visionen wie in *Träume* von 1951 die beginnende Behaglichkeit des Wirtschaftswunders infrage stellte und für wahre Proteststürme sorgte. Das ließ vergessen, dass Eich einer der produktivsten Hörspielautoren der NS-Zeit gewesen war.

Literaturverzeichnis

Adena, Maja, Ruben Enikolopov, Maria Petrova, Veronica Santarosa, und Ekaterina Zhuravskaya. *Radio and the Rise of the Nazis in Prewar Germany*. Berlin 2013.
Boehncke, Heiner, und Michael Crone (Hrsg.). *Radio Radio. Studien zum Verhältnis von Literatur und Rundfunk*. Frankfurt am Main 2005.
Cebulla, Florian. *Rundfunk und ländliche Gesellschaft*. Göttingen 2004.
Diller, Ansgar. *Rundfunkpolitik im Dritten Reich*. München 1980.
Diller, Ansgar (Hrsg.). „Mitteilungen der RRG vom 30.3.1933". *Rundfunk und Fernsehen in Deutschland. Texte zur Rundfunkpolitik von der Weimarer Republik bis zur Gegenwart*. Stuttgart 1985.
Döhl, Reinhard. *Das Hörspiel zur NS-Zeit*. Darmstadt 1992.
Dussel, Konrad. *Deutsche Rundfunkgeschichte*. 2. Aufl. Konstanz 2004.
Eich, Günter. *Rebellion in der Goldstadt. Tonkassette, Text und Materialien*. Frankfurt am Main 1997.
Epping-Jäger, Cornelia. „Lautsprecher Hitler. Über eine Form der Massenkommunikation im Nationalsozialismus". *Sound des Jahrhunderts. Geräusche, Töne, Stimmen 1889 bis heute*. Hrsg. von Gerhard Paul und Ralph Schock. Bonn 2013: 180–185.
Euringer, Richard. *Deutsche Passion 1933*. Oldenburg und Berlin 1933.
Falkenberg, Karin. *Radiohören. Zu einer Bewußtseinsgeschichte 1933 bis 1945*. Haßfurt und Nürnberg 2005.
Gethmann, Daniel. *Die Übertragung der Stimme. Vor- und Frühgeschichte des Sprechens im Radio*. Zürich und Berlin 2006.
Hagen, Wolfgang. *Das Radio. Zur Geschichte und Theorie des Hörfunks – Deutschland/USA*. München 2005.
Koch, Hans Jürgen, und Hermann Glaser. *Ganz Ohr. Eine Kulturgeschichte des Radios min Deutschland*. Köln 2005.
Koch, Hans-Jörg. *Das Wunschkonzert im NS-Rundfunk*. Köln 2003.

Kolb, Richard. *Das Horoskop des Hörspiels*. Berlin 1932.
König, Wolfgang. *Volkswagen, Volksempfänger, Volksgemeinschaft. ‚Volksprodukte' im Dritten Reich. Vom Scheitern einer nationalsozialistischen Konsumgesellschaft*. Paderborn 2004.
Krug, Hans-Jürgen. *Kleine Geschichte des Hörspiels*. 2. Aufl. Konstanz 2008.
Marßolek, Inge, und Adelheid von Saldern (Hrsg.). *Zuhören und Gehörtwerden I. Radio im Nationalsozialismus. Zwischen Lenkung und Ablenkung*. Tübingen 1998.
Marßolek, Inge, und Adelheid von Saldern (Hrsg.). *Radiozeiten. Herrschaft, Alltag, Gesellschaft (1924–1960)*. Potsdam 1999.
Mühlenfeld, Daniel. „Joseph Goebbels und die Grundlagen der NS-Rundfunkpolitik". *Zeitschrift für Geschichtswissenschaft* 54 (2006): 442–467.
Nierentz, Hans Jürgen. *Symphonie der Arbeit. Hörspiel zum 1. Mai 1933*. Reichrundfunkgesellschaft 1933. Tonaufnahme im Deutschen Rundfunkarchiv Frankfurt am Main. Signatur: DRA 59 U 227/2.
Pohle, Heinz. *Der Rundfunk als Instrument der Politik*. Hamburg 1955.
Riedel, Heide. *Lieber Rundfunk ... 75 Jahre Hörergeschichte(n)*. Berlin 1999.
Roller, Walter. *Tondokumente zur Zeitgeschichte 1933–1938*. Hrsg. vom Deutschen Rundfunkarchiv. Frankfurt am Main 1980.
Sarkowicz, Hans. „Nur nicht langweilig werden ... Das Radio im Dienst der nationalsozialistischen Propaganda". *Medien im Nationalsozialismus*. Hrsg. von Bernd Heidenreich und Sönke Neitzel. Paderborn 2010: 205–234.
Sarkowicz, Hans, und Alf Mentzer. *Schriftsteller im Nationalsozialismus. Ein Lexikon*. Berlin 2011.
Schrader, Stephanie. *Von der ‚Deutschen Stunde in Bayern' zum ‚Reichssender München'. Der Zugriff der Nationalsozialisten auf den Rundfunk*. Frankfurt am Main 2002.
Steiner, Kilian J. L. *Ortsempfänger, Volksfernseher und Optaphon. Die Entwicklung der deutschen Radio- und Fernsehindustrie und das Unternehmen Loewe 1923–1962*. Essen 2005.
Strzolka, Rainer. *Das Hörspiel in der Weimarer Republik, Eine Geschichte aus den Quellen*. 2. Aufl. Hannover 2009.
Vieregg, Axel. *‚Unsere Sünden sind Maulwürfe'. Die Günter-Eich-Debatte*. Amsterdam und Atlanta 1996.
Wagner, Hans-Ulrich. *Günter Eich und der Rundfunk*. Potsdam 1999.
Wessels, Wolfram. *Hörspiele im Dritten Reich*. Bonn 1985.
Zimmermann, Clemens. *Medien im Nationalsozialismus. Deutschland, Italien und Spanien in den 1930er und 1940er Jahren*. Wien u. a. 2007.

4.14. Erinnerungen an den Holocaust in Hörspieladaptionen der DDR*

Manuela Gerlof

1. Das Hörspiel in der DDR als Gegenstand literaturwissenschaftlicher und medienhistorischer Forschung

Während sich zum westdeutschen Hörspiel eine Forschungstradition etablieren konnte, die sich bereits Ende der 1950er Jahre herausbildete und sich bis in die Gegenwart fortschreibt (vgl. 2.7. BINCZEK), existieren zum Hörspiel in der Sowjetischen Besatzungszone/DDR nur einzelne Untersuchungen. Die zahlreichen wissenschaftlichen Arbeiten zu Literatur und Radio der deutschen Nachkriegszeit befassten sich lange Zeit ausschließlich mit dem Hörspiel in der Bundesrepublik (z. B. Krautkrämer 1962; Schneider 1985; Timper 1990). Die besondere Situation des DDR-Hörspiels wurde hingegen nur selten in Betracht gezogen. Eine verhältnismäßig frühe Ausnahme bildet Stephan B. Würffels *Das deutsche Hörspiel* (1978), dessen letztes Kapitel dem DDR-Hörspiel gewidmet ist. Neben dem bis zur Wiedervereinigung zu Recht beklagten schwierigen Zugang zu Materialien und Gegenständen (Riedel 1977, 7) wurde eine Beschäftigung mit dem DDR-Hörspiel lange Zeit aus ästhetischen und ideologischen Gründen abgelehnt. So pauschalisierte Heinz Schwitzke in seiner für die 1960er Jahre maßgeblichen Studie *Das Hörspiel. Dramaturgie und Geschichte*: „Das Hörspiel ist [...] eine sprachlich sehr extreme Möglichkeit, extrem modern, extrem ‚westlich' [...]. Jenseits der Mauer wird auch im Hörspiel nur trostloser ‚sozialistischer Realismus' im Dienste der Planerfüllung getrieben" (Schwitzke 1963, 107). Folgerichtig stammen nur drei der 420 Hörspiele in *Reclams Hörspielführer* (Schwitzke 1969) aus der DDR (vgl. Würffel 1978, 186). Auch die zeitgleich entstandene Studie *Das Hörspiel. Vergleichende Beschreibung und Analyse einer neuen Kunstform* von Armin P. Frank schließt den DDR-Rundfunk als „ausschließliches Propagandainstrument in den Händen einer neuen Diktatur" (Frank 1963, 57) aus der Betrachtung aus.

Erst fünf Jahre nach dem Mauerfall enthielt ein Sammelband mit Untersuchungen zu „40 Jahren DDR-Medien" auch einen Beitrag zum DDR-Hörspiel (Riedel 1994); und im selben Jahr veröffentlichte Sibylle Bolik ihre Pionierarbeit *Das Hörspiel in der DDR. Themen und Tendenzen*, die als umfassende Monogra-

---

* Dieser Beitrag beruht auf gekürzten Kapiteln der Monographie *Tonspuren. Erinnerungen an den Holocaust im Hörspiel der DDR*. Berlin und New York 2010.

phie zu personellen, thematischen und ästhetischen Entwicklungen innerhalb des DDR-Rundfunks bis heute ein Solitär geblieben ist (Bolik 1994). Allerdings wertete Bolik allein sogenannte Originalhörspiele aus, die explizit für den DDR-Rundfunk verfasst wurden, und ließ neben den literarischen Adaptionen auch die auf Tonträgern überlieferten Produktionen der Originalhörspiele weitgehend unberücksichtigt, „da Abweichungen vom üblichen ‚Sound' nicht zu erwarten waren" (Bolik 1994, 26). Noch bis in die Gegenwart hinein referieren Überblicksdarstellungen zum Hörspiel die Ergebnisse von Sibylle Bolik' (Sölbeck 2012, 56–60).

Einen Überblick über die Hörspielproduktion in beiden deutschen Staaten bieten die Dokumentationen des Deutschen Rundfunkarchivs für die Jahre 1945 bis 1949 (Löw 1997), 1950 bis 1951 (Schlieper 2003) und 1952 bis 1953 (Schlieper 2004). In Anlehnung an die ARD-Hörspielbücher führen sie alle Hörspielproduktionen mit Produktionsdaten und Inhaltsangabe in chronologischer Reihenfolge auf. Allerdings fehlen bislang Darstellungen, die das vorliegende Material auswerten und das Hörspiel der DDR dem der Bundesrepublik über größere Zeiträume hinweg vergleichend gegenüberstellen. Allein für die Jahre 1945 bis 1949 liegt eine Arbeit von Hans-Ulrich Wagner (1997) vor, der das Hörspielprogramm aller Sender in den vier Besatzungszonen Deutschlands auswertet und hierbei Organisationsstrukturen, Produktionsbedingungen, personelle Ausstattung und Hörspielprogramme rekonstruiert. Wagner unterscheidet nicht zwischen originalen und adaptierenden Hörspielen, sondern listet schlicht alle „Sendungen, die von den Hörspielabteilungen produziert bzw. verantwortet und auf einem speziellen Programmplatz gesendet wurden", auf (Wagner 1997, 19).

Ein ähnlich weiter Hörspielbegriff liegt der thematisch fokussierten Untersuchung *Tonspuren. Erinnerungen an den Holocaust im Hörspiel der DDR* (Gerlof 2010) zugrunde. Im Anschluss an Mira Djordjevic' Begriff der Audiophilologie (vgl. 3.1. KAMMER), die das Hörspiel als eine „in ihrem Wesen akustisch strukturierte Ausdrucksform der Radiokunst" betrachtet (Djordjevic 1991, 209), entstand eine Überblicksdarstellung, die den Anspruch hatte, erstmals alle deutschsprachigen, thematisch einschlägigen, zwischen 1945 und 1989 im ostdeutschen Rundfunk gesendeten Hörspiele heranzuziehen, um das Hörspiel als auditives Medium eines kollektiven Gedächtnisses an der Schnittstelle von Rundfunk, Literatur, Politik und Geschichte zu etablieren. Die Analysen, auf denen auch die folgenden Ausführungen beruhen, stützten sich auf die im Rundfunk tatsächlich gesendeten und meistenteils auf Tonträgern überlieferten auditiven Fassungen, deren Hörprotokolle wiederum mit anderen medialen Texten wie unterschiedlichen Hörspiel- oder Filmfassungen, Manuskripten, Drucktexten, Protokollen, Rezensionen, Korrespondenzen der Rundfunkabteilung und Ähnlichem in Bezug gesetzt wurden.

2. Die Ästhetik des DDR-Hörspiels unter der Doktrin des ‚sozialistischen Realismus'

Nach dem Ende des Zweiten Weltkriegs mündete die politische Spaltung Deutschlands auch in eine Teilung des Rundfunks und seiner Hörspielproduktion. Während das bundesrepublikanische Hörspiel in den 1950er Jahren mit den Arbeiten von Günter Eich, Ingeborg Bachmann, Ilse Aichinger, Erwin Wickert, Wolfgang Hildesheimer, Friedrich Dürrenmatt und anderen eine Blütezeit und mit der Entstehung des sogenannten Neuen Hörspiels Ende der 1960er Jahre auch einen ästhetischen Innovationsschub erlebte, kam es in der DDR zu keinem vergleichbaren experimentellen Umgang mit radiophoner Kunst. Im DDR-Rundfunk favorisierte man Hörspiele, die sich am staatlich verordneten Konzept des ‚sozialistischen Realismus' orientierten. Die politisch-ideologische Zweckorientierung von Literatur, Kunst und Musik war bereits 1934 im Statut des ersten Allunionskongresses sowjetischer Schriftsteller ausformuliert worden: „Der sozialistische Realismus [...] fordert vom Künstler wahrheitsgetreue, historisch konkrete Darstellung der Wirklichkeit in ihrer revolutionären Entwicklung. Wahrheitstreue und historische Konkretheit der künstlerischen Darstellung muss mit den Aufgaben der ideologischen Umformung und Erziehung der Werktätigen im Geiste des Sozialismus verbunden werden" (Lauer 2005, 206; zum Sozialistischen Realismus in der DDR vgl. auch Müller et al. 2007, 458–460; Opitz und Hofmann 2009, 319–322). Nach dem Zweiten Weltkrieg ist diese Doktrin auch von den sozialistischen Staaten Europas übernommen und über alle Phasen der Liberalisierung hinweg bis in die 1980er Jahre hinein als maßgeblich beibehalten worden. Künstlerische Abstraktion und ästhetische Experimente waren nur in sehr engen Grenzen möglich. Folglich dominierte im Hörspiel die sogenannte „Funkdramatik" (Bolik 1994, 96) mit Rollenspielen, in deren Inszenierung das gesprochene Wort im Mittelpunkt stand.

Als Sendeformat eines DDR-Massenmediums hatte das Hörspiel zudem den politischen „Leitauftrag, zeitnah, parteilich und volkstümlich zu sein" (Rentzsch 1963, 7), wobei sein realistisches wie „bewusstseinsbildendes" Potenzial im Hinblick auf das Gebot des sozialistischen Realismus von den Kulturfunktionären der DDR eher skeptisch beurteilt wurde. Die Beschränkung des Hörspiels auf die akustische Ebene galt ihnen nicht etwa als ästhetische Chance, sondern als Mangel. Es stand zur Debatte, ob eine Kunstform, die die Wirklichkeit allein auditiv repräsentierte, „realistisch" genug sei (Bolik 1994, 95). Das Hörspiel wurde darum gerade in den Nachkriegsjahren als „Übergangserscheinung" (Mehnert 1948, 19) betrachtet und als wenig wirklichkeitsnah eingestuft. Zudem schätzte man die Rezeption des Hörspiels als besonders individuell ein. Es wurde bezweifelt, dass auf diese Weise ausreichend Einfluss auf die politische Erziehung des Publikums genommen werden könnte (Bolik 1994, 95). Ungeachtet dessen gab es zu Beginn der 1960er Jahre unter DDR-Hörspielpraktikern Bestrebungen, die besonderen Möglichkeiten des Hörspiels herauszustellen, mithilfe der „Körperlosigkeit der Stimme" und der „phantasiestimulierenden Kraft der Sprache" (Bolik 1994, 94) „Reisen in Gebiete" vorzunehmen, „die sich der dramatischen Darstellung bislang weitgehend entzogen haben: Das ist das Reich der sogenannten ‚imaginären' Stimmen" (Rentzsch 1960, 31). Hier standen sie der zeitgenössischen westdeutschen Hörspieldramaturgie recht nahe, von der sie sich aber umso deutlicher abgrenzten: „Die kapitalistischen Rundfunkstationen und ihre Hörspielabteilungen haben nach 1945 manches formal hochgezüchtete Stück herausgebracht, das die Raffinesse seines äußeren Gewandes der inhaltlichen Dunkelheit und Unwirklichkeit verdankt" (Rentzsch 1960, 33; Bolik 1994, 95).

Peter Gugisch, von 1969 bis 1990 Leiter der Hörspielabteilung beziehungsweise der Hauptabteilung Funkdramatik beim Radio der DDR, legte schließlich das „theoretische Fundament für das realistische Hörspiel in der DDR" (Bolik 1994, 100), indem er den programmatischen Begriff des „realistischen Problemhörspiels" (Gugisch 1965, 96; Bolik 1994, 96–102) einführte. Im Mittelpunkt der Handlung sollte die dialogische „Problemerörterung" stehen (Gugisch 1965, 66), wobei der Sprache eine „wirklichkeitsschaffende Funktion" (Gugisch 1965, 227) zukam.

Auch wenn Siegfried Hähnel Ende der 1960er Jahre betonte, „daß das Hörspiel nicht ein Dichten für den Funk, sondern ein Dichten mit akustischen Signalen und Zeichen" sei (Hähnel 1969, 52), bestätigte er doch die „Worthandlung" als „gattungskonstituierende[s] Element" (Hähnel 1969, 40). Vorherrschend blieb ein „wirklichkeitsbezogenes Handlungs- und Rollenspiel [...] als Gegenpol zu den in der Bundesrepublik favorisierten Hörspieltendenzen" (Bolik 1994, 104). Kritisiert wurden wie in der späteren bundesdeutschen Rezeption des Hörspiels der 1950er Jahre Tendenzen der Wirklichkeitsflucht und Innerlichkeit; mit Ablehnung trat man allen Sprach- und Formexperimenten entgegen, die als ästhetische „Spielereien" diffamiert wurden. Das westdeutsche Hörspiel, das nach herrschender Meinung „allein durch artifizielle Vervollkommnung seiner Ausdrucksmittel" ein „Reservat der Gebildeten" (Gugisch 1965, 55 zit. nach Bolik 1994, 19) darstellte, konnte nicht Vorbild für ein sozialistisches Kunstwerk sein.

Trotz der politischen wie ästhetischen Abgrenzung von einer westdeutschen Rundfunkarbeit kann man von überraschend regen Interferenzen und Interaktionen zwischen dem ost- und westdeutschen Hörspiel sprechen. Eine Vielzahl westdeutscher Hörspiele ging über ostdeutsche Sender. Form und Ästhetik unterlagen aber bis zum Ende der DDR dem Realismusgebot, weshalb alles Experimentelle, das sich im westlichen Hörspiel entwickelte, von vornherein von einer Übernahme ausgeschlossen war (Lichtenfeld 1993, 8).

3. Literaturvermittlung im ostdeutschen Rundfunk der Nachkriegszeit (1945–1959)

Nach der Gründung des deutschen demokratischen Rundfunks in der Sowjetischen Besatzungszone im Mai 1945 diente das Hörspiel als Instrument der Umerziehung und Wertevermittlung. In idealer Weise vereinte es in sich die Möglichkeit, kulturelle, politische und ästhetische Zielsetzungen miteinander zu verbinden und im zerstörten Nachkriegsdeutschland mit wenig technischem und finanziellem Aufwand ein breites Publikum anzusprechen. Aufgrund seiner Massenwirksamkeit sollte der Rundfunk dazu dienen, die „allgemeine antifaschistische Umerziehung zu fördern" (Anonym: Richtlinien des Politbüros des Zentralkomitees der KPD 1945). Für diese ‚behutsame' Aufklärungsarbeit, die durch eine Verbindung von politischen und unterhaltenden Aspekten erreicht werden sollte, spielte der Rundfunk eine besondere Rolle, die in erster Linie in der Literaturvermittlung bestand (Wagner 1997, 13). Die Arbeit in den Redaktionen bestand also vor allem in der Erschließung und Einrichtung literarischer Texte, darunter bereits 1945 Werke von Johann Wolfgang von Goethe, Oscar Wilde, Gerhart Hauptmann, Molière oder Nikolai Gogol. Originalhörspiele im engeren Sinn entstanden nur sehr begrenzt.

3.1. Friedrich Wolf: *Professor Mamlock*

Mit *Professor Mamlock* eröffnete das Hörspiel bereits 1945 einen differenzierten Blick auf die während des Nationalsozialismus verfolgten Juden und stellte in den unterschiedlichen Rollen ein breites Spektrum der deutschen Juden als assimilierte Bürger (Mamlock), kommunistische Antifaschisten (dessen Sohn Rolf) und religiöse Anhänger der zionistischen Bewegung (Krankenpfleger Simon) vor. Im Gegensatz zu den Verfilmungen des Stoffes (UdSSR 1938, DEFA 1961), die die Handlung für die Legitimation einer sozialistisch-kommunistischen Orientierung nutzten und den antifaschistischen Widerstandskampf herausstellten, steht im Hörspiel die humanistische Charakterisierung des Protagonisten Mamlock im Vordergrund. Eine hierarchische Differenzierung zwischen antifaschistischen Widerstandskämpfern und rassisch Verfolgten findet zu diesem Zeitpunkt noch kaum einen Niederschlag.

Die Hörspielfassung entspricht weitgehend der dramatischen Vorlage, wie sie 1960 aus dem Nachlass Friedrich Wolfs in der Werkausgabe veröffentlicht wurde (Wolf 1988). Die akustische Umsetzung konzentriert sich auf das gesprochene Wort, auf Stimmodulation und soziale Differenzierung der Sprechweise. Die verbale Zeichenebene wird von illustrierenden Geräuschen wie Wasserplätschern, Uhrticken, Telefonklingeln, Türenschlagen, Schritten etc. lediglich ergänzt; Musik kommt im gesamten Hörspiel nicht zum Einsatz; Stille wird als spannungssteigerndes Element und zur Akzentuierung eingesetzt.

Damit entsprach *Professor Mamlock* der zeitgenössischen Hörspielästhetik. Die Hörspielmacher der Sowjetischen Besatzungszone sahen sich zwar gern in einer ‚linken' Tradition von Rundfunkautoren der Weimarer Republik wie Bertolt Brecht, Friedrich Wolf, Alfred Döblin oder Anna Seghers (Gugisch 1985, 161); ihre Inszenierungen knüpften jedoch, wie vielfach beklagt (etwa Gunold 1946, 27), nicht an deren radiophone Experimente an, sondern eher an eine Ästhetik der Theaterbühnen, die das ‚dichterische Wort' und prominente Schauspieler in den Mittelpunkt stellten.

In einer frühen Debatte zum Thema ‚Hörspielprobleme' in der Zeitschrift *Theater der Zeit* reagierte Rolf Gunold auf Hedda Zinners Vorwurf, es gebe „noch kein Hörspiel, das als Kunst anzusprechen wäre", das Hörspiel setze an die Stelle des optischen Auges „das geistige Schauen, die starke Konzentration der Gemütsempfindungen auf einen einfachen, bestimmten, klaren, seelisch auszulösenden Vorgang" (Gunold 1946, 27). Es sei so „die Trägerin erhöhter Innerlichkeit" (Gunold 1946, 27). Diese besondere Affinität des Hörspiels zur Gefühls- und Gedankenwelt der Hörerin beziehungsweise des Hörers, einer genrespezifischen ‚Innerlichkeit', wird Erwin Wickert knapp ein Jahrzehnt später in seinem Aufsatz „Die innere Bühne" programmatisch entwickeln und damit den theoretischen Grundstein für das traditionelle Hörspiel der Bundesrepublik legen (Wickert 1954).

Während das Hörspiel in der Bundesrepublik in den 1950er Jahren eine große öffentliche Wahrnehmung erfuhr, unterlag das Hörspiel in der DDR den unsteten kulturpolitischen Entwicklungen, die gerade auch auf die Massenmedien Einfluss nahmen. In den 1950er Jahren hatte der Rundfunk als grenzüberschreitendes Medium politische Aufklärung nach innen und außen zur Aufgabe. Gleichzeitig stand das DDR-Radio als Medium der Unterhaltung in einem starken Konkurrenzverhältnis zu den westlichen Rundfunksendern und seit Mitte des Jahrzehnts auch zum Fernsehen. In der Forschung zum DDR-Hörspiel ist die Rede von einer „Dauerkrise [...] während der fünfziger Jahre", die von „theoretischer Verunsicherung" beziehungsweise vollständiger „Theorie-Abstinenz" begleitet war (Bolik 1994, 54–55). Inhaltlich dominierte ein didaktisches Hörspiel, das sich im Zeichen des Kalten Krieges dem ‚Kampf um den Frieden' verschrieb, sich gegen den politischen Gegner richtete und Stücke zu Gegenwartsproblemen beim Aufbau der DDR hervorbrachte (Bolik 1994, 59–68).

Trotz einer Fülle von Produktionen, die die nationalsozialistische Vergangenheit in den Blickpunkt rückten, blieb die Funkfassung des Exildramas *Professor Mamlock* lange das einzige Hörspiel, das sich explizit mit der Judenverfolgung auseinandersetzte. Zu Beginn der 1950er Jahre – zu Zeiten der antisemitischen

Verfolgung ostdeutscher Kommunisten (vgl. Groehler und Keßler 1995) – waren die Themen Judentum und Holocaust im ostdeutschen Rundfunk aus naheliegenden Gründen tabu. Erst während der ‚Tauwetterperiode', die nach dem Tod Josef Stalins 1953 einsetzte und bis 1956/1957 anhielt (Hermand 1976, 74–75), wurden vereinzelt Hörspiele, Funkerzählungen und hörspielartige Features zum Thema produziert, von denen die Stücke, die auf Hörspielsendeplätzen liefen, Übernahmen aus dem ‚westlichen Ausland' – der Bundesrepublik und den Niederlanden – waren. Ingrid Pietrzynski bemerkt, dass die Hörerinnen und Hörer auch in den Literatursendungen des ostdeutschen Hörfunks „mit dem dann stark forcierten gesamtdeutschen Wirkungsanspruch des DDR-Rundfunks [...] zunehmend mit westdeutscher, österreichischer und schweizerischer Gegenwartsliteratur Bekanntschaft machten" (Pietrzynski 1999, 140).

3.2. Wolfgang Weyrauch: *Woher kennen wir uns bloß?*

In offensichtlicher ästhetischer Abgrenzung zum traditionellen Hörspiel der Bundesrepublik positioniert sich die Rundfunkbearbeitung von Wolfgang Weyrauchs *Woher kennen wir uns bloß?* In der 1952 zunächst von Gustav Burmester im Nordwestdeutschen Rundfunk Hamburg inszenierten Fassung findet sich die unter anderem von Margret Bloom kritisierte Realitäts-, Politik- und Geschichtsferne des westdeutschen Nachkriegshörspiels in geradezu idealer Weise: Die Auseinandersetzung mit dem Holocaust ist hier durch eine unreflektierte Verquickung von Geschichte, Religion und Metaphysik gekennzeichnet: „Raum und Zeit werden aufgelöst zugunsten einer Logik des ‚Bewußtseinsstroms', wo der Trend zur Innerlichkeit und die Irrationalisierung der Welt sich voll entfalten können. Individualistische Thematiken sowie metaphysische Weltinterpretationen entpolitisierten den Bereich der realen Konflikte und negierten die Notwendigkeit einer gesellschaftspolitischen Auseinandersetzung" (Bloom 1985, 37).

Im Unterschied dazu erweckt die Inszenierung des Westberliner Regisseurs Peter Thomas im Radio der DDR den Eindruck, es handle sich um ein völlig anderes Stück, gehört seine Inszenierung doch zu den wenigen Produktionen des DDR-Rundfunks, die geradezu unverfroren den Spielcharakter der radiophonen Umsetzung herausstellen. Vergessen scheinen die Richtlinien des sozialistischen Realismus ebenso wie die pathetischen Klänge jenseits der deutsch-deutschen Grenze. Die folgende Analyse beruht auf einem Hörprotokoll des Tonträgers im Deutschen Rundfunkarchiv Potsdam (Weyrauch 1957); es ist kein Sendemanuskript erhalten.

Das Hörspiel setzt mit einer Klangcollage ein: Zunächst ertönt ein rhythmisch-helles Klopfen, das von einer klagenden hohen Tonfolge mit düsteren

Untertönen abgelöst wird. Es folgen die Schritte einer langsam näherkommenden Person und die Ansage des Titels. In der Ferne zieht eine Gruppe Marschierender im Gleichschritt vorbei. Hierauf erklingt leise eingeblendet, wie aus einem Radio oder Lautsprecher, von fern die kurze Sequenz einer Hymne, gespielt von einem Orchester. Das anfängliche Klopfen und die Tonfolge erklingen noch einmal. Entgegen der getragen-bedrohlichen Einstimmung ertönt nun – nach 1 Minute und 42 Sekunden – die nahezu fröhliche Stimme eines Sprechers, der das Hörpublikum direkt adressiert:

„SPRECHER 1: Stellen Sie sich bitte folgendes vor, lieber Hörer und liebe Hörerin, wir schreiben den 10. Dezember 1955 oder von mir aus den 29. Oktober 1954 oder es ist ganz gleich den 2. Juli 1953. Stellen Sie sich bitte weiter vor, es ist 17 Uhr und fünf Minuten oder bitteschön, ganz wie sie wollen, fünf Minuten vor 8 Uhr früh, jedenfalls, und das ist allerdings nicht zu ändern, denn sonst stimmen die Voraussetzungen zur Situation nicht, jedenfalls muß es die Zeit nach Büroschluß oder vor Bürobeginn sein."

Die Inszenierung betont nicht nur den fiktiven Charakter des Hörspiels, sondern charakterisiert den bereits in der Titelfrage ‚Woher kennen wir uns bloß?' angedeuteten Erinnerungsprozess als gegenwärtig, interpersonal und konstruktiv. Der Auftakt des Hörspiels verspricht folgerichtig ein Gedankenspiel, an dem die Rezipienten aktiv beteiligt werden. Hierfür löst sich die Inszenierung nicht nur in ganzen Szenen von der Textvorlage des Autors (Weyrauch 1962), sondern erweitert den Kanon der Stimmen erheblich: Neben den Protagonisten ‚Jude' und ‚Polizist' treten – abweichend von der Textvorlage – alle vom Juden in der Erzählung erinnerten Personen in den Dialogen selbst als Stimmen auf. Die bei Weyrauch angelegte metaphysische Überhöhung und religiöse Versöhnung, gar Nivellierung von ‚Jude' und ‚Geheimpolizist', Opfer und Täter, im inneren Monolog des Polizisten (vgl. Gerlof 2010, 147–158) deutet die DDR-Inszenierung um in Perspektivenreichtum: Es kann so oder so sein, aber es ist immer dieselbe Geschichte; Ort, Zeit und Protagonisten variieren, aber die beiden Pole der Handlung sind darum nicht identisch.

Die in der Textvorlage angelegte Einfühlung in den sich anschließenden Dialog zwischen dem Juden und dem Polizisten wird gestört durch den Erzähler, der die gesprochenen Sätze immer wieder mit Einwürfen wie „sagst du", „fragt der andere", „erwiderst du" unterbricht. In einer Funkfassung, in der durch die Stimmen unterschiedlicher Sprecher in der Regel deutlich wird, welche Figur was sagt, und der Dialog keine Erzählerstimme benötigt, die die Aussagen zuweist, ist diese Funktion eigentlich überflüssig. Im vorliegenden Fall dient sie jedoch dazu, trotz des einsetzenden Dialogs den Fiktionscharakter weiterhin herauszustellen. Dem Publikum wird eine Geschichte vorgestellt, es nimmt nicht an der Übertragung einer realen Szene teil, sondern ist Teil eines gedanklichen

Experiments, das gerade nicht auf Illusionierung und Einfühlung, sondern auf Reflexion abzielt.

Auch jene drei Geschichten, die der Jude dem Polizisten in einem Monolog als Erinnerungen schildert, werden in der Hörspielfassung szenisch umgesetzt: Die Figuren stellen sich gleich zu Beginn seiner Erzählung vor. Auf die Feststellung des Juden: „Damals waren wir bloß noch neun", folgen hallende, langgezogene, leicht verzerrte Klänge, in die hinein Stimmen aus der Ferne ertönen: „Zum Beispiel ich, ein Lehrer." – „Und ich, ein Schuster." – „Ich, ein Händler, war auch dabei." – „Ich war ein junges Mädchen." – „Ich war der Mutige." – „Ich war feige." – „Ich war der Benjamin." – „Und ich Isaak."

Der klanglich eröffnete Raum der Stimmen wird wieder geschlossen durch einen Gong und das Ausblenden der Klänge. Ohne Atmosphäre spricht dann der Jude: „Ich war der neunte." Hier nutzt die Inszenierung eine für das Medium spezifische Möglichkeit, durch radiophone Zeichen wie hallenden Raumklang, Verzerrung, aber auch leitmotivische Musik einen irrealen Raum zu eröffnen, nämlich jenen, in dem Tote – aber auch Geister, Tiere, Pflanzen oder Gegenstände – eine Stimme erhalten können, die auf gleicher Ebene wie die von ‚realen' Figuren rezipiert wird (Hannes 1990, 64) und mit der sie zu den Lebenden und Überlebenden sprechen können. In *Woher kennen wir uns bloß?* handelt es sich nicht um eine Rückblende in eine vergangene Zeit, sondern um einen ‚parallelen' Raum der Erinnerung. Die Figuren sind während der Begegnung zwischen dem Juden und dem Polizisten zeitgleich anwesend und sprechen über sich selbst im Präteritum, betrachten sich von ihrem heutigen Standpunkt aus als vergangen. Entkörperlicht erhalten sie im auditiven Medium „den gleichen Grad an Glaubhaftigkeit" (Bloom 1985, 121–122) wie andere Figuren der Handlung. Die Inszenierung nutzt so die spezifischen Mittel des Hörspiels, um auf medialer Ebene die bereits im Titel aufgerufene Dynamik von Erinnerungsprozessen als narrative Konstruktion in der Gegenwart zu reflektieren (zur Konstruktivität, Selektivität und Narrativität von Erinnerung vgl. u. a. Zierold 2006, 27–58).

Wurden dem ästhetisch auf Einfühlung und Illusionierung zielenden westdeutschen Hörspiel der 1950er Jahre Subjektivität, Innerlichkeit und Wirklichkeitsflucht vorgeworfen (Bloom 1985, 115), so wirkt die ostdeutsche Bearbeitung von *Woher kennen wir uns bloß?* dieser Tendenz entgegen, ohne es, wie vor allem in den 1960er Jahren üblich, in eine plumpe Agitation gegen nationalsozialistische Kontinuitäten in der Bundesrepublik zu verwandeln. Durch die ‚Wiederauferstehung' der Toten in ihren Stimmen gelingt es der Funkfassung, die märchen- oder legendenartigen Schilderungen des Juden an persönliche Schicksale, an Individuen und damit ein konkretes historisches Geschehen rückzubinden. Die Erinnerung an die Toten lässt sie in den Geschichten des Protagonisten weiter existieren. Im Hörspiel wird ihnen ein akustisches Denkmal gesetzt, ergänzt durch religiöse Gesänge, die im Text der Hörspielvorlage erinnert, in der Inszenierung von Peter Thomas allerdings auch hörbar gemacht werden.

Entgegen den Zwängen des sozialistischen Realismus zeigt *Woher kennen wir uns bloß?* auf diese Weise die Möglichkeiten einer akustischen Umsetzung von verschiedenen Zeit- und Realitätsebenen, Erinnerungssequenzen, aber auch religiöser und kultureller Identität auf. Geräusch, Hall und Musik werden leitmotivisch eingesetzt und etablieren so einen auditiven symbolischen Zeichenapparat, der über den Horizont einer herkömmlichen Geräuschkulisse des traditionellen Hörspiels weit hinausweist. Thomas' Inszenierung von *Woher kennen wir uns bloß?* muss damit im Vergleich zur Hamburger Ursendung, aber auch im Vergleich zu den meisten Hörspielen, die sich in der DDR mit dem Nationalsozialismus auseinandersetzten, als außerordentlich im Wortsinne angesehen werden. Die Eröffnung einer irrealen Ebene, in der Tote eine Stimme erhalten und ihre Perspektive auf vergangene Geschehnisse vorbringen, ist ebenso ungewöhnlich für das ostdeutsche Hörspiel wie die Präsenz religiösen Judentums im Radio der DDR.

Im Gegensatz zur politischen Instrumentalisierung des Holocausts zu Beginn der 1960er Jahre eröffnet *Woher kennen wir uns bloß?* wie das 1959 folgende Hörspiel *Korczak und die Kinder* von Erwin Sylvanus einen Blick auf die Potenziale der Hörspielabteilung des Rundfunks der DDR, wie sie sich in kurzen Phasen einer politischen Liberalisierung zeigten: Nach jahrelanger Tabuisierung jüdischer Themen zu Beginn der 1950er Jahre und vor der Instrumentalisierung der Holocausterinnerung für die politischen Auseinandersetzungen der 1960er Jahre entstanden in den Jahren nach Stalins Tod einzelne ästhetisch innovative und politisch weitgehend unabhängige Produktionen, die sich mit der Vergangenheit auseinandersetzten, ohne ausgetretene Pfade vorgegebener Wertungen zu beschreiten. Als Sendung im Radio ist das Hörspiel *Woher kennen wir uns bloß?* Aufklärung über historische Fakten, Erinnerung und Totenklage in einem.

4. Instrumentalisierung des Holocausts im Kalten Krieg (1960–1970)

War die Thematisierung des Holocausts im ostdeutschen Hörspiel bis zum Ende der 1950er Jahre zwar die Ausnahme, formal und inhaltlich aber eher offen angelegt, so setzte mit der Zuspitzung des Kalten Krieges und im Zuge einer ‚sozialistischen Kulturrevolution' in Form des ‚Bitterfelder Wegs' seine ideologische Instrumentalisierung für die politische Auseinandersetzung mit der Bundesrepublik Deutschland ein, die einem sozialistischen Realismus ebenso verpflichtet war wie einem marxistischen Geschichtsbild. Holocausthörspiele produziert in den 1960er Jahren darum vorwiegend der Deutschlandsender, der sich explizit auch an ein westdeutsches Publikum richtete. In Radiosendungen zur nationalsozialistischen Judenverfolgung wird die Bundesrepublik als Unrechtsstaat und Hort neonazistischer Tendenzen charakterisiert. Es findet eine vordergründige Verquickung zwischen der deutsch-deutschen Tagespolitik, aktuellen Kriegsverbrecherprozessen und künstlerischen Artefakten statt. Die Grenzen zwischen Fakt und Fiktion werden bewusst transzendiert, um den publizistisch-dokumentarischen Charakter der Stücke zu betonen.

Das Genre des Gerichtshörspiels bot für die Thematisierung des Holocausts aus verschiedenen Gründen einen geeigneten dramaturgischen Rahmen: Erstens konnte es in dokumentarischer Weise an die zeitgenössischen Strafprozesse anknüpfen und so einerseits Authentizität behaupten und andererseits dem Realismusgebot entsprechen; zweitens bietet sich das allgemein bekannte Setting einer Gerichtsverhandlung, das keine visuelle Konkretisierung benötigt, mit seiner vorherrschenden Dialogstruktur für die Sendung als Hörstück geradezu an; drittens impliziert die Gerichtsverhandlung im Hörspiel automatisch wesentliche Aspekte der Holocaustauseinandersetzung wie Schuld, Verantwortung und Wiedergutmachung.

Im Unterschied zu dieser allgemeinen Tendenz weisen Hörspiele wie *Aussage unter Eid* von Günter de Bruyn (1964) und *Die Ermittlung* von Peter Weiss (1965) über die politische Instrumentalisierung hinaus und konfrontieren Hörerinnen und Hörer mit Fakten des nationalsozialistischen Genozids. Sie stellen die spezifischen Leiden der jüdischen Bevölkerung, darunter explizit Frauen und Kinder, heraus und lassen den (männlichen) kommunistischen Widerstand als Leiterinnerung an den Nationalsozialismus in den Hintergrund treten.

In der auditiven Umsetzung greifen beide Hörspiele auf zwei nonverbale auditive Zeichen zurück, die in den Inszenierungen leitmotivischen Charakter annehmen: Lachen und Schweigen. Steht das leitmotivische Gelächter der angeklagten Nationalsozialisten im Hörspiel *Aussage unter Eid* und im Drama *Die Ermittlung* für fehlendes Unrechtsbewusstsein und unveränderte Machtstrukturen, so kennzeichnen Schweigen und Stille das Verschweigen der Täter sowie Ohnmacht und Traumatisierung der Zeugen. In der Sendung eines Hörspiels brechen beide auditiven Zeichen in die semantische Verhandlung historischer Tatsachen ein und markieren die Verletzung oder Vernichtung der Opfer, ohne sie durch eine Überführung in Sprache aufzulösen.

Konnte man für die vorangegangenen Dekaden feststellen, dass der Holocaust als diffiziles Thema der Geschichtsaufarbeitung nur vereinzelt Eingang in das Radioprogramm fand und ästhetisch wie ideologisch in engen Grenzen operierte, so sind die letzten beiden Jahrzehnte der DDR gekennzeichnet durch eine größere thematische, dramaturgische und radioästhetische Vielfalt.

5. Ästhetische und thematische Vielfalt der Auseinandersetzung mit Holocaust und Judentum in den 1970er und 1980er Jahren: Jurek Beckers *Jacob der Lügner*

Jurek Beckers *Jakob der Lügner* bildete 1973 den Auftakt zu einer ebenso unterhaltsamen wie sensiblen Auseinandersetzung mit dem Holocaust, die mit Wolfgang Kohlhaases preisgekröntem Originalhörspiel *Die Grünsteinvariante* (Prix Italia 1976) ihre Fortsetzung fand. Beide Produktionen entwerfen ein (selbst-)ironisches, tragikomisches Bild des (religiösen) Juden, dessen Charakterisierung als Antiheld einer heroischen Stilisierung der Opfer entgegensteht. Der Fokus richtet sich nun nicht mehr auf die großen politischen Zusammenhänge, sondern eher auf das Leben des Einzelnen in einer historischen Ausnahmesituation. Spezifische Probleme der Holocausterinnerung wie fehlende Kohärenz in der Narration, das Verhältnis von Erinnerung und Vergessen sowie individueller Erfahrung und kollektiver Geschichtsschreibung, Zeugenschaft und Totengedenken werden zunehmend verhandelt.

Das Hörspiel *Jakob der Lügner* wurde am 19. April 1973 im Berliner Rundfunk urgesendet. Zu dieser Zeit hatte der gleichnamige Roman bereits seinen Siegeszug in beiden deutschen Staaten – er erschien 1969 in der DDR und 1970 in der Bundesrepublik – angetreten. Becker hatte den Stoff zunächst 1963 erfolglos als Drehbuch für die DEFA eingereicht. Erst am 22. Dezember 1974 lief der Film im Fernsehen der DDR und am 14. April 1975 im ostdeutschen Kino. Becker selbst spricht davon, dass *Jakob der Lügner* auf gewisse Distanz in der offiziellen DDR gestoßen ist, weil das Buch nicht vom antifaschistischen Widerstand im DDR-Sinn handelt (O'Doherty und Riordan 1998, 17). Doch noch ein weiterer Punkt konnte die DDR-Kulturpolitik beunruhigen: Beckers Roman beansprucht weder, das realistische Abbild historischer Fakten zu sein, noch wird in ihm ein politischer Standpunkt eingenommen. Statt den Anforderungen eines sozialistischen Realismus zu genügen, präsentiert der Erzähler eine fiktive Handlung, die zwar klare Bezüge zur Vergangenheit aufweist, in sich jedoch widersprüchlich und lückenhaft ist und schließlich in einem zweifachen Romanende gipfelt.

Im Mittelpunkt steht Jakob Hein, der in den 1940er Jahren in einem osteuropäischen Ghetto lebt und durch einen Zufall die Nachricht von den näher rückenden russischen Truppen aus einem Radio der deutschen Kommandantur aufschnappt. Um die gute Nachricht den anderen Ghettobewohnern überbringen zu können, ohne als Spitzel zu gelten, behauptet Jakob, er selbst sei im Besitz eines Radios. Als Held gefeiert, wird er im Folgenden von allen Seiten um Informationen bedrängt, die er notgedrungen erfindet. Hören die Selbstmorde im Ghetto dank der von Jakob in Aussicht gestellten Rettung schlagartig auf, so setzen die Nationalsozialisten die Deportationen ungehindert fort, bis schließlich alle noch lebenden Ghettobewohner, darunter Jakob und der als einziger überlebende Erzähler, in einem Viehwaggon abtransportiert werden.

Hatte die politische Führung der DDR den Eindruck erwecken wollen, dass mit der Errichtung eines sozialistischen Staates die Bürger jüdischer Herkunft vollständig assimiliert mit allen Teilen der Bevölkerung den Aufbau der DDR betrieben, so suggerieren im Hörspiel winzige Manipulationen des Textes, dass Juden auch schon vor dem Ende des Krieges an den ‚historischen Sieg' einer gerechteren Gesellschaft glaubten. Der verzweifelte Satz des Schauspielers Frankfurter, der sich sowohl im Roman als auch im Hörspielmanuskript findet: „Wenn alles vorbei ist, lebt das Kind nicht mehr, die Eltern leben nicht mehr, wir alle werden nicht mehr leben, dann ist alles vorbei" (Becker 2001, 50; Becker Hs, 9), wurde in der Produktion geändert in: „[...] wir alle werden nicht mehr leben, wenn alles vorbei ist". In der ursprünglichen Fassung des Textes deutet Frankfurter an, dass die Verfolgung der Juden erst mit ihrer Vernichtung ein Ende finden wird. Die kaum merkliche Umformulierung des letzten Teilsatzes macht aus dem Schauspieler Frankfurter einen hoffnungsfrohen Menschen, der sich trotz seiner persönlich aussichtslosen Lage einer kommenden, gerechteren Gesellschaft sicher scheint.

Ein auf den ersten Blick unscheinbarer Strich im Kontrollexemplar beweist erneut, wie stark man sich bemühte, die Funkfassung von Stimmen zu befreien, die den verordneten Antifaschismus infrage stellten: „ERZÄHLER: Ich habe inzwischen voller Ehrfurcht von Warschau und Buchenwald gelesen – eine andere Welt, doch vergleichbar. Ich habe viel über Heldentum gelesen, ~~wahrscheinlich zuviel,~~ der sinnlose Neid hat mich gepackt, und wahrscheinlich werde ich nie damit fertig [...]" (Becker Hs, 39).

Hatten aber Jurek Becker in seinem Roman und auch Wolfgang Beck in der ursprünglichen Hörspielfassung die Übersättigung der Bevölkerung mit diesen immer wieder bemühten antifaschistischen Heldenmythen angedeutet, auf denen sich die Rechtfertigung eines ganzen Staates gründete, so reiht das Hörspiel den Erzähler in die Reihe derer ein, die diesem Heldentum eine Lobeshymne singen. Das eigentlich ambivalente Verhältnis des Erzählers zum offiziellen Erinnerungsdiskurs, das vor allem in seinen widersprüchlichen Aussagen zum Antihelden Jakob deutlich wird, glättet das Hörspiel nochmals, wenn Jakob gleich zu Beginn zum Helden erhoben wird: „Er hat versucht, mir zu erklären, wie eins nach dem andern gekommen ist und daß er gar nicht anders gekonnt hat, aber ich will erzählen, daß er ein Held war. Keine drei Sätze sind ihm über die Lippen gekommen, ohne daß von seiner Angst die Rede war, und ich will von seinem Mut erzählen" (Becker Hs 1).

Mit der Sendung des Hörspiels kommt es schließlich zu einer selbstreflexiven Konstellation, in der das Medium, das die Geschichte von Jakob verbreitet, gleichzeitig im Zentrum des Geschehens steht. Mit seinen elektromagnetischen Wellen überwindet das tatsächliche wie imaginäre Radio die engen Grenzen des Ghettos und verkündet die hoffnungsstiftende Nachricht über die nahende Befreiung. Jakobs Behauptung, er selbst besitze einen Radioapparat, macht ihn in den Augen der anderen Juden zu einem Auserwählten; und gerade das Fehlen des technischen Mediums ermöglicht es ihm, selbst als Produzent und Übermittler von Informationen aufzutreten und somit zum ‚menschlichen' Medium zu werden.

Mit den Eingriffen in den Text nutzt der Kulturbetrieb der DDR gerade das, was im Roman angeprangert wird: das staatliche Medienmonopol und die eingeschränkte Informationsfreiheit, um die Brisanz der Textvorlage zumindest in der Hörspielfassung (und später auch im Film) zu schwächen. Darum ist Vermutungen zu widersprechen, die Zensur in der DDR hätte die Sprengkraft des Stoffes nicht erkannt (Sill 1992, 75). Vielmehr zeigt sich, dass man Büchern, die in geringer, staatlich reglementierter Auflage erschienen und nur schwer ein Massenpublikum erreichten, eine geringere Wirkung zuschrieb; oder anders gesagt: In Büchern waren politische Auseinandersetzungen gerade noch möglich, die in anderen Medien, die eine größere Öffentlichkeit ansprachen, absolut tabu waren (vgl. auch Becker 1990, 22). Und doch lässt sich zeigen, dass die akustische Realisierung des Stoffes dem so stark beschnittenen Text seine Mehrdimensionalität wenigstens in Teilen zurückgeben kann.

Das Hörspiel setzt ein mit einer atmosphärischen Geräuschkulisse, die durch Spatenklappern, Zugsignale und die Geräusche einer Dampflok Assoziationen von Arbeit und Deportation weckt. Die Stimme des Erzählers spricht nach der Ansage des Titels und dem Ausblenden der Atmosphäre resigniert zu den Hörerinnen und Hörern: „ERZÄHLER: Tausendmal habe ich schon versucht, diese verfluchte Geschichte loszuwerden, und tausendmal vergebens" (Becker Hs, 1). Die Figur des Erzählers, der durch seine Stimme körperlich anwesend scheint, authentifiziert die „Geschichte", denn er ist, wie er sagt, selbst „dabeigewesen" (Becker Hs, 1). Die Mittel des Hörspiels ermöglichen es zudem, den Erzähler von einer zeitlichen und räumlichen Ebene zur anderen springen zu lassen, sich an geeigneter Stelle einzumischen, zu kommentieren und den handelnden Figuren im Anschluss wieder die Hörspielbühne zu überlassen. Darüber hinaus können sich aber auch die Stimmen der Toten in den gegenwärtigen Dialog zwischen Erzähler und Publikum mischen, Dinge aus ihrer Sicht bestätigen oder korrigieren: „ERZÄHLER: Jakob würde selbst das bestreiten, wenn er hier säße, ich höre ihn förmlich – JAKOB: Was heißt, ohne mich! Ohne diesen blauäugigen verfressenen Mischa wäre es nie dazu gekommen" (Becker Hs, 2).

Das stumme Arbeitsgeräusch Sand schippender Spaten und eine beschleunigende Dampflok sind das Erste, was den Hörerinnen und Hörern – noch vor der Ansage des Hörspieltitels – zu Ohren kommt. Später kennzeichnet das Klappern der Spaten den Handlungsraum Bahnhof, auf dem Jakob und andere Ghettobewohner arbeiten, und vergegenwärtigt den Einsatz der jüdischen Bevölkerung als Zwangsarbeiter. Der fahrende Zug stellt in der Repräsentation des Holocausts *ein*, wenn nicht *das* zentrale ikonographische Zeichen dar (vgl. Köppen 1997, 164), das auch im Hörspiel auf eine etablierte Tradition zurückgreifen kann. Bezüge lassen sich bis zu Günter Eichs erfolgreichstem Hörspiel *Träume* (1951), dessen erste Episode in einem fahrenden Zug spielt, zurückverfolgen.

In *Jakob der Lügner* wechselt mit dem letzten Buchstaben der Ansage des Hörspieltitels die Perspektive des vorbeifahrenden Zuges von außen in das Innere des Waggons, aus dem heraus der Erzähler mit seiner Geschichte beginnt. Wie die Figuren in *Träume* für immer im fahrenden Zug gefangen sind, hat auch der Erzähler von *Jakob der Lügner* den Zug psychisch nie verlassen. Aus der Perspektive des Überlebenden, der mit der Vergangenheit nicht abschließen kann, spricht er zu den Hörerinnen und Hörern. Das Geräusch des fahrenden Zuges und der Wechsel von der Innen- zurück in die Außenperspektive wird am Schluss des Hörspiels vollzogen. Nun sind auch die letzten Juden im Viehwaggon zusammengepfercht und bewegen sich, begleitet vom Geräusch des fahrenden Zuges, auf ihr Ende zu. Der Erzähler lernt hier Jakob und auch das Kind Lina kennen. Wie Jakobs Nachrichtenillusionen brechen auch Linas Hoffnungen auf märchenhafte Rettung zusammen, da sie erkennen muss, dass die Märchenprinzessin, von der Jakob in einer früheren Szene erzählte, einem Irrtum unterlag, als sie statt der begehrten Wolke lediglich ein großes Stück Watte erhielt. Vom Erzähler erfährt sie, woraus Wolken tatsächlich bestehen: „ERZÄHLER: Und ich erzähle ihr von den Flüssen, den Seen und vom Meer, die ganze unglaubliche Geschichte, ich lasse auch den Dampf nicht aus, von Lokomotiven beispielsweise und Schornsteinen und allen möglichen Feuern [...] und ich sehe, wie Jakob mich freundlich ins Auge faßt, und vielleicht ist meine Schulstunde schuld daran, daß er mir wenig später eine viel verrücktere Geschichte erzählt. Ausgerechnet mir. Denn daß ich als einer von wenigen überlebe, steht nicht in meinem Gesicht geschrieben. (Geräusch des Güterzugs voll aufblenden, langsam ausblenden, Absage)" (Becker Hs, 47).

In dieser letzten Sequenz verschränken sich auf kunstvolle Weise verbale und nonverbale Zeichen des Hörspiels: Das unterlegte Zuggeräusch als „Hörbild" des Holocausts codiert die sprachlichen Zeichen um: Dampf, Lokomotiven, Schornsteine und Feuer stehen fortan nicht mehr für menschliches Leben oder gar Fortschritt, sondern sind Zeichen des sinnlosen Sterbens geworden, von dem die „unglaubliche Geschichte" berichtet.

Betreiben die bisher behandelten Holocausthörspiele eine zunehmende Individualisierung von Geschichte und authentifizieren ihre Stoffe durch die technischen Möglichkeiten des Rundfunks, dokumentarische und fiktionale Sequenzen organisch miteinander zu verschränken, so sind sie noch immer eng an das

Realismusgebot gebunden, das das Hörspiel der DDR von Beginn an gängelte. Die Durchsetzung ideologischer und ästhetischer Richtlinien fand sich vor allem auf der Textebene in Form von Umarbeitungen einzelner Formulierungen, in kommentierenden An- und Absagen, aber auch in der Ausgrenzung phantastischer oder irrealer Handlungen. Als absolutes Novum muss daher die Übernahme westdeutscher Hörspiele gelten, die surreale Aspekte – Märchen, Mythen und Träume – zum Gegenstand hatten und gleichzeitig deutliche Bezüge zur NS-Vergangenheit aufwiesen. Die Rede ist von den Höhepunkten des westdeutschen traditionellen Hörspiels: Günter Eichs *Träume* (erstgesendet im NDR 1950) wurde erstmals 1981 für den DDR-Rundfunk produziert; und erst im Dezember 1989 konnte mit dem Hörspiel *Knöpfe* von Ilse Aichinger (Erstsendung bereits 1953 im SDR/NWDR) eine fundamentale Gesellschaftskritik, die patriarchale Machtverhältnisse, industrielle Produktion und Holocausterinnerung auf verbaler wie auditiver Ebene miteinander verschränkt (vgl. Gerlof 2010, 312–345), gesendet werden.

Diese ästhetisch erweiterten Spielräume stoßen jedoch auch Ende der 1980er Jahre auf enge politische Grenzen, sobald es sich um Kritik am eigenen Land handelt. Eingriffe in literarische Vorlagen wie *Jakob der Lügner* (1973) und *Bruder Eichmann* (1984) legen einen unverändert tendenziösen Umgang mit den Texten offen (vgl. Gerlof 2010, 265–269 und 292–293). Im Vergleich zur Literatur, die in Buchform publiziert wurde, waren die ideologischen Grenzen des Hörspiels als künstlerisches Genre eines Massenmediums noch immer verhältnismäßig eng. Ein Anerkennen der eigenen Geschichte und die Wahrnehmung der eigenen Bevölkerung in der Nachfolge eines nationalsozialistischen antisemitischen Deutschlands, wie sie beispielsweise Thomas Heise in der Hörfassung von *Schweigendes Dorf* (1985; Erstsendung 1991) thematisierte, waren nicht möglich.

6. Zusammenfassung

Das DDR-Hörspiel unterstand – stärker noch als die Literatur – der Kontrolle der DDR-Kulturpolitik; die Durchsetzung ideologischer Richtlinien zeigte sich allerdings weniger auf der auditiven als auf der sprachlichen Ebene in Form von Textbearbeitungen, häufig aber auch in Paratexten (An- und Absagen, Ankündigungen, Zusammenfassungen) sowie in der internen Kommunikation der Rundfunksender. Es steht zu vermuten, dass die kulturpolitische Aufmerksamkeit weniger den flüchtigen, schwer definierbaren auditiven Zeichen als den fixierbaren Texten galt, da Erstere in ihrer Wirkung schlechter zu verifizieren waren. Entsprechend konnte die auditive Ebene des Hörspiels auch zum Ort einer alternativen Lesart von Geschichte werden. Die Zurichtungen einiger allzu kritischer Holocausttexte erfahren somit in der akustischen Umsetzung eine Korrektur.

Wiederkehrend eingesetzt wurden Musik, Musikakzente und Rhythmen, die affirmativ, aber auch kontrastiv genutzt wurden. Eine auffällige Präsenz weisen nonverbale Zeichen wie Lachen und Gelächter auf, die vor allem die Gruppen- und Identitätsbildungsprozesse sowie Hierarchien im Verhältnis von Tätern und Opfern betonen. Neben Zuggeräuschen als Symbol für die Deportation in Konzentrationslager sind Schweigen und Stille die am häufigsten eingesetzten auditiven Zeichen bei der Thematisierung des Holocausts. Stille im Hörspiel als radikaler Bruch in der Kommunikation sowohl auf der Handlungs- als auch auf der Rezeptionsebene steht für die Traumatisierung der Opfer, die eine Überführung der erlittenen Gewalt in Sprache unmöglich macht, für den Zivilisationsbruch, der den Glauben an eine Kultur der Verständigung zerstört hat, für das Gedenken der Toten, aber auch für das Verdrängen und Verschweigen der Täter.

Darüber hinaus aber ermöglicht es die stimmliche Präsenz des körperlich Abwesenden im auditiven Medium, den Opfern des Holocausts, auch den Toten, medial eine Stimme zu verleihen. Diese kann gerade im Hörspiel als Stimme der Toten in Form einer in die Handlung integrierten Figur oder als Klang beziehungsweise Musik die Narration der Überlebenden stützen, ergänzen oder auch als Gegenstimme die Rede der Täter konterkarieren, wobei die Doppelfunktion des Radios als Medium der Nachrichtenübermittlung und Literaturvermittlung dieser Präsenz eine spezifische Authentizität verleiht.

Literaturverzeichnis

Anonym. „Richtlinien des Politbüros des ZK der KPD für die Arbeit der deutschen Antifaschisten in dem von der Roten Armee besetzten deutschen Gebiet vom 5. April 1945". *Um ein antifaschistisch-demokratisches Deutschland. Dokumente aus den Jahren 1945–49*. Hrsg. von Ministerium für Auswärtige Angelegenheiten. Berlin 1968: 5–11.

Becker, Jurek [zit. als Becker Hs]. *Jakob der Lügner*. Hörspiel. Kontrollexemplar im Deutschen Rundfunkarchiv Potsdam. Signatur: 3 009-00-04/0611.

Becker, Jurek. *Jakob der Lügner*. Berliner Rundfunk 1973. Tonträger im Deutschen Rundfunkarchiv Potsdam. Signatur: 3001097X00.

Becker, Jurek. *Warnung vor dem Schriftsteller. Drei Vorlesungen*. Frankfurt am Main 1990.

Becker, Jurek. *Jakob der Lügner*. Roman. Frankfurt am Main 2001.

Bloom, Margret. *Die westdeutsche Nachkriegszeit im literarischen Original-Hörspiel*. Frankfurt am Main 1985.

Bolik, Sibylle. *Das Hörspiel in der DDR. Themen und Tendenzen*. Frankfurt am Main 1994.

Bruyn, Günter de. *Aussage unter Eid*. Deutschlandsender 1964. Tonträger im Deutschen Rundfunkarchiv Potsdam. Signatur: 3000568X00.

Bruyn, Günter de. „Aussage unter Eid. Hörspiel". *Neue deutsche Literatur* 13.4 (1965): 339.

Djordjevic, Mira. „‚Audiophilologie' als Methode der Hörspielforschung". *Medien/Kultur. Schnittstellen zwischen Medienwissenschaft, Medienpraxis und gesellschaftlicher*

Kommunikation. Knilli zum Sechzigsten. Hrsg. von Knut Hickethier und Siegfried Zielinski. Berlin 1991: 207–215.

Eich, Günter. „Träume". *Fünfzehn Hörspiele*. Frankfurt am Main 1966: 53–88.

Frank, Armin P. *Das Hörspiel. Vergleichende Beschreibung und Analyse einer neuen Kunstform*. Heidelberg 1963.

Gerlof, Manuela. *Tonspuren. Erinnerungen an den Holocaust im Hörspiel der DDR*. Berlin und New York 2010.

Groehler, Olaf, und Mario Keßler. *Die SED-Politik, der Antifaschismus und die Juden in der SBZ und der frühen DDR*. Berlin 1995.

Gugisch, Peter. *Die Entwicklung des Gegenwartshörspiels in der Deutschen Demokratischen Republik*. Diss. Greifswald 1965.

Gugisch, Peter. „Ein dreifacher Beginn. Das Hörspiel in der DDR". *Grundzüge der Geschichte des europäischen Hörspiels*. Hrsg. von Christian W. Thomsen und Irmela Schneider. Darmstadt 1985: 158–174.

Gunold, Rolf. „Hörspielprobleme". *Theater der Zeit* 1.1 (1946): 26–28.

Hähnel, Siegfried. *Probleme des Funktionswandels der Worthandlung im Hörspiel und ihre Bedeutung für den spezifischen Charakter der künstlerischen Abbilder dieser Kunstform. Ein Beitrag zur Theorie des Hörspiels*. Diss. Berlin 1969.

Hannes, Rainer. *Erzähler und Erzählen im Hörspiel. Ein linguistischer Beschreibungsansatz*. Marburg 1990.

Hermand, Jost. „Das Gute-Neue und das Schlechte-Neue. Wandlungen der Modernismus-Debatte in der DDR seit 1956". *Literatur und Literaturtheorie in der DDR*. Hrsg. von Peter Uwe Hohendahl und Patricia Herminghouse. Frankfurt am Main 1976: 73–99.

Kipphardt, Heinar. *Bruder Eichmann*. Kontroll-Exemplar. Teile 1–2. Deutsches Rundfunkarchiv Potsdam. Signaturen: B 009-00-04/1386 und B 009-00-04/1387.

Kipphardt, Heinar. *Bruder Eichmann. Mit einem Nachwort von Martin Linzer*. Berlin 1984.

Kohlhaase, Wolfgang. „Die Grünsteinvariante". *Die Grünsteinvariante. Hörspiele*. Hrsg. vom Staatlichen Komitee für Rundfunk beim Ministerrat der DDR. Berlin 1980: 19–48.

Köppen, Manuel. „Von Effekten des Authentischen – Schindlers Liste. Film und Holocaust". *Bilder des Holocaust. Literatur – Film – Bildende Kunst*. Hrsg. von Manuel Köppen und Klaus Scherpe. Köln 1997: 145–170.

Krautkrämer, Horst-Walter. *Das deutsche Hörspiel 1945–1961. Grundthemen, künstlerische Struktur und soziologische Funktion*. Heidelberg 1962.

Lauer, Reinhard. *Kleine Geschichte der russischen Literatur*. München 2005.

Lichtenfeld, Kristiane. *Weltgewinn Hörspiel. Zwei Jahrzehnte Internationale Funkdramatik im Rundfunk der DDR*. Berlin 1993.

Löw, Bernd. *Hörspiel 1945–1949. Eine Dokumentation*. Potsdam 1997.

Mehnert, Gerhard. *Kritik des Hörspiels. Zu Situation und Prozeß eines modernen Aussageproblems*. Leipzig 1948.

Müller, Jan-Dirk, Georg Braungart, Harald Fricke, Klaus Grubmüller, Friedrich Vollhardt, und Klaus Weimar (Hrsg.). *Reallexikon der deutschen Literaturwissenschaft*. Bd. 3. Berlin und New York 2007.

O'Doherty, Paul, und Colin Riordan. „,Ich bezweifle, ob ich je DDR-Schriftsteller gewesen bin'. Gespräch mit Jurek Becker". *Jurek Becker. Contemporary German Writers*. Hrsg. von Colin Riordan. Cardiff 1998: 12–23.

Opitz, Michael, und Michael Hofmann (Hrsg.). *Metzler Lexikon DDR-Literatur. Autoren – Institutionen – Debatten*. Stuttgart und Weimar 2009.

Pietrzynski, Ingrid. „'Die Menschen und die Verhältnisse bessern ...' Literaturvermittlung in Literatursendungen des DDR-Rundfunks". *Buch, Buchhandel und Rundfunk. 1950–1960.* Hrsg. von Monika Estermann und Edgar Lersch. Wiesbaden 1999: 120–167.
Rentzsch, Gerhard. „Gedanken über eine Kunstform". *Kleines Hörspielbuch.* Hrsg. von Gerhard Renztsch. Berlin 1960: 5–47.
Rentzsch, Gerhard. „Vorwort". *Hörspiele 3.* Hrsg. vom Staatlichen Rundfunkkomitee der DDR. Berlin 1963: 7–8.
Riedel, Heide. *Hörfunk und Fernsehen in der DDR. Funktion, Struktur und Programm des Rundfunks in der DDR.* Hrsg. vom Deutschen Rundfunkmuseum e. V. Berlin und Köln 1977.
Riedel, Heide. *Mit uns zieht die neue Zeit ... 40 Jahre DDR-Medien. Eine Ausstellung des Deutschen Rundfunk-Museums.* Berlin 1994.
Schlieper, Ulrike. *Hörspiel 1950–1951. Eine Dokumentation.* Potsdam 2003.
Schlieper, Ulrike. *Hörspiel 1952–1953. Eine Dokumentation.* Potsdam 2004.
Schneider, Irmela. „Zwischen den Fronten des oft Gehörten und nicht zu Entziffernden. Das deutsche Hörspiel". *Grundzüge der Geschichte des europäischen Hörspiels.* Hrsg. von Christian W. Thomsen und Irmela Schneider. Darmstadt 1985: 175–204.
Schwitzke, Heinz. *Das Hörspiel. Dramaturgie und Geschichte.* Köln und Berlin 1963.
Schwitzke, Heinz. *Reclams Hörspielführer.* Stuttgart 1969.
Sill, Oliver. „'Lieber sprechen als hören, lieber gehen als stehen'. Jurek Becker als politischer Kommentator". *Jurek Becker.* Hrsg. von Heinz Ludwig Arnold. München 1992: 70–76.
Sölbeck, Sabine. *Die Geschichte des modernen Hörspiels. Das Hörspiel im Wandel der Zeit.* 2012.
Sylvanus, Erwin. *Korczak und die Kinder.* Hörspielbearbeitung. Deutschlandsender 1959. Unveröffentlichtes Manuskript im Deutschen Rundfunkarchiv Potsdam. Signatur: 3000344X00.
Timper, Christiane. *Hörspielmusik in der deutschen Rundfunkgeschichte. Originalkompositionen im deutschen Hörspiel 1923–1986.* Berlin 1990.
Wagner, Hans-Ulrich. *‚Der gute Wille, etwas Neues zu schaffen'. Das Hörspielprogramm in Deutschland von 1945–1949.* Potsdam 1997.
Weiss, Peter. *Die Ermittlung. Oratorium in 11 Gesängen.* Deutschlandsender 1965. Kontrollexemplar im Deutschen Rundfunkarchiv Potsdam. Signatur: B 082-00-04/0256.
Weyrauch, Wolfgang. *Woher kennen wir uns bloß?* Berliner Rundfunk 1957. Tonträger im Deutschen Rundfunkarchiv Potsdam. Signatur: 3000279000.
Weyrauch, Wolfgang. „Woher kennen wir uns bloß?" *Dialog mit dem Unsichtbaren. Sieben Hörspiele.* Freiburg im Breisgau. 1962: 9–27.
Wickert, Erwin. „Die innere Bühne". *Akzente* 1 (1954): 505–514.
Wolf, Friedrich. „Professor Mamlock". Berliner Rundfunk 1945. Tonträger im Deutschen Rundfunkarchiv Potsdam. Signatur: 3000001X00.
Wolf, Friedrich. „Professor Mamlock". *Das dramatische Werk.* Bd. 3. Berlin und Weimar 1988: 295–365.
Würffel, Stephan B. *Das deutsche Hörspiel.* Stuttgart 1978.
Zierold, Martin. *Gesellschaftliche Erinnerung. Eine medienkulturwissenschaftliche Perspektive.* Berlin und New York 2006.

4.15. Neue Sprechweisen: das Nachkriegshörspiel von Eich bis Bachmann
Bettina Bannasch

Die Jahre von 1945 bis zum Ende der 1960er Jahre gelten als Blütezeit des Hörspiels in Deutschland, genauer: des ‚literarischen' Hörspiels. Die Voraussetzungen dafür sind ideal: Bis zur Einführung des Fernsehens 1952 ist das Radio als Massenmedium konkurrenzlos. Aufgrund der zentralen Funktion, die dem Rundfunk im Rahmen der nationalsozialistischen Propaganda zugewiesen wurde, ist Ende des Zweiten Weltkriegs so gut wie jeder deutsche Haushalt mit einem Volksempfänger ausgestattet (Ohmer und Kiefer 2013, 27–28). Ende der 1960er Jahre tritt jedoch neben das Fernsehen, bedingt durch die technischen Möglichkeiten der Stereophonie, eine Konkurrenz innerhalb der Gattung selbst: das sogenannte Neue Hörspiel. Im Spiel mit dem Lautmaterial der Sprache erprobt es, unterstützt durch musikalische Strukturen, nichtnarrative Verfahren der Textorganisation.

Die Zeit des literarischen Hörspiels gilt bald schon als eine überwundene Phase in der Geschichte der Gattung. Begründet liegt dies unter anderem in einem Paradigmenwechsel, der sich nicht nur in der deutschsprachigen Literaturwissenschaft und -kritik vollzieht, vielmehr hat er einen Perspektivenwechsel auf das literarische Hörspiel zur Folge (Huwiler 2016, 99). Der seit den ausgehenden 1960er Jahren zunehmend poststrukturalistisch orientierten Literaturwissenschaft kommen die Erzählverfahren des Neuen Hörspiels zunächst in ungleich höherem Maße entgegen als die konventionellen Verfahren des literarischen Hörspiels, das Geräusche und Musik vor allem zur Verstärkung von Stimmungen und für Hintergrundillustrationen einsetzt. Die politische Aufbruchstimmung der Zeit unterstützt die Einschätzung von der ‚Antiquiertheit' des literarischen Hörspiels, wenn auch mit anderen Akzentuierungen. In einer 1970 in der Zeitschrift *Merkur* ausgetragenen Debatte wird das literarische Hörspiel der reaktionären Innerlichkeit bezichtigt. Stellvertretend für die Gattung gerät Ingeborg Bachmanns 1958 ausgestrahltes Hörspiel *Der gute Gott von Manhattan* in die Kritik. Es dränge nicht auf gesellschaftliche Veränderung, sondern spiele, so moniert Wolf Wondratschek, in einem „Niemandsland der reinen Empfindungen" (Wondratschek und Becker 1970, 190).

Der gute Gott von Manhattan erzählt die Geschichte von Jan und Jennifer, die sich in New York begegnen. In der Zweisamkeit ihrer ekstatischen Liebe entziehen sie sich mehr und mehr den gesellschaftlichen Anforderungen, die an sie herangetragen werden. Eng verbunden damit ist ihre Abkehr von sprachlichen Konventionen, die Denken und Handeln der Menschen bestimmen. So formuliert Jan auf dem Höhepunkt seiner Liebe gegenüber Jennifer: „Ich weiß nichts weiter, nur daß ich hier leben und sterben will mit dir und mit dir reden in einer neuen Sprache; daß ich keinen Beruf mehr haben und keinem Geschäft mehr nachgehen kann, nie mehr nützlich sein und brechen werde mit allem, und daß ich geschieden sein will von allen anderen. [...] Und in der neuen Sprache, denn es ist ein alter Brauch, werde ich dir meine Liebe erklären und dich ‚meine Seele' nennen" (Bachmann [1959] 1978, 321). Die zunehmende Weigerung der beiden Liebenden, sich in gesellschaftliche Funktionszusammenhänge einzubinden, erregt schließlich die Aufmerksamkeit des ‚guten Gottes' von Manhattan. Er tritt als eine Instanz auf, die für die Ordnung der Gesellschaft Sorge trägt. Er beschließt, nicht ohne Sympathie für die Liebenden, doch in Erfüllung seiner Aufgabe, dass Jennifer aus der Gesellschaft entfernt werden und sterben müsse. Jan hingegen, dessen Liebe ‚vernünftige' Grenzen kenne, könne wieder in die Normalität integriert werden. Der gute Gott rechtfertigt seine Tat im Rückblick auf die Ereignisse im Rahmen einer Gerichtsverhandlung.

Bachmanns Hörspiel thematisiert Liebe als einen Grenzfall, der gesellschaftliche Konventionen infrage stellt, darunter auch und vor allem diejenigen sprachlicher Kommunikation. Dementsprechend legt die Inszenierung des Hörspiels ihren Akzent auf die sich in ihrer Eindringlichkeit steigernden Dialoge. Geräuschen und Musik kommt keine handlungstragende Funktion zu. Mit der Akzentuierung der Dialoge korrespondiert die Bedeutung, die der Text der Stimme zuschreibt: „Und sollte mir der Geschmack an der Welt nie mehr zurückkommen", sagt Jan, „so wird es sein, weil ich dir und deiner Stimme hörig bin" (Bachmann [1959] 1978, 321). In ihrer Sinnlichkeit ergänzen der Klang der geliebten Stimme und die ‚Hörigkeit' des Geliebten das abstrakte Modell der ekstatischen Liebe. Im weiteren Handlungsverlauf des Hörspiels wird aus diesem Zusammenspiel ein Gegenspiel: Jan kehrt wieder in die Welt zurück, Jennifer ‚fliegt in die Luft'.

In der Rede, die Bachmann zur Verleihung des Preises der Kriegsblinden hält, mit dem ihr Hörspiel ein Jahr später ausgezeichnet wird, betont sie die utopische Qualität des ekstatischen Liebesmodells ebenso wie die konkreten gesellschaftskritischen Implikationen utopischer Entwürfe in der Literatur: „So kann es auch nicht die Aufgabe des Schriftstellers sein, den Schmerz zu leugnen, seine Spuren zu verwischen, über ihn hinwegzutäuschen. Er muß ihn, im Gegenteil, wahrhaben und noch einmal, damit wir sehen können, wahrmachen. [...] [D]as sollte die Kunst zuwege bringen: daß uns, in diesem Sinne, die Augen aufgehen" (Bachmann [1959] 1978, 275). Das rhetorische Spiel, das in der Formulierung vom Aufgehen der Augen liegt, ist ebenso eine Hommage an die Kriegsblinden wie ein Eingehen auf die medialen Bedingungen des Rundfunks, das die übertragene Bedeutung des ‚Sehend-Machens' als Aufgabe der (Sprach-)Kunst noch einmal eigens hervorhebt.

Wondratschek und mit ihm auch andere Vertreterinnen und Vertreter des Neuen Hörspiels lassen diese Auffassung und ihre künstlerische Umsetzung im literarischen Hörspiel, so, wie Bachmann sie hier formuliert, nicht gelten. Wondratschek markiert sie als eine bildungsbürgerliche Kunstauffassung, die er mit Verfahren des Neuen Hörspiels und nicht zuletzt mit seiner eigenen O-Ton-Collage *Paul oder die Zerstörung eines Hörbeispiels* (1969) kontrastiert. Die Jury des Hörspielpreises der Kriegsblinden stellt sich diesen Entwicklungen nicht entgegen. Vielmehr wird 1969 das Hörspiel *Fünf Mann Menschen* von Ernst Jandl und Friederike Mayröcker ausgezeichnet, das als erstes Neues Hörspiel gilt. Wondratschek wiederum erhält 1970 – in ebenjenem Jahr also, in dem die Debatte im *Merkur* stattfindet – für seine O-Ton-Collage den Hörspielpreis der Kriegsblinden.

Die Einvernehmlichkeit, mit der die abqualifizierende Einschätzung des literarischen Hörspiels von vielen Hörspielschaffenden und -verantwortlichen in den 1960er Jahren und in der Folge vertreten wird, belegt nicht zuletzt die bereitwillige Übernahme und Verwendung des Begriffs ‚Neues Hörspiel'. Es ist ein Terminus, der sich zunächst aus der Nähe des Neuen Hörspiels zum Nouveau Roman ableitet (Würffel 1978, 155–156), zugleich aber klingen in ihm auch Vorstellungen vom Überkommenen des literarischen Hörspiels mit. Bis heute stellt sich in vielen Einführungen und Überblicksdarstellungen die Gattungsgeschichte des Hörspiels als eine Fortschrittsgeschichte dar, in deren Verlauf das Neue Hörspiel das traditionelle literarische Hörspiel abgelöst hat (vgl. exemplarisch Barner 2006, 452–453). Zwei Einwände sind gegen eine solcherart vorgenommene Gattungsgeschichtsschreibung vorzubringen: Zum einen folgt sie unausgesprochen einer klaren Unterscheidung in Unterhaltungs- und Hochkultur. Sie vernachlässigt den Umstand, dass das literarische Hörspiel noch lange Jahre, in einigen Varianten bis heute, seinen festen Platz im Rundfunk unangefochten behaupten konnte, etwa im Genre des Kriminalhörspiels oder des Kinderhörspiels. Zum anderen übersieht eine solche Fortschrittsgeschichtsschreibung, dass Grenzen zwischen den beiden Hörspielformen kaum so scharf gezogen werden können. Entsprechend betonen vor allem neuere Arbeiten zum Hörspiel Kontinuitäten in der Entwicklung des Hörspiels, die sich in der Vielfalt und dem Nebeneinander unterschiedlichster Hörspielformen zeigen (Huwiler 2016). Zwar hat es in der Zeit von 1945 bis in die 1960er Jahre hinein in der Tat eine ‚Blütezeit' des literarischen Hörspiels gegeben, doch handelt es sich dabei nicht, wie es die Bezeichnung nahelegen könnte, um ein Naturereignis. Vielmehr ist damit eine herausgehobene Phase in der Gattungsgeschichte des Hörspiels benannt, die unter mediengeschichtlichen, literaturpolitischen und gattungstheoretischen Aspekten genauer bestimmt und eingeordnet werden kann.

1. Mediengeschichtliche Aspekte

Um die Deutschen nach 1945 wieder in demokratiefähige Bürger ‚zurückzuerziehen', entwickeln die alliierten Siegermächte ein kulturpolitisch umfassendes sogenanntes Reeducationprogramm, das dem Rundfunk, und hier vor allem dem literarischen Hörspiel, eine zentrale Funktion zuweist. Neben qualifizierter Unterhaltung und der Übermittlung von Informationen soll es die „geistige Not" in Deutschland überwinden helfen, so formuliert es im November 1948 Adolf Grimme in seiner Rede zum Amtsantritt als Generaldirektor des Nordwestdeutschen Rundfunks (Fischer 1957, 215). Mit dieser Formulierung verbindet sich die Vorstellung von einem Auftrag zur Vergangenheitsbewältigung. Die in den 1950er und 1960er Jahren ausgezeichneten Hörspielproduktionen zeugen davon, dass dieser Erziehungsauftrag ernst genommen und von vielen Hörspielschaffenden und -verantwortlichen mitgetragen wird.

Eines der ersten Hörspiele, die im deutschen Rundfunk nach 1945 ausgestrahlt werden, ist Wolfgang Borcherts *Draußen vor der Tür* (1947). Es thematisiert die Erfahrungen eines Heimkehrers aus dem Zweiten Weltkrieg, der seinen Platz in der deutschen Nachkriegsgesellschaft sucht, die er mit ihrer Geschichte konfrontiert. Die Menschen, die er aufsucht, möchten jedoch nichts mehr von den Ereignissen wissen. Ein halbes Jahr später erscheint die Bühnenfassung des Hörspiels, die bis heute Gegenstand der Schullektüre und sehr viel verbreiteter als das Hörspiel ist. Hörspiel- und Bühnenfassung sind in weiten Teilen identisch. Allerdings fehlt in der von Borchert erstellten Hörspielfassung jede Anspielung auf die Verfolgung der Juden und das Dritte Reich (vgl. Balzer 2001, 20–22). Die Inszenierung des Hörspiels konzentriert sich auf den Text, Geräusche und Musik werden kaum eingesetzt. Im Zentrum stehen die verzweifelten Fragen des Kriegsheimkehrers. Sie steigern sich in ihrer Eindringlichkeit bis hin zu der insistierend wiederholten Frage, die am Ende des Hörspiels langsam und mit immer größerem Hall ausgeblendet wird: „Gibt denn keiner – keiner – Antwort?"

Auch andere Hörspiele aus den frühen Jahren der Nachkriegszeit stellen eine junge, schuldlose Generation ins Zentrum der Handlung. In Fred von Hoerschelmanns *Das Schiff Esperanza* (1953), einem der erfolgreichsten Hörspiele der frühen Nachkriegszeit, gerät ein Sohn mit seinem Täter-Vater in Konflikt. Das Schiff Esperanza ist ein heruntergekommenes Frachtschiff, das unter Kapitän Grove illegal gegen hohe Summen Flüchtlinge von Deutschland nach Amerika befördert. Die Flüchtlinge werden jedoch getäuscht. Unter der Vorgabe, sie seien bereits am Ziel angekommen, setzt Grove sie auf Sandbänken im Meer aus. Die Flut wird sie wenig später überspülen. Unter den Männern, die diesmal für die Fahrt neu auf dem Frachter angeheuert haben, ist auch Groves Sohn Axel. Zu spät erfährt der Vater, dass sein Sohn mit einem der Flüchtlinge den Platz getauscht hat und sich nun unter den Ausgesetzten auf einer Sandbank im Meer befindet. Eine Rettung ist nicht mehr möglich.

Hoerschelmanns Hörspiel ist eines der am stärksten rezipierten in der deutschen Radiogeschichte überhaupt, dessen Aufbau sich am Drama orientiert. Bis auf die Eingangsszenen am Hafen wird die Einheit von Zeit, Ort und Handlung gewahrt, Vor- und Rückblenden fehlen. Die eingesetzten Geräusche unterstützen die Verständlichkeit des Textes. Sie gliedern und verdeutlichen die Dialoge, sie ordnen einzelnen Schauplätzen leicht identifizierbare und gut zu unterscheidende Geräusche zu. Immer wieder verstärken diese, so wie etwa der Klang des Nebelhorns, die dramatischen Effekte der Handlung. In der dramaturgischen Anlage des Hörspiels kommt den Geräuschen eine wichtige, zum Teil handlungstragende Funktion zu. Im In- und Ausland wurde *Das Schiff Esperanza* als repräsentativ für das neue Nachkriegsdeutschland wahrgenommen. Es wurde in etwa zwanzig Sprachen übersetzt und stand in westdeutschen Schulen noch lange Jahre auf dem Lehrplan für die höheren Klassen.

In vielen Hörspielen aus den Jahren der Nachkriegszeit, auch in solchen, die ihre Handlungen nicht oder zumindest weniger eindeutig im zeitgeschichtlichen Kontext des Zweiten Weltkriegs situieren, wird die allgemein gehaltene Frage nach (fehlender) Zivilcourage und Menschlichkeit verhandelt. Diesem Themenbereich lässt sich auch die Mehrzahl der Hörspiele zurechnen, die von den westdeutschen Rundfunkanstalten in den 1950er und 1960er Jahren aus dem deutschsprachigen Ausland angekauft werden, allen voran die Hörspiele der Schweizer Autoren Max Frisch und Friedrich Dürrenmatt. Er charakterisiert auch eine Reihe von Hörspielen namhafter österreichischer Autoren, von denen viele bereits mit der Erstproduktion ihrer Arbeiten nach Deutschland gehen (Hiesel 1985, 141). Die Blütezeit des deutsch(sprachig)en Hörspiels verdankt sich maßgeblich auch diesen Autoren – und dem finanziellen Spielraum, der für das literarische Hörspiel etwa zwei Jahrzehnte lang zur Verfügung steht.

Die großzügige Mittelvergabe ist dem Vertrauen geschuldet, das man im Zuge der Reeducationpolitik in die wirkungsvolle und massenhafte Verbreitung ‚guter Literatur' setzt. Indiz für die dezidiert ‚ästhetische' Akzentuierung dieser sehr konkreten Vorstellung von ästhetischer Erziehung ist nicht zuletzt der Umstand, dass in den Rundfunkanstalten ab 1950 Hörspiel- und Featureabteilungen getrennt werden (vgl. 4.16. ÄCHTLER), das Hörspiel damit als eine eigene Kunstform wahrgenommen und gewürdigt wird. Erst mit dem O-Ton-Hörspiel der 1970er Jahre, in größerem Umfang dann ab den 1990er Jahren, werden diese Grenzen zwischen Hörspiel und Feature wieder durchlässiger.

In den 1950er und 1960er Jahren erlauben es die finanziellen Mittel den westdeutschen Rundfunkanstalten, Textfassungen von Hörspielen mehrfach zu produzieren. So können unterschiedliche Inszenierungen erprobt und miteinander verglichen werden. Vor allem gilt dies für die Hörspiele bekannter Autorinnen und Autoren, namentlich für die Produktion der Hörspiele Günter Eichs. Sein 1951 ausgestrahltes Hörspiel *Träume* gilt als die „Geburtsstunde des literarischen Hörspiels" (Schwitzke 1960, 13). Das Urteil Heinz Schwitzkes, der Eichs *Träumen* die Funktion einer Initialzündung für das literarische Hörspiel zuspricht, hat Gewicht. In den Jahren von 1951 bis 1971 ist Schwitzke Leiter der Abteilung Hörspiel im Norddeutschen Rundfunk, zudem ist er Verfasser einer einschlägigen Überblicksdarstellung zum Hörspiel, die 1963 erscheint. Schwitzke ist der vielleicht einflussreichste Programmatiker des literarischen Hörspiels in den 1950er und 1960er Jahren.

In den fünf Träumen, die in Eichs Hörspiel erzählt werden und die jeweils auf einem anderen Kontinent spielen, werden höchst beklemmende, existenziell bedrohliche Szenarien entworfen. Ein- und ausgeleitet werden die Träume durch lyrische Pro- beziehungsweise Epiloge, die sich angesichts der katastrophalen Erfahrungen des Zweiten Weltkriegs gegen ein naives Träumen aussprechen: „Alles, was geschieht, geht dich an." Sie rufen zu Wachsamkeit gegen neu heraufziehende Gefahren auf. Zugleich formuliert das Hörspiel durch die fünf Kontinente, auf die es die Träumenden verteilt, den Anspruch einer über die Grenzen (Nachkriegs-)Deutschlands und Europas hinausweisenden Botschaft.

Steht in Hoerschelmanns ‚dramatischem' Hörspiel *Das Schiff Esperanza* die Handlung im Zentrum, so setzen nun die karge und nüchterne Sprachlichkeit in Eichs ‚lyrischem' Hörspiel *Träume* und die zurückgenommene Personenführung durch die Regie neue Maßstäbe. Dabei mag die Kategorie des Lyrischen angesichts der keineswegs spannungs- oder handlungsarmen Szenen, der überaus prononcierten Diktion der Sprecher, der suggestiv eingesetzten Hintergrundmusik und nicht zuletzt auch angesichts der zahlreichen erregten Hörerreaktionen zunächst überraschen; jedoch wird der Verzicht auf eine kontinuierliche Handlungsführung und einen durchgehend gehaltenen Spannungsbogen als ‚lyrisch' verstanden. An ihre Stelle treten die Abfolge einzelner Szenen und ihre Unterbrechung durch Pro- und Epiloge. Die in ihnen enthaltenen Gedichte werden bald schon als eigenständige Texte bekannt und finden neben anderen Gedichten Eichs Eingang in die Schullesebücher.

Eine Neuinszenierung von *Träume* aus dem Jahr 2006, bei der unterschiedliche Regisseure jeweils eine Szene des Hörspielklassikers auswählen und neu interpretieren, stellt bezeichnenderweise der damals Maßstäbe setzenden und inzwischen kanonisch gewordenen Inszenierung aus dem Jahr 1951 keine akustische Alternative zur Seite. Aufschlussreich ist die Neuinszenierung jedoch unter hörspielgeschichtlichen Aspekten. Eine Sequenz, die dem Hörspieltext neu hinzugefügt wurde, stellt die mitgeschnittenen Anrufe der erregten Hörer zusammen, die nach der Erstausstrahlung bei der Redaktion eingegangen waren. Dabei steht insbesondere eine Szene in der Kritik, in der ein ahnungsloses Kind von seinen Eltern an einen reichen alten Mann als ‚Blutspender' verkauft und in den Tod geschickt wird; in späteren Fassungen ist sie zum Teil gestrichen und durch eine andere Szene ersetzt.

Für in der BRD produzierte literarische Hörspiele gilt fortan das „Eich-Maß" (Ohde 1986, 470). Es ist keineswegs unumstritten. Kaum zufällig entzündet sich innerhalb der Gruppe 47, *der* literaturpolitisch relevanten Institution der Nachkriegszeit, anlässlich einer Lesung von Eich 1960 eine scharfe Debatte zum Hörspiel (Wagner 1999, 324–326). Mit Eichs Hörspielen gerät das gesamte ‚ältere' Hörspiel in die Kritik, als „dessen Prototyp die traumhaften Allegorien Günter Eichs" (Wellershoff 1970, 189) gesehen werden. Ähnlich wie Bachmann wirft man auch Eich vor, in seinen Hörspielen Szenarien der Verinnerlichung fern von jeder gesellschaftlichen Relevanz zu entwerfen. Der Titel seines erfolgreichen Hörspiels *Träume* scheint geradezu programmatisch in diese Richtung zu weisen.

Dennoch bleibt genügend Spielraum für Experimente. Viele Autorinnen und Autoren erproben im Hörspiel Stoffe, die später in Dramenfassungen umgearbeitet werden. In vielen Fällen kann dabei die innere Bühne des Hörspiels ohne allzu gravierende Eingriffe auf die äußere Bühne des Theaters übertragen werden. Auch wird umgekehrt eine Reihe von Dramen in Hörspiele umgearbeitet. In der Regel handelt es sich um Werke, die am Theater besonders erfolgreich waren und nun im Radio noch einmal für ein breiteres Publikum zugänglich gemacht werden sollen. Das Radio wird hier ganz im Sinne der alliierten Reeducationpolitik als eine kostengünstige und flächendeckende Form der Volkshochschule verstanden und genutzt. Die Umarbeitung von Prosatexten in Hörspiele und vice versa ist aufwändiger und wird dementsprechend deutlich seltener praktiziert. Erst seit den 1990er Jahren wird diese Grenze durch das Hörbuch aufgeweicht, das die verschiedensten Mischformen von Prosa und Hörspiel erprobt (vgl. Binczek und Epping-Jäger 2013). Doch findet sich im Kontext des literarischen Hörspiels der 1960er Jahre eine interessante Variante der Beeinflussung eines Prosatextes durch das Hörspiel: Einer der wichtigsten Romane der Nachkriegsliteratur, Wolfgang Hildesheimers *Tynset* (1965), ist in seiner formalen Gestaltung erkennbar durch das Hörspiel inspiriert. Hildesheimer selbst hat zu diesem Zeitpunkt bereits eine Reihe einschlägiger Hörspiele verfasst, beginnend mit *Prinzessin Turandot* (1954). Das ein Jahr vor dem Erscheinen des Romans *Tynset* gesendete Hörspiel *Monolog* (1964) lässt sich unschwer als eine Vorstudie zu dem noch in Entstehung begriffenen Roman erkennen. Gegenstand des Romans ist der nächtliche Monolog eines Schlaflosen, der sich in einem Schwebezustand zwischen Wachen und Schlaf befindet. Erzählt wird die Geschichte seiner traumatischen Erinnerungen, die den Ich-Erzähler, einen Überlebenden der Shoah, verfolgen. Nach und nach setzt sich seine Geschichte aus den Bruchstücken zusammen, die er in nächtlichen Monologen preisgibt. Bei Tageslicht und in einer stringent chronologischen Abfolge der Ereignisse hätte sich diese Geschichte nicht erzählen lassen. Noch einmal deutlich stärker ausgearbeitet als in der früheren Hörspielfassung enthüllt sich die Lebensgeschichte des Protagonisten in Hildesheimers Roman in dem hörspieltypischen nächtlichen Szenario, das keine klare Sicht auf die Dinge erlaubt, und in dem nicht zu kontrollierenden Zustand zwischen Wachen und Schlaf.

2. Literaturpolitische Aspekte

Damit der Rundfunk nicht wieder wie in den Jahren zwischen 1933 und 1945 zum Staatsmonopol werden kann, erhält er in den westlichen Besatzungszonen eine öffentlich-rechtliche Struktur. Sie soll die Unabhängigkeit des Rundfunks von staatlichen und privaten Finanzträgern garantieren. Die ideologisch gewünschte und institutionell gesicherte Unabhängigkeit wird indes zugleich wieder unterlaufen von ebenjenen Kulturpolitikern, die sie fordern und fördern. Im Herbst 1950 ordnet das amerikanische Department of State für den österreichischen Rundfunk – Vergleichbares gilt für den Rundfunk in den westlichen Besatzungszonen – eine Strategie der „Psychological Offence" an, a „method of oblique rather than frontal propaganda – a tactic made possible because of the opportunity of locally blending U. S. information policy into an indigenous Austrian home Network" (Department of State 1950, zit. nach Wagnleitner 1990, 98). Unter der Kontrolle der amerikanischen Besatzungsbehörde werden der österreichische und westdeutsche Rundfunk spätestens ab 1950 zum wichtigsten Propagandamedium der USA. Die Politik einer „oblique propaganda" bezieht dabei auch insbesondere Unterhaltungshörspiele ein, also Hörspiele, die nicht dem Bereich der anspruchsvollen ‚Hochliteratur' zugerechnet werden. In einem ironischen Rückblick beschreibt Peter Weiser die radiopolitischen Vorgaben, die für die Arbeit der bei Bachmann 1952 in Auftrag gegebenen Serie *Die Radiofamilie* zu berücksichtigen waren: „Es wird eine politische Sendereihe werden, ohne dass der Hörer kapiert, dass sie es ist, es wird eine erzieherische Sendereihe werden, ohne dass der Hörer kapiert, dass sie es ist, es wird eine gesellschaftsprägende Sendereihe werden, ohne dass der Hörer kapiert, dass sie es ist, und es wird eine lustige Sendereihe werden, und das wird das Einzige sein, was der Hörer kapiert" (Weiser 1994, 26). Man bedient sich des literarischen Hörspiels und seiner besonderen Möglichkeiten für eine „oblique propaganda" gewissermaßen als Mogelpackung: Die bereits in den Rundfunktheorien der 1930er Jahre entwickelte und in der Zeit des Nationalsozialismus für Zwecke der politischen Propaganda funktionalisierte Vorstellung von der ‚inneren Bühne' des Hörspiels – die bis weit in die 1960er Jahre den Hörspieldiskurs bestimmt – macht diese Gattung auch in der Nachkriegszeit für die westlichen Alliierten zu *dem* privilegierten Medium ihrer kulturpolitischen Erziehungspolitik. Die damit verbundenen Paradoxien werden seitens der Alliierten durchaus erkannt und zum Teil auch kritisch reflektiert (Segeberg 2003, 200). Im Zusammenhang mit Zensurmaßnahmen und den Vorkehrungen für die Reglementierung der Papierzuweisungen heißt es in den Unterlagen der amerikanischen Militärregierung, dass die „Kontrolle und Lenkung des Papiers den Methoden der Reichsschrifttumskammer (ähnelt), was vermieden werden soll. Die Militärregierung weiß hier keinen Ausweg" (zit. nach Wittmann 1997, 39).

Im Vergleich mit den westlichen Besatzungszonen fallen die Bemühungen der sowjetischen Besatzungsmacht um politische Propaganda, die dem Sender RAVAG übertragen werden, deutlich unbeholfener aus (Lennox 2002, 84). Dies liegt nicht so sehr an einem Mangel an politisch-propagandistischer Subtilität als vielmehr daran, dass die Sowjetische Besatzungszone und spätere DDR ein prinzipiell anderes nationales Selbstverständnis konstruiert (vgl. 4.14. GERLOF). Es knüpft an die Geschichte der Exilantinnen und Exilanten an, die nach 1933 Deutschland aufgrund ihrer antifaschistischen Überzeugungen verlassen mussten oder wollten. Die Notwendigkeit einer ‚Reeducation' ist damit ebenso wenig gegeben wie die Dringlichkeit einer umfassenden und grundlegenden Auseinandersetzung mit der Vergangenheit. Vielmehr versteht man sich als den legitimen Nachfolgestaat des ‚anderen Deutschlands' der Exilanten. Ein Austausch mit den übrigen deutschsprachigen Sendeanstalten ist dementsprechend gerade in den ersten Nachkriegsjahrzehnten für die eine wie für die andere Seite von geringem Interesse. Erst in den 1970er Jahren kommt ein solcher in Gang. Er bleibt jedoch schleppend.

Im Blick auf die Gattungsgeschichte und auf das literarische Hörspiel bleibt festzuhalten, dass es in der Hörspielgeschichte der DDR, anders als in der BRD, nicht zu einem vergleichbaren Bruch in der Wertschätzung des literarischen Hörspiels kommt. Der Rundfunk, so resümiert man an verantwortlicher Stelle 1985 noch im ungebrochenen Vertrauen auf das literarische Hörspiel und erkennbar der Radiotheorie Bertolt Brechts verpflichtet, bietet viele „Möglichkeiten der Zwiesprache zwischen Rundfunk und Hörer" und lässt sich „als Anregung zur gesellschaftlichen Kommunikation über gemeinsame Anliegen verstehen. Das Hörspiel der DDR war stets eine Kunst für die Vielen. Aus seiner Stellung in einem sozialistischen Medium leitet es die Verpflichtung zur öffentlichen Mitsprache ab" (Gugisch 1985, 174).

3. Gattungstheoretische Aspekte

Den Autorinnen und Autoren literarischer Hörspiele in der BRD und in Österreich entgeht es nicht, dass sich die von den Alliierten verfolgte Hörspielpolitik in unauflösliche Widersprüche verstrickt. Eine ganze Reihe von Hörspielen setzt sich kritisch mit der schwierigen Konstruktion auseinander, die eine Vorstellung von nichtpropagandistischer ästhetischer Erziehung mit verdeckter politischer Propaganda zu verknüpfen sucht. Im Zentrum dieser Hörspiele steht die künstlerische Auseinandersetzung mit der ‚körperlosen Wesenheit der Stimme', jener Auffassung, die für das literarische Hörspiel der 1950er und 1960er Jahre zentral ist und die auf ein bereits in den 1930er Jahren entstandenes, seither maßgebliches hörspieltheoretisches Werk zurückgeht, und zwar auf Richard Kolbs 1932 erschienene Aufsatzsammlung *Horoskop des Hörspiels*.

Im Zentrum der Überlegungen Kolbs steht die Vorstellung vom Hörspiel als ‚innerer Bühne' und von der besonderen Qualität der ‚körperlosen Stimme', die auf dieser Bühne agiert. Im Hörspiel gelingt es, so Kolb weiter, vermittelt über die ‚körperlose Stimme' und im Unterschied zu der sich im Stillen vollziehenden Lektüre von Prosatexten sowie zu den äußeren Bildern des Dramas, suggestiv in das Innere des Hörers einzudringen und unmerklich von ihm Besitz zu ergreifen: „Die entkörperte Stimme des Hörspielers wird zur Stimme des eigenen Ich. Diese kennen wir als Gewissen, Mahnung, Zweifel, Hoffnung, Glaube, kurz: als Gemütsbewegungen, Wünsche und Hemmungen. Lösen wir die in unserer Vorstellungswelt durch Verschiebung unserer eigenen seelischen Kräfte in uns entstehenden dichterischen Personen in ihre Grundelemente auf, was gleichbedeutend ist mit der Auflösung derselben in die Grundelemente unseres eigenen Charakters, so finden wir die Urkräfte des Seins, die in uns als eben diese Gemütsbewegungen, Wünsche und Hemmungen erkennbar sind" (Kolb 1932, 64). Die politischen Implikationen, die Brecht einst dem Radio als Kommunikationsapparat zuschrieb (vgl. Brecht [1932] 1967), wendet Kolb in seinen Überlegungen zum Hörspiel somit um: Aus dem Radio wird ein Apparat, mit dessen Hilfe unmittelbar und wirkungsvoll Zugriff auf das Kollektivbewusstsein genommen werden kann. „Das Kollektivbewußtsein muß," so schreibt er, „wenn es nicht nur auf den äußeren Wirtschaftsnotwendigkeiten aufgebaut sein soll, aus der inneren Einsicht des seelischen Zusammenhangs der Menschheit kommen" (Kolb 1932, 107). Stärker als auf das flüchtige Wort vertraut Kolb dabei auf Melodie und Rhythmus. Nicht um die Vermittlung von Themen und Inhalten, die vom Hörer gar nicht so schnell erfasst und reflektiert werden können, kann es nach Kolbs Auffassung dem Hörspiel gehen, vielmehr ist es angewiesen auf höchste Sprachkunst, auf professionell geschulte und suggestiv wirksame Stimmen. Sie vermögen Stimmungen zu erzeugen, die in Erinnerung bleiben. Das Eindringen in das Innere des Hörers wird bei Kolb somit als ein Akt der individuellen Inbesitznahme vorgestellt. Zugleich versteht Kolb diesen Prozess als ein Geschehen von kollektiver Reichweite; denn auch von Kolb wird das Radio als Massenmedium ernst genommen. Nur wenig später macht sich die nationalsozialistische Propaganda diese Auffassung zunutze. Auf der Grundlage der Ausführungen Kolbs passt Hermann Pongs die Radiotheorie an die Vorgaben der neuen Kulturpolitik an (vgl. Pongs 1930).

Bis in die 1960er Jahre hinein behauptet die von Kolb formulierte und durch Pongs für die nationalsozialistische Kulturpolitik adaptierte Gattungstheorie des Hörspiels ihre Gültigkeit; noch Schwitzke schließt in seinen Auffassungen daran an (vgl. Döhl 1992; Hagen 2002). Erst 1961 formuliert Helmut Heißenbüttel eine Replik auf Kolb in seinem gleichlautenden Essay „Horoskop des Hörspiels" (1972), in der er die problematischen Implikationen der Kolb'schen Hörspieltheorie und ihrer Geschichte offenlegt. Die wörtliche Übernahme des Titels von Kolbs Buch lässt den Versuch erkennen, dessen Hörspieltheorie zu ‚überschreiben': „Diese Rückführung der Hörspielphänomenologie auf ein Urerlebnis erweist sich nun tatsächlich nicht als theoretische Begründung einer Analyse, sie hat weltanschaulichen Charakter, und das heißt, sie setzt voraus, was die Literatur in der Arbeit ihrer immer ungewissen und offenen Orientierungsversuche nur erst andeuten könnte. Nicht das Fragwürdige, auf das die Literatur zu reagieren sucht, dem sie sich stellt, dessen ebenso fragwürdiges Spiegelbild sie sprachlich zu formulieren versucht, wird bei Kolb am Grund der Hörspielanalyse gesehen, sondern die Übereinstimmung in gewiß Gewußtem. Das aber ist, auf die zeitgeschichtliche Situation hin gesehen, nicht Kennzeichen der aktuellen Literatur, sondern der Restauration, und darüber läßt sich nichts weiter sagen" (Heißenbüttel 1972, 212). Heißenbüttel versucht, ein Bewusstsein für die Möglichkeit eines propagandistischen Missbrauchs herzustellen, der sich mit der Auffassung von der ‚körperlosen Wesenheit der Stimme' und mit der ‚inneren Bühne' im Hörspiel verbindet. Es ist ein Bewusstsein, dem etwa auch Bachmann in ihrer Hörspielpreisrede Ausdruck verleiht, wenn sie von der Notwendigkeit einer ‚Ent-Täuschung' spricht, die sie in ihren Hörspielen thematisiert und reflektiert. Es ist ein Bewusstsein, das auch Eichs Hörspiel *Tiger Jussuf* zu vermitteln sucht, in dem ein dem Zirkus entlaufener Tiger immer wieder eine andere Gestalt anzunehmen vermag. Das Interesse des literarischen Hörspiels an der ‚körperlosen Wesenheit der Stimme' und zugleich an den Möglichkeiten, diese einer propagandistischen Funktionalisierung durch die alliierte Kulturpolitik zu entziehen, kann als ein wesentliches Charakteristikum des deutschsprachigen literarischen Hörspiels in den 1950er und 1960er Jahren gesehen werden.

Ausdrücklich redet Heißenbüttel in seinem „Horoskop des Hörspiels" neuen experimentellen Formen das Wort. Ausdrücklich aber nimmt er auch einen Autor wie Eich gegen den Verdacht des politisch Reaktionären in Schutz. Allerdings

4.15. Neue Sprechweisen: das Nachkriegshörspiel von Eich bis Bachmann — 479

weist Heißenbüttel darauf hin, dass Eichs Hörspiele im Vergleich mit experimentellen Hörspielen – auch mit denen der französischen Surrealisten, in deren Tradition Eich sich stellt – deutlich gefälliger sind. Diese Eingängigkeit, die auch die Hörspiele anderer Autorinnen und Autoren des deutschsprachigen literarischen Hörspiels in den 1950er und 1960er Jahren kennzeichnet, mag zum einen den radiopolitischen Vorgaben für eine breitenwirksame ästhetische Erziehung der Deutschen nach 1945 geschuldet sein. Zum anderen fordert die Flüchtigkeit des Mediums Radio den dort präsentierten Texten auf eine andere Weise unmittelbare Zugänglichkeit ab, als dies bei einem gedruckten, dauerhaft verfügbaren Text der Fall ist. Diesem Umstand tragen, so lässt es sich vermuten, die literarischen Hörspiele dieser Jahre Rechnung. Diese Vermutung stützt die Überarbeitung von Eichs Hörspiel *Der Tiger Jussuf*: In der zweiten, überarbeiteten Fassung des Hörspiels wird die Zuordnung der Stimmen zu ‚ihren' Rollen vereindeutigt, die Handlungsstränge werden vereinfacht. Bemerkenswert mit Blick auf die Rezeptionsgeschichte der vereinfachten zweiten Fassung des *Tigers Jussuf* ist jedoch, dass sie keinen Eingang in den Kanon gefunden hat. In späteren Jahren, in denen das wiederholte Hören keine technische Hürde mehr darstellt, zieht man die erste Produktion als interessantere der zweiten Produktion vor.

Eine der wenigen Autorinnen, die noch in späteren Jahren weiter über die ‚körperlose Wesenheit der Stimme' auf der ‚inneren Bühne' nachdenkt und diese Reflexionen in Hörspielen gestaltet, ist Ilse Aichinger. Ihre zwischen 1953 und 1976/1980 entstandenen Hörspiele überdauern die Blütezeit des literarischen Hörspiels im skizzierten Sinne. Zugleich sind sie ihr in der thematischen Zentrierung um die Auseinandersetzung mit der ‚körperlosen Wesenheit der Stimme' noch zuzuordnen. Das Hörstück *Gare maritime* (Aichinger 1976), das wohl kaum zufällig in mancher Hinsicht an Bachmanns *Der gute Gott von Manhattan* erinnert, bezeugt die anhaltende kritische Auseinandersetzung Aichingers mit der durch Kolb geprägten Gattungstheorie.

Im Zentrum des Hörspiels *Gare maritime* stehen zwei Liebende, Joan und Joe, die sich darin üben, überflüssig zu werden. Joan ist Joe dabei ein wenig voraus, doch erweist sich Joe als ein gelehriger Schüler. Ihren Übungen ist schließlich Erfolg beschieden: Es gelingt den beiden, ‚fast' nicht mehr zu atmen, ‚fast' nicht mehr zu sprechen, ‚fast' nicht mehr vorhanden zu sein. Am Ende werden sie aus dem Museum, in dem sie sich bisher aufgehalten haben, zusammen mit dem Müll auf die Straße hinausgekehrt. Damit sind sie in ihrem Bemühen, eine Existenz zu entwerfen, in der sie keine Funktion mehr in der Gesellschaft erfüllen, ein wesentliches Stück vorangekommen. Doch das ‚Fast-Verschwinden' von Joan und Joe ist eben nur ein ebensolches. Aichinger lässt ihre Protagonisten ausdrücklich an der Stimme als einer widerständigen Instanz festhalten. Das Hörspiel schließt mit den Worten: „JOAN: Ich muss meine Stimme nicht immer weglassen. JOE:

Soviel wusste ich schon. JOAN: Nur den Atem. JOE: Ja" (Aichinger 1976, 91). In Entsprechung zu poetologischen Äußerungen Aichingers in anderen Kontexten wird in der akustischen Umsetzung dieser Passage weniger das kämpferische als vielmehr das spielerische Moment betont; die Zeilen sind in heiterer, fast übermütiger Leichtigkeit gesprochen.

Aichingers Hörspiele sind so komplex konstruiert, dass sie als einmalig gehörte Werke kaum adäquat zu rezipieren sind (vgl. Bannasch 2001, 165–166). Zugleich sind sie in ihrer thematischen und formalen Gestaltung eng an die Gattung des Hörspiels gebunden. Adäquat zu rezipieren, sind die Hörspiele Aichingers nur dann, wenn sie mehrfach gehört, besser noch: gehört *und* gelesen werden können. Es handelt sich, so könnte man vielleicht in Anlehnung an den Begriff des Lesedramas sagen, um Lesehörspiele, also um Hörspiele, die so konzipiert sind, dass sie sich nicht beim ersten Hören erschließen – seit der Möglichkeit des einfachen Mitschneidens von Hörspielen keine Seltenheit.

4. Fazit

Im Einklang mit den Vorgaben der alliierten Kulturpolitik versteht sich das literarische Hörspiel der 1950er und 1960er Jahre in der BRD und in Österreich als Teil einer als Volkserziehung konzipierten massenhaften ästhetischen Reeducationpolitik. Dem Hörspiel kommt dabei eine zentrale Funktion zu, insofern sich damit die Vorstellung verbindet, dass man sich mit dem literarischen Hörspiel einer Gattung bedienen kann, die mit den Mitteln der Kunst ein Gegenmodell zur plumpen politischen Propaganda der Nationalsozialisten bereithält. Ebendiese Vorstellung jedoch ist geprägt und durchsetzt von der durch die nationalsozialistische Kulturpolitik funktionalisierten und bis weit in die 1960er Jahre hinein wirksamen Auffassung von den Möglichkeiten einer unmerklichen Steuerung der Massen.

Diese Kontinuität zeigt sich auch in der akustischen Dimension der Hörspielinszenierungen. Da der Text im Zentrum steht, setzen sie konsequenterweise vor allem auf die Professionalität, nicht zuletzt auch auf die Prominenz der Sprecherinnen und Sprecher. Ihre Aufgabe besteht in der „Verseelung" (Fischer 1964) der Figuren. Der Stimme und ihrer sinnlichen Präsenz misst man dabei eine größere Bedeutung und Wirkmacht zu als dem geschriebenen Wort. Entsprechend wird auch die sprecherische „Verseelung" der Figuren über ihre schauspielerische „Verkörperung" (Fischer 1964) gestellt. Für die akustische Umsetzung von Hörspieltexten bedeutet dies, dass auch betont nüchtern konzipierte Texte zumeist prononciert und rhetorisch effektvoll gesprochen werden. Dem Einsatz von Geräuschen und Musik kommt Aufmerksamkeit und Sorgfalt, prinzipiell aber eine dienende Funktion gegenüber dem gesprochenen Wort zu.

Nicht nur alliierte Kulturpolitiker und Autoren, die eine allzu naive Auffassung von ‚Vergangenheitsbewältigung' haben, sind in den Jahren nach 1945 in der Paradoxie des Erziehungsauftrags von subtiler ‚guter' und plumper ‚schlechter' Propaganda gefangen. Darin gefangen sind auch Autorinnen und Autoren literarischer Hörspiele, die das Problem durchaus erkennen und in ihren Arbeiten reflektieren. Sie nutzen die Form des literarischen Hörspiels, um sich damit auseinanderzusetzen. Dies umschließt auch und ganz zentral eine Auseinandersetzung mit der Geschichte der Gattung und der Gattungstheorie. Ohne dieser Paradoxie entkommen zu können, partizipieren viele Autorinnen und Autoren literarischer Hörspiele in den 1950er und 1960er Jahren kritisch und subversiv an den gattungstheoretisch, literatur- und medienpolitisch relevanten Hörspieldiskursen ihrer Zeit.

Die bis in die späten 1960er Jahre hinein virulenten Themen und Diskurse – und zu ihnen gehört wesentlich die Auseinandersetzung mit der ‚körperlosen Wesenheit der Stimme' – charakterisieren die ‚Blütezeit' des literarischen Hörspiels. Ende der 1960er Jahre verschiebt sich dieses Themenspektrum, und auch der Kunst wird nun eine andere gesellschaftliche Funktion zugewiesen. Aufgefordert wird zu einer direkten gesellschaftlichen Einflussnahme und nicht mehr zu einer subtilen ästhetischen Erziehung der Massen. Die Form des literarischen Hörspiels tritt seit Beginn der 1960er Jahre in ein produktives Spannungsverhältnis zum sogenannten Neuen Hörspiel und wird ebenso wie dieses durch die neuen technischen Möglichkeiten entscheidend bereichert.

Die ‚Blütezeit' des Hörspiels allerdings bleibt in der BRD zeitlich begrenzt auf die Jahre zwischen 1945 und die ausgehenden 1960er Jahre, in der DDR auf die Zeit nach 1945 bis zur Wende 1989. Sie ist gebunden an die Auffassung, dass eine sehr konkret vorgestellte ästhetische Erziehung der Massen möglich sei; es ist eine Auffassung, die sich in beiden Fällen in Abgrenzung zur nationalsozialistischen Propaganda der Zeit zwischen 1933 und 1945 konturiert. Dass sich für diesen Zweck auf der Grundlage der Kolb'schen Gattungstheorie gerade das ‚literarische' Hörspiel in besonderer Weise anzubieten schien, bleibt eine Ironie der Gattungsgeschichte.

Literaturverzeichnis

Bachmann, Ingeborg. „Der gute Gott von Manhattan" [1958]. *Werke*. Bd. 1. Hrsg. von Christine Koschel, Inge von Weidenbaum und Clemens Münster. München 1978: 268–327.
Bachmann, Ingeborg. „Die Wahrheit ist dem Menschen zumutbar. Rede zur Verleihung des Hörspielpreises der Kriegsblinden" [1959]. *Werke*. Bd. 4. Hrsg. von Christine Koschel, Inge von Weidenbaum und Clemens Münster. München 1978: 275–277.
Balzer, Bernd. *Draußen vor der Tür. Grundlagen und Gedanken*. Frankfurt am Main 2001.

Bannasch, Bettina. „Bildungsgut und Schlechte Wörter. Die Hörspiele Ilse Aichingers". *‚Was wir einsetzen können, ist Nüchternheit.' Zum Werk Ilse Aichingers*. Hrsg. von Britta Hermann und Barbara Thums. Würzburg 2001: 147–166.

Barner, Wilfried. „Von der Rollenrede zum Originalton. Das Hörspiel der sechziger Jahre". *Geschichte der deutschen Literatur von 1945 bis zur Gegenwart*. Hrsg. von Wilfried Barner et al. München 2006: 452–462.

Binczek, Natalie, und Cornelia Epping-Jäger (Hrsg.). *Das Hörbuch. Audioliteralität und akustische Literatur*. München 2013.

Brecht, Bertolt. „Der Rundfunk als Kommunikationsapparat. Rede über die Funktion des Rundfunks" [1932]. *Schriften zu Literatur und Kunst*. Bd. 1: *1920–1932*. Frankfurt am Main 1967: 132–140.

Döhl, Reinhard. *Geschichte und Typologie des Hörspiels*. Bd. 2. Darmstadt 1992.

Fischer, Kurt. *Dokumente zur Geschichte des deutschen Rundfunks und Fernsehens*. Göttingen u. a. 1957.

Fischer, Kurt. *Das Hörspiel. Form und Funktion*. Stuttgart 1964.

Gugisch, Peter. „Das Hörspiel in der DDR". *Grundzüge der Geschichte des europäischen Hörspiels*. Hrsg. von Christian W. Thomsen und Irmela Schneider. Darmstadt 1985: 158–174.

Hagen, Wolfgang. „Die Stimme als körperlose Wesenheit. Medienepistemologische Skizzen zur europäischen Radioentwicklung". *Medienkultur der 50er Jahre*. Hrsg. von Irmela Schneider und Peter M. Spangenberg. Wiesbaden 2002: 271–286.

Heißenbüttel, Helmut. „Horoskop des Hörspiels". *Zur Tradition der Moderne. Aufsätze und Anmerkungen 1964–1971*. Hrsg. von Helmut Heißenbüttel. Neuwied und Berlin 1972: 203–223.

Hiesel, Franz. „Begonnen hat alles mit der Aktivität literarischer Grenzgänger. Das österreichische Hörspiel". *Grundzüge der Geschichte des europäischen Hörspiels*. Hrsg. von Christian W. Thomsen und Irmela Schneider. Darmstadt 1985: 137–152.

Huwiler, Elke. *Erzähl-Ströme im Hörspiel. Zur Narratologie der elektroakustischen Kunst*. Paderborn 2005.

Huwiler, Elke. „A Narratology of Audio Art. Telling Stories by Sound". *Audionarratology. Interfaces of Sound and Narrative*. Hrsg. von Jarmila Mildorf und Till Kinzel. Berlin und Boston 2016: 99–115.

Knilli, Friedrich. *Das Hörspiel. Mittel und Möglichkeiten eines totalen Schallspiels*. Stuttgart 1961.

Kolb, Richard. *Das Horoskop des Hörspiels*. Berlin 1932.

Krug, Hans-Jürgen. *Kleine Geschichte des Hörspiels*. Konstanz 2003.

Lennox, Sara. „Hörspiele". *Bachmann Handbuch*. Hrsg. von Monika Albrecht und Dirk Göttsche, Stuttgart 2002: 83–96.

Ohde, Horst. „Das literarische Hörspiel. Wortkunst im Massenmedium". *Literatur in der Bundesrepublik bis 1967*. Hrsg. von Ludwig Fischer. München 1986: 469–492.

Ohmer, Anja, und Hans Kiefer. *Das deutsche Hörspiel. Vom Funkdrama zur Klangkunst*. Essen 2013.

Pongs, Hermann. *Das Hörspiel*. Stuttgart 1930.

Schwitzke, Heinz. *Das Hörspiel. Dramaturgie und Geschichte*. Köln und Berlin 1963.

Segeberg, Harro. *Literatur im Medienzeitalter. Literatur, Technik und Medien seit 1914*. Darmstadt 2003.

Wagner, Hans-Ulrich. *Günter Eich und der Rundfunk. Essay und Dokumentation*. Potsdam 1999.

Wagnleitner, Reinhold. *Coca-Colonisation und Kalter Krieg. Die Kulturmission der USA in Österreich und nach dem Zweiten Weltkrieg.* Wien 1991.
Weiser, Peter. „Die Familie Nr. 1. Hörspiel. Versuch einer Rekonstruktion". *Jörg Mauthe. Sein Leben auf 33 Ebenen.* Hrsg. von David Axmann. Wien 1994: 25–33.
Wellershoff, Dieter. „Ein neues Konzept für das Hörspiel". *Merkur* 24 (1970): 188–189.
Wittmann, Reinhard. „Verlagswesen und Buchhandel 1945–1949". *Buch, Buchhandel, Rundfunk 1945–1949.* Hrsg. von Monika Estermann und Edgar Lersch. Wiesbaden 1997: 43–52.
Wondratschek, Wolf, und Jürgen Becker. „War das Hörspiel der Fünfziger Jahre reaktionär? Eine Kontroverse am Beispiel von Ingeborg Bachmanns *Der gute Gott von Manhattan*". *Merkur* 24 (1970): 190–194.
Würffel, Stefan Bodo. *Das deutsche Hörspiel.* Stuttgart 1978.

4.16. Feature als Montage-Kunst
Norman Ächtler

1. Aufblende: das Hörfunk-Feature – ein blinder Fleck der Literaturwissenschaft

Das Rundfunkfeature hat sich nicht im Gattungssystem der Literaturwissenschaft etabliert – anders als das Hörspiel, das entwicklungsgeschichtlich eng mit dem Feature verwandt ist, und anders als der Essay, in dessen Nähe das Sendeformat in den 1950er und 1960er Jahren gerückt wurde. Nach einigen wenigen Studien um 1980 (vgl. Auer-Krafka 1980; Hülsebus-Wagner 1983) ist das Feature der Forschung weitgehend aus dem Blick geraten (vgl. Warner 2007). Dies verwundert, waren doch führende Autorinnen und Autoren namentlich aus dem Umfeld der Gruppe 47 als Verfasser von Features hervorgetreten: Alfred Andersch, Ingeborg Bachmann, Hans Magnus Enzensberger, Helmut Heißenbüttel, Wolfgang Hildesheimer, Siegfried Lenz, Ernst Schnabel, Martin Walser, um nur einige zu nennen (vgl. 4.15. BANNASCH). Der folgende Beitrag gibt deshalb zunächst einen Abriss über die Entwicklungsgeschichte des Sendeformats Feature (Abschnitt 2) und orientiert über die begleitenden ästhetischen Debatten zwischen den 1930er und 1950er Jahren (Abschnitt 3). Vor diesem Hintergrund wird Alfred Anderschs bis heute prägende Konzeptualisierung des Features als Form der ‚Montage-Kunst' diskutiert (Abschnitt 4) und deren Umsetzung abschließend an zwei Beispielen illustriert (Abschnitt 5).

2. Zur Geschichte des Hörfunk-Features

Das deutsche Hörfunk-Feature der Nachkriegszeit ist aus zwei unabhängigen Traditionslinien in Deutschland und Großbritannien hervorgegangen: In Deutschland kombinierten Funkpioniere wie Alfred Braun, Hans Bodenstedt und Alice Fliegel auf zunächst einfache Weise gesprochenes Wort (Sprecherberichte, Dialoge) und Musik beziehungsweise Geräusch in sogenannten Hörbildern, um akustische Stadtimpressionen zu vermitteln. Die Verbindung einzelner thematisch aufeinander bezogener Hörbilder bezeichnete man als ‚Hörfolge' (vgl. Auer-Krafka 1980; Hülsebus-Wagner 1983; Kribus 2001). Die Hörfolge stand ab Ende der 1920er Jahre neben dem Hörspiel im Fokus der Aufmerksamkeit von Radiomachern und rundfunkaffinen Autoren, ohne dass beide Genres bereits klar voneinander abgegrenzt worden wären. Innerhalb der kurzen Zeitspanne bis zur Gleichschaltung des Rundfunks durch die Nationalsozialisten um 1935 entwickelten diese Autoren die Hörfolge konzeptionell wie ästhetisch-technisch zu einem Funkformat, das wesentliche Eigenschaften des Nachkriegsfeatures vorwegnahm. Wie offen sich die Genregrenzen während dieser Phase gestalteten, zeigt sich an dem Spektrum von Produktionen, die als Hörfolgen diskutiert wurden: Es erstreckte sich von kulturgeschichtlichen Sendungen wie Günter Eichs und Martin Raschkes ‚Schallplatten-Montage' über Enrico Caruso und Bearbeitungen aktueller Stoffe wie Bertolt Brechts ‚Radiolehrstück' *Flug der Lindberghs* (1929) oder W. E. Schäfers ‚Hörspiel' *Malmgreen* (1929) über die ‚Lyrische Suite in drei Sätzen' *Leben in dieser Zeit* von Erich Kästner und Edmund Nick (1929) bis hin zu experimentellen Produktionen wie Friedrich Bischoffs ‚Hörspielsymphonie' *Hallo! Hier Welle Erdball*! (1928) und der O-Ton-Montage *Weekend* von Walter Ruttmann (1930) (vgl. Schwitzke 1963; Vowinkel 1995; Naber 2001; Kreuzer 2003; Gilfillan 2009; Wodianka 2018). All diese Sendungen sind durch die Eigenschaft verbunden, dass sie denselben formalen Grundzug auf mehr oder weniger ausgeprägte Art aufweisen: nämlich eine „Sendeeinheit" zu sein, „die sich aus einer Reihe koordinierter Einzelteile zusammensetzt"; technisch-ästhetisch heterogen realisierte, gesprochenes Wort, Musik und Geräusch vermittelnde Einzelteile, deren Klammer in einem gemeinsamen Thema besteht, wie Fritz Nothardt 1934 zusammenfasst (Nothardt 1933–1934, 316).

Trotz der durch die Nazis weitgehend gekappten Entwicklungslinie waren Begriff und Konzept der Hörfolge nach dem Zweiten Weltkrieg nach wie vor präsent. Das Feature als vermeintlich ‚neues' Sendeformat wurde von Anfang an zu ihr ins Verhältnis gesetzt. Bereits seine Geburtsurkunde, Axel Eggebrechts Anschlag im *Talks and Features Department* des Nordwestdeutschen Rundfunks (NWDR) vom 8. November 1945, titelte *Über Hörfolgen (Features)*. Gerhard Prager verwarf den Begriff ‚Feature' sogar zugunsten der Hörfolge als der historischen Bezeichnung für die „überragenden und maßstabsetzenden" Experimente um 1930: „Die Form der Hörfolge war es, in der das neue Instrument Rundfunk zum erstenmal überhaupt seine künstlerische Autonomie einer skeptischen Öffentlichkeit zu erkennen gab" (Prager 1958, 314). Nach dem Zweiten Weltkrieg waren es jedoch zunächst die rundfunkpolitischen Weichenstellungen der Besatzungsmächte, die es den wiedereröffneten Funkhäusern ermöglichten, an die Tradition der anspruchsvollen Wortsendung anzuknüpfen. Dies erfolgte allerdings nicht in unmittelbarem Anschluss an die Versuche aus der Zeit der Weimarer Republik. Es bedurfte einer Art Reimport des Repertoires durch die britischen Kontrolloffiziere.

Auch in Großbritannien wurde seit Ende der 1920er Jahre das Potenzial des Rundfunks zur Entwicklung genuin radiophoner Ausdrucksformen und Sendeformate getestet, dies allerdings in eigens dafür geschaffenen Organisationsstrukturen innerhalb der British Broadcasting Corporation (BBC). Diese richtete 1928 zunächst eine *Production Research Unit* unter dem Autor und Produzenten Lance Sieveking als separate Abteilung für Funkexperimente, 1936 dann ein eigenes Department *Features and Drama* ein (vgl. Briggs 1965; Prießnitz 1978). Sievekings bereits mit einer Vorform des Mischpults produziertes Montagestück *Kaleidoscope I* (1928) gilt als das Vorbild gebende avantgardistische Feature der *Production Research Unit* (vgl. Sieveking 1934; Williams 1996).

Der Begriff *feature* ist auf Sendungen zurückzuführen, die seit den 1930er Jahren zu herausragenden Anlässen produziert und auf besondere Weise ‚aufgemacht' (*to feature*) wurden (vgl. Felton 1949; Gilliam 1950). Für die Featureproduktion insgesamt lag ein deutlicher Akzent allerdings auf *documentary, facts* und *actuality*. Dies ergab sich aus deren politischer Funktionalisierung im Zweiten Weltkrieg: Features „were instruments for the communication of urgent realities" (Whittington 2018, 68). Sie wurden zu einem zentralen Sendeformat, mit dem die BBC für Aufklärung, Orientierung und moralische Erhebung sorgen und zugleich den Zusammenhalt der britischen Gesellschaft stärken sollte. Der durchschlagende Erfolg des Sendeformats führte 1945 zur Gründung eines selbstständigen *Features Department* unter Laurence Gilliam.

Auch der Deutsche Dienst der BBC unterhielt eine Featureabteilung, die aufklärerische Hintergrundberichte über aktuelle politische und militärische Entwicklungen produzierte, etwa im Wochenmagazin *Vormarsch der Freiheit*. Unter der Leitung von H. C. Greene mehrheitlich von deutschen Exilanten redaktionell betreut und umgesetzt, wurde dieses Programm während des Krieges zur wichtigsten Informationsquelle für deutschsprachige Hörer abseits des NS-Propagandaapparats. Mitarbeiter wie Fritz Eberhard (SDR) oder Walter D. Schultz (NWDR) kehrten nach dem Krieg nach Deutschland zurück und wirkten an verantwortlichen Stellen beim Wiederaufbau des Rundfunks mit. Greene selbst wurde von der BBC nach Hamburg abgeordnet, um als *Chief-Controller* den NWDR zu einer Rundfunkanstalt öffentlichen Rechts nach dem Modell der BBC aufzubauen (vgl. Wagner 2000; Kribus 2002).

Bereits im Juli 1945 hatten die Briten im Militärsender Hamburg eine Abteilung *Talks and Features* unter Peter von Zahn, Axel Eggebrecht und Ernst Schnabel eingerichtet. Nachdrücklich gefördert vom Feature-Mann Greene wurde die Arbeit der drei NWDR-Redakteure zur Keimzelle des westdeutschen Features. Als technische Maßstäbe setzende Produktion der Frühzeit gilt Ernst Schnabels *Der 29. Januar 1947* (ES: NWDR, 16.05.1947). Es handelt sich um eine ‚Collage' von ausgewählten und szenisch umgesetzten Antworten auf eine Hörerumfrage, die – durch zwei kommentierende Sprecherstimmen miteinander verbunden – 24 Stunden des besagten Tages in Form eines polyphonen, dokumentarischen wie narrativen Panoramas nachzeichnen (vgl. Schnabel 1971; Gerlinger 2012).

Schnabels Wiederholung dieses Experiments *Ein Tag wie morgen – 1. Februar 1950* wurde 1952 in Alfred Anderschs *studio frankfurt*-Reihe veröffentlicht. Dies erfolgte gezielt, um die künstlerische Bedeutung des neuen Sendeformats Feature an einem Beispiel herauszustellen. Der Klappentext macht dies deutlich: „Haben Sie schon einmal ein Feature gelesen? Das ist eine neue Kunstform, die sich am Rundfunk entwickelt, – aus Dokument, Reportage, Dialog, epischen und dramatischen Szenen, Montage und akustischem Rhythmus sich zur Dichtung zusammenschließend, wenn ein Dichter wie Ernst Schnabel sich ihrer bedient" (Schnabel 1952).

3. Das Feature – ‚Zweckform' oder ‚Kunstform'?

Mit der Veröffentlichung des Schnabel-Features beginnt sich Alfred Andersch in den theoretisch-ästhetischen Diskurs über das neue Sendeformat einzuschreiben. Ab 1950 einsetzend, wurde dieser Diskurs angeregt durch die um diese Zeit an den meisten Sendeanstalten eingerichteten Abend- beziehungsweise Nachtprogramme, zu deren wichtigsten Formaten das Feature in allen seinen Facetten avancierte. Was aber wurde von den zeitgenössischen Fachleuten unter dem Schlagwort ‚Feature' diskutiert?

Eine bekannte Kurzdefinition des Features gab Lance Sieveking in seinem Band *The Stuff of Radio*: „A ‚feature-programme' is an arrangement of sounds, which has a theme but no plot. If it has a plot it is a play" (Sieveking 1934, 26). Wie Nothardt sieht Sieveking die konstitutive Klammer des Sendeformats also in einem Thema statt in einem geschlossenen Handlungsaufbau, durch den das Hörspiel charakterisiert ist. Gilliam resümierte 1950: „In broadcasting the term has come to signify a wide range of programme items, usually factual and documentary, presented by a variety of techniques, but mostly making use of dramatization and edited actuality. [...] The significance of the feature programme is, then, that it is the form of statement that broadcasting has evolved for itself, as distinct from other arts or methods of publication. It is pure radio, a new instrument for the creative writer and producer" (Gilliam 1950, 9–10).

Gilliam deutet an, was Hugh R. Williamson in einem viel rezipierten Aufsatz postuliert: „If radio can claim to be an art at all, it must base its claim on its features. Here the sound medium is used in an original, positive, even ‚creative' way". Und weiter: „[T]he feature *is* the radio-art and all other forms are slightly *ersatz*" (Williamson 1951, 157 und 161). Um zu verdeutlichen, warum es sich beim Feature um eine genuin radiophone Kunstform handelt, machen Gilliam und Williamson zwei Aspekte stark. Zum einen die Rolle des Funkautors, dessen subjektive Handschrift und Perspektive bei allen Limitierungen faktualen Darstellens eine Sendung klar prägen sollen. Zum anderen die Fülle des auditiv-technischen Repertoires, das das Medium Funk dem Autorproduzenten zur Verfügung stellt: „He has a range of colours for his effects which any artist might envy", hebt Williamson hervor und schließt daraus, „that the essence of a good feature is its form" (Williamson 1951, 160). Form ist hier allerdings keinesfalls als Selbstzweck gemeint. Die künstlerische Qualität des Features ergibt sich vielmehr aus dem Vermögen des Autorproduzenten, komplexe Wirklichkeit über eine angemessene Kombination von Darstellungsmitteln sinnvoll und verständlich einzufassen und wirkungsästhetisch so zu modulieren, dass Information für die Hörerschaft erlebbar wird. Folgt man den beiden Briten, zeichnet sich das Sendeformat Feature also durch folgende Aspekte aus: Formenvielfalt in thematischer Klammer und dokumentarisch fundierte Faktizität in subjektiver wie suggestiver medialer Modulation, wobei das Verhältnis zwischen Gegenstand, Wirkungsintention und Formensprache den Maßstab für den künstlerischen Wert einer Sendung legt. Diese definitorischen Eckpunkte sollten auch den westdeutschen Diskurs wesentlich prägen.

Insbesondere die Zeitschrift *Rufer und Hörer* polemisierte gegen den künstlerischen Anspruch der Featureautoren. Der Publizistikwissenschaftler Wilmont Haacke begründete den Ausschluss des Features aus den Künsten zunächst, indem er das Sendeformat auf Reportage mit Mitteln der „Wirklichkeits-Imitation" reduzierte (Haacke 1951–1952, 439). Herbert Scheffler stellt sich in die Argumentationslinie der einflussreichen Studie *Das Horoskop des Hörspiels* (1932) von Richard Kolb, wenn er konstatiert, das Feature gehe lediglich „auf die Sache aus […], das Hörspiel aber geradezu auf den Menschen" (Scheffler 1950–1951, 305). Kolb hatte bereits in den 1930er Jahren den Grundstein für das bis in die 1960er Jahre vorherrschende Idealbild eines Hörspiels der „Verinnerlichung" gelegt und dieses als Kunstform gegen Hörspiele und Hörfolgen mit Anspruch auf Aktualität abgegrenzt. Die Kunst des Hörspiels besteht nach Kolb darin, den metaphysischen Hintergrund des Zeitgeschehens, die daraus resultierenden universalen ethischen Fragen und „menschlich-seelischen Spannungen" mit dem Ziel der Selbsterkenntnis des Hörers auszuleuchten (Kolb 1932, 102–107). Heinz Schwitzke hat die Gültigkeit dieser Deutungstradition (vgl. Kobayashi 2009) noch 1963 in seinem Grundlagenband zum Hörspiel festgeschrieben: „Wenn freilich das Kriterium ist, ob von diesen Sendungen Erschütterungen oder Spannungen ausgehen, wie von künstlerischen Strukturen, wenn der Anspruch erhoben wird, daß das Feature etwas wie eine selbständige literarische Gattung sein soll, dann gibt es nur wenige große Höhepunkte" (Schwitzke 1963, 276). Aufgrund seines Aktualitätsanspruchs wertet Schwitzke das Feature immerhin als eine „eminent moderne Darstellungsart": „So gewinnt es jene experimentelle Präzision, durch die es überall unentbehrlich wird, wo es Menschen danach verlangt, ihre Zeit-

und Lebensumstände [...] unverfälscht zu sehen, sie herauszufordern [...]. Wo das nicht mehr gewünscht oder aus irgendeinem Grunde nicht mehr möglich ist, läßt die Kunst des Features bald nach [...]" (Schwitzke 1963, 276–277). Ein solches Verständnis erachtet das Feature gegenüber der ‚Kunstform' Hörspiel nur als eine Dokumentation und Kommentar verbindende journalistische ‚Zweckform' (vgl. Kapeller 1951–1952). Aus literarischer Perspektive, so Helmut Heißenbüttel, könne es sich nur um „reine Gebrauchsliteratur" handeln, um eine „funktional natürliche Erscheinung des Rundfunkprogramms" (Heißenbüttel [1968] 1972, 210).

Die zweite Argumentationslinie, um dem Feature künstlerische Qualität abzusprechen, fokussierte auf die Wirkungsintention des Sendeformats. Otto Heinrich Kühner hat diese folgendermaßen formuliert: „Das Feature nähert sich dem Literarisch-Journalistischen und hat tatsächlich etwas Feuilletonistisches an sich. In subjektiver Prägung behandelt es objektive Themen, und diese werden für den Hörer durch die Form der Darstellung gefällig und spannend gemacht" (Kühner 1954, 237). Auch dieser aufklärerische Grundzug, Information und Unterhaltung zusammenzubringen, geriet in die Kritik. So reduzierte Erich Kuby die Funktion des Formats auf die leicht bekömmliche, auf Effekt zielende Information für ein Massenpublikum: „eine Rundfunksendung, die es sich angelegen sein läßt, ein Stückchen Wirklichkeit mit unkünstlerischen Mitteln zu überhöhen, und infolgedessen geeignet ist, auch Morons einen vagen Begriff von dieser Wirklichkeit zu geben" (Kuby 1955, 3). Die Hörer informieren, statt zu erheben, die äußere Wirklichkeit erlebbar zu machen, statt die ‚innere Bühne (Wickert 1954) zu bespielen – diese Tendenz des Features musste bei den Vertretern der zeitgenössischen westdeutschen Hörspielästhetik durchfallen. Kuby definiert das Feature allgemein als „Uebersteigerung stattgehabter Vorgänge durch unkünstlerische Mittel zum Zwecke der Verdeutlichung" und erkennt im illustrativen Formspektrum des Features das zentrale Mittel, um „den Konsumenten die Arbeit des Denkens" abzunehmen (Kuby 1953, 3). Argumentativer Ausgangspunkt ist auch diesbezüglich eine konservative Hörspielästhetik: „Die Geräuschkulisse wurde zum Experimentierkasten spielerischer Funkregisseure. Es war eine Katastrophe. Die lärmende Kulisse erschlug das lebendige Wort; der Geräuschmacher spielte die Darsteller an die Wand" (Kapeller 1951–1952, 33).

Der ungemein vielfältigen Featureproduktion der Nachkriegszeit wurde also insbesondere zu Anfang der 1950er Jahre eine deutliche Skepsis entgegengebracht. Diese war vor allem getragen durch das Anliegen, eine bestimmte Art von Hörspielästhetik als Kunstform aufzuwerten und klar von anderen Funkformaten und ästhetischen Konzepten abzugrenzen.

4. Feature als ‚Montage-Kunst'

Alfred Andersch hat sich als Einziger aus dem Hamburger Viergespann mit dem Sendeformat Feature genauer poetologisch auseinandergesetzt. Bereits in seinem Konzeptpapier für das von ihm ab Ende 1948 geleitete *Abendstudio* des Hessischen Rundfunks finden sich Überlegungen zu innovativen Formen und Formaten der Funkarbeit. Unter dem Stichwort ‚Funkform' heißt es dort:

„Der besondere Inhalt macht [...] das funkische Experiment zur Pflicht und man kann nur hoffen, dass sich [...] ein ihm eigener Stil entwickelt. Aus der Mischung von Reportage, freiem Gespräch, Spielszene und Lesung und der damit verbundenen Musik müsste eigentlich ein solcher Stil zu entwickeln sein. Doch wäre dies ein Optimalergebnis, das hier nur angedeutet werden kann, weil es experimentell erarbeitet werden muss" (Andersch [1948] 2016, 341).

1953 veröffentlichte Andersch dann seinen bekannten *Versuch über das Feature*. Darin entwickelt er, anschließend an eine Arbeit Ernst Schnabels (*Großes Tamtam. Ansichten vom Kongo*, ES: NWDR, 26.09.1952), einen von der zeitgenössischen Debatte abweichenden Zugang. Andersch stellt sich zwar explizit in die Reihe derer, die das Feature als die aus dem Funk „selbst organisch entwickelte Kunstform" hervorheben. Weder vertritt er aber einseitig das BBC-Modell, noch bemüht er sich um eine Trennung vom Hörspiel entlang der referierten ästhetischen Kriterien. Die zum Zeitpunkt der Veröffentlichung diskursiv und institutionell bereits fortgeschrittene Ausdifferenzierung negiert Andersch vielmehr grundsätzlich, indem er das Feature nicht als Genre, sondern als Darstellungsprinzip begreift. Diesen Ansatz leitet er zunächst systematisch aus der Etymologie des Begriffs ‚Feature' ab und gewinnt daraus dann seine bekannte Definition, von der die einschlägigen Darstellungen bis heute ausgehen: „*Feature* bedeutet niemals den Inhalt einer Sache, sondern ihre Erscheinungsweise, vom *making, form, appearance* über den *facial aspect* des Menschen oder der *fashion* bis zum *special inducement* der Zeitungen und des Funks. Es bedeutet also die Form einer Sache, nicht die Sache selbst, wobei allerdings [...] zuweilen Form und Inhalt identisch sein können. [...] Niemals ist das Feature die Reportage oder Dichtung selbst. [...] Es bedeutet vielmehr die Herrichtung einer Reportage oder Dichtung, das *making*, die Übertragung, das In-Form-Bringen eines Inhalts, das Machen einer Spezialität, es ist in der Praxis eine Montage-Kunst par excellence" (Andersch [1953] 2004, 350–351).

Andersch geht also von einem Ansatz aus, der auf der Montage als einem künstlerischen Verfahren basiert. Inhaltliche Aspekte interessieren ihn deshalb weniger; er verweist lediglich auf eine ‚analytische' Ausrichtung des Features. Auch gattungstheoretisch kann er so völlig offen argumentieren: „Es bemächtigt sich des Berichts, der Reportage, der Darstellung sozialer, psychologischer und politischer Fragen. Da es Form, also Kunst ist, sind seine Mittel unbegrenzt; sie reichen vom Journalismus bis zur Dichtung (weshalb die Grenzen zwischen Hörspiel und Feature immer fließend bleiben werden), von der rationalen Deskription bis zum surrealen Griff in den Traum, von der bewußt für den unmittelbaren Gebrauch bestimmten Aufhellung der Aktualität bis zu jener Art dichterischer Durchdingung menschlicher Gemeinschaft, die Thornton Wilder in *Unsere kleine Stadt* demonstriert" (Andersch [1953] 2004, 351).

Stark gemacht werden hier also zwei beziehungsweise drei miteinander verbundene Komponenten: Die besondere Medialität und Offenheit des Zeichensystems sowie das zugrunde liegende technische Prozedere. In Anderschs Definition ist das Feature kein typologisch eingrenzbares Genre. Als mediales Format erkennbar wird es vielmehr durch eine kompositorische Konfiguration, die sich durch Heterogenität der Zeichenträger und der semiotischen Codes auf Basis von radiophonen Schnitt- und Montageverfahren auszeichnet. Dieses multimodale Darstellungsprinzip eröffnet eine größtmögliche Freiheit der Medienkombination, um einen gegebenen Stoff sachangemessen und wirkungsorientiert zu vermitteln. Aus diesem Grund kann es nach Andersch auch keine allgemeine „Dramaturgie des Features" geben. Nicht allein, dass der Rundfunk imstande sei, sich „mit der Form des Features" in „unabsehbare Perspektiven" zu „projizieren" (Andersch [1953] 2004, 352). Auch die kategorische Unterscheidung zwischen Information und Kultur, Dokument und Kunst, Aktualität und Ästhetik lässt sich vermittels der durch das Montageprinzip eröffneten gestalterischen Möglichkeiten durchbrechen. Was die Künste mit Beginn der klassischen Moderne vielfach erprobten, wird hier also unter tendenziell umgekehrten Vorzeichen für das Medium Rundfunk fruchtbar gemacht. Die Grenzen zwischen journalistischen Gebrauchsformaten und künstlerischem Hörspiel waren fließend – „ein Formproblem von stärkstem Reiz", wie Andersch weiter notiert (Andersch [1953] 2004, 352).

Mit dem Hinweis auf die Hörspielbearbeitung von Thornton Wilders epischem Drama zieht Andersch eine indirekte Linie zu den Debatten der Vorkriegszeit. Schon für Vordenker der „Hörfolge als funkische Kunstform" wie Arno Schirokauer stand das Element der Montage im Zentrum der Begriffsdefinition (Schirokauer 1930, 22). Walter Benjamin urteilte mit Blick auf Hörfolgen aus dem Umfeld Brechts, dass hier „eine Zurückverwandlung der in Funk und Film entscheidenden Methoden der Montage aus einem technischen Geschehen in ein menschliches" versucht würde, insofern Montage als Unterbrechung hier wie da eine pädagogische Funktion habe (Benjamin [1932] 1991, 775). Vor diesem Hintergrund hat sich Rudolf Arnheim am ausführlichsten mit der Montage auseinandergesetzt. Durch ein Montageprinzip, das nicht dramatischen, sondern dialektischen Zielen folgt, sich deshalb auch selbst als Verfahren kenntlich macht und über Parallel- oder Kontrastmontagen historische und globale Zusammenhänge herstellen kann, lassen sich „Diskussionen über Raum und Zeit hinweg" inszenieren, weshalb für Arnheim das Grundkonzept der Hörfolge die „begrifflichste, abstrakteste Darstellungsform" seiner Zeit darstellt (Arnheim 2001, 188). Einer der Ersten, der sich nach 1945 mit der Montage als radiophonem Darstellungsmittel beschäftigte, war Ernst Schnabel. Ähnlich wie Arnheim wertete er Schnitt und Blende als Befreiung von raumzeitlichen Objektivationen und darin aufgehobenen ontologischen Totalitätsvorstellungen. Die Montage ist für Schnabel „ein echter künstlerischer Ausdruck einer Zeit, die ihre Zeitgenossen gelehrt hat, absoluten Wertsetzungen zu mißtrauen. Eine Sache sieht nicht mehr einfach so und so aus [...] die volle Summe ‚der verschiedenen Seiten' erst ergeben ihr wahres Bild" (Schnabel 1947, 45). Schnabels Bestimmung der Montage als paradigmatisches künstlerisches Ausdrucksmittel für eine nicht mehr holistisch erfahrbare und abbildbare Wirklichkeit, die auch seinen Querschnittfeatures von 1947 und 1950 zugrunde liegt, formuliert damit bereits einen wesentlichen Aspekt der späteren ästhetischen Theorien von Theodor W. Adorno und Peter Bürger (1974) aus.

An Anderschs diese Diskursgeschichte beerbendes Feature-Konzept knüpften Autoren wie Gerhard Prager insoweit an, als sie die künstlerische Qualität fortan an derjenigen der Montage in Bezug auf den Gegenstand maßen. Prager unterscheidet zwischen reproduktiven, nicht genuin radiophonen, und produktiven, die „künstlerische Autonomie" des Rundfunks ausweisenden, Wortprogrammen. Hörfolge respektive Feature stehen in diesem Modell auf der Schwelle: „Auf der Ebene des bloß Handwerklichen verbleibt das aus Einzelteilen montierte Gebilde durchaus im Bereich des Reproduktiven, d. h. der Rundfunk ist hier lediglich ‚Transportmittel' für vorgeprägte stoffliche Formen. Anders, wenn Friedrich Bischoffs strenge Forderung an die Hörfolge, sie habe ihr oberstes Gesetz in den Bedingungen des Mikrophons zu suchen, eine künstlerische Erfüllung findet. Dann nämlich nimmt sie produktive Züge an" (Prager 1958, 314).

Anderschs Versuch in Richtung einer Dramaturgie des Features weitergedacht hat schließlich der Autor Lutz Besch. Besch diskutiert Wirkungsmittel, Betrachtungsebenen und formalen Aufbau des Features: Die Auswahl der Montageelemente wird bedingt durch ihre Vermittlungsfunktion und somit durch den zu gestaltenden Stoff und die Wirkungsabsicht (‚informieren' und/oder ‚involvieren'). Die Auswahl der Betrachtungsebenen wird bedingt durch die ontologische beziehungsweise soziologische Vielschichtigkeit des Stoffs, ihre Aussagekraft und Aufmerksamkeitsstärke. Der formale Aufbau folgt zum einen der argumentativen Stoßrichtung des Autors, zum anderen einem dem Stoff bereits inhärenten, in der künstlerischen Gestaltung extrapolierten dramatischen Potenzial. Besch schließt seine Ausführungen: „Alle Fragen des modernen Lebens mit ihren ungezählten Verknüpfungen und Verästelungen sind das große Feld der feature-Autoren. Sie führen uns unsere Welt unmißverständlich vor Ohren, wenn sie diese Montage-Kunst par excellence beherrschen" (Besch 1955, 102).

5. Alfred Anderschs Montage-Texte aus der Feature-Redaktion

Bevor abschließend zwei Produktionen Alfred Anderschs genauer analysiert werden, sei daran erinnert, dass es sich bei den Features der 1950er Jahre im Wesentlichen um „Wort-Features" im Sinne von „sprachlich veranschaulichte[n] Geschehensverhalte[n] aus der Wirklichkeit [...], realisiert im sendefertigen Produkt durch Rundfunk-Sprecher" handelt (Auer-Krafka 1980, 45).

‚Montiert' werden also vor allem unterschiedliche Sprechsituationen und zitiertes Textmaterial; dazu kommen musikalische Elemente und Geräusch-effekte. Die Integration von O-Ton-Takes ist noch eher selten (vgl. Vowinckel 1995; Zindel und Rein 2007). Montage im Feature meint somit die Verbindung von auf Tonband aufgenommenen, mehrheitlich textbasierten sprachlich-akustischen Zeichensystemen vermittels der technischen Verfahren von Blende, Schnitt und Mischung, wobei diese Verfahren mitunter selbst zu Bedeutungsträgern werden (vgl. Schmedes 2002). Die Bedeutung des Funkskripts als Textvorlage situiert das Wortfeature dabei auf der Schwelle zwischen literarischen und auditiven Verfahren der Montage.

Insofern sind Alfred Anderschs Features in Anlehnung an Hanno Möbius (2000) als offene Montagen im eingeschränkten Sinn zu verstehen: Sie stellen das Moment des Zitierens, Schneidens, Zusammenfügens von Fremdmaterial – die Herstellung von Intertextualität – explizit aus. Am konsequentesten betreibt er dies in seiner ‚Funkmontage' *Der Tod des James Dean* (ES: SWF, 01.09.1959), die den künstlerischen Höhe- und Schlusspunkt seiner Arbeit als Featureautor markiert. Die Sendung stellt eine hochgradig durchkomponierte Collage ausschließlich aus Fremdmaterial dar. Andersch montiert Auszüge aus John Dos Passos' titelgebendem Essay aus dem amerikanischen Magazin *Esquire* mit einem Bericht des Autors Robert Lowry über einen Boxkampf in Chicago sowie mit Rezitationen aus Allen Ginsbergs gerade auf Deutsch erschienenem Langgedicht *Howl* und Texten anderer zeitgenössischer amerikanischer Dichter zu einem Stimmungsbild der Beat-Generation. Er unterlegt zudem – minutiös orchestriert – Ausschnitte aus Miles Davis' Soundtrack zum Louis-Malle-Film *Fahrstuhl zum Schafott* (1958). Es ist das einzige Feature, das Andersch auch im Printformat publizierte (vgl. Andersch [1959] 2004). Es wird seither als Schlüsseltext der deutschsprachigen Popliteratur der 1960er Jahre gehandelt (vgl. Niebisch 2016).

Die offene Montage zielt jedoch nicht auf das offene Kunstwerk, auf Verfremdung, kausale Brüche und Polyvalenz, sondern auf Illustration, Verstärkung und

Kontextualisierung der Aussageintention. Die Leerstellen der Schnitte evozieren keine prinzipiellen Sinnfragen, sondern stehen in der Tradition des dialektischen Modells nach Sergei Eisenstein, das auf die lenkende Aktivierung von Denkprozessen zielt. Mit Möbius formuliert, besteht das künstlerische Element von Anderschs Features auf inhaltlich-semantischer Ebene darin, dass der Monteur als „Vermittler von Beziehungen" (Möbius 2000, 283) zwischen heterogenen Bausteinen unterschiedlicher Art und Provenienz agiert.

Den Featureautor als Monteur stellt die Sendung *Gegen den Dezembersturm. Langsame Gedanken über ein schnelles Thema montiert von Alfred Andersch* (ES: NWDR, 17.12.1953) nicht nur im Titel vor. Der Vorspruch erläutert dem Publikum das Verfahren vielmehr genau:

„Der Verfasser verwendet den Ausdruck ‚montiert' nicht, weil er ihm zufällig Spaß macht, sondern weil er tatsächlich diese Sendung montiert hat – zusammengesetzt aus vielfältigem Material und mancher Beratung [...]. Auch weist der Verfasser darauf hin, daß es sich bei den Äußerungen von Otto Lilienthal, den Brüdern Wright und Charles Lindbergh, die Sie, meine Hörer, nachher hören werden, nahezu ausschließlich um absolut authentische und wortgetreue Äußerungen handelt. Nichts davon ist erdacht oder erdichtet. Sie sind nur ein bißchen – montiert" (Andersch 1953, 1).

Anderschs Sendung anlässlich des 50. Jahrestags des ersten Motorfluges wirft Schlaglichter auf die Geschichte der Luftfahrt von ihren Anfängen bis zum Düsenjet. Hierzu zieht er unterschiedliches biographisches Material heran: Erinnerungen des Autors Wilhelm Meyer-Förster an Gespräche mit Otto Lilienthal, einen Bericht der Brüder Wright über ihre Flugexperimente aus einer Darstellung von Heinrich Adams, Charles Lindberghs internationalen Bestseller *The Spirit of St. Louis* und eine aktuelle Reportage des Redakteurs der *Süddeutschen Zeitung* Jörg Andrees Elten über einen Flug in einem amerikanischen Kampfjet. Während die Auszüge aus Lilienthal, Wright und Lindbergh das Textmaterial für dialogische beziehungsweise monologische Sprechszenen liefern, baut Andersch den Erfahrungsbericht aus der *Süddeutschen Zeitung* in einen die intradiegetische Szenenfolge verbindenden Rahmendialog zwischen dem Reporter und einem durch die Sendung führenden Erzähler ein. Auf dieser extradiegetischen Ebene sind außerdem Rezitationen von Ringelnatz-Gedichten aus dem Band *Flugzeuggedanken* (1929) eingeschnitten.

In der Konfrontation des Reporters und des Erzählers prallen das ‚schnelle Thema' und die ‚langsamen Gedanken' aufeinander. Nach dem Vorspruch setzt das Feature ein mit einem dynamischen Big-Band-Arrangement (‚Das schnelle Thema'). Dieses wird zügig überblendet vom Toneffekt einer beschleunigenden Turbine. In schnellen Intervallen werden dazu zwei Sprecher in den Vordergrund gemischt, die aktuelle Geschwindigkeitsrekorde von Düsenjets verkünden. Die

Sequenz endet mit der Abblende des Turbineneffekts zu einer kurzen Stille. Dann setzt einer der Sprecher an zu ‚langsamen Gedanken' in Gestalt der ersten Ringelnatz-Rezitation: *An ein startendes Flugzeug.*

Laut Regieanweisung sollen die Gedichte und Fragmente einen „fugenlosen Übergang" zwischen den diegetischen Ebenen gewährleisten. In diesem Sinne, nachdem eine aufblendende Windmaschine einen Raumwechsel markiert hat, eröffnet der Erzähler mit einem Zitat aus dem Gedicht das Setting der ersten intradiegetischen Dialogsequenz um die Brüder Wright und gibt das titelgebende Motiv der Sendung an: „Am 17. Dezember 1903, heute vor 50 Jahren, ‚sang kein Vogel im erdfernen Glück'. Was da sang, über dem Feldlager am Kill-Devil-Hügel [...] war ein eisiger Dezembersturm" (Andersch 1953, 3). Es entfaltet sich eine kurze, aus einer Zitatcollage entwickelte Spielszene, die die Wright'sche Beschreibung ihres ersten Motorflugs nachempfindet. Der Wechsel zurück auf die extradiegetische Ebene erfolgt durch einen harten Schnitt, der das Big-Band-Leitmotiv unvermittelt an die sequenzschließenden Worte des Erzählers fügt. Es zeigt sich, dass der dynamische Jazz motivisch der Reporter-Figur zugeordnet ist – gegenüber der Verbindung der Ringelnatz-Gedichte mit dem Erzähler, als retardierendes Element. Denn nach einigen Takten wird die Stimme des Reporters über die Musik gelegt. Im rasantemphatischen Sprechstil des Liveberichterstatters setzt er dazu an, im Wortlaut der Elten-Reportage das ‚schnelle Thema' zu vermitteln: „Captain Bertram kroch unter den Düsenjäger T[exas] 33 [...] Nummer 6527. Als wenn er es mit einem Gaul zu tun hätte, tätschelte er das Fahrwerk, schnippte mit dem Zeigefinger gegen die Tragflächen und streichelte flüchtigen Blickes den silbergrauen Leib des kleinen, schnellen Flugzeugs" (Andersch 1953, 7; vgl. Elten 1953).

Mit einem „Stop!" würgt der Erzähler jedoch jäh Report und Begleitmusik ab: „Sie sind noch nicht dran, Reporter" (Andersch 1953, 7). Daraufhin entspinnt sich ein Dialog über den Sinn des Innehaltens einer historischen Rückschau gegenüber einer sich überschlagenden Fortschrittsbegeisterung, die auch eine Kommunikationssituation mit den Hörern herstellt. „Wie lange wollen Sie den Hörern denn noch die alten Kamellen von den Brüdern Wright erzählen?", fragt der Reporter. „Die Leute wollen das Neueste hören: Düsenjäger, Super-Constellations, Lufttrennen, London – Neuseeland..." Daraufhin entgegnet der Erzähler: „Immer mit der Ruhe, mein Lieber. Ohne die alten Kamellen hätt's das alles nicht gegeben" (Andersch 1953, 8). Und gleich vertröstet er das Publikum auf einen späteren Zeitpunkt. Die vergeblichen Versuche des Reporters, seinen exklusiven Bericht aus dem Kampfjet – und damit die eigentliche Attraktion der Sendung – zu geben, sind damit als spannungssteigerndes repetitives Moment zwischen den historischen Szenen angelegt.

Es folgt nochmals eine dialogisierte Collage aus dem Wright-Text, der intradiegetisch zu Otto Lilienthal überleitet. In einem kurzen extradiegetischen Einschub meldet der Erzähler sodann: „Sie können ihn jetzt fragen, Reporter, was Sie zu fragen haben!" Der Reporter antwortet: „Ein Interview mit einem Toten! Das gibt es auch nur im Rundfunk." (Andersch 1953, 8). Diesem medienreflexiven Kommentar angeschlossen ist dann ein durch Aufblende und veränderten Raumklang abgesetztes und damit wiederum auf die intradiegetische Ebene der Szenenfolge gesenktes Interview zwischen dem Reporter und Lilienthal. Die Fragen des Reporters dienen dazu, die zentralen Ausführungen Lilienthals aus Meyer-Försters Erinnerungsprotokoll zu pointieren. Dem folgt ein letzter längerer Wright-Dialog, dann auf extradiegetischer Ebene ein – durch zwei andere Sprecher realisierter – Überblick des Erzählers über die weitere Entwicklung des Motorflugs als Zitatcollage aus dem Band von Adams. Eine weitere Ringelnatz-Rezitation als zweiter „langsamer Gedanke zu unserem schnellen Thema" (Andersch 1953, 17) schließt die Sequenz ab.

Die nächste Sequenz besteht aus einer langen monologischen Collage aus Lindberghs *Flug über den Ozean*, die verschiedentlich unterbrochen wird durch den Erzähler-Reporter-Dialog und durch ‚Rückblenden' in Form von Gedicht- und anderen Textfragmenten aus früheren Szenen. Lindberghs Text ist angelegt als ein minutiöser innerer Monolog über die 34 Stunden seiner knapp 30 Jahre zurückliegenden Atlantiküberquerung. Die Auszüge, die Andersch wählt, bieten einen inhaltlichen Kontrapunkt zu den dominant technikgeschichtlich orientierten Sequenzen, indem sie Lindberghs Kampf mit Erschöpfung und Angst wiedergeben und damit als Human-Interest-Element fungieren: „Während ich auf die Instrumente starre, während einer unirdischen langen Zeitspanne, zugleich wachend und schlafend, füllt sich der Rumpf hinter mir mit geisterhaften Wesen. Sie fliegen ohne Schwere mit mir im Flugzeug. Ich bin über ihr Kommen nicht überrascht. Ohne meinen Kopf zu drehen, sehe ich sie so deutlich, als ob sie in meinem Gesichtsfeld wären" (Andersch 1953, 21; vgl. Lindbergh 1954, 442).

Ein weiteres Mal rekapituliert ein Stimmenduett schlagwortartig und unterlegt vom musikalischen Leitmotiv die wichtigsten folgenden historischen Schritte bis zu den Errungenschaften der zivilen Luftfahrt der Gegenwart als Vision eines Friedensprojekts: „[S]ie fliegen [...] in der stillen Hoffnung, daß eines Tages die riesigen Militärbudgets statt für Bomber und Jäger für die Friedensluftfahrt verwendet werden können" (Andersch 1953, 25). Dann endlich darf der Reporter seinen Erlebnisbericht sukzessive aus dem Dialog mit dem Erzähler entwickeln. Ein längeres Zitat aus der *SZ*-Reportage leitet dann fließend in die letzte Spielszene über, in der der Reportagetext als Livebericht intoniert wird, unterbrochen von Dialogen mit dem Piloten und Funkdurchsagen sowie unterlegt mit diversen Fluggeräuschen, zu denen irgendwann das Big-Band-Arrangement in den Hintergrund gemischt wird: „Mit den Schleifen über den Städten haben wir für diese Rundreise München – Nürnberg – Frankfurt – Stuttgart – München 53 Minuten gebraucht. [...] Ein blitzartiges Manöver führt uns zur Landung. Die T33 stürzt mit knapp 1000 Stundenkilometern auf den Flugplatz Fürstenfeldbruck zu. Ein leichter, stechender Schmerz macht sich in meinem Gehirn bemerkbar, als John sich die Landeerlaubnis einholt. Die Maschine verliert ganz plötzlich an Fahrt. Bertram zieht sie sanft an, lässt sie [...] seitlich abrutschen [...] und schon setzt sie auf, mehrere Kilometer ausrollend" (Andersch 1953, 30–31; vgl. Elten 1953). Mit dem ‚Ausrollen' der Maschine endet das Jazzstück in einem Abschlusstusch. Das letzte Wort des Features hat abermals Ringelnatz.

Gegen den Dezembersturm erweist sich als prototypische Umsetzung von Anderschs Konzept. Er nimmt einen realhistorischen Gegenstand mit Aktualitätswert, gestaltet diesen mit allen Mitteln zeitgenössischer Funkmontage intertextuell und multimodal aus – und dies nicht ohne selbstreferenziell auf das Verfahren aufmerksam zu machen. Das Feature basiert auf der Selektion, Collagierung und Dialogisierung von Ausschnitten aus mehr oder weniger faktualen Textquellen und deren Verknüpfung zu beziehungsweise mit fiktionalen Elementen. Auf Grundlage der durch diese Modulation gewonnenen Bausteine variiert beziehungsweise imitiert Andersch verschiedene Formate der Wortsendung – Monolog/Dialog, Spielszene, Sprecherbeitrag, Livebericht, Rezitation, Interview, Buchpräsentation – und fügt diese zu einer Medienkombination einschließlich bedeutungstragendem Musikanteil, deren Offenheit geläufige Genregrenzen sprengt.

Stellt *Gegen den Dezembersturm* im Wesentlichen *intertextuelle* Verweisungsbeziehungen her, erprobt Andersch in seinem Feature *Position 1951. Menschen im Niemandsland der Zeit* (ES: HR, 31.12.1951) Möglichkeiten *intermedialer* Bezugnahmen. Ähnliche Elemente werden montiert zu einem ebenfalls schlaglichtartig verfahrenden „Peilversuch" (Andersch 1951, 3) zur Bestimmung der Daseinslage des Menschen in den gesellschaftlichen und weltpolitischen Konstellationen der Gegenwart in Form eines Jahresrückblicks. Wieder steht eine Reihe von Spielszenen im Zentrum, die durch verschiedene Formen der Rahmung miteinander verbunden werden. Die literarische Klammer, die die sieben Einzelstücke in fünf Sequenzen gliedert, bilden Auszüge aus den Tagebüchern des Literaturnobelpreisträgers André Gide; als musikalisches Leitmotiv dienen die *Variationen für Orchester op. 31* von Arnold Schönberg. Beide waren 1951 verstorben. Anstelle eines extradiegetischen Figurendialogs treten zwei Sprecher auf, die zu den intradiegetischen Einzelstücken überleiten, indem sie eingeschnittene Nachrichtenmeldungen aus dem abgelaufenen Jahr einleiten und kommentieren.

Ergänzend zu den Ausführungen zum Flug-Feature soll hier nur auf das intermediale Leitkonzept von *Position 1951* genauer eingegangen werden. Die Szenenfolge gestaltet sich nämlich als eine Art vertonte Fotomontage. Anderschs Hauptquelle für seinen Jahresrückblick ist das für seine Bildberichte bekannte *LIFE*

Magazine. Diesem entnimmt er gleichsam international aufsehenerregende wie politisch paradigmatische Ereignisse. Aus den Fotostrecken extrahiert Andersch dann einzelne Aufnahmen und dramatisiert den darauf festgehaltenen Moment. Er knüpft damit an die vielleicht älteste literarische Tradition der intermedialen Bezugnahme, die Ekphrasis, an und appliziert diese auf ein Presseerzeugnis der zeitgenössischen Populärkultur.

Das Feature beginnt mit einer für Andersch typischen paradiegetischen Höreransprache, mit der diese als aktive Rundfunkteilnehmer aufgerufen werden. Eingeblendet wird sodann die *Introduktion* der *Variationen* Schönbergs. Dem folgt nach Überleitung durch einen Sprecher eine Meldung vom 2. Januar 1951 über die Erhöhung der amerikanischen Rüstungsausgaben. Anschließend paraphrasieren zwei Sprecher in Wechselrede einen Auszug aus einem *LIFE*-Bericht über Atombombentests in Nevada. Ein weiterer Sprecher zitiert in dramatischem Tonfall einen der Augenzeugen: „Die Berge der Umgebung waren in ein seltsames grau-grünes Licht von unendlicher Kälte getaucht. In der ersten tödlichen Stille sahen sie wie die unheimlichen und leblosen Krater eines gestorbenen Planeten aus. Dann begann das Dröhnen der Explosion..." (Andersch 1951, 4). Scharf zugeschnitten wird nun ein die Explosion der Atombombe ausdrückender Paukenwirbel. Splitterndes Glas wird darübergelegt, dann führt die Sprecherstimme in die erste Spielszene: „In einer der vier Nächte zerbrach in Las Vegas, Nevada, die grosse [sic] Spiegelglasscheibe im Schaufenster des Drugstore von Jerry Davis. Jerry und seine Frau nahmen die Sache ziemlich gelassen" (Andersch 1951, 4–5). Die Szene gestaltet eine Fotografie aus dem *LIFE*-Report aus, die im Text selbst keine Erwähnung findet, sondern innerhalb der multimodalen Gestaltung durch ihre Bildunterschrift für sich selbst spricht.

Andersch lässt eine dritte Figur, den Skeptiker Mike, zu den Eheleuten hinzutreten, mit dem sich nun ein Disput über die Gefahren der internationalen Rüstungsspirale entspinnt. Eine zweite Bilderzählung wird zwischengeschnitten. Ein Februarheft von *LIFE* berichtet darüber, dass sich Albert Einstein einem Experiment zur Messung seiner Hirnströme unterzogen habe: „What the experimenters wanted to learn was what mechanism in the brain of a genius allows him to think through problems too complex for an average man" (Life 1951b, 40). In diesem Sinn lässt sich die Unterhaltung, die Andersch aus der Bildkomposition entwickelt, als Kommentar zur ersten Szene verstehen. Einstein sinniert: „Wenn ich dieses Wort [d. i. Atomforschung] höre, frage ich mich sofort, wozu ich Atomforschung betreibe. Nur, damit sich die Forschung in der Vernichtung realisiert" (Andersch 1951, 8)? Noch einmal blendet das Feature in die Spielszene 1 zurück, dann ist eine zweite Nachrichtenmeldung dialektisch angeschlossen, wonach der US-Außenminister erklärt habe, „die Aufrüstung in den Ostblockstaaten sei die Ursache der gespannten Weltlage" (Andersch 1951, 9). Beschlossen wird die

Abb. 1: LIFE Magazine, February 12, 1951: Jerry Davis

Sequenz mit der ersten Lesung aus dem Tagebuch André Gides, bevor Schönberg in die Folgesequenz überleitet. Die Auszüge aus Gides Memoiren sind als Reflexionen über die Situation des Menschen in der Katastrophe zu verstehen, die die tagesaktuelle Mikroperspektive der Spielszenen um die überzeitliche Übersicht des Großschriftstellers erweitern. So schließt das Feature, nachdem es sein Publikum in weiteren *LIFE*-Fotografien nachempfundenen und nach beschriebenem Muster gerahmten Szenen über den Koreakrieg, Teheran und Tibet bis in die Tschechoslowakei und schließlich an die innerdeutsche Grenze geführt hat, mit einem Resümee der unternommenen Positionsbestimmung in den Worten Gides: „Nein! die Verzweiflung liegt mir ganz und gar nicht. Aber mehr als je hänge ich von der Zeit, den Strömungen, der Umgebung, den Umständen ab. Als ich jung war, schien es mir, als könne sich meine Seele leichter von der Umwelt lösen. Ich hatte noch nicht verstanden, wie sehr jeder von uns, ob wir nun wollen oder nicht, Teil des *Ganzen* ist" (Andersch 1951, 33–34; vgl. Gide 1948, 122).

Position 1951 stellt einen Höhepunkt in Anderschs Medienästhetik dar (vgl. Gerlinger 2012): Politische Aktualität, Kreuzung von Fakten und Fiktion, Information und Unterhaltung auf unterschiedlichen diegetischen Ebenen, subtile Montage unterschiedlichster Text- und Tonquellen, vor allem aber die intermediale Bezugnahme auf das Massenmedium ‚Illustrierte' zeigen den Autor als an der künstlerischen Spitze zeitgenössischer Feature-Produktion stehend.

6. Abblende

Auf das System Rundfunk bezogen hat Gerhardt Eckert bereits früh vorausgesehen, dass das Feature durchaus „die Möglichkeit in sich trägt, zur Dichtung, zu einem Kunstwerk des Rundfunks zu werden" (Eckert 1950–1951, 114), dass dieses Potenzial aber aufgrund des vorherrschenden „Zweckmäßigkeitsstrebens" des Mediums nicht dominant ausgeschöpft werden würde. Und in der Tat sollte sich das Feature als journalistische ‚Zweckform' gegenüber der ‚Kunstform' langfristig durchsetzen. Alfred Andersch selbst hat in einer späten Würdigung Ernst Schnabels rückblickend auf den angeblich mangelnden „Resonanzboden" innerhalb des Literatursystems verwiesen. Der „zum Hören geschriebene Text" gelte im Literaturbetrieb nichts, das Feature stehe außerhalb des „Wahrnehmungs-Focus" der Literaturvermittlung, die Featureredaktionen arbeiteten „unter Ausschluß der literarischen Öffentlichkeit, ohne Widerhall in einem Resonanzboden der Kritik". Deshalb, so resümiert Andersch mit einiger Bitterkeit, hätten sich die Autoren vom Feature abgewandt: „Das Ausbleiben jeglicher Echos war nicht zu ertragen. In der ersten Hälfte der fünfziger Jahre [...] haben wir eine Weile geglaubt, eine neue literarische Kunstform kreieren zu können, die begriffen werden würde. Aber nur die Hörer haben sie gehört. Das war uns, eitel, wie wir waren, zu wenig" (Andersch [1976] 2004, 481–482).

Auf diesem Gebiet gibt es noch vieles wiederzuentdecken.

Literaturverzeichnis

Adams, Heinrich, Wilbur Wright, und Orville Wright. *Flug. Unser Flieger*. Leipzig 1909.
Andersch, Alfred. *Position 1951 – Menschen im Niemandsland der Zeit. Ein Rückblick von Alfred Andersch*. Funkskript/Mitschnitt ES [31.12.1951]. Historisches Archiv des HR, Nr. 32854 bzw. 3259397/100–200.
Andersch, Alfred. *Gegen den Dezembersturm. Langsame Gedanken über ein schnelles Thema montiert von Alfred Andersch*. Funkskript. Archiv Redaktion Radiokunst, NDR/Mitschnitt ES [17.12.1953]. NDR Schallarchiv, Nr. F827279.
Andersch, Alfred. „Die Geheimschreiber" [1976]. *Gesammelte Werke*. Bd. 10. Hrsg. von Dieter Lamping. Zürich 2004: 475–488.
Andersch, Alfred. „Der Tod des James Dean. Eine Funkmontage" [1959]. *Gesammelte Werke*. Bd. 7. Hrsg. von Dieter Lamping. Zürich 2004: 203–235.
Andersch, Alfred. „Versuch über das Feature" [1953]. *Gesammelte Werke*. Bd. 8. Hrsg. von Dieter Lamping. Zürich 2004: 349–355.
Andersch, Alfred. „Das Mitternachtsstudio. Gesichtspunkte und Vorschläge" [1948]. *Alfred Andersch. Engagierte Autorschaft im Literatursystem der Bundesrepublik*. Hrsg. von Norman Ächtler. Stuttgart 2016: 340–345.
Arnheim, Rudolf. *Rundfunk als Hörkunst*. Frankfurt am Main 2001.

Auer-Krafka, Tamara. *Die Entwicklung des westdeutschen Rundfunk-Features von den Anfängen bis zur Gegenwart*. Wien 1980.
Benjamin, Walter. „Theater und Rundfunk. Zur gegenseitigen Kontrolle ihrer Erziehungsarbeit" [1932]. *Gesammelte Schriften*. Bd. II.2. Hrsg. von Rolf Tiedemann. Frankfurt am Main 1991: 773–776.
Besch, Lutz. „Bemerkungen zum feature". *Rundfunk und Fernsehen* 3 (1955): 94–102.
Briggs, Asa. *The Golden Age of Wireless*. London 1965.
Bürger, Peter. *Theorie der Avantgarde*. Frankfurt am Main 1974.
Eckert, Gerhard. „Zur Theorie und Praxis der Hörfolge". *Rufer und Hörer* 5 (1950–1951): 110–114.
Eggebrecht, Axel. „Über Hörfolgen (Features)" [1945]. *Das Radio-Feature*. 2., überarb. Aufl. Hrsg. von Udo Zindel und Wolfgang Rein. Konstanz 2007: 362–363.
Elten, Jörg Andrees. „53 Minuten im Sarg der Technik". *Süddeutsche Zeitung* (07.04.1953): 3.
Felton, Felix. *The Radio-Play. Its Technique and Possibilities*. London 1949.
Gerlinger, Christian. *Die Zeithörspiele von Ernst Schnabel und Alfred Andersch (1947–1952). Von der Aufhellung der Aktualität zu ihrer dichterischen Durchdringung*. Berlin 2012.
Gide, André. *Tagebuch 1939–1942*. München 1948.
Gilfillan, Daniel. *Pieces of Sound. German Experimental Radio*. Minneapolis und London 2009.
Gilliam, Laurence (Hrsg.). *B. B. C. Features*. London 1950.
Haacke, Wilmont. „Warnung vor dem Fremdwort feature". *Rufer und Hörer* 6 (1951–1952): 437–441.
Heißenbüttel, Helmut. „Horoskop des Hörspiels" [1968]. *Zur Tradition der Moderne. Aufsätze und Anmerkungen 1964–1971*. Neuwied und Berlin 1972: 203–223.
Hülsebus-Wagner, Christa. *Feature und Radio-Essay. Hörfunkformen von Autoren der Gruppe 47 und ihres Umkreises*. Aachen 1983.
Kapeller, Ludwig. „Feature – die neue Form des Hörspiels?". *Rufer und Hörer* 6 (1951–1952): 32–36.
Kobayashi, Wakiko. *Unterhaltung mit Anspruch. Das Hörspielprogramm des NWDR-Hamburg und des NDR in den 1950er Jahren*. Berlin 2009.
Kolb, Richard. *Das Horoskop des Hörspiels*. Berlin 1932.
Kreuzer, Helmut. *Deutschsprachige Hörspiele 1924–33. Elf Studien zu ihrer gattungsgeschichtlichen Differenzierung*. Frankfurt am Main 2003.
Kribus, Felix. „Kommunikative und ästhetische Funktion des Hörfunk-Features in seiner Entwicklung bis 1945". *Medienwissenschaft. Ein Handbuch zur Entwicklung der Medien und Kommunikationsformen*. Bd. 2. Hrsg. von Joachim-Felix Leonhard und Herbert Ernst Wiegand. Berlin und New York 2001: 1460–1469.
Kribus, Felix. „Kommunikative und ästhetische Funktion des Hörfunk-Features in seiner Entwicklung nach 1945". *Medienwissenschaft. Ein Handbuch zur Entwicklung der Medien und Kommunikationsformen*. Bd. 3. Hrsg. von Joachim-Felix Leonhardt, Hans-Werner Ludwig, Dietrich Schwarze und Erich Straßner. Berlin und New York 2002: 2026–2039.
Kuby, Erich. „Das empfindliche Mikrofon und das faule Ohr". *Frankfurter Allgemeine Zeitung* (11.04.1953): BuZ 4.
Kuby, Erich. „Das feature – das Fitscher". *Deutsche Studentenzeitung* 5.2 (1955): 3.
Kühner, Otto Heinrich. *Mein Zimmer grenzt an Babylon. Hörspiel – Funkerzählung – Feature*. München 1954.
Life Magazine 16.7 (1951a).
Life Magazine 16.9 (1951b).
Lindbergh, Charles A. *Mein Flug über den Ozean*. Frankfurt am Main 1954.

Meyer-Förster, Wilhelm. „Auf den Rhinower Bergen. Eine Erinnerung an Otto Lilienthal". *Velhagen & Klasings Monatshefte* 24 (1909–1910): 544–548.
Möbius, Hanno. *Montage und Collage. Literatur, bildende Künste, Film, Fotografie, Musik, Theater bis 1933*. München 2000.
Naber, Hermann. „Die Geburt des Hörspiels aus dem Geiste der Operette. Karl Sczuka und die Pioniere der Radiokunst". *Radio-Kultur und Hör-Kunst. Zwischen Avantgarde und Populärkultur 1923–2001*. Hrsg. von Andreas Stuhlmann, Horst Ohde und Dagmar Reim. Würzburg 2001: 105–116.
Niebisch, Arndt. „,Scrambling'. Alfred Andersch und die Ästhetik der Maschinen". *Alfred Andersch. Engagierte Autorschaft im Literatursystem der Bundesrepublik*. Hrsg. von Norman Ächtler. Stuttgart 2016: 252–268.
Nothardt, Fritz. „Sache und Erlebnis in der Hörfolge". *Rufer und Hörer* 3 (1933–1934): 315–321.
Prager, Gerhard. „Wortprogramme im Rundfunk". *Film – Rundfunk – Fernsehen*. Hrsg. von Lotte H. Eisner und Heinz Friedrich. Frankfurt am Main 1958: 305–327.
Prießnitz, Horst P. *Das englische ‚radio play' seit 1945. Typen, Themen und Formen*. Berlin 1978.
Scheffler, Herbert. „Paraphrase über das Feature". *Rufer und Hörer* 5 (1950–1951): 305–307.
Schirokauer, Arno. „Hörfolge als Kunstform. Zur Aufführung der Hörfolge ‚Asphalt'". *Funk* 6 (1930): 22.
Schmedes, Götz. *Medientext Hörspiel. Ansätze einer Hörspielsemiotik am Beispiel der Radioarbeiten von Alfred Behrens*. Münster 2002.
Schnabel, Ernst: „Kunstform Hörspiel". *Nordwestdeutsche Hefte* 2.5 (1947): 41–45.
Schnabel, Ernst. *Ein Tag wie morgen*. Frankfurt am Main 1952.
Schnabel, Ernst. *Ein Tag wie morgen – 29. Januar 1947/1. Februar 1950. Zwei Collagen*. Stuttgart 1971.
Schwitzke, Heinz. *Das Hörspiel. Dramaturgie und Geschichte*. Köln und Berlin 1963. Sieveking, Lance. *The Stuff of Radio*. London 1934.
Vowinckel, Antje. *Collagen im Hörspiel. Die Entwicklung einer radiophonen Kunst*. Würzburg 1995.
Wagner, Hans-Ulrich. *Rückkehr in die Fremde? Remigranten und Rundfunk in Deutschland 1945 bis 1955*. Berlin 2000.
Warner, Ansgar. *‚Kampf gegen Gespenster'. Die Radio-Essays Wolfgang Koeppens und Arno Schmidts*. Bielefeld 2007.
Whittington, Ian. *Writing the Radio War. Literature, Politics and the BBC, 1939–1945*. Edinburgh 2018.
Wickert, Erwin. „Die innere Bühne". *Akzente* 6 (1954): 505–514.
Williams, Keith. *British Writers and the Media, 1930–45*. New York 1996.
Williamson, Hugh R. „Reflections on Radio Features". *BBC Quarterly* 6.3 (1951): 157–161.
Wodianka, Bettina. *Radio als Hör-Spiel-Raum. Medienreflexion – Störung – Künstlerische Intervention*. Bielefeld 2018.
Zindel, Udo, und Wolfgang Rein (Hrsg.). *Das Radio-Feature*. 2., überarb. Aufl. Konstanz 2007.

4.17. Rolf Dieter Brinkmanns Arbeit mit Originaltonaufnahmen
Eckhard Schumacher

„Und jetzt", hört man Rolf Dieter Brinkmanns Stimme auf einer seiner im Nachlass gefundenen *Originaltonaufnahmen* ansetzen, „meine lieben Hörerinnen und Hörer, mache ich Ihnen ein Mikrophongeräusch, indem ich mit dem Fingernagel über die gerasterte Fläche des Mikrophons fahre" (Brinkmann 2005a, CD pink). Mit dieser nie gesendeten, erst dreißig Jahre nach der Produktion zugänglich gemachten Aufnahme formuliert Brinkmann einen Appell an die „Hörerinnen und Hörer", der auch durch das besagte, hier nicht zu transkribierende Geräusch zu jener „Appellation" wird, als die Brinkmann seine „Sendung" vorstellt: „Denken Sie, denken Sie, denken Sie, dieses Geräusch sei ein kraulendes Geräusch an Ihrem Althirn, an Ihrem Stammhirn, wo alles das ist, was Ihr Körper steuert. Denken Sie wirklich, dieses Ge-, dieses Ge- ... übersteuert ... Dieses Ge- ... Ge- ... Geh doch! ... Ge- ... Ge- ... Geräusch. Diese Sendung ist eine Rezension. Diese Sendung sind kritische und theoretische Schriften. Diese Sendung ist eine Epistel an die deutschen Dichter. Diese Sendung ist eine Appellation der Vokale, der Geräusche, des Publikums. Ich bin Publikum, ich bin kein Dichter" (Brinkmann 2005a, CD pink).

Seine Stimme zu hören, sei „ein beachtliches Erlebnis und zudem ein zeitgeschichtliches Dokument ohnegleichen", begründete die Jury der Hörbuch-Bestenliste vom Hessischen Rundfunk ihre Entscheidung, die im Frühjahr 2005 unter dem Titel *Wörter Sex Schnitt* veröffentlichten *Originaltonaufnahmen* von Rolf Dieter Brinkmann zum ‚Hörbuch des Jahres 2005' zu küren. Man bezeichnete sie als „akustisches Denkmal von besonderem Wert" und als „Gründungsmanifest der deutschen Pop-Bewegung" (Hessischer Rundfunk 2005). Abgestimmt auf den 65. Geburtstag und den 30. Todestag des Autors im Jahr 2005, zeitgleich veröffentlicht mit einer erweiterten Neuausgabe seines Gedichtbandes *Westwärts 1 & 2* (Brinkmann 2005b) und der CD *The Last One* mit Aufnahmen von Brinkmanns Lesungen auf dem Cambridge Poetry Festival im April 1975 (Brinkmann 2005c), ist *Wörter Sex Schnitt. Originaltonaufnahmen 1973*, ein Schuber mit fünf CDs und gut sechs Stunden Material, in den ersten Reaktionen fast ausschließlich unter dem Vorzeichen von Superlativen diskutiert worden. Michael Lentz, in seiner Arbeit als Schriftsteller und Performer selbst intensiv mit den auditiven Dimensionen von Sprache und Literatur befasst, nennt die CD-Box das „wichtigste monographische Hörbuch der letzten Jahrzehnte" (Lentz 2005, 30). Herbert Kapfer, der die Aufnahmen zusammen mit Katarina Agathos unter Mitarbeit von Maleen Brinkmann herausgegeben hat, geht sogar noch weiter:

https://doi.org/10.1515/9783110340631-030

„[D]as sind die sensationell[st]en, spannendsten Originaltöne, die ich jemals gehört habe" (König 2005).

Vergleicht man die Aufnahmen mit den Anfang der 1970er Jahre entstandenen Arbeiten anderer Autorinnen und Autoren, überrascht diese Begeisterung nicht. Selbst nachträglich lassen sie sich nur mit Mühe im Rahmen der damals gängigen Formate verorten. Zu den experimentellen Arbeiten, die seit dem Ende der 1960er Jahre unter dem Schlagwort ‚Neues Hörspiel' diskutiert und kanonisiert worden sind (vgl. Schöning 1989; Schöning 1970 und Schöning 1974), halten sie nicht nur aufgrund ihrer scheinbaren Formlosigkeit einen kaum zu übersehenden Abstand. Und auch im Blick auf Brinkmanns eigene Arbeiten für den Hörfunk nehmen die *Originaltonaufnahmen* eine besondere Stellung ein, denn die auf den fünf CDs versammelten Aufnahmen sind zunächst nicht mehr als das akustische Ausgangsmaterial, das Brinkmann zwischen Oktober und Dezember 1973 mit einem vom Westdeutschen Rundfunk (WDR) geliehenen tragbaren Tonbandgerät für eine knapp fünfzigminütige Radioproduktion aufgenommen hat, die am 26. Januar 1974 vom WDR in der Reihe *Autorenalltag* unter dem Titel *Die Wörter sind böse* ausgestrahlt wurde (vgl. Brinkmann 1974). Auch wenn mittlerweile einige literatur- und medienwissenschaftliche Einlassungen auf die Sendung vorliegen (vgl. etwa Fischer 2000; Schumacher 2006; Morgenroth 2009; Binczek 2012; Epping-Jäger 2012; Wodianka 2018), gehört sie bis heute zu den weniger beachteten Texten Brinkmanns. Das ist nicht zuletzt darauf zurückzuführen, dass *Die Wörter sind böse* in den gut 40 Jahren seit der Erstsendung zwar von verschiedenen Sendern gelegentlich wieder ausgestrahlt wurde (u. a. WDR 12.04.1995; Nordwestradio 30.01.2004; WDR 08.01.2006; SWR 26.01.2012), es aber keine Veröffentlichung als CD oder Podcast gibt. Entsprechend ist die Sendung nur über Rundfunkarchive oder private Mitschnitte verfügbar. Zudem gibt es kein Manuskript zur Sendung, was *Die Wörter sind böse* grundsätzlich von Brinkmanns anderen Arbeiten für das Radio unterscheidet.

Zwischen 1971 und 1973 entstehen mit *Auf der Schwelle*, *Der Tierplanet* und *Besuch in einer sterbenden Stadt* (Brinkmann 1971; Brinkmann 1972; Brinkmann 1973) drei Hörspiele, die Brinkmann geschrieben, aber, der damals üblichen arbeitsteiligen Praxis des WDR folgend, nicht selbst als Hörspiel realisiert hat (vgl. dazu Fischer 2000, 32). Brinkmanns Medium ist in diesem Fall die Schrift. Er liefert das Manuskript, nachträglich veröffentlicht im WDR-Hörspielbuch sowie als postume Publikation in dem Band *Der Film in Worten* (Brinkmann 1982), ist an der Hörspielproduktion jedoch nicht beteiligt, weder an den Tonaufnahmen noch am Schnitt. Es gab keine Absprachen mit oder Einflussnahmen von Brinkmann, und er war bei den Aufnahmen auch nicht anwesend (vgl. Selg 2001, 322). Bei *Die Wörter sind böse* ist die Ausgangssituation eine grundlegend andere. Brinkmann liefert keinen schriftlich verfassten Text, weder gibt es eine schriftliche Vorlage, noch liegt eine nachträgliche Transkription seitens des Senders vor. Brinkmann realisiert das ‚Hörspiel' im Studio, in Zusammenarbeit mit dem Redakteur Hanns Grössel und dem Regisseur Hein Brühl, auf der Grundlage der vorab selbst produzierten Tonbandaufnahmen sowie neu eingesprochener, für die Aufnahme vorbereiteter Texte (vgl. Epping-Jäger 2012, 49). „Von Schreiben oder auch nur Verfassen läßt sich hier nicht mehr sprechen", unterstreicht Heinrich Vormweg in einer Einführung zu *Die Wörter sind böse* den Unterschied zu anderen Arbeiten Brinkmanns und bleibt doch beim vertrauten Bild, denn er verortet Brinkmann weiterhin im Medium der Schrift, in der Praxis des Schreibens: „Er nahm, mehr oder weniger, das Mikrophon als seinen Schreibstift" (Vormweg 1995). So unterscheidet sich *Die Wörter sind böse* nicht nur dadurch von seinen anderen Hörspielen, dass es die einzige Radioarbeit ist, die Brinkmann als Autor selbst realisiert hat. Es ist auch die einzige längere Produktion, in der er selbst spricht, und zwar, wie schon das Stichwort ‚Autorenalltag' indiziert, zumeist über sich selbst, was auch den verschiedentlich verwendeten Untertitel *Eine subjektive Dokumentation* oder Genrebestimmungen wie „autobiographisches O-Ton-Feature" motiviert (Fischer 2000, 31). Brinkmann selbst notiert in einem Entwurf für seinen Lebenslauf: „Selbstporträt, 60 Minuten, für das 3. Programm WDR" (Brinkmann 1999, 113).

Die Begeisterung, die 2005 die Veröffentlichung der *Originaltonaufnahmen* ausgelöst hat, könnte entsprechend auch darauf zurückgeführt werden, dass mit *Wörter Sex Schnitt* nunmehr das Ausgangsmaterial für *Die Wörter sind böse* greifbar ist. Wie außergewöhnlich dieses ‚Material' ist, hebt die Mitherausgeberin Katarina Agathos hervor, wenn sie im Begleittext zur CD-Box schreibt, es wirke „in seiner Rohheit und in seiner unbearbeiteten Form teilweise wie ein live-mitgeschnittener soundtrack, eine bootleg-Aufnahme", sodass davon auszugehen sei, dass die „Materialität dieser Aufnahmen" für Brinkmann „ebenso Sinn stiftend wie die semantischen Bezüge der gesprochenen Worte" sei (Agathos 2005). Als ‚Material' sind in dieser Hinsicht sowohl die 29 im Nachlass gefundenen Tonbandspulen zu begreifen, die die Grundlage der CD-Box *Wörter Sex Schnitt* bilden, als auch das, was Brinkmann auf den Bändern aufzeichnet, was er – als Autor in diesem Fall gleichermaßen Produzent und Konsument, Dichter und Publikum – aufnimmt: vorbeifahrende Güterzüge, hupende Autos, quakende Enten, rollende Rollläden, Schritte, Atmen, Husten, Stöhnen und – vor allem – seine Stimme, die eben das, was man hört, bespricht, beschreibt, bewertet, die kommentiert, lamentiert, interveniert, die Laute, Geräusche und – nicht zuletzt – Wörter prozessiert. Zu hören sind Dialoge, Monologe, Stottern, Lallen, Singen, Brüllen, Passantenbefragungen, Passantenbeschimpfungen, Telefongespräche, Situationsbeschreibungen, Protokolle, Reportagen, Rezensionen, Briefe, Gedichte, Tagebuch- und Kontoauszüge. Alle aufgenommen mit dem vom Sender geliehenen tragbaren Tonbandgerät, das auch die jeweilige Aufnahmesituation aufzeichnet, Brinkmanns Schritte beim Gehen ebenso wie jene Nebengeräusche, die nicht nur ablenken, irritieren und stören, sondern sich als Störung immer wieder in den Vordergrund drängen, die Aufmerksamkeit – auch die des Aufnehmenden – auf sich ziehen.

So bilden auch das formgebende Medium Tonband und mit ihm die Materialität des Aufnehmens und der Aufnahmen hier Bestandteile des ‚Materials': Bandrauschen, das Knacken von Aufnahmeunterbrechungen, übersteuerte, verzerrte Aufnahmen, die die Qualitätsstandards der WDR-Hörspielabteilung immer wieder drastisch unterbieten, Experimente mit der Bandlaufgeschwindigkeit, Geräusche, provoziert durch Kratzen, Schaben und Sägen am Mikrophon, ungenau abgepasste Überspielungen, Cut-ups und Schnitte, die gelegentlich auch als solche benannt und mit dem Geräusch einer schneidenden Schere markiert werden – und somit nicht, wie in Radioproduktionen üblich, zur Eliminierung von Fehlern, Versprechern oder Störgeräuschen genutzt werden, sondern als „kompositorischer Akt" (Schöning 1996, 68) markiert und ausgestellt werden. In immer wieder neuen Ansätzen variiert, kommentiert und problematisiert Brinkmann das, was er auf einem der Bänder die „Riten der Aufnahmetechnik" (Brinkmann 2005a, CD blau) nennt und in der nicht immer störungsfreien Kommunikation mit der Technik – und den von ihm beschimpften Technikern – auch später im Studio bei der Produktion von *Die Wörter sind böse* fortsetzt.

Es ist nicht zuletzt diese Verschränkung von aufgezeichnetem Material, Aufzeichnungsmaterial und Materialität der Aufzeichnung, die die Herausgeber der CD-Box vor die Frage gestellt hat, wie „diese Aufnahmen auf angemessene Weise zu edieren wären" (Kapfer 2005a). Mit dem Hinweis auf vergleichbare Probleme bei der „Herausgabe von Bild-Text-Collagen, die Brinkmann als *Materialbände* beziehungsweise *Materialhefte* hinterließ", entscheiden sie sich für eine „Audio-Edition", die, wie es im Begleittext heißt, „Brinkmanns Aufnahmen unbearbeitet als 1:1 Kopie vorstellen" (Kapfer 2005a). Das editorische Prinzip, nicht in das ‚Material' einzugreifen und „die Bänder beziehungsweise Aufnahmen als *readytapes* so zu belassen, wie sie vorgefunden wurden", impliziert jedoch nicht nur eine „Gleichsetzung von Material und Werk" (Kapfer 2005a). Wenn Kapfer argumentiert, es mache „aus heutiger Sicht Sinn, dieses ‚Material' als ‚Werk' wirken zu lassen", auch „wenn Brinkmann selbst die Aufnahmen vor allem als Material betrachtet hat, das zu einem Bruchteil in die WDR-Sendung ‚Autorenalltag' einging" (Kapfer 2005b), arbeitet er an der Transformation von ungeordnet abgelegtem, möglicherweise aussortiertem Material in ein identifizierbares Werk – mit Katalognummer, Autorenfoto und einem nachträglich aus verschiedenen, in Brinkmanns Notizen vorgefundenen Wörtern zusammengestellten und in dieser Zusammenstellung nach Rücksprache mit der Nachlassverwalterin

Maleen Brinkmann für angemessen befundenen Titel: *Wörter Sex Schnitt* (vgl. Kapfer 2005a).

„[J]eder Eingriff wäre destruktiv und würde voreilig Interpretationen festschreiben", stellt Kapfer im Begleitheft fest (Kapfer 2005a), um im Folgenden all die Eingriffe, Interpretationen und Festschreibungen aufzulisten, die gleichwohl für die CD-Edition vorgenommen wurden. Das Ausgangsmaterial, 29 Tonbandspulen mit einer Gesamtlaufzeit von 656 Minuten und 52 Sekunden, also knapp 11 Stunden, wurde auf fünf CDs mit einer Gesamtlaufzeit von 360 Minuten und 40 Sekunden, etwas mehr als 6 Stunden, zusammengeschnitten. Diese Kürzungen wurden, erfährt man im Booklet, vor allem aus „juristischen Gründen" vorgenommen, mit Blick auf das Urheberrecht und den Persönlichkeitsschutz; sie sind aber auch auf die Entscheidung zurückzuführen, das, was „als eindeutig und ausschließlich privat kategorisiert" werden kann, herauszunehmen und zudem „stark ähnliche Sequenzen mit immer wiederkehrenden Formulierungen etc. nicht als Varianten nebeneinander zu stellen oder aufeinander folgen zu lassen, sondern auszuwählen" (Kapfer 2005a). Auch wenn Agathos und Kapfer ihre Auswahl reflektiert und behutsam vornehmen, wird das Material keineswegs „unbearbeitet" veröffentlicht, werden die Aufnahmen nicht so belassen, wie sie vorgefunden wurden, präsentiert die CD-Box die Originaltonaufnahmen gerade nicht so, wie es der Begleittext nahelegt: „Unsortiert und unmanipuliert"(Kapfer 2005a).

Damit ist nicht notwendig eine Kritik an der Edition formuliert. Eine Eins-zu-eins-Kopie würde, wäre sie zu realisieren, schnell vergleichbare Fragen aufwerfen, und es gibt nachvollziehbare, im Begleittext explizierte Gründe für eine derartige Bearbeitung. Im Hinblick auf den Status der Aufnahmen als ‚Material' ist der Hinweis auf diese Bearbeitung allerdings wichtig. Ein Vergleich mit der Radioproduktion *Die Wörter sind böse* kann schnell bestätigen, dass diese zu weiten Teilen aus den vorliegenden *Originaltonaufnahmen* zusammengeschnitten ist. Auch die „bekritzelten Zettel", die den 29 Magnetbandspulen beilagen, zeigen Kapfer zufolge, dass „Brinkmann die Bänder als Materialquelle benutzte" (Kapfer 2005a). Diese Notizen, die für die Frage nach Brinkmanns „Umgang mit dem Material" (Kapfer 2005a) ebenso interessant erscheinen wie die Tonbandaufnahmen selbst, sind leider nur in Auszügen im Booklet reproduziert. Da zudem keine weiteren Informationen zur Relation der *Originaltonaufnahmen* zur Radiosendung gegeben werden und auch darüber hinaus keine Unterlagen zur Produktion von *Die Wörter sind böse* vorliegen, ist nicht eindeutig zu klären, ob die Sendung – neben den erst bei der Produktion im Studio eingespielten Aufnahmen – ausschließlich aus den mit der CD-Box veröffentlichten Aufnahmen montiert ist oder ob sie ihr Material auch aus den nicht veröffentlichten restlichen fünf Stunden bezieht. „*Wörter Sex Schnitt* will nicht die Entstehung des Radioprojekts erläutern", schreibt Natalie Binczek, „sondern erhebt vielmehr selbst den Anspruch, ein besonderes, in diesem unfertigen Zustand dennoch – im poetologischen Sinn – ‚abgeschlossenes' akustisches *work in progress* Brinkmanns zu publizieren" (Binczek 2012, 61).

So ist es letztlich weniger das Interesse an Fragen der Textgenese, das die Edition der *Originaltonaufnahmen* motiviert hat, als vielmehr das mit der CD-Box formulierte Versprechen, einen besonderen, von anderen Texten nicht eröffneten Zugang zu Autor und Werk zu ermöglichen. Die Aufnahmen lassen, schreibt Olaf Selg, „eine bislang ungekannte, unmittelbare Präsenz und sinnlich-lebendige Vehemenz des Autors Brinkmann entstehen" (Selg 2007, 49). „Brinkmanns späte Materialbände aus den 70ern", hebt Thomas von Steinaecker in einer Besprechung von *Wörter Sex Schnitt* hervor, „stellen in ihrem Collagecharakter noch Kunstwerke dar, die sich selber innerhalb einer gewissen avantgardistischen Tradition sehen. Hier aber, durch das Medium selbst, das den Hörer direkt in das Arbeitszimmer Brinkmanns transportiert, erreichen die Tonaufnahmen einen Grad an Authentizität, der alles Geschriebene übertrifft" (Steinaecker 2005). „Es ist die Arbeit im Originalton-Raum, dem Raum des Authentischen" (Kapfer 2005a), hebt auch der Begleittext der CD-Box jene medialen Rahmenbedingungen hervor, die in der Kritik als Beleg für die These herangezogen werden, Brinkmann gehe es darum, das „abstrakte Zeichensystem der Literatur mit mehr Leben, mehr Authentizität aufzuladen" (Schäfer 2005).

Wie in seinen schriftlich verfassten Texten wütet Brinkmann auch in den Tonbandaufnahmen gegen jene Unsinnlichkeit und Abstraktion, die aus seiner Sicht die Gegenwartsliteratur prägen. Immer wieder polemisiert Brinkmann gegen die „Konvention des abstrakten Denkens", immer wieder geht es darum, „die eigene Sensibilität gegenüber dem verordneten Ausdruck durchzusetzen" (Brinkmann 1982, 248). Wenn Brinkmann in *Die Wörter sind böse* einleitend darauf hinweist, er habe „1970 zuerst mal aufgehört zu veröffentlichen", begründet er dies damit, „das theoretische, schrappige Formuliergewusel und die kulturellen Wörter nicht mehr ertragen" zu haben (Brinkmann 1974). Die Annahme, in seiner Arbeit mit Originaltonaufnahmen setze Brinkmann gegen die Tendenz zur Abstraktion nunmehr rückhaltlos auf Unmittelbarkeit und Authentizität des Ausdrucks, greift allerdings zu kurz. Schon sein „Umgang mit dem Material" macht deutlich, dass die Aufnahmen vielmehr dazu auffordern, eben jene „Kriterien" zu hinterfragen, die, wie Michael Lentz schreibt, „seinen Rang [...] als ‚wichtigster deutscher Pop-Autor' verbriefen sollen: Authentizität, Direktheit, Kompromißlosigkeit" (Lentz 2005, 30). Statt die in diesen Hinsichten üblicherweise entstehenden Paradoxien zu lösen, stellt Brinkmann sie offensiv aus, verwickelt sie in weitere Schwierigkeiten und problematisiert dabei nicht zuletzt das von der Kritik und den Herausgebern der CD-Box bemühte Konzept von Authentizität sowie einige der mit ihm verbundenen Unterscheidungen – Literatur und Leben, Schreiben und Sprechen, Medialität und Unmittelbarkeit.

„Das ist die Poesie eines Güterzugs", hört man Brinkmann über ein verzerrtes, an- und abschwellendes, bis an die Grenzen der Aufnahmekapazität übersteuertes, zwischenzeitig ganz aussetzendes Geräusch brüllen, das genau genommen erst durch seinen Kommentar als Geräusch eines Güterzugs erkennbar wird (Brinkmann 2005a, CD pink). Gleichwohl ist nicht eindeutig zu klären, ob dieses Geräusch, Brinkmanns Kommentar oder erst der übersteuerte Mitschnitt der kommentierenden, vom Geräusch fast überdeckten Rede in diesem Zusammenhang als „Poesie" zu begreifen ist. Gerade weil diese Irritation eher einem situationsbedingten Zufall als einer kalkulierten Mehrdeutigkeit geschuldet zu sein scheint, lässt sie eine der Qualitäten von Brinkmanns Aufnahmen hervortreten. Brinkmann arbeitet situationsspezifisch, er reagiert auf Situationen, setzt sich diesen aber nicht rückhaltlos aus. Er provoziert vielmehr Störungen und schafft so allererst jene Konstellationen, auf die er reagiert. Wenn Brinkmann wie in seinen Gedichten als ‚Material' eben das aufnimmt, was „alltäglich abfällt" (Brinkmann 1980, 185), wenn er mitschneidet, was während der Aufzeichnung anfällt, setzt er sich immer wieder unvorhersehbaren und unkontrollierbaren Situationen aus, kommentiert sie durch live eingesprochene Kommentare und lenkt die Aufmerksamkeit zugleich auf die durch Unterbrechungen, Übersteuerungen oder andere vermeintliche Störungen markierten Aufzeichnungsverfahren.

„Er ist kein Dichter", nimmt Agathos im Booklet von *Wörter Sex Schnitt* Brinkmanns eingangs zitierte Selbstbeschreibung auf, „eher ein multimedialer Chronist, dessen Zugriff auf die eigene Gegenwart immer der Versuch möglichst detailgetreuer Wiedergabe direkter und nicht durch Vermittlungsanstrengungen verfälschter Sinneseindrücke war" (Agathos 2005). Es spricht einiges dafür, dass die ohne räumliche und zeitliche Entkopplung aufgezeichneten O-Töne Brinkmanns notorischem Wüten gegen die Abstraktionen und Festlegungen der Schriftsprache eher entsprechen als schriftlich verfasste Texte, dass sie die von ihm vielfach beschworene Gegenwartsfixierung (vgl. dazu Schumacher 2003), die Fixierung auf und von „Zufälligkeiten, Kombinationen aus dem Augenblick, Abfall, Gelegenheiten" (Brinkmann 1982, 238), eher einlösen können als die mit der Schreibmaschine angefertigte Zeitmitschrift. Auch wenn man in diesem Sinn schriftlich verfasste Texte als Umweg begreifen und im Gegenzug auf Unmittelbarkeit setzen wollte, fiele es nicht schwer, sich auf Vorgaben Brinkmanns zu berufen und an seine in vielfachen Wendungen formulierte Sprachskepsis anzuknüpfen, die ihrerseits auf die einschlägig bekannten Vorbilder Fritz Mauthner und Alfred Korzybski rekurriert. Eine Vielzahl von Ausschnitten aus den *Originaltonaufnahmen* lässt sich als Belegstelle für diese Lesart anführen: „Kein Wort stimmt doch mit dem überein, was tatsächlich passiert" (Brinkmann 2005a, CD gelb). Oder: „Meine Erfahrung ist, daß die ganzen Wörter, die man so lernt, permanent das Gefühl der Anwesenheit in einer Situation wegnehmen [...]. Dieser endlose verbale Zug von Wörtern und Begriffen ... alles geordnet und geregelt ... nur Wörter ..." Oder: „Ich hab hier einen Zettel, auf dem steht: Vom Standpunkt der Individualsprache betrachtet ist die Schrift eine Gefahr, eine Krankheit, sie führt ja zur Schriftsprache ... ein Zitat von Fritz Mauthner". Oder: „Ach, gehen Sie mir weg mit Ihren Wörtern" (Brinkmann 2005a, CD pink). Brinkmanns Sprachskepsis korrespondiert ein nicht minder ausgeprägtes „Mißtrauen gegenüber dem benutzten Medium", eine Befangenheit gegenüber dem „technischen Apparat", die er nicht nur bei anderen beobachtet, sondern auch im Blick auf seine eigene Arbeit registriert – nicht zuletzt in der Arbeit mit Tonbandgerät und Mikrophon (vgl. Brinkmann 2005a, CD pink).

Seine Aufnahmen zeigen allerdings zugleich, in welchem Maß sich Brinkmann als ‚multimedialer Chronist' auch und gerade für die von ihm benutzten Medien sowie die mit ihnen verbundenen ‚Vermittlungsanstrengungen' interessiert, wie ihn die Medialität der Bandaufzeichnung ebenso fasziniert wie die des Schreibens und des Sprechens. Beinahe überdeutlich unterstreichen die *Originaltonaufnahmen*, dass die „tagtäglich zu machende sinnliche Erfahrung", die Brinkmann an anderer Stelle gegen das „Rückkopplungssystem der Wörter" in Anschlag bringt (Brinkmann 1982, 223), nicht jenseits von Medien, Geräten, Apparaten stattfindet. Brinkmanns Neugier richtet sich immer auch auf die mit ihnen assoziierten Vermittlungsanstrengungen, auf die durch sie produzierten (oder ermöglichten) Störungen, Manipulationen und Verfälschungen ebenso wie auf ihre von Brinkmann zum Teil sehr traditionell ausbuchstabierten poetischen Qualitäten. Brinkmann erkundet die Möglich- und Unmöglichkeiten der (Selbst-)Aufzeichnung, experimentiert mit Medien und Material, die er so bearbeitet, manipuliert und kommentiert, dass sich der Eindruck des Authentischen immer auch als Ergebnis einer Konstruktion erweist, als ein medial induzierter Effekt, dessen irritierende Wirkung noch dadurch verstärkt wird, dass Brinkmann die Konstruktion von Authentizität zwischen Sprachskepsis und Medienfaszination einerseits permanent beglaubigt, andererseits aber auch unablässig unterminiert, fragwürdig erscheinen lässt, dementiert. So wird leicht übersehen, dass seine Texte – die Bücher ebenso wie die Tonbandaufnahmen – nur selten in dem aufgehen, was sie proklamieren, dass das Wüten gegen die Wörter Brinkmann nicht davon abhält, zugleich – mündlich, schriftlich, auf Band – differenziert und sprachsensibel mit Wörtern zu operieren. Aus dieser Perspektive lässt sich kaum mehr eindeutig bestimmen, inwiefern die *Originaltonaufnahmen* als Arbeit im „Raum des Authentischen" bestimmt werden können und wie sich ihr „Grad an Authentizität" von dem der schriftlich verfassten Texte abhebt.

Die fast manische Fixierung auf das, was „tatsächlich passiert", „jetzt in diesem Augenblick" (Brinkmann 2005a, CD gelb), verliert sich weder in den Untiefen der Präsenzmetaphysik noch in den Traditionen poetischer Augenblicksemphase. Und von psychologisierender Introspektion („Wie fühle ich mich jetzt in diesem Augenblick") halten ihn nicht nur, wie auf einer der Tonbandaufnahmen, jene quakenden Enten ab, die wie ein Schalter wirken, der das Sprechen von der Introspektion auf den Modus der Rezeption umschaltet, auf die Aufzeichnung dessen, was zu sehen ist: „eine Wendeltreppe, im Freien, vor dem Pädagogischen Institut" (Brinkmann 2005a, CD gelb). Aber auch ohne die Intervention quakender Enten bearbeitet Brinkmann das, was passiert, beantwortet er das, was er aufzeichnet, immer auch mit Pausentaste, Schnitt und Cut-up. So wenig Brinkmann seine Bänder allein im Modus der Mündlichkeit, des situationsabhängigen Sprechens, bespielt, so wenig lässt er sich auf die Versprechen einer puristischen O-Ton-Ästhetik und auf die mit ihnen gelegentlich assoziierten Vorstellungen von Authentizität ein. Die *Originaltonaufnahmen* präsentieren sich vielmehr als Ergebnis einer Versuchsanordnung, in deren Rahmen ein Konzept von Authentizität, das Schreiben als sekundäres Derivat gegenüber dem Sprechen begreift, ebenso grundlegend infrage gestellt wird wie die Annahme, O-Töne könnten einen gleichsam unverstellten Eindruck von Unmittelbarkeit vermitteln. „In den USA werden die Stimmen der Dichter gesammelt, auf Band und auf Tonspuren aufgezeichnet, eine fantastische Sammlung, mit seltsamen Pausen, schreiend, gestockt, hier, in Westdeutschland, kriegst du nur O-Töne", schreibt Brinkmann in seinem „Unkontrollierten Nachwort" zum Gedichtband *Westwärts 1 & 2* (Brinkmann 2005, 285). In diesem Sinne spricht er auf die Bänder nicht nur spontan verfassten O-Ton ohne Vorlage, er liest auch bereits Geschriebenes, liest ab, liest vor, rezitiert, gelegentlich fast mechanisch, maschinell, und macht so, zumindest stellenweise, das Schreiben mit der Schreibmaschine sowohl zu einer Voraussetzung als auch zu einem Fluchtpunkt der Aufnahmen. Er liest Gedichte, die ein Jahr später in *Westwärts 1 & 2* erscheinen, und Tagebuchauszüge, die Ende der 1980er Jahre postum publiziert werden, zugleich nutzt er die Tonbandaufnahmen aber auch als Material für neue Texte, schreibt Ausschnitte aus den Aufnahmen für andere Texte ab und um. Was Original, Zitat oder „Vorstufe eines späteren Textes" (Agathos 2005) ist, ist nicht nur nicht eindeutig zu bestimmen, die Texte setzen sich über derartige Zuordnungen vielmehr ebenso hinweg wie über eine eindeutige Verortung auf einer Seite jener Unterscheidung von Schreiben und Sprechen, die Brinkmann im Rahmen der *Originaltonaufnahmen*, offensichtlich im Gehen, Schritt für Schritt hörbar, auf Band spricht und die er, anders geschnitten, auch für die Radiosendung *Die Wörter sind böse* verwendet: „Schreiben ist etwas völlig anderes als Sprechen. Sprechen – dazu gehören Situationen. Beim Schreiben gehört Stille dazu. Und ein langsames Zerlegen von winzigen Augenblicken in die einzelnen, in den einzelnen, in die einzelnen Bestandteile" (Brinkmann 2005a, CD gelb).

Derartige Passagen, in denen Brinkmann wohl ohne schriftliche Vorlage spricht, lassen sich kaum in dem Sinn als Sprechen qualifizieren, den er selbst in der Gegenüberstellung von Schreiben und Sprechen entwirft. Das Sprechen auf Band ist weder geselliges noch freies Sprechen, sondern ein in mehrfachem Sinn kontrolliertes Sprechen, ein Sprechen mit Mikrophon, das immer auch ein Sprechen *für* die Aufzeichnung ist, von dieser im Voraus bestimmt, überwacht und kontrolliert wird – und dabei, in der gegebenen Situation, im Gehen, genau das vollzieht, was Brinkmann dem Schreiben zuspricht: „ein langsames Zerlegen von winzigen Augenblicken" (Brinkmann 2005a, CD gelb). Nicht nur in diesem Sinn erscheint Sprechen hier als ein „Schreiben auf Band" (Morgenroth 2009, 123). Brinkmann nutzt die Technik der Tonbandaufnahme, die neben vielen anderen Dingen auch das Sprechen aufzeichnet, nicht allein, um das gesprochene Wort phonographisch zu speichern und zu fixieren, sondern auch, um es bearbeitbar zu machen, weiteren Verwendungsmöglichkeiten auszusetzen. Als Phonograph fungiert das Tonband wie eine Schaltstelle zwischen Sprechen und Schreiben, die weniger einer synthetisierenden Verbindung zuarbeitet als vielmehr jene Differenzen zwischen Sprechen und Schreiben markiert, an denen Brinkmann in und mit seinen Texten arbeitet. Erfahr- und kommunizierbar wird auf diese Weise sowohl die „Schrift in der Stimme" als auch, wie Michael Lentz schreibt, die „Stimme in der Schrift mit ihren intonatorischen Merkmalen, der Brinkmannschen Prosodie, seiner spezifischen Syntax, die manches Gedicht als eine einzige rhetorische Frage erscheinen läßt" (Lentz 2005, 30).

Offensichtlich folgt Brinkmann in seinen Aufnahmen nicht der im Kontext der Programmatik des Neuen Hörspiels aufgekommenen „Forderung nach Rückkehr zur Oralität und Loslösung von der schriftlichen Vorlage" (Vowinckel 1995, 148). Brinkmann setzt vielmehr die Differenz von Literalität und Oralität in Szene und problematisiert in seiner immer mitformulierten Sprachskepsis zugleich die Einheit der Differenz von Schreiben und Sprechen. Dass er sich dabei dennoch immer wieder erneut für die Wörter, für die Sprache und für das Medium Schrift entscheidet, wird häufig übersehen. Der Versuch, einen „schweigenden, wortlosen Bereich zu erreichen", eine „erste, schweigende Ebene des Ereignisses", so die Figur Korzybski im Hörspiel *Der Tierplanet* (Brinkmann 1982, 151), vollzieht sich nicht, zumindest nicht allein in der Abwendung von Wörtern und Wortsprache. Brinkmann arbeitet vielmehr mit der Sprache gegen die Sprache, setzt dem beobachteten „Rückkopplungssystem der Wörter" (Brinkmann 1982, 223) andere Verbindungen – oder eben Schnitte und Cut-ups – entgegen, die immer auch Fortsetzungen, weitere Schnitte, weitere Verbindungen ermöglichen (vgl. Plath

2004). Er postuliert nicht nur ein vorsprachliches Eigentliches, ein den Wörtern entgegen- und vorausgesetztes Ereignis. Durch verbale Wutausbrüche, aber auch durch unauffälligere, weniger zielgerichtete oder zufällig prozessierte Sprechakte macht er diese zugleich zu Ereignissen und legt so in seinen Aufnahmen jenes performative Potential von Sprache frei, das in anderer Form auch seine schriftlich verfassten Texte prägt.

Brinkmanns Betonung der Alltäglichkeit seiner Gegenstände überdeckt in ihrer Plakativität leicht jene Dimensionen der Transformation, die im Akt des Schreibens ebenso vollzogen werden wie in der Arbeit mit Mikrophon und Tonband. Das, was alltäglich abfällt, wird auch für ihn erst dadurch interessant, dass es durch die Bearbeitung, durch Verfahren der Aufzeichnung (Schrift, Tonband), der Formgebung beziehungsweise der Deformation (Montage, Schnitt) zugleich verändert wird. Wenn dabei immer wieder erneut Brinkmanns Faszination für Wiederholung, Zitat, Plagiat und Kopie hervortritt, richtet sie sich nicht zuletzt gegen jenen Authentizitätsdrang, der den literarischen Diskurs zum Ende der 1960er Jahre ähnlich eindringlich prägt wie die Pop-Euphorie. Dabei begreift Brinkmann das „*Zeitalter der Ablichtungen*", das er mit dem Zusatz „Xerox" versieht und so auf das neue Medium des Fotokopierers bezieht, als Zeitalter einer „unbegrenzten Vervielfältigungsmöglichkeit, die den abgelichteten Gegenstand qualitativ verändert". Aufgrund des Verfahrens der abweichenden, den Gegenstand verändernden Wiederholung sieht Brinkmann die „Möglichkeit des eigenen Ausdrucks" gerade in der Arbeit mit vorgefundenem Material, im „Arrangement der Fertigteile" (Brinkmann 1982, 265). Die Arbeit mit vorgefertigtem Material löst vorgegebene Bedeutungsstrukturen auf, indem sie sie wiederholt, in der Wiederholung aber zugleich auch verschiebt, verändert, resignifiziert.

Über die dreifache Abgrenzung gegenüber einer längst institutionalisierten klassischen Avantgarde, einem mechanisch registrierenden Dokumentarismus und gegenüber einer privatistisch begrenzten Introspektion schafft sich Brinkmann ein Versuchsfeld, auf dem für ihn genau das möglich wird, was er der amerikanischen Literaturszene zuschreibt: „mit Vorhandenem etwas anderes als das Intendierte zu machen ... sich auszubreiten, zu verstreuen – vorhandene Assoziationsmuster zu durchbrechen ..." (Brinkmann 1982, 231). In *Die Wörter sind böse* setzt Brinkmann diese Verfahren nicht nur in seiner Montage der Originaltonaufnahmen um, er benennt eines der wichtigsten zugleich auch auf der Ebene seines eingesprochenen Kommentars: „Immer wieder Schnitte, Schnitte, Schnitte, immer wieder Schnitte, Schnitte, Schnitte, Schnitte, Schnitte ..." (Brinkmann 2005a, CD gelb).

Über wechselnde Versuchsanordnungen wird vorgefundenes Material aufgenommen, wiederverwendet und weiterprozessiert. Redewendungen, Floskeln, sprachliche Schematismen und Klischees werden zitiert, variiert, neu geschnitten. Dieser Gebrauch – „beobachten, auseinandernehmen, neu zusammensetzen" (Brinkmann 1979, 162) – ist gegenüber dem Material nicht neutral, er verändert das, was vorgefunden wird, in Quantität und Qualität. Die *Originaltonaufnahmen* verdeutlichen, dass es Brinkmann weder darum geht, dem Diktat des Materials zu folgen, noch darum, auktoriale Kontrolle über das Material auszuüben. Entscheidend für das, was Brinkmann an anderer Stelle „eine *momentane Kombination*" nennt, ist für ihn vielmehr der „Grad seiner Beteiligung an dem vorhandenen *Material*" (Brinkmann 1982, 249). Die *Originaltonaufnahmen* wie auch *Die Wörter sind böse* zeigen, dass sich diese ‚Beteiligung' auch und gerade in der Verunsicherung der Unterscheidung von Sprechen und Schreiben vollziehen kann, zwischen den Grenzen von Feature, Hörspiel und O-Ton-Dokumentation, in Aufnahmen, die sich als kritische und theoretische Schriften, als Rezension oder als Epistel an die deutschen Dichter präsentieren, in Form von Störgeräuschen oder – unterbrochen wie konstituiert durch immer wieder neu ansetzende Schnitte – im Modus einer auf Dauer gestellten ‚Appellation'.

Literaturverzeichnis

Agathos, Katarina. „Poesie eines Güterzugs. Die Brinkmann Bänder". *Wörter Sex Schnitt. Originaltonaufnahmen 1973*. Hrsg. von Herbert Kapfer und Katarina Agathos unter Mitarbeit von Maleen Brinkmann. 5 CDs. München 2005, Booklet, o. P.

Binczek, Natalie. „Das Material ordnen. Rolf Dieter Brinkmanns akustische Nachlassedition Wörter Sex Schnitt". *„High" und „Low". Zur Interferenz von Hoch- und Populärkultur in der Gegenwartsliteratur*. Hrsg. von Thomas Wegmann und Norbert Christian Wolf. Berlin und Boston 2012: 57–81.

Brinkmann, Rolf Dieter. *Auf der Schwelle*. Hörspiel. Regie: Raoul Wolfgang Schnell. WDR. Köln 1971.

Brinkmann, Rolf Dieter. *Der Tierplanet*. Hörspiel. Regie: Raoul Wolfgang Schnell. WDR. Köln 1972.

Brinkmann, Rolf Dieter. *Besuch in einer sterbenden Stadt*. Hörspiel. Regie: Ulrich Gerhardt. WDR. Köln 1973.

Brinkmann, Rolf Dieter. *Autoren-Alltag. Die Wörter sind böse*. Regie: Hein Brühl. WDR. Köln 1974. Erstsendung: 26.01.1974 [die Angaben zum Titel variieren bei Wiederausstrahlungen: WDR 12.04.1995: *Die Wörter sind böse. Kölner Autorenalltag 1973*; Nordwestradio 30.01.2004: *Die Wörter sind böse. Eine subjektive Dokumentation von Rolf Dieter Brinkmann*; WDR 08.01.2006: *Die Wörter sind böse. Kölner Autorenalltag 1973. Eine subjektive Dokumentation*].

Brinkmann, Rolf Dieter. *Rom, Blicke*. Reinbek 1979.

Brinkmann, Rolf Dieter. *Standphotos. Gedichte 1962–1970*. Reinbek 1980.

Brinkmann, Rolf Dieter. *Der Film in Worten. Prosa, Erzählungen, Essays, Hörspiele, Fotos, Collagen 1965–1974*. Reinbek 1982.

Brinkmann, Rolf Dieter. *Briefe an Hartmut. 1974–1975. Mit einer fiktiven Antwort von Hartmut Schnell*. Reinbek 1999.

Brinkmann, Rolf Dieter. *Wörter Sex Schnitt. Originaltonaufnahmen 1973*. Hrsg. von Herbert Kapfer und Katarina Agathos unter Mitarbeit von Maleen Brinkmann. 5 CDs. München 2005a [die nicht nummerierten CDs werden im Text unter Angabe der Farben zitiert].

Brinkmann, Rolf Dieter. *Westwärts 1 & 2. Gedichte. Mit Fotos und Anmerkungen des Autors*. Erweiterte Neuausgabe. Reinbek 2005b.

Brinkmann, Rolf Dieter. *The Last One. Autorenlesungen. Cambridge Poetry Festival 1975*. CD. München 2005c.

Epping-Jäger, Cornelia. „Rolf Dieter Brinkmann. ‚Die Wörter sind böse'/‚Wörter Sex Schnitt'". *Literatur und Hörbuch*. Hrsg. von Natalie Binczek und Cornelia Epping-Jäger. München 2012: 48–59.

Fischer, Robert. „Der graue Raum. Rolf Dieter Brinkmanns literarische Hörfunkproduktionen als Ort dialogischer Texterfahrung". *Eiswasser. Zeitschrift für Literatur* 7.I/II (2000): 31–43.

Hessischer Rundfunk. „Presseinformation 16. November 2005: hr2-Hörbuch-Bestenliste prämiert Hörbücher des Jahres 2005". *hr2 kultur*. http://www.brinkmann-literatur.de/Brinkmann_2005/hoerbuch_des_jahres_2005.pdf. 2005 (10. August 2019).

Kapfer, Herbert. „Aufnahmen aus dem Originalton-Raum. Wörter Sex Schnitt. Eine Nachlass-Edition". *Wörter Sex Schnitt. Originaltonaufnahmen 1973*. Hrsg. von Herbert Kapfer und Katarina Agathos unter Mitarbeit von Maleen Brinkmann. 5 CDs. München 2005a, Booklet, o. P.

Kapfer, Herbert. „Literarische Nachlässe, die Brinkmann-Bänder und das Hörspiel". *Programmheft Bayerischer Rundfunk. Hörspiel und Medienkunst*. http://www.br-online.de/kultur-szene/hoerspiel/aktuell/beitraege/01979/index.shtml. 2005b (1. Januar 2006).

König, Jürgen. „‚Erster deutscher Popautor'. Herbert Kapfer über den akustischen Nachlass von [R]olf Dieter Brinkmann". *Deutschlandfunk Kultur*. http://www.deutschlandfunkkultur.de/erster-deutscher-popautor.945.de.html?dram:article_id=131999. 22.04.2005 (10. August 2019).

Lentz, Michael. „Der große Schreihals. Rolf Dieter Brinkmanns akustischer Nachlaß". *Frankfurter Allgemeine Zeitung* (21.05.2005): 30.

Morgenroth, Claas. „Sprechen ist Schreiben auf Band. Rolf Dieter Brinkmanns Tonbandarbeiten". *Portable Media. Schreibszenen in Bewegung zwischen Peripatetik und Mobiltelefon*. Hrsg. von Martin Stingelin und Matthias Thiele unter Mitarbeit von Claas Morgenroth. München 2009: 123–147.

Plath, Nils. „Zur ‚Fortsetzung, Fortsetzung, Fortsetzung, Fortsetzung'. Rolf Dieter Brinkmanns ‚Schnitte' zitieren". *Originalkopie. Praktiken des Sekundären*. Hrsg. von Gisela Fehrmann, Erika Linz, Eckhard Schumacher und Brigitte Weingart. Köln 2004: 66–85.

Schäfer, Frank. „Noch viel Betrieb in dieser Spielhalle". *die tageszeitung* (23.04.2005).

Schöning, Klaus. *Neues Hörspiel. Texte. Partituren*. Frankfurt am Main 1969.

Schöning, Klaus. *Neues Hörspiel. Essays, Analysen, Gespräche*. Frankfurt am Main 1970.

Schöning, Klaus. *Neues Hörspiel O-Ton. Der Konsument als Produzent. Versuche. Arbeitsberichte*. Frankfurt am Main 1974.

Schöning, Klaus. „Die Technik. Ein Instrument der Akustischen Kunst". *Musik und Technik*. Hrsg. von Helga de la Motte-Haber und Rudolph Frisius. Mainz u. a. 1996: 63–78.

Schumacher, Eckhard. *Gerade Eben Jetzt. Schreibweisen der Gegenwart*. Frankfurt am Main 2003.

Schumacher, Eckhard. „‚Schreiben ist etwas völlig anderes als Sprechen'. Rolf Dieter Brinkmanns Originaltonaufnahmen". *Abfälle. Stoff- und Materialpräsentation in der deutschen Pop-Literatur der 60er Jahre*. Hrsg. von Dirck Linck und Gert Mattenklott. Hannover 2006: 75–90.

Selg, Olaf. *Essay, Erzählung, Roman und Hörspiel. Prosaformen bei Rolf Dieter Brinkmann*. Aachen 2001.

Selg, Olaf. „'Kein Wort stimmt doch mit dem überein, was tatsächlich passiert.' Zu Rolf Dieter Brinkmanns Tonbandaufnahmen ‚Wörter Sex Schnitt'". *Weimarer Beiträge* 53 (2007): 47–66.

Steinaecker, Thomas von. „Zärtlicher Hasser". *Textem. Texte und Rezensionen*. http://www.textem.de/index.php?id=606. 20.04.2005 (10. August 2019).

Vormweg, Heinrich. *Einleitung zur Wiederausstrahlung von ‚Die Wörter sind böse'*. WDR. Köln 12.04.1995.

Vowinckel, Antje. *Collagen im Hörspiel. Die Entwicklung einer radiophonen Kunst*. Würzburg 1995.

Wodianka, Bettina. *Radio als Hör-Spiel-Raum. Medienreflexion – Störung – Künstlerische Intervention*. Bielefeld 2018.

4.18. Spoken-Word-Literatur und Poetry Slam

Claudia Benthien und Catrin Prange

1. Einführung

Neben der traditionellen Dichterlesung, die sich in unterschiedlichsten Formaten findet – von Lesereisen in kleinen Buchhandlungen über die performative Lesung auf riesigen Bühnen im Rahmen von Literaturfestivals bis hin zu Radioauftritten, Literaturtelefonen (z. B. www.literaturtelefon-online.de) oder eigens fürs Internet kreierten ‚Lese-Szenen' (z. B. www.zehnseiten.de) –, hat sich seit den 1990er Jahren das kompetitive Format des Poetry Slam etabliert. Literatur, die von vornherein auf den mündlichen Vortrag, die Verlautbarung, hin angelegt ist, wird im deutschsprachigen Raum unter der aus dem Englischen übernommenen Bezeichnung ‚Spoken Word Poetry' beziehungsweise ‚Spoken Word Literature' gefasst. ‚Spoken Word' bezeichnet ein Genre darstellender Kunst, bei dem ein lyrischer Text oder auch erzählende Kurzprosa vor Publikum vorgetragen wird. Obwohl eine Spoken-Word-Performance auch musikalisch begleitet werden kann, kommt dem gesprochenen Wort hier die zentrale Bedeutung zu. Bedeutende Wegbereiter des Spoken Word waren die amerikanischen Poeten der Beat-Generation wie William S. Burroughs, Jack Kerouac oder Allen Ginsberg. Seit den 1980er Jahren wurde das Genre durch jüngere Autorinnen und Autoren aufgegriffen und zum Teil mit unterschiedlichen Musikgenres (z. B. mit Jazz, Blues, Dub oder Rap) kombiniert. Die populärste Vortragsform des Spoken Word findet sich im Poetry Slam. Im Zentrum des Slam steht die Liveperformance des ‚Poeten' oder der ‚Poetin' vor Publikum; das ‚Werk' ist nicht der visuell-skripturale Text (der oftmals gar nicht zugänglich gemacht wird), sondern die situativ gebundene auditiv-vokale ‚Text-Sprechung'. Zumeist werden die Texte von den Autoren und Autorinnen selbst präsentiert, nur sehr selten von professionellen Sprechern und Sprecherinnen. Insofern beide hier in eins fallen, ist es sinnvoll, diese Doppelrolle auch begrifflich zu kennzeichnen; Julia Novak hat hierfür in einer englischsprachigen Publikation den Begriff „poet-performer" (Novak 2011, 62) vorgeschlagen, der auch hier Verwendung finden soll.

2. Zentrale Parameter zur Untersuchung von Spoken Word und Poetry Slam

2.1. Rahmung und Ritualität der Aufführungssituation

Die Aufführung von mündlicher Literatur findet an einem konkreten Ort und Zeitpunkt statt. Durch diese singulären und situativen Bedingungen „projiziert sie das dichterische Werk in einen *Rahmen*" (Zumthor 1990, 140). Diese die jeweilige Aufführungssituation bedingenden kulturellen und medialen Rahmungen bringen das poetische Werk als ästhetisches ‚Ereignis' mit hervor. Sie lassen es perzipierbar und interpretierbar werden (vgl. Zumthor 1990, 203). Zentral für das Merkmal der Ereignishaftigkeit ist deren Zeitlichkeit: „Nicht was dabei im einzelnen zum Vorschein gelangt, ist relevant, sondern *daß geschieht*. Das Eigentliche ist mithin Zeitlichkeit. Jedes Ereignen braucht Zeit [...]" (Mersch 2002, 290–291). Bei Liveperformances stellt das theatrale Setting – Location, Anmoderation, Applaus, Lichtwechsel, Musikintro etc. – eine mediale und situationsspezifische paratextuelle (bzw. paramediale) Rahmung dar. Es handelt sich dabei um „Modulationen", um Systeme von Konventionen, die es ermöglichen, dass eine Handlung – das schlichte Sprechen eines Gedichttextes – „in etwas transformiert wird, das dieser Tätigkeit nachgebildet ist, von den Beteiligten aber als etwas ganz anderes gesehen wird" (Goffman 1977, 55–56), so zum Beispiel als konkreter Wettbewerbsbeitrag in einem Poetry Slam oder als künstlerische Spoken-Word-Performance.

Diesbezüglich kann auf die in der Textlinguistik entwickelte Kategorie der „Situationalität" (Beaugrande und Dressler 1981, 12, 169–187) beziehungsweise der „Situativität" (Heinemann und Heinemann 2002, 99, 134) rekurriert werden. Mit dieser Begrifflichkeit wird die „situative, interaktionale und diskursive Einbettung" (Heinemann und Heinemann 2002, 134) eines Textes bezeichnet. Literatur ist nicht nur in je unterschiedliche räumliche, soziale oder ästhetische Settings überführbar, sondern auch in verschiedene Medien und Darstellungsformen. Der Begriff der ‚Situation' bietet, im Anschluss an den Situationisten Guy Debord, die Option, „eine methodisch wie epistemologische Vereinseitigung des westlichen Denkens und der westlichen Ästhetik hinter sich zu lassen: nämlich die dichotomischen und hierarchisierten Vorstellungsmuster von Akteur und Handlung, aktiver Ursache und passivem Geschehen, Subjekt und Objekt" (Kolesch 2005, 306) – zugunsten einer Vorstellung von Partizipation als Aktivität.

Insbesondere vor dem Hintergrund des Partizipationsgedankens sind Spoken Word und Poetry Slam als „Literatur in der Eventkultur" (Porombka 2001) aufschlussreiche Phänomene für die transformative kulturelle Aneignung ‚alter' Medien in neuem Gewand, die ihre Popularität nicht zuletzt der zeitgleichen Digitalisierung vieler Lebensbereiche verdanken. Aufgrund seiner „verbindlichen

Regeln" ist vor allem das konkrete Format Poetry Slam als ein „kulturelles Ritual" (Anders 2010, 25) zu bezeichnen.

Beim Poetry Slam handelt es sich um einen modernen Dichterwettstreit, einen literarischen Vortragswettbewerb, der vier grundsätzlichen Regeln unterliegt: Erstens muss der vorgetragene Text selbst geschrieben sein; zweitens müssen sich die Vortragenden an ein vorgegebenes Zeitlimit (zwischen drei und zehn Minuten) halten; drittens dürfen keinerlei Requisiten oder Musikinstrumente genutzt werden, und der Text soll gesprochen, darf höchstens teilweise gesungen werden; viertens bewertet eine Publikumsjury den Auftritt. Jenseits dieser basalen Vorgaben gibt es jedoch kein Regelwerk, das beispielsweise die Textgattungen festlegt. Der aus den USA stammende Poetry Slam hat sich in den vergangenen Jahrzehnten in den deutschsprachigen Ländern als fester Bestandteil des Literatur- und Kulturbetriebes etabliert. Die meisten Akteure der hiesigen Poetry-Slam-Szene begannen schon als Jugendliche damit, ihre Texte auf der Bühne vorzutragen, doch nur wenige sind auf dem Buchmarkt vertreten. Ein Grund hierfür besteht wohl darin, dass das Veranstaltungsformat Poetry Slam äußerst divergente Texttypen hervorbringt, die sich oft durch Schlichtheit und Verständlichkeit auszeichnen. Auch wenn der Begriff ‚Poetry' auf Lyrik hindeutet, entstammt die Mehrzahl der Texte nicht dieser Gattung, sondern umfasst Erzählungen, Essays, autobiographische Beschreibungen und vieles mehr. Poetry Slam kann als „zeitgenössische Form informeller Literaturvermittlung" verstanden werden, die sich „in Abgrenzung zur klassischen Autorenlesung" positioniert (Wirag 2012, 485). Unter besonderer Berücksichtigung der charakteristischen Merkmale des Veranstaltungsformats Poetry Slam hat Lino Wirag erstmals konkrete Parameter zur Beschreibung eines Slam vorgeschlagen (vgl. Wirag 2014, 270–271).

2.2. Flüchtigkeit und Performanz des Rezipierten

Korrespondierend zu der theaterwissenschaftlichen Auffassung vom „erst in der Aufführung erreichten Status des Dramas als Werk" (Balme 2014, 85), ist für eine Beschäftigung mit Spoken-Word-Literatur nicht das literarische Textsubstrat die Grundlage, sondern der „Text in der Performanz" (Maassen 2001, 289). Dies beinhaltet „Prozesse des Aufführens, Ausstellens, Zueignens, Austauschens, und umfaßt sowohl Aspekte der Materialität des Textes als auch solche seiner medialen Transformationen" (Maassen 2001, 289). Novak zufolge entsteht *live poetry* aus der „fundamental bi-mediality of the genre of poetry [...] as a specific manifestation of poetry's oral mode of realisation, which is parallel to, rather than a mere derivative ‚version' of, the written mode. As such, live poetry is characterised by the direct encounter and physical co-presence of the poet with a live audience" (Novak 2011, 62).

Als Dichtung wird mithin „das *Rezipierte*" selbst verstanden und „ihre *Rezeption*" ist ein „einmaliger, flüchtiger und unumkehrbarer [...] Akt" (Zumthor 1990, 203). Paul Zumthor, der am Beispiel des mittelalterlichen Liedvortrags einen der wichtigsten Forschungsbeiträge zur literarischen Performance mündlicher Dichtung verfasst hat, betont die konstitutive Rolle des Publikums in der Livesituation. Für die Spoken-Word-Literatur und – aufgrund des Wettbewerbs – insbesondere für den Poetry Slam sind die jeweilige Bühnensituation sowie die Anwesenheit und Aktivität der Zuschauenden, ähnlich wie bei der oralen vormodernen Literatur des Mittelalters, essenziell. Ein besonderes Merkmal von Liveperformances ist ihr ephemer Charakter: „Aufführungen verfügen nicht über ein fixier- und tradierbares materielles Artefakt; sie sind flüchtig und transitorisch, sie erschöpfen sich in ihrer Gegenwärtigkeit, d. h. ihrem dauernden Werden und Vergehen, in ihrer Autopoiesis. [...] [Die] Aufführung [ist] nach ihrem Ende unwiederbringlich verloren; sie lässt sich niemals wieder als genau dieselbe wiederholen. Die Materialität der Aufführung wird performativ hervorgebracht und tritt immer nur für eine begrenzte Zeitspanne in Erscheinung" (Fischer-Lichte 2004, 14).

Eine Äußerung oder auch eine kulturelle Aufführung wird ‚performativ' genannt, wenn sie das, was sie bezeichnet, zugleich auch vollzieht. Konzepte des Performativen benennen in dieser Hinsicht „eine besondere Form von Konstitutionsleistung, keineswegs nur in und durch Sprache, sondern im Medium jedweden symbolischen Handelns" (Krämer und Stahlhut 2001, 55–56). Grundmerkmal sprachlicher Performanz ist die Gleichzeitigkeit von Artikulation und dem Schaffen von Realität oder anders formuliert: die Gleichzeitigkeit von ‚Aufführung' und ‚Vollzug'. „Während die referentielle Funktion auf die *Darstellung* von Figuren, Handlungen, Beziehungen, Situationen etc. bezogen ist, richtet sich die performative auf den *Vollzug* von Handlungen – durch die Akteure und zum Teil auch durch die Zuschauer – sowie auf ihre unmittelbare Wirkung" (Fischer-Lichte 2002, 279). Ein wesentliches Merkmal von Literatur, die als Performance realisiert wird – in Form von Lesungen beziehungsweise Rezitationen (vgl. 4.5. Maye; 4.6. Meyer-Kalkus) –, ist nach Erika Fischer-Lichte die Markierung der „besondere[n] Differenz zwischen Lesen und Zuhören". Beide werden „als performative Prozesse ins Bewußtsein gehoben" und die Aufmerksamkeit wird auf die „spezifische Materialität" der Stimme gelenkt, des Weiteren wird das „Verstreichen von Zeit [...] als Bedingung von Wahrnehmung spürbar" (Fischer-Lichte 2002, 287).

2.3. Stimme und Audiotext im Spannungsfeld von *liveness* und Aufzeichnung

Die menschliche Stimme gilt gleichermaßen als „Index der Singularität einer Person wie der Kultur" (Kolesch und Krämer 2006, 11). Ihr werden Merkmale wie Flüchtigkeit, Subjektivität und Situativität zugeschrieben. ‚Stimme' und ‚Aufführung' weisen Korrespondenzen auf, weil beide – im Unterschied etwa zu einem Schrifttext – durch Flüchtigkeit gekennzeichnet sind: „The voice is a paradigm of the event, because it comes to an end. All events must end; texts can live on indefinitely" (Peters 2004, 99). Ereignishaftigkeit und Intensität werden der Stimme besonders in Livesituationen zugeschrieben, für die die Anwesenheit eines Publikums konstitutiv ist, das diese Verlautbarung hört.

Der Stimme von Dichtern und Dichterinnen bei der Performance eigener Texte werden besondere Eigenschaften attribuiert, allen voran die der ‚Authentizität' (vgl. Berg et al. 1997). Die Dichterstimme wird mit Stichworten wie Auratisierung und Verkörperung umschrieben, sie hängt eng mit dem „Ursprungsmythos der Sprache als O-Ton" und „authentische[r] Verlebendigung" zusammen: „Liest der Dichter live, lebt die Dichtung" (Bickenbach 2007, 193). Allerdings hat paradoxerweise erst die Möglichkeit technischer Speicherung das Konzept des ‚O-Tons' hervorgebracht, wodurch nur jener Ton, „der längst vergangen ist", zum „Original einer dokumentarischen Funktion" wird (Bickenbach 2007, 194). In diesem Kontext ist die Entstehung der Spoken-Word-Bewegung auch als Resultat der verstärkt medialen Alltagsrealität zu verstehen, wenngleich damit verbundene Vorstellungen von Authentizität, Präsenz, Echtheit und Singularität in der Forschung gemeinhin kritisch beurteilt werden.

Es ist ein durchaus paradoxes Phänomen, dass Stimmen Intimität und Nähe gerade durch den Einsatz elektroakustischer Technik evozieren, was zu einer spezifischen „Sonosphäre" (Kolesch 2004, 36) führt: Die Verwendung von Mikrophonen, wie dies bei Spoken-Word-Performances üblich ist, enträumlicht und entkörperlicht die Stimme bereits im Vollzug der Performance. Man hört sie nicht am Ort ihres Entstehens, das heißt vom sich auf der Bühne artikulierenden Poet-Performer, sondern in Form einer *„akustische[n] Großaufnahme"* (Pinto 2012, 25) aus mehreren auf den Zuschauerraum ausgerichteten Lautsprechern. Phänomenologisch ist die amplifizierte Stimme nicht mehr mit dem auf der Bühne agierenden Körper verknüpft, was zu einer merkwürdigen Hybridisierung führt: Im Extremfall, zum Beispiel wenn man in einem großen Theater im zweiten Rang sitzt, wohnt man quasi einer „‚radiophonen' Situation" (Pinto 2012, 12) bei, die zeitgleich aufgeführt, akustisch verstärkt sowie – durch Gestik und Mimik des in weiter Ferne auf der Bühne agierenden Körpers – ‚bebildert' wird.

Zur Aufführungssituation des Poetry Slam gehört das Mikrophon als technische „Ausweitung" (McLuhan 1968, 54) des menschlichen Körpers essenziell dazu. Die Abhängigkeit vom Mikrophon wird in Slam-Texten einerseits problematisiert und metatextuell behandelt, andererseits aber haben die Poet-Performer in der Regel keine Stimmausbildung und sind daher auf die technische Amplifizierung angewiesen (vgl. Anders 2010, 26, 55). Durch die Verwendung von Mikrophonen wird ein zweites Dispositiv erzeugt, das sich dem der *liveness* als Gegenpol einschreibt, das Dispositiv der Aufzeichnung und Wiederholbarkeit: „Recording technology makes possible the paradox of an identically repeatable performance. Every performance is unique and unrepeatable [...]. The aura of uniqueness clings to performance. Performance is singular and recording is multiple" (Peters 2004, 92; grundlegend zu *liveness* in einer mediatisierten Kultur siehe auch Auslander 1996). Die Wiederholbarkeit der Performance mittels Aufzeichnungstechnologien entbindet sie aber nicht von der Singularität, denn jede Wiederholung, jedes erneute Abspielen einer Aufzeichnung, ist ihrerseits unwiederholbar, weil auch diese, wie schon angedeutet, im theaterwissenschaftlichen Sinne als eine originäre ‚Aufführung' zu betrachten ist (vgl. Fischer-Lichte 2005, 16; Balme 2014, 88).

Mündliche Literatur lässt sich mit den bestehenden literaturwissenschaftlichen Analyseparametern, zum Beispiel den für die Lyrikanalyse vorliegenden Kategorien wie Reim, Rhythmus oder Metrum, nicht zureichend beschreiben. Auch die Kriterien Walter Ongs zur Unterscheidung von Oralität und Literalität – dass mündliche Sprache eher „additiv als subordinierend", eher „aggregativ als analytisch", eher „einfühlend und teilnehmend als objektiv-distanziert" oder eher „situativ als abstrakt" sei (Ong 1987, 42–54) – nützen für die konkrete Analyse nur bedingt, weil sie stark textbezogen sind. Für die Untersuchung der „sekundären Oralität" (Ong 1987, 18) aktueller akustischer Literaturformate sind vielmehr neue Parameter zu finden, die in der Lage sind, die auditiven und visuellen Dimensionen der Performance konkret zu beschreiben. Der von Novak vorgeschlagene Begriff ‚Audiotext' (Novak 2011, 75–144) ist für die erste Dimension geeignet; für die zweite hält sie am bereits eingeführten Begriff der körperlichen Kommunikation beziehungsweise der ‚Body Communication' (Novak 2011, 145–171; in einer aktuellen deutschsprachigen Publikation: „Körpereinsatz"; Novak 2017, 149) fest und bezieht sich sinnvollerweise unter anderem auf theaterwissenschaftliche Ansätze.

Für das vorliegende Handbuch sind insbesondere die Parameter des Audiotextes von Bedeutung, daher sollen diese hier kurz skizziert werden. Auf die körpersprachlich-visuellen Parameter wird im Kontext der ersten Beispielanalyse (Abschnitt 3.) exemplarisch eingegangen. Novak übernimmt den Begriff des Audiotextes von Charles Bernstein, der ihn als „audible acoustic text" und als „the poet's acoustic performance" bestimmt (Bernstein 1998, 12–13). Korrespondierend zu diesem hat Natalie Binczek den Begriff des ‚akustischen Textes' (vgl. Binczek 2012, 67) vorgeschlagen, allerdings für das Genre des Hörbuchs. Bernsteins und Novaks Begriff des Audiotextes wird hier vorgezogen, da beide ihn im Kontext von Spoken Word und *live poetry* entwickelt haben. Innerhalb der geisteswissenschaftlichen Disziplinen ist es bislang ausschließlich die Sprechwissenschaft, die detaillierte Parameter zur Beschreibung des stimmlich-artikulatorischen Ausdrucks bereitstellt und sich dabei zum Teil an musikwissenschaftliche Terminologie anlehnt. Diese Parameter umfassen – jeweils noch weiter ausdifferenziert – Sprechtonhöhe, Stimmklang (Klangfülle, Klangfarbe, faukale Distanz, Geräuschanteil), Lautheit, Sprechgeschwindigkeit, Akzentuierung, Sprechrhythmus sowie Artikulation (Präzision, Lippenstellung, Lautdauer) (vgl. Bose 2010, 35–36), die trotz oder auch wegen ihrer Präzision von in ihrer auditiven Wahrnehmung weniger geschulten Personen in der Praxis wohl nur bedingt anwendbar sind. Praktikabler erscheinen die von der Literaturwissenschaftlerin Novak zusammengestellten fünf artikulatorischen Analyseparameter, die sie jeweils anhand von konkreten Lyrikbeispielen erläutert. Hierbei handelt es sich um Rhythmus, Tonhöhe, Lautstärke, Artikulation und Klangfarbe (vgl. Novak 2011, 85–125). Novak legt überzeugend dar, inwieweit diese fünf Parameter als „paralinguistic features" (Novak 2011, 86) fungieren, die in der Liveperformance von Texten einzelnen gesprochenen Elementen – seien es längere Phrasen oder auch nur Worte oder Silben – zusätzliche semantische Bedeutung geben können. So können die paralinguistischen Merkmale den Textsinn betonen und verstärken oder ihn auch infrage stellen, indem Ambivalenzen oder Widersprüche erzeugt werden (siehe auch Vorrath 2020, 161–177).

Im Folgenden sollen die hier kurz eingeführten Theorieansätze und Parameter anhand von zwei prominenten Beispielen diskutiert werden: anhand eines (mediatisierten) Slam-Auftritts von Julia Engelmann und eines Sprechtextes und Poetry Clips von Nora Gomringer.

3. Beispielanalyse Poetry Slam – Julia Engelmann: *One Day/ Reckoning Text*

Julia Engelmanns Auftritt bei dem Bielefelder Hörsaal-Slam am 7. Mai 2013 wurde vom dortigen Campus TV aufgezeichnet und auf YouTube hochgeladen (vgl. Engelmann 2013). Etwa ein halbes Jahr später wurde das Video von dem Blogger Kai Thrun kommentiert und auf seinem Blog eingestellt, was zu einer unglaublichen Popularitätswelle und Verbreitung in den sozialen Medien führte: Das Video wurde in der Folge viele Millionen Mal angeklickt. Die Slammerin Engelmann, eine damals 20-jährige Psychologiestudentin aus Bremen, löste einen bisher nicht gekannten Hype aus. Es wurde allerdings auch über den Widerspruch zwischen ihrer vermeintlich naiven und laienhaften Darstellung beim Slam und ihrer Schauspielerfahrung am Theater und in einer Fernsehserie diskutiert. Ihre mediatisierte Performance und der Audiotext derselben – der als audioliterale Transkription vom mündlichen zum schriftlichen Text, nach Ludwig Jäger also *„phono-graphisch"* (Jäger 2014, 245), auch in gedruckter Form vorliegt (Engelmann 2014, 24–29) – sollen hier als Ausgangspunkte einer exemplarischen Analyse der Audioliteralität des Poetry Slam dienen.

Diese ist methodisch insofern schwierig, als die Verfasserinnen des vorliegenden Artikels den Liveauftritt Engelmanns an der Universität Bielefeld nicht miterlebt haben, sondern ihre Untersuchung ausschließlich auf dem YouTube-Video beruht. Es handelt sich daher um eine Ausgangssituation, die derjenigen der Theaterwissenschaft ähnelt, wenn eine historische Inszenierung untersucht werden soll oder eine, die bereits ‚abgespielt' ist und die nur als Videoaufzeichnung vorliegt (vgl. Balme 2014, 93). Aussagen über so wichtige Aspekte wie Räumlichkeit und Atmosphäre des Slam-Auftritts können daher nur in Ansätzen gemacht werden, und zwar unter Berücksichtigung einer von Campus TV produzierten Reportage zum 5. Bielefelder Hörsaal-Slam, in der Engelmann auch kurz interviewt wird (vgl. Campus TV Bielefeld 2013). Erschwerend kommt bei im Internet verfügbaren Slam-Videos der Umstand hinzu, dass diese in der Regel extrahierte Soloperformances von wenigen Minuten Länge sind, also das für Poetry Slam charakteristische kompetitive Setting mit seiner Folge von Auftritten samt Publikumsbewertungen ausgeblendet wurde. Vom Bielefelder Hörsaal-Slam findet sich jedoch auf YouTube eine vollständige Aufzeichnung, somit lassen sich Setting und Format rekonstruieren: Engelmann trat als fünfte von acht Slammerinnen und Slammern auf, ihr Beitrag wurde vom Publikum eher mittelmäßig bewertet und sie kam nicht ins Finale. Der einmal jährlich im Audimax stattfindende Hörsaal-Slam wird vom Bielefelder Campus TV zusammen mit dem universitären Zentrum für Ästhetik organisiert; bei der Veranstaltung im Mai 2013 waren weit über 1000 Studierende anwesend.

Engelmanns Slam-Text bezieht sich auf das Lied *One Day/Reckoning Song* (2008) des israelischen Folk-Rock-Musikers Asaf Avidan, das 2012 in einer Remix-Version einige Wochen den ersten Platz der deutschen Charts innehatte. Bei ihrem Auftritt singt sie zunächst jene titelgebenden Verse des Songs: „One day, baby, we'll be old, | oh baby, we'll be old | and think of all the stories | that we could have told" (Engelmann 2014, 24). Sodann übersetzt sie diese ins Deutsche und beginnt ohne weitere Vorrede ihre Slam-Performance. Der Text greift ein für die Lyrik typisches Sujet auf: den besonders in der frühneuzeitlichen Dichtung prominenten Vergänglichkeitstopos. Engelmann beschreibt in ihrer schonungslosen Diagnose der eigenen Generation eine Existenzform, die in Abwarten und

Lethargie besteht: Man möchte keinen Fehler machen, lieber warten, nichts tun, bis man vielleicht weiß, was man mit seinem Leben anfangen will. Die Botschaft des Textes ist, dass man erst aus der Perspektive des Alters, wenn es also zu spät ist, diese Passivität, das vergebliche ‚Warten aufs Leben' durchschauen wird, was in sich reimende Verse gefasst wird, die sich gut im leichten Rap-Rhythmus sprechen lassen: „‚Ach, das mach ich später' | ist die Baseline meines Alltags. | Ich bin so furchtbar faul | wie ein Kieselstein am Meeresgrund. | Ich bin so furchtbar faul, | mein Patronus ist ein Schweinehund. | Mein Leben ist ein Wartezimmer, | niemand ruft mich auf. | Mein Dopamin – das spar ich immer, | falls ich's noch mal brauch" (Engelmann 2014, 25). Engelmann spielt mit dem Carpe-Diem-Motiv, wenn der Text im dritten Abschnitt nach dem über sich selbst klagenden Ich und dem adressierten Du nun (erneut) zum inkludierenden Wir gewechselt wird: *„Und eines Tages Baby, werden wir alt sein, | oh Baby, werden wir werden alt sein | und an all die Geschichten denken, | die wir hätten erzählen können. || Und die Geschichten, | die wir dann stattdessen erzählen, werden traurige Konjunktive sein wie – ||* ‚Einmal, wär ich fast einen Marathon gelaufen | und hätte fast die Buddenbrooks gelesen'" (Engelmann 2014, 27). Ähnlich wie im Vanitas-Gedicht wird das Altern antizipiert und mit dem moralischen und aufrüttelnden Impetus des Carpe Diem verknüpft, wobei die Flüchtigkeit und Vergänglichkeit, von der hier inhaltlich die Rede ist, metatextuell auch das Genre der Liveperformance kennzeichnet. *One Day/Reckoning Text* weist eine Reihe von lyrischen Stilelementen auf, wie etwa mehrere Wiederholungen der einführenden Leitstrophe als eine Art strukturierenden Refrain, zum Teil Reim und Rhythmus. In der Druckversion ist der Text wie ein Gedicht versifiziert und strophisch gegliedert.

Wenn man die bisherige knappe Textanalyse nun durch eine Aufführungsanalyse ergänzt, kommt man zu folgendem Ergebnis: Die paralinguistischen Merkmale von Engelmanns Audiotext erzeugen eher eine den Textsinn bestätigende und verstärkende Interpretation als Ironie, Distanz oder Mehrdeutigkeiten. Die nervös wirkende Poet-Performerin stellt sich zunächst selbst mit dem Wort „Hallo!" vor und führt ihren Beitrag paratextuell mittels eines Liedzitats ein, das sie „jetzt" vortragen wird. Ihr dann nach einer kurzen Pause einsetzender Gesang der Songzeile ist laienhaft, hoch, leise und verhalten; das letzte Wort „told" wird schon nicht mehr gesungen, sondern gesprochen. Es wird vermeintlich die Überwindung sichtbar, öffentlich vor Publikum zu singen – ob auch diese Schüchternheit einstudiert ist, lässt sich nicht verifizieren. Insgesamt entsteht durch die stimmlich-körperliche Performance der Eindruck einer freundlichen, schüchternen und introvertierten Persönlichkeit, die gut zum Thema des Textes passt. Novak deutet dies als ‚verkörperte Subjektivität', wonach charakterliche Übereinstimmungen zwischen „textimmanenter Sprecherin und hör- und sichtbar vortragender Dichterin wahrnehmungstechnisch zu einer Verschmelzung dieser beiden Ebenen von Subjektivität und damit zu einem Anschein von Authentizität führen" (Novak 2017, 157–158). Zu diesem „Authentizitätseffekt" (Novak 2017, 158) trägt auch die Art und Weise bei, wie der Audiotext präsentiert wird: Engelmanns Stimme wirkt, insbesondere zu Beginn, als sie in Ich-Form sich vermeintlich selbst diagnostiziert, etwas gedrückt und beinahe flüsternd. Zwar artikuliert sie die einzelnen Worte klar und deutlich und wählt eine gleichmäßige, recht schnelle, zum Teil leicht dem Rap entlehnte Sprechmelodie, die die Reime, Binnenreime, Alliterationen und Assonanzen ihres Textes dezent zur Geltung bringt; gleichwohl transportiert der Stimmklang der Vortragenden eher eine leichte Resignation und Melancholie. Die Performerin setzt „zahlreiche Emphasen" ein, die „emotionale Involviertheit kommunizieren" (Novak 2017, 155). So wirkt die Sprechweise etwa im zweiten Abschnitt, der an ein nicht identifiziertes Du – mithin an jeden – gerichtet ist, stärker appellativ und ihre Stimme wird lauter, auch die Klangfarbe ist nun weniger gedrückt oder gepresst. Dies steigert sich bis zum vierten und letzten Abschnitt, in welchem die Performerin mit ‚naivem Pathos' und einem optimistischen Grundton ausmalt, wie das ‚wirkliche Leben' sein wird, und in dem sie das Gegenüber zu eben diesem auffordert: *„Lass uns möglichst viele Fehler machen | und möglichst viel aus ihnen lernen, | lass uns jetzt schon Gutes säen, | damit wir später Gutes ernten! | Lass uns alles tun, weil wir können | und nicht müssen, | jetzt sind wir jung und lebendig, | und das soll ruhig jeder wissen!"* (Engelmann 2014, 29).

Zusammenfassend gesagt, erfüllt die auditiv-vokale Präsentation hier die primäre Funktion, das verbal Ausgedrückte stimmlich zu bestätigen und zu authentifizieren; es wird eine Kohärenz von Inhalt und stimmlicher Performance hergestellt. Es handelt sich also um eine ‚audioliterale' (vgl. Jäger 2014) Transkription des Schrifttextes in eine Bühnenperformance, bei der wesentliche Elemente bereits im Text selbst angelegt sind und die Performance demgegenüber ‚transparent' wirkt. Abschließend soll kurz auf Engelmanns Körpereinsatz eingegangen werden, mithin auf die visuelle Dimension der Performance. Novak unterteilt diese einerseits in Gestik und Körperhaltung („Gesture and Posture") sowie andererseits in Mimik („Facial Communication") (Novak 2011, 158, 164). Die Körperhaltung der Poetin auf der großen, leeren Bühne, an deren Rändern überall Zuschauer auf dem Boden sitzen, ist recht statisch, sie steht an einer fixen Stelle vor dem Mikrophon. Dieses hält sie über weite Teile ihrer Performance mit einer Hand fest, an manchen Stellen auch mit beiden. Die Poet-Performerin wird von der Kamera häufig in Nahaufnahme gezeigt, sowohl frontal von vorn als auch von der Seite. Diese Einstellungen verstärken den Fokus auf ihre Hände, die sie, wenn nicht am Mikrophon, oft herunterhängen lässt oder für die recht spärlichen, das Gesagte untermalenden Gesten einsetzt. In Engelmanns Mimik ist insbesondere das verhalten freundliche Lächeln zu Beginn auffällig, das ähnlich wie ihre Stimme ein nettes Mädchen suggeriert. Durch zahlreiche Close-ups erhalten die Rezipientinnen und Rezipienten des Videoclips eine große Nähe zu Engelmanns Gesicht und ihrer empfindsam wirkenden Mimik, zum Beispiel dem kurzen intimen Augenschließen oder dem leisen Lächeln, das ihren nachdenklichen Gesichtsausdruck zuweilen illuminiert. Der starke Fokus auf dem ernsten Gesicht Engelmanns erhöht die Intensität des Zuhörens und erzeugt wohl einen vollständig anderen Eindruck, als wenn man die Poet-Performerin im Audimax aus vielleicht großer Distanz auf der leeren Bühne agieren sähe. Die Kameras von Campus TV richten sich zwischendurch immer wieder auf das in den Hörsaalreihen sitzende studentische Publikum, das dem gut 5-minütigen Auftritt still, aufmerksam und fast andächtig folgt. Es ist nicht zuletzt die hier skizzierte Kameraführung, die das Publikum nicht – wie sonst zumeist – völlig ausblendet und einen starken Fokus auf die Poet-Performerin legt, die den Erfolg dieses YouTube-Videos erklärt.

4. Beispielanalyse Spoken Word – Nora Gomringer: *Ursprungsalphabet*

Die Dichterin Nora Gomringer verortet sich selbst in der Spoken-Word-Szene. In einem Interview im Jahr 2009 benutzte sie das Kompositum „Sprechtext" zur Beschreibung der Texte ihres Bandes *Sag doch mal was zur Nacht* (2006). Sie definiert Sprechtexte als „Texte, die ganz gezielt mit der Intention geschrieben und aufgeschrieben wurden, vorgetragen zu werden" (Wimmer 2009, 415). Gomringer versteht das Sprechen als „Rezept" für die Decodierung des jeweiligen Texts: „Der Text erschließt sich durch das, was man mit ihm macht: Man soll ihn sprechen" (Wimmer 2009, 415). Die Tatsache, dass jedem von Gomringers Gedichtbänden eine Audio-CD beiliegt, auf der sie einige der abgedruckten Texte rezitiert, lässt die Grenzen zwischen schriftlich fixiertem Textsubstrat und Audiotext fließend erscheinen: Das Medium Buch und das Medium Audio-CD existieren nicht nebeneinander, sondern gehen eine Symbiose ein (vgl. Benthien 2017, 50–53), wobei dem gedruckten Text rein quantitativ Vorrang eingeräumt wird und beide Medien divergierende Gedichtchronologien erzeugen. Der charakteristische Sprachduktus Gomringers, die eine sehr klangvolle, ausdrucksstarke Stimme hat und auch eine professionelle Stimmausbildung genoss, bleibt bei der Rezeption so stark im Ohr ‚haften', dass auch bei späterer stiller Lektüre der Texte die Stimme der Autorin mitschwingt. Für die hier skizzierte Symbiose ist ein Rekurs auf Jäger sinnvoll, der dafür plädiert, die mediale Relation von ‚akustischem Text' und ‚literarischem Text' (das schriftlich fixierte Textsubstrat) „nicht nur als Modalitätswechsel von visuell-skripturalen zu auditiv-vokalen Zeichen/Texten zu interpretieren, sondern als eine transkriptive Beziehung, in der [...] beide medialen Elemente im Zuge ihrer ‚Interaktion' erst hervorgebracht werden" (Jäger 2014, 231–232). Auf produktionsästhetischer Seite führt Jäger hierfür den Begriff des „audioliteralen Schreibens" (Jäger 2014, 235) ein und schafft damit – der Tatsache gerecht werdend, dass die Texte bereits mit Blick auf die Verlautbarung verfasst werden – speziell für die Untersuchung der hier diskutierten Autorin einen wichtigen Terminus: „*Audioliteral* sollen allgemein solche Hervorbringungen von sprachlichem Sinn genannt werden, in denen skripturale und vokal-auditive Anteile der Kommunikation in verschiedenen Hinsichten miteinander verwoben oder aufeinander bezogen sind, derart dass sich der Sinnkonstitutionsprozess als das genuine Ergebnis der intermedialen Bewegungen verstehen lässt" (Jäger 2014, 245).

Der audioliterale Text *Ursprungsalphabet* eröffnet den oben erwähnten Gedichtband. Die Positionierung des Textes direkt zu Beginn des Bandes und als erstes Gedicht auf der Audio-CD ist programmatisch, was durch die Substantivkomposition des Titels und den ersten Vers des Gedichts bestätigt wird. So verweist das Substantiv ‚Ursprung' auf einen Anfang, den Beginn von etwas Neuem oder auch auf die Grundlage beziehungsweise Basis von etwas; das zweite Substantiv ‚Alphabet' wiederum evoziert Erinnerung an Kindheit, Sozialisation, den eigenen Schreib- und Leselernprozess und präsentiert gleichzeitig das Handwerkszeug der Dichterin: die Buchstaben ‚A' bis ‚Z'. Bereits der erste Vers, der nur aus den beiden Worten „Ich bin" besteht, soll andeuten, wessen Ursprung in diesem Gedicht aufgezeigt werden soll: ob derjenige des Gedicht-Subjekts oder aber derjenige der Poet-Performerin Gomringer, bleibt notwendig offen. Der anhaltenden Debatten um den Terminus ‚lyrisches Ich' und des fortwährenden Status desselben als (germanistisches) Forschungsdesiderat eingedenk – die Frage, wer im Gedicht ‚spricht' und ob Autorin beziehungsweise Autor und Sprechinstanz in eins fallen (vgl. Burdorf 1997, Kap. 5) – soll hier lediglich auf die Problematik verwiesen werden, dass der Poet-Performerin in der Aufführungssituation seitens des Publikums noch eine weitere Ebene zugewiesen wird: die der „Akteursfigur" (Ditschke 2008, 173). Deren ‚inszenierte Authentizität' (vgl. Ditschke 2008, 174) muss im Laufe des Vortrags verifiziert werden (zur Authentizitätsthematik in Spoken-Word-Literatur und Poetry Slam vgl. Holzheimer 2014, 24 und 38–42). Novak verweist in diesem Zusammenhang auf die „Performativität der Autorschaft" (Novak 2017, 156): Da die Poet-Performerin per definitionem das eigene Werk vorträgt, dessen Entstehung zeitlich deutlich vor dem Zeitpunkt des Vortrags lag, kann man davon sprechen, dass die Lyrikerin sich ihren Text in der Performance erneut zu eigen macht: „Vom Publikum wird eine Performance allein durch die physische Anwesenheit der Erschafferin eines Textes, durch deren Körper er wieder neu hervorgebracht wird, als authentisch wahrgenommen [...]. Versteht man den mündlichen Vortrag als eine grundlegende mediale Manifestation von

Lyrik, so konstituiert sich also mit ihrem Vortrag zugleich, quasi performativ, die Autorin [...]" (Novak 2017, 156).

Aufgrund des Titels *Ursprungsalphabet* können die Leserinnen und Leser auf den ersten Blick Struktur und Machart des Gedichts durchschauen: Der zweite Vers beginnt mit einem typographisch hervorgehobenen großen ‚A', dem Anfangsbuchstaben des Namens „*A*riadne", dem folgt ein Relativsatz, eingeleitet mit „die" („die dem Faden, dem roten, wollenen folgt", hier wie auch im Folgenden zit. n. Gomringer 2006, 9–10). Nach diesem Muster folgen „*B*riseis", „*C*alypso" und „*D*iana", alle Namen jeweils mit besonderer (typographischer) Emphase des ersten Buchstabens und ausgeschmückt durch Attribute. Es werden im Laufe des Gedichts die Anfangsbuchstaben von 15 Namen beziehungsweise Namensbezeichnungen (auch Kosenamen, wie der von Frida Kahlo für Diego Riviera erfundene ‚Ochsenfrosch') besonders hervorgehoben („*F*erlinghetti", „*H*adrian", „*J*onas", „*K*assandra", „*M*edea", „*N*ora", „*O*chsenfrosch", „*P*roteus", „*R*ilke", „*S*ybille", „*X*-Men"). Demgegenüber stehen elf ebenso gekennzeichnete Buchstaben in Worten, die keine Eigennamen sind und doch mehr oder weniger direkt attributiv auf die Poet-Performerin verweisen: „*e*in guter Maler", „*G*uanin", „*I*ch", „*L*angsamkeit", „*Q*ual", „*T*on", „*D-u*", „*V*erlorenes", „*W*arten", „*z*ynisch", „*b*inz".

Im Schrifttext werden die obengenannten Attribute in elf Fällen mit der Formel ‚ich bin' (oder englisch ‚I am' oder schlicht ‚bin') eingeleitet. Der Audiotext hingegen unterscheidet sich stark von seinem gedruckten Gegenstück: 21 Mal spricht Gomringer die Formel ‚ich bin'. Sie setzt sie also vor nahezu jeden Vers, was diese Formel beim Rezipiervorgang des Hörens gleichsam zu einer Art Refrain ausweitet. Die häufige Wiederholung fungiert dabei als eine Art ‚Kitt' zwischen den zum Teil sehr unterschiedlichen Namen und Attributen, mit denen die Poet-Performerin sich beschreibt. Die Formel ‚ich bin' verbindet die disparaten semantischen Felder der zahlreichen Anspielungen – so etwa auf Gomringers bildungsbürgerlich-altsprachlichen Background (antike Mythologie), auf ihre Sozialisation in der jüdisch-christlichen Kultur und im deutschen Sprachraum (Hitler, Freud) sowie auf das Milieu ihrer literarisch-künstlerischen Erziehung und Ausbildung.

Die paralinguistischen Charakteristika von Gomringers Audiotext unterstützen dabei den synthetischen Charakter dieser ‚Künstlerbiographie', obwohl sich doch viele Attribute zu widersprechen scheinen beziehungsweise scheinbar bewusst antagonistisch gesetzt wurden. Beispiele dafür sind die autopoetischen und onomatopoetischen Stimmmodulationen bei „singe für Odysseus" (Gomringer singt die Passage), „howling over Allen" (Gomringer heult das Wort „howling"), „Langsamkeit" (Gomringer spricht das Wort im Zeitlupentempo und dehnt die Silben nahezu bis zur Unkenntlichkeit aus) und „du bist der Hauch" (Gomringer singt den besonders betonten Vokal ‚u' und haucht die folgenden drei Worte). Andere interpretatorische Rückschlüsse lassen sich wiederum einzig am

Schrifttext belegen. Der Vers „Ich bin ein guter Maler und heiße Hitler" wird von Gomringer mit tieferer Stimme gesprochen, wobei sie das Attribut ‚guter' und den Namen ‚Hitler' durch ein besonders lautes und tiefes Sprechen hervorhebt. Im Schrifttext setzt die Dichterin die typographische Emphase jedoch auf den Buchstaben ‚e' des unbestimmten Artikels. Das alleinige Anhören des Audiotextes könnte eine Irritation erzeugen und vermuten lassen, dass die zu erwartende chronologische Abfolge des Alphabets bereits beim Buchstaben ‚G' oder ‚H' angelangt ist. Demgegenüber verdeutlicht der Blick in den gedruckten Text, dass Gomringer hier das Reizwort ‚Hitler' gleichsam inaktiv setzt, indem sie ausgerechnet den unbestimmten Artikel hervorhebt.

Auf YouTube findet sich ein für das bayrische Fernsehen produzierter ‚Poetry Clip' des *Ursprungsalphabets* (vgl. Gomringer 2013). In Gomringers gut zweiminütigem Poetry Clip steht die Performerin in einer Art Studio vor leeren Stuhlreihen und spricht den Text in Richtung Kamera, welche sich allerdings beständig um sie herum bewegt und sie auf diese Weise sowohl frontal als auch im Profil und Halbprofil zeigt. Außerdem zoomt die Kamera mal auf bestimmte Details (z. B. den Mund der Poetin), mal entfernt sie sich eilig und zeigt die Künstlerin in der Totale. Die Einstellungsgröße verändert sich während des Clips beständig. Eine auffällige Komponente des Videos ist die zeitgleiche Einblendung des gesprochenen Textes in pinker Schrift, indem auch hier die entsprechenden Buchstaben durch besondere Größe hervorgehoben werden. Allerdings geht die Texteinblendung im Video über die graphische Präsentation des Gedichtbandes deutlich hinaus: Hier wird nämlich auch der transkribierte Audiotext eingeblendet und somit in die Schriftlichkeit rücküberführt. Dabei ist der ‚Videotext' durchaus beweglich: So werden beispielsweise die Onomatopoetika schriftlich nachgebildet („hooooooowling", „binzzzzz") oder das Wort ‚Langsamkeit' wird erst Buchstabe für Buchstabe sichtbar synchron zu Gomringers retardierender Aussprache des Wortes. Es handelt sich hier in Jägers Sinne um eine transkriptive Beziehung, wobei der audioliterale Text durch die Erweiterung um das Medium Video gleichsam ‚grapho-phonographisch' wird.

5. Resümee

Die Untersuchung von Spoken-Word-Literatur und Poetry Slam erfordert, wie hier skizziert wurde, die Einführung von neuen Untersuchungsparametern, um den verschiedenen multimodalen und plurimedialen Präsentationsformen gerecht zu werden. Dafür sind neben den etablierten literaturwissenschaftlichen Ansätzen zu Oralität und Skripturalität auch Forschungsbeiträge aus Bereichen wie Theater-, Medien- und Sprechwissenschaft sowie Linguistik einzubeziehen.

Als besonders fruchtbar erweisen sich Novaks Konzepte des ‚Audiotextes' und des ‚Poet-Performers' sowie Jägers Konzept der ‚Audioliteralität'. Novak erstellt dabei erstmalig Parameter für detaillierte Analysen von Liveperformances von Lyrik. Mit Blick auf die auditiv-vokale Gestaltung der hier exemplarisch analysierten Texte *One Day/Reckoning Text* von Julia Engelmann und *Ursprungsalphabet* von Nora Gomringer sind auffällige Unterschiede zu konstatieren, die nicht nur mit den je spezifischen Aufführungsformaten und Mediatisierungen zusammenhängen. So steht die leicht exaltierte und sprachlich professionelle Artikulationsweise Gomringers im Gegensatz zur eher zurückgenommenen, laienhaft sich gebenden ‚Text-Sprechung' Engelmanns. Die Relation von skripturalem Text und Audiotext weist je unterschiedliche Spannungsverhältnisse beziehungsweise Korrespondenzen auf, die in ihrer Prozesshaftigkeit noch ausführlich untersucht werden müssen. Diesbezüglich ist anzumerken, dass es nicht zielführend erscheint, Slam Poetry und Spoken Word systematisch voneinander abzugrenzen, da beide orale literarische Genres sind. Spoken Word kann als Oberbegriff angesehen werden. Spoken-Word-Texte sind bisweilen auch bei Poetry Slams zu hören. Slam Poetry ist demgegenüber also eine Unterkategorie, die hauptsächlich durch den Vortragsrahmen bestimmt ist und deren wichtigstes Merkmal nicht nur Audioliteralität – wie bei Spoken-Word-Performances – darstellt, sondern vor allem die Tatsache, dass sie zu dem Zweck geschrieben wurde, einen Wettbewerb zu gewinnen.

Literaturverzeichnis

Anders, Petra. *Poetry Slam im Deutschunterricht. Aus einer für Jugendliche bedeutsamen kulturellen Praxis Inszenierungsmuster gewinnen, um das Schreiben, Sprechen und Zuhören zu fördern*. Hohengehren 2010.
Auslander, Philip. *Liveness. Performance in a Mediatized Culture*. New York und London 1996.
Balme, Christopher. *Einführung in die Theaterwissenschaft*. 5. Aufl. Berlin 2014.
Beaugrande, Robert-Alain de, und Wolfgang Ulrich Dressler. *Einführung in die Textlinguistik*. Tübingen 1981.
Benthien, Claudia. „‚Audio-Poetry'. Lyrical Speech in the Digital Age". *Dialogues on Poetry. Mediatization and New Sensibilities*. Hrsg. von Stefan Kjerkegaard und Dan Ringgaard. Aalborg 2017: 39–61.
Berg, Jan, Hans Otto Hügel und Hajo Kurzenberger (Hrsg.). *Authentizität als Darstellung*. Hildesheim 1997.
Bernstein, Charles. „Introduction". *Close Listening. Poetry and the Performed Word*. Hrsg. von Charles Bernstein. New York 1998: 3–26.
Bickenbach, Matthias. „Dichterlesung im medientechnischen Zeitalter. Thomas Klings intermediale Poetik der Sprachinstallation". *Original/Ton. Zur Mediengeschichte des O-Tons*. Hrsg. von Harun Maye, Cornelius Reiber und Nikolaus Wegmann. Konstanz 2007: 191–216.

Binczek, Natalie. „Literatur als Sprechtext. Peter Kurzeck erzählt das Dorf seiner Kindheit". *Literatur und Hörbuch*. Hrsg. von Natalie Binczek und Cornelia Epping-Jäger. München 2012: 60–70.
Bose, Ines. „Stimmlich-artikulatorischer Ausdruck und Sprache". *Sprache intermedial. Stimme und Schrift, Bild und Ton*. Hrsg. von Arnulf Deppermann und Angelika Linke. Berlin und New York 2010: 29–68.
Burdorf, Dieter. *Einführung in die Gedichtanalyse*. 2. Aufl. Stuttgart und Weimar 1997.
Campus TV Bielefeld. *Reportage zum 5. Hörsaalslam (Folge 82)*. https://www.youtube.com/watch?v=P-uYDtHGG3w. 3. Juni 2013 (16. Januar 2020).
Ditschke, Stephan. „,Ich sei dichter, sagen sie.' Selbstinszenierung beim Poetry Slam". *Schriftsteller-Inszenierungen*. Hrsg. von Gunter E. Grimm und Christian Schärf. Bielefeld 2008: 169–184.
Engelmann, Julia. *One Day/Reckoning Text*. Bielefelder Hörsaal-Slam. Campus TV Bielefeld. https://www.youtube.com/watch?v=DoxqZWvt7g8. 1. Juli 2013 (16. Januar 2020).
Engelmann, Julia. *Eines Tages, Baby. Poetry Slam-Texte*. München 2014.
Fischer-Lichte, Erika. „Grenzgänge und Tauschhandel. Auf dem Wege zu einer performativen Kultur". *Performanz. Zwischen Sprachphilosophie und Kulturwissenschaften*. Hrsg. von Uwe Wirth. Frankfurt am Main 2002: 277–300.
Fischer-Lichte, Erika. „Einleitende Thesen zum Aufführungsbegriff". *Kunst der Aufführung – Aufführung der Kunst*. Hrsg. von Erika Fischer-Lichte, Clemens Risi und Jens Roselt. Berlin 2004: 11–26.
Fischer-Lichte, Erika. „Art. ,Aufführung'". *Metzler Lexikon Theatertheorie*. Hrsg. von Erika Fischer-Lichte, Doris Kolesch und Matthias Warstat. Stuttgart und Weimar 2005: 16–26.
Goffman, Erving. *Rahmen-Analyse. Ein Versuch über die Organisation von Alltagserfahrungen*. Frankfurt am Main 1977.
Gomringer, Nora. *Sag doch mal was zur Nacht*. Dresden und Leipzig 2006.
Gomringer, Nora. *Ursprungsalphabet*. https://www.youtube.com/watch? v=D5Z0x3OTjY4. 20. Februar 2013 (16. Januar 2020).
Heinemann, Margot, und Wolfgang Heinemann. *Grundlagen der Textlinguistik. Interaktion – Text – Diskurs*. Tübingen 2002.
Holzheimer, Franziska. *Strategien des Authentischen. Herausforderungen einer literaturwissenschaftlichen Auseinandersetzung mit Literatur sekundärer Oralität am Beispiel von Slam Poetry*. Paderborn 2014.
Jäger, Ludwig. „Audioliteralität. Eine Skizze zur Transkriptivität des Hörbuchs". *Das Hörbuch. Praktiken audioliteralen Schreibens und Verstehens*. Hrsg. von Natalie Binczek und Cornelia Epping-Jäger. München 2014: 231–253.
Kolesch, Doris. „Natürlich künstlich". *Kunst-Stimmen*. Hrsg. von Doris Kolesch und Jenny Schrödl. Berlin 2004: 19–39.
Kolesch, Doris. „Art. ,Situation'". *Metzler Lexikon Theatertheorie*. Hrsg. von Erika Fischer-Lichte, Doris Kolesch und Matthias Warstat. Stuttgart und Weimar 2005: 305–306.
Kolesch, Doris, und Sibylle Krämer (Hrsg.). *Stimme. Annäherung an ein Phänomen*. Frankfurt am Main 2006.
Krämer, Sybille, und Marco Stahlhut. „Das ,Performative' als Thema der Sprach- und Kulturphilosophie". *Paragrana* 10.1 (2001): 35–64.
Lehmann, Hans-Thies. „Prädramatische und postdramatische Stimmen. Zur Erfahrung der Stimme in der Live-Performance". *Kunst-Stimmen*. Hrsg. von Doris Kolesch und Jenny Schrödl. Berlin 2004: 40–67.

Maassen, Irmgard. „Text und/als/in der Performanz der frühen Neuzeit. Thesen und Überlegungen (mit einem Appendix von Manfred Pfister: Skalierung von Performativität)". *Paragrana* 10.1 (2001): 285–302.

McLuhan, Marshall. *Die magischen Kanäle*. Düsseldorf und Wien 1968.

Mersch, Dieter. *Ereignis und Aura. Untersuchungen zu einer performativen Ästhetik*. Frankfurt am Main 2002.

Novak, Julia. *Live Poetry. An Integrated Approach to Poetry in Performance*. Amsterdam und New York 2011.

Novak, Julia. „Live-Lyrik. Körperbedeutung und Performativität in Lyrik-Performances". *Phänomene des Performativen in der Lyrik. Systematische Entwürfe und historische Fallbeispiele*. Hrsg. von Anna Bers und Peer Trilcke. Göttingen 2017: 147–162.

Ong, Walter J. *Oralität und Literalität. Die Technologisierung des Wortes*. Opladen 1987.

Peters, John Durham. „The Voice and Modern Media". *Kunst-Stimmen*. Hrsg. von Doris Kolesch und Jenny Schrödl. Berlin 2004: 85–100.

Pinto, Vito. *Stimmen auf der Spur. Zur technischen Realisierung der Stimme in Theater, Hörspiel und Film*. Bielefeld 2012.

Porombka, Stephan. „Slam, Pop und Posse. Literatur in der Eventkultur". *Bestandsaufnahmen. Deutschsprachige Literatur der neunziger Jahre aus interkultureller Sicht*. Hrsg. von Matthias Harder. Würzburg 2001: 27–42.

Vorrath, Wiebke. *Hörlyrik der Gegenwart. Auditive Poesie in digitalen Medien*. Würzburg 2020.

Wimmer, Katrin. „Gefährlich und gefährdet: Das Wort. Nora-Eugenie Gomringer im Gespräch mit Katrin Wimmer über Heimat, Erinnerung und das Liebesverhältnis zur Sprache". *Transitträume*. Hrsg. von Andrea Bartl. Augsburg 2009: 407–425.

Wirag, Lino. „Zeitgenössische Formen informeller Literaturvermittlung". *Handbuch Kulturelle Bildung*. Hrsg. von Hildegard Bockhorst, Vanessa-Isabelle Reinwand und Wolfgang Zacharias. München 2012: 485–488.

Wirag, Lino. „Die Geburt des Poetry Slams aus dem Geist des Theaters". *KulturPoetik. Zeitschrift für kulturgeschichtliche Literaturwissenschaft* 14.2 (2014): 269–281.

Zumthor, Paul. *Einführung in die mündliche Dichtung*. Berlin 1990.

4.19. Akustische Netzliteratur
Christiane Heibach

Die Wurzeln der Netzliteratur reichen bis in die 1980er Jahre zurück, als mit den ersten Vernetzungstechnologien wie dem Minitel in Frankreich oder dem BTX-System in Deutschland via Computer Texte verfasst, verschickt, modifiziert und wieder weitergeschickt werden konnten (vgl. Dinkla 2004, 9–10). Einen Boom erlebte die Netzliteratur jedoch erst mit der Etablierung des World Wide Web (WWW) seit der zweiten Hälfte der 1990er Jahre, in der zahlreiche Schreibprojekte ins Leben gerufen wurden, welche die technischen und kommunikativen Potenziale des Netzes auszuloten und ästhetisch zu nutzen versuchten. Diese wurden schnell zum Gegenstand literaturwissenschaftlicher Forschung: Schon bald entstanden die ersten literatur- und medienwissenschaftlichen Studien zum Phänomen der digitalen und der Netzliteratur, die jedoch zumeist die schriftbasierten literarischen Internetprojekte zum Gegenstand hatten (vgl. u. a. Heibach 2000; Böhler und Suter 2001; Simanowski 2002; Heibach 2003; Gendolla und Schäfer 2007; Hartling 2009). Die Fixierung auf die Schrift liegt einerseits in der traditionellen Ignoranz der (Literatur-)Wissenschaften gegenüber akustischen Literaturformen begründet, sie ist andererseits aber auch dadurch zu erklären, dass es bis heute nur wenige Projekte gibt, die als ‚akustische Netzliteratur' bezeichnet werden können. Obwohl gerade das multimediale Potenzial des WWW die Arbeit mit Sound erleichtert, sind akustische Sprachkunstprojekte bisher Ausnahmen und in ihren Erscheinungsformen auch so divers, dass man (noch) nicht von einem Genre sprechen kann. Verzeichnet der ‚traditionelle' Literaturmarkt seit mehreren Jahren einen derart auffälligen Boom unterschiedlicher akustischer Genres – vom Hörbuch bis zum experimentellen Hörspiel und der Stimmkunst –, dass inzwischen sogar vom *acoustic turn* (Meyer 2008) gesprochen wird, so hat sich dieser Trend noch nicht in die vernetzten digitalen Medien fortgesetzt. Hierfür lassen sich sowohl ökonomische wie auch ästhetische Gründe anführen: Ökonomisch gesehen bricht das Netz die klassische Form der individuellen Autor- und Urheberschaft und dessen Entlohnungssystem zugunsten kollektiver Produktionsformen und freier Verfügbarkeit auf; ästhetisch erfordert die Arbeit mit Sound grundlegend andere gestalterische (und auch technische) Kompetenzen als die Arbeit mit schriftbasierter Sprache.

Das Internet als Ort der literarischen Produktion war für die frühe Netzliteratur vor allem deswegen so attraktiv, weil es kollektive Schreibformen ermöglichte, die die traditionelle Bindung der Literatur an das Buch und dessen Publikations- wie auch Vermarktungsmechanismen (und damit, ästhetisch gesprochen, die Trias von Autor – Werk – Leser) konterkarierte. Doch die Euphorie über die Möglichkeiten vernetzter Schreibkreativität wich recht schnell der Ernüchterung: Nicht nur trafen im WWW die unterschiedlichen ästhetischen Paradigmen der individuellen und kollektiven Kreativität aufeinander, sondern es kollidierten auch die wirtschaftlichen Paradigmen eines marktfähigen Produkts mit einer libertären und weitgehend kostenfreien Verfügbarkeit für alle. Das Paradigma der Marktfähigkeit erweist sich bis heute als stärker und strukturiert nach wie vor auch die erfolgreichsten akustischen Literaturformate: Hörbuch und Hörspiel ebenso wie performative Präsentationsformen (wie das enorm erfolgreiche Rilke-Projekt, das seit 2001 mit immer neuen Inszenierungen durch deutsche Städte tourt, oder die zahlreichen deutschlandweit stattfindenden Poetry Slams) unterliegen nach wie vor den klassischen Marktmechanismen und lassen sich in die bestehenden Publikations- und Vertriebsnetze problemlos einspeisen.

Darüber hinaus stellen sich für die akustische Netzliteratur auch ästhetische Probleme: So sind die vernetzten digitalen Medien in erster Linie visuelle Medien, für die die Akustik mehr eine Unterstützung darstellt denn ein Feld mit eigenen ästhetischen Gesetzmäßigkeiten (nach dem Muster der audiovisuellen Massenmedien, wie sie zum Beispiel YouTube-Clips repräsentieren). Diese Dominanz des Visuellen erweist sich als zusätzliche Herausforderung für die literarische/sprachkünstlerische Arbeit mit Sound. Damit verbunden ist nämlich gleichzeitig die Frage nach den notwendigen Kompetenzen: Während es zahlreiche leicht zu bedienende Programme zur Texterzeugung gibt, stellen Soundprogramme recht hohe Anforderungen an die technischen Fähigkeiten und das notwendige Equipment. Dies mag auch ein Grund für die geringe Zahl an einschlägigen Projekten sein.

Trotz dieser einschränkenden Vorbemerkungen gibt es bemerkenswerte Beispiele akustischer Netzliteratur. An der Entwicklung von den Anfängen des Internets bis zur Gegenwart lässt sich nicht zuletzt auch ein genereller Trend ablesen, der Rückschlüsse auf die Zukunft der ästhetischen Arbeit mit digitalen Vernetzungsmedien zulässt. Doch zunächst gilt es zu diskutieren, was überhaupt unter dem Begriff der akustischen Netzliteratur verstanden werden kann.

1. Das Definitionsproblem: Was ist ‚akustische Netzliteratur'?

Der Begriff ‚akustische Netzliteratur' verweist darauf, dass es sich nicht um akustische Literatur im Netz handelt, sondern um Formen, bei denen die (elektronische) Vernetzung eine inhärent ästhetisch-gestalterische Funktion einnimmt. Dieses Definiens wurde schon in den Studien zur Netzliteratur als Textgenre immer wieder betont (vgl. Heibach 2003, 20–22). Des Weiteren ist es für ein rein beziehungsweise primär akustisches Genre schwer, sich in der multimediafähigen Umgebung der vernetzten Medien zu behaupten. So sind es eher Mischformen in zumeist audiovisueller Erscheinungsform, die als akustische Netzliteratur bezeichnet werden können – allerdings Formen, in denen der akustische Anteil wesentliche ästhetische Funktionen übernimmt.

Was also kann man als ‚akustische Netzliteratur' bezeichnen? Im Folgenden wird anhand von Beispielen eine Typologie entwickelt, die vor allem auf den strukturellen und medienmateriellen Charakteristika der Vernetzung und der dominanten ästhetischen Funktion von Sound/gesprochener Sprache beruht. Demnach können zunächst zwei große Gruppen akustischer Netzliteratur unterschieden werden: Erstens Projekte, die aus der Vernetzung ‚artgleicher' Medien hervorgehen, sowie zweitens Projekte, die transmedial verschiedene Medienarten miteinander verbinden. Diese beiden Typen, die jeweils verschiedene Untergruppen aufweisen, verdeutlichen, dass unter ‚Netzliteratur' im Folgenden nicht nur WWW-basierte Literatur zu verstehen ist. Der Begriff bedarf gerade in den letzten Jahren einer Erweiterung, die über das Internet hinausgeht. Nicht nur werden mittlerweile andere Vernetzungsmedien wie Mobiltelefone für die (schriftbasierte) literarische Produktion genutzt (vgl. Wirth 2013), sondern es werden zunehmend auch ‚artverschiedene' Medien miteinander gekoppelt. Dieses erweiterte Verständnis von Vernetzung ermöglicht gleichzeitig einen neuen Blick auf die Literaturgeschichte: Die Vernetzung von technischen und natürlichen Medien kann als ästhetisches und kommunikatives Leitprinzip literarischer, vielleicht sogar generell ästhetischer Produktivität gesehen werden. Somit entstanden und entstehen die Formen (schriftbasierter wie akustischer) Netzliteratur nicht im geschichtsfreien Raum, sondern greifen durchaus auf historische Vorbilder zurück (vgl. Block, Heibach und Wenz 2004), und zwar am Kreuzungspunkt von (mindestens) zwei großen Traditionslinien: der Linie ästhetischer Experimente mit Vernetzungsmedien aller Art (von den kommunikativen Konversationsspielen in den Salons des 17. bis 19. Jahrhunderts bis hin zur telematischen Fernkommunikation über das moderne Funknetz) sowie derjenigen der Sprach- und Stimmkunst, wie sie besonders die Avantgarden des 20. Jahrhunderts etabliert haben.

Um den Begriff der akustischen Netzliteratur operationalisierbar zu halten, wird im Folgenden das Verständnis von Vernetzung auf die elektronischen Medien begrenzt, deren spezifische Ästhetiken nicht zuletzt auch den jeweiligen technischen Strukturen geschuldet sind und auf die noch eingegangen wird. Neben den so entstehenden genuinen künstlerischen Formen gilt es auch, die Veränderungen der Distributionsweisen zu berücksichtigen: So sind zahlreiche Plattformen für akustische Literatur (nicht: Netzliteratur!) im WWW entstanden, die einerseits archivierende, andererseits auch vermarktende Funktion (z. B. für Hörbücher) übernehmen. Die oben vorgeschlagene Gruppierung der akustischen Netzliteratur wird also durch die Kategorie der Plattformen ergänzt, die hier jedoch nur gestreift und anhand zweier Beispiele mit jeweils unterschiedlicher Ausrichtung vorgestellt wird.

1.1. Plattformen für akustische Literatur

Die Plattformen für akustische Literatur spiegeln die Vielfalt, die diese mittlerweile kennzeichnet. Das von Kenneth Goldsmith betriebene *ubuweb* (www.ubuweb.com) trägt zu dessen Darstellung im Netz wesentlich bei, denn es handelt sich bei dieser Webseite um die Onlinesammlung für avantgardistische Kunst des 20. und 21. Jahrhunderts schlechthin. Auf *ubuweb* findet man historische Aufnahmen von Kurt Schwitters bis John Cage, von Bertolt Brecht bis Joseph Beuys. Ein Schwerpunkt der Multimediasammlung von Textdokumenten, Audio- wie auch Videofiles ist die avantgardistische Lautpoesie, wie sie in den frühen Avantgarden der 1920er Jahre insbesondere im Dadaismus entstanden ist und in den 1960er Jahren vor allem in Bewegungen wie der Konkreten Poesie oder der Wiener Gruppe fortgeführt wurde. Die Grenzen zu den performativen Soundkünsten wurden dabei immer fließender; Projekte wie die auf James Joyces Roman *Finnegans Wake* basierende Soundpoesieperformance *Roaratorio* (1979) von John Cage stehen paradigmatisch für derartige intermediale Konstellationen (vgl. dazu Meyer 1993, 193–201 sowie die Filmausschnitte in Greenaway 1983, ab 00:42:10). *Ubuweb* ist generell eines der wichtigsten und umfangreichsten Archivprojekte im Bereich der jüngeren und jüngsten Avantgardekunst und eine unschätzbare Quelle für Material, das in seiner ‚originalen' Form auf analogen Datenträgern weltweit verstreut aufbewahrt wird.

Die Plattform *Lyrikline.org* präsentiert im Unterschied zu *ubuweb* in erster Linie das traditionelle Format der Dichterlesung. Zum freien Zugriff stehen hier laut Webseite Dokumente von über 1300 Autorinnen und Autoren (Stand: 31. August 2019); geboten werden verschiedene Genres: Lautpoesie, Performance, Lyrik mit Musik und so weiter. Mit der Fokussierung auf die ‚Originalpräsentation' der Autoren fügt sich *Lyrikline.org* trotz der Genrevielfalt in die bestehenden Marktmechanismen ein, indem die Präsentation der Einzelstücke auch als Marketingstrategie gelesen werden kann, um unbekanntere Autoren einer größeren Öffentlichkeit vorzustellen. *Lyrikline.org* ist ungeachtet dessen ebenfalls eine Fundgrube für akustische Literaturformen, die dort zudem als ‚reine' Hörstücke (ohne das Hinzuziehen von Bild- oder Videomaterial) präsentiert werden. Dies geschieht flankiert von den üblichen Informationen zur Biographie und Publikationsliste der Autoren.

Nicht unerwähnt bleiben sollen auch die Initiativen der öffentlich-rechtlichen Rundfunkanstalten, das WWW zur Präsentation von Hörspielen zu nutzen.

Dessen nach wie vor ungebrochene Tradition wird durch (zeitlich meist begrenzt verfügbare) kostenlose Downloadmöglichkeiten gestärkt. Die jährlich im November stattfindenden ARD-Hörspieltage spiegeln diese Praxis wider und zeugen von der unveränderten Popularität des Genres. ‚Metaplattformen' wie *hoerspielkritik. de* von Jochen Meißner, auf der jeweils neue Hörspiele vorgestellt und rezensiert sowie das jeweilige Hörspiel des Monats und des Jahres präsentiert werden, tragen ein Übriges dazu bei, die Hörspielrezeption über das Netz zu intensivieren.

1.2. Akustische Netzliteratur im elektronischen Raum

Akustische Kunstformen, die genuin für digitale Medien entwickelt wurden, stehen nicht selten in der Tradition von literarischen Produktionsformen, die zwar materiell anders funktionieren, aber bestimmte strukturelle Merkmale aufweisen, die sich in ihren digitalen ‚Spin-offs' wiederfinden. Zu nennen sind hier vor allem aleatorische und kombinatorische Strategien, deren Tradition bis in die Antike zurückreicht (vgl. Adler und Ernst 1990; Cramer 2011). In den beiden großen avantgardistischen Phasen des 20. Jahrhunderts werden derartige Strategien der Kombinatorik und Aleatorik vor allem aus zwei Gründen angewendet und kultiviert: Wenn beispielsweise Tristan Tzara in seiner berühmten Anweisung „Um ein dadaistisches Gedicht zu machen" (1920) jedermann auffordert, mit einer Schere Wörter aus der Zeitung auszuschneiden, sie in einem Behälter zu mischen und in der Reihenfolge anzuordnen, in der sie blind gezogen werden, dann erhebt er den Zufall zum Autor und wendet sich gegen die bürgerliche Genieästhetik (vgl. Tzara 2009, 9). Kunst – so die Botschaft – kann von jedem erzeugt werden, man muss sie nur so benennen. Der Subtext dieser Entmystifizierung reicht allerdings tief in existentielle Abgründe, denn mit dem Künstlergenie wird auch das Prinzip der Sinnhaftigkeit infrage gestellt: Die Suche nach Bedeutung im künstlerischen Tun, das traditionell stets als intentional verstanden wird, erweist sich grundsätzlich als Chimäre – ob Zufall oder Mensch, Sinnhaftigkeit ist angesichts der Kriegsgräuel des Ersten Weltkriegs nur noch ein leeres Ideal. Aus der Perspektive der ästhetischen Arbeit mit Sprache bedeutet das letztlich, dass Sprache nicht viel mehr als Lautmaterial ist, mit dem man umgehen kann wie mit jedem anderen Material auch: Man arrangiert, kombiniert, collagiert es nach Belieben, ohne Rücksicht auf grammatikalische oder semantische Regeln. Heraus kommt dabei unter anderem eine Rückbesinnung auf den akustischen Charakter von Sprache in der Lautpoesie der Futuristen und Dadaisten. Durch sie wird auch die Palette der Sprachmedien erweitert: Nicht mehr nur die Schrift und das Buch, sondern auch die Stimme und die Geräusche werden in der transmedialen Verbindung von Sprache mit anderen Medien zu neuen ästhetischen Formen gestaltet. Die

Lautgedichte von Hugo Ball und natürlich – allen voran – die „Ursonate" von Kurt Schwitters stehen paradigmatisch für eine Renaissance der akustischen Literatur und ihrer performativen Potenziale in den 1910er und 1920er Jahren.

Die Motivationen der Avantgarden der 1960er Jahre waren nicht ganz so pessimistisch, gleichwohl aber auch dazu angetan, Kunst und Künstlertum zu entmystifizieren. Doch nun kommt noch die Lust am Experiment mit neuen Technologien hinzu: Vereinigungen wie die Stuttgarter Gruppe um den Pionier der Informationsästhetik, Max Bense, oder die französische Dichtergruppe *Oulipo* erkundeten künstlerische Strategien in engem Verbund mit den neu entwickelten Rechenmaschinen, sprich: den ersten Computern. Die Auffassung von Sprache als Material und der Einsatz des Zufalls als künstlerische Strategie werden durch diese Bindung an eine Maschine, die regelgebunden arbeitet, in eine andere Richtung verschoben: Nicht so sehr die Sinnfrage steht hier im Mittelpunkt, sondern mehr die Frage nach der Verbindung von künstlerischer Kreativität und Regelhaftigkeit, die die Geschichte der Kombinatorik mit der der Aleatorik verbindet. Dahinter steht auch die Idee, dass Kreativität Beschränkungen braucht, um sich umso stärker entfalten zu können. Doch da der Computer in erster Linie eine textbasierte Maschine oder – anders gesagt – eine symbolische Maschine ist (vgl. Krämer 1988), sind die Experimente der Stuttgarter Gruppe, von *Oulipo* und anderen Protagonisten weitgehend auf die automatische Textgenerierung beschränkt (vgl. für eine Übersicht Link 2007). Die akustische Dimension spielt sich mehr im ebenfalls zu derselben Zeit aufkommenden Bereich der neuen Musik ab: Experimente wie John Cages nach bestimmten Regelsystemen funktionierende, nicht mehr notenbasierte Partituren greifen um sich und revolutionieren die Ästhetik des Komponierens. Im Bereich der akustischen Literatur treten vor allem die Protagonisten der Konkreten Poesie aktiv hervor: Dichter wie Ernst Jandl, Franz Mon, Peter Rühmkorf und Oskar Pastior verbinden Sprache als Lautmaterial mit kombinatorischen Strategien, arbeiten dabei aber zumeist ohne die Möglichkeiten der Computertechnologie (vgl. dazu Block 1999).

Mit dem Aufkommen des WWW im Jahre 1993 bekommt die Arbeit mit dem Computer neue ästhetische Impulse, denn die Vernetzungsmöglichkeiten im Verbund mit der durch die Webbrowser verbesserten Usability des Internets erhöht die Bereitschaft von Künstlern, mit den neuen Technologien zu experimentieren. Dabei dominiert jedoch, wie schon erwähnt, zunächst die schriftbasierte literarische Produktion. Die wenigen akustischen Umsetzungen beziehen ihre Inspiration zumeist aus den historischen Vorläufern und verbinden die Möglichkeit der Kombinatorik mit der Interaktivität, sprich: Der User kann nun die kombinatorischen Prozesse selbst steuern und wird damit zu einer Art Co-Kreator.

Zwei Beispiele sollen dies illustrieren: 1998 entwickelt der heute als Poetry Slammer und Performer bekannte Lyriker Bas Böttcher sein Projekt *Looppool* für

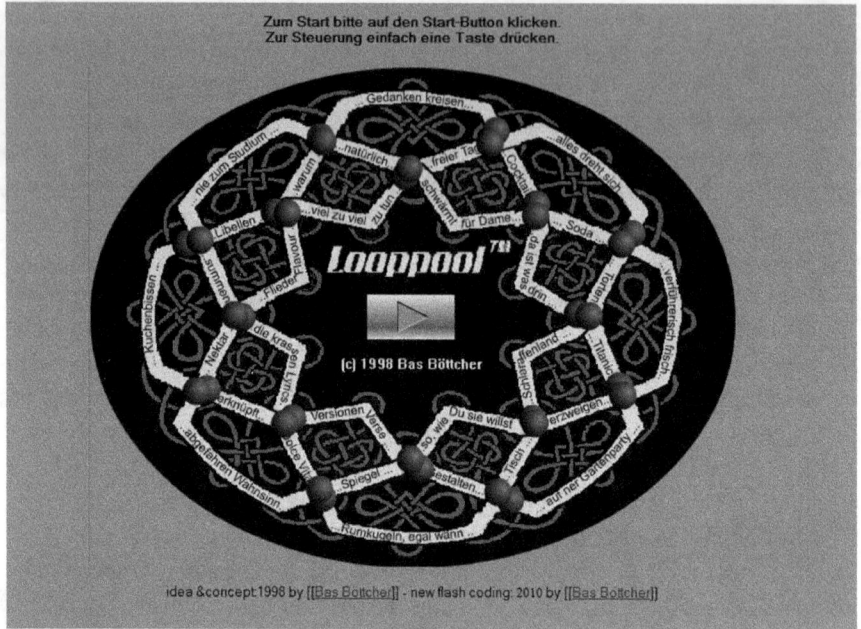

Abb. 1: Looppool (Böttcher, Bas. *Looppool*. www.looppool.de)

das WWW (www.looppool.de). Es funktioniert nach dem Muster von Flipperautomaten: Angeordnet wie ein Labyrinth verflechten sich Textzeilen zu Straßen. Wenn die Flipperkugel eine Straße entlangrollt, ertönt der jeweilige Text im Raprhythmus, der User kann nun per Mausklick die Weichen an den Kreuzungen manipulieren und so immer neue Textvarianten zusammenstellen.

Ähnlich wie Raymond Queneaus berühmtes Buch *Cent mille milliards de poèmes*, das Sonette durch in Streifen geschnittene Zeilen kombinierbar und damit die im Titel genannte Anzahl an Gedichten zumindest potenziell realisierbar macht, basiert *Looppool* auf einer gewissen strukturellen (in diesem Fall: rhythmischen) Musterbildung, die die flexible Zusammenstellung von Textzeilen und damit immer neuen Bedeutungen erlaubt. Der Benutzer sieht sich in der Rolle des Spielers, der die Kugel steuern und damit zugleich die Texte erzeugen kann.

Sind bei *Looppool* die kleinsten Bedeutungseinheiten die Textzeilen, so sind es in dem Stück *Yatoo* des Künstlerduos Zeitgenossen aus dem Jahr 2000 die einzelnen Worte (http://www.zeitgenossen.com/yatoo/). Ein kaleidoskopähnliches Muster präsentiert sich zu Anfang, dessen Elemente bei Mausberührung jeweils ein gesprochenes Wort auslösen. Dabei gibt es männliche und weibliche Elemente, denn das Stück entpuppt sich als Dialog zwischen Mann und Frau.

4.19. Akustische Netzliteratur — **541**

Abb. 2a: Yatoo harmonisch

Abb. 2b: Yatoo im Chaos

Yatoo überträgt dabei die Regeln der Kombinatorik auf die User, denn diese müssen bei der Berührung der Elemente eine strenge Reihenfolge einhalten, um beide miteinander kommunizieren zu lassen – tun sie dies nicht, entsteht schnell eine Kakophonie von Worten, die sich in einem visuellen Formenchaos widerspiegelt. Damit obliegt den Usern das, was die Kombinatorik sonst den Textproduzenten auferlegt – nämlich die Regeln einzuhalten. An diesem Projekt zeigt sich gleichzeitig die Ambivalenz von Interaktivität, denn die ‚Co-Autoren' müssen mit den Möglichkeiten vorliebnehmen, die die Projektinitiatoren ihnen zur Verfügung stellen und unterliegen damit in Wahrheit einer doppelten Restriktion: der des Materials und der der kombinatorischen Regeln.

Das ästhetische Potenzial der Interaktivität des WWW wurde anfangs hochgelobt. Dabei wurde meist vergessen, dass es sich – wie die beiden angeführten Projekte zeigen – nur unter den Bedingungen der Regelhaftigkeit und bestimmter Beschränkungen entfaltet. So verschiebt sich der Fokus der ästhetischen Gestaltung auf die Festlegung von Regeln, die der Interaktivität und Performativität jeweils eine spezifische Gestalt verleihen und die gleichzeitig in den vorgegebenen Grenzen Variabilität erlaubt. Damit die User Einfluss nehmen können, müssen zudem Einheiten definiert werden, mit denen sie interagieren können – interaktive Sprachkunst ist somit meist modular angelegt. Im Fall von *Yatoo* und *Looppool* sind die Module linguistische (Schrift-)Einheiten (Wörter und Sätze), doch es gibt auch andere Beispiele, in denen Elemente der gesprochenen Sprache eine entscheidende Rolle spielen: Zwei spätere akustische Netzprojekte der Zeitgenossen, *OROS* und *TA3BIIR* (Zeitgenossen 2003–2006, www.zeitgenossen.com/ phantasma), thematisieren scheinbar die Frage nach dem Verstehen durch Übersetzung, denn sie inszenieren ein vorgegebenes Satz- beziehungsweise Wortrepertoire in drei Sprachen: Deutsch, Englisch und Griechisch (*OROS*) beziehungsweise Arabisch (*TA3BIIR*). Doch statt der semantischen Einheiten können die User nun die paralinguistischen Merkmale steuern, die Sprechgeschwindigkeit im Fall von *OROS*, Sprechgeschwindigkeit und Lautstärke im Fall von *TA3BIIR*. Während man sich bei *OROS* für eine Sprache entscheidet und aus den Wortelementen Sätze zum Chor kompiliert, können bei *TA3BIIR* die Sprachen gemischt werden, allerdings nur auf der Ebene einiger weniger Worte, die entsprechend variiert und kombiniert werden können. In beiden Projekten gleitet die Aktivität der User nunmehr ins Kompositorische ab, zumal wenn er mit einer Sprache spielt, die er möglicherweise nicht versteht – dann geht es wiederum um Sprache als Material und als musikalisches Element, das zu einem Chor vereint werden kann.

In diesen Beispielen ist das Erbe der avantgardistischen Lautpoesie noch sehr stark spürbar. Neu ist jedoch die Interaktivität, die den Web-Usern eine nicht unerhebliche Rolle bei der Generierung der Sprachkunstwerke (in den von den Künstlern vorgegebenen Grenzen) zuweist. Neu ist auch das Element der Rekursivität, also die immer wieder von Neuem beginnenden generativen Prozesse, die durch die Softwarebasiertheit ermöglicht werden. Es gibt bei allen erwähnten Projekten einen Ausgangszustand, der jederzeit wiederhergestellt werden kann, um den Kunstgenerierungsprozess von Neuem zu beginnen. Umgekehrt bringt es diese Rekursivität mit sich, dass die erzeugten Sprachkunstwerke nur ephemer und für den Moment entstehen; in keinem der Projekte sind sie speicherbar. Damit erweist sich die Lautpoesie im Netz als sehr viel flüchtiger als vordigitale Sprachkunstwerke, die auf den entsprechenden akustischen Speichermedien nachzuhören sind und in dieser Form für die Nachwelt bestehen bleiben. Der Faktor der Interaktivität dagegen bringt paradoxerweise eine neue Dimension in die akustische Sprachkunst, die ihr so lange zu eigen war, solange es keine akustischen Aufzeichnungsformen gab: Im Netz lebt das Hier und Jetzt des Performativen wieder auf, sprich: Es entsteht eine Form des (individuellen) digitalen Präsentischen, die unwiederholbar ist, während die künstlerische Grundstruktur jederzeit wiederherstellbar ist. Auch angesichts dessen muss die Rede vom ‚co-kreativen User' letztlich infrage gestellt werden, wenn dessen künstlerische ‚Produkte' so leichtfertig dem Verschwinden anheimgegeben werden.

Neben der Hybridform aus Lautpoesie und Interaktivität, die den Usern eine gewisse – wenn auch flüchtige – Gestaltungshoheit zugesteht, kann eine weitere Gruppe von akustischen Webprojekten identifiziert werden, die ebenfalls auf den Prinzipien der Kombinatorik und der Aleatorik beruhen, deren Ausführung aber softwarebasiert ist. Sampling-Projekte arbeiten mit dem WWW als Material, das nach dem Zufallsprinzip (meist automatisiert) gesammelt und in ein vorgegebenes Outputformat übertragen wird – im hier relevanten Fall in Sound/Sprache. Die Software *Earshot* (www.deepdisc.com/earshot), entwickelt zwischen 1999 und 2008 von Andi Freeman und Jason Skeet und seither kontinuierlich technisch verbessert, kann hierfür als paradigmatisch gelten: *Earshot* sucht nach Audiofiles im Netz und ermöglicht das Kompilieren und Samplen des vorgefundenen Materials. Zudem transformiert die Software HTML-Tags in Töne und demonstriert damit eine weitere Spezifik der digitalen Materialität, nämlich die Möglichkeit, Zeichensysteme nach in der Programmierung vorgegebenen Regeln beliebig ineinander zu transformieren – zum Beispiel Visuelles in Akustisches und vice versa. *Earshot* zeigt als Projekt gleichzeitig, dass die softwaretechnische Suche nach Audiofiles nicht zwischen Sprache und Sound unterscheidet; im Vordergrund steht zunächst einmal die Kennzeichnung des Dateiformats, die etwas als Audiofile erkennbar macht. Für die Software ist es völlig unerheblich, um welche Form von Sound/ Akustik es sich dabei handelt. Die Macher verstehen die Software auch eher als „non-linear composition tool" (zit. nach Reddell 2006, 226), also als ein musikalisches Instrument, das auf der zufallsbasierten (das heißt softwaregesteuerten) Websuche fußt, das Material dann aber re-arrangiert. Damit steht *Earshot* in der

Traditionslinie der neuen aleatorischen Kompositionstechniken, wie sie unter anderem von John Cage seit Ende der 1950er Jahre entwickelt wurde.

1.3. Transmediale akustische Netzprojekte

Während in der Frühzeit des WWW die meisten künstlerischen Arbeiten darauf abzielten, die ästhetischen Möglichkeiten der Computervernetzung auszuloten, zeichnet sich seit dem Beginn der 2000er Jahre ein Trend zu Hybridformen ab. Es scheint, als hätte sich das Potenzial des Netzes nicht so sehr in der medialen Isolation, sondern in der medienübergreifenden Gestaltung offenbart. Die akustischen Sprachkunstformen finden in solchen Hybridprojekten auch mehr Raum als im WWW, wo sie nach wie vor Marginalerscheinungen darstellen und sich zudem meist als audiovisuelle Projekte präsentieren. Alle bisher erwähnten Projekte haben auch eine visuell gestaltete Oberfläche, die mit der akustischen strukturell gekoppelt ist; streng genommen sind sie also intermedial angelegt, wobei die akustischen Elemente die kombinatorischen Module bilden und damit eine Art strukturelle Leitfunktion übernehmen.

In diesem Abschnitt geht es daher nicht in erster Linie um Sprachkunst, die sich rein im elektronischen Raum manifestiert, sondern mehr um Hybridformen, die unterschiedliche physikalische Räume zueinander in Beziehung setzen. Dieser Trend, der sich auch in der zunehmenden Verflechtung der Massenmedien mit den inzwischen stark ausdifferenzierten Social-Media-Plattformen spiegelt, lässt vermuten, dass die eigentliche Zukunft des WWW in der Medienkonvergenz liegt. Henry Jenkins spricht in diesem Zusammenhang von einer „Convergence Culture", die eng verknüpft mit einer Kultur der Partizipation ist, weil sie in der alltäglichen zwischenmenschlichen Interaktion entsteht (Jenkins 2006, 3–4).

Die ästhetische Ausgestaltung der medialen Beziehungen in den transmedialen Projekten ist sehr unterschiedlich. Wie schon im vorangegangenen Abschnitt empfiehlt es sich, eine Typologie entlang der ästhetischen Strategien im Verbund mit ihren medienmateriellen Manifestationen zu erstellen. Dies zugrunde gelegt, können drei Untergruppen identifiziert werden: Erstens Projekte, die vernetzte Kommunikationsformen des WWW und Dienste des Internets als Material verwenden und in andere Medien transferieren (Abschnitt 1.3.1.); zweitens Projekte, die Vernetzungsstrukturen nutzen, um Liveereignisse zu intensivieren beziehungsweise zu modifizieren (Abschnitt 1.3.2.), sowie drittens Projekte, die die Vernetzung zur Synchronisierung performativer Events an unterschiedlichen Orten einsetzen (Abschnitt 1.3.3.).

In diesen Gruppen manifestieren sich auch unterschiedliche Formen von Transmedialität, die generell als Verknüpfung artverschiedener Medien verstanden werden kann – im Unterschied zur Intermedialität, bei der ein Medium die Struktur eines anderen Mediums annimmt (vgl. die ursprüngliche Definition in Higgins [1965] 2001; zu weiteren Differenzierungen vgl. Müller 1996; Rajewski 2002 und zuletzt Robert 2014).

1.3.1. Transfer von ‚Netzmaterial' in andere Medien

In einer traditionelleren Variante der Transmedialität werden beispielsweise Internetkommunikationsformen zum Gegenstand ‚traditioneller' medialer Formate erhoben: Schon in der schriftbasierten Netzliteratur wurden immer wieder Texte später als Buch publiziert, wie zum Beispiel Rainald Goetz' *Abfall für alle* (1999) oder sein Blog für die Lifestylezeitschrift *Vanity Fair*, der 2008 unter dem Titel *Klage* erschien. Der Schriftsteller Marcel Beyer transferierte den Blog des Irak-Soldaten Jonathan Trouern-Trend nun nicht in das Printformat, sondern in ein Hörspiel mit dem Titel *Birding Babylon* (2010). Da Trouern-Trend als studierter Biologe und passionierter Hobbyornithologe den Irak nicht nur als Kriegsgebiet, sondern vor allem als ökologische Umwelt wahrnahm und kommentierte, ergab sich für die akustische Umsetzung ein reizvolles ästhetisches Spannungsfeld aus friedlicher Idylle, die durch die Vogelstimmen suggeriert wird, und dem Wissen um die Kriegssituation. Im Zentrum des Hörspiels stand für Beyer allerdings die kommunikative Funktion des Blogs und dessen Genese aus dem Face-to-Face-Gespräch sowie die Referenz auf das Potenzial, über akustische Gestaltung eine dichte Erlebensatmosphäre zu erzeugen (vgl. taz 2010). Gleichzeitig zeigt dieses adaptive Verfahren, wie eine Variante der akustischen Netzliteratur aussehen könnte, die die oralen Wurzeln der Kommunikation wiederbelebt, indem sie die meist schriftbasierte Netzkommunikation in andere akustische Medien transferiert (was bspw. auch für Kommentare und Tweets denkbar wäre).

1.3.2. Intensivierung von Liveereignissen

Strukturell anders geartet, weil im Materialtransfer auf präsentische Performativität im realen Raum abzielend, sind solche Projekte, bei denen durch die Vernetzung Übertragenes beziehungsweise Generiertes zum Gegenstand von Ad-hoc-Aufführungen wird. Dies ist der Fall bei einer Performancereihe des Netzkünstlers Johannes Auer, die 2006 mit einer Liveaufführung unter dem Titel *Search Lutz!* begonnen wurde. *Search Lutz!* beruht auf dem Algorithmus, der 1959 von Theo Lutz geschrieben wurde, um aus Wortmaterial von Franz Kafka mit dem Rechner Zuse 22 erstmals einen computergenerierten literarischen Text zu erzeugen. Dieser Algorithmus wird nun mit Worteingaben in Suchmaschinen gekoppelt, die in den Liveaufführungen durch die Besucher ergänzt werden können. Die daraus entstehenden Texte werden wie in einem Poetry Slam live vorgetragen (vgl. das Videobeispiel unter http://searchlutz.netzliteratur.net/engl/searchlutz_info.html).

Im Anschluss an *Search Lutz!* folgten weitere Varianten: *SearchSongs* setzt die Buchstaben der Sucheingaben in die entsprechenden Töne der Notenskala um; ein Prinzip, das Johann Sebastian Bach mit seinen B-A-C-H-Varianten berühmt gemacht hat. Als dritter Teil der ‚Suchtrilogie' entstand schließlich *searchSonata 181*, hier werden auf der Basis eines Passwortalgorithmus aus den Sucheingaben Laute generiert, die ebenfalls vorgetragen werden. Alle drei Projekte haben auch eine reine Web-Funktion, ihre Besonderheit entwickeln sie allerdings erst in der Liveperformance. Denn die Absurdität und Willkür algorithmischer Modifikation und Transformation erzeugt eine Komik, die sich am wirksamsten in der gemeinsamen Rezeption, aber eben auch in der Möglichkeit zur direkten Interaktion entfaltet.

Die Performances haben somit mehrere ästhetische Dimensionen: Medienästhetisch gesehen, schließt die *Search*-Trilogie erstens an die Sampling-Projekte (und vordigital an den Dadaismus und die Konkrete Poesie) an, indem sie durch die Vernetzung erzeugtes Sprachmaterial ohne Anspruch auf Sinnerzeugung hörbar macht und so deren kontextlose Absurdität besonders manifest werden lässt. Zweitens wird – ebenfalls in der Tradition der Avantgarden des 20. Jahrhunderts – das Prinzip der Autorschaft grundlegend unterlaufen, indem Sucheingaben zum künstlerischen Material erklärt werden und ein Algorithmus die vorzutragenden Texte erzeugt. Weder können der Projektinitiator noch die Performerin beziehungsweise der Performer den Anspruch auf Urheberschaft der Texte erheben, allenfalls käme dem Publikum und dessen Sucheingaben noch eine gewisse auktoriale Funktion zu. Und drittens betont der Transfer des schriftbasierten Netzmaterials in die Liveperformance den Unterschied zwischen technisch vermittelter präsentischer, aber meist individualisierter Kommunikation (wie sie bspw. den Social-Media-Anwendungen zugrunde liegt) und dem auf mehreren Ebenen erfolgenden Präsenzerleben an einem Ort mit anderen, die ihre Handlungen untereinander koordinieren können und durch das gemeinsame Erlebnis miteinander verbunden werden.

1.3.3. Synchronisierung performativer Events

Die dritte Gruppe nutzt die Übertragungsmöglichkeiten digitaler Medien, um raumzeitliche Strukturen miteinander zu synchronisieren und/oder kollidieren zu lassen. Damit schließen diese Projekte wiederum an frühe medientechnische Übertragungsexperimente wie das Théâtrophone von Clément Ader an, das seit 1881 Opern und andere Liveereignisse über das neue Kommunikationsmedium Telefon für nicht am Ort des Geschehens Anwesende live hörbar machte (vgl.

Moncel 1881; allgemein zur Geschichte der Übertragung vgl. Gethmann und Sprenger 2014). Die heutigen Möglichkeiten der Fernübertragung beziehungsweise der performativen Synchronisierungen sind dagegen multimedial und daher darstellungstechnisch komplexer. Seit den 1980er Jahren ist die Telematik als Prinzip der globalen digitalen Vernetzung Gegenstand ästhetischer Experimente und kommunikativer Visionen. Ein wesentliches Merkmal früher Projekte war die Abstimmung zwischen Akteuren an verschiedenen Orten in Echtzeit, wie sie in telematischen Konzerten und virtuellen Opern versucht wurde (vgl. zu verschiedenen Beispielen Föllmer 2005, 164–166). Damit einher geht zwangsläufig auch die Frage nach der Rolle von Verzögerungen und Störungen in der Übertragung elektronischer Impulse, die sich auf die ästhetische Gestaltung der Aufführungen auswirken.

Die Konsequenzen einer derartigen Verflechtung von Technologie und Physis lässt eine Serie von Skype-Performances deutlich werden: *Intercorporeal Splits*, initiiert 2011 bis 2014 von Daniel Fetzner und Martin Dornberg, besteht aus drei verschiedenen Aufführungen, die das Spannungsverhältnis von Synchronisierung und Störung, von Virtualität und Leiblichkeit zum Thema haben (vgl. Fetzner und Dornberg 2015). Sie zielen weniger auf harmonisierende Orchestrierung gleichgearteter Tätigkeiten zur Erzeugung eines „Gesamtdatenwerks" (Ascott 1989), sondern vielmehr auf „dissonante Präsenzerfahrungen" (http://www.metaspace.de/Main/Is) ab, also auf Differenzen und Brüche, die durch die telematische Vernetzung und den dadurch erzeugten Koordinationszwang entstehen. Wenn in *Voice via Violin* ein Improvisationsmusiker (Harald Kimmig) auf einem Eselskarren durch Kairo fährt und auf der Violine spontan erzeugte Tonfolgen spielt, die von einem Performer (Jan Kurth) in Freiburg vor Publikum stimmkünstlerisch untermalt, begleitet, ergänzt und an Harald Kimmig zurückgespielt werden, der diese wiederum musikalisch aufgreift, dann sind nicht nur zwei völlig verschiedene ästhetische und kulturelle Räume miteinander gekoppelt, sondern die Beteiligten müssen ihre Koordination ad hoc finden und dem Publikum präsentieren, und zwar unter den unwägbaren, von Störungen, Verzerrungen und Verzögerungen gekennzeichneten Bedingungen der Skype-Verbindung. Das bewirkt zwangsläufig Brüche im Verlauf der Performance, die nicht nur auf der technischen Ebene stattfinden, sondern auch durch unvorhergesehene Interaktionen der Performer mit ihrer jeweiligen Umgebung erzeugt werden. Die akustischen Koordinationsprozesse werden zudem durch Bilder ergänzt, die eine Kopfkamera des Violinisten aus Kairo an das Publikum in Freiburg überträgt – Bilder, die nicht notwendigerweise mit dem akustischen Geschehen synchron sind.

Das zweite Projekt der Serie, *Peau/Pli*, befasst sich mit der Übertragung von elektronischen Signalen über die Haut: Während ein Performer in einer aufgelassenen Arbeiterkneipe in einem scheinbar privaten Ambiente ein Fußbad

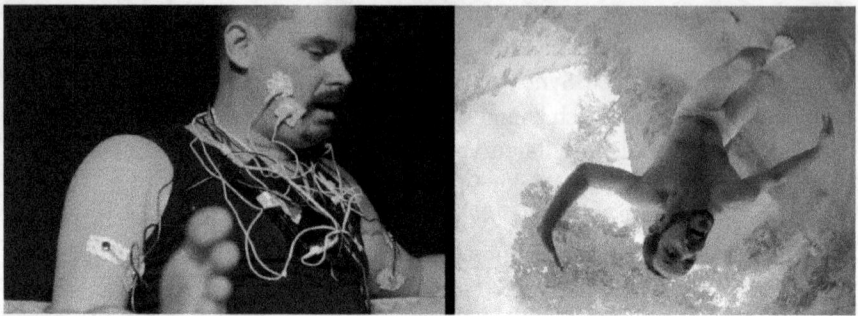

Abb. 3: Peau/Pli: links der Rezitator Georg Hobmeier, rechts der Tänzer Graham Smith

nimmt und Texte der Philosophen Didier Anzieu und Gilles Deleuze zum Thema Haut rezitiert, bewegt sich ein Tänzer in einer Plastikkugel durch die umliegenden Straßen. Die Rotationsdaten der Kugel werden in elektrische Impulse transformiert, die über Sensoren an den Rezitator weitergegeben werden und dessen Gesichtsmuskeln unkontrolliert zucken lassen, sodass seine Artikulation verzerrt wird.

Die Haut beider Akteure wird auf diese Weise zum Medium von Signalen, die sie miteinander verbinden, ohne dass sie sich je berühren würden und ohne dass eine kommunikative Verständigung über einen gemeinsamen Sprachcode entstünde. Zwar sind die beiden Protagonisten über Skype audiovisuell miteinander verbunden, vor dem Hintergrund der physischen Herausforderungen tritt die telematisch-verbale Kommunikation allerdings vollständig zurück (vgl. Fetzner und Dornberg 2015, 119–120), zumal sie von zahlreichen technischen Störungen begleitet wird. Es ist die ‚reine', über die Haut (auch die künstliche des Balls) vermittelte Übertragung elektrischer Impulse, die in das leibliche Empfinden bis hin zur physischen Verletzung einbricht: Nicht nur die Bewegung des Tänzers auf der Straße, sondern auch das Sprechen und Artikulieren des Rezitators werden als physischer Akt manifest. Obwohl sinnhafte Sätze gesprochen werden, sind diese im Gesamtensemble der vernetzten Performance letztlich sinnentleert. Zum bedeutungstragenden Element wird weniger die Sprache als vielmehr das Handlungsgefüge, in das die Akteure involviert sind.

Auch die dritte Performance der Reihe, *Embedded Phase Delay*, in deren Mittelpunkt der Rhythmus steht, befasst sich – analog zur ersten Performance – mit der Frage nach der Koordination telematischer audiovisueller Übertragung, indem zwischen Bangalore und Freiburg ein Tänzer, ein Tablaspieler und ein Musiker ihre jeweiligen Signale – auditiv und visuell – in einen Transformationskreislauf einspielen. Alle drei befinden sich in völlig unterschiedlichen Umwelten: der Tablaspieler in einem Insektenlabor, der Tänzer im Media Markt in Freiburg und der Musiker in einem Aufführungssaal ebenfalls in Freiburg. Eine Asymmetrie ist hier ebenso vorab gegeben, sie ist jedoch so stark, dass die Notwendigkeit eines verbindenden Elements deutlich wird und im Rhythmus als dem transmedialverbindenden Strukturelement der verschiedenen musikalischen Medienkonstellationen gefunden wird.

Konzentrieren sich die Projekte von Fetzner und Dornberg auf verschiedene Modi der Übertragung und arbeiten jeweils unterschiedliche Dimensionen technologisch induzierten präsentischen Erlebens heraus, das nicht mehr dem Zwang einer sprachlich vermittelten Sinnhaftigkeit unterliegt, so zeigt die *augmented reality fiction* in eine gegenteilige Richtung der Synchronisierung von medialer Ereignishaftigkeit. Sie nutzt die Übertragungstechnologien zur Verstärkung narrativer Möglichkeiten, indem sie diese in eine multimediale Erlebenssituation einbettet. Dabei spielt das Akustische eine entscheidende Rolle, denn die Fiktion wird weitgehend über das akustische Erzählen und die Geräusch- respektive Audiogestaltung erzeugt, während sich die Besucher im realen Raum bewegen. Der Psychologe und Programmierer Stefan Schemat nennt diese Form der Verbindung von Fiktion und realem Raum „Geopoesie" (Schemat 2004). Schemat entwickelt seit den 1990er Jahren Projekte, bei denen die Nutzer mit Kopfhörer, Notebook beziehungsweise Tablet und einem GPS-System reale Räume erkunden, während ihnen eine Geschichte, ein Drama oder Ähnliches vorgelesen wird. In Teilen müssen sie auch in Interaktion mit ihrer Umwelt treten, um der Geschichte gerecht zu werden. In dem auf Cuxhaven zugeschnittenen Projekt *Wasser* (vgl. Schemat 2004) entspinnt sich eine Geschichte um eine verschwundene Person, die im Wattenmeer gefunden werden soll. Die mündliche Narration (die an die orale Tradition der Geschichtenerzähler gemahnt) verschmilzt mit der akustischen und visuellen Landschaftskulisse; so entsteht ein Hybridraum, der aus der Kopplung von Erlebensebenen (imaginativ-akustisch und gesamtleiblich-räumlich) emergiert (vgl. Schemat 2004). Die *augmented reality fiction* bewegt sich an den Schnittpunkten von Hörspiel und Theater und involviert den Rezipienten als Akteur in ein fiktives und durch die Einbettung in reale Orte gleichzeitig seltsam reales Geschehen mit unterschiedlichen Aktivitätsgraden für die Beteiligten (vgl. Walser 2013). Die hierfür entwickelten Soundscapes, die mit den realen Umgebungssounds verschmelzen, tragen zur Intensivierung des Erlebens entscheidend bei, und zwar nicht nur durch die Narrativität, sondern auch durch die Erzeugung atmosphärischer, die Beteiligten umhüllender und ihre Ortswahrnehmung beeinflussender Klangwelten. Auch dokumentarisch angelegte Audiowalks, die sich als touristische Attraktionen immer mehr durchsetzen, können fiktionale Elemente integrieren. Ein Beispiel hierfür ist das Projekt des Rimini-Protokoll-Aktivisten Stefan Kaegi, der in seiner *Remote X*-Reihe (seit 2013) Walks für verschiedene Städte von Berlin über Basel bis hin zu Paris und Abu Dhabi entwickelt hat (vgl.

Kaegi 2013). Diese Walks finden in Kollektiven statt, sodass über die Audioanweisungen auch eine Gruppensteuerung erfolgt, ähnlich der eines Flashmobs.

2. Fazit

Die hier dargelegten unterschiedlichen transmedialen Formate stehen für eine neue, möglicherweise revolutionäre Form der transmedialen Verknüpfung und für ein anderes, erweitertes Verständnis von Vernetzung, das sich jenseits der Bildschirm- und Tastaturvirtualität des WWW entwickelt. Allerdings sind die hier erwähnten Hybridprojekte derzeit noch zu sehr Einzelphänomene, als dass man sie zu einem akustischen Genre erheben könnte. Sie verweisen aber auf einen grundsätzlichen Paradigmenwechsel für die ästhetische Arbeit mit Vernetzungstechnologien: Dominierten sowohl in der Medientheorie als auch in der künstlerischen Praxis der 1980er und 1990er Jahre noch Utopien über die Immaterialisierung und damit die Lösung des Menschen von den raumzeitlichen Beschränkungen und den Grenzen seines Körpers, so kehrt die Leiblichkeit unter den Bedingungen technischer Vernetzungstechnologien umso mächtiger zurück. Nicht nur wird dem Leib, verstanden als inhärente Verschränkung von Psyche, Geist und Physis, neue Aufmerksamkeit zuteil (vgl. Schmitz 1998; Böhme 2013), sondern auch die aktuellen technologischen Entwicklungen legen eine neue Intensität in der Verknüpfung von Physis und Technik nahe. So umgeben uns in unserem leiblichen Handlungsraum zunehmend intelligente, ‚smarte' Artefakte, die weitgehend unmerklich unsere Beziehungen und unseren Umgang mit der Lebens(um)welt beeinflussen (Stichwort: ‚Internet of Things'). Gleichzeitig docken Geräte über Sensoren direkt an unseren Körper an, um dessen somatische Signale zu messen und auszuwerten (Stichwort: ‚Quantified Self'- und Biosensorik-Technologien). Derartige grundsätzliche Verschränkungen von Technologie und ‚natürlichem' Lebensraum verlangen nach neuen ästhetischen Strategien, die die scheinbare Verschmelzung von Leib und Technologie spürbar machen – unter anderem durch die Betonung von Brüchen und Störungen. Der akustischen Dimension kommt dabei eine kaum zu überschätzende Funktion zu, denn hier entfaltet sie erneut die ihr schon traditionell zugeschriebene intime und Nähe erzeugende Wirkung, der nicht nur eine emotionale Unmittelbarkeit, sondern auch ein enger Bezug zur Leiblichkeit eigen ist.

Literaturverzeichnis

1. Forschungsliteratur

Adler, Jeremy D., und Ernst Ulrich. *Text als Figur. Visuelle Poesie von der Antike bis zur Moderne.* Weinheim 1990.

Ascott, Roy. „Gesamtdatenwerk. Konnektivität, Transformation und Transzendenz". *Kunstforum International* 103 (1989): 100–109.

Block, Friedrich. *Beobachtung des ‚ICH'. Zum Zusammenhang von Subjektivität und Medien am Beispiel experimenteller Poesie.* Bielefeld 1999.

Block, Friedrich W., Christiane Heibach, und Karin Wenz (2004). „Ästhetik digitaler Poesie: eine Einführung". *p0es1s. Ästhetik digitaler Poesie. The Aesthetics of Digital Poetry.* Hrsg. von Friedrich W. Block, Christiane Heibach und Karin Wenz. Ostfildern Ruit 2004: 11–36.

Böhler, Michael, und Beat Suter (Hrsg.). *Hyperfiction. Hyperliterarisches Lesebuch: Internet und Literatur.* Frankfurt am Main 2001.

Böhme, Gernot. *Atmosphäre. Essays zur neuen Ästhetik.* 7., überarb. Aufl. Frankfurt am Main 2013.

Cramer, Florian. *Exe.cut(up)able statements. Poetische Kalküle und Phantasmen des selbstausführenden Texts.* München 2011.

Dinkla, Söke. „Virtuelle Narrationen. Von der Krise des Erzählens zur neuen Narration als mentales Möglichkeitsfeld". *MedienKunstNetz.* http://www.medienkunstnetz.de/themen/medienkunst_im_ueberblick/narration/9/. 2004 (31. August 2019).

Fetzner, Daniel, und Martin Dornberg (Hrsg.). *Intercorporeal Splits. Künstlerische Forschung zur Medialität von Stimme. Haut. Rhythmus.* Leipzig 2015.

Föllmer, Golo. *Netzmusik. Elektronische, ästhetische und soziale Strukturen einer partizipativen Musik.* Hofheim 2005.

Gendolla, Peter, und Jörgen Schäfer (Hrsg.). *The Aesthetics of Net Literature. Writing, Reading and Playing in Programmable Media.* Bielefeld 2007.

Gethmann, Daniel und Florian Sprenger. *Die Enden des Kabels. Kleine Mediengeschichte der Übertragung.* Berlin 2014.

Goetz, Rainald. *Abfall für alle.* Frankfurt am Main 1999.

Goetz, Rainald. *Klage.* Frankfurt am Main 2008.

Greenaway, Peter. *Four American Composers.* 2 DVDs, 220 Minuten. Berlin 1983.

Hartling, Florian. *Der digitale Autor. Autorschaft im Zeitalter des Internets.* Bielefeld 2009.

Heibach, Christiane. *Literatur im Internet. Theorie und Praxis einer kooperativen Ästhetik.* Berlin. http://www.netzaesthetik.de/inhalt/Aufsaetze/heibach_diss.pdf. 2000 (31. August 2019).

Heibach, Christiane. *Literatur im elektronischen Raum.* Frankfurt am Main 2003.

Higgins, Dick. „Intermedia" [1965]. *Leonardo* 34.1 (2001): 49–54.

Jenkins, Henry. *Convergence Culture. Where Old and New Media Collide.* New York 2006.

Krämer, Sybille. *Symbolische Maschinen. Die Idee der Formalisierung in geschichtlichem Abriss.* Darmstadt 1988.

Link, David. *Poesiemaschinen / Maschinenpoesie. Zur Frühgeschichte computerisierter Texterzeugung und generativer Systeme.* München 2007.

Meyer, Petra-Maria. *Die Stimme und ihre Schrift. Die Graphophonie der akustischen Kunst.* Wien 1993.

Meyer, Petra-Maria (Hrsg.). *acoustic turn.* Paderborn 2008.

Moncel, Théodore du. „The Telephone at the Paris Opera". *Scientific American.* http://earlyradiohistory.us/1881opr.htm. 31.12.1881 (31. August 2019): 422–423.

Müller, Jürgen E. *Intermedialität. Formen moderner kultureller Kommunikation.* Münster 1996.
Rajewsky, Irina. *Intermedialität.* Tübingen 2002.
Reddell, Trace. „The Social Pulse of Telharmonics. Functions of Networked Sounds and Interactive Webcasting". *Cybersounds. Essays on Virtual Music Culture.* Hrsg. von Michael Ayers. New York u. a. 2006: 209–238.
Robert, Jörg. *Einführung in die Intermedialität.* Darmstadt 2014.
Schemat, Stefan. „Wasser". *Ohne Schnur. Kunst und drahtlose Kommunikation.* Ausstellung Cuxhavener Kunstverein, 3.4.–2.5.2004. Hrsg. von Katja Kwastek. Frankfurt am Main 2004: 200–209.
Schmitz, Hermann. *Der Leib, der Raum und die Gefühle.* Ostfildern 1998.
Simanowski, Roberto (Hrsg.). *Literatur digital. Formen und Wege einer neuen Literatur.* München 2002.
Tzara, Tristan. „Um ein dadaistisches Gedicht zu machen". *Dada-Almanach. Vom Aberwitz ästhetischer Contradiction. Textbilder, Lautgedichte, Manifeste.* Hrsg. von Andreas Puff-Trojan und H. M. Compagnon. Zürich 2016: 9.
Taz. ‚"Auf diesen Stoff habe ich gewartet'. Interview mit Marcel Beyer". *taz online.* https://taz.de/!361452/. 12.11.2010 (31. August 2019).
Walser, Dagmar. „Audiotouren im Theater. Im Ohr die Fiktion". *Schweizer Rundfunk.* http://www.srf.ch/kultur/buehne/audiotouren-im-theater-im-ohr-die-fiktion. 18.09.2013 (31. August 2019).
Wirth, Uwe. „Telefon-/Handyliteratur". *Handbuch Medien der Literatur.* Hrsg. von Natalie Binczek, Till Dembeck und Jörgen Schäfer. New York u. a. 2013: 475–480.

2. Projekte

Auer, Johannes. *Search-Trilogie. Search Lutz!* http://searchlutz.netzliteratur.net/engl/searchlutz_info.html. 2006– (31. August 2019).
Beyer, Marcel. *Birding Babylon.* http://hoerspiele.dra.de/vollinfo.php?dukey=1528845. 2010 (31. August 2019).
Böttcher, Bas. *Looppool.* www.looppool.de. 1998 (31. August 2019).
Embedded Phase Delay. http://www.metaspace.de/Main/Epd. 2012–2013 (31. August 2019).
Fetzner, Daniel, und Dornberg Martin. *Incorporeal Splits (2011–2014). Voice via Violin.* http://www.metaspace.de/Main/Vvv. 2011 (31. August 2019).
Freeman, Andy, und Jason Skeet. *Earshot.* http://www.deepdisc.com/earshot/. 1999–2008 (31. August 2019).
Goldsmith, Kenneth. *Ubuweb.* www.ubuweb.com. (31. August 2019).
Kaegi, Stefan. *Remote X.* http://www.rimini-protokoll.de/website/de/project_5905.html. 2013 (31. August 2019).
Lyrikline. www.lyrikline.org. 1999 (31. August 2019).
Meißner, Jochen. *Hörspielkritik.* www.hoerspielkritik.de. 2012– (31. August 2019).
Peau/Pli. http://www.metaspace.de/Main/PEAUPLIE. 2012–2014 (31. August 2019).
Schemat, Stefan. *Wasser.* http://www.ohne-schnur.de/unterseiten/schemat.htm. 2004 (31. August 2019).
SearchSongs. http://searchsonata.netzliteratur.net/fiwi/searchsongs_info.html. 2008 (31. August 2019).
SearchSonata (zusammen mit René Bauer und Beat Suter). http://searchsonata.netzliteratur.net/fiwi/info.html. 2010 (31. August 2019).
Zeitgenossen. *Yatoo.* www.zeitgenossen.com/yatoo. 2000 (31. August 2019).

Zeitgenossen. *Phantasma* (mit OROS/TA3BIIR). www.zeitgenossen.com/phantasma. 2003–2006 (31. August 2019).

3. Abbildungen
Abb. 1: www.looppool.de, Screenshot (Böttcher, Bas. *Looppool*. www.looppool.de. 1998). (31. August 2019).
Abb. 2: www.zeitgenossen.com/yatoo, Screenshot
Abb. 3: Peau/Pli, © Daniel Fetzner, Abdruck mit freundlicher Genehmigung des Urhebers

4.20. Audioeditionen
Toni Bernhart

Stimme, Sound und Klang spielen als Konzepte in der Literatur- und Kulturwissenschaft seit geraumer Zeit eine wichtige Rolle (Derrida [1967] 1979; Ong 1982; Wenzel 1995; Gadamer 1996; Wille [1956–1958] 2001; Kursell 2003; Honold 2005; Krings 2011; Pinch und Bijsterveld 2011; Volmar und Schröter 2013; Schönherr 2014; Herrmann 2015; Mildorf und Kinzel 2016; vgl. 2.6. SCHULZE). In der Sinneshierarchie ist der Hörsinn in den vergangenen beiden Dekaden weit nach oben gerückt; auch ein *acoustic turn* wurde zwischenzeitlich diagnostiziert (Segeberg 2005, 9; Meyer 2008). Die Gründe dafür finden sich wahrscheinlich in der massierten und mobilen Verfügbarkeit auditiver Artefakte, im Reflex auf den kommerziellen Erfolg des Hörbuchs, in der Abgrenzung von der Bilderfixiertheit der vergangenen Jahrzehnte sowie in den Herausforderungen aufgrund der Tatsache, dass akustische Archive seit mehr als einem Jahrhundert zu einem maßgeblichen Teil des kulturellen Erbes angewachsen und weiter anzuwachsen im Begriff sind. Die Literaturwissenschaft nimmt bislang nur zögerlich an den Debatten teil. Eine besondere Herausforderung ist das Themenfeld ‚Literatur und Audiokultur' für die Editionswissenschaft, die im Umgang mit akustischen Artefakten Neuland betritt.

1. Was ist Audioedition?

Edition ist ein „[w]issenschaftlich bearbeiteter Abdruck eines Textes oder auch einer Gruppe von Texten" (Grubmüller und Weimar 2007, 414). Ursula Kocher erweitert den Gegenstandsbereich und definiert Edition als „Ausgabe eines oder mehrerer mit Methoden der Textkritik oder der Editionstechnik bearbeiteten Texte(s), von Musikstücken oder Filmen" (Kocher 2007, 177). Nicht berücksichtigt sind in dieser Definition Artefakte wie Gemälde, Zeichnungen, Fotos, choreographische Notationen, archäologische Funde, akustische Quellen und viele andere mehr, die ebenfalls als Gegenstände einer Edition denkbar sind. Als Ausgabe genügt dann aber nicht mehr ein Abdruck; Tonträger, Filme, materielle und immaterielle, in Zukunft vorwiegend digitale Darstellungen kommen als Ausgabeformen infrage. Eine solcherart erweiterte Editionswissenschaft würde sich auch auf Bereiche erstrecken, die traditionellerweise den Praktiken des Kuratierens und Inszenierens vorbehalten sind. Sie würde die Sichtung, Erschließung, Kommentierung, Darstellung und Vermittlung unterschiedlicher kultureller Artefakte theoretisch, methodisch, technisch und praktisch begleiten. Denn die Wiedergabe kultureller Artefakte jeden medialen Ursprungs und in jeder medialen Form ist grundsätzlich als editionswissenschaftliches Vorhaben modellierbar.

Eine Teilmenge aus der Vielzahl aller denkbaren kulturellen Artefakte sind auditive, orale, audioliterale, kurz: akustische Quellen. Von solchen und dem editorischen Umgang mit ihnen handelt dieser Abschnitt. Als Arbeitsbegriff bietet sich ‚Audioedition' an, die zweierlei bedeuten kann: einerseits das forschende, lehrende und praktische Arbeitsfeld einer literaturwissenschaftlichen Spezialdisziplin, die sich mit den Fragen beschäftigt, wie und nach welchen Kriterien akustische Quellen in welcher medialen Form zu edieren seien, und andererseits das Ergebnis im Sinne der Herausgabe (Bernhart 2013; Bernhart 2017). Während etwa die Filmwissenschaft seit geraumer Zeit darüber debattiert, wie historische Filme zu sichern, restaurieren, kommentieren und zu edieren seien (Bohn 2013; Keitz 2013) und hierbei oft auf die als ‚Studienfassung' bezeichnete Edition von Fritz Langs *Metropolis* als Referenz verwiesen wird (Metropolis 2005), an die es sich anzulehnen oder von der es sich abzugrenzen gilt, gibt es in der Literaturwissenschaft bislang kaum fortgeschrittene Versuche einer Systematisierung vorhandener Ansätze, einer Theoretisierung der Arbeits- und Problemfelder oder einer Modellierung standardisierbarer Szenarien im Umgang mit akustischen Quellen.

Zunächst ist zu fragen, was als akustische Quelle gelten kann. Akustisch ist eine Quelle dann, wenn sie vordergründig ein Schall- und Hörereignis bezweckt und intendiert. Dies setzt voraus, dass ihr primär ein Schallereignis eingeschrieben ist. Eine akustische Quelle ist ein Tonträger, der mithilfe technischer Apparaturen hergestellt wurde. Dieser bedarf es auch, um die auf ihm enthaltene akustische Information abzurufen. Akustische Quellen können mechanische (z. B. Wachswalze oder Schallplatte), magnetische (z. B. Tonband oder Festplatte) oder optische Tonträger (z. B. Compact Disc oder Blue-Ray-Disc) sein. Diese Unterscheidung klassifiziert Tonträger nach ihrer physikalischen Beschaffenheit. Eine weitere Klassifikation kann danach unterscheiden, ob akustische Informationen analog oder digital auf einem Trägermedium abgelegt sind, was unter anderem die Qualität und die mögliche Häufigkeit der Reproduzierbarkeit und Kopierbarkeit bestimmt. Eine dritte Klassifikation kann nach Zweck und Intention der Quelle differenzieren: Akustische Quellen können beispielsweise als persönliche Gedächtnisstütze mit Blick auf eine spätere Verschriftlichung, als Dokumentation eines Ereignisses für ein Fachpublikum, als Audiomaterial für eine weitere literarische, musikalische oder visuelle Transformation oder mit der Absicht der Veröffentlichung für ein breites Publikum angefertigt sein. Kennzeichnend für die beiden letztgenannten Zwecke ist ein vergleichsweise großer Aufwand in der Gestaltung der Klangästhetik.

Als vierte Klassifikation ist eine Gliederung nach drei Domänen möglich, die verschiedene gattungs-, medien- und marktspezifische Merkmale sowie unterschiedliche editorische, archivarische und konservatorische Ansprüche integrieren. Als Domänen lassen sich audioliterale Texte, Hörbücher und akustische Archive identifizieren. Hinsichtlich ihres Materialumfangs unterscheiden sie sich stark; gemeinsam sind ihnen ihre kulturelle Relevanz und der Umstand, dass sie erst spät literatur- und kulturwissenschaftliche Aufmerksamkeit erfahren haben. Quellen aus allen drei Domänen können Gegenstand der Audioedition als Disziplin oder einer Audioedition als Ausgabe sein.

2. Audioliterale Texte, Hörbücher und akustische Archive als Domänen der Audioedition und als Audioeditionen

Die aus literaturwissenschaftlicher Perspektive vielleicht interessantesten akustischen Quellen sind ‚audioliterale Texte'. Mit diesem Begriff bezeichnen Natalie Binczek und Cornelia Epping-Jäger im Anschluss an Ludwig Jäger (Binczek und Epping-Jäger 2014; Jäger 2014) Texte, die primär in akustischer (und nicht in skripturaler) Form vorliegen, mittels akustischer Aufnahmetechnik aufgezeichnet wurden und nur mithilfe akustischer Wiedergabetechnik rezipiert werden können. Aufnahme-, tonträger-, schnitt- und bearbeitungstechnische Spezifika sind für sie produktionsästhetisch konstitutiv. Als akustische Artefakte sind audioliterale Texte (re-)produzierbar, kopierbar, edierbar und rezipierbar, mitunter auch transkribierbar. Ihre Grenzen zu Musik und Klangkunst, aber auch zu *oral literature*, die in der Memoria überliefert wird, sind fließend (Olsson 2011). Audioliterale Texte im engeren Sinn sind weder die Gattung des literarischen Hörspiels, das mit Blick auf seine radiophone Umsetzung verfasst wurde, noch das Medium Hörbuch, das skripturale Literatur in der Form einer mehr oder weniger stark inszenierten Lesung zu Gehör bringt. Schriftsteller, in deren Œuvre sich audioliterale Texte finden, sind beispielsweise William S. Burroughs, Elias Canetti, Rolf Dieter Brinkmann, Carlfriedrich Claus, Paul Wühr und Peter Kurzeck. Einschlägige Forschungsarbeiten dazu liegen vor (vgl. Lydenberg 1992; Naab 2003; Grote 2009; Binczek 2012a, Binczek 2012b; Epping-Jäger 2012, Epping-Jäger 2014; Lukas 2013; Tillmann 2013).

Ein seltenes Beispiel eines Textes, der als mündliche Erzählung entstand, akustisch aufgezeichnet und als Hörbuch auf 4 CDs veröffentlicht wurde, ist Peter Kurzecks *Ein Sommer, der bleibt* (Kurzeck 2007). Seine Innovation liegt nach Binczek im „Ausloten literarischer Verwendungsmöglichkeiten" des Mediums Hörbuch und „darin, eine eigens für das Hörbuch improvisierte mündliche Erzählung – einen Roman – aufgezeichnet zu haben", wobei Kurzecks „mündliche Erzählweise schriftlich zurückgebunden und [...] durch Abwandlung, durch Rekombination bereits verwendeter Elemente vorgeprägt" sei (Binczek 2012a, 60, 65, 67).

Mehrfach Gegenstand literaturwissenschaftlicher Analysen war die Edition des Audionachlasses von Rolf Dieter Brinkmann (vgl. 4.19. SCHUMACHER), den Herbert Kapfer und Katarina Agathos unter der Mitarbeit der Witwe Maleen Brinkmann unter dem Titel *Wörter Sex Schnitt* herausgegeben haben (Brinkmann 2005). Die Ausgabe besteht aus 5 CDs und einem Booklet und stellte zum Zeitpunkt des Erscheinens eine ambitionierte Pionierleistung dar, die allerdings weniger durch editionswissenschaftliche Akkuratesse, sondern eher durch gestalterische Lust besticht. Bei den herausgegebenen Aufnahmen handelt es sich um eine Auswahl von etwas mehr als der Hälfte von circa elf Stunden Bandmaterial, das Brinkmann im Herbst 1973 auf 29 Bändern aufzeichnete und das er als Grundlage für eine von ihm gestaltete Radiosendung verwendete, die Anfang 1974 in der Reihe ‚Autorenalltag' (Redaktion: Hanns Grössel) vom Westdeutschen Rundfunk (WDR) gesendet wurde (Brinkmann 2005, Booklet, [3]). Auch Cornelia Epping-Jäger lobt die „gerade für einen Nachlass neue[] mediale[] Präsentationsform" als Pionierarbeit, zumal „bislang freilich keine audio-philologischen Prinzipien zur Verfügung stehen" (Epping-Jäger 2012, 52; vgl. 3.1. KAMMER). Dennoch übt sie scharfe Kritik an der Edition: Diese sei aus editionsphilologischer Sicht „ausgesprochen problematisch" (Epping Jäger 2014, 140) und die Entscheidungen des herausgebenden Teams seien „höchst invasiv" (Epping-Jäger 2012, 51). Ihre Kritik nutzt sie für ein audioeditorisches Plädoyer: „Ich möchte [...] für die Entwicklung audio-philologischer Prinzipien votieren, denn noch sind Fragen der Audio-Edition zu wenig geklärt. Angesichts der zunehmenden Veröffentlichung akustischen Materials, dem kein schriftlicher Text zugrunde liegt, scheint mir das dringend geboten" (Epping-Jäger 2012, 53).

Auch in den Werken von Carlfriedrich Claus, dem Grenzgänger zwischen Literatur, Graphik und Musik, finden sich audioliterale Texte oder mit anderen Worten: akustische Literatur. Dieser widmet Michael Grote eine material- und umfangreiche Monographie, der auch eine CD beigegeben ist (Grote 2009). Intendiert ist diese als solides Addendum mit Hörbeispielen, weniger als audioeditorisches Experiment. In seiner bislang selten rezipierten Arbeit befasst sich Grote am Beispiel der umfangreichen Sammlung von Tonbändern, Tonbandkassetten und Kopien auf CD im Carlfriedrich Claus-Archiv der Kunstsammlungen Chemnitz mit grundlegenden Fragen einer „Philologie der akustischen Literatur" und „eines philologischen Kommentars diesseits der Hermeneutik" sowie mit den Begriffen des Autors und des Werks in ihren Bezügen auf Claus' akustischen Nachlass (Grote 2009, 30, 32, 122–174). Die beiliegende CD ist nicht nur ein integraler Bestandteil von Grotes Analysen, sondern eröffnet auch den Zugang zu zahlreichen audioliteralen Werken Claus', die bislang weit verstreut und schwer zugänglich waren. Aufschlussreich ist der Hörvergleich mit der Brinkmann-Edition, der deutlich macht, dass unterschiedliche Audiotechniken produktionsästhetisch konstitutiv sein können. Während Brinkmann professionelle Aufnahmetechnik zur Verfügung stand, die der Dichter streckenweise nur durch Übersteuerung konterkarierte, musste sich Claus vor allem in seinen frühen Experimenten mit handelsüblicher Unterhaltungstechnik begnügen, die er aber umso beherzter für seine Zwecke manipulierte und deren tontechnische Grenzen er produktiv zu nutzen und zu sprengen wusste.

Eine sehr beachtenswerte Audioedition, die allerdings den Bereich der Audioliteralität im engeren Sinn verlässt und auf den folgenden Abschnitt der Hörbücher überleitet, ist die *Müller MP3*, die Kristin Schulz 2011 herausgegeben hat. Das audioeditorisch ambitionierte und richtungsweisende Unternehmen enthält 4 CDs mit 36 Stunden Lesungen, Reden und Gesprächen von und mit Heiner Müller im MP3-Format sowie ein 189 Seiten umfassendes Booklet mit Kommentaren, Fachbeiträgen, zahlreichen Abbildungen und mehreren Registern und Verzeichnissen. Dass es sich hier um eine editionswissenschaftlich inspirierte und fundierte Audioedition handelt, wird nicht nur an Aufbau, Benutzbarkeit und wissenschaftlichem Anspruch deutlich, sondern auch an der ausführlichen Dokumentation der editorischen Prinzipien (vgl. Müller MP3 2011, Booklet, 23–26).

Hörbücher sind wohl die öffentlich am deutlichsten wahrgenommenen Äußerungen aus dem akustischen Literaturbetrieb. Wenig Klarheit herrscht allerdings darüber, was ein Hörbuch ist. Je nachdem, aus welcher Perspektive man sich ihm nähert, gilt das Hörbuch entweder als Gattung (Buchgattung oder literarische Gattung) oder als Medium (im Sinne eines Trägers oder hinsichtlich seiner auditorischen Perzipierbarkeit). Hörbücher sind im Prinzip nichts Neues: Sie stehen wie Märchenkassetten und Sprechplatten aus dem 20. Jahrhundert und phonographische Walzen aus dem späten 19. Jahrhundert in der Tradition akustischer Trägermedien (Rautenberg 2007; Rühr 2012).

Im krassen Gegensatz zum kommerziellen Erfolg der Hörbücher seit der Mitte der 1990er Jahre und trotz deren lebhafter Präsenz in Feuilleton und Kritik erwachte das Interesse der Literaturwissenschaft an ihnen erst relativ spät. Rüdiger Zymners früher und grundlegender Aufsatz blieb lange Zeit einer der wenigen substanziellen Beiträge (Zymner 1999). Erst zum Ende der Nullerjahre hin, als das Hörbuch auf materiellen Trägermedien schon seinen Rückzug anzutreten begann (Hagen 2014, 179–180), entwickelte sich in der Literaturwissenschaft das Arbeitsfeld der Hörbuchforschung (Köhler 2005; Bung 2009, Häusermann et al. 2010; Rubery 2011; Binczek und Epping-Jäger 2012, Binczek und Epping-Jäger 2014; Kuzmičová 2016; Bung und Schrödl 2017). Aus komparatistischer und internationaler Perspektive fällt auf, dass die germanistische Literaturwissenschaft auf diesem Gebiet eine Vorreiterin ist.

Was das speziellere Gebiet der Editionswissenschaft betrifft, so sind hier Hörbücher bislang weder theoretisch noch praktisch von nennenswerter Bedeutung.

Dies darf umso mehr erstaunen, als gerade die Herausgabe von Literatur als eine der vornehmsten Aufgaben der Editionswissenschaft zu nennen ist. Möglicherweise sind mangelnde Koppelungen dadurch zu erklären, dass einerseits der Hörbuchmarkt bis auf sehr wenige Ausnahmen von kommerziellen Interessen überbestimmt ist und dass andererseits Hörbücher, einschließlich ihrer historischen Vorläufer, seit den Anfängen der Schallaufzeichnungen paratextuelle Elemente tendenziell außer Acht lassen. Wenn Sandra Marion Rühr darauf hinweist, dass die Festlegung auf die Funktion, „Klang in seinen vielfältigen Formen [...] festzuhalten, einem Medium einzuschreiben", von Anfang an kennzeichnend für Schallaufnahmen sei und dies es mit sich bringe, „dass begleitende paratextuelle Elemente nicht mitbedacht wurden" (Rühr 2012, 15), so lässt sich daraus hypothetisch folgern, dass sich Hörbücher, medien- und gattungsgeschichtlich bedingt, gewissermaßen einem editorischen Umgang entziehen oder verweigern. Denn gerade Paratexte und Metadaten sind grundlegende Elemente für die editorische Erschließung, Beschreibung und Kommentierung, unabhängig davon, ob man in stemmatologischen oder werkgenetischen Kategorien denkt. Sehr deutlich macht dieses Vakuum darauf aufmerksam, dass es bislang keine editionswissenschaftlichen Kriterien für Hörbücher und generell für Audioeditionen gibt (Binczek 2012b, 60–66).

Listen von paratextuellen Elementen akustischer Quellen und von Kriterien für eine Audioedition ließen sich aus zwei Richtungen erarbeiten: erstens deduktiv, indem sie aus editionsphilologischen Praktiken zur Beschreibung einer Handschrift und zur Anlage einer historisch-kritischen Textedition hergeleitet würden, zweitens induktiv, indem von den gegebenen Spezifika akustischer Quellen und vorhandener Editionen wie Sprechplatten und Hörbücher verallgemeinerbare Kriterien abstrahiert würden. Die Fragen, wie eine akustische Quelle zu beschreiben sei und was eine Audioedition enthalten solle, würden neben den materiellen Charakteristika auch Fragen der Produktion und Rezeption sowie Bereiche der Medienarchäologie und -geschichte zu berücksichtigen haben. Analog zu den Formen der Lese-, Studien- und historisch-kritischen Ausgabe ließen sich Audioeditionen für den Alltagsgebrauch (in diese Kategorie fallen wohl die meisten existierenden Hörbücher), angereicherte Ausgaben (viele der oben besprochenen Beispiele zählen zu dieser Kategorie) und komplexe Audioeditionen (wie historisch-kritische Gesamtausgaben oder genetisch schichtende Werkausgaben, für die es bis heute keine Beispiele gibt) unterscheiden und modellieren.

Konstituierende und noch vertiefend abzuwägende Elemente einer Audioedition könnten sein: Datum, Uhrzeit und Ort der Aufnahme, die Namen der an der Aufnahme beteiligten und bei dieser Aufnahme anwesenden Personen, der situative und räumliche Zusammenhang, die Beschreibung des Tonträgers und

Angaben zur verwendeten Aufnahmetechnik, zu technischen Parametern und zur zeitgenössischen Wiedergabetechnik. Medial zu unterscheiden sind akustische (die Aufnahme selbst), textuelle (Texte und Paratexte, Beschriftungen, Aufdrucke, Metadaten u. Ä.), visuelle (z. B. die graphische Gestaltung von Plattencovers) und materielle Anteile einer akustischen Quelle (Walzen, Matrizen, Pressungen, Bänder, Spulenkerne etc.) und als solche auch editorisch zu berücksichtigen. Eine wichtige Herausgeberentscheidung betrifft die Wahl des Zielformats in technischer und materieller Hinsicht; unverzichtbar für eine solide Audioedition ist auch die Dokumentation des medialen Transfers von der Quelle zur Ausgabe. Obwohl eine Schallaufnahme prinzipiell beliebig oft abspielbar ist, bleiben der Moment der Aufnahme und jedes Abhören doch situativ nichtwiederholbare Ereignisse mit performativen Anteilen. Auch dies ist audioeditorisch relevant.

Wenn eben behauptet wurde, dass es bislang keine Kriterien für Audioeditionen gibt, so gilt dies nur eingeschränkt. Denn die bedeutenden akustischen Archive weltweit veröffentlichen seit Jahrzehnten Serien und Reihen von Audioeditionen und orientieren sich dabei an internationalen archivarischen und editorischen Standards, wie sie beispielsweise die International Association of Sound and Audiovisual Archives (IASA) in Zusammenarbeit mit der UNESCO erarbeitet hat (Schüller 2005; Bradley 2009; Schüller und Häfner 2014).

Das älteste audiovisuelle Archiv der Welt ist das 1899 gegründete Phonogrammarchiv der Österreichischen Akademie der Wissenschaften mit Sitz in Wien, das anlässlich seines 100-jährigen Bestehens 1999 zum UNESCO-Weltdokumentenerbe deklariert wurde. Im Jahre 1901 wurde in Berlin das Lautarchiv gegründet, das 2014 dem Helmholtz-Zentrum für Kulturtechnik angegliedert wurde und außergewöhnliche akustische Sammlungen, unter anderem Stimmaufnahmen Kriegsgefangener aus der Zeit des Ersten und Zweiten Weltkriegs, enthält. Weitere wichtige Archive sind das Deutsche Rundfunkarchiv (DRA) mit Standorten in Frankfurt am Main und Potsdam, das Schallarchiv des Instituts für Russische Literatur (Puschkin-Haus) der Russischen Akademie der Wissenschaften in St. Petersburg, das Sound Archive der British Library in London, das Département de l'Audiovisuel der Bibliothèque national de France, das Institut national de l'audiovisuel (INA) mit Sitz in Bry-sur-Marne bei Paris, die Schweizer Nationalphonothek in Lugano, das Istituto Centrale per i Beni Sonori ed Audiovisivi (ICBSA) in Rom und das Recorded Sound Reference Center der Library of Congress in Washington. Eine europaweite Erschließung und Bündelung des akustischen Kulturerbes strebt das Archivportal Europeana Sounds (unter eusounds.eu) an. Im literaturwissenschaftlichen Kontext verdient besondere Erwähnung die Datenbank hoerdat.de, die von Herbert Piechot in privater Initiative betrieben wird und die umfangreichste länderübergreifende Metadatensammlung zu deutschsprachigen Hörspielen darstellt.

Akustische Archive sind vordergründig in den Bereichen der Ethnologie, Musikwissenschaft und Mediengeschichte beheimatet. Sie weisen eine außerordentlich rege Editionstätigkeit in der Form von Digitalisierungen, der Herausgabe von Audioeditionen und von Publikations- und Ausstellungstätigkeiten auf. Bei einem nicht unbeträchtlichen Teil der akustischen Quellen in Schallarchiven handelt es sich um Sprachaufnahmen. Eigentlich ist es verwunderlich, dass von literaturwissenschaftlicher Seite einerseits unisono das Nichtvorhandensein von Standards für Audioeditionen moniert wird, andererseits aber das partnerschaftliche Gespräch mit Editorinnen und Editoren akustischer Archive bislang nie gesucht worden zu sein scheint.

Unter den gar nicht so wenigen Beispielen audioeditorischer Praxis möchte ich am Ende dieses Abschnitts auf zwei ältere Ausgaben hinweisen und auf eine davon näher eingehen. Ein monumentales Unterfangen ist die Edition *futura. Poesia sonora* (1978), herausgegeben von Arrigo Lora-Totino und im Untertitel als *Antologia storico critica / Critical-historical anthology* spezifiziert. Die Ausgabe umfasst sieben Langspielplatten und ein 60-seitiges Textbuch im Format einer Plattenhülle, sie reicht vom italienischen und russischen Futurismus über den deutschen Dada und französischen Lettrismus bis herauf in die Gegenwart der 1970er Jahre mit Franz Mon, Gerhard Rühm, Carlfriedrich Claus, Demetrio Stratos, Paul de Vree, Maurice Lemaître, Maurizio Nannucci und anderen. Sie gilt bis heute als die umfang- und materialreichste Audioedition von Lautpoesie. Sehr unterschiedlich (und lückenlos dokumentiert) ist die Herkunft der Aufnahmen. Texte aus etwa der ersten Hälfte des 20. Jahrhunderts wurden überwiegend 1976 in Turin und 1977 in Mailand aufgezeichnet, wobei fremdsprachige Texte ins Italienische übersetzt wurden. Sämtliche Vortragenden, Übersetzenden und Transkribierenden sind mit Namen nachgewiesen. Bei Werken aus der zweiten Hälfte des 20. Jahrhunderts griff der Herausgeber meist auf Archivaufnahmen beziehungsweise Aufnahmen aus performativen Kontexten zurück. Die ältesten edierten Aufnahmen stammen aus dem Jahre 1947. In diesen tragen Antonin Artaud, François Dufrêne und Henri Chopin eigene Texte vor. Das älteste, vom Verfasser selbst rezitierte Gedicht ist „Il sifone d'oro" (1913) von Francesco Cangiullo in einer Aufnahme von 1975 (Bernhart 2017, 62–65).

Unter dem gleichen Titel und Untertitel, jedoch ohne den Zusatz ‚historisch-kritisch' erschien knapp zehn Jahre nach Lora-Totinos Edition die viel schmalere Ausgabe *Lautpoesie. Eine Anthologie*, bestehend aus einer Langspielplatte und einem Textheft, herausgegeben von Christian Scholz (1987). Interessant sind die beiden Audioeditionen in mehrerlei Hinsicht: Sie stoßen weit in die Domäne audioliteraler Literatur vor, sie lassen avancierte editionsphilologische Ansprüche und (proto-)audioeditorisches Bewusstsein erkennen, sie sind sehr frühe und avantgardistische Versuche, akustische Texte zu sammeln, zu distribuieren und zu kommentieren. Sie stellen damit Prototypen einer an den hohen Standards der Buchliteratur orientierten Audioedition dar. Der Untertitel ‚Anthologie' ist – aus der Warte ihrer Zeit – möglicherweise mit einem Augenzwinkern verbunden, wenn Scholz ekdotische Fachtermini (‚historisch-kritisch', ‚Anthologie'), die aus der Tradition gedruckter Buchausgaben stammen, auf das Medium Langspielplatte überträgt.

Das Textbuch zu Scholz' *Lautpoesie* ist eine Broschüre von 40 Seiten, sie enthält eine Einleitung von Gerhard Rühm sowie Texte, aber auch Zeichnungen und Partituren von Jeremy Adler, Carlfriedrich Claus, Elke Erb, Bernard Heidsieck, Arrigo Lora-Totino, Franz Mon, Oskar Pastior, Josef Anton Riedl, Gerhard Rühm, Valeri Scherstjanoi und Larry Wendt. In ebendieser Reihenfolge sind deren lautpoetische Werke auf die beiden Seiten der von EMI Electrola gefertigten LP gepresst.

In seiner Einleitung definiert Rühm „auditive poesie": „[M]it dem terminus ‚auditive poesie' [...] bezeichne ich [...] alle jene poetischen produkte, in denen sprachklang und artikulation bewusst mitkomponiert wurden, konstituierende bestandteile des textes sind" (Rühm [1977] 1987, 1). Für auditive Poesie im engeren Sinne gelte noch ein weiteres Kriterium: „[I]ch meine, ein auditiver text muss über den mitkomponierten sprachklang hinaus eine information vermitteln, die überhaupt erst durch die akustische realisation des textes, sofern man hier nicht schon von einer partitur sprechen will, rezipierbar wird" (Rühm [1977] 1987, 1). Ein vorgelagertes Notat setzt Rühm also noch voraus; die Innovation besteht für ihn nicht in der Auflösung der Literalität, sondern in der Semantik der Sprache, wodurch Dichtung in die Nähe von Musik rückt (Rühm [1977] 1987, 1).

Interessant im Sinne audioeditorischer Praxis ist im Textbuch die *Notiz* von Claus, der nicht nur konzeptionelle und künstlerische Überlegungen zu seinen *Lall-Exerzitien* anstellt, sondern in fast gleichem Umfang produktions- und wiedergabetechnische Gegebenheiten dokumentiert (wobei die Verschreibung „Bände" für „Bänder" Anlass zu medientheoretischen Spekulationen geben kann): „Im Jahr 1981 entstanden die 4 Bände [sic!] des Lautprozesses. Die ‚Uraufführung' fand am 24. Mai 1982 in dem von Rudolf Mayer geleiteten ‚Sa-um-Podium' im Rahmen der Internationalen Buchkunst-Ausstellung Leipzig (‚figura 3') statt; die Wiedergabe erfolgte über 4 Bandmaschinen mit je eigenem Verstärker. Geräte-Dirigent – mit Stoppuhr – war Dr. Hans Grüß. Im Februar 1986 übertrug Klaus Mücke (Tonmeister an der Hochschule für Musik Dresden) in Zusammenarbeit mit mir eine andere Kombination der 4 Bänder auf ein Zwei-Spur-Spulenband, stereo. Dieses Band wurde anlässlich der Ehrung für Alexej Krutschonych (veranstaltet von Valeri Scherstjanoi, Rudolf Mayer und mir) am 21. Februar 1986 in Dresden aufgeführt" (Claus 1987, 5).

Kennzeichnend erscheint mir die Beobachtung, dass die Anthologien von Lora-Totino und Scholz schwer zugänglich sind. Nur sehr wenige Archive und

Abb. 1: Christian Scholz. *Lautpoesie* (1987). Plattencover. Private Sammlung. Foto: Toni Bernhart. Abdruck mit freundlicher Genehmigung von Christian Scholz.

Bibliotheken besitzen ein Exemplar; antiquarisch sind die Editionen vereinzelt erhältlich, wobei Lora-Totinos Edition mittlerweile erstaunliche Sammlerpreise erzielt. Geschuldet ist dies vermutlich dem Umstand, dass die beiden Ausgaben weder eindeutig dem Bereich der Literatur noch der Musik zuzuordnen sind und dadurch durch die Erwerbsraster institutioneller Bestandsbildung fallen. Bezeichnenderweise finden sie tendenziell in der bildenden Kunst ein archivarisches Zuhause: Ein Exemplar der Plattenedition von Lora-Totino befindet sich etwa in der Bibliothek des Museo di Arte Moderna e Contemporanea in Rovereto, ein Exemplar der Scholz-Ausgabe liegt beispielsweise in der Kunstbibliothek der Staatlichen Museen zu Berlin.

Audioedition und Audioeditionen erfordern die Zusammenarbeit zwischen Philologie, Ethnologie, Musikwissenschaft, Mediengeschichte und Toningenieurwesen. Gemessen an ihren regen Aktivitäten verfügen gerade akustische Archive über ein hohes Maß an Erfahrung, die seitens der Literaturwissenschaft bislang nicht genutzt wurde, jedoch produktiv mit Ansätzen, Theorien und Praktiken der Editionswissenschaft verknüpft werden kann. Auch vor dem Hintergrund, dass neueste literarische Nachlässe mitunter Medienmischungen enthalten, sind die Erfahrungen akustischer Archive unter konservatorischen, restauratorischen und editorischen Aspekten wertvoll.

Der editionswissenschaftliche Blick auf Akustisches in der Literatur lässt neue und weite Themen-, Problem- und Arbeitsfelder erahnen, die sich vorläufig aber nur unscharf konturieren lassen. Erfahrung, Bedarf und Bewusstsein sind ansatzweise vorhanden und lassen Zunahmen erwarten. Die Entwicklung und Konsolidierung audioeditorischer Kompetenz kann den Forschungs- und Zuständigkeitsbereich der Literaturwissenschaft erweitern und bereichern. Audioedition und Audioeditionen als Ausdruck literatur- und kulturwissenschaftlicher Theorie und Praxis stehen in ihren Anfängen.

Literaturverzeichnis

Bernhart, Toni. „Audioedition. Auf dem Weg zu einer Theorie". *Medienwandel/Medienwechsel in der Editionswissenschaft*. Hrsg. von Anne Bohnenkamp. Berlin und Boston 2013: 121–128.

Bernhart, Toni. „Bücher, die man hören kann, oder: Über das Fehlen editionswissenschaftlich informierter Audioeditionen". *Phänomen Hörbuch. Interdisziplinäre Perspektiven und medialer Wandel*. Hrsg. von Stephanie Bung und Jenny Schrödl. Bielefeld 2017: 59–67.

Binczek, Natalie. „Literatur als Sprechtext. Peter Kurzeck erzählt das Dorf seiner Kindheit". *Literatur und Hörbuch*. Hrsg. von Natalie Binczek und Cornelia Epping-Jäger. München 2012a: 60–70.

Binczek, Natalie. „Das Material ordnen. Rolf Dieter Brinkmanns akustische Nachlassedition ‚Wörter Sex Schnitt'". *„High" und „Low". Zur Interferenz von Hoch- und Populärkultur der Gegenwartsliteratur*. Hrsg. von Thomas Wegmann und Norbert Christian Wolf. Berlin und Boston 2012b: 57–81.

Binczek, Natalie, und Cornelia Epping-Jäger (Hrsg.). *Literatur und Hörbuch*. München 2012.

Binczek, Natalie, und Cornelia Epping-Jäger (Hrsg.). *Das Hörbuch. Praktiken audioliteralen Schreibens und Verstehens*. München 2014.

Bohn, Anna. *Denkmal Film*. Bd. 1: *Der Film als Kulturerbe*. Bd. 2: *Kulturlexikon Filmerbe*. Wien u. a. 2013.

Bradley, Kevin. *Guidelines on the Production and Preservation of Digital Audio Objects*. 2., Aufl. International Association of Sound and Audiovisual Archives (IASA) Technical Committee. https://www.iasa-web.org/audio-preservation-tc04 (14. Februar 2020).

Brinkmann, Rolf Dieter. *Wörter Sex Schnitt. Originaltonaufnahmen 1973*. Hrsg. von Herbert Kapfer und Katarina Agathos unter Mitarbeit von Maleen Brinkmann. 5 CDs und Booklet im Schuber. München 2005.

Bung, Stephanie. „‚Lu par l'auteur'. Das Hörbuch ‚Claire dans la forêt' von Marie Darrieussecq". *Observatoire de l'extrême contemporain. Studien zur französischen Gegenwartsliteratur*. Hrsg. von Roswitha Böhm, Stephanie Bung und Andrea Grewe. Tübingen 2009: 35–51.

Bung, Stephanie, und Jenny Schrödl (Hrsg.). *Phänomen Hörbuch. Interdisziplinäre Perspektiven und medialer Wandel*. Bielefeld 2017.
Claus, Carlfriedrich. „Notiz zu ‚Bewusstseinstätigkeit im Schlaf'". *Lautpoesie. Eine Anthologie.* Hrsg. von Christian Scholz. Textbuch. Obermichelbach 1987: 5.
Derrida, Jacques. *Die Stimme und das Phänomen. Ein Essay über das Problem des Zeichens in der Philosophie Husserls* [1967]. Frankfurt am Main 1979.
Epping-Jäger, Cornelia. „„Die verfluchte Gegenwart – und dann das Erstaunen, dass ich das sage' – Rolf Dieter Brinkmann und das Tonband als produktionsästhetische Maschine". *Das Hörbuch. Praktiken audioliteralen Schreibens und Verstehens*. Hrsg. von Natalie Binczek und Cornelia Epping-Jäger. München 2014: 137–155.
Gadamer, Hans-Georg. „Über das Hören". *Über das Hören. Einem Phänomen auf der Spur*. Hrsg. von Thomas Vogel. Tübingen 1996: 197–205.
Grote, Michael. *Exerzitien. Experimente. Zur Akustischen Literatur von Carlfriedrich Claus.* Bielefeld 2009.
Grubmüller, Klaus, und Klaus Weimar. „Edition". *Reallexikon der deutschen Literaturwissenschaft. Neubearbeitung des Reallexikons der deutschen Literaturgeschichte*. Bd. 1. Hrsg. von Klaus Weimar, gemeinsam mit Harald Fricke, Klaus Grubmüller und Jan-Dirk Müller. Berlin und New York 2007: 414–418.
Hagen, Wolfgang. „‚Wer Bücher hört, kann auch Klänge sehen.' Bemerkungen zur Synästhesie des Hörbuchs". *Das Hörbuch. Praktiken audioliteralen Schreibens und Verstehens*. Hrsg. von Natalie Binczek und Cornelia Epping-Jäger. München 2014: 179–192.
Häusermann, Jürg, Korinna Janz-Peschke, und Sandra Marion Rühr. *Das Hörbuch. Medium, Geschichte, Formen*. Konstanz 2010.
Herrmann, Britta. *Dichtung für die Ohren. Literatur als tonale Kunst*. Berlin 2015.
Honold, Alexander. „Text auf der Tonspur. Benjamins Überlegungen zu einer akustischen Physiognomik der Literatur". *Walter Benjamins Medientheorie*. Hrsg. von Christoph Schulte. Konstanz 2005: 49–69.
Jäger, Ludwig. „Audioliteralität. Eine Skizze zur Transkriptivität des Hörbuchs". *Das Hörbuch. Praktiken audioliteralen Schreibens und Verstehens*. Hrsg. von Natalie Binczek und Cornelia Epping-Jäger. München 2014: 231–253.
Keitz, Ursula von. „Historisch-kritische Filmedition. Ein interdisziplinäres Szenario". *editio* 27.1 (2013): 15–37.
Kocher, Ursula. „Edition". *Metzler Lexikon Literatur. Begriffe und Definitionen*. Begr. von Günther und Irmgard Schweikle. Hrsg. von Dieter Burdorf, Christoph Fasbender und Burkhard Moennighoff. 3. Aufl. Stuttgart 2007: 177–178.
Köhler, Stefan. *Hörspiel und Hörbuch. Mediale Entwicklung von der Weimarer Republik bis zur Gegenwart*. Marburg 2005.
Krings, Marcel. *Phono-Graphien. Akustische Wahrnehmung in der deutschsprachigen Literatur von 1800 bis zur Gegenwart*. Würzburg 2011.
Kursell, Julia. *Schallkunst. Eine Literaturgeschichte der Musik in der frühen russischen Avantgarde*. Wien 2003.
Kurzeck, Peter. *Ein Sommer, der bleibt. Peter Kurzeck erzählt das Dorf seiner Kindheit*. Konzeption, Dramaturgie, Regie Klaus Sander. 4 CDs und Booklet in einer Schachtel. Berlin 2007.
Kuzmičová, Anežka. „Audiobooks and Print Narrative. Similarities in Text Experience". *Audionarratology. Interfaces of Sound and Narrative*. Hrsg. von Jarmila Mildorf und Till Kinzel. Berlin und Boston 2016: 217–237.

Lora-Totino, Arrigo. *futura. Poesia sonora. Antologia storico critica della poesia sonora*. Critical-historical anthology of sound poetry. 7 LPs mit Textbuch in einer Schachtel, 1989 als Ausgabe in 5 CDs mit Booklet im Schuber. Mailand 1978.

Lydenberg, Robin. „Sound Identity Fading Out. William Burroughs' Tape Experiments". *Wireless Imagination. Sound, Radio, and the Avant-Garde*. Hrsg. von Douglas Kahn und Gregory Whitehead. Cambridge, Mass. 1992: 409–437.

Lukas, Wolfgang. „Medienwechsel und produktionsästhetische Logik. Zu Paul Wührs O-Ton-Hörspiel ‚So eine Freiheit'". *Medienwandel/Medienwechsel in der Editionswissenschaft*. Hrsg. von Anne Bohnenkamp. Berlin und Boston 2013: 99–120.

Metropolis. DVD-Studienfassung. Regie Fritz Lang, Drehbuch Thea von Harbou. Hrsg. vom Filminstitut der Universität der Künste Berlin. Berlin 2005.

Meyer, Petra Maria (Hrsg.). *Acoustic turn*. München 2008.

Mildorf, Jarmila, und Till Kinzel (Hrsg.). *Audionarratology. Interfaces of Sound and Narrative*. Berlin und Boston 2016.

Müller MP3. Heiner Müller, Tondokumente 1972–1995. Mit Beiträgen von Grischa Meyer, Frank Raddatz, Wolfgang Rindfleisch, Stephan Suschke, B. K. Tragelehn und Bernd Wagner. Hrsg. von Kristin Schulz. 4 CDs und Booklet im Schuber. Berlin und Köln 2011.

Naab, Karoline. *Elias Canettis akustische Poetik. Mit einem Verzeichnis von Tondokumenten und einer Bibliographie der akustischen Literatur*. Frankfurt am Main u. a. 2003.

Olsson, Jesper. „The Audiographic Impulse. Doing Literature with the Tape Recorder". *Audiobooks, Literature, and Sound Studies*. Hrsg. von Matthew Rubery. New York und London 2011: 61–75.

Ong, Walter J. *Orality and Literacy. The Technologizing of the World*. London und New York 1982.

Pinch, Trevor, und Karin Bijsterveld (Hrsg.). *The Oxford Handbook of Sound Studies*. Oxford 2011.

Rautenberg, Ursula (Hrsg.). *Das Hörbuch. Stimme und Inszenierung*. Wiesbaden 2007.

Rubery, Matthew (Hrsg.). *Audiobooks, Literature, and Sound Studies*. New York 2011.

Rühm, Gerhard. „Auditive Poesie". *Lautpoesie. Eine Anthologie* [1977]. Hrsg. von Christian Scholz. Textbuch. Obermichelbach 1987: 1–2.

Rühr, Sandra. „Eine (kleine) Mediengeschichte des Hörbuchs unter technologischen und paratextuellen Aspekten". *Literatur und Hörbuch*. Hrsg. von Natalie Binczek und Cornelia Epping-Jäger. München 2012: 14–25.

Rühr, Sandra. „Ist es überhaupt ein Buch? Dispositive zweier scheinbar verwandter Medien". *Phänomen Hörbuch. Interdisziplinäre Perspektiven und medialer Wandel*. Hrsg. von Stephanie Bung und Jenny Schrödl. Bielefeld 2016: 17–32.

Scholz, Christian. *Lautpoesie. Eine Anthologie*. 1 LP mit Textbuch. Obermichelbach 1987.

Schönherr, Ulrich. *Klang – Bild – Sprache. Musikalisch-akustische Konfigurationen in der Literatur und im Film der Gegenwart*. Bielefeld 2014.

Schüller, Dietrich (Hrsg.). *The Safeguarding of the Audio Heritage. Ethics, Principles and Preservation Strategy*. International Association of Sound and Audiovisual Archives (IASA) Technical Committee. https://www.iasa-web.org/tc03/ethics-principles-preservation-strategy (15. Februar 2020).

Schüller, Dietrich, und Albrecht Häfner (Hrsg.). *Handling and Storage of Audio and Video Carriers*. International Association of Sound and Audiovisual Archives (IASA) Technical Committee. https://www.iasa-web.org/tc05/handling-storage-audio-video-carriers (15. Februar 2020).

Segeberg, Harro. „Der Sound und die Medien. Oder: Warum sich die Medienwissenschaft für den Ton interessieren sollte". *Sound. Zur Technologie und Ästhetik des Akustischen in den Medien*. Hrsg. von Harro Segeberg und Frank Schätzlein. Marburg 2005: 9–22.

Tillmann, Markus. *Populäre Musik und Pop-Literatur. Zur Intermedialität literarischer und musikalischer Produktionsästhetik in der deutschsprachigen Gegenwartsliteratur*. Bielefeld 2013.

Volmar, Axel, und Jens Schröter (Hrsg.). *Auditive Medienkulturen. Techniken des Hörens und Praktiken der Klanggestaltung*. Bielefeld 2013.

Wenzel, Horst. *Hören und Sehen, Schrift und Bild. Kultur und Gedächtnis im Mittelalter*. München 1995.

Wille, Günther. *Akroasis. Der akustische Sinnesbereich in der griechischen Literatur bis zum Ende der klassischen Zeit* [1956–1958]. 2 Bde. Tübingen und Basel 2001.

Zymner, Rüdiger. „Lesen hören. Das Hörbuch". *Allgemeine Literaturwissenschaft. Grundfragen einer besonderen Disziplin*. Hrsg. von Rüdiger Zymner. Berlin 1999: 208–215.

5. Glossar zentraler Begriffe
Michael Bartel, Uwe Wirth, Natalie Binczek*

Acoustic turn – Unter *acoustic turn* wird eine in den letzten zwanzig Jahren in den Kultur-, Medien- und Literaturwissenschaften beobachtbare Hinwendung des Erkenntnisinteresses auf die hörbaren Phänomene unserer Lebenswelt mit besonderer Berücksichtigung der ästhetisch-künstlerischen Formen alles Hörbaren bezeichnet (→ AKUSTIK; → SOUND STUDIES; → SOUNDSCAPE). Dieses Interesse an der „auditiven Inszenierungsebene" (Meyer 2008a, 15) sowie ihrer wissenschaftlichen und methodischen Reflexion bezieht „Sounds" in der kommerziellen Mediennutzung ebenso ein wie avantgardistische „sound art" oder die „inneren Bilder" (Meyer 2008a, 16), die durch Theaterstücke, Hörspiele oder Hörbücher freigesetzt werden. Dabei geht es vorrangig um die Analyse aller Formen akustischer Inszenierung, von der Stimme über Audiotechnik bis hin zu atmosphärischer Akustik, die das „Hören als Kulturtechnik" (Meyer 2008a, 11) thematisch werden lassen. Dies betrifft die technische Entwicklung von Aufzeichnungssystemen (→ AKUSTISCHE AUFZEICHNUNGSMEDIEN) ebenso wie den Wandel unserer Audiokultur durch Telefon, Radio, Tonfilm, Tonband, Walkman und Anrufbeantworter (vgl. 4.9. WIRTH).

Atmo (Atmosphäre) – In der Rundfunkpraxis wird der Begriff Atmosphäre – oder kurz Atmo – vor allem in der Featureproduktion (→ FEATURE) verwendet und bezeichnet die klanglich-akustische Untermalung eines Beitrags. Das können beispielsweise die Hintergrundgeräusche eines Cafés sein, die während der Aufnahme durch die Wahl der Richtcharakteristik des Mikrophons (→ MIKROPHON) bewusst nicht ausgeblendet wurden. Dabei lassen sich akustische Atmosphären in zwei Bereiche gliedern, die eng mit der Aufnahmesituation zusammenhängen: kontrollierte und kontingente Atmos. Erstere werden in der Postproduktion (→ POSTPRODUKTION) im Studio unter den Beitrag gemischt. Die eigentlichen Sprachaufnahmen entstehen dabei meist ebenfalls in einem Tonstudio (→ TONTECHNIKER) wenn nicht sogar in einem schalltoten Raum mit ‚trockener Raumatmosphäre' (→ RAUM). Kontingente Atmos werden direkt vor Ort aufgenommen und bergen deswegen immer das Risiko, dass unerwünschte Störungen in die Aufnahme gelangen. Jedoch bürgt diese Kontingenz für ein hohes Maß an Authentizität. Für den Rezipienten ist dabei nicht immer eindeutig zu erkennen, ob es sich um kontrollierte oder kontingente Atmos handelt.

---

* Ein Dank geht an Philipp Kressmann für seine Hilfe bei der Recherche.

Akustik – In der ersten großen Monographie zur *Akustik* (1802) unterscheidet der Naturforscher Ernst Florens Cladni zwei Arten von Schall: Klang und Geräusche (→ SOUND; → TON). Erstere bezeichnet demnach alle eindeutig musikalischen Schallereignisse, die zweite Art die Geräusche. Zu Beginn der Auseinandersetzung mit Geräuschen steht also eine normative Wertung. Cladni begründet die Differenz zwischen Klang und Geräusch mit ihren unterschiedlichen physikalischen Schwingungskurven: Bei Musik entstehen gleichmäßige Schwingungen, bei Geräuschen ungleichmäßige (vgl. Rieger 2003, 185). Eine die Gehörwahrnehmung einbeziehende und in diesem Sinne aisthetische Erweiterung der Akustik nimmt Hermann von Helmholtz vor, der in seiner *Lehre von den Tonempfindungen als physiologische Grundlage für die Theorie der Musik* (1863) nach der Funktionsweise des Ohrs fragt. Helmholtz deklariert die Klänge eines Musikinstruments als bloße Schallwellen, die von einem Nervenapparat empfangen werden – unabhängig davon, ob es sich dabei um einen musikalischen Wohlklang, Geräusche oder Lärm handelt (vgl. Rieger 2003, 184). Die prinzipielle Unterscheidung zwischen musikalischen Klängen und Geräuschen wurde damit zurückgewiesen – physikalisch betrachtet handelt es sich jeweils um Schallwellen. Die ‚Emanzipation des Geräuschs' in künstlerischer Hinsicht erfolgt jedoch erst im Rahmen des Begriffs ‚Sound' (→ SOUND STUDIES; → ACOUSTIC TURN).

Akustische Aufzeichnungsmedien – Unter Aufzeichnungsmedien versteht man ein Mediendispositiv, welches das Aufnehmen, Umwandeln und Speichern von Schallphänomenen ermöglicht. Das erste Aufzeichnungsmedium war der Phonograph, als dessen Erfinder Thomas Alva Edison galt, der 1877 den Edison-Phonographen als *speaking machine* patentieren ließ (vgl. 4.8. BÜHLER). Beim Phonographen werden Schallschwingungen auf einem Speichermedium technisch aufgezeichnet und wiedergegeben. Der Phonograph ermöglicht dies mithilfe einer am Gerät installierten Metallspitze, die auf eine Zinnfolie, später dann auf eine Wachsfolie, schrieb. Der Phonograph war Aufzeichnungs- und Abspielgerät zugleich. Mit ihm setzte sich in Konkurrenz zur Schrift als Notationsmedium, das „phonographische Prinzip" (Dembeck 2013, 206) als neue Form des Speicherns und Reproduzierens von Sprache durch. Dabei ist der Phonograph in der Lage, nicht nur gesprochene Worte, sondern auch Töne und Geräusche aufzuzeichnen, die nicht semantisch konventionell codiert sind (vgl. 4.9. WIRTH). Das phonographische Prinzip im Sinne der Stimm- und Tonaufzeichnung kann sich in unterschiedlichen Tonträgern (→ TONTRÄGER) realisieren. In den 1950er und 1960er Jahren kam es zur Erfindung der elektroakustischen Tonbandtechnik, die verbunden mit einem Mikrophon zu einem höchst erfolgreichen Aufzeichnungsmedium wurde. Als portables Aufnahmegerät revolutionierte das tragbare Tonband – etwa die legendäre Nagra – die Hörfunkarbeit, weil es nun möglich wurde, O-Töne aus der Alltagswelt im Funkhaus zu Reportagen, Features und Hörcollagen zu verarbeiten (vgl. 4.16. ÄCHTLER; 4.17. SCHUMACHER). Für den Heimgerätemarkt wurde 1963 die ‚Compact Cassette' (CC) entwickelt, die zunächst als Diktiergerät gedacht war (vgl. Großmann 2002a, 290). Später wurde sie mit dem Vertrieb von Kassettenrekordern sowohl zur Aufzeichnung von O-Tönen als auch zum Kopieren von Schallplatten verwendet. Ab Ende der 1970er Jahre wurden in professionellen Studios digitale Aufzeichnungsgeräte eingesetzt, die sich durch einen größeren Dynamikumfang und durch die Möglichkeit der verlustlosen Kopie auszeichneten – und dadurch einen „entscheidenden Vorsprung" (Großmann 2002a, 291) gegenüber analogen Aufzeichnungsmedien erzielen konnten (vgl. 2.6. GETHMANN UND SCHULZ).

Akustische Kunst – Akustische Kunst bezeichnet akustische Inszenierungen und Klanginstallationen, die sich als Formen künstlerischer Komposition begreifen und nicht auf den Bereich der Musik begrenzen lassen, sondern die überkommenen Kunstgattungsgrenzen vielmehr überschreiten. Akustische Kunst kann demnach in Museen ausgestellt, in Theatern oder Musiksälen aufgeführt, aber auch im Rundfunk gesendet werden. So stellt Klaus Schöning, der langjährige Leiter des Studios für Akustische Kunst beim WDR, fest: „Für die Akustische Kunst sind alle hörbaren Erscheinungen gleichwertige Komponenten" (Schöning 1997, 1). Über die Soundscape-Bewegung (→ SOUNDSCAPE; → SOUND STUDIES) hinausgehend macht die Klangkunstbewegung deutlich, dass Sound und Geräusch nicht nur eine eigene Geschichte haben, sondern immer auch ein kulturelles Artefakt sind. Diese Entwicklung hatte maßgeblichen Einfluss auf die Dramaturgie und Produktion von Hörspielen und für die Entwicklung eines Konzepts akustischer Literatur (→ AKUSTISCHE LITERATUR; vgl. 2.4. SCHMITZ-EMANS; 2.7. BINCZEK; 2.8. SCHULZE).

Akustische Literatur – Der Begriff akustische Literatur (vgl. 2.4. SCHMITZ-EMANS) bestimmt ein Feld, das über das klassische Hörspiel oder Hörbuch hinausgeht und alle Formen auditiv wahrnehmbarer Textualität umfasst, sofern sie sich als literarische beschreiben lassen. Er bezieht somit auch das zum großen Teil noch kaum erschlossene, oftmals als Nachlass in Archiven aufbewahrte Audiomaterial ein, das Autoren entweder selbst produziert haben oder das aus Audioaufzeichnungen und -mitschnitten von beispielsweise Lesungen (vgl. 4.5. MAYE; 4.6. MEYER-KALKUS), Interviews (→ INTERVIEW; vgl. 3.3. WALZER), Poetikvorlesungen oder Autorengesprächen besteht. Nur vereinzelt ist solches Audiomaterial bislang überhaupt, insbesondere aber in der Weise ediert worden, dass es nicht nur der Dokumentation des Zeitgeschehens dient, sondern selbst als literarische Arbeit und damit als ‚akustische Literatur' zur Geltung kommt. Erforderlich sind dafür audiophilologische Standards, die die Spezifik des Akustischen in ihrer literarischen Bedeutung anerkennen und von dem Primat des geschriebenen Wortes abrücken. Akustische Literatur verweist zudem auf die Notwendigkeit, von der Fixierung auf einen Autor abzusehen, um stattdessen komplexere kollaborative Zusammenhänge (vgl. Ghanbari et al. 2018) in den Blick zu nehmen. Frühe Hörspieldramaturgien (→ HÖRSPIEL, HÖRBUCH), die sich auf das traditionelle, literarische Hörspiel bezogen, negierten die Handlungsmacht all jener Akteure, die einen literarischen Text im Tonstudio in ein akustisches Hörstück übersetzten (vgl. Schwitzke 1963, 228–229). Der primäre Urheber eines Hörbuchs war der Autor. Sein Text stand im Fokus der Hörspielphilologie (Döhl 1982; vgl. 3.1. KAMMER). Die Leistungen von Regie und Dramaturgie, Sprechern und Musikern sowie Tontechnikern und Geräuschemachern blieben sekundär. Hört man sich hingegen aktuelle Hörstücke und verwandte Produktionen sowie die Provenienz der beteiligten Akteure an, wird klar, wie stark sich das Feld erweitert hat. So basieren zum Beispiel zahlreiche Hörstücke von Andreas Ammer auf Aufzeichnungen von Liveaufführungen (→ LIVE), bei denen sich nicht nur die beteiligten Künstler in einer einmaligen Konstellation befinden, sondern auch das physisch anwesende Publikum zum Akteur werden kann. Das Hörspiel wird zum Ereignis, das auch im Radio gesendet werden kann. „Für uns ist der Bühnenauftritt reizvoll, weil wir dort selbst konzentrierter sind als im Studio und zwischen den Musikern ganz andere Sachen entstehen können" (Ammer und Hartel 2001, 213). Damit hat sich das Hörspiel auf die Bereiche der Medienkunst, *ars acoustica*, Performance und Klanginstallationen erweitert (→ AKUSTISCHE KUNST). „Die Verkopplung der Medien und die Tendenz zur Medien-Konvergenz stellen akustische Kunst in einen neuen Kontext" (Kapfer 2001, 316). Dafür stehen auch die Arbeiten von Künstlerkollektiven wie Rimini Protokoll, Linga und Studio Braun. Aber auch die Sprechtexte von Peter Kurzeck – wie beispielsweise *Ein Sommer, der bleibt* –, die sich scheinbar einem multimedialen Zugriff verweigern und allein durch das Erzählen ihres Protagonisten und den Schnitt respektive die Montage ihres Herausgebers leben (vgl. Binczek 2012, 69; vgl. 2.7. BINCZEK), machen deutlich, dass sich das klassische Akteurnetzwerk gewandelt hat. Denn obschon Kurzecks Sprechtext den Eindruck einer improvisierten, fortlaufenden Rede vermittelt, konstituiert sich diese Rede eben nicht als flüssige, unterbrechungsfreie mündliche Erzählung. Das Booklet gibt Auskunft über zwei weitere Akteure, die auf der einen Seite Konzeption, Regie, Produktion und Aufnahme, auf der anderen Seite Schnitt und Mastering verantworten (→ SCHNITT; → POSTPRODUKTION). Die zeitgenössischen Hörstücke haben sich vollständig von den Tonstudios der Rundfunkanstalten (→ RUNDFUNK(ANSTALT)) emanzipiert und können dank der digitalen Aufnahmetechnik autonom und unabhängig agieren. Damit sinkt ebenfalls der Einfluss der redaktionellen Hörspielabteilung in den öffentlich-rechtlichen Radiosendern

(→ LITERATURBETRIEB). Die Realisierung von solchen multimedialen Konzepten stellt somit womöglich das Selbstverständnis der Redakteure in den Hörspielabteilungen infrage und vor neue Herausforderungen(→ PARTITUR).

Akustische Paratexte – Paratexte sind nach Gérard Genette funktional definiert, als textuelle Hilfselemente steuern sie die Lektüre. Dabei sind Paratexte zumeist materiell (Layout) vom ‚eigentlichen Text' unterschieden. Dennoch liefern sie Informationen, können Interpretationen anleiten oder auch Schmuckfunktionen erfüllen. Der Paratext besteht in jenen verbalen oder auch nichtverbalen Produktionen, die den Text in der genannten Weise rahmen, ihm seine ‚äußere' Kontur verleihen. Genette selbst verwendet den Paratextbegriff widersprüchlich; einerseits scheint er ihn auf Schriftlichkeit und Buchmaterialität festzulegen, andererseits versucht er, damit auch mündliche Texte und sogar solche Aspekte wie das Autorengeschlecht zu fassen. Zugleich impliziert Genettes Wortbildung – „*Paratext*" –, dass es immer einen Moment der Lesbarkeit, also Textualität im weiteren Sinn geben müsse. Dabei würde man jedoch bei Autorenporträts oder der typographischen Erscheinungsweise eher von Kategorien wie Bild- und Schriftbildlichkeit sprechen (vgl. Stanitzek 2004, 6). Der Paratextbegriff ist nach Genette also primär auf solche Elemente fokussiert, die mit dem Korpus des Buches materiell verbunden und damit klar in der visuellen Wahrnehmung verhaftet sind.

Anders verhält es sich bei den ‚Epitexten', die Genette jedoch nur kursorisch ausführt. Als ‚Epitexte' werden jene Paratexte bezeichnet, die nicht tatsächlich in das Buch als Einzelwerk eingebunden sind. Dazu zählen autonome Verlagsstrategien, Interviews (→ INTERVIEW), Debatten, Selbstkommentare etc. Wenn sich diese Aufzählung um solche Aspekte wie die Aufmachung eines Booklets einer CD/DVD, Rezensionen, Gattungsbezeichnungen, Making-of-Material, Produktionsinformationen bei iTunes oder den Audiovorspann auf Hörbuchplattformen wie Audible erweitern ließe, dann lassen sich auch Formen akustischer Literatur mithilfe des Paratextkonzepts analysieren (→ LITERATURBETRIEB; → HÖRSPIEL, HÖRBUCH). Denn jedes Hörbuch enthält ein Minimum an schriftbildlichen Paratexten, selbst reine Audiodateien haben einen Namen, und die Metadaten geben zumindest Auskunft über das Datum der Aufnahme und die verwendete Aufnahmetechnologie (vgl. Binczek 2012, 67). Insofern erweist sich diese medienspezifische Form von Paratextualität auch als ‚paramediale' Rahmungsfunktionen (vgl. Wirth 2012, 216–218). Einen besonderen Stellenwert für die Publikationspraxis von Hörbüchern und Hörspielen nimmt dabei ein vergleichsweise knapper Paratext ein: die ISBN-Nummer. Erst dieser Paratext ermöglicht den Eintritt in den deutschen Buchhandel und damit den Vertrieb, der über die Ausstrahlung im Rundfunk hinausgeht. Akustische Literatur wird zugänglich, sie wird für Verlage interessant und sie kann Thema der Kritik auf den Medienseiten werden. „Die

Radiosendung wird also erst in der Gestalt eines Hörbuchs dokumentierbar und erhält damit im wissenschaftlichen Sinne eine Veröffentlichungsgeschichte; sie wird zitierfähig und das ermöglicht überhaupt erst die breite Rezeption der Werke" (Vormelker 2016, 79). Damit ist die ISBN-Nummer Voraussetzung für das Entstehen weiterer Paratexte, die das Werk als solche konstituieren (vgl. 3.1. KAMMER; 4.20. BERNHART). Inwiefern es auch akustische Paratexte in dem Sinn gibt, dass sie nicht nur ein akustisches Werk schriftlich rahmen, sondern auch selbst in Form akustischer Mitteilung auftreten, ist bislang lediglich im Ansatz erörtert worden (Schwering 2004; Wirth 2012). Dabei ließe sich die Kategorie des Paratextes auch auf solche Elemente wie die Anmoderationen oder musikalische Untermalungen bei Lesungen sowie auch auf bestimmte Merkmale der Stimme des Vorlesenden beziehungsweise Sprechers – Akzent, Tonlage, Manierismen etc. – anwenden.

Audiobook (→ HÖRSPIEL, HÖRBUCH; → PODCAST)

Blende – Dramaturgisches beziehungsweise tonbandtechnisches Mittel (vgl. 2.5. BARTEL), mit dem nachträglich eine Bearbeitung des Tonmaterials vorgenommen wird (→ POSTPRODUKTION). Bei der Blende werden zwei Audiospuren miteinander gemischt, wobei eine langsam leiser, also ausgeblendet wird, die andere langsam lauter, also eingeblendet wird. Als dramaturgisches Mittel ist die Blende wichtig, weil sie im Gegensatz zum Cut (→ SCHNITT) eine Szene nicht abrupt abbrechen lässt, sondern in eine neue Szene unmerklich überleitet.

Collage, Montage – Collage und Montage sind Begriffe, die in der klassischen Avantgarde (etwa des kubistischen *papier collé* oder des dadaistischen Klebebildes) beziehungsweise im Kontext der Filmkunst Karriere gemacht haben. Dabei lässt sich in allen Kunstbereichen ein „Wirrwarr" um beide Begriffe feststellen, „der sich auch in der Hörspielphilologie niederschlägt" (Vowinckel 1995, 19; vgl. 3.1. KAMMER). Bei Collage und Montage geht es um das Zusammenfügen von verschiedenen, mitunter auch verschiedenartigen Elementen zu einer neuen Einheit. Dies geschieht im Medium Rundfunk durch Schnitt und Blende (→ BLENDE; → SCHNITT). Dabei wird bei Aufnahmen auf Tonbändern tatsächlich geschnitten und geklebt; insofern ist die Analogie zur Collage plausibel. Das Schneiden gehört zum Handwerkszeug des Hörspielmachens – und des Featuremachens (vgl. Kagel und Schöning 1982) – Gleiches gilt für die Hör- und Funkcollagen (vgl. 4.17. SCHUMACHER). Ob sich jedoch zwischen der Montage als einem „technisch-formalen Vorgang des Zusammenfügens" und der Collage als künstlerischem Konzept, „um Sprünge, Brüche, Widersprüche hörbar zu machen", unterscheiden lässt, wie Reinhard Döhl vorschlägt (Döhl 1988b, 134), ist umstritten (vgl.

Vowinckel 1995, 21). Mit der Einführung digitaler Aufzeichnungsmedien (→ AKUS-
TISCHE AUFZEICHNUNGSMEDIEN) werden neue Verfahren des Collagierens und
Montierens möglich, etwa das ‚Sampling' (vgl. Großmann 2002b), bei dem digital
gespeicherte Klänge und Töne verwendet werden, um neue Soundmischungen zu
erzeugen (→ POSTPRODUKTION), die den Charakter von komplexen Geräuschkom-
positionen annehmen können.

Deklamation, Rezitation – Bei der Frage nach Deklamation oder Rezitation geht
es um die grundsätzliche Beziehung des Sprechers zum Text. Bereits die antiken
Rhetoriken haben zahlreiche Regeln der richtigen Deklamation und Rezitation
aufgestellt. Bis ins späte 19. Jahrhundert hinein wurden sie in Schulen gelehrt und
zur Anwendung gebracht. Von besonderer Bedeutung aber sind Deklamation und
Rezitation im Kontext des Theaters, das sich um 1800 verstärkt um eine Neubestimmung dieser Vorlesepraktiken bemüht. In Johann Wolfgang Goethes „Regeln
für Schauspieler" (1803), die auch einige Vorschriften für den öffentlichen Vortrag
enthalten, werden vier verschiedene Arten zu lesen unterschieden: Vorlesen,
Rezitieren, Deklamieren und der rhythmische Vortrag (→ RHYTHMUS). Im Gegensatz zur stillen Lektüre eines (literarischen) Textes bezeichnen Deklamieren und
Rezitieren das stimmlich-laute Vortragen vor Publikum. Die beiden Vortragsarten
unterscheiden sich vor allem hinsichtlich ihrer performativen Ausgestaltung. In
der Regel handelt es sich um „textgestützte Lesungen oder Auswendig-Sprechen,
also Redeakte, bei denen Stimme und Performance einen geschriebenen und
zumeist bereits publizierten Text vergegenwärtigen" (Meyer-Kalkus 2015, 108).
Der Rezitator hält, wenn er den Text eines anderen vorträgt, Abstand zum Text,
eine Verwandlung in die im Text formulierte Rolle findet nicht statt. Er ist Vermittler der „Ideen des Dichters" (Goethe 2001 [1803], 254 [§ 18–20]). Anders verhält
es sich bei der Deklamation: Hier ist der Einsatz pathetischer Ausdrucksformen
nicht nur erlaubt, sondern integraler Bestandteil einer „gesteigerten Rezitation"
(Goethe 2001 [1803], 254 [§ 18–20]). Der Vortragende verwandelt sich in die Rolle,
die er spricht. Damit soll die Deklamation dem Text das zurückgeben, was sie in
der Schrift verloren hat. Bis ins ausgehende 18. Jahrhundert war die Deklamation
die bevorzugte literarische Präsentationsform, die schließlich um 1900 durch das
Rezitieren abgelöst wurde (vgl. Maye 2015, 234 sowie in diesem Band 4.5. MAYE;
4.6. MEYER-KALKUS).

Feature – Das Feature ist eine Hörfunkgattung, die mit Sprache, Musik, Geräusch
und Stille über unterschiedliche Sachverhalte in narrativer Form berichtet. Als
Stilmittel verwendet es häufig zitierende Collage- und Montagetechniken – im
Hörfunk der Nachkriegszeit auch unter Einbezug sogenannter O-Ton-Aufnahmen
von Interviews (→ INTERVIEW) und Geräuschen. Der Terminus wurde 1939 durch

die BBC etabliert, setzte sich in Deutschland jedoch erst nach 1945 durch. Zuvor waren Bezeichnungen wie ‚Hörfolge' (Hülsebus-Wagner 1983), ‚Hörbild' oder ‚Hörcollage' üblich. In seinem „Versuch über das Feature" (1953) beschreibt Alfred Andersch selbiges als radiophone Verarbeitungsweise, was mit der etymologischen Herleitung des Begriffs des lateinischen *factura* für ‚machen' zusammenhängt: Das Feature ist demnach nicht die Sache selbst, es ist nicht „die Reportage oder Dichtung selbst", sondern „das *making*, die Übertragung, das In-Form-Bringen eines Inhalts, das Machen einer Spezialität, es ist in der Praxis eine Montage-Kunst par excellence" (Andersch 2004 [1953], 350; → COLLAGE, MONTAGE). Zugleich geht Andersch davon aus, dass die Mittel des Features unbegrenzt sind, dass sie vom Journalismus bis zur Dichtung reichen, „weshalb die Grenzen zwischen Hörspiel und Feature immer fließend bleiben werden" (Andersch 2004 [1953], 350–351; vgl. 4.16. ÄCHTLER).

Hörspiel, Hörbuch – Der Begriff ‚Hörspiel' bezeichnet im Unterschied zu den sogenannten Sendespielen, die nach vorhandenen Vorlagen lediglich für eine Hörfunksendung bearbeitet wurden, ein eigens für den Rundfunk geschriebenes Werk (vgl. Würffel 1978, 18). Besonders in der Anfangsphase des öffentlichen Rundfunks (→ RUNDFUNK(ANSTALT)) in den 1920er Jahren wurde auf künstlerischem Gebiet hauptsächlich das geboten (→ LITERATURBETRIEB), was auch ohne Vermittlung durchs Radio möglich war. Auch wenn in den Programmzeitschriften ‚Hörspielabende' angekündigt wurden, handelte es sich genau genommen um ‚Sendespielabende'. Eigens auf die medienspezifischen Bedingungen des Rundfunks hin geschriebene Hörspiele wie Hans Fleschs *Zauberei auf dem Sender* blieben die Ausnahme (vgl. 4.12. HAGEN). Rudolf Arnheim zufolge verwendet eine dezidiert radiophone „Hörkunst" literarische Werke nicht nur als „Montagematerial", sondern setzt radiophone Stilmittel wie die „akustische Montage" (Arnheim [1936] 2001, 198) ein. Poetische und politische Aspekte einer medienspezifisch radiophonen Hörästhetik entwarfen Bertolt Brecht („Vorschläge für den Intendanten des Rundfunks"; Brecht [1927] 1967), Alfred Döblin („Literatur und Rundfunk"; Döblin [1929] 1989) und Walter Benjamin („Hörmodelle"; Benjamin [1931/1932/1933] 1991; vgl. 4.11. SCHWERING). Ein ausgesprochen einflussreiches Konzept des Hörspiels stellt Richard Kolbs Programmschrift *Horoskop des Hörspiels* (1932) dar, die sich mit dem „Wesen des Hörspiels" (Kolb 1932, 5) im Rekurs auf das „Wesen des Funks" (Kolb 1932, 12) auseinandersetzt. Zwar kann der Funk nach Kolb, „das Stoffliche, Körperliche und damit die sichtbare Handlung nicht wiedergeben" (Kolb 1932, 14), doch das gesprochene und gesendete Wort ruft beim Hörenden „*Vorstellungen* und als Folge davon *Gemütsbewegungen* hervor" (Kolb 1932, 15). Damit spielen sich alle Bühnenvorgänge, in „seiner inneren Welt" ab (Kolb 1932, 37). Diese Tendenz der Verinnerlichung prägt die Hörästhetik des

Nachkriegshörspiels (vgl. 4.15. BANNASCH) und findet sein theoretisches Echo in Erwin Wickerts Artikel „Die innere Bühne", in dem er die „Phantasie des Hörers" (Wickert 1954, 513) zur imaginären Bühne erklärt, auf der die Handlung des Hörspiels spielt und sich die starke Assoziationskraft, die von den Worten und Geräuschen des Hörspiels ausgeht, entfaltet (vgl. Wickert 1954, 510).

In Abgrenzung dazu bildet sich Ende der 1960er Jahre eine neue, experimentelle Richtung, das sogenannte Neue Hörspiel heraus (→ AKUSTISCHE LITERATUR), das mit den eingespielten Hörerwartungen brechen will – zum einen in Form einer „kritisch-analytischen Bestandsaufnahme traditioneller Hörspielformen" (Schöning 1969, 9), zum anderen durch Entwicklung und Erprobung möglicher Alternativen – etwa in Form von Essays, Gesprächen, Arbeitscollagen und Dokumentationen (vgl Schöning 1969, 9). Dabei zeichnet sich das Neue Hörspiel vor allem durch seine Selbstreflexivität aus, insofern „das Hörspiel sich selbst zum Problem wird" (Döhl 1988a, 61; vgl. 4.17. SCHUMACHER).

Die Bezeichnung ‚Hörbuch' respektive ‚Audiobook' suggeriert, es handle sich um ein vertontes, auf einen Tonträger (→ TONTRÄGER) eingesprochenes Buch. Auch wenn die meisten Hörbücher als Aufzeichnungen von Autorenlesungen oder Lesungen durch professionelle Vorleser realisiert werden, fallen auch auf Tonträgern veröffentlichte Hörspiele, Interviews (→ INTERVIEW), Poetik- und andere Vorlesungen, aber auch Poetry Slams (→ POETRY SLAM) oder Features (→ FEATURE) unter diese Kategorie. Ferner sind Hörbücher nicht auf eine als Buch publizierte Textgrundlage angewiesen, sondern können auch ausschließlich akustisch hergestellte Texte enthalten. Der Begriff ist somit diffus und verweist stärker auf bestimmte Distributionszusammenhänge denn auf eine Gattungseinheit. Medientechnisch verdankt sich das Hörbuch den Möglichkeiten der analogen Schallaufzeichnung und -reproduktion, die mittlerweile weitgehend durch digitale Verfahren ersetzt worden ist (vgl. 2.7. BINCZEK).

Improvisation – In den Künsten nimmt das Improvisieren einen ambivalenten Status ein: Obwohl es sich bei der Improvisation um einen Ausbruch aus dem Geplanten und einen Freiheitsgrad gegenüber dem Erwartbaren handelt, ist das Improvisieren zugleich an komplexe Rahmensettings von Regeln zur Hervorbringung eines spontanen Effekts gebunden (vgl. Bormann 2010, 7–9). In Bezug auf akustische Literatur fällt es daher zunächst schwer, die Praxis des Improvisierens mit den Entstehungsbedingungen eines Hörbuchs oder Hörspiels zusammendenken. Dementsprechend selten sind theoretische Auseinandersetzungen mit den Möglichkeiten der Improvisation im Hörspiel (vgl. Vowinckel 1995, 276–278). Umgekehrt zeigt die historische Hörspielpraxis (→ HÖRSPIEL, HÖRBUCH), dass gerade die ersten Sendespiele, die mangels akustischer Speichermedien live vor dem Mikrophon inszeniert wurden, ein relativ hohes Improvisationspotenzial besitzen. Mit dem Aufkommen des traditionellen, literarischen Hörspiels in der Nachkriegszeit (vgl. 4.15. BANNASCH) war das Improvisieren als ästhetisches Gestaltungsprinzip verbannt. Erst in den 1970er Jahren kam es mit den sogenannten O-Ton-Hörspielen zu erneuten Experimenten (→ AKUSTISCHE LITERATUR; vgl. 4.17. SCHUMACHER).

Interview – Im weiteren Sinn lässt sich das Interview als ein Gespräch dialogischer Natur bezeichnen, das in der Regel einer Frage-Antwort-Struktur folgt. Im engeren Sinn aber ist das Interview als eine spezifische, an die Zeitung und Zeitschrift gebundene Textsorte definiert, die sich im 19. Jahrhundert in der französischen und englischen Presse etablierte und als Befragung praktiziert worden ist. Vorwiegend wird das Interview von einer Journalistin oder einem Journalisten mit Personen öffentlichen Interesses, zum Beispiel mit einem Politiker, Künstler oder Wissenschaftler geführt, wobei meistens auf im Vorfeld bereits festgelegte Fragestellungen zurückgegriffen wird, die jedoch inmitten des Gesprächs von Gegen- sowie Verständnisfragen ergänzt werden können. Ein Interview kann im Hör- oder Rundfunk live (→ LIVE) übertragen oder in ausgewählten Ausschnitten dargestellt und nachträglich gesendet werden. Interviews werden mit dem Ziel geführt, gesprächsweise Informationen oder Meinungsäußerungen zu erhalten, weshalb sie eine zentrale Technik journalistischer Recherche bilden. Die Befragten können eine Autorisierung des Interviews verlangen, das heißt, eine Sichtung der verschriftlichten Form in Anspruch nehmen, die publiziert werden soll (analog zur Druckerlaubnis in Printmedien und Onlinemedien). Literaturwissenschaftlich ist das Interview in dreifacher Hinsicht von Bedeutung: Erstens führen Autoren, die auch journalistisch tätig sind, Interviews, zweitens werden Autoren interviewt, und drittens werden fiktive und authentische Interviews als literarisches Mittel eingesetzt (vgl. 3.3. WALZER).

Innere Bühne – Das Konzept stammt aus Richard Kolbs *Horoskop des Hörspiels* (1932). Kolb fasst das Hörspiel als Stimme ohne Körper auf (→ STIMME), die das Gewissen verkörpert und auf diese Weise einen intimen, evidenten Kontakt zum Hörer garantiert. Die Bühne des Hörspiels ist das Bewusstsein des Hörers, der zum „*Träger* der Rolle wird" (Kolb 1932, 16). Im Zuge dieser Verinnerlichung müssen „alle Vorgänge, die sich auf der Bühne im grellen Rampenlicht abspielen, [...] in seiner inneren Welt vor sich gehen" (Kolb 1932, 37). Diese Tendenz der Verinnerlichung war in der Nachkriegszeit für die Vertreter des literarischen Hörspiels der BRD relevant (vgl. 4.15. BANNASCH; 4.16. ÄCHTLER), die sich gleichzeitig von der Rezeption Kolbs seitens der Nationalsozialisten für propagandistische Zwecke absetzten (vgl. 4.13. SARKOWICZ). Seine Reprise findet das Konzept der ‚inneren Bühne' bei Erwin Wickert, der in seinem gleichnamigen Artikel 1954 im Rekurs auf die Ästhetik des Nachkriegshörspiels schreibt: „Die Handlung des Hörspiels spielt auf einer Inneren Bühne" (Wickert 1954, 509). Dies bedeutet zugleich: Die Bühne des Hörspiels ist „die Phantasie des Hörers" (Wickert 1954, 513; → HÖRSPIEL, HÖRBUCH; vgl. 2.7. BINCZEK).

Körper – Obwohl der Körper der sprechenden Akteure im Hörspiel oder Hörbuch nicht präsent ist, ist er die wichtigste Instanz für die Stimmbildung. So wurde das erste ausgestrahlte ‚Sendespiel' – Schillers *Wallensteins Lager* von 1924 – live vor dem Mikrophon aufgeführt (→ LIVE): in Kostüm, Maske und mit Requisite ausgestattet wie auf einer Theaterbühne, um die Suggestivkraft zu erhöhen (vgl. Schwitzke 1960, 9). Hier wird die Vorstellung artikuliert, dass nur der vollständig ausgestattete Theaterkörper in Interaktion und Bewegung mit den anderen Akteuren auf der Bühne stimmlich brillieren kann (→ STIMME). Denn obwohl die Ausstattung der Schauspieler für die Rezipienten des Sendespiels unsichtbar blieb, wurde eine Körperpraxis von der Theaterbühne auf das Hörspiel übertragen (vgl. Pinto 2012, 12). Dieses Verständnis von Körperlichkeit im Hörspiel beschränkte sich zunächst auf die wenigen live produzierten Sendespiele in der Anfangszeit des Rundfunks (→ HÖRSPIEL, HÖRBUCH). Wenige Jahre später lässt sich in der Hörspieldramaturgie eine klar gegenläufige Tendenz beobachten: Der Körper wird sublimiert, und das Radiohören findet in purer Innerlichkeit statt (vgl. Hagen 2005, 163; vgl. 4.12. HAGEN). Mit dieser Negation werden jedoch auch alle anderen Akteure, die an der Produktion eines Hörspiels beteiligt sind, zum Verschwinden gebracht. Die Funktion von Regisseuren, Tontechnikern und Sprechern reduziert sich auf das Einrichten des Dichterwortes für die radiophone Wiedergabe. Zum ästhetischen Maßstab für das Hörspiel wird die Form, in der das literarische Wort sich auf der „Inneren Bühne" (Wickert 1954, 509; → INNERE BÜHNE) eines jeden Rezipienten entfalten kann. Eine ähnliche Auffassung vom Körper im Hörspiel entwickelte Rudolf Arnheim in „Rundfunk als Hörkunst", allerdings ohne die technischen und medialen Bedingungen des Rundfunks ganz auszublenden. Zugleich lobt er die „Blindheit" des Radios als „Befreiung vom Körper" (Arnheim [1936] 2001, 87). Eine genau entgegengesetzte Tendenz findet sich bei den Poetry Slams (vgl. 4.18. BENTHIEN UND PRANGE): Hier zeichnet sich die Inszenierungssituation gerade durch die „Körperlichkeit der Lyrik-Performance" aus (Novak 2017, 147), da Autorinnen und Autoren ihre Texte vor (körperlich) anwesendem Publikum präsentieren (vgl. 4.10. KOLESCH).

Literaturbetrieb – Der Literaturbetrieb umfasst den Bereich der Herstellung, Verbreitung, Vermittlung und Rezeption von Literatur und bezeichnet das Zusammenwirken von Verlegern, Autoren, (Massen-)Medien, literarischen Gesellschaften, Museen, Stiftungen und Ähnlichem. Dazu gehören neben den Stadtbibliotheken,

Buchhandlungen und Literaturfestivals als Austragungsorte literarischer Lesungen im Besonderen die Hörspielabteilungen in den Rundfunkanstalten sowie die diversen Hörbuchverlage (→ RUNDFUNK(ANSTALT)). Dabei haben die Hörspielredaktionen in den Radios und Verlagen einen wesentlichen Einfluss auf die Verkaufszahlen beziehungsweise den Bekanntheitsgrad von einzelnen literarischen Titeln auf dem Buchmarkt. In diesem Sinne definiert der Begriff Literaturbetrieb ökonomische Regeln, denen nicht nur die Produktion von akustischer Literatur unterliegt, sondern auch die Distribution, und die reicht von den Hörspielsendeplätzen im Radio bis zum Vertrieb über den Buchhandel. In den Redaktionen werden schließlich ökonomische, rechtliche, technische und ästhetische Aspekte ausgehandelt, die das finale Produkt maßgeblich beeinflussen können. Darüber hinaus übernimmt der Literaturbetrieb Marketingaufgaben, wie beispielsweise die Organisation von Lesungen und Lesereisen. Eine solche Lesung erschöpft sich dabei nicht allein im eigentlichen Kern der Veranstaltung – nämlich dem Vorlesen eines Textes –, sondern ist von einer Reihe paratextueller Elemente gerahmt (vgl. Mütherig 2015, 257; → AKUSTISCHE PARATEXTE). Eine öffentliche Lesung lässt sich etwa in fünf unterschiedliche Sequenzen gliedern, die von der (An-)Moderation über die eigentliche Lesung, ein moderiertes Gespräch (mit dem Publikum) bis hin zur Signierstunde und dem Ausklang der Veranstaltung reicht (Bartmann 2004, 125). Der Literaturbetrieb konstruiert auf diese Weise insbesondere für das Feld der akustischen Literatur einen Werkzusammenhang, der über den eigentlichen Text hinausgeht und damit die epitextuellen Rahmenbedingungen von akustischer Literatur, Hörspielen und Hörbüchern konstituiert (→ HÖRSPIEL, HÖRBUCH).

Live – Bezeichnet die Übertragungen in Echtzeit respektive die Direktübertragung (vgl. 4.11. SCHWERING) im Rahmen von Medienereignissen im Rundfunk. Es bezeichnet ein Attribut, das mediengeschichtlich zuallererst durch das Radio ermöglicht worden ist. Live meint auch, dass die Sendung nicht nachträglich bearbeitet wird, womit die Authentizität der Aufnahme garantiert wird. Eine Liveaufführung akustischer Literatur erlebt das Publikum beispielsweise beim Format des Poetry Slam (vgl. Novak 2011; Novak 2014; → POETRY SLAM; vgl. 4.18. BENTHIEN UND PRANGE), die den Aufführenden eine spezifische Form der Performanz abverlangt und auf Seite des Rezipienten ein Gefühl einmaliger ‚Ereignishaftigkeit' hervorruft. In seiner Funktion als eine Art Jury kann das Publikum bei der Übertragung des Slam jedoch nicht einbezogen werden. Zu den bekanntesten Literaturevents, die live übertragen werden, gehören die jährlichen Lesungen im Rahmen des Bachmann-Wettbewerbs in Klagenfurt. Dabei wird das Ereignis sowohl im Rundfunk als auch im Fernsehen live ausgestrahlt.

Mikrophon – Ein Mikrophon ist eine technische Apparatur, die Schallschwingungen in Stromspannungen transformiert. Es ist um 1900 während der Entwicklung des Telegraphons durch den dänischen Physiker Valdemar Poulsen als dessen Bauelement entstanden und ermöglicht in Verbindung mit dem Tonband als Speichermedium überhaupt erst Audioaufnahmen (→ Akustische Aufzeichnungsmedien). Als Kopplung mit einer Audioanlage (Lautsprecher) erlaubt der Einsatz des Mikrophons die Anhebung der Lautstärke einer einzelnen Stimme. Heute gibt es verschiedene Formen von Mikrophonen für unterschiedliche Anlässe (Funkmikrophon, Studiomikrophon, Bügelmikrophon, Headset etc.). Mikrophone sind mittlerweile nicht nur transportabel, sondern häufig bereits in Aufnahmegeräten (etwa Diktiergeräten) integriert (vgl. 3.4. Epping-Jäger).

Mündlichkeit (Oralität) – Mündlichkeit wird häufig im Gegensatz zu Schriftlichkeit definiert als stimmliche Form (→ Stimme) der Verlautbarung von Sprache, die instantan und flüchtig ist. Seit der Einführung des phonetischen Alphabets im 8. Jahrhundert v. Chr. ist es möglich, mündliche Äußerungen lautsprachlich aufzuzeichnen. Während es sich dabei um eine Transkription (vgl. 2.3. Jäger; 4.1. von Möllendorff; 4.2. Däumer) von einer medialen (akustischen) Modalität in eine andere (visuelle) handelt, wird es mit der Entwicklung neuer technischer Aufzeichnungsmedien, allen voran dem Phonographen (→ Akustische Aufzeichnungsmedien), möglich, mündliche Sprache auch akustisch aufzuzeichnen. Während man die Zeit, in der die mündliche Sprachverwendung im gesellschaftlichen Alltag eine dominante Stellung einnimmt, als orale Kultur bezeichnet (Goody 2010), bricht sich mit den Möglichkeiten lautsprachlicher Aufzeichnung die Schriftkultur Bahn. Dies bedeutet aber noch nicht, dass Mündlichkeit durch Schriftlichkeit verdrängt wird, sondern dass es zu einer Interferenz kommt, bei der, wie Eric A. Havelock ([1982] 1990, 46) gezeigt hat, im Medium der Schriftlichkeit immer noch ‚konzeptionell' mündlich gedacht wird (vgl. hierzu Koch und Oesterreicher 1994; vgl. 4.5. Maye). Mit der Entwicklung neuer Aufzeichnungstechniken wie dem Phonographen (vgl. 4.8. Bühler), vor allem aber mit dem Aufkommen von Übertragungsmedien wie dem Telefon (vgl. 4.9. Wirth) und dem Radio (Hagen 2005) kommt es zu einer neuen Dominanz des Mündlichen im öffentlichen sowie privaten Raum, die Walter Ong als „sekundäre Oralität" (Ong [1982] 1987, 10) bezeichnet.

Im Gegensatz zur primären Oralität schafft die sekundäre Oralität, etwa mithilfe des Radios, „einen Sinn für unendlich größere Gruppen" (Ong [1982] 1987, 136) und erweckt damit den Eindruck einer medial vermittelten Nähe, den Marshall McLuhan mit dem Oxymoron ‚globales Dorf' zu beschreiben vorschlug.

Partitur – Die Partitur bezeichnet eine Aufzeichnung von Musik in Notenschrift. Sie entsteht in der Regel als Niederschrift durch den Komponisten vor der Aufführung eines Werkes. Die Partitur dient einem Orchester oder Dirigenten als Vorlage, die für eine Aufführung entsprechend den historischen und räumlichen Bedingungen interpretiert wird. Im Hörbuch- und Hörspielbereich (→ Hörspiel, Hörbuch) werden keine Partituren angefertigt und auch die literarischen Vorlagen oder Manuskripte können nicht als Partituren angesehen werden, die in Korrespondenz mit dem aufgeführten Werk stehen (vgl. Schmedes 2012, 116–117). Zum einem werden in den seltensten Fällen die prosodischen und sprechertypischen Aussprachemerkmale in einer standardisierten Art und Weise in den Manuskripten protokolliert (vgl. Schönherr 1999, 167–168); zum anderen führt die Produktionssituation im Tonstudio mit der Vielzahl von Akteuren (Regie, Tontechnik, Musik, Geräusche) dazu, dass viele Entscheidungen für die finale Fassung in einem ausprobierenden und experimentellen Prozess direkt in der Audiosoftware getroffen werden (→ Software; → Tontechniker), wodurch sich die einzelnen Schritte der Prozessketten nicht mehr eindeutig rekonstruieren lassen (→ Akustische Kunst; → Akustische Literatur). In diesem Sinne können Hörspieltexte immer nur mögliche „Potentiale für akustische Realisationen" enthalten (Schöning 1979, 467). Das philologische Interesse (vgl. Döhl 1982) an akustischer Literatur sieht sich mit dem Problem konfrontiert, dass die Genese von Hörbüchern und Hörspielen auf diesem Weg nur schwer nachvollzogen werden kann (vgl. 2.5. Bartel).

Performance (→ Poetry Slam)

Poetry Slam – Unter einem Poetry Slam versteht man in Abgrenzung zu einer Autorenlesung eine Liveperformance, bei der ein Poet oder eine Poetin vor anwesendem Publikum eigene Werke (auch wenn der Poetry-Begriff auf Lyrik verweist, handelt es sich häufig um erzählende Kurztexte) präsentiert. Dabei zeichnet sich die Inszenierung der ‚Poet-Performer' (vgl. Novak 2011, 179–193) durch ihren Livecharakter (→ Live) und durch ihre „Körperlichkeit" aus (Novak 2017, 147; → Körper). Ein entscheidendes weiteres Charakteristikum besteht im Einbezug des Publikums als Juror in den Wettbewerb. Der aus den USA stammende Poetry Slam ist seit den 1990er Jahren in den deutschsprachigen Ländern zum festen Bestandteil des Literatur- und Kulturbetriebes geworden. Lino Wirag hat in seinem Essay „Die Geburt des Poetry Slams aus dem Geist des Theaters" den Poetry Slam als „literarisch-theatrale, agonal-plebiszitäre Veranstaltungsform" (Wirag 2014, 270) charakterisiert, die sich unter anderem durch „spatio-temporale Limitierung", „Singularität", „Transienz", „Ästhetisierung", „Regularität" und „Kollektivität" auszeichnet (Wirag 2014, 270–271; vgl. 4.18. Benthien und Prange).

Podcast – Unter einem Podcast werden im Internet veröffentlichte Audiodateien verstanden: Beiträge, Gespräche, Sendungen (die englische Bezeichnung für Rundfunk *broadcast* ist nicht zufällig Teil des Kompositums *podcast*), die zum kostenlosen Download aus einer digitalen Bibliothek heruntergeladen werden können. Die Auswahl ist nach Kategorien, Sendern und Themen gegliedert. Nicht selten stellen Podcasts Fachthemenbesprechungen dar; Hauptmerkmal ist das technisch ermöglichte, zeitsouveräne Nachhören für unterwegs (transportabel). Abonnierbar sind etwa Folgen und Ausschnitte aus Radiosendungen sowie Interviews (→ INTERVIEW), Hörspiele (→ HÖRSPIEL, HÖRBUCH), aber auch eigens in dem Format erstellte Produktionen. Podcasts sind in der Regel serieller Natur. Das Angebot stellen sowohl private als auch öffentlich-rechtliche Sender (→ RUNDFUNK(ANSTALT)). Podcasts finden viel Verbreitung gerade auch durch Hardwarefortschritte – angefangen mit den iPods bis zu heutigen Tablets und Smartphones (vgl. Hagedorn 2018).

Postproduktion – Die Postproduktion umfasst alle nachträglichen Arbeitsschritte an Film- oder Audiospuren, bei der mithilfe von Studiotechnik (→ TONTECHNIKER), Tonaufnahmen (,Takes') bearbeitet werden. Das kann durch den Einsatz von Blenden (→ BLENDE), Schnitten (→ SCHNITT; → SCHNEIDETISCH) sowie Effekten wie Raumakustik (→ RAUM) erfolgen, wobei früher Mehrspurtonbänder verwendet wurden, heute jedoch vor allem Schnitt- und Bearbeitungssoftware (→ SOFTWARE) zum Einsatz kommt, um mehrere Audiospuren mischen zu können (vgl. 2.5. BARTEL). Das Arbeiten mit Tonbändern ermöglichte vielen Hörspielautoren neue Herangehensweisen an ihr Klangmaterial (vgl. 2.4. SCHMITZ-EMANS; 2.17. SCHUMACHER). Dadurch wurden auch Formen des ,Remastering' und des ,Sampling' populär (vgl. Großmann 2002b).

Prosodie – Im Gegensatz zur normierten Druck- und Schreibschrift ist die Stimme mehrdimensional, sie kann in ihrer physikalischen Materialität – also in Tonhöhe, Klangfarbe, Modulation und Tempo – variieren (→ STIMME). Diese unterschiedlichen Möglichkeiten, einen Text sprecherisch zu gestalten, lassen sich mithilfe der Prosodie beschreiben. Dabei umfassen die prosodischen Merkmale die Gesamtheit derjenigen lautlichen Eigenschaften der Sprache, die nicht an den Laut beziehungsweise das Phonem als das minimale lautliche Segment gebunden sind. Bei prosodischen Merkmalen handelt es sich um Ausspracheakzente, die viel Raum für Gestaltungsmöglichkeiten lassen (vgl. 4.1. VON MÖLLENDORFF): Die prosodischen Gestaltungsmittel erstrecken sich in ihrer Funktion über kommunikative, strukturierende, emotionale und ästhetische Aufgaben: Akzentsetzungen und Intonationsvariationen finden auf der Makroebene der Gesamtinterpretation (u. a. Gliederung, Dramaturgie) sowie auf den Mikroebenen einzelner Sätze oder gar Wörter (Betonung) statt (vgl. Schnickmann 2007, 34). Neben den prosodischen Merkmalen haben Parameter wie Sprechgeschwindigkeit, Rhythmus (→ RHYTHMUS), Pausen und Zäsuren weiteren Einfluss auf die Spannungserzeugung und Gliederung eines akustischen Textes. So markiert das Zusammenspiel von Pause und Stimme, was inhaltlich zusammengehört, gliedert also, segmentiert und betont (vgl. 4.4. BERNDT; 4.6. MEYER-KALKUS).

Radio (→ RUNDFUNK(ANSTALT); → RUNDFUNK(APPARAT))

Raum, Studio – Schall breitet sich in Abhängigkeit von Zeit im Raum aus. Dementsprechend wichtig ist der Raum für akustische Kunst und Hörspiel. Egal, ob Hörspiel oder Lesung – die Aufnahmen finden immer in einem Raum mit bestimmten akustischen Eigenschaften statt (→ AKUSTIK). Diese raumakustischen Eigenschaften bestimmen maßgeblich das Klangbild und die Möglichkeiten zur Weiterbearbeitung der Aufnahme (vgl. Arnheim 2001, 48). Das trifft im Prinzip auch auf einen schalltoten Aufnahmeraum in einem professionellen Tonstudio zu, da hier bewusst und kontrolliert Raumeffekte ausgeblendet werden können, um eine Sprachaufnahme zu produzieren (→ TONTECHNIKER), die sich problemlos in den Kommunikationsraum des Rezipienten einfügen kann. Die Sprecher sind bei der Aufnahme nur wenige Zentimeter vom Mikrophon entfernt und sitzen in einem Tonstudio, das kaum Hall aufweist. Die Aufnahme gibt nur die Stimme wieder, Hinweise auf die Raumakustik („Atmo', ‚Ambiance'; → ATMO) gibt es keine (vgl. Häusermann 2016, 36). In der Postproduktion (→ POSTPRODUKTION) können diese (Sprach-)Aufnahmen dann umso leichter mit entsprechenden Raumeffekten ausgestattet werden (vgl. 2.5. BARTEL).

Rhythmus – Primäres Kennzeichen für den Rhythmus ist die geordnete Wiederkehr von (klanglichen) Elementen oder Mustern. In historischer Perspektive ist der Rhythmus mit der Metrik, also der Kunst des Messens, verbunden. Die Metrik untersucht die ‚gebundene Rede' nach ihrem spezifischen Spannungsverhältnis von Versmaß (Metrum) und Rhythmus (Sprachfluss). Seit der Antike ist dieses Spannungsverhältnis Gegenstand diverser Rhythmustheorien und darauf aufbauender normativer Verslehren (vgl. 4.1. VON MÖLLENDORFF). Seit der Frühen Neuzeit steht das Metrum zunehmend für die Regelhaftigkeit und der Rhythmus für die Abweichung. In den Dichtungstheorien des 17. Jahrhunderts wird die Metrik zum Gegenstand der Poetik erhoben; der Rhythmus verliert zunächst an Bedeutung. Mit der Romantik kommt es zu einem erneuten Perspektivwechsel, und die ästhetische Spannung zwischen Metrum und Rhythmus wird zum poetischen Ideal erhoben (vgl. 4.4. BERNDT; 4.6. MEYER-KALKUS). In den lebensphilosophischen Konzepten um 1900 wird der regelhafte Takt als künstliches Ordnungssystem verworfen und der Rhythmus zum ‚organischen Prinzip' erklärt. Dabei wird der Begriff in den verschiedenen Disziplinen der Kunst-, Musik-, Theaterwissenschaft oder Philosophie unterschiedlich definiert (vgl. Meyer 2008b).

Rundfunk(anstalt) – Der Begriff ‚Rundfunk' bezieht sich sowohl auf die Organisation des Sendebetriebs in technischer und redaktioneller Hinsicht als auch auf diejenige des Sendebetriebs als gesellschaftlicher Institution in Form einer Rundfunkanstalt. Der Hörfunk ist (zumindest in Deutschland) öffentlich-rechtlich sowie privat organisiert und untersteht einer öffentlichen Aufsicht. Diese Aufsicht unterteilt sich in bundesstaatliche Verantwortlichkeiten (Gesetzgebung zur Telekommunikation durch die Bundesnetzagentur) und in Regulierungen durch die einzelnen Bundesländer (Landesmedienanstalten).

Die Sendeeinrichtungen des Rundfunks sind in einem Funkhaus angesiedelt, wo mithilfe unterschiedlicher Redaktionen und Moderatoren ein lineares Programm erarbeitet und technische Einrichtungen unterhalten werden, die eine auditive Verbindung zwischen den Studiomikrophonen und den häuslichen oder mobilen Lautsprechern sicherstellen. Der Rundfunk erstellt ein publizistisches Produkt und gehört damit zu den klassischen Massenmedien. Ab den 1950er Jahren wurde das Radio zum Leitmedium und das gesellschaftliche, kulturelle und literarische Leben war eng mit dem Medium verknüpft: Bekannte Schriftsteller arbeiteten für Hörspielabteilungen, der Rundfunk war Förderer der Kulturszene, bildete gesellschaftliche Debatten ab und stieß diese mitunter an. In der Summe bleibt jedoch festzuhalten, dass „sich kaum eine tragfähige Definition des Radios in der deutschen und internationalen Literatur" (Kleinsteuber 2012, 15) findet (→ LITERATURBETRIEB). Mit der Durchsetzung von Digitalisierung und Internet kommt es zu einer weiteren Konvergenz, die sich vor allem dadurch auszeichnet, dass sie weitgehend unter dem Radar der offiziellen Standardisierungsbestrebungen und der Rundfunkpolitik stattfindet. Inzwischen haben sich Podcasts (seit 2004; → PODCAST), Webradioangebote und Dienste zur linearen Musikübertragung (Streaming) so weit vom ursprünglichen Rundfunk entfernt, dass es immer schwieriger wird, beide Welten begrifflich zusammenzufassen und gleichzeitig die medialen Besonderheiten abzubilden.

Rundfunk(apparat) – Die Bedeutungsdimensionen des Begriffs Rundfunk(apparat) sind vielfältig. Vor allem ist damit das technische Empfangsgerät gemeint. Grundlage für den Empfang ist die terrestrische Übertragung im Rahmen des technisch und organisatorisch zur Verfügung stehenden elektromagnetischen Sendespektrums – dem sogenannten Frequenzband. Seit der Aufnahme des Sendebetriebs in Deutschland 1923 wurde dieses Band mit der Zeit mehr und mehr erweitert: von der Langwelle zur Kurzwelle und schließlich zur Ultrakurzwelle (ab 1948). Später wird das Leistungsspektrum um die Möglichkeit zur Stereo- (ab 1958) und Datenübertragung (ab 1988) ergänzt. Seit den 2000er Jahren befinden sich erste digitalisierte Anwendungen im Regelbetrieb (DAB, DAB plus), die den Rundfunk mit dem Internet und Mobilnetzen verbinden. Über die weiteren Entwicklungschancen solcher Angebote besteht jedoch große Unsicherheit (vgl. Kleinsteuber 2012, 85 und 94). Neben der Übertragungstechnik vollzog auch das eigentliche Empfangsgerät eine Reihe von Entwicklungsschritten. Anfänglich mittels Röhrentechnik betrieben, fand der zunächst noch klobige Rundfunkapparat als Möbelstück Einzug in die Haushalte. Später sollte das Transistorradio die Radioröhre verdrängen und durch die kompakteren Maße und das geringere Gewicht das Radio beweglich machen. Die Einführung des elektronischen Halbleiterelements in die Rundfunktechnik korrespondierte dabei mit der ersten Reisewelle der Deutschen in den 1950er Jahren. Da der ‚Transistorempfänger' kostengünstiger, leistungsfähiger, robuster und energieeffizienter als die Radioröhre war, legte er den Grundstein für weitere Entwicklungen bei den Empfangsgeräten: Autoradios, Uhrenradios und schließlich auch Radioempfänger im Walkman (vgl. Kleinsteuber 2012, 91).

Schallarchiv – Im Schallarchiv werden diverse akustische Quellen (auf Schallplatten, Tonbändern, digitalen Tonträgern), auch Phonothek genannt, gesammelt, konserviert und katalogisiert. Inwiefern ein Schallarchiv auch als Bibliothek für Audiomaterial beschrieben werden kann, hängt von den institutionellen Rahmenbedingungen, vor allem aber von den Zugangs- und Nutzungsmöglichkeiten der Sammlung ab. Schallarchive verfolgen das Ziel der Archivierung insbesondere von Sprachaufnahmen, aber auch Lauten und Geräuschen. Die Sammlungen können unterschiedliche Schwerpunkte ausbilden und beispielsweise darauf angelegt worden sein, die historische Entwicklung der gesprochenen Sprache einer Region zu dokumentieren; sie können ferner den akustischen Nachlass eines Autors aufbewahren oder sich wie das Deutsche Rundfunkarchiv (DRA) auf die Dokumentation der historischen Entwicklung des Rundfunks spezialisieren. Schallarchive bilden eine wichtige Grundlage für audioeditorische Vorhaben (vgl. 3.1. KAMMER). Ältestes audiovisuelles Archiv ist das in Wien ansässige, 1899 gegründete Phonogrammarchiv der Österreichischen Akademie der Wissenschaften. Das Deutsche Rundfunkarchiv befindet sich in Frankfurt am Main und Potsdam (vgl. 4.20. BERNHART).

Schneidetisch – Bevor digitale Verfahren der Soundbearbeitung – digitale Schnittprogramme – den Alltag des Tontechnikers (→ TONTECHNIKER) bestimmten, war der Schneidetisch sein Arbeitsplatz. Mithilfe von Schere und Klebeband hat er die auf Tonbändern gespeicherten Audioaufnahmen in Handarbeit zusammengeschnitten (vgl. 2.5. BARTEL). Zur Zeit des Neuen Hörspiels wurden mithilfe von Apparaturen in Schnitträumen einzelne Aufnahmen, sogenannte ‚Takes' nachträglich bearbeitet (→ SCHNITT; → COLLAGE, MONTAGE).

Schnitt – Der Schnitt bezeichnet eine nachträgliche Bearbeitung von Audio- oder Videomaterial (→ POSTPRODUKTION), die ein zentrales Verfahren für jede Montagemöglichkeit darstellt. Im Hörspiel und in der akustischen Kunst handelt es sich um ein tonbandtechnisches Stilmittel (vgl. 2.4. SCHMITZ-EMANS; 2.5. BARTEL): Durch die Unterbrechung der Klangeinheiten und neue Zusammenfügung der Audiospuren wird das Trennende markiert (zum Beispiel in Form eines ‚harten Schnitts'). Zugleich dient der Schnitt auch dem Entfernen von Pausen und anderen Störgeräuschen, womit ein gegenteiliger Effekt erzeugt wird. Nicht das Trennende wird somit hervorgehoben, vielmehr werden auditive Einheiten konstruiert. Mauricio Kagel und Klaus Schöning plädieren dafür, den Schnitt als „unabhängiges Werkzeug" (Kagel und Schöning 1982, 98) zu betrachten – und zwar auch unabhängig vom Begriff der Montage (→ COLLAGE, MONTAGE). Während die Montage einer dramaturgischen Absicht, einem kompositorischen Konzept folgt, ist der Schnitt auch möglich, wenn er eine vorgegebene dramaturgische Situation nicht verändert. Heute wird der Schnitt – ebenso wie die Blende (→ BLENDE) – durch digitale Schnittprogramme (→ SOFTWARE) ausgeführt.

Sendeschema – Das Sendeschema stellt eine meist graphisch abrufbare Übersicht zum wöchentlichen Ablauf eines Hörfunkprogramms dar, die über die Strecken, Schichten und festen Sendungen der Tage sowie deren festes Ausstrahlungsdatum informiert. Die reguläre Programmgestaltung (→ RUNDFUNK(ANSTALT)) ist dabei an bestimmte Elemente wie die Nachrichten (sowie Stauschau, Wetter) gebunden, die immer stündlich gesendet werden. Diese Blöcke sind dem Sendeschema vorgegeben (vgl. 2.5. BARTEL).

Software – Die Software umfasst alle Programme, die auf einem Computer und anderen Geräten (Hardware) installiert werden und die Arbeitsweise dieser digitalen Systeme bestimmen. In der digitalen Studiotechnik (→ TONTECHNIKER) dienen Aufnahme-, Schnitt- und Mischsoftwares (z. B. ‚Pro Tools') zum Aufnehmen und Bearbeiten (→ POSTPRODUKTION) von Tonaufzeichnungen.

Sound – Ausgehend von der Differenz zwischen ‚Geräusch' und ‚Musik', versammeln sich unter dem Begriff ‚Sound' Tendenzen, den Bereich des Musikalischen zu erweitern (→ AKUSTIK; → TON und KLANG; → SOUND STUDIES). Meilenstein für diese Tendenz ist das Stück *4'33"* von John Cage, mit dem er versuchte, Geräusche als Sound fassbar und damit komponierbar zu machen (vgl. Haffter 2015, 10; vgl. 2.8. SCHULZE).

Soundscape – Die Soundscape (dt. Klanglandschaft) möchte individuelle Klanglandschaften als schützenswerte akustische Biotope verstanden wissen und diese Klänge aus Natur, Umwelt und Technik mittels Field Recording konservieren, um sie anschließend leicht bearbeitet oder unbearbeitet musikalisch einzusetzen. Als Gründungsdokument dieses Konzepts gilt R. Murray Schafers *The Tuning of the World* (1977). Ihm zufolge soll man sich die Soundscape der Welt als eine „große Komposition" vorstellen, „die sich rings um uns herum ständig darbietet" (Schafer [1977] 2010, 336). Aufgabe der Soundscape-Bewegung ist, sich die Frage zu stellen, welche Sounds erhalten, gefördert und vervielfältigt werden sollen (vgl. 2.8. SCHULZE). Dabei begreift sich die Soundscape-Bewegung als Forschungsrichtung, die „an der Schnittstelle zwischen Wissenschaft, gesellschaftlicher Praxis und den Künsten beheimatet [ist]" (Schafer [1977] 2010, 36), um zu untersuchen, wie sich der Mensch „zu Klängen und Geräuschen verhält und wie diese sein Verhalten beeinflussen" (Schafer [1977] 2010, 36). Mit anderen Worten: Der Soundscape-Bewegung geht es um die Beschreibung und Aufzeichnung unserer gesamten akustischen Umwelt. Die Erkundung der Soundscape bildet ein zentrales Feld der Sound Studies (→ SOUND STUDIES).

Sound Studies – Die Sound Studies erkunden in einer interdisziplinären Herangehensweise alle denkbaren Erscheinungsformen von Lauten, Klängen und Geräuschen, die die menschliche Umwelt prägen – sei es als Klangkunstwerk (→ AKUSTISCHE KUNST), sei es als Klangforschung in anthropologischer, architektonischer, medien- oder kommunikationswissenschaftlicher Hinsicht, etwa wenn es um das Entstehen und Verstehen des Zusammenhangs von Handlungsgewohnheiten und Klangdesign (→ SOUND) bei der Stadtplanung, in der Benutzerführung von Medientechnologien oder bei der Markenkommunikation geht. In all diesen Kontexten fragen die Sound Studies nach der Beschaffenheit, der Wahrnehmung und den Wirkungen von Klängen, die uns umgeben (Schulze 2008; Pinch 2012; vgl. 2.8. SCHULZE).

Stimme – Die Stimme (griech. *phoné*; lat. *vox*) bezeichnet den durch die Stimmlippen eines Menschen modulierten Schall. Sie ist nicht nur bei der Artikulation von Sprache beteiligt, sondern auch bei anderen Lautäußerungen wie Lachen und Singen. Beim Singen wird die Stimme zu einem Musikinstrument. In Analogie dazu wird sie zum Instrument der Tonbildung bei Deklamation und Rezitation (→ DEKLAMATION/REZITATION), wobei Prosodie (→ PROSODIE) und Rhythmus (→ RHYTHMUS) wichtige Aspekte der Stimmführung sind (vgl. 4.1. VON MÖLLEN-

DORFF; 4.2. DÄUMER). Die Beschäftigung mit der Stimme als materialem Aspekt des Sprechens wurde in den Theaterwissenschaften im Rahmen des *performative turn* zum Thema (vgl. Kolesch und Krämer 2006; vgl. 4.10. KOLESCH). Dabei steht der Zusammenhang zwischen Stimme und Körper im Fokus. Sein Echo findet dieser Konnex im Verhältnis von Stimme und Handschrift (vgl. Wiethölter 2008). Im traditionellen literarischen Hörspiel (→ HÖRSPIEL, HÖRBUCH; → AKUSTISCHE KUNST) ist die Stimme der dominante Zeichenträger: „Eine Figur ist nur da, indem sie spricht; hört sie auf zu sprechen, verflüchtigt sie sich sehr schnell in Nichts" (Schwitzke 1960, 21). Als Medium von Sinn und Bedeutung kann die Stimme etwas indexikalisch anzeigen, was die Rede nicht ausdrücklich formuliert: Alter, regionale Herkunft, Geschlecht, sozialen Stand, aber auch prosodische Merkmale oder idiosynkratische Besonderheiten. Damit kommen durch die Stimme heterogene Informationen zur Sprache, die über den semantischen Gehalt des Gesagten hinausgehen (vgl. Pinto 2012, 154). In experimentellen Hörspielen oder in der *ars acoustica* steht die Stimme in Konkurrenz zu Musik, Klang, Sound und Geräuschen (→ SOUND) und kann sogar vollständig abwesend sein.

Studio (→ RAUM; → ATMO; → TONTECHNIKER, → SOFTWARE, → POSTPRODUKTION)

Telephon – Die durch Schallwellen, also im Medium der Akustik, vorgenommene Fernübertragung der Tele*phonie* folgt dem Modell der Tele*graphie* (vgl. Ruchatz 2004, 127). Als Wortschöpfer der Bezeichnung ‚Telephon' gilt Philipp Reis, der noch vor Alexander Graham Bell eine technische Möglichkeit fand, „Töne mit Hülfe der Elektrizität in jeder beliebigen Entfernung zu reproduciren" (vgl. *Gartenlaube* 1863, 808). Das Hören ‚ferner Stimmen' durch das ‚Telephon' ist nicht nur ein fernmeldetechnisches, sondern auch ein Phänomen konnotativ aufgeladener „Sonic Imaginations" (Sterne 2012, 9), die als Konzeptmetapher Eingang in die Literatur und in die Psychoanalyse gefunden haben (vgl. 4.9. WIRTH).

Ton, Klang, Geräusch – Ton bezeichnet in der Akustik (→ AKUSTIK) ein Schallereignis, das sich über die physikalische Einheit der Frequenz eindeutig beschreiben lässt. Ein reiner Ton lässt sich in einem Oszillogramm als absolut regelmäßige Sinuskurve graphisch darstellen. Umso höher die Amplitude ist, desto größer ist die Lautstärke. Überlagern sich verschiedene (Sinus-)Töne und es ist dennoch ein Muster erkennbar, spricht man in der Akustik von Klang (→ SOUND). Da reine Sinustöne in der Natur nicht vorkommen, wird der Klang – wie er beispielsweise von Instrumenten erzeugt wird – auch als ‚natürlicher Ton' bezeichnet. Lässt sich im Oszillogramm kein Muster identifizieren, spricht man von einem Geräusch. Damit bezeichnet der Begriff Ton vor allem ein physikalisches Ereignis im Gegensatz zu den Begriffen ‚Klang' und ‚Geräusch' (→ SOUND STUDIES). Der Klang bezeichnet eine musikalische Kategorie, das Geräusch definiert sich durch eine Abgrenzung vom Klang (vgl. 2.8. SCHULZE).

Tontechniker – Bei der Hörspielproduktion sind Tontechniker zuständig für die professionelle Aufnahme eines literarischen Textes (vgl. 2.5. BARTEL) oder eines Hörspiels (→ HÖRSPIEL, HÖRBUCH). Ein Tontechniker ist darauf spezialisiert, das vom Autor gewünschte Arrangement der ‚Takes' im Tonstudio zu realisieren. Er realisiert am Aufnahmematerial unter Einsatz technischer Apparate entweder Collage und Montage (→ COLLAGE, MONTAGE) mithilfe von Schnitten (→ SCHNITTE) oder Tonmischungen mithilfe von Blenden (→ BLENDE). Tontechniker haben somit als akustische Akteure Einfluss auf die finale Version der Tonaufnahme (→ AKUSTISCHE AUFZEICHNUNGSMEDIEN).

Tonträger – Tonträger sind technische Medien, die unterschiedliche Formen von Schallwellen, Stimmen sowie Geräusche und Musik konservieren und wiedergeben können. Im Gegensatz zu Aufzeichnungsmedien (→ AKUSTISCHE AUFZEICHNUNGSMEDIEN) liegt der Akzent bei Tonträgern auf der Wiedergabe industriell reproduzierter Tonaufnahmen (vgl. 2.6. GETHMANN UND SCHULZ). Ein frühes Medium waren das Grammophon und die Schallplatte. Ersteres stellt eine Weiterentwicklung des Edison-Phonographen dar, für die Emile Berliner 1887 sein Patent anmeldete (vgl. Jüttemann 2007, 77). Zwischen Phonograph und Grammophon kam es zu einem Konkurrenzkampf, bei dem sich das Grammophon schließlich durchsetzte. Zwar war das Grammophon ein reines Wiedergabemedium, dafür reproduzierte es den Ton lauter als der Phonograph (vgl. 4.8. BÜHLER). Dem Grammophon folgte das Tonband, das ein Tonträger für Wiedergabe und Aufnahme war – Gleiches gilt für das kleinere, portable Format, die Audiokassette. Als digitaler Tonträger hat sich die CD (Compact Disc) durchgesetzt, die als Audio-CD bis zu 80 Minuten Audiolänge abspielen kann. Auf dem Literaturmarkt wurden zuletzt auch Buch-Tonträger-Hybride prominent. In dieser Form liegt dem Buch eine CD bei (vgl. 2.7. BINCZEK).

6. Auswahlbibliographie

Abraham, Otto, und Erich Moritz von Hornbostel. „Über die Bedeutung des Phonographen für vergleichende Musikwissenschaft". *Zeitschrift für Ethnologie* 36.2 (1904): 222–236.
Albrecht, Jörg. *Abbrüche. Performanz und Poetik in Prosa und Hörspiel 1965–2002*. Göttingen 2014.
Allen, William Sidney. *Accent and Rhythm. Prosodic Features of Latin and Greek. A Study in Theory and Reconstruction*. Cambridge 1973.
Altman, Rick. *Sound Theory, Sound Practice*. New York 1992.
Ammer, Andreas, und Gaby Hartel. „Technik der Gefühle. Intensität ist der letzte Luxus. Ein Gespräch". *HörWelten. 50 Jahre Hörspielpreis der Kriegsblinden 1952–2001*. Hrsg. von Hans-Ulrich Wagner. Berlin 2001: 211–217.
Anders, Petra. „Texte auf Wanderschaft. Slam Poetry als Schrift-, Sprech- und AV-Medium". *Literatur im Medienwandel. Mitteilungen des Deutschen Germanistenverbandes* 55.3 (2008): 306–320.
Andersch, Alfred. „Versuch über das Feature" [1953]. *Gesammelte Werke*. Bd. 8. Hrsg. von Dieter Lamping. Zürich 2004: 349–355.
Anonym. „Der Musiktelegraph". *Die Gartenlaube* (1863): 807–809.
Arnheim, Rudolf. *Rundfunk als Hörkunst*. Frankfurt am Main 2001.
Assmann, David-Christopher, und Nicola Menzel (Hrsg.). *Textgerede. Interferenzen von Mündlichkeit und Schriftlichkeit in der Gegenwartsliteratur*. Paderborn 2018.
Auslander, Philip. *Liveness. Performance in a Mediatized Culture*. New York und London 1996.
Bachtin, Michail. *Die Ästhetik des Wortes*. Frankfurt am Main 1979.
Bannasch, Bettina. „Anrufungen oder Was macht das Telefon im Buch?" *Telefonbuch. Beiträge zu einer Kulturgeschichte des Telefons*. Hrsg. von Stefan Münker und Alexander Roesler. Frankfurt am Main 2000: 83–100.
Bannasch, Bettina. „Bildungsgut und Schlechte Wörter. Die Hörspiele Ilse Aichingers". *‚Was wir einsetzen können, ist Nüchternheit'. Zum Werk Ilse Aichingers*. Hrsg. von Britta Herrmann und Barbara Thums. Würzburg 2001: 147–166.
Barthes, Roland. *Was singt mir, der ich höre in meinem Körper das Lied*. Berlin 1979.
Barthes, Roland. „Die Rauheit der Stimme". *Der entgegenkommende und der stumpfe Sinn. Essays*. Frankfurt am Main 1990: 269–278.
Bartmann, Christoph. „Dicht am Dichter. Die Lesung als Ritual und Routine". *To Read or not to Read. Von Leseerlebnissen und Leseerfahrungen, Leseförderung und Lesemarketing, Leselust und Lesefrust*. Hrsg. von Anja Hill-Zenk und Karin Sousa. München 2014: 120–129.
Bender, Hans, und Walter Höllerer (Hrsg.). *Sonderheft: Hörspiel. Akzente. Zeitschrift für Literatur*. München 1969.
Benjamin, Walter. „Hörmodelle" [1931/1932/1933]. *Gesammelte Schriften*. Bd. IV,2: *Kleine Prosa, Baudelaire-Übertragungen*. Hrsg. von Tillman Rexroth. Frankfurt am Main 1991: 627–720.
Benjamin, Walter. „Zweierlei Volkstümlichkeit. Grundsätzliches zu einem Hörspiel" [1932]. *Gesammelte Schriften*. Bd. IV,2. Unter Mitwirkung von Theodor W. Adorno und Gershom Scholem, hrsg. von Rolf Tiedemann und Hermann Schweppenhäuser. Frankfurt am Main 1991: 671–673.
Benjamin, Walter. „Theater und Rundfunk. Zur gegenseitigen Kontrolle ihrer Erziehungsarbeit" [1932]. *Gesammelte Schriften*. Bd. II,2. Unter Mitwirkung von Theodor W. Adorno und

Gershom Scholem, hrsg. von Rolf Tiedemann und Hermann Schweppenhäuser. Frankfurt am Main 1991: 773–776.
Bennewitz, Ingrid, und William Layher (Hrsg.). *Klang, Hören und Hörgemeinschaften in der deutschen Literatur des Mittelalters*. Wiesbaden 2013.
Benthien, Claudia. „'Audio-Poetry'. Lyrical Speech in the Digital Age". *Dialogues on Poetry. Mediatization and New Sensibilities*. Hrsg. von Stefan Kjerkegaard und Dan Ringgaard. Aalborg 2017: 39–61.
Berndt, Frauke. „'Mit der Stimme lesen' – F. G. Klopstocks Tonkunst". *Stimme und Schrift. Zur Geschichte und Systematik sekundärer Oralität*. Hrsg. von Waltraud Wiethölter, Hans-Georg Pott und Alfred Messerli. München 2008: 149–171.
Bernhart, Toni. „Audioedition. Auf dem Weg zu einer Theorie". *Medienwandel/Medienwechsel in der Editionswissenschaft*. Hrsg. von Anne Bohnenkamp. Berlin und Boston 2013: 121–128.
Bernhart, Toni. „Bücher, die man hören kann, oder: Über das Fehlen editionswissenschaftlich informierter Audioeditionen". *Phänomen Hörbuch. Interdisziplinäre Perspektiven und medialer Wandel*. Hrsg. von Stephanie Bung und Jenny Schrödl. Bielefeld 2017: 59–67.
Bernstein, Charles. *Close Listening. Poetry and the Performed Word*. Oxford 1998.
Berry, Francis. *Poetry and the Physical Voice*. London 1962.
Bickenbach, Matthias. „Dichterlesung im medientechnischen Zeitalter. Thomas Klings intermediale Poetik der Sprachinstallation". *Original/Ton. Zur Mediengeschichte des O-Tons*. Hrsg. von Harun Maye, Cornelius Reiber und Nikolaus Wegmann. Konstanz 2007: 191–216.
Bijsterveld, Karin. *Sonic Skills*. London 2018.
Binczek, Natalie. „Das Material ordnen. Rolf Dieter Brinkmanns akustische Nachlassedition ,Wörter Sex Schnitt'". *,High' und ,Low'. Zur Interferenz von Hoch- und Populärkultur der Gegenwartsliteratur*. Hrsg. von Thomas Wegmann und Norbert Christian Wolf. Berlin und Boston 2012a: 57–81.
Binczek, Natalie. „Literatur als Sprechtext. Peter Kurzeck erzählt das Dorf seiner Kindheit". *Literatur und Hörbuch*. Hrsg. von Natalie Binczek und Cornelia Epping-Jäger. München 2012b: 60–70.
Binczek, Natalie. „Einen Text ,zu umschneiden und von seiner Unterlage abzupräparieren'. Elfriede Jelineks ,,Mossbrugger will nichts von sich wissen.'" *Das Hörbuch. Praktiken audioliteralen Schreibens und Verstehens*. Hrsg. von Natalie Binczek und Cornelia Epping-Jäger. München 2014: 157–177.
Binczek, Natalie. „Gesprächsliteratur. Goethes Diktate". *Medienphilologie. Konturen eines Paradigmas*. Hrsg. von Friedrich Balke und Rupert Gaderer. Göttingen 2017: 225–254.
Binczek, Natalie. „Textgerede im Hörsaal. Die Frankfurter Poetikvorlesung von Thomas Meinecke". *Textgerede. Interferenzen von Mündlichkeit und Schriftlichkeit in der Gegenwartsliteratur*. Hrsg. von David-Christopher Assmann und Nicola Menzel. Paderborn 2018: 249–264.
Binczek, Natalie, und Cornelia Epping-Jäger (Hrsg.). *Literatur und Hörbuch*. München 2012.
Binczek, Natalie, und Cornelia Epping-Jäger (Hrsg.). *Das Hörbuch. Praktiken audioliteralen Schreibens und Verstehens*. München 2014.
Boehncke, Heiner, und Michael Crone (Hrsg.). *Radio Radio. Studien zum Verhältnis von Literatur und Rundfunk*. Frankfurt am Main 2005.
Bogner, Ralf Georg. *Die Bezähmung der Zunge. Literatur und Disziplinierung der Alltagskommunikation in der frühen Neuzeit*. Tübingen 1997.

Böhm, Thomas (Hrsg.). *Auf kurze Distanz. Die Autorenlesung. O-Töne, Geschichten, Ideen*. Köln 2003.
Bolik, Sibylle. *Das Hörspiel in der DDR. Themen und Tendenzen*. Frankfurt am Main 1994.
Bonfiglio, Thomas Paul. *Mother Tongues and Nations. The Invention of the Native Speaker*. New York 2010.
Bormann, Hans-Friedrich, Gabriele Brandstetter, und Annemarie Matze (Hrsg.). *Improvisieren. Paradoxien des Unvorhersehbaren. Kunst – Medien – Praxis*. Bielefeld 2010.
Brecht, Bertolt. „Erläuterungen zum ‚Ozeanflug'" [1930]. *Gesammelte Werke*. Bd. 18: *Schriften zur Literatur und Kunst 1*. Hrsg. von Elisabeth Hauptmann. Frankfurt am Main 1967a: 124–127.
Brecht, Bertolt. „Radiotheorie" [1927–1932]. *Gesammelte Werke*. Bd. 18: *Schriften zur Literatur und Kunst 1*. Hrsg. von Elisabeth Hauptmann. Frankfurt am Main 1967b: 117–134.
Brecht, Bertolt. „Der Rundfunk als Kommunikationsapparat" [1930]. *Gesammelte Werke*. Bd. 18: *Schriften zur Literatur und Kunst 1*. Hrsg. von Elisabeth Hauptmann. Frankfurt am Main 1967c: 127–134.
Brecht, Bertolt. „Vorschläge für den Intendanten des Rundfunks" [1927]. *Gesammelte Werke*. Bd. 18: *Schriften zur Literatur und Kunst 1*. Hrsg. von Elisabeth Hauptmann. Frankfurt am Main 1967d: 121–123.
Brown, Ross. *Sound. A Reader in Theatre Practice*. Basingstoke 2010.
Bull, Michael (Hrsg.). *The Routledge Companion to Sound Studies*. London 2019.
Bull, Michael, und Marcel Cobussen (Hrsg.). *The Bloomsbury Handbook of Sonic Methodologies*. New York 2020.
Bung, Stephanie, und Jenny Schrödl (Hrsg.). *Das Hörbuch. Interdisziplinäre Perspektiven und medialer Wandel*. Bielefeld 2017.
Camlot, Jason. „Early Talking Books. Spoken Recordings and Recitation Anthologies 1880–1920". *Book History* 6 (2003): 147–173.
Campe, Rüdiger. „Pronto! Telefone und Telefonstimmen". *Diskursanalysen 1. Medien*. Hrsg. von Friedrich Kittler, Manfred Schneider und Samuel Weber. Opladen 1986: 68–93.
Chion, Michel. *La voix au cinéma*. Paris 1982.
Däumer, Matthias. *Stimme im Raum und Bühne im Kopf. Über das performative Potenzial der höfischen Artusromane*. Bielefeld 2013.
Dembeck, Till. „Schibboleth/Sibboleth. Phonographie und kulturelle Kommunikation um 1900". *Zeitschrift für Literaturwissenschaft und Linguistik* 36.142 (2006): 43–68.
Dembeck, Till. „Phono-Graphie. Schallaufzeichnung und kultureller Vergleich 1800/1900". *Leib – Seele – Geist-Buchstabe. Dualismen in der Ästhetik und den Künsten um 1800 und 1900*. Hrsg. von Markus Dauss und Ralph Haekel. Würzburg 2009: 293–316.
Dembeck, Till. „Schallreproduktion". *Handbuch Medien der Literatur*. Hrsg. von Natalie Binczek, Till Dembeck und Jörgen Schäfer. Berlin 2013: 205–208.
Derrida, Jacques. *Grammatologie*. Frankfurt am Main 1974.
Derrida, Jacques. *Die Stimme und das Phänomen. Ein Essay über das Problem des Zeichens in der Philosophie Husserls* [1967]. Frankfurt am Main 1979.
Derrida, Jacques. *Schibboleth. Für Paul Celan*. Wien 2002.
Derrida, Jacques. „Die Einsprachigkeit des Anderen oder die ursprüngliche Prothese". *Zeitschrift für interkulturelle Germanistik* 2.2 (2011): 152–168.
Djordjevic, Mira. „Audiophilologie". *Medien/Kultur. Schnittstellen zwischen Medienwissenschaft, Medienpraxis und gesellschaftlicher Kommunikation*. Hrsg. von Knut Hieckethier und Siegfried Zielinski. Berlin 1991: 207–215.

Döblin, Alfred. „Literatur und Rundfunk" [1929]. *Schriften zur Ästhetik, Poetik und Literatur.* Freiburg im Breisgau 1989: 251–261.
Döhl, Reinhard. „Hörspielphilologie". *Jahrbuch der Deutschen Schillergesellschaft* 26 (1982): 489–511.
Döhl, Reinhard. „Alles ist möglich, alles ist erlaubt". *Das Neue Hörspiel.* Darmstadt 1988a: 60–76.
Döhl, Reinhard. „Altes vom Neuen Hörspiel. Eine Zusammenfassung". *Das Neue Hörspiel.* Darmstadt 1988b: 118–139.
Dolar, Mladen. *His Master's Voice. Eine Theorie der Stimme.* Frankfurt am Main 2007.
Döring, Jörg. „Hörbuch-Philologie oder Praxeologie kollaborativer Autorschaft? Zum Verhältnis von Mündlichkeit und Schriftlichkeit in Peter Kurzecks ‚Staufenberg-Komplex'". *Textgerede. Interferenzen von Mündlichkeit und Schriftlichkeit in der Gegenwartsliteratur.* Hrsg. von David-Christopher Assmann und Nicola Menzel. Paderborn 2018: 335–359.
Döring, Jörg. *Peter Handke beschimpft die Gruppe 47. Mit einem autobiographischen Nachwort von Helmut Schanze.* Siegen 2019.
Dreckmann, Kathrin. *Speichern und Übertragen. Mediale Ordnungen des akustischen Diskurses. 1900–1945.* Paderborn 2018.
Edison, Thomas. „The Phonograph and its Future". *Scientific American Supplement* 124 (1878): 1973–1974.
Epping-Jäger, Cornelia. „Kontaktion. Die frühe Wiener Ausdrucksforschung und die Entdeckung des Rundfunkpublikums". *Formationen der Mediennutzung II. Strategien der Verdatung.* Hrsg. von Irmela Schneider und Isabell Otto. Bielefeld 2007a: 171–189.
Epping-Jäger, Cornelia. „Modern Talking. Wie aus einer Politik der Reeducation eine Politik der Reorientation wurde". *Formationen der Mediennutzung II. Strategien der Verdatung.* Hrsg. von Irmela Schneider und Isabell Otto. Bielefeld 2007b: 63–76.
Epping-Jäger, Cornelia. „Stimmbrücke. Celan liest in Niendorf". *Deixis und Evidenz.* Hrsg. von Horst Wenzel und Ludwig Jäger. Freiburg 2007c: 195–215.
Epping-Jäger, Cornelia. „Der ‚unerlässlich ruhige Ton'. Umbauten der Stimmkultur zwischen 1945 und 1952". *Formationen der Mediennutzung III. Dispositive Ordnungen im Umbau.* Hrsg. von Cornelia Epping-Jäger und Irmela Schneider. Bielefeld 2008: 77–96.
Epping-Jäger, Cornelia. „‚Die verfluchte Gegenwart – und dann das Erstaunen, dass ich das sage'. Rolf Dieter Brinkmann und das Tonband als produktionsästhetische Maschine". *Das Hörbuch. Praktiken audioliteralen Schreibens und Verstehens.* Hrsg. von Natalie Binczek und Cornelia Epping-Jäger. München 2014: 137–155.
Epping-Jäger, Cornelia, und Erika Linz (Hrsg.). *Medien/Stimmen.* Köln 2003.
Erlmann, Veit. *Reason and Resonance. A History of Modern Aurality.* New York 2010.
Ernst, Wolfgang. *Im Medium erklingt die Zeit. Technologische Tempor(e)alitäten und das Sonische als ihre privilegierte Erkenntnisform.* Berlin 2015.
Felderer, Brigitte (Hrsg.). *Phonorama. Eine Kulturgeschichte der Stimme als Medium.* Berlin 2004.
Finnegan, Ruth. *Oral Poetry. Its Nature, Significance, and Social Context.* Cambridge 1970.
Flesch, Hans. „Hörspiel, Film, Schallplatte. Referat, gehalten auf der ersten Programmratstagung in Wiesbaden am 5. und 6.6. 1928". *Rundfunk-Jahrbuch* (1931): 31–36.
Franzel, Sean. *Connected by the Ear. The Media, Pedagogy, and Politics of the Romantic Lecture.* Evanston, IL 2013.
Gadamer, Hans-Georg. „Hören – Sehen – Lesen" [1984]. *Gesammelte Werke.* Bd 8. Tübingen 1993: 271–278.

Gadamer, Hans-Georg. „Über das Hören". *Über das Hören. Einem Phänomen auf der Spur*. Hrsg. von Thomas Vogel. Tübingen 1996: 197–205.

Gauß, Stefan. *Nadel, Rille, Trichter. Kulturgeschichte des Phonographen und des Grammophons in Deutschland (1900–1940)*. Köln u. a. 2009.

Geitner, Ursula. *Die Sprache der Verstellung. Studien zum rhetorischen und anthropologischen Wissen im 17. und 18. Jahrhundert*. Tübingen 1992.

Gerlof, Manuela. *Tonspuren. Erinnerungen an den Holocaust im Hörspiel der DDR*. Berlin und New York 2010.

Gess, Nicola, und Alexander Honold (Hrsg.). *Handbuch: Literatur & Musik*. Berlin und Boston 2017.

Gessinger, Joachim. *Auge & Ohr. Studien zur Erforschung der Sprache am Menschen 1700–1850*. Berlin und New York 1994.

Gethmann, Daniel. *Die Übertragung der Stimme. Vor- und Frühgeschichte des Sprechens im Radio*. Zürich und Berlin 2006.

Gethmann, Daniel (Hrsg.). *Klangmaschinen zwischen Experiment und Medientechnik*. Bielefeld 2010.

Gethmann, Daniel. „Anwesend/Abwesend. Formen der Präsenz in der Mikrophonie". *Zeitschrift für Medien- und Kulturforschung* 5.2 (2014): 225–232.

Ghanbari, Nacim, Isabell Otto, Samantha Schramm, und Tristan Thielemann (Hrsg.). *Kollaboration. Beiträge zur Medientheorie und Kulturgeschichte der Zusammenarbeit*. Paderborn 2018.

Gilfillan, Daniel. *Pieces of Sound. German Experimental Radio*. Minneapolis und London 2009.

Goethe, Johann Wolfgang. „Regeln für Schauspieler" [1803]. *Goethes Werke. Hamburger Ausgabe in 14 Bänden*. Bd. 12. Hrsg. von Erich Trunz. Hamburg 1963: 252–261.

Goody, Jack. *Myth, Ritual and the Oral*. Cambridge 2010.

Göttert, Karl-Heinz. *Geschichte der Stimme*. München 1998.

Green, Dennis Howard. *Medieval Listening and Hearing. The Primary Reception for German Literature 800–1300*. Cambridge 1994.

Greite, Till. „Aufnahmesystem LCB 1963/64. Kleine Diskursgeschichte zu Walter Höllerers Literarischem Colloquium Berlin in der Epoche der Kybernetik". *Hubert Fichtes Medien*. Hrsg. von Stefan Kammer und Karin Krauthausen. Zürich und Berlin 2014: 21–42.

Grimm, Gunter E. „‚Nichts ist widerlicher als eine sogenannte Dichterlesung'. Deutsche Autorenlesungen zwischen Marketing und Selbstrepräsentation". *Schriftsteller-Inszenierungen*. Hrsg. von Gunter E. Grimm und Christian Schärf. Bielefeld 2008: 141–167.

Großmann, Rolf. „Phonographie". *Metzler Lexikon Medientheorie, Medienwissenschaft*. Hrsg. von Helmut Schanze. Stuttgart 2002a: 289–291.

Großmann, Rolf. „Sampling". *Metzler Lexikon Medientheorie, Medienwissenschaft*. Hrsg. von Helmut Schanze. Stuttgart 2002b: 320–321.

Grote, Michael. *Exerzitien. Experimente. Zur Akustischen Literatur von Carlfriedrich Claus*. Bielefeld 2009.

Hagedorn, Brigitte. *Podcasting. Konzept, Produktion, Vermarktung*. Frechen 2018.

Hagen, Wolfgang. *Das Radio. Zur Geschichte und Theorie des Hörfunks – Deutschland/USA*. München 2005.

Haffter, Christoph. „Das Andere der Musik. Weißes Rauschen, Ur-Geräusch". *Geräusch. Das Andere der Musik. Untersuchungen an den Grenzen des Musikalischen*. Hrsg. von Camille Hongler. Bielefeld 2015: 7–17.

Hannken-Illjes, Kati, Katja Franz, Eva-Maria Gauß, Friederike Könitz, und Silke Marx (Hrsg.). *Stimme – Medien – Sprechkunst*. Hohengehren 2017.
Häntzschel, Günter. „Die häusliche Deklamation. Ein Beitrag zur Sozialgeschichte der Lyrik in der zweiten Hälfte des 19. Jahrhunderts". *Zur Sozialgeschichte der deutschen Literatur von der Aufklärung bis zur Jahrhundertwende*. Hrsg. von Günter Häntzschel, John Ormrod und Karl N. Renner. Tübingen 1985: 203–233.
Häusermann, Jürg. „Das gesprochene Wort im Kommunikationsraum". *Phänomen Hörbuch. Interdisziplinäre Perspektiven und medialer Wandel*. Hrsg. von Stephanie Bung und Jenny Schrödl. Bielefeld 2017: 33–58.
Häusermann, Jürg, Korinna Janz-Peschke, und Sandra Rühr. *Das Hörbuch. Medium – Geschichte – Formen*. Konstanz 2010.
Havelock, Eric Alfred. *Preface to Plato*. Oxford 1963.
Havelock, Eric Alfred. *Schriftlichkeit. Das griechische Alphabet als kulturelle Revolution* [1982]. Mit einer Einleitung von Aleida und Jan Assmann. Weinheim 1990.
Heesen, Anke te. „,Ganz Aug', ,ganz Ohr'. Hermann Bahr und das Interview um 1900". *Echt inszeniert. Interviews in Literatur und Literaturbetrieb*. Hrsg. von Torsten Hoffmann und Gerhard Kaiser. Paderborn 2014: 129–151.
Helmholtz, Hermann von. *Die Lehre von den Tonempfindungen als physiologische Grundlage für die Theorie der Musik*. Braunschweig 1863.
Herder, Johann Gottfried. „Auszug aus einem Briefwechsel über Ossian und die Lieder alter Völker". *Werke in zehn Bänden. Bd. 2: Schriften zur Ästhetik und Literatur 1767–1781*. Hrsg. von Gunter E. Grimm. Frankfurt am Main 1993.
Herrmann, Britta. „Auralität und Tonalität in der Moderne. Aspekte einer Ohrenphilologie". *Dichtung für die Ohren. Literatur als tonale Kunst der Moderne*. Hrsg. von Britta Herrmann. Berlin 2015a: 9–32.
Herrmann, Britta (Hrsg.). *Dichtung für die Ohren. Literatur als tonale Kunst*. Berlin 2015b.
Herrmann, Britta. „Goethe als Sound-Objekt. Phonographische Fantasien um 1900, akustische Pathosformel und Aspekte einer Medienkulturwissenschaft des Klangs". *Dichtung für die Ohren. Literatur als tonale Kunst der Moderne*. Hrsg. von Britta Herrmann. Berlin 2015c: 119–142.
Hoffmann, Torsten, und Gerhard Kaiser (Hrsg.). *Echt inszeniert. Interviews in Literatur und Literaturbetrieb*. Paderborn 2014a.
Hoffmann, Torsten, und Gerhard Kaiser. „Echt inszeniert. Schriftstellerinterviews als Forschungsgegenstand". *Echt inszeniert. Interviews in Literatur und Literaturbetrieb*. Hrsg. von Torsten Hoffmann und Gerhard Kaiser. Paderborn 2014b: 9–25.
Hülsebus-Wagner, Christa. *Feature und Radio-Essay. Hörfunkformen von Autoren der Gruppe 47 und ihres Umkreises*. Aachen 1983.
Huwiler, Elke. *Erzähl-Ströme im Hörspiel. Zur Narratologie der elektroakustischen Kunst*. Paderborn 2005.
Huwiler, Elke. „A Narratology of Audio Art. Telling Stories by Sound". *Audionarratology. Interfaces of Sound and Narrative*. Hrsg. von Jarmila Mildorf und Till Kinzel. Berlin 2016: 99–116.
Jäger, Ludwig. „Audioliteralität. Eine Skizze zur Transkriptivität des Hörbuchs". *Das Hörbuch. Praktiken audioliteralen Schreibens und Verstehens*. Hrsg. von Natalie Binczek und Cornelia Epping-Jäger. München 2014: 231–253.
Jakob, Hans-Joachim. *Der Diskurs über Deklamation und über die Praktiken auditiver Literaturvermittlung. Der Deutschunterricht des höheren Schulwesens in Preußen (1820–1900)*. Frankfurt am Main 2017.

Jüttemann, Herbert. *Phonographen und Grammophone*. 4., erw. Aufl. Dessau 2007.
Kagel, Mauricio, und Klaus Schöning. „Das Handwerkszeug. Kleines Ohrganon des Hörspielmachens. 5. Folge: Schnitt". *Spuren des Neuen Hörspiels*. Hrsg. von Klaus Schöning. Frankfurt am Main 1982: 96–103.
Kapeller, Ludwig. „Die ‚Rede' im Rundfunk". *Funk* 31 (1924): 469–471.
Kapfer, Herbert. „Intermedium". *Radio-Kultur und Hör-Kunst. Zwischen Avantgarde und Popularkultur 1923–2001*. Hrsg. von Andreas Stuhlmann. Würzburg 2001: 312–317.
Kittler, Friedrich. *Grammophon, Film, Typewriter*. Berlin 1986.
Kittler, Friedrich, Thomas Macho, und Sigrid Weigel (Hrsg.). *Zwischen Rauschen und Offenbarung. Zur Kultur- und Mediengeschichte der Stimme*. Berlin 2002.
Kleinsteuber, Hans J. (Hrsg.). *Radio. Eine Einführung*. Wiesbaden 2012.
Knilli, Friedrich. *Das Hörspiel. Mittel und Möglichkeiten eines totalen Schallspiels*. Stuttgart 1961.
Knilli, Friedrich. *Deutsche Lautsprecher. Versuche zu einer Semiotik des Radios*. Stuttgart 1970.
Koch, Hans Jürgen, und Hermann Glaser. *Ganz Ohr. Eine Kulturgeschichte des Radios in Deutschland*. Köln 2005.
Koch, Peter, und Wulf Oesterreicher. „Schriftlichkeit und Sprache". *Schrift und Schriftlichkeit. Writing and its Use. Ein interdiszipinäres Handbuch internationaler Forschung*. Hrsg. von Hartmut Günther und Otte Ludwig. 1. Hb. Berlin und New York 1994: 587–604.
Köhler, Stefan. *Hörspiel und Hörbuch. Mediale Entwicklung von der Weimarer Republik bis zur Gegenwart*. Marburg 2005.
Kolb, Richard. *Horoskop des Hörspiels*. Berlin 1932.
Kolesch, Doris, und Sibylle Krämer (Hrsg.). *Stimme. Annäherung an ein Phänomen*. Frankfurt am Main 2006a.
Kolesch, Doris, und Sybille Krämer. „Stimmen im Konzert der Disziplinen". *Stimme. Annäherung an ein Phänomen*. Hrsg. von Doris Kolesch und Sybille Krämer. Frankfurt am Main 2006b: 7–15.
Kolesch, Doris, Vito Pinto, und Jenny Schrödl (Hrsg.). *Stimm-Welten. Philosophische, medientheoretische und ästhetische Perspektiven*. Bielefeld 2009.
Kolesch, Doris, und Jenny Schrödl (Hrsg.). *Kunst-Stimmen*. Berlin 2004.
Krämer, Sybille. „Sprache – Stimme – Schrift. Sieben Gedanken über Performativität als Medialität". *Performanz. Zwischen Sprachphilosophie und Kulturwissenschaften*. Hrsg. von Uwe Wirth. Frankfurt am Main 2002: 323–346.
Krämer, Sybille. „Die ‚Rehabilitierung der Stimme'. Über die Oralität hinaus". *Stimme. Annäherung an ein Phänomen*. Hrsg. von Doris Kolesch und Sybille Krämer. Frankfurt am Main 2006: 269–295.
Krass, Andreas. „Poetik der Stimme. Der Gesang der Sirenen in Homers ‚Odyssee', im ‚Tristan' Gottfrieds von Straßburg und im ‚Buch der Natur' Konrads von Megenberg". *Der âventiure dôn. Klang, Hören und Hörgemeinschaften in der deutschen Literatur des Mittelalters*. Hrsg. von Ingrid Bennewitz und William Layher. Wiesbaden 2013: 31–43.
Krech, Eva-Maria. *Vortragskunst. Grundlagen der sprechkünstlerischen Gestaltung von Dichtung*. Leipzig 1987.
Krings, Marcel. *Phono-Graphien. Akustische Wahrnehmung in der deutschsprachigen Literatur von 1800 bis zur Gegenwart*. Würzburg 2011.
Krug, Hans J. *Kleine Geschichte des Hörspiels*. 2. Aufl. Stuttgart 2008.
Kuby, Erich. „Das feature – das Fitscher". *Deutsche Studentenzeitung* 5.2 (1955): 3.

Kursell, Julia. *Epistemologie des Hörens. Helmholtz' physiologische Grundlegung der Musiktheorie*. München 2015.
Kursell, Julia. „Klangfarbe um 1850 – ein epistemischer Raum". *Wissensgeschichte des Hörens in der Moderne*. Hrsg. vom Netzwerk ‚Hör-Wissen im Wandel'. Berlin und Boston 2017: 21–39.
Latour, Bruno. *Eine neue Soziologie für eine neue Gesellschaft. Einführung in die Akteur-Netzwerk-Theorie*. Frankfurt am Main 2007.
Lehmann, Joannes F. „Literatur lesen, Literatur hören. Versuch einer Unterscheidung". *Literatur und Hörbuch*. Hrsg. von Natalie Binczek und Cornelia Epping-Jäger. München 2012: 3–13.
Lentz, Michael. *Lautpoesie/-musik nach 1945. Eine kritisch-dokumentarische Bestandsaufnahme*. Wien 2000.
Lord, Albert Bates. *Der Sänger erzählt. Wie ein Epos entsteht*. München 1965.
Lösener, Hans. *Der Rhythmus in der Rede. Linguistische und literaturwissenschaftliche Aspekte des Sprachrhythmus*. Tübingen 1999.
Lothar, Rudolph. *Die Sprechmaschine. Ein technisch-aesthetischer Versuch*. Leipzig 1924.
Macho, Thomas. „Stimmen ohne Körper. Anmerkungen zur Technikgeschichte der Stimme". *Stimme. Annäherung an ein Phänomen*. Hrsg. von Doris Kolesch und Sybille Krämer. Frankfurt am Main 2006: 130–146.
Männlein-Robert, Irmgard. *Stimme, Schrift und Bild. Zum Verhältnis der Künste in der hellenistischen Dichtung*. Heidelberg 2007.
Manz, Gustav. *Das lebende Wort. Ein Buch der Ratschläge für deutsche Vortragskunst*. Berlin und Leipzig 1913.
Martyn, David. „Es gab keine Mehrsprachigkeit, bevor es nicht Einsprachigkeit gab. Ansätze zu einer Archäologie der Sprachigkeit (Herder, Luther, Tawada)". *Philologie und Mehrsprachigkeit*. Hrsg. von Till Dembeck und Georg Mein. Heidelberg 2014: 39–51.
Maye, Harun. „Eine kurze Geschichte der deutschen Dichtung". *Sprache und Literatur* 110.43 (2012): 38–49.
Maye, Harun. „Literatur aus der Sprechmaschine. Zur Mediengeschichte der Dichterlesung von Klopstock bis Rilke". *Das Hörbuch. Praktiken audioliteralen Schreibens und Verstehens*. Hrsg. von Natalie Binczek und Cornelia Epping-Jäger. München 2014: 13–29.
Maye, Harun. „Lautlesen als Programm. Über das Hersagen von Gedichten im George-Kreis". *Dichtung für die Ohren. Literatur als tonale Kunst der Moderne*. Hrsg. von Britta Herrmann. Berlin 2015: 231–252.
McLuhan, Marshall. *Understanding Media/Die magischen Kanäle* [1964]. Übers. von Meinrad Ammann. Basel 1994.
Meier, Andreas. „Akustische Lesarten. Zum editionsphilologischen Umgang mit (Autoren-)Hörbüchern". *Text – Material – Medium. Zur Relevanz editorischer Dokumentationen für die literaturwissenschaftliche Interpretation*. Hrsg. von Wolfgang Lukas, Rüdiger Nutt-Kofoth und Madleen Podewski. Berlin und Boston 2014: 273–285.
Menke, Bettine. *Prosopopoiia. Stimme und Text bei Brentano, Hoffmann, Kleist und Kafka*. München 2000.
Meyer, Petra Maria. *Die Stimme und ihre Schrift. Die Graphophonie der akustischen Kunst*. Wien 1993.
Meyer, Petra Maria (Hrsg.). *Acoustic turn*. München 2008a.
Meyer, Petra. „Vorwort". *Acoustic turn*. Hrsg. von Petra Maria Meyer. München 2008b: 11–31.
Meyer, Petra. „Stimme, Geste und audiovisuelle Konzepte". *Acoustic turn*. Hrsg. von Petra Maria Meyer. München 2008c: 291–351.

Meyer-Kalkus, Reinhart. *Stimme und Sprechkünste im 20. Jahrhundert*. Berlin 2001.
Meyer-Kalkus, Reinhart. „Literatur für Stimme und Ohr". *Phonorama. Eine Kulturgeschichte der Stimme als Medium*. Hrsg. von Brigitte Felderer. Berlin 2004: 173–186.
Meyer-Kalkus, Reinhart. „Koordinaten literarischer Vortragskunst. Goethe-Rezitationen im 20. Jahrhundert". *In Ketten tanzen. Übersetzen als interpretierende Kunst*. Hrsg. von Gabriele Leupold und Katharina Raabe. Göttingen 2008: 150–198.
Meyer-Kalkus, Reinhart. „Rhapsodenkünste. Überlegungen zur Geschichte und Theorie literarischer Vortragskünste". *Dichtung für die Ohren. Literatur als tonale Kunst der Moderne*. Hrsg. von Britta Herrmann. Berlin 2015: 107–117.
Möllendorff, Peter von, Monika Schausten, und Harun Maye. „Vortrag/Lesung". *Handbuch Medien der Literatur*. Hrsg. von Natalie Binczek, Till Dembeck und Jörgen Schäfer. Berlin und Boston 2013: 333–351.
Morat, Daniel. *Sounds of Modern History. Auditory Cultures in 19th and 20th Century Europe*. New York 2014.
Morat, Daniel, und Hansjakob Ziemer (Hrsg.). *Handbuch Sound. Geschichte – Begriffe – Ansätze*. Stuttgart 2018.
Morgenroth, Claas. „Sprechen ist Schreiben auf Band. Rolf Dieter Brinkmanns Tonbandarbeiten". *Portable Media. Schreibszenen in Bewegung zwischen Peripatetik und Mobiltelefon*. Hrsg. von Martin Stingelin und Matthias Thiele unter Mitarbeit von Claas Morgenroth. München 2009: 123–147.
Müller, Lothar. *Die zweite Stimme. Vortragskunst von Goethe bis Kafka*. Berlin 2007.
Mütherig, Vera. „‚Das Ohr ist klüger als das Gedicht', Autorenlesung als Form akustischer Literatur. Paratextuelle Rahmungsstrategien im Medium Hörbuch". *Dichtung für die Ohren. Literatur als tonale Kunst in der Moderne*. Hrsg. von Britta Herrmann. Berlin 2015: 255–272.
Nancy, Jean-Luc. *Zum Gehör*. Berlin und Zürich 2010.
Netzwerk ‚Hör-Wissen im Wandel' (Hrsg.). *Wissensgeschichte des Hörens in der Moderne*. Berlin und Boston 2017.
Novak, Julia. *Live Poetry. An Integrated Approach to Poetry in Performance*. Amsterdam und New York 2011.
Novak, Julia. „Live-Lyrik. Körperbedeutung und Performativität in Lyrik-Performances". *Phänomene des Performativen in der Lyrik. Systematische Entwürfe und historische Fallbeispiele*. Hrsg. von Anna Bers und Peer Trilcke. Göttingen 2017: 147–162.
Ohmer, Anja, und Hans Kiefer. *Das deutsche Hörspiel. Vom Funkdrama zur Klangkunst*. Essen 2013.
Ong, Walter. *Oralität und Literalität. Die Technologisierung des Wortes* [1982]. Opladen 1987.
Palleske, Emil. *Die Kunst des Vortrags*. Stuttgart 1880.
Parry, Milman. *The Making of Homeric Verse. The Collected Papers*. Oxford 1971.
Paul, Gerhard, und Ralph Schock (Hrsg.). *Sound des Jahrhunderts. Geräusche, Töne, Stimmen 1889 bis heute*. Bonn 2013.
Perrig, Severin. *Stimmen, Slams und Schachtel-Bücher. Eine Geschichte des Vorlesens. Von den Rhapsoden bis zum Hörbuch*. Bielefeld 2009.
Peters, Sybille. *Der Vortrag als Performance*. Bielefeld 2011.
Pinch, Trevor, und Karin Bijsterveld (Hrsg.). *The Oxford Handbook of Sound Studies*. Oxford 2012.
Pinto, Vito. *Stimmen auf der Spur. Zur technischen Realisierung der Stimme in Theater, Hörspiel und Film*. Bielefeld 2012.

Rautenberg, Ursula (Hrsg.). *Das Hörbuch. Stimme und Inszenierung.* Wiesbaden 2007.
Riedel, Manfred. *Hören auf die Sprache. Die akroamatische Dimension der Hermeneutik.* Frankfurt am Main 1990.
Rieger, Matthias. „Musik im Zeitalter von Sound. Wie Hermann von Helmholtz eine neue Ära begründete". *Pop Sounds. Klangtexturen in der Pop- und Rockmusik.* Hrsg. von Thomas Phleps. Bielefeld 2003: 183–196.
Rieger, Stefan. *Schall und Rauch. Eine Mediengeschichte der Kurve.* Frankfurt am Main 2009.
Roesner, David, und Lynne Kendrick (Hrsg.). *Theatre Noise. The Sound of Performance.* Newcastle 2011.
Ronell, Avital. *Der Goethe-Effekt. Goethe – Eckermann – Freud.* München 1994.
Rost, Katharina. *Sounds that Matter. Dynamiken des Hörens in Theater und Performance.* Bielefeld 2017.
Rubery, Matthew (Hrsg.). *Audiobooks, Literature, and Sound Studies.* New York 2011.
Rühm, Gerard. „Auditive poesie". *Lautpoesie. Eine Anthologie* [1977]. Hrsg. von Christian Scholz. Obermichelbach 1987 [Textbuch]: 1–2.
Rühr, Sandra. *Tondokumente von der Walze zum Hörbuch. Geschichte – Medienspezifik – Rezeption.* Göttingen 2008.
Russolo, Luigi. *Die Kunst der Geräusche.* Mainz 2000.
Schäfer, Armin. *Die Intensität der Form. Stefan Georges Lyrik.* Wien u. a. 2005.
Schafer, Raymond Murray. *Our Sonic Environment and the Soundscape of Tuning of the World* [1977]. Vermont 1994.
Schafer, Raymond Murray. *Die Ordnung der Klänge. Eine Kulturgeschichte des Hörens* [1977]. Mainz 2010.
Schlieper, Ulrike. *Hörspiel 1950–1951. Eine Dokumentation.* Potsdam 2003.
Schlieper, Ulrike. *Hörspiel 1952–1953. Eine Dokumentation.* Potsdam 2004.
Schmedes, Götz. *Medientext Hörspiel. Ansätze einer Hörspielsemiotik am Beispiel der Radioarbeiten von Alfred Behrens.* Münster 2002.
Schmicking, Daniel. *Hören und Klang. Empirisch phänomenologische Untersuchungen.* Würzburg 2003.
Schmidt, Wolf Gerhard (Hrsg.). *Faszinosum ‚Klang'. Anthropologie – Medialität – Kulturelle Praxis.* Boston und Berlin 2014.
Schmitz-Emans, Monika. „Geschriebene Stimmen". *Zunge und Zeichen.* Hrsg. von Eva Kimminich und Claudia Krülls-Hepermann. Frankfurt am Main 2000: 115–150.
Schneider, Joh. Nikolaus. *Ins Ohr geschrieben. Lyrik als akustische Kunst zwischen 1750 und 1800.* Göttingen 2004.
Schnickmann, Tilla. „Vom Sprach- zum Sprechkunstwerk. Die Stimme im Hörbuch. Literaturverlust oder Sinnlichkeitsgewinn?" *Das Hörbuch. Stimme und Inszenierung.* Hrsg. von Ursula Rautenberg. Wiesbaden 2007: 21–53.
Scholz, Christian. *Lautpoesie. Eine Anthologie.* 1 LP mit Textbuch. Obermichelbach 1987.
Scholz, Christian, und Urs Engeler. *Fümms Bö Wö Tää Zää Uu. Stimmen und Klänge der Lautpoesie.* Basel 2002.
Schön, Erich. *Der Verlust der Sinnlichkeit oder die Verwandlung des Lesers. Mentalitätswandel um 1800.* Stuttgart 1987.
Schönherr, Beatrix. „‚So kann man das heute nicht mehr spielen!' Über den Wandel der sprecherischen Stilideale auf der Bühne seit den 60er Jahren". *Sprache, Kultur, Geschichte. Sprachhistorische Studien zum Deutschen.* Hrsg. von Beatrix Schönherr und Maria Pümpel-Mader. Innsbruck 1999: 145–170.

Schöning, Klaus. „Anmerkungen". *Neues Hörspiel. Texte, Partituren.* Hrsg. von Klaus Schöning. Frankfurt am Main 1969a: 7–16.
Schöning, Klaus (Hrsg.). *Neues Hörspiel. Texte, Partituren.* Frankfurt am Main 1969b.
Schöning, Klaus. „Akustische Literatur. Gegenstand der Literaturwissenschaft?" *Rundfunk und Fernsehen* 4.27 (1979): 464–475.
Schöning, Klaus. „Zur Archäologie der Akustischen Kunst im Radio". *Klangreise – Studio Akustische Kunst – 155 Werke 1968–1997.* Hrsg. vom WDR Köln. Köln 1997: 1–11.
Schoon, Andi, und Axel Volmar (Hrsg.). *Das geschulte Ohr. Eine Kulturgeschichte der Sonifikation.* Bielefeld 2012.
Schrödl, Jenny. *Vokale Intensitäten. Zur Ästhetik der Stimme im postdramatischen Theater.* Bielefeld 2012.
Schulz, Verena. *Die Stimme in der antiken Rhetorik.* Göttingen 2014.
Schulze, Holger. „Körper und Klang". *Merkur* 69.4 (2004): 350–358.
Schulze, Holger (Hrsg.). *Sound Studies. Traditionen – Methoden – Desiderate. Eine Einführung.* Bielefeld 2008.
Schulze, Holger (Hrsg.). *Situation und Klang. Zeitschrift für Semiotik* 34 (2012).
Schumacher, Eckhard. „‚Schreiben ist etwas völlig anderes als Sprechen'. Rolf Dieter Brinkmanns Originaltonaufnahmen". *Abfälle. Stoff- und Materialpräsentation in der deutschen Pop-Literatur der 60er Jahre.* Hrsg. von Dirck Linck und Gert Mattenklott. Hannover 2006: 75–90.
Schüttpelz, Erhard. „Mündlichkeit/Schriftlichkeit". *Medien der Literatur Handbuch.* Hrsg. von Natalie Binczek, Till Dembeck und Jörgen Schäfer. Berlin und Boston 2013: 27–40.
Schwering, Gregor. „‚Achtung vor dem Paratext!' Gérard Genettes Konzeption und H. C. Artmanns Dialektdichtung". *Paratexte in Literatur, Film, Fernsehen.* Hrsg. von Klaus Kreimeier und Georg Stanitzek. Berlin 2004: 165–178.
Schwitzke, Heinz. *Sprich, damit ich dich sehe.* München 1960.
Schwitzke, Heinz. *Das Hörspiel. Dramaturgie und Geschichte.* Köln 1963.
Schwitzke, Heinz. *Reclams Hörspielführer.* Stuttgart 1969.
Seckendorff, Gustav Anton von. *Vorlesungen über Deklamation und Mimik.* Bd. 1. Braunschweig 1816.
Segeberg, Harro, und Frank Schätzlein (Hrsg.). *Sound. Zur Technologie und Ästhetik des Akustischen in den Medien.* Marburg 2005.
Selg, Olaf. „‚Kein Wort stimmt doch mit dem überein, was tatsächlich passiert.' Zu Rolf Dieter Brinkmanns Tonbandaufnahmen ‚Wörter Sex Schnitt'". *Weimarer Beiträge* 53 (2007): 47–66.
Sievers, Eduard. „Über ein neues Hilfsmittel philologischer Kritik". *Rhythmisch-melodische Studien. Vorträge und Aufsätze.* Heidelberg 1912a: 78–111.
Sievers, Eduard. *Rhythmisch-melodische Studien. Vorträge und Aufsätze.* Heidelberg 1912b.
Sievers, Eduard. *Ziele und Wege der Schallanalyse. Zwei Vorträge.* Heidelberg 1924.
Simon, Artur (Hrsg.). *Das Berliner Phonogramm-Archiv 1900–2000. Sammlungen der traditionellen Musik der Welt.* Berlin 2000.
Stangl, Burkhard. *Ethnologie im Ohr. Die Wirkungsgeschichte des Phonographen.* Wien 2000.
Stanitzek, Georg. „Texte, Paratexte, in Medien: Einleitung". *Paratexte in Literatur, Film, Fernsehen.* Hrsg. von Klaus Kreimeier und Georg Stanitzek. Berlin 2004: 3–20.
Sterne, Jonathan. *The Audible Past. Cultural Origins of Sound Reproduction.* Durham 2003.
Sterne, Jonathan. *MP3. The Meaning of a Format.* Durham und London 2012a.
Sterne, Jonathan. „Sonic Imaginations". *The Sound Studies Reader.* Hrsg. von Jonathan Sterne. Durham und London 2012b: 1–17.

Sterne, Jonathan (Hrsg.). *The Sound Studies Reader*. Durham und London 2012c.
Stewart, Garrett. *Reading Voices. Literature and the Phonotext*. Berkeley u. a. 1990.
Stopka, Katja. *Semantik des Rauschens. Über ein akustisches Phänomen in der deutschsprachigen Literatur*. München 2005.
Svenbro, Jesper. „Stilles Lesen und die Internalisierung der Stimme im alten Griechenland". *Zwischen Rauschen und Offenbarung. Zur Kultur- und Mediengeschichte der Stimme*. Hrsg. von Friedrich Kittler, Thomas Macho und Sigrid Weigel. 2. Aufl. Berlin 2008: 55–71.
Tgahrt, Reinhard (Hrsg.). *Dichter lesen*. Bd. 1: *Von Gellert bis Liliencron*. Marbach am Neckar 1984.
Tgahrt, Reinhard (Hrsg.). *Dichter lesen*. Bd. 2: *Jahrhundertwende*. Marbach am Neckar 1989.
Tgahrt, Reinhard (Hrsg.). *Dichter lesen*. Bd. 3: *Vom Expressionismus in die Weimarer Republik*. Stuttgart 1995.
Timper, Christiane. *Hörspielmusik in der deutschen Rundfunkgeschichte. Originalkompositionen im deutschen Hörspiel 1923–1986*. Berlin 1990.
Tkaczyk, Viktoria. „Hochsprache im Ohr. Bühne – Grammophon – Rundfunk". *Wissensgeschichte des Hörens der Moderne*. Hrsg. vom Netzwerk ‚Hör-Wissen im Wandel'. Berlin und Boston 2017: 123–151.
Trabant, Jürgen. „Vom Ohr zur Stimme. Bemerkungen zum Phonozentrismus zwischen 1770 und 1830". *Materialität der Kommunikation*. Hrsg. von Hans Ulrich Gumbrecht und K. Ludwig Pfeiffer. Frankfurt am Main 1988: 63–79.
Vogt-Spira, Gregor. „Vox und littera. Der Buchstabe zwischen Mündlichkeit und Schriftlichkeit". *Poetica* 23 (1991): 295–327.
Volmar, Axel, und Jens Schröter (Hrsg.). *Auditive Medienkulturen. Techniken des Hörens und Praktiken der Klanggestaltung*. Bielefeld 2013.
Vormelker, Silvia. „Das Hörbuch als Kunst, oder: Kritik eines populären Gattungsbegriffs". *Phänomen Hörbuch. Interdisziplinäre Perspektiven und medialer Wandel*. Hrsg. von Stephanie Bung und Jenny Schrödl. Bielefeld 2017: 69–81.
Vowinckel, Antje. *Collagen im Hörspiel. Die Entwicklung einer radiophonen Kunst*. Würzburg 1995.
Wagner, Hans-Ulrich. *Günter Eich und der Rundfunk*. Potsdam 1999.
Wallach, Steffen. *Laute lesen. Zur Poetik schriftlich (re-)präsentierter Phonie vom 18. bis zum 20. Jahrhundert*. Würzburg 2014.
Weimar, Klaus. „Lesen: zu sich selbst sprechen in fremdem Namen". *Literaturwissenschaft. Einführung in ein Sprachspiel*. Hrsg. von Heinrich Bosse und Ursula Renner. Freiburg im Breisgau 1999: 49–62.
Weithase, Irmgard. *Die Geschichte der deutschen Vortragskunst im 19. Jahrhundert. Anschauungen über das Wesen der Sprechkunst vom Ausgang der deutschen Klassik bis zur Jahrhundertwende*. Weimar 1940.
Wenzel, Horst. *Hören und Sehen, Schrift und Bild. Kultur und Gedächtnis im Mittelalter*. München 1995.
Wickert, Erwin. „Die innere Bühne. Neue Dichtungsgattung Hörspiel". *Akzente* 6 (1954): 505–514.
Wiethölter, Waltraud. „Stimme und Schrift. Szenen einer Beziehungsgeschichte". *Stimme und Schrift. Zur Geschichte und Systematik sekundärer Oralität*. Hrsg. von Waltraud Wiethölter. München 2008: 9–53.
Wiethölter, Waltraud, Hans-Georg Pott, und Alfred Messerli (Hrsg.). *Stimme und Schrift. Zur Geschichte und Systematik sekundärer Oralität*. München 2008.

Wille, Günther. *Akroasis. Der akustische Sinnesbereich in der griechischen Literatur bis zum Ende der klassischen Zeit*. Bd. I und II. Tübingen 2001.
Wirag, Lino. „Die Geburt des Poetry Slams aus dem Geist des Theaters". *KulturPoetik* 14.2 (2014): 269–281.
Wirth, Uwe. „Piep. Die Frage nach dem Anrufbeantworter". *Telefonbuch. Beiträge zu einer Kulturgeschichte des Telefons*. Hrsg. von Stefan Münker und Alexander Roesler. Frankfurt am Main 2000: 161–184.
Wirth, Uwe. „Akustische Paratextualität. Akustische Paramedialität". *Das Hörbuch. Audioliteralität und akustische Literatur*. Hrsg. von Natalie Binczek und Cornelia Epping-Jäger. München 2012: 215–229.
Wulf, Christoph (Hrsg.). *Das Ohr als Erkenntnisorgan*. Berlin 1993.
Würffel, Stefan. *Das deutsche Hörspiel*. Stuttgart 1978.
Zumthor, Paul. *Einführung in die mündliche Dichtung*. Berlin 1990.
Zumthor, Paul. *Die Stimme und die Poesie in der mittelalterlichen Gesellschaft*. München 1994.

7. Personenregister

Abraham, Otto 182, 368
Achleitner, Gerhard 56
Adams, Heinrich 494, 496
Ader, Clément 546
Adler, Jeremy 562
Adorno, Theodor W. 492
Aelius Aristides 255
Agathos, Katarina 149, 503, 505, 507, 509, 557
Aichinger, Ilse 144, 231, 451, 464, 479 f.
Aischylos 394
Aland, Kurt 287
Albert-Birot, Pierre 88
Albrecht, Sophie 326
Ambrosius 48
Ammer, Andreas 93 f., 110, 572
Andersch, Alfred 109, 229 f., 236, 484, 487, 490–494, 496–500, 576
Anschütz, Heinrich 326
Anzieu, Didier 548
Apollinaris Sidonius 255
Apuleius 255
Aristophanes 86, 196, 252
Aristoteles 47, 51, 199 f., 202, 258, 292
Arnheim, Rudolf 405, 407–409, 413 f., 417, 491 f., 576, 579
Arnold, Heinz Ludwig 11, 219
Arp, Hans 88
Artaud, Antonin 35, 261–263, 267, 400, 561
Artmann, Hans Carl 56
Auer, Johannes 545
Augustinus 27, 29, 46–48, 54, 200, 280
Augustus 254
Avidan, Asaf 524

Bach, Carl Philipp Emanuel 302
Bach, Johann Sebastian 546
Bachmann, Ingeborg 33, 144, 229, 232, 383, 451, 468–470, 474 f., 478 f., 484, 580
Baecker, Dirk 194
Bahr, Hermann 220, 324
Bakchylides 251
Ball, Hugo 33, 56, 87, 96, 323, 539
Balla, Giacomo 88

Balogh, Josef 44, 46–48
Bar, Hans-Dieter 157
Barner, Wilfried 230, 236
Barthes, Roland 117, 122, 213 f., 261
Bataille, Georges 219
Bauer, Felice 378 f.
Baumgarten, Alexander Gottlieb 291–295, 297 f., 300, 304
Baumgarten, Gottlieb Alexander 51
Bayer, Konrad 94 f.
Beauvoir, Simone de 219
Beck, Luise 326
Beck, Wolfgang 461
Becker, Jurek 460 f.
Becker, Maria 332, 340
Beer-Hofmann, Richard 324
Beißner, Friedrich 327
Bell, Alexander Graham 376, 380, 589
Bell, Chichester 366
Bellamy, Edward 361
Bellingradt, Daniel 283, 285 f.
Belloc, Hilaire 336
Benjamin, Walter 261, 350, 405, 409–411, 414, 416–418, 425, 427–429, 491, 576
Benn, Gottfried 29, 318, 323, 335 f., 340
Bennett, James Gordon 212
Bense, Max 91, 539
Berberian, Cathy 137 f.
Bergen, Edgar 422 f.
Bergerac, Cyrano de 133
Bergk, Johann Adam 53
Berio, Luciano 90, 92, 137 f.
Berkeley, George 383
Berliner, Emil(e) 181, 204, 367, 590
Bernhard, Thomas 29, 422
Bernstein, Charles 522 f.
Besch, Lutz 492
Besseler, Heinrich 328
Beuys, Joseph 93, 537
Beyer, Marcel 545
Bijsterveld, Karin 157
Binczek, Natalie 73 f., 508, 523, 556
Bischoff, Friedrich 113, 485, 492
Bischoff, Fritz Walter 429

Bismarck, Otto von 359
Blackwell, Thomas 179
Blair, Hugh 321
Blesser, Barry 160
Bleumer, Hartmut 260, 262
Bley, Wulf 434
Blonk, Jaap 94, 101
Bloom, Margret 455
Blumenberg, Hans 62, 72, 376
Blümner, Rudolf 87
Blunck, Hans Friedrich 335
Boccaccio, Giovanni 349
Bode, Johann Jacob Christoph 290, 298
Bodenstedt, Hans 484
Bodin, Lars-Gunnar 136
Bodmer, Johann Jakob 179
Boeckh, August 180
Bolik, Sibylle 449 f.
Böll, Heinrich 144, 231
Bölsche, Wilhelm 370
Borchert, Wolfgang 231, 241, 471
Böttcher, Bas 539
Bowles, Daniel 215
Bratuschek, Ernst 180
Braun, Alfred 429, 484
Brecht, Bertolt 318, 323, 325, 335, 340, 405, 411–414, 418, 427 f., 430, 439, 444, 454, 476 f., 485, 491, 537, 576
Bredow, Hans 405 f., 410, 426, 438
Brentano, Clemens 87
Breton, André 219
Brinkmann, Maleen 503, 507, 557
Brinkmann, Rolf Dieter 35, 79, 103, 121–124, 188, 503–514, 556–558
Brock, Bazon 93
Bronnen, Arnolt 427, 429
Brook, Peter 397
Browning, Robert 335
Brücke, Ernst W. von 183
Brückner, Ernst Theodor 309
Brühl, Hein 505
Brussig, Thomas 385 f.
Bruyn, Günter de 459
Buck, Theo 232
Bühler, Benjamin 363
Bull, Michael 157
Burbage, Richard 398

Bürger, Elise 321, 326
Bürger, Gottfried August 33, 331
Bürger, Peter 492
Burmester, Gustav 455
Burroughs, William S. 517, 556
Busoni, Ferruccio 425, 429
Byron, Lord George Gordon 215

Cage, John 92, 138, 156, 537, 539, 544, 587
Călinescu, Matei 68
Campe, Rüdiger 199, 388
Canetti, Elias 29, 329, 556
Cangiullo, Francesco 561
Carroll, Lewis 87
Caruso, Enrico 485
Castorf, Frank 401
Celan, Paul 11 f., 203, 229, 232
Cézanne, Paul 371
Chaplin, Charlie 428
Chapsal, Madeleine 219
Cheselden, William 296
Chlebnikov, Velimir 88
Chomsky, Noam 194
Chopin, Henri 90, 95, 98, 102, 136 f., 561
Chrétien de Troyes 263
Cicero 255 f.
Cladni, Ernst Florens 570
Clairon, Claire 351
Claus, Carlfriedrich 98 f., 102, 136, 556–558, 561 f.
Clemens, Otto 146
Clever, Edith 401
Cludius, Hermann Heimart 322
Cobbing, Bob 90 f., 94 f., 134, 136
Cobussen, Marcel 168 f.
Corbin, Alain 157
Cox, Christoph 162
Crimp, Martin 386, 388
Cros, Charles 181, 366
Culler, Jonathan 296
Curtay, Jean-Paul 101
Czernin, Franz Josef 56

Dahn, Felix 335
Dante Alighieri 194, 197
Dath, Dietmar 223
Davis, Miles 493

Debord, Guy 518
Dehmel, Richard 323, 325, 329
Deleuze, Gilles 213, 548
Denis, Michael 313
Derrida, Jacques 28, 51, 96f., 261–263, 268, 312
Devrient, Eduard 326
Dickens, Charles 331
Diderot, Denis 321
Dilthey, Wilhelm 184
Dionysios von Halikarnassos 253
Djordjevic, Mira 177, 450
Döblin, Alfred 107, 144–146, 405, 414–418, 427f., 454, 576
Döhl, Reinhard 114–116, 124, 126, 177, 440, 574
Dorat, Claude Joseph 321
Dornberg, Martin 547, 549
Drach, Erich 327, 331f.
Dubos, Jean-Baptiste 321
Dufrêne, François 89–91, 95, 101, 136f., 561
Dunning, John 422
Durieux, Tilla 329
Dürrenmatt, Friedrich 451, 472

Eberhard, Fritz 486
Ebner-Eschenbach, Marie von 335f.
Eckardt, Anke 166
Eckermann, Johann Peter 215–218, 221
Eckert, Gerhardt 500
Edison, Thomas Alva 109, 133, 145, 180f., 183, 204, 359–361, 366f., 380, 570, 590
Eggebrecht, Axel 485f.
Eich, Günter 144, 229, 231, 238, 241, 444–447, 451, 463f., 468, 473f., 478f., 485
Eichenbaum, Boris M. 36
Eimert, Herbert 137f.
Einheit, FM 110
Einstein, Albert 498
Eisenstein, Sergei 494
Elten, Jörg Andrees 494f.
Engel, Johann Jakob 201
Engeler, Urs 103
Engelmann, Julia 523–527, 531

Enzensberger, Hans Magnus 412, 484
Epping-Jäger, Cornelia 73f., 188, 440, 556f.
Erb, Elke 562
Esquivel, Laura 103
Euklid 257
Euler, Leonhard 366
Eunapios 256
Euringer, Richard 439f., 442
Euripides 48
Exner, Sigmund 368f.
Ezechiel 276

Fahlström, Öyvind 89
Falke, Gustav 325
Falkenberg, Karin 437
Falkmann, Christian F. 322
Faulstich, Werner 275, 283
Fehse, Willi 444
Feld, Steven 166
Fetzner, Daniel 547, 549
Feuchtwanger, Lion 31, 336
Fichte, Hubert 209f., 222f.
Fischer, E. Kurt 109
Fischer-Lichte, Erika 520
Flaubert, Gustave 30, 324
Flesch, Hans 112, 143, 407, 410, 417, 425–431, 576
Fliegel, Alice 484
FM Einheit 93
Fontane, Theodor 198, 400
Forel, August 370
Foucault, Michel 38, 65, 117, 213f.
Frank, Armin P. 449
Franke, Heinrich G. B. 293
Franke, Heinrich Gotthelf Bernhard 322
Freeman, Andi 543
Freud, Sigmund 183, 377, 381f., 386, 529
Fried, Erich 329
Friedlaender, Salomon 362
Frisch, Max 472

Gadamer, Hans-Georg 51, 55, 63f., 69f., 72, 78, 314
Gaius Marius Victorinus 255
Garner, Richard L. 368
Gelatt, Roland 367
Genée, Rudolf 326

Genette, Gérard 30, 38, 214 f., 307, 573
George, Stefan 33, 186, 318, 323–325, 330, 338
Gerber, Gustav 87
Gide, André 497, 499
Gilliam, Laurence 109, 486 f.
Ginsberg, Allen 493, 517
Ginsberg, Ernst 332, 340
Gladstone, William Ewart 359
Goebbels, Heiner 110, 401
Goebbels, Joseph 11, 428, 430, 434–438, 440, 443 f., 446 f.
Goethe, Johann Wolfgang 13, 70, 201–203, 215–218, 221, 310 f., 314, 320 f., 323–325, 329–331, 338–341, 350–353, 362 f., 438 f., 447, 453, 575
Goetz, Rainald 545
Gogol, Nikolai 453
Goldsmith, Kenneth 537
Gomringer, Nora 523, 527–531
Goodman, Steve 160 f.
Göring, Hermann 434
Göttinger Hainbund 309, 313, 323
Graf, Oskar Maria 336
Grass, Günter 325
Graudus, Konstantin 146
Greene, H. C. 486
Gregor von Navianz 48
Grésillon, Almuth 79, 117 f., 125
Grimm, Hans 445
Grimme, Adolf 471
Gronostay, Walter 443 f.
Grössel, Hanns 505, 557
Grote, Michael 557
Grottewitz, Curt 220
Gründgens, Gustaf 145
Gruppe 47 10–14, 16, 33, 203, 229, 231, 233, 235 f., 238 f., 324, 474, 484
Grüß, Hans 562
Guben, Günter 92
Guerra, Lora 98
Guerra, Tonino 98
Gugisch, Peter 452
Gumbrecht, Hans Ulrich 67
Gunold, Rolf 454
Günther, Johann 282
Gutenberg, Johannes 415

Gutzkow, Karl Ferdinand 212, 214, 221
Guyau, Jean-Marie 369, 372 f.

Haacke, Wilmont 488
Haas, Wolf 223
Haeckel, Ernst 370
Hagen, Wolfgang 438
Hähnel, Siegfried 452
Hallwachs, Hans Peter 146
Handke, Peter 10, 13–16
Hanhart, Robert 287
Hanson, Sten 136
Hardenberg, Friedrich von s. Novalis
Hardt, Ernst 116, 429
Hardt, Ludwig 318, 323, 329, 338
Harth, Ludwig 340
Hartmann von Aue 263
Hartwig, Friederike Wilhelmine 326
Hauptmann, Gerhart 325, 335 f., 453
Häusermann, Jürg 72
Hausmann, Raoul 35, 87
Havelock, Eric A. 48, 581
Haverkamp, Anselm 298
Hebbel, Friedrich 438
Heesen, Anke te 218, 220
Hegel, Georg Wilhelm Friedrich 62, 64, 66, 71, 312, 315
Hegelochos 395
Heidsieck, Bernard 91, 99, 136, 562
Heinrich von dem Türlin 263
Heise, Thomas 464
Heißenbüttel, Helmut 88, 238, 478 f., 484, 489
Heister, Hans Siebert von 143
Hellingrath, Norbert von 186
Helmholtz, Hermann von 199, 570
Helms, Hans G. 135
Hendel-Schütz, Johanna Henriette Rosine 326
Henriques, Julian 161, 166
Herder, Johann Gottfried 2–6, 86, 197, 202, 291, 294–298, 302 f., 312, 320 f., 323, 347
Hering, Ewald 369 f., 372 f.
Herodot 255
Hessel, Stéphane 328
Heubner, Holger 215

Hildesheimer, Wolfgang 451, 474, 484
Hill, John 321
Hindemith, Paul 427–430
Hindenburg, Paul von 434, 440
Hinkel, Hans 434
Hitler, Adolf 407, 434–437, 439–441, 443f., 529f.
Hodell, Åke 136
Hoerschelmann, Fred von 471–473
Hoffmann, E. T. A. 28f., 352–354
Hofmannsthal, Hugo von 87, 145, 324, 335f.
Hölderlin, Friedrich 96, 186, 325
Höllerer, Walter 228f., 231f., 238
Holtei, Karl von 33, 321, 323, 326, 332
Homer 179f., 183, 250, 262, 298
Hoppe, Felicitas 223
Horaz 254
Hornbostel, Erich von 182, 368
Horváth, Ödön von 336
Houseman, John 421
Huchel, Peter 443
Huelsenbeck, Richard 87f.
Hugo, Victor 360
Humboldt, Wilhelm von 64, 71, 79, 233
Huret, Jules 220

Iffland, August Wilhelm 411
Isokrates 257
Isou, Isidore 89, 91, 101, 136

Jacob, Joachim 64
Jäger, Ludwig 117, 126, 524, 527f., 530f., 556
Janco, Marcel 87f.
Jandl, Ernst 35, 56, 88, 92, 94f., 99f., 102f., 112, 136, 144, 198, 470, 539
Jelinek, Elfriede 8, 149, 223
Jenkins, Henry 544
Jeremias 276
Jesaja 276–278, 280f.
Jesus Christus 276, 278f.
Jewett, Ellen 212
Jochum, Eugen 427
Johannes 276–280, 287, 439
Johnson, Edward 133f.
Jordan, Wilhelm 28f., 323, 326, 332
Joyce, James 137, 198, 537

Kaegi, Stefan 549
Kafka, Franz 28, 146, 221, 324, 330, 377–380, 382f., 545
Kagel, Mauricio 144, 587
Kahlo, Frida 529
Kainz, Josef 323, 332, 335, 340
Kaiser, Joachim 231
Kamper, Dietmar 157
Kant, Immanuel 64, 347
Kanzog, Klaus 116
Kapfer, Herbert 149, 503, 506f., 557
Karst, Karl 446
Kasack, Hermann 439
Kästner, Erich 439, 485
Keats, John 336
Kelly, Robert 96
Kempelen, Wolfgang von 204, 366
Kepler, Johannes 366
Kerndörffer, Heinrich August 314, 322
Kerouac, Jack 517
Kimmig, Harald 547
Kinski, Klaus 332, 340
Kippenberg, Katharina 365
Kircher, Athanasius 366
Kisch, Egon Erwin 221
Kittler, Friedrich 180, 336, 363, 373, 380, 382
Kittler, Wolf 184
Klaj, Johann 87
Klausnitzer, Klaus 62
Kleist, Heinrich von 31, 323, 325, 348–351, 353, 447
Kling, Thomas 35, 56f.
Klopstock, Friedrich Gottlieb 31f., 49, 66, 70, 180, 202, 234, 291, 297–304, 308–315, 318–321, 323–326, 330f., 338, 341
Kluge, Alexander 219, 222
Knilli, Friedrich 112
Kocher, Ursula 554
Köhler, Barbara 35
Köhler, Ludwig 283
Kohlhaase, Wolfgang 460
Kolb, Richard 409, 429, 437f., 477–479, 481, 488, 576, 578
König, Wolfgang 436
Konkrete Poesie 537, 539
Körner, Christian Gottfried 322
Korzybski, Alfred 509

Kött, Martin 212
Kracht, Christian 223
Krass, Andreas 262
Kraus, Karl 318, 323, 325, 329, 335 f., 338
Krechel, Ursula 29
Krenek, Ernst 427
Kristeva, Julia 39, 395
Kriwet, Ferdinand 35, 92
Krug, Hans-Jürgen 442
Krutschonych, Aleksej 88
Krutschonych, Alexej 562
Kuby, Erich 489
Kuhn, Hans Peter 103
Kühner, Otto Heinrich 489
Kuhnert, Adolf Arthur 445
Küpper, Joachim 63
Kurth, Jan 547
Kurzeck, Peter 150 f., 556, 572

Lacan, Jacques 39, 219, 422 f.
Lachmann, Karl 68
Laktanz 280
Lamour, Dorothy 424
Lampe, Jutta 401
Lampen, Ulrich 146
Lang, Fritz 555
Lasker-Schüler, Else 33, 323, 325
Lavater, Johann Caspar 309
Lefèvre, Frédéric 218 f.
Lemaître, Maurice 101, 136, 561
Lentz, Michael 503, 508, 512
Lenz, Siegfried 484
Leroi-Gourhan, André 96 f.
Lersch, Heinrich 441
Lessing, Gotthold Ephraim 197, 201, 290, 293, 298, 321, 438, 447
Lewinsky, Josef 323, 326, 329, 332, 335
Lichberg, Heinz von 434
Lichtenberg, Georg Christoph 347
Liliencron, Detlev von 33, 325
Lilienthal, Otto 494–496
Lincoln, Abraham 359
Lindbergh, Charles 413, 494, 496
Linga 572
Literarisches Colloquium Berlin 233, 235, 238
Lolli, Antonio 302
Longos 249

Lora-Totino, Arrigo 561–563
Lord, Albert B. 182
Lösch, Volker 401
Lotman, Jurij M. 194
Lowry, Robert 493
Lucier, Alvin 138 f., 156
Lucilius 54
Lukian 255
Lukian von Samosata 52 f.
Luther, Martin 275, 277, 280 f., 287, 318, 345
Lutz, Theo 545

Maaß, Wilhelmine 326
Mach, Ernst 370
Mack, Ulrich 279
MacNab, Henry Gray 321
Macpherson, James 180
Mallarmé, Stéphane 135
Malle, Louis 493
Malraux, André 219
Mann, Heinrich 336
Mann, Klaus 444
Mann, Thomas 34, 145 f., 198, 213, 318, 323–325, 329, 331, 335 f., 338, 340
Manteuffel, Felix von 146
Marey, Étienne-Jules 181, 183
Marichelle, Hector 183
Marinetti, Filippo Tommaso 88, 135
Marlowe, Alleyn 398
Marthaler, Christoph 401
Marton, David 401
Matić, Peter 146
Maurer, Justus 275
Mauthner, Fritz 87, 509 f.
Maye, Harun 71, 73, 319
Mayer, Rudolf 562
Mayröcker, Friederike 100, 112, 144, 470
McLuhan, Marshall 156, 405, 581
Medwin, Thomas 215
Meier, Georg Friedrich 292
Meinecke, Thomas 215, 223
Meißner, Jochen 538
Melville, Herman 198
Menke, Bettine 373
Menke, Christoph 63
Menninghaus, Winfried 71
Merck, Johann Heinrich 324

Meyer, Petra Maria 102
Meyer-Eppler, Werner 91
Meyer-Förster, Wilhelm 494, 496
Meyer-Kalkus, Reinhart 67f., 209
Michaelis, Ludwig Philipp 313
Milan, Emil 318, 323, 327, 329, 338, 340
Miller, Johann Martin 313
Mills, Mara 166
Mitchell, Katie 401
Möbius, Hanno 493f.
Moissi, Alexander 323, 329, 332, 335, 340
Molière 453
Molyneux, William 296
Mon, Franz 37, 88f., 91–95, 97–99, 101, 103, 115, 135–137, 539, 561f.
Mönckeberg-Kollmar, Vilma 327
Morgenstern, Christian 87, 299
Moritz, Karl Philipp 333, 411
Mose 279f.
Mücke, Klaus 562
Müller, André 219
Müller, Heiner 219, 558
Musil, Robert 8, 146, 149, 336

Nancy, Jean-Luc 69
Nannucci, Maurizio 561
Nebel, Otto 135
Nestle, Eberhard 287
Nestle, Erwin 287
Neuhaus, Max 156
Nick, Edmund 485
Nierentz, Hans-Jürgen 441–444
Nieswandt, Hans 94
Nietzsche, Friedrich 44, 53f., 69, 87, 339, 416
Nono, Luigi 138
Nothardt, Fritz 485, 487
Novak, Julia 517, 519, 522f., 525f., 528, 531
Novalis 28, 86

Ong, Walter J. 64, 68, 74, 156, 522, 581
Oulipo 539
Ovid 254

Paley, William 421, 423
Palleske, Emil 326
Parry, Milman 182f.
Parzer-Mühlbacher, Alfred 182

Pasewalck, Silke 363, 373
Passos, John Dos 493
Pastior, Oskar 198, 539, 562
Paulus von Tarsus 48
Percy, Thomas 347
Petrarca, Francesco 55
Petronius 31
Pfeiffer, Rudolf 178
Philetas 249
Piechot, Herbert 560
Pietrzynski, Ingrid 455
Pinch, Trevor 157
Pindar 251, 325
Pinget, Robert 221
Piwitt, Hermann Peter 13
Platon 71, 199, 256–258, 382
Plautus 196
Pleier, der 263, 265
Pleister, Werner 442, 445
Plutarch 255
Pollesch, René 401
Pongs, Hermann 478
Ponto, Erich 332, 340
Pörtner, Paul 123f.
Possart, Ernst von 335
Powell, Barry 180
Prager, Gerhard 485, 492
Preece, William Henry 366
Proust, Marcel 209f.

Quadflieg, Will 332
Queneau, Raymond 540
Quintilian 44, 200, 255

Raabe, Wilhelm 198
Rabelais, François 197
Rabelais, François 264, 269
Radcliffe, Ann 347
Rahlfs, Alfred 287
Rambach, Friedrich 322
Ramler, Karl Wilhelm 309
Raschke, Martin 444f., 485
Reemtsma, Jan Philipp 327
Regener, Sven 146
Reich, Steve 138
Reis, Philipp 376–378, 589
Rheinberger, Hans-Jörg 118

Riccoboni, Antoine-François 321
Riccoboni, Luigi 321
Richter, Hans Werner 12, 229, 231, 236, 238
Riedel, Josef Anton 136
Riedel, Manfred 69
Riedl, Josef Anton 90, 562
Rilke, Rainer Maria 35, 70, 146, 323, 325, 329, 338, 359, 363, 365, 367–373, 535
Rimini Protokoll 572
Ringelnatz, Joachim 335, 494–497
Riviera, Diego 529
Rivière, Jean-Loup 133
Röggla, Kathrin 94
Roller, Walter 336
Ronell, Avital 217
Rössler, Martin 275
Roth, Joseph 221, 336
Rousseau, Jean-Jacques 86, 321
Ruchatz, Jens 209, 216, 218
Ruge, Arnold 333
Rühm, Gerhard 56, 90–92, 94 f., 99, 102, 136, 561 f.
Rühmkorf, Peter 325, 539
Rühr, Sandra Marion 559
Runge, Erika 222
Ruttmann, Walter 112 f., 128, 429, 485
Rutz, Joseph 186
Rutz, Ottmar 186

Saar, Ferdinand von 335
Sabatier, Roland 101
Sacchini, Francesco 53
Sachs, Hans 68
Sachsen-Gotha-Altenburg, August von 351
Saenger, Paul 48
Said, Edward 332
Sainte Albine, Pierre Rémond de 321
Salin, Edgar 186
Salomon, Ernst von 221
Salten, Felix 324
Salter, Linda Ruth 160
Samel, Udo 146
Sand, George 212
Sander, Klaus 150
Sartre, Jean-Paul 213, 219
Saussure, Ferdinand de 51, 194
Scaliger, Julius Caesar 293

Schaeffer, Pierre 90 f., 112
Schafer, R. Murray 588
Schäfer, Walter Erich 485
Schall, Karl 326
Scheerbart, Paul 87
Scheffler, Herbert 488
Scheidemann, Philipp 443
Schemat, Stefan 549
Scherstjanoi, Valeri 101, 562
Schiller, Friedrich 33, 321, 323, 327, 331, 350, 438, 579
Schilling, Gustav 322
Schirokauer, Arno 491
Schlaffer, Heinz 70 f.
Schleef, Einar 401
Schlegel, August Wilhelm 339
Schlegel, Friedrich 339
Schmedes, Götz 127 f.
Schmitthenner, Hansjörg 92
Schnabel, Ernst 239 f., 484, 486 f., 490, 492, 500
Schnitzler, Arthur 324, 335 f.
Schnurre, Wolfdietrich 12, 231
Schocher, Christian Gotthold 322
Schoen, Ernst 410, 414
Scholz, Christian 103, 561–563
Schönberg, Arnold 427, 443, 497–499
Schöne, Albrecht 232
Schöning, Klaus 93, 116, 177, 571, 587
Schoon, Andi 1
Schopenhauer, Arthur 54
Schrader, Stephanie 434
Schreker, Franz 442
Schröder, Sophie 326
Schröder, Wilhelmine 326
Schubart, Christian Friedrich Daniel 310, 326
Schuldt 96
Schultz, Walter D. 486
Schulz, Kristin 558
Schütz, Werner 275
Schwitalla, Johannes 283
Schwitters, Kurt 35, 56, 94, 97, 112, 135, 400, 537, 539
Schwitzke, Heinz 111, 449, 473, 478, 488
Scott, Leon 366
Scripture, Edward Wheeler 181, 183, 185 f.
Seckendorff, Gustav Anton von 322, 326

7. Personenregister — 613

Seghers, Anna 454
Selg, Olaf 508
Semon, Richard 370
Seneca 54 f.
Serres, Michel 157, 379
Shakespeare, William 197, 336, 396, 398 f., 413
Sheridan, Thomas 321
Siebs, Theodor 203
Sieveking, Lance 486 f.
Sievers, Edmund 184–186
Sievers, Eduard 36, 368 f.
Skeet, Jason 543
Smith, Bruce R. 397
Sokrates 256 f.
Solbrig, Carl Friedrich 326
Sophokles 394
Sowodniok, Ulrike 166
Stalin, Josef 455, 458
Stanitzek, Georg 65, 377
Steele, Joshua 321
Stein, Charlotte von 351
Stein, Gertrude 88
Steinaecker, Thomas von 508
Steiner, Uwe 369
Stenzel, Jürgen 333
Sterne, Jonathan 181, 183
Stockhausen, Karlheinz 91, 137 f.
Stoffregen, Goetz Otto 443 f.
Stolberg, Christian Graf zu 313
Stone, Shepard 237 f.
Storm, Theodor 198, 354 f.
Stratos, Demetrio 561
Strauß, Botho 325
Street, Brian 67
Stricker, der 263, 265 f., 268–270
Studio Braun 572
Stuttgarter Gruppe 539
Sulzer, Johann Georg 51 f., 320–322
Swedenborg, Emanuel von 347
Sydow, Theodor von 326
Sylvanus, Erwin 458

Tainter, Charles Sumner 366
Tennysson, Alfred 335
Terenz 196
Terpsion 257

Theaitetos 257
Thespis 394
Thomas, Peter 455, 458
Thomasîn von Zerclaere 196
Thomas von Aquin 54
Thrun, Kai 523
Tibull 254
Tieck, Ludwig 310, 321, 323–325, 329, 334, 339
Tompkins, David 166
Toop, David 169
Tretjakow, Sergej 221
Trouern-Trend, Jonathan 545
Tucholsky, Kurt 336
Twain, Mark 198
Tzara, Tristan 87 f., 219, 538

Ueding, Gert 73
Uhland, Ludwig 359
Unger, Johann Friedrich 411

Vailland, Roger 219
Varèse, Edgar 425
Vergil 293
Verne, Jules 213, 360
Vigny, Alfred de 212
Villiers de L'Isle-Adam, Auguste de 360
Villon, François 340
Voegelin, Salomé 169
Volmar, Axel 1
Vormweg, Heinrich 505
Voß, Johann Heinrich 309, 313
Vossius, Gerhard Johannes 293
Vostell, Wolf 93
Vowinckel, Antje 127–129
Vree, Paul de 561

Wagener, Samuel Christoph 347
Wagner, Hans-Ulrich 445, 450
Waldenfels, Bernhard 66
Walser, Martin 484
Walter, John 321
Wapnewski, Peter 327
Washington, George 359
Waugh, Evelyn 383
Weber, Wilhelm 366
Wedekind, Frank 323

Wegmann, Nikolaus 62
Weill, Kurt 427–430, 444
Weimar, Klaus 77
Weiser, Peter 475
Weiss, Peter 459
Weithase, Irmgard 318, 337
Welles, Orson 421–424, 432
Wells, Herbert George 424
Wells, H. G. 362
Wendt, Larry 562
Werner, Oskar 332, 340
Wertheim, Arthur 422
Wertheimer, Max 407
Wessels, Wolfram 439, 446
Westerkamp, Hildegard 155 f.
Westphal, Gert 38, 146, 332, 340
Weyrauch, Wolfgang 231, 439, 455 f.
Wickert, Erwin 451, 454, 577 f.
Wieland, Christoph Martin 52 f., 213, 313
Wieler, Jossi 401
Wieman, Mathias 332, 340
Wiener, Norbert 91
Wiener, Oswald 95
Wiener Gruppe 56 f., 91, 537
Wilde, Oscar 453
Wilder, Thornton 491
Williamson, Hugh R. 487 f.
Windt, Herbert 442
Winkler, Christian 337
Winthem, Johanna Elisabeth von 302 f.
Wirag, Lino 519, 582

Wirnt von Grafenberg 263
Wishart, Trevor 138
Wittgenstein, Ludwig 65
Wittsack, Richard 327, 337
Wolf, Christa 29
Wolf, Friedrich 453 f.
Wolf, Ror 92, 103
Wolff, Amalie 326
Wolfram von Eschenbach 263, 265 f.
Wolkenstein, Oswald von 57
Wolman, Gil J. 90, 95, 136
Wolzogen, Ernst von 335
Wondratschek, Wolf 468, 470
Wood, Robert 179
Wötzel, Johann Carl 322
Wright, Orville 494–496
Wright, Wilbur 494–496
Wühr, Paul 120–122, 144, 556
Wulf, Christoph 157
Wüllner, Ludwig 323, 332, 335
Würffel, Stephan B. 449

Zahn, Peter von 486
Zeitler, Andreas 439
Zinner, Hedda 454
Zischler, Hanns 103
Zola, Émile 210, 213 f.
Zucker, Wolf 410
Zumthor, Paul 261, 520
Zymner, Rüdiger 558

8. Autorinnen und Autoren

Norman Ächtler, Dr. phil., ist Akademischer Rat am Institut für Germanistik der Justus-Liebig-Universität Gießen.

Bettina Bannasch, Dr. phil., ist Professorin für Neuere deutsche Literaturwissenschaft an der Universität Augsburg.

Michael Bartel, MA, war wissenschaftlicher Mitarbeiter am Institut für Germanistik der Justus-Liebig-Universität Gießen. Heute arbeitet er als Texter und Interface-Designer.

Claudia Benthien, Dr. phil., ist Professorin für Neuere deutsche Literatur am Institut für Germanistik der Universität Hamburg.

Frauke Berndt, Dr. phil., ist Professorin für Neuere deutsche Literaturwissenschaft am Deutschen Seminar der Universität Zürich.

Toni Bernhart, Dr. phil., ist Privatdozent für Neuere deutsche Literatur und Leiter des DFG-geförderten Forschungsprojekts ‚Quantitative Literaturwissenschaft' am Institut für Literaturwissenschaft der Universität Stuttgart.

Matthias Bickenbach, Dr. phil., ist außerplanmäßiger Professor für Neuere deutsche Literatur am Institut für deutsche Sprache und Literatur I der Universität zu Köln.

Natalie Binczek, Dr. phil., ist Professorin für Neuere deutsche Literaturwissenschaft am Germanistischen Institut der Ruhr-Universität Bochum.

Dennis Borghardt ist wissenschaftlicher Mitarbeiter am Germanistischen Institut der Universität Duisburg-Essen.

Benjamin Bühler, Dr. phil., ist Oberstufenlehrer an der Rudolf-Steiner-Schule in Villingen-Schwenningen.

Matthias Däumer, Dr. phil., ist wissenschaftlicher Assistent für Ältere deutsche Sprache und Literatur am Institut für Germanistik der Universität Wien.

Till Dembeck, Dr. phil., ist Associate Professor für Neuere deutsche Literatur und Mediendidaktik am Institut für deutsche Sprache und Literatur und für Interkulturalität an der Université du Luxembourg.

Cornelia Epping-Jäger, Dr. phil., ist wissenschaftliche Mitarbeiterin am Germanistischen Institut der Ruhr-Universität Bochum.

Manuela Gerlof, Dr. phil., ist Vice President of Publishing für den Bereich Humanities and Social Sciences beim De Gruyter Verlag Berlin/Boston.

Daniel Gethmann, Dr. phil., ist Professor für Kulturwissenschaft und Entwurfstheorie am Institut für Architekturtheorie, Kunst- und Kulturwissenschaften der Technischen Universität Graz.

Wolfgang Hagen, Dr. phil., ist Professor für Medienwissenschaft an der Leuphana Universität Lüneburg.

Christiane Heibach, Dr. phil., ist Professorin für Medienästhetik am Institut für Information und Medien, Sprache und Kultur der Universität Regensburg.

Britta Herrmann, Dr. phil., ist Professorin für Neuere deutsche Literatur am Germanistischen Institut der Westfälischen Wilhelms-Universität Münster.

Ludwig Jäger, Dr. phil., ist Professor (i. R.) für Deutsche Philologie am Institut für Sprach- und Kommunikationswissenschaft der Rheinisch-Westfälischen Technischen Hochschule Aachen.

Stephan Kammer, Dr. phil., ist Professor für Neuere deutsche Literatur am Institut für Deutsche Philologie der Ludwig-Maximilians-Universität München.

Doris Kolesch, Dr. phil., ist Professorin für Theaterwissenschaft am Institut für Theaterwissenschaft der Freien Universität Berlin.

Ethel Matala de Mazza, Dr. phil., ist Professorin für Neuere deutsche Literatur am Institut für Germanistik der Humboldt-Universität zu Berlin.

Harun Maye, Dr. phil., vertritt die Professur für Medienwissenschaft an der Philosophisch-Historischen Fakultät der Universität Basel.

Reinhart Meyer-Kalkus, Dr. phil., ist außerplanmäßiger Professor am Institut für Germanistik der Universität Potsdam.

Peter von Möllendorff, Dr. phil., ist Professor für Klassische Philologie/Griechische Philologie am Institut für Altertumswissenschaften der Justus-Liebig-Universität Gießen.

Catrin Prange ist Doktorandin am Institut für Germanistik der Universität Hamburg.

Hans Sarkowicz ist Leiter des hr2-Ressorts Literatur und Hörspiel beim Hessischen Rundfunk.

Monika Schmitz-Emans, Dr. phil., ist Professorin für Allgemeine und Vergleichende Literaturwissenschaft an der Ruhr-Universität Bochum.

Christoph Schulz, Dr. phil., ist Literaturwissenschaftler und Kunsthistoriker mit Schwerpunkt auf Fragen zur Materialität von Literatur. Zurzeit ist er als Lehrbeauftragter im Bereich Buchgestaltung an der Peter Behrens School of Arts in Düsseldorf tätig.

Holger Schulze, Dr. phil., ist Professor für Musikwissenschaft am Department of Arts and Cultural Studies der Universität Kopenhagen.

Eckhard Schumacher, Dr. phil., ist Professor für Neuere deutsche Literatur und Literaturtheorie am Institut für Deutsche Philologie der Universität Greifswald.

Gregor Schwering, Dr. phil., ist Akademischer Oberrat am Germanistischen Institut der Ruhr-Universität Bochum.

Dorothea Walzer, Dr. phil., ist wissenschaftliche Mitarbeiterin am Germanistischen Institut der Ruhr-Universität Bochum.

Uwe Wirth, Dr. phil., ist Professor für Neuere deutsche Literatur- und Kulturwissenschaft am Institut für Germanistik der Justus-Liebig-Universität Gießen.

www.ingramcontent.com/pod-product-compliance
Lightning Source LLC
Chambersburg PA
CBHW051531230426
43669CB00015B/2564